湖北省学术著作出版专项资金
Special funds for academic writing in hubei province

武漢大學圖書館館藏

晚清名臣手札

第一卷

主編　王新才　周榮
副主編　黄鵬　王美英　王三山

WUHAN UNIVERSITY PRESS
武漢大學出版社

圖書在版編目(CIP)數據

武漢大學圖書館館藏晚清名臣手札/王新才等編.—武漢：武漢大學出版社,2024.9
湖北省學術著作出版專項資金項目
ISBN 978-7-307-23931-9

Ⅰ.武…　Ⅱ.王…　Ⅲ.政治家—書信集—中國—清后期　Ⅳ.K827=52

中國國家版本館 CIP 數據核字(2023)第 165270 號

責任編輯:黄河清　　責任校對:李孟瀟　　整體設計:涂　馳

出版發行：**武漢大學出版社**　(430072　武昌　珞珈山)
(電子郵箱：cbs22@whu.edu.cn　網址：www.wdp.com.cn)
印刷:武漢精一佳印刷有限公司
開本:787×1092　1/16　印張:127.25　字數:2725 千字　插頁:16
版次:2024 年 9 月第 1 版　2024 年 9 月第 1 次印刷
ISBN 978-7-307-23931-9　定價:1980.00 元

編委會

前言

王新才　周榮

學術的進步有賴于理論、方法的更新，更依賴于新資料的發現。近年來，在國家重視傳統文化的氛圍中，不少公私收藏的罕見史料逐步公開，武漢大學圖書館所藏『晚清名臣手札』也有幸被列入『湖北省學術著作出版專項資金項目』。值此出版之際，特將這批手札的内容、學術價值及整理經過等方面的情况略述如下。

一、武漢大學圖書館藏晚清名臣手札概况

武漢大學圖書館藏晚清名臣手札由圖書館古籍保護中心所藏手札和萬林藝術博物館所藏手札兩部分組成。古籍保護中心所藏手札主要是曾國藩、左宗棠、郭嵩燾、勞崇光、丁善慶、王拯等人寫給劉長佑的私信，所用信箋紙爲特制的彩色信箋紙，多帶有裝飾性花草圖案，裝幀皆經折裝，采用挖鑲的工藝裝裱成册，每册前後均附木夾板，夾板高約三十厘米，寬約十八厘米。收入本書

的共五種八册，原木板封上各有題簽，分别是：《曾文正手札（胡文忠、左季高太保附）》一册（以下簡稱曾本）；《勞文毅手札》上下二册（以下簡稱勞本）；《郭嵩燾中丞手札》一册（以下簡稱郭本）；《伊甫先生手札》一册（以下簡稱丁本）；《王定甫通政手札》上中下三册（以下簡稱王本）。萬林藝術博物館所藏手札共五種五册，即甲本、乙本、丙本、左本，以及《馬平王少鶴通政手札輯存本》（以下簡稱鶴本）。這五册手札也是挖鑲形式的經折裝，只有鶴本前後附木夾板。由于内容順序的調整，本次整理不收入原館藏木板封。

古籍保護中心所藏八册手札的收件人均爲劉長佑。其中曾本收曾國藩致復劉長佑函件五封，『左宗棠—劉長佑』函件十一封，『胡林翼—劉長佑』函件一封；勞本上收『勞崇光—劉長佑』函件十五封（其中附札及附片二），勞本下收『勞崇光—劉長佑』函件二十一封（其中附札及附片七）；郭本收『郭嵩燾—劉長佑』函件二十八封（其中附札及附片四）；丁本收『丁善慶—劉長佑』函件十三封（其中附札及附片三）；王本上收『王拯—劉長佑』函件十五封，王本中收『王拯—劉長佑』函件十六封（附名条一），王本下收『王拯—劉長佑』函件二十九封（其中附札及附片一）。另有鄭小谷致劉長佑函件一封，蔣琦齡致劉長佑八封（其中附札及附片一），以及疑似陳孚恩致劉長佑一封。

萬林藝術博物館所藏五本手札的情形稍複雜，其主要收件人是蔣益澧，以周壽昌、黄本驥等爲收件人的函件也爲數不少。其中甲本包括曾國藩致左宗棠及蔣益澧信各一封，『王拯—蔣益澧』一封，『勞崇光—蔣益澧』三封，『劉蓉—蔣益澧』一封，『吴存義—蔣益澧』三封，『蔣達—蔣益澧』『沈祖懋—蔣益澧』各一封。另有王拯復吴存義一封。此外，潘祖蔭、潘祖壽兄弟所書而收件人不明者三封，以及曾國藩、祁寯藻與署名爲『魁』的三件殘頁，裝訂在曾蔣函與王蔣函之間，疑收件人皆爲蔣益澧。乙本的收件人皆爲蔣益澧，致信者依次爲俞樾七封、孫衣言二封、章鋆一封、曹登庸二封、吴雲二封（吴雲信落款爲『雲』，據信箋『二百蘭亭齋書牋』，知爲吴雲）。丙本的收件人較爲分散，其中有楊翰致復周壽昌函件十九封，楊翰致二雲一封（插在楊周函第十五與第十六之間），吴榮光復黄本驥一封，李鴻章致蔣益澧五封，郭嵩燾復蔣益澧一封，何紹基致蔣益澧一封（原裝裱册頁次序稍有錯亂或有散佚，整理時將原三頁中最後一頁調整到了第一頁），曾國藩致周壽昌二封，彭玉麟（彭落款習慣于用異體麐）致夏獻雲一封，鄧顯鶴復黄本驥一封，王拯復蔣益澧一封，湯溎致胡士薰一封，李概致蔣益澧一封，沈葆楨復蔣益澧一封。左本則爲『左宗棠—蔣益澧』函件十八封（其中附札及附片五）。鶴本爲『王拯—蔣益澧』函件二十八封（其中附札及附片五）。

武漢大學圖書館所藏上述手札多爲晚清名宦手書，裝裱后手札真迹合計達九百三十五幅。圖書館曾予分類編目。古籍保護中心所藏手札以『皮氏分類法』分類，各本分類號如下：曾本，G818.1／8064；勞本，G818.1／9900；郭本，G818.1／0724；丁本，G818.1／1080；王本，G818.1／1051。萬林藝術博物館所藏手札背面鈐『武漢大學文學院』印章，分類號分别爲：甲本，15.003；乙本，15.014；丙本，15.019；左本，15.001；鶴本，15.002。每册首頁背面還有毛筆所書『庚申冬校』等文字。各本分别爲『甲　壹頁　曾國藩　共貳拾柒頁（應有貳拾玖頁内缺三四兩頁）』，及『庚申冬校甲存廿九頁』，財産號爲264052；『乙　壹頁　俞樾　共貳拾三頁（應有貳拾伍頁缺廿一廿二兩頁）』，『庚申冬校乙存廿五頁』及缺失『廿一、廿二兩頁』，其中『缺』字半破損，後一字幾全損，財産號爲264053；『丙　壹頁　楊翰　（共貳拾玖頁）』，財産號爲264054；『左　壹頁　左宗棠書共卅拾五頁』『庚申冬校存卅五頁』，財産號爲264055；『王　壹頁　王拯手札共三拾捌頁』，『庚申冬校王存卅九頁中心失去』，另在『卅九頁』上插入有『卅八頁』字樣，顯係對卅九頁的修正，財産號爲264051。丙本尾封背面有毛筆所書『計廿九頁連首尾空白三頁共卅貳頁』。庚申當是一九八〇年，表明文學院在一九八〇年對這些手札作過初步整理。而丙本首頁背面還有紅鉛筆分兩行所書『廿九頁、空三頁』字樣，表明整理似不限于一人一次。

這批手札的内容涵蓋了咸豐、同治至光緒初年發生的一系列重大歷史事件，它們除少數曾以轉録的形式出現在曾國藩、左宗棠等名臣的全集中之外，其餘手札真迹作爲特藏一直未對外公開。本次武漢大學圖書館所藏晚清名臣手札以『影印+整理』的方式出版，是這批手札首次進入大衆傳播渠道，旨在更好地滿足各方讀者和受衆的需要。

二、武漢大學圖書館藏晚清名臣手札的珍貴文獻特征

按照傳統的史料分類方法，武漢大學圖書館藏晚清名臣手札原件與出土文物、檔案等一樣，屬于典型的『第一手史料』，它們是當時人、當事人提供的直接反映歷史事實的資料。這批手札絶大部分爲首次公開，是稀有而珍貴的文獻，其珍貴性至少體現在三個方面：

（一）數量衆多、時段相對集中

在數量上，這批信札及附札附片多達二百八十五封，九百三十五頁紙，而信札的書寫人及收件人多爲朝廷及地方政要或名人。書寫者三十餘人，按書寫數量排序有王拯（八十八封）、勞崇光（三十九封）、左宗棠（二十九封）、郭嵩燾（二十八封）、楊翰（二十封）、丁善慶（十三

封）、曾國藩（十封）、蔣琦齡（八封）、俞樾（七封）、李鴻章（五封）、吴存義（三封）、潘祖蔭、潘祖壽（三封）、孫衣言（二封）、曹登庸（二封）、吴雲（二封），以及陳孚恩、鄧顯鶴、郭崑燾、何紹基、胡林翼、蔣達、李概、劉蓉、彭玉麟、祁雋藻、沈葆楨、沈祖懋、吴榮光、章鋆、湯濩、鄭小谷等各一封，還有署名爲『魁』而難以確考其人者一封，甚至還有何白英名條一張。

收件人有九人，其中劉長佑多達一百六十四封，明確以蔣益澧爲收件人的有七十九封，另有六封的收件人也疑似蔣益澧。另一重要收件人是周壽昌，有二十一封。此外，黄本驥二封，胡士薰、吴存義、夏獻雲、左宗棠，以及名號爲『二雲』者各一封。

在時段上，二百八十五封信札中有部分信件，如吴榮光致黄本驥函當作于道光二十二年，鄧顯鶴復黄本驥函，疑作于道光末年，而蔣琦齡復劉長佑最後一函，則作于光緒元年（一八七五）十二月，楊翰致復周壽昌信，至少有五封左右不晚于光緒二年，其最晚有疑似光緒四年（一八七八）者。從十九世紀四十年代中後期到十九世紀七十年代中後期，時間跨度長達三十餘年，而其中絶大多數寫作于咸豐、同治間。回顧中國近代史，道光朝以降這幾十年，正是晚清政權内憂外患、各種矛盾交織、社會變革異常劇烈的時期。咸豐朝太平軍興以來，清廷既要面對太平天國、捻軍以及各地風起雲涌的動蕩，還因爲外交上的天朝上國心理，在面對完成工業革命、具有商業文明的英法等國時，往往顢頇無理，動輒得咎，最終不免喪權辱國。這些書信集中在咸豐、同治兩朝，其書寫者多爲朝廷政要大員及社會名流賢達，一些重要事件的來龍去脈在他們的往來信函中得以呈現，因而這批手札是這個時代一個極好的見證。

（二）貼合時政、地域特色鮮明

湘軍創辦和對地方反抗的鎮壓是咸同政局的主線之一。與湘軍的活動和官員任職等因素相關，這批手札呈現出鮮明的地域特色。

最爲突出的是湖湘特色。從寫信人的角度，曾國藩、胡林翼、左宗棠、郭嵩燾、劉蓉、彭玉麟、勞崇光、鄧顯鶴、丁善慶、何紹基、李概等都是湖南人，其中曾、胡、左、郭、劉及彭是湘軍的創辦者或將領，且多爲朝政要員或地方大吏，對于平定晚清動蕩，助力同光中興起了相當重要的作用。丁善慶是道光三年進士，十六年出任廣西學政，旋以母老辭官返長沙，爲嶽麓書院山長，是劉長佑等人的老師。何紹基爲道光十六年進士，咸豐二年授四川學政，六年因陳時務以部議『私罪』降官調職，後辭官主講于山東湖南各地書院。這些人中鄧顯鶴年齡最長，出生于乾隆中晚，只在嘉慶九年中過舉，道光中做過十來年的寧鄉訓導，晚年主講于常德與寶慶等地書院，爲一方名宿。李概是李星沅的次子。李星沅做過陝甘、兩江、雲貴等地總督，太平軍興後奉旨剿辦時逝于軍中。

從收件人的角度，三個主要收件人也都是湖南人。其中，劉長佑字爾眷，號蔭渠（曾國藩等致劉長佑的信中也稱作『印渠』），湖南新寧人，道光二十九年拔貢，因太平軍興在鄉辦團練得江忠源、曾國藩賞識而逐步擢升。蔣益澧字薌泉，湘鄉人，咸豐初參加曾國藩創建的湘軍，咸豐六年因争功告假回鄉，次年廣西巡撫勞崇光因廣西動亂求援湖南，湖南巡撫駱秉章令其帶隊赴援，因功擢道員，加按察使銜，後官至廣東巡撫。周壽昌字應甫，一字荇農，號友生，湖南長沙人，道光二十五年進士，由編修累遷内閣學士兼禮部侍郎。光緒四年以足疾辭官，以著述爲事，詩文書畫，俱負重望。周收到的信件皆來自楊翰。楊翰，字伯飛，一字海琴，號樗盦，别號息柯居士，直隸新城人，一作宛平人。咸豐五年十月授湖南永州府，次年秋抵湘，先赴任常德，後權湖南沅州，咸豐八年方出任永州太守。同治三年春夏之交，擢辰沅永靖兵備道，加布政使銜。同治八年返京，同治十年因彈劾遭免。光緒五年病逝，享年六十七歲，葬于浯溪。周壽昌和楊翰爲同年進士，周作爲湖南人，爲官京師，而楊雖非湖南人，却在湖南做官，加上兩人皆精于詩文書畫，因而成爲知交。他們之間的往來信函以京師湖南兩地人地風物及書畫藝術爲主。

在湖南之外，兩廣、浙江和京直三地的地域特色也非常明顯。首先是因劉長佑而形成的兩廣尤其是廣西特色。劉長佑，咸豐九年任廣西布政使，十年升廣西巡撫，同治元年升兩廣總督，同治二年出任直隸總督，同治六年因得罪權貴、鎮亂不力被革職，同治十年起爲廣東巡撫，旋調任廣西巡撫，再度爲官廣西，直至光緒元年出任雲貴總督時方始調離。劉長佑的幾個主要通信對象是王拯（六十封）、勞崇光（三十六封）、郭嵩燾（二十八封）、丁善慶（十三封）、左宗棠（十一封）、蔣琦齡（八封）和曾國藩（五封）。其中，王拯原名錫振，字定甫，一字少和，號少鶴，又號龍壁山人，原籍浙江山陰，遷廣西桂林，應童子試時自署馬平（今柳州），所以博物館所藏王拯手札署爲『馬平王少鶴通政手札輯存』。王拯道光二十一年中進士，隨後授户部主事，充軍機章京，咸豐間升大理寺少卿，同治三年遷太常寺卿，署左副都御史，擢通政使，旋降級調用，出軍機，因告老還鄉，主講于桂林榕湖、秀峰等書院。此批書札中王拯與劉長佑的通信始于咸豐十年九月初六，而據《清史稿·文宗本紀》，這年閏三月劉長佑已授任廣西巡撫。現存王劉之間的前十一封信，都作于劉長佑廣西巡撫任間。到同治十年劉再巡撫廣西，則有信十九封。這三十封信中廣西事務是一個重要主題。

另一位書主勞崇光，字辛階，作爲湖南人比曾胡左劉等年齡要稍長，且在道光二十八年即出任廣西布政使，咸豐元年署廣西巡撫，咸豐九年任廣東巡撫兼署兩廣總督，同治二年授雲貴總督。他在這批筆札中是排第二的書寫者，也是排在第一的書寫者王拯筆下的『勞人』。而現存勞劉信札主要時間在劉廣西巡撫任上，而勞則是劉的前任與上級。再者，郭嵩燾同治二年出任廣東巡撫，同治五年罷歸。現存郭手札二十六封，絶大多數是在郭廣東巡撫任上及劉再任廣西巡撫任上。此外，蔣琦齡是廣西全州人，道光二十年進士，由翰林院編修官至順天府尹。同治初乞歸，寓居衡陽，主講于石鼓書院。蔣與劉是姻親，現存蔣致復劉信札主要爲同治十一年至光緒元年間，其間劉再度巡撫廣西，剿匪而外，重文興教，恢復科考，于秀峰、宣城兩書院外添構桂山書院，而蔣琦齡『老荒秀峰經年』，可見其晚年應該是受邀主講于秀峰書院，因而兩人多有接觸及書信交流，且所言多廣西經濟恢復及文教等事宜。

主要收件人蔣益澧則與兩廣、浙江關係密切。蔣益澧因援救廣西有功而被留用，咸豐八年加布政使銜，以按察使記名。次年任按察使，旋升布政使。咸豐九年被劾降爲道員，旋復原官。同治元年調任浙江布政使，同治三年十月署理浙江巡撫，同治五年升任廣東巡撫。蔣益澧收件約有三分之一來自王拯，另約三分之一來自他任職浙江期間的同僚舊好，還有約三分之一來自左宗棠、李鴻章、勞崇光、曾國藩等。時間上則主要是在他任職浙江期間至調任廣東之初。所以他的收件既有兩廣尤其是廣西印記，也因署理浙江巡撫期間恢復措施得力，極得好評，因而相關函札也呈現明顯的浙江地方特色。

此外，王拯致復劉長佑書信有相當一部分作于劉任直隸總督期間。現存同治二年二月廿三日、廿六日及三月廿六日連續三信都提到『北門鎖鑰』或『筦鑰』，以北宋寇萊公喻劉，可見王對劉之推重。同治二、三年兩年間王致復劉信二十八封，内容主要集中在直隸山東及周邊剿匪、用人等事情。

（三）集外遺珍、史料價值高

檔案鑒定中有句名言：『高齡檔案應當受到尊重。』武漢大學圖書館藏晚清名臣手札所涉時間已久，且所涉人物如曾國藩、左宗棠、郭嵩燾、李鴻章等均是足以左右晚清政局的重臣，俞樾、何紹基、丁善慶、王拯、劉蓉等都是名聞朝野的學問家。從晚清至今，他們的事迹功業、學問文章爲人們共同關注，學界關于他們的研究成果早已汗牛充棟，對他們奏疏、詩文、日記、信札等資料的搜集整理也極盡所能，不遺餘力，可謂大而八荒之外，小而方里之間，俱皆搜羅，唯恐不盡。如今，任何有關這些名臣、學者的新史料的發現都彌足珍貴。以此言之，武漢大學圖書館所藏的這批未刊手札實爲一塵封已久之文獻寶庫。

以郭嵩燾手札爲例，光緒十七年（一八九一）郭嵩燾去世后，其侄郭慶藩與王先謙等即開始整理他的遺集，于光緒十八年（一八九二）將其奏疏和詩文集編成《郭侍郎奏疏》十二卷、《養知書屋文集》二十八卷、《養知書屋詩集》十五卷。光緒十九年（一八九三），其次子郭焯瑩編成《玉池老人自叙》一卷。此后，郭焯瑩又搜集郭氏佚文，于光緒二十四年（一八九八）編成『郭氏佚書六種』。民國年間亦有湘鄉人任凱南等對郭嵩燾遺稿進行編訂和整理。二〇〇七年，湖湘文庫將《郭嵩燾全集》列入編輯整理計劃，據參與者楊錫貴先生稱，這次編輯整理除充分利用過往有關郭嵩燾著述成果外，還進行了大量的郭氏著述輯佚工作，『新輯得郭嵩燾專著十八種，并奏稿二百一十件、書信三百七十三通、文四十篇、詩詞三首、聯語二十七副』，《郭嵩燾全集》于二〇一二年正式出版。二〇一八年楊錫貴又收集到一批『郭集』集外著作、文、函札、詩作等。其中集外函札數量甚多，包括北京師范大學圖書館、上海圖書館所藏郭嵩燾致友朋書札以及相關雜志和出版物中的郭嵩燾手札等（參見楊錫貴《郭嵩燾全集》集外著述見聞録，該文見于湖南文史研究館《湖湘文史》欄目）。以上所有這些全集及集外函件均未包括武漢大學圖書館所藏郭嵩燾手札，武漢大學圖書館所藏郭嵩燾手札多達二十餘通，堪稱目前數量最大的郭氏未刊集外手札。

手札與其他傳世史料有一個顯著不同的特點，它屬于私密性的文獻。就私密性而言，它又與日記不同，日記自己寫自己看，多記實，也多主觀臆想。手札則出于實際交流所需，往往能揭示某些歷史事件不爲人知的背景和隱情。曾國藩、左宗棠、勞崇光、郭嵩燾等人的手札中多有相互舉薦人才及爲湘軍籌餉的內容，牽涉具體問題時往往會對現狀及人物進行評價或褒貶，從而道出一些『真相』。例如，同治元年（一八六二）五月十三日，勞崇光在致劉長佑的信中説：

各省各出花樣，欲直將粵東通省之財源全行奪去，即如捐輸一項，各省委員來此勸捐者已有四五省，而張石卿又特派裕時卿前來，欲將粵捐全數奪往雲南。海關稅銀一項，上年蘇省截去五萬，弟以爲數尚少，置不與較，乃近來閩省效尤，硬截去二十萬，蘇省又欲復理前説，再截二十五萬。弟極力挽回，未被截去。而閩省則木已成舟，不可挽回矣。厘金一項，耆九峰欲奪往閩省，已出情理之外。曾滌生又起而相争，欲奪往江蘇，更屬匪夷所思。鹽務止樂桂一埠稍有起色，爲通綱之菁華，毛季處忽又欲奪往湖南，離奇怪誕不可思議……薌泉到此極力搜括，與以六萬金又加捐項一萬，竟大不滿，其意幾致决裂，可笑至此。……即如前年下郢一案，所攻破者不過一二村莊，且不過開戰一兩次，又並未獲一首犯，乃是湘勇非湘勇保至數百人之多。弟當即駁回，令加核減，至今不肯核減……

這通手札言及各省將領争奪廣東餉源的狀况，并流露出對耆齡、曾國藩、蔣益澧等人的不滿情緒，也揭露了一些軍官虚報戰績的内幕。這樣的内容，在其他史料中很難見到。

再以俞樾手札爲例。俞樾是清末著名學者。他作爲曾國藩的得意門生，本來仕途一帆風順，但咸豐七年（一八五七）御史曹登庸以『試題割裂』『坐索棚規』等理由彈劾他，使他被革職查辦，從此人生道路發生了重大轉折。他埋首學問，著書立説、教書育人，終于在學術上取得巨大成就，在經學、詩詞、戲曲、文字、書法等多個領域均有較大影響。爲此，很多人在評論俞樾告别官場的這段人生經歷時，認爲是因禍得福，因爲他本性簡明淡泊，本不適合官場。也有人注意到《春在堂全書》中的《曲園自述詩》，其中有『頻年雞肋戀微名，猿鶴應疑負舊盟。白簡忽催人解組，青山早勸我歸耕。版輿安穩迎慈母，治譜循良讓阿兄。更喜山妻詩句好，朝冠卸后一身輕』等詩句，據此認爲俞樾以豁達開朗的態度對待被彈劾罷官一事，并在曲園過上了輕松舒適的世外桃園般的生活。

武漢大學圖書館所藏手札中有數通同治五年（一八六六）前后俞樾寫給蔣益澧的私信，信中多次談及自己生活的窘迫，諸如：『則全家之食指，止仰給於樾一歲之筆耕，年復一年，而犬馬之齒亦日就衰矣，後路茫茫，思之可慮』；『弟就館吳門殊苦，入不敷出，未識嘉湖間有一席之地可以兼攝者否？』」這些信札表明俞樾在『朝冠卸后』并没有『一身輕』，他選擇在多家書院教學很大程度上緣于生活所迫，其晚年在曲園的生活誠然也會有他詩中描述的怡然時刻，而事實上，直到光緒二十四年，他才因年老辭去詁經精舍的講席。《群經平議》是俞樾的代表作，該書在蔣益澧的資助下得以刊刻付印，俞樾致蔣益澧的手札中，記録了他們就《群經平議》一書的刊刻進行溝通的過程，這些都是難得的史料，可補其他史料的不足。

另外，劉長佑所收曾、胡、左等人書信，有部分見載于曾左全集或書札中，但多爲節録，文字也頗有異同。蔣益澧所收曾、左、李的書信，則絶大多數未曾面世。鑒于這些人物在歷史上的地位，其史料價值未可估量。

三、武漢大學圖書館藏晚清名臣手札的獨特内容和學術價值

武漢大學圖書館藏晚清名臣手札的史料價值和學術價值在很大程度上是一致的，歷史學者素有『史料即史學』『論從史出』之説。只有充分占有各種可資利用的原始資料，才能還原接近客觀真實的歷史事實，才能理解歷史真實背后的思想和邏輯。信札作爲一種個體之間私下交流的載

體，其私密程度僅次于日記，越是關係親密，其間涉及的私密就越多。大至國家事務，小至個人牢騷，每個人都有一些獨特的看法與感受。書信又不同于日記，日記通常不打算即時公開，尤其涉及隱私之時。而書信則爲那些不便公開的隱私提供了一個小範圍訴之于人的管道。這批信札涉及三十餘位書寫者，其內容涉及朝廷、時政、戰局、厘捐、建議、人物評價推薦、求助、文教、詩文書畫、個人身體狀況、觀感、牢騷、行程等，相當豐富，因而其獨特性、多樣性自不待言。就這批手札而言，其內容的獨特性也與書寫者所處的地位以及見聞與識見緊密相關。以下用實例對這批手札的獨特性和多元價值作進一步的闡釋。

（一）『王拯—劉長佑』手札與『英法聯軍火燒圓明園』事件

王拯身處軍機，能親見各方大員奏疏，因而對時局有著非同于常人的瞭解，更由于他獨特的判斷力，從而能據見聞及各地奏報作出較合理的推斷。現存王拯致復劉長佑前三信涉及近代史上一個重要的事件，即英法聯軍火燒圓明園，而王拯作爲軍機章京『適以病軀從事在園，廿二之夕，困守達旦。車馬盡失，扶病步行數十里以達新店』，所以他之所言，乃第一手資料。第一封信寫于咸豐十年九月初六，在尋常問候之後，緊接著便道：

都中時事，不謂禍深變亟至於此極。僧軍不備後路，不練陸軍，尤恨不解紮行營，習於戰而内出牽掣之命，則尤壞於北塘之自撤其防，開門揖盜。敵人以和誤我，登岸屯紮既定，新河等我軍。馬隊僅三千人，屢戰而北。炸炮火箭雖云猛烈，所傷實亦不多。至於一聞礮聲，見敵即走，雖曰天命，豈非人事哉？其間唯樂提督陣亡。大沽營中藥庫自焚。與通州八里橋一戰，勝保一出，即受重傷，是不可解。

這一段寫交戰之清軍情形，痛恨于僧格林沁、勝保等軍事上的失誤與失敗，主客觀交雜。

桂相等赴津議和不成，至怡邸等再出至通，並所最難允之見銀二百萬、入城五百人（嘆咈每家），而亦可允宜，事必可紓矣。不料敵人見少而進，其時已無議和之心，復以親遞國書一節爲難，怡等掩捦其酋巴夏里（實是敵中謀主，非洪大全比也）而歸。僧軍又復一戰而敗，於是敵軍遂過通矣。木蘭秋獮，本有成見，爲舉朝攀留。敵索巴人不得，復敗僧瑞等軍而至國門。於是初八日警蹕，蒼黃北發。内廷僅留恭邸辦理撫局，又令在園而不入城。敵猶爲索巴酋，按兵半月之久。城中有留京王大臣四人，又有辦團防四人。禁城内城外城各留守者又四人，然皆不以守禦爲事，專聽議和而已。

這一段寫因軍事不利而求議和之曲折，以及聯軍到園前朝廷守備之顢頇狀態。因換約地及跪拜等問題，雙方難以達成有效溝通，終至怡親王載垣指使僧格林沁扣拿了巴夏里（今通常譯爲巴夏禮），而巴夏里只是一個領事，因漢語好，也是溝通中的翻譯。王拯對這一點相對清楚，所以稱他『實是敵中謀主』。

廿二日敵乃整隊由城東北繞西，以至淀園。我兵見即奔散。是夕敵至園庭，大肆焚掠，二百年來傷心慘目不圖親見此事，惟有仰天長號而已。恭邸與留京樞堂文少司農僅先二刻而走，不及於難（守園文豐死之）。聞先派出辦撫之武備院卿恒君祺手執白旗，親詣夷營請命。城中王大臣復公詣巴酋，禮釋送歸，並開城延請酋等，於廿九日自安定門入，約數百人，此門遂爲所有。搭造天橋，跨城出入城外。又拆毀地壇建築礮臺。幸其入城不即肆擾，然日來城外則火光四起，内城居民遷出紛紛。

此段爲聯軍燒園及入城親見親聞。

恭邸始走盧溝以至新店，日來復移彰義門外。聞昨照會敵人，以和約用寶已到，請其訂期相見换約，不知半能權且卒事苟安與否。看其情形，似不欲殘毁京師，並使此間無主，於彼有不利便。然其性行，介在人禽。如本日又聞，有加索見銀五十萬及割據淀園之説。如此等等，恐不至於水窮山盡，不能以已。尤可憐者，人心未去，天命自遺。一日以來，敵軍已入，乘輿已出，官民逃徙紛紛，潰兵散卒滿路，而内外城居然無事。木蘭亟盼旋車，果尔能使生民之命少爲甦息，即四外亦尚有繫屬，其他姑勿具論，然殊未可必也。

此段寫皇帝出逃後京城之狀態及自己的感受與看法。

第二次鴉片戰争始于咸豐六年，到咸豐十年聯軍火燒圓明園，有一個很長的過程，即使到七月大沽炮臺遭襲，到最後聯軍入京，王拯作爲一個滿清的臣子，可以説是恪盡職守，但『事機危迫之際，曾一再陳言，皆聽而不能用』，他接著寫道：

恭邸聰俊有餘，而兒女腸多，風雲氣少，雖於鄙人再三相索，而不能見信用。況時勢至此，萬難有爲。其中猜嫌且復不免，尚何言哉！

品評人物，尤其是品評上級，通常是職場大忌，而自己身處皇權漩渦，難免各種猜嫌，這恭親王奕訢『聰俊有餘，而兒女腸多，風雲氣少』的考語，如非對至交好友，想來斷不敢發。

東南事亦日危緊，勤王者寥寥。僅聞袁午翁遣其副來，而又不允所請。勝帥紛然徵調，恐不足用而反害之也。

東南事指太平天國占據東南，戰事正酣。而英法外夷來犯後，却很少有勤王之師到來。只有袁甲三打算派個副手，未獲允許。勝保倒是到處調兵，但在王拯看來有害無用。這寥寥幾語，透露的信息量極大。

第二信寫于十月初二，當是其間收到了劉的回信而作復。在信的中段，又將前引聯軍入城、咸豐秋獮、議和換約事大致復述了一遍，但加了一句對地方民衆受害情形的描述：『惟城外東西北面荼毒幾盡，慘不可言，擄去婦女尤多。近畿土匪乘機竊發，勝克居然光復。』勝保字克齋，因逢戰必敗，人稱『敗保』。在同情民衆之餘，最後一言的驚奇頗值玩味。而在信的正文首段，探討的是天下大勢：

石逆大股近乃大猖於黔境。恐川蜀難免動摇。雩門中丞前往，而太沖東下，誰爲入幕之賓？此老必佐理得人，不則有體無用。嘗論今日大勢，兩湖最爲全局所係，而川湖必爲一氣方妙，不然措拄安有窮期。且恐益州有患，則建瓴之勢，荆湘何以克當耶？中子人望不屬，翟公門下，或當爲衆所歸心，則湘中或可無慮矣。太坪等土匪諒不足平，長驅南向，定能日起。

這當中因涉及重要人物，書寫者故意不直稱其姓名，而通過典故、熟語等方式來指代。石逆指石達開，天京事變後兩次出逃，各地轉戰。駱秉章字雩門，也作龠門，勞崇光致劉長佑的信中稱『駱籲翁』，因石達開活躍于貴州，咸豐十年六月奉調入川督辦軍務。太沖是左思的字，故以之指代左宗棠。中子，應是文中子之省，乃隋哲王通的私謚。這裏所省的『文』當指文格，字式岩，滿洲人。翟公門下，當非用門庭盛衰典，而是直接借翟公而言翟誥。據咸豐朝《東華續録》，咸豐十年六月，湖南巡撫駱秉章受命赴川督辦軍務。八月，湖南按察使翟誥署理湖南巡撫。駱秉章實際到咸豐十一年正月，才從長沙赴川履任。二月，命署湖南巡撫翟誥入京，以毛鴻賓署湖南巡撫，未到任前以布政使文格暫署。顯然，在駱秉章赴川後湖南巡撫的繼任人選，最可能的主要是翟誥與文格。王拯于文格，覺其『人望不屬』；于翟誥，也只是稱其『或當爲衆所歸心』，一個『或』字，表明其信心也不是很足。

後文還提及東南形勢，『徽甯疊陷，南豐頓失平吴筦鑰』。南豐，是曾鞏的祖籍，故以指代曾國藩。徽甯，即徽寧（避道光諱改），即徽州與寧國，曾所守禦之地。且『浙事岌岌』，深感『天時人事，不知所居』，自己又『腰疾舉發甚劇』，因而有『將謀逝此』之思。

第三信則提到英法『换約而去，聞尚在析木，頗肆騷駔』，以爲『後患難言，殆不可測』，而『回鑾未允所請，謂天氣嚴寒，明歲再議』，與《文宗本紀》所記『天氣漸寒，暫緩回鑾』基本一致。信中還提到各路援兵續到，『均歸樂正子將之。而營廣安門外，以至蘆溝』。樂正子，當是樂正克，孟子的學生。故這裏所省之『克』，當暗指勝克齋。各路援兵，應指察哈爾、蒙古三盟、吉林、黑龍江等師，據咸豐朝《東華續録》，咸豐十年九月，至有萬餘人之多，因詔『令僧格林沁、瑞麟馳赴行在，並將所統察哈爾及蒙古三盟官兵帶回遣撤，其餘吉林、黑龍江等處各軍，均著歸併勝保軍營，即交該大臣統帶』。王拯對勝保殊無好感，至稱其『猶復欺謾依然，直不知人間有羞恥事』。

王拯與蔣益澧爲金蘭之交。早在王致劉長佑的第二信中即稱『薌泉觀察本未易材，軍聲復振，可爲額慶』。薌泉是蔣益澧的字。蔣無功名，而能征慣戰，但因個性等原因，爲胡林翼、曾國藩等所不喜，不過左宗棠却很賞識，後于同治元年徵調其入浙，兩人在閩浙一帶互相配合，打了許多硬仗。現存左致蔣第一信即作于這年九月。王拯與蔣交好，以其爲『未易材』，逢人説項。寫于同治三年二月初一的現存王致復蔣的第一信即稱『忝荷神交』，三月二十三日的第二信即言『神交久矣，重荷蘭譜之訂』，表明兩人互換譜帖，誼結兄弟。從『獨承雅意』語氣來看，應是蔣先提出，而王『未敢卻蹈不恭』，所以兩人『益以道誼相資，永矢金石』。這年三月八日，王拯任通政使司通政使，正三品銜。此時蔣也因克復杭州，功名赫赫，主動訂交，可謂意味深長。王拯隨後因『吸食鴉片』遭免，雖有身體的原因，也有敢言而遭彈劾的原因。而這多少遂了王拯的『歸心』。王拯因于同治四年『潞河買舟』，沿運河南下，九月舟行過淮徐，初冬抵杭小住，冬抵山陰，歲末，自紹興至杭州。次年三月乘海舟抵廣州，并溯西江西上，年底至桂林。王拯抵杭州時，蔣暫署浙江巡撫，王到廣州後，蔣隨後升任廣東巡撫，于端午前後到達廣州。兩人在這期間接觸極多，通信也多，因關係親密，應該是無所不談。而有意思的是，王拯與郭嵩燾也是至交。郭日記中于咸豐八到十年多處記兩人互訪或聚會。郭之得任廣東巡撫，很大程度上也應是得到了王之『大疏密保』。王拯同治五年三月乘海舟抵廣州，十七日晚晤郭嵩燾，郭這天的日記寫道：『晚次少鶴至，始悉左蔣相傾之詳。蓋立意在擠鄙人而奪之位，窮其力爲之。兩人始相訾也，以是深相結納。聞此爲之悚然。世途之險巇，人心之變幻，可畏哉。』郭在這年三月二十二日致劉長佑的信中已知是左有意相傾：『所辦各案，頌聲滿道，言者謂爲粵東歷來所未有。非不可整飭者，督撫同城爲亂而已。閩粵吏治人心，所以視天下爲尤敝也。左季高乃悉舉以蔽罪鄙人，極力傾之。彼以高才盛氣，力傾同志爲心。』因而相關函札所披露的隱秘對研究晚清官場政治生態等極具價值。

（二）勞崇光、劉長佑、郭嵩燾、蔣益澧手札及其官職的升遷遞補

勞崇光、劉長佑、郭嵩燾、蔣益澧俱是晚清地方大員，他們之間關係複雜，劉與郭之間還是親家。同治年間，他們在戰亂和政局動蕩中頻繁通信。更爲奇妙的是，他們先后任職兩廣，在官職上相繼升遷與補位、身份互相變換，成爲晚清政壇引人注目的大事。對這一過程，他們之間的信札中透露出很多鮮爲人知的信息。

勞崇光咸豐元年先署廣西巡撫，九年再升廣東巡撫兼署兩廣總督，劉咸豐十年升廣西巡撫，這期間蔣受勞邀在廣西剿匪，官至布政使，同治元年調任浙江布政使，兩年後署巡撫。而勞在同治二年調任雲貴總督，郭嵩燾隨即替作廣東巡撫。郭同治五年罷官，而替人則爲蔣。現存勞與郭致劉，以及勞致蔣的信札，多及時政、軍事、軍備、軍餉、官場、人事、民生、經濟、天氣等，頗多秘辛。就軍餉一事而言，蔣在廣西剿潯逆時，勞在咸豐十一年正月二十九日致劉的信中寫道：『薌泉一軍月需餉四萬五千金，東省斷不能不相助一臂，無奈東省正當萬難之時，司道等恰好藉口推諉，而耆中丞韶關伏處，遥制朝權，尤悍然不顧，嘖有煩言。弟止可毅然獨斷，定議許以每月二萬，其餘由西省自行籌措，唯此二萬者究不知能否踐言耳。况進剿潯州，必須仗水師之力。水師口糧每月三萬不可少，而積欠廿五六萬，必須先與結清。此刻尚無分文，令人焦急欲死。』二月十一日信中又写道：『惟需費太繁，籌餉太難，令人焦急之至。水師積欠已二十五六萬，不清積欠，斷不能進兵，即減半給發，亦需十餘萬金，修整師船亦需二三萬金。水師口糧，再添護水師之陸兵二千人口糧，每月共需三萬餘金，加以湘勇口糧每月二萬金，以三個月爲度，再加以火藥等項，必得有三十萬金始能了此事。弟始意在運庫、道庫、海關庫三處，竭力提撥，尚非難事，詎部文絡繹而來，採辦京米一事，將各庫搜括净盡，尚不尃一半，而又指名提海關四十五萬解京充餉，又提運庫二十萬解京充餉，又提運庫卅二萬指撥貴州，而江浙福建湖北等省又紛紛提撥，千頭萬緒八面紛來。初不計粤東一省歲入若干，儘量爲無厭之誅求，直令人無從著手。』同治元年，蔣益澧調任浙江，事關『東南大局』，乃至『天下大局』，勞在二月致劉的信中對劉不予奏留極爲讚賞，而蔣赴浙所需『行糧』乃由勞『籌給』，勞不免再次發牢騷：『而東省入少出多，正值萬難之際，偏又疊奉廷寄，購買火輪船，調募紅單船，需費不貲，刻不容緩，搜刮張羅，智窮力竭。適九峰中丞又奉命前赴閩省督師，堅欲攜二十萬金偕行，各司道通力合作，搜掘十餘日，尚分文未得，因此又不免將蔣軍之項稍爲延閣，楊參將所請更無庸論矣。粤東局面本不及從前十分之一，而都中及各省太不相諒，竟欲將京城各項所及十八省所需，全責於粤東一省，弟雖粉骨碎身，何能有濟耶？』三月的信毫無客套，直接以楊參將來廣東請餉開頭，不幾句後即道：『上年積欠京餉及各省協餉已數百萬，經户部奏參交部嚴加議處者已經四次，乃本年自正初至今，無三日不接廷寄添撥餉銀者，合計添撥又不下數百萬，通計新陳欠項殆將千萬。』這其中還有左宗棠的月餉十萬，乃由曾國藩奏請。勞以爲這是因爲曾『太不知各省情形』，究其由，『總爲垂涎於粤海關』。而粤海關究竟能收税多少呢？勞仔細算了算：『道光二十年，五口未開之前，止粤海一處與各國通商，是以極旺之年，有收税至二百七八十萬者。自五口既開，日益減少，每年不過數十萬。弟到東後，變通章程，力加整頓，漸有起色。咸豐九年收九十餘萬，十年收至一百萬，十一年收至一百五十萬，已是意想不到。然即以一百五十萬計之，英法二國各扣二成，已去六十萬，美國又扣一成，又去十五萬，廣儲司又例解三十萬，共已去一百零五萬，止餘四十五萬。又除關廠經費十餘萬，又除例撥司庫道庫約二十餘萬，是所餘不過廿萬矣。』然而，『乃京餉混撥八十五萬，江蘇月撥十萬，浙江月撥五萬，閩省又混撥四十萬，黔滇各省無不混撥。本年又奉撥造辦火輪船經費二十萬，又經滌帥請撥左軍按月十萬』，勞不免牢騷滿腹：『竟不解諸公是何算盤，豈非姑妄言之，止圖說得好聽耶？』直斥以『咄咄怪事』。五月十三日信中，在提及上述例解、月撥、混撥、奉撥、請撥等之外，又補充湖南毛鴻賓又欲將樂桂鹽稅『奪往湖南』，不由感歎：『弟今日之在羊城，回思往年在桂林饔飧不繼之時，真極樂世界』，甚至說：『安得一旦接到部文，立予罷斥，俾免得日日受無名之冤氣哉。』

然而，這年閏八月二十一日的信開頭即稱：『昨閱邸鈔，弟因案降調，閣下晋擢粤督，月卿坐升西撫。』勞被免粤督，竟是先從邸抄獲知消息。接替勞的正是劉長佑，而接替劉的，則是張凱嵩（字月卿）。到十月二十九日，才『於今早接到總理衙门咨文，钦奉谕旨』，受派『往貴州查辦事件』，隨後改授雲貴總督，因爲雲貴偏窮，這樣他與劉，尤其是與蔣益澧的身份就發生了顛覆性的轉變。以前他是撥餉轉餉給別人，現在輪到他求人撥餉了。同治四年，勞將從貴赴滇，爲壯聲威，『擬帶兵一二千人，餉二三萬兩』，與巡撫張亮基相商，張『漠然不理，悍然不顧』，這讓勞很是不忿，五月十五日信中向蔣益澧傾訴道：『記前在粵東時耆九峰赴浙需餉二十萬，吾弟赴浙又需十二萬，通共三十二萬之多，僕於萬難之中一一籌給，公項無出，佐之以私財，私財不足，益之以借貸，不過爲大局起見耳。』此時蔣巡撫浙江，所以勞不憚其煩而言此，總爲滇事之撥款，雖『敕部指撥各省銀三十餘萬，其實在可靠者，止浙江之十萬耳』，勞還進一步拉關係：『非謂浙江庫款獨能充裕，所恃吾弟痛養相關，必不至秦越相視，必能代爲設法力籌也。』次年六月初獲知蔣奉調粵剿賊後，不覺『且喜且悶』，喜的是蔣必能肅清粵東，『粵撫一席，屬吾弟無疑矣』，所悶的是，原滇省協餉專恃浙江，蔣赴粵後，『便恐浙餉不可靠』，所以不得不『仍望老弟切實函致浙省當事，務必迅賜如數籌給』。勞很希望蔣早獲粵撫，這樣『事權在握』，就能從廣東轉撥。隨後邸抄公布了蔣任廣東巡撫消息，勞在六月二十一日的信中寫道：『新撥協餉以浙江粵東二處爲大宗。先謂浙餉必可靠，以吾弟在浙也。今台旌既到粵，且已榮擁節旄，事權在握，是粵餉更可靠矣。曷勝忭幸。委員楊參將在滇黔隨侍數年，種種境況，皆所備知。如蒙賜見垂詢，可以詳知一切。所請餉項，務望設法籌措給領，從前墊款，並望酌量給還，俾資日食，是所深企。僕前在粵時，粵東情形已迥非昔比，近聞更不如前。然究竟尚可設法，不致如此間之束手無策，坐以待斃也。其浙江餉項，仍望老弟代爲吹嘘慫恿，不以空言回覆，且不以些微數目塞責，尤深心感。』

軍事上的成功通常以經濟爲後盾。戰時如何籌餉，經費如何分配，各地經費如何獲得，等等，這批信札可以説提供了一個可供探討的新空間。

（三）『郭嵩燾—劉長佑』手札與郭嵩燾的厘金思想

再以郭嵩燾的厘金思想爲例。因郭嵩燾在晚清厘金興廢過程中有舉足輕重的地位和作用，他的厘金思想成爲近代史研究關注的重要問題。早在咸豐三年（一八五三）他就在益陽等地勸捐并初見成效，使得湘軍獲得有力的后勤保障，曾國藩致信稱贊他説『二萬軍士實食君德』（《曾國藩全集·書信》（一），嶽麓書社一九九〇年版，第三〇八頁）。在爲湘軍籌餉的過程中，郭嵩燾不斷探索，積累實踐經驗，先是勸捐，在勸捐的基礎上摸索出捐厘之法，在捐厘之法的基礎上，又設局增收厘金。在推行厘金的過程中，郭嵩燾與湘軍將帥和朝中大臣常有交流和碰撞，他的厘金思想也以此逐漸成熟。其標志是同治年間對『罷厘之議』的系統駁斥，并提出了『籌餉之法，以厘税爲上策，惟其用人不用法』的鮮明觀點。這些言論散見于他的日記、奏稿、文集中。其中一

份標志性的文件是同治三年（一八六四）十月初九日會同毛鴻賓所上的《各省抽釐濟餉歷著成效謹就管見所及備溯源流熟籌利弊疏》（原疏見《郭嵩燾奏稿》，嶽麓書社一九八三年版，第一二六至一三二頁），兹將部分疏文引録如下：

釐捐……取之約而法均，行之簡而情親，尤得籌餉之妙用。漢法二緡而一算，……每錢千取六十。唐之除陌錢、宋之經總制錢，皆千錢取百。湖南酌定釐捐章程，大率每錢千令捐一十、二十，最爲輕減，上海蓋將倍焉，廣東則尚不及其半，故曰取約。按貨估值，計錢抽釐，本厚者出多，息微者出少，人各效其力，無邀免者，故曰法均。漢、唐、宋課商之法，名目至不可窮紀，今總其名爲釐捐，故曰行簡。任之紳員，與商賈朝夕相見，利害盈虛，可以互相參證，不脅以官威，亦不督以成法，故曰情親。所以行之數年而無弊者，存乎用法之人，而法亦稍良矣。

而事實上，早在同治三年（一八六四）四月八日致劉長佑的手札中，郭嵩燾就援古證今，比較系統地提出了類似的思想：

釐捐者，取商賈百一之利，無病於民，無損於國。自三代盛時，商賈之稅數倍農民，後世反無商賈之征者。王者節宣天地之宜以制國用，田賦所入，歲計有餘。商賈貿遷無常，官吏易緣爲姦，甯蠲其征以聽民之自便。世亂軍興，則百稅并舉，亦天地自然之勢也。今之釐捐，計息而取其贏。貨物之貴賤，視地所宜，而不科以常則；稅入之多少，視貨所聚，而不定以額征。又一任之委員，無官吏之侵牟，無差役之苛擾。劉晏所謂『用人而不用法』者，庶幾近之。故自三代至今，籌餉之法多端，考論得失，猶以今日釐捐爲亂世不得已之良法。東南各省行之數年，士安於家，農安於野，商賈亦相與安於市。而一二士大夫哆口張目，爲商賈爭錙銖之利，而不悟國計盈虛、民生利病之果何屬，不亦傎乎？蒙嘗笑諸公襲取宋以後之議論，而不考古，不知今，亦見其惑也。

兩相對比不難看出，《各省抽釐濟餉歷著成效謹就管見所及備溯源流熟籌利弊疏》正是基于郭嵩燾致劉長佑手札的基本思想而起草的。此札與奏疏相結合，頗能代表郭嵩燾的厘金思想，而『用人而不用法』是其核心。

總之，武漢大學圖書館藏晚清名臣手札是晚清政治、經濟、文化等重大的事件的源文件。在激流巨變的晚清社會，以曾國藩、胡林翼、左宗棠、李鴻章等爲代表的『中興名臣』爲中心的一批近代人物領時代之風流，他們的政治、軍事謀略和思想文化觀念對近代社會變革和轉型産生了極大的影響。二十世紀八十年代以來，有關近代人物、史事的研究涌現出一大批新成果，這些成果的取得很大程度上取决于對傳統史料和手札、日記、碑刻、檔案等新史料的綜合利用。隨著更多的此類史料的公布和發現，后出資料與先期史料和研究成果相互參證，必將催生新的成果、提出新課題，并推進相關學術領域的深入研究。這些研究對深入理解近代社會變遷和歷史發展脈絡大有助益，而且對當今社會也有一定的借鑒意義。

四、武漢大學圖書館藏晚清名臣手札書法的個性與藝術價值

晚清書法在中國書法史上占有一席之地，曾、胡、左、郭、李等名臣的書法各有特色，顯現出不同的審美品味，而俞樾、何紹基、王拯等人的書法更是書法藝術的杰出代表。除了獨特的内容和多元的學術價值之外，武漢大學圖書館藏晚清名臣手札同時也是書法精品，具有很高的藝術價值。

傳統書生通常注重格致誠正、修齊治平，而書法因深藏其間的規矩與法度，非長期潛心規摹，難見其功，因而是一個人修身功夫與功效的最好檢驗，即所謂書如其人。在毛筆書寫時代，因書寫者對毛筆的掌控而呈現出不同的書寫面貌或特色，從而顯現出不同的審美品味。這批手札書寫者涉及三十餘人，多數擁有舉人以上科名，最不濟也是秀才出身。其中曾、胡、左、李作爲晚清名臣，除左是舉人外，其他皆中過進士，他們大名遠播，他們的書法也基本爲人所熟知。四人中，曾字于撇和竪劃用墨偏重，顔味較濃，而整體上字多方正，極形蒼勁；其他三人則相對圓轉得多，胡與李得益于二王更多，李尤受《聖教序》影響；左字則一直在變化，早年學晉唐，後則多摹臨蘇黄，行草字迹扁平圓轉而又筆劃頗形開張。此不詳論。值得注意的是，這批書寫者中，同爲封疆大吏而名聲稍掩的還有勞崇光、郭嵩燾、劉蓉、彭玉麟、沈葆楨等人，在京師或各地爲官且官階頗高的有祁雋藻、吴榮光、王拯、丁善慶、孫衣言、吴存義、蔣琦齡、何紹基、楊翰、潘祖蔭等人，其中丁、蔣、王、何、楊等罷官或辭官後講學地方，他們是官員，也是文人或學者，多以詩文書畫聞名。

這當中劉蓉與彭玉麟只是秀才出身，這批函札中這兩人書信各一封。劉書爲行書，筆畫細而右傾，結體柔中帶剛，有二王之轉折，具平原之鉤鋒。布白妥帖，卷面清晰。劉雖因軍功官至開府，而學問文章，爲桐城中堅，書如其人，純然書生。彭玉麟也因軍功封疆，而能詩善畫，尤喜畫梅，得曾國藩『兵家梅花』之雅贊，其字輕捷處翠帶牽風，厚重處如猛士橫槊，雖亦書生，而更形豪邁。

古代讀書人因科舉考試，通常都習練館閣體。有清一代，因康熙喜歡董其昌，乾隆推崇趙孟頫，故董趙二體成爲士子習練首選。館閣體强調烏、方、光、亮，結體通常圓潤秀美。這批書札中除俞樾結體喜爲隸書外，多數字體都可看出館閣體的影響。尤其像祁雋藻、丁善慶、蔣琦齡、潘祖蔭、沈葆楨、沈祖懋等人，所書皆楷而略偏行，基本爲董趙一路，或王歐顔柳風貌。郭嵩燾字楷偏行，勞崇光與王拯則行偏草。三人中，勞清峻，郭剛直，王拯書法于顔氏行書深有所會，且兼董香光之秀逸與趙松雪之内剛，布白疏緊有致，洵是佳構。

此外，還有何紹基、楊翰信札。兩人書法比較相似。何紹基字子貞，號東洲，晚號蝯叟，湖南道州人，道光十六年進士，咸豐六年于四川學政任上條陳時務以部議『私罪』遭免，因辭官講學各地。何于書法功夫極深，顔體而外，曾遍臨漢魏各碑至百十過，尤其受益于《張黑女》與《道因碑》。本札中何氏一函作于他五十五六歲之際，正是他人生中晚之交，風格已然形成之時。此函筆劃粗細有致，絲連鉤帶，逸如行雲，而又醇厚穩健，尤其主要爲草書，爲何氏中晚年書法不可多得之作。楊翰在京城做官時因特喜金石書畫多購鐘彝碑拓，後在辰沅永州一帶做官，于浯溪碑刻、唐宋名世公卿舊迹多所關心，以至遭人彈劾爲只喜山水文物，不理民情。楊翰比何紹基小十餘歲，曾與同值史館，故深受影響。《國聞備乘》載：『楊翰與何紹基友善，其書可亂何，掩其下款，雖廠賈莫能辨。』從《丙本》所收楊氏書札來看，字多行草，與何氏風貌無異。

五、武漢大學圖書館藏晚清名臣手札的整理與分工

館藏晚清名臣手札的整理是一項艱巨而複雜的工作，雖然整理的動議此前有過多次，皆因人力、資金等多種因素的限制而中輟。王新才教授出任圖書館館長之后，一方面積極爭取湖北省學術著作出版項目，另一方面審慎組建整理團隊，終使整理計劃得以啓動。鑒于手札的整理需要具備紮實的文獻功底、豐富的歷史知識和一定書法基礎，項目組對整理團隊人員進行了認真的篩選，參與整理者大部分除長期從事文史工作之外，同時也是書法愛好者，其中王三山、李廣寬兩位老師的書法造詣尤深。在整理方法上，也確立了充分借鑒前人經驗、盡可能推陳出新、盡可能滿足多方面的需求的原則。中國古代書札的整理歷史悠久，作爲書法藝術的書札通常會上石、刻帖，作爲文獻的書札則經常彙編成書。自清初周亮工《賴古堂尺牘新鈔》之後，輯刻諸家尺牘書札成

爲一時之風氣，由此影響到圖書分類，在『集部總集類』中出現了專門的『尺牘之屬』。近代石印、影印技術出現之後迅速用于『尺牘之屬』的刊印，使得衆多的名家手迹得以保存、傳播。僅以近代名人手札爲例，即有清光緒二十年上海復古齋石印的《潛園五十名家書札》（不分卷）、民國十三年上海商務印書館影印的《道咸同光名人手札》（二集八卷）等。同時，隨著學術的興盛，作爲文獻史料的手札也不斷整理問世，二十世紀八十年代之後出現的手札彙編尤多，如《藝風堂友朋書札》（一九八一）、《汪康年師友書札》（一九八六至一九八九）、《冒廣生友朋書札》（二〇〇九）等，都經學人標點、整理、付印。

爲了充分繼承這些優良傳統，并滿足藝術、學術等多重需要，武漢大學圖書館藏晚清名臣手札的整理主要采用了圖録整理、録文整理和考證整理三種形式。爲了做好這三項工作，整理團隊進行了分工協作：

圖録整理：將古籍保護中心和博物館所藏手札原件進行掃描和匯集，盡可能保持手札的原貌。此項工作由周榮負責。古籍保護中心張德梅、吴芹芳、謝泉、焦露、丁麗萍、袁静、陳卉等參與了相關工作。

録文整理：對手札原件進行辨識、句讀、録文和校勘，必要時作註釋。此項工作分工如下：

古籍保護中心所藏曾國藩、左宗棠手札：王新才、朱仁平
古籍保護中心所藏王拯手札上：李廣寬、張文軒
古籍保護中心所藏王拯手札中：王新才、王珂
古籍保護中心所藏王拯手札下：王三山、王莞菁
古籍保護中心所藏丁善慶手札：王美英（謝泉參與部分校對工作）
古籍保護中心所藏郭嵩燾手札：周棨、劉維、唐佳
古籍保護中心所藏勞崇光手札：黄鵬
博物館所藏甲本和左本：王新才、張静文、孫鼎
博物館所藏乙本和丙本：王三山、王莞菁
博物馆所藏馬平王少鶴通政手札：王三山、王莞菁
通校：王新才
考證整理：王新才、周棨

因原十三册中不少册札内容雜亂，本次整理根據主要書寫人及篇幅，在盡量依從原整理次序的原則下作了適當調整，編成八卷，如下：

第一卷：曾胡左李卷
第二卷：勞崇光卷上
第三卷：勞崇光卷下
第四卷：丁善慶卷、郭嵩燾卷
第五卷：王拯卷上
第六卷：王拯卷中
第七卷：王拯卷下
第八卷：雜卷

首先按寫件人集中了曾國藩、胡林翼、左宗棠、李鴻章手札。曾國藩手札分散在曾本（五封）、甲本（三封）和丙本（二封）中；胡林翼只曾本存一封；左宗棠手札曾本存十一封，左本存十八封；李鴻章手札現存五封，皆在丙本。其次，勞本、丁本、郭本、王本及鶴本，所收相對單一，現根據實際情形，將甲本中勞崇光致蔣益澧信札三封收入勞崇光卷下，并收丙本一封、甲本兩封王拯手札入王拯卷下，同時分出王本下中非王拯所書手札若干至雜卷。再次，其他内容分到雜卷，分兩個部分，一是按蔣益澧收件相對集中了甲本、乙本中的非曾左書札，因而又將丙本中蔣的四封收件歸入；二是丙本中的其他信札與從王本下中歸入的非王拯所書信札。

手札文獻類型特殊、形制特殊、内容特殊，尤其是字迹特殊，不少墨迹很難辨認，比如同治二年五月二十五日王拯致劉長佑函，中有二字，第一字約有兩種可能，『神』，或者『服』，據本信結尾『神王』的寫法，則此字當爲『神』。第二字極難認。首先左邊的偏旁，根據王拯的書寫習慣，當爲『阝』，或『既』字的左邊部分，不過，他寫『阝』及『既』字左邊部分時，上面通常作一點，而不像此處作一小彎。本信結尾一頁有『既』字，竪下帶上鈎，而此處無鈎帶。右邊似爲『英』，或者爲『漢』之右邊部分，但無論右邊如何，只要左邊爲『阝』或『既』字的左邊部分，便很難合成字，更難與『神』或『服』搭配成詞。因此，只能根據上下文姑且將其左偏旁認作斜玉（事實上，他的斜玉旁字也基本没這樣寫過），而將整字認作『瑛』。而『神瑛』侍者是《紅樓夢》中人物，似與此無關。同一頁第二列還有字，亦筆迹不清晰，有專家認作『所』，則從上讀，『而督撫皆齮齕之所』，語法上有未洽；也有認作『西』，則從下讀，『西諸侯迄未得人』，討論的便是關隴事，諸侯前加一『西』字，稍嫌詞費。還有像楊翰的字，他在光緒初某年（疑光緒四年）某月十四日致周壽昌的信，提到『洪江木盆可作洗硯用，大小購四』，木盆的單位當以『个』爲宜，不能作『斤』，而此字起筆明顯不同于正常的撇，只能算書寫的個體差異，或筆誤。或者另有正確的識讀。如此者頗復不少，敬希海内外方家不吝賜教。

在文字識别過程中，得到了唐翼明教授、馬學良博士及朱金波博士等人的無私幫助。唐翼明教授對左宗棠同治三年八月二十二日致蔣益澧一函中了岳的識讀，一語解紛，此詞長時間被誤認作『了岳』，連下『罪人斯得』斷句，唐教授認作『了妥』，從上，『罪人斯得』另斷。再如丙本中有某人致『問鷗先生三兄』（胡士薰，號問鷗）一信，落款署『愚弟从吉湯濩頓首』，湯濩當爲姓名，而姓名前一字，一直難以確定，一度疑爲僻姓，而湯濩爲名。後朱金波博士從禮學的角度，以爲古人居喪期間通名參與慶典等社會活動必書『从吉』，并引清陸以湉《冷廬雜識》卷五『从吉』條（『三年之喪，乃凶禮之大者。世俗居喪而通名以慶賀，必書「从吉」，失禮甚矣。』）爲證，因認該圖符爲『从吉』一詞之合寫，極富見解。另有很多字，馬學良博士都參與了識認。特此致謝。

我們的整理仍屬起步階段，希望我們的整理工作能爲同類文獻的整理積累經驗，推動更多類似特藏文獻的整理和保護，使它們所藴含的寶貴價值得以傳承和發揚。

凡例

一、武漢大學圖書館館藏晚清名臣手札原分藏兩處，裝裱爲十三册，本次整理以寫件人或收件人爲綫索重新分卷，共分爲八卷。分别爲：第一卷：曾胡左李卷；第二卷：勞崇光卷上；第三卷：勞崇光卷下；第四卷：丁善慶、郭嵩燾卷；第五卷：王拯卷上；第六卷：王拯卷中；第七卷：王拯卷下；第八卷：雜件。

二、手札原稿原無目録，整理時添加目録。目録先以寫件人或收件人分卷排序，在寫件人或收件人下盡量按原整理次序排序。手札原稿無書寫年份，整理時盡可能考證出年份。手札原稿部分爲去信，部分爲復信，也有一部分去信、復信難以分辨，編制目録時統一用『某某致某某』表示，不作細分。部分手札原稿無寫件人或收件人，整理時盡可能考證出寫件人和收件人，凡不確定者，例貫以『疑』字。

三、手札原稿爲手寫草書或行書，整理時對照原文以繁體字整理，同時保留異體字。舊字形一般改爲新字形。凡例後附異體古字表以供查對。

四、手札原稿基本不使用標點，此次整理在標點上也以點斷爲主，主要采用逗號、句號、頓號和問號。冒號主要在書信首句稱呼下使用。引號與感嘆號一般不使用。

五、手札原件中多有爲表尊敬而平抬或空抬的情形，此次整理凡遇平抬或空抬皆保留原格式，空抬可視情况空一字或兩字。

六、手札原稿手寫文字偶有失誤，一般圈掉或于字邊點兩點，此種情形，整理時也予照録，並加雙刪除線。字因缺損、圈塗而模糊難認者，則以方框『□』代替。

七、手札原稿中多有補充説明文字，附于正常行文間，整理時另起一行，小字，并與所附之處相齊。而于明顯漏補文字，則直接附入正文。

八、手札原稿中爲表尊人卑己，涉及自稱時往往字小一號或寫偏，此種情形，整理時做大小字號區分并稍偏。

異體古字表

古人書寫時喜用異體、古字及通假字等，有時也改換字的上下或左右結構，以求變化或顯示學問。此所録皆此批手札中所用過之異體或古字。還有因避諱而出現的缺筆字，如字庫中有則照録。那些因書法筆法而形成的俗字，如最作冣、叔作炢、督作晢、寂作宊、珍作珎、虎作乕、遞作逓、歸作帰之類，則徑改。然字之或異、或古、或通假頗難判斷，故或多有遺漏。

菴庵；闇暗

退敗；裒抱；曓暴；桮杯；偹葡備；偪逼；芘庇；邉邊；徧遍；飈飆；賔賓；氷冰；併竝並；駮駁

踈踩；慙慚；艸草；筞策；詧察；椉乘；喫吃；舩船；刱創；醕醇；辤辭辭；刾刺；觕粗

躭耽；盪蕩；擣搗；悳德；氐抵；彫凋；弔吊；疊曡疊叠；敦敦；

繙翻；飰飯；峯峰；尃敷；坿附
槩概；罡剛；稾稿；謌歌；閤閣；畊耕；叓更；船躬；恠怪；筦管；帰歸
宫害；駴駭；圅椷函；涵涵；罕罕；鶾翰；龢和；覈核；隺鹤；語話；譁嘩；懽
歡；澣浣；摩麾；彚彙；䰟魂；旤禍
蹟跡；齎賫；价價；牋箋；餝餙；洊荐；鑑鑒鑒；畺彊疆；勦剿；觧解；居届；
勵廑；賮賷贐；穽阱；逈迥；糺糾；捄救；榘矩；鉅巨；愳懼；捲卷；蹷蹶；濬浚
嘅慨；栞刊；攷考；欵款；餽饋；媿愧；晜昆
嬾懶；瓈璃；厘釐；厲勵；㒳兩；隣鄰；麐麟；畱留；畧略
㬅曼；蔓蔓；厖庬；茆茅；睂眉；㝱夢；祕秘；玅妙；詺銘；麽麼；畆畝
拏挐拿；迺乃；柰奈；儗擬；秊年；寍寧；辳农；醲浓
攀攀；㫄旁；礮礟砲炮；斾旆；毘毗；諩譜
𨑥起；啟唘啓；榮栄；慊歉；鎗槍；捦擒；懃勤；駈驅；趍趨；踡蜷；鈌缺；羣群
袵衽；宂冗
桒桑；埽掃；㴱深；眎示；卋世；踈疏疏；尗叔；儵倏；竢俟；摉搜；蘓穌蘇；

筭算；歳歲
譚談；骵軆體；媮偷；廜屠；逷退；跎跎
衞衛；蚉蚊；脗吻；悮誤
鹵西；昝昔；厀膝；廈夏；効效；洩泄；豐釁衅；㚔幸；胷胸；壻婿；卹邺恤；
勳勛
𩫖壓；喦岩巖；鹽塩鹽；揅研；猒厭；讌宴；虵蛇；肊臆；蓺藝；婣姻；籲吁；
庽寓
襍雜；讃贊；贜贓；輙輒；淛浙；喆哲；癥癓；搘支；姪侄；箸著；耑專；饌譔
撰；褎裝；揔総總；簒纂；辠罪

總目録

武漢大學圖書館館藏晚清名臣手札

王新才 等 編

第一卷　曾胡左李卷

目録

左本

李鴻章手札……二六七

曾国藩手札

印渠仁弟大人閣下：頃奉正月廿四覆函，敬悉一切。鄂部能於二月中分起東來，至慰至感。左軍以正月廿日大捷於馬金街，二月九日大捷於楊村，克復遂安縣城，甚爲得手。刻下進援衢州、江山，以五千餘人與侍逆十餘万鉅股相角，殊以爲慮。惟賴鄂部早到一日，則左帥早得一日之助，而江西亦早紓一日之憂，至以爲懇。此間軍事自

印渠仁弟大人閣下：頃奉正月廿四覆函，敬悉一切。薌部能於二月中分起東來，至慰至感。左軍以正月廿日大捷於馬金街，二月九日大捷於楊村，克復遂安縣城，甚為得手。刻下進援衢州、江山，以五千餘人與侍逆十餘萬鉅股相角，殊以為慮。惟盼薌部早到一日，則左帥早得一日之助，而江西亦早紓一日之憂。至以為懇。此間軍事自

陳乡巖叔解圍後諸託平安昨廿二日奉
扱近日軍情疏抄咨
冰案可得梗概承
示捐例不候核定遽易新銜悚仄無已
諭旨薦達之說蓋其事或因胡帥連
類而及胡帥薦
閣下為蜀楷鄙人曾經與聞其疏中是
否附列賤名則不得知然在胡帥係為留

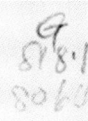

除夕徽州解圍後諸託平安。昨廿二日奏
報近日軍情一疏，抄咨
冰案，可得梗概。承
示捐例，不候核定，遽易新銜，悚仄無已。
諭旨薦達之説，實無其事。或因胡帥連
類而及。胡帥薦
閣下為蜀督，鄙人曾經與聞。其疏中是
否附列賤名，則不得知。然在胡帥，係為留

駱保湘起見，尚非為薦劉平蜀起見。
在鄙人僅占與識之實，豈得冒居薦賢
之名。且薦達以濟時，識拔為貴，若勉若
已顯任列開府，豈復更煩推轂，所謂吾
小人不可以厚誣
君子也。降捐之例，若僅一階半級，仍須捐
生找補銀兩，若品階級太懸，則須戶部倒
出銀兩歸補捐生，乃昭公允。此次

駱保湘起見，尚非為薦　劉平蜀起見。在鄙人僅有與議之實，豈得冒居薦賢之名。且薦達以微時識拔為貴。若勛名已顯，位列開府，豈復更煩推轂。所謂吾小人，不可以厚誣

君子也。降捐之例，若僅一階半級，仍須捐生找補銀兩。若階級太懸，則須户部倒出銀兩歸補捐生，乃昭公允。此次

左右降尊已甚陳退還里外尚須另找
鉅款可否
俯念敝庫支絀並鉅可找收回
成謹另捐別職亟懇亟率潯標一營近日
軍情何如便中再乞
示及一二諸惟
心鑒順問
台安不具　愚兄曾國藩頓首
二月廿六日

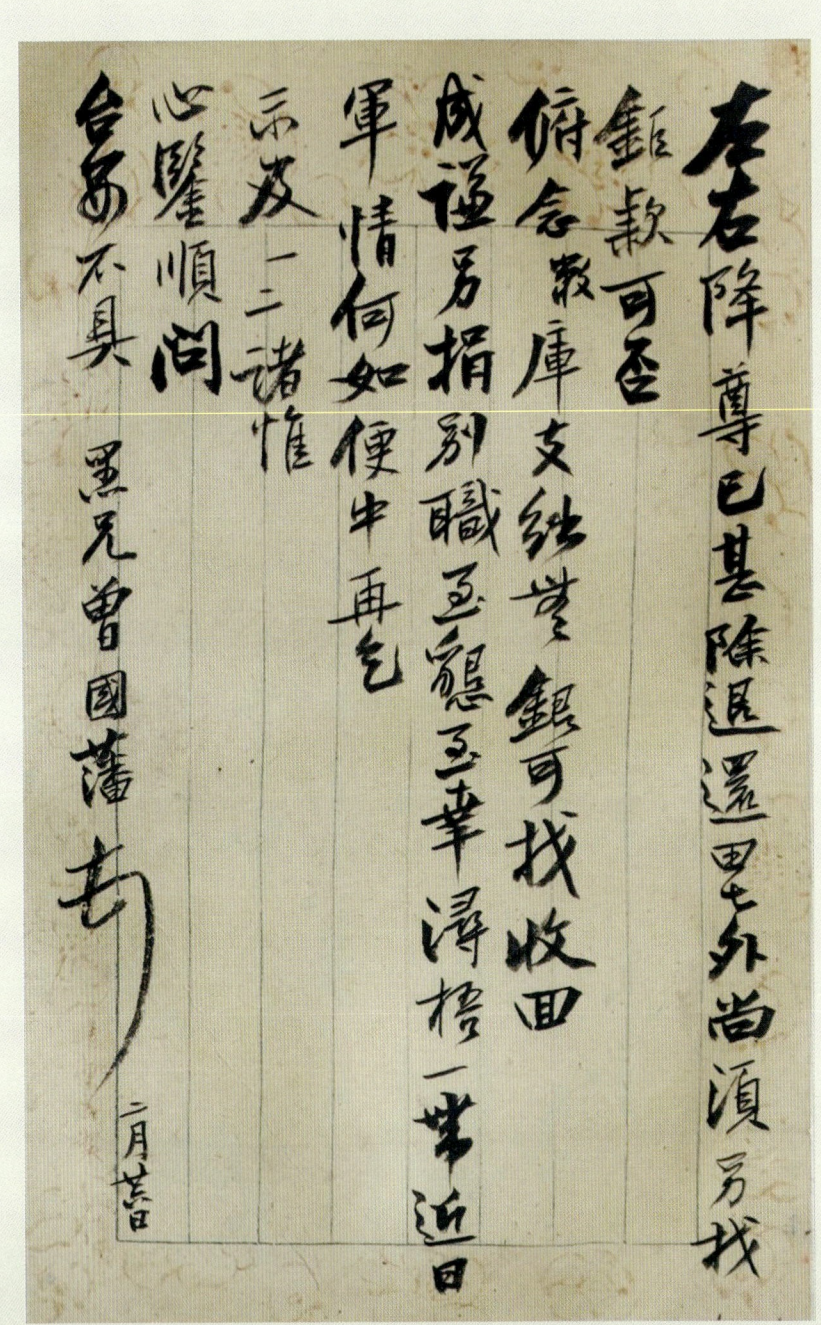

左右降尊已甚，除退還田七外，尚須另找

鉅款。可否

俯念敝庫支絀，無銀可找，收回

成謙，另捐別職？至懇至幸。潯梧一帶近日

軍情何如，便中再乞

示及一二。諸惟

心鑒，順問

台安。不具。　愚兄曾國藩頓首　二月廿六日

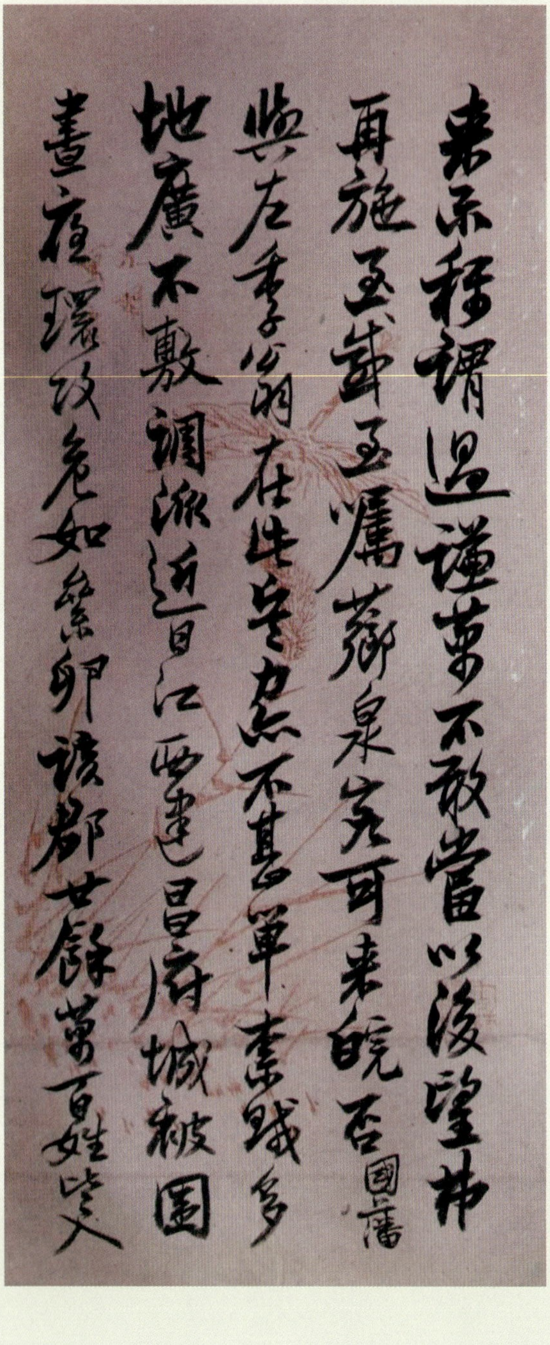
來示稱謂過謙萬不敢當以後望弗
再施至感至屬薌泉兄可來皖否國藩
與左季翁在此兵患不甚單薄錢多
地廣不敷調派近日江西建昌府城被圍
晝夜環攻危如累卵該郡廿餘萬百姓之人

來示稱謂過謙，萬不敢當。以後望弗再施，至感至囑。薌泉究可來皖否？國藩與左季翁在此兵力亦不甚單，奈賊多地廣，不敷調派。近日江西建昌府城被圍，晝夜環攻，危如紊卵。該郡廿餘萬百姓，皆入

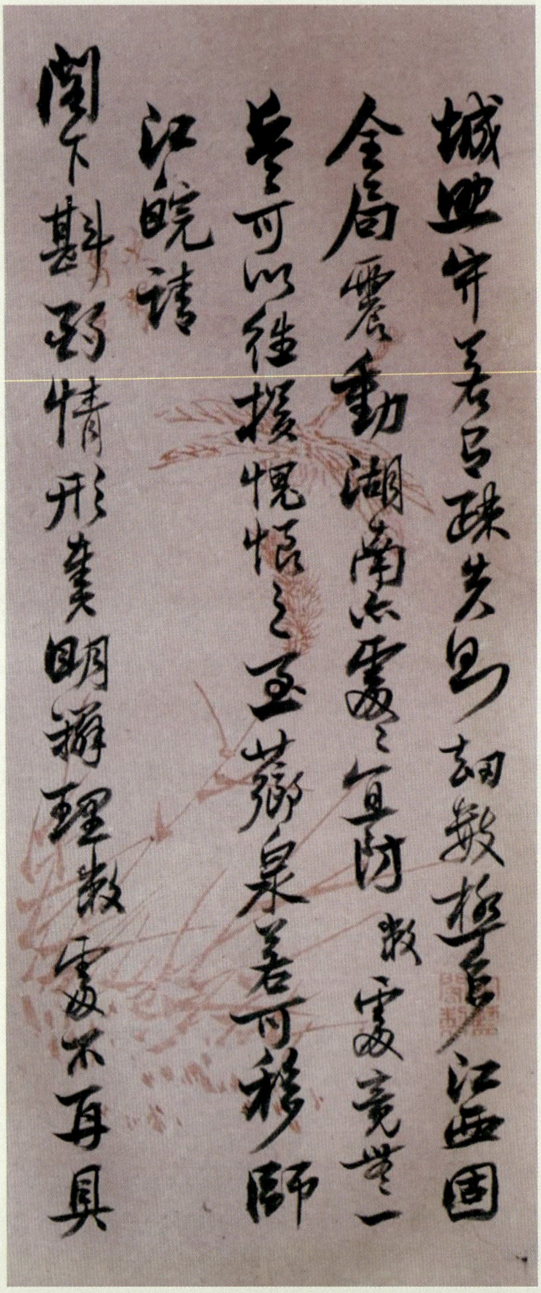

城助守。若有疏失，則劫數極多。江西固全局震動，湖南亦處處宜防。敝處竟無一兵可以往援，愧恨之至。薌泉若可移師江皖，請
閣下斟酌情形，奏明辦理。敝處不再具。

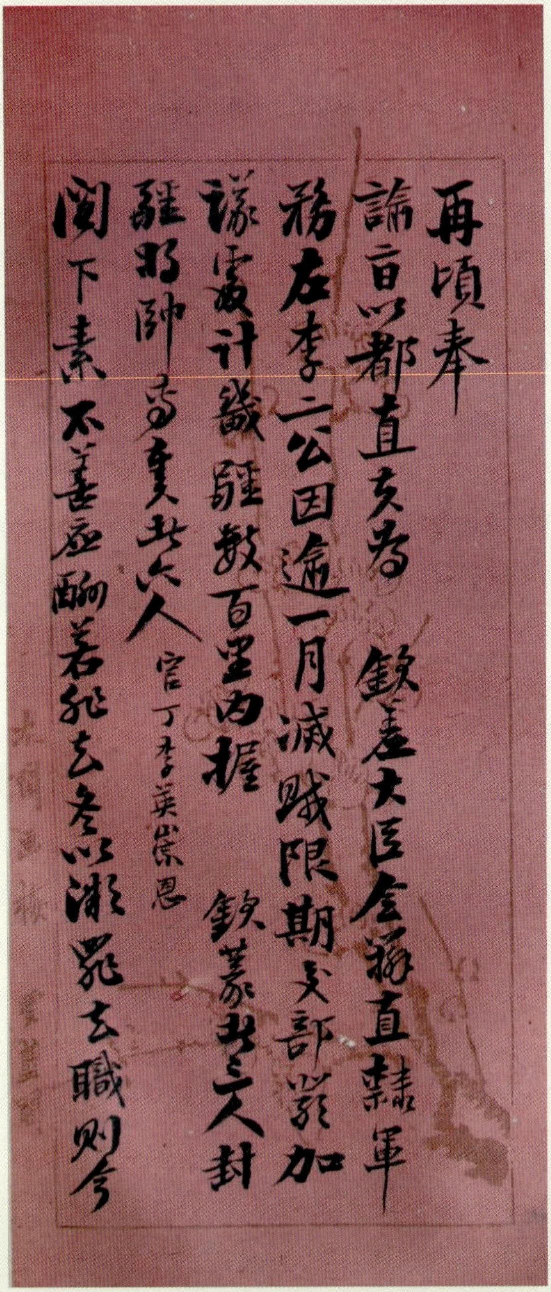

再頌奉
諭旨以都直交者　欽差大臣會辦直隸軍
務左李二公因逾一月滅賊限期交部嚴加
議處計識雖數百里內握　欽篆者三人封
疆將帥多至於六人官丁李英崇恩
閣下素不善應酬若兹去冬以浙罷去職則今

再頌奉
諭旨，以都直夫為　欽差大臣會辦直隸軍
務，左李二公因逾一月滅賊限期交部嚴加
議處。計畿疆數百里内握　欽篆者三人，封
疆將帥專奏者六人，官、丁、李、英、崇、恩。
閣下素不善應酬，若非去冬以微罪去職，則今

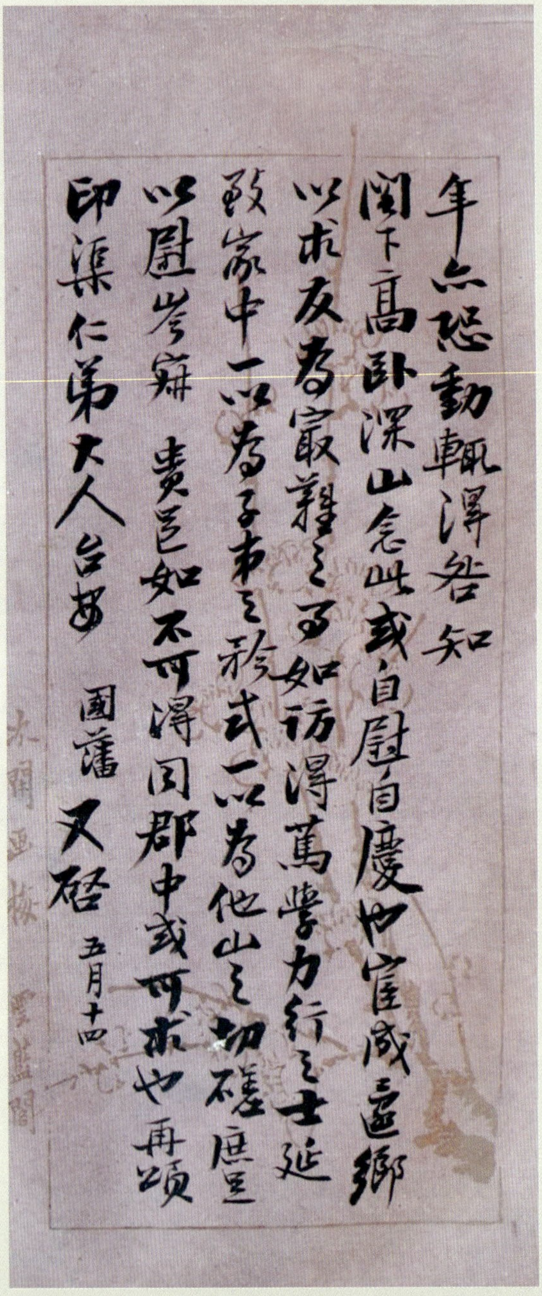

年亦恐動輒得咎，知
閣下高卧深山，念此或自慰自慶也。宦成還鄉，
以求友為最難之事，如訪得篤學力行之士，延
致家中，一以為子弟之矜式，一以為他山之切磋，庶足
以慰岑寂。貴邑如不可得，同郡中或可求也。再頌
印渠仁弟大人台安
國藩又啓 五月十四

年亦恐動輒得咎。知
閣下高臥深山，念此或自慰自慶也。宦成還鄉，
以求友為最難之事，如訪得篤學力行之士，延
致家中，一以為子弟之矜式，一以為他山之切磋，庶足
以慰岑寂。　貴邑如不可得，同郡中或可求也。再頌
印渠仁弟大人台安。　　國藩又啓　五月十四

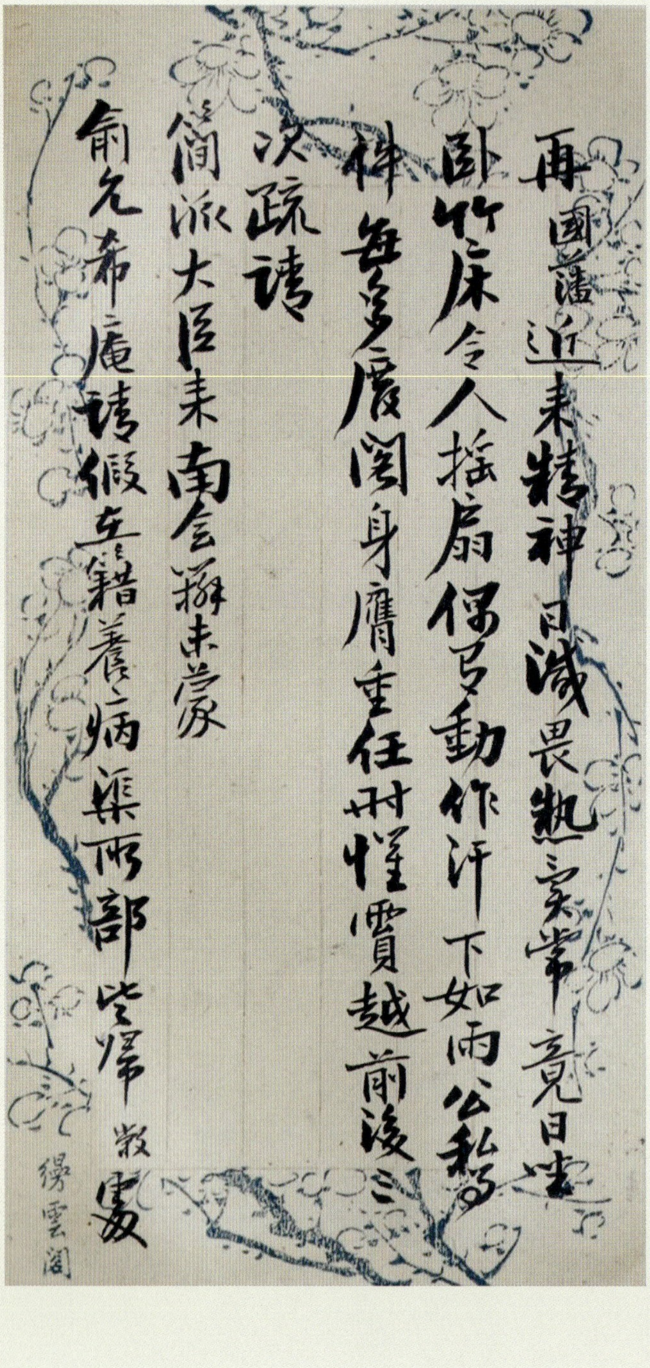

再，國藩近來精神日減，畏熱異常，竟日坐臥竹床，令人摇扇，偶一動作，汗下如雨，公私稿件每多，屢閱身膺重任，時懼隕越，前後三次疏請簡派大臣來南會辦，未蒙俞允。希庵請假，在籍養病，渠所部皆歸敝處

再，國藩近來精神日減，畏熱異常，竟日坐臥竹床，令人摇扇。偶有動作，汗下如雨。公私事件，每多廢閣。身膺重任，時懼隕越。前後三次疏請
簡派大臣來南會辦，未蒙
俞允。希庵請假在籍養病，渠所部皆歸敝處

調度畨練臣亦只屬責無旁貸努力僅可負
五十斤之重者今已負至千斤兩又累加不已勢不
斷蹶不止軍營及地方二者均之繼起之賢不似
往歲之人材輩出深用憂灼
尊處近又得好幫手否鄂省二賢者毛江兩
公所留幕府似此者實難再得直隸府廳州縣

錫雲閣

調度。苗練巨患，亦屬責無旁貸。如力僅可負五十斤之重者，今已負至千斤，而又累加不已，勢不顛蹶不止。軍營及地方二者均乏繼起之賢，不似往歲之人材輩出，深用憂灼。尊處近又得好幫手否？郭鄧二賢為毛江兩公所留，幕府似此者實難再得。直隸府廳州縣

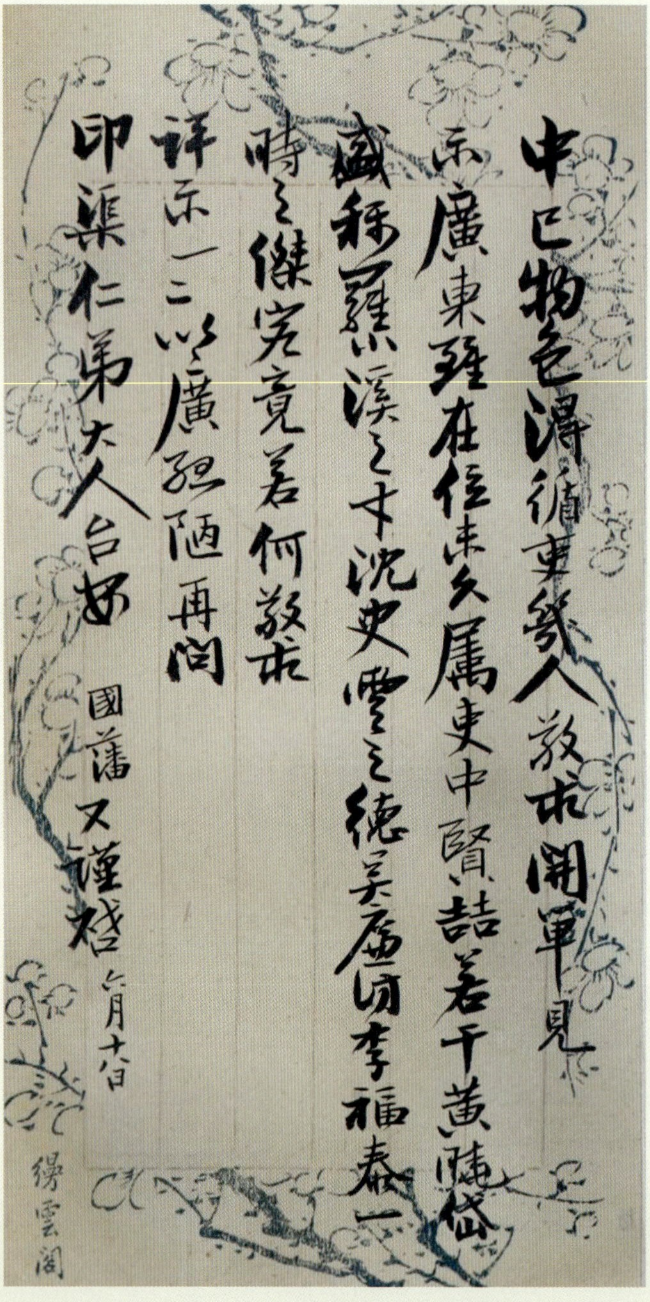

中已物色得循吏數人，敦求開單見示。廣東雖在任未久，屬吏中賢喆若干，黃隨岱盛稱羅溪之才，沈史雲之德，吳唐佰、李福泰一時之傑，究竟若何，敬求詳示一二，以廣孤陋。再問即渠仁弟大人台安。

國藩又謹啟　六月十日

中已物色得循吏幾人？敬求開單見示。廣東雖在位未久，屬吏中賢喆若干，黄曉岱盛稱羅小溪之才，沈史雲之德，吳廉訪、李福泰一時之傑，究竟若何，敬求評示一二，以廣孤陋。再問印渠仁弟大人台安。

國藩又謹啓　六月十八日

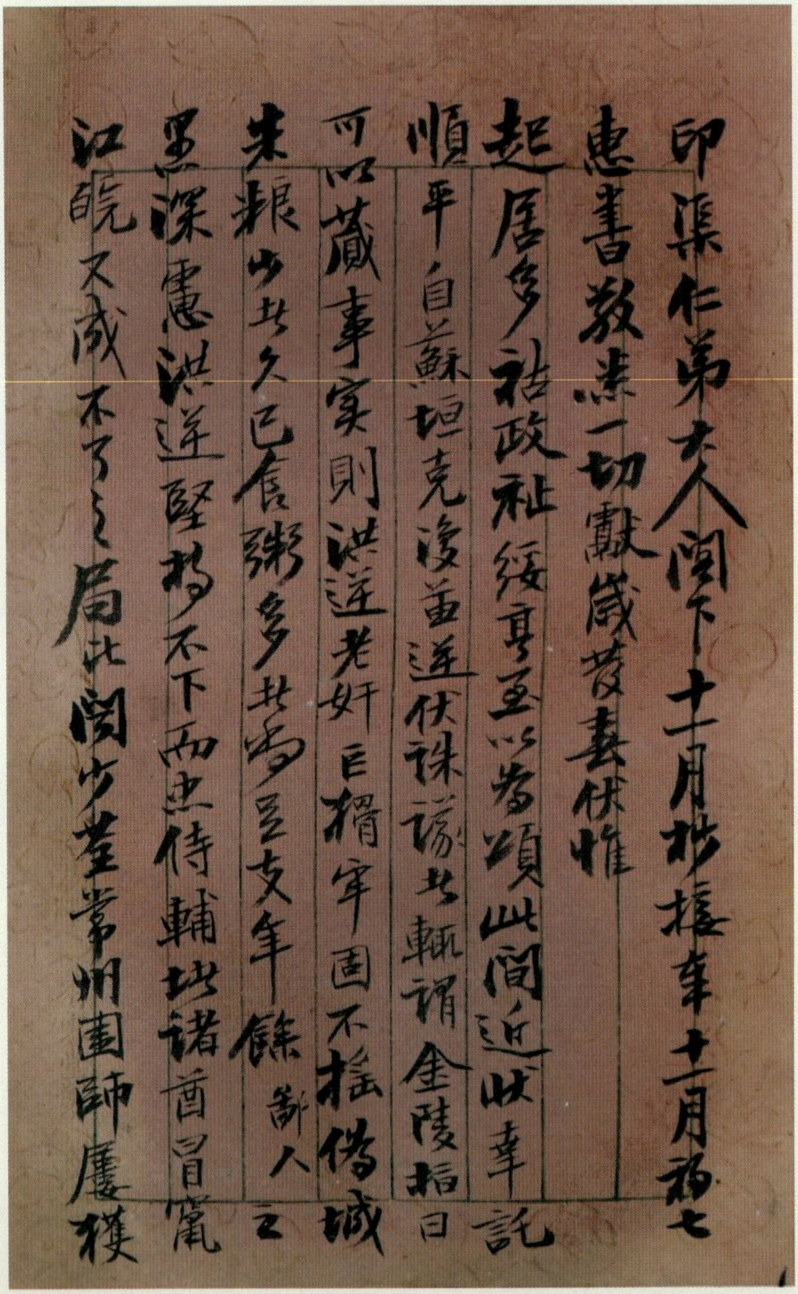
印渠仁弟大人閣下：十一月杪接奉十一月初七惠書，敬悉一切。獻歲發春，伏惟起居多祜，政祉綏亨，至以為頌。此間近狀幸託順平。自蘇垣克復，苗逆伏誅，談者輒謂金陵指日可以蕆事，實則洪逆老奸巨猾，守固不搖，偽城米糧少者久已食粥，多者尚足支年餘。鄙人亦甚深慮洪逆堅持不下，而忠、侍輔與諸酋冒竄江皖，又成不了之局。比聞少荃常州圍師屢獲

印渠仁弟大人閣下：十一月杪接奉十一月初七
惠書，敬悉一切。獻歲慶春，伏惟
起居多祜，政祉綏亨，至以為頌。此間近狀，幸託
順平。自蘇垣克復，苗逆伏誅，議者輒謂金陵指日
可以蕆事，實則洪逆老奸巨猾，牢固不摇。僞城
米糧少者久已食粥，多者尚足支年餘。鄙人之
愚，深慮洪逆堅持不下，而忠侍輔堵諸酋冒竄
江皖，又成不了之局。比聞少荃常州圍師，屢獲

大捷不日可期克復而嘉興與逆首寧處感有厭
獻杭嘉湖五城之說左師攻杭之師亦疊次克
壘殲渠如彼四府并下金陵亦必莫久抗之
理只望江皖各軍力扼田寧之賊當不致別生
波折西廣及畿輔各員
來示所開亦已瓌寶溢目不宜更召乏材之嘆
豫省責成河北鎮道直省責成大名河北鎮道東
省責成曹濟鎮道自是直截了當惟此亦

大捷，不日可期克復，而嘉興逆首窮蹙，有願獻杭嘉湖五城之説，左帥攻杭之師，亦疊次克壘殲渠，如彼四府並下，金陵亦必無久抗之理。只望江皖各軍力扼回竄之賊，當不致别生波折。兩廣及畿輔各員

來示所開，亦已瓌寶溢目，不宜更有乏材之嘆。豫省責成河北鎮道，直省責成河北（大名）鎮道，東省責成曹濮鎮道，自是直截了當。惟此六

全中除姜國仲可恃外其五人未是否勝此

重任是否能有素練之兵久戰之將如託之能

人則緩急仍不可恃練兵

大疏較之薛公原奏實為識高而當於事理情

將領實不易得餉需亦無把握

尊疏集撥之十一省必難如期如數直隸雖無大河

要津鹽如衛河直沽及陸路繁盛市鎮是否可

抽釐亦是大氐軍政吏治與財用充足竟其下

人之中除姜國仲可恃外，其五人者是否勝此重任？是否各有素練之兵、久戰之將？如託之非人，則緩急仍不可恃。練兵大疏，較之薛公原奏，實為識高而當於事理，惟將領實不易得，餉需亦無把握。尊疏奏撥之十一省必難如期如數。直隸雖無大河要津，然如衛河直沽，及陸路繁盛市鎮，是否可抽辦釐金，大氐軍政吏治，非財用充足，竟無下

手示雲友自王介甫以言利為正人所詬病後之
君子例避理財之名以不言有無不言多寡為
高實則補救時艱斷非貧困（窮）生困所能為力葉取
心嘗謂仁人君子不應置理財於不講良為通論舊
素無理財之能故撙有三省不克游刃有餘
閣下精細和厚即理財一節想亦能批郤導窾
本末兼賅第雲友多懼之地值多事之際未審
因興利而更增譏議否耳　亟於講求吏治即

手之處。自王介甫以言利為正人所詬病，後之君子，例避理財之名，以不言有無不言多寡為高，實則補救時艱，斷非貧窮困坐困所能為力。葉水心嘗謂仁人君子不應置理財於不講，良為通論。藩素無理財之能，故撫有三省，不克游刃有餘。閣下精細和厚，即理財一節，想亦能批郤導窾，本末兼賅，第處多懼之地，值多口之際，未審因興利而更增譏議否耳。至於講求吏治，即

可裕餉息兵雖屬正論究不切於事理只可
姑存其說以備參核味根淪逝深堪惋悼現
調江蓋臣接統其軍而以鄧陳二君綜理營
務達川調任蜀藩景況稍裕責任亦鉅得伯
昭朝夕贊襄應可攸往咸宜諸關
廑注順布一二統希
心鑒即請
台安 國藩頓首

甲子正月七日

可裕餉息兵，雖屬正論，究不切於事理，只可
姑存其説，以備參核。味根淪逝，深堪惋悼。現
調江藎臣接統其軍，而以鄧陳二君綜理營
務。達川調任蜀藩，景況稍裕，責任亦鉅，得伯
昭朝夕贊助，應可攸往咸宜。諸關
廑注，順布一二，統希
心鑒，即請
台安。　國藩頓首　甲子正月七日

季高仁兄大人閣下：頃接春霆初八日信，知寧國郡城於初六日失守。該城係韋志浚與彭降之洪容海駐守，韋將又已赴蕪湖舟次養病，不能堅守，乃意中之事。朱守旌德，唐守徽州，此路必十分危險，務望閣下迅撥蔣軍救援徽郡、旌德二處

季高仁兄大人閣下：頃接春霆初八日信，知寧國縣城於初六日失守。該城係韋志浚與新降之洪容海駐守。韋將又已赴蕪湖舟次養病，不能堅守，乃意中之事。朱守旌德，唐守徽州，此路必十分危險，務望閣下迅撥鄉軍救援徽州旌德二處，

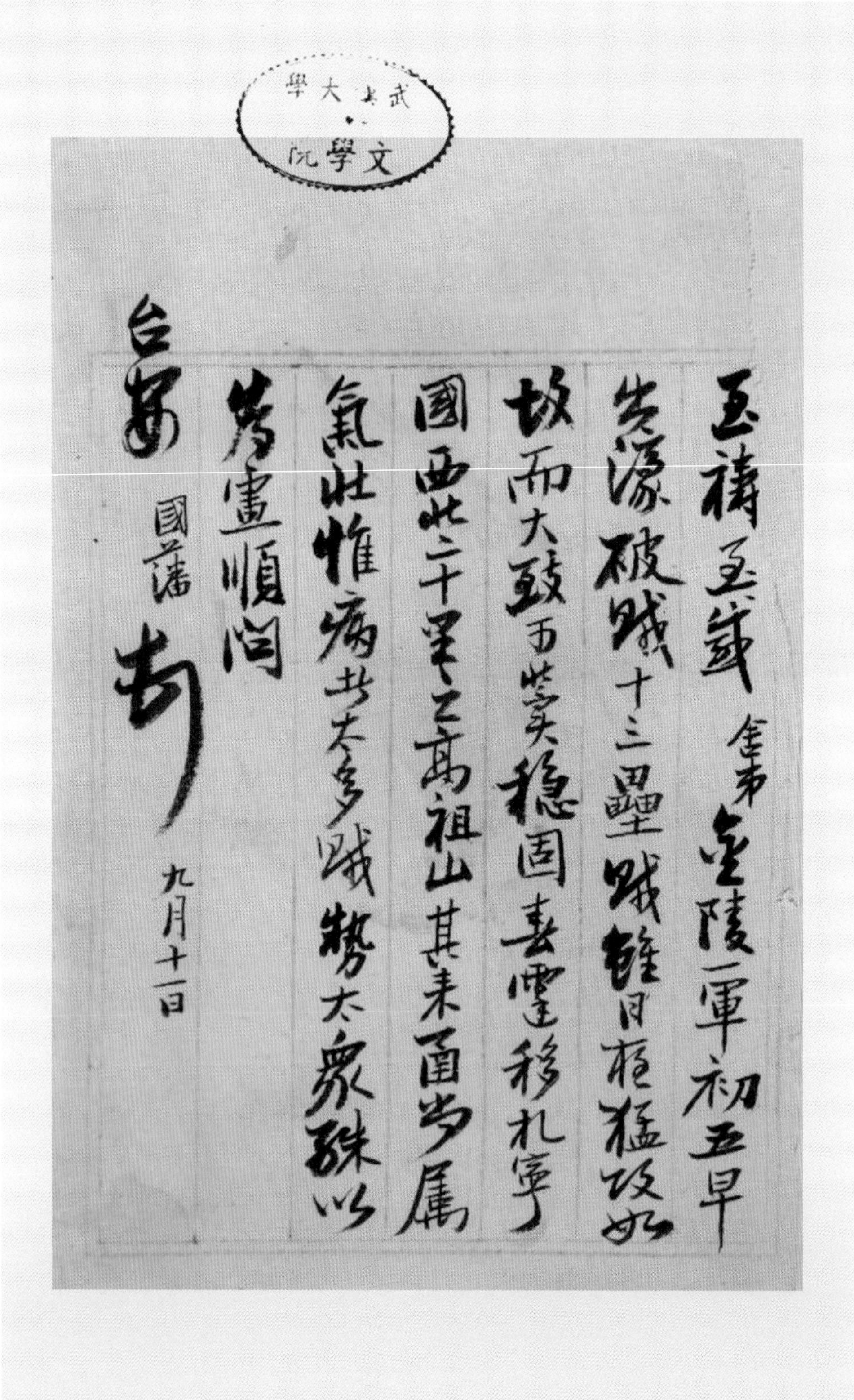

武漢大學文學院
至禱至感。舍弟金陵一軍初五早
先後破賊十三壘，賊雖日夜猛攻，如
故，而大致可望穩固。春霆移扎寧
國西北二十里之高祖山，其來面尚屬
氣壯，惟病者太多，賊勢太衆，殊以
為慮。順問
台安
國藩頓首
九月十一日

至禱至感。舍弟金陵一軍初五早
出濠破賊十三壘，賊雖日夜猛攻如
故，而大致可冀穩固。春霆移紮寧
國西北二十里之高祖山，其來函尚屬
氣壯，惟病者太多，賊勢太衆，殊以
為慮。順問
台安。國藩頓首　九月十一日

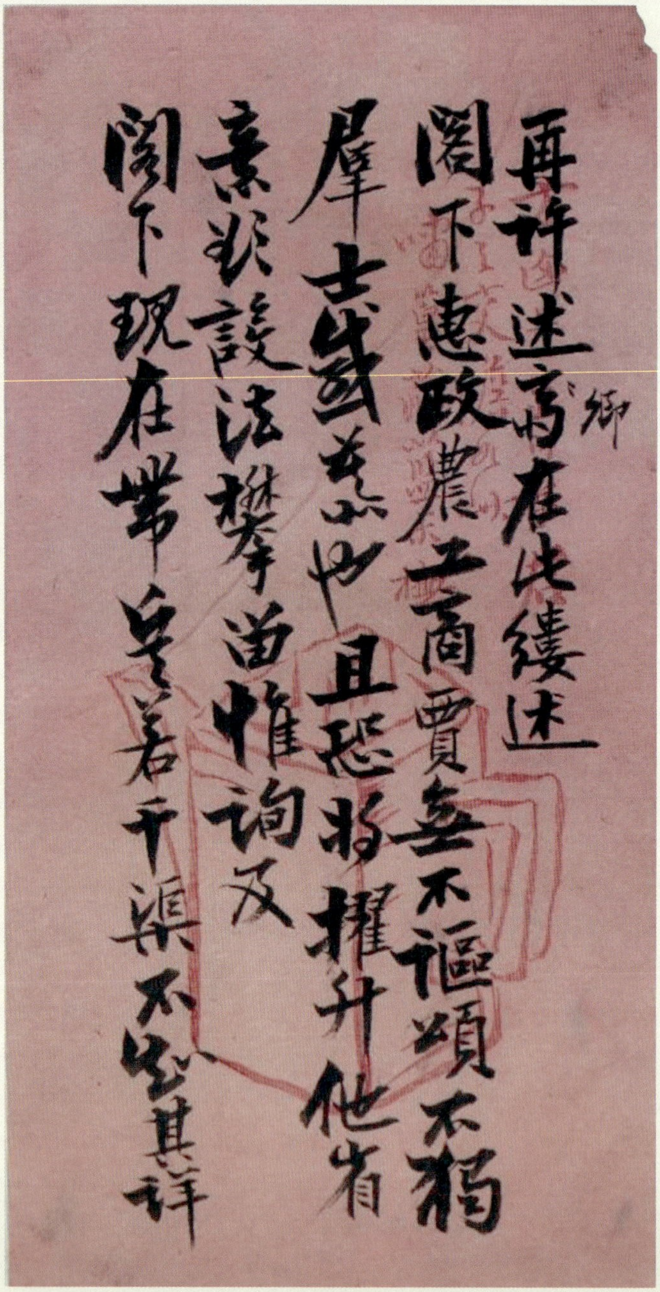

再許述高卿在此縷述
閣下惠政農工商賈無不謳頌不獨
羣士感戴也且恐將擢升他省
衆紳設法攀留惟詢及
閣下現在帶兵若干渠不悉其詳

再，許述齋卿在此縷述
閣下惠政，農工商賈，無不謳頌，不獨
羣士感慕也。且恐將擢升他省，
意欲設法攀留。惟詢及
閣下現在帶兵若干，渠不知其詳。

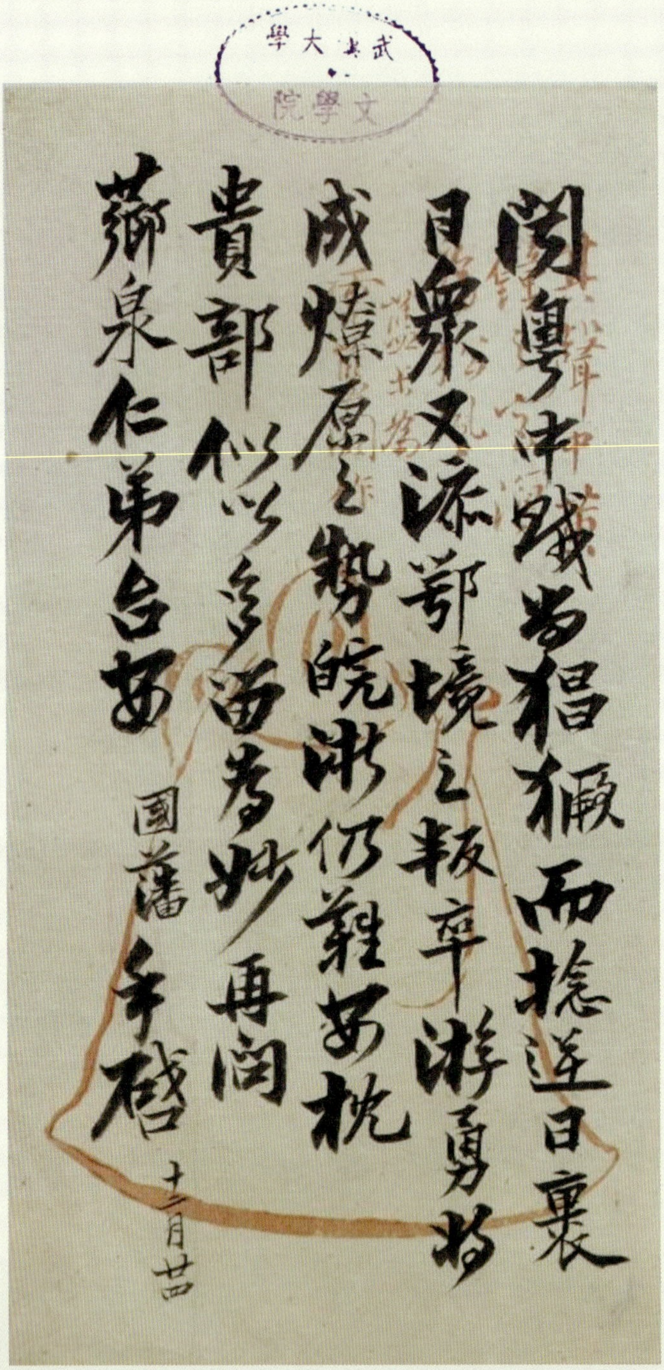

閩粵中賊均猖獗而捻逆日熾
目衆又流鄂境之叛卒游勇均
成燎原之勢皖浙仍難安枕
貴部似以多留爲妙再問
薌泉仁弟台安
國藩手啓
十二月廿四

聞粤中賊尚猖獗，而捻逆日衷日衆，又添鄂境之叛卒遊勇，將成燎原之勢，皖浙仍難安枕，貴部似以多留為妙。再問

蘅泉仁弟台安。

國藩手啓　十二月廿四

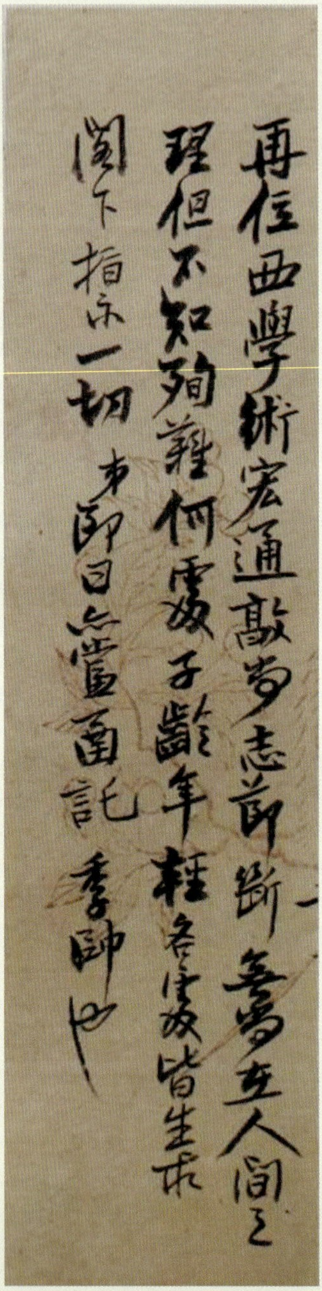
再任西學術宏通敦尚志節斷無尚在人間之
理但不知殉難何處及子齡年輕各處皆生求
閣下指示一切 弟即日亦當函託 季帥也

再，位西學術宏通，敨尚志節，斷無尚在人間之理。但不知殉難何處。子齡年輕，各處皆生，求閣下指示一切。弟即日亦當函託季帥也。

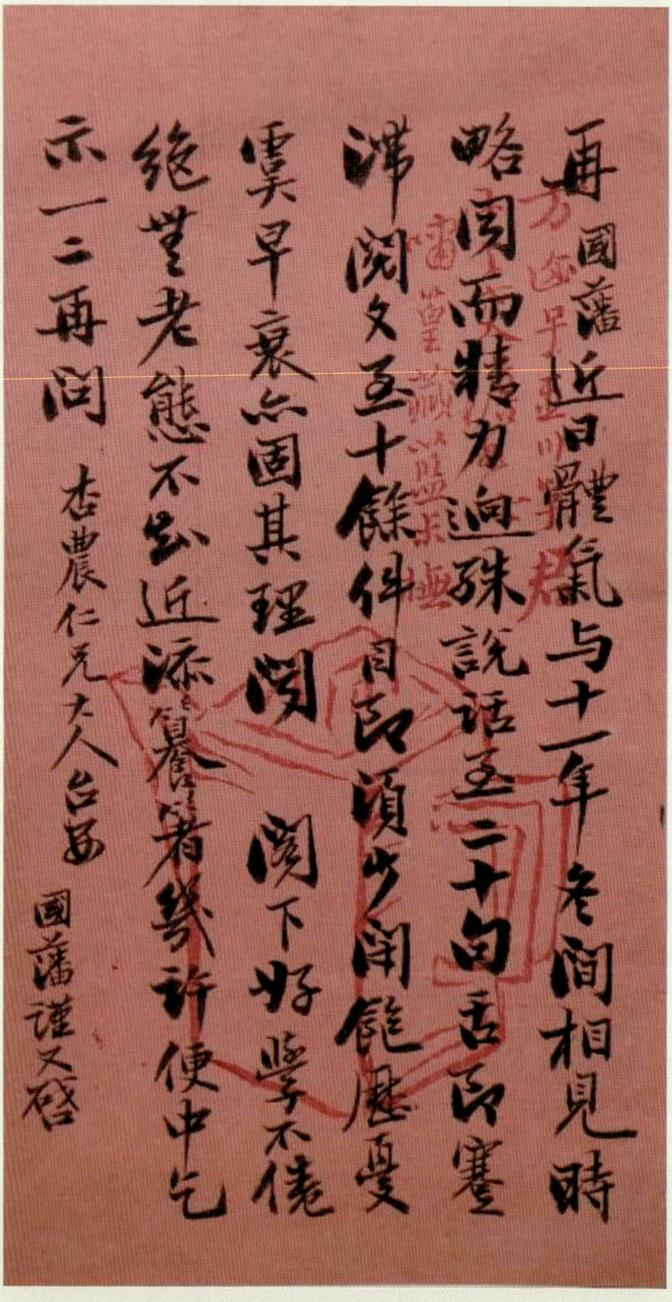

再
國藩近日體氣与十一年冬間相見時
略同而精力迥殊說話至二十句舌即蹇
滯閱文至十餘件目即須少閉能歷夏
冀早衰亦固其理閣
閣下好學不倦
絶業老態不出近添傷寒著幾許便中乞
示一二再問
杏農仁兄大人台安
國藩謹又啟

再，國藩近日體氣與十一年冬間相見時略同，而精力迥殊，説話至二十句，舌即蹇滯，閲文至十餘件，目即須少閉。飽歷憂虞，早衰亦固其理。聞閣下好學不倦，絶無老態，不知近添饔箸幾許？便中乞示一二。再問

杏農仁兄大人台安。國藩謹又啓

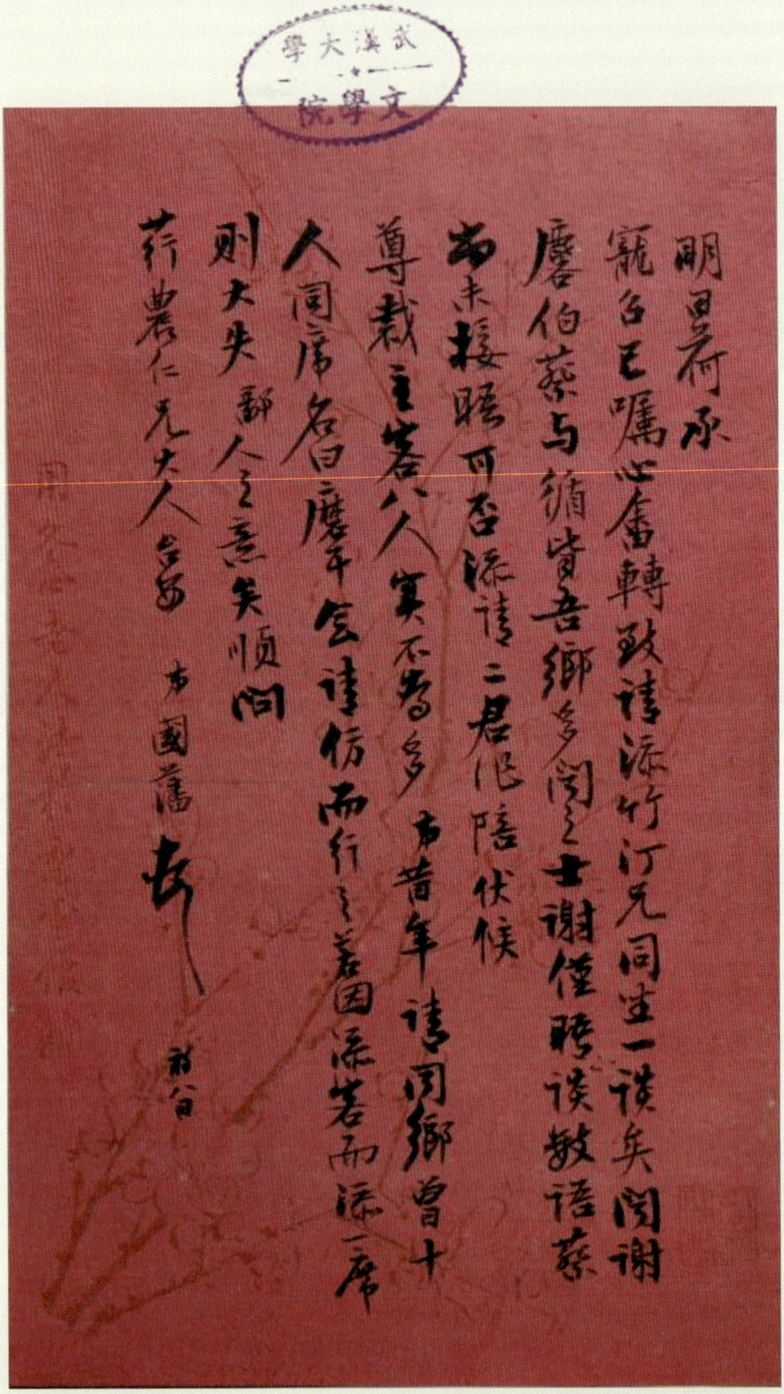

明日荷承
寵召，已囑必當轉致，請添竹汀兄同過一談矣。閣謝
麐伯、蔡與循皆吾鄉多聞之士，謝僅晤談數語，蔡
尚未接晤，可否添請二君作陪，伏候
尊裁。主客八人實不為多，弟昔年請同鄉曾十
人同席，名曰麐年會，請仿而行之。若因添客而添一席，
則大失鄙人之意矣。順問
行農仁兄大人台安。弟國藩頓 初六日

明日荷承
寵召，已囑心畬轉致，請添竹汀兄同坐一談矣。聞謝
麐伯、蔡與循皆吾鄉多聞之士，謝僅晤談數語，蔡
尚未接晤，可否添請二君作陪，伏候
尊裁。主客八人，實不爲多，弟昔年請同鄉，曾十
人同席，名曰磨耳會，請仿而行之。若因添客而添一席，
則大失鄙人之意矣。順問
荇農仁兄大人台安。弟國藩頓首　初八日

胡林翼手札

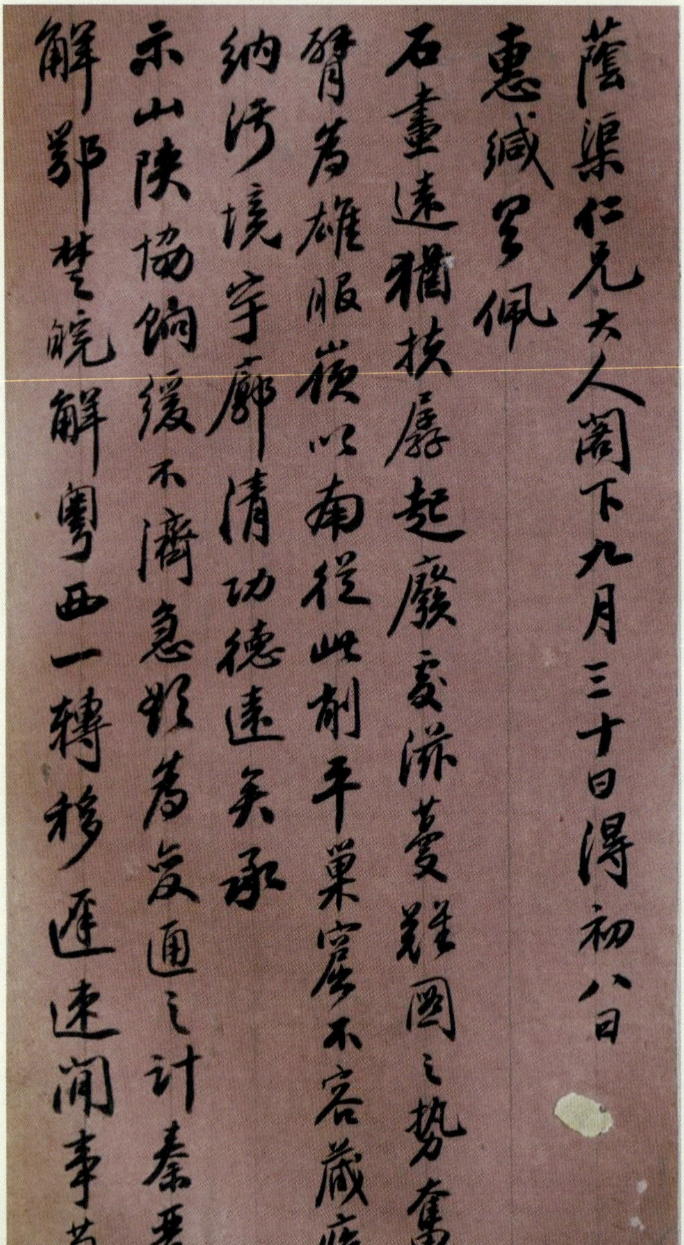

蔭渠仁兄大人閣下：九月三十日得初八日
惠緘，具佩
石畫遠猶，扶虜起廢，變滌蔓難圖之勢，奮
臂為雄，服嶺以南，從此制乎巢窟，不容藏疾
納污，境宇廓清，功德遠矣。承
示山陝協餉緩不濟急，擬為旋通之計，秦晉
解鄂，楚皖解粵西，一轉移遲速間，事茍

蔭渠仁兄大人閣下：九月三十日得初八日
惠緘，具佩
石畫，遠猶扶孱起廢，處滋蔓難圖之勢，奮
臂為雄，服嶺以南，從此削平巢窟，不容藏疾
納汙，境宇廓清，功德遠矣。承
示山陝協餉，緩不濟急，欲為變通之計。秦晉
解鄂，楚皖解粵西，一轉移遲速間事，苟

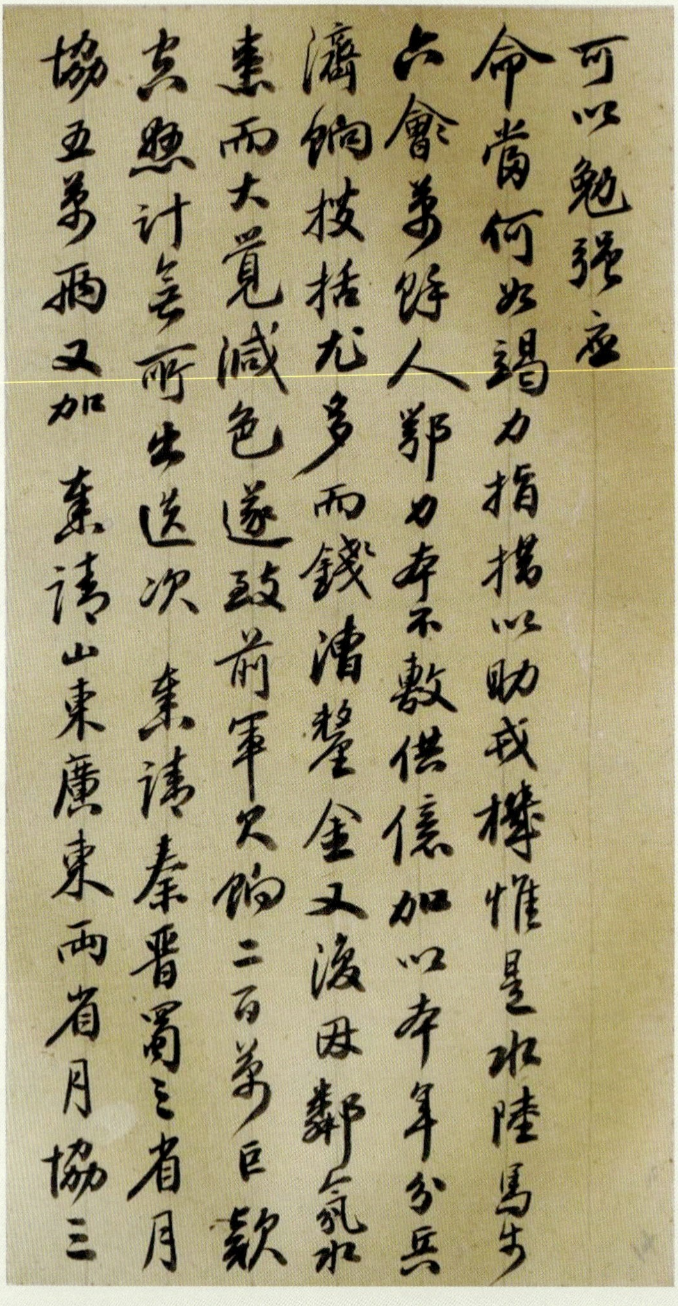
可以勉強應
命當何如竭力指揮以助戎機惟是水陸馬步
六營萬餘人鄂力本不敷供億加以本年分兵
濟餉拔括尤多而錢漕釐金又復因鄰氛水
患而大覺減色遂致前軍欠餉二百萬巨款
焦慮計無所出迭次
奏請秦晉蜀三省月
協五萬兩又加
奏請山東廣東兩省月協三

可以勉強應

命，當何如竭力指措，以助戎機。惟是水陸馬步六侖萬餘人，鄂力本不敷供億，加以本年分兵濟餉，搜括尤多，而錢漕釐金又復因鄰氛水患而大覺減色，遂致前軍欠餉二百萬。鉅款空懸，計無所出。迭次　奏請秦晉蜀三省月協五萬兩，又加　奏請山東廣東兩省月協三

萬兩絕年未有分毫屢於解剋下游援皖軍數
百里陸路轉運飛挽不繼軍食尚難敷衍而
冬令多寒征衣未授追呼日迫士卒頗有怨言
滌帥入祁門徵軍甫集而甯國徽州相繼失
陷袁午帥定遠潢圍我由壽鳳西趨六霍
而舒廬伏莽群興不特東征無進步六且
凱潢堪虞我

萬兩，終年未有分耋報解。刻下深拓皖畺數
百里，陸路轉運，飛挽不繼，軍欠尚難敷衍，而
冬令多寒，征衣未授，追呼日迫，士卒頗有怨言。
滁帥入祁門，徽軍甫集，而甯國徽州相繼失
陷。　袁午帥定遠潰圍，賊由壽鳳西趨六霍，
而舒廬伏莽羣興，不特東征無進步，亦且
饑潰堪虞。我

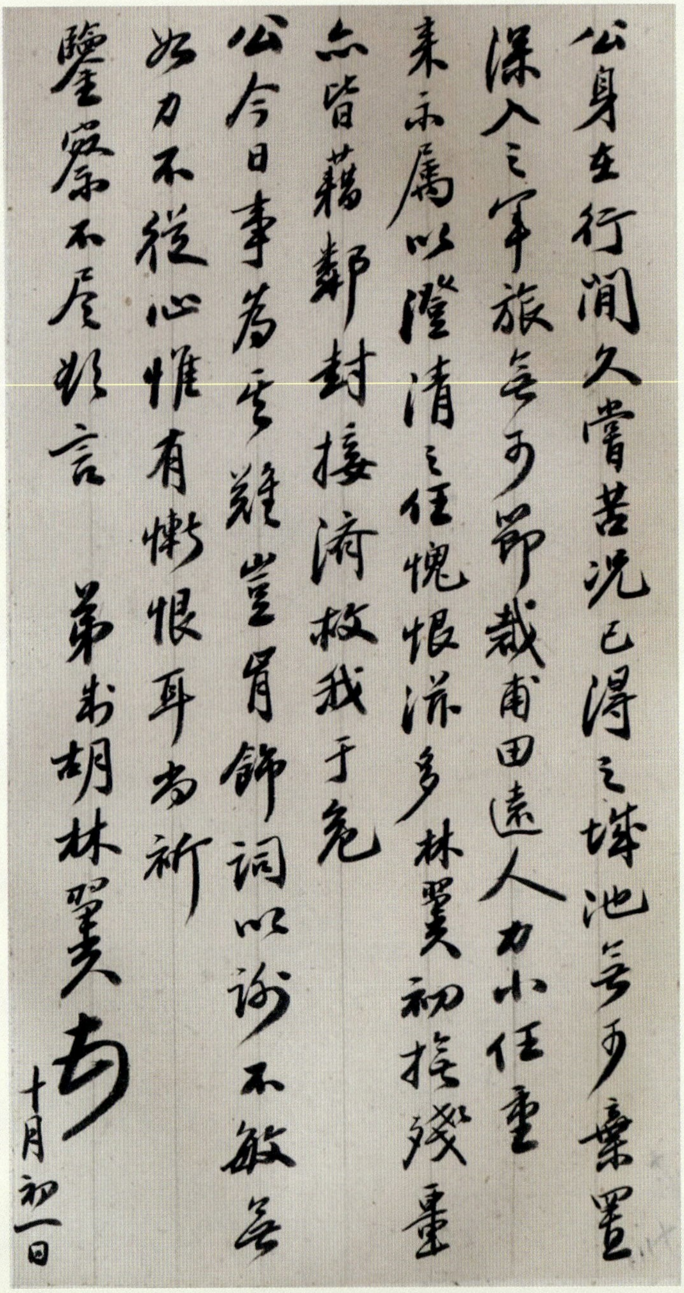
公身在行間久嘗甘苦況已得之城池無可棄置
深入之軍旅無可節裁甫田遠人力小任重
來示屬以澄清之任愧恨滋多林翼初接錢糧
亦皆藉鄰封接濟救我于危
公今日事為至難豈肯飾詞以謝不敏無
如力不從心惟有慚恨耳為祈
鑒察不展縷言
弟制胡林翼頓
十月初一日

公身在行間，久嘗苦況，已得之城池無可棄置，深入之軍旅無可節裁。甫田遠人，力小任重。來示屬以澄清之任，愧恨滋多。林翼初撫殘疆，亦皆藉鄰封接濟，救我於危。公今日事為其難，豈肯飾詞以謝不敏。無如力不從心，惟有慚恨耳。尚祈鑒察。不盡欲言。

弟制胡林翼頓首

十月初一日

左宗棠手札

蔭兄大人麾下：賊之逼祁陽者，志不在祁陽，意在出邵擾，與東安賊合勢耳。貴軍擬伯牙市，兩面受敵，兵力又單，亟應退洞田、鋪花橋一帶，以固寶郡，且田圍均可就近會剿。已飛書白趙玉班兄由衡州長樂鄉過寶，扼頸寶郡，或尚無虞。貴軍即宜扼武岡之頸也。急急飛此奉請

大安。岷兄均此。甚盼以退探爲妙，此左右同也。弟宗棠頓首 四月三日未刻

蔭兄大人麾下：賊之逼祁陽者，志不在祁陽，意在出邵
境與東安賊合勢耳。
尊軍紮伯牙市，兩面受敵，兵力又單，亟應退洞田
鋪花橋一帶以固寶郡，且田周均可就近會剿，已
飛書與趙玉班兄由衡州長樂鄉過寶攔頭，寶郡
或尚無虞，尊軍即宜攔武岡之頭也。匆匆飛此，奉請
大安。峴兄均此。甚勿以退紮為恥，此大局也。弟宗棠頓首
四月三日
未刻

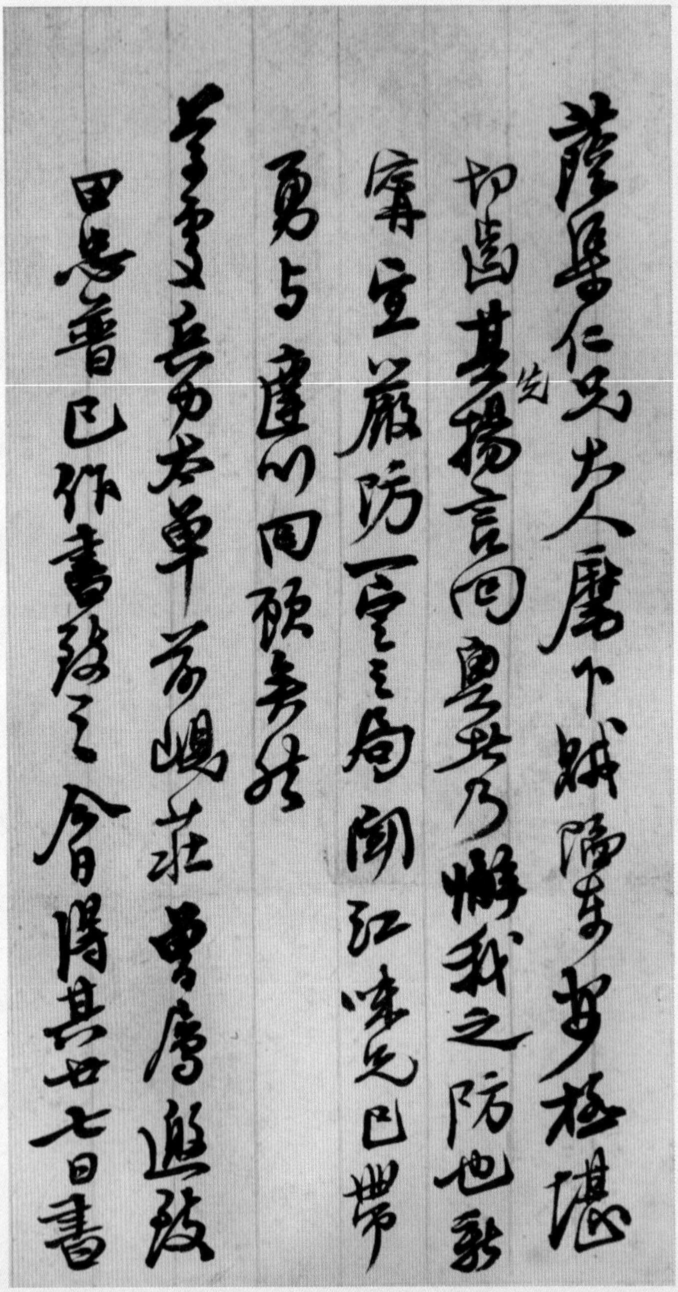

蔭渠仁兄大人麾下：賊陷壽安，極憾。
切囑其揚（沿）言回粵者，乃懈我之防也。敝
處宜嚴防，一定之局。聞江味兄已帶
勇與達川同頓兵矣。
芸叟、文岳兩君單于芗遇莊貴唐進發，
田忠普已作書發之。今陽其廿七日書。

蔭渠仁兄大人麾下：賊陷東安，極堪切齒，其先揚言回粤者，乃懈我之防也。新甯宜嚴防，一定之局。聞江味兄已帶勇與達川回顧矣。然尊處兵力太單，前峴莊曾屬邀致田忠普，已作書致之。今日得其廿七日書，

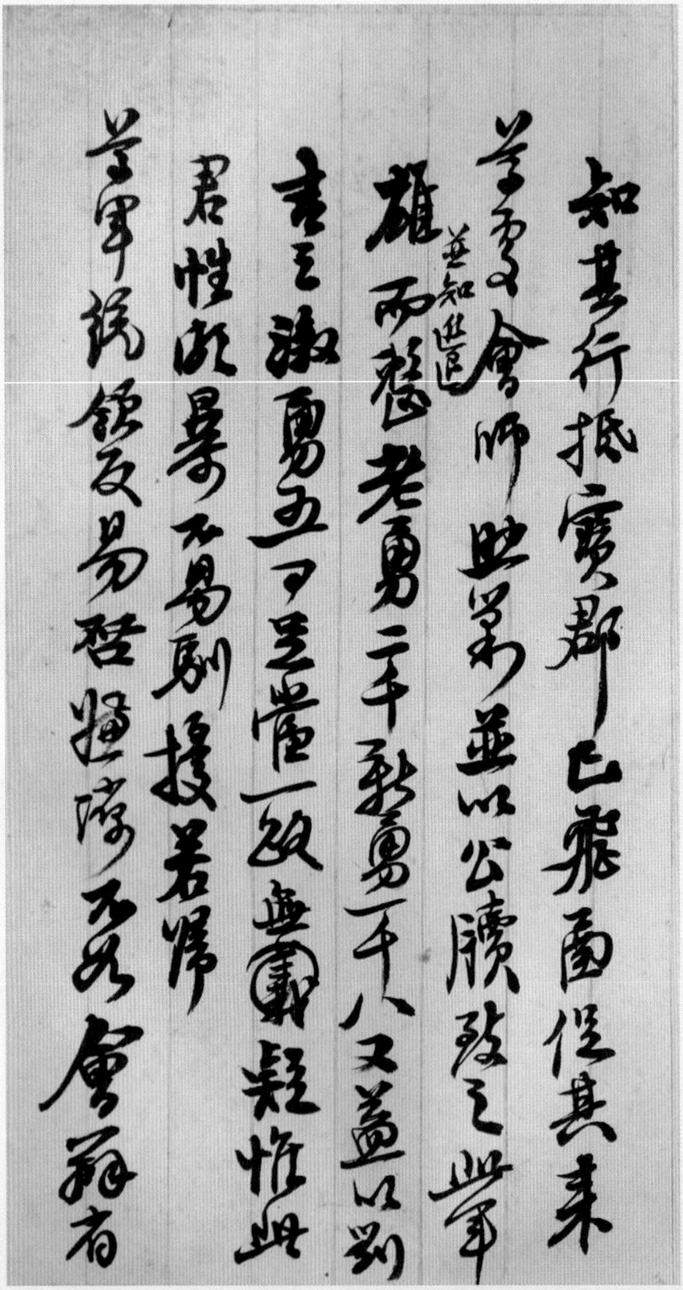

知其行抵寶郡已飛函促其來
[illegible]為之會師此舉並以公牘致之此軍
（並知照）
雄而整老勇二千新勇一千人又益以劉
[illegible]三淑勇五千可足當一路無疑懼與
君性[illegible]最易不易剛接若歸
[illegible]軍統領及易啓[illegible][illegible]不免會辦有

知其行抵寶郡，已飛函促其來

尊處會師助剿，並以公牘致之。此軍

雄而整，並知進退，老勇二千，新勇一千八，又益以劉

吉三溆勇五百，足當一路無兼疑。惟此

君性頗暴，不易馴擾。若歸

尊軍統領，反易啓嫌隙，不如會辦省

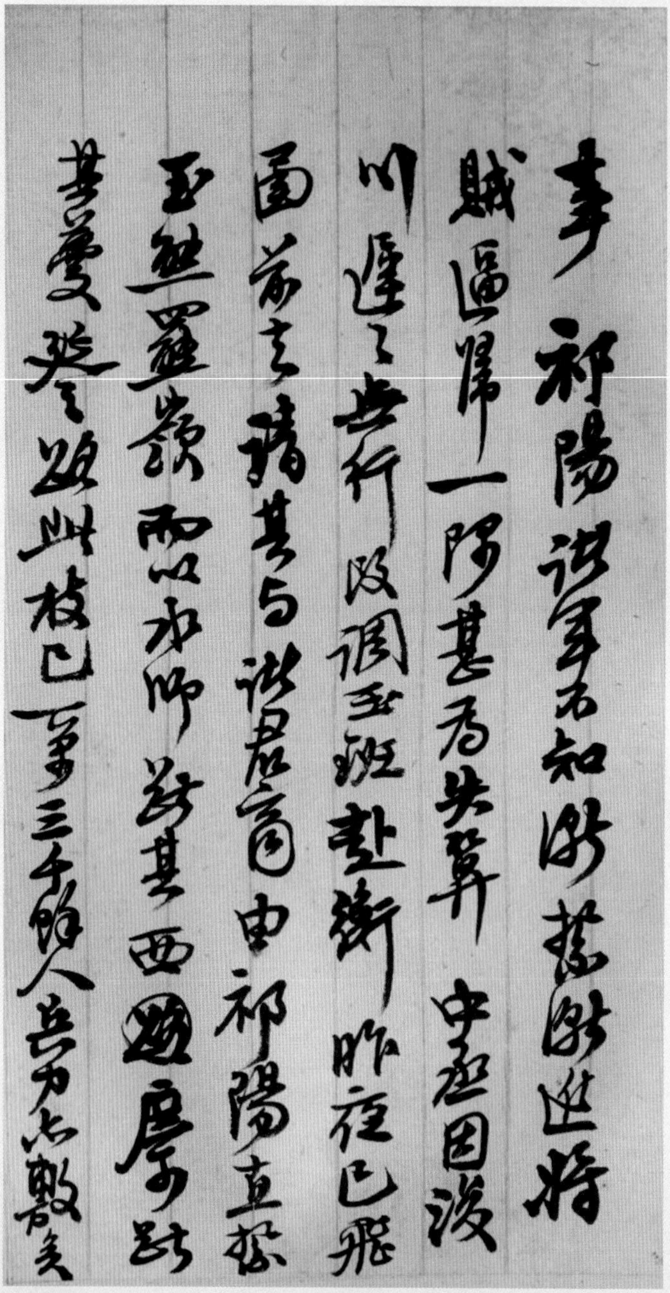

事祁陽諸軍若知勝藉勝進將
賊逼歸一路甚爲失算中途因後
川逕之無行改調玉班赴衡昨夜已飛
函前之請甚與諸君商由祁陽直探
玉然羅嶺而以水師躡其西路廖跡
甚慶癸之茲此枝已下三千餘人兵力亦敷矣

事。祁陽諸軍不知漸紮漸進，將賊逼歸一隅，甚為失算。中丞因浚川遲遲無行，改調玉班赴衡，昨夜已飛函前去，請其與諸君商，由祁陽直紮至熊羆嶺，而以水師斷其西路，庶可斷其蔓延之路。此枝已一萬三千餘人，兵力亦敷矣。

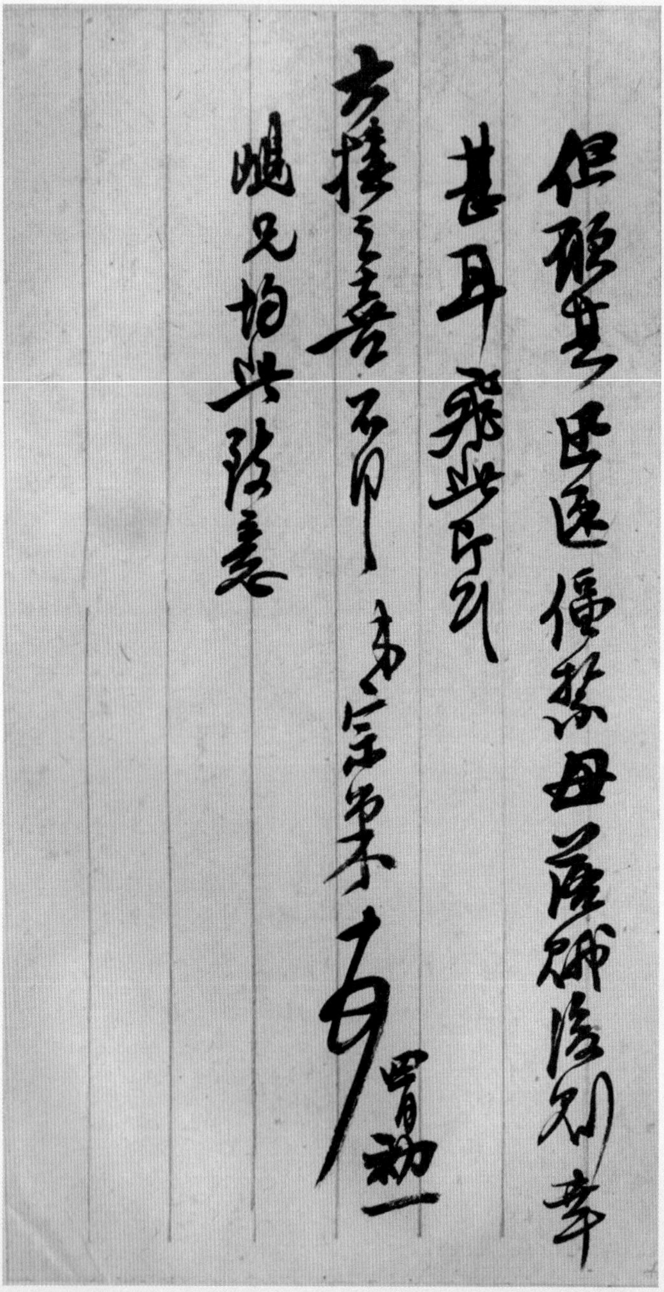

但願其迅速偪紮，毋落賊後，則幸甚耳。飛此即頌

大捷之喜，不具。弟宗棠頓首　四月初一

峴兄均此致意

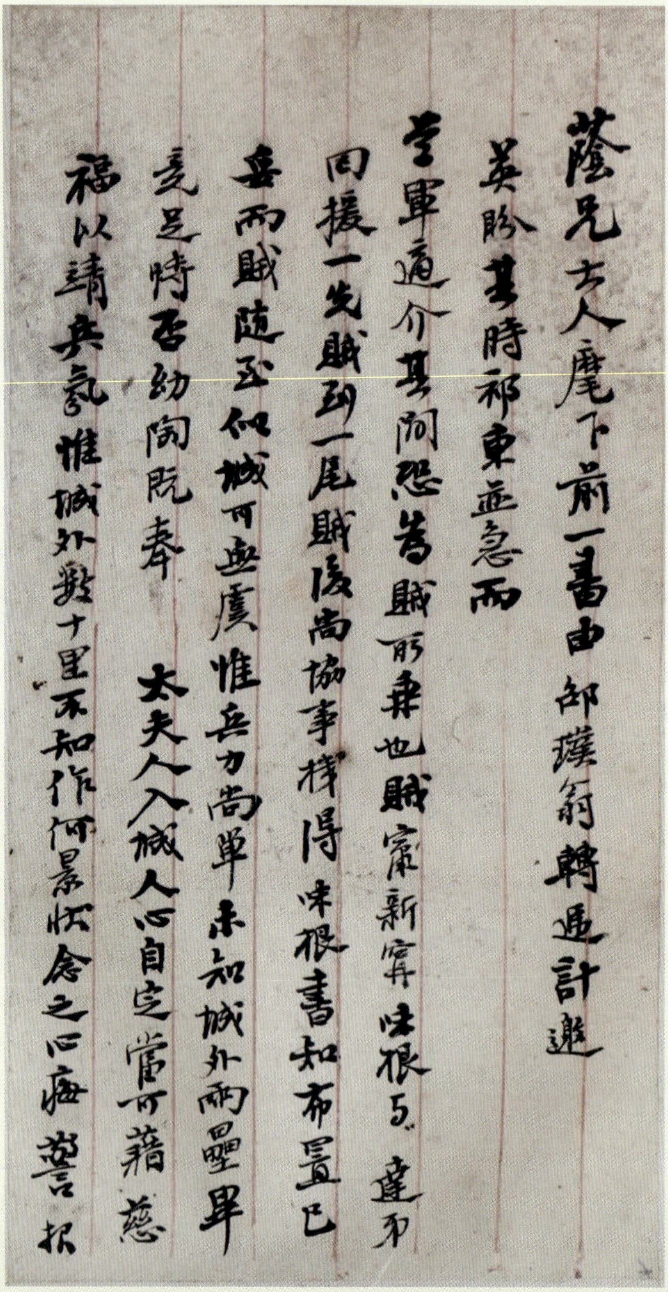

蔭兄大人麾下前一函由郘璞翁轉遞計邀
英盼其時祁東並急而
營軍適介其間恐為賊所乘也賊竄新寧味根遂不
回援一先賊到一尾賊後尚協事機得味根書知布置已
妥而賊隨至似城可無虞惟兵力尚單未知城外兩壘畢
竟足恃否幼陶既奉太夫人入城人心自定當可藉慈
福以靖兵氛惟城外數十里不知作何景狀念之心痗 [illegible]拜

蔭兄大人麾下：前一書由邵璞翁轉遞，計邀

英盼，其時祁東並急，而

尊軍適介其間，恐為賊所乘也。賊竄新甯，味根與達弟回援，一先賊到，一尾賊後，尚協事機。得味根書，知布置已妥，而賊隨至，似城可無虞，惟兵力尚單，未知城外兩壘畢竟足恃否。幼陶既奉　太夫人入城，人心自定。當可藉慈福以靖兵氛。惟城外數十里不知作何景狀。念之心痗。警報到時弟即主忠普援剿新寗之說，已發書與璞翁及忠普矣。忠普初二日書，亦言初四日即拔營赴新，並言西路緊要，弟復書既許其遲延，而催其速進。今晚接其由邵陽初三日遞來一書，則言東安之賊，於初一日由全州竄去一股，竄封口冲，尊軍已督全防追剿，並聞咪根在新亦獲勝仗，渠以貴軍回援新寗，可以無虞，適接祁陽劉令及余星元初一日求救之信，渠遂決計舍新而赴祁，初四日即拔營向文明鋪到時，弟即主忠普援剿新甯之説，已致書與璞翁及忠普矣。忠普初二日書至，言初四日即拔營赴新，並言西路緊要。弟復書頗訝其遲延，而催其速進。今晚接其由邵陽遞來一書，初三日則言東安之賊於初一日由全州竄去，一股竄對口沖。尊軍已督甫全隊追剿，並聞味根在新亦獲勝仗。渠以尊軍回援新甯，可以無虞。適接祁陽劉令及佘星元初一日求救之信，渠遂決計舍新而赴祁，初四日即拔營向文明鋪

一路進兹此時而雍扎之亦無及矣余穆兩道人數甚多而穆
尤狡悍
尊軍回援將士各戰於其鄉勇氣百倍必不難迅掃狂氛惟寶
武為賊所注意之區必須急為戒備田鎮我之重祁陽在賊大股未窺
新甯之先則可兹賊之大股全注新甯而勁旅東赴祁陽實為可惜
恐武岡必難瓦全也惟[illegible]祁陽各營三十初一兩日水陸鏖戰雖瀕危險
尚獲安全周鎮陳舫仙朱副戎之三千既於初一日抵祁派進援勝趙玉兄

一路進發。此時而飛札止之，亦無及矣。余賴兩逆人數甚多，而賴
尤狡悍。
尊軍回援將士各戰於其鄉，勇氣百倍，必不難迅掃狂氛。惟寶
武為賊所注意之區，必須急為戒備。田鎮戎之赴祁陽，在大股賊未竄
新甯之先則可，茲賊之大股全注新甯，而勁旅東赴祁陽，實為可惜。
恐武岡必難瓦全也。惟祁陽各營三十初一兩日水陸鏖戰，雖瀕危險，
尚獲安全。周鎮、陳舫仙、朱副戎之三千，既於初一日抵祁，沿途獲勝趙玉兄

全部四千餘亦於初二初四等日由衡州縱進兵力亦已厚集田忠
普復由文明鋪赴祁陽賊已萬無稽誅之理如能迅速蕆事則
以忠普赴武玉班赴寶尚可支持但恐賊不我待耳　中丞已
預為札飭矣　李營接竟已殞命實堪痛惜聞此是余星
元親兵所為與楊無涉余敢庇其親兵公然逋慢必應加以
懲創請於擬時上咨以便查辦否則無以平孚吾之氣服逝
者之心也　今楊卅日之戰未致失營所部逃潰者多現已派弁

全部四千餘，亦於初二、初四等日由衡州繼進，兵力亦已厚集。田忠普復由文明鋪赴祁，則賊已萬無稽誅之理。如能迅速蕆事，則以忠普赴武，玉班赴寶，尚可支持。但恐賊不我待耳。中丞已預為札飭矣。李營捴竟已殞命，實堪痛惜。聞此是佘星元親兵所為，與楊無涉。佘敢庇其親兵，公然逋慢，必應加以懲創。請於暇時上稟，以便查辦，否則無以平孚吾之氣，服逝者之心也。佘楊卅日之戰，幾致失誉，所部逃潰頗多，現已派弁

持令裁斷矣。賊之大股盡在祁東，破祁賊多異常，清東賊

兼顧，恐西路之禍未已耳。

省軍餉需子藥均飭解寶郡，其抵衡者亦飭改解寶郡。

勇數亦已照准飭局矣。草此即叩

大捷之喜。不宣。 愚弟宗棠頓 四月廿一夜二更

覥莊仁兄均此請安，不另。

持令截斬矣。賊之大股盡在祁東，能祁賊可冀肅清。東賊竄新，恐西路之禍未已耳。

尊軍餉需子藥均飭解寶郡，其抵衡者亦飭改解寶郡。

勇數亦已照准飭局矣。草此即頌

大捷之喜。不宣。　　愚弟宗棠頓首　四月七夜二更

峴莊仁兄均此請安，不另。

蔭兄大人麾下：接初二日戌刻書，敬悉一切。來安逆賊

復竄滁州，仍是窺新寧耳。達味暫駐，極是。賊

之得新寧竄出者，初四日辰刻已竄至白倉司過矣。

第三次手書寄悉普者主 乃轉赴祁之隊赴

白倉，蓋第二次書未知衢寧之營，曾屬忠普連赴祁

也。忠普既向白倉進

咸師於初三日由南廟來，大雨收夷擊之致。武岡維無可恃

蔭兄大人麾下：接初二日戌刻書，敬悉一切。東安逆賊復竄□州，仍是窺新甯耳。達味暫駐，極是。賊之從新甯竄出者，初四日辰刻已竄至白倉司。適弟第三次手書寄忠普者到營，乃轉赴祁之隊赴白倉。蓋第二次書未知新甯之警，曾屬忠普速赴祁□□也。忠普既向白倉進，□師於初三日由南廟來，大可收夾擊之效。武岡雖無可恃，

延城池隔河一時仍可無礙南北兩軍均知武岡之不可失則趙埔、兵祁陽三十初一屢戰俱苦賊衆且悍余楊及各營多逃者中丞已派舟持

大令赴衡郡求長兩電文截留斬梟以示懲儆祁陽城壘一面加江一面祁永蕭輔（周鎮軍王三千已到）之太守師船已入小河城壘更春分時下慮其由文明鋪赴邵陽或徑趨永郡一着中丞已催玉班迅由古路進兵越過羅嶺而至大橋灣

然城池隔河，一時仍可無礙。南北兩軍均知武岡之不可失，則趨捄□□矣。祁陽三十初一鏖戰頗苦，賊衆且悍，佘楊及各營多逃者。中丞已派弁持大令赴衡郡永豐兩處，截拏斬鼻以示懲儆。祁陽城壘一面湘江，一面祁水。周镇軍之三千已到蕭輔臣太守師船已入小河，城壘更有可憐。所慮者由文明鋪赴邵陽或徑趍永豐一著。中丞已催玉班速由大路進兵，越熊羆嶺而至大橋灣，

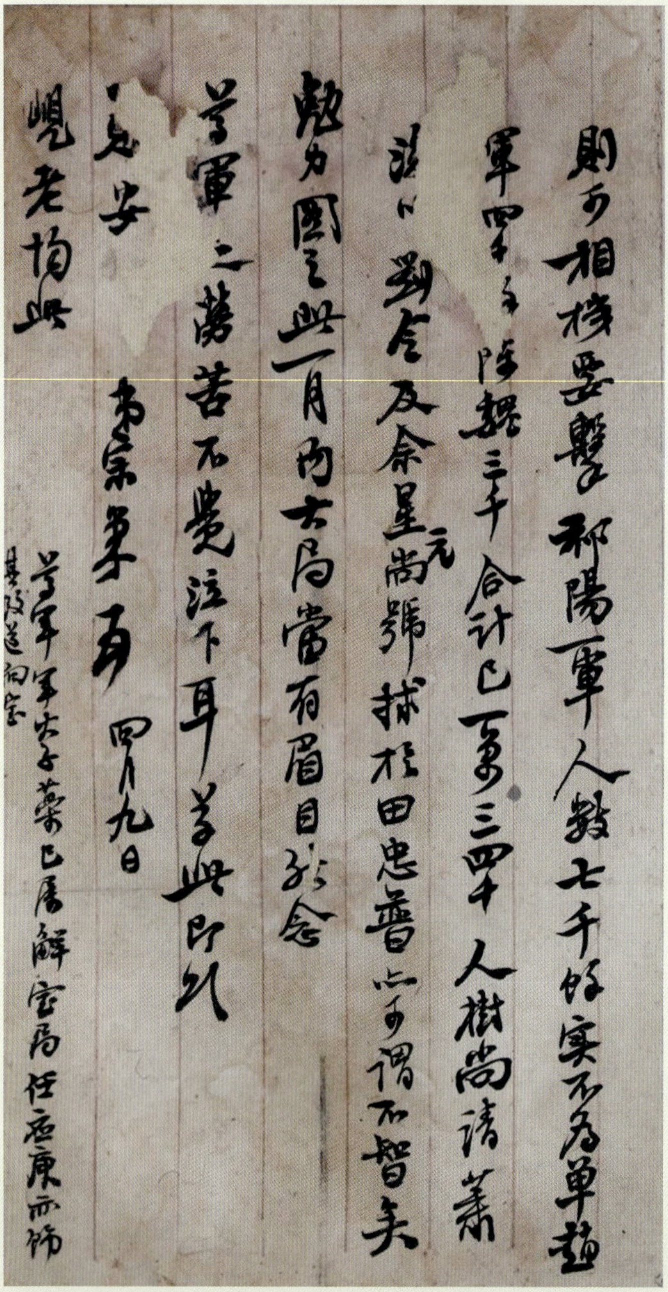
則可相機要擊。祁陽軍人數七千，好實不爲單弱。趙軍四千，陸毅三千，合計已一萬三四千人。樹尚請蕭
張〃劉令及余星元尚歸撫標，田忠普亦可謂不智矣。
勠力圖之，與一月內大局當有眉目。秋念
貴軍之勞苦，不覺注下耳。等與即頌
日安
峴老均與
弟宗棠頓首 四月九日
貴軍軍火子藥已屬解寶慶，爲任應康亦歸
其從道詢察

則可相機要擊。祁陽一軍人數七千餘，實不為單，趙軍四千餘，陳魏三千，合計已一萬三四千，人樹尚請蕭浚川、劉令及佘星元，尚號捄於田忠普，亦可謂不智矣。勉力圖之。此一月内大局當有眉目。然念尊軍之勞苦，不覺泣下耳。草此即頌勛安。

弟宗棠頓首 四月九日

峴老均此。

尊軍軍火子藥已屬鮮寶局。任應庚亦飭其改道向寶。

蔭渠仁兄大人麾下：初三之捷，初五之挫，均在味根信中得悉。正憲鍇礮鍋帳難以取辦，昨屬若農太守先發抬鎗數十、鳥鎗百桿及帳棚百架解由寶郡，又屬轉託邵太守代製營棚、鋤斧至
貴營（及味營）餉項，四月初二王先斗領解一萬五千兩，由陸路赴寶；子藥則初九日一批，初十日一批，共五千四百斤，大號七千盤，大小槍子五千斤，大號九千盤，大礟大箭千餘，均由省解

蔭渠仁兄大人麾下：初三之捷，初五之挫，均於味根信中得悉，正慮鎗礮鍋帳難以取辦，昨屬若農太守先發抬鎗數十、鳥鎗百桿及帳棚百架解寶郡。又屬轉託邵太守代製營棚鋤斧至尊營及味營。餉項四月初二王光斗領解一萬五千兩由陸路赴寶，子藥則初九日一批，初十日一批，共五千四百斤，火繩七千盤，大小槍子五千斤，火繩九千盤，火蛋火箭千餘，均由省解

寶當于濟一時之用

尊書鎗礮所失無幾鍋帳尚可就地製辦則事更易為矣

賊勢全注寶郡今僅田忠普一軍四千三百扼之九峯橋不

足制之而新寧赴寶大路中梗似　新寧布置稍妥

尊軍整理後亟須由武岡趨寶力遏賊蹤將來武岡或即

偏之味根而

尊軍或由花橋思鋪以趨寶郡想

寶，當可濟一時之用。

尊書鎗礮所失無幾，鍋帳尚可就地墊辦，則事更易為矣。

賊勢全注寶郡，今僅田忠普一軍四千三百扼之九鞏橋，不足制之，而新甯赴寶大路中梗，似新甯布置稍妥。

尊軍整理後亟須由武岡趍寶，力遏賊蹤，將來武岡或即

屬之味根，而

尊軍或由花橋田心鋪以趍寶郡，想

勝籌早已洞及矣 勝負兵家之常此次所損無幾尤
不必過於憂憤逆賊此來兇悖更甚並敢仇及忠烈
太翁遺蛻實堪髮指如此神人共憤之賊必可翹足而
待惟盼
修我戈矛及時偕作一殄除之 尊處慘遭賊毒各勇
相顧悽惶實不容已未審歸里後目覩慘毒之狀
何以為懷亦惟有投袂而起一雪此恨耳 祁陽賊

勝籌早已洞及矣。勝負兵家之常，肵此次所損無幾，尤不必過於憂憤。逆賊此來兇悖更甚，並敢仇及　忠烈太翁遺蜕，實堪髮指。如此神人共憤之賊，亡可翹足而待。惟盼

修我戈矛，及時偕作，一殄除之。　尊處慘遭賊毒，各勇相顧悽惶，實不容已。未審歸里後目睹慘毒之狀，何以為懷。亦惟有投袂而起，一雪此恨耳。祁陽賊

勢屢挫仍張　諸軍以無統紀之故心志不齊頗為
可慮　趙玉兄由安仁防所抵衡　擬取道熊飛嶺以西
直抵沙灘　沙灘本祁陽赴寶之路　亦可顧由邵赴
湘之路　甚合機宜　乃回（因）初十日熊嶺得而復失　不得不
旋師大營寺以扼常衡之衝　而沙灘常文明鋪一
路遂無人堵禦　將來祁賊必由興常寶　趙軍當
由間道摘頭　祁軍當以殺枝尾而追之耳　石進在枫

勢屢挫仍張。諸軍以無統紀之故，心志不齊，頗為可慮。趙玉兄由安仁防所抵衡，擬取道熊飛嶺以西直抵沙灘。沙灘本祁陽赴寶之路，亦可顧由邵赴湘之路，甚合機宜。乃因初十日熊嶺得而復失，不得不旋師大營寺以扼竄衡之衢，而沙灘竄文明舖一路遂無人堵禦。將來祁賊必由此竄寶。趙軍當由間道攔頭，祁軍當以數枝尾而追之耳。石逆在楓

衡祁大路
林橋下蔣宅張進在長灘橋 由祁赴寶大路 祁陽無傑出之將，得以
搶之，轉令賊勢仍張，殊可惜耳。忽忽奉復，即以
大捷，不宣。 愚弟宗棠頓 四月十六日午刻
峴莊、孚吾兩兄均此

衡祁大路
林橋下蔣宅，張逆在長灘橋。祁陽無傑出之將得以
由祁赴寶大路
捡之，轉令賊勢仍張，殊可惜耳。忽忽奉復，即頌
大捷。不宣。　愚弟宗棠頓　四月十六日午刻
峴莊孚吾兩兄均此。

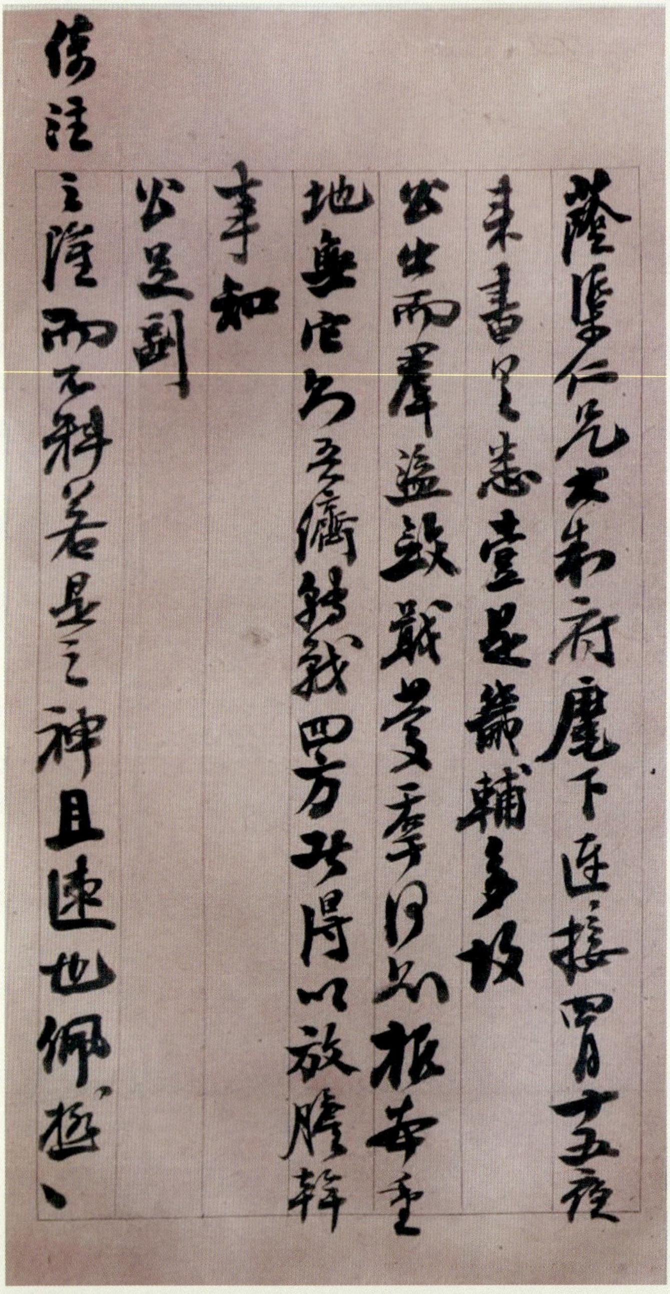

蔭渠仁兄大人麾下：頃接四月十五夜
來書，具悉壹是。議輔多故，
公出而羣盜斂戢，數年以來，根本重
地無虞，乃克濟餉銖，四方共得以放膽辦
事。知
公足副
倚注之隆，而不料若是之神且速也。鄉極、

蔭渠仁兄大制府麾下：　連接四月十五夜
來書，具悉壹是。畿輔多故，
公出而羣盜斂戢，庆卒何如。根本重
地無它，則吾儕轉戰四方者得以放膽幹
事。知
公足副
倚注之隆，而不料若是之神且速也。佩極佩極。

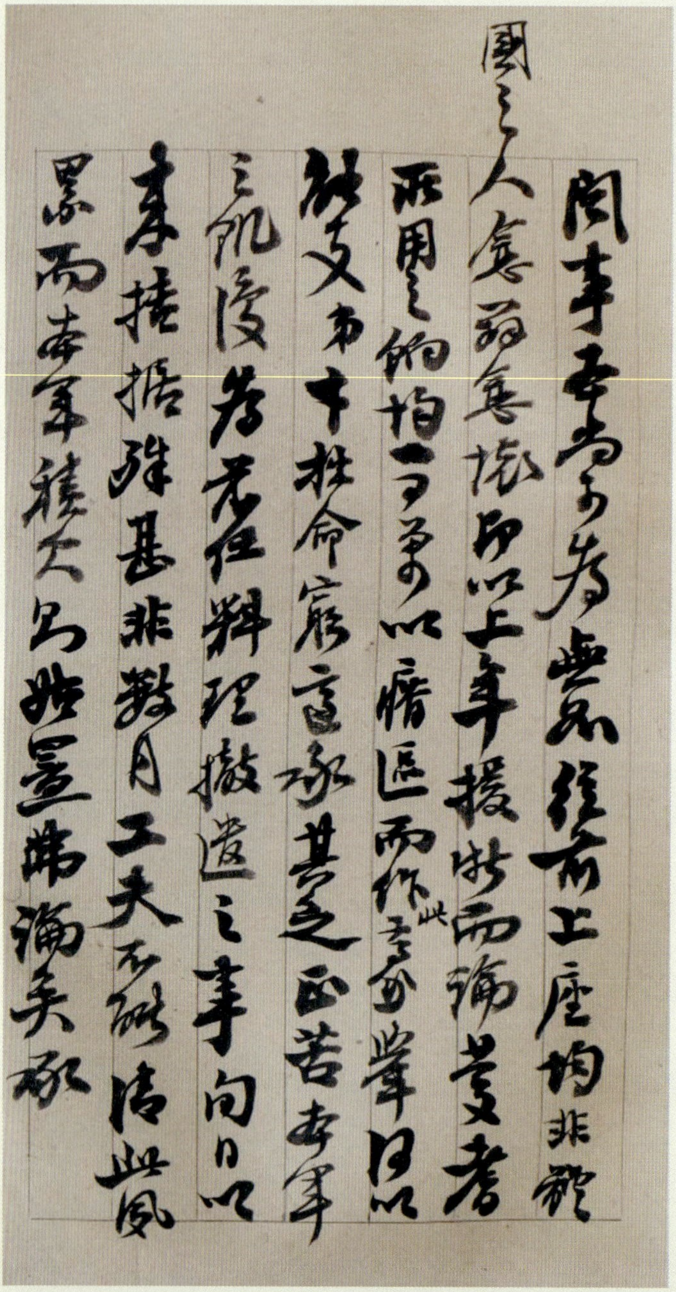
閣事本高可為要需往前工程均非所
國之人急務急迫即以上年撥出而論其費者
所用之餉約一百萬以備匠而作此等舉且以
然文中十年命宸意承甚之正苦本年
之凱後為之往料理撤遣之事向日以
來搭撐殊甚非數月工夫不能清此風
累而本年積欠至益嚳滿矣承

閩事本尚可為，無如從前上座均非體
國之人，愈辦愈壞。即以上年援浙而論，慶耆
所用之餉均一百萬。以瘠區而作此豪舉，何以
能支？弟才拙命窮，適承其乏，正苦本軍
之饑，復為前任料理撤遣之事，旬日以
來拮据殊甚，非數月工夫，不能清此夙
累。而本軍積欠則姑置弗論矣。承

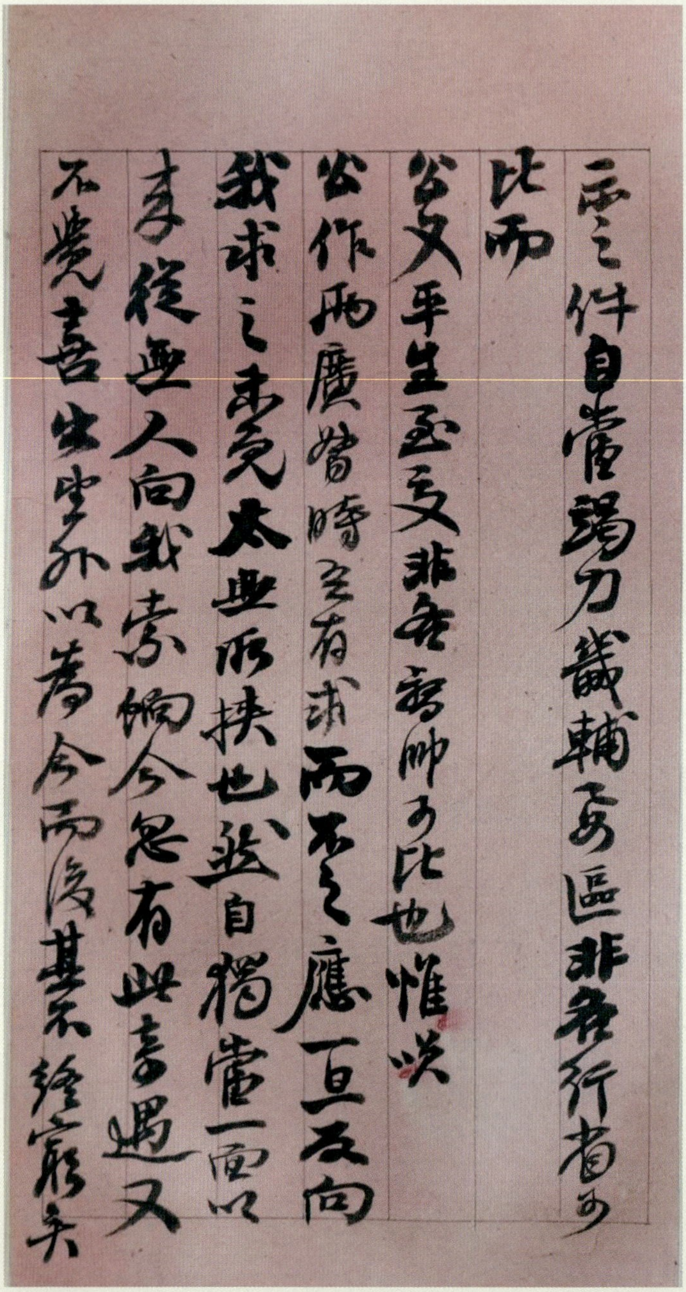

一要之件自當竭力截輔安區非吾行省可
比而
公又平生至交非吾師可比也惟吳
公作兩廣督時至有求而不之應亙反向
我求之未見太無所扶也茲自獨當一面以
來從無人向我索餉今忽有此事遇又
不覺喜出望外以為今而後其不窮矣

示之件，自當竭力。畿輔要區，非各行省可比，而

公又平生至交，非各督帥可比也。惟笑

公作兩廣督時，吾有求而不之應，一旦反向我求之，未免太無所挾也。然自獨當一面以來，從無人向我索餉，今忽有此奇遇，又不覺喜出望外，以為今而後其不終窮矣。

三四五年六年已撥司詳報解二萬代還
之款當亦陸為籌之但願
公與滬勿再照覆為幸 劉座請師
逼杭城擬令圖援雖得勝仗見又趨皖
而援江蔣方伯尚未能即下富陽而蘇
常兵援大股已經擊敗南數省自二月
十五至今陰雨連綿春收減色浙之田土

三四五奁六千已據司詳起解，二萬代還之款當亦速為籌之。但願公此後勿再照顧為幸。劉廉訪師逼杭城，撤令圖皖，頻得勝仗，見又越皖而援江。蔣方伯尚未能即下富陽，而蘇常來援大股已经擊敗。南數省自二月十五至今陰雨連綿，春收減色，浙則田土

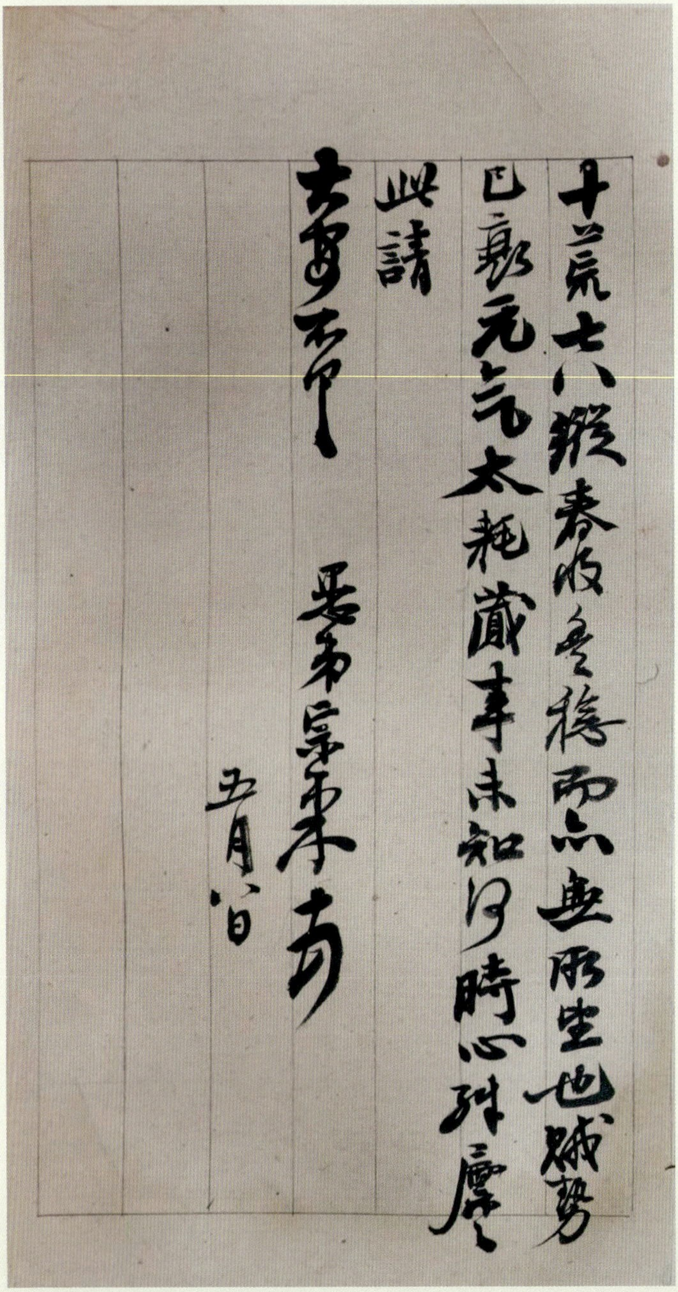
十之六七八報春收無穫而亦無所出也賊勢
已蹙元氣太耗藏事未知何時必殄靡
此請
春安不一
愚弟宗棠頓首
五月八日

十荒七八，縱春收豐稔，而亦無所望也。賊勢已衰，元氣太耗，蕆事未知何時，心殊凜凜。此請

大安。不具。

愚弟宗棠頓首。五月八日

另箋敬悉宗逆一股聞勝保伏誅自已氣
奪麾下親督大軍節節逼逐叢擊日形
逃誅經此
畿輔晏然
天威震疊荷戈之士得免內顧之憂
中興元勳舍
公誰屬弟瘡疾甫痊精神衰敝勉膺

另箋敬悉。宋逆一股，聞勝保伏誅，自已氣奪。麾下親督大軍，節節逼近，鼠輩何所逃誅。從此

畿輔晏然，

天威震盪，荷戈之士，得免内顧之憂。

中興元勛，舍

公誰望。弟瘧疾甫痊，精神衰敝，勉膺

鉅任寸效無聞，甚爲慚悚。皖南殘寇又竄擾餘杭，竭力支撐，未審能應手驅除否。浙西三郡賊至速復，所爭在此，擬以圖之，猶懇弗遽也。幸諸將士忠憤之氣未衰，雖餉欠一年，猶能忍飢力鬭，爲可喜。知念茲聞，兼頌
捷安

宗棠頓首　九月廿一

鉅任，寸效無聞，甚為懸悚。皖南殘寇又竄
援餘杭，竭力支撑，未審能應手駈除否。浙
西三郡，能否速復，所争在此，慎以圖之，猶
恩弗逮也。幸諸將士忠憤之氣未衰，雖餉
欠一年，猶能忍饑力鬬為可喜。知
念泣　聞，載頌
捷安。　宗棠頓首　九月廿一

久疏箋候，未審
近狀云何。織甸春回，亮
公籌筆餘閒，定多佳想。浙西尚稽規復，
忽溧陽大股出竄，幾於應接不暇。幸諸軍
抗之皖浙之交，五獲大捷，得挫兇鋒，差為
快意。杭餘兩城，當亦難久踞耳。年來艱危
備歷，鬢髮為斑，去年病後，精神頓減

久疏箋候，未審

近狀云何。畿甸春回，亮

公籌筆餘閒，定多佳想。浙西尚稽規復，

忽溧陽大股出竄，幾於應接不暇。幸諸軍

扼之皖浙之交，五獲大捷，得挫兇鋒，差為

快意。杭餘兩城，當亦難久踞耳。年來艱危

備歷，鬚髮為斑。去歲病後，精神頓減。

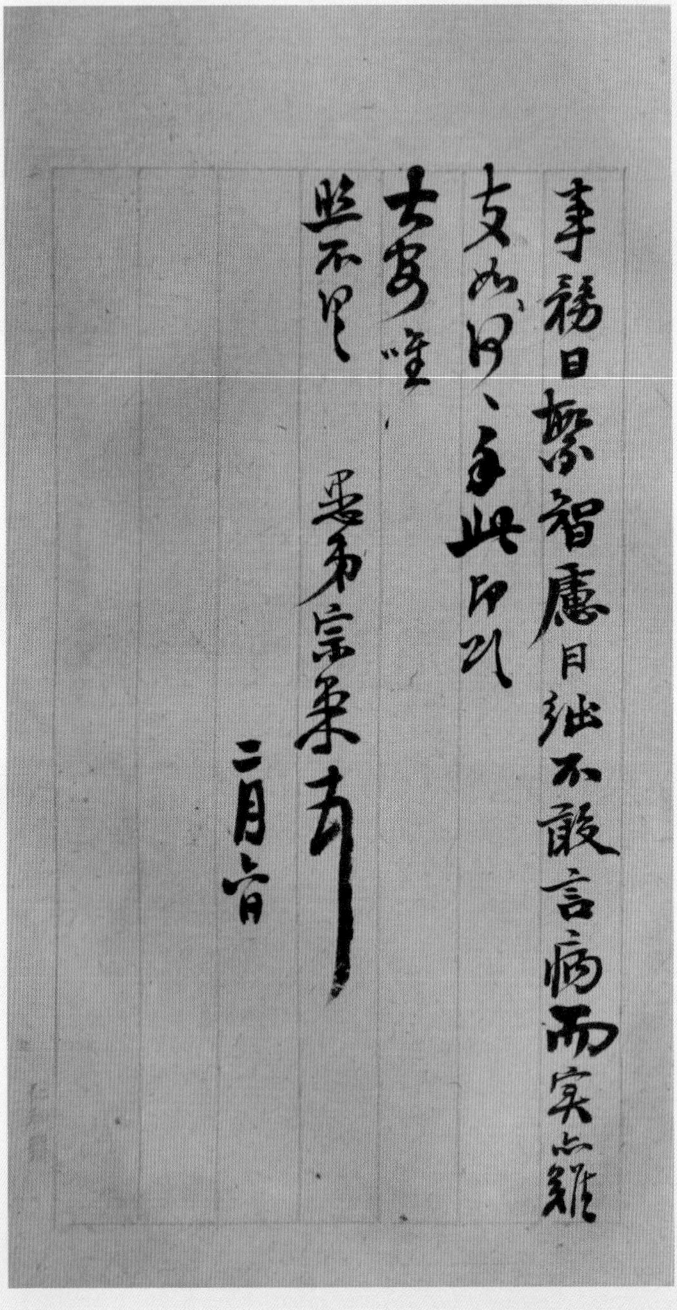

事務日繁，智慮日拙，不敢言病，而寔亦難
支，如何如何。手此，即頌
大安，唯
照，不具。
愚弟宗棠頓首
二月旨

事務日繁，智慮日絀，不敢言病而實亦難支，如何？如何？手此即頌

大安。唯

照不具。愚弟宗棠頓首

二月六日

任賴等逆由豫趨齊有言其已竄過山東運河者未知近日有無戰事弟西征一旅適出漢上會賊兩次均未能縱擊深追殊深慙憤辰下出宛葉以趨汝洛宜大雨時行前苦熱而後苦潦士馬頗形困頓亦殊作豪語以娛清聽也時局方艱各任馳驅無緣言面

任賴等逆由豫趍齊，有言其已竄過山東運河者，未知近日有無戰事。弟西征一旅，道出漢上，會戰兩次，均未能縱擊深追，殊深慙憤。辰下出宛葉以趍汝洛，適大雨時行，前苦熱而後苦潦，士馬頗形困頓，不能作豪語以娱清聽也。時局方艱，各任馳驅，無緣言面，

惟祝爲
國自愛不宣　宗棠頓
五月廿四日葉縣道中

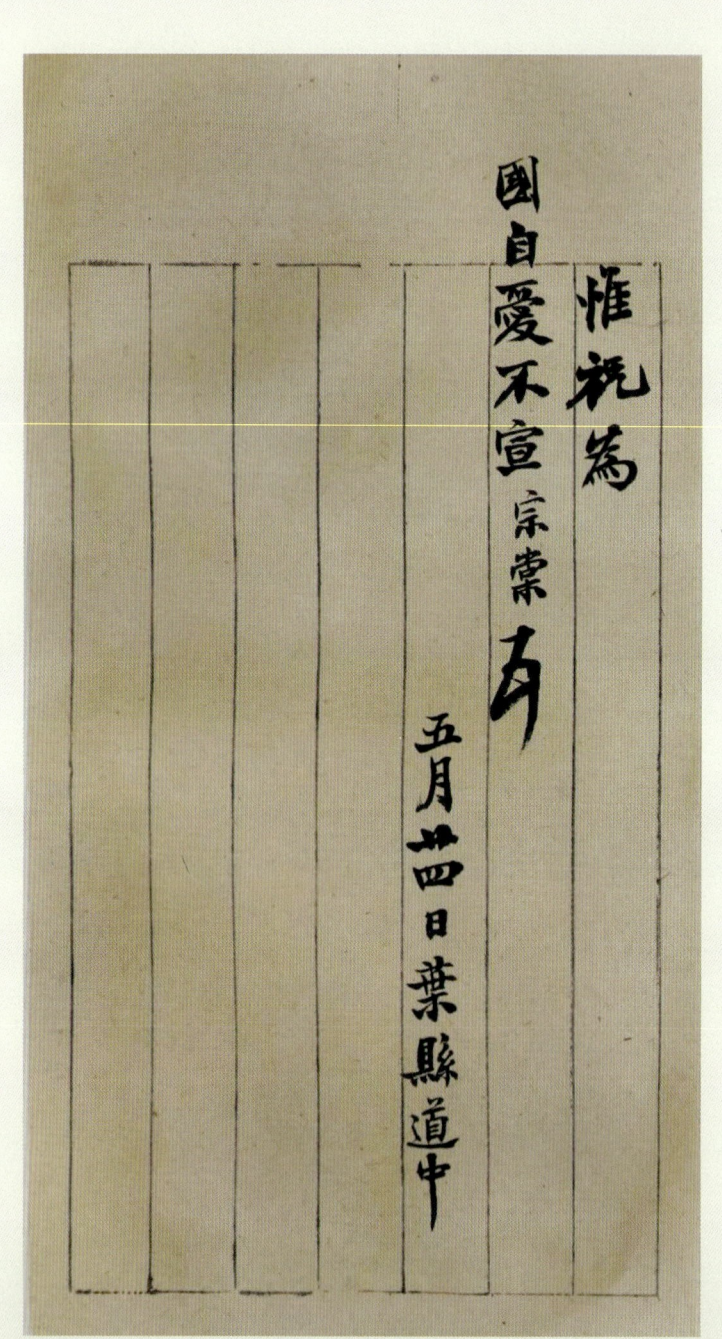

惟祝為

國自愛。不宣。宗棠頓首

五月廿四日葉縣道中

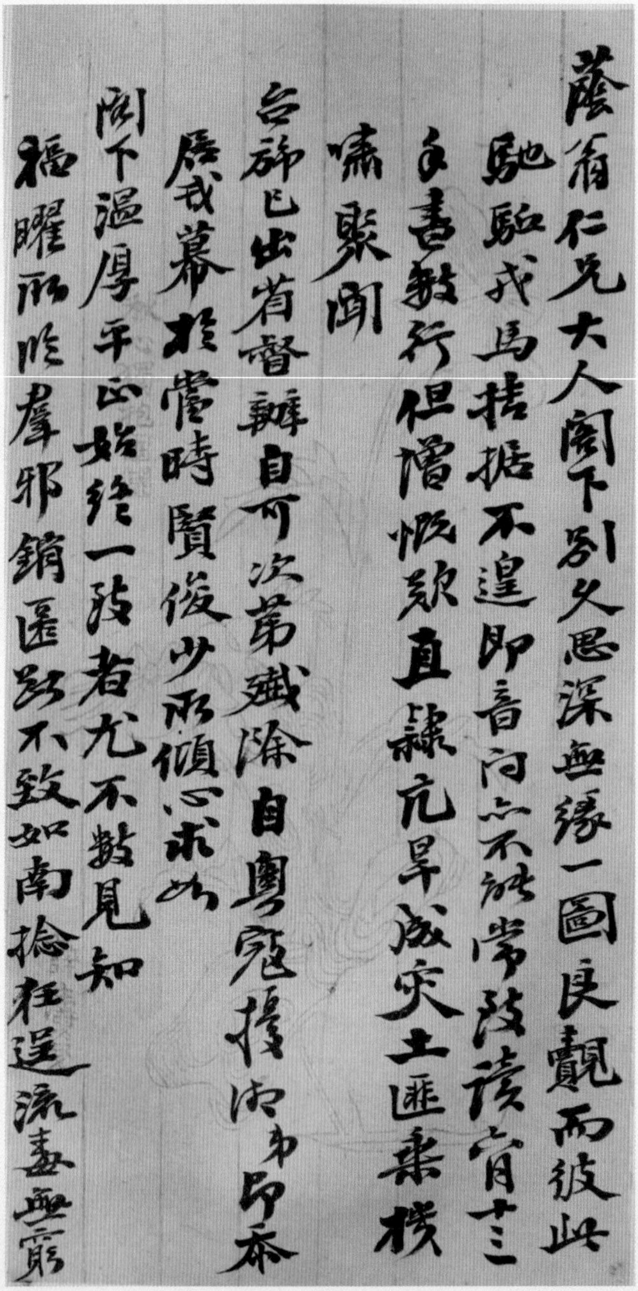

蔭翁仁兄大人閣下別久思深無緣一圖良覿而彼此
馳驅戎馬拮据不遑即音問亦不能常致讀宥十三
手書敎行但增愧赧直隸亢旱成災土匪乘機
嘯聚閣
台旆已出省督辦自可次第殲除自粵寇擾浙弟即忝
膺戎幕於當時賢俊少所傾心求如
閣下渥厚平正始終一致者尤不數見知
福曜所照羣邪銷匿諒不致如南捻狂逞流毒無窮

蔭翁仁兄大人閣下：别久思深，無緣一圖良覿，而彼此
馳駈戎馬，拮据不遑，即音問亦不能常致。讀六月十三
手書數行，但增慨歎。直隸亢旱成灾，土匪乘機
嘯聚。聞
台旆已出省督辦，自可次第殲除。自粤寇擾湘，弟即忝
居戎幕，於當時賢俊少所傾心，求如
閣下温厚平正始終一致者，尤不數見。知
福曜所臨，羣邪銷匿，斷不致如南捻狂逞，流毒無窮

也秦捻匪擬出關迨聞我軍分由潼關武關前
進恐狹路相逢必難善脫遂避渭北旋補
富高渭之交意俟我軍渡渭彼仍乘虛南趨
絕遂其回豫之計弟自抵潼關後以曾奉旨
制皆防之
命不得不暫駐此間商量布置嗣劉克菴劉帥及高
畢臣軍門相繼由武關出藍田乃請劉帥由臨
潼進駐咸陽高軍門由藍田進鄠縣弟亦由臨潼

也。秦捻正擬出關，適聞敝軍分由潼關、武關前進，恐狹路相逢，必難善脱，遂避渭北，盤旋蒲富高渭之交，意俟敝軍渡渭，彼仍乘虛南趍，終遂其回豫之計。弟自抵潼關後，以曾奉兼制晉防之

命，不得不暫駐此間，商量布置。嗣劉克庵副帥及高果臣軍門相繼由武關出藍田，乃請副帥由臨潼進駐咸陽，高軍門由藍田進鄠縣，弟亦由臨潼

關進駐臨潼扼渭而守先於其偏渡灞淺之謀
而洛以大軍乘之覘在建日大雨涇渭并漲棧
有千乘已櫛主客軍由西而東先於涇西取齊於
後排隊齊進擬遏賊於渭洛之間一鼓聚殲未知
能否如願所幸士氣尚奮或可僥倖耳左援閩有
衆出膠河之說果爾則運防輕重稍一疏裂大局
不堪設想未知少荃如何調度地段既寬徵調大
廣正以同役而不同心翻多齟齬耳時局日艱而缺局

關進駐臨潼，扼渭而守，先斷其偷渡踹淺之謀，而後以大軍乘之。現在連日大雨，涇渭并漲，機有可乘，已檄主客各軍由西而東，先於涇西取齊，然後排隊齊進，擬逼賊於渭洛之間，一鼓聚殲，未知能否如願。所幸士氣尚奮，或可僥倖耳。東捻聞有竄出膠河之説，果爾，則運防喫重，稍一決裂，大局不堪涉想。未知　少荃如何調度。地段既寬，徵調大廣，正恐同役而不同心，翻多罅隙耳。時局日艱，而能肩

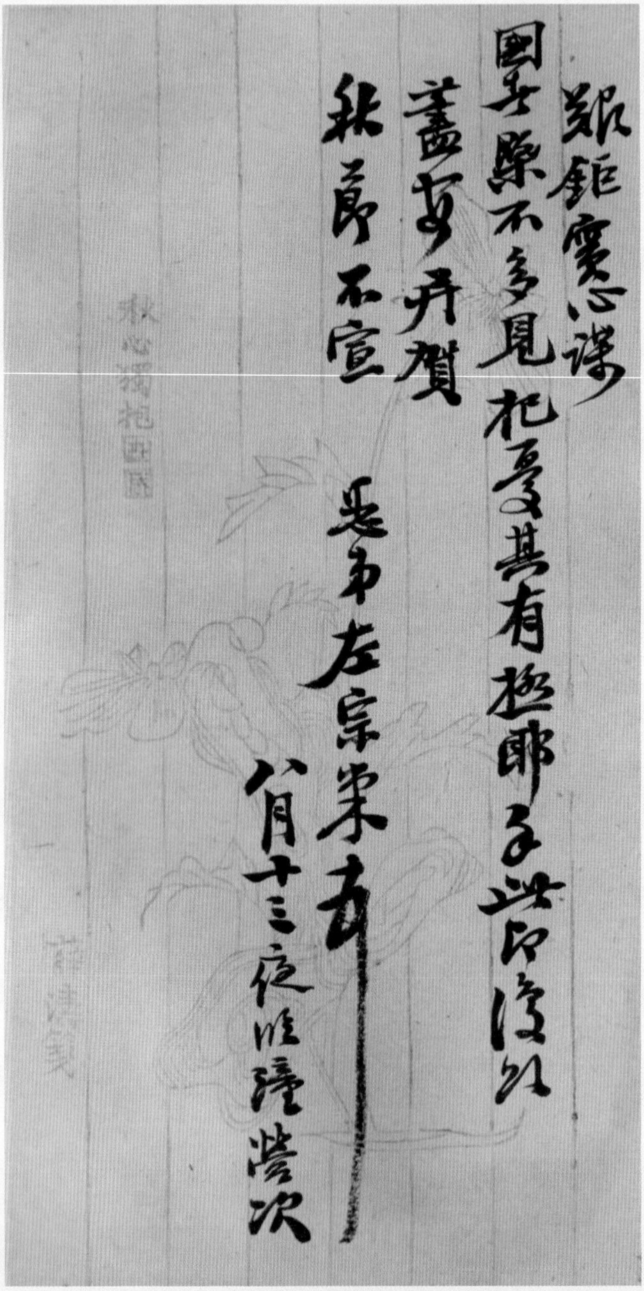
艱鉅實心謀
國事際不多見杞憂甚有極耶子安即復頌
藎安并賀
秋節不宣
愚弟左宗棠頓首
八月十三夜燈下潦次

艱鉅實心謀

國者槩不多見。杞憂其有極耶。手此即復，頌

蓋安，并賀

秋節。不宣。愚弟左宗棠頓首

八月十三夜臨潼營次

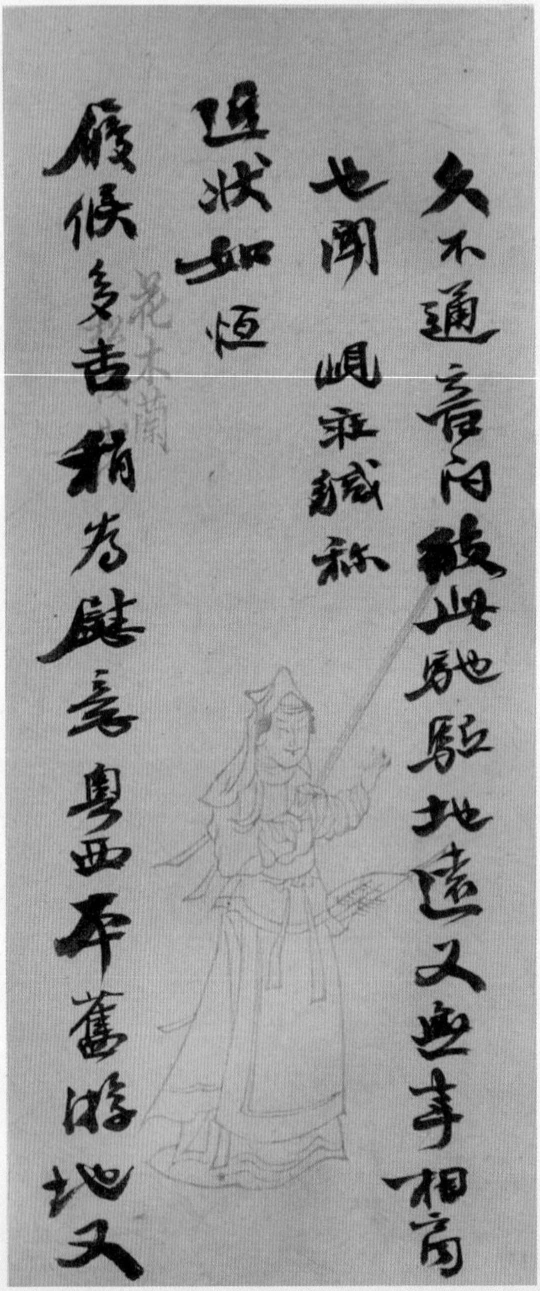
久不通音問殊以馳驅地遠又無事相商
也聞峴莊識稱
近狀如恆
履候多吉稍為慰意粵西本舊游地又

久不通音問，彼此馳駈，地遠又無事相商
也。聞　峴莊緘稱
近狀如恒，
履候多吉，稍為慰意。粤西本舊游地，又

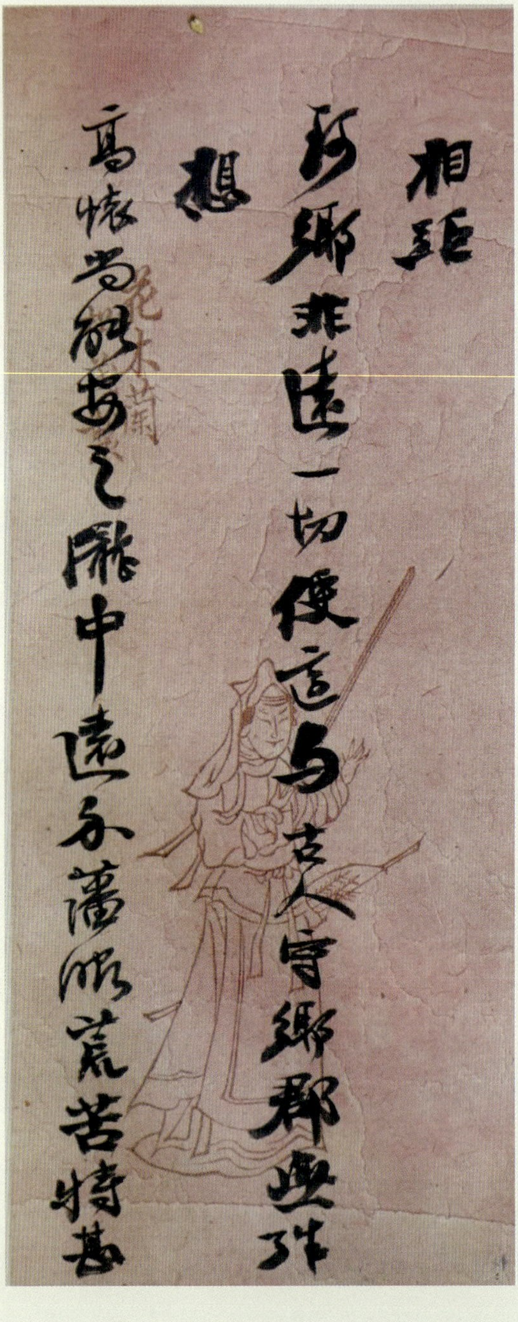

相距
敝鄉非遠，一切便宜，與古人守鄉郡無殊，
想
高懷當能安之。關中遠承藩服，荒苦特甚

相距

珂鄉非遠，一切便適，與古人守鄉郡無殊。

想

高懷尚能安之。隴中遠分藩服，荒苦特甚，

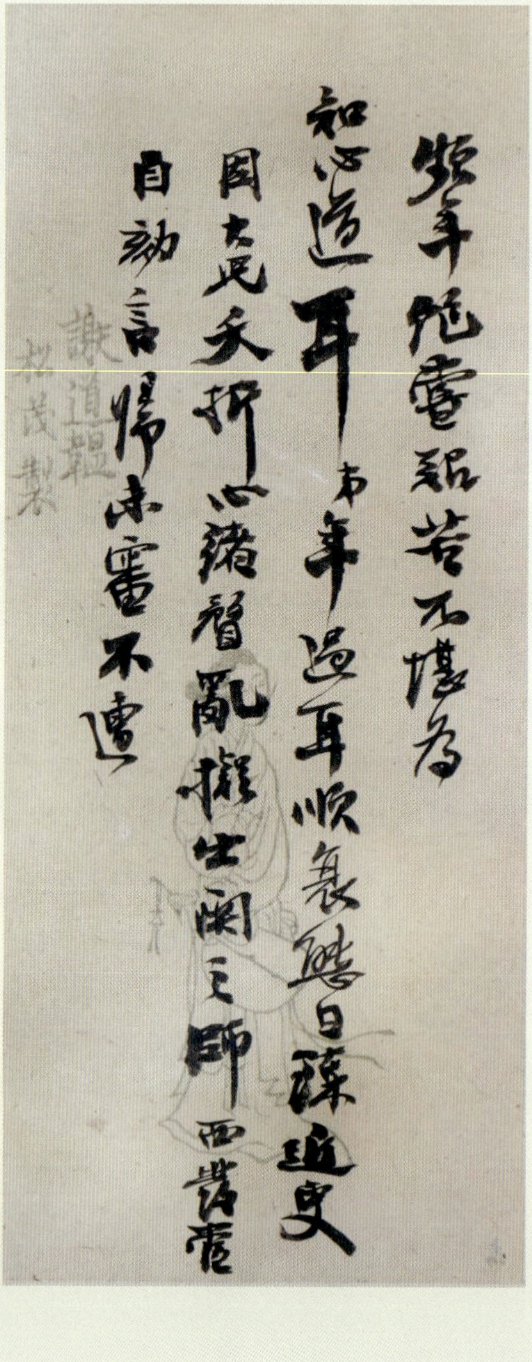
弟年既耄聒若不堪為
知心道耳本年過耳順衰態日臻逾更
國大臣矣折心緒督亂擬出關之師西[illegible][illegible]
自劾言歸未審當不遑

頻年飽嘗艱苦，不甚為
知心道耳。弟年過耳順，衰態日臻，近更
因大兒夭折，心緒瞀亂，擬出關之師西發，當
自劾言歸，未審不遭

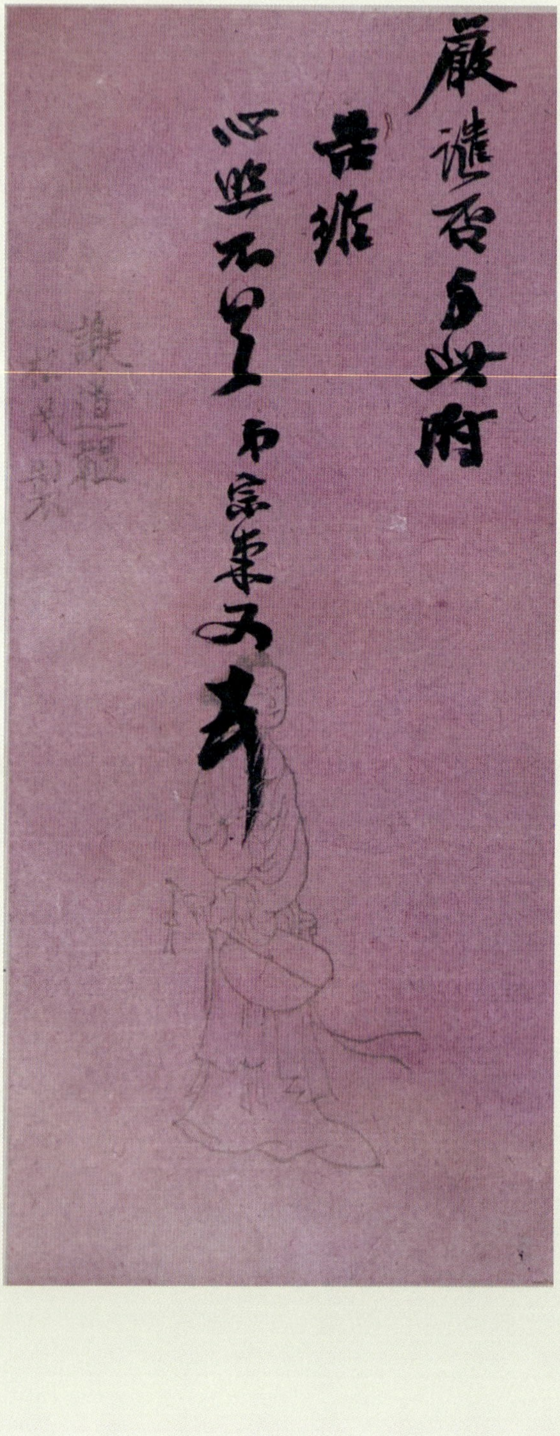

嚴譴否。手此附

告，維

心照。不具。弟宗棠又頓首

筱泉仁弟大人閣下：滌相書來，送
閱王鈐峯廿一日拔營前進，想當可固壘以援
徽。金陵大營既固守而能打勝仗，當可措
無它慮。湯溪已有幾分開
安慶正開地道，兩成之功未可驟得，且龍游堅城
未可再添援賊也，已於滌相書中及之。如

薌泉仁弟大人閣下：滌相書來送

閱。王鈴峯廿一日拔營前進，想尚可固婺以援

徽。金陵大營既固守而能打勝仗，當可暫

無它慮。湯溪已有幾分。聞

尊處正開地道，垂成之功，未可歇手。且龍游堅城，

未可再添援賊也。已於滌相書中及之，如

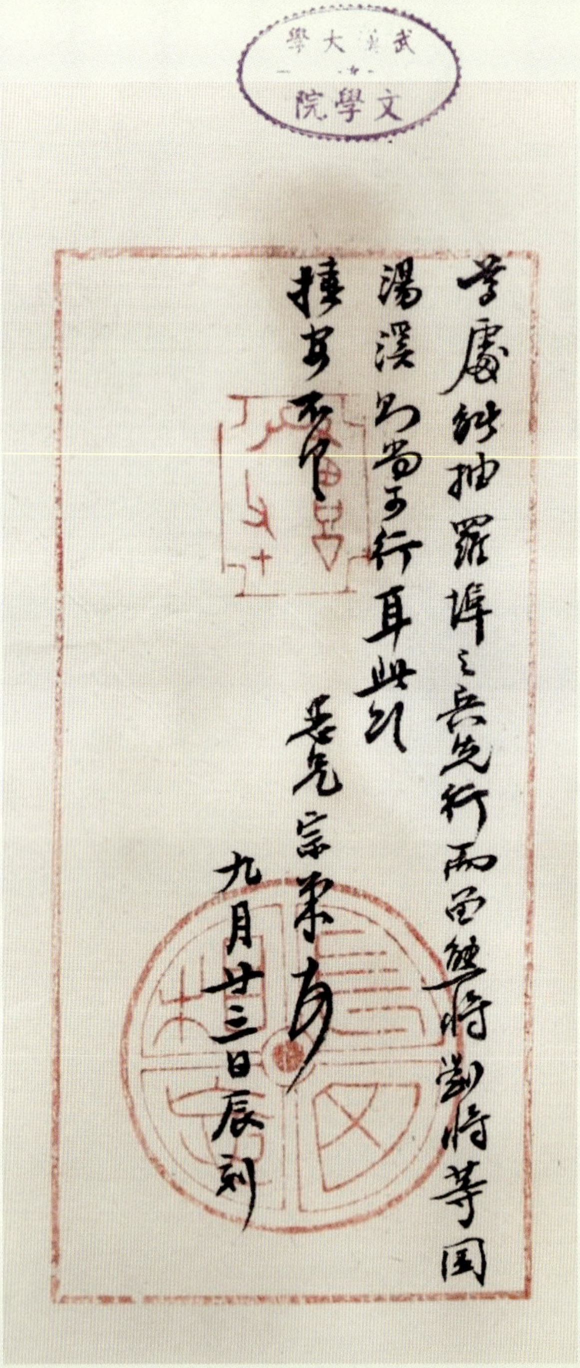

季慶總撫羅鎮之兵先行而留鮑將劉將等回
湯溪只當一行耳此頌
捷安不宣
愚兄宗棠頓首
九月廿三日辰刻

尊處能抽羅埠之兵先行，而留熊將、劉將等圍湯溪，則尚可行耳。此頌捷安。不具。

愚兄宗棠頓首

九月廿三日辰刻

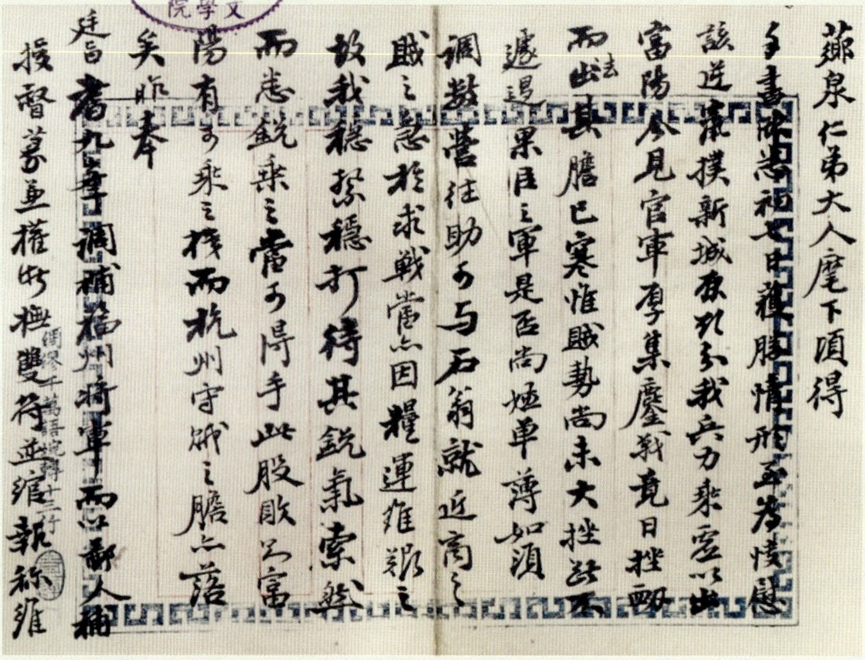
薌泉仁弟大人麾下：頃得
手書，備悉初七日獲勝情形，至為快慰。
該逆業撲新城，衆九千，我兵力衆寡以出
富陽，參見官軍厚集，屢戰竟日，挫衂
而去，其膽已寒。惟賊勢尚未大挫，不
遽退。果臣之軍是否尚嫌單薄，如須
調撥，營往助，可與石翁就近商之。
賊之意在於求戰，營亦因糧運維艱之
故，我穩紮穩打，待其銳氣索然
而後銳乘之，當可得手。此股敗，富
陽有可乘之機，而杭州守賊之膽亦落
矣。昨奉
廷旨，壽九尋調補福州將軍，而以鄙人補
授督篆，並權浙撫，雙符並綰，報稱維

薌泉仁弟大人麾下：頃得
手書，欣悉初七日獲勝情形，至為快慰。
該逆竄撲新城，原欲分我兵力，乘虚以出
富陽，今見官軍厚集，鏖戰竟日，挫衄
而出去，其膽已寒。惟賊勢尚未大挫，斷不
遽遐。果臣之軍是否尚嫌單薄？如須
調數營往助，可與石翁就近商之。
賊之急於求戰，當亦因糧運維艱之
故。我穩紮穩打，待其鋭氣索然，
而悉鋭乘之，當可得手。此股敗則富
陽有可乘之機，而杭州守賊之膽亦落
矣。昨奉
廷旨，耆九峯調補福州將軍，而以鄙人補
授督篆，兼權浙撫，雙符並綰，報稱維

難殊深廑廑，此復即叩
捷安不一
愚兄宗棠頓首 四月十一

徽休黟祁肅清後，賊之大股仍
踞建德，以其介江皖之交，可進可
退也。見飭王沐回浮梁，鮑峯
全軍出桃墅店，克菴仍按兵
黟祁梅林，相機而動，必俟賊離
大營遁後，趁而乘之。并聞

詞繆千萬語婉轉十三行

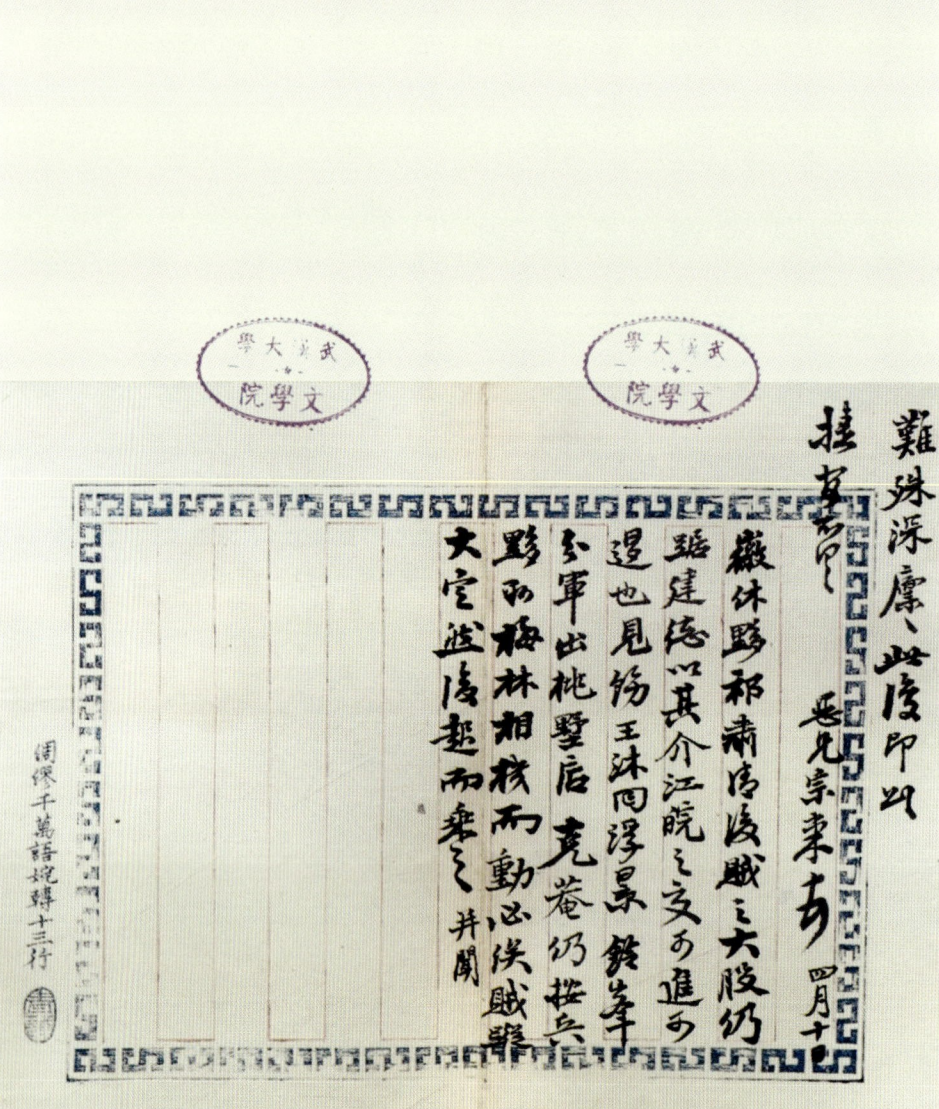

難，殊深廪廪。此復。即頌
捷安。不具。　　愚兄宗棠頓首。四月十日
徽休黟祁肅清後，賊之大股仍
踞建德，以其介江皖之交，可進可
退也。見飭王沐回浮景，鈐峯
分軍出桃墅店，克菴仍按兵
黟縣梅林，相機而動，必俟賊蹤
大定，然後起而乘之。並聞。

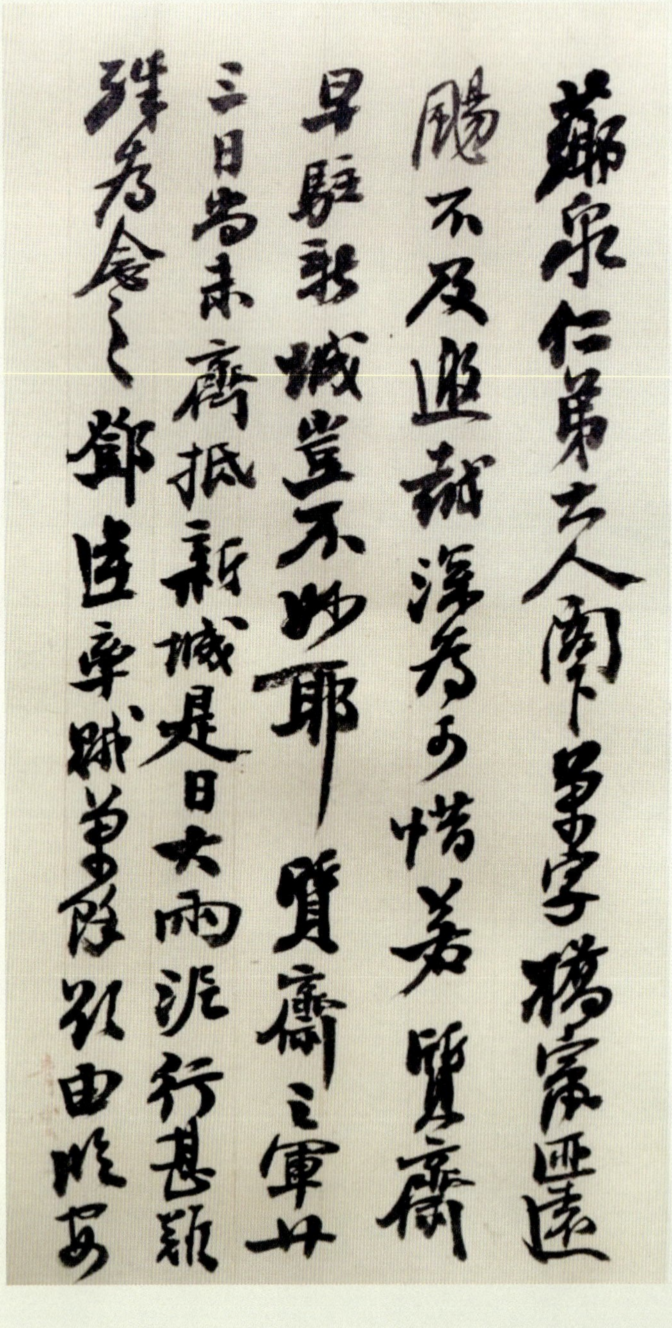

鄰泉仁弟大人閣下等字稿案匯遞
賜不及遐謝深為可惜若賢齋
早駐新城豈不妙耶賢齋之軍廿
三日當來齋抵新城是日大雨泥行甚艱
殊為念念鄧逵乘賊單股現由順安

薌泉仁弟大人閣下：萬字橋竄匪遠颺，不及邀截，深為可惜。若質齋早駐新城，豈不妙耶。質齋之軍廿三日尚未齊抵新城，是日大雨，泥行甚難，殊為念念。鄧逆率賊萬餘，欲由臨安

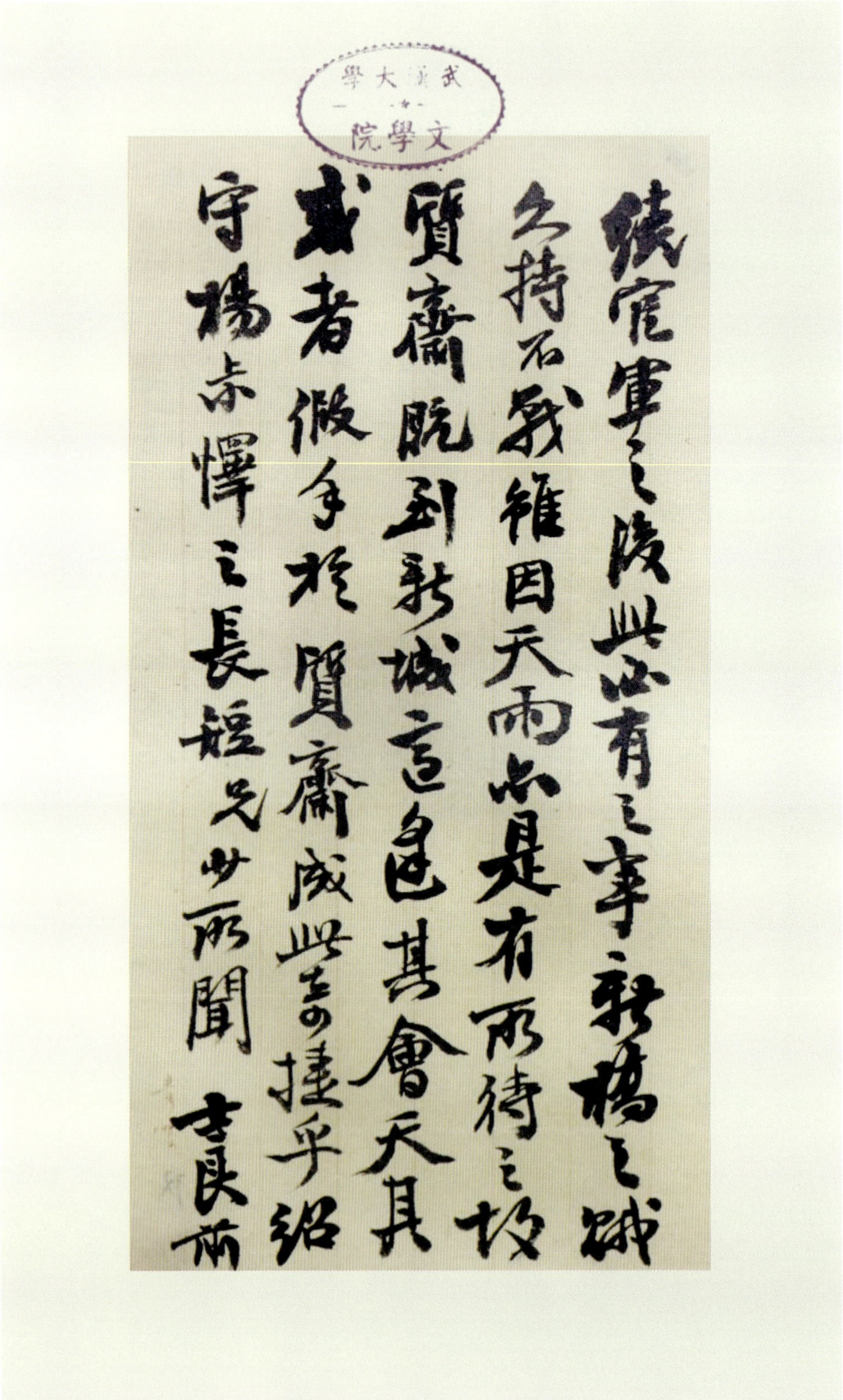
績宦軍之後此有之事之新橋之賊
久持不戰雖因天雨亦是有所待之故
賢齋既到新城這邑其會天具
或者微手於賢齋成此者捷乎紹
守揚亦懌之長短足出所聞
士良所

繞官軍之後，此必有之事。新橋之賊久持不戰，雖因天雨，亦是有所待之故。質齋既到新城，適逢其會，天其或者假手於質齋成此奇捷乎。紹守楊朩懌之長短，兄少所聞，士良前

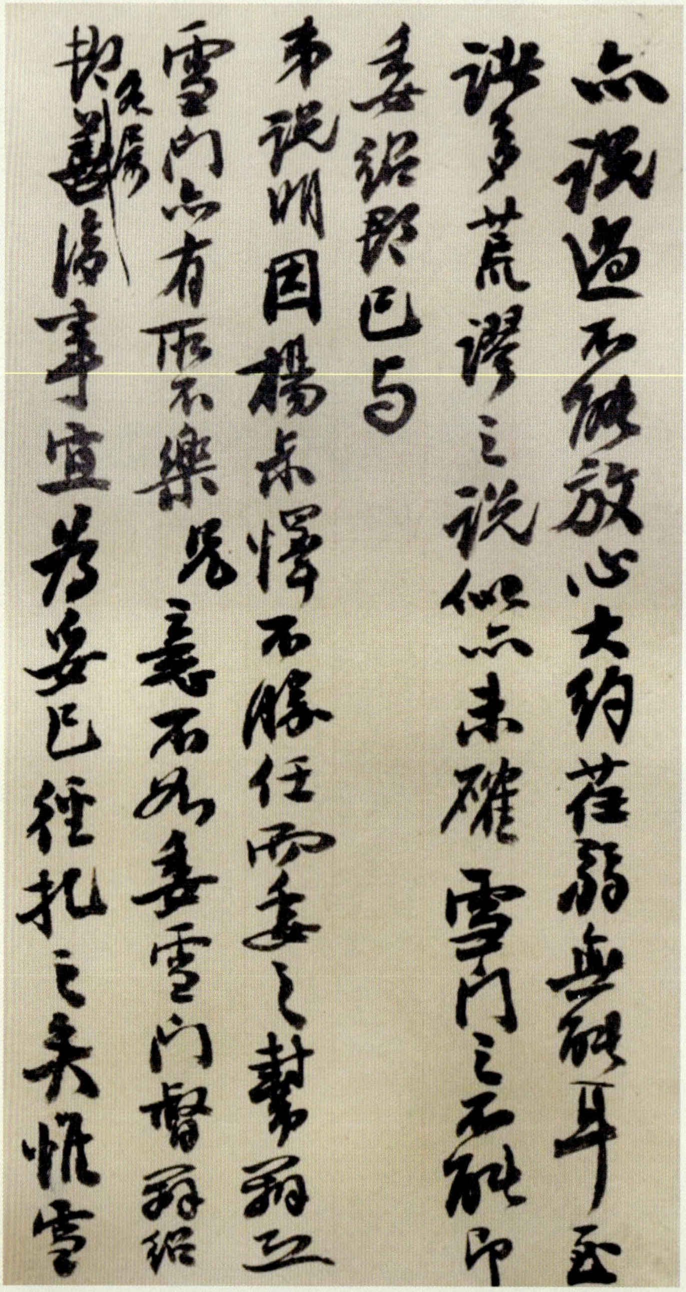

亦說過不能放心，大約荏弱無能耳。至諸多荒謬之說，似亦未確。雪門之不能即委紹郡，已與
弟說明，因楊卡懌不勝任而委之幫辦，恐雪門亦有所不樂。兄意不如委雪門督辦紹郡各屬善後事宜為妥。已逕札之矣。惟雪

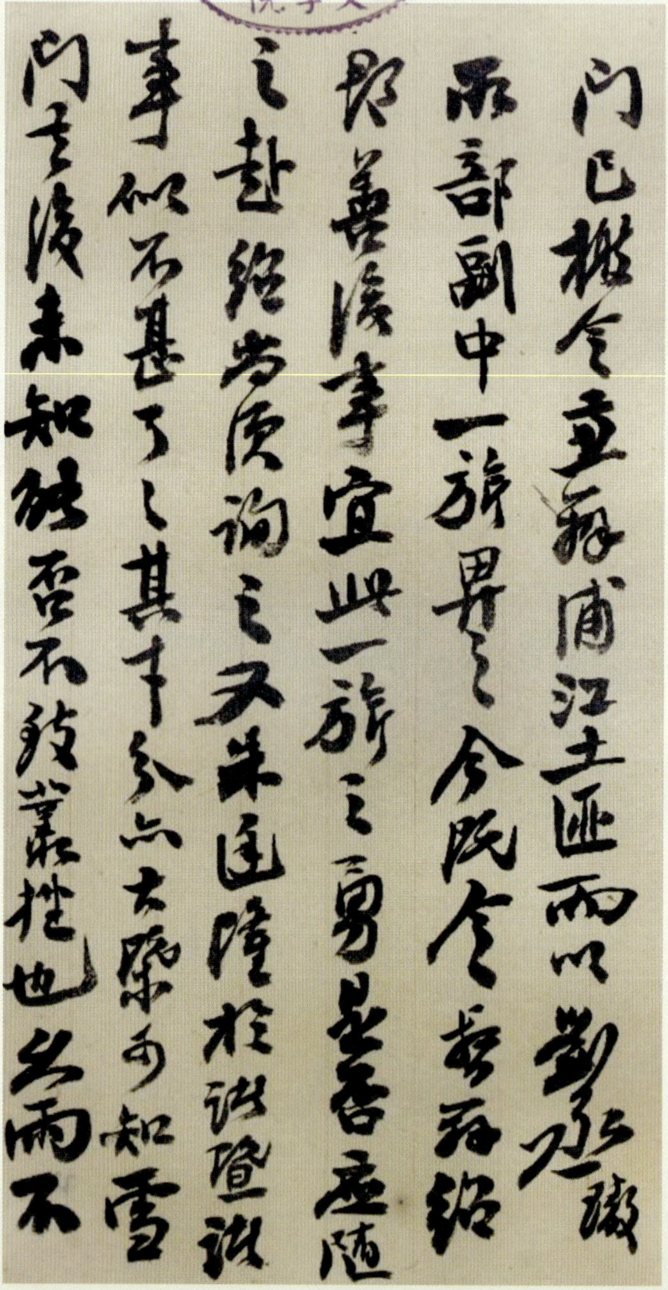
閣下擬令立齋補江上匯兩以劉丞之職
所部副中一旅畀之今既令岳麓紹
辦善後事宜此一旅之勇是否應隨
之赴紹尚須詢之又朱運隆於訟證
事似不甚了了其才分亦太原而知雪
門去後未知能否不致叢挫也然而不

門已檄令兼辦浦江土匪，而以劉丞璈所部副中一旅畀之。今既令督辦紹郡善後事宜，此一旅之勇是否應隨之赴紹，尚須詢之。又朱廷隆於諸暨諸事似不甚了了，其才分亦大槩可知。雪門去後，未知能否不致叢挫也。久雨不

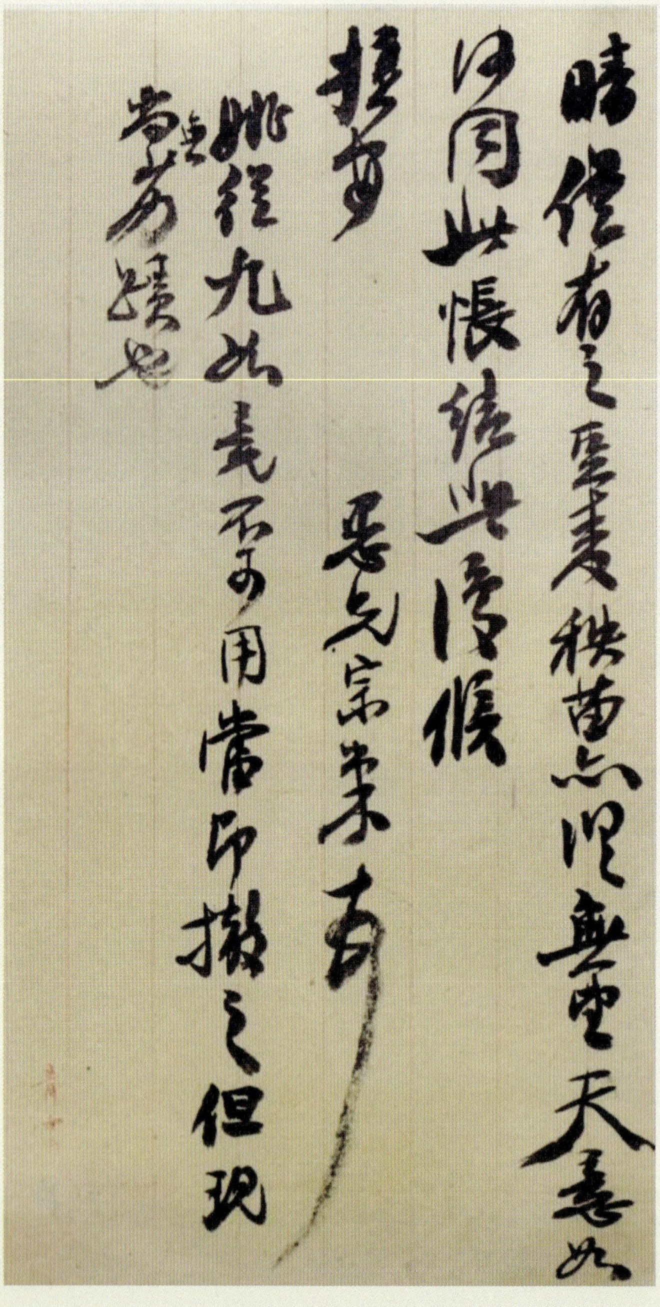

晴，僅有之豆麥秧苗亦俱無望。天意如何，同此悵結。此復。候捷安。

愚兄宗棠頓首

姚從九如竟不可用，當即撤之。但現尚無劣蹟也。

雪門書稱紹興各屬善後事宜副
中旅勇戎即令駐義橋而于雪門所
日有信來要劉壓將駐義橋云此間未
可靈甚也朱逵從在諸暨無一勇丁應否也
並覆撥人否之 又及

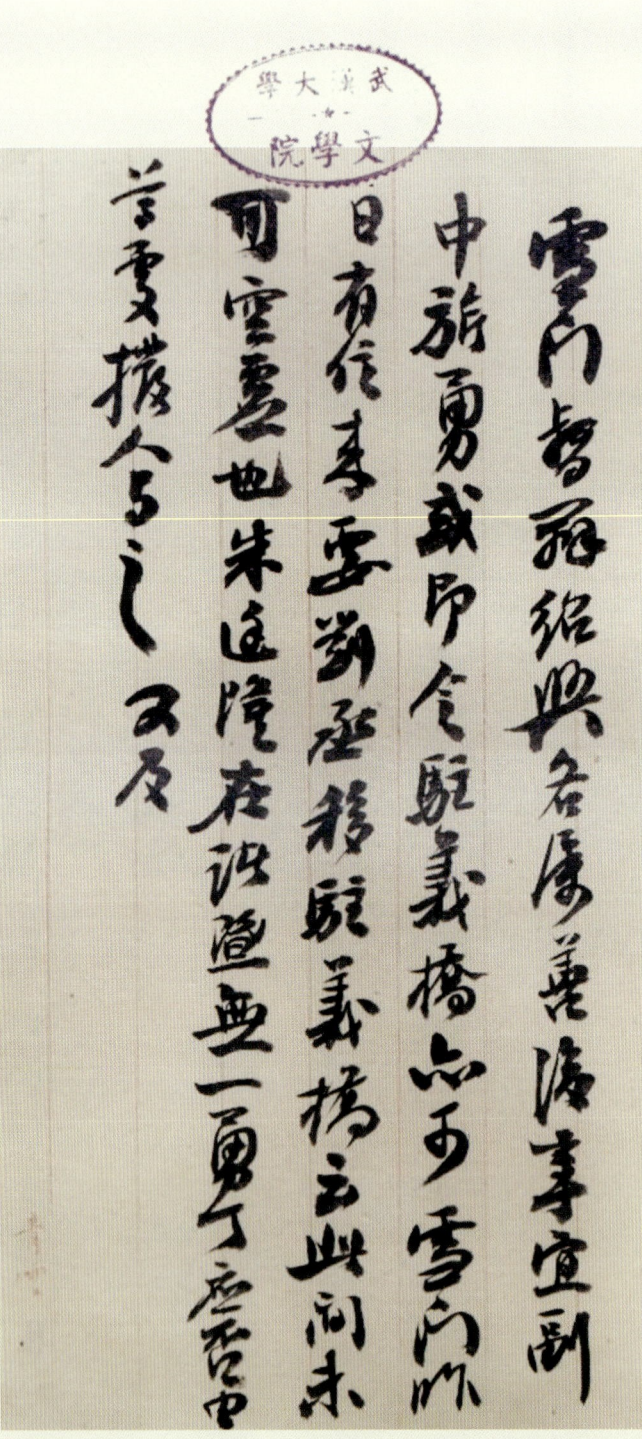

雪門督辦紹興各屬善後事宜，副中旅勇或即令駐義橋亦可。雪門昨日有信來，要劉丞移駐義橋，云此間未可空虛也。朱廷隆在諸暨無一勇丁，應否由尊處撥人與之？又及。

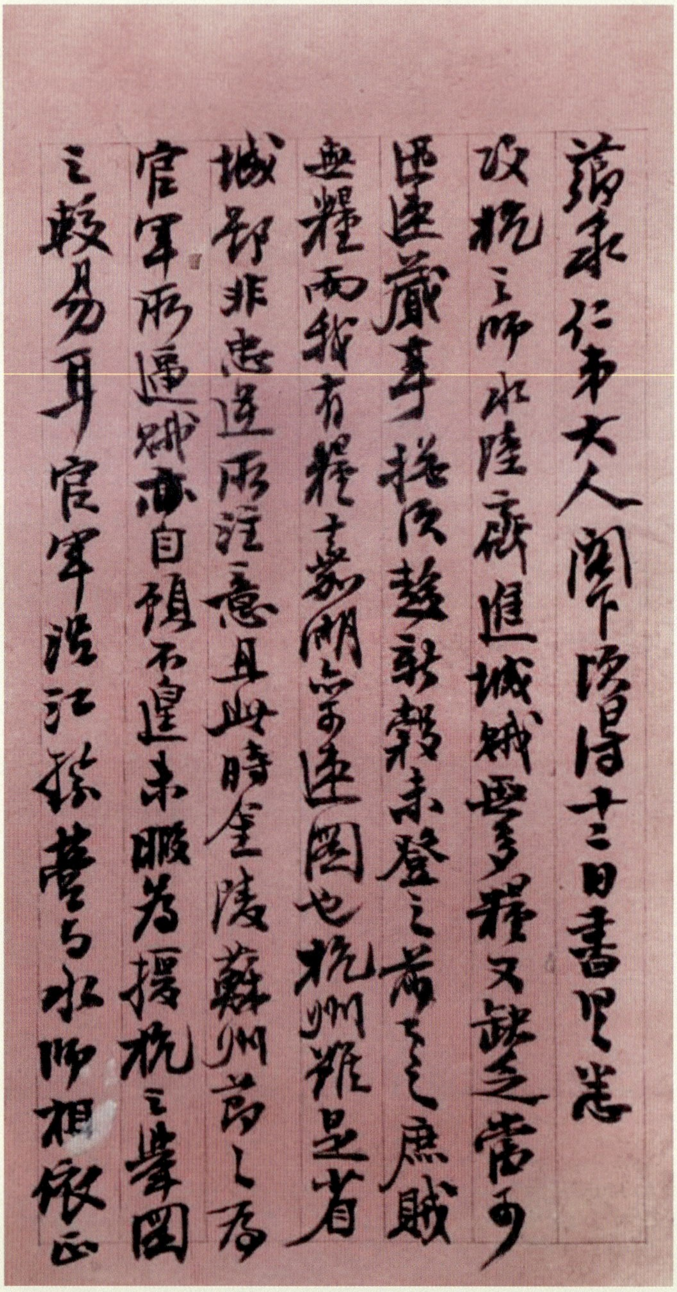

薌泉仁弟大人閣下：頃得十二日書，具悉攻杭之師水陸齊進，城賊無多，糧又缺乏，當可迅速蕆事。趁此新穀未登之前，庶賊無糧而我有糧，去歲湖寧速圖也。杭州雖是省城，卻非要道，所注之意，且此時金陵、蘇州節節為官軍所逼，賊亦自顧不遑，未暇為援杭之舉，圖之較易耳。官軍沿江挨營，與水師相依，正

薌泉仁弟大人閣下：頃得十二日書，具悉。攻杭之師水陸齊進，城賊無多，糧又缺乏，當可迅速蕆事。揔須趁新穀未登之前了之，庶賊無糧而我有糧，嘉湖亦可速圖也。杭州雖是省城，卻非忠逆所注意，且此時金陵蘇州節節為官軍所逼，賊亦自顧不遑，未暇為援杭之舉，圖之較易耳。官軍沿江紥營，與水師相依，正

可無虞此東路者妙著然後會王當靈驛海
寨鉄防專縱小泗渡及下睢一帶窺逼擾我完
善之地以圖牽制弟總兗碑初六夜捷字到
兄已批覆字啟題罷字而未嘗題及以清布
是否盡善不知
尊處兄何調度並致歧異且將
閣下意見據之改稿也

可兼護浙東，最為妙著。然偽會王尚駐踞海甯，須防其從小泗渡及下游一帶竄過，擾我完善之地以圖牽制。德克碑初八夜捷稟到，兄只批覽稟欣慰四字，而未嘗題及以後布置，蓋不知尊處如何調度，恐致歧異，且料閣下或已擕之攻杭也。

來示云尚存義橋，非意所及。請即由
尊處撥令益澧或攻杭，或俟唐道一軍取
餘杭後再襲取海寧州，或先令嚴杭東小泗
渡一帶至餘姚海口，以昭周密。此事既議，明由
尊處諷遣，兄不便徑札，以致歸令。珍戰即希
照飭浙局，浙有黃分所，憲者飭知嘉興歸
併已歸無處照。生或拼命由湖州傍竄國

來示云尚在義橋，非意所及。請即由
尊處檄令遵照，或攻杭，或俟康道一軍取
餘杭後再襲取海甯州，或先令嚴扼浙東小泗
渡一帶至餘姚海口，以昭周密。此軍既説明由
尊處調遣，兄不便徑札以致號令紛歧，即希
照辦。浙局漸有幾分，所慮者賊知嘉興歸
路已斷，無處逃生，或拚命由湖州傍甯國

入皖犯我腹地，或偷渡鎮江犯寧紹耳。此兩
著必處處留意。克菴已抽勇赴衢，正擬出頭
一擊，解青陽之守侍安慶之病甚圍，寧國之軍守 節相，成命
一步不出。賊若從湖州竄長興，不能出其其、擾越，
此可慮也。鎮江水戰容易偷渡，現在官軍
駐營之地照料不及，亦不免有時偷渡之事，
此又可慮也。由湖竄入腹地一著，當屬之亮

入浙，犯我腹地，或偷渡錢江犯甯紹耳。此兩著必應留意。克菴已抵萬安街，正擬出嶺一擊，解青陽之圍。（守將朱品隆病甚）甯國之軍守　節相成命一步不出，賊若從湖州繞竄，斷不能望其扼截，此可慮也。錢江水淺，容易偷渡。現在官軍紮營之地照料不及，恐不免時有偷渡之事，此又可慮也。由湖竄入腹地一著，當屬之克

菴由海寧偷渡一著謹以啓之
老弟幸勿大意也寧波解銀六萬兩係兩
批所奉 已撥去
弟請餉之季其時尚僅只接到頭批起解文
書以其僅只三萬兩而此則解克菴及法遣
陳彝壽附病需放餉收准
弟截留三萬兩前撥之批起解文書均知有三

菴。由海甯偷渡一著，謹以屬之
老弟。幸勿大意也。甯波解銀六萬兩係兩
批而來。兄接吾
弟请餉之稟，其時尚俳只接到頭批起解文
書，以其僅只三萬兩，而此間解克菴及汰遣
陳彝爵病勇皆需紋銀，故准
弟截留二萬兩。嗣接二批起解文書，始知又有三

第兩到也時月餉項尚旺
本處多裁一營兩僅無他妨礙惟各營病勇太
多自正副哨官以至營官無不病弱於實為煩
惱之至嚴飭各營均赴富陽足下不為移扎
處所當經過此間為中權要地已留兩營駐
此而併閩邊安兩營為來防守當可無礙惟極無
主持之人或於足下駐富陽者可就近照料耳

萬兩到也。此月餉項尚旺，弟處多截一萬兩儘無妨礙。惟各營病勇太多，自正副哨官以至營官，無不病弱者，實為煩惱之至。嚴郡各營均飭赴富陽。兄與石翁於月底亦當繼進。此間為中權要地，已留兩營駐此，而併調遂安兩營前來防守，當可無礙。惟嫌無主持之人，或者兄駐富陽，尚可就近照料耳。

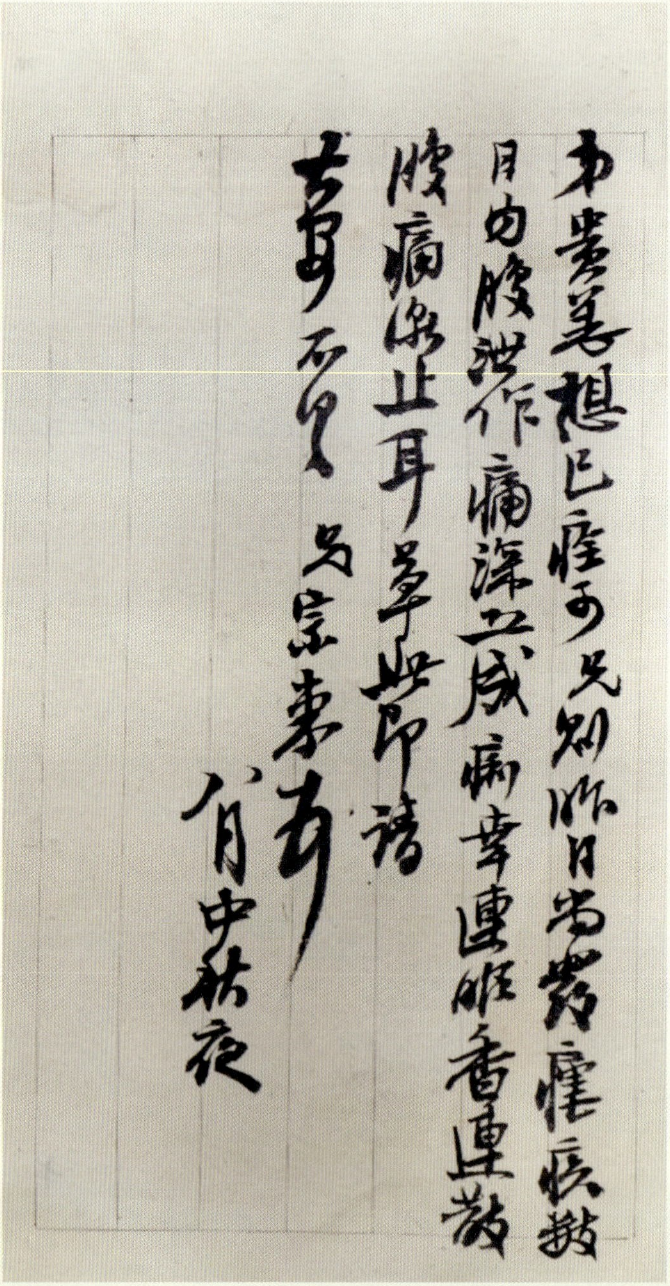

弟貴恙想已痊可兄別後日尚覺疲倦數

日內腹泄作痛滯下成痢幸連服香連丸數

服痛漸止耳草草即請

台安不具　兄宗棠頓首

八月中秋夜

弟貴恙想已痊可。兄則昨日尚發瘧疾，數日内腹泄作痛，深恐成痢，幸連服香連散，腹痛漸止耳。草此即請大安。不具。兄宗棠頓首。

八月中秋夜

昨夜得　少荃宮保信抄送
台覽蘇軍水陸進逼逆賊自無不返顧之理就中
或有轉機乘廿七日開仗為得也
速告之孫文秀王東林所部均已下城大約明日可
到菱湖此路打仗宜用藤牌屬勞山已飭軍裝局僱
所有之藤牌盡交矣此間
筱泉仁弟大人日安　宗棠頓首　廿六

昨夜得　少荃宫保信，抄送
台覽。蘇軍水陸進逼，逆賊自無不返顧之理，就中
或有機可乘。廿七日開仗如何？乞
速告之。徐文秀、王東林所部均已下城，大約明日可
到菱湖。此路打仗宜用藤牌劈山。已飭軍裝局儘
所有之藤牌點交矣。此問
薌泉仁弟大人日安。宗棠頓首　廿八

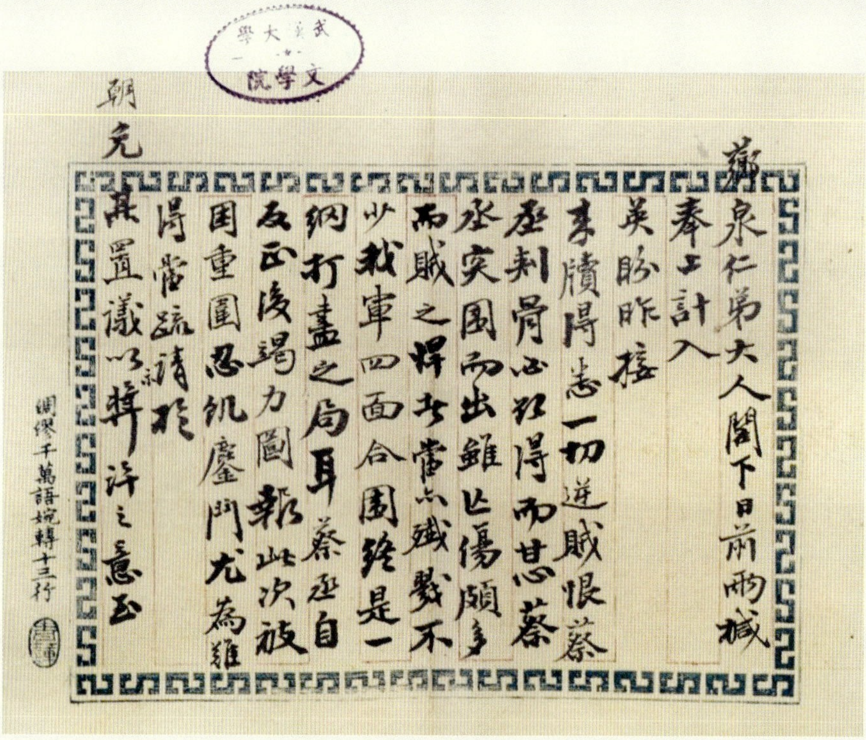

篠泉仁弟大人閣下日前兩緘
奉上計入
英盼昨接
來牘得悉一切逆賊恨蔡
丞刺骨必欲得而甘心蔡
丞突圍而出雖已傷頗多
而賊之悍者當亦殲戮不
少我軍四面合圍終是一
網打盡之局耳蔡丞自
反正後竭力圖報此次被
困重圍忍飢鏖鬥尤為難
得當疏請旌
其置議以獎許之意丞

朗元

閒傑千萬語婉轉十三行

薌泉仁弟大人閣下：日前兩棫
奉上，計入
英盼。昨接
來牘，得悉一切。逆賊恨蔡
丞刺骨，必欲得而甘心。蔡
丞突圍而出，雖亡傷頗多，
而賊之悍者當亦殲戮不
少。我軍四面合圍，終是一
網打盡之局耳。蔡丞自
反正後竭力圖報，此次被
困重圍，忍飢鏖鬥，尤為難
得。當疏請於
朝，免其置議，以示獎許之意。至

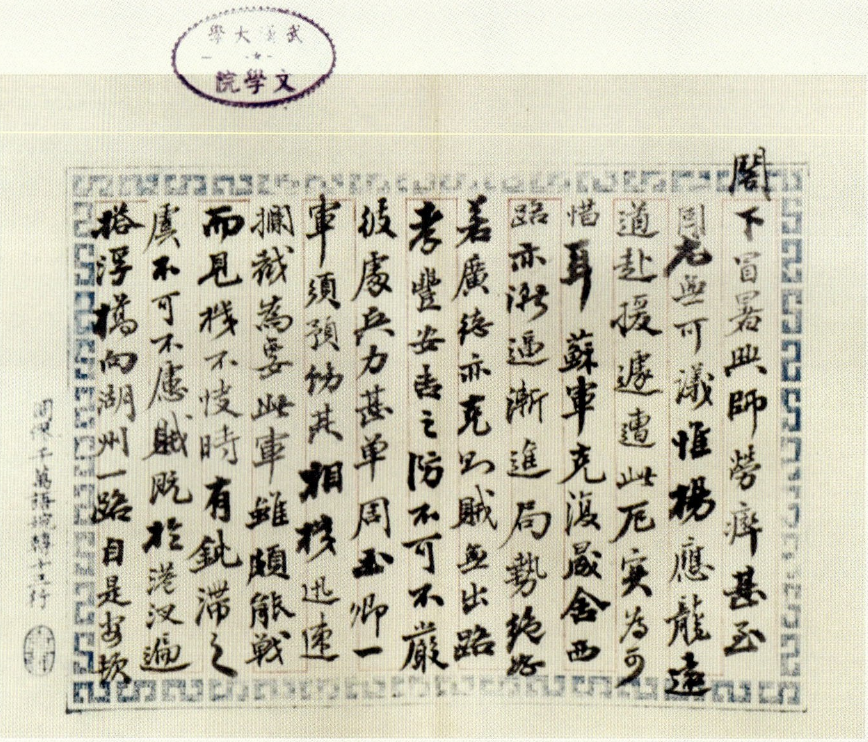

閣
下冒暑興師勞瘁甚丞
閎老無可議惟楊應龍達
道赴援遽遭此厄實為可
惜耳蘇軍克復嚴舍西
路亦漸通漸進局勢絕好
若廣德亦克必賊無出路
孝豐安吉之防不可不嚴
彼處兵力甚單周丞卿一
軍須預飭其相機迅速
攔截為要此軍雖頗能戰
而見機不快時有鈍滯之
虞不可不慮賊既於港汊遍
搭浮橋向湖州一路自是要攻

同興千萬號蔣婉轉十三行

閣下冒暑興師，勞瘁甚至，
固尤無可議。惟楊應龍遠
道赴援，遽遭此厄，實為可
惜耳。蘇軍克復晟舍，西
路亦漸逼漸進，局勢絶好。
若廣德亦克，則賊無出路。
孝豐、安吉之防不可不嚴，
彼處兵力甚單。周玉卿一
軍須預飭其相機迅速
攔截為要。此軍雖頗能戰，
而見機不快，時有鈍滯之
虞，不可不慮。賊既於港汊遍
搭浮橋，向湖州一路，自是安頓

此處計早晚已露端倪於
乘勢逼近亦是妙著也得
王朗青王瑤階字已克復
東鄉而劉祝齋來信亦言
饒春霆大捷詳述殺賊
第計汪海洋亦有授首之說
園賊向東而竄幸此間所調
劉明燈劉明珍等十四五可
齊扼常山水南現又催其速
駐礦口而催黃芍岩速赴水
南此路已有布置或無它虞
耳 以實出示
弟誠知因鄙下議論未

綢繆千萬語婉轉十三行

退竄計，早晚已露端倪，能乘勢逼近，亦是妙著也。得王朗青王瑶階稟，已克復東鄉，而劉祝亭來信則言鮑春霆大捷，許灣殺賊萬計。汪海洋亦有授首之説，敗賊向東而竄，幸此間所調劉明燈劉明珍等十四五可齊抵常山水南，現又催其速駐硤口，而催黄芍岩速駐水南。此路已有布置，或無它虞耳。小濤出示尊械，知因都下議論，未

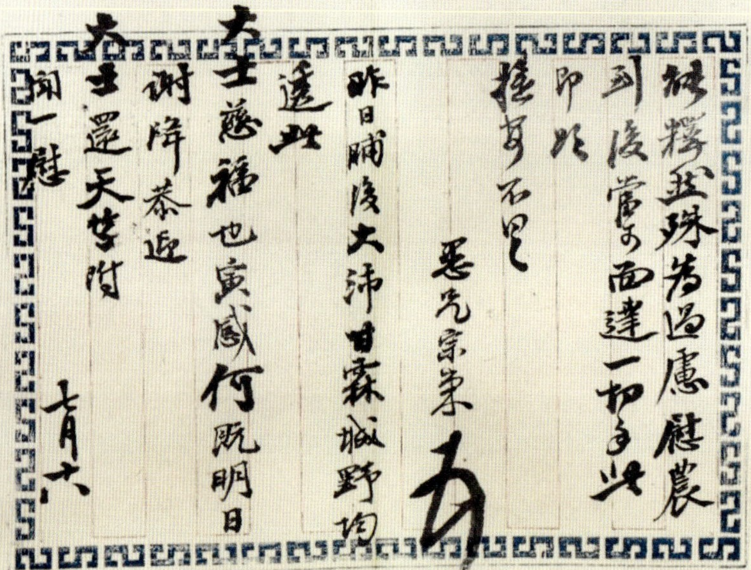

被擇丞殊為過慮。麾農到後當即函達一切。手此即頌
捷喜不具
愚兄宗棠頓

昨日晡後大沛甘霖，城野均
遍沾
大帥慈福也。寅感何既。明日
謝降恭迎
大帥還天寧附
聞一慰

七月六

綢繆千萬語 婉轉十三行

能釋然，殊為過慮。慰農
到後當可面達一切。手此
即頌，
捷安。不具。
愚兄宗棠頓首。
昨日晡後大沛甘霖，城野均
透。此
大士慈福也。寅感何既。明日
謝降，恭迎
大士還天竺。附
聞一慰。　　　　七月十八

蔗泉仁弟大人閣下：兩接
來椷，具悉一切。錦州悉習，亟應嚴除。趁此兵力
有餘，水陸合務，自可禁絕。大約錦各府物分設立
埠，凡大小船隻，無論農家、漁戶、商船，除行編列字
號，不許藏帶鎗械、賭具娼妓局，犯者治罪，其船入官。嚴禁
聚賭窩娼、馳逐游勇等務，應根以清其源。許令繳械
自首，以散其黨，或於向勢有益。惟立限不可不嚴，一月
之外，犯者無赦，斷不可稍形鬆懈。若徒因袁之府物以三五

薌泉仁弟大人閣下：兩接

來械，具悉一切。鎗划惡習亟應嚴除。趁此兵力有餘，水陸合辦，自可净絶。大約飭各府縣分段立埠，凡大小船隻，無論農家、漁户、商船，槩行編列字號，不許藏帶鎗械、賭局具、婦女，犯者治罪，其船入官。嚴禁聚賭窩娼，駈逐遊勇，拏辦痞棍，以清其源。許令繳械自首以散其黨。或於局勢有益。惟立限不可不嚴。一月之外犯者無赦。斷不可稍形鬆懈。若徒責之府縣，以三五

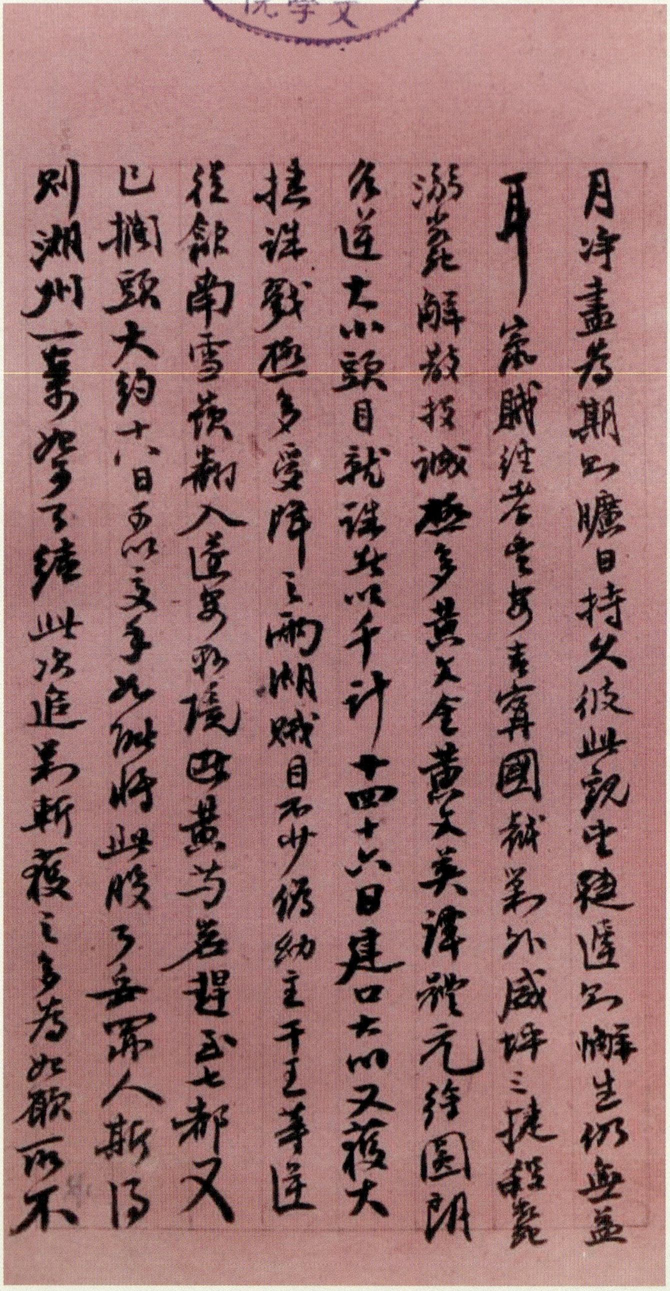

月淨盡為期，以曠日持久，彼此既生遲延之懈，生仍無益
耳。家賊經老營与春寧國縣弟外威坪三捷殺斃
淹斃、解散、投誠極多，黃文金、黃文英、譚體元、練圍朗
各逆大小頭目就誅者以千計。十四、十六日建口大川又獲大
捷，誅戮極多，受降之兩湖賊目不少。偽幼主、干王等逞
往鉛南雪薇鄉入逆窜彼境，收黃芍岩提五七都，又
已撤頭，大約十六日西江交手，如能將此股了無，軍人斯乃
則湖州一案始了結。此次追剿斬獲之多，為近歲所不

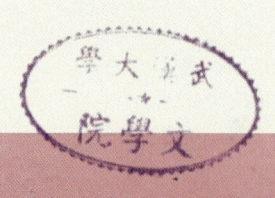

月浄盡為期，則曠日持久，彼此觀望，徙遲則懈生，仍無益耳。竄賊經孝豐、安吉、甯國截剿外，威坪三捷，殺斃、溺斃、解散、投誠極多。黃文金、黃文英、譚體元、徐圓朗各逆大小頭目就誅者以千計。十四、十六日建口、大川又獲大捷，誅戮極多。受降之兩湖賊目不少。偽幼主、干王等逆從歙南雪嶺翻入遂安縣境者，黃芍岩趕至七都，又已攔頭，大約十八日可以交手。如能將此股了妥，罪人斯得，則湖州一案始可了結。此次追剿斬獲之多為始願所不

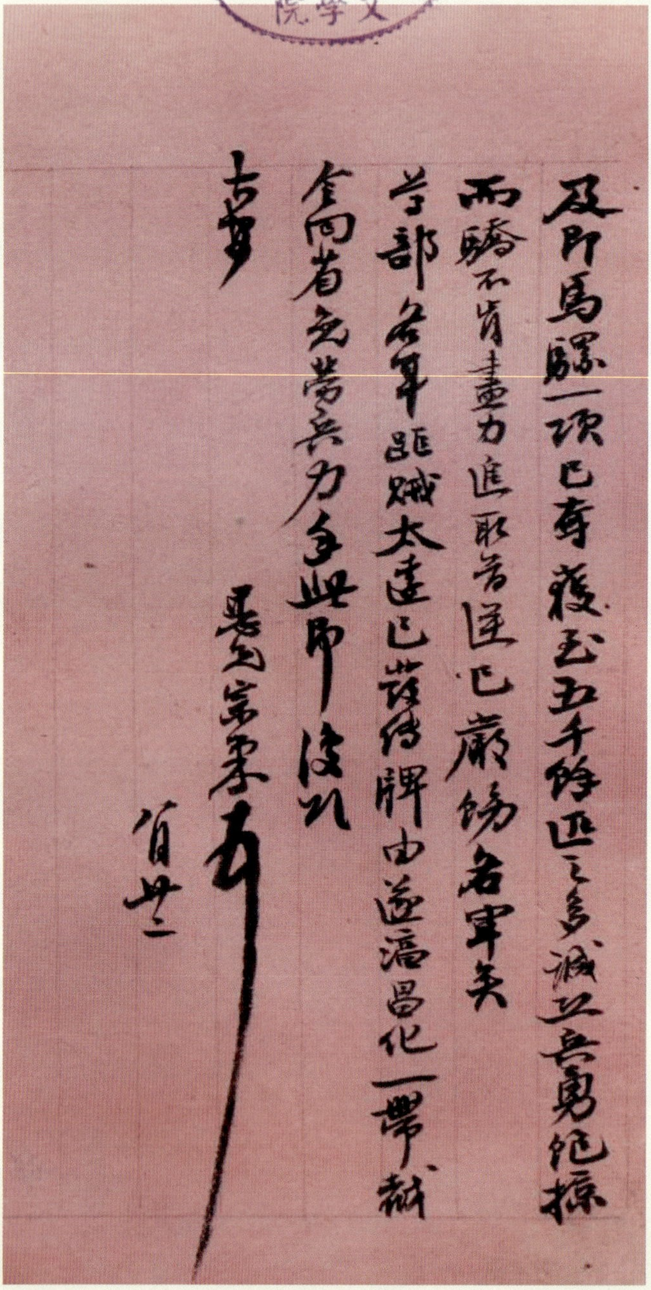

及所馬騾一項已奪獲五千餘匹之多賊以兵勇絕掠
而騎不肯盡力追取者匪已嚴飭各軍矣
茲部各軍距賊太遠已諭傳牌由遂淳昌化一帶截
會同省兵當兵力多與即復几
台安
愚弟宗棠頓
首 廿二

及，即馬騾一項已奪獲至五千餘匹之多。誠恐兵勇飽掠而驕，不肯盡力追取首逆。已嚴飭各軍矣。尊部各軍距賊太遠，已發傳牌，由遂湆、昌化一帶截今回省，免勞兵力。手此即復，頌

大安。

愚兄宗棠頓首。

八月廿二

鹿泉仁弟大人閣下：連接
兩書，並承
寄到大兄帝信，均為慰悉。龍巖克復，克庵大
捷於新泉，署臣大捷於鎮門，軍威甚振。汪逆
由上杭之舊縣窺白沙，經官軍擱截，亦獲勝仗。現
巨寇玉龜陽勢將由南靖合併漳州，現在康友
之軍駐龍巖中路，老湘營由白沙探永定汀邊

薌泉仁弟大人閣下： 連接
兩書，並承
寄到大兒京信，均為慰悉。龍岩克後，克庵大
捷於新泉，果臣大捷於鎮門，軍威甚振。汪逆
由上杭之舊縣竄白沙，經官軍攔截，亦獲勝仗，現
已竄至龜陽，勢將由南靖合併漳州。現在康友
之一軍駐龍岩，中路老湘營由白沙紮永定河邊，

克菴所部由龍岩趨漳平，朗青由胡天錤趨
華封以通長泰，布置尚為周密。蘇軍如抵
廈門，須由海澄進攻漳浦，漳浦既下，即可徑扼漳城
西南，與高黃聯絡，已飛飭廈門鎮道矣。看來
漳城東北兩路日內必已開仗，劉超臣到可專
防長泰，高黃兵力不分，尚可無慮。數大仗後，賊必
竄粵。然趁勢追剿，究事乃將江西兵力甚厚

克菴所部由龍岩趍漳平之朝天嶺，朗青由朝天嶺趍
華崶以通長泰，布置尚為周密。蘇軍如抵
厦門，須由海澄進攻漳浦。漳浦既下，即可徑抵漳城
西南與高黄聯絡。已飛飭厦門鄧道矣。看來
漳城東北兩路日内必已開仗，劉楚臣到可專
防長泰，高黄兵力不分尚可無慮。數大仗後賊必
竄粤，能趁勢追剿完事乃好。江西兵力甚厚。

沈中丞徒有援閩之請而以全力防邊乃其本願
也蔡元吉一軍已至建寧兄飭其就地駐紮聽調
不然甚未定平如賊已竄江西邊界即飭其由
建寧回浦城相機固守邊界斷不有悞耳
兄俟北路局勢穩固即赴省辦事如賊圖深
入即赴泉州督募擣楊和貴簡往林寧此月
初旬可抵閩邊兵力亦不單也浙中餉事須四五月

沈中丞徒有援閩之請，而以全力防邊乃其本願也。蔡元吉一軍已至建甯。兄飭其就地駐紮聽調，不欲其來延平。如賊已竄江西邊界，即飭其由建甯回浦城，相機固浙邊界，斷不有悮耳。兄俟北路局勢穩固，即赴省辦事。如賊圖深入，即赴泉州督剿。據楊和貴、簡桂林稟，此月初旬可抵閩境，兵力亦不單也。浙中餉事須四五月

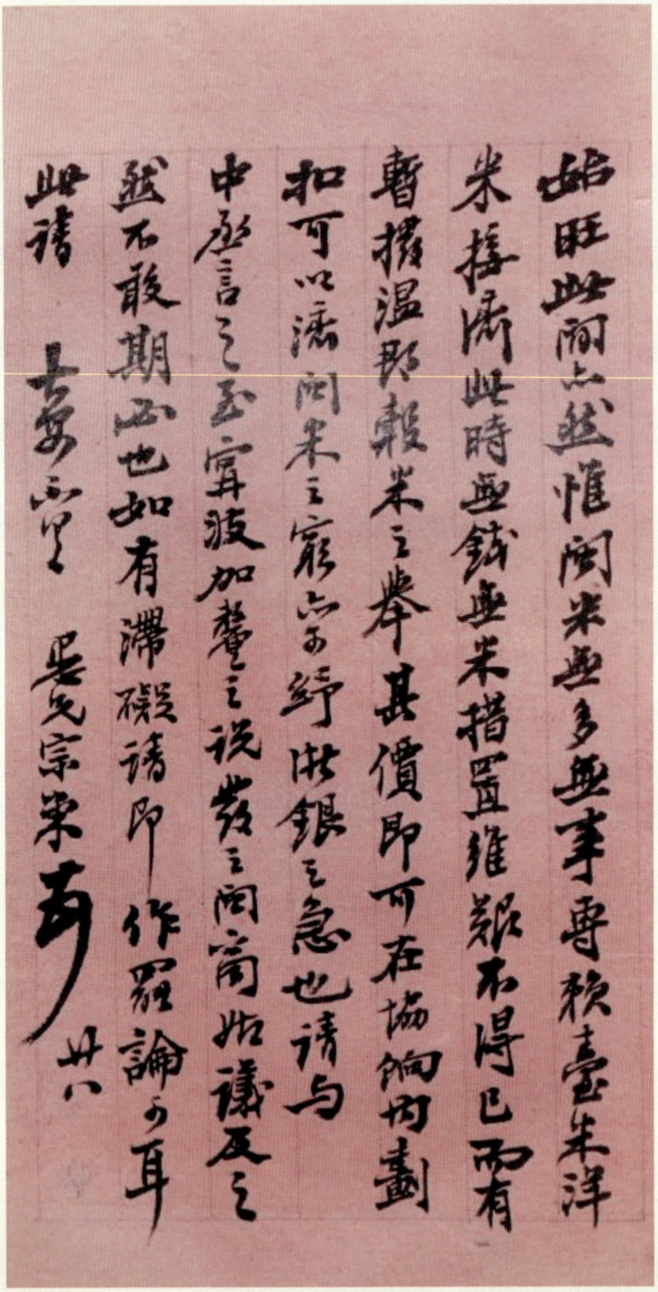

始旺此間亦然惟閩米無多無事尋覓臺米洋米接濟此時無錢無米措置維艱不得已而有暫撥温郡穀米之舉其價即可在協餉内劃扣可以濟閩米之窮亦可紓此銀之急也請與中丞言之並寬渡加釐之說發之閩商此議反之然不敢期必也如有滯礙請即作罷論可耳此請

台安不具　愚兄宗棠頓　廿八

始旺。此間亦然。惟閩米無多，無事專賴臺米洋米接濟。此時無錢無米，措置維艱，不得已而有暫撥温郡穀米之舉，其價即可在協餉内劃扣，可以濟閩米之窮，亦可紓浙銀之急也。請與中丞言之。至甯波加釐之説發之閩商，姑議及之，然不敢期必也。如有滯礙，請即作罷論可耳。此請

大安。不具。　愚兄宗棠頓首　廿八

護篆以來諸事整飭妥協時論僉然先生曾據實密陳矣處眷注正隆時多生憤嫉小心出之以副人望漢之賈生千古才也祗因急於用世遂爲有道之世所不容宋之寇萊公亦坐此弊柔以掌備其在我素位而行此外聽造物爲安排可矣

再白

護篆以來諸事整飭妥協，時論翕然。兄亦曾據實密陳矣。當

眷注正隆時萬望慎密。小心出之，以副人望。漢之賈生，千古才也，祇因急於用世，遂為有道之世所不容。宋之寇萊公亦坐此弊。吾輩脩其在我，素位而行，此外聽造物聽安排可矣。

再白

蒓泉仁弟大人閣下：讀五日在泉州所發四月廿一日四鼓所寄一緘，敬悉

所示

本所以爲閩謀甚矣，豈獨兄感之，即十閩官紳士民亦莫不感戴

高義矣。橫覽各行省中有幾人能如

本所見之大哉？年來我輩官守雖有畫域乎

薌泉仁弟大人閣下：端五日在泉州得四月廿一日四鼓所寄一械，敬悉所示。

弟所以為閩謀者至矣，豈獨兄感之，即十閩官紳士民亦莫不感荷高義矣。横覽各行省中有幾人能如弟所見之大者乎。我輩官守雖有畺域可

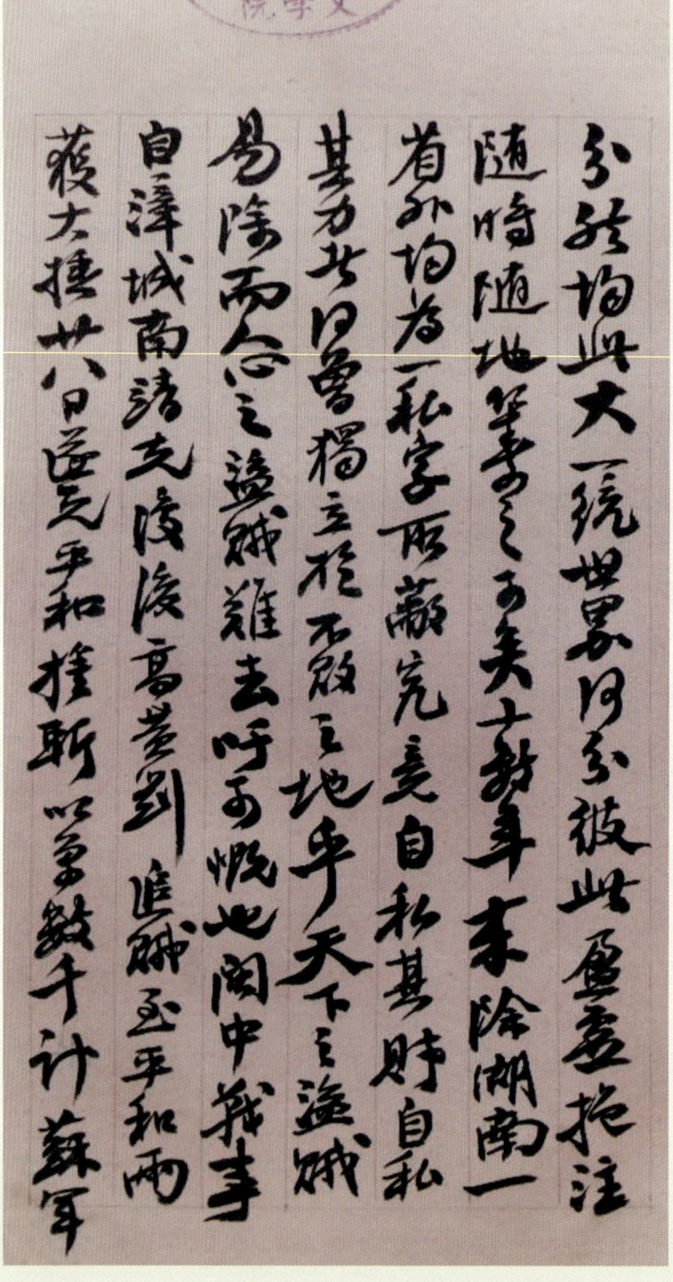
分，然均與大一統世界同分彼此，盈虛挹注，
隨時隨地無畛域之見。數年來，除湖南一
省外，均爲一私字所蔽，究竟自私其時，自私
其力，其日曾獨立於不敗之地乎？天下之逆賊
易除，而人心之逆賊難去，呼可慨也。關中戰事
自澤城南諸支陵後，高蒼劉進躲逐平和兩
獲大捷，廿八日追兵平和，推斯以往，數千計，蘇軍

分，然均此大一統世界，何分彼此。盈虛挹注，隨時隨地籌之可矣。十數年來除湖南一省外，均為一私字所蔽。究竟自私其財、自私其力者何曾獨立於不敗之地乎。天下之盜賊易除，而人心之盜賊難去，吁，可慨也。閩中戰事自漳城、南靖克復後，高黃劉追賊至平和，兩獲大捷，廿八日遂克平和，捡斬以萬數千計。蘇軍

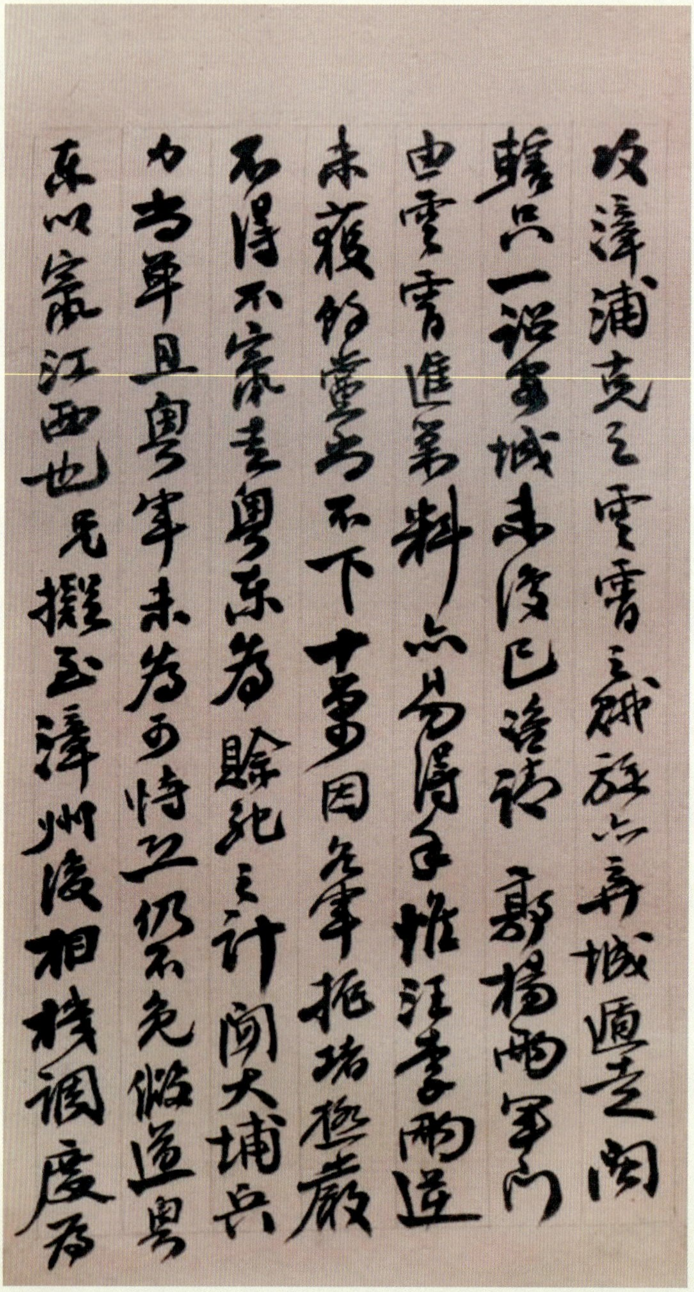
攻漳浦克之，雲霄之賊旗亦棄城遁走。閩
疆只一詔安城未復，已諭請郭、楊兩軍門
由雲霄進剿，亦易得手。惟汪、李兩逆
未獲，餘黨尚不下十萬，因久集拒堵極嚴，
不得不兼顧粵東，爲驗絕之計。閩大埔兵
力尚單，且粵軍未爲可恃，又仍不免繞道粵
東以窺江西也。現擬至漳州後，相機調度，庶

攻漳浦，克之。雲霄之賊旋亦棄城遁走。閩轄只一詔安城未復。已咨請　郭楊兩軍門由雲霄進剿，料亦易得手。惟汪李兩逆未獲，餘黨尚不下十萬，因各軍扼堵極嚴，不得不竄走粤東，為賒死之計。聞大埔兵力尚單，且粤軍未為可恃，恐仍不免假道粤東以竄江西也。兄擬至漳州後相機調度，為

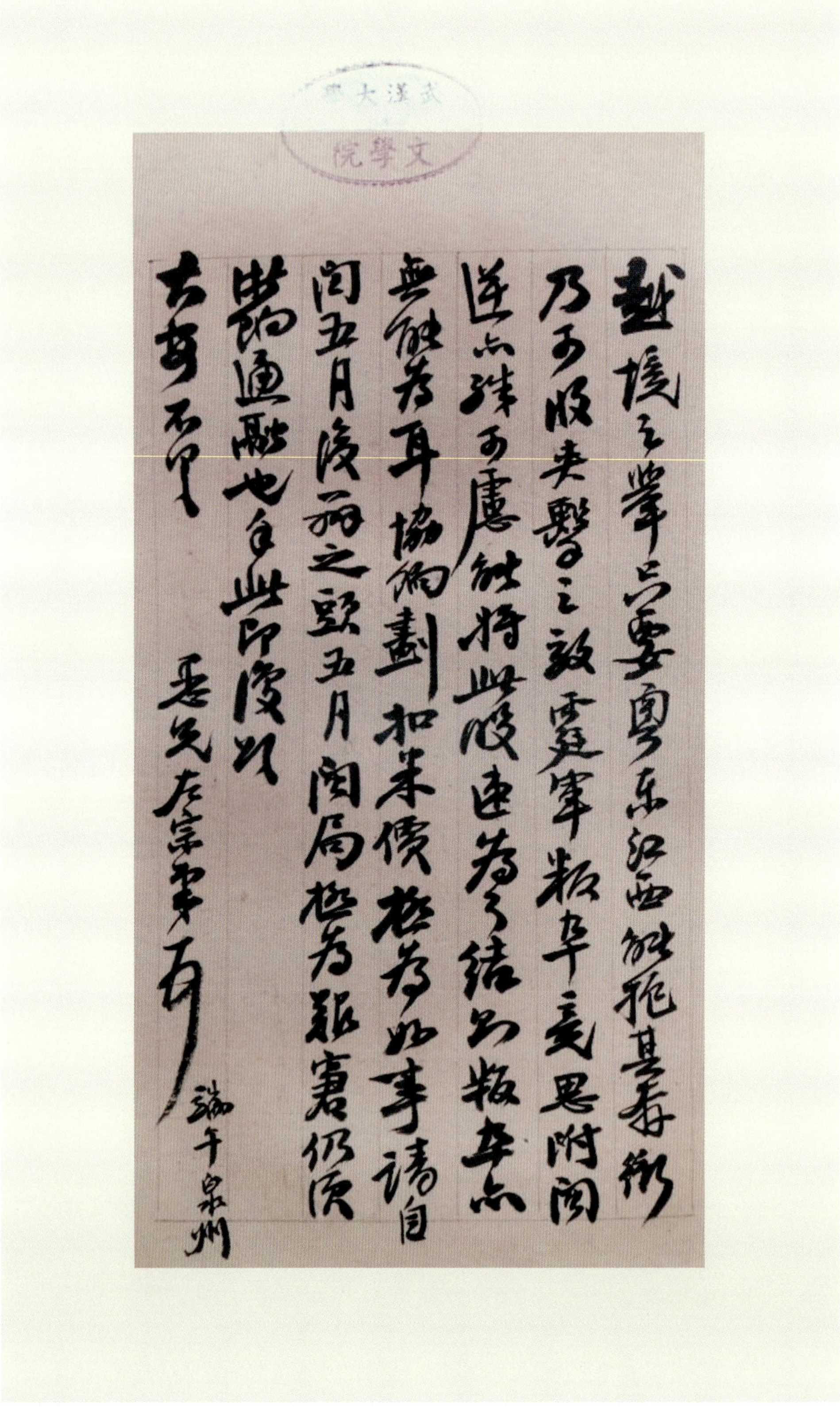

越塍仁弟足下粵東江西能施其專制
乃可收夾擊之效霆軍叛卒竟思附閩
逆亦殊可慮能將此股速爲了結則叛卒亦
無能爲耳協餉劃扣粵債極爲好事請自
閏五月後扣之既五月閩局極爲艱窘仍須
藉通融也手此即請
大安不一一
愚兄左宗棠頓首
端午 泉州

越境之舉，只要粵東江西能扼其奔衝，乃可收夾擊之效。霆軍叛卒竟思附閩逆，亦殊可慮。能將此股速為了結，則叛卒亦無能為耳。協餉劃扣米價，極為妙事，請自閏五月後辦之。頭五月閩局極為艱窘，仍須浙餉通融也。手此即復，頌大安。不具。　愚兄左宗棠頓首。端午泉州

生辰送禮爲官場陋習
來一璧卻之最爲
卓識取與辭受之間須有界限不但居官宜於
即在家亦當斟酌少受人情而省多少牽
掛承
示署中用度十分節省尤徵儉以養廉之意以
此薪水古人日雖佩懸之水又及

生辰送禮為官場陋習，
第一槩卻之，最為
卓識。取與辭受之間須有界限，不但居官宜然，
即在家亦當斟酌。少受人情，可省多少牽
掛。承
示署中用度，十分節省，尤徵儉以養廉之意。以
此蘄至古人何難。佩慰之至。又及。

篠泉仁弟大人閣下前奉
惠緘並承寄兒子孝感兩字具悉壹切孝感
復蒙
聖恩加賞主事非分之榮尤深感悚辱蒙
吉詞藻飾曷以克當恭邸一事備悉
廷議公允官府並無異詞彼謗人者亦可休矣此
誠近日佳事朝列之是非明見人心之趨向

薌泉仁弟大人閣下：前奉
惠椷，並承寄兒子孝威兩稟，具悉壹切。孝威
復蒙
聖恩加賞主事，非分之榮，尤深感悚。辱蒙
吉詞藻飾，何以克當。恭邸一事備悉。
廷議公允，宮府並無異詞。彼譖人者亦可休矣。此
誠近日佳事。朝列之是非明，則人心之趨向

正所關非細故也此間潯州諸君連獲勝
仗皆各軍會攻烏頭門賊壘竟日苦戰將
各壘一律踏平旋攻樓閣寨及東關各堅
壘亦相繼而下乘勝衝殺入城是夜丑刻即
將潯城克復斃賊極多生擒亦不下數千
侍從扈入南潯清道劉克庵正督各軍攻急
見侍從率領賊至分軍截殺而無路追軍

正，所關非細故也。此間漳州龍岩連獲好仗。廿日各軍會攻烏頭門賊壘，竟日苦戰，將各壘一律踏平，旋攻樓内寨及東關各堅壘，亦相繼而下，乘勝衝殺入城。是夜丑刻即將漳城克復，斃賊極多，生擒亦不下數千。侍逆竄入南靖，適劉克庵正督各軍攻急，見侍逆率餘賊至，分軍截殺，而各路追軍

又經渡抵蘄藏尤多昨侍逆已從南路剿山寨
逸去竄躡蹤跟進未知能趕上否汪逆已竄近
大浦邊界侍逆必思與之會合彼處有河水阻
陽春流之漫抵守甚易未知粵軍能否放走
否也鮑春霆已由鄂赴蜀所部行至湖北之金
口因鼓譟譁噪擾江西糧道段起等與股已
叛中有二三千人散去餘四五千（牟國永馮祁均走出）竟由通山闖竄江西

又從後掩至，斬馘尤多，惟侍逆已從南路翻山竄逸，各軍躡蹤緊追，未知能趕上否。汪逆已竄近大埔邊界。侍逆必思與之會合。彼處有河水阻隔，春流泛漫，扼守甚易。未知粵軍能不放走否也。鮑春霆已由鄂赴蜀，所部行至湖北之金口，因缺餉譁噪。據江西糧道段起稟，此股已叛中有二三千人散去，宋國永、馮杓均走出餘四五千竟由通山圖竄江西，

揚言入閩合夥興軍多哥老會人多降人並
無反叛之事甚冀雪芟留江一軍合數萬
始自上年十一月奉
諭援閩延至三月始行入閩境向見請餉足以興軍向由
江西支應來之許亦實無可應也昨十一日見在上杭
大掠而去現聚會昌之白埠看來亦是可慮
江西能抵吉安撫建庶可保固東路而贛可無虞否知

揚言入閩合夥。此軍多哥老會，又多降人，恐
不免反叛之事。其妻雲慶留江一軍人數萬
餘，自上年十一月奉
詔援閩，延自三月始行入閩境，向兄請餉，兄以此軍向由
江西支應，未之許，亦實無可應也。昨十一月日在上杭
大掠而去，現紮會昌之白埠。看來亦是可慮。
江西能扼吉安，撫建庶，可保固東路，而浙可無虞，否則

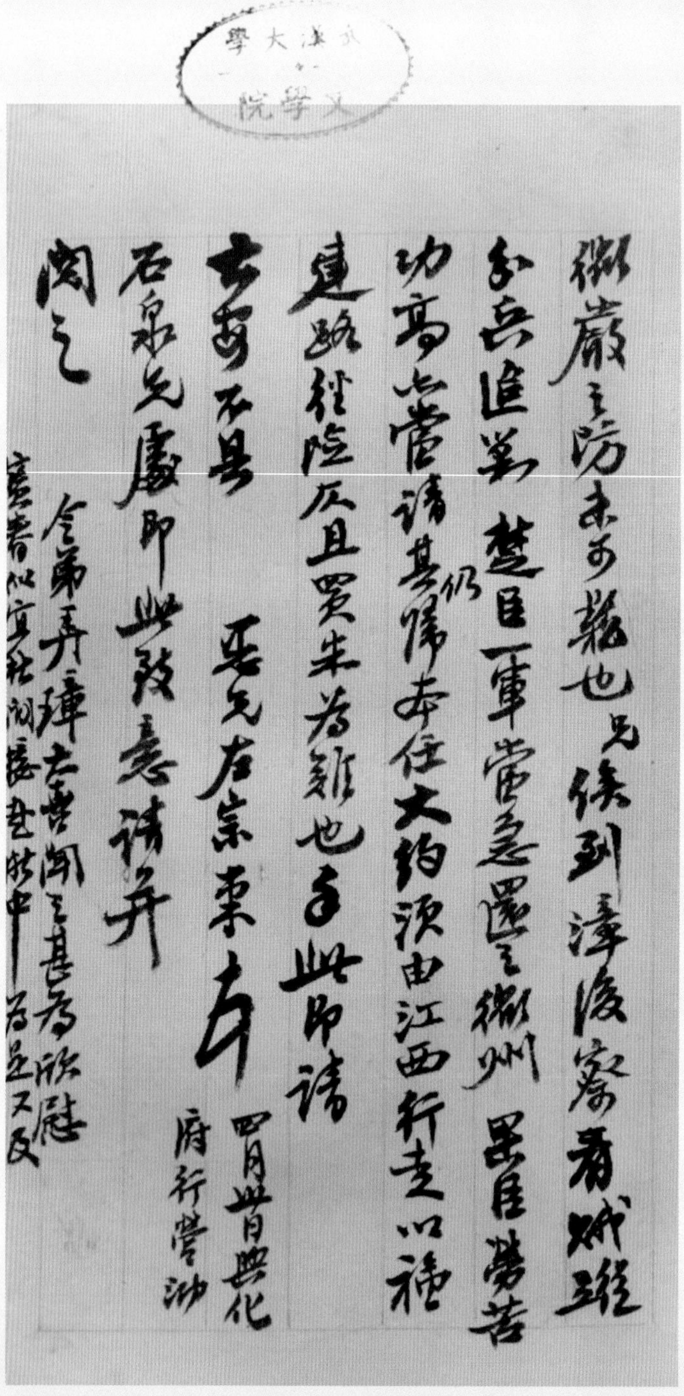
武漢大學文學院
徽嚴之防未可鬆也兄俟到滌後察看賊蹤
分兵追剿楚軍一軍當急還之徽州思雲勞苦
功高曾請其仍歸本任大約須由江西行走以禮
建昌從陸路且買米爲難也手此即請
大安不具　愚兄左宗棠頓首
四月廿日與化
府行營沙
石泉老兄處即此致意請并
閱之
令弟[illegible]去世聞之甚爲[illegible]
台眷似宜於[illegible]中[illegible]不足又及

衢嚴之防未可鬆也。兄俟到漳後察看賊蹤，
分兵追剿。楚臣一軍當急還之衢州。果臣勞苦
功高，亦當請其仍歸本任。大約須由江西行走，以福
建路徑險仄且買米為難也。手此即請
大安。不具。　愚兄左宗棠頓首。四月卅日興化府行營泐。
石泉兄處即此致意，請并
閱之。　令弟弄璋大喜，聞之甚為欣慰。寶眷似宜秋間接赴浙中為是。又及

薌泉仁弟大人閣下前書奉復計甫達
覽頃復接六月十一日一緘具悉一切浙江水災論者謂
為數十年所僅見然及早涸復補種秋禾或可稍圖補
救自今春星變以來天事不善前此之順僧邸之殞人
心尤為震駭未知結局究將若何也汪逆竄粵後粵
軍連次失利近則縮守嘉應州城不復出戰李方伯於
兵事毫無見解致將領浦盧協會作之從霆營叛

薌泉仁弟大人閣下：前書奉復，計甫達

覽。頃復接六月十一日椷，具悉一切。浙江水災，論者謂

為數十年所僅見，能及早涸復補種秋禾，或可稍圖補

捄。自今春星變以來，天事不若前此之順。僧邸之覆，人

心尤為震駴。未知世局究將若何也。汪逆竄粵後，粵

軍連次失利，近則縮守嘉應州城，不復出戰。李方伯於

兵事毫無見解，諸將領皆虚憍貪詐之徒。霆營叛

其盡爲老會人，亦殊剽悍。初六、初八兩日悉數竄花閩畫

雖經高黄兩軍門擊退，而當道賊假革回竄之際，粵軍

不能乘機撲擊，其後該逆納款，旋仍復叛，被其截回，殊爲可惜也。康

道回粵，李方伯以州城岌岌，留其兼顧該州城，不復與高黄相

聯絡，粵人自顧不遑，如此安望其合謀夾擊耶？李賊中疲

氣，大作人多離心（已降出號）汪逆以待逆之死，歸罪於三僞王宗，斬之以徇賊

多猜懼，其中實有株會匪圖耳。閩軍不能入粵，以地勢不

卒盡哥老會人，亦殊剽悍，初六初八兩日悉數竄犯閩疆。雖經高黄兩軍門擊退，而當逆賊傾巢回竄之際，粵軍不能乘機擬其後，致納款者仍復被其截回，殊可惜也。康道回粵，李方伯以州城岌岌，留其兼顧州城，不復與高黄相聯絡。粵人自顧不皇如此，安望其合謀夾擊耶。幸賊中疫氣大作，人多離心。（已降出數起）汪逆以侍逆之死歸罪於三偽王宗，斬之以徇。賊多猜懼，其中實有機會可圖耳。閩軍不能入粵，以地勢不

宜人情不欲也若粤軍能匯其氣江西或可與江軍共收夾擊
之效以江西客軍多湖南人意氣相投之故現高黃劉三軍仍
分扎武平之巖前中赤下壩劉克菴仍駐汀州俟後賊踪所
有變動當相機圖之閩中吏事毫無起色以因循結習
深入膏肓故也方伯極道早應劾罷之以中丞故不得不寬
容而訓飭之以觀其變近日毫無悛改後時告病時起病
以巧相嘗試乃拜疏并劾之　中丞座慈有餘而久於閩

宜、人情不願也。若粵軍能逼其竄江，則或可與江軍共收夾擊之效，以江西各軍多湖南人，意氣相投之故。現高黄劉三軍仍分紮武平之巖前、中赤、下壩，劉克菴仍駐汀州。伏後賊蹤必有變動，當相機圖之。閩中吏事毫無起色，以因循結習深入膏肓故也。方伯糧道早應劾罷，兄以中丞故不得不寬容而訓飭之，以俟其變，近日毫無悛改，復時告病時起病，以巧相嘗試，乃拜疏並劾之。中丞廉慈有餘而久於閲

歷世故深而奧切之意少年已七十官興已闌大約秋試後當
作歸計矣 吳桐雲理醒事已有起色 周壽山力肩籌餉
之事亦識卓然深得其力惟群不逞知不可撼以為飛語以相
讒亦勢所必至耳 然中協餉如期而至 極承
費心現在來者入項少而出項多 嗣後如何接濟之處隨
芋處酌之五月入
覲之處暫此時自可暫緩以兵事論總在三數月內必見分曉即定歟

歷，世故深而真切之意少，年已七十，宦興已闌，大約秋試後當作歸計矣。吳桐雲理鹾事已有起色。周壽山力肩籌餉之事，才識卓然，深得其力。惟羣不逞知不可撼，則為飛語以相譏，亦勢所必至耳。浙中協餉如期而至，極承費心。現在本省入項少而出項多。此後如何接濟之處，隨尊處酌之可耳。入覲之康舉，此時自可暫緩。以兵事論，捴在三數月內必見分曉，即灾歉

亦必須三數月始可安定於此之間再作計較未為遲也吾人出
處之際擇須從容淡定純任自然不可稍露急遽之意不但
道理應如此即以人情世故而論亦當如此也試造輪船一事必
當合力為之惟昨接雪巖轉呈德日兩人所寫字據條議
多未明晰未可經遽已函諭黃維煊矣岱鹽一節接雪岩
稟似有把握蘇撫係劉方伯署理或易說話耳手此泐復
并請　臺安　愚兄左宗棠頓首　廿七日漳州

亦必須三數月始可安定。秋冬之間再作計較，未為遲也。吾人出
處之際，揔須從容淡定，純任自然，不可稍露急遽之意。不但
道理應如此，即以人情世故而論，亦當如此也。試造輪船一事，必
當合力為之。惟昨據雪巖轉呈德日兩人所寄稟械條議，
多未明晰，未可徑諾。已面諭黄維煊矣。岱鹽一節，據雪岩
稟似有把握。蘇撫係劉方伯署理，或易説話耳。手此即復，
並請　大安。　愚兄左宗棠頓首　六月廿七日漳州

濂如之逝實為可傷先生狀与衛守魏集卿合請入
名宦以存其人
宗壹尤謂越卿請宗啇　中丞日兄分俸作時以為　太夫
人甘旨之奉用心誠厚先生亦附致之曰全請　王君農欽代
致之耳及
湖南會館奉祀楚師戰歿諸君聞已有成局先應指虛名
干春卿於浙江座墳內劃出為禱

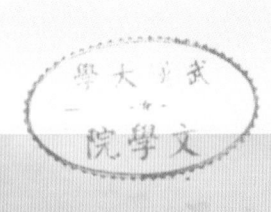

澹如之逝實為可傷。兄意欲與衢守魏雋卿合請入名宦以存其人，

尊意如謂然，即請稟商　中丞，何如？分俸作賻以為　太夫人甘旨之奉，用心誠厚。兄意亦附致二百金，請王若農觀詧代致之。再及。

湖南會館奉祀楚湘戰沒諸君，聞已有成局，兄應捐廉若干，希即於浙江廉項内劃出為禱。

蕭泉仁弟大人閣下：連接
兩書，具悉壹是。廣東雖已肅清，而散勇
游人土匪所在皆是，如果及時整理，當易為
功矣。設相既秉閣不能有為，中丞亦迂瑣而
執拗，難期其連結，此局此勢，釀禍最烈
而諸軍獨後，將奮之門元帥行時正挑西
楚臣所部之兩營汰整道及程業明兩

薌泉仁弟大人閣下：連接
兩書，具悉壹是。廣東雖已肅清，而散勇
降人土匪所在皆是。如果及時整理，尚易為
功。然故相既柔闇不能有為，中丞亦迂瑣而
執，均難期其速結。此局此邦釀禍最先
而治平獨後，將奈之何。兄臨行時正挑留
楚臣所部之兩營，汰魏道及程學明兩

營交果臣軍門統領巢其次第了移為
建威銷蘄之計，不意故相來諮之
請西果臣而撤所部也，此將不可遽撤
緣由附片陳明，未知
廟堂又謂何如也。吾
弟既奉入闈之
命，自宜仍遵

營，交果臣軍門統領，冀其次第公辦，為
建威銷萌之計，不意故相來咨，竟
請留果臣而撤所部也。比將不可遽撤，
緣由附片陳明。未知
廟堂又謂何如何如也。吾
弟既奉入粤之
命，自宜仍遵

荷旨此敬南行，惜既未久接雅〻誨，而但以辦
理入衙，介於不上不下之間，殊難著手。又兼濟
摺奉到本月廿四日
批回，蒙優邀雙眼花翎之
賞，而瑞郡亦同奉
賞還花翎及二品頂戴之
命，似一時出處更動，樞垣諸老於鄂公寧

前旨，叱馭南行。惟既未允督辦之請，而但以辦
理入銜，介於不上不下之間，殊難著手。又肅清
摺奉到，前月廿四日
批回，兄倖邀雙眼花翎之
賞，而瑞郭亦同奉
賞還花翎及二品頂戴之
命，似一時尚無更動。樞垣諸老於郭公尚

有不滿之詞，至貽憾最多。粵事難振作之故，相
足蓋謗之也，恐不至忘名，解其所以致兄之入粵，
廟堂但責以代瑞、郭，乃亟此不可收拾之局，而於
彼中治亂存亡之故，殊未及焉。上疏請
弟專粵，是有窺於此耳。從前胡文
忠讓美於官相，莫藉其權勢，成我功名，足征
以謝
國為重，而文忠不之省，今不數年

有不滿之詞。至貽悮最多萬難振作之故相，則護之如恐不至，亦不觧其何故。兄之入粵，
廟堂但責以代瑞郭了此不可收拾之局，而於彼中治亂存亡之故，殆未及焉。兄前疏請
弟來粵，蓋有窺於此耳。從前胡文忠讓美於官相，冀藉其權勢成我功名。兄比以誤 國為憂，而文忠不之省，今不數年

而已即庸久任得冒名而地方受害祸多
贻误於楚匪窜扰鄂黄之文官相望多
兹展窃拟
庙堂文将觉一带人代庸臣不与难以收拾之局
而彼庸人者得从律而不甚禁所谓庸
臣之幸
国家之不幸也今日行抵兴化计十八日可回

而已卸底，文忠得賢名而地方受實禍，可
勝嘅然。捻匪竄逼鄂黄之交，官相一籌
莫展。竊擬
廟堂又將覓一勞人代庸臣了此難以收拾之局，
而彼庸人者得僥倖而分其榮。所謂庸
臣之幸，
國家之不幸也。今日行抵興化，計十八日可回

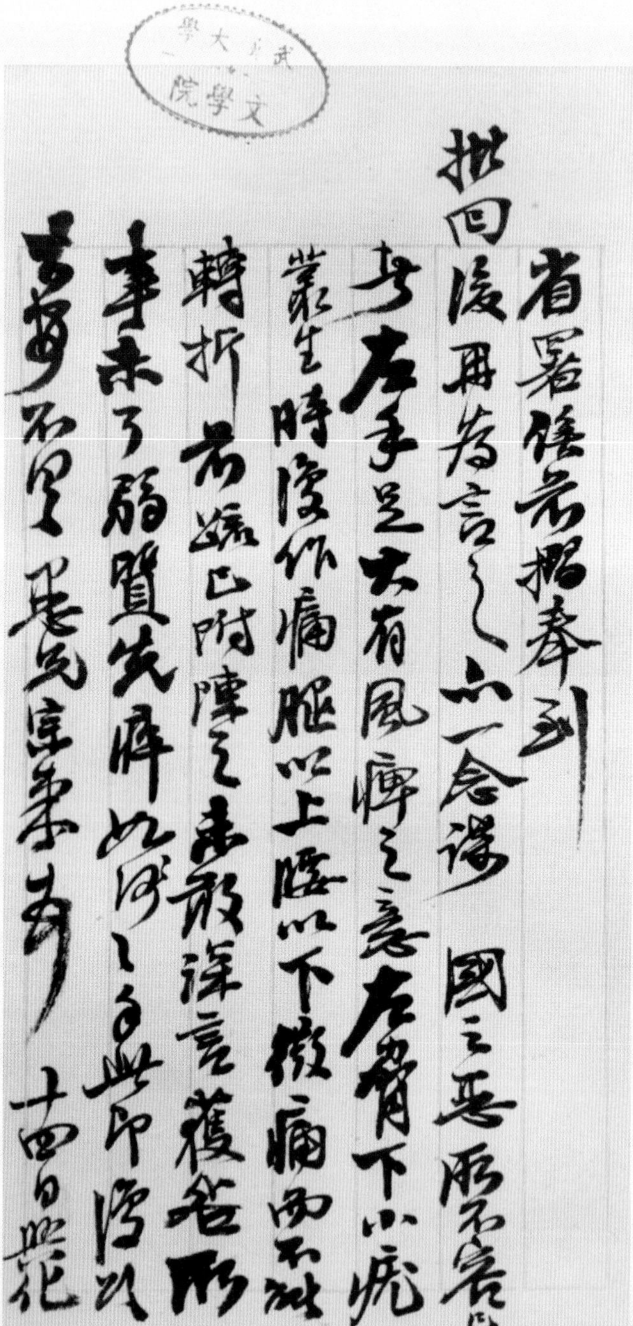

省署條告摺奉到
批回後再為言之，亦一念謀國之忠所不容已。
弟左手足大有風痺之意，左臂下小疣
叢生，時復作痛，腿以上膝以下微痛而不甚
轉折，前端已附陳之，未敢詳言，獲咎所
幸來函弱質先痺，如此則之自無印證
吉安不具。愚兄宗棠頓首。十四日[illegible]

省署。俟前摺奉到

批回後再為言之，亦一念謀　國之愚所不容已

者。左手足大有風痺之意，左脅下小疣

叢生，時復作痛，腿以上腰以下微痛而不能

轉折，前疏已附陳之，未敢深言獲咎。所

事未了，弱質先瘁，如何？如何？手此即復，頌

大安。不具。愚兄宗棠頓首　十四日興化

剛署錫芳艇匯暨舅弟悍悼悟之
溫帑又
函有言署君道及溫州府吞餉詳情
原議黃岩亦歸溫州道府交應
經費及客出洋兵餉設溫台兩鎮不理
有所擬布告劉鎮等來亦徹及三果示
知王清如善雜辭當嚴予示懲以
為貪鄙負恩者戒弟即 季高 示復

剛署鎮為艇匪所害，殊堪悼惜之。至有言署道温處及温州府吞蝕護商原議黄岩亦歸温州道府支應經費及吝出洋兵餉，致温台兩鎮不能有所施布者。劉鎮稟來亦微及之。果爾，則王清如之咎難辭，當嚴參示儆，以為貪鄙負恩者戒。希即查明示復。

薌泉仁弟大人閣下：彌初行抵江西之專弁未
得奉十一月初九日
良書，敬承
所示粵東自
仁弟到後，紀綱大振，氣象一新，閩中早有所聞，
湖南、江西各上座亦同聲欽佩。蓋彼中士民與
論翕然，即商旅之在粵者亦莫不讚服，以為
僅見，故治聲洋溢，不可得而掩也。省佛兩處

薌泉仁弟大人閣下：臘初行抵江西，適專弁來，
得奉十一月初九日
良書，敬承
所示。粵東自
仁弟到後紀綱大振，氣象一新。閩中早有所聞。
湖南江西各上座亦同聲欽佩。蓋彼中士民輿
論翕然，即島族之在粵者亦莫不讚服，以為
僅見。故治聲洋溢，不可得而掩也。省佛兩處

睹風甚熾由文武公收陋規所致潮嘉亦然
駱籲翁省言之甚詳盜風之盛實原於此閩
之漳泉亦染此習兄曾以此參撤數員亦嚴
禁花會蓋亦有見於此耳至來折浮收每石
多至六七兩視鄂江西為甚粵民苦之
仁弟立意裁減上為
國家培元氣下為小民惜膏脂斯洵嶺南數十百
年樂利之原民心所禱祀求之不可得者

賭風甚熾，由文武公收陋規所致。潮嘉亦然。駱籥翁言之甚詳。盜風之盛實原於此。閩之漳泉亦染此習。兄曾以此參撤數員弁，嚴禁花會，蓋亦有見於此耳。至米折浮收每石多至六七兩，視鄂湘江西為甚，粤民苦之。

仁弟立意裁減，上為

國家培元氣，下為小民惜膏脂，斯洵嶺南數十百年樂利之原、民心所禱祀、求之不可得者。

維創始之時官場必多異議甚或以危言聳
聽或藉端把持惟務在必行應撤其撤應辦
其辦斯人心定而良法不可搖矣昔在湘幕時
贊駱籥翁嚴劾徵收之弊謝糧道煌於衙
參時堅持異議籥翁旋即撤其糧道委任
長沙縣錢糧民間向於冬至祭祠時完納屆時縣
令以減收章程維定民間完納不前為詞而以裁串
無多證之實在民間完糧向只取糧書墨據收條

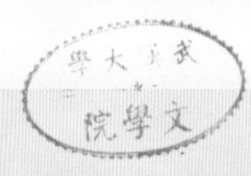

雖創始之時官場必多異議，甚或以危言聳聽，或藉端把持，惟斷在必行，應撤者撤，應辦者辦，斯人心定而良法不可撓矣。昔在湘幕時贊駱籥翁嚴剔徵收之弊，謝糧道煌於衙參時堅持異議。籥翁旋即撤其糧道本任。居時縣長沙縣錢糧，民間向於冬至祭祠時完納。今以減收章程雖定、民間完納不前為詞，而以截串無多證之。實則民間完糧向只取糧書墨揮收條，故書吏得以此相朦，一經根究，其弊無難立破。兄知其故，力勸駱公學治糧書，未及十日，已報截串八分上矣。湖南首先除此弊政，事在咸豐五年。嗣胡文忠仿行於鄂，後曾李仿行於江西，皆得民和。曾相乃歸其美於文忠，則意見為之也。然論其實，則江西不如鄂，鄂不如湘。蓋湘權弊之輕重、數之多寡而一一酌定，非若鄂之以意為輕重，非若江西之一縣定作

故書吏得以此相朦。一經根究，其奸無難立破。兄知其故，力勸駱公拏治糧書，未及十日，已報截串八分上矣。湖南首先除此弊政，事在咸豐五年。嗣胡文忠彷行於鄂，後曾李彷行於江西，皆得民和。曾相乃歸其美於文忠，則意見為之也。然論其實，則江西不如鄂，鄂不如湘，蓋湘權弊之輕重、數之多寡而一一酌定，非若鄂之以意為輕重，非若江西之一槩定作

三兩，致有巨屨小屨同賈之譏也。願吾
弟細訪而速清之、揔之，減一分，百姓受一分之福，實
惠及民無過此者。此事本撫署主政，不關白
制軍，藩臬以下則當聽命惟謹，無阻撓
之理。州縣趨家之人率以庸猾為念，正不
足怪。兄與　徐樹翁同事，諸能曲諒。至於
要事，亦從不敢有徇，　樹翁亦不之強也。近

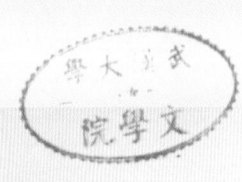

三兩，致有巨屨小屨同賈之譏也。願吾弟細訪而速決之。捴之減一分，百姓受一分之福，實惠及民，無過此者。此事本撫署主政，不關白制軍，薇垣以下則當聽命唯謹，無阻撓之理。州縣起家之人率以庸猾為念，正不足怪。兄與　徐樹翁同事，諸能曲諒。至於要事，則從不敢有徇，　樹翁亦不之強也。近

時聲動多有非意料所及者亦不僅粵東
為然好在樞垣諸公尚不敢公然以偏私
之見進退人才耳
覲畢當暢言之甘肅困敝萬分楊厚庵
不籌之（捻匪又入陝矣）未入甘以前亦不籌之入甘以後昨
閣
霞仙催餉摺厚庵止拚一死報
國實則一死亦難塞責也部撥各餉解到寥

時舉動多有非意料所及者，亦不僅粵東
為然。好在樞垣諸公尚不敢公然以偏私
之見進退人才耳。
覲畢當暢言之。甘肅困敝萬分。楊厚庵
不籌之未入甘以前，亦不籌之入甘以後。昨
捻匪又入陝矣
閱　霞仙催餉摺，厚庵止拚一死報
國，實則一死亦難塞責也。部撥各餉解到寥

〻地方丁糧無徵又無釐金可辦餉從何出兄
之〻攝閩浙粵東目餉實非得已
粵語三萬固亦量力協應情極可感然
三萬既非所難縱多一萬亦何妨乎仍請
台端與　弟軍敦商之法如原奏四万
〻數則關隴弁受其賜并懇
大力按月解給幸勿愆期至為盼禱

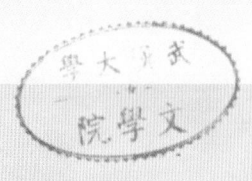

寥，地方丁糧無徵，又無釐金可辦，餉從何出？兄

之乞撥閩浙粵東巨餉，實非得已。

粵諾三萬，固亦量力協應，情極可感，然

三萬既非所難，縱多一萬，亦何妨乎。仍請

台端與　制軍熟商之，能如原奏四萬

之數，則闕瓏并受其賜，並懇

大力按月解給，幸忽愆期，至為盼禱。

有致　澄翁一緘并求
飭逓先原擬十一月初四日啓行因初三日入
城若行士民攀留者填街塞署不容返
輿次日又集城外校場必求遂其籲留之意
盖其時
朝廷已命士民籲留前疏飭暫緩西征也无以受
命五十餘日誼不可違西事方棘人皆視為畏途

有致　澄翁一緘，並求
飭遞。兄原擬十一月初四日啓行，因初三日入
城辭行，士民攀留者填街塞署，不容返
輿，次日又集城外校場，必求遂其籲留之意。
蓋其時
朝廷已俞士民籲留，前疏飭暫緩西征也。兄以受
命五十餘日，誼不可遲。西事方棘，人皆視為畏途，

不可規避重違士民之意改定初十日啓行今日
始抵湖口沿途順利計抵鄂過臘後再由樊
城取道河南入
覲覲畢由晉入秦隊伍則由樊城荊紫關入秦也孱軀
衰甚腹泄之患尚未獲平復偶感風寒即
患頭痛不止望六之年衰邁固其常理但恥
言病耳　手此奉請

不可規避，重違士民之意，改定初十日啓行，今日
始抵湖口，沿途順利。計抵鄂過臘後，再由樊
城取道河南入
覲，覲畢由晉入秦。隊伍則由樊城荊紫關入秦也。孱軀
衰甚，腹泄之患尚未獲平復，偶感風寒即
患頭痛不止。望六之年，衰憊固其常理，但恥
言病耳。手此奉請

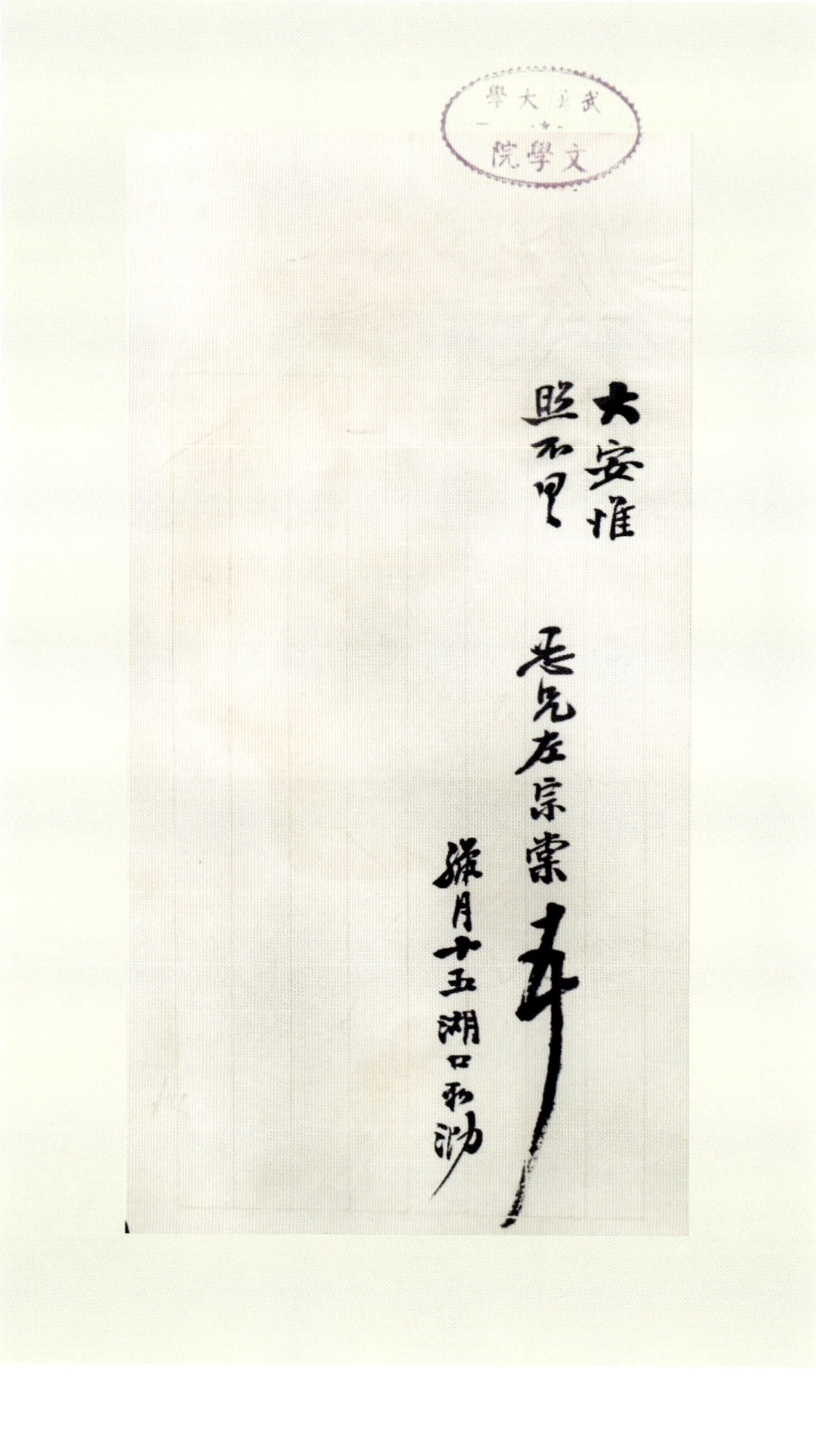

大安惟
照不具
愚兄左宗棠手
臘月十五湖口舟次

大安。惟
照不具。

愚兄左宗棠頓首
臘月十五湖口縣泐

李鴻章手札

鄰泉仁兄大人麾下：昨奉正月廿八日
來椷，具紉
指示。敬審
藎籌偉略，上契
天心，留襄閩越軍事，
長城共倚，頌順彌殷。承
示左宫保閩漳賊竄泉州，以窺省會，

薌泉仁兄大人麾下：昨奉正月廿八日
來椷，具紉
指示，敬審
藎籌偉略，上契
天心，留襄閩越軍事，
長城共恃，欣頌彌殷。承
示　左宫保函，漳賊欲竄泉州，以窺省會，

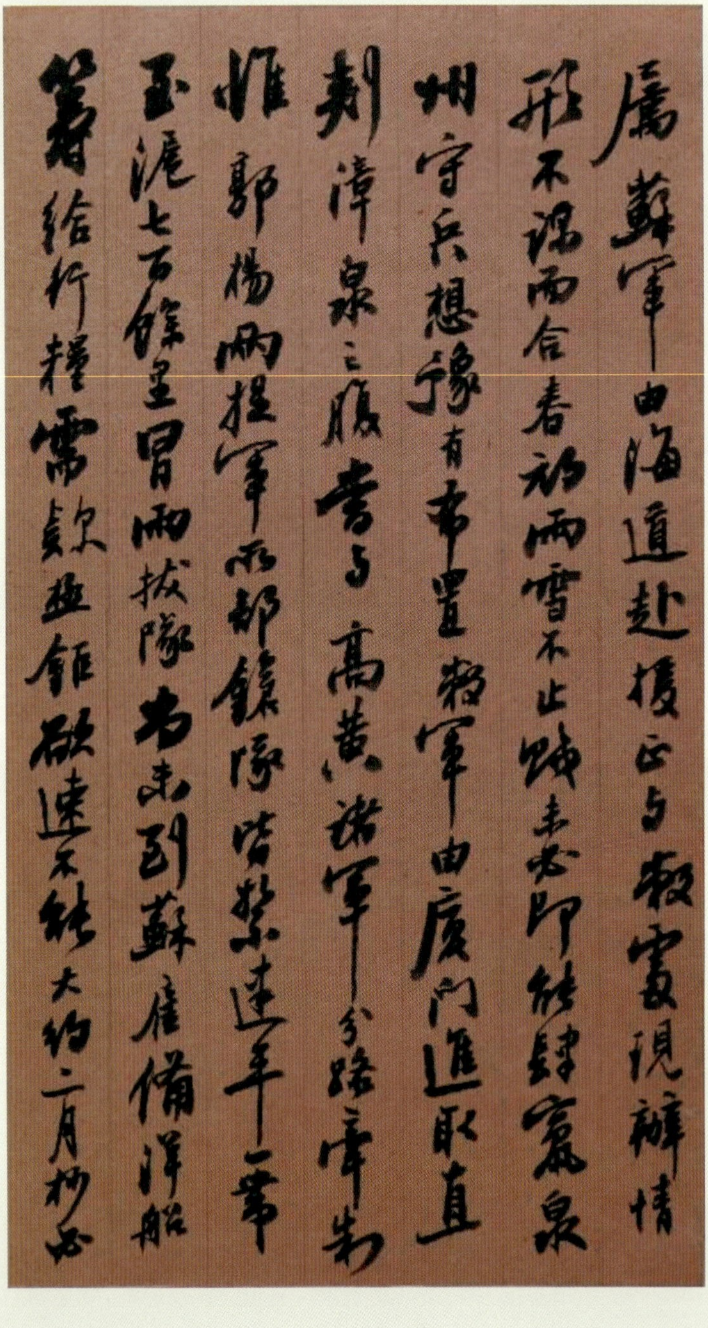

屬蘇軍一由海道赴援正與敵壘現辦情
形不得而合春初雨雪不止賊未必即能肆竄泉
州守兵想豫有布置新軍一由廈門進取直
剿漳泉之腹前與高黃諸軍一分路牽制
惟郭楊兩提軍兩部鎮協皆紮建平一帶
至滬七萬餘里冒雨拔隊者未到蘇應備洋船
籌給行糧需餉甚鉅殊速不能大約二月初必

屬蘇軍由海道赴援，正与敝處現辦情
形不謀而合。春初雨雪不止，賊未必即能肆竄泉
州，守兵想豫有布置。敝軍由廈門進取，直
剌漳泉之腹，當与高黄諸軍分路牽制。
惟郭楊兩提軍所部鎗隊，皆紮建平一帶，
至滬七百餘里，冒雨拔隊，尚未到蘇，雇備洋船，
籌給行糧，需欵極鉅，欲速不能，大約二月杪必

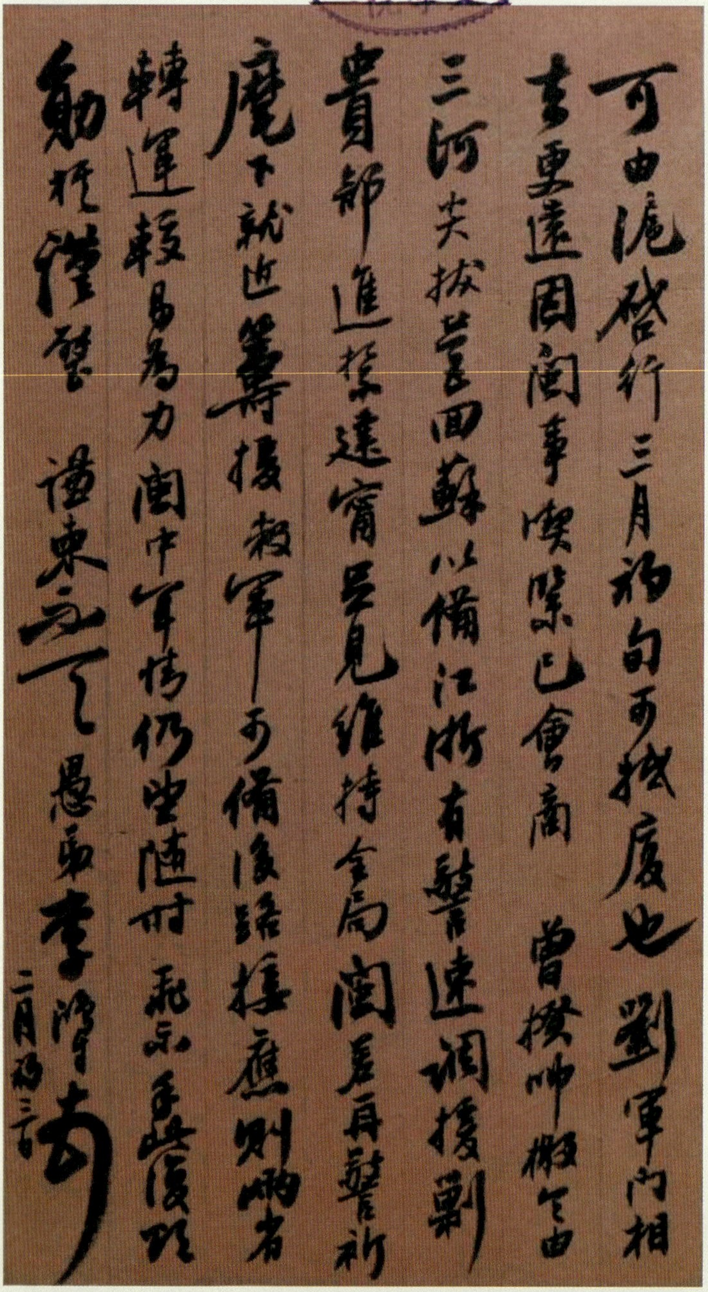

可由滬啓行，三月初旬可抵廈也。劉軍門相
去更遠，因閩事實緊，已會商
曾揆帥，擬乞由
三河尖拔營回蘇，以備江浙有警遠調援剿。
貴部進援建甯，足見維持全局。閩省再警，祈
麾下就近籌援，救軍可備後路接應，則兩省
轉運較易為力。閩中軍情仍望隨時
飛示。手此，復頌
勛祺，諸惟
鑒。
潘東五兄大人　愚弟李鴻章頓首
二月初三日

可由滬啓行，三月初旬可抵廈也。劉軍門相去更遠，因閩事喫緊，已會商曾揆帥，檄令由三河尖拔營回蘇，以備江浙有警，速調援剿。貴部進紮建甯，足見維持全局。閩若再警，祈麾下就近籌援，敝軍可備後路接應，則兩省轉運較易爲力。閩中軍情仍望隨時飛示。手此，復頌勛祺。謹璧謙柬。不一一。愚弟李鴻章頓首

二月初三日

再啓者：久企

威聲，未親良覿。頃閱捷報，欣審

雄師直下錢江，屢獲捷音，計克杭城，糧械夥頤。

安吳一役，掃蕩數軍，支拄海陽一載，以來四無

援應。昨已攻克福山，解常昭之圍，即擬進圖

崑太。其浦東一軍，分援金山衛、張堰，與浙西平湖

嘉善接壤，因兵單未敢獨進。日昨浙師會攻乍

大嘉稱儘遠蔭，但望早克武林，即當騰取海寧、海鹽，

飭部無當從北面夾擊，由海嘉席卷而西也。專此，敬頌

薌泉仁兄大人勛祺

愚弟李鴻章頓首

二月廿日

再啓者：久企

威聲，未親良覿，頃閱探報，欣審

雄師直下錢江，屢獲捷音，計杭城糧缺勢孤，定可一鼓埽蕩。敝軍支拄海隅，一載以來，四無援應，昨已攻克福山，鮮常昭之圍，即擬進圖崑太，其浦東一軍，分扼金山衛、張堰，与浙西平乍、嘉善接壤，因兵單未敢獨進。日昨浙師會攻，幸大纛遄臨，但望早克武林，即乘勝取海甯、海塩，敝部亦當從北面夾擊，由海東席卷而西也。手此，敬頌

薌泉仁兄大人勛福。愚弟李鴻章頓首　二月卅日

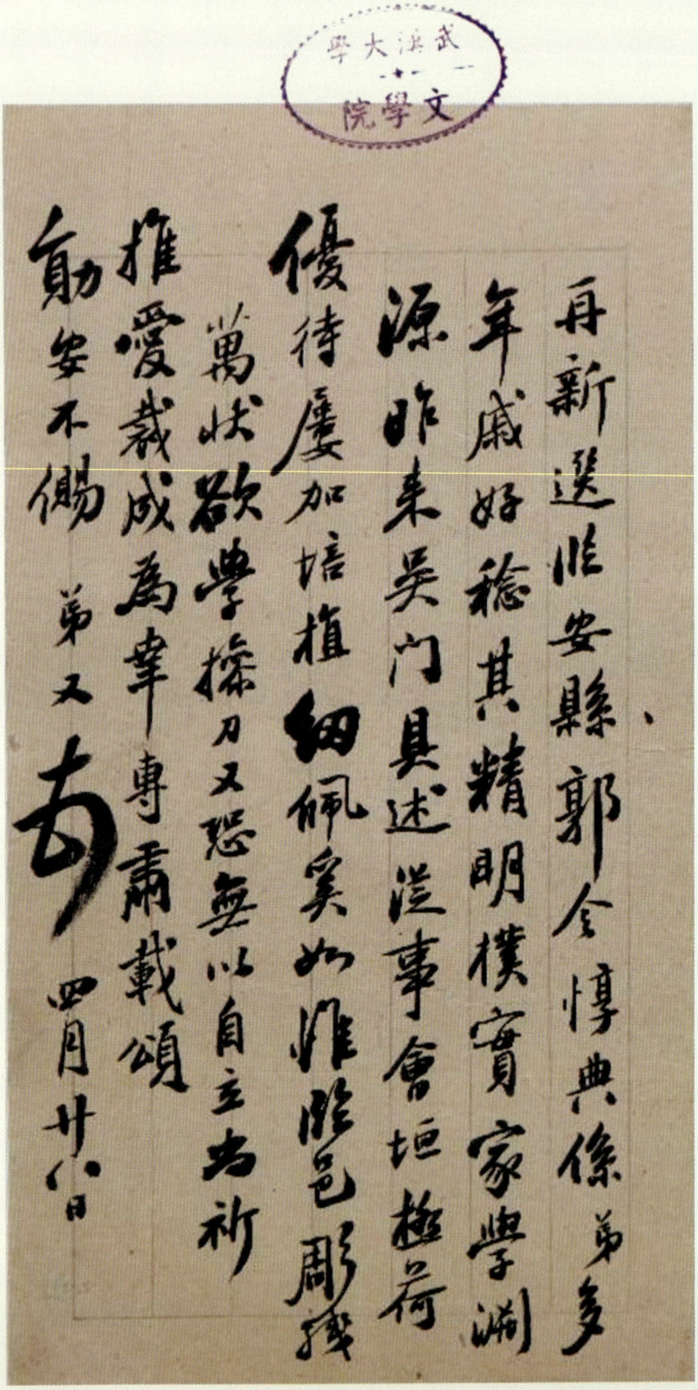

再新選此安縣郭令惇典係弟多
年戚好稔其精明樸實家學淵
源昨来吳門具述從事會垣極荷
優待屢加培植紉佩奚如非睢邑彫殘
萬狀欲學操刀又恐無以自立為祈
推愛栽成為幸專肅載頌
勛安不備　弟又南　四月廿八日

再，新選臨安縣郭令惇典，係弟多年戚好，稔其精明樸實，家學淵源，昨來吳門，具述從事會垣，極荷優待，屢加培植，紉佩奚如。惟臨邑彫殘萬狀，欲學操刀，又恐無以自立，尚祈推愛裁成爲幸。專肅，載頌勛安，不儩。弟又頓首　四月廿八日

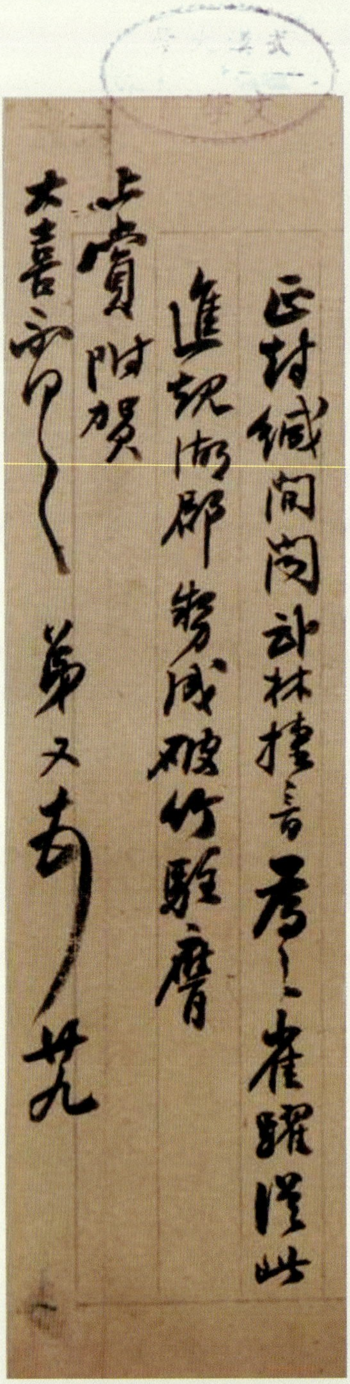

匠封纔閱閱訃林捷音，秀〻雀躍，從此
進規湖郡，勢成破竹，馳膺
上賞。附賀
大喜，即頌〻
弟又南　廿九

正封緘間，聞武林捷音，爲之雀躍，從此
進規湖郡，勢成破竹，駐膺
上賞，附賀
大喜。不具。弟又頓首　廿九

筱仝壽仁洋館尚未辦齊，忽以病歿。所經收
浙局船捐銀兩及已買軍火，因患病未及報銷，當
尊處札飭在滬之浙局委員鄭丞壽南代爲清理。又及。
五月十九日

管令壽仁，洋鎗尚未辦齊，忽以病歿，所經領
浙局船捐銀兩及已買軍火，因暴病未及報銷，可否由
尊處札飭在滬之浙局委員鄭丞壽南代爲清理？又及。
五月十九日

湖北省学术著作出版专项资金
Special funds for academic writing in hubei province

武漢大學圖書館館藏

晚清名臣手札

第二卷

主編　王新才　周榮
副主編　黃鵬　王美英　王三山

WUHAN UNIVERSITY PRESS
武漢大學出版社

第二卷　劳崇光卷上

目録

蔭渠大兄大人閣下：前接五月
來函，尚未肅覆，昨復連接六月十七
兩函，詢悉前覆各箋次第均塵
青覽。就諗
指揮決勝，
勳祉增隆。定番股匪幸全潰散，各被兵
圍，大加懲創，餘黨震懾，全股投誠，
不特西省北路從此肅清，即楚南粵東

蔭渠大兄大人閣下：前接五月
來函，尚未肅覆，時復連接六月十六、廿三
兩函，誦知前覆各箋次第均塵
青覽，就諗
指揮决勝，
勛祉增隆。定番股匪在全灌之交被各
團大加懲創，餘黨震慑，全股投誠，
不獨西省北路從此肅清，即楚南粵東

邊地亦可安枕，而江西匪黨頗少矣。數
月來有濟之人數者，同仰
福芘矣。於此中挑千五百人，助剿蓮塘，
好極。張高友罪惡貫盈，實當一鼓
掃除，併近省一帶，以除肘腋之患，
幸甚。蔚泉由粵已抵平南，李鐵
舟師亦已由潯江溯流而上，峴莊楚軍
有云已至碧灘，有云尚在象州，是遠

邊地亦可安枕，而江西匪黨頓少無數同惡相濟之人，數省同叨福芘矣。於此中挑千五百人助勦蓮塘，好極，張高友罪惡貫盈，定當一鼓掃除，俾近省一帶得除肘腋之患，幸甚。薌泉湘勇已扎至平南，李鎮舟師亦已由濛江溯流而上，峴莊楚軍有云已至碧灘，有云尚在象州，道遠

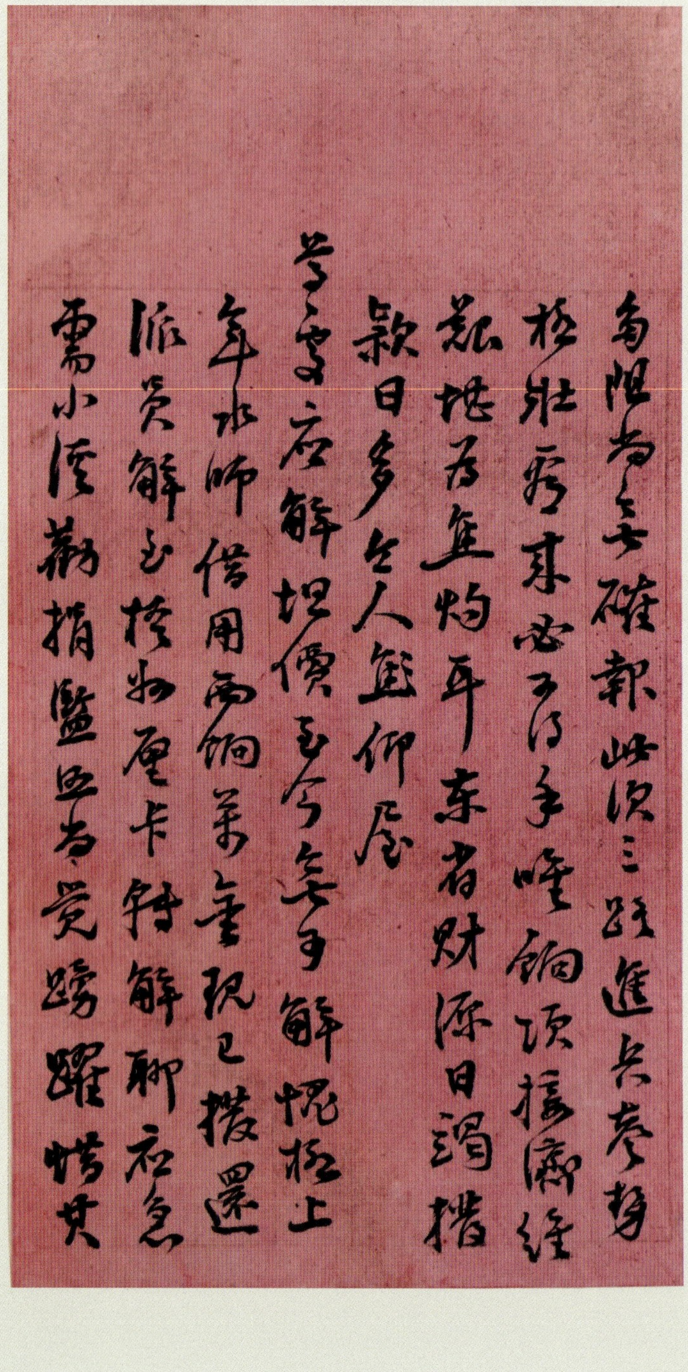

旬陽而上，破郭此次三路進兵，參將
援壯勇來，必可得手。唯餉項接濟維
艱，地方焦灼耳。東省財源日竭，措
款日多，令人焦仰屋。
貴處應解坦價至今多年解，愧極。上
年水師借用兩餉萬金，現已撥還，
派員解至梧州，厘卡特解，聊示急
需。小隱勸捐鹽無為覺踴躍，惜其

多阻，尚無確報。此次三路進兵，聲勢極壯，看來必可得手。唯餉項接濟維艱，堪為焦灼耳。東省財源日竭，撥款日多，令人焦仰屋。

尊處應解坦價，至今無可解，愧極。上年水師借用西餉萬金，現已撥還，派員解至梧州，厘卡轉解聊應急需，小溪勸捐監照尚覺踴躍，惜其

少年奏事會銜者，尚如此。向來尚如此，弟前在西者，先無立向章程。嗣因岷臣知國有言之，弟前雖往往單銜奏西事，弟隨後再奏之，伊不奏，不將銜，自亦無會銜。此變調非常格也。自叔武子孫接弟之手，有言出奇並有言之，弟作對此概用單銜奏事，聖心素見端倪，深為廑念。蓋時方多事，大少耳。奏事會銜，各省皆如此，向來皆如此。弟前在西省，先亦照向章辦理，嗣因崑臣相國有意與弟為難，往往單銜奏西事，弟隨後再奏，與伊所奏不符，自不能會銜。此變調，非常格也。自魏武子孫接弟之手，有意出奇，並有意與弟作對，始概用單銜奏事。聖心察見端倪，深為廑念。蓋時方多事，大

勞崇光卷上

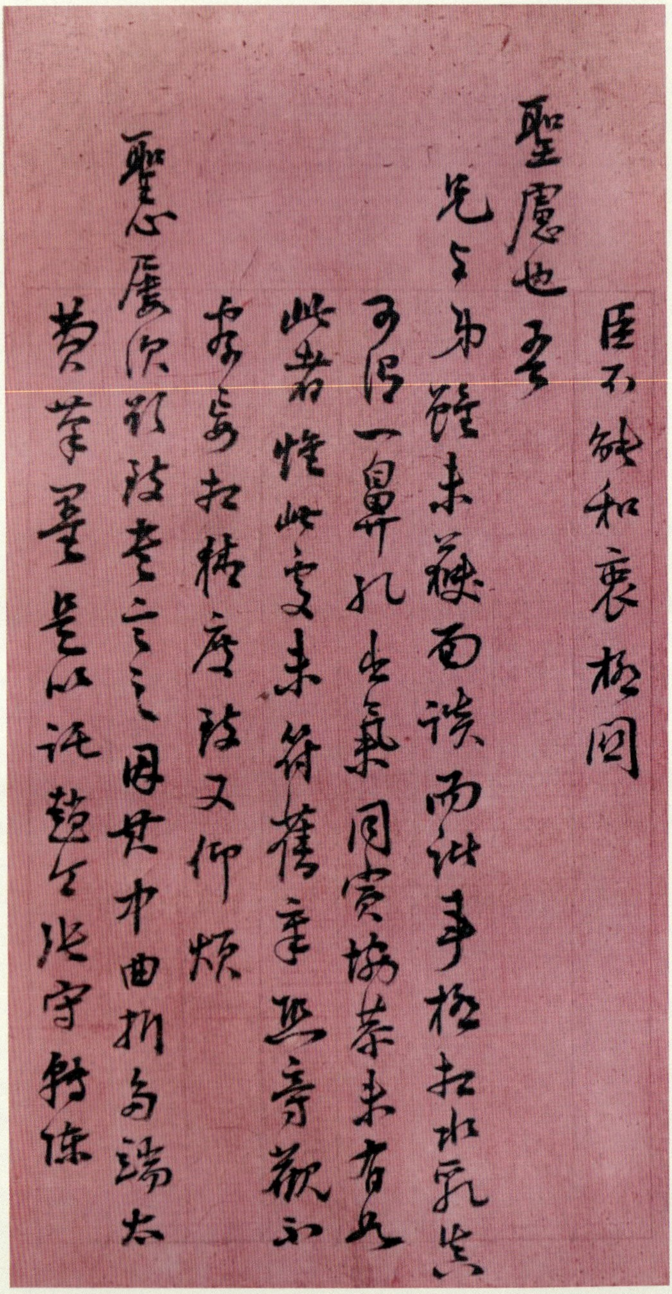

臣不能和衷極同
聖慮也至
先生弟經來穗面談而述事極相水乳然
可謂一鼻孔出氣同寅協恭來者亦
此者惟此交來符舊章無奇欲示
安吾知精度致又仰煩
聖心屢次形諸奏章之之因其中曲折為端太
費筆墨是以託趙令兆守轉陳

臣不能和衷，極關
聖慮也。吾
兄與弟雖未獲面談，而諸事極相水乳，真
可謂一鼻孔出氣，同寅協恭，未有如
此者。惟此處未符舊章，恐旁觀不
察，妄相猜度，致又仰煩
聖心，屢次欲致書言之，因其中曲折多端，太
費筆墨，是以託趙令張守轉陳

佶聽仁讀
來示仰見
虛懷若谷佩服之至瞿鎮已奉
旨補授廣東潮州鎮昨接部文即已備文稿去
此案未復
黃雲已接到部文赴潮鎮在東者誠鎮
之中為第一繁雜之缺民風刁悍營中
氣習最壞西文亦須通諳乃能服衆

清聽。今讀
來示，仰見
虛懷若谷，佩何可言。翟鎮已奉
旨補授廣東潮州鎮，昨接部文，即已備文移知
冰案，未識
尊處亦已接到部文否？潮鎮在東省諸鎮
之中為第一繁難之缺，民風刁悍，營中
氣習最壞，而又言語不通，諸事幾無從

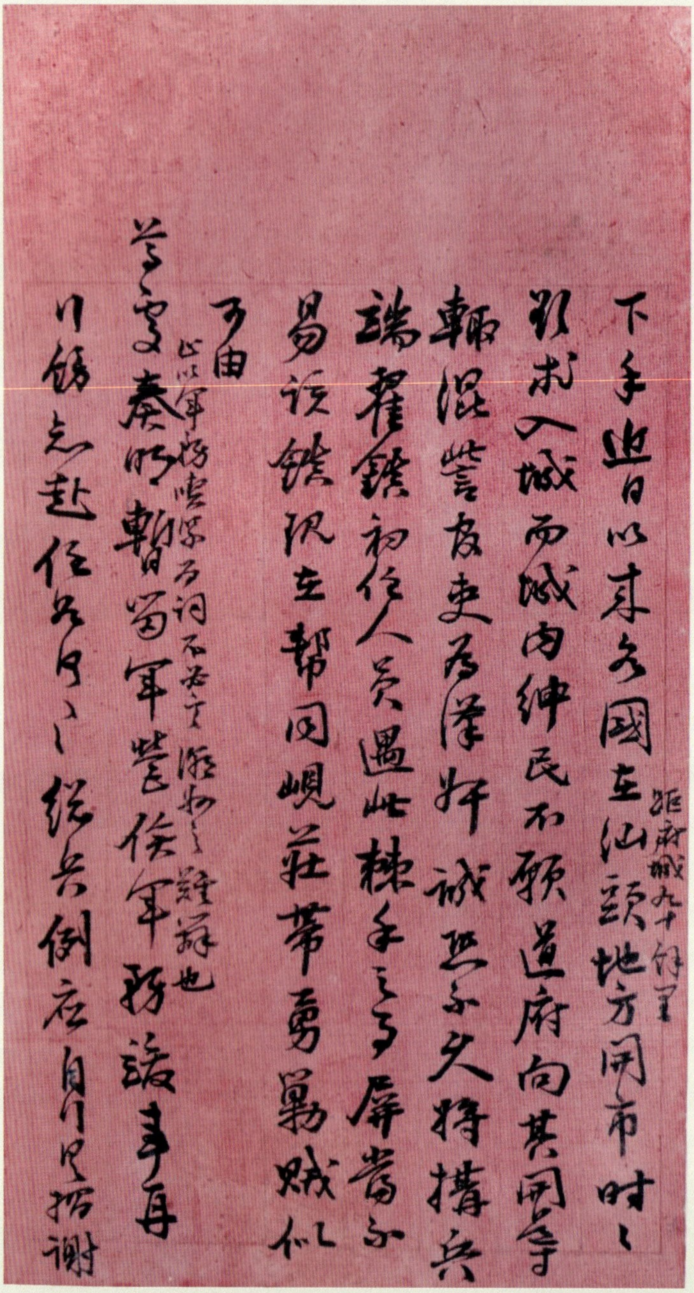
下手，迨以來各國在山頭（距府城五十餘里）地方開市，時時
羽扎入城，而城內紳民不願，道府向其開導
輒混鬧，夷吏為僕奸誠，恐不久將構兵
端。羅鎮初作人員，遇此棘手之事，肩當不
易。該鎮現在幫同峴莊，帶勇剿賊，似
可由
荃憲奏明（此以軍務吃緊，不得不要，姑如之，雖辭也），暫留軍營，俟軍務竣事，再
行飭令赴任，是否可行，統候酌奪，自行具摺謝

下手。近日以來，各國在汕頭地方（距府城九十餘里）開市，時時

欲求入城，而城內紳民不願，道府向其開導，

輒混訾官吏為漢奸，誠恐不久將構兵

端。翟鎮初任，人員遇此棘手之事屏當不

易，該鎮現在幫同峴莊帶勇剿賊，似

可由

止以軍務喫緊為詞，不必言潮州之難辦也

尊處奏明暫留軍營，俟軍務竣事再

行飭知赴任，如何？如何？總兵例應自行具摺謝

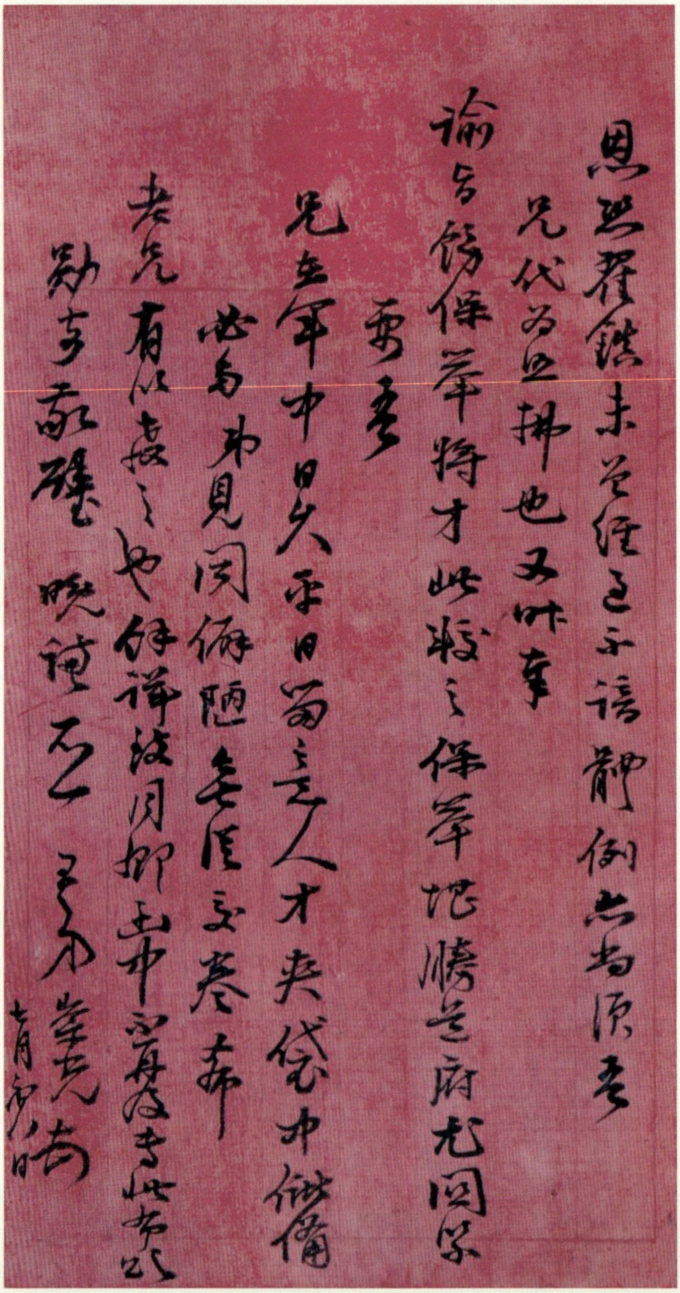

恩，恐翟鎮未曾經過，不諳體例，亦尚須吾
兄代為照拂也。又昨奉
諭旨，飭保舉將才，此較之保舉堪勝道府，尤關緊
要。吾
兄在軍中日久，平日留意人才，夾袋中儲備
必多。弟見聞僻陋，無從交卷。希
老兄有以教之也。餘詳致月卿函中，不再及。專此布頌
勛安。敬璧晚謙。不一。愚弟崇光頓首　七月初八日

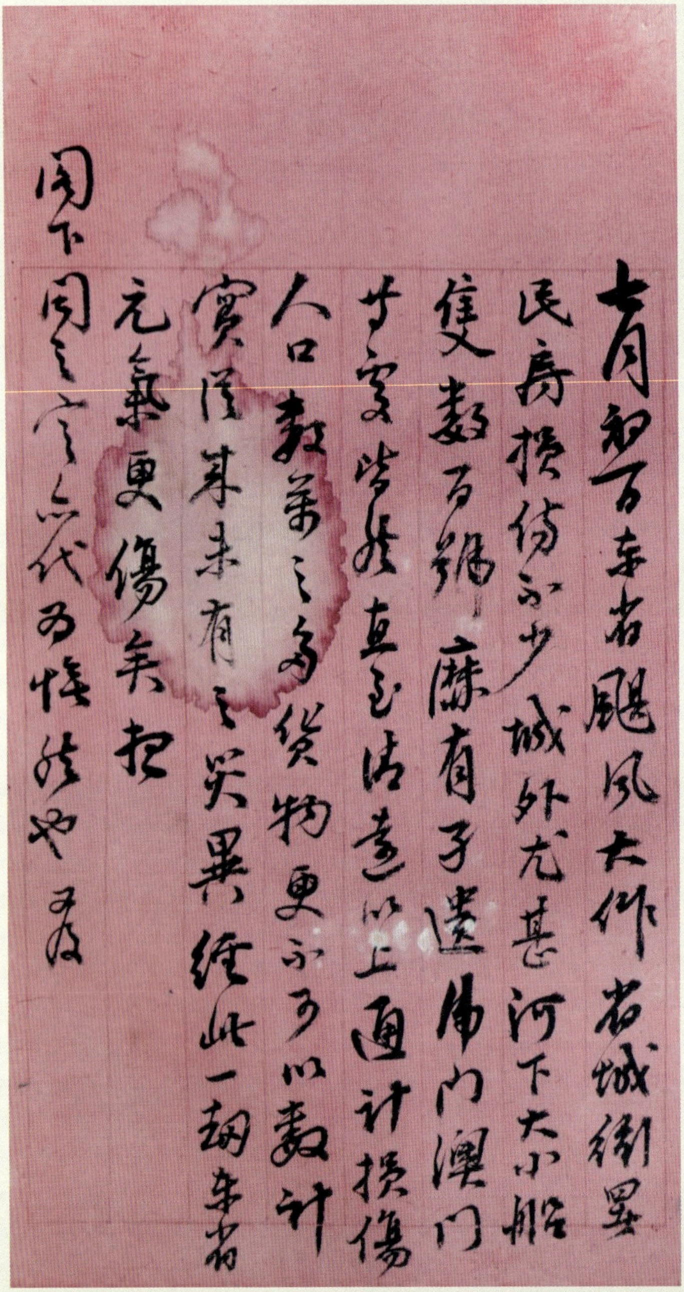

七月初旬來省颶風大作省城衙署
民房損傷不少城外尤甚河下大小船
隻數百號靡有孑遺虎門澳門
十室皆然直至潮惠以上通計損傷
人口數萬之多貨物更不可以數計
實從來未有之災異經此一劫來省
元氣更傷矣想
閣下聞之定亦代爲悵然也又及

七月初一日，東省颶風大作，省城衙署民房損傷不少，城外尤甚。河下大小船只數百號靡有孑遺。虎門澳門等處皆然。直至清遠以上，通計損傷人口數萬之多，貨物更不可以數計，實從來未有之災異。經此一劫，東省元氣更傷矣。想

閣下聞之定亦代為憮然也。又及。

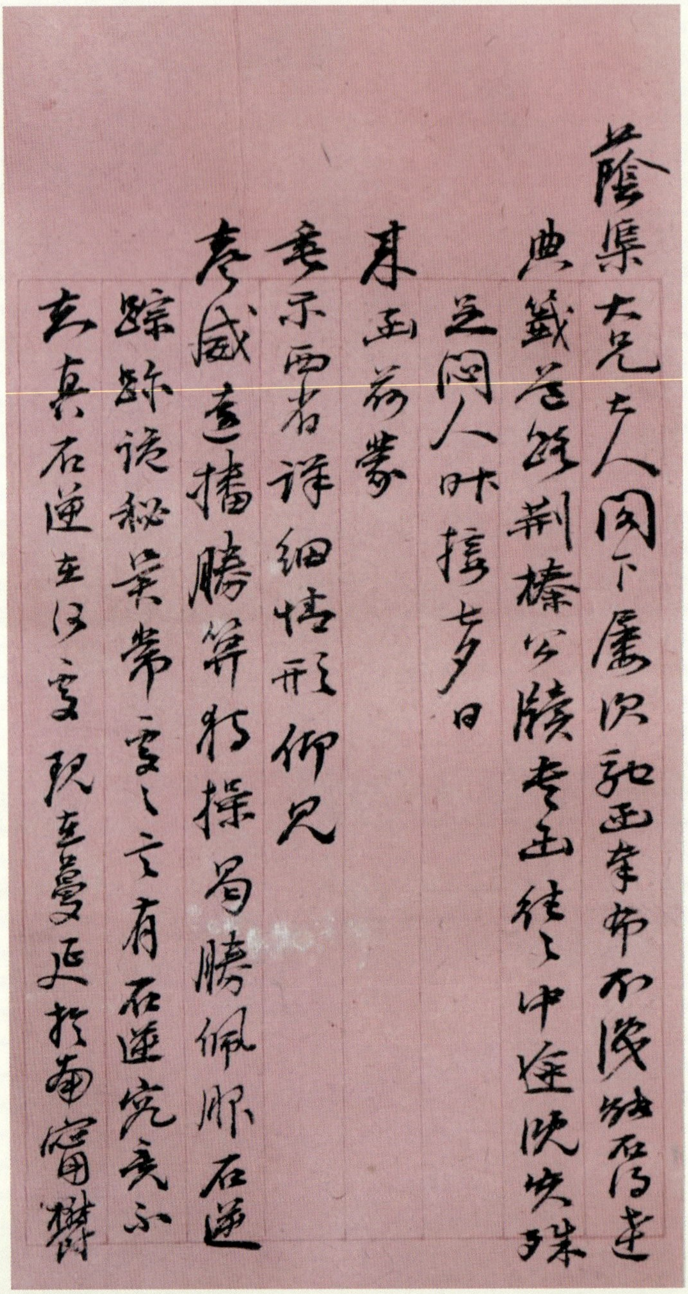
蔭渠大兄大人閣下：屢次記函奉布，不識能否得達
典籤。蓋自荊襄公牘專函往往中途洩失，殊
足悶人。昨接七夕日
來函，藉審
垂示兩省詳細情形，仰見
壽威遠播，勝算獨操，曷勝佩服。石逆
蹤跡詭秘，莫常處處之，有石逆究竟不
在真石逆在漢處，現在蒙廷又於南寧樹

蔭渠大兄大人閣下： 屢次馳函奉布，不識能否得達
典簽。道路荆榛，公牘書函往往中途沈失，殊
足悶人。昨接七夕日
來函，荷蒙
垂示西省詳細情形，仰見
聲威遠播，勝算獨操，曷勝佩服。石逆
踪迹詭秘異常，處處言有石逆，究竟不
知真石逆在何處。現在蔓延於南甯鬱

林文康志大約皆貫戮黨而其不逆未忘左
其中此間傳聞之其不逆之被永順土司
擊殲不知其至果爾則大快人心融懷
一股因被湖南諸回由茫勝窩越義當
雖當不甚未知果有其事否即使有之此
甘改殘餘亟應示意當
雄師之掃蕩也所慮一二仗職條亦不足
蔓延及於興靈北路地方又受蹂躪

林各屬者，大約皆其夥黨，而真石逆未必在其中。此間傳聞，言真石逆已被永順土司拏獲，不知真否。果爾，則大快人心。融懷一股聞被湖南堵回，由龍騰竄越義甯，離省不遠，未知果有其事否。即使有之，此等敗殘餘匪，亦不足當

雄師之掃盪也。所慮一二仗殲除不盡、蔓延及於興靈北路、地方又受蹂躪

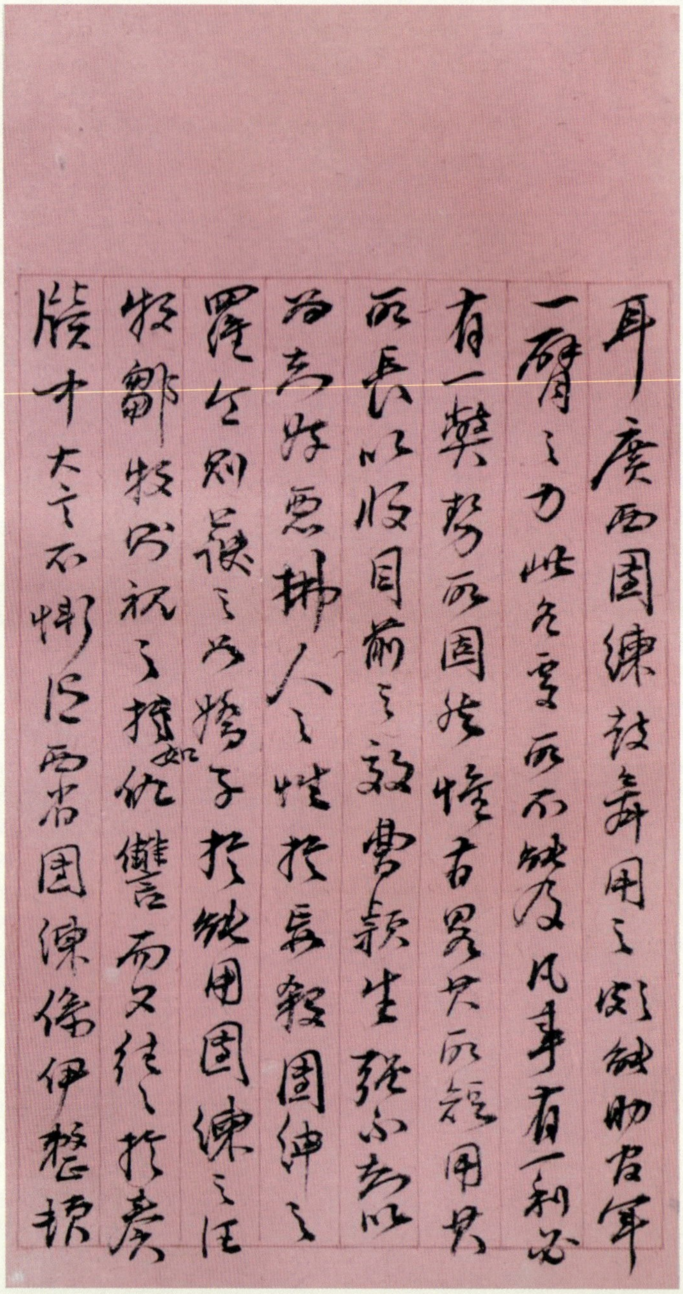
耳廣西團練鼓舞用之尚能助官軍
一臂之力此次變亂不能及凡事有一利必
有一弊粵西團練情形若果只可暫用其
所長以收目前之效費款生殺亦足以
為亂階恩威拂人之性於兵數團練之
罷否則最懼之尤勝子於能用團練之任
牧鄙牧令視之推如仇讎而又往往於奏
牘中大言不慚謂西省團練係伊整頓

耳。廣西團練鼓舞用之，頗能助官軍一臂之力，此各處所不能及。凡事有一利必有一弊，勢所固然。惟有略其所短，用其所長，以收目前之效。曹穎生強不知以為知，好惡拂人之性，於妄殺團紳之羅令，則護之如嬌子，於能用團練之汪牧、鄒牧，則視之𣏟如仇讐，而又往往於奏牘中大言不慚，謂西省團練係伊整頓

之力不敢同志為治
閣下雖反其道而行之此風聲所樹人心一奮
正氣一伸成其效必有旋至立應者
擇郎至與鼓進蜀黔楚黔亦以其實為
河滸也維用團練之地方官如恩遇五
公張問霄公昭平沈公方龜陶公潘雯
余公士良吳樹崇潘標諸人似皆宜
優保峻擢以資鼓勵且為他日籌府

之力，不顧聞者齒冷。
閣下能反其道而行之，則風聲所樹，人心一奮，正氣一伸，而其效必有旋至立應者，梓鄉至契，敢進芻蕘，想不以其言為河漢也。能用團練之地方官，如思恩王令、陸川覃令、昭平沈令、百色陶丞、淩雲余令、土官莫樹棠、潘梧諸人，似皆宜優保峻擢，以資鼓厲，且為他日道府

俶才已於桂月卸西中丞之篆行
斟酌至房仲彦于實之一腔忠義指正阿
主只合罕亦在粤數年往之面折弗之
逼亦常引為畏友不逮氣質稍粗善
涵養耳　而遺此寄寬懷概之原委
内有大吏偏私一語頃莊舞　翁意在沛
公未能不便出頭為了申雪与阿瞞作
原被告必可神乎奇　觀而已慮君經費亦

儲才，已於致月卿函中言之，尚祈斟酌。至局紳唐子實之一腔忠義，持正不阿，吾見亦罕。弟在粵數年，往往面折弟之過，弟常引為畏友，不過氣質稍粗，無涵養耳。而遭此奇冤，怪極，怪極。原奏內有大吏偏私一語，項莊舞劍，意在沛公，弟轉不便出頭為了申雪與阿瞞作原被告，止可袖手旁觀而已。西省經費，弟

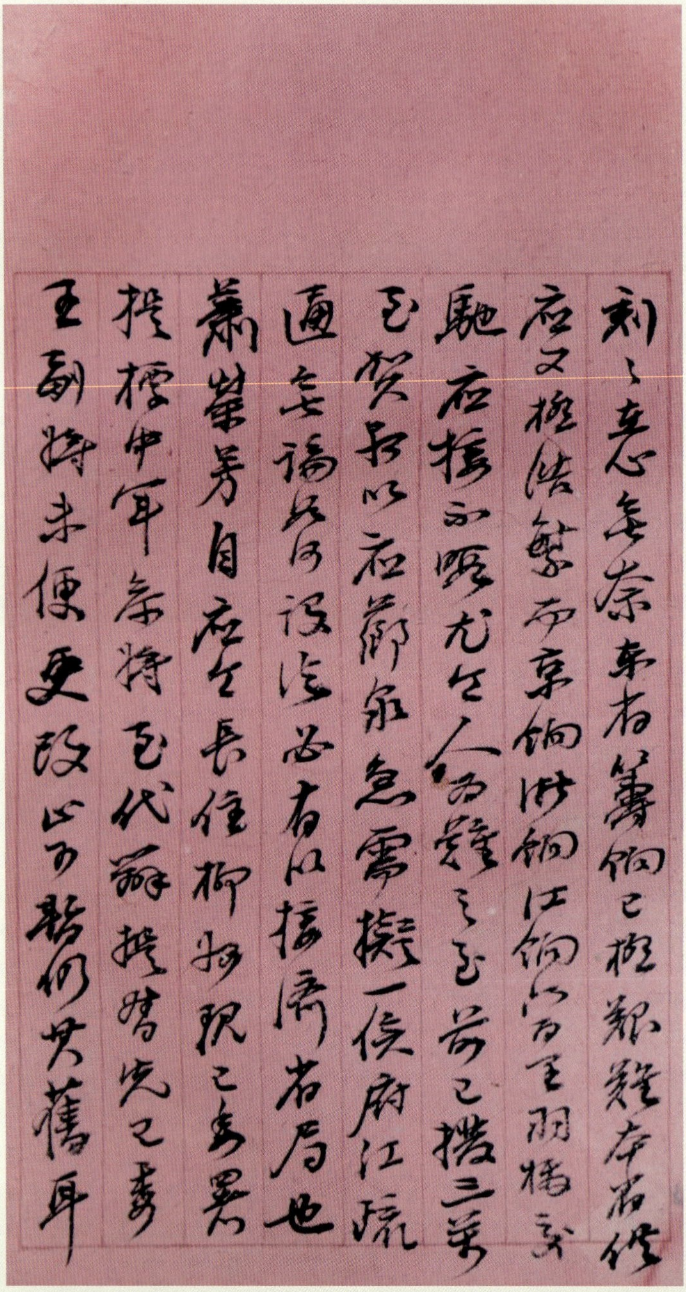

刺刺悉悉。無奈東省籌餉已極艱難，府庫又極絀緊，而京餉、協餉、江餉以及兵羽糈款紛馳，府據而略，尤令人爲難之至。莫已撥三萬至賀，則以府節最急需撥，一俟府江疏通，無論如何設法，必有以接濟者爲也。蕭榮芳自府令長往柳州，現已多累撫標中軍參將，已代辦提督，先已奏王副將未便更改，亦可照何其舊耳

刻刻在心，無奈東省籌餉已極艱難，本省供應又極浩繁，而京餉、浙餉、江餉六百里羽檄交馳，應接不暇，尤令人為難之至。前已撥三萬至賀縣，以應薌泉急需，擬一俟府江疏通，無論如何設法，必有以接濟省局也。

蕭榮芳自應令長住柳州，現已委署提標中軍參將。至代辦提督，先已委王副將，未便更改，止可暫仍其舊耳。

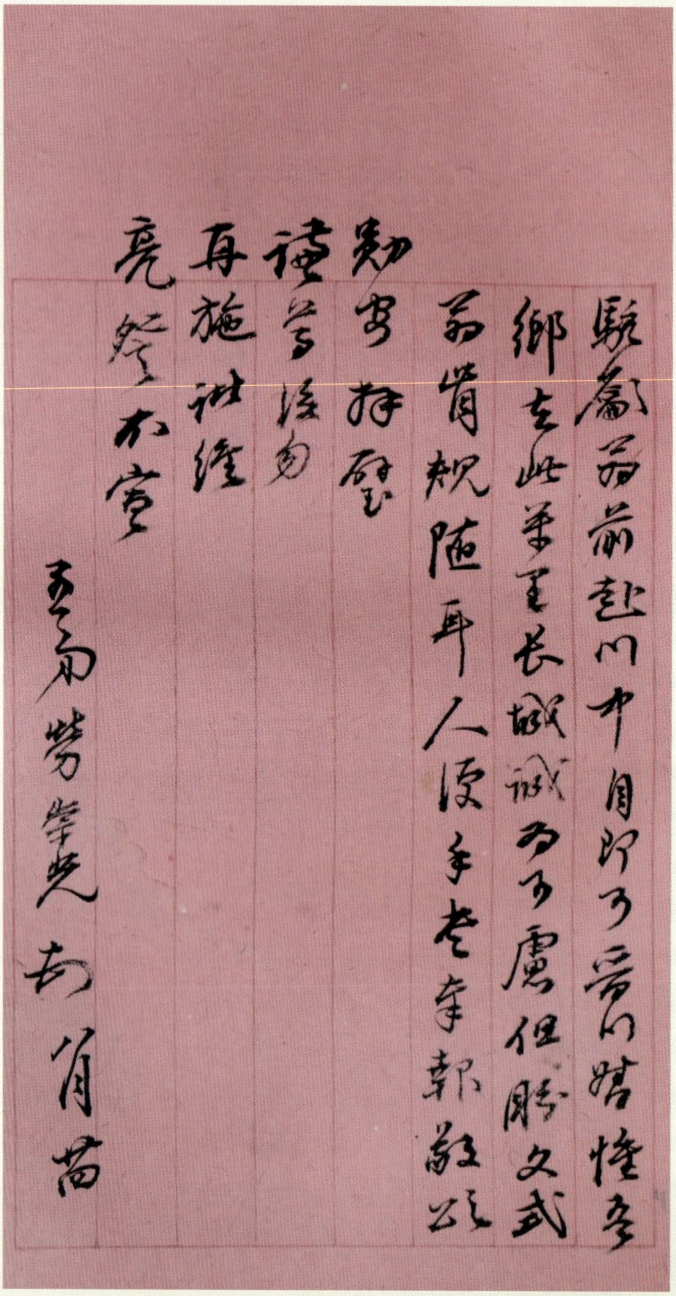

驟爾前赴川中，自問可否所能，皆惟吾
鄉在此無甚長。誠識可否處但勝文武
爲皆相隨用人，便手者亦都數安
知寄肺腑
禮學深盼
再施補綴
亮察不宣
愚弟勞崇光頓首

駱籲翁前赴川中，自即可晋川督，惟吾
鄉去此萬里長城，誠為可慮，但盼文式
翁肯規隨耳。人便，手書奉報，敬頌
勛安。拜璧
謙尊，後勿
再施。諸維
亮詧。不宣。
愚弟勞崇兄頓首　八月廿四

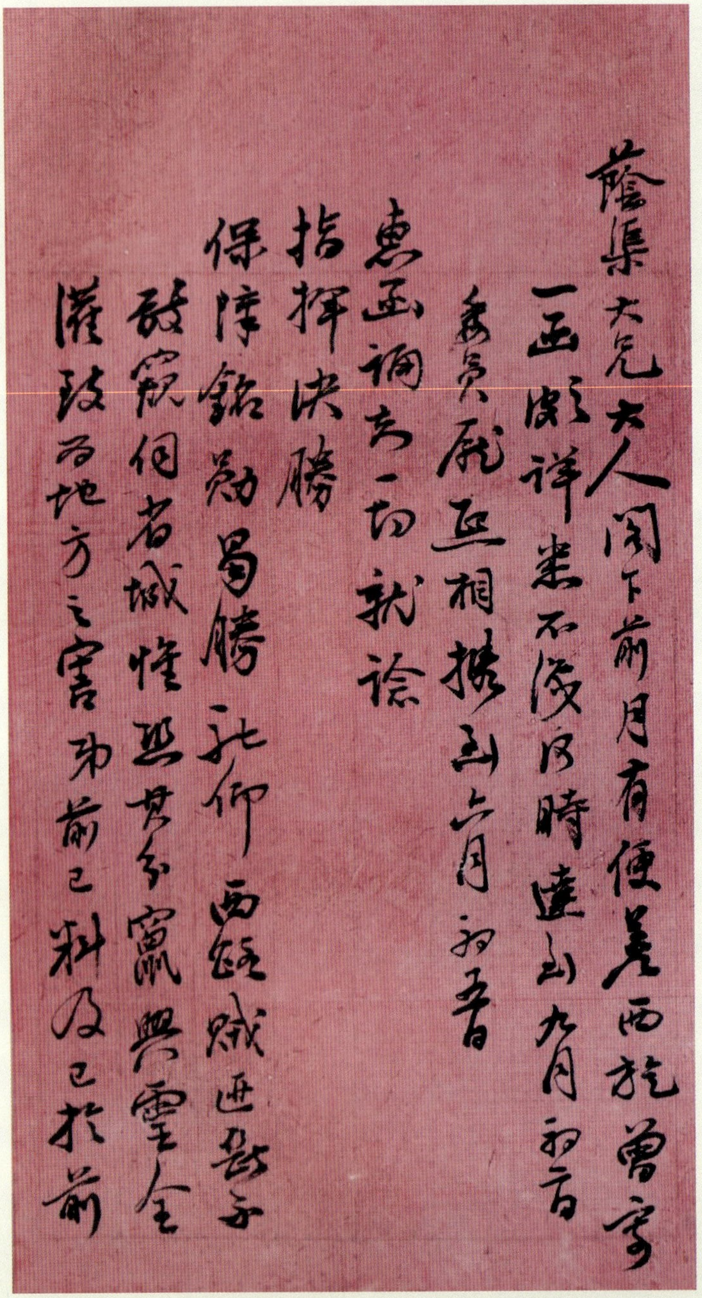

蔭渠大兄大人閣下前月有便差西於曾寄
一函諒詳悉不識何時達到九月初吉
奉員展函相接到六月初吉
惠函詞意一切就諗
指揮決勝
保障鎔勵蜀勝祇仰西路賊匪數千
敢竄向省城惟恐其分竄興靈全
灌致為地方之害弟前已料及已於前

蔭渠大兄大人閣下：前月有便差西旋，曾寄一函，頗詳悉，不識何時達到。九月初二日委員龐熙相攜到六月初五日惠函，誦知一切，就諗指揮決勝，保障銘勛，曷勝馳仰。西路賊匪斷不敢窺伺省城，惟恐其分竄興靈、全灌，致為地方之害。弟前已料及，已於前

查印之及嗣據探報所云大致相同並
聞有一股匪求就撫不知已離去否匪黨
太衆誅不勝誅如肯悉心悔罪使之殺
賊立功亦一致通之一法也屈委員帶
來盜匪已交羅小溪代為勸捐如此辦
法甚好一俟將有成效即將捐項解
往至陳委員久已到此僅先因西北兩路
皆梗阻不通不能起解近日樂昌黨後

書中言及，嗣接探報，所言大致相同，並聞有一股懇求就撫，不知已辦妥否。匪黨太衆，誅不勝誅，如肯真心悔罪，使之殺賊立功，亦變通之一法也。龐委員帶來監照，已交羅小溪代為勸捐，如此辦法甚好。一俟收有成數，即將捐項解往。至陳委員，久已到省此，先因西北兩路皆梗阻不通，不能起解。近日樂昌克復，

此路已通而籌餉一至再而出不敷不又稍
遲之挽住無方深爲愧赧於此中爲
難情形實有千萬言所不能盡老先
生
知之詳之耳　傳聞灌陽之賊有竄至平
桂江華永明者不知是否屬實賀郡
餘匪竄至懷集開建均經東省兵勇
剿退弟後密派人深入賊巢設計反

北路已通，而籌餉一無所出，不能不又稍遲之，挹注無方，深為愧赧。然此中為難情形，實有千萬言所不能盡者，唯

望

知己諒之耳。傳聞灌陽之賊有竄至吾楚江華、永明者，不知是否屬實，賀縣餘匪竄至懷集、開建，均經東省兵勇勦退。弟復密派人深入賊巢，設計反

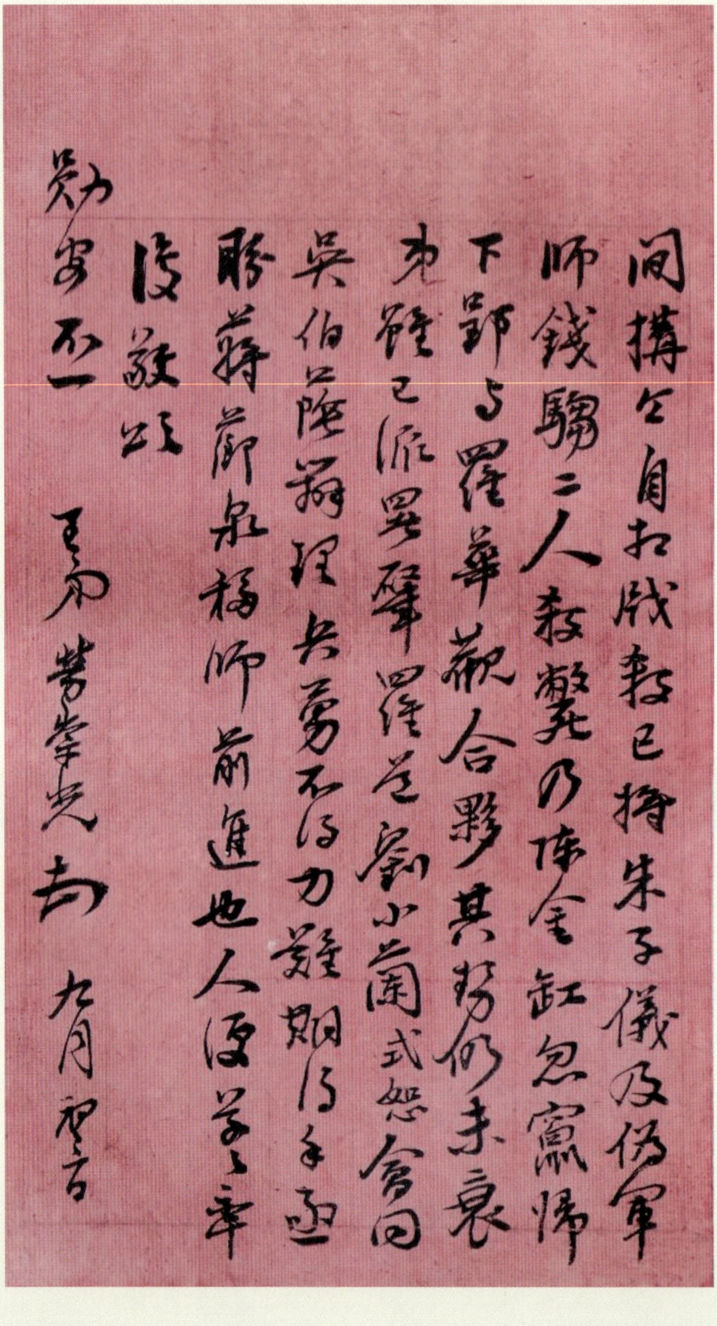

闻撫今自相戕殺，已將朱子儀及偽軍師錢驤二人殺斃，乃偽金釘忽竄歸下郡，與羅華觀合夥，其勢仍未衰。尤雖已派吳聲羅遵殿、劉小園武愍會同吳伯之陸續辦理，兵勇不得力，難期得手，函盼蔣蔚泉移師前進也。人源等上年

復叙此

勛安不一

王弟勞崇光頓首　九月初八

間，搆令自相戕殺，已將朱子儀及偽軍師錢騶二人殺斃，乃陳金釭忽竄歸下郢，與羅華觀合夥，其勢仍未衰。弟雖已派署肇羅道、劉小蘭式恕會同吳伯蔭辦理，兵勇不得力，難期得手，亟盼蔣薌泉移師前進也。人便，草草率復，敬頌

勛安。不一。愚弟勞崇光頓首　九月初三日

蔭渠大兄大人閣下日來連接七月廿二及八
月十四廿二廿日
來書五件詢知前寄各函陸續上塵
青覽就諗
韜鈐楙績
麾節延釐式如心頌粵川之役以三
省軍務未蔵不克成行仰見
聖人垂念邊隅之至意而

蔭渠大兄大人閣下：日來連接七月廿二及八
月十四、廿三等日
來書五件，誦知前寄各函陸續上塵
青覽，就諗
韜鈐樹績，
麾節延釐，式如心頌。西川之役，以三
管軍務未蕆，不克成行，仰見
聖人垂念邊隅之至意，而

閣下〻豐功俊烈
簡在
帝心又無論矣駿篤弟入川定即多此以精
瞿錫弟作楷人定能規隨畫一
聖人為李楚計者得其無微不至也慶李
大股回竄雖係敗殘之餘人數尚
眾辦理稍形棘手必將又致蔓延李
先籌接重施頃刻間化為無事是其神

閣下之豐功俊烈，
簡在
帝心，又無論矣。駱籥翁入川，定即可升川督，
　翟錫翁作替人，定能規隨畫一。
聖人為吾楚計者，何其無微不至也。慶遠
　大股回竄，雖系敗殘之餘，人數尚
　衆，辦理稍不得手，必將又致蔓延。吾
兄勦撫兼施，頃刻間化為無事，是真神

勇佩服之至。石鎮吉就縛解省，明正典
刑，快極。與前摺微有不符，不得據實
奏明更正也。傳聞譚逆之弟小國宗已被
擒，未知確實否。石逆雖竄武一帶，已成
釜底遊魂，峴莊欽差親率雄師前
往剿殘（游）自可一戰成功，翹盼
捷音，曷勝延企。湘軍進剿下郡，奏報
甚壯，亦當易於得手。一俟何處疏通，即

勇，佩服，佩服。石鎮吉就獲解省，明正典刑，快極。與前摺微有不符，不妨據實奏明更正也。傳聞該逆之弟小國宗亦已被擒，未知確實否。石逆踞賔武一帶，已成釜底游魂。峴莊觀察親率雄師前往勦敗辦，自可一戰成功。翹盼捷音，曷勝延企。諸軍進勦下郢，聲勢甚壯，亦當易於得手。一俟河道疏通即

當籌解餉項前赴桂林以資接濟
來省此時籌餉日難一日而京師及各
省催索餉項者晝夜羽檄交馳四方
八面應接不暇而〻[illegible]既萬難面〻
周到必將儘籌勻求隨時分潤勻
撥而已越南貢使兼不能不請展緩
昨已擬稿會列
台銜由驛具

當籌解餉項，前赴桂林，以資接濟。東省此時籌餉日難一日，而京師及各省催索餉項者晝夜羽檄交馳，四方八面應接不暇，面面兼顧，萬難處處周到，止好儘茲勺水，隨時分潤匀攤而已。越南貢使萬不能不請展緩，昨已擬稿，會列

台銜，由驛具

奏謹容可仰邀

俞允當崇為事之秋不得不勉強遵辦惟是相

於故常寸步不離竹矢志此緒布

藉好

　勉力敬慎

晚讀諸隆

盡力不求

王弟勞崇光頓首頓首

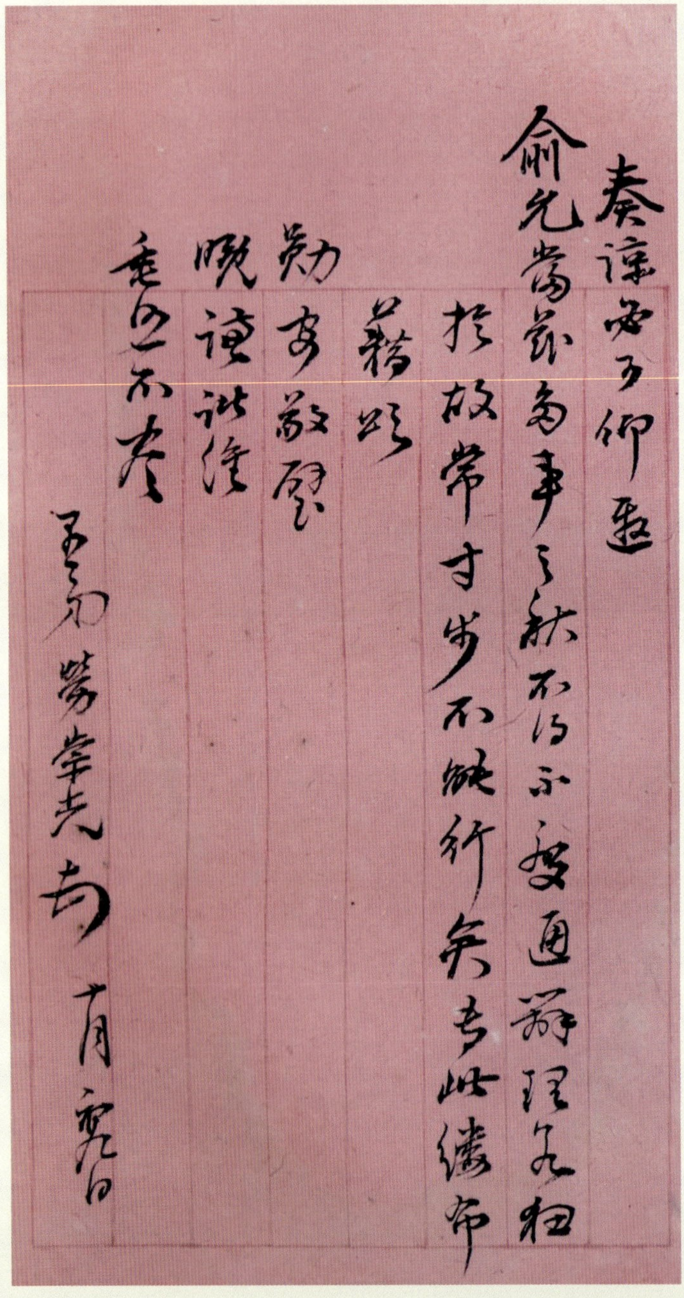

奏，諒必可仰邀
俞允。當茲多事之秋，不得不變通辦理。若狃於故常，寸步不能行矣。專此縷布，藉頌
勛安。敬璧
晚謙，諸維
垂照不盡。

愚弟勞崇光頓首　十月初九日

蔭渠大兄大人閣下：日前接展

來函，承

示越南貢期展緩，已由

弟處具　奏，並接

大咨抄錄摺稿移知，均已通悉。查此案

前接

弟函屬由弟處主稿會奏，當經函辭，茲

弟處復單銜具　奏，請由總綫標塞音

蔭渠大兄大人閣下：日前接展

來函，承

示越南貢期展緩，已由

尊處具奏，並接

大咨抄錄摺稿、移知，均已誦悉，查此案

前接

尊函，屬由弟處主稿會奏，當經照辦。茲

尊處復單銜具奏，皆由道路梗塞，音

任務遲往返函商諸多隔閡以致精
涉垂複
聖人明察萬里洞燭欽佩必能諒之融形賊
匪闖之竄綏甯武岡又聞
台旆之督師出省進剿未幾探悉閩
寇入楚省有兵會剿而西夷寇此次
敗殘餘匪不難一鼓殲除翹企
捷音曷勝延盼南邑有紳士來東談及

信稽遲，往返函商諸多隔閡，以致稍
涉重複。
聖人明察萬里，洞若觀火，必能諒之。融縣賊
匪聞已竄綏甯、武岡，又聞
台旆已督師出省進勦，未識棨旓何
處，如楚省有兵會勦，兩面夾擊，此等
敗殘餘匪，不難一鼓殲除。翹企
捷音，曷勝延盼。南邕有紳士來東，談及

石逆隨身匪黨不過二三千人現踞宣化之八塘與八塘五塘等處土匪串合賓州武緣宣化各團練可用者爲大兵一到必爲起相助即脅從之輩亦必紛紛倒戈所之省有警惟粵南寧一帶亂久矣此亦亂極思治之時矣而石逆適於此時竄到遷延日久勾結日衆誠恐復蔓延不可制也

石逆隨身匪黨不過二三千人，現踞宣化之八塘，與八塘、五塘等處土匪串合，賓州、武緣、宣化各團練可用者多，大兵一到，必當羣起相助，即協從之輩，亦必紛紛倒戈，所言尚有當情勢。南邕一帶亂久矣，此亦亂極思治之時矣。而石逆適於此時竄到，遷延日久，勾結日久多，誠恐復蔓延不可制。尚希

留意桂柳下郡之賊再不撲滅東西兩省血
脈不能貫通諸多窒礙不特兩省
厘金減色籌餉日難也弟久欲派重兵
進剿而經費萬難不能重賞募援苦索
無中生有派陶昌培管帶勇五千人前
往以義民盧偉龍幹挺等數千人助之連
日苦戰尚覺得手閏日內已與蔣軍門合
營可剋日成功但以何道疏通此諸多頓

留意。梧州、下郢之賊再不撲滅，東西兩省血脉不能貫通，諸事無不窒礙，不獨西省厘金減色，籌餉日難也。弟久欲派重兵進勦，而經費萬難，不能兼顧，冥搜苦索，無中生有，派陶昌培、黄清帶勇五千人前往，以義民盧偉、范幹挺等數千人助之，連日苦戰，尚覺得手，聞日内已與蔣軍會合，當可刻日成功。但得河道疏通，則諸事順

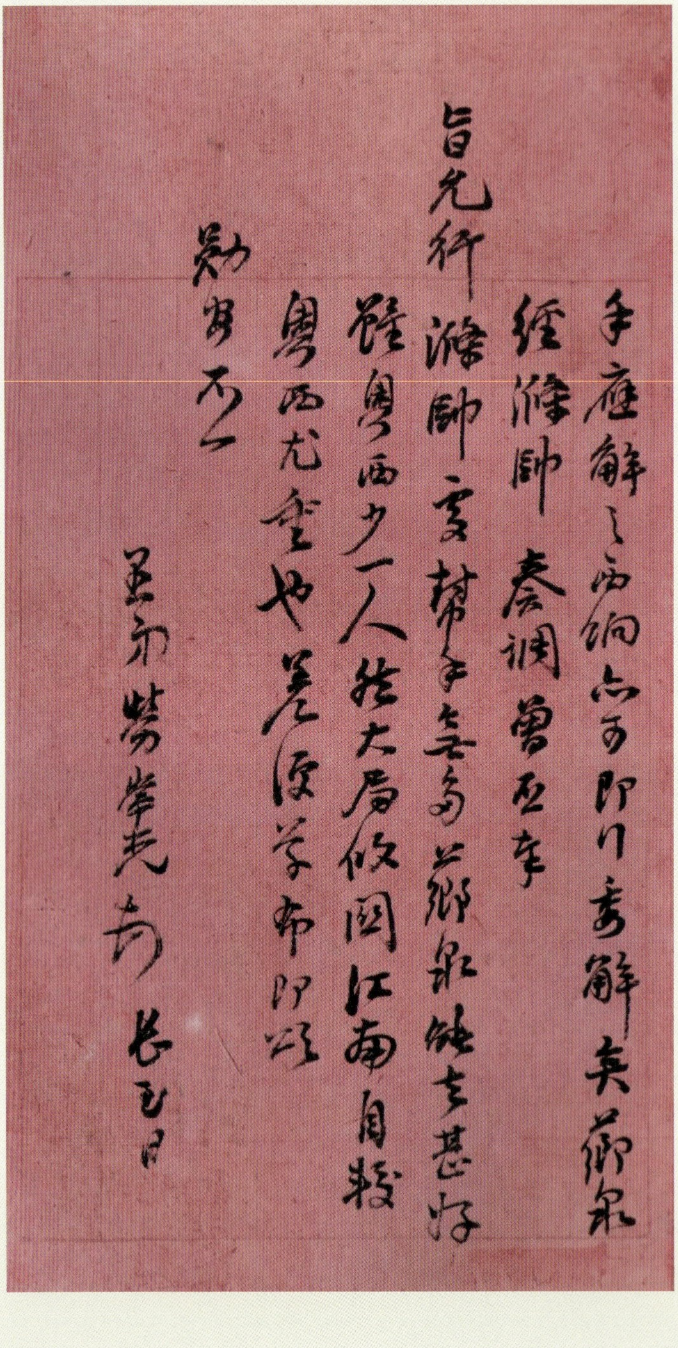

手庭解〻西銅亦可即行奏解　兵餉
經滌帥　奏調曾至李
旨允行
滌帥　要幫辦軍務　鄉泉雖去甚好
雖粵西少一人於大局似關江南自較
粵西尤重也　是須早布即好
勳安不一
弟　勞崇光　頓　廿五日

手，應觧之西餉亦可即行委觧矣。薌泉經滌帥奏調，曾否奉旨允行？滌帥處幫手無多，薌泉能去甚好，雖粤西少一人，然大局攸關，江南自較粤西尤重也。差便草布，即頌勛安。不一。

愚弟勞崇光頓首　長至日

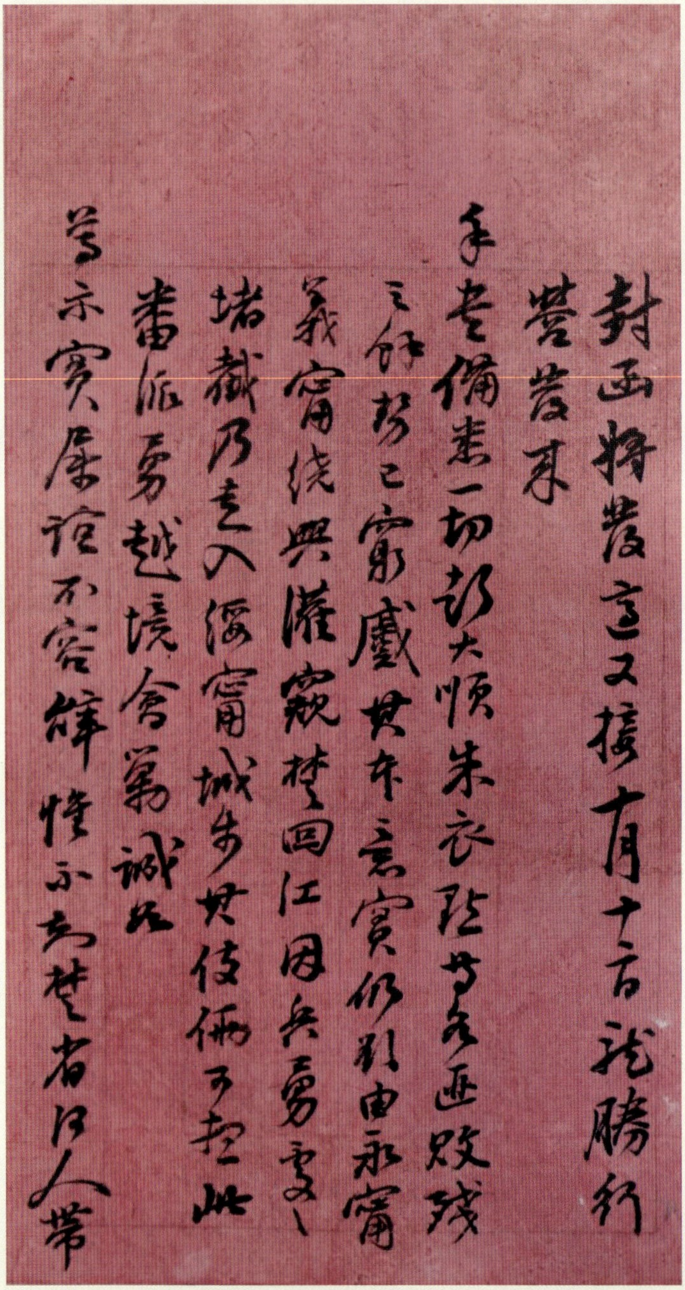

封函將發，適又接十月十六日武勝行
營咨來
手書備悉一切。郭(?)大帥(?)朱衣點等各匪敗殘
之餘，想已竄(?)廣(?)西東(?)，意實仍欲由永寧
義寧繞興灌竄擾楚(?)回(?)江(?)，因兵勇要之
堵截，乃走入綏(?)寧城步，其伎倆可想。此
番派勇越境會剿，誠如
尊示，實屬誼不容辭，惟不知楚省何(?)人帶

封函將發，適又接十月十二日龍勝行
營發來
手書，備悉一切。彭大順、朱衣默等各匪敗殘
之餘，勢已窮蹙，其本意，實仍欲由永甯、
義甯繞興灌窺楚回江，因兵勇處處
堵截，乃走入綏甯、城步，其伎倆可想。此
番派勇越境會勦，誠如
尊示，實屬誼不容辭。惟不知楚省何人帶

兵越勦土者江廣字耶兩餉支絀亦
刻刻在念必因河道梗塞無路可達所以
亟圖勦下郡正為此也不能由北江繞衢水路中別有苦衷不能形之紙筆
今下郡事有端倪河道可通起解在即
矣石逆尚在南邕八九塘一帶應由河路往
勦惟俟楚省會勦事畢兵力可分
再由
閣下與司道諸君通盤籌算指揮調遣

兵截剿，或者江觀察耶？西餉支絀，弟刻刻在念，止因河道梗塞，無路可走，所以亟圖剿下郢，正為此也。不能由北江繞衡永，此中別有苦衷，不能形之紙筆

今下郢事有端倪，河道可通，起解在即矣。石逆尚在南邕八九塘一帶，應由何路進剿，應俟楚省會剿事畢，兵力可分，

再由

閣下與司道諸君通盤熟籌，指揮調遣，

鄭兄仍留粵西自是正辦特伊於係滌
帥舊部倘滌帥堅請調往亦恐難強留
程秋帆在粵威倘能刻期收復潯州俟
潯州事畢再往江南此兩面皆可位矣
前函奉陳種種仰承
採納足見
虛懷若谷欽佩良深蕭葉芳委牌已授
撤回難以相強此可隨後再行酌辦近日

薌泉仍留粤西，自是正辦。特伊本係滌帥舊部，倘滌帥堅欲調往，亦恐難强留。梧州功在垂成，倘能刻期收復潯州，俟潯州事畢，再往江南，則兩面皆顧住矣。

前函奉陳種種，仰承

採納，具見

虛懷若谷，欽佩良深，蕭榮芳委牌已據繳回，難以相强，止可隨後再行酌辦。近聞

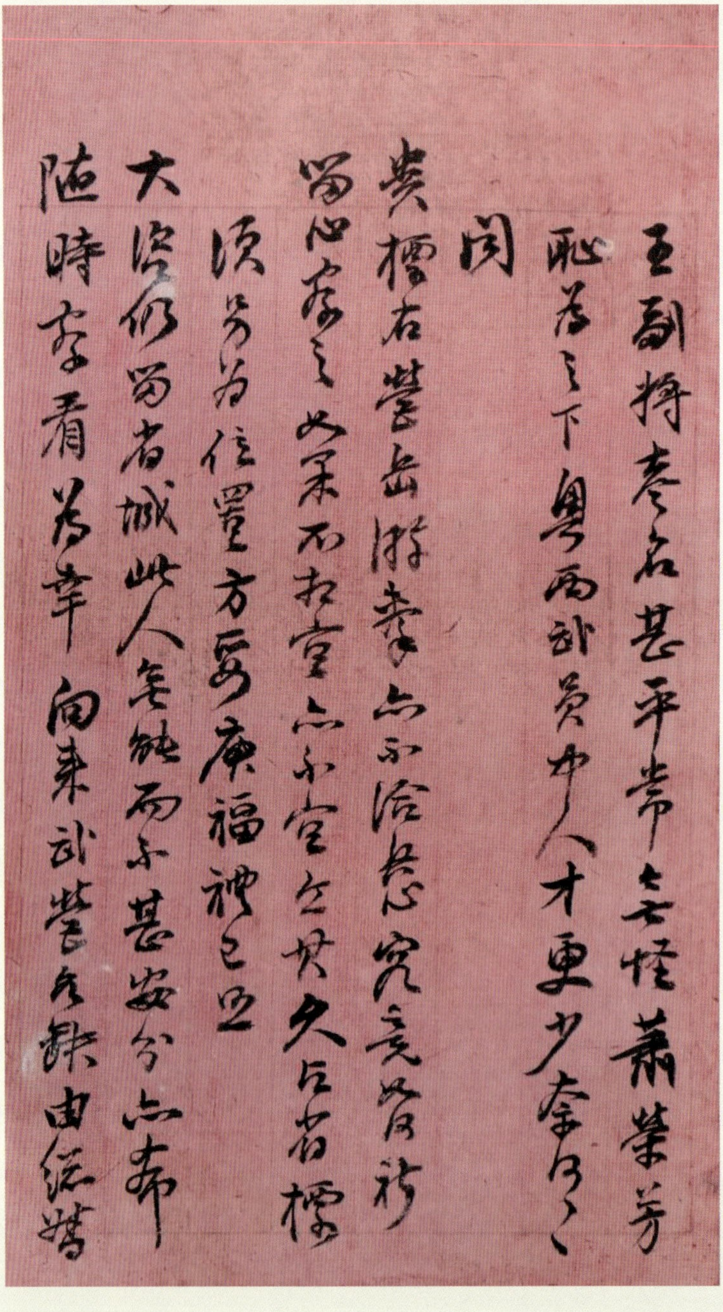

王副將素名甚平常，乞怪蕭葉芳
恥居之下，粵西武員中人才更少，奈何奈何。
閣
貴標右營岳游擊亦不洽輿情，究竟此員於
留心察之，如果不和宜，亦不宜在此久在省標，
須另為位置方妥。廣福標已立
大營，仍留省城，此人雖能而不甚安分，亦希
隨時察看為幸。向來武營之操由總督

王副將聲名甚平常，無怪蕭榮芳恥為之下。粵西武員中人才更少，奈何，奈何。聞貴標右營岳游擊亦不洽兵心，究竟如何，祈留心察之，如果不相宜，亦不宜令其久占省標，須另為位置方妥。庚福禮已照大咨，仍留省城，此人無能而不甚安分，亦希隨時察看為幸。向來武營各缺由總督

閣門給安此指承平年事時而文其實
相濡寫達耳目不先雖殘保不有歧誤目
下情形使可無通融理由
兄意隨時斟酌調停明東更再行加查耳至
西人雖覿面無緣而結此心之相印至切
深信但期於公事有濟寔有負其之意黔墻之
分耶　弟又再布　敬請　達安　不宣　弟又再啟
吉未刻

銜門給委，此指承平無事時而言，其實相隔窎遠，耳目不真，殊難保不有歧誤。目下情形，盡可變通辦理，由兄處隨時酌調咨明，弟處再行加委可耳。吾兩人雖覿面無緣，而彼此心心相印，互相深信，但期於公事有濟，豈有絲毫畛域之分耶。草草再布，餘續達。不宣。光再頓首。

十二日未刻

劳崇光卷上

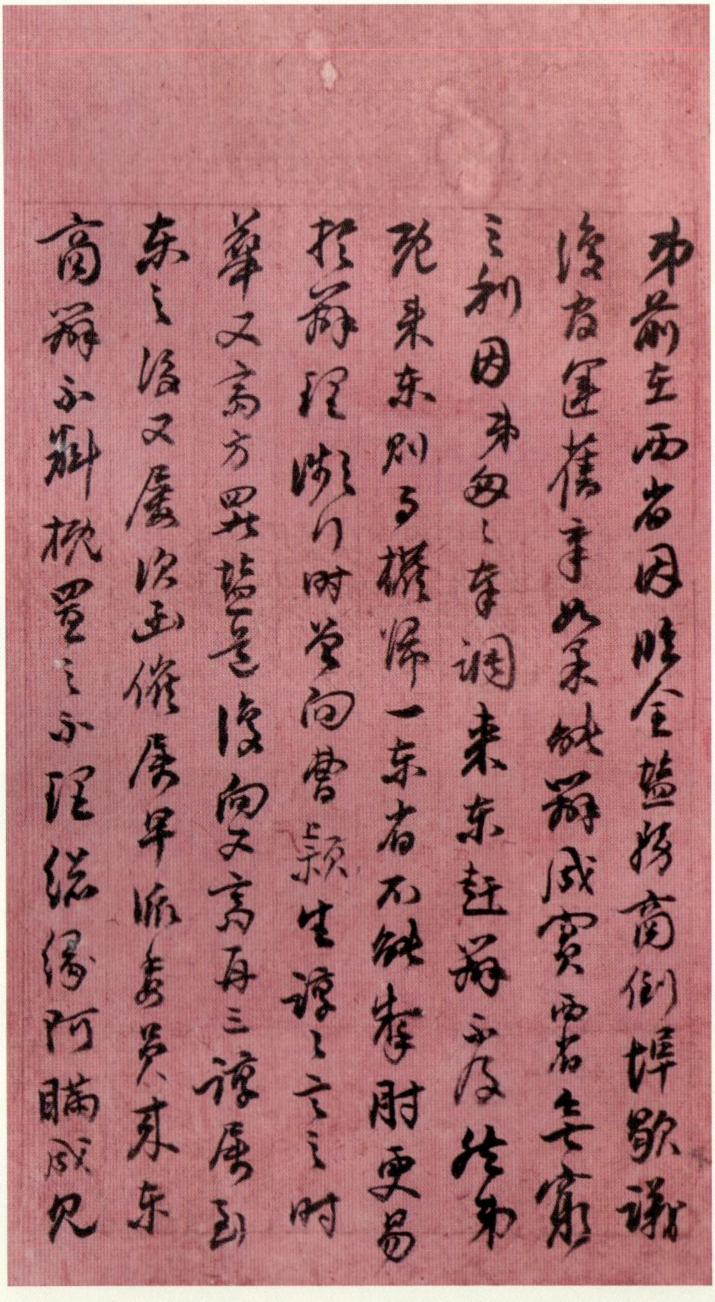

弟前在西省，因臨全塩務商倒埠歇，議
復官運舊章，如果能辦成，實西省無窮
之利。因弟匆匆奉調來東，趕辦不及，然弟
既來東，則事權歸一，東省不能掣肘，更易
於辦理。瀕行時曾向曹穎生諄諄言之，時
華又齋方署塩道，復向又齋再三諄屬，到
東之後又屢次函催，屬早派委員來東
商辦，不料概置之不理，總緣阿瞞成見

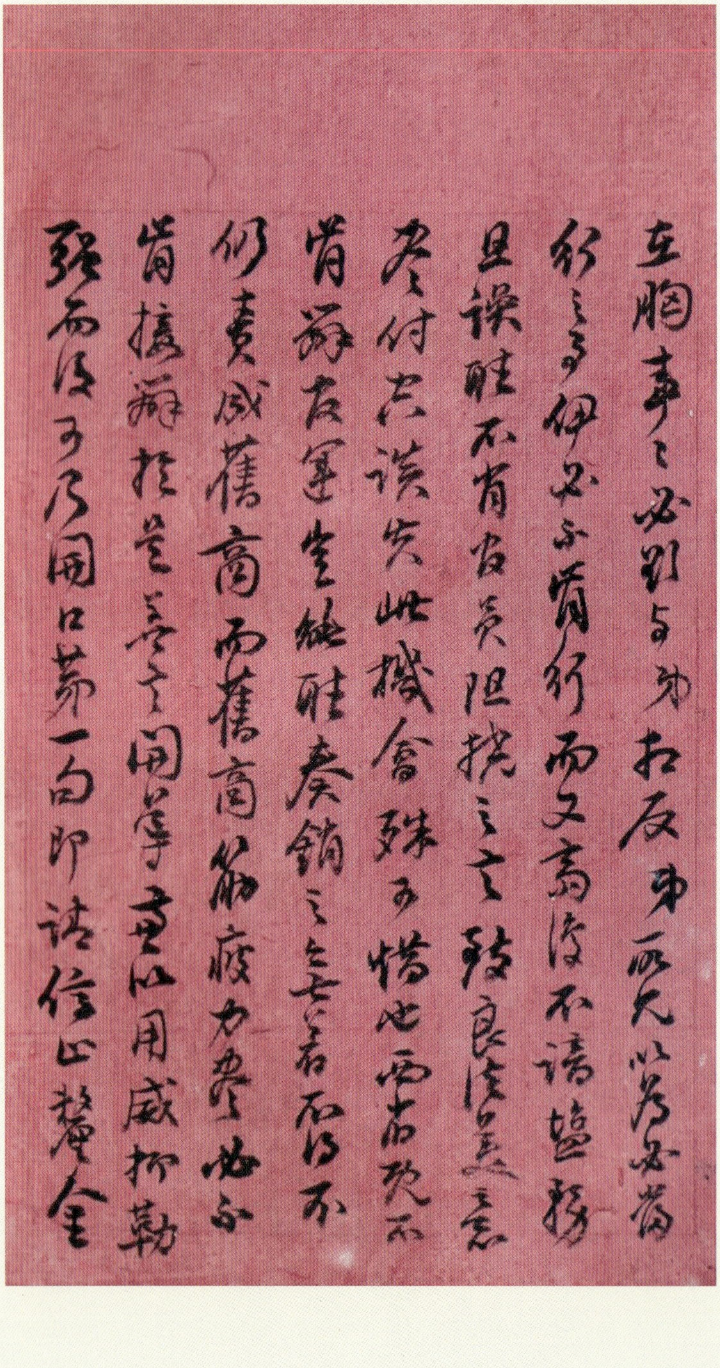

左胸事事必躬與為而反由兩人以為必需
行之之伊必不質行而又高談不講鹽務
且誤壯不肯吉員阻撓之竟致良法美意
委付東流矣此機會殊可惜也而吉林不
肯辦反運生鹽壯奏銷之年年若而仍不
仍責成舊商而舊商筋疲力盡也必不
肯接辦於是遂又同等更以用威抑勒
強而後可乃周口第一由即語停止發全

在胸，事事必欲與弟相反，弟所見以為必當行之事，伊必不肯行，而又齋復不諳塩務，且誤聽不肖官員阻撓之言，致良法美意盡付空談。失此機會，殊可惜也。西省既不肯辦官運，豈能聽奏銷之無著？不得不仍責成舊商，而舊商筋疲力盡，必不肯接辦，於是善言開導，兼以用威抑勒，强而後可，乃開口第一句即請停止釐金。

夫商人既經完餉貨物又復完釐即依
抽厘不過每包斤抽二三錢貨物如此此節之
重征抽至二兩有零之多商人成本幾何
貨物照此搭克未歸商販以為兩抽其諸
私釐也既有商則釐諸及釐款不能如
前剝削此至理甚明然而有餉源界之
山窮水盡倘再將釐厘停止將來年就
斃矣而有全局瞭然左右胸中通盤

夫商人既經完餉，豈能又復完釐？即使抽厘不過每包酌抽二三錢，豈能如此節節重征，抽至二兩有零之多？商人成本幾何，豈能堪此掊克？未歸商辦以前，所抽者皆私塩也，既有商則塩皆官塩，斷不能如前剥削，此其理甚明。然西省餉源早已山窮水盡，倘再將塩厘停止，將束手就斃矣。兩省全局瞭然在弟胸中，通盤

籌費創為半厘半稅之說，於兩省經費
無絲毫出入，而可以保全東省之奏銷，於
是商人無所藉口，近日亦無異言之，而豈為
費一番氣筆再多之，而使無之道於此
但今思時易為一人，能不肯出任斯理
則兩省鹽厘不行，即減兩省乃大喫苦矣
此弟極力周旋兩省之苦心，以為同人必為
共諒，不料繼今日竟反扼之者，詞也弟

籌畫，創為半厘半稅之說，於西省經費無絲毫出入，而可以保全東省之奏銷，於是商人無所籍口，運司亦無异言，不過多費一番紙筆耳。事之兩便，無過於此。假令粵督另易一人，斷不肯如此辦理，則西省塩厘不停即減，西省乃大喫苦矣。此弟極力周旋西省之苦心，以為同人必當相諒，不料總局司道反振振有詞也。弟

時知兩省同至誠具不遑不請塩務情形
其實藝別無意見惟省城中有一人胸懷
私見極力阻撓弟亦無如之何其人亦不必
明言其所以阻撓之故但望我
兄及同至誠具心意至於不存形感耳弟之力
維全局自當籌勝於若人哉
兄及同至誠具之弟於行亦當更深於行若
人也考九峰久駐韶州不得來省同兩省

明知西省司道諸君不過不諳塩務情形，其蕭實別無意見，惟省城中有一人胸懷私見，極力阻撓，弟不必明言其人，亦不必明言其所以阻撓之故，但望我

兄及司道諸君心知其故，不為所惑耳。弟之力維全局，自當較勝於若人，我

兄及司道諸君之與弟，相信亦當更深於信若人也。耆九峰久駐韶州，不肯來省，因聞西省

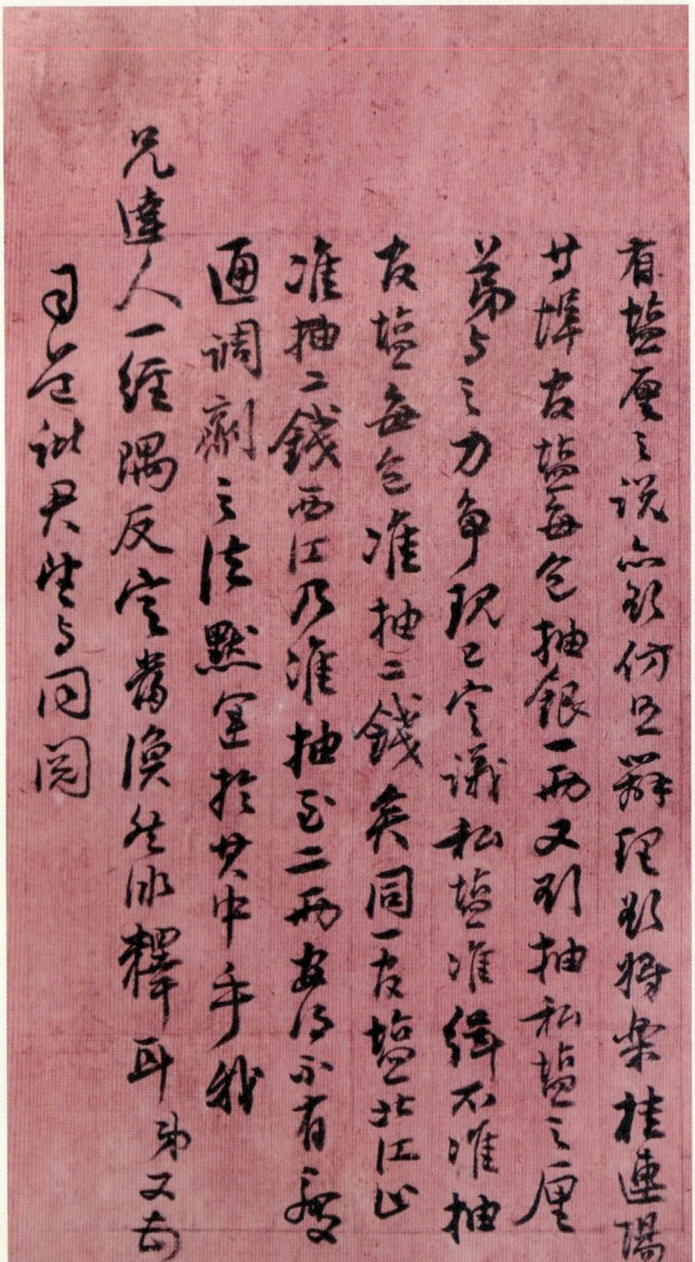
有鹽厘之說，亦欲仿照辦理，擬將桂連陽
廿埠去鹽每包抽銀一兩，又欲抽私鹽之厘。
弟亦已力爭，現已定議私鹽准緝不准抽，
去鹽每包准抽二錢矣。同一去鹽，北江亦
准抽二錢，西江乃准抽至二兩，安得不有殊。
通調劑之法，默望於其中手援。
兄達人，一經調反，定當渙然冰釋耳。弟又啟
月芷、秋其先生乞同閱

有塩厘之説，亦欲仿照辦理，欲將樂桂連陽等埠官塩每包抽銀一兩，又欲抽私塩之厘。弟與之力争，現已定議私塩准緝不准抽，官塩每包准抽二錢矣。同一官塩，北江止准抽二錢，西江乃准抽至二兩，安得不有變通調劑之法默運於其中乎。我兄達人，一經隅反，定當渙然冰釋耳。弟又頓首。

司道諸君望與同閲。

蔭渠大兄大人閣下：正月廿六日接到嘉平廿日
手書，誦悉。去年六月多摺，先後達到，並承示于函
貴省解餉銀兩，定於年內起程，籌畫良深。
東西兩粵之邦，加之以舊部，重之以直轄，誼
應力籌並顧，方以未能隨時協濟，深切歉
然，乃重叨
盛謝，殊深歉汗耳。下鄙舉動雯奏鄂延
去年底於皆因大病，痊雖似攝復之在

蔭渠大兄大人閣下：正月廿六日接到嘉平廿九日手書，誦知奉寄各緘先後達到，並知于丞等所解餉銀亦已於年内踶到，慰藉良深。東西唇齒之邦，加之以舊部，重之以兼轄，誼應力籌兼顧，方以未能隨時協濟，深切歉然，乃重叨齒謝，彌深顔汗耳。下郢案弟處奏報延至年底始發，因久病未痊，難以搦管之故。

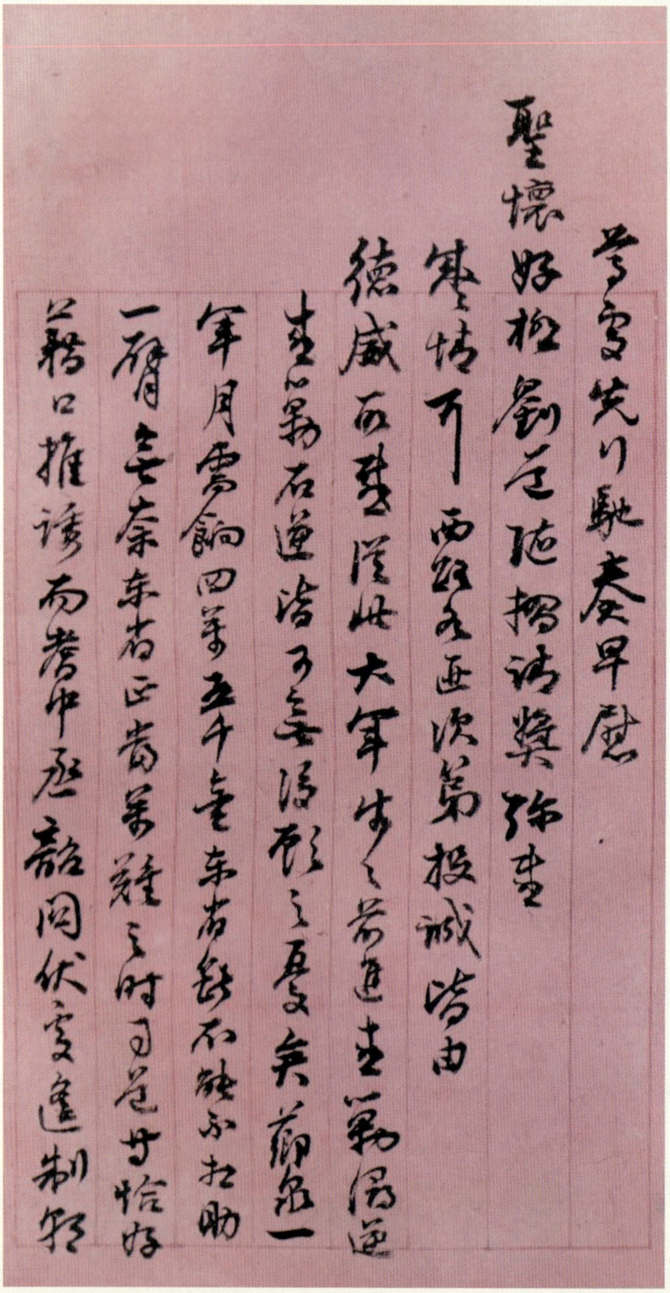

尊處先行馳奏，早慰
聖懷，好極。劉道隨摺請獎，彌感
盛情耳。西路各匪次第投誠，皆由
德威所感，從此大軍步步前進，或勦潯逆，
或勦石逆，皆可無後顧之憂矣。薌泉一
軍月需餉四萬五千金，東省斷不能不相助
一臂，無奈東省正當萬難之時，司道等恰好
藉口推諉，而耆中丞詔闕伏處遥制朝

樣尤悍然亦既嘖有煩言即此可發放於
勸令議許以每月二萬毋得由兩省自行籌
措唯此二萬者究亦為無幾之耳既進剿
賊必須仗水師之力水師口糧每月三萬不
可少而積欠廿五六萬必須先與結清此刻
尚無分文出人直急到死目下賊勢極
窮蹙而水陸文武之氣正揚機會斷不
可錯過耳蒿卿泉仍准留粵而仰見

權，尤悍然不顧，嘖有煩言。弟止可毅然獨斷，定議許以每月二萬，其餘由西省自行籌措，唯此二萬者究不知能否踐言耳。况進勦潯州，必須仗水師之力。水師口糧每月三萬不可少，而積欠廿五六萬，必須先與結清。此刻尚無分文，令人焦急欲死。目下潯州賊勢極窮蹙，而水陸各軍之氣正揚，機會斷不可錯過耳。薌泉仍准留粤西，仰見

聖明洞鑒周覽高厚設意催儹亦必可俟更
後風利之後再看情形以定行止此時始
不見漏矣無論將來既為可用即仍留移者
城營汛可毋庸議惟兩營水火太不成事昨
因左江總鎮告病已委陳副將署理左江鎮
如此調劑省城尚可籌遊一兩營
貴標中軍參將一缺似可委楊廷桂署理
弟所以不經行下委者因楊廷桂新近奉

聖明洞鑒，聞季高又復致書諄催，亦止可俟克
復潯州之後，再看情形以定行止，此時姑
不具論矣。岳游擊既尚可用，即仍留於省
城，前説可毋庸議，唯兩營水火，太不成事。昨
因左江色鎮告病，已委陳副將署理左江鎮，
如此調離省城尚不著迹。所有
貴標中軍參將一缺，似可委楊廷桂署理，
弟所以不徑行下委者，因楊廷桂新近奉

吾來東粵，有人議其謀此席也。其實兩
省本將中隆楊廷桂、馬東旭、蕭榮芳三
人於此席有宜擬
年久，亦所應然也。昨晤小匡之從壽亞已於除
夕到省，磋磋，據若二萬金，諫此時亦已解
到東海省解每月三萬金
勞宮示對頻頻，從催並示對偶一
奏催，催之愈緊，才愈多於兼加。其中情

差來東，恐有人議其謀此席也。其實西
省參游中，唯楊廷桂、馬東旭、蕭榮芳三
人於此席相宜，想
卓見亦以為然也。昨晤小溪，言張壽泉已於除
夕到省，慰慰。楚省二萬金，諒此時亦已解
到。東省應解每月三萬金，
尊處不妨頻頻咨催，並不妨偶一
奏催，催之愈緊，弟愈易於著力。其中消

息
解人者自喜之人，亦同心事，爲掣肘而仍
不免於此，匡拂之謂也。去年即以
重負羣譽
晚近餘互詳於月卿函中，不復贅。
兄弟勞崇光頓首
正月廿九日

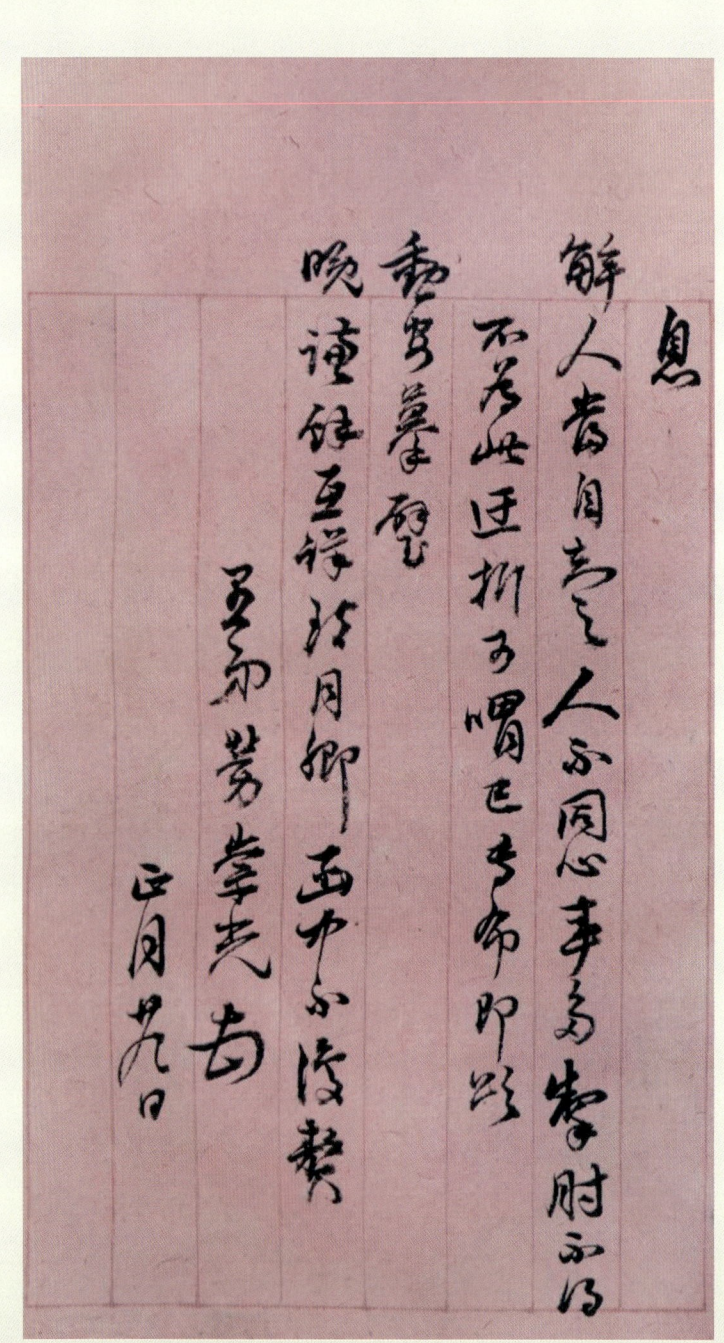

息，

解人當自知之。人不同心，事多掣肘，不得不為此迂折，可喟已。專布即頌

勳安。摹壁

晚謙。餘互詳致月卿函中，不復贅。

愚弟勞崇光頓首。

正月廿九日

蔭渠大兄大人閣下：前年除夕前日

環章肅印，助餉章程交便差携去，嗣奉

手函回示，具述

德威並懋，偉宗和衷，地方氣象蒸蒸日上

欽聆之餘，忻慰無已，謹函備切

推愛代籌尤深。昨復於本月日接到前月

廿二

手書備悉一切粉山服匯回當融利永富又

蔭渠大兄大人閣下：前奉除夕前一日
環章，當即泐牋奉復，交便差攜去，嗣委員
于丞回東，具述
德威兼懋，僚寀和衷，地方氣象蒸蒸日上，
敬聆之餘，忭慰無已。該丞備叨
推愛，代感尤深。昨復於二月八日接到前月
廿三日
手書，備悉一切。獨山股匪回竄融縣永甯，又

有由興全入楚之勢此時收殘餘孽有
麾下雄師前截後進不難刻日掃除淨盡
至楚永寶一帶閩省有防兵駐紮想已
知會嚴防矣進剿遏制機會萬不可失
賊勢於窮蹙兵勇於鼓舞不難一鼓成
功惟需費太繁籌餉太難令人焦急
至水師積欠已二十五六萬不清積欠斷不能
進兵即減半給發亦須十餘萬金塔師

有由與全入楚之勢。此等敗殘餘孽，有麾下雄師前截後追，不難刻日掃除淨盡。吾楚永寶一帶，聞尚有防兵駐紮，想已知會嚴防矣。進勦潯州，機會萬不可失。賊勢極窮蹙，兵勇極鼓舞，不難一鼓成功。惟需費太繁，籌餉太難，令人焦急之至。水師積欠已二十五六萬，不清積欠，斷不能進兵，即減半給發，亦需十餘萬金，俾整師

船亦須二三萬金水師口糧再添撥水師
之勇兵二千人口糧每月共需三萬餘金加
以湘勇口糧每月二萬金以三個月爲度
再加此火藥共須必得有三十五萬金始能
了此事弟擬在運庫鹽庫海關庫三
處竭力措撥亦非難事詎部文絡繹
而來採辦京米一事將各庫搜括淨
盡尚不敷一半而又指名提海關四十五萬

船亦需二三萬金。水師口糧，再添護水師之陸兵二千人口糧，每月共需三萬餘金，加以湘勇口糧每月二萬金，以三個月為度，再加以火藥等項，必得有三十萬金始能了此事。弟始意在運庫、道庫、海關庫三處，竭力提撥，尚非難事，詎部文絡繹而來，採辦京米一事，將各庫搜括净盡，尚不專一半，而又指名提海關四十五萬

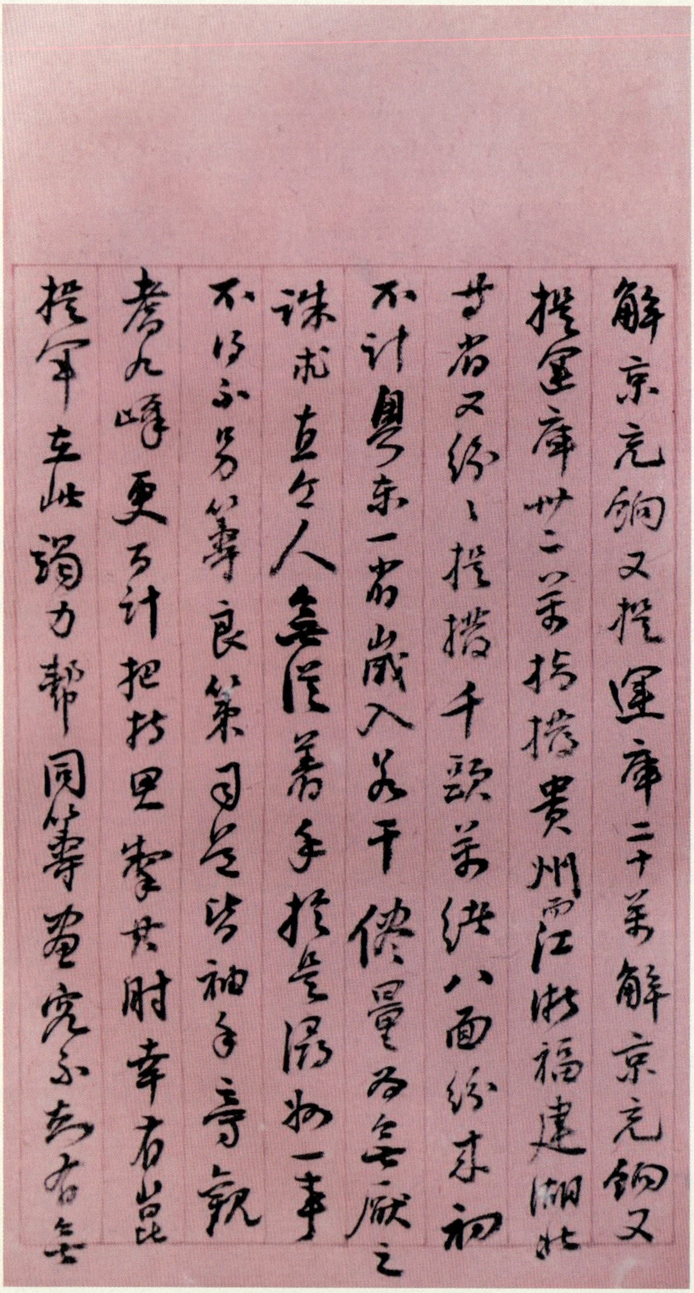

解京充餉又撥運庫二十萬兩解京充餉又
撥運庫廿二萬兩指撥貴州兩江浙福建湖北
等省又紛紛撥撥千頭萬緒八面紛來初
不計粵東一省歲入若干供億若何無厭之
誅求直令人無從着手撥還協款一事
不得不另籌良策目前皆袖手旁觀
者九峰更不計把握且挐其財幸有崑
提軍在此竭力幫同籌畫究不知有無

解京充餉，又提運庫二十萬解京充餉，又提運庫卅二萬指撥貴州，而江浙福建湖北等省又紛紛提撥，千頭萬緒，八面紛來。初不計粵東一省歲入若干，儘量為無厭之誅求，直令人無從著手。於是潯州一事不得不另籌良策。司道皆袖手旁觀，者九峰更百計把持，思掣其肘。幸有崑提軍在此竭力幫同籌畫，究不知有無

成效也。小濂代籌勸捐，大是好事，然最
意必不瞻，申籌理不必張揚，此中有無把
握尚未可知。小濂興騰高興，閱歷太淺，往
往視天下無難事，正恐流弊，以此於不到，且
渠在此已為人所忌，代外省勸捐，更為人所
忌。
來示執濟倉東省當事最忌，不如秘之於好
至尊賀孫墓碑先收八錢，弟尚以為太多，須按

成效也。小溪代辦勸捐，大是好事，然鄙意止可暗中辦理，不必張揚。此中有無把握尚未可知。小溪熱腸高興，閲歷太淺，往往視天下無難事，正恐説得到做不到，且渠在此，已為人所忌，代外省勸捐，更為人所忌。

來示欲咨會東省當事，鄙意不如秘之，祈酌奪賀縣塩厘，先收八錢，弟尚以為太多，頃據

該商等訴自彭墳到卡後復增至一兩一錢兩次駁詰

來示以貴省鹽厘可減亦可徵收為平允之論正與鄙見相符乃該處員等一味苛刻不特不減而且加增豈不惟故意與我作難無怪遠

閣下之意必別使水販不前撣商倒歇詳細無著奏銷貽誤而後快於心也殊不思求

該商稟訴，自彭墒到卡後復增至一兩一錢，為之駭詫。

來示以賀縣鹽厘可減不可撤，極為平允之論，正與鄙見相符，乃該委員等一味苛刻，不獨不減，而且加增，是不惟故意與弟作難，並故違

閣下之意，必欲使水販不前，埠商倒歇，課餉無著，奏銷貽誤，而後快於心也。殊不思水

賤不前，無一船到貿，既無鹽務，何有釐餉。使
一包抽百金，亦試行，詭託其言，實非兩廣之以忍乎
在商人之言，止有由北江章程，每包抽二錢，統
弟再三同蒂臣形意，抽四錢，弟硬作主張，再
酌加些須，蓋亦無可於給，須大加核減，亦將對
不能至一兩一錢之數，亦對不能至原定八錢之
數。現已由東省遴派委員馳往會同商辦，
尚祈垂

販不前，無一船到賀，既無塩，安得有厘？雖使一包抽百金，亦祇徒託空言，豈非兩失之道乎？在商人之意，止肯照北江章程，每包抽二錢，經弟再三開導，已願意抽四錢。弟硬作主張，再酌加些須，當亦無不可，然總須大加核减，不獨斷不能照一兩一錢之數，亦斷不能照原定八錢之數，現已由東省遴派委員馳往，會同商辦，尚祈吾

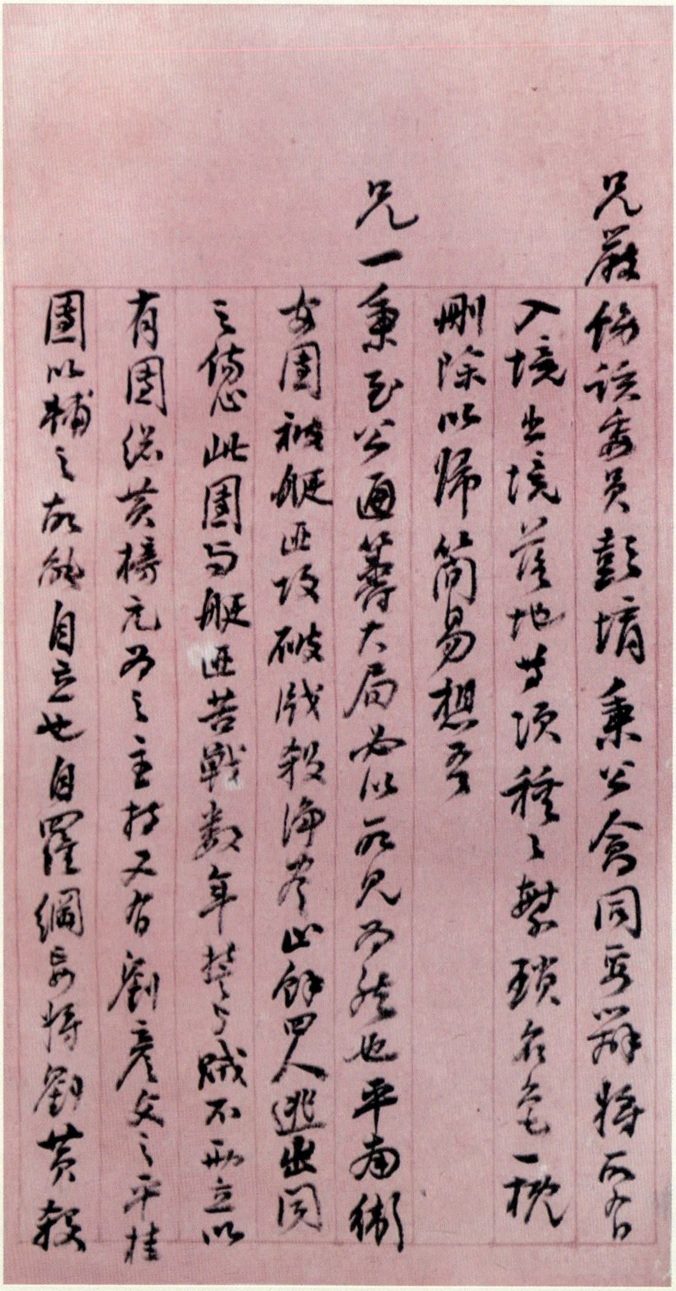

兄嚴
飭諭委員彭靖兼公會同妥辦將所有
入境出境落地各項種種繁瑣名色一概
刪除以歸簡易想吾
兄
一秉至公通籌大局必以爲是而樂從也平南衛
安圍被賊匪攻破戕殺淨盡止餘四人逃出閩
之德慶此圍與賊匪苦戰數年楚之賊不敢立以
有圍從黃橋充爲之主持又有劉彥文之平桂
圍以補之故能自立也自羅鏡賊爲將劉黃殺

兄嚴飭該委員彭堉，秉公會同妥辦，將所有
入境、出境、落地等項種種繁瑣名色，一概
刪除，以歸簡易。想吾
兄一秉至公，通籌大局，必以所見為然也。平南衛
安團被艇匪攻破，戕殺净盡，止餘四人逃出，聞
之傷心。此團與艇匪苦戰數年，誓與賊不兩立，以
有團總黄榜元為之主持，又有劉彦文之平桂
團以輔之，故能自立也。自羅綱妄將劉黄殺

甃該園壇之老氣致此一敗塗地羅網之肉
其無食乎羅網已自戕偉此類殘賊亞黨
惡之人必有會其郭者此等是非黑白知
閣下與同卿皆能力持公道佩服之至徙風閣省
城在場者皆暗中有人袒護羅網可謂私
爾忌公亦矣天地間有天理人心惡矣弟前年
來京時將捷郭交老史文瑞昌等四人帶來
初六日亦到京後即將伊等遣回關因被之

斃，該團懨懨無氣，致此一敗塗地，羅綱之肉，其足食乎？羅綱已自戕，倖逃顯戮，誠恐黨惡之人，必有食其報者。此案是非黑白，知

閣下與月卿皆能力持公道，佩服之至。然風聞省城官場，尚暗中有人欲袒護羅綱，可謂私爾忘公，不知天地間有天理人心者矣。弟前年來東時，將捷報處書吏文瑞昌等四人帶來，初意本欲到東後即將伊等遣回，嗣因諸事

勞崇光卷上

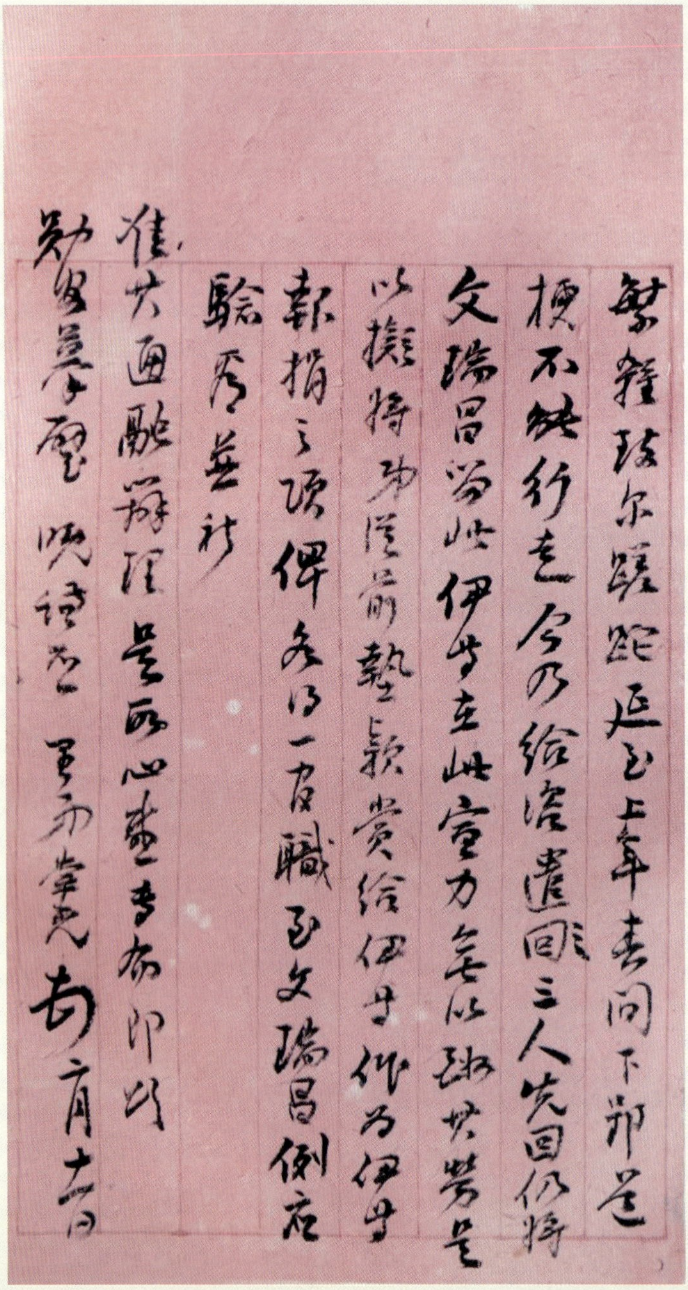

蟹雜玻爾騷蛇延至上年春間下邦是
梗不妹行走今乃給發遣回三人先回仍將
文瑞昌留此伊等在此實力無以酬其勞是
以擬將為從前墊款賞給伊等作為伊等
薪指之項俾無以一名職至文瑞昌例應
驗免並補
惟大匾融籌理是所心感者亦即此
勛安 晚 鑒 崇光 頓首 六月十六日

繁雜，致爾蹉跎，延至上年春間下郢道
梗不能行走，今乃給咨遣㗊三人先回，仍將
文瑞昌留此。伊等在此宣力，無以酬其勞，是
以擬將弟從前塾款賞給伊等，作為伊等
報捐之項，俾各得一官職。至文瑞昌例應
驗看，並祈
准其通融辦理，是所心感。專布即頌
勛安。摹壁晚謙。不一。愚弟崇光頓首　二月十一日

蔭渠大兄大人閣下：去九日接本月朔
手書，備叨
垂示。獨山股匪由義寧、靈川竄至日門前，
弟初慮其由西延竄犯新寧，以
珂里大受其害。嗣聞仍由灌陽走道州，又以
為必走郴、桂，向江西以東省北江一帶，後須
戒嚴。不料又回竄江華，連接探報，又
有由北邑營竄桂嶺之說，宜仍將由富賀

蔭渠大兄大人閣下：十九日接奉二月朔
手書，備叨
垂示。獨山股匪由義甯、靈川竄至司門前，
弟初慮其由西延竄新甯，則
珂里大受其害。嗣聞仍由灌陽走道州，又以
為必走郴桂向江西，則東省北江一帶復須
戒嚴，不料又回竄江華，連接探報，又
有由北芒營竄桂嶺之説，豈仍將由富賀

窺平樂耶，抑將走東省之三連耶？賊踪飄忽，隘口過多，防不勝防，深慮顧此失彼。此番一股，先處其由慶遠復走融懷，仍踵前轍，乃因其折竄思恩，是殆將與石逆歸併矣。該匪本係石逆分夥，倘分而復合，誠恐死灰復燃，後患正未有艾。

先智珠在握，定已預籌及之。惟兵力固難分佈，餉項更難爲繼，殊堪焦灼耳。陳全鈺一股由岑竊平樂耶？抑將走東省之三連耶？賊踪飄忽，隘口過多，防不勝防，深慮顧此失彼。定番一股，先慮其由慶遠復走融懷，仍踵前轍，乃聞其折竄思恩，是殆將與石逆歸併矣。該匪本係石逆分夥，倘分而復合，誠恐死灰復然，後患正未有艾。吾兄智珠在握，定已預籌及之。惟兵力固難分，餉項更難為繼，殊堪焦灼耳。陳金釭一股由岑

陸寇入東境似宜嚴守高州戒嚴岑寇
昔受西徒無家無業偽無機擄踞而來者
川東寇以東省高廉一帶將不可問而川東亦
將受怨無窮緣上年添兵助餉攻打下郡
係弟一人移請同人皆不以為然目下之辦法
與同人更不以為非皆由畛域之分成見牢
不可破因而有似不識禍者從西省一經收
手必將以東為壑偽其之果啟東人將以

溪竄入東境，信宜失守，高州戒嚴，岑容等處匪徒無窮無盡，倘乘機接踵而來，悉行東竄，則東省高廉一帶將不可問，而弟亦將受怨無窮。緣上年添兵助餉攻打下郢，係弟一人獨斷，同人皆不以為然。目下之辦潯州，同人更不以為然。皆由畛域之分，成見牢不可破，因而有倡為謬論者，謂西省一經得手，必將以東為壑。倘其言果應，東人將以

亦為羅黜殊不知賊來東麾當初來係
來者之竄僅於西路但今日來往來竄
亦是本省歸根而不得指為西者之過況亦
身任連圻心知蕩賊要知是東是西乎
悠悠之口聽聽任任不我計較惟因有此種邪
說是以籌餉莫難幸有崑指軍深明
大義深諒區區一區苦心竭力襄助如將
水師舊欠料理稍有頭緒至以後擬月

弟為罪魁，殊不知賊本東産，當初本係
東省之壑隣於西，即使今日悉行東竄，
亦是木落歸根，而不得指為西省之過，况弟
身任連圻，止知勦賊，安知是東是西乎？
悠悠之口，聽之任之，不可與計較。惟因有此種邪
説，是以籌餉益難，幸有崑提軍深明
大義，深諒區區一片苦心，竭力襄助，始能將
水師舊欠料理稍有頭緒，至以後按月

秋糧出於何處方毫無把握也府江潯
通兩省釐金關稅自可畧有起色惟各處釐
金仍以糧為大宗是糧與實兩省精華之
所在也而糧與釐金之旺絀實繫吳守蘇
理得法精形強幹耳目為持正無私是以服人
通權達變足以駕馭人而將平馬統粵東
會館咨為之用即桀驁跋扈積慣乞私
走私之水勇亦無不樂為之用是以絲一文不

新糧出於何處，尚毫無把握也。府江既通西省，釐金關税自可畧有起色，然各處釐金仍以梧州為大宗，是梧州實西省精華之所在也。而梧州釐金之旺，緣實緣吴守辦理得法，情形熟，耳目多，持正無私，足以服人，通權達變，足以駕馭人，不獨平馬館、粤東會館皆為之用，即桀驁跋扈、積慣包私走私之水勇，亦無不樂為之用，是以能一文不

欺一船不漏梧肇毗連以肇慶釐廠按
月抽收之數與梧比較梧去遠矣即專以
梧爲兩廣稅關與釐廠相去咫尺同稅有
漏有匿而釐金絕無之此衆人所共見
共聞者也梧如鞏屏西省後與桂林李集
隔絕與羊城聲息相通梧爲一舉一動羊
城無不知者是以吳守蕭理提其情形不於
中而稔去卯東者司是亦無不深知學以爲有

欺，一船不漏。梧肇毘連，以肇慶釐廠按月抽收之數互相比較，相去遠矣。即專以梧州而論，稅關與釐廠相去咫尺，關稅有漏有匿，而釐金絕無之，此眾人所共見共聞者也。梧州雖屬西省，然與桂林聲氣隔絕，與羊城轉消息相通，梧州一舉一動，羊城無不知者。是以吴守辦理認真，情形不獨弟所稔知，即東省司道亦無不深知，皆以為有

一無二令忽改委趙守尚未　趙守之爲人亦
不能深知至
先生見已託其擇能而使自必其人可靠第人
雖可靠而人地生疏誠恐有損無益當
此軍務萬緊經費萬難之際萬一稽徵釐
金稍有減色則何以能支不可不籌慮及之也
尚因該處商民尋來過金請爲而改道
甚至商籌經批准並移會

一無二。今忽改委趙守前來，趙守之為人，弟
不能深知，吾
兄與司道諸君擇能而使，自必其人可靠，第人
雖可靠，而人地生疎，誠恐有損無益。當
此軍務萬緊、經費萬難之際，萬一梧廠釐
金稍為減色，何以能支？不可不籌慮及之也。
前因該處商民來東，遞呈請留，弟不及遠
道函商，當經批准，並移會

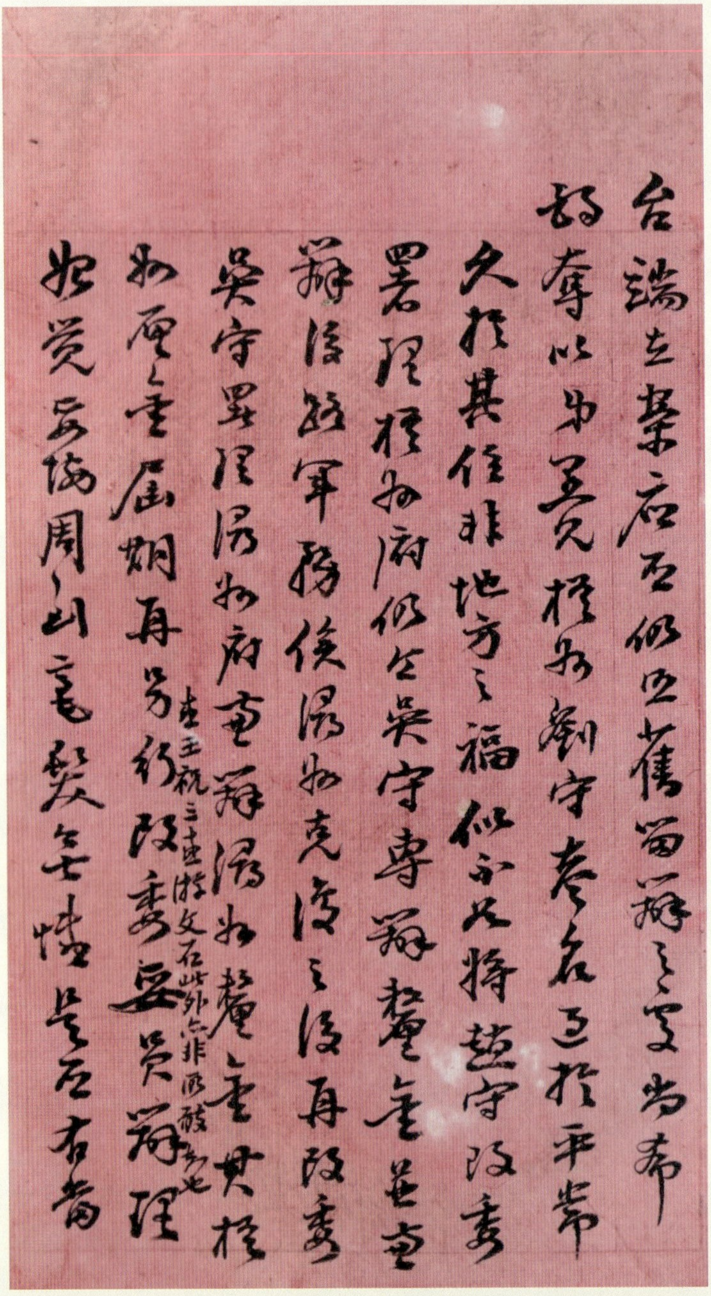

台端去棠后可似照舊留辦之處尚希
鈞奪以弟愚見權知劉守春名已於平常
久於其任非地方之福似不如將趙守改委
署理權知府似在吳守專辦鹽釐並重
辦後接辦軍務候調知克復之後再改委
吳守署理調知府重辦調知鹽釐並權
知府之重屆期再另行改委妥員辦理（其王枕三十五條文石此外亦非所敢多也）
如覺妥協用以此意鑒及無任悚惶是否有當

台端在案，應否仍照舊留辦之處，尚希
酌奪。以弟愚見，梧州劉守聲名過於平常，
久於其任，非地方之福，似不如將趙守改委
署理梧州府，仍令吳守專辦釐金，並兼
辦後路軍務，俟潯州克復之後，再改委
吳守署理潯州府，兼辦潯州釐金，其梧
州厘金，屆期再另行改委妥員辦理，
或王祝三、或游文石。此外亦非所敢知也
始覺妥協周到，毫髮無憾，是否有當，

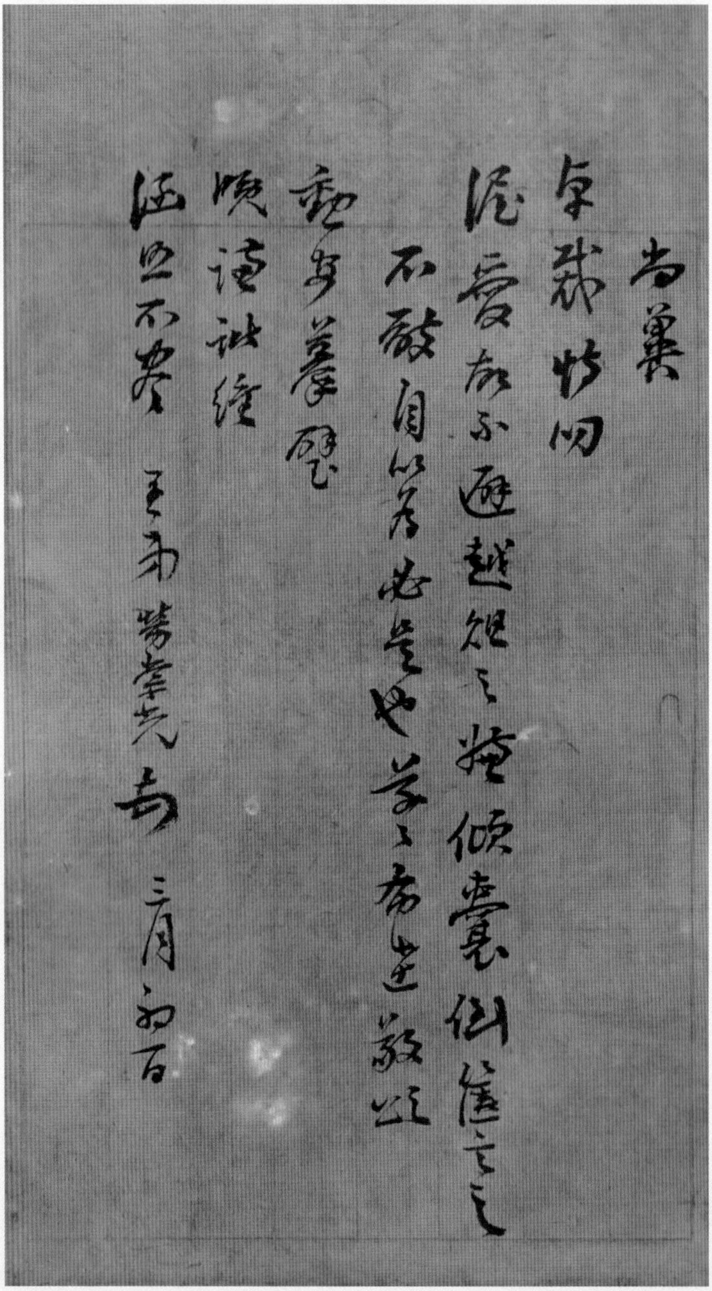
尚冀
年我特切
垂愛，勿以避越俎之嫌，傾囊倒篋言之，
不敢自以爲是也。草草布達，敬頌
勛安，並希臺鑒，
順請訓綏，
統照不具。年弟勞崇光頓首 二月初八日

尚冀
卓裁。恃叨
渥愛，故不避越俎之嫌，傾囊倒篋言之，
不敢自以為必是也。草草布達，敬頌
勛安。摹璧
晩謙。諸維
涵照不盡。愚弟勞崇光頓首　三月初一日

前函縱就久置案頭者,未封寄,二月初八

日奉展肯箸

手書,述一切。鹽厘一節,目下既只免已復

經冰釋,當俟此案畢議矣。惟其中尚

有不發通之害,已曾向吳守詳言,屬其

斟酌,日昨叔之函達矣。總之最要正額

所徑奏銷,則無他坐,所給於來者有

益於西者無損也。至

前函繕就，久置案頭，尚未封寄，三月初八日載展二月廿七日手書，具悉一切。塩厘一節，司道諸君既已涣然冰釋，當從此無異議矣。惟其中尚有可變通之處，已曾向吴守詳言，屬其轉致月卿，想已函達矣。總之，鄙意止欲顧住奏銷，别無他望。所謂於東省有益、於西省無損也。至來函所詢奏銷歷年數目，自應將劃歸鹽稅之項照數扣除不算，以免紛歧。且雲省歷年從未奏銷，亦從未奏咨。唯上年去間廣東曾奏銷一次，即被部中參駁，責其並未先行奏明擅自動用，奏參請旨將五千餘兩全令四川分賠繳，情冤枉莫此爲甚。看來雲省竟以毋庸奏咨爲是。

來函所詢奏報厘金數目，自應將劃
歸塩稅之項照數扣除不算，以免紛
歧，且西省厘金從未奏咨，各省亦從未
奏咨，唯上年春間廣東曾奏報一次，
即被部中拏住，責其並未先行奏明，
擅自動用奏參，請
旨將五十餘萬金罰令分賠，無情無理，莫此為
甚。看來西省竟以毋庸奏咨為是。

郴山股匪竄至東省連山連州一帶幸
各處防堵保嚴未經竄入旋由樂昌之
平石竄往桂陽而去大約走江西無疑
寧番股匪竄返思恩聞先行自風同以爲
是思恩府是以處其亦不道歸併前同
來函無係思恩抑且已回竄兹此股大約仍將
走融懷窺湘南歸併江右矣日來讀倚
湘杜者多先爲以爲誑言証時接友相來

昨接報已之
崇義矣

獨山股匪竄至東省連山連州一帶，幸各處防堵緊嚴，未經竄入，旋由樂昌之平石竄往桂陽而去，大約走江西無疑。頃據報已走崇義矣。

定番股匪竄近思恩，弟先得自風聞，以為是思恩府，是以慮其與石逆歸併，茲閱來函，知係思恩縣，且已回竄荔波，大約仍將走融懷，窺湖南，歸併江右矣。日來謠傳湖北有事，先尚以為謠言，詎昨接官相來

咨呈有黃州失守武昌戒嚴之信因賊
首係四眼狗由桐城竄來且什逐擒首
逆賸子因彭玉其勢甚張傳聞武昌漢
口皆已搬其家屬至湖北省城雖保備鄂
省再一失則東南大局更不可問而吾省
亦岌岌可危時局之難至此令人短氣
張壽泉奏留東省之說同以前本早已
上諭因同案請留者有求不離奏留之一

咨，果有黃州失守、武昌戒嚴之語，聞賊首係四眼狗。由桐城竄來，且糾邀捻首龔瞎子同来至，其勢甚張。傳聞武昌、漢口皆已搬空，竊恐湖北省城難保。倘鄂省再一失，則東南大局更不可問，而吾省亦岌岌可危，時局之難至此，令人短氣。

張壽泉奏留東省之説，司道本早已

上詳，因同案請留者有弟不願奏留之一

人是以道巡來蘇旅
閣下既鄂將其奏留兩省俾可即行籌理
於東省並無窒礙據此
尊處抄摺摘送東再將原詳發回可令不
善錄也今歲科場自辦雜不籌給理
貴院之項東已為設法代籌甚大亦可
省得半之差 晚科場經費極省亦必
須萬金於籌款不易之 小姪代為勸

人，是以逡巡未辦。茲

閣下既願將其奏留西省，儘可即行辦理，

於東省並無窒礙。候接到

尊處抄摺移咨，弟再將原詳發回，可全不

著迹也。今歲科場，自斷難不辦。脩理

貢院之項，弟已為設法代籌，至少亦可

有得半之道。唯科場經費極省，亦必

須萬金，持籌頗不易易。小溪代為勸

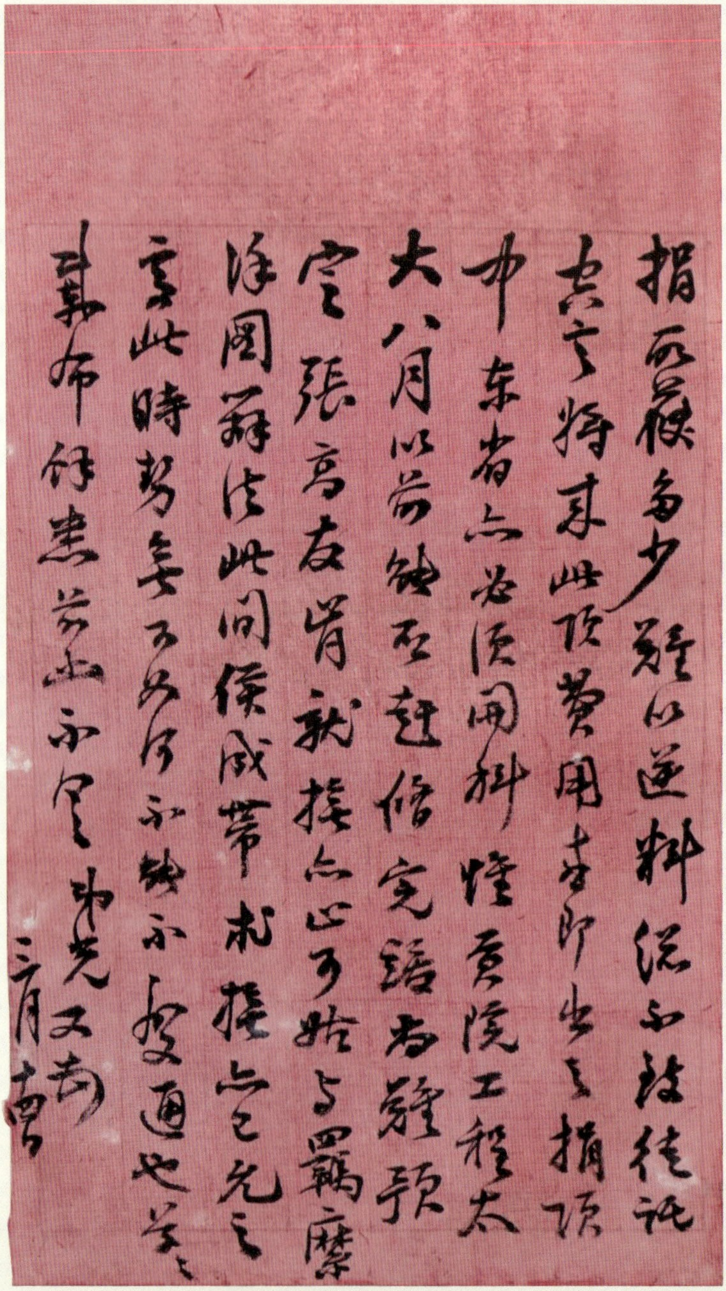
捐所餘多少，難以逆料。從前捐徒託
空言，將來此項費用，亦即出之捐項
中。東省亦必須用料，惟費浣工程太
大，八月以前能否趕修完結，尚難預
定。張高友肯就接，亦必可姑與羈縻，
須圖籌法。此間候成帶來接，亦已允之，
實此時勢萬不得不設法變通也。笑笑。
專布，敬請勞安，不宣。弟崇光又頓
三月曹

捐，所獲多少，難以逆料，總不致徒託空言。將來此項費用或即出之捐項中。東省亦必須開科，惟貢院工程太大，八月以前能否趕脩完竣，尚難預定。張高友肯就撫，亦止可姑與羈縻，徐圖辦法。此間侯成帶求撫，亦已允之，處此時勢，無可如何，不能不變通也。草草載布，餘悉前函。不具。弟光又頓首　三月十四日

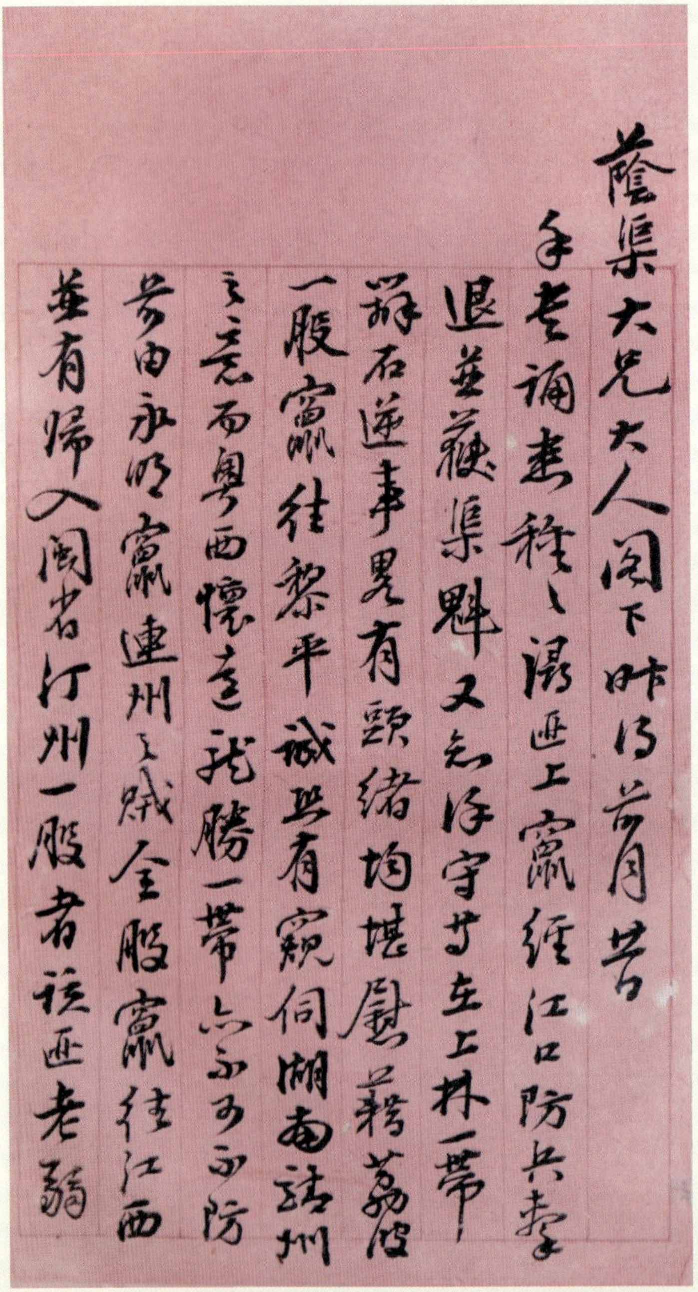

蔭渠大兄大人閣下：昨得前月廿
手書，誦悉種〻。湯匪上竄，經江口防兵擊
退，並獲渠魁。又知汴守等在上林一帶
殲石逆事畢，有頭緒，均堪慰藉。荔[illegible]
一股竄往黎平，識恐有竄伺湖南靖州
〻之意，而粵西懷遠、戎勝一帶亦不可不防。
前由永明竄連州〻賊，全股竄往江西，
並有歸入閩省汀州一股者。該匪老巢

蔭渠大兄大人閣下：昨得前月廿一日

手書，誦悉種種。潯匪上竄，經江口防兵擊退，並獲渠魁。又知徐守等在上林一帶辦石逆事，畧有頭緒，均堪慰藉。荔波一股竄往黎平，誠恐有窺伺湖南靖州之意，而粵西懷遠、龍勝一帶，亦不可不防。前由永明竄連州之賊，全股竄往江西，並有歸入閩省汀州一股者，該匪老弱

接讀惠緘皖無為因沿途堵禦不得力
任其縱橫馳突如入無人之境聞有分夥
一小股不過萬人在楚境就擒
來函所稱楚粵界上勦擒淨盡之說當
是乃據楚省奏報以弟所聞似不盡然
也江西四面受敵羣盜如毛有殆哉
岌岌之勢但能不蔓延楚境耳曾
帥祁門久駐進退皆難不得已將作何

攙雜，器械復無多，因沿途堵禦不得力，任其縱横馳突，如入無人之境。聞有分夥一小股，不過數百人，在楚境就撫。來函所稱楚粤界上勦撫净盡之説，當是得諸楚省奏報，以弟所聞，似不盡然也。江西四面受敵，羣盜如毛，有殆哉岌岌之勢，但盼不蔓延楚境耳。曾帥祁門久次，進退皆難，不識將作何

究竟僧邸在山東，聞亦不甚得手，譬之天
下目時兵氣全消，手滑物之役，雖有
湘勇可靠，必須舟師得力，水陸並進，始
可成功。而粵省水師口糧積欠已廿六萬，
必須全清，加以修船之費一萬七千金，第
一個月新口糧三萬五千金，津貼湘勇口糧
二萬金，合計共三十餘萬，現已撥行清給
勇已撥，齋船之修，倍齋李鉞劉芝先後

究竟。僧邸在山東，聞亦不甚得手。滔滔天下，何時兵氣全消乎？潯州之役雖有湘勇可靠，必須舟師得力，水陸並進，始可成功。而梧州水師口糧積欠已廿六萬，必欲全清，加以脩船之費一萬七千金，第一個月新口糧三萬五千金，津貼湘勇口糧二萬金，合計共三十餘萬，現已概行清給。勇已挑齊，船已脩齊，李鎮、劉道先後

馳往亦佳左子謙與和衷共濟同心協
力一致成功不致浪耗屢屢心血此幸甚
矣程將勇太多湘子者未必皆義勇
而義勇稍嵩不醜之名甚矣成見之難
化也現已全行撤回遣散結清欠項所
費又數萬金矣上年下鄧之役劉松
芳函請吳竹莊以克復莫洞竹洞為己功
吳竹莊即據以轉稟蔣薌泉因而奏

馳往，所望在事諸君和衷共濟，同心協力，一鼓成功，不致浪耗區區心血，則幸甚矣。梧州勇太多滋事者，未必皆義勇，而義勇獨蒙不韙之名，甚矣，成見之難化也。現已全行撤回遣散，結清欠項。所費又數萬金矣。上年下郢之役，劉松芳函致吳道，以克復莫洞、竹洞為己功，吳道即據以轉稟，蔣薌泉因所稟

伊所牽不符憤之不平聖慈剖白申

撥周而牽當即置之高閣並未批發

乃吳芝生來右撥却

閣下意在若誠不為實在姑形不但不一行查

鉤札必無節系評伊擁筆我已決裂奉

有並撫軍排解我本里有此一元終覺

蓋跡不如置之不理為妥當接英芝文將

學札取來芥亭接諸

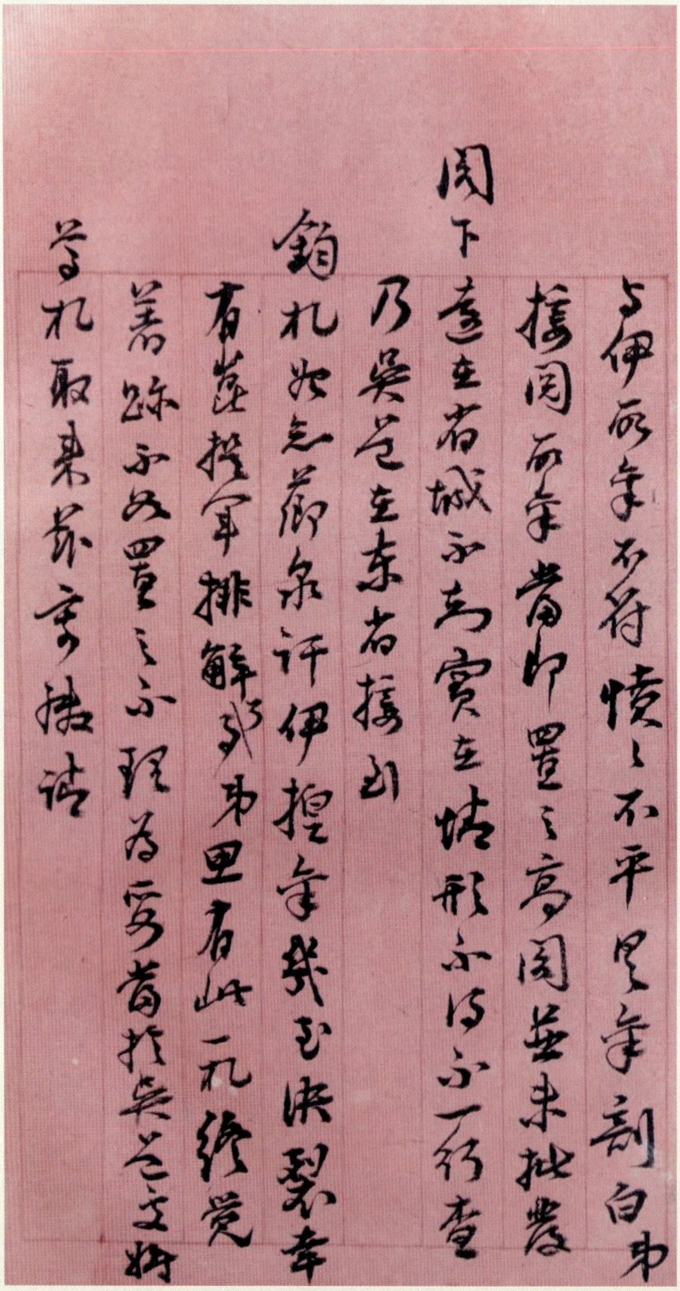

與伊所禀不符，憤憤不平，具禀剖白，弟接閲所禀，當即置之高閣，並未批發。閣下遠在省城，不知實在情形，不得不一行查，乃吳道在東省接到鈞札，始知鄭泉許伊揑禀，幾至决裂，幸有崑提軍排解了事。弟思有此一札，終覺著跡，不如置之不理為妥，當於吳道處將尊札取來，兹寄繳請

查銷幸勿罪其越俎也此事實在情形莫
洞行洞殘匪本係自竄劉松芳之巢穴
並未趕出伊勇亦未趕出而反相擁爲
已功又兩不相謀兵費去年偽兵先走
節係有歷功之云云亦必不肯拒劉松芳一
函牽行特年與節係爭功也今既使節
係歷其功并收徽巒查明則兩邊均不
好看倘備生一道再將劉松芳以冒功之

查銷，幸勿罪其越俎也。此事實在情形，莫洞、竹洞賊匪本係自竄，劉松芳之范勇並未趕到，湘勇亦未趕到，而各欲攘為己功，又兩不相謀，各發各禀。倘吴道先知薌泉有居功之意，亦必不肯據劉松芳一函率行轉禀，與鄉泉争功也。今既使薌泉居其功，若欲徹底查明，則兩邊均不好看。倘偏在一邊，再坐劉松芳以冒功之

昨知劉松芳函不服花勇之函亦服其已
至其必責以不了了之不應亦諉於亦
何然何翁竟久如此
高明以爲然否又上年春間西餉至程文水
師口糧未到其勢洶洶幾成鼓噪滇
餉弟亦借已撥借西餉一萬餘兩水師始得無
事滇餉此等未免無限於此係從省城撥解之彼西餘此事勢逼
此處亦不能滇餉既用口吳芝自亦缺不

咎，則劉松芳必不服，范勇亦必不服。事已過去，止當以不了了之。不痴不聾，不作阿姑阿翁。鄙見如此，高明以為然否？又上年春間西餉過梧，適水師口糧未到，其勢洶洶，幾成鼓噪。潘鎮萬不得已，提借西餉一萬給與水師，始得無事。假使崑提軍在彼，必無此事潘鎮此舉未免孟浪，然亦因勢逼處此，不得不然。潘鎮既開口，吴道自不能不

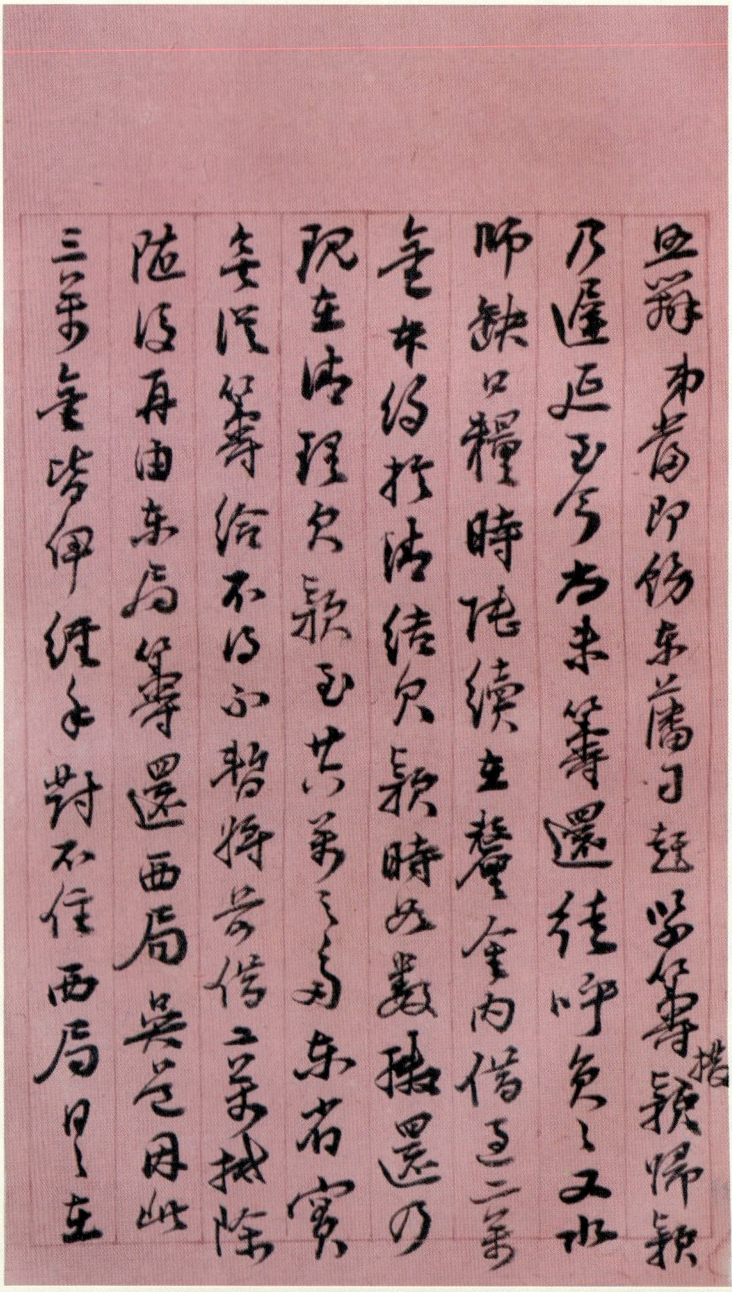

照辦　中旨即飭東藩司趕將措籌款歸款
乃遲延至今尚未籌還往呼負之又以
師缺口糧時催續支藩庫金內借還三萬
金未得於清結只款時如數撥還乃
現在清理只款至共三萬之多東省實
無從籌給不得不暫將此借三萬撥除
隨後再由東局籌還西局吳邑因此
三萬金皆伊經手對不住西局日之在

照辦。弟當即飭東藩司趕緊籌撥款，歸款乃遲延至今，尚未籌還，徒呼負負。又水師缺口糧時，陸續在釐金內借過二萬金，本約於清結欠款時如數繳還，乃現在清理欠款至廿六萬之多，東省實無從籌給，不得不暫將前借二萬抵除，隨後再由東局籌還西局。吳道因此三萬金皆伊經手，對不住西局，日日在

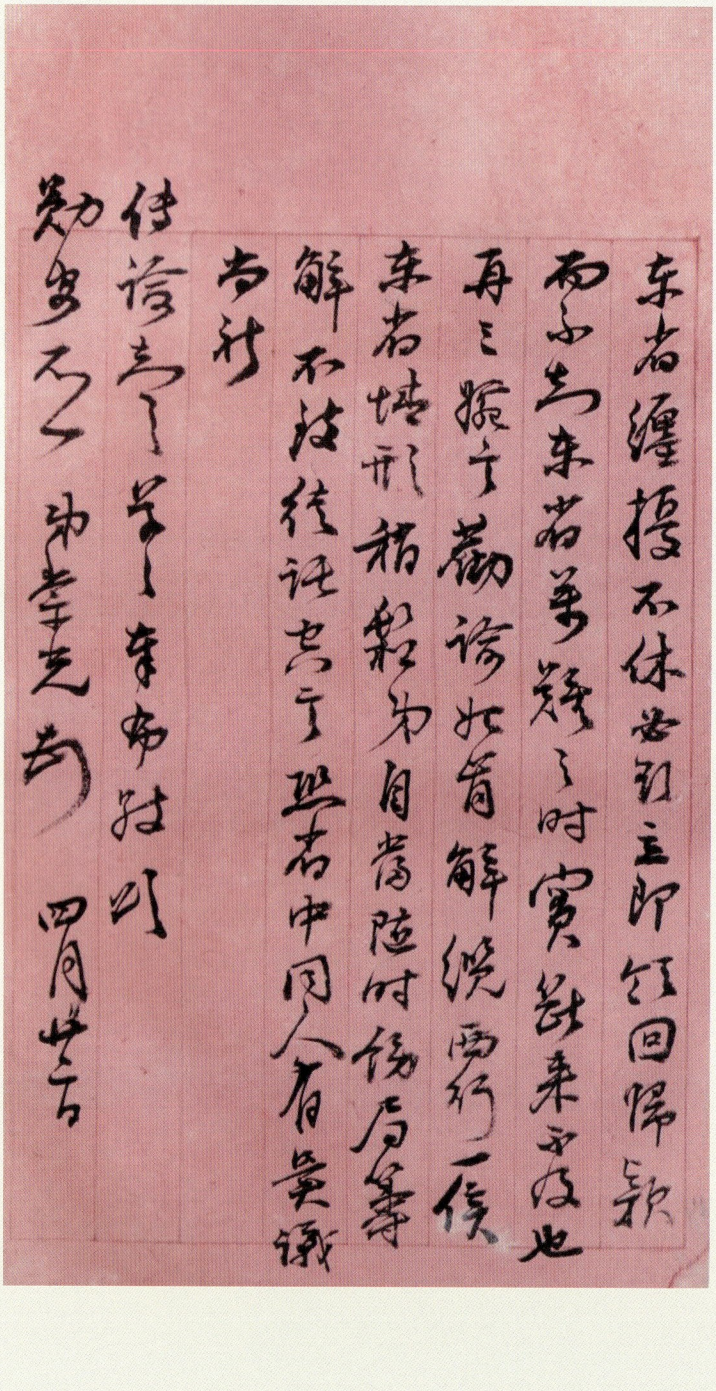
東省纏擾不休要到主即催回歸款
而小爲東省籌雖了時實難來了也
再三擬于勸諭如肯解繳西行一俟
來省情形稍爲自當隨時飭局籌
解不致後證奏于恐者中同人有莫識
爲荷
侍請安了了草了東南時叫
勛安不一 弟崇光頓首 四月廿六

東省纏擾不休，必欲立即領回歸款，而不知東省萬難之時，實斷來不及也。再三婉言勸諭，始肯解纜西行。一俟東省情形稍鬆，弟自當隨時飭局籌解，不致徒託空言。恐省中同人有异議，尚祈傳諭知之。草草奉布，敬頌勛安。不一。弟崇光頓首　四月廿二日

蔭渠大兄大人閣下：五月廿六日接展是月十曾
手書，承以下郵獎屬及保舉摺稿並府兩
案
倍錫高推，仰見
虚懷若谷，欽佩難名。查下郵一案，奉
旨令弟會同
閣下及耆大尊保奏，既須會同耆
中丞，則似應由弟處主稿，而蔣節泉及吳

蔭渠大兄大人閣下：五月廿六日接展是月十四日
手書，承以下郢獎勵及保舉堪勝道府兩
案，
俯賜商榷，仰見
虚懷若谷，紉佩難名。查下郢一案，奉
旨令弟會同
閣下及耆九峰保奏，既須會兩省
中丞，則似應由弟處主稿，而蔣薌泉及吴

伯蘭並未將應保之人開送前來，迄
屢核辦，現擬分行飭催，一面札飭劉
少蘭速將東省應保之人查明開送，一
俟送齊，即當擬稿會列
台銜具奏。惟此案疏通兩省，若照開保
亟輕，然究非克復城池可比，且前札羅
華欽、陳金鉦前未就職，似應保人
裁不宣。子壽公宜速優，如何之處，統保

伯蔭並未將應保之人開送前來，無
憑核辦，現擬分行飭催，一面札飭劉
小蘭速將東省應保之人查明開送，一
俟送齊，即當擬稿，會列
台銜具奏。惟此案，疏通兩省道路，關係
匪輕，然究非克復城池可比，且首犯羅
華觀、陳金缸皆未就獲，似所保人
數不宜過多，亦不宜過優。如何？如何？至保

岸堪勝邑府一身弟駐西省三年新山
人員亦少其中未必無傑出之才而弟
未經接見不能深知邑之寶玉兆姓月
卿方伯初詢尚未接其覆行以弟向來所
知之人姚保邑吳志琮矣伯蘭以外似亦
多多何而伯蘭之保記名道此次保亦保無
閩垂憐方芸兩字皆未足見道受
大執近安弟以芬妙手頓拜

舉堪勝道府一事，弟離西省二年，新到人員不少，其中未必無傑出之才，而弟未經接見，不能深知，曾已密函飛致月卿方伯相詢，尚未接其覆信。以弟向來所知之人，堪保道員者，除吳伯蔭以外，似不可多得，而伯蔭已保記名道，此次保不保無關重輕。方趙兩守皆未曾見過，吾兄就近察看，以為如何？尚祈

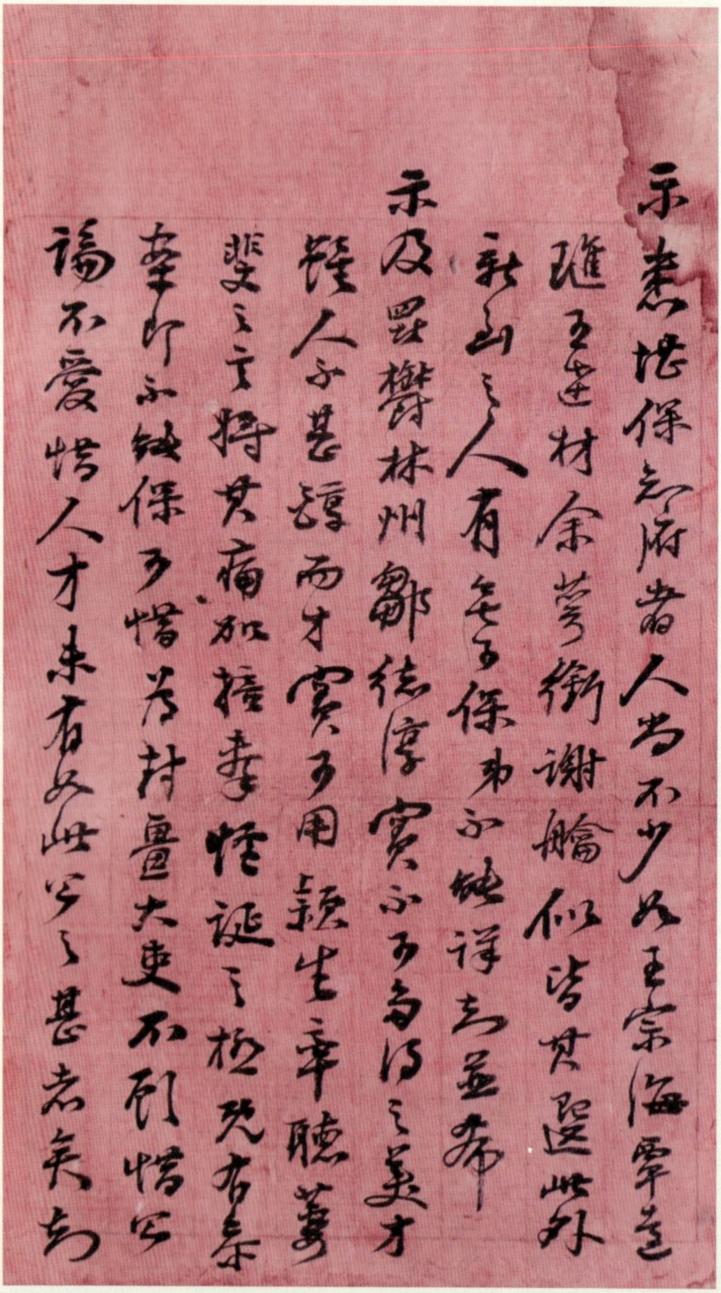
示悉。堪保知府者人爲不少，如王宗海、覃遠
璡、王廷材、余蓂衡、謝贍似皆其選。此外
新山之人，有無可保者，亦不能詳悉。並希
示及。署鬱林州鄒德溥，實不可多得之美才
循人，亦甚諄諄，而才實可用。顧生平聽蒹
斐之言，將其痛加摧辱，悖誕之極。然者余
牽卽不能保，多惜為封疆大吏不能惜公
福，不愛惜人才，未有如此之甚者矣。知

示悉。堪保知府者人尚不少，如王宗海、覃遠璡、王達材、余萼衡、謝綸，似皆其選。此外，新到之人有無可保，弟不能詳知，並希示及。署鬱林州鄒德淳，實不可多得之美才，雖人不甚醇而才實可用。穎生率聽萋斐之言，將其痛加掊擊，怪誕之極。既有參案，即不能保，可惜。為封疆大吏，不顧惜公論，不愛惜人才，未有如此公之甚者矣。知

縣中有買考生亦可保者之應保之人並飭
面示此事非照例保薦結捧官久捐而見不妥
會銜然大致亦妥須知府來便主稿庶
池咸之祁陽蔣澤匯本係已革訓導大小兄
在京衙門若先其報捐通判而不知其必
須先行捐復訓導如即加捐武又不知其捐
復訓導必須在京上兌外省不能辦理而
寄銀往京中上捐若路太遠費事已極此

縣中有賢聲者亦可保，有無應保之人，並希
函示。此事非照例保薦，督撫宜各抒所見，不必
會銜，然大致亦必須相符，未便過於差
池，如何？如何？祁陽蔣澤匯本係已革訓導，大小兒
在家鄉時曾允其報捐通判，而不知其必
須先行捐復訓導，始可加捐，並又不知其捐
復訓導必須在京上兑，外省不能辦理，而
寄銀往京中上捐，道路太遠，費事已極，止

可附入軍功奏請開復擬俟接到部
文後再爲郭捐通判了結此可已奏留
廣東之說勞所不能緣東省之班人員至
於擁擠有投効人員向皆不收奏調奏
留皆不能辦也希
代詢蔣君倘必到廣東除郭捐指省之外
別無他法其實廣東並無好處補缺無
期要多無期即差遣亦不易得現在之班

可附入軍功，奏請開復，擬俟接到部文後再為報捐通判，了結此事。至奏留廣東之説，勢所不行，緣東省各班人員過於擁擠，故投效人員向皆不收，奏調奏留皆不能辦理，尚希

代詢蔣君。倘必欲到廣東，除報捐指省之外，别無他法。其實廣東並無好處，補缺無期，署事無期，即差遣亦不易得。現在各班

查補試用之人即須而日易不認後即昔

府各心緒年而純受一誤友場之事陳玄

妙之極外省人心待困廣東松好而不可保二

十年前之廣東非今日之廣東即二十年前

之廣東固不少忠之之人以來嘗至至彭烱新

三人今四大挑至彭烱新而已之之老守之

矣即以劉小蘭之左東者西省而已去終

度私廥充不下二千餘萬正不去將何以收場

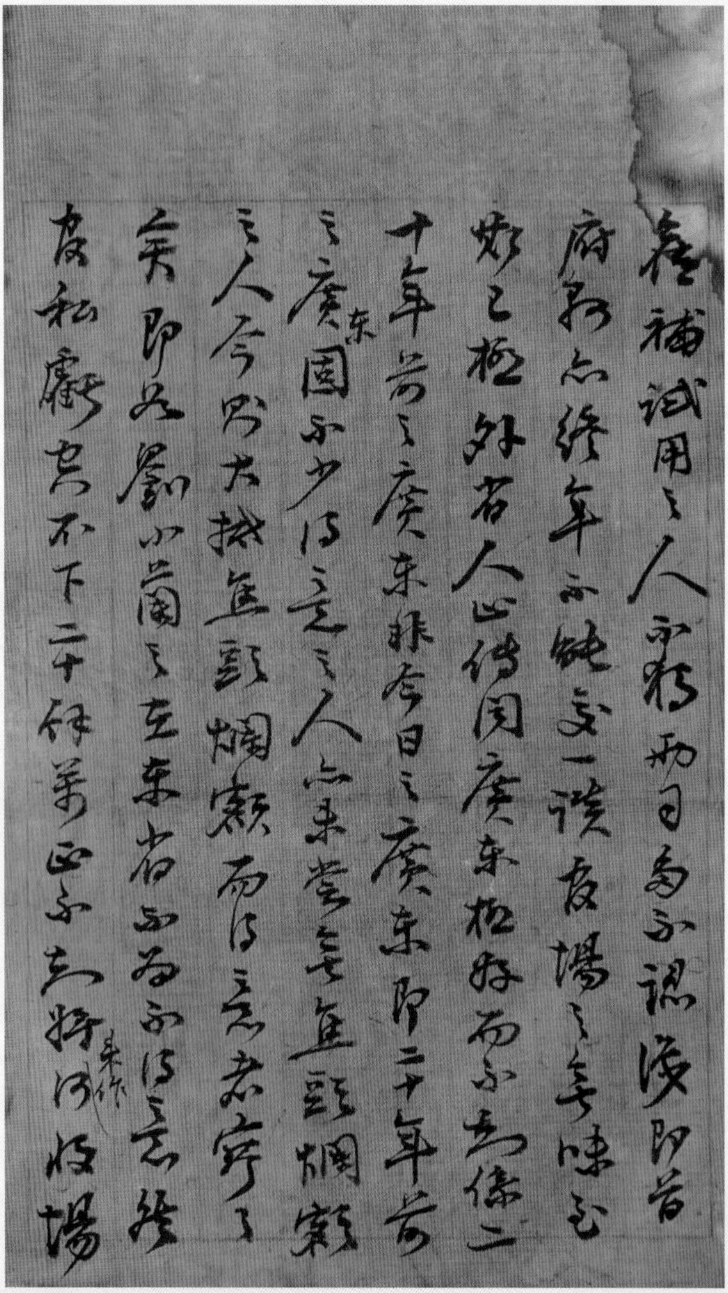

候補試用之人，不獨兩司多不認識，即首府縣，亦終年不能交一談。官場之無味至斯已極。外省人止傳聞廣東極好，而不知係二十年前之廣東，非今日之廣東。即二十年前之廣東，固不少得意之人，亦未嘗無焦頭爛額之人。今則大抵焦頭爛額，而得意者寥寥矣。即如劉小蘭之在東省，不為不得意，然官私虧空不下二十餘萬，正不知將來作何收場。

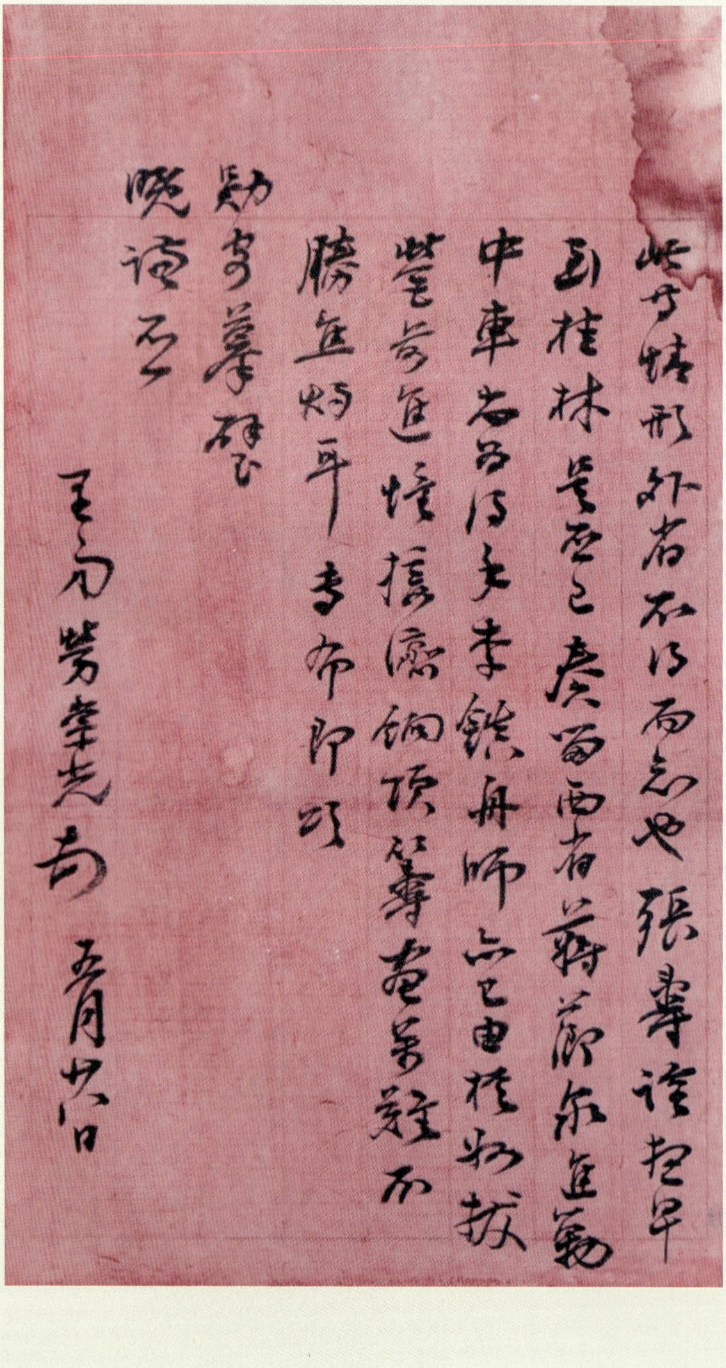
此方情形外省不得而知也張尋詮想早
到桂林晏應已奏留西省蔣節亦宜歸
中東省另得失李鋭舟師亦已由桂林拔
營前進情極感佩頃接尊處無疑不
勝企盼耑布即頌
勛安尊鑒
曉諳不一
弟勞崇光頓首 五月廿日

此等情形，外省不得而知也。張壽詮想早到桂林，是否已奏留西省？蔣鄉泉進勦，中車，尚為得手，李鎮舟師亦也由梧州拔營前進，惟接濟餉項籌畫萬難，不勝焦灼耳。專布，即頌勛安。摹璧晚謙。不一。

愚弟勞崇光頓首　五月廿八日

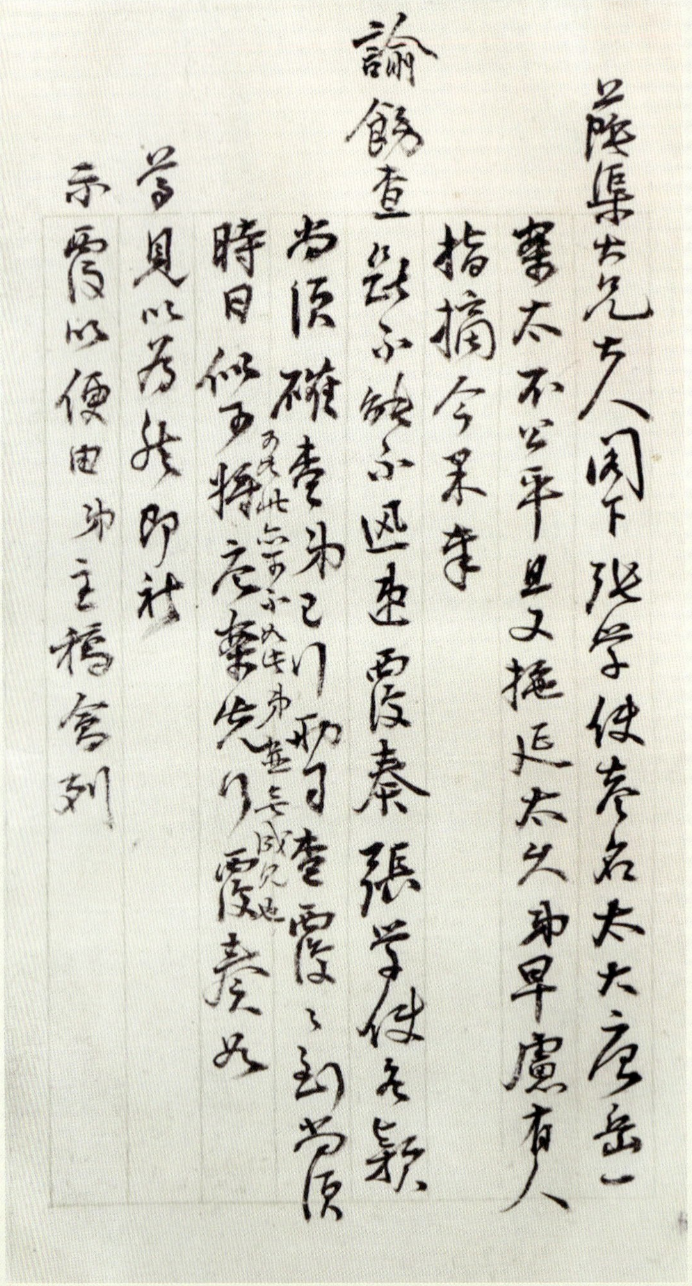

蔭渠大兄大人閣下：張學使考名太大，處岳一案太不公平，且又拖延太久，聞早處有人指摘，今果奉諭飭查。然既不能不迅速覆奏，張學使名款尚須確查，弟已行取，目查覆，又到尚須時日，似可將處案先行覆奏也。尊見以為然，即祈示覆，以便由弟主稿會列。

蔭渠大兄大人閣下：張學使聲名太大，唐岳一案太不公平，且又拖延太久，弟早慮有人指摘，今果奉諭飭查，斷不能不迅速覆奏。張學使各款尚須確查，弟已行兩司查覆，覆到尚須時日，似可如此，亦可不如此，弟並無成見也可將唐案先行覆奏，如尊見以為然，即祈示覆，以便由弟主稿，會列

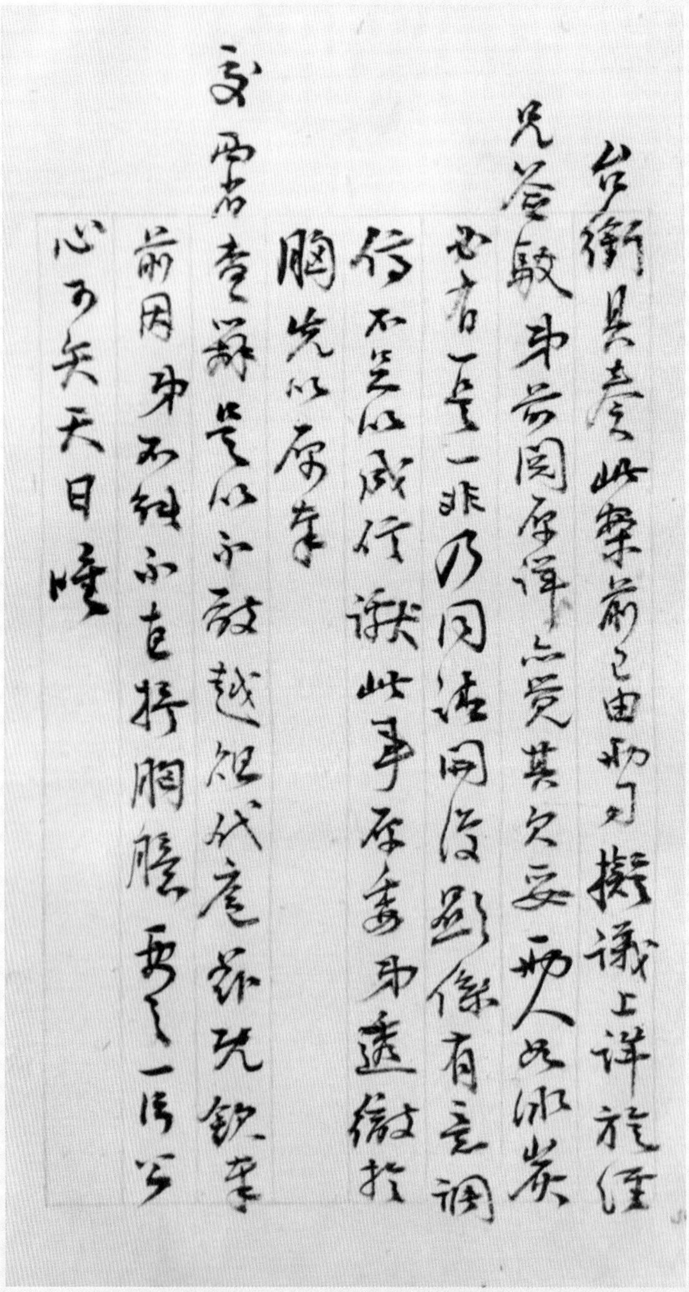

台衡具奏此案前已由外司擬議上詳於經
兄咨覈弟當同原詳亦覺其欠妥兩人如冰炭
必有一是一非乃同請同復顯係有意調
停不足以成信讞此事原委弟遠徹於
胸先以原案
交兩司查辦是以不敢越俎代庖茲既欽奉
前因弟不能不自持胸臆再三一陳寸
心可矢天日㥦

台衡具奏。此案前已由兩司擬議上詳，旋經

兄簽駁。弟前閱原詳，亦覺其欠妥。兩人如冰炭，

必有一是一非，乃同請開復，顯係有意調

停，不足以成信讞。此事原委，弟透徹於

胸，先以原奉

交西省查辦，是以不敢越俎代庖，茲既欽奉

前因，弟不能不直抒胸臆，要之一片公

心，可矢天日，唯

兄咗書云阿瞞存奏嗟與弟出題干預安室以偏私二字誣以箝其口究竟孰爲偏私孰非偏私自有公論耳學使今年考場樹考名何如
兄若就近查取見聞並希
示悉手此即頌
勛安不一
弟名心叩

兄鑒之。阿瞞原奏，唯恐弟出頭干預，先坐以偏私二字，預箝其口。究竟孰為偏私，孰非偏私，自有公論耳。學使今年考潯鬱，聲名何如，吾兄必就近有所見聞，並希示悉。手布，即頌勋安。不一。

弟名心叩。

湖北省学术著作出版专项资金
Special funds for academic writing in hubei province

武漢大學
圖書館館藏

晚清名臣手札

第三卷

主編　王新才　周榮
副主編　黄鵬　王美英　王三山

WUHAN UNIVERSITY PRESS
武漢大學出版社

第三卷

劳崇光卷下

目録

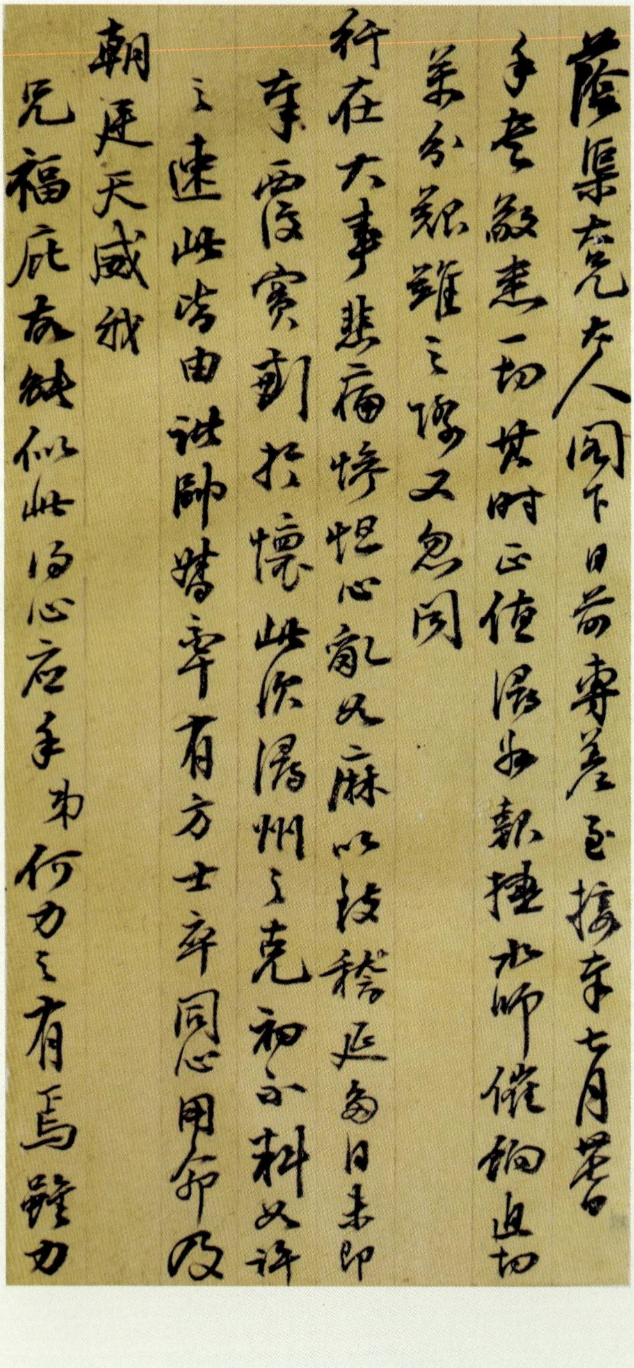
蔭渠老兄大人閣下：日前專差至，接奉七月晦
手書，敬悉一切。其時正值湘勇執挫，水師縱掏退切
系念。紛紛雖之際，又忽聞
行在大事，悲痛悼惕，心亂如麻，以致稽延多日，未即
奉覆，實則於懷。此次湘州之克，初亦料及，許
之速，此皆由諸帥將卒有方，士卒同心用命，及
朝廷天威，我
兄福庇，故能如此。俾心之手，曾何力之有焉。雖力

蔭渠大兄大人閣下：日前專差至，接奉七月廿七日手書，敬悉一切，其時正值潯州報捷，水師催餉迫切，萬分艱難之際。又忽聞行在大事，悲痛慘怛，心亂如麻，以至稽延多日，未即奉覆，實歉於懷。此次潯州之克，初不料如許之速，此皆由諸帥督率有方，士卒同心用命，及朝廷天威，我兄福庇，故能似此得心應手。弟何力之有焉。雖力

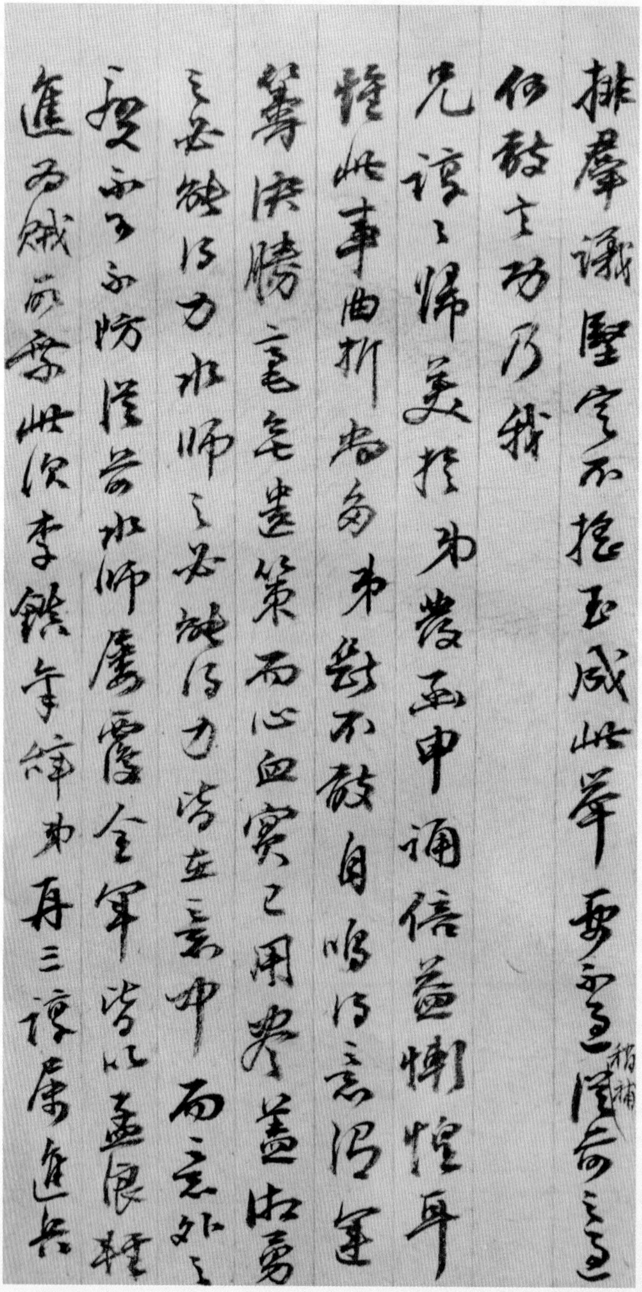

排羣議堅定不搖玉成此舉要皆道稍補臺之之
何能主持乃成
先請之帥是指為發函中通信蓋懔惶耳
竊此事曲折必多未敢自明仍言得運
籌決勝竟先建策而心血實已用盡蓋由勇
之必能得力水師之必能得力皆在意中而意外之
變亦不可防陸路水師屢覆全軍皆以孟浪輕
進而敗前此次李鎮年緯亦再三請奏進兵

排羣議，堅定不摇，玉成此舉，要不過稍補從前之過，何敢言功？乃我兄諄諄歸美於弟，發函申誦，倍益慚惶耳。惟此事曲折尚多，弟斷不敢自鳴得意，謂運籌決勝，毫無遺策，而心血實已用盡。蓋湘勇之必能得力，水師之必能得力，皆在意中，而意外之變，不可不防。從前水師屢覆，全軍皆以孟浪輕進，為賊所乘。此次李鎮禀辞，弟再三諄屬，進兵

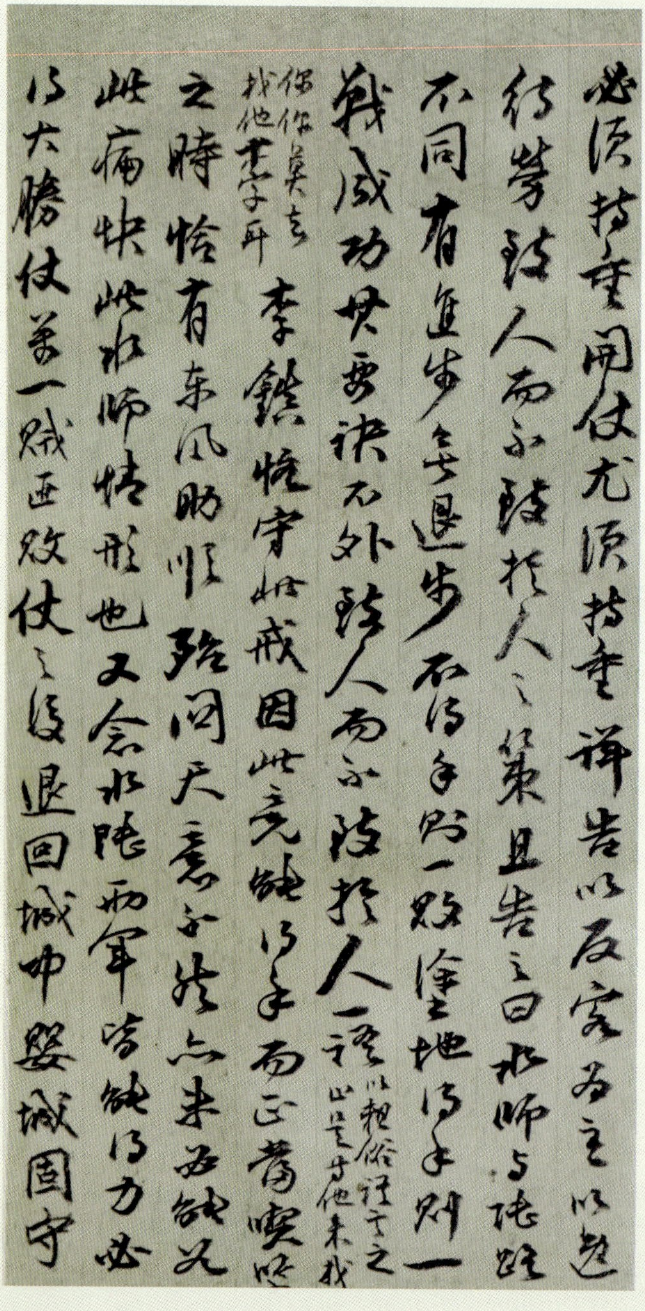

必須持重用仗尤須持重詳告以反覆為之以超
行營諸人而不諉於人之策且告之曰水師與陸路
不同有進步無退步不得斗形一路塗地伊手則一
戰成功尤要決不外諸人而不諉於人一語以粗俗語言之此乃是告他未我
但俗莫去找他書字再李鎮性守姑戒因此竟能伊手而正薦實以
之時恰有東風助順路問尺素乎能無來否能又
此痛快此水師情形也又念水陸兩軍皆能以力必
以大勝仗第一賊匪殺仗之後退回城中嬰城固守

必須持重，開仗尤須持重，詳告以反客為主、以逸待勞、致人而不致於人之策，且告之曰：水師與陸路不同，有進步無退步，不得手則一敗塗地，得手則一戰成功，其要訣不外致人而不致於人一語以粗俗語言之，止是等他來找你，你莫去。找他十字耳　李鎮恪守此戒，因此竟能得手。而正當喫緊之時，恰有東風助順，殆關天意，不然，亦未必能如此痛快。此水師情形也。又念水陸兩軍皆能得力，必得大勝仗。萬一賊匪敗仗之後退回城中，嬰城固守，

第人亦困獻擬兩安能一鼓而下 古人之用兵下策莫
如攻城 我軍四面仰攻往匝憑城守堅鎗砲矢石
居高臨下 如為傷我精銳 第一攻困 二月甚二三月
不拔 師老財匱 實亦多危 因念平南桂平各圍根
賊入骨 亟欲報仇雪恨者甚多為賊所得自備資
者亦不少 用此輩安撫 購發多期事半功倍 一
則能保我精銳 二則多節省經費 三則不致多延
時日 想長兄為籌策究竟困密派委員攻號

萬人一心，困獸猶鬥，安能一鼓而下？古人言用兵，下策莫如攻城。我軍四面仰攻，該匪憑城守禦，鎗砲矢石，居高臨下，必多傷我精鋭。萬一攻圍一二月，或二三月不拔，師老財匱，豈不可危？因念平南、桂平各團，恨賊入骨，亟欲報仇雪恨者甚多，為賊所污，欲自湔洗者亦不少，用此輩乘機暗襲，可期事半功倍。一則免傷我精鋭，二則可節省經費，三則不致多延時日，夜長夢多。籌策既定，因密派委員改裝

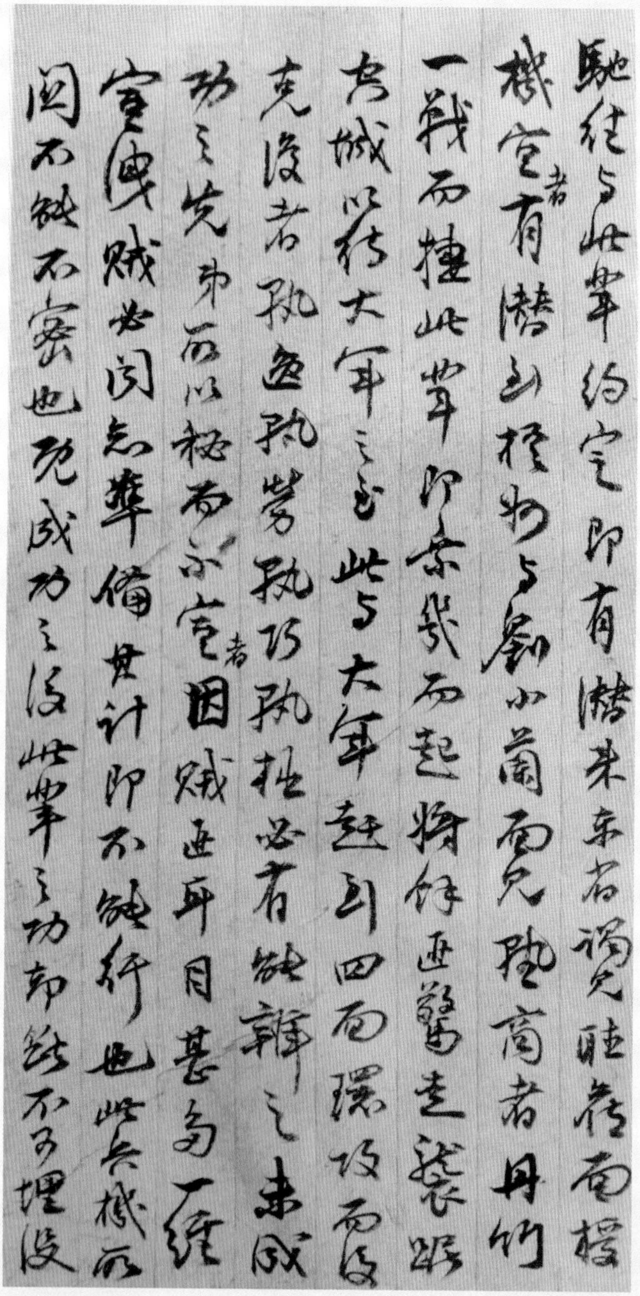

馳往與此輩約定即有潛來交者請兄駐省西樓
機宜者有潛出探物與劉小蘭兩兄陸商者再行
一戰而捷此輩即棄械而起將賊逐驚走殘
省城以待大軍大軍至此與大軍裡外四面環攻而後
克復者孰逸孰勞孰巧孰拙必有能辨之者成
功之先弟所以秘而不宣者因賊匪耳目甚多一經
宣洩賊必聞知準備其計即不能行也此兵機所
關不能不密也既成功之後此輩之功亦能不可埋沒

馳往，與此輩約定，即有潛來東省謁見，聽候面授機宜者，有潛到梧州，與劉小蘭面見熟商者。丹竹一戰而捷，此輩即乘機而起，將餘匪驚走，襲踞空城，以待大軍之至，此與大軍趕到，四面環攻而後克復者，孰逸孰勞，孰巧孰拙，必有能辨之。未成功之先，弟所以秘而不宣者，因賊匪耳目甚多，一經宣洩，賊必聞知準備，其計即不能行也。此兵機所關，不能不密也。既成功之後，此輩之功却斷不可埋没。

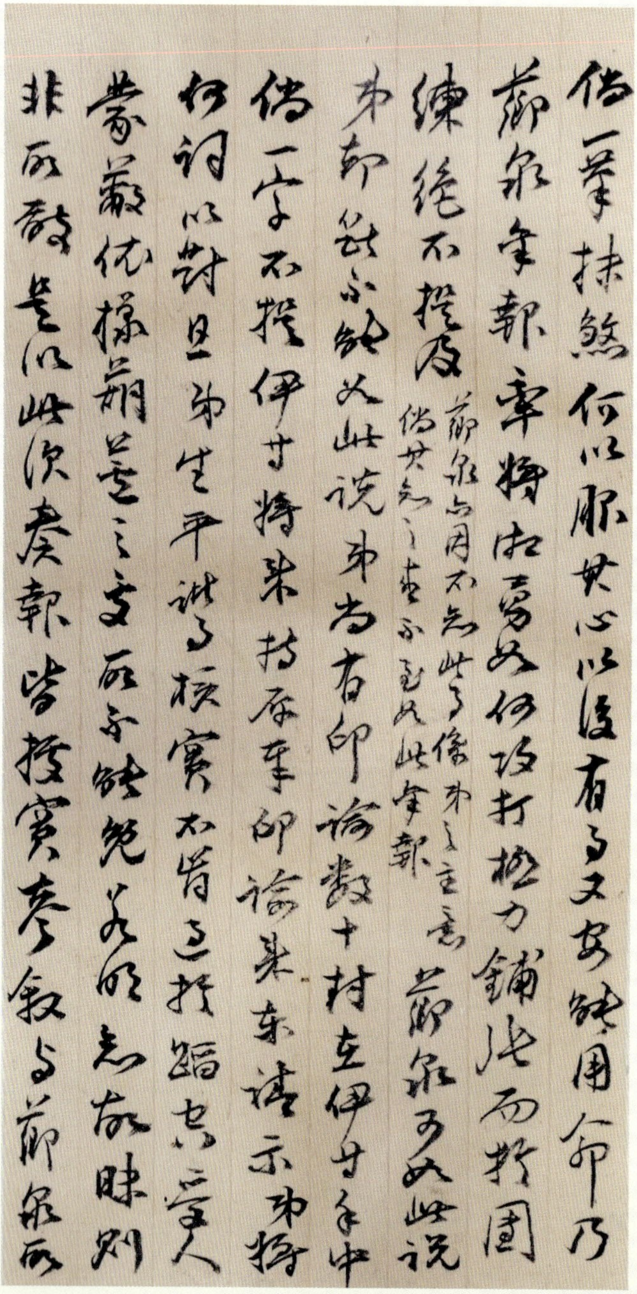
偕一筆抹煞，何以服其心，以後有事，又安能用命。乃
節麾今部率將淮勇如何攻打，極力鋪張，而於團
練絕不提及（節麾與團不知，此乃係弟之主意，倘其知之，甚不至如此今部），節麾乃如此說，
弟即然亦能如此說，弟為有印諭數十封在伊手中，
偕一字不提，伊方將來於原奉印諭來索請示，弟將
坦詞以對，且弟生平諱飾枝實，不肯過於搯，吳人
崇嚴依樣葫蘆之文，原亦能絕其所忠，故昧則
非所敢，是以此次奏部皆據實奏叙，與節麾所

倘一筆抹煞，何以服其心？以後有事，又安能用命？乃薌泉稟報，率將湘勇如何攻打，極力鋪張，而於團練絶不提及薌泉亦因不知此事係弟之主意，倘其知之，或不至如此稟報。薌泉可如此說，弟却斷不能如此說，弟尚有印諭數十封在伊等手中，倘一字不提，伊等將來持原奉印諭來東請示，弟將何詞以對？且弟生平諸事核實，不肯過於蹈空，受人蒙蔽、依樣葫蘆之處所不能免，若明知故昧，則非所敢。是以此次奏報皆據實聲叙，與薌泉所

年大示扣符即與李鑑屏年亦示奉符誠恐多
先據到前來年郭即接以入告則與弟一兩奏各不
符以為未出奏為希稍遲數日在弟今稿呈到
再行查照辦理團練之功不埋沒而困苦之功自在
兩示扣將也唯岷莊一年現在究已到何處弟從此
不知岷莊既久在年來前來年內亦從未提及接
探郭之言恐其在武寧出之其已到府城而又武
委員有自軍中回者問及岷莊大概在此不知而對

稟大不相符，即與李鎮原稟亦不盡符，誠恐吾兄接到薌泉稟報即據以入告，則與弟所奏全不符。如尚未出奏，尚希稍遲數日，候弟會稿送到，再行查照辦理。團練之功不埋没而湘勇之功自在，兩不相妨也。唯峴莊一軍，現在究已到何處，弟茫然不知。峴莊既久無稟來，薌泉稟内亦絶未提及。據探報之言，或言其在武宣，或言其已到府城。而文武委員有自軍中回者，問及峴莊，大都茫然不知所對。

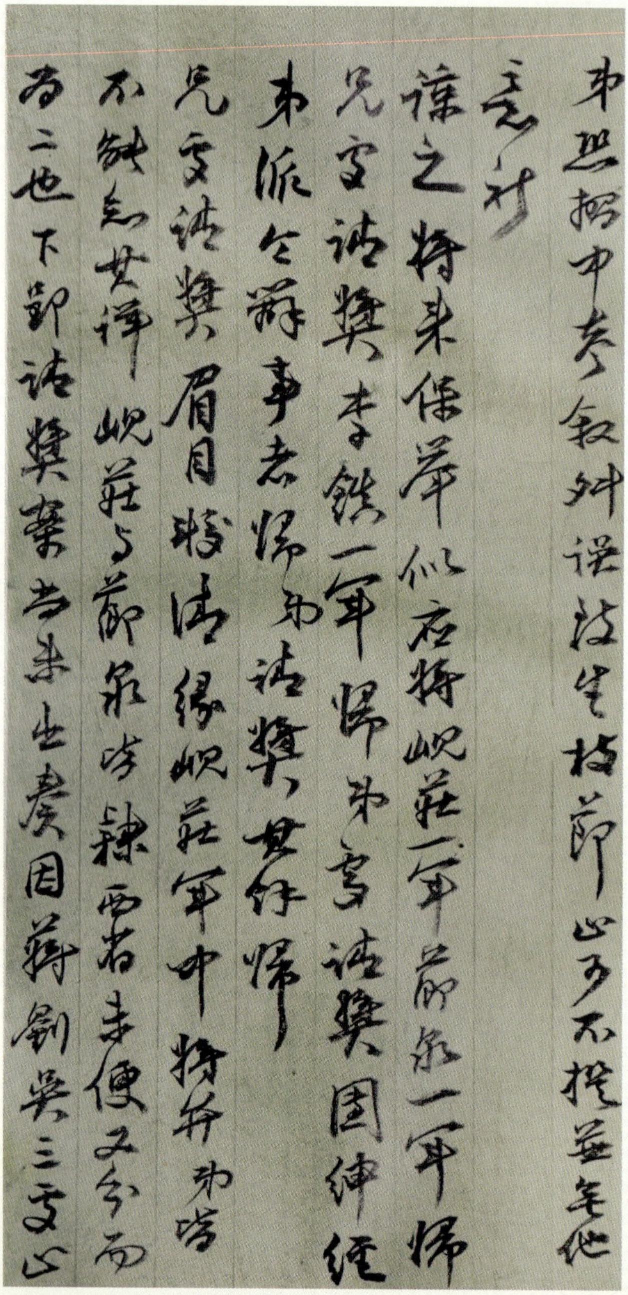

弟恐摺中聲叙舛誤，致生枝節，止可不提，並無他意，祈
諒之。將來保舉，似應將峴莊一軍、薌泉一軍歸
兄處請奬，李鎮一軍歸弟處請奬，團紳經
弟派令辦事者歸弟請奬，其餘歸
兄處請奬，眉目較清。緣峴莊軍中將弁，弟皆
不能知其詳。峴莊與薌泉皆隸西省，未便又分而
為二也。下郢請奬案尚未出奏，因蔣、劉、吴三處，止

有吳伯屏者列單筆蓋將劃二子均為未用
學善米重陽格蔣也小陪托下節事飲不獨附
入即初附入陽如事似己辭若筆此可由
告子另行設但蔣理日甚大矣其位君威人而巳知
初附入別文年些蓄績似能立立也又及乃之問著
逐陸用已在横州大縣举薇快極石蓬寫就伏龍山岁
甚寓處及时进為似如雖侯手节一拿嘲註此
知事託宝再芝弟崇光泐　八月古

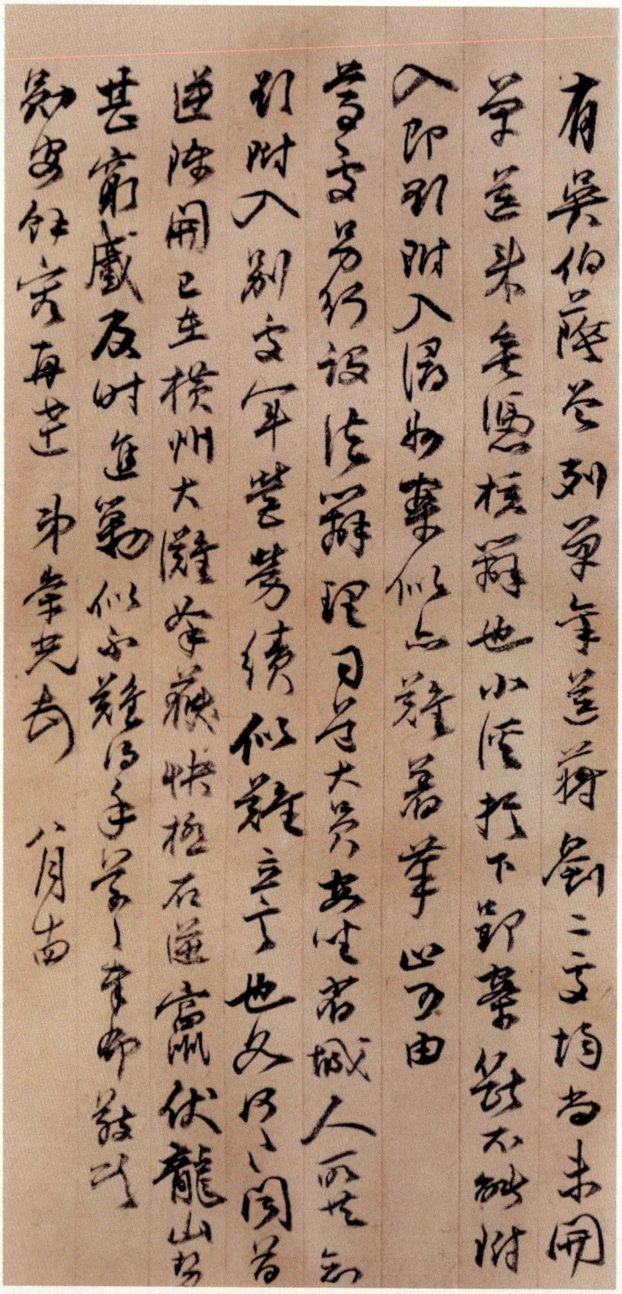

有吴伯蔭曾列單禀送，蔣、劉二處均尚未開單送來，無憑核辦也。小溪於下郢案斷不能附入，即欲附入潯州案，似亦難著筆，止可由尊處另行設法辦理。司道大員安坐省城，人所共知，欲附入别處軍營勞績，似難立言也，如何？如何？聞首逆陳開已在横州大灘拏獲，快極。石逆竄伏龍山，勢甚窮蹙，及時進勦，似不難得手。草草奉布，敬頌勛安。餘容再達。弟崇光頓首　八月十四日

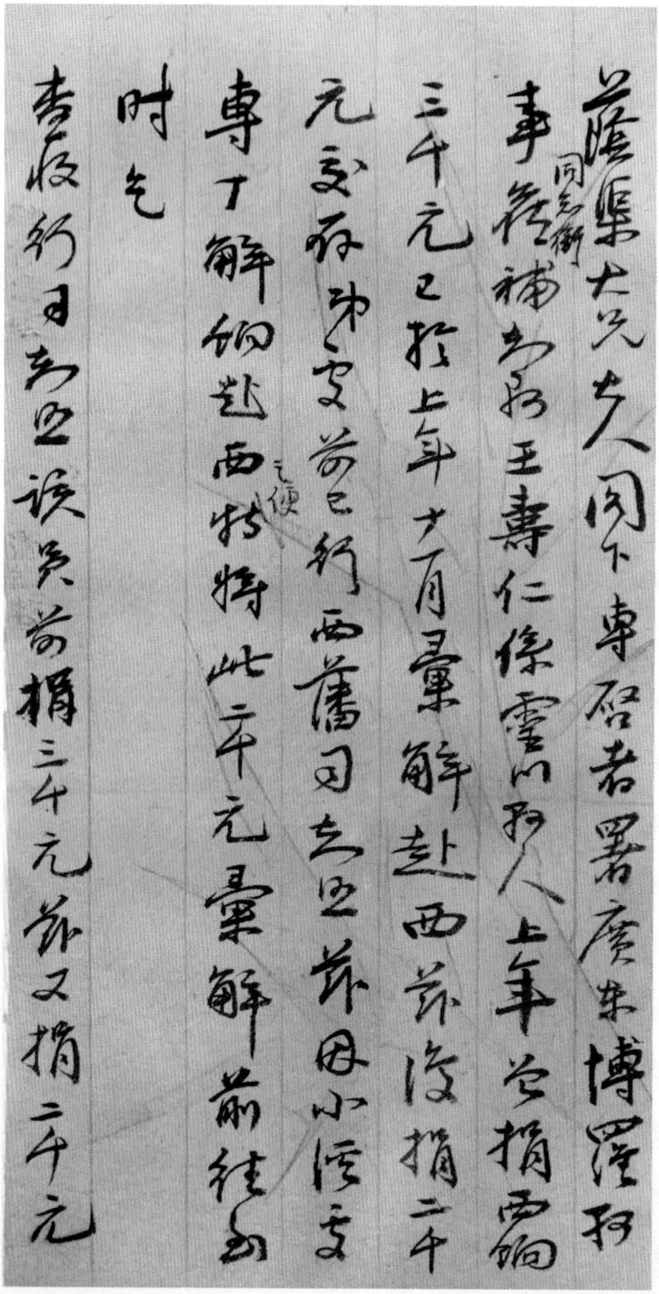
蔭渠大兄大人閣下：專啟者，署廣東博羅縣事同知銜候補知縣王壽仁，係靈川縣人，上年曾捐勇餉三千元，已於上年十月彙解赴西。茲復捐二千元，交孫卯安前已行西藩司立照。茲因小價交專丁解餉赴西之便，特將此二千元彙解前往，維希時乞查收，行司立照，該員前捐三千元，茲又捐二千元

蔭渠大兄大人閣下：專啓者，署廣東博羅縣同知銜事候補知縣王壽仁，係靈川縣人，上年曾捐西餉三千元，已於上年十一月彙解赴西，茲復捐二千元交存弟處，前已行西藩司知照，茲因小溪處專丁解餉赴西之便，特將此二千元彙解前往，到時乞

查收行司知照。該員前捐三千元，茲又捐二千元，

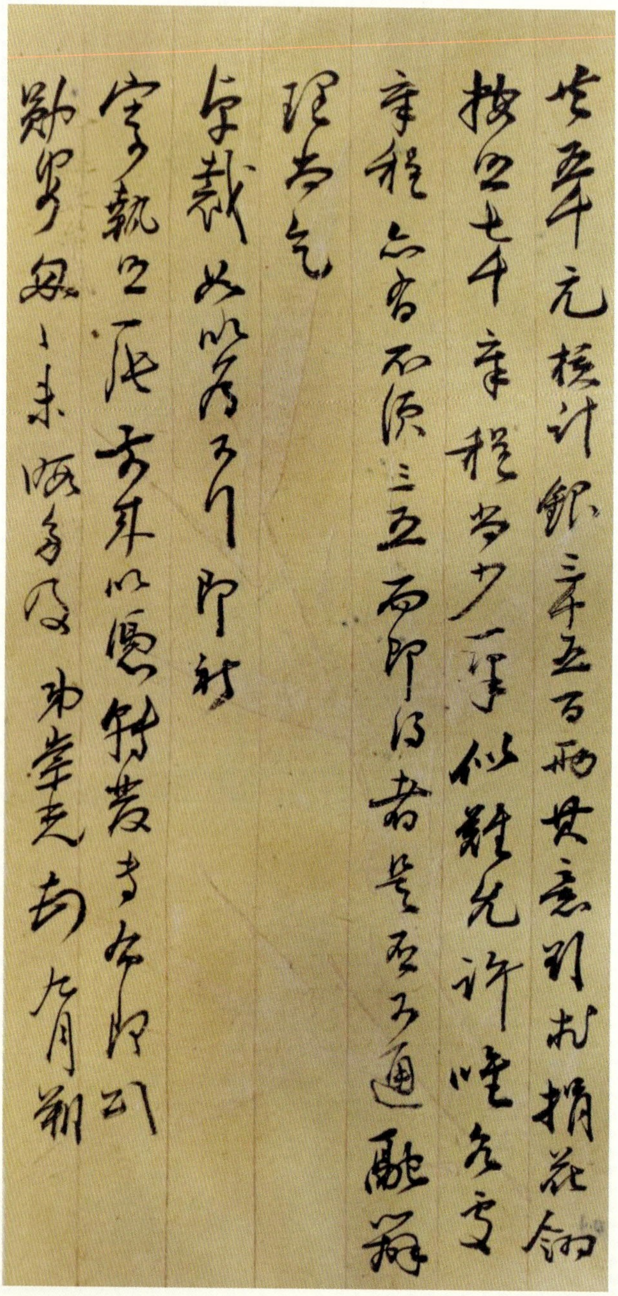
共庫平元模計銀三千五百兩其應找扣捐花翎
按照七千章程尚少一半似難允許惟念交
章程亦當不須三五兩即得者是否可通融辦
理為幸
尊裁如必需另行即行封
寄執照一張交來收憑特發寄布復叩
勛安餘未暇多及　弟崇光頓首　八月朔

共五千元，核計銀三千五百兩，其意欲求捐花翎，按照七千章程，尚少一半，似難允許。唯各處章程亦有不須三五而即得者。是否可通融辦理，尚乞

卓裁。如以為可行，即祈

寄執照一張前來，以憑轉發。專布。即頌

勛安。匆匆未暇多及。弟崇光頓首　九月朔

蔭渠仁兄大人左右屢接手翰久疏箋
候抱歉殊深比想
勛猷益懋
新禧並著定符心頌聞滇省城中
雪深二尺為從來所未有實為
豐年之兆敝處之節象經左季
高奏調赴浙已於
旨允行並已

蔭渠仁兄大人左右：
塵務紛繁，久踈箋
候，抱歉殊深。比想
勛猷益楙
新福如春，定符心頌。聞臘底省城中
雪深二尺，為從來所未有，實為
豐年之兆。慰慰。薌泉經左季
高奏調赴浙，已得
旨允行，並已

簡授撫藩此間撝李

廷亨志未遂部文不克粵西廡訪一席已

放日人招不出蘇王二尹未去

芸雲已撝部文西季高一軍太学

甘素調節亦自保筆不得已此次

似不維奏留西吉大局日有起色惟

筮所一股未了未免以廡不賁去

俟隆仁該子再修易在前往範

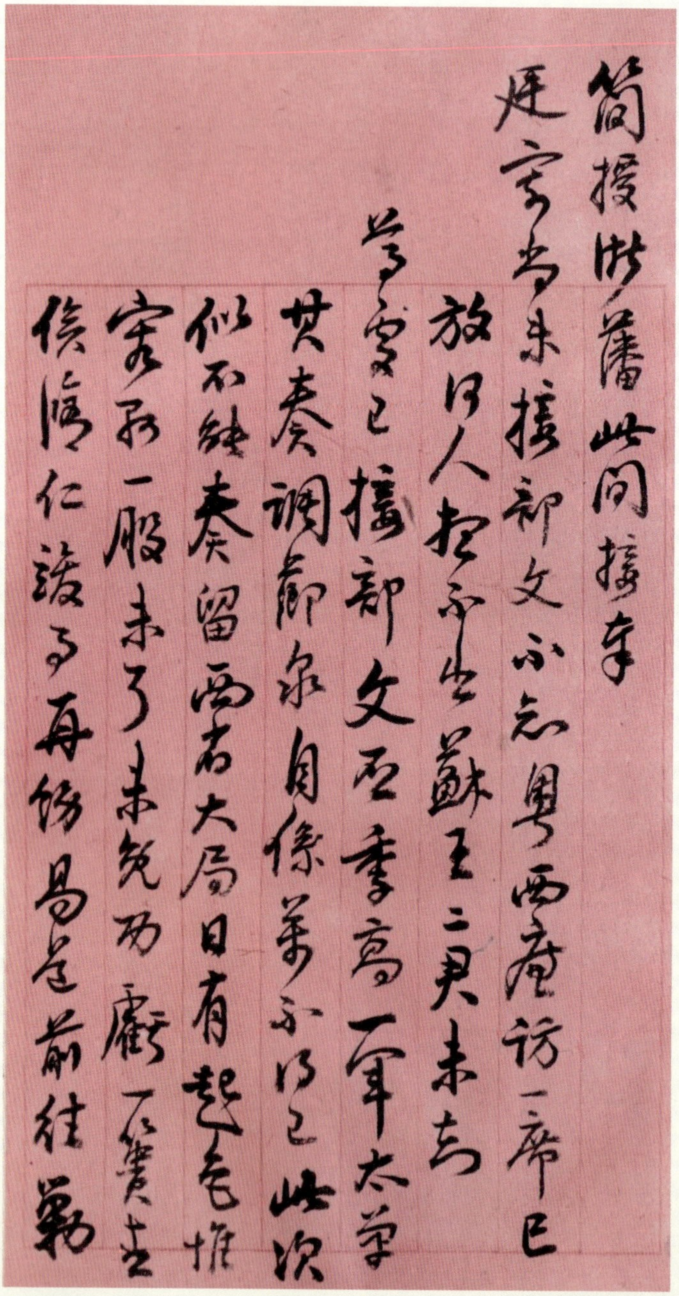

簡授浙藩，此間接奉
廷寄，尚未接部文，不知粵西廉訪一席已
放何人，想不出蘇王二君，未知
尊處已接部文否？季高一軍太單，
其奏調薌泉，自係萬不得已。此次
似不能奏留。西省大局日有起色，惟
容縣一股未了，未免功虧一簣。或
俟脩仁竣事，再飭易道前往勦

辦者之　鄉泉行糧責成弟籌
辦該司實餘惟來者分派雖實
覺無從搜括必可令高同人設法羅
掘一二成若即行馳解再到楚
軍餉須上年未能籌解分文惟
彰已經撥楊條將在此守禦多時
無以應之尤為彰灰同正以來正
左多方設法又復有此一項無力愈

辦，如何？如何？薌泉行糧責成弟籌辦，誼不容辞，惟東省萬分艱難，實覺無從搜括，止可會商同人設法羅掘，一有成數，即行馳解耳。至楚軍餉項，上年未能籌解分文，抱歉已極。楊參將在此守候多時，無以應之，尤為歉仄。開正以來，正在多方設法，又復有此一波，其力愈

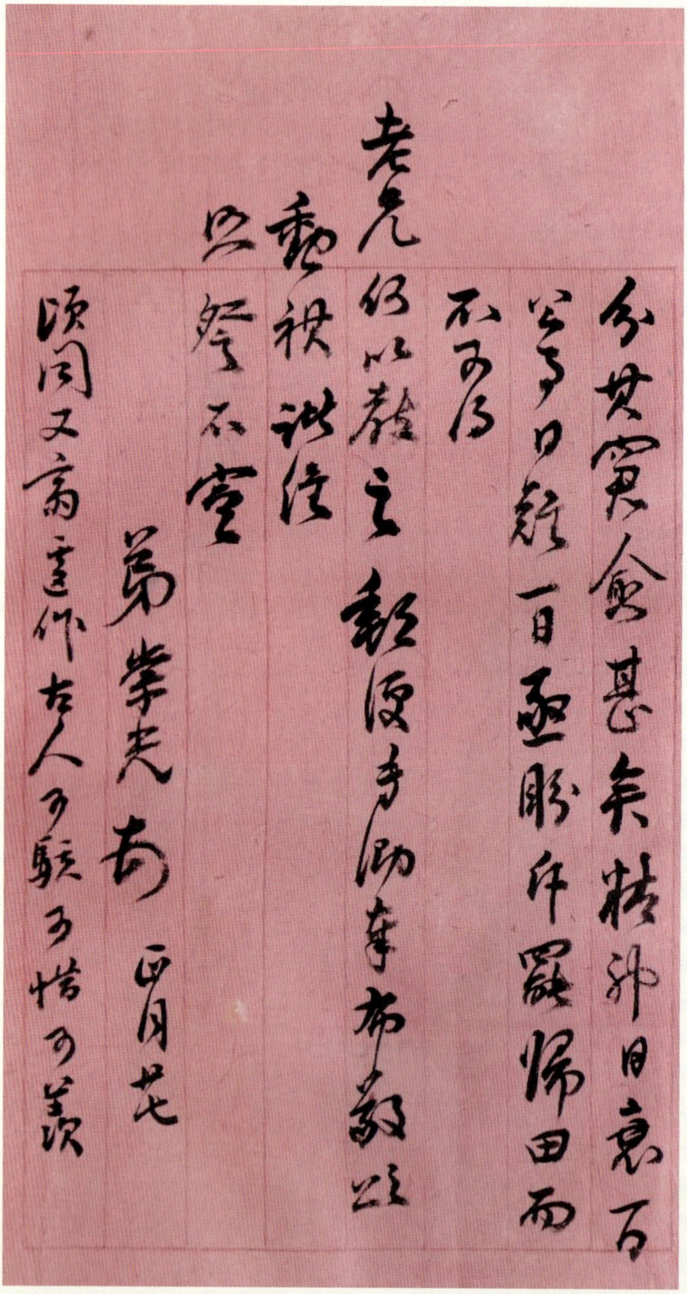
今廿寅念甚矣精神日衰百
公事日繁一日亟盼作罷歸田而
不可得
老兄何以教之。新須手勁奉布，敬此
勳祺，諸惟
照察不宣
弟崇光頓　四月廿七
頌閣文高遽作古人，可駭可惜可嘆

分，其窘愈甚矣。精神日衰一日，
公事日難一日，亟盼斥罷歸田而
不可得，
老兄何以教之？郵便專泐奉布，敬頌
勳祺，諸維
照詧。不宣。
弟崇光頓首。正月廿七
頃聞又齋遽作古人，可駭，可惜，可羨。

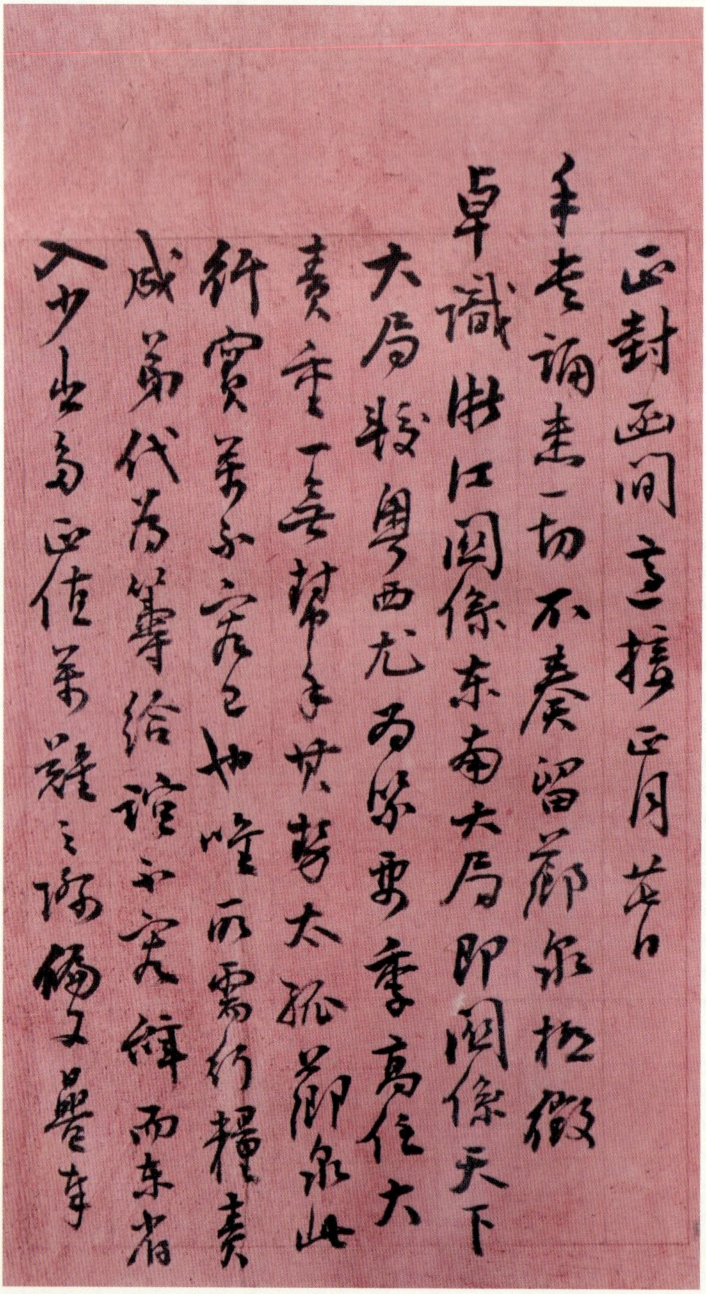

正封函間，又接正月廿日
手書，誦悉一切。不奏留節麾撫徽
卓識，惟江閩係東南大局，即閩係天下
大局，粵西尤爲緊要。季高任大
責，重一身，勢難兼顧，太孤。節麾此
行，實關緊要也。惟所需行糧，責
成弟代爲籌給，誼不容辭，而東省
入少出多，正值萬難之際，[illegible]

正封函間，適接正月廿七日

手書，誦悉一切。不奏留薌泉，極徵

卓識。浙江關係東南大局，即關係天下

大局，較粵西尤為緊要。季高任大

責重，一無幫手，其勢太孤，薌泉此

行實萬不容已也。唯所需行糧，責

成弟代為籌給，誼不容辭，而東省

入少出多，正值萬難之際，偏又疊奉

廷寄購買火輪船調募紅單船需費亦煩刻
不容緩搜括張羅幫辦力竭適九
峰中丞又奉
命前赴閩省督師堅利撥二十萬金餉行
各省已通力合作搜括十餘日尚分
文未行因此又不能將蔣軍之項稍為
延閣楊參將所請更多廣福兵與
東局而亦覆前十分之一而奏中及

廷寄，購買火輪船，調募紅單船，需費不貲，刻不容緩，搜刮張羅，智窮力竭。適九峰中丞又奉命前赴閩省督師，堅欲携二十萬金偕行，各司道通力合作，搜掘十餘日，尚分文未得，因此又不免將蔣軍之項稍為延閣，楊參將所請更無庸論矣。粵東局面，本不及從前十分之一，而都中及

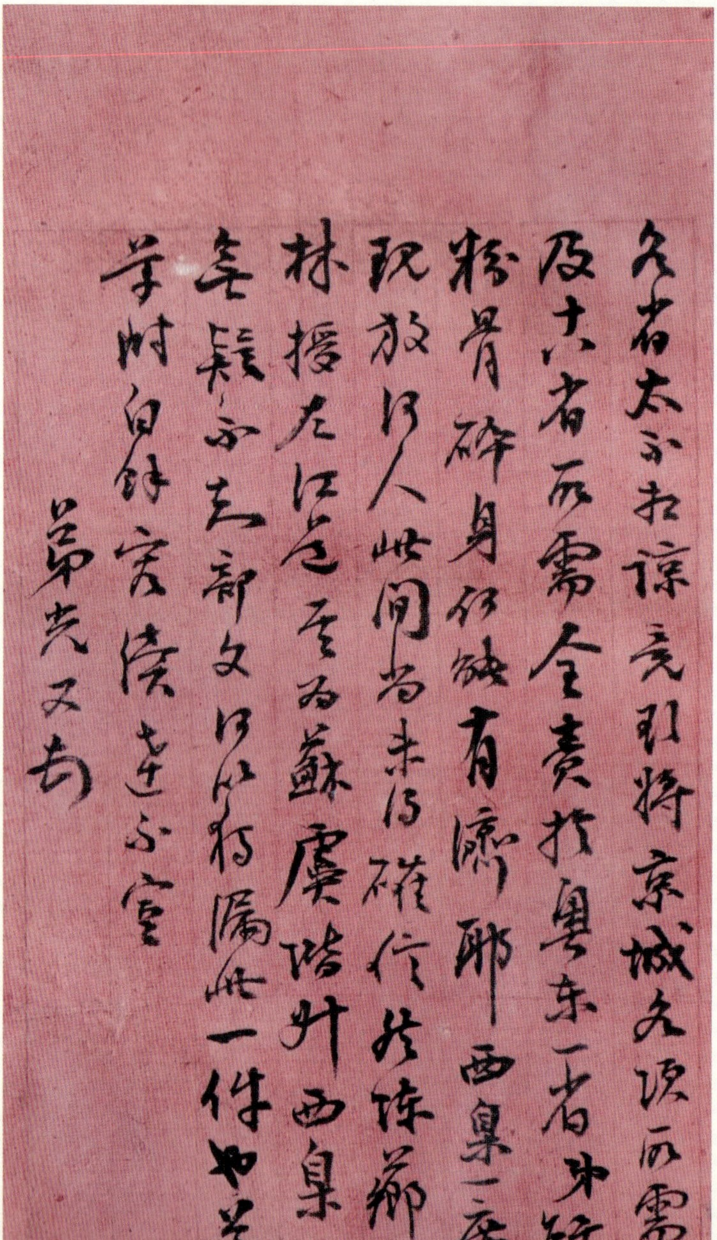

各省太不知諒，兄引將京城各處所需及六省所需全責於粵東一省，殊覺粉骨碎身，以餽有濟耶？西臬一席現放何人？此間尚未得確信。於滁鄉林擢左江道，至為蘇虞階升西臬奏疑，不知部文何以將漏此一件也。草此布復，餘容續達，不宣。

弟崇光又啓

各省太不相諒，竟欲將京城各項所需及十八省所需，全責於粤東一省，弟雖粉骨碎身，何能有濟耶。西臬一席現放何人，此間尚未得確信。然陳薌林授左江道，其為蘇虞階升西臬無疑，不知部文何以獨漏此一件也。草草附白，餘容續達。不宣。

弟光又頓首。

蔭渠大兄大人閣下：楊參將此次來東請餉，匀留半年，僅得五千金以去，弟實無顏對我

兄。東省艱窘情形及弟籌分為難之處，楊參將及王參庭皆在此目見耳聞，必能詳言之。一切尚望

知我者諒之也。上年積欠京餉及各省協餉已數百萬，經戶部奏參，吏部嚴加議

蔭渠大兄大人閣下：楊參將此次來東請餉，勾留半年，僅得五千金以去，弟實無顔對我兄。然東省艱窘情形，及弟萬分為難之處，楊參將及王芷庭皆在此目見耳聞，必能詳言一切，尚望知我者諒之也。上年積欠京餉及各省協餉已數百萬，經户部奏參交部嚴加議

處忘已經四次乃本年自正初已今每三日不接
廷寄添撥餉銀者合計添撥又不下數百萬通計
新添欠項殆將千萬貫實者是否上憲
該不肯代為籌畫量入為出一味大聲
疾呼總其無厭之求令人如何受卷正萬
難因者人嗟中歷忽卒
命赴閩者皆帥

處者已經四次，乃本年自正初至今，無三日
不接
廷寄添撥餉銀者，合計添撥又不下數百萬，通計
新陳欠項殆將千萬。其實盡是紙上空
談。不肯代為籌畫，量入為出，一味大聲
疾呼，恣其無厭之求，令人如何交卷？正萬
難間，耆九峰中丞忽奉
命赴閩省督師，

諭印速
飛驛咨往並未令調兵亦未令隨帶餉銀
乃必欲帶勇五千以自衛除此項壯勇口糧之
外必欲帶銀二十萬隨行又欲二十日內起行
期其將至此其意不過恃挾夷之難辦
藉口逗遛而又唯恐看透乃日日以剿夷及
諸大紳纏擾不休而且其中又有極力逢
合助紂為虐之人該省紳解體訛言東
手以該粵東益加難辦現將多年搜括

諭即速馳驛前往，並未令調兵，亦未令隨帶餉銀，乃必欲帶勇五千以自衛。除此項壯勇口糧之外，必欲帶銀二十萬隨行，交卸二十日尚無行期，其謬至此。其意不過怯於閩事之難辦，藉口逗留，而又唯恐著迹，乃日日與司道及諸大紳纏擾不休，而司道中又有極力迎合助紂為虐之人，致官紳解體，諸事束手，以致粵東事益加難辦。現將各庫搜括

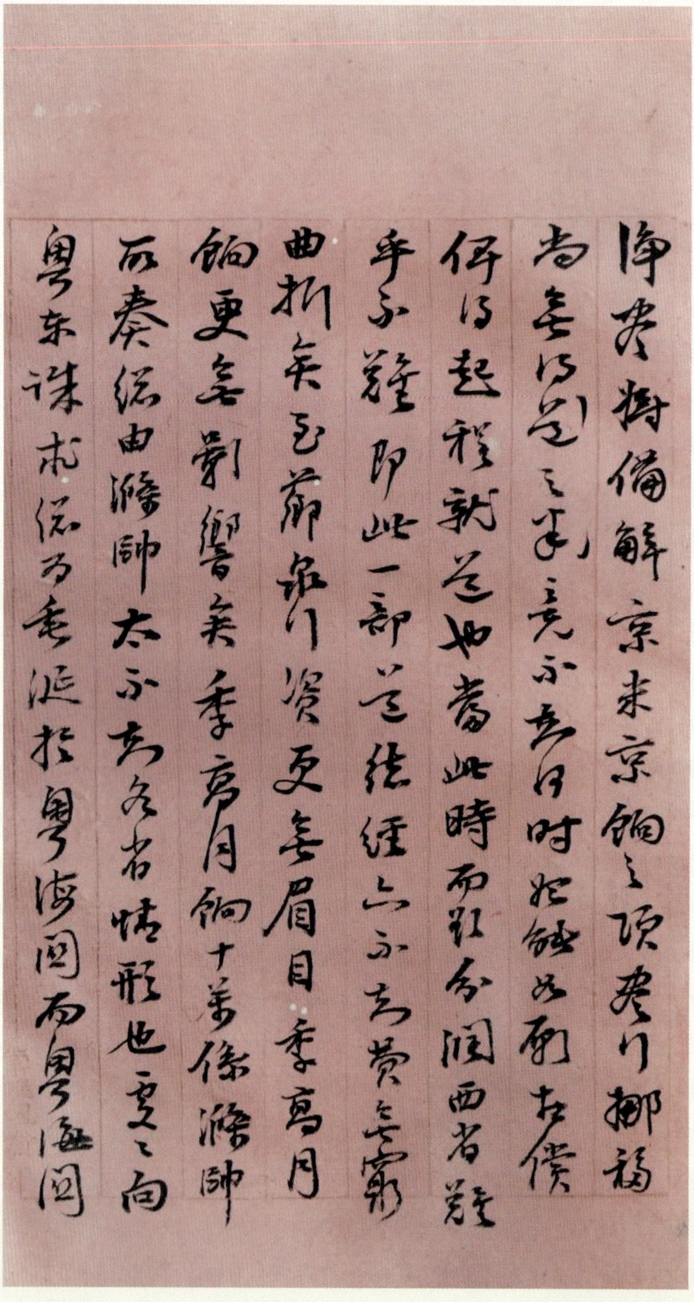

滇黔擬備解京來京餉之項奏明撥福
者無從追之案亮亦無日時於鹽務存價
何以起程新恙也當此時而鄂令閩西省雖
手不難即此一節並經經亦不甚費之家
曲折矣至節銀則資更無眉目季高月
餉更無着落矣季高月餉十萬係滌帥
所奏撥由滌帥太不知其者情形也至之向
粵東諸事係乃委派於粵海關而粵海關

净盡，將備解京米、京餉之項盡行挪移，尚無得『半之道』，竟不知何時始能如願相償，俾得起程就道也。當此時而欲分潤西省，難乎不難，即此一部道德經，亦不知費無窮曲折矣。至薌泉行資，更無眉目，季高月餉，更無影響矣。季高月餉十萬，係滌帥所奏，総由滌帥太不知各省情形也。處處向粵東誅求，総為垂涎於粵海關，而粵海關

每年究竟收稅若干眾說不同也道光二十
年吾未開之前粤海一處與各國通商之
以極旺之年有收稅至二百七八十萬者自五口既
開日益減少每年不過數十萬弟山東海口要
通商程力加整頓關有起色咸豐九年收
九十餘萬十年收至一百萬十一年收至一百五十萬
已是意想不到然即以一百五十萬計之英法二
國各扣二成已去六十萬美國又扣一成又去十五萬

每年究竟收税若干，置之不問也。道光二十年，五口未開之前，止粤海一處與各國通商，是以極旺之年，有收税至二百七八十萬者。自五口既開，日益减少，每年不過數十萬。弟到東後，變通章程，力加整頓，漸有起色。咸豐七九年收九十餘萬，十年收至一百萬，十一年收至一百五十萬，已是意想不到。然即以一百五十萬計之，英法二國各扣二成，已去六十萬，美國又扣一成，又去十五萬，

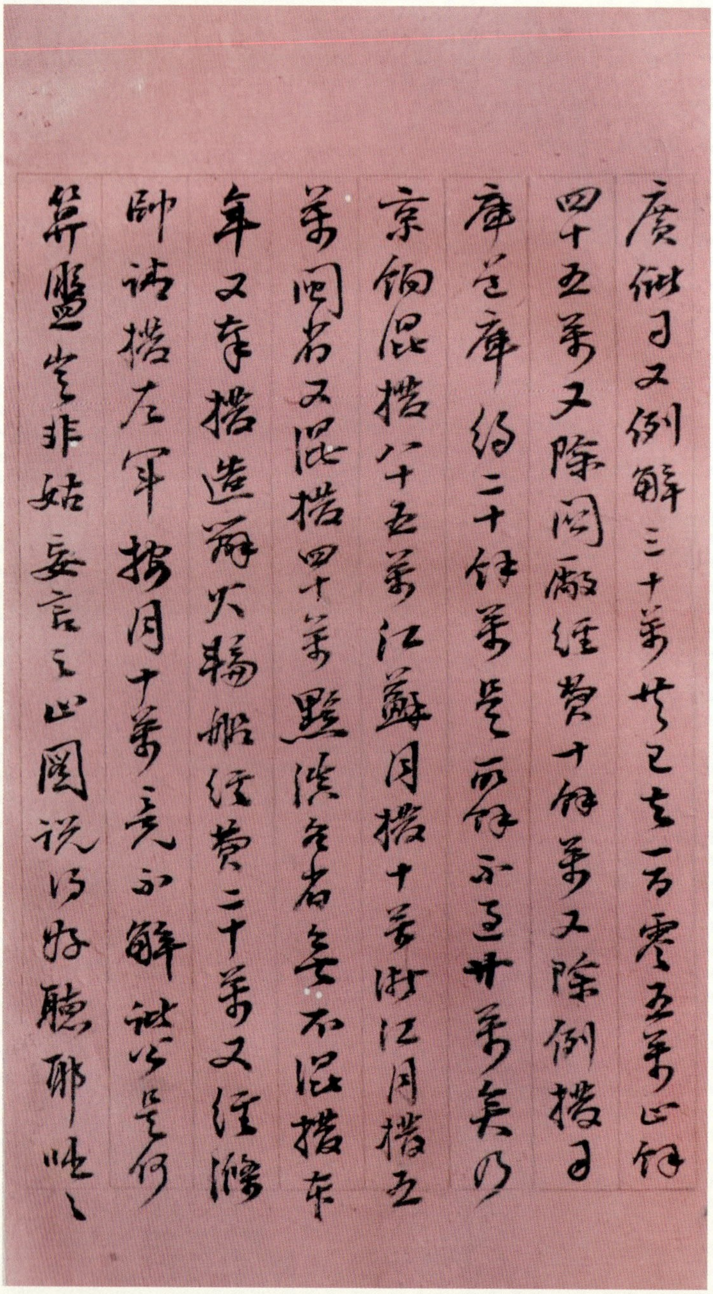
廣儲司又例解三十萬，共已去一百零五萬。正餉四十五萬，又除閩廠經費十餘萬，又除例撥司庫並庫約二十餘萬，是所餘不足卅萬矣。乃京餉混撥八十五萬，江蘇月撥十萬，浙江月撥五萬，閩省又混撥四十萬，鹽淡各省無不混撥。本年又奉撥造辦火輪船經費二十萬，又經滬帥請撥左軍按月十萬，竟不解。試問是何算盤？豈非姑妄言之，此圖說得好聽耶？唯唯

廣儲司又例解三十萬，共已去一百零五萬，止餘四十五萬。又除關廠經費十餘萬，又除例撥司庫道庫約二十餘萬，是所餘不過廿萬矣。乃京餉混撥八十五萬，江蘇月撥十萬，浙江月撥五萬，閩省又混撥四十萬，黔滇各省無不混撥。本年又奉撥造辦火輪船經費二十萬，又經滌帥請撥左軍按月十萬，竟不解諸公是何算盤，豈非姑妄言之，止圖說得好聽耶？咄咄

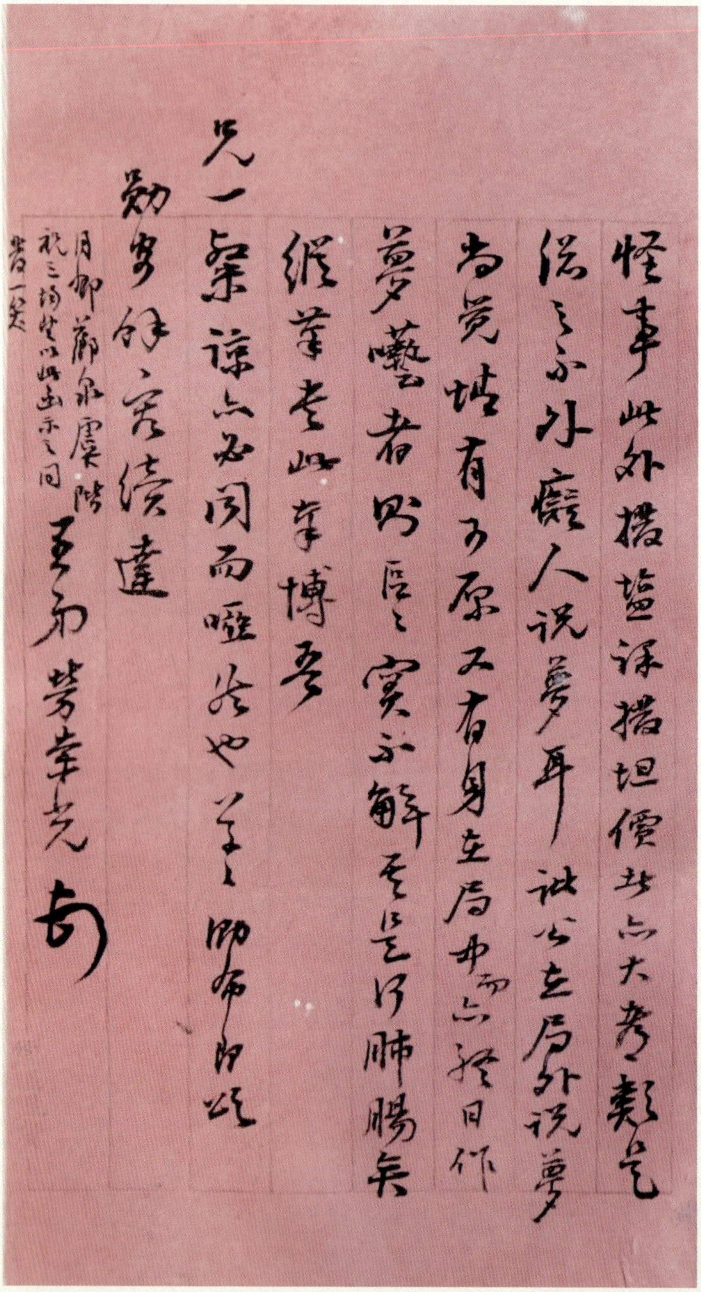
怪事。此外措鹽課措詞便者亦大有影響，
從之，不外癡人說夢耳。試公在局外說夢，
尚覺情有可原，又有身在局中而亦猶日作
夢囈者，則匪夷所思，實不解其是何肺腸矣。
總之，老此事博吾
兄一粲，諒亦必閱而啞然也。手此，即頌時祉，
勛安，餘容續達。
月卿、蔚泉處附
祝三、瑞生以此函示之，同
博一笑。
弟名 勞崇光 頓

怪事。此外，撥塩課、撥垣價者亦大都類是，
総之不外痴人説夢耳。諸公在局外説夢，
尚覺情有可原，又有身在局中，而亦終日作
夢囈者，則區區實不解其是何肺腸矣。
縱筆書此，奉博吾
兄一粲，諒亦必聞而啞然也。草草泐布，即頌
勛安，餘容續達。
月卿、薌泉、虞階、
祝三，均望以此函示之，同
發一笑。
愚弟勞崇光頓首

上年承
賜寄詠懷謝謝兹以為鄙更覺赧刻荷因長
庭秋圃西歸本當微物些須不腆之儀
聊以將意不足之之懷鄙也內有洋酒八瓶
係法蘭西領事所贈在洋酒中為極高之品名為
三邊酒世宜即古人所謂葡萄美酒也味醇而
正宜涼飲不宜溫飲宜即用原玻璃瓶斟於
大盃中若用錫壺盛之再用熱水溫其味減矣

上年承

賜多珍，愧謝，愧謝。無以為報，更覺赧顏。茲因芷庭、秋圃西歸，奉寄微物些須，不腆已極，聊以將意，不足言瓊報也。內有洋酒八瓶，係法蘭西領事所贈，在洋酒中為極高之品，名為三邊酒，其實即古人所謂蒲萄美酒也。味醇而正，宜涼飲，不宜温飲，宜即用原玻瓈瓶斟於大盃中。若用錫壺盛之，再用熱水温，其味減矣。又及

蔭渠大兄大人閣下：前接六月十六

惠書，誦悉。先寄寸箋，已經達

覽。就諗

勳猷懋建，

履祉勝常，極慰遐想。側聞入春來時雨

應時，民情綏輯，地方日有起色，皆

仁心仁政之實效也。此間天久不雨，頗有

旱象，幸於昨以後霑沛甘霖，可以

蔭渠大兄大人閣下：前接二月十二日
惠書，誦知先寄寸箋已經達
覽，就諗
勳猷楙建
履祉勝常，極慰遐想。側聞入春來晴雨
應時，民情綏靖，地方日有起色，皆
仁心仁政之實效也。此間天久不雨，頗有
旱象，幸清明以後渥沛甘霖，可以

開耕矣鄭泉州江之行勦辦雖力必得
物諸勇對不能不調查
先派鄭鎮率所部六營前往更替足
資鎮壓仍有抑查再後有批派
團勇八營之說兵力更不堪其實足
意屬無附近一帶駐紮西布旬究竟
大股必在蘇理仍須一面解散一面鵰
勦似不繼難剿次肅清雖不能不仕兵

鵰勦之法於
粵西地勢最為
相宜前所擬各
君志中詳之矣

開耕矣。薌泉浙江之行動斷難中止，潯州湘勇斷不能不調，吾

兄派鄭鎮率所部六營前往更替，足資鎮壓，得月卿書，知復有挑派團勇八營之說，兵力更不嫌其單。愚意潯州附近一帶雖餘匪尚多，究無大股，止在辦理得法，一面解散，一面鵰勦似不無難漸次肅清，雖不能不仗兵鵰勦之法，於粵西地勢最為相宜，前明故事，省志中詳之矣。

威令弟等藉資團力虞陛摯患恬形
前往贊辦不能以力已擇審訪自不能
再請延矣黃三首鼠兩端不免怯節
衆衆威耳清罢守令請由弟處派陶
呂培前往招撫即日便可前往又有
都司黃才貴者新自江南大營遣發
回粵其人亦與黃三素識並在浪國採（訪）
下同充撫勇現亦令與陶呂培同去目下

威，亦尚可藉資團力。虞階熟悉情形，前往督辦，必能得力，已擢廉訪，自不能再諉延矣。黄三首鼠兩端，不過怯薌泉之威耳。淩署守稟請由弟處派陶昌培前往招撫，即日便可前往。又有都司黄才貴者，新自江南大營遣發回粤，其人亦與黄三素識，曾在張國樑部下同充捷勇，現亦令與陶昌培同去。目下

添派勇七千由寧興德帶赴高州剿
辦陳金釭誠恐該匪被剿窮蹙亦
竄西竄已面飭陶恩培俟黃三誌接
後將其名下影勇挑選能戰者三千人
扼禦北一帶嚴堵毋任竄入西境是
一舉兩得之道然區區之忱高友一般難保
不由信宜一路蔓延陽柳
閣下
已飭蕭葉等率志同軍赴信宜堵截

添派湘勇七千，由卓興統帶，赴高州勦
辦陳金缸，誠恐該匪被勦窮蹙，乘
虚西竄，已面飭陶昌培，俟黄三就撫
後，將其名下夥党挑選能戰者三千人，
於欝北一帶嚴堵，毋俾竄入西境。是
一舉兩得之道，如何？如何？張高友一股，難保
不由脩象一路蔓延潯柳，
閣下已飭蕭棨芳率志同軍赴脩仁堵截，

移徵
調度有方，佩佩。節麾行營，屢經季高
函催咨催，業此間同人，合全力措辦
者，中丞行營尚無款，供無餘以遑遠
形勢將節麾事擱起，籌均難名尤
一面仍於力所膺中設法，斷不肯膜視
於其力必於此，而附又正要策，難即有
成數，亦不能為耳。楊帥將已於前

極徵

調度有方，佩佩。薌泉行貲，屢經季高函催咨催，無如此間同人合全力措辦，者中丞行貲，尚無就緒，其餘不遑兼顧，致將薌泉事擱起，焦灼難名。弟一面仍極力為暗中設法，斷不肯膜視。然其力止於如此，而時又正處萬難，即有成數，亦不能多耳。楊參將已於前

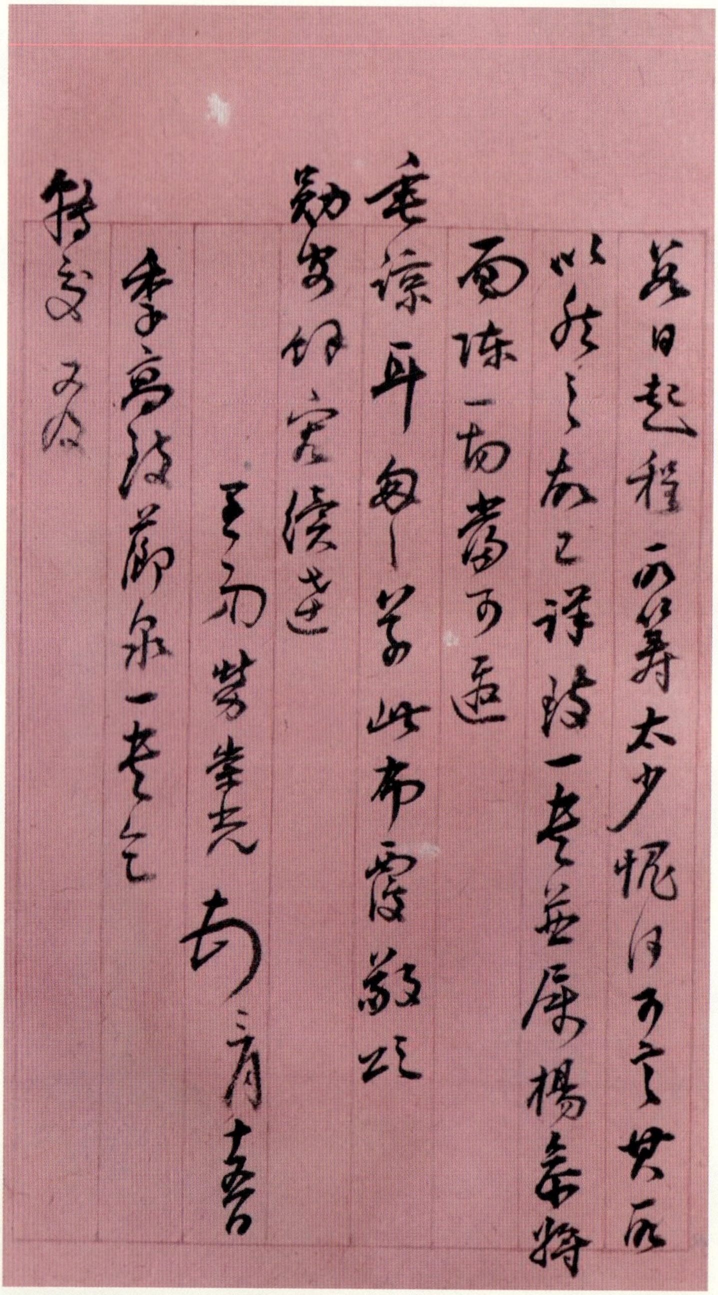

茲日起程，西江籌太少，悵因可□其底，以敘之本之詳請一是，並屏楊奏將面陳一切，尚可悉
垂諒耳。匆匆草此布覆，敬頌
勛安，維祈 憲鑒。
愚弟 勞崇光頓首 二月十三
季高仁兄節下 □一老之
附家 又及

數日起程，所籌太少，愧何可言。其所
以然之故，已詳致一書，並屬楊參將
面陳一切，當可邀
垂諒耳。匆匆草此布覆，敬頌
勛安，餘容續達。
愚弟勞崇光頓首。三月十五日
季高致薌泉一書，乞
轉交，又及。

蔭集大兄大人閣下：前一函交（於又有王子便交）楊參將帶去，中途梗阻，不復何時乃達。二月先日接到十三日

手書，敬悉

勳祉勝常，式如心頌。鄭鎮帶楚勇赴湯，諒已起程。湯鎮近日風疾甚劇，

人心惶惶。清遠黑守手忙腳亂，屢次年

郭嵩燾芙三渡安東閩而疑之，密派

蔭渠大兄大人閣下：前一函交楊參將帶去，旋又有一函交便差
中途梗阻，不識何時得達。三月廿九日
接到十三日
手書，敬悉
勳祉勝常，式如心頌。鄭鎮帶楚勇赴
潯州，諒已起程。潯州近日風聲鶴唳，
人心惶惶。淩署守手忙脚亂，屢次稟
報，皆言黃三復變。弟聞而疑之，密派

人前往確探實係黃金義舒光陞
節承之教降爵同諭勇將擞是以生心
与黃三全無干涉本已諭陶昌培黃才貴
前往向黃三剴切開導以堅其心候將
黃三擒獲即予以黃三萬办黃金叢義之舒
光陞物本尚有疑縱不能十分確雖辦要
必須有一院本大員來彼督辦方能周妥
前函所商之處階前往極為妥協現已照辦

人前往確探，實係黃全義餘黨，憾薌泉之殺降，茲聞湘勇將撤，是以生心，與黃三全無干涉。弟已派陶昌培、黃才貴前往，向黃三剴切開導，以堅其心，一俟將黃三撫定，即可令黃三勦辦黃全義之餘黨，潯州事尚有頭緒，不致十分難辦。要必須有一曉事大員，在彼督辦，方能周妥。前函所商令虞階前往，極為妥協。既已坐升

臬司責無旁貸抑無推諉矣至于
先秋往之說似尚須斟酌誤事雖省城太遠深
恐致此失彼且兩難不至甚後亦覺小
題大做恐查者傳聞失實又生無數
謠言此舉似宜慎重鄙見如此不知當否
高明以為何如至傷保為之秋不得安生衛齋處
就近往平樂府以振三軍之氣此外
昌言向粵文案初膺統領之任不甚得

臬司，責無旁貸，想無推諉矣。至吾
兄親往之説，似尚須斟酌。該處離省城太遠，深
恐顧此失彼，且所辦不過善後，亦覺小
題大做，恐遠道傳聞失實，又生無數
謡言。此舉似宜慎重，鄙見如此，不知有當
高明否。倘謂多事之秋不欲安坐衙齋，或
就近往平樂一行，以鼓三軍之氣，如何？如何？
易道向辦文案，初膺統領之任，不甚得

手閲令郎二世兄於行軍必如今出贊幕
籌安穀事半功倍並計
恭翁要之粵西事已有轉機縱有好波
不難收拾必為一霸字所困致英雄束
手智士灰心此時受其掣肘雖八面受敵
餉於萬難之臣不能稍助一臂之力恨極
馮提軍現在鎮江雖不能到任提督衙
門下本年年底心因案卷全無又無一語練

手，聞令郎二世兄極得軍心，如令到營幫辦，必當事半功倍，並祈
裁酌。要之，粵西事已有轉機，縱有餘波，不難收拾，止為一窮字所困，致英雄束手，智士灰心。弟
時處萬極難，八面受敵，轉於兼轄之區，不能稍助一臂，歉極，恨極。馮提軍現在鎮江，斷不能到任，提督衙門事本無多，止因案卷全無，又無一諳練

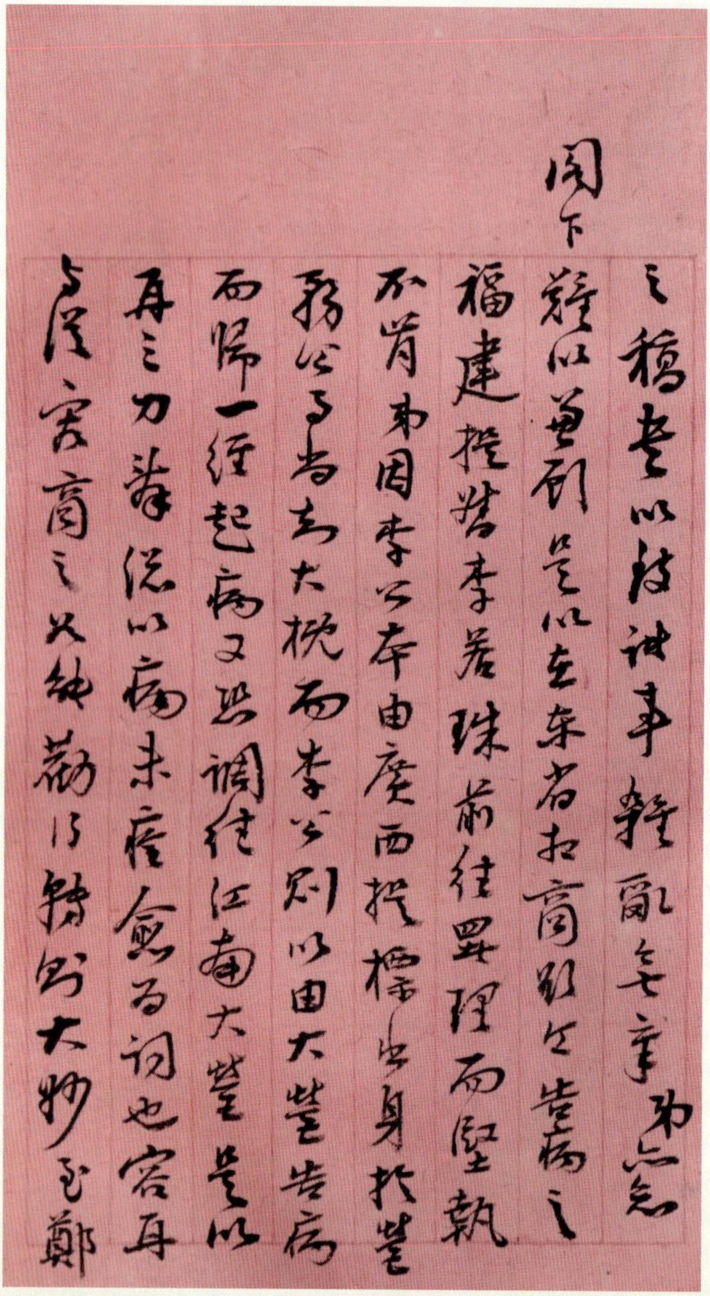
閣下
之積壹以發補事。雜亂垂七年，未忘急
雜以萬狀，是以在東者知高明之苦病之
福建撫督李君珠前往辦理，而堅執
不肯，亦因李公本由廣西撫標出身於營
務公事尚為大概，而李公則以由大營告病
而歸，一經起病，又恐調往江南大營，是以
再三力辭，從以病未痊愈為詞也。容再
與從容商之，此純藉以體察大妙至鄭

之稿書，以致諸事雜亂無章。弟亦知
閣下難以兼顧，是以在東省相商，欲令告病之
福建提督李若珠前往署理，而堅執
不肯。弟因李公本由廣西提標出身，於營
務公事尚知大概，而李公則以由大營告病
而歸，一經起病，又恐調往江南大營，是以
再三力辭，總以病未痊愈為詞也。容再
與從容商之，如能勸得轉則大妙。至鄭

鎮帶勇在局即委署局協事屢可行
嵩即無難惟現署局協之祥參將應
作何位置為之
鈞示至以馮參並翟鎮營務差於潮州
鎮係來省第一號缺本深恐貽誤是以留
在省城屢蒙提挈及中廣兩協之缺久
講究數月以來漸有門徑恰又值
批擢已回現已飭令赴任究之缺為騰位尚未可

鎮帶勇在潯，即委署潯協，事屬可行，

當即照辦。惟現署潯協之祥參將應

作何位置，尚乞

酌定示知，以憑遵照。翟鎮營務茫然，潮州

鎮係東省第一難缺，弟深恐其貽誤，是以留

在省城，屬崑提軍及中廣兩協，與之朝夕

講究，數月以來頗有門徑。恰又值

批摺已回，現已飭令赴任。究竟能否勝任，尚未可

允仍須妥爲安爲此人斷不蒙應心照貫至於
老實被所屬弁兵播弄耳木格之戕
臣經利奉特甘李退何並仍通歷之閔
此須詳通甘專爲學台而來可笑臣擬首
府丁卯劉守現在省城自可委令赭畢
至特來調補之是否之至
先否缺之月即慎選其人也廣東高州府
並蔣主旨即因係糧道之蔣道之事特右迴

知，仍須察看。此人斷不荒唐，止恐其過於老實，被所屬弁兵播弄耳。木格之賊，已經利參將等擊退，河道仍通，慰慰。聞此次該匪等專為學台而來，可笑已極。首府一席，劉守現在省城，自可委令暫署，至將來調補之員，知吾兄必能與月卿慎選其人也。廣東高州府蔣立昂，因係糧道蔣道之堂叔，應迴

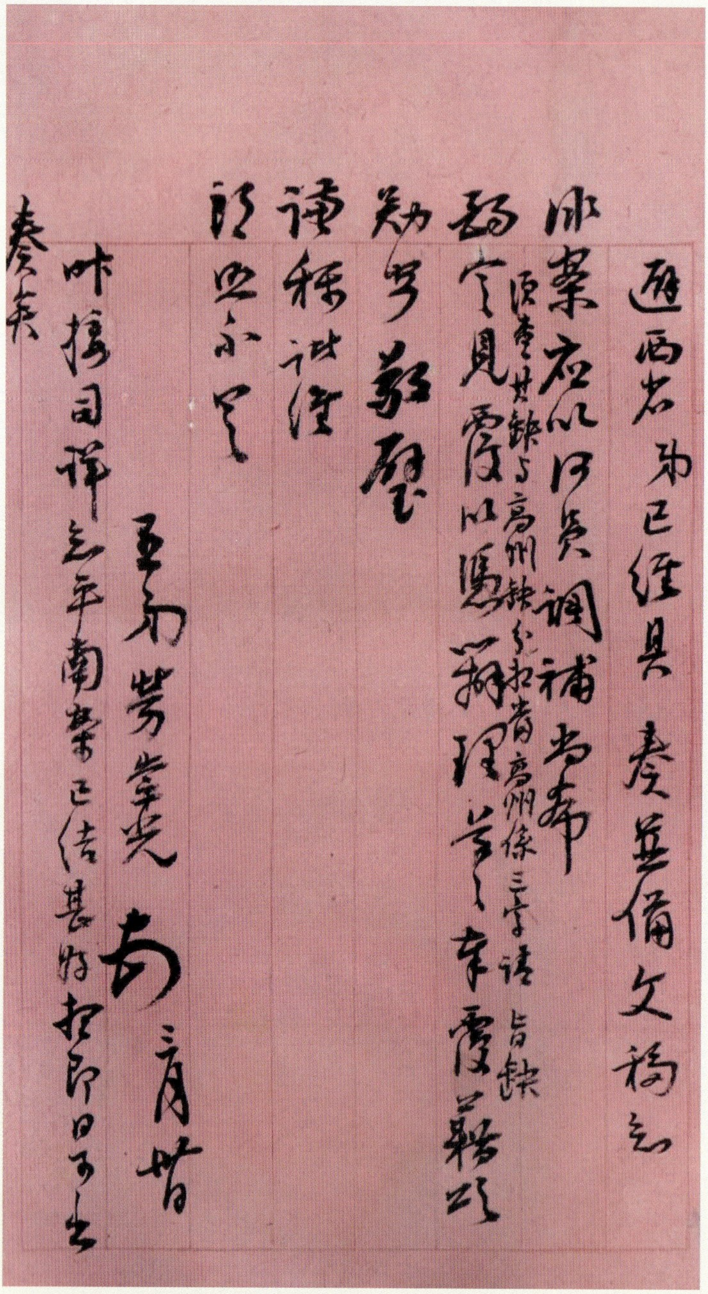

迺西老弟：已經具奏，並備文移知
照。案在以何員調補首府
爲定見，覆以馮一翔理首府，李霞□暢，以（原奏共缺，乃高州缺分知青，高州係三字請旨缺）
勛安敬履
請頌祉注
諸照不宣
弟 勞崇光頓 三月廿日
昨接司詳，去年南鄉已結，甚好，報即日可出奏矣

避西省，弟已經具奏，並備文移知
冰案，應以何員調補，尚希
須查其缺與高州缺分相當，高州係三字請旨缺
酌定見覆，以憑辦理。草草奉覆，藉頌
勛安。敬璧
謙稱。諸維
朗照。不具。
愚弟勞崇光頓首。三月卅日
昨接司詳，知平南案已結，甚好。想即日可出
奏矣。

蔭渠大兄大人閣下日前接展
惠函知前寄寸箋並楊參將帶去衣物均
已達函覆矣
處營信深亂仟訊將全集續碩稍遠須
於五月十三日後接初九日
手書詢知
台旆已抵梧州遙想
露冕宣勤

蔭渠大兄大人閣下：日前接展
惠函，知前寄寸箋，並楊參將帶去微物，均
已達到，辱荷
齒芬，倍深顔汗。諸務坌集，續啓稍遲。頃
於五月十三日復接初九日
手書，誦知
台旌已抵梧州，遥想
露冕宣勤，

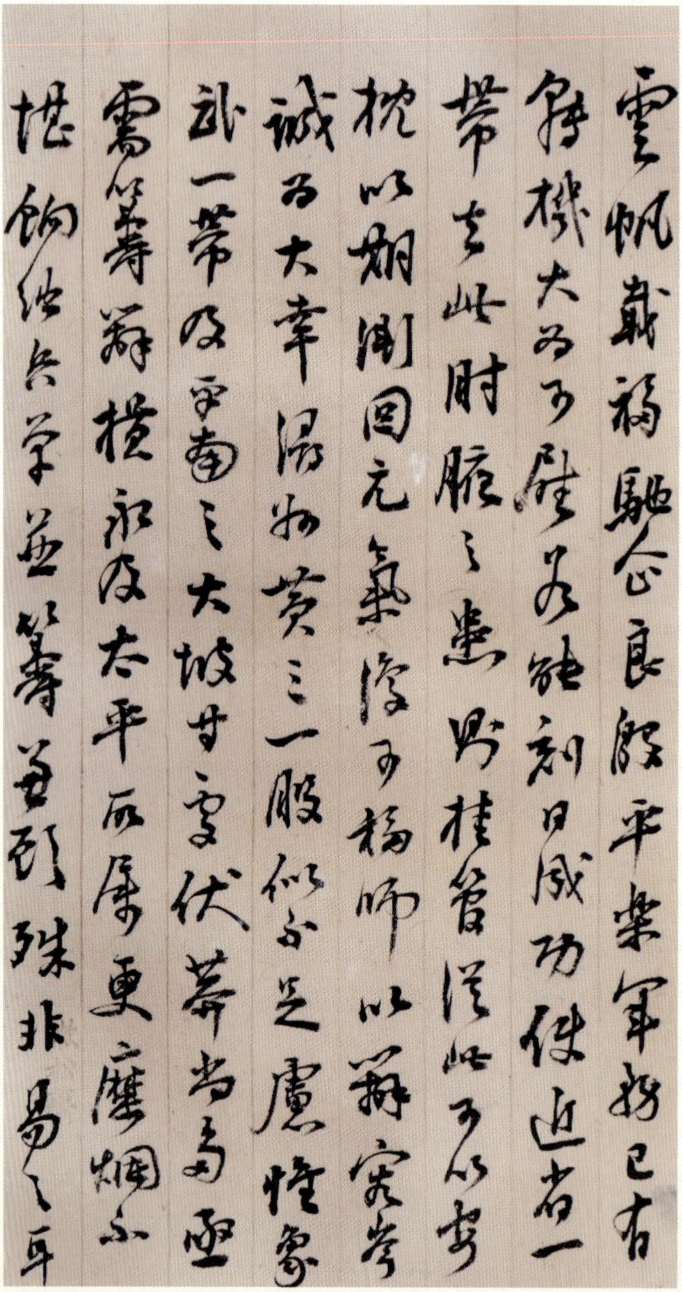
雲帆載福馳念良殷平樂軍務已有
頭緒大西可望來歸刻日成功徙近有一
帶去此時勝之患路桂省從此可以安
枕以期閩回元氣緣可補帥以蘇宗堂
識為大幸陽物貴之一般似不足慮惟象
龍一帶疫平南之大坡甘雲伏莽尚多亟
需籌辦撥款以太平府屬更應烟不
堪飾條兵等並籌前殊非易之耳

雲帆載福，馳企良殷。平樂軍務已有轉機，大為可慰。若能刻日成功，使近省一帶去此肘腋之患，則桂管從此可以安枕，以期漸回元氣，復可移師以辦容岑，誠為大幸。潯州黄三一股似不足慮，惟象武一帶及平南之大坡等處，伏莽尚多，亟需籌辦。橫永及太平所屬，更糜爛不堪。餉絀兵單，並籌兼顧殊非易易耳。

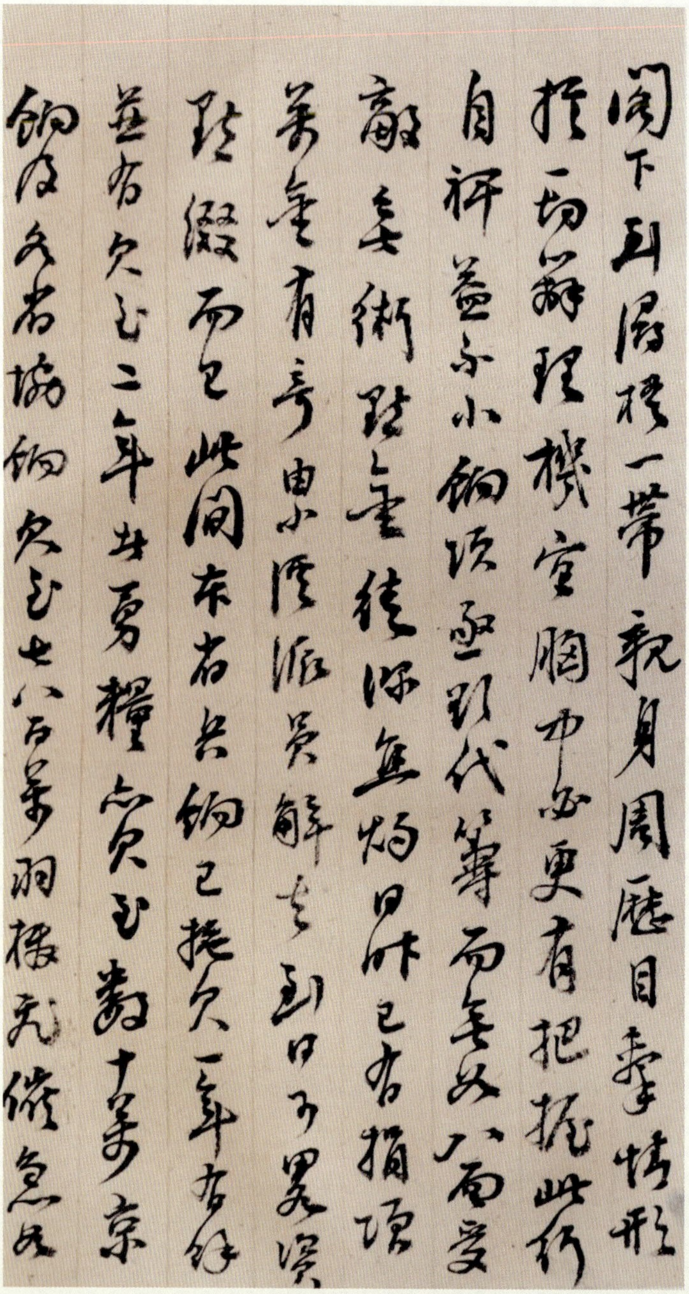

閣下到潯梧一帶親身周歷，目擊情形，於一切辦理機宜，胸中必更有把握，此行自裨益不小。餉項亟欲代籌，而無如八面受敵，無術點金，徒深焦灼。日昨已有捐項萬金有奇，由小溪派員解去，到日可畧資點綴而已。此間本省兵餉已拖欠一年有餘，並有欠至二年者，勇糧亦欠至數十萬，京餉及各省協餉欠至七八百萬，羽檄飛催，急如

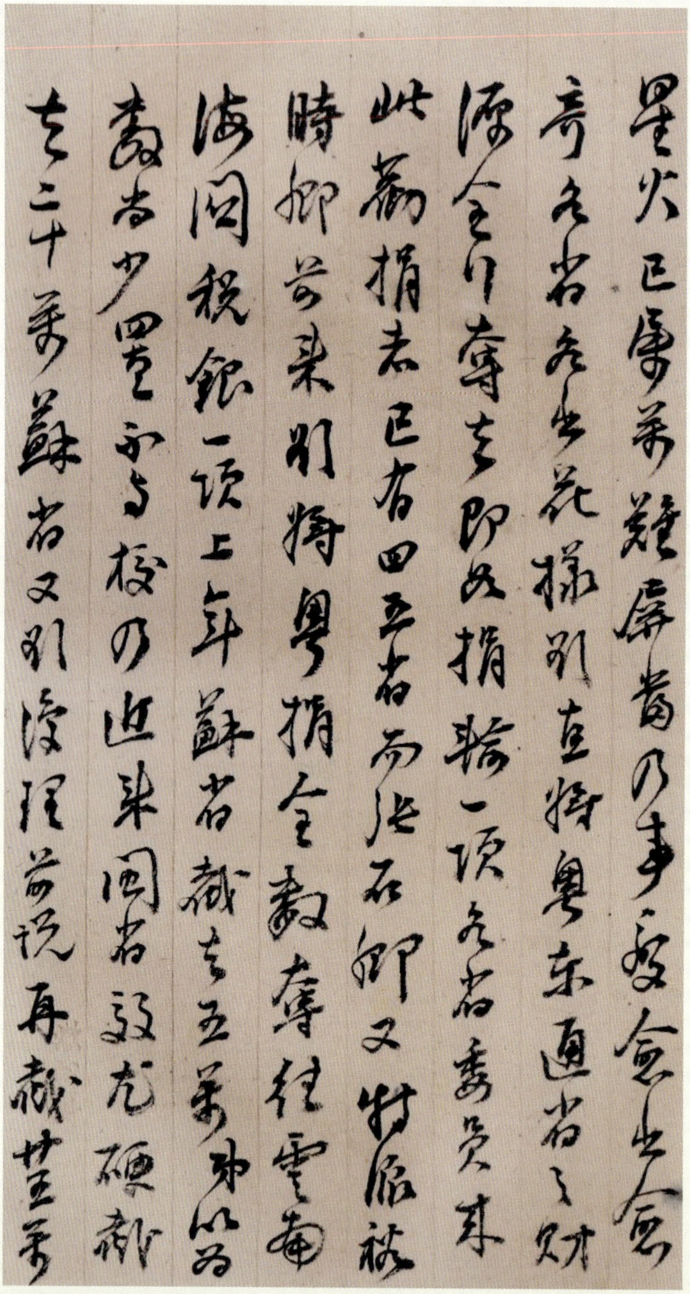
星火匡屬萬難處當乃事之發愈出愈
奇各省各生花樣則直將粵東通省之財
源全行奪去即如捐輸一項各省委員來
此勸捐者已有四五省而陸石卿又特[illegible]
時卿前來則將粵捐全數奪往雲南
海關稅銀一項上年蘇省截去五萬本以為
為害尚少[illegible][illegible][illegible][illegible]乃近來閩省[illegible][illegible][illegible][illegible]
去二十萬蘇省又[illegible][illegible][illegible][illegible]再截廿五萬

星火，已屬萬難屏當，乃事變愈出愈奇，各省各出花樣，欲直將粤東通省之財源全行奪去，即如捐輸一項，各省委員來此勸捐者已有四五省，而張石卿又特派裕時卿前來，欲將粤捐全數奪往雲南。海關税銀一項，上年蘇省截去五萬，弟以為數尚少置不與校，乃近來閩省效尤，硬截去二十萬，蘇省又欲復理前説，再截廿五萬，

弟極力挽回未被裁去而閩省則木已成舟
不可挽回矣厘金一項耆九峰欲奪桂閩
省者起出情理之外幸解生文起而扣爭欲奪
往江蘇更屬匪夷所思鹽務必無桂一埠
稍有起色乃通綱之著目華毛季雲忽又
欲奪往湖南離奇怪誕不可思議本今
日之在羊城回思往年在桂林艱窘不
繼之時真極樂世界矣安得一旦擺出部文

弟極力挽回，未被截去，而閩省則木已成舟，不可挽回矣。厘金一項，耆九峰欲奪往閩省，木已出情理之外，曾滌生又起而相爭，欲奪往江蘇，更屬匪夷所思。塩務止樂桂一埠稍有起色，為通綱之菁華，毛季雲忽又欲奪往湖南，離奇怪誕，不可思議。弟今日之在羊城，回思往年在桂林饔飧不繼之時，真極樂世界，安得一旦接到部文，

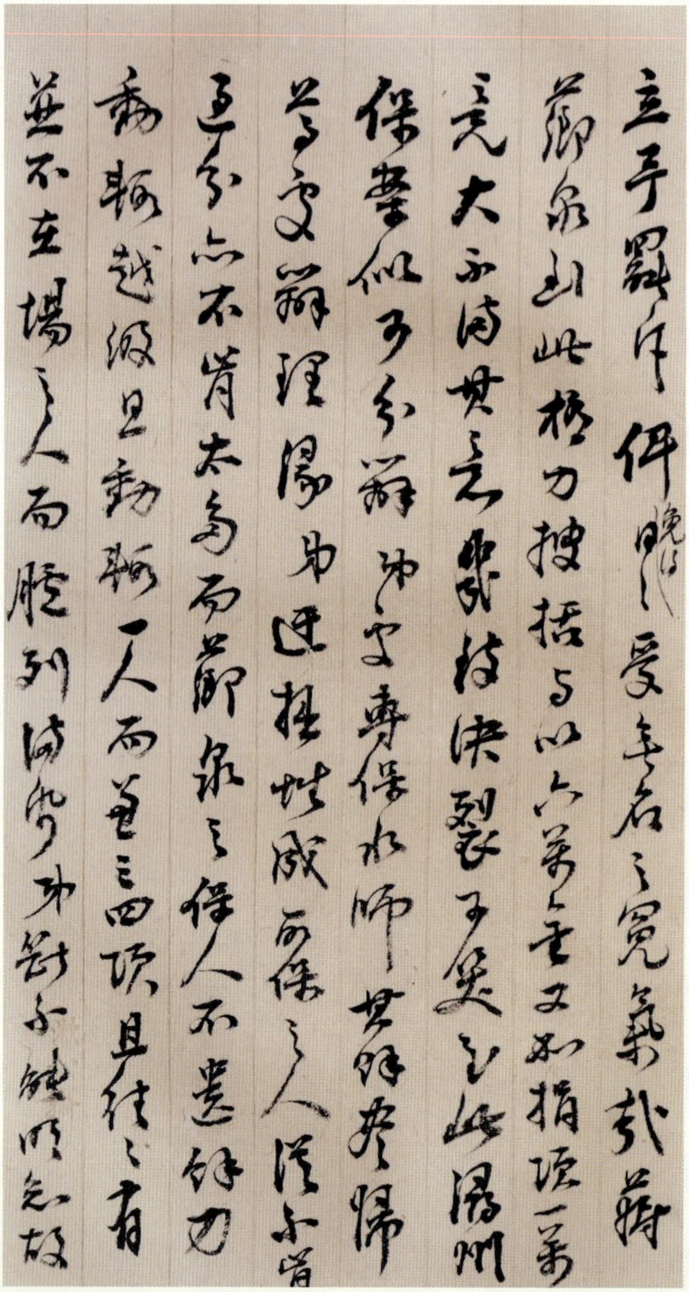

立予罷斥，俾晚以受多名之寬，氣哉！蔣
節原山此極力搜括，召以六萬金，又加捐墊一萬
元，大不滿其意，怒詞決裂，予奚至此！揚州
保舉似予分辦，沖守專保水師，其餘概歸
吳爲定辦，理湯曲逕極諧戚，而保之人從不首
至，分亦不肯太多，而蔣節原之保人不甚紀固，
奉輒越級，且動輒一人而兼三四項，且往往有
並不在場之人，而騰列滿紙，功對不能明知，故

立予罷斥，俾免得日日受無名之冤氣哉。蔣薌泉到此極力搜括，與以六萬金，又加捐項一萬，竟大不滿，其意幾致决裂，可笑至此。潯州保案似可分辦，弟處專保水師，其餘盡歸尊處辦理，緣弟迂拙性成，所保之人從不肯過分，亦不肯太多。而薌泉之保人不遺餘力，動輒越級，且動輒一人而兼三四項，且往往有並不在場之人，而臚列滿紙。弟斷不能明知故

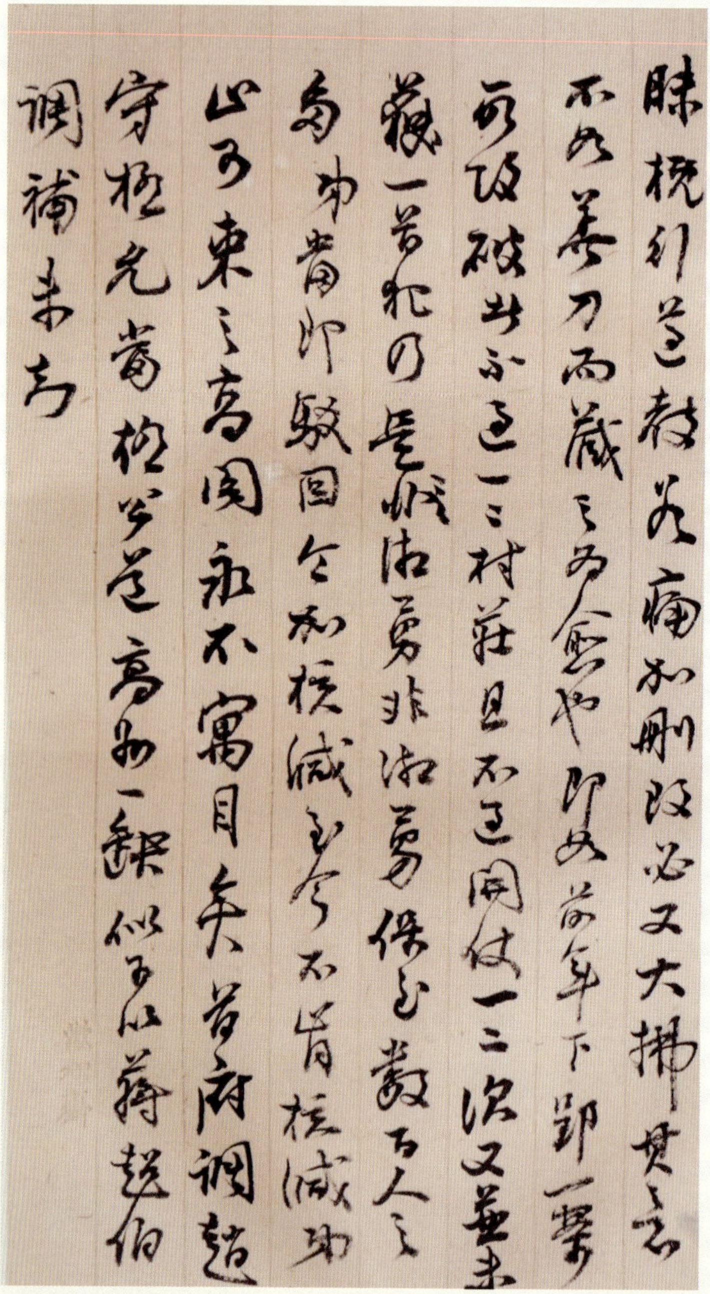

味，概行遵教，若痛加删改，必又大拂其意，不如善刀而藏之為愈也。即如前年下郢一案，所攻破者不過一二村莊，且不過開仗一二次，又並未獲一首犯，乃是非湘勇非湘勇保至數百人之多。弟當即駁回，令加核減，至今不肯核減。弟止可束之高閣，永不寓目矣。首府調趙守，極允當，極公道。高州一缺，似可以蔣超伯調補，未知

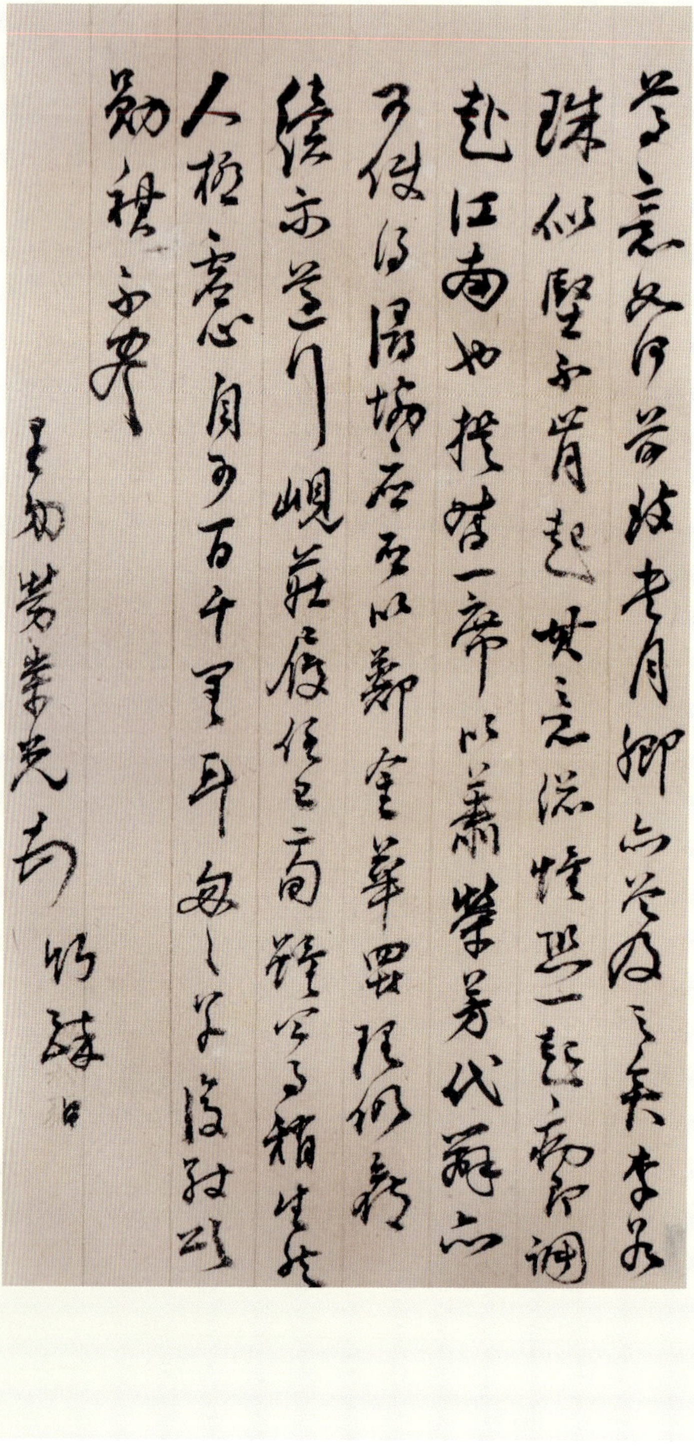

尊意如何？前致書月卿，亦曾及之矣。李若珠似堅不肯起，其意總惟恐一起病即調赴江南也。提督一席以蕭榮芳代辦，亦可使得。潯協應否以鄭金華署理，仍候續示遵行。峴莊履任已二旬，雖公事稍生，然人極虛心，自可百千里耳。匆匆草復，敬頌勛祺。不盡。

愚弟勞崇光頓首　竹醉日

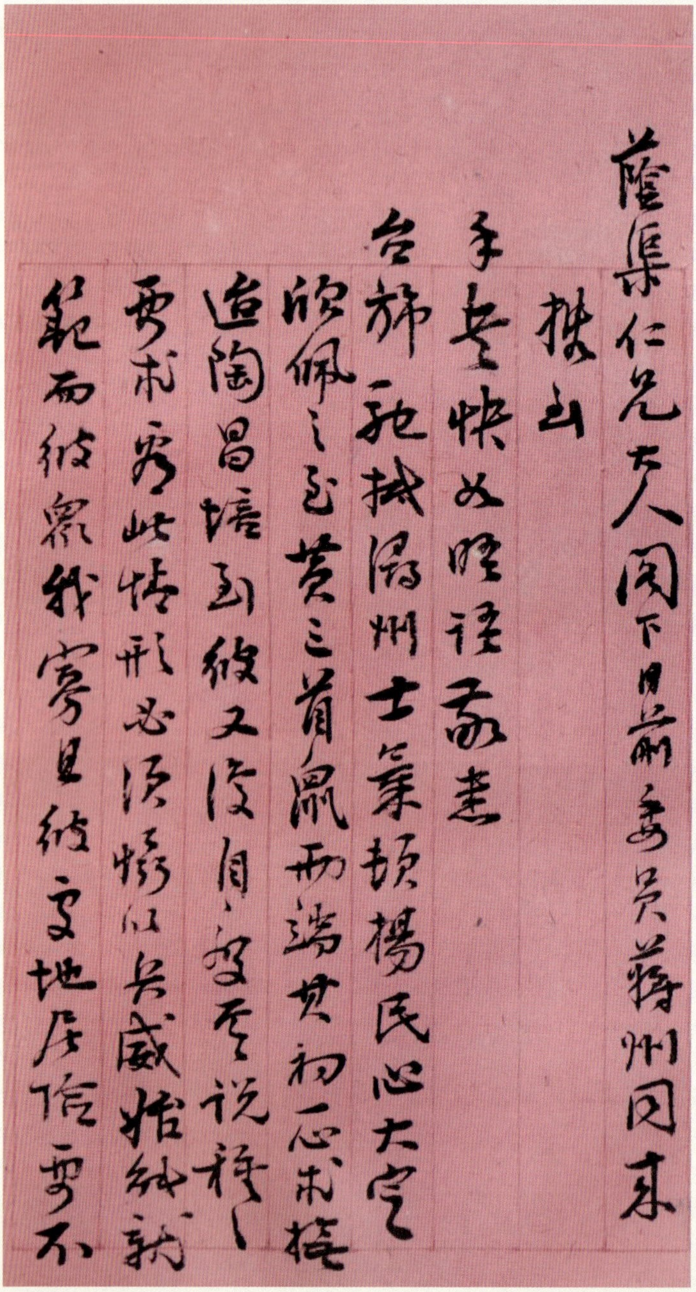
蔭渠仁兄大人閣下：日前委員蔣州同來，
撫山
手書，快如晤語，承示悉。
台端到任揚州，士氣頓揚，民心大定，
欽佩之至。黃三首鼠兩端，其初一心求撫，
迨陶昌培到，彼又復自發其說，務務
要求甚多，此時形勢必須懾以兵威，始能就
範，而彼眾我寡，且彼處地居險要，不

蔭渠仁兄大人閣下：日前委員、蔣州同來，
　攜到
手書，快如晤語，敬悉
台旆馳抵潯州，士氣頓揚，民心大定，
欣佩之至。黄三首鼠兩端，其初一心求撫，
迨陶昌培到彼，又復自變其説，種種
要求，看此情形，必須懾以兵威，始能就
範。而彼衆我寡，且彼處地居險要，不

宜輕於一擲冒昧進兵以辰之愚見
目下之計宜將剿撫二字權且閣起
而以扶正氣為先所謂扶正氣者不外整
飭團練固結民心八字而解散脅從
寄賊綜即隱寓於其間
麾下有鄭蔣兩軍兵威正壯乘此整飭團
練甚易為力惟當嚴〻約束壯勇不使
之蔓生事擾民並開導團紳不得挾制

宜輕於一擲，冒昧進兵。以區區愚見，目下之計，宜將勦撫二字權且閣起，而以扶正氣為先。所謂扶正氣者，不外整飭團練、固結民心八字。而解散脅從，出奇購線，即隱寓於其間。

麾下有鄭蔣兩軍，兵威正壯，乘此整飭團練，甚易為力。惟當嚴嚴約束壯勇，不絲毫生事擾民，並開導團紳，不得搜求

既佳則團練之氣易壯團練之勢易
張於是賊黨漸孤賊勢漸衰而用兵
用捐乃可相機行事矣節泉前在揚州
蘇常府城甫經克復軍威極壯之時正
易得手後而難不動者一則因刑威太嚴
一則因罰捐太苛以致人心渙散也籌
餉固當益緊然而寬厚多則民受不支
賜教示將罰捐不可太苛即捐亦宜可示

既往，則團練之氣易壯，團練之勢易張，於是賊黨漸孤，賊勢漸衰，而用勦用撫可以相機行事矣。薌泉前在潯州，時當府城甫經克復，軍威極壯之時，正易得手，然而辦不動者，一則因刑威太嚴，一則因罰捐太苛，以致人心涣散也。籌餉固當萬緊，然而寬一步則民受一分之賜，故不獨罰不可太苛，即捐亦不可不

有分寸
閣下仁心大度必與弟有同心也撥守獅師船
係存陶昌培募勇諸弟不可靠之至
其詳已函致峴莊必能詳述
尊聽此輩惟知以兄長求保舉為心而不以
公事為重全不度德量力設行其辭
不僨事飾餉充公措五千未免太少
前日另支於此間為難之事峴莊所目

有分寸。

閣下仁心大度，必與弟有同心也。段守辦師船，陳葆、陶昌培募勇，皆萬不可靠之事，其詳已面致峴莊，必能轉達

尊聽。此輩惟知以見長求保舉為心，而不以公事為重，全不度德量力，誤信其言，鮮不僨事。餉銀竟止撥五千，未免太少，歉何可言？然此間為難之處，峴莊所目

勞崇光卷下

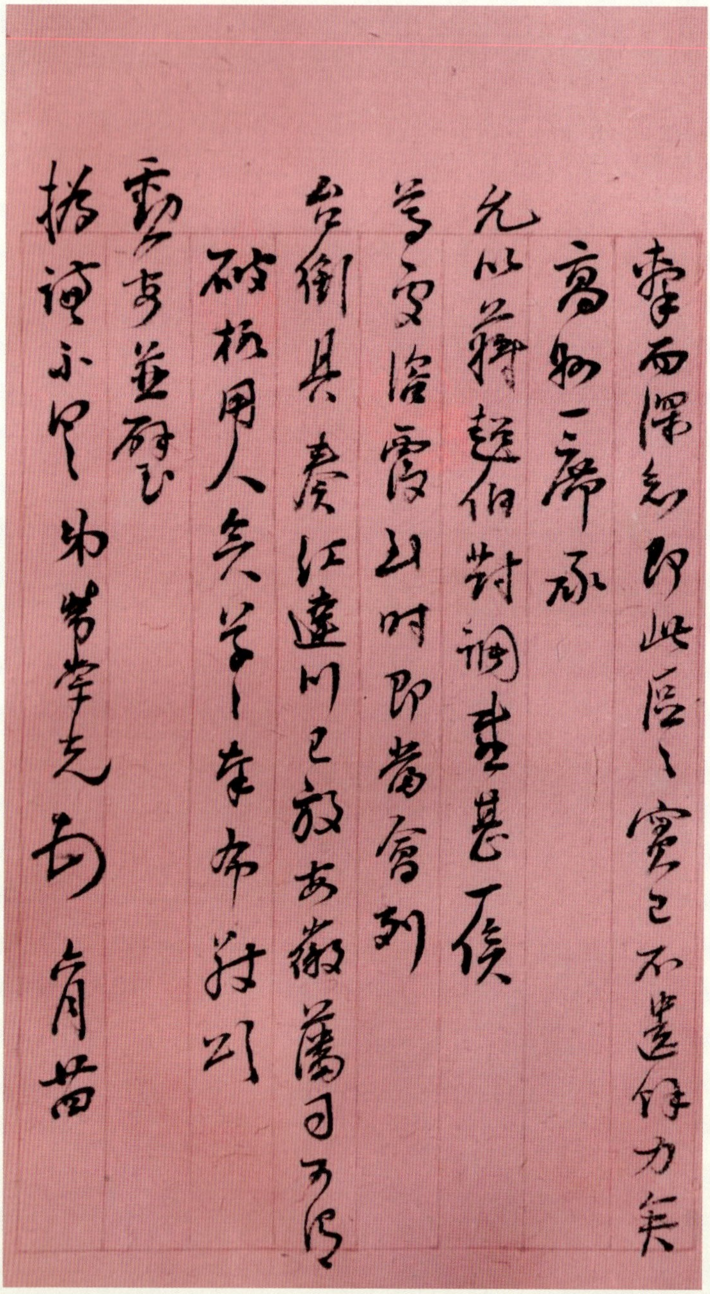
牽而深知即此區區寔已不遺餘力矣
高物一席承
允以蔣挺伯對調甚甚候
芳雯洛霞山時即當會到
台衛具奏江達川已放安徽藩司可謂
破格用人矣草草奉布藉以
勛安並賀
指讀不一 弟勞崇光南 肖甫

擊而深知，即此區區，實已不遺餘力矣。
高州一席，承
允以蔣超伯對調，感甚。一俟
尊處咨覆到時，即當會列
台銜具奏。江達川已放安徽藩司，可謂
破格用人矣。草草奉布，敬頌
勳安，並璧
撝謙。不具。弟勞崇光頓首　六月廿四

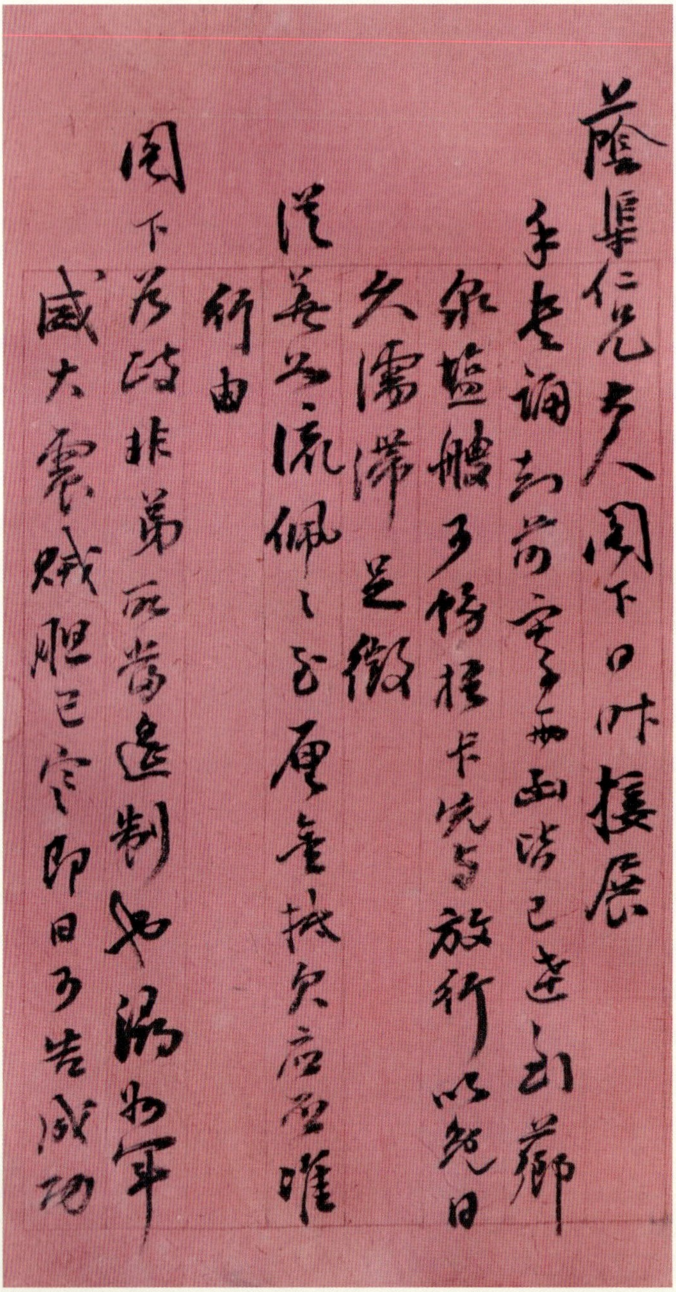

蔭渠仁兄大人閣下：日昨接展
手書，詢及前案，兩函諒已達到。鄰
省鹽艙多條，擬卡先為放行，以免日
久濡滯，足徵
從善如流，佩佩。至厘金撥欠，應否准
行，由
閣下酌核，非弟所當遙制也。湖北軍
威大震，賊膽已寒，即日可告成功

蔭渠仁兄大人閣下：　日昨接展
手書，誦知前寄兩函皆已達到。鄰
泉塩艘可飭梧卡先與放行，以免日
久濡滯，足徵
從善如流，佩佩。至厘金抵欠應否准
行，由
閣下為政，非弟所當遙制也。潯州軍
威大震，賊膽已寒，即日可告成功。

忭甚賀甚。至三巢穴險固，攻之甚
難，此仍當用堵截剿用奇計設
法殲之也。
老兄自有妙用耳。段小湖才自可用，
惟少年輕脫，自高易招人忌。眷
九峰垂涎廣積糧將，弟排而去之，
之鍛鍊羅織，不遺餘力，硬將
小湖拉入，指為弟之私人，但弟嘗

忭甚，賀甚。王三巢穴險固，攻之甚
難，恐仍當用撫，或别用奇計，設
法殲之。想
老兄自有妙用耳。段小湖才自可用，
惟少年輕脱自喜，易招人忌。者
九峰垂涎廣督，欲將弟排而去
之，鍛煉羅織不遺餘力，硬將
小湖拉入，指為弟之私人，謂弟蒙

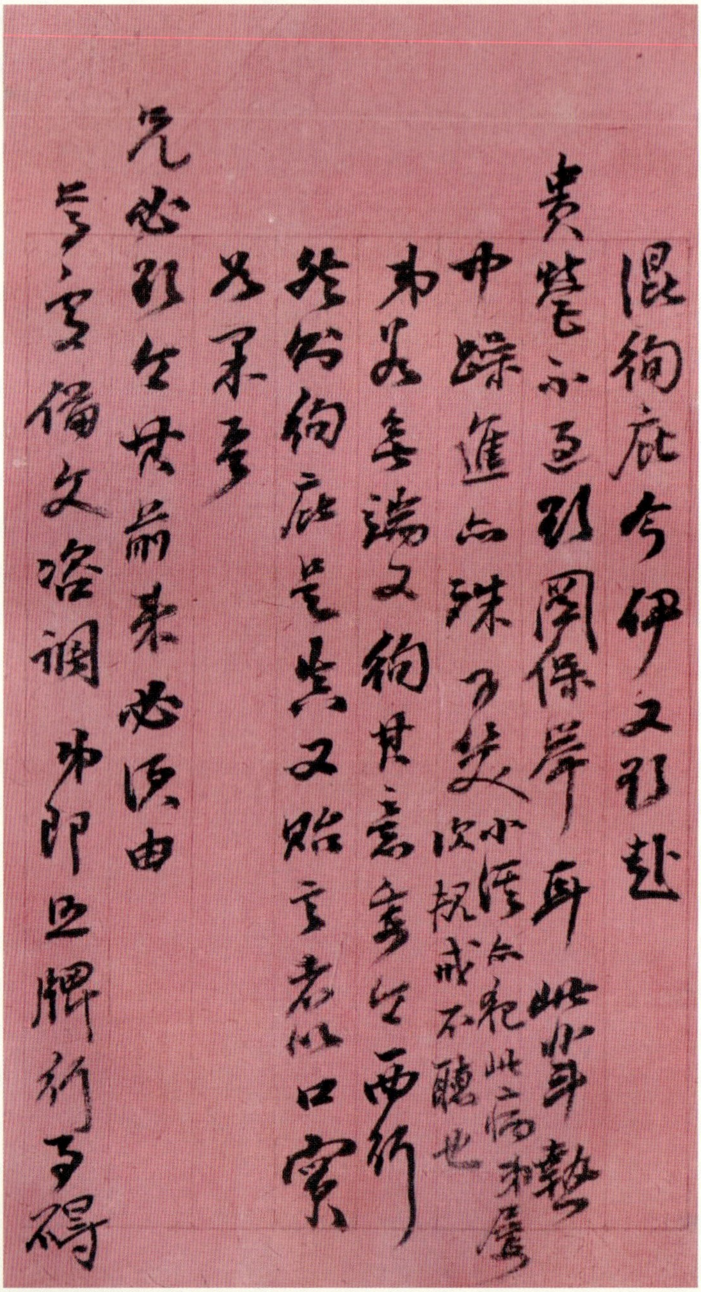

退(?)詢庇，今伊又移赴
貴營，亦甚為關係，屏(?)再此等勢
中蹤進止，殊乃未定(?)小隊亦把此一帶扎營，次(?)抗戒不聽也
弟又奉諭(?)，又詢其意欲公西行
然竊(?)詢庇，是其又貽之君(?)以口實
為累矣(?)
允必移公其前來，必須由
台(?)處備文咨調，弟即照擬行可(?)得

混徇庇。今伊又欲赴
貴營，不過欲圖保舉耳。此輩熱
中躁進，亦殊可笑。小溪亦犯此病，弟屢次規戒，不聽也
弟若無端又徇其意，委令西行，
然則徇庇是真，又貽言者以口實，
如果吾
兄必欲令其前來，必須由
尊處備文咨調，弟即照牌行事，礙

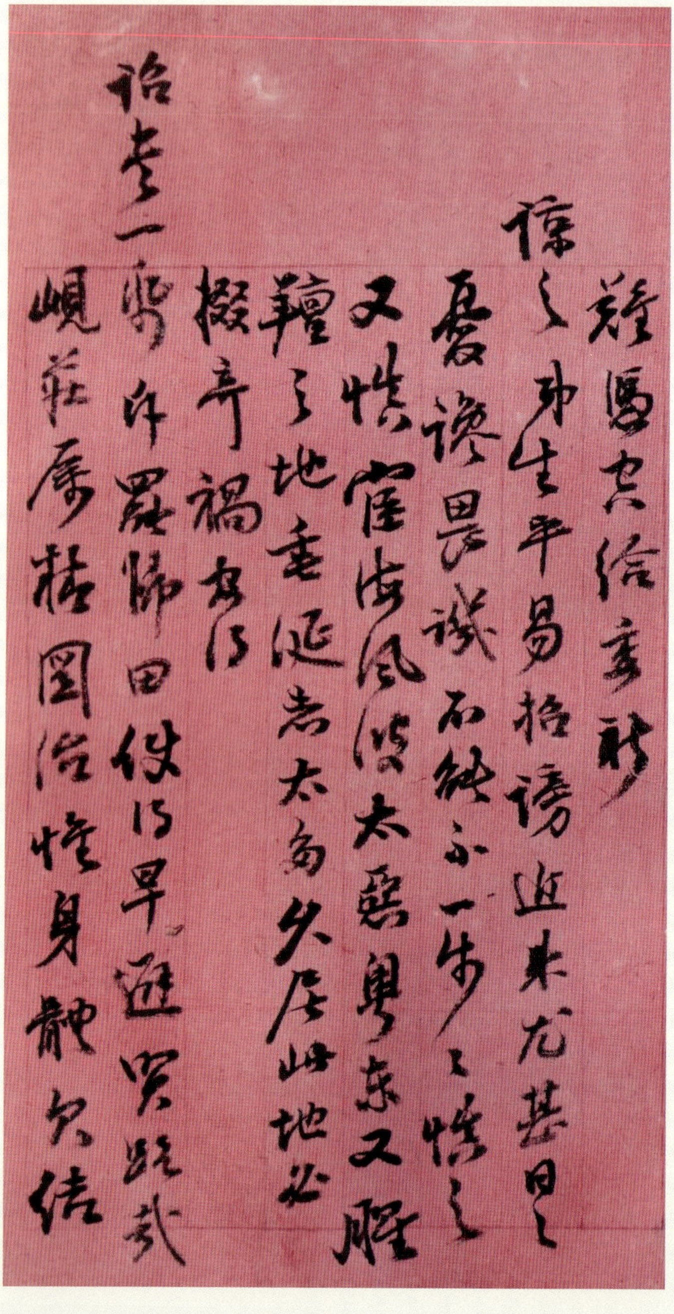
莜馬尊兄親家
徐之弟生平易招謗近來尤甚日々
憂讒畏譏不能不一步々惕之
又惟宦海風波太惡粵東又歷
轉之地垂涎者太多久居此地必
擬辭福矣仍
詒老一齊作罷歸田似以早避賢路哉
峴莊廣植園池怡性身體欠佳

難憑空給委，祈

諒之。弟生平易招謗，近來尤甚，日日

憂讒畏譏，不能不一步步慎之

又慎。宦海風波太惡，粵東又腥

羶之地，垂涎者太多。久居此地，必

掇奇禍，安得

詔書一紙，斥罷歸田，使得早避賢路哉。

峴莊厲精圖治，惟身體欠結

賓患瘧已逾月，猶未愈。拙荊郭中已及三矣，容即晤面。专肅敬覆，請移不一。

名另具 崇光頓首 月霽

近以手指生疔，艱於握管，作書殊不能成字，勿罪。屢學李也。

實，患瘧已逾月，猶未愈，想
竹報中已及之矣。草布，即頌
勳安，敬璧
謙稱。不一。
愚弟崇光頓首　八月初四日
近以手指生疔，艱於搦管，作書
幾不能成字，勿罪其草率也。

廣西人在於廣東者人亦無多官橐又
皆非充裕弟勸令捐助西餉並衛梓鄉
誼甚諄摯從事而力不從心宦途
多日有借貸到一半者亦有未破白
者功初意欲為借貸京餉稟解誠恐
河清難俟之無以應急需必多就已支
之銀借墊先行解往功先與團局誼甚
函商意欲將此項存款亦用趙紳毅夫之

廣西人官於廣東者，人本無多，官橐又皆非充裕，弟勸令捐助西餉，共衛梓鄉，諸君皆踴躍從事，而力不從心，宕延多日，有僅交到一半者，亦有未破白者。弟初意欲俟催齊彙解，誠恐河清難俟，無以應急需，止可就已交之銀儘數先行解往，弟先與團局諸君函商，意欲將此項存儲不用，趁新穀登

場糧價平減之時使數採買穀石存
倉以備緩急今則頭痛醫頭腳痛
醫腳恐難拘泥前文矣誠見踴躍
急公似可照粵西收捐折算章程另行
奏請獎以昭激勸惟捐項尚未收齊
各人所得何項獎敘尚未詢明以子稍緩
再辦此次餉銀雇船搬運長送桂林聞
札迅速不耽悞小費想

場、糧價平減之時，儘數采買穀石存倉，以備緩急，今則頭痛醫頭，脚痛醫脚，恐難拘泥前言矣。諸君踴躍急公，似應照粵西收捐折算章程，另行專案請獎，以昭激勸，惟捐項尚未收齊，各人願得何項獎叙尚未詢明，止可稍緩再辦。此次餉銀，雇砲船長送桂林，欲求迅速，不能惜小費，想

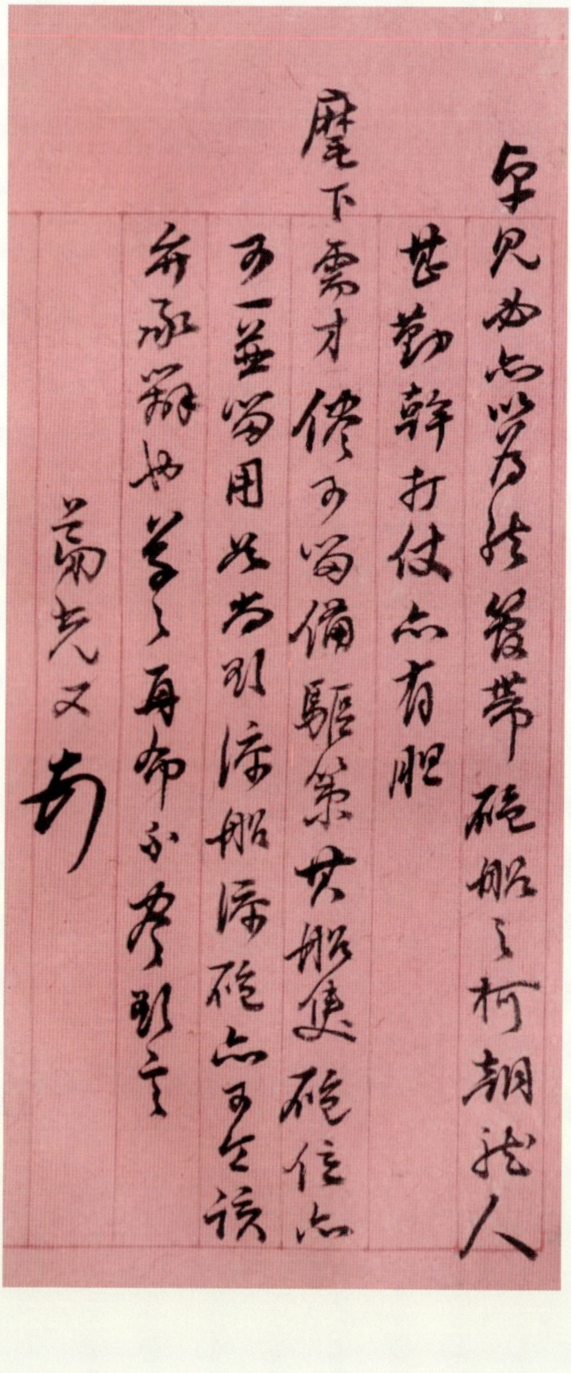
早見西江營帶礮船之柯朝起人
甚勤幹打仗亦有膽
麾下需才倘可調備驅策其船隻礮位亦
可一並調用如尚須添船添礮亦可代謀
弟承辦如葉之再佈亦要顧之
崇光又啓

卓見必亦以為然。管帶砲船之柯朝龍，人甚勤幹，打仗亦有膽，麾下需才，儘可留備驅策，其船隻砲位，亦可一並留用。如尚欲添船添砲，亦可令該弁承辦也。草草再布，不盡欲言。

弟光又頓首

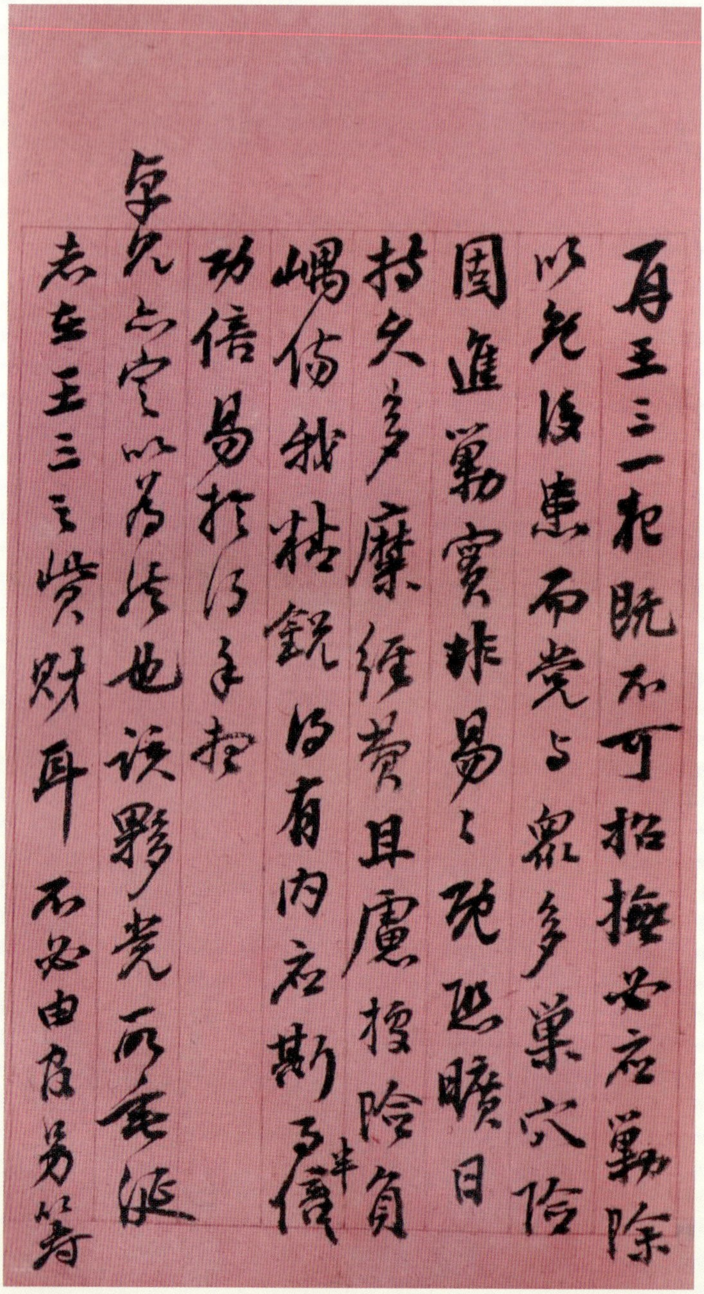
耳王三一把既不可招撫安插剿除
以免後患而黨与衆多巢穴險
固進剿實非易易現惟曠日
持久多糜經費且慮搜險負
嵎倚我粮餉以有內應斯可慮
功倍易於得手按
姑先示寬以爲緩也誘散黨羽而無涯
去在王三之黨財耳　不必由足下另籌

再，王三一犯既不可招撫，必應勦除，以免後患，而黨與衆多，巢穴險固，進勦實非易易，既恐曠日持久，多糜經費，且慮據險負嵎，傷我精鋭。得有内應，斯事倍半功倍，易于得手。想卓見亦定以為然也。該夥黨所垂涎者，在王三之貲財耳，不必由官另籌

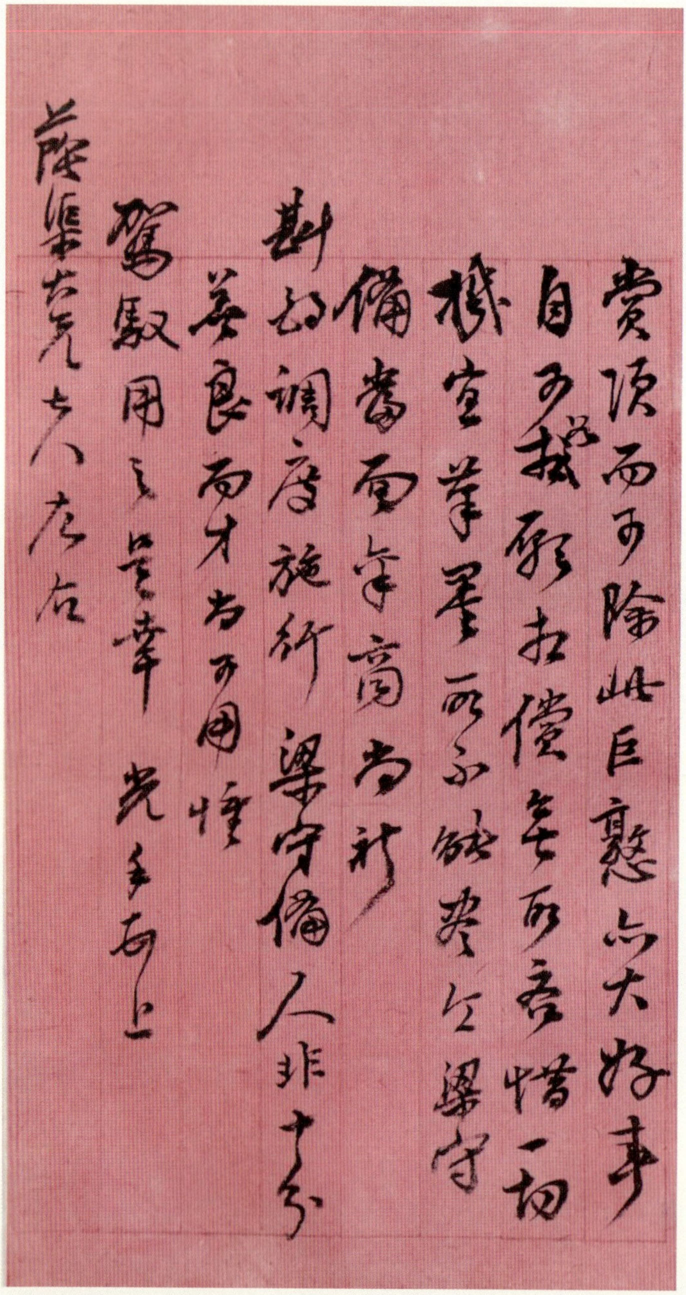

賞須兩可除此巨款亦大好事
自可設法形去償無所吝惜一切
機宜筆墨所不能盡今梁守
備當面詳商爲祈
斟酌調度施行梁守備人非十分
英良而才尚可用惟
駕馭用之是幸　光手泐上
蔭渠六兄大人左右

賞項而可除此巨慂，亦大好事。自可相如願相償，無所吝惜，一切機宜，筆墨所不能盡，令梁守備當面稟商，尚祈斟酌，調度施行。梁守備人非十分善良，而才尚可用，惟駕馭用之是幸。光手頓首上

蔭渠大兄大人左右。

蔭渠大兄大人麾下：昨閱邸鈔，弟因
案降調
閣下晉擢粵臬，月卿叶升西掖，仰見
豐功駿績，上契
宸衷，是以榮膺
溫綸，特膺
峻擢，引瞻
節鉞，忭賀良深。弟年職多狀，年頗

蔭渠大兄大人麾下：昨閱邸鈔，弟因
案降調，
閣下晋擢粤督，月卿坐升西撫，仰見
豐功駿績，上契
宸衷，是以榮奉
温綸，特膺
峻擢，引藏
節鉞，忭賀良深。弟奉職無狀，年餘

以來謗書盈篋並徇之者云云悵不
乃食其肉而寢其皮乃蒙
聖慈不加嚴譴並不立賜罷斥僅予降
調則分不足蔽辜皆由
帝德汪洋垂念老臣於情格外至
奏之餘彌深悚惕耳刻下止見部
鈔未據部文不便遽用必續稿咨
准咨案計西省據部文比東省稍早

以來，謗書盈箧，若徇言者之意，恨不得食其肉而寢其皮，乃荷
聖慈不加嚴譴，並不立賜罷斥，僅予降調，自分不足蔽辜，皆由
帝德汪洋，垂念老臣，矜憐格外，感戴之餘，彌滋悚惕耳。刻下止見邸鈔，未接部文，不便遽用公牘，移咨
冰潘案，計西省接部文比東省較早，

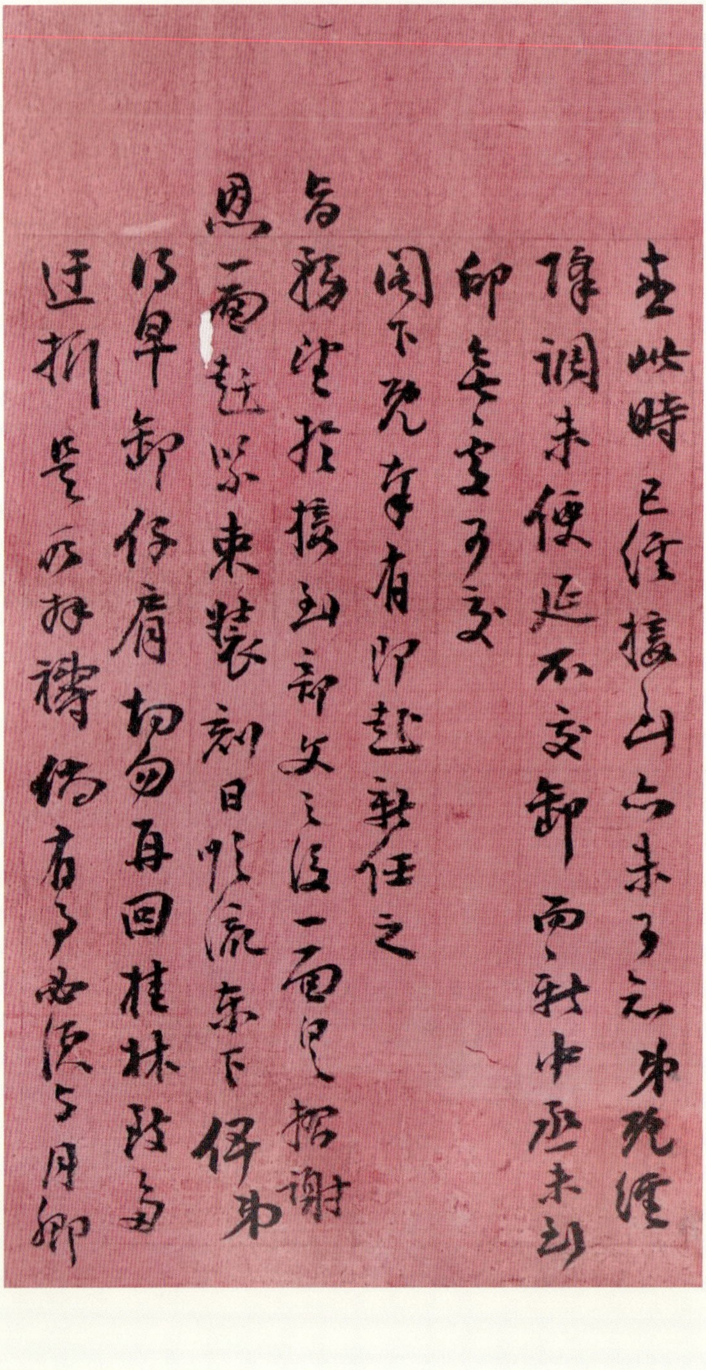

委此時已經撫山亦未可知弟現經
奏調未便延不交卸而秋中恐未到
卸矣。望子定
閣下既奉有即赴新任之
旨務望於撫山到部交之後一面具摺謝
恩一面趕緊束裝刻日順流東下俾弟
得早卸仔肩切勿再回桂林致多
延擱是所拜禱。備有一函須 月卿

或此時已經接到，亦未可知。弟既經
降調，未便延不交卸，而新中丞未到，
印無處可交。
閣下既奉有即赴新任之
旨，務望於接到部文之後，一面具摺謝
恩，一面趕緊束裝，刻日順流東下，俾弟
得早卸仔肩，切勿再回桂林，致多
迂折。是所拜禱。倘有事必須與月卿

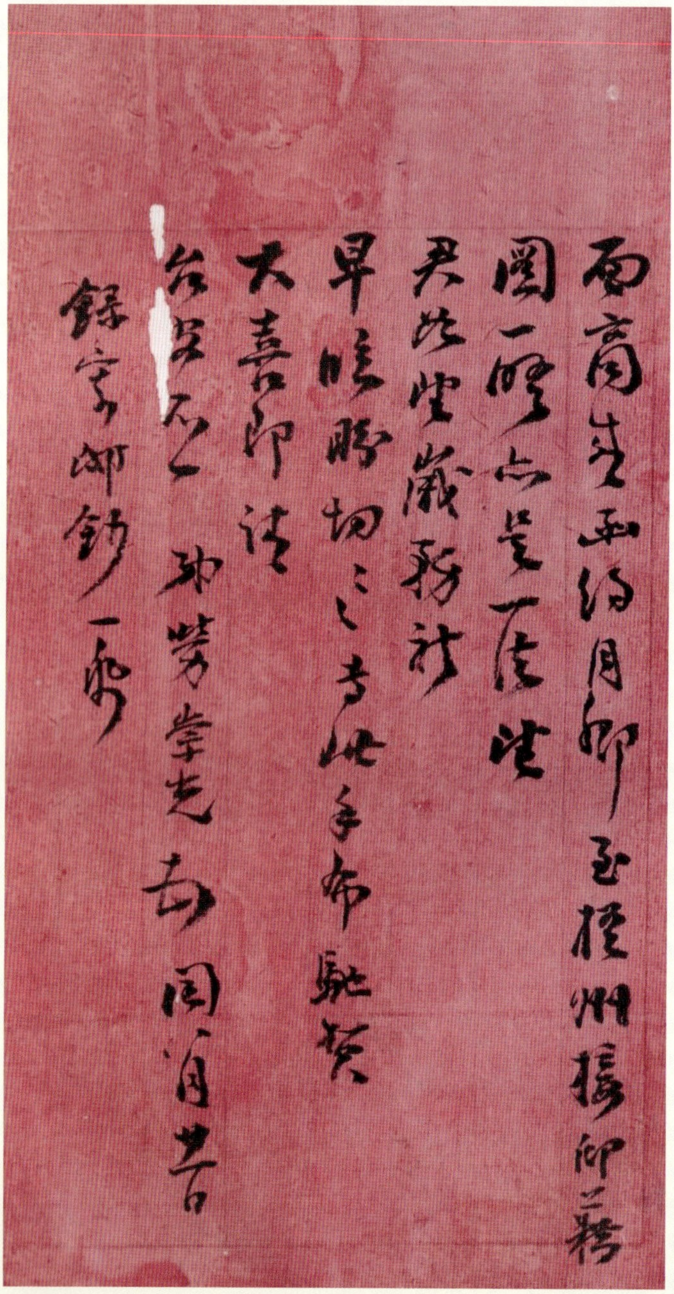

面商，或函約月卿至梧州接印，藉
圖一晤，亦是一法。望
君如望歲，務祈
早臨，盼切，盼切。專此手布，馳賀
大喜，即請
台安。不一。弟勞崇光頓首　閏八月廿一日
　録寄邸鈔一紙。

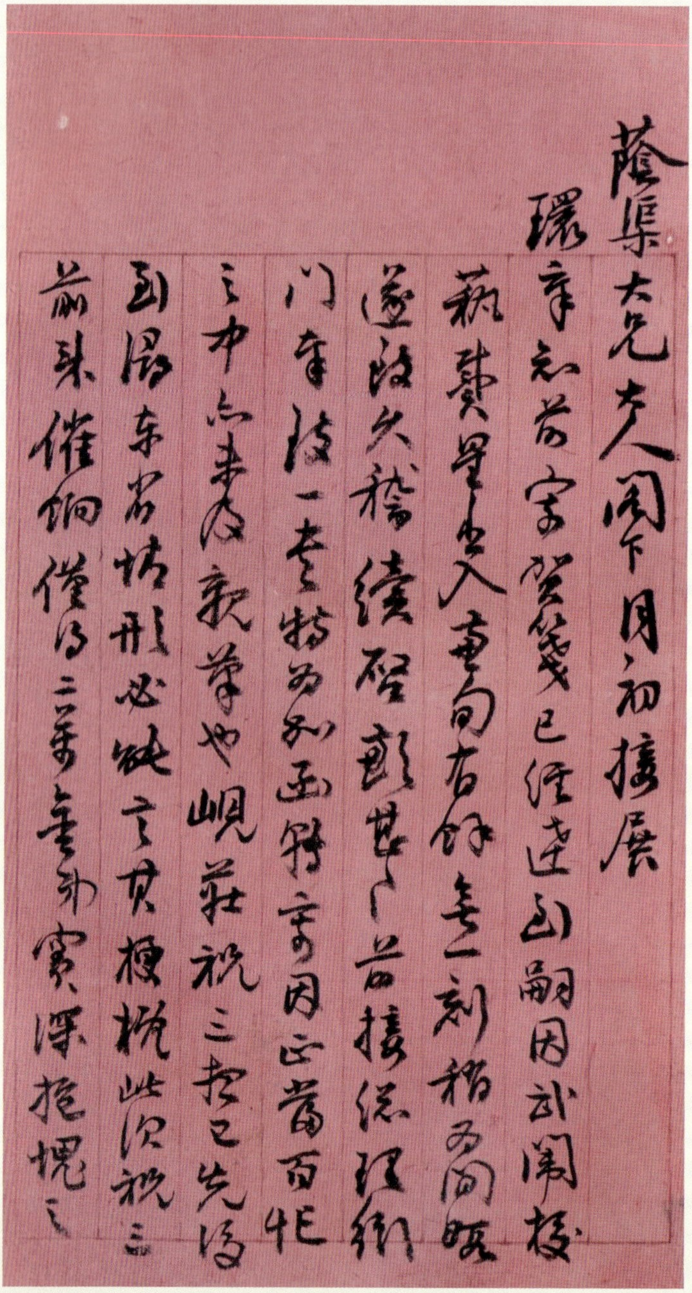

蔭渠大兄大人閣下：月初接展

環章，知前寄賀箋已經達到，嗣因武闈校藝，戴星出入兼旬有餘，無一刻稍為閒暇，遂致久稽續啓，歉甚，歉甚。前接總理衙門奉致一書，特為加函轉寄，因正當百忙之中，亦未及親筆也。峴莊、祝三想已先後到潯，東省情形必能言其梗概。此次祝三前來催餉，僅得二萬金，弟實深抱愧之

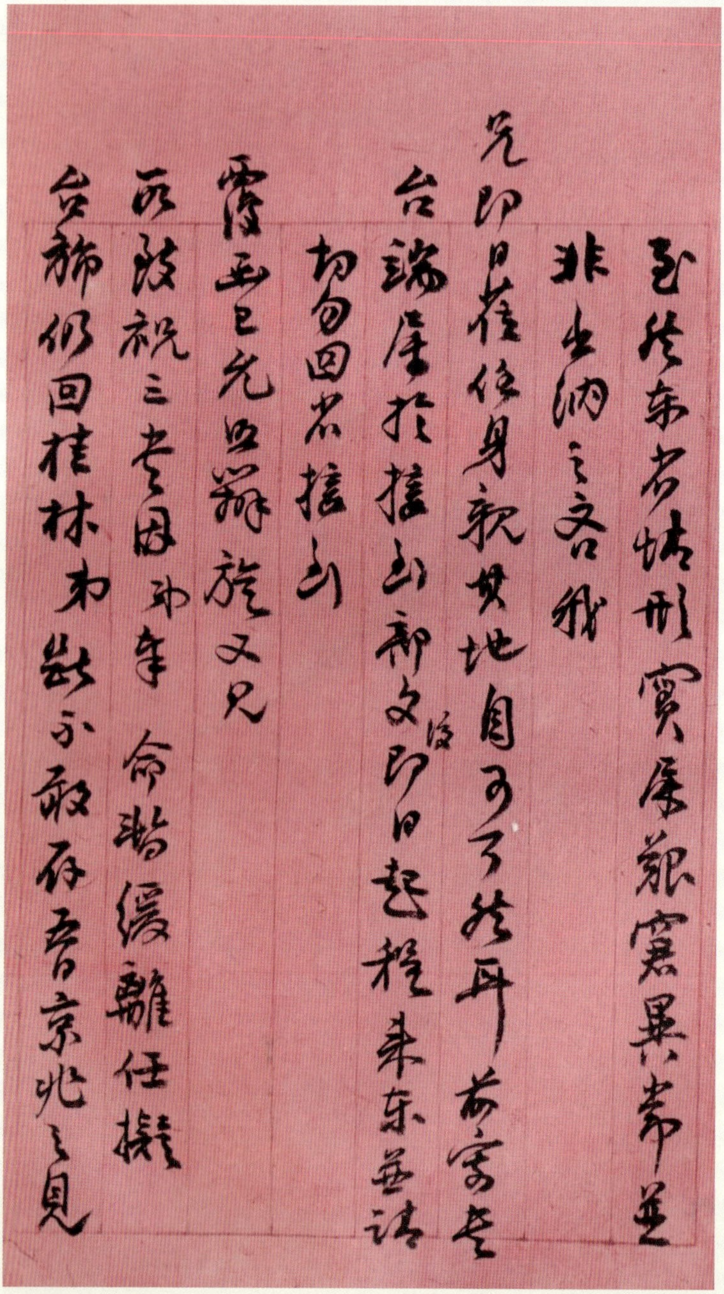
至於東省情形實屬艱窘異常並
非出納之吝我
兄即日在任身親其地自可了然耳前寄去
台諭屬於接到新文後即日起程來東並請
切勿回省接到
霞丞已先出羅旋又見
函致祝三老因和年　命將緩離任幾
台旆仍回桂林不敢亦敢存吾京兆之見

至，然東省情形，實屬艱窘異常，並非出納之吝，我
兄即日莅任，身親其地，自可了然耳。前寄書
台端，屬於接到部文後即日起程來東，並請切勿回省，接到
覆函已允照辦。旋又見
所致祝三書，因弟奉　命暫緩離任，擬
台旆仍回桂林，弟斷不敢存五日京兆之見，

帝巢早爲議卻以圖息肩惟弟亟於
拾恩已成讒人眼中釘弟一日不去讒人一
日不甘心將廣爲設法與弟爲難弟來
身自當無可瑕疵必可於公事中吹毛
求疵從弟無可措手是而後已弟一人之
身家不足惜而粵東公事從此益難辦
將乞示可收拾是否仍盈盼至
先早來俾弟早交卸以保全粵東大局也弟

希冀早為諉卸，以圖息肩。惟弟過於招忌，已成諸人眼中釘。弟一日不去，諸人一日不甘，必將廣為設法，與弟為難。弟束身自愛，無可瑕疵，止可於公事中吹求毛求疵，使弟無所措手足而後已。弟一人之身家不足惜，而粵東公事從此益難辦，將至不可收拾，是以仍亟盼吾兄早來，俾弟早交卸，以保全粵東大局。此弟

保全地方之苦心，上可以對天地神明，下可
以對百姓者也。務祈老
兄垂鑒。頃接峴莊函囑，將營中一切事
宜交其接管，一面函達月卿，一葉扁舟
順流而下，同至梧州小聚二三日，暢談一切，
即由梧江赴職東行，彼弟仍代爲存烟，
弟不勝感激，地方官紳百姓尤不勝感激仰諒。
台安，惟照，好音不一。至弟勞崇光頓
十月廿八日戌刻

保全地方之苦心，上可以對天地神明，下可以對百姓者也。務祈吾兄垂鑒此衷，於峴莊到營後，將營中一切事宜交其接管，一面函邀月卿，一葉扁舟，順流而下，同到梧州，小聚二三日，暢談一切，即由梧江鼓檝東行，使弟瓜代有期，弟不勝感泐，地方官紳百姓尤不勝感泐。即請台安，翹盼好音。不一。愚弟勞崇光頓首

十月廿八日戌刻

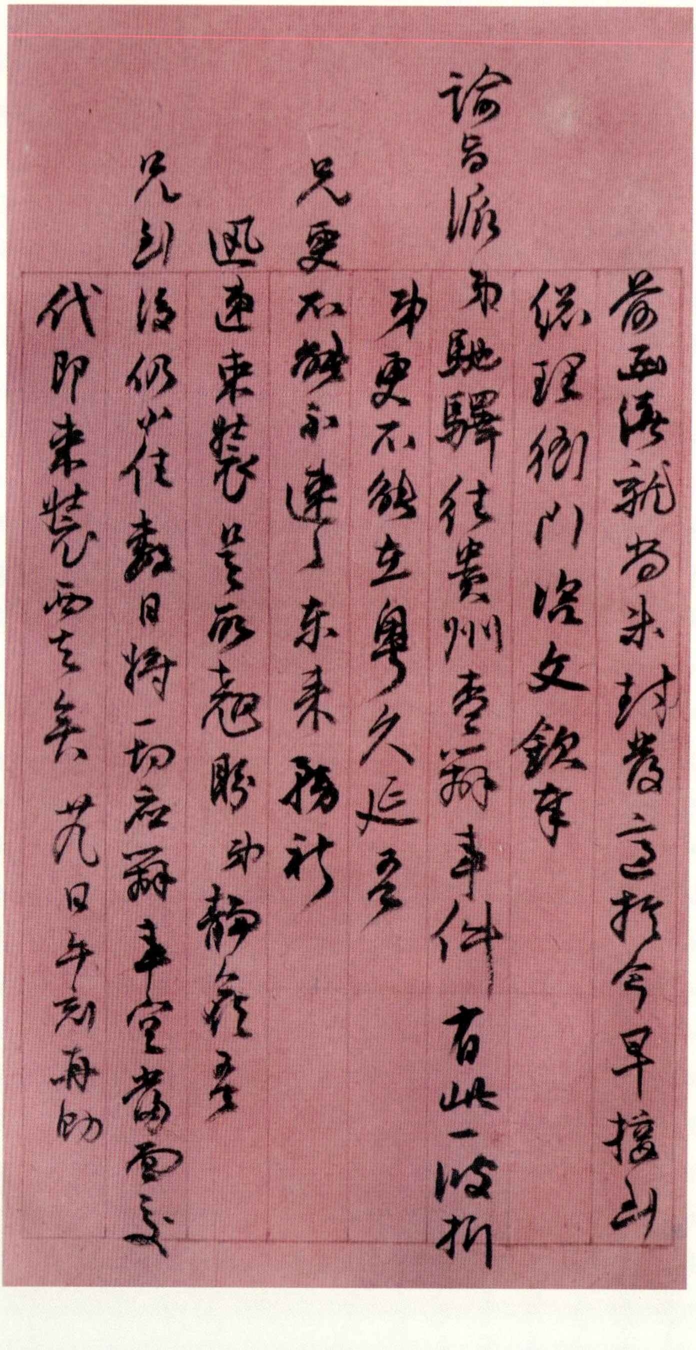

昔函復就尚未封發適於今早接到
總理衙門咨文欽奉
諭旨派弟馳驛往貴州查辦事件有此一段折
弟更不能在粵久延多
兄更不能不速了東來務祈
迅速束裝是所至盼弟靜候至
兄到後仍必往敘日將一切應辦事宜當面交
代即束裝西去矣　初九日午刻再啟

前函繕就，尚未封發，適於今早接到
總理衙門咨文，欽奉
諭旨，派弟馳驛往貴州查辦事件。有此一波折，
弟更不能在粤久延，吾
兄更不能不速速東來。務祈
迅速束裝，是所翹盼。弟静候吾
兄到後，仍小住數日，將一切應辦事宜當面交
代，即束裝西去矣。廿九日午刻再泐

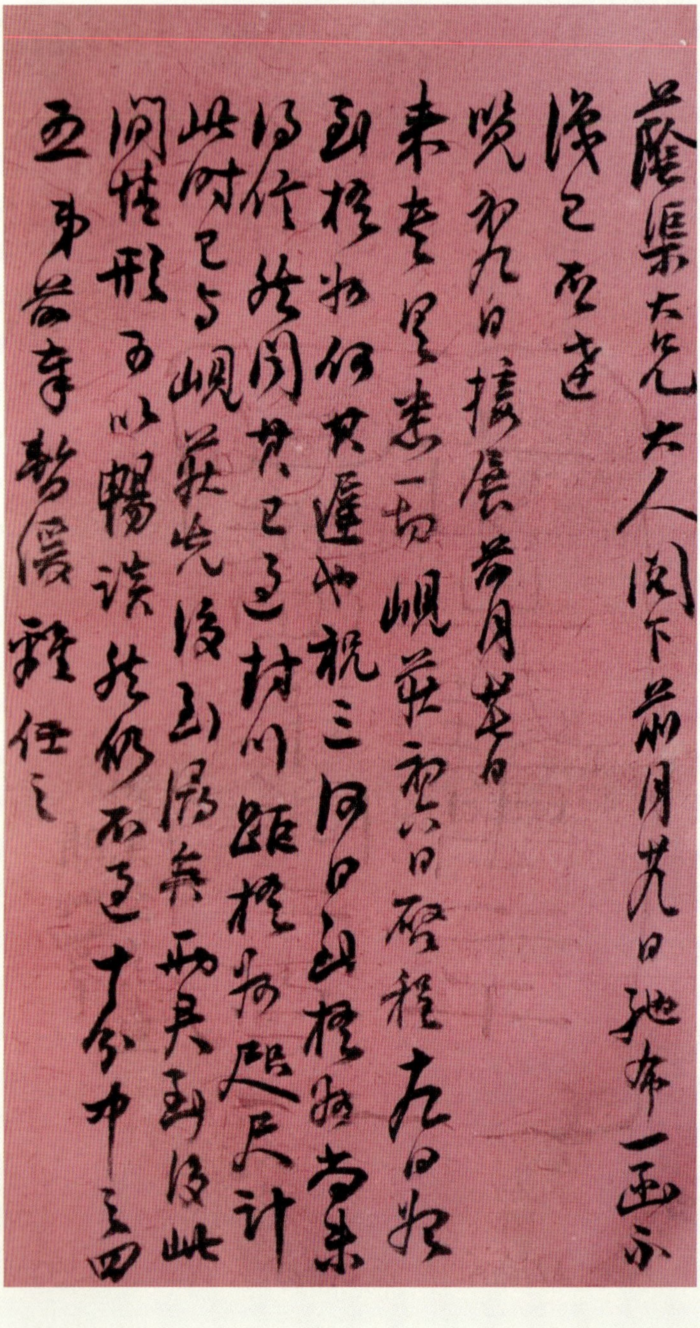
蔭渠大兄大人閣下：前月廿九日泐布一函，示
復已否達
覽。初九日接展前月廿日
來書，具悉一切。峴莊初六日啓程，十日抵
到梧，將何其遲也。現三月日由梧，務常來
涵行，然聞其已過封川，距梧將臨，尺計
此時已與峴莊晤後，到梧無兩矣，到後此
間情形可以暢談，然終不過十分中之四
五。弟昔年暫居粵任之

蔭渠大兄大人閣下：前月廿九日馳布一函，不識已否達覽。初九日接展前月廿七日來書，具悉一切。峴莊初六日啓程，十九日始到梧州，何其遲也。祝三何日到梧州，尚未得信，然聞其已過封川，距梧州咫尺，計此時已與峴莊先後到潯矣。兩君到後，此間情形可以暢談，然仍不過十分中之四五，弟前奉暫緩離任之

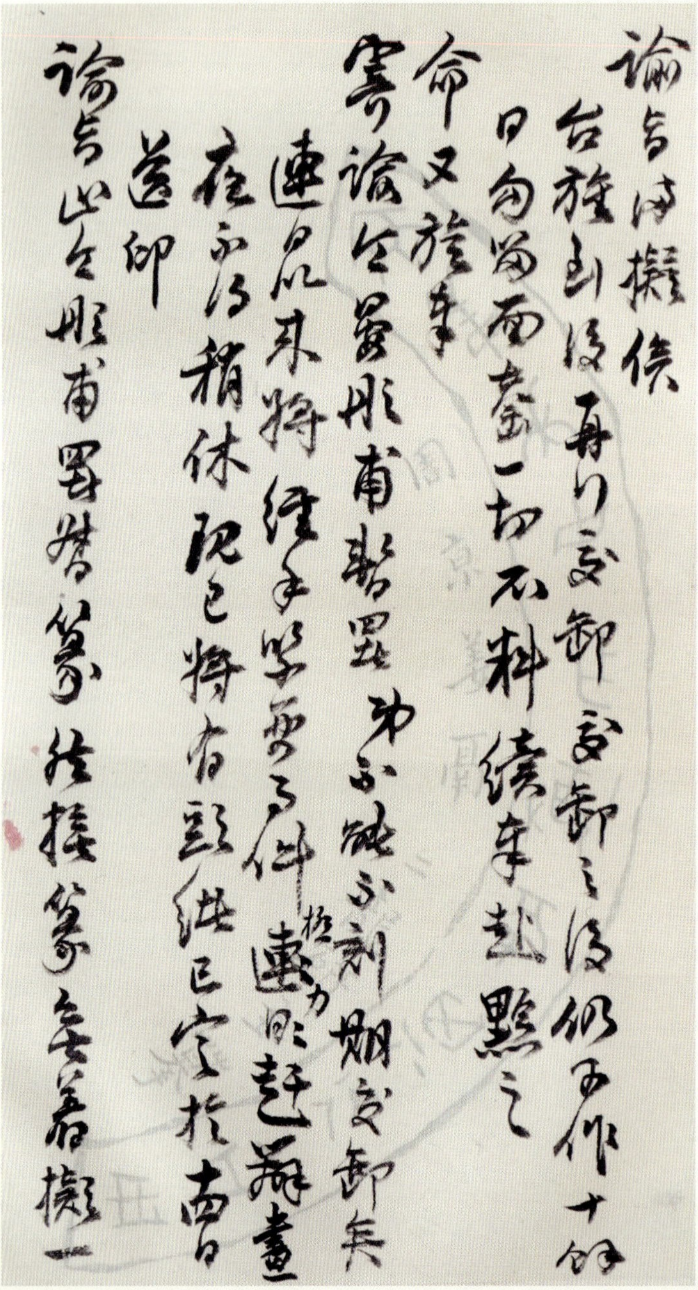

諭旨侍擬候
台旌到後再行定節定節之後仍由作十餘
日內將兩面奏一切不料續奉點之
命又旌奉
寄諭令督飭南贛罷功不能不剋期定節矣
速見來將繼手堅要各件極力盡於趕辦畫
在示以稍休現已將有頭緒臣定於本日
遵即
諭旨必令督飭南贛署替篆往接篆無庸擬一

諭旨，滿擬俟
台旌到後再行交卸，交卸之後仍可作十餘
日勾留，面罄一切，不料續奉赴黔之
命，又旋奉
寄諭，令晏彤甫暫署，弟不能不刻期交卸矣。
連日以來將經手緊要事件進曲極力趕辦，晝
夜不得稍休，現已將有頭緒，已定於十四日
送印，
諭旨止令彤甫署督篆，然撫篆無著，擬一

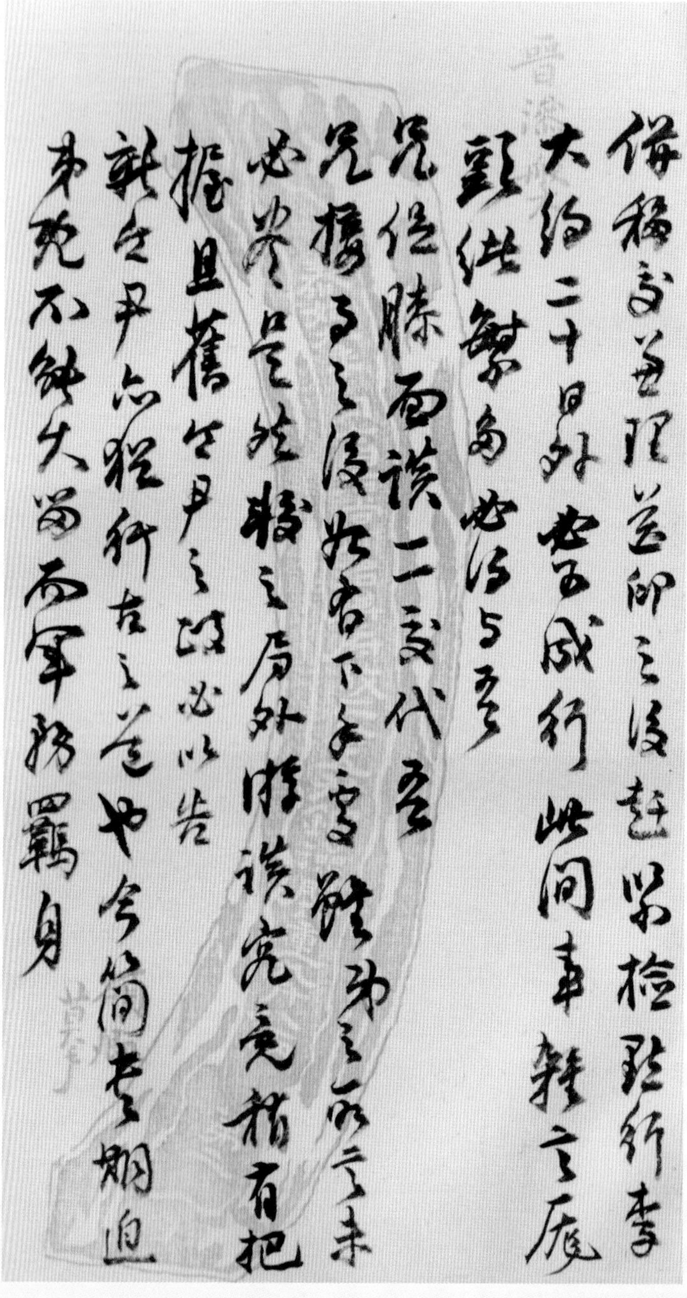

俟稍籌並理營印之後趕緊檢點行李
大約二十日外要成行此間車輛之應
預備者弟處必須與商
兄經勝西談二兄代為
兄接之後如有不了處雖弟之所未
必盡是然將之屬外惟談究竟有把
握且舊年之路必以告
執事平心相待之意也今簡書期迫
弟現不能大營而軍務羈身

併移交兼理。送印之後趕緊檢點行李，大約二十日外必可成行。此間事雜言厖，頭緒繁多，必得與吾兄促膝面談，一一交代，吾兄接事之後始有下手處，雖弟之所言未必盡是，然較之局外游談，究竟稍有把握，且舊令尹之政必以告新令尹，亦猶行古之道也。今簡書期迫，弟既不能久留，而軍務羈身，

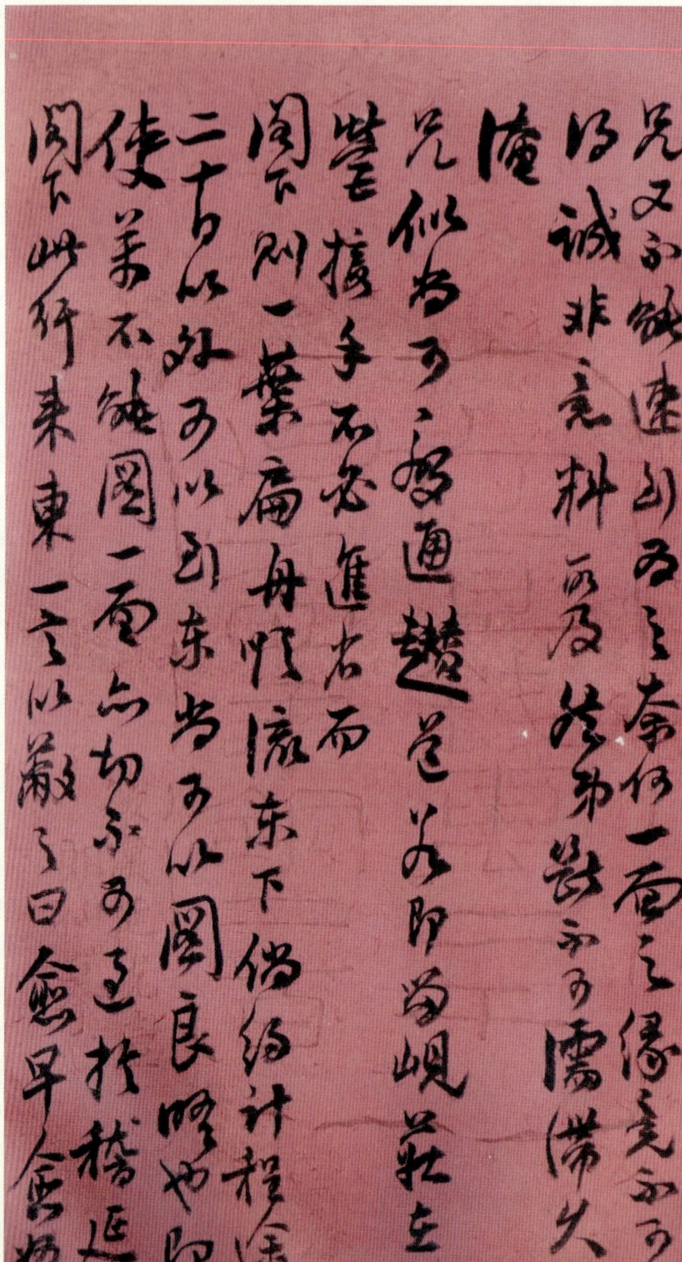
兄又示欲速出而之奉行一面之傳竟亦可
以誠非意料所及然而勢亦可需滞矣
確
兄似為可一發通趱邑若即為峴莊左
袒援手不必進省而
閣下則一葉扁舟順流東下俟約計程途
二十日以外可以到東為可以圖良晤也即
使弟不能圖一面亦切不可遲於稽延
閣下此行來東一言以蔽之曰愈早愈妙

兄又不能速到，為之奈何。一面之緣竟不可
得，誠非意料所及。然弟斷不可濡滯久
淹，
兄似尚可變通趲道，若即留峴莊在
營接手，不必進省，而
閣下則一葉扁舟，順流東下，倘約計程途，
二十日以外可以到東，尚可以圖良晤也。即
使萬不能圖一面，亦切不可過於稽延，
閣下此行來東，一言以蔽之曰：愈早愈妙。

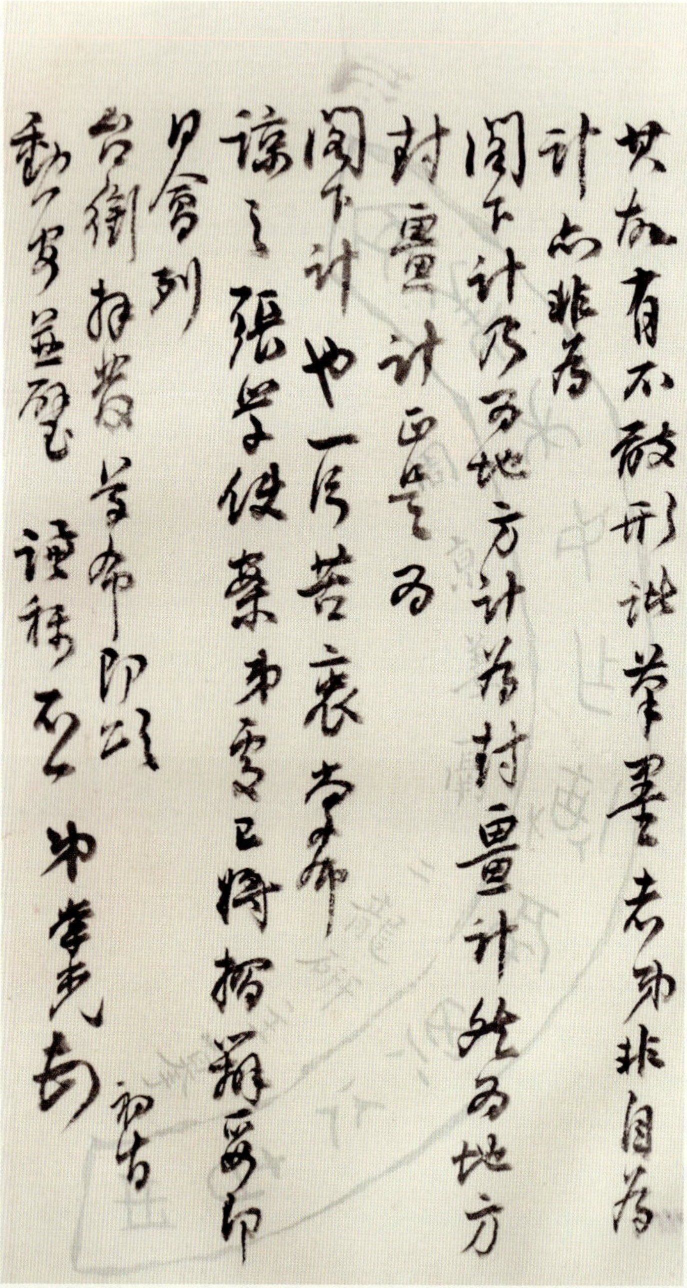

其有不敢形諸筆墨者,初非自為計,亦非為閣下計,乃為地方計,為封疆計,然為地方封疆計,亦正為閣下計也。一片苦衷,尚希諒之。張學使案,弟處已將摺稿寄印,日會列台銜拜發。專布,即頌勛安,並璧謹柬,不一。弟崇光頓首。初十

其故有不敢形諸筆墨者，弟非自為
計，亦非為
閣下計，乃為地方計，為封疆計，然為地方、
封疆計，正是為
閣下計也。一片苦衷，尚希
諒之。張學使案，弟處已將摺辦妥，即
日會列
台銜拜發。草布，即頌
勳安，並璧謙稱。不一，弟崇光頓首　初十日

勞崇光卷下

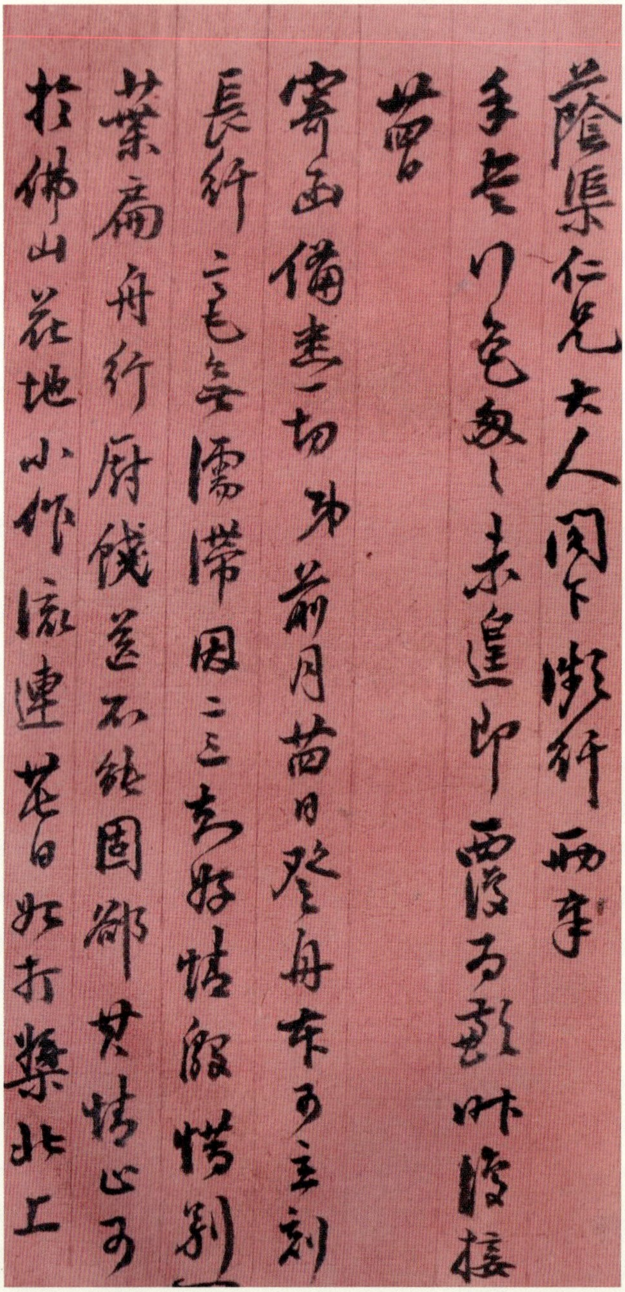
蔭渠仁兄大人閣下：判袂兩年，
手書問訊多〻，未遑即覆，而霞弟昨復接
曾
寄函，備述一切，知前月苗日登舟東下，予主刻
長行〻〻，無濡滯，因〻〻志好，諸假惜别
葉扁舟，行廚餞送，不能回鄉，其情必可
於佛山花地小作流連，花朝好打槳北上

蔭渠仁兄大人閣下：瀕行，兩奉
手書，行色匆匆，未遑即覆為歉，昨復接
廿四日
寄函，備悉一切。弟前月廿四日登舟，本可立刻
長纖，毫無濡滯，因二三知好情殷惜别，一
葉扁舟，行厨餞送，不能固郤其情，止可
於佛山花地小作流連。廿七日始打槳北上，

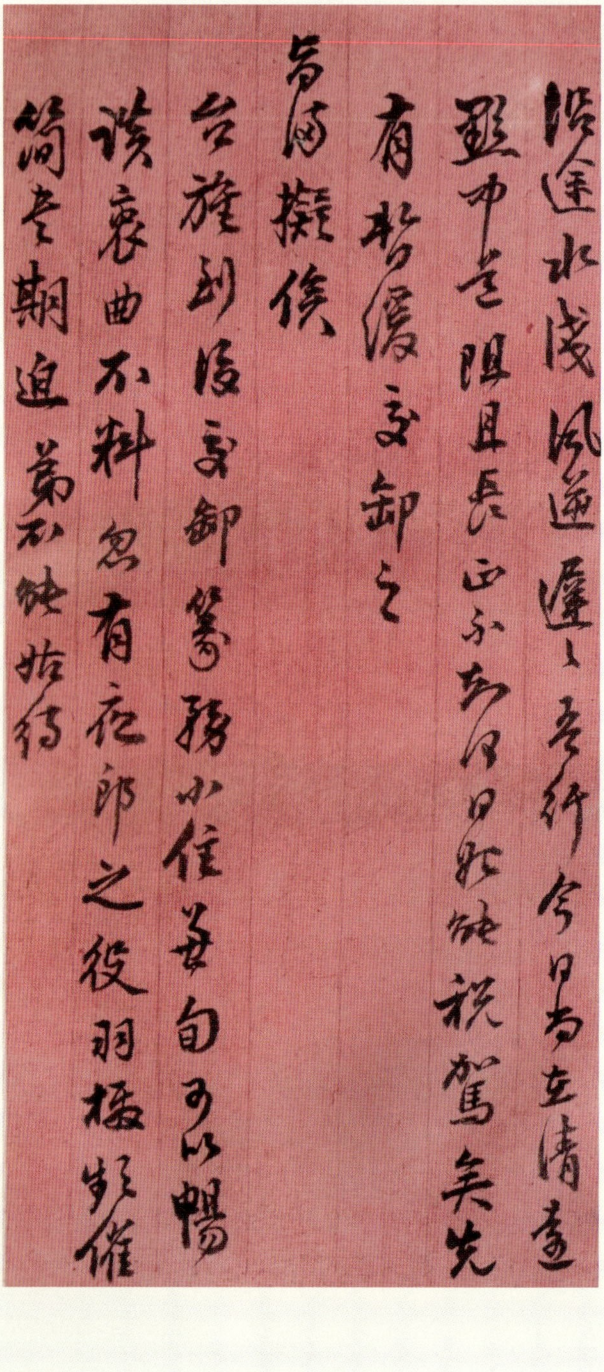

沿途水淺風逆，遲遲前行，今日方至清遠
舟中甚阻且長，正不知何日能祗駕矣。先
有書覆，奉卸之
旨，尚擬俟
台旌到後奉卸篆務，小住兩旬，可以暢
談衷曲。不料忽有花郎之役，羽檄頻催，
簡書期迫，弟不能坐待

沿途水淺風逆，遲遲吾行。今日尚在清遠。黔中道阻且長，正不知何日始能稅駕矣。先有暫緩交卸之
旨，滿擬俟
台旌到後交卸篆務，小住兼旬，可以暢談衷曲，不料忽有夜郎之役，羽檄瀕催，簡書期迫，弟不能姑待，

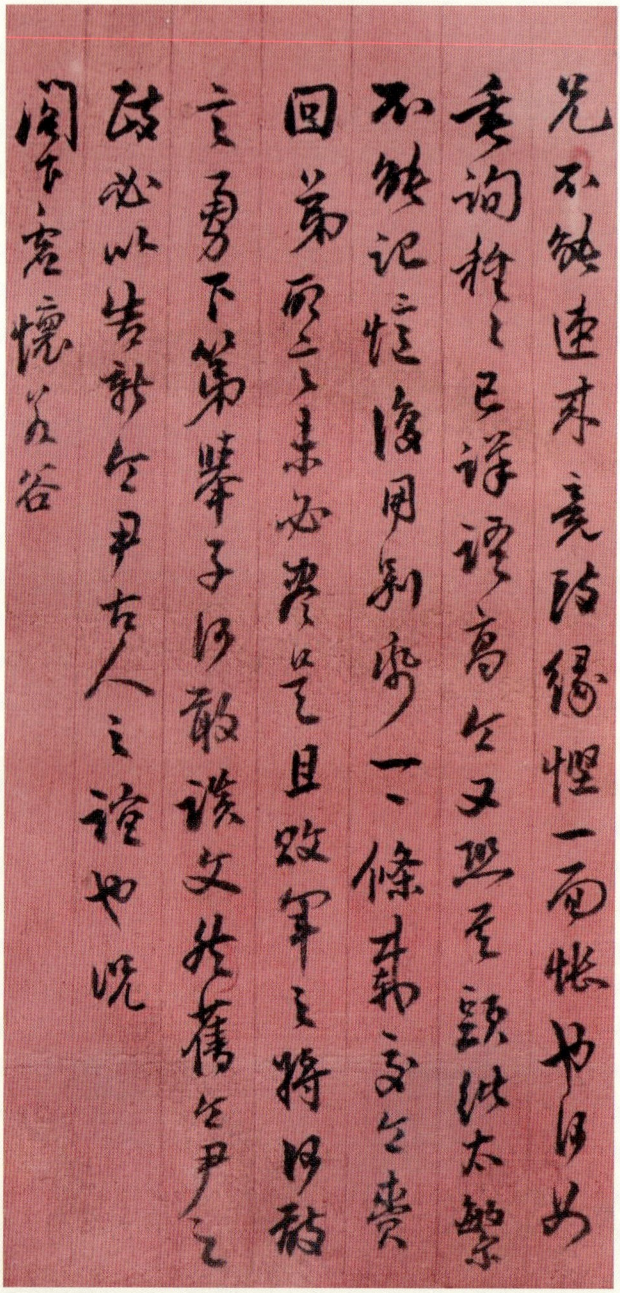
先不能速來，竟致緣慳一面，悵也何如。
垂詢種種，已詳諭高令，又恐其頭緒太繁
不能記憶，復用剳開一條，交令齎
回。弟所云云，未必盡是。且敗軍之將何敢
言勇，下第舉子何敢談文。於舊令尹之
政必以告新令尹，古人之誼也。況
閣下之虛懷若谷

兄不能速來，竟致緣慳一面，悵也何如。
垂詢種種，已詳語高令，又恐其頭緒太繁，
不能記憶，復用別紙一一條載，交令賫
回。弟所言未必盡是，且敗軍之將，何敢
言勇，下第舉子，何敢談文。然舊令尹之
政，必以告新令尹，古人之誼也。況
閣下虛懷若谷，

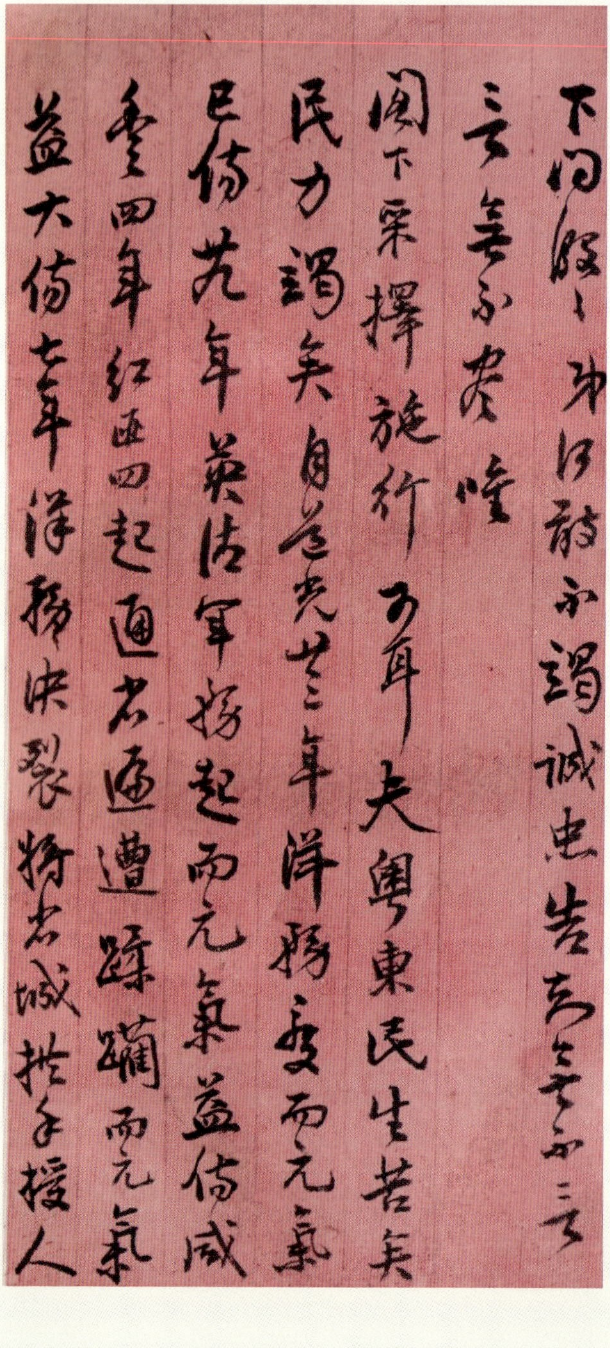

下問殷殷弟以謭不謭誠忠告者屢屢再三
三矣不答嗟
閣下采擇施行方耳夫粵東民生苦矣
民力竭矣自道光廿三年洋務起而元氣
已傷先年英法軍務起而元氣益傷咸
豐四年紅匪四起通省遍遭蹂躪而元氣
益大傷七年洋務決裂將省城拱手授人

下問殷殷，弟何敢不竭誠忠告，知無不言，
言無不盡，唯
閣下采擇施行可耳。夫粵東民生苦矣，
民力竭矣。自道光廿三年洋務變而元氣
已傷，廿九年英德軍務起而元氣益傷，咸
豐四年紅匪四起，通省遍遭蹂躪，而元氣
益大傷，七年洋務决裂，將省城拱手授人，

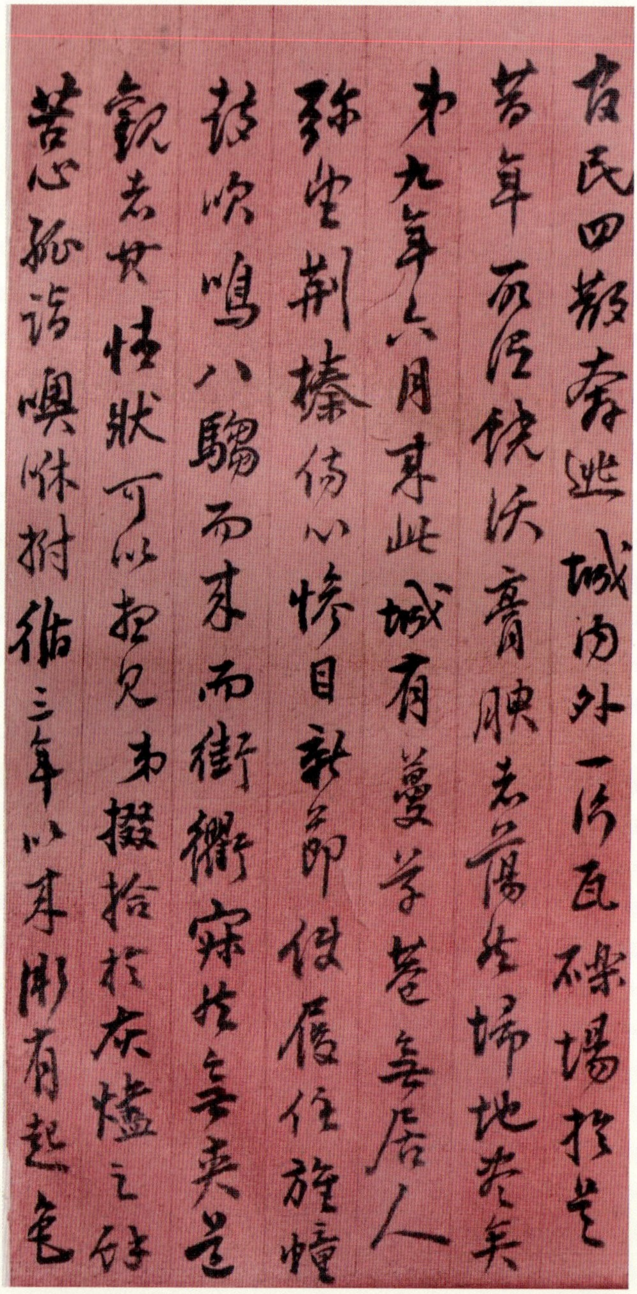

古氏四散奔逃，城內外一片瓦礫場。於是昔年所居饒沃膏腴去處，皆埽地盡矣。弟九年六月來此城，有蔓草，巷無居人。彌望荊榛，傷心慘目。新節使履任，旌幢鼓吹鳴八騶而來，而街衢寂於無矣。是觀者其情狀可以想見。弟掇拾於灰燼之餘，苦心孤詣，噢咻拊循，三年以來，漸有起色

官民四散奔逃，城内外一片瓦礫場，於是昔年所謂饒沃膏腴者，蕩然埽地盡矣。弟九年六月來此，城有蔓草，巷無居人，彌望荆榛，傷心慘目。新節使履任，旌幢鼓吹鳴八騶而來，而街衢寂然，無夾道觀者，其情狀可以想見。弟掇拾於灰燼之餘，苦心孤詣，噢咻拊循，三年以來，漸有起色，

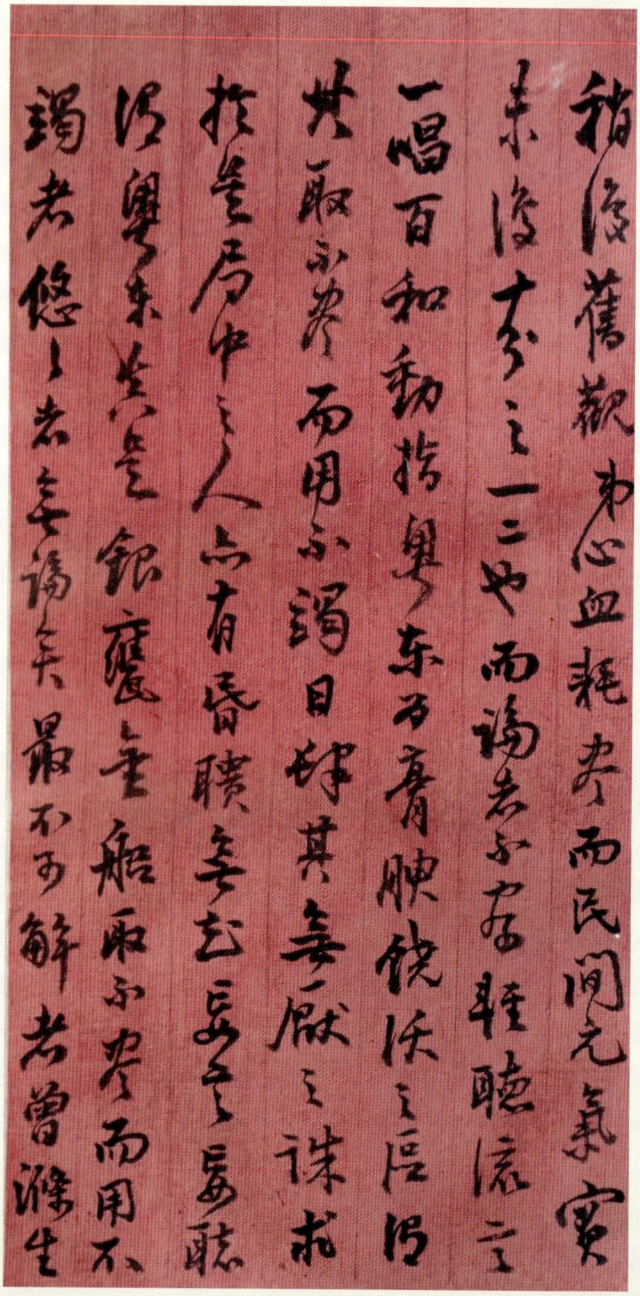
稍得舊觀而心血耗矣而民間元氣實
未得大蘇之一二也而論者不察輕聽流言
一唱百和動指粵東爲膏腴饒沃之區得
其取不盡而用不竭日肆其無厭之誅求
於是局中之人亦有昏聵無甚[illegible][illegible][illegible]聽
謂粵東是金銀窟金船取不盡而用不
竭者總之[illegible]無之論矣最不可解者曾滌生

稍復舊觀。弟心血耗盡，而民間元氣實未復十分之一二也。而論者不察，輕聽流言，一唱百和，動指粵東為膏腴饒沃之區，謂其取不盡而用不竭，日肆其無厭之誅求，於是局中之人亦有昏饋無知，妄言妄聽，謂粵東真是銀甕金船，取不盡而用不竭者，悠悠者無論矣。最不可解者，曾滌生

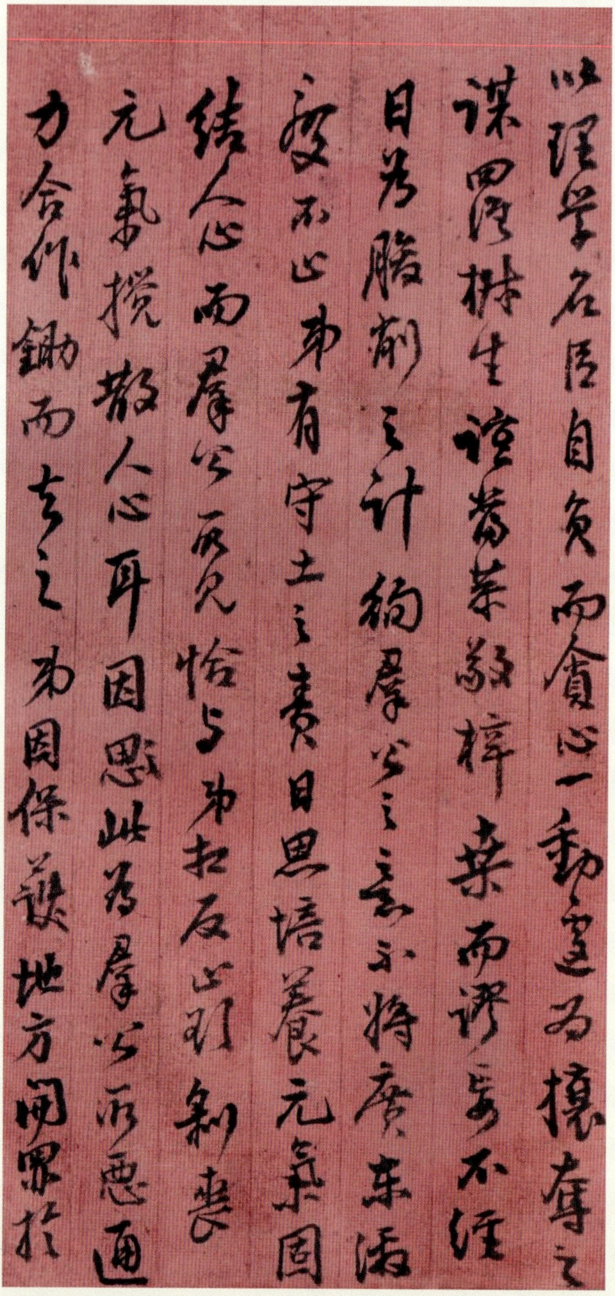

以理學名臣自負，而貪心一動，遂為攘奪之
謀，罔恤生[illegible]，[illegible]棄而謀為不經
目為膽劍之計，狗屠公之意，不將廣東添
設不必，亦有守土之責，日思培養元氣，固
結人心，而屠公所見恰與亦相反，必欲剝喪
元氣，攪散人心，耳因思此為屠公所惡，通
力合作，鋤而去之，亦因保護地方，關眾於

以理學名臣自負，而貪心一動，遽為攘奪之謀。羅椒生誼當恭敬梓桑，而謬妄不經，日為朘削之計，循羣公之意，不將廣東激變不止。弟有守土之責，日思培養元氣，固結人心，而羣公所見恰與弟相反，止欲剥喪元氣，攪散人心耳。因思此為羣公所惡，通力合作，鋤而去之。弟因保護地方，開罪於

小人藜藿岂言者恰陪坦怀心安理得岂东而
原不怪妣绝口不提此事
兄乃反求人与妻闹庸疡之人不同不能
不滙忱相告俟至
兄择地方恰飛了此於中胸有成竹下手
方有分寸不胗为深之所感耑思涓澤而
渔翠蚨涌夏也夫京师根本重地全

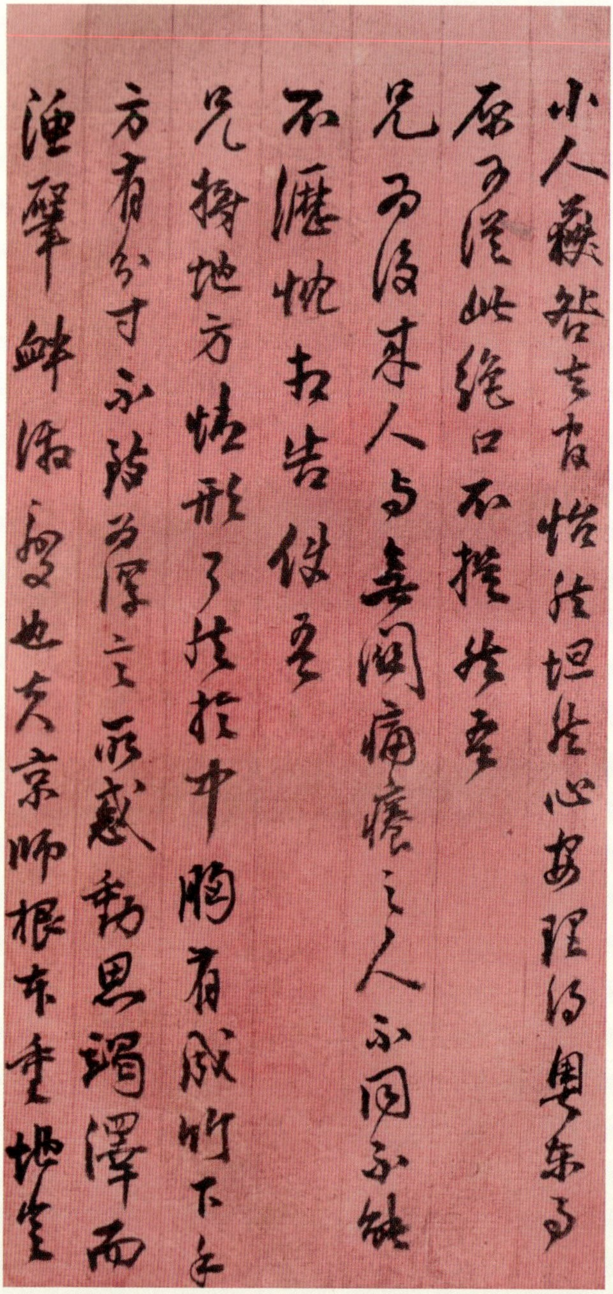

小人，獲咎去官，怡然坦然，心安理得。粤東事原可從此絶口不提，然吾兄為後來人，與無關痛癢之人不同，不能不瀝忱相告，使吾兄將地方情形了然於中，胸有成竹，下手方有分寸，不致為浮言所惑，動思竭澤而漁，肇衅激變也。夫京師根本重地，豈

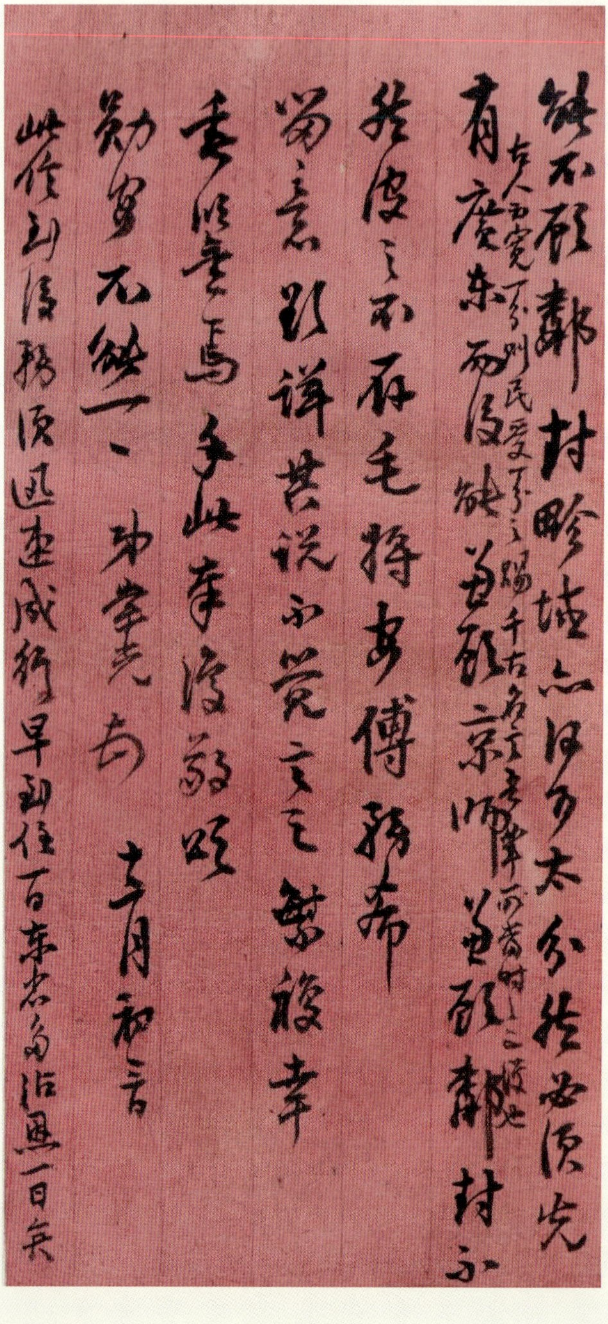
雖不顧鄰封，盼望之日夕太分，經安須先
古人所謂下則民愛之，上則千古名之者，亦當時之二賢也
有慶東而後雖兼顧，宗師兼顧鄰封亦
甚便。不在毛將安傅，務希
留意，詳甚，說亦覺之，繁雜幸
素照鑒焉。手此，奉復，敬頌
勛安，不盡一一。弟崇光頓首 十二月初三
此信到後，務須迅速成行，早到任，百姓早沾一日恩矣

能不顧鄰封畛域？亦何可太分？然必須先有廣東，而後能兼顧京師，兼顧鄰封，不然，皮之不存，毛將安傅？務希留意，欲詳其説，不覺言之繁複，幸垂鑒焉。手此奉復，敬頌勛安，不能一一。弟崇光頓首　十二月初三日

古人云：寬一分則民受一分之賜。千古名言，吾輩所當時時三復也

此信到後，務須迅速成行，早到任一日，東省多沾恩一日矣。

雨樓
手書並高公拜函述一切均已領悉因起程
時部署匆忙應酬繁雜登舟以後沿途還
行此邑各應接不暇尚未及與高公暢談現
乘其滬小舟同行應酬稍暇再與暢談
多年　舊僚數人皆弟前在西樓任內舊
人也今意赴題中不能君樓以去而又

兩接
手書，並高令來面述一切，均已領悉。因起程時部署匆忙，應酬繁雜，登舟以後沿途送行者過多，應接不暇，尚未及與高令暢談，現屬其盪小舟同行，應酬稍暇，再與絮談可耳。舊僕數人，皆弟前在西撫任內舊人也。今遠赴黔中，不能盡携以去，而又

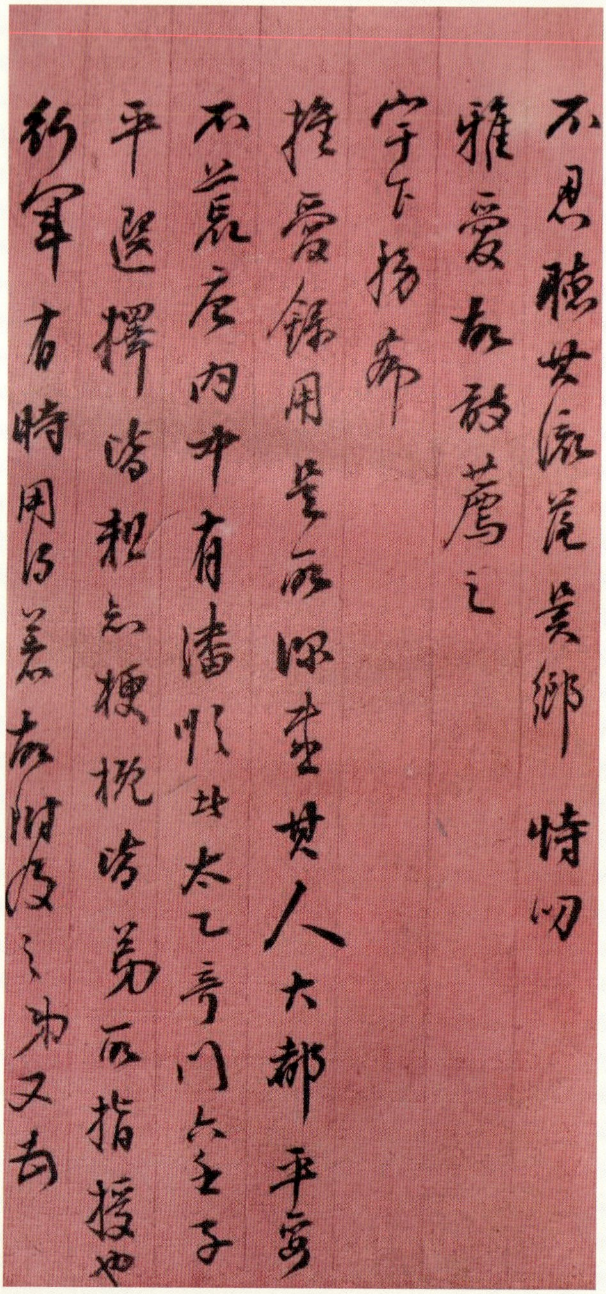
不盡縷縷莫罄鄉 侍切
雅愛相薦之
宇下務希
推愛錄用，是所深望。世人大都平安
不荒唐，內中有潘收址太乙奇門六壬子
平選擇諸種，悉撰挽諸篇所指授也
新年有時用得著，承附後之功又為

不忍聽其流落異鄉，恃叨
雅愛，故敢薦之
宇下，務希
推愛録用，是所深感。其人大都平妥，
不荒唐。内中有潘順者，太乙、奇門、六壬、子
平選擇，皆粗知梗概，皆弟所指授也。
行軍有時用得著，故附及之。弟又頓首

蔭渠仁兄大人閣下日前詳布一
函交高令賫去計已早登
青覽辰維
鼎祚吉升
新猷丕煥定協頌忱一切公事為
無甚棘手至優而措之靡不裕
之自古能治者皆從容以後求之日
而必求治太速也相見如往如風之

蔭渠仁兄大人閣下：日前詳布一函，交高令賫去，計已早登青覽，辰維鼎座吉升，新猷丕焕，定協頌忱。一切公事尚無甚棘手否？優而游之，饜而飫之，自有怡然涣然、得心應手之日，不必求治太速也。拙見如此，如何？如何？

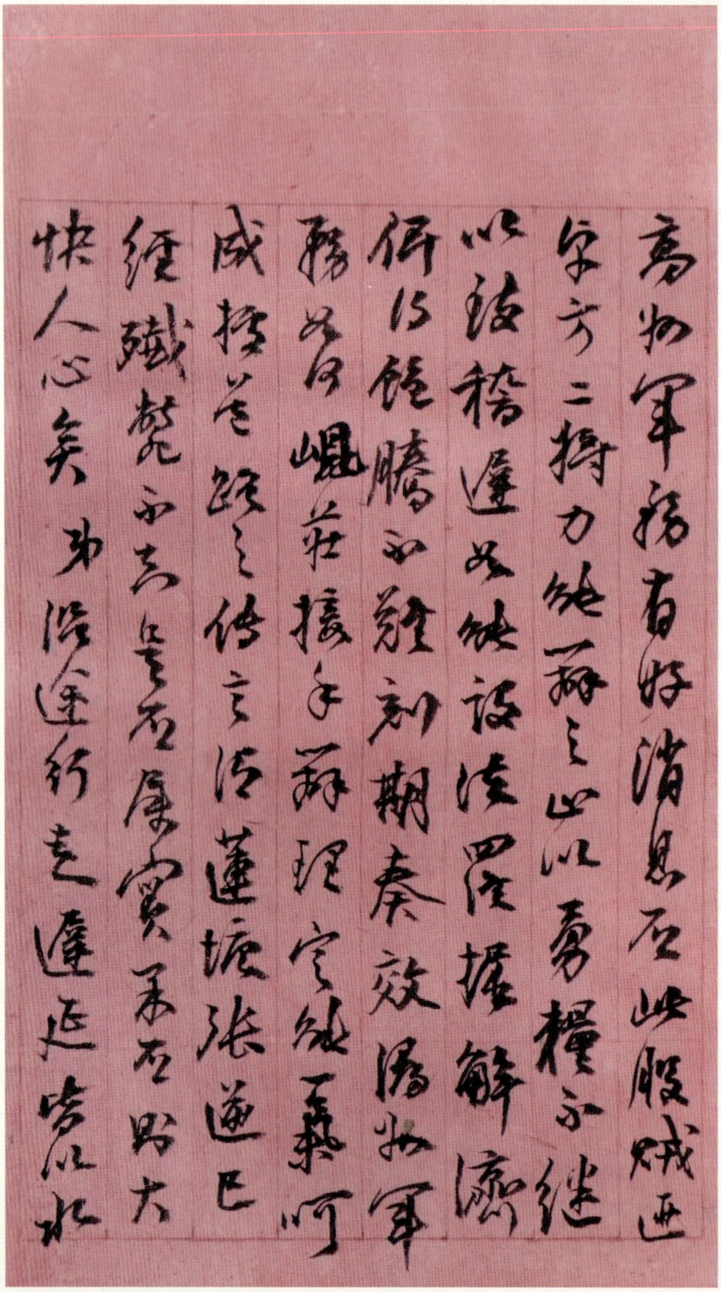

高州軍務有好消息否此股賊匪
守方二將力能辦之必以勇糧不繼
以致稽遲如能設法置撥解濟
俾得餉騰不難剋期奏效潯州軍
務如何崛莊據歸蘇理守能否可
成據花縣之役之江濱蓮塘張逆已
經殲斃不知是否屬實果否路大
快人心矣弟從途行走遲延勞以水

高州軍務有好消息否？此股賊匪，卓方二將力能辦之，止以勇糧不繼，以致稽遲。如能設法羅掘解濟，俾得飽騰，不難刻期奏效。潯州軍務如何？峴莊接手辦理，定能一氣呵成。據道路之傳言，謂蓮塘張逆已經殲斃，不知是否屬實。果否，則大快人心矣。弟沿途行走遲延，皆以水

後風逆之故，致官軍逗山，又以人夫不
齊，航延一日。今日始到郴州，而船隻又
尚未齊，正不知何日乃能行。滋逆
去次接軍六百里，
廷寄嚴催，而行走偏不能迅速，悶氣
之至。於是可恨也。前承惠惟公命派
武巡捕馮光亮帶同戈什哈四名
沿途護送，並此話問對，遣令回省，該弁

淺風逆之故，到宜章過山，又以人夫不齊躭延一日，今日始到郴州，而船隻又尚未齊，正不知明日是否能行，沿途

五次接奉六百里

廷寄嚴催，而行走偏不能迅速，悶氣之至，然無可如何也。前承晏彤翁派武巡捕馮光亮帶同戈什哈四名，沿途護送，到韶關時遣令回省，該弁

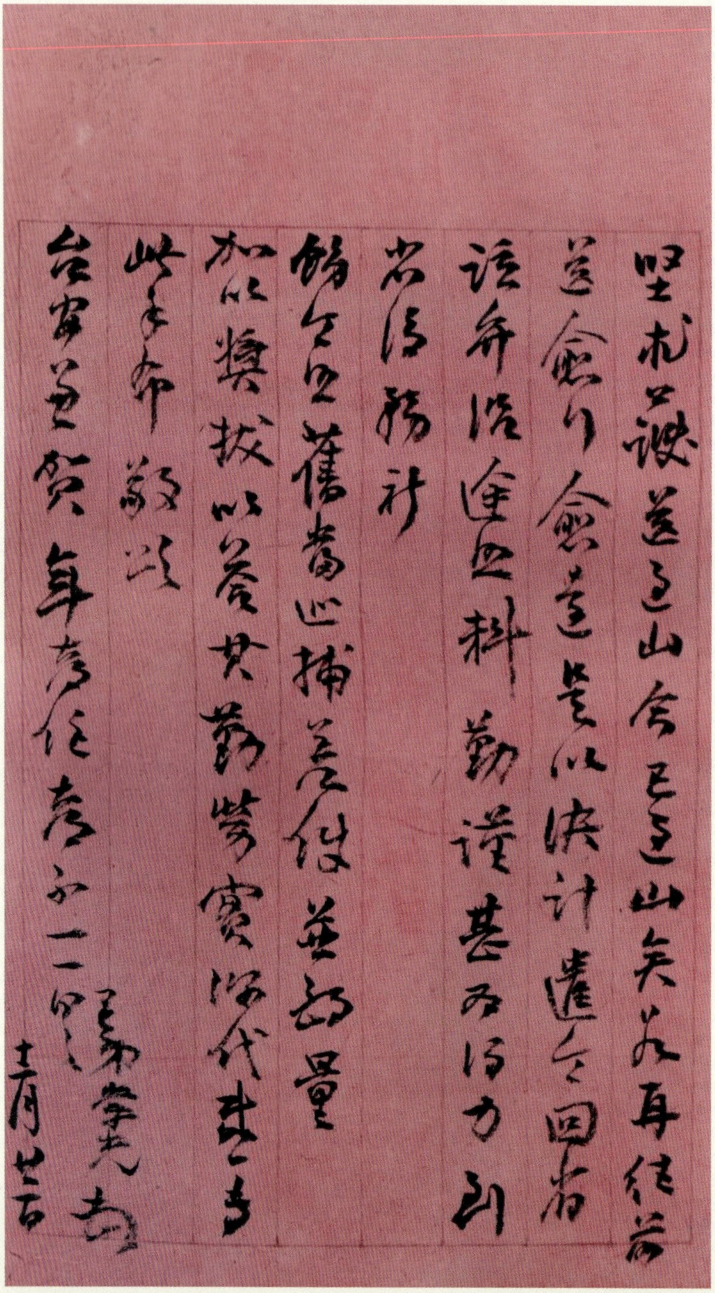
望札亡謝送至山舍已至山矣若再往岩
送愈行愈遠是以決計遣令回省
該弁沿途照料勤謹甚為得力
尚請轉飭
館局照舊當差俟差缺量
加以獎拔以答其勤勞實深代謝之至
此布敬頌
台安並賀年禧佳禧不一
弟勞崇光頓
十二月廿二

堅求護送過山，今已過山矣。若再往前
送，愈行愈遠，是以決計遣令回省。
該弁沿途照料勤謹，甚為得力，到
省後務祈
飭令照舊當巡捕差使，並酌量
加以獎拔，以答其勤勞，實深代感。專
此手布，敬頌
台安，兼賀年喜任喜。不一一具。
愚弟崇光頓首
十二月廿二日

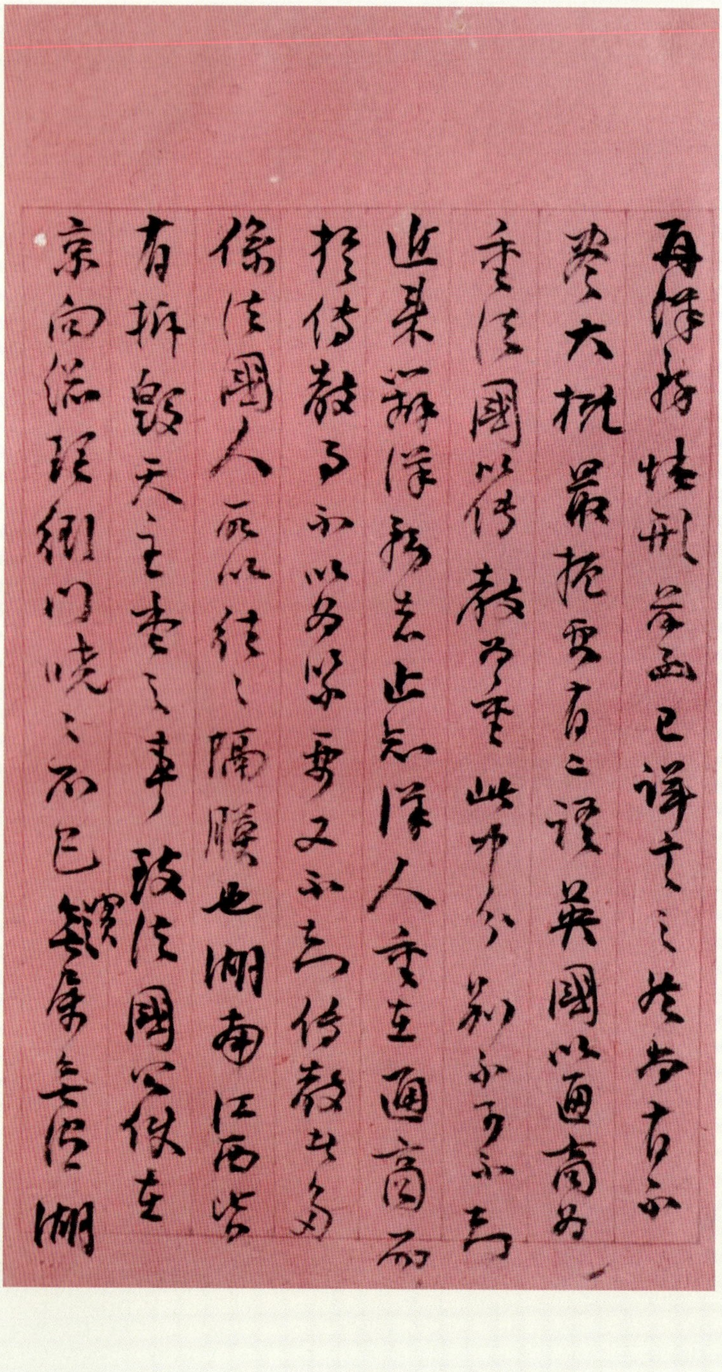

再啓者，惟刑前函已詳言之，然尚有未
罄。大概最扼要者之說：英國以通商爲
重，法國以傳教爲重，此中分別，亦不可不知。
近來辦洋務者，止知洋人重在通商，而
於傳教則不以爲緊要，又不知傳教尤爲
係法國人所往往隔膜也。湖南、江西皆
有拆毀天主堂之事，致法國必欲在
京向總理衙門嘵嘵不已。鏌實命長沙湖

再，洋務情形，前函已詳言之，然尚有不盡大概，最扼要有二語：英國以通商為重，法國以傳教為重。此中分别，不可不知。近來辦洋務者，止知洋人重在通商，而於傳教事不以為緊要，又不知傳教者多係法國人，所以往往隔膜也。湖南江西皆有拆毁天主堂之事，致法國公使在京向總理衙門嘵嘵不已，無實屬無謂。湖

南江西所指天主之教姑勿論其學術合
即採生折割奸淫婦女之事皆虛無
影響齊東野人之語天主教本非
邪道與佛教回教大同小異不過以天堂
地獄之說勸人爲善耳其忌不祀祖宗不
敬神一事其餘皆無害於義且不願
入教者彼亦並不強從我輩亦何妨與之
力爭費口舌而壞無端哉因我

南江西所指天主堂教情形，謂其畫符念咒、採生折割、奸淫婦女云云，皆毫無影響、齊東野人之語。天主教書，弟曾看過，與佛教回教大同小異，不過以天堂地獄之説勸人為善耳。其必不可行者，止不敬神一事，其餘皆無害於義，且不願入教者，彼亦並不相强，我輩亦何必與之力争，費口舌而釀兵端哉。因我

先奉山東省來悉展營夜示憐琰珠
又法國前議將舊日衙門讓出三分之
二，仍留三分之一爲領事衙門，業經允行
而未及辦，似應由吾
先爲之一辦，要因以先給旗之錢，吾共賞
而未嘗於中國專許，而於彼又設立
將舊署永遠作爲使館，不肯退還尺寸，又
將奉行，令人以爲於不平否

兄甫到東省，未悉底蘊，故不憚瑣陳。又法國前議將藩司衙門讓出三分之二，仍留三分之一為領事衙門，弟已經允行而未及辦，似應由吾兄為之辦妥，固以免彼族之饒舌。其實亦未嘗於中國無裨。不然，彼若~~永遠~~將藩署永遠佔住，不肯退還尺寸，又將奈何？卓見以為然否？又及。

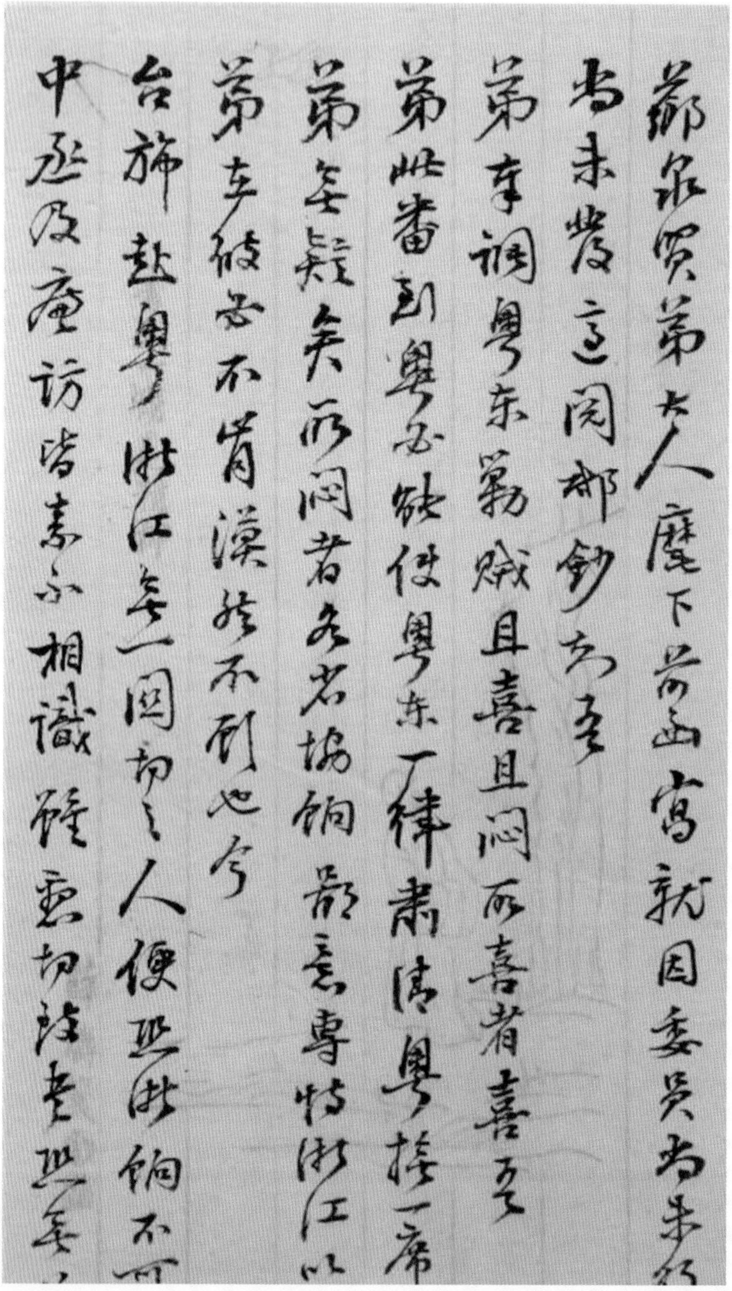
鄰泉賢弟大人麾下前函寄就因委員尚未行
尚未發送閱邸鈔知
弟奉調粵東勸職且喜且悶所喜者喜
弟此番到粵必能使粵東一律肅清粵撫一席
弟無疑矣所悶者各省協餉最要專恃浙江以
弟奉諭若不肯讓漢皆不到也今
台旆赴粵浙江無人因切切人便恐浙餉不可
中丞及座訪皆素不相識種種切話恐無人

薌泉賢弟大人麾下：前函寫就，因委員尚未行，書尚未發，適閱邸鈔，知吾弟奉調粵東勦賊，且喜且悶。所喜者，喜吾弟此番到粵，必能使粵東一律肅清，粵撫一席，屬吾弟無疑矣。所悶者，各省協餉，鄙意專恃浙江，以吾弟在彼，必不肯漠然不顧也。今台旆赴粵，浙江無一關切之人，便恐浙餉不可靠。中丞及廉訪皆素不相識，雖懇切致書，恐無益處，

爲之奈何近年部庫已極坐餉甚迫而各省皆以
其遠在粵之長偏居天末爲各省重輕之地不肯
一爲弔援殊不知溥天之下莫非王土同爲畺吏奚
能坐視其淪爲異域而不一動心乎屢飭各省毋因循
委員先赴粵東行營聲謁
台端面陳一切仍望
老弟切實函致浙省當事務必迅賜多數籌給
俾濟急需是所至禱至粵東諸君儘所能之籌

為之奈何？滇事艱窘已極，望餉甚迫，而各省皆以其遠在蠻荒，僻居天末，為無足重輕之地，不肯一為手援，殊不知溥天之下莫非王土，同為疆吏，安能坐視其淪為異域，而不一動心乎。展轉籌思，因飭委員先赴粵東行營奉謁台端，面陳一切，仍望老弟切實函致浙省當事，務必迅賜，如數籌給，俾濟急需，是所至禱。至粵東情形，僕所稔知，籌

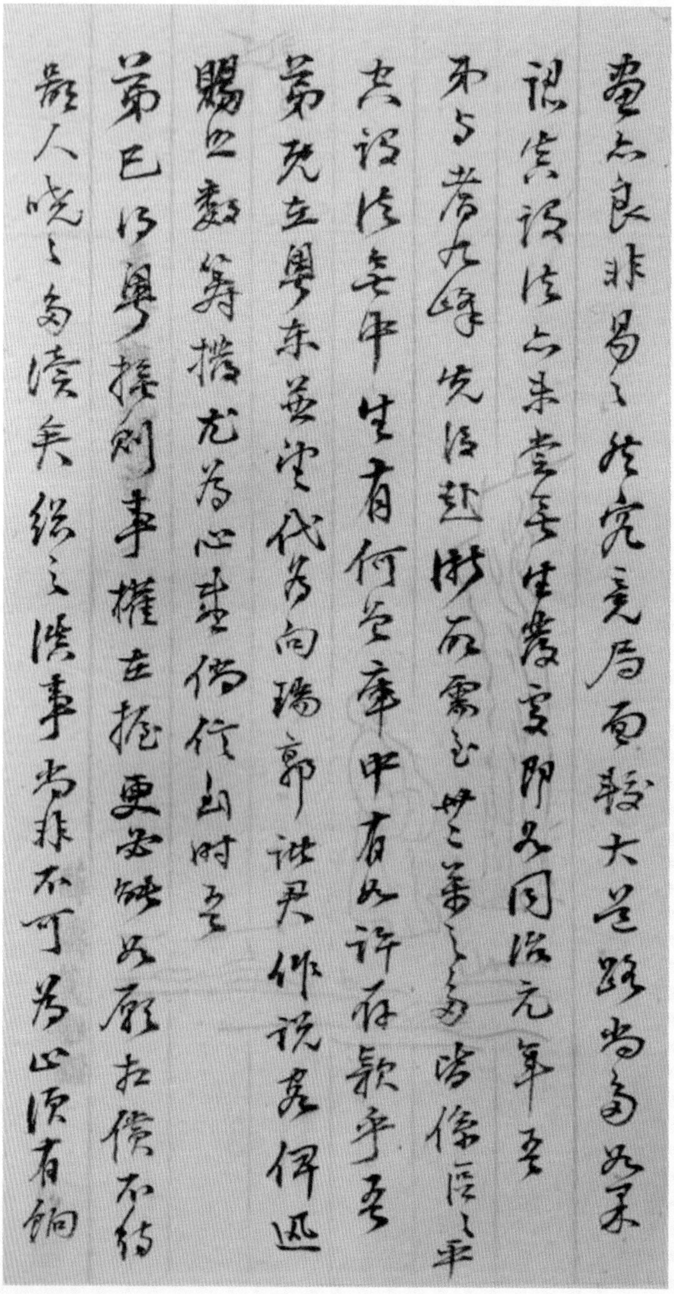
要亦良非易易然究竟局面較大道路尚易如果
諭旨謂從前所未墊之生發實即以同治元年至
本年各省先後赴撥所需之艱之萬萬之多係從之平
去歲從無中生有何至本年中有而許存款乎至
弟現在粵東並無代爲向瑞鄂謀君作說客俾返
賜函數籌措尤爲心感佩得此時至
弟已以粵撫則事權在握更無難以將去償不給
難人喫之爲難矣總之從事尚非不可爲必須有餉

畫亦良非易易。然究竟局面較大，道路尚多，如果
認真設法，亦未嘗無生發處。即如同治元年吾
弟與耆九峰先後赴浙，所需至卅二萬之多，皆係區區平
空設法，無中生有，何曾庫中有如許存款乎。吾
弟既在粵東，並望代為向瑞郭諸君作説客，俾迅
賜照數籌撥，尤為心感。倘信到時，吾
弟已得粵撫，則事權在握，更必能如願相償，不待
鄙人嘵嘵多瀆矣。總之滇事尚非不可為，止須有餉，

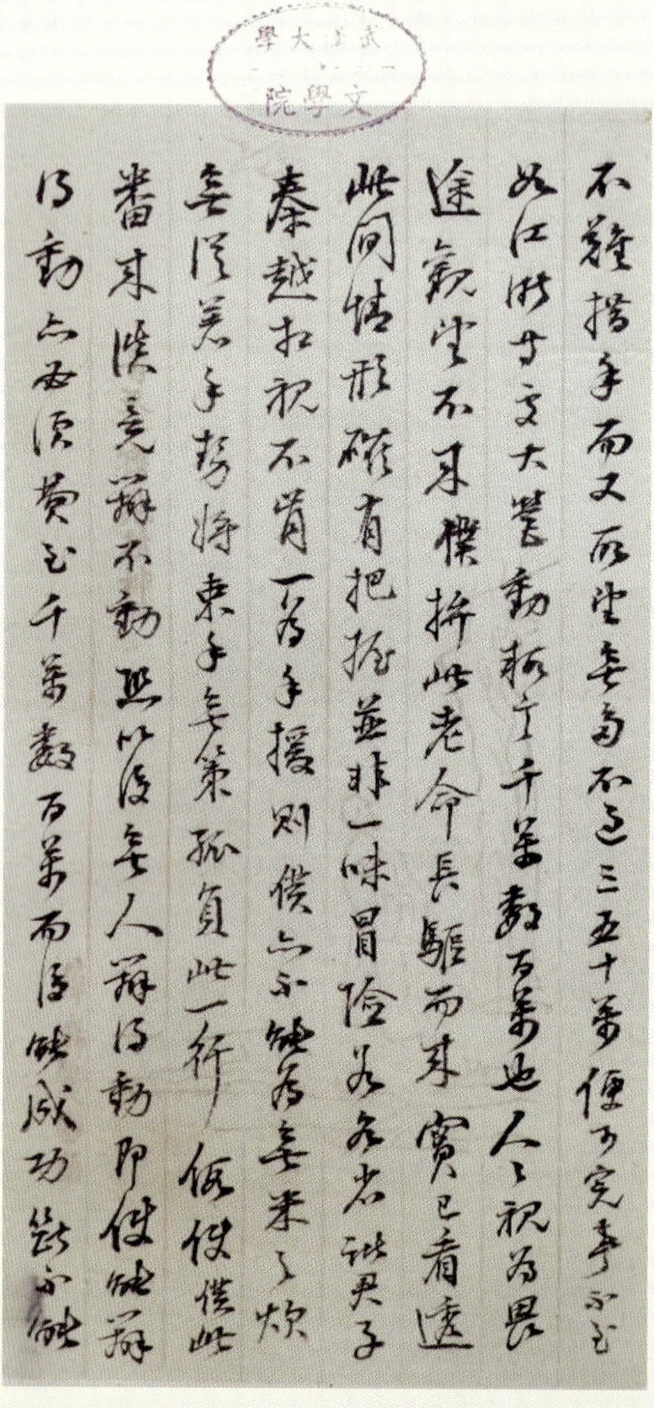

不難措手而又恐坐無為不過三五十萬便可完事亦足
以紓小民大累勸捐之千萬數百萬也人人視為畏
途欽堂不來撲撫此老命長驅而來實已看透
此間情形確有把握並非一味冒險出為名出欲更子
秦越相視不肯一為手援則僕亦不能為無米之炊
無隙若手勢將束手無策孤負此一行仍僕僕此
番來浙竟辭不動照此後無人辭得動即使能辭
得動亦必須費至千萬數百萬而得能成功然亦能

不難措手，而又所望無多，不過三五十萬便可完事，不至如江浙等處大營，動輒言千萬數百萬也。人人視為畏途，觀望不來。僕拚此老命，長驅而來，實已看透此間情形，確有把握，並非一味冒險。若各省諸君子秦越相視，不肯一為手援，則僕亦不能為無米之炊，無從着手，勢將束手無策，孤負此一行。假使僕此番來滇，竟辦不動，恐以後無人辦得動。即使能辦得動，亦必須費至千萬數百萬而後能成功，斷不能

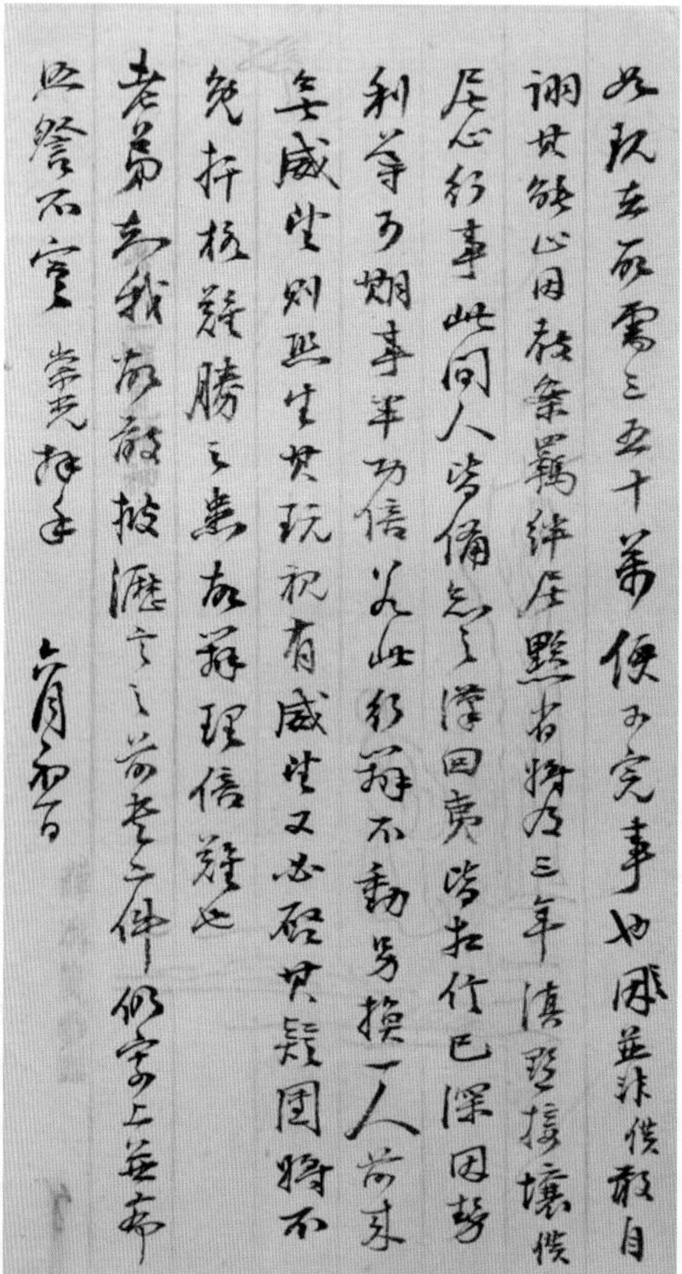
如玖在廠需三五十萬便可完事也承並非僕敢自
詡其能只因彼處羈絆在點者將及三年濱臻接壤僕
悉心行事此間人皆備悉之澤因實皆在竹已深因勢
利導可期事半功倍若此行辭不動另換一人尚未
至威望則興生其玩視有威望又必啟其疑因將不
免扞格難勝之患故辭理信難也
老弟為我商啟披瀝之之尚希老之佈一何字上並布
照鑒不宣 崇光拜手
六月初四

如現在所需三五十萬，便可完事也。國並非僕敢自詡其能，止因教案羈絆，居黔省將及三年，滇黔接壤，僕居心行事，此間人皆備知之，漢回夷皆相信已深，因勢利導，可期事半功倍。若此行辦不動，另換一人前來，無威望則恐坐其玩視，有威望又必啓其疑團，將不免扞格難勝之患。故辦理倍難也。老弟知我，故敢披瀝言之。前書二件仍寄上，並希照詧。不宣。

崇光拜手　六月初一日

數年未寄一書一則因道路多梗輪船難達一則因心緒
惡劣無善可陳昔附保姪孫來又覺得千頭萬緒不知當
從何處說起遲迴久之仍復擱筆握管祗心事
老弟定能鑒之也劉峴莊劉語臣皆已絕之秉節者
弟稍久困藏垣實非所料然
台旆到浙以來聲名震耀清理漕糧一案造福
更爲無窮捫心自問所得多矣遷陞遲速亦是
分定況節鉞早在掌握中物雅稍遲一二年

數年未寄一書，一則因道路多梗，鱗鴻難達，一則因心緒惡劣，無善可陳，有時偶然欲書，又覺得千頭萬緒，不知當從何處説起。遲迴久之，仍復擱筆。想此種心事，老弟定能鑒之也。劉峴莊劉靖臣皆已紛紛秉節。吾弟獨久困薇垣，實非所料。然台旆到浙以來，勳名震耀，清理漕糧一案，造福更為無窮。捫心自問，所得多矣。遷陞遲速，不足介意。況節鉞早是掌握中物，縱稍遲一二年，

總不能不拉畀耶僕自山縣以來無一件如意事賊匪之
為兵勇之窟經費之窘而不待言同寅拉雜之無狀尤出
人意表忌刻傾軋不遺餘力有人所萬不能堪者僕唯以大
度包涵之而之急求早赴粵而教案未結不能走開直至
上年五月案結可以走開而資斧無出一步不能行在縣三
年所賠至三萬金迨將到粵而囊亦虧賠墊甚
並不能動矣陵者之變亂已久大吏入境亦能不稍有聲威
撫帶兵一二千人餉二三萬而亦可節省之至矣乃寸延張石

終不能不相畀耶。僕自到黔以來，無一件如意事，賊匪之多，兵勇之疲，經費之窘，所不待言，同寅相待之無狀，尤出人意表。忌刻傾軋，不遺餘力，有人所萬不能堪者。僕唯以大度包涵之而已。急欲早赴雲南，而教案未結，不能走開。直至上年五月案結，可以走開，而資斧無出，一步不能行。在黔三年，所賠至三萬金。迨將欲啓行，而囊中薄貲賠墊罄盡，不能動矣。滇省變亂已久，大吏入境，不能不稍有聲威。擬帶兵一二千人，餉二三萬兩，亦可謂節省之至矣。乃與中丞張石鄉紳商漢奸不理，惲某不願認。前在粵東時，曾以九萬赴浙需餉二十萬兩，而赴浙又需十二萬，通共三十二萬之多，償於萬難之中，一一籌給。公項籌出，佐之以私財，私財不足，益之以借貸，不過為大局起見耳。今所需僅十分之一，聽者猶非粵東可比，然已籌此區區者而不能，乃竟坐視不理，與之面商，議論紛紛，顧左右而言他，人之用心不同一至於此。因思既不能〔去〕出，仍借貸於紳商，而聽者紳商與之者無異，萬無可通融，萬不得已，乃託人至四川重慶

卿相商，漠然不理，悍然不顧。記前在粵東時耆九峰赴浙需

餉二十萬，吾

弟赴浙又需十二萬，通共三十二萬之多，僕於萬難之中一一籌給，

公項無出，佐之以私財，私財不足，益之以借貸，不過為大局起見

耳。今所需僅十分之一，黔省雖非粵東可比，然亦何至措此區區

者而不能，乃竟坐視不理，與之面相商議，往往顧左右而言他。人之

用心不同，一至於此。同寅既不相顧，止得借貸於紳商。而黔省紳

商與乞丐無異，萬無可通挪。萬不得已，乃託人至四川重慶

府與該處貿易人商之，如借得五千金可為行款，足一千餘人一
月口糧及長途夫價之用。十月當日如由路南起程，衰病之軀
不勝長途勞頓，沿途小憩，節節耽延，十一月初始行抵雲南平
彝，故即在該處小住。本年六月初復自平彝起程，十八到
省。一切款餉拮据情形，較之往年在粵西時殆有過之，所幸
米糧極賤，每餅不過數文，兵勇雖無餉可領，而猶日有米可圖，
尚不致因飢譁潰耳。此番入省，人人皆以為不宜，大抵以回情
叵測，不宜冒險耳。殊不知十餘年以來，臣之一身早付之度外，往

府，與該處貿易人商之，始借得五千金，可㪍衍親兵一千餘人一月口糧，及長途夫價之用。十月廿四日始由黔省起程。衰病之軀不勝長途勞頓，沿途小憩，節節躭延，十一月廿九始行抵雲南平彝縣，即在該處小住。本年二月初九復自平彝起程，十五日到省。一切艱難枯窘情形，較之往年在粤西時，殆有過之。所幸米糧極賤，每觔不過數文。兵勇雖無餉可領，而按日有米可闗，尚不致因饑譁潰耳。此番入省，人人皆以為不宜。大抵謂回情叵測，不宜冒險耳。殊不知十餘年以來，區區一身早付之度外。往

年由粵西赴粵東英法二國兵數萬人方占住省城該不誤而色
變志僕擁此微軀長驅直入竟無一事今洪省回人雖兇悍究是
朝廷食毛踐土之人與敵國有間夫何畏之有即使其犬羊之
性難馴竟敢拔刀相向亦不過拚此微軀耳堂七老翁殘年
有幾何足愛惜而爲此區區氣性學婦人女子之態耶坐是之
一念毅然而來之幸乃生還滿營歡迎踴躍到省後多（今此語言有與此相反者某不可行）
幸今承教甚聽指揮悉照稍挪無言到省三月將一切軍務
力加整頓已覺煥然改觀乃知洪省之變亂實由歷年來辦

年由粵西赴粵東，英法二國兵數萬人方占住省城，誰不談虎色變者。僕拚此微軀，長驅直入，竟無一事。今滇省回人雖兇悍，究是朝庭食毛踐土之人，與敵國有間，夫何畏之有。即使其犬羊之性難馴，竟敢拔刀相向，亦不過拚此微軀耳。望七老翁，殘年有幾，何足愛惜，而為此逗遛觀望，學婦人女子之態耶。主意一意毅然而來，若輩乃感激涕零，各省謡言有與此相反者，萬不可信。歡迎踴躍。到省後事之奉令承教，悉聽指揮，惟恐稍拂萁吾意。到省三月，將一切規模力加整頓，已覺煥然改觀，乃知滇省之變亂，實皆歷年來辦理不善非委回人之咎回人亦有天良亦可通性理易於感動易於駕馭也迤西一帶叛逆巨數必須用剿斷不可再涉因循與該將商進剿機宜無論漢回無不踴躍思奮者而回人尤為踴躍此大好機會乘其機而用之事半功倍矣無如地方本遭兵殘破太甚餉項萬分難籌剿此大股巨逆實難使將士等枵腹荷戈所恃者止鄰省協餉而已無如各省意見皆以滇省僻居天末為無足重輕之地秦越人視痛癢無關協餉之議大都有諾無辭於此滇省將如何措置乎此次

理不善，非盡回人之咎。回人尚有天良，亦頗通情理，易於感動，易於駕馭也。迤西一帶叛逆已成，必須用剿，斷不可再涉因循。與諸將商進剿機宜，無論漢回，無不踴躍思奮者，而回人尤為踴躍。此大好機會，乘其機而用之，事半功倍矣。無如地方本僻遠，又殘破太甚，餉項萬分難籌。剿此大股巨逆，豈能使將士等枵腹荷戈。所盼者止鄰省協餉而已。無如各省意見，皆覺得滇省僻居天末，為無足重輕之地。秦越相視，痛癢無關。撥餉之議，大都有撥無解。然則滇事將如何措置乎？此次

欽奉
諭旨敕部指撥各省銀三十餘萬兩實在可靠者以浙江之十萬兩
非謂浙江庫款稍充裕而協多
弟痛癢於閩省亦已秦越相視必能代爲設法分籌也局勝翘
聯之已閱前撫軍林勿村曾派委員楊豫泰赴浙請飭林勿村之
諒匯兌而思貸兄解議福委不克赴弟早自知爲已巡撫其何
出七八年不肯入閩而各省協餉及捐項積欠不少亦未免有所
事今臣嚴飭楊豫泰僱之氣談係倫先守城池右參未參之

欽奉
諭旨，敕部指撥各省銀三十餘萬，其實在可靠者，止浙江之十萬耳。非謂浙江庫款獨能充裕，所恃吾弟痛養相關，必不至秦越相視，必能代為設法力籌也。曷勝翹盼之至。聞前撫軍林勿村曾派委員楊豫泰赴浙請餉。林勿村之謬，匪夷所思。其見解議論無不去題萬里。自知府至巡撫安坐川省七八年，不肯入滇，而各省協餉及捐項花費不少，不知所辦何事。今已罷斥。楊豫泰係荒謬絶倫、失守城池、應參未參之

人今已補，余如其人尚在彼省，而該詢該不可延之處，交給該員歸去
著也。馬中丞向來與荊山恐未通信，此次專摺一處，請詢委員
貴省，幸不至貽誤也。皆在靜山宗保閱年，內已由侍者舊雨
其事一方，得樂為之。閱郁鈔之除，麓生已赴杭，華湖是皮塞旺
極矣。該事尚非不可為，竭力整頓，猶可以為善國。惟僕桂力
衰耗老憊，兩鐘耳目不聰，兩扶杖乃能行，一日兩寄條豆腐
往還，外無餘下咽者。似此，額瘡可能持久，往而能不能成
退。以據手無人也。當代臣公大才不少，而任者皆形畏縮

人，今已補參。如其人尚在浙省，所請餉項，不可絲毫交給，致歸無着也。馬中丞向未識荊，亦從未通信，此次專致一書，交請餉委員賫去，然不知其行號也。崑静山宫保聞年内已到任。昔年舊雨，共事一方，何樂如之。閲邸鈔知陳麓生已放杭嘉湖道，官運旺極矣。滇事尚非不可為，竭力整頓，猶可以為善國。惟僕精力衰耗，老態龍鍾，耳目不聰明，扶杖乃能行，一日兩餐，除豆腐雞蛋之外，無能下咽者。似此頹唐，安能持久。然而斷不能求退，以接手無人也。當代巨公大才不少，而滇省情形不透徹，

若一經駐該之所見一偏，此間事事不能措手，甚哉滇威大
要不可收拾，調兵十萬，糜餉數百萬，尚不知有無把握。
即有人不駐該之所見不偏，而回性多疑，一時亦難望，然才行
終不免有隔膜之病。劉請臣之為人平正，其氣又能虛心，
將來到任後，如能事事循途守轍，一二年之後回人才能生
心悅服，庶可以息肩矣。前函未盡之意，亦答之，復揮轉
此，即代面談，並布。
兼江箋不盡。崇光又拜
五月十五日

萬一輕聽謡言，所見一偏，則諸事不能措手，甚或激成大變，不可收拾。調兵十萬，靡餉數百萬，尚不知有無把握，即有人不聽謡言，所見不偏，而回性多疑，一時亦難遽然相信，終不免有隔膜之病。劉靖臣之為人，平正無意氣，又能虛心，將來到任後，如能事事循途守轍，一二年之後，回人等能真心相信，區區庶可以息肩矣。前函言不盡意，復拉雜書此，以代面談，並希垂鑒。不一。光又拜　五月十五日

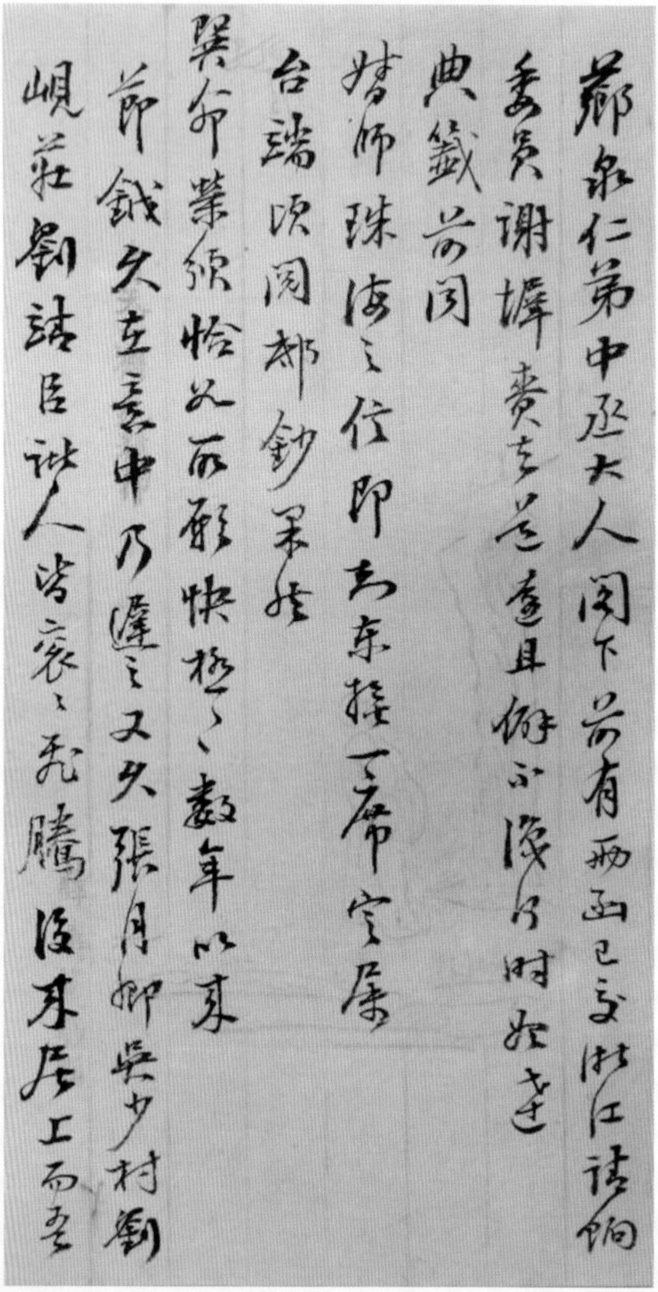
蕙泉仁弟中丞大人閣下前有兩函已交浙江請餉
委員謝墀賫去並達且卻不識何時始達
典籤前閱
督帥珠海之行即去東接下席定屆
台端頃閱邸鈔果然
巽命業經恰如所願快極快極數年以來
節鉞久在意中乃遲之又久張月卿吳少村劉
峴莊劉詰臣諸人皆袞袞飛騰後來居上而吾

薌泉仁弟中丞大人閣下：前有兩函，已交浙江請餉委員謝墀賫去，道遠且僻，不識何時始達典籤。前聞督師珠海之信，即知東撫一席定屬台端，頃閱邸鈔，果然巽命榮頒，恰如所願，快極快極。數年以來節鉞久在意中，乃遲之又久，張月卿、吴少村、劉峴莊、劉靖臣諸人，皆衮衮飛騰，後來居上，而吾

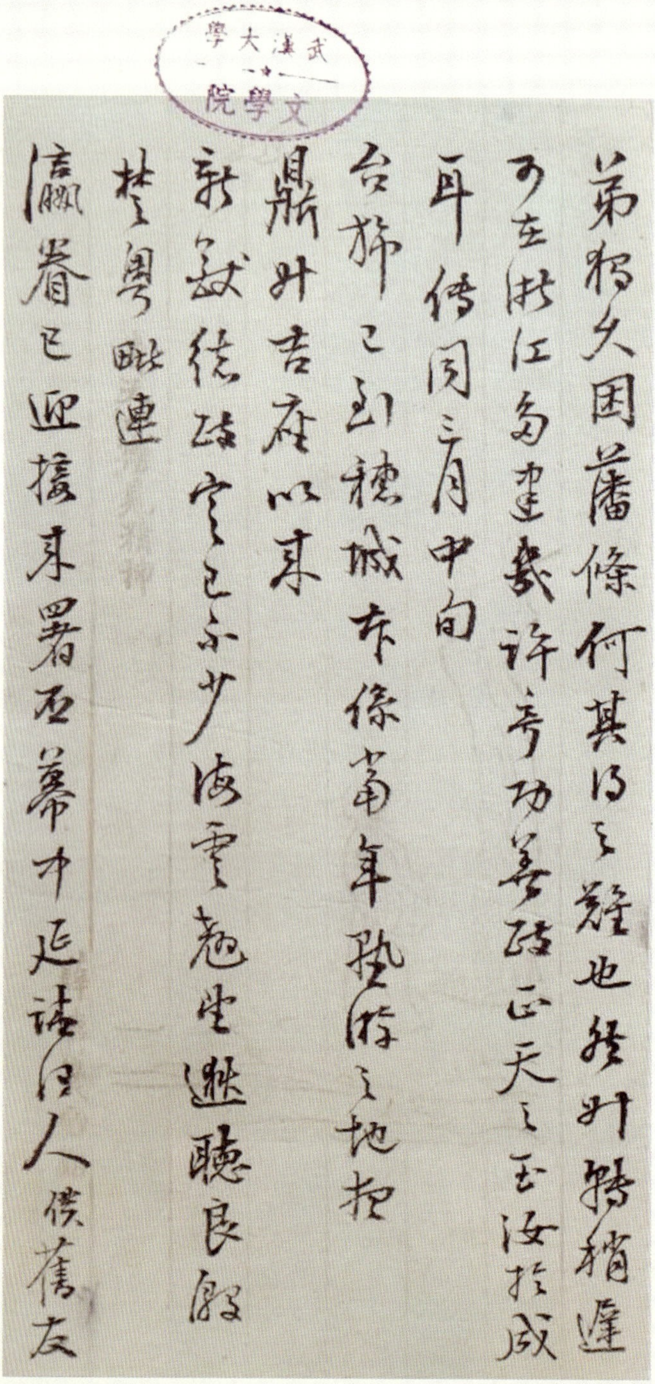

弟猥久困藩條，何其仍之難也。然外間稍遲
可在浙江爲建議許秀功甚時正天之玉汝於成
耳。傳聞三月中旬
台旆已到穗城，亦係當年馳遊之地。想
鼎外吉慶以來
新猷結諸實已不少，海宇慕望，遐聽良殷。
楚粵毗連
瀛眷已迎接來署否？幕中延請何人？仍舊友

弟獨久困藩條，何其得之難也。然升轉稍遲，可在浙江多建幾許奇功善政，正天之玉汝於成耳。傳聞三月中旬，
台旆已到穗城，本係當年熟遊之地，想
鼎升吉座以來，
新猷德政定已不少，海雲翹望，遯聽良殷，
楚粵毗連，
瀛眷已迎接來署否？幕中延請何人？僕舊友

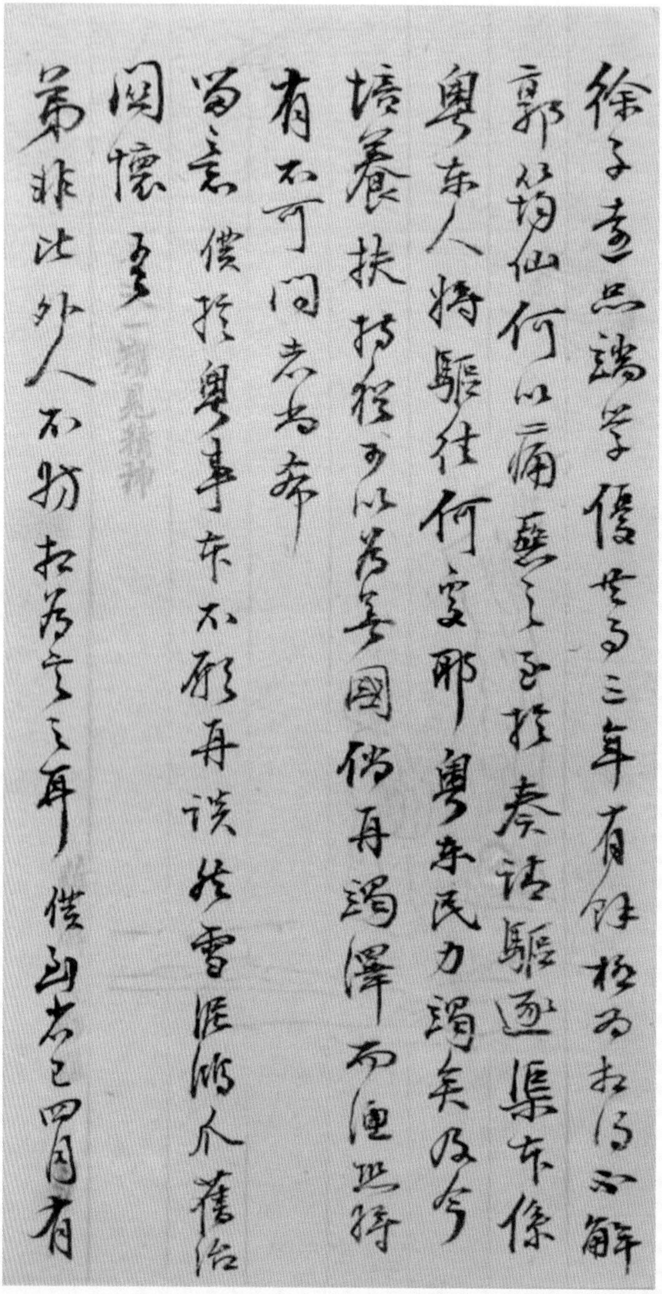
徐子壽出講學侵尋三年有餘極爲相得不解
郭筠仙何以痛惡之至於奏請驅逐渠亦係
粵東人特驅往何處耶粵東民力竭矣及今
培養扶持猶恐不足以爲善國何再竭澤而漁恐將
有不可問者矣
高意僕於粵事亦不願再談於雪泥鴻爪舊治
關懷至
弟非比外人不妨相爲言之耳僕歸志已四月有

徐子遠品端學優，共事三年有餘，極為相得，不解郭筠仙何以痛惡之，至於奏請驅逐。渠本係粤東人，將驅往何處耶？粤東民力竭矣，及今培養扶持，猶可以為善國，倘再竭澤而漁，恐將有不可問者。尚希留意。僕於粤事本不願再談，然雪泥鴻爪，舊治關懷，吾弟非比外人，不妨相為言之耳。僕到省已四月有

餘一切安當初和排衆論挺身入城与昔年入粤
东城情形大似入城以後回人之桀性殺之粤东得
人更有過之惟地方殘破太甚窮苦太甚籌餉
之難則較之粤东直有天淵之異進西機會大
有可乘譚回訛將無不踴躍思奮而餉需一無籌
措系難使措腹荷戈就措協餉以救江粤东二十之
為大宗先須辦餉安可希四
弟左柳也今

餘，一切相安。當初獨排眾論，挺身入城，與昔年入粵東城情形相似。入城以後，回人之恭順較之粵東洋人更有過之，惟地方殘破太甚，窮苦太甚，籌餉之難，則較之粵東直有天淵之異。迤西機會大有可乘，漢回諸將，無不踴躍思奮，而餉需一無籌措，萬難使枵腹荷戈。新撥協餉以浙江粵東二處為大宗。先謂浙餉必可靠，以吾弟在浙也。今

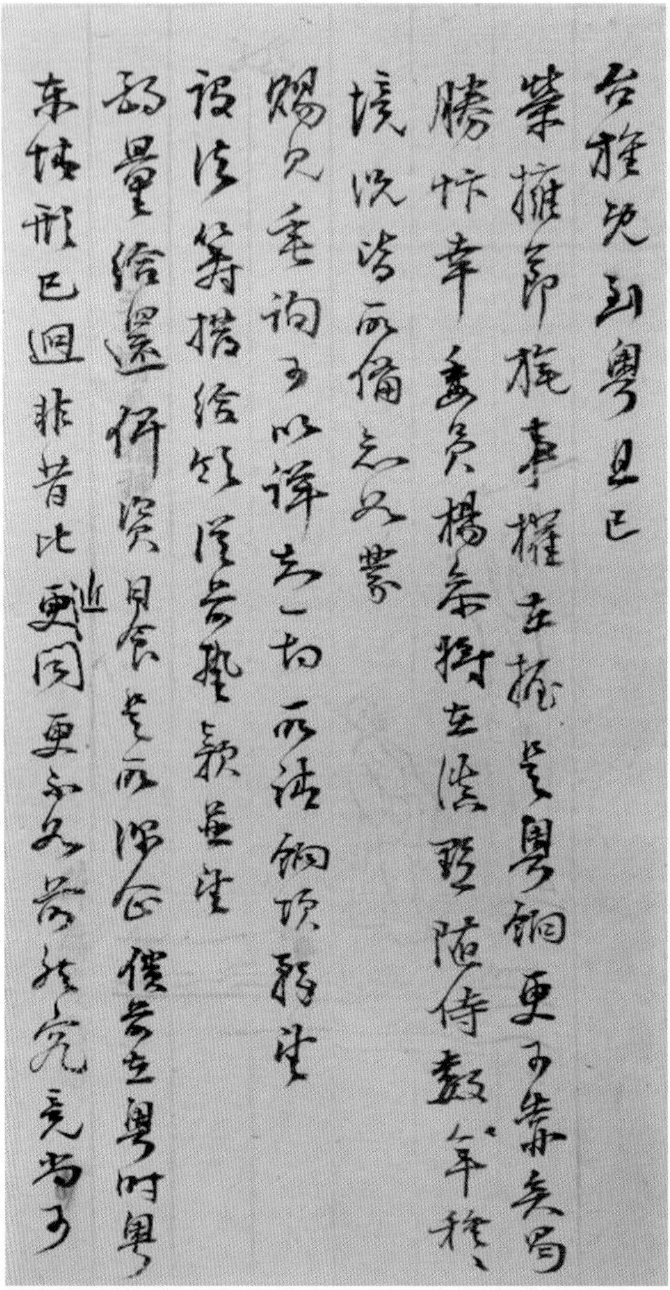
台旌既到粵且已
蒙擁節旄來權左旋是粵銅更多棘矣為
勝忭幸委員楊奈將在滇路隨侍數年稔
境況皆所備知又蒙
賜見垂詢予以詳盡之旨所請銅項務望
設法籌措給領俾其墊款無虧
酌量給還俾資日食是所深企僕前在粵時粵
東情形已迥非昔比近更困更不可問矣究竟當予

台旃既到粵，且已
榮擁節旄，事權在握，是粵餉更可靠矣。曷
勝忭幸。委員楊參將在滇黔隨侍數年，種種
境況，皆所備知。如蒙
賜見垂詢，可以詳知一切。所請餉項，務望
設法籌撥給領，從前墊款，並望
酌量給還，俾資日食，是所深企。僕前在粵時，粵
東情形已迥非昔比，兼近聞更不如前。然究竟尚可

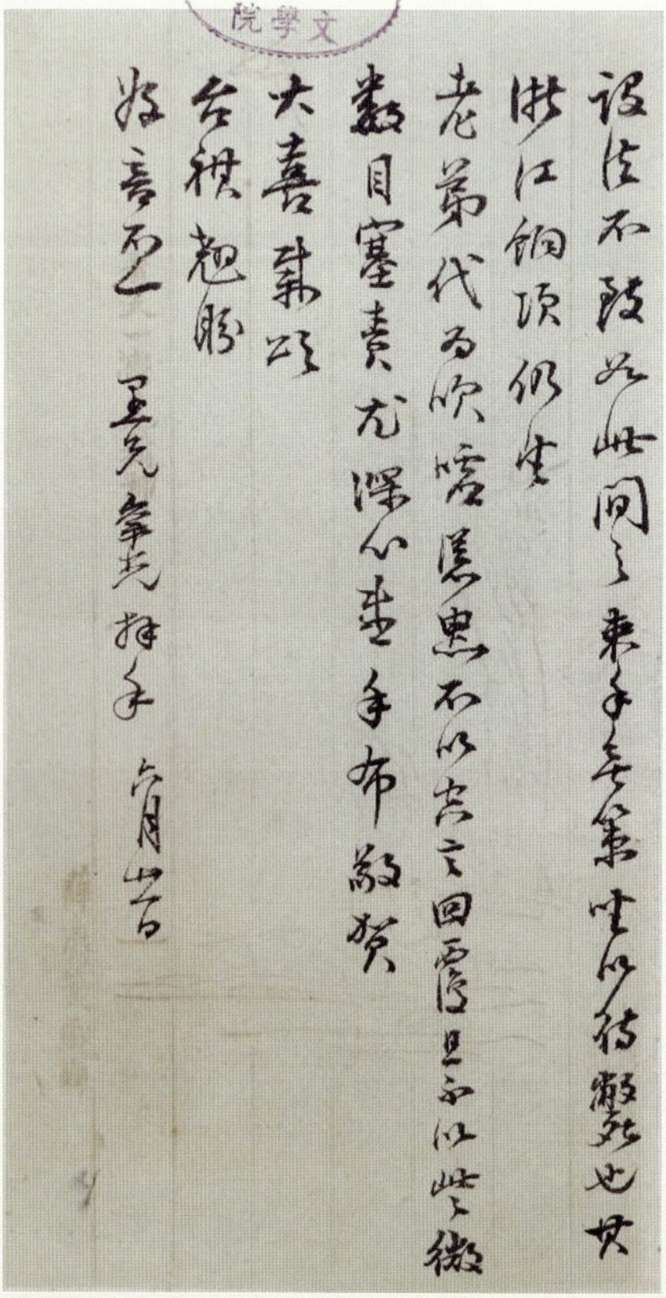

設法不致如此同之束手無策惟有待斃也其

浙江銅項仍望

老弟代為吹噓惠不以當之回覆且示以此微

數目塞責尤深心感手布敬賀

大喜 並頌

台祺 想照

將意不乙

弟崇光拜手 冬月廿三

設法，不致如此間之束手無策，坐以待斃也。其
浙江餉項，仍望
老弟代為吹噓慫恿，不以空言回覆，且不以些微
數目塞責，尤深心感。手布敬賀
大喜，載頌
台祺，翹盼
好音。不一。　愚兄崇光拜手　六月廿一日

湖北省学术著作出版专项资金
Special funds for academic writing in hubei province

武漢大學圖書館館藏

晚清名臣手札

第四卷

主編　王新才　周榮
副主編　黄鵬　王美英　王三山

WUHAN UNIVERSITY PRESS
武漢大學出版社

第四卷　丁善慶、郭嵩燾卷

目録

丁善慶手札

丁善慶手札

映渠中丞賢弟大人閣下自戊午嘉平晤談後匆匆握别
耿耿予懷乃不一月而桑梓繹騷得資
禦侮勳高民生安堵美其功未嘗不憫其勞也繼而封疆
洊歷仍假軍符既
文武之兼資
作西南之保障旋復荷

映渠中丞賢弟大人閣下：自戊午嘉平晤談後，匆匆握別，耿耿予懷。乃不一月而桑梓繹騷，得資禦侮勳高，民生安堵，美其功未嘗不憫其勞也。繼而封疆洊歷，仍綰軍符，既文武之兼資，作西南之保障。兹復荷

九重恩遇
膺千里提封受
寵若驚
委任逾重練兵籌餉果何以餉足兵精察吏安民果何以民
安吏肅如韩允熙之平藤峡六百里賊巢王文成之置
田州十九姓巡檢或猛或寬捴在与民休息而已非皆

九重恩遇，
膺千里提封，受
寵若驚，
委任逾重。練兵籌餉，果何以餉足兵精？察吏安民，果何以民
安吏肅？如韓允熙之平藤峽六百里賊巢，王文成之置
田州十九姓巡檢，或猛或寬，揔在與民休息而已，非皆

前事之師耶向讀張太嶽六事疏極愛之五曰固邦本
六曰飭武備正合時宜錄出寄呈及桂林書藝林序題
置諸左右凡有經畫皆得此意允矣樂旨君子民之父
母矣為治亦不宜太急操之有主而行之以漸斯民實受
其福矣謝蘊山先生廣西通志極賅備可資採納亦當置
諸左右相助為理賢才為急前曾任湘鄉令朱石樵觀察

前事之師耶？向讀張太嶽六事疏，極愛之。五曰固邦本，六曰飭武備，正合時宜，録出寄呈。及桂林書鬱林序，願置諸左右。凡有經畫，皆得此意，允矣。樂旨君子，民之父母矣。為治亦不宜太急，摻之有主，而行之以漸，斯民實受其福矣。謝蘊山先生廣西通志極賅備，可資採納，亦當置諸左右，相助為理，賢才為急。前曾任湘鄉令朱石樵觀察，

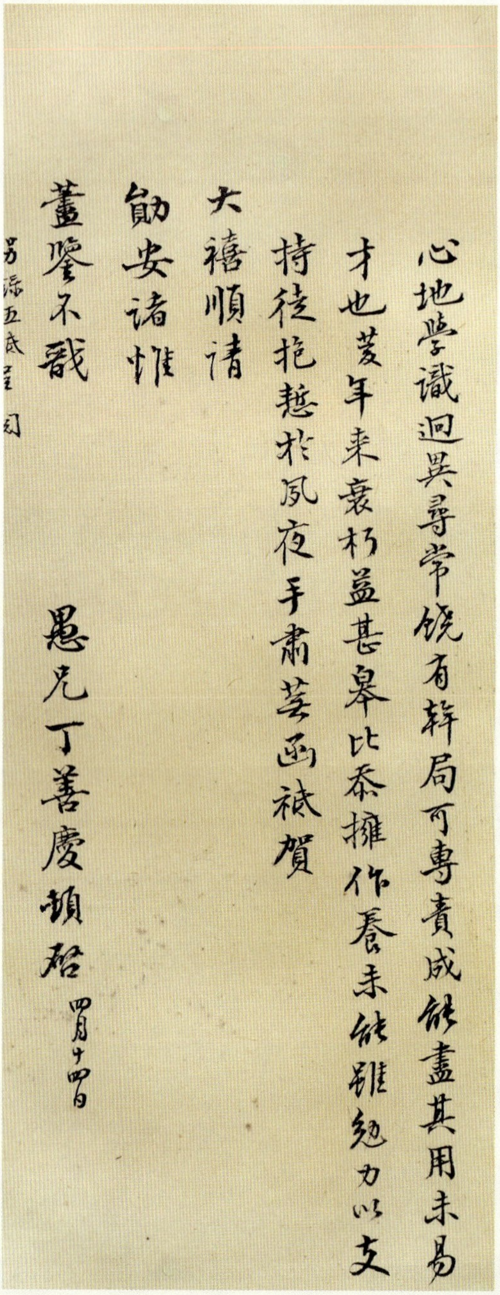

心地學識迥異尋常饒有幹局可專責成能盡其用未易
才也茇年来衰朽益甚皋比忝擁作養未能雖勉力以支
持徒抱慙於夙夜手肅芜函祗賀
大禧順請
勛安諸惟
藎鑒不戩
愚兄丁善慶頓啓 四月十四日
另孫五紙呈閲

心地學識迥異尋常，饒有幹局，可專責成，能盡其用，未易才也。慶年來衰朽益甚，皋比忝擁，作養未能，雖勉力以支持，徒抱慙於夙夜，手肅蕪函，祗賀
大禧，順請
勛安，諸惟
蓋鑒不戩。
愚兄丁善慶頓啓。四月十四日。
另録五紙呈閲。

映渠中丞賢弟大人閣下敬啓者五月初奉到
手書知四月當寄一函已登
記室復蒙
虚懷延納
綺注殷拳雒誦之餘曷勝心泐恭惟
恩威並濟
聞望益隆
棨戟翹瞻莫名抃頌兄竊念

映渠中丞賢弟大人閣下：敬啓者，五月杪奉到
手書，知四月肅寄一函，已登
記室。復蒙
虛懷延納，
綺注殷拳，雒誦之餘，曷勝心泐。恭惟
恩威並濟，
聞望益隆，
棨戟翹瞻，莫名抃頌。兄竊念

天朝開國之君
世祖章皇帝六歲御極
聖祖仁皇帝八歲御極創業垂統海宇乂安今
中興之主
嗣皇帝亦六歲御極璧合珠聯天下禔福詩曰繩其
祖武受天之祜孟子曰
先聖
後聖其揆一也豈不盛哉兩粵舉行科場直隸山東一

天朝開國之君，
世祖章皇帝六歲御極，
聖祖仁皇帝八歲御極，創業垂統，海宇乂安。今
中興之主
嗣皇帝亦六歲御極，璧合珠聯，天下禔福。詩曰：繩其
祖武，受天之祜。孟子曰：
先聖
後聖，其揆一也。豈不盛哉。兩粵舉行科場，直隸、山東一

月三捷逆捻援首安慶桐舒均经克復黄州府城亦於前月廿四收復氣象甚好唯胡詠芝中丞於廿六日歸道山雖曰天數然利在生民功在 社稷此生為不虚矣又何憾焉𣪍聽之餘已甚亦帖耳乞憐且不知何往矣無父無君之邪教謬種流傳至今已極必有反经之時但恐查辦不得其法不能不為愚民慮憶朱軒（名啓賢梓庭先生之婿）臣先生（名桂楨前任粤东巡撫）為先言乾隆年间辦天主教極嚴申鏡汀侍郎之先德任直隸縣令獲二百餘人訊之承認令其跨十字架食

月三捷，逆捻授首，安慶桐舒均經克復，黃州府城亦於前月廿四收復，氣象甚好。唯胡詠芝中丞於廿六日歸道山，雖曰天數，然利在生民，功在 社稷，此生為不虛矣。又何憾焉。羖攊之競已甚，亦貼耳乞憐，且不知何往矣。無父無君之邪教，謬種流傳，至今已極。必有反經之時，但恐查辦不得其法，不能不為愚民慮。憶朱幹臣先生名桂楨，前任粵東巡撫為兄言，乾隆年間辦天主教極嚴，申鏡汀名啓賢，幹臣先生之壻侍郎之先德任直隸縣令，獲二百餘人，訊之，承認，令其跨十字架，食

肉不聽告之以不悔則殺皆曰殺則我登西天極樂國矣
公憫之絕其水米一日乃命健役二十人往謂之曰官憐汝等
一日不食命汝等十人一班到堂下去食即兩役持一人跨
近來彼教亦食肉矣惟不肯跨十字架耳
十字架食肉訖復問其悔否曰悔矣即不悔教中人亦不容
我矣竟與釋歸一日而竣事以愚民悔過釋罪詳大府
當時傳為美談而鏡汀先生始生後由翰林洊歷卿貳此術可垂
為治譜與在官言之否則非殺不可無乃太忍乎毛寄雲中丞初
到任取于三家言所計從息滑雜詠詩十二首不知其所自

肉，不聽。告之以不悔則殺。皆曰：殺，則我登西天極樂国矣。公憫之，絶其水米一日，乃命健役二十人往，謂之曰：官憐汝等一日不食，命汝等十人一班，到堂下去食，即兩役持一人跨十字架，食肉，訖，復問其悔否。曰：悔矣。即不悔，教中人亦不容我矣。竟與釋歸，一日而竣事。以愚民悔過釋罪，詳大府，當時傳為美談。而鏡汀先生始生，後由翰林洊歷卿貳。此術可垂為治譜，與在官言之。否則非殺不可，無乃太忍乎？毛寄雲中丞初到任，取于三家，言聽計從，忽得杂詠詩十二首，不知其所自

近來彼教亦食肉矣，唯不肯跨十字架耳。

來即撤裕時卿藩司任三家者失色惲觀察接署任庫存
銀不滿二千查出弊竇頗有始知三家力主奏停秋賦以經
費無出之故現在簡員清算雖不為已甚而民已具瞻矣雖三
局尚未定章程而思遠者已爲之斂手矣現在勸捐官紳均
極增色南省轉危爲安可以無事皆
嗣皇帝所錫之福也從此斯民可望出水火而登衽席矣能善其
後者尤以察吏爲急杜少陵詩云不過行儉德盜賊本
王臣真千古至論也兄入秋來舊恙時作又持

來，即撤裕時卿藩司任，三家者失色。惲觀察接署任，庫存銀不滿二千，查出弊竇頗有，始知三家力主奏停秋賦，以經費無出之故。現在簡員清算，雖不為已甚，而民已具瞻矣。雖三局尚未定章程，而思逞者已為之斂手矣。現在勸捐官紳均極增色，南省轉危為安，可以無事，皆

嗣皇帝所錫之福也。從此斯民可望出水火而登衽席矣。能善其後者，尤以察吏為急。杜少陵詩云：不過行儉德，盜賊本王臣。真千古至論也。兄入秋來舊恙時作，又持

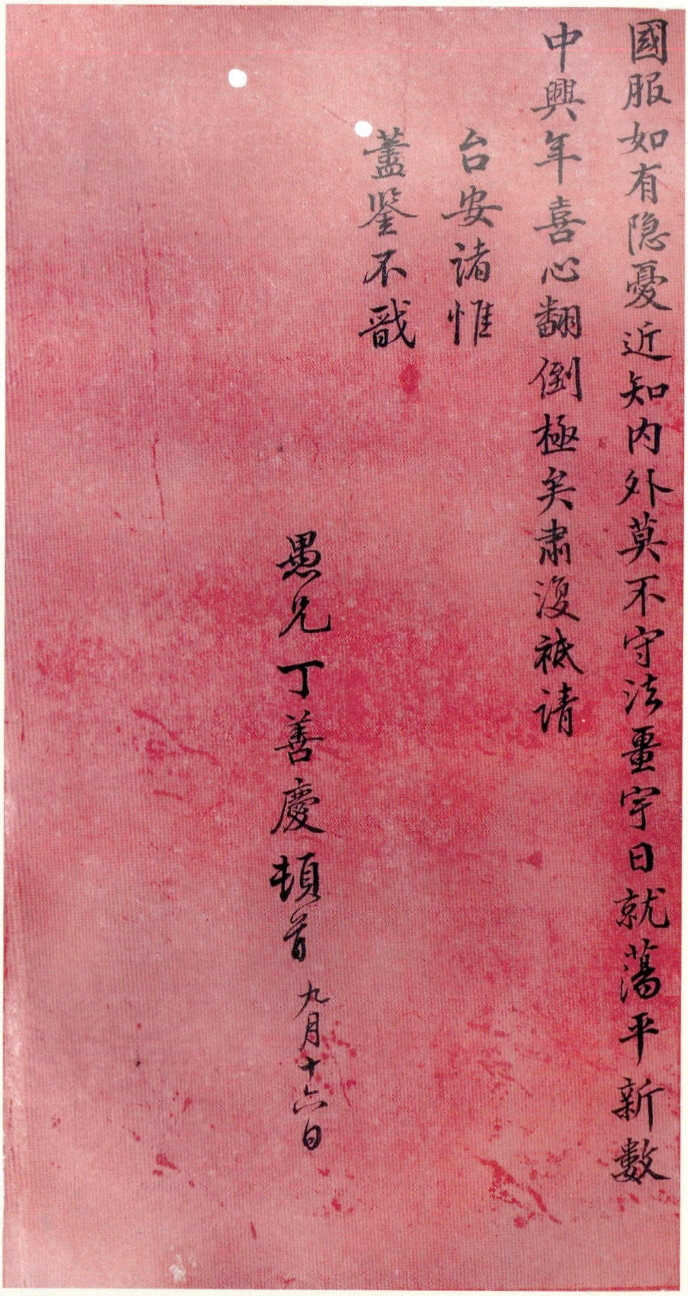

國服如有隱憂近知内外莫不守法疆宇日就蕩平新數
中興年喜心翻倒極矣肅復祇請
台安諸惟
藎鑒不戩
愚兄丁善慶頓首　九月十六日

国服，如有隱憂。近知内外莫不守法，疆宇日就蕩平，新數
中興年，喜心翻倒極矣。肅復。祇請
台安，諸惟
藎鑒不戩。
愚兄丁善慶頓首　九月十六日

再啓者英丞如勤係菱遠府諸生分發湖南序補無
期意欲及時自効未知可調回辦團否如無相需之處
亦不必作此破格之舉也蔣蓉吾訓導春元蓉親事畢欲
圖進取其人之行取與均不苟冬杪趨謁需才之際
進而試之當必有所報稱也又及

再啓者，莫丞如勤係慶遠府諸生，分發湖南，序補無期，意欲及時自効，未知可調回辦團否？如無相需之處，亦不必作此破格之舉也。蔣養吾訓導春元養親事畢，欲圖進取。其人言行取與均不苟，冬杪趨謁，需才之際，進而試之，當必有所報稱也。又及。

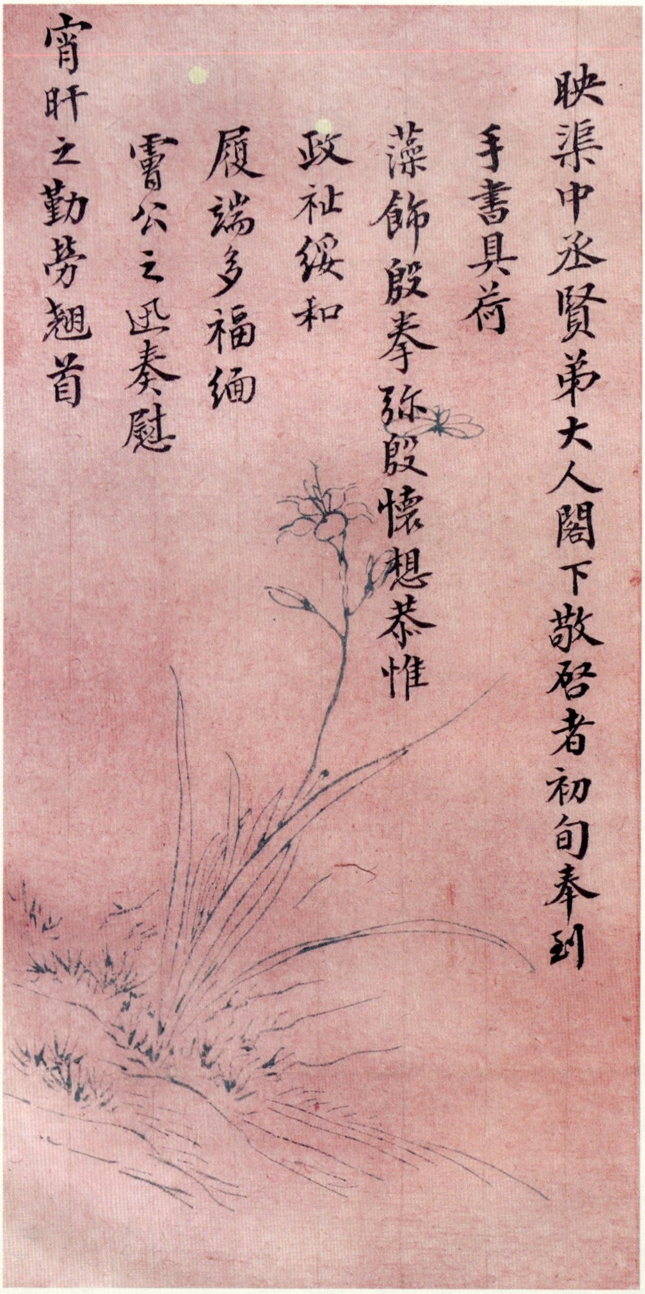

映渠中丞賢弟大人閣下敬啓者初旬奉到
手書具荷
藻飾殷拳彌殷懷想恭惟
政祉綏和
履端多福緬
雷公之迅奏膚
宵旰之勤勞翹首

映渠中丞賢弟大人閣下：敬啓者，初旬奉到

手書，具荷

藻飾殷拳，彌殷懷想，恭惟

政祉綏和，

履端多福，緬

膚公之迅奏，慰

宵旰之勤勞，翹首

戟轅莫名忻頌昨閱邸抄天下臣民莫不同聲稱快舜
流共工四罪而天下咸服晉文能刑三罪而民服今
朝廷清明紀綱整飭亦可謂四罪而天下服矣潢池弄兵小醜一二
年内定可蕩除從此天下人民各安耕讀共樂昇平豈不
快哉石逆入楚境後飄忽無常直向蜀境官軍每勢不相
及若蜀中團練果能如朱石樵觀察之辦法任之專而無掣
肘之虞石逆即有飄忽技倆亦將窮矣此時封疆急務莫如教

戟轅，莫名抃頌。昨閲邸抄，天下臣民莫不同聲稱快，舜流共工，四罪而天下咸服，晉文能刑，三罪而民服。今
朝廷清明，紀綱整飭，亦可謂四罪而天下服矣。潢池弄兵小醜，一二年内定可蕩除，從此天下人民各安耕讀，共樂昇平，豈不快哉。石逆入楚境後，飄忽無常，直向蜀境，官軍每勢不相及。若蜀中團練果能如朱石樵觀察之辦法，任之專而無掣肘之虞，石逆即有飄忽技倆，亦將窮矣。此時封疆急務，莫如教

養二端屯政可徐徐究圖尤以選賢建能正人心厚風俗為先

蓋使貪使詐用兵之時雖吳起之無行亦可立功若守典率常雖（立政之初）

陳壽之史才亦遭廢棄書曰若守宗典以承天休不敢不如是也天惟

顯思日監在茲可不敬乎在湖南之釐局卡局薪水既優于獄

城講席程容藍間有格外之應酬且有格外之利息未知

貴治何如何不移以待之至省垣講席在當道以為愛老憐貧而

賢者自審則有老而不教之懼若以奏牘著名天下共聞之人

養二端，屯政可徐徐究圖，尤以選賢建能、正人心、厚風俗為先。蓋使貪使詐，用兵之時，雖吳起之無行，亦可立功。若守典率常，立政之初，雖陳壽之史才亦遭廢棄。書曰：各守爾典，以承天休。不敢不如是也。天惟顯思，日監在茲，可不敬乎？在湖南之釐局卡局，薪水既優於嶽城講席，從容燕閒，有格外之應酬，且有格外之利息，未知貴治何如，何不移以待之？至省垣講席，在當道以為愛老憐貧，而賢者自處，則有老而不教之懼。若以奏牘著名天下共聞之人

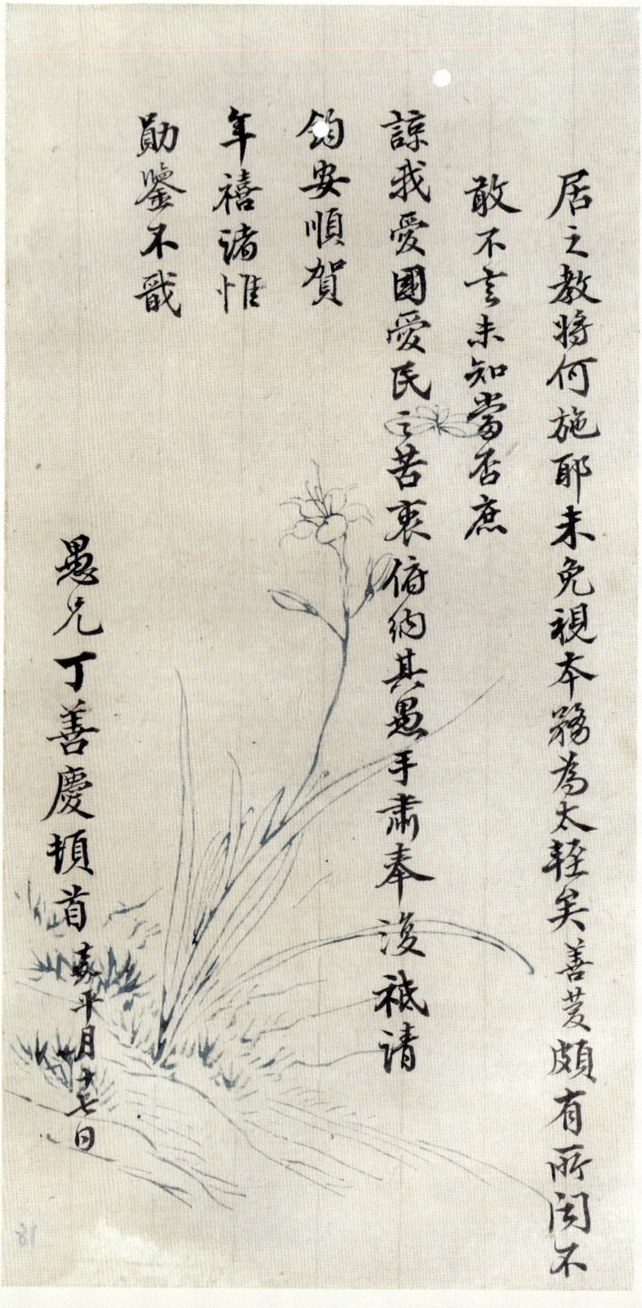

居之教將何施耶未免視本務為太輕矣善慶頗有所聞不
敢不言未知當否庶
諒我愛國愛民之苦衷俯納其愚手肅奉復祗請
鈞安順賀
年禧諸惟
勛鑒不戩

愚兄丁善慶頓首
嘉平月十七日

居之，教將何施耶？未免視本務為太輕矣。善慶頗有所聞，不敢不言，未知當否。庶諒我愛國愛民之苦衷，俯納其愚。手肅奉復，祇請鈞安，順賀年禧，諸惟勛鑒不戩。

愚兄丁善慶頓首　嘉平月十七日

再蔣養吾訓導已趨謁
台階知素所深契此行必有合也莫丞同稽辦團之請本屬
計全所施之想今蒙
加惠以知縣即補便已大有生氣從此勤於民事即所以仰
報
恩施感激之忱不獨身受者已也 又及

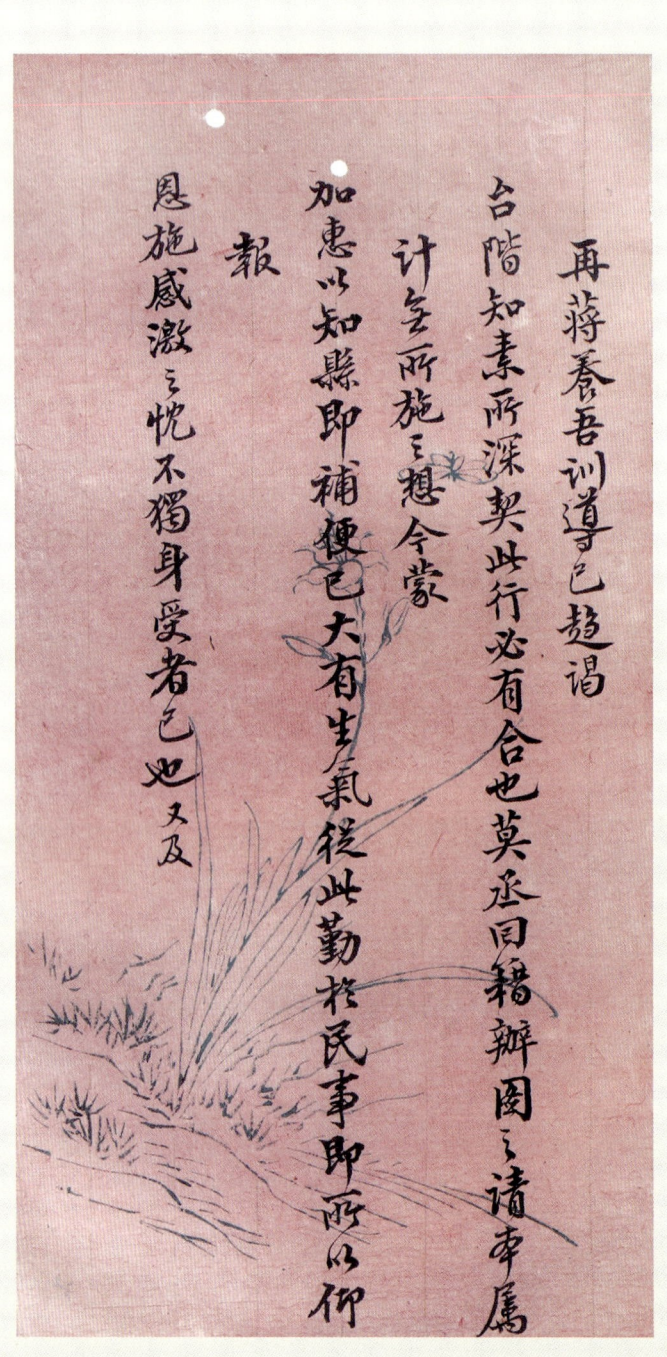

再，蔣養吾訓導已趨謁台階，知素所深契，此行必有合也。莫丞回籍辦圖之請，本屬計無所施之想，今蒙加惠，以知縣即補，便已大有生氣。從此勤於民事，即所以仰報恩施，感激之忱，不獨身受者已也。又及。

映渠賢弟大人閣下連年契闊時切馳思每於舊友
往来得悉
壯猷時復稱快兹悉特膺
簡命畿輔保釐上以紓
宵旰之勤下以慰雲霓之望
戟轅翹首曷罄軒襲上年初接兩函祇是因時致問
適值慶有弱女于歸王氏纔一年見逝而親友中一有
不如意事懷抱頗惡未及致復後接十月初旬

映渠賢弟大人閣下：連年契闊，時切馳思，每於舊友
往來，得悉
壯猷，時復稱快。茲悉特膺
簡命，畿輔保釐，上以紓
宵旰之勤，下以慰雲霓之望，
戟轅翹首，曷罄軒蕘。上年初接兩函，祇是因時致問，
適值慶有弱女，于歸王氏，纔一年見逝，而親友中一有
不如意事，懷抱頗惡，未及致復。後接十月初旬

惠書正擬肅函馳賀又聞有
榮蒞畿輔之信故未及致復所稱欠體會字失莊多未
當三層皆
盛德過謙慶並無此等意見直是不得妥便故未致書
耳慶年老頹唐不惟倦于儀文並倦于筆札於朋友
間每欲作數行通相思知動靜無如一時風氣凡勢
權所屬竿牘競進真贗莫分倘或貽悞事幾不惟責
有攸歸亦非所以愛惜人材之道雖在至親密友不

惠書，正擬肅函馳賀，又聞有
榮莅畿輔之信，故未及致復。所稱欠體會、字失莊、多未
當三層，皆
盛德過謙，慶並無此等意見。直是不得妥便，故未致書
耳。慶年老頹唐，不惟倦于儀文，並倦于筆札。於朋友
間，每欲作數行，通相思，知動靜，無如一時風氣，凡勢
權所屬，竿牘競進，真贋莫分，倘或貽悮事幾，不惟責
有攸歸，亦非所以愛惜人材之道，雖在至親密友，不

若音問缺如為兩全之道且郵寄浮沈拆視者多以故
非親筆不作書苟非其人亦不輕附未免迂謹之過此一説
也外國通商事宜斷不可先設一難辦成見天下人情一
也即中國人民咈之以從欲尚起釁端比來紛紛多事豈
盡百姓之過哉率皆吏失其職莠民乘釁而起而膺事權
者又處之不得其平馭之不得其道故致此也中外一家大
勢如此當深察其所由來也昔蔡文勤與陳滄洲書曰治
術關于學術經濟通于性命大臣以身任事必有公清之

若音問缺如，為兩全之道。且郵寄浮沉，拆視者多，以故非親筆不作書，苟非其人，亦不輕附，未免迂謹之過。此一説也。外國通商事宜，斷不可先設一難辦成見。天下人情一也，即中國人民咈之以從欲，尚起釁端。比來紛紛多事，豈盡百姓之過哉？率皆吏失其職，莠民乘釁而起，而膺事權者又處之不得其平，馭之不得其道，故致此也。中外一家，大勢如此，當深察其所由來也。昔蔡文勤與陳滄洲書曰：治術關于學術，經濟通于性命。大臣以身任事，必有公清之

操有愷澤之懷有明通之識有强毅之概有儆懼之心其
氣彌剛其心彌小易曰乾乾詩曰翼翼書曰孜孜由是而竭情盡
慎使五者各臻于極則可以當古之大臣矣又云公暇即當讀
書非讀書無以明于修己治人之道而振厲其志氣也慶則謂
公暇肯讀書凡修己治人之或得或失己自知之不得人之有
言也其裨益于政豈不大哉昨又接四月由軍中寄来
惠函戎馬交馳之會猶篤念老夫心泐何似慶敢不謬託于仁者贈
言之義坤臣道也坤之彖曰後得主利西南得朋東北喪朋得

操，有愷澤之懷，有明通之識，有強毅之概，有儆懼之心。其氣彌剛，其心彌小。易曰乾乾，詩曰翼翼，書曰孜孜。由是而竭情盡慎，使五者各臻於極，則可以當古之大臣矣。又云：公暇即當讀書，非讀書無以明于修己治人之道，而振厲其志氣也。慶則謂公暇肯讀書，凡修己治人之或得或失，已自知之，不得人之有言也。其裨益于政，豈不大哉？昨又接四月由軍中寄來惠函，戎馬交馳之會，猶篤念老夫，心泐何似。慶敢不謬托于仁者贈言之義。坤，臣道也。坤之彖曰：後得主，利西南得朋，東北喪朋。得

朋者大臣以人事君也喪朋者君子羣而不黨也所以安貞吉
也蔡文勤曰整齊風俗振勵人才端在教化俗吏以此為迂大
賢以為先務 慶則謂以為迂者不能以身率教也若大賢端教
化之事則必從廣勵學官整飭書院始必不肯徇俗推荐乾
館為方便地步不問行止以調劑人情也慶性迂疏所願為
功著一時之助者如此手肅祗賀
鴻禧諸惟
勛鑒不戩

愚兄丁善慶頓首

六月十九日書于靈麓之半學齋時年七十有四

朋者，大臣以人事君也。喪朋者，君子羣而不黨也。所以安貞吉也。蔡文勤曰：整齊風俗，振勵人才，端在教化。俗吏以此為迂，大賢以為先務。慶則謂：以為迂者，不能以身率教也。若大賢端教化之事，則必從廣勵學官、整飭書院始，必不肯徇俗推荐乾館為方便地步，不問行止以調劑人情也。慶性迂疏，所願為功著一時之助者如此。手肅。祗賀

鴻禧，諸惟

勛鑒不戩。

愚兄丁善慶頓首

六月十九日書於靈麓之半學齋，時年七十有四

映渠制軍賢弟大人閣下仲夏中澣接到嘉平小除日
惠書具悉
籌筆告成行將入
覲上紓
宵旰翹企
戟轅昌勝軒舞甞讀畢公保釐之命曰申畫郊圻慎固
封守以康四海蔡傳郊圻之制昔固規畫矣曰申云者

映渠制軍賢弟大人閣下：仲夏中澣接到嘉平小除日
惠書，具悉
籌筆告成，行將入
覲，上紓
宵旰，翹企
戟轅，曷勝軒舞。慶讀畢公保釐之命，曰：申畫郊圻，慎固
封守，以康四海。蔡傳郊圻之制，昔固規畫矣。曰申云者，

申明之也封域之險昔固有守矣曰謹云者戒嚴之也
疆域障塞歲久則易湮世平則易玩時繕而屢省之
乃所以尊嚴王畿也王畿安則四海安矣此今日仰酬
高厚之先務竊願為
刻苦自勵虛己勤求之一助蔑自顧老憊忝擁皋比作育
未能時深慙愧然亦不敢不自勉也幸值
朝廷清明紀綱整飭承平乃指顧間事安得愛人良吏布滿

申明之也。封域之險，昔固有守矣。曰謹云者，戒嚴之也。
疆域障塞，歲久則易湮，世平則易玩。時緝而屢省之，
乃所以尊嚴王畿也。王畿安則四海安矣。此今日仰酬
高厚之先務，竊願為
刻苦自勵、虛己勤求之一助。慶自顧老憊，忝擁皋比，作育
未能，時深慚愧，然亦不敢不自勉也。幸值
朝廷清明，紀綱整飭，承平乃指顧間事，安得愛人良吏，布滿

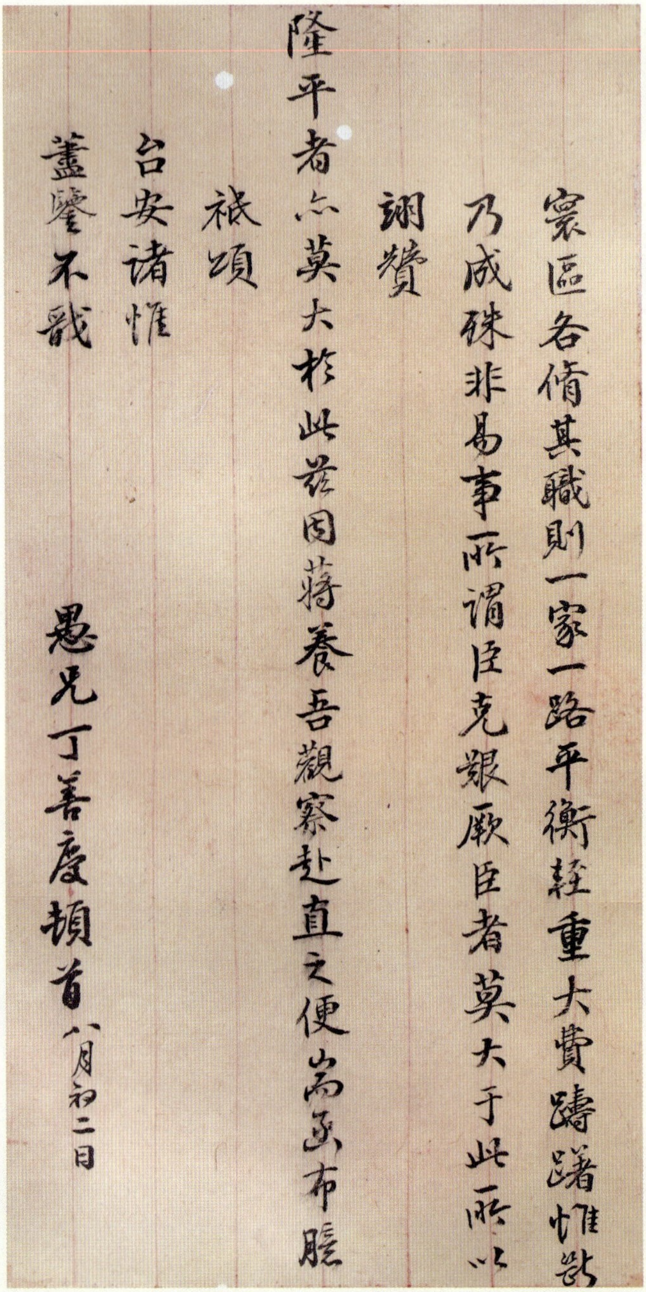

寰區各脩其職則一家一路平衡輕重大費躊躇惟欲
乃成殊非易事所謂臣克艱厥臣者莫大于此所以
翊贊
隆平者亦莫大於此茲因蔣養吾觀察赴直之便肅函布臆
祗頌
台安諸惟
藎鑒不戩
愚兄丁善慶頓首 八月初二日

寰區，各脩其職，則一家一路，平衡輕重，大费躊躇，惟斷乃成，殊非易事。所謂臣克艱厥臣者，莫大於此，所以

翊贊

隆平者，亦莫大於此。茲因蔣養吾觀察赴直之便，耑函布臆，祇頌

台安。諸惟

蓋鑒不戬。

愚兄丁善慶頓首　八月初二日

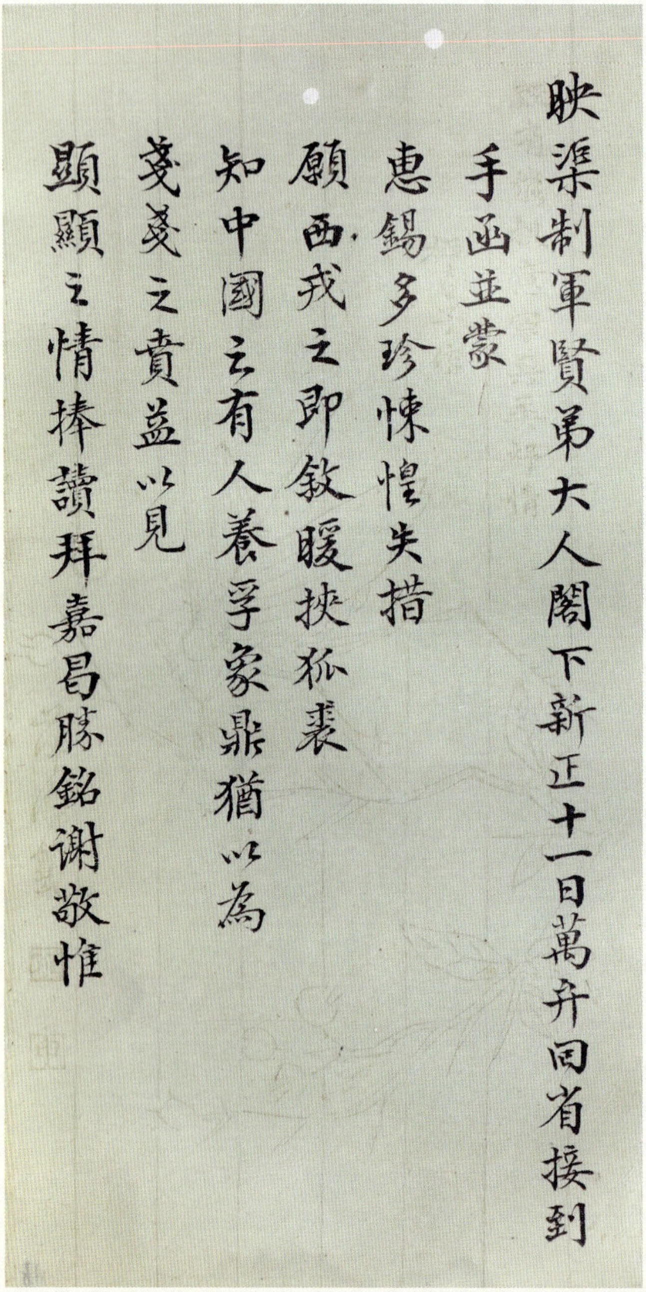

映渠制軍賢弟大人閣下新正十一日萬弁回省接到
手函並蒙
惠錫多珍悚惶失措
顧西戎之即敍暖挾狐裘
知中國之有人養孚象鼎猶以為
戔戔之貢益以見
顒顒之情捧讀拜嘉曷勝銘謝敬惟

映渠制軍賢弟大人閣下：新正十一日，萬弁回省，接到

手函，並蒙

惠錫多珍，悚惶失措。

願西戎之即叙，暖挾狐裘，

知中國之有人，養孚象鼎，猶以為

戔戔之責，益以見

顯顯之情。捧讀拜嘉，曷勝銘謝。敬惟

升祺集祜
履祉迎祥祭
泰交一德之隆
崇文武式憲之望翹瞻
棨戟莫罄軒襲盥讀
来函一時傾倒為
朝廷誌得人之慶豈窮守一經者復有所言可補于萬一

升祺集祜，

履祉迎祥，際

泰交一德之隆，

崇文武式憲之望，翹瞻

棨戟，莫罄軒蕘。盥讀

來函，一時傾倒。為

朝廷誌得人之慶，豈窮守一經者復有所言可補於萬一

乎然而修己之業本無盡期任益大者責益重德
踰于祿則盛而非滿履之九五夬履貞厲周易折中
云履道貴柔九五以剛居剛是決于履也然以其有中
正之德故能常存危厲之心則雖決于履而動可無過
舉矣此其所以履帝位而不疚也歟竊以為君道如是
臣道亦然晉之上九晉其角維用伐邑厲吉无咎貞吝
集說晉至于角無所復進矣惟能自反自克而內自治

乎？然而修己之業，本無盡期，任益大者責益重。德踰于禄，則盛而非滿。履之九五：夬履，貞厲。周易折中云：履道貴柔，九五以剛居剛，是決于履也。然以其有中正之德，故能常存危厲之心，則雖決於履，而動可無過舉矣。此其所以履帝位而不疚也歟？竊以為君道如是，臣道亦然。晉之上九：晉其角，維用伐邑，厲吉無咎，貞吝。集説：晉至于角，無所復進矣。惟能自反自克，而内自治

焉則知危厲自警而獲吉矣此所以無剛進之咎也折中
云内治其私及身无過如居家則戒子弟戢僮僕居官則
杜交私嚴假託皆伐邑之謂也是皆進高顯受光寵不易
之道也至於處泰之道則九二一爻主之折中云聖賢之
心無棄物堯舜之道欲並生非包荒則不足以體天地之
德而盡君師之道然包荒非混而無別之謂故必斷以行
之明以周之公以審之然後用舍舉措無不合於中道程

焉，則知危厲自警而獲吉矣。此所以無剛進之咎也。折中云：内治其私，反身無過。如居家則戒子弟、戢僮僕，居官則杜交私、嚴假託，皆伐邑之謂也。是皆進高顯、受光寵不易之道也。至於處泰之道，則九二一爻主之。折中云：聖賢之心無棄物，堯舜之道欲並生，非包荒則不足以體天德地之德，而盡君師之道。然包荒非混而無别之謂，故必斷以行之，明以周之，公以處之，然後用舍舉措，無不合於中道。程

傳必有包荒之量則其施為寬裕詳密弊革事理而人
安之馮河謂其剛果足以濟深越險也泰安之世必漸至衰
替自非剛斷之君英烈之輔不能挺特奮發以革其弊
故用馮河人心狃于泰則苟安逸惡能復深思遠慮及於
遐遠之事哉治泰者當周及庶事若事之微隱賢才之在
側陋皆遐遺者也人狃于安其情肆而失節將約而正之
非絕去其朋與之私則不能也有此四者則能合于九二

傳：必有包荒之量，則其施為，寬裕詳密，弊革事理，而人安之。馮河，謂其剛果足以濟深越險也。泰安之世，必漸至衰替。自非剛斷之君、英烈之輔，不能挺特奮發，以革其弊，故用馮河。人心狃于泰，則苟安逸，惡能復深思遠慮，及於遐遠之事哉？治泰者當周及庶事，若事之微隱，賢才之在側陋，皆遐遺者也。人狃于安，其情肆而失節，將約而正之，非絶去其朋與之私，則不能也。有此四者，則能合于九二

之德故曰得尚於中行承
謙光虛受故將近日讀書小有所得傾吐出之為
左右之一助庶幾履而泰然後安與安貞之吉合德矣
慶齒七十有六雖頹唐日甚而顧沿之私未嘗或釋於
懷諒不以為多言也肅復申謝祗請
台安並賀
春禧不戩
愚兄丁善慶頓首 中元節書

之德，故曰得尚於中行。承
謙光虛受，故將近日讀書小有所得傾吐出之，為
左右之一助，庶幾履而泰然後安，與安貞之吉合德矣。
慶齒七十有六，雖頹唐日甚，而愿治之私，未嘗或釋於
懷，諒不以為多言也。肅復申謝。祇請
台安，並賀
春禧不戩。
愚兄丁善慶頓首　中元節書

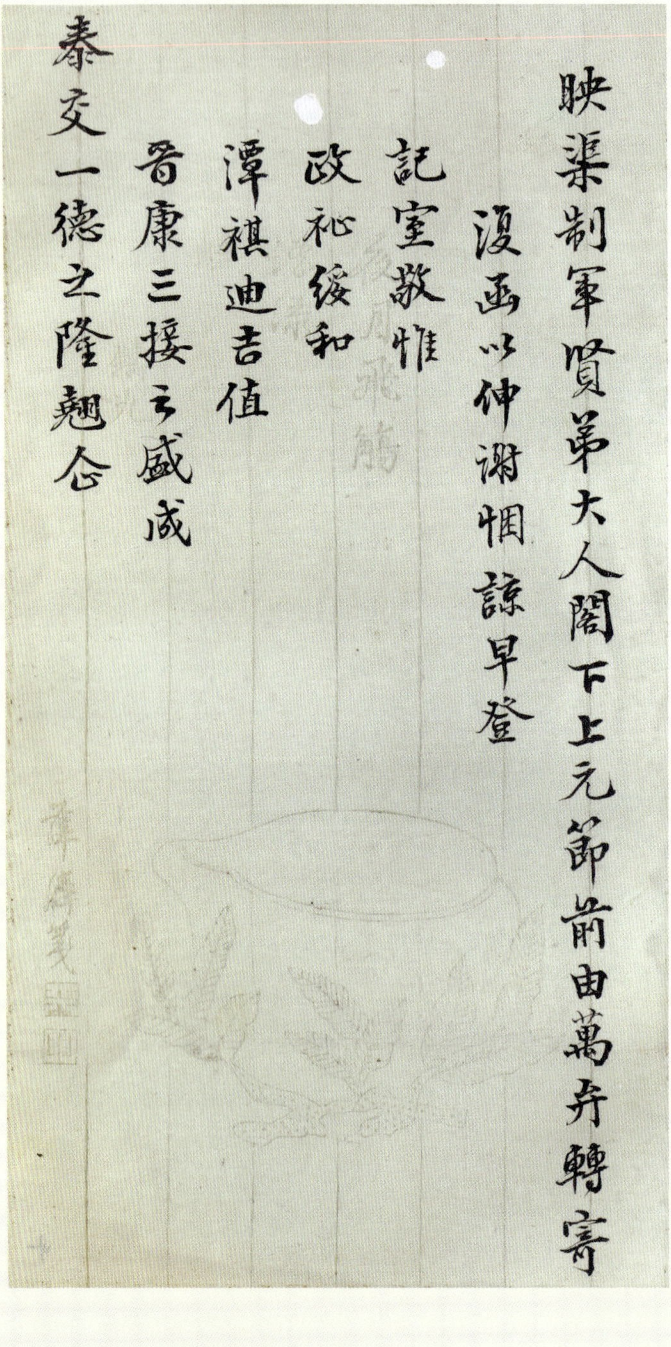

映渠制軍賢弟大人閣下上元節前由萬卉轉寄
復函以伸謝悃諒早登
記室敬惟
政祉綏和
潭祺迪吉值
晉康三接之盛咸
泰交一德之隆翹企

映渠制軍賢弟大人閣下：上元節前由萬弁轉寄

復函，以伸謝悃，諒早登

記室。敬惟

政祉綏和，

潭祺迪吉，值

晉康三接之盛，成

泰交一德之隆，翹企

戟門彌殷軒舞近閲邸報
西伐恩威並濟指日可望肅清惟善後事宜擬以崇教
化為急務董子曰夫民之趨利也如水之走下不以
教化隄防之不能止也易占童牛殰豕之吉蓋制
之必有其道矣可不預為之圖乎茇老景日益頹
唐始覺察得一日之間多少妄念迭起循此加意
掃除總不能淨本來心性幾無地以自處近來

戟門，彌殷軒舞。近閱邸報，

西伐恩威並濟，指日可望肅清。惟善後事宜，摠以崇教化為急務。董子曰：夫民之趨利也，如水之走下，不以教化隄防之，不能止也。易占童牛、豶豕之吉，蓋制之必有其道矣。可不預為之圖乎？慶老景日益頹唐，始覺察得一日之間，多少妄念迭起循生，加意掃除，總不能淨。本來心性幾無地以自處，近來

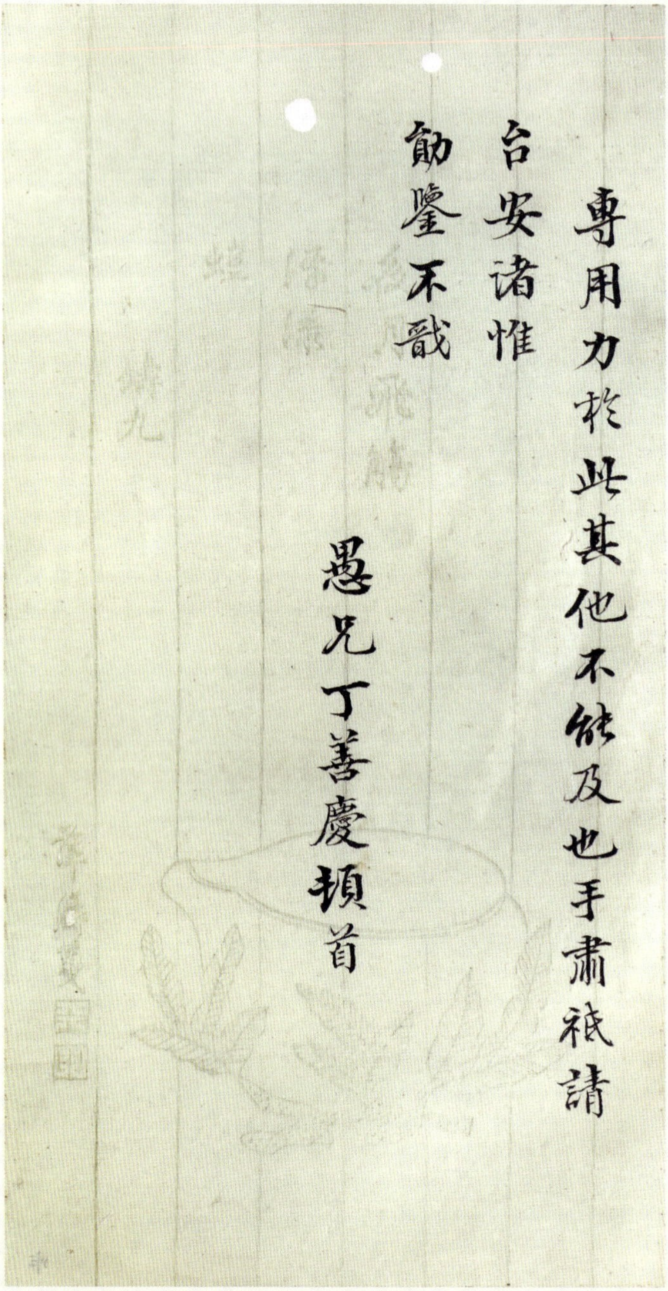
專用力於此其他不能及也手肅祇請
台安諸惟
勖鑒不戩
愚兄丁善慶頓首

專用力於此，其他不能及也。手肅。祇請

台安，諸惟

勛鑒不戩。

愚兄丁善慶頓首

再啓者趙司馬仲麟從遊麓山多年人頗老
成諳練入貢成均欲有所遇並趨謁
崇階倘荷
進而教之俾有所藉手以展其長亦所以仰體
朝廷多開取士之路以廣致衆賢之意也又及

再啓者，趙司馬仲麟從遊麓山多年，人頗老成諳練，入貢成均，欲有所遇。茲趨謁崇階，倘荷進而教之，俾有所藉手以展其長，亦所以仰體朝廷多開取士之路，以廣致衆賢之意也。又及。

映渠制軍賢弟大人閣下：前月十九趙仁卿入
貢成均之便，肅布一函，想登
記室。
令郎三世兄來麓山肄業，因聞直南有警，
旌節移駐大名，欲趨直視膳，皆忠孝之出於不
容已者，欽佩之至。竊惟
天心挽回劫數，有不可測者，或經此震動，大加脩省，
朝野之福也。大臣膺茲重任，惟有整軍經武以衛民

映渠制軍賢弟大人閣下：前月十九，趙仁卿入

貢成均之便，肅布一函，想登

記室。

令郎三世兄來麓山肄業，因聞直南有警，

旌節移駐大名，欲趨直視膳，皆忠孝之出於不

容已者，欽佩之至。竊惟

天心挽回，刦數有不可測者，或經此震動，大加脩省，

朝野之福也。大臣膺兹重任，惟有整軍經武以衛民

生休養滋息以培元氣所謂無形之利可免
有形之害若有形之利終不免無形之害也
明哲者當早覺之猾賊飈忽無常情爲長
技借備乾糧軍中自有舊規然迂生過慮偶
讀餉兵兼用麥米說（載在陸朗夫切問齋文鈔卷二十二）以爲可采謹錄
油麪一方以備查覈外老友堂家規二本奉呈順請
台安諸惟
霽鑒不戩
愚兄丁善慶頓首 五月廿二日

生，休養滋息以培元氣。所謂無形之利，可免有形之害，若有形之利，終不免無形之害也。明哲者當早覺之。猾賊飈忽無常，恃為長技。儲備乾糧，軍中自有舊規，然迂生過慮，偶讀餉兵兼用麥米說載在陸朗夫切問齋文鈔卷二十二，以為可采，謹録油麪一方以備查製。外，孝友堂家規二本奉呈。順請

台安，諸惟

霽鑒不戩。

愚兄丁善慶頓首五月廿二日

蔭渠賢弟大人閣下：轉瞬一年，音問未通，殊殷企想。

茲於上年十月由粤西通家陸牧紹孫進京赴選

之便，手佈一函；又於十一月由昌漢橋戶部赴京會

試之便，肅佈謝函，均未知入

台覽否？今年春杪

還旆過星沙，爲遣勇送歸，未得稍紓情愫，歉仄之

至！辰惟

養望珂鄉

蔭渠賢弟大人閣下：轉瞬一年，音問未通，彌殷企想。

慶於上年十月由粤西通家陸牧紹孫進京赴選之便，手佈一函，又於十一月由易漢橋户部赴京會試之便，肅佈謝函，均未知入台覽否。今年春杪還旆過星沙，為遣勇遄歸，未得稍紓情愫，歉仄之至。辰惟

養望珂鄉、

氣體佳勝爲頌未諗
閒暇作何節度 蓋有不能已於言者竊謂大臣之
於國家進思盡忠退思補過易傳曰无咎者善
補過也左傳曰能補過者君子也君子能知其過
必有令圖令圖天所贊也書曰雖尔身在外乃心
罔不在王室 顧三復斯言俯仰自覺寬綽有餘
裕也然則補過之方其何道之從歟 蓋則謂補
過莫如讀書讀書有要莫先於古文淵鑑也 顧
名思義志在勤民當時與評選斯文者如徐健菴

氣體佳勝為頌。未諗

閒暇作何節度？慶有不能已於言者。竊謂大臣之於國家，進思盡忠，退思補過。易傳曰：無咎者，善補過也。左傳曰：能補過者，君子也。君子能知其過，必有令圖。令圖，天所贊也。書曰：雖爾身在外，乃心罔不在王室。願三復斯言，俯仰自覺，寬綽有餘裕也。然則補過之方，其何道之從哉？慶則謂補過莫如讀書，讀書有要，莫先於古文淵鑑也。顧名思義，志在勤民。當時與評選斯文者，如徐健菴，

王蓉亭宋右之陳午亭張敦復王儼齋弱勵杜
訥高士奇皆博通今古極一時之選朝夕贊襄啟沃
以仁恩汪濊樹萬年不拔之基至於今是賴何不
取而讀之可以開拓心胸增長識見他日秉政舉
而措之裕如耳果能有味乎其言也亦安往而不
蒔菴吾甫署河道即值汛下官場之外事往往如此甚人無不共諒
樂乎　弟自告養事畢假館麓山二十有二年上年以痛
之也想冬令桑乾水涸隄工便可一氣何成此際定奏凱優敘矣峴莊由政
勢日增年屆耆耄於十月固辭得免並為諸子分析
亦見明屬見之意多若能推此心以體恤民艱則吏肅而民安矣營建年修書院
俾習於勤儉得与凡民齊亦自留一分生以為膳沒則
續誌今年五月書成皆不得已而有言也俟有人便寄　閱有未合處不妨直言之文
以為祭葬之資如是而已令章節勞靜養痛魔自去

王蓼亭、宋右之、陳午亭、張敦復、王儼齋，若勵杜訥、高士奇，皆博通今古，極一時之選，朝夕贊襄，所以仁恩汪濊，樹萬年不拔之基。至於今，是賴何不取而讀之？可以開拓心胸，增長識見，他日秉政，舉而措之裕如耳。果能有味乎其言也，亦安往而不樂乎？慶自告養事畢，假館麓山二十有二年，上年以病勢日增，年居昏髦，於十月固辞得免，並為諸子分析，俾習於勤儉，得與凡民齊，亦自留一分，生以為膳，没則以為祭葬之資，如是而已。今幸節勞静養，病魔自去，

蔣養吾甫署河道，即值淩下，宦場意外事往往如此，然人無不共諒之也。想冬令桑乾水涸，隄工便可一氣呵成。此際定奏邀優叙矣。峴莊為政亦見好，屬免之意多。若能推此心以體恤民艱，則吏肅而民安矣。慶連年修書院續誌，今年五月書成，皆不得已而有言也。俟有人便寄閱，有未合處，從直言之。文

章固天下之公器也
心氣漸充竟仍句藥之致寓以自喜然衰憊已甚不
易振作只有諸事率真不待勉強是為自知之明耳
貴族修譜意存自炫識之不從三年不成貴乃獨力自
修支譜明年五六月可以告成閱貴邑產譜皮紙約數
百文百張倘有人便惠我十刀吾事濟矣肅候
台祺順頌
年禧諸惟　心鑒不戩　愚兄丁善慶頓首　時年七十有九
嘉平月初二日書

章固天下之公器也。

心氣漸充，竟得勿藥之效，竊以自喜。然衰憊已甚，不易振作，只有諸事率真，不待勉強，是為自知之明耳。慶族修譜，意存自炫，箴之不從，三年不成。慶乃獨力自修支譜，明年五六月可以告成。聞貴邑產譜皮紙，約數百文百張。倘有人便，惠我十刀，吾事濟矣。肅候

台祺，順頌

年禧，諸惟　心鑒不戩。愚兄丁善慶頓首

嘉平月初二日書

時年七十有九

蔭渠制軍賢弟大人閣下：上元節奉到
還雲，並辱承
惠寄燕菜、茶果珍品多件及板鴨、皮紙，均如數領
訖，拜謝之至。辰惟
遵養若時，
息機自愛，為頌為慰。
來函謂善書者少，善慶謂翰墨林中固不乏人也。

蔭渠制軍賢弟大人閣下：上元節奉到
還雲，並辱承
惠寄燕菜、茶果、珍品多件，及板鴨、皮紙，均如數領
訖，拜謝之至。辰惟
遵養若時，
息機自愛，為頌為慰。
來函謂善書者少，善慶謂翰墨林中固不乏人也。

惟拙作於丙寅冬初脫稿即寄尚書往返商訂未敢
自以爲是也實多未愜之處恐不自知並非心存謙
退之詞古于文者每詳其大而略其細詳其本而
略其末文字雖易求其是而已矣善慶嘗讀甘棠詩
徐退山曰不言召伯之仁蓋有言之不能盡者千古言
思此爲絕唱然又有不得不盡言者讀韓昌黎碑
版文則言之惟恐不盡而詳略之間則極費經營矣

惟拙作於丙寅冬初脱稿即寄，尚望往返商訂，未敢
自以為是也。實多未愜之處，恐不自知，並非心存謙
退之詞。古于文者，每詳其大而略其細，詳其本而
略其末。文無難易，求其是而已矣。善慶嘗讀甘棠詩，
徐退山曰：不言召伯之仁，蓋有言之不能盡者。千古去
思，此為絶唱。然又有不得不盡言者。讀韓昌黎碑
版文，則言之惟恐不盡，而詳略之間，則極費經營矣。

藎所以不敢輕於爲文也惟
來狀德言功庶幾不朽之三故津津樂道之有未慊者
自宜從實質言共相詳酌如前函所云尚須裁
酌者被之金石不敢輕視也胡文忠專祠碑記爲莊
方伯臣製屬藎書之藎讀其文有未愜者酌商數處
局外人持之須之半載始從採識適值盛夏得雨
乘涼握管後半先白書前半次日書較雲麓碑記

慶所以不敢輕於為文也，惟

來狀德言功，庶幾不朽之三，故津津樂道之。有未愜者，自宜從實質言，共相詳酌。如前函所云尚須裁酌者，被之金石，不敢輕視也。胡文忠專祠碑記，為莊方伯巨製，屬慶書之。慶讀其文，有未愜者，酌商數處。局外人持之須之半載，始從拙議。適值盛夏得雨，乘涼握管，後半先日書，前半次日書，較雲麓碑記，

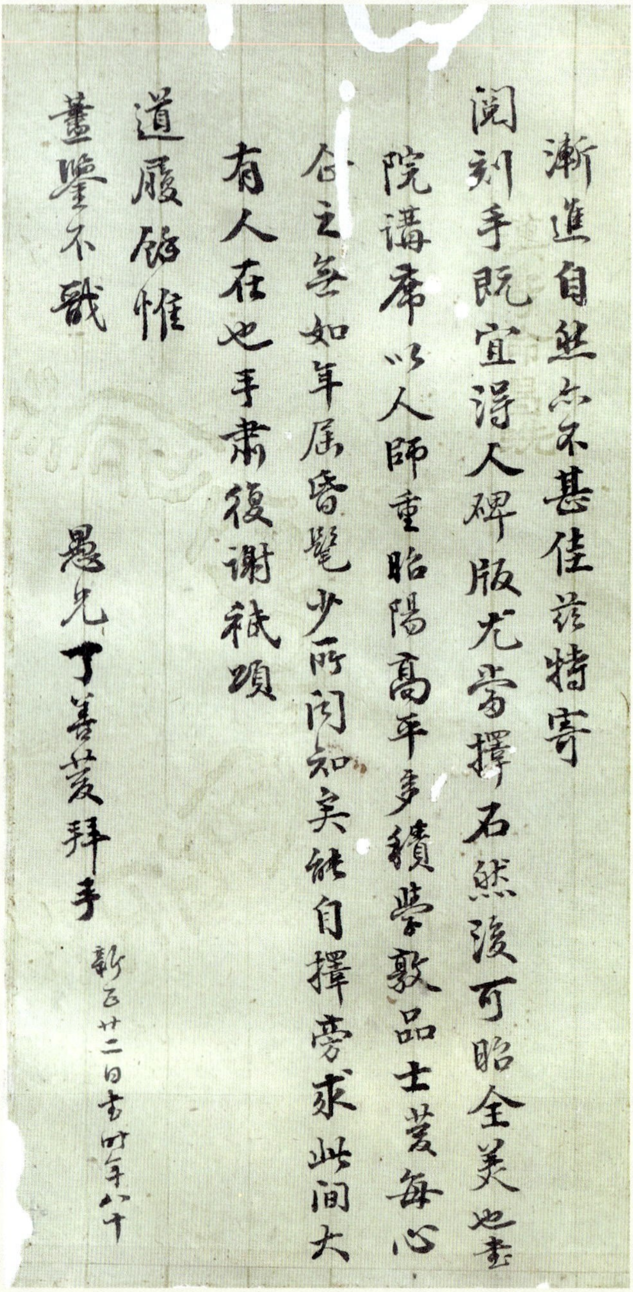

漸進自然亦不甚佳茲特寄
閱刻手既宜得人碑版尤當擇石然後可貽全美也書
院講席以人師重貽陽高年多積學敦品士蓋每心
念之無如年屆耆耄少所聞知矣能自擇旁求此間大
有人在也手肅復謝祇頌
道履綏惟
垂鑒不戩
愚兄丁善慶拜手
新正廿二日書時年八十

漸進自然，亦不甚佳，兹特寄
閲。刻手既宜得人，碑版尤當擇石，然後可昭全美也。書
院講席，以人師重昭陽、高平，多積學敦品士。慶每心
企之，無如年居昏髦，少所聞知矣。能自擇旁求，此間大
有人在也。手肅復謝，祇頌
道履，餘惟
藎鑒不戩。　　愚兄丁善慶拜手新正廿二日書，時年八十

郭嵩燾手札

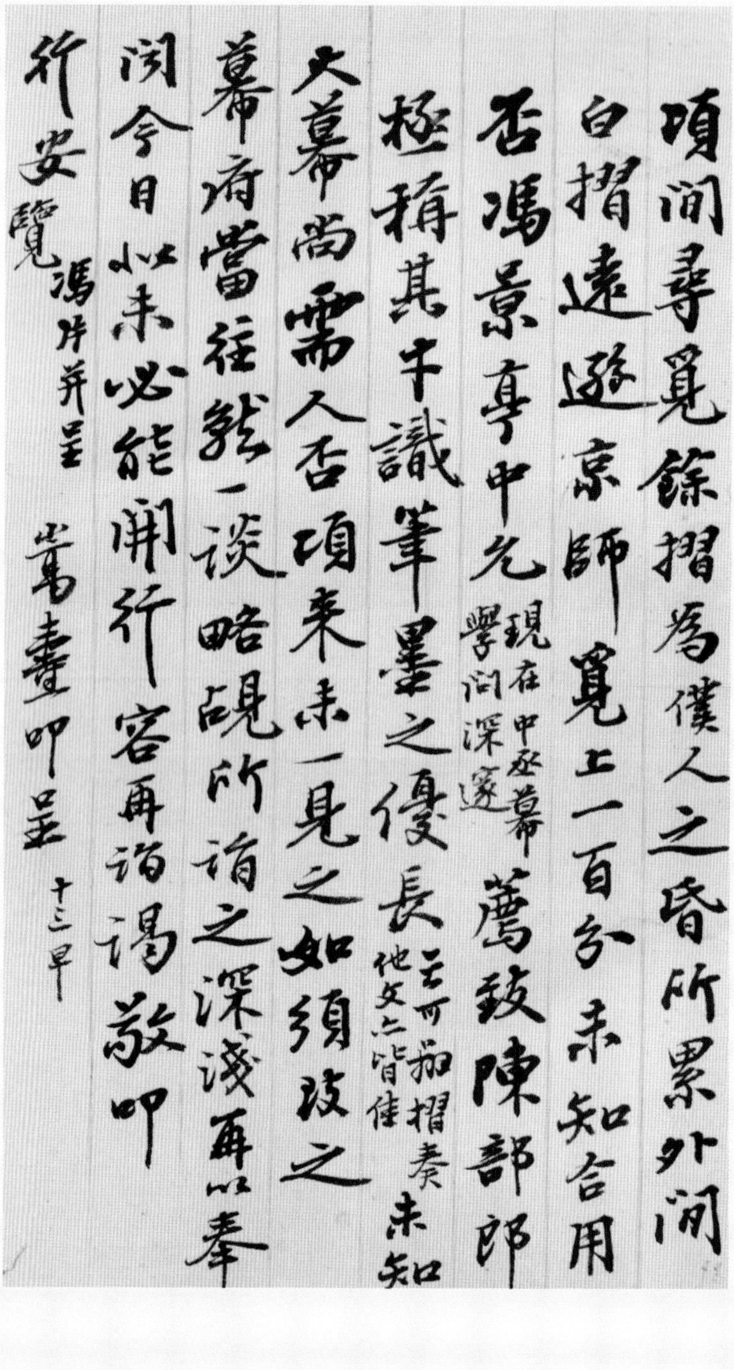

頃間尋覓餘摺，為僕人之昏所累。外間白摺遠遜京師，覓上一百分，未知合用否。馮景亭中允（現在中丞幕，學問深邃）薦致陳部郎，極稱其才識筆墨之優長（云可擬摺奏，他文亦皆佳），未知大幕尚需人否。頃來未一見之，如須致之幕府，當往就一談，略覘所詣之深淺，再以奉聞。今日以來，必能開行，容再詣謁。敬叩行安。覽。馮片并呈。

嵩燾叩呈 十三早

頃間尋覓餘摺，為僕人之昏所累，外間白摺遠遜京師，覓上一百分，未知合用否？馮景亭中允現在中丞幕，學問深邃薦致陳部郎，極稱其才識筆墨之優長云可辦摺奏，他文亦皆佳。，未知大幕尚需人否？頃來未一見之，如須致之幕府，當往就一談，略覘所詣之深淺，再以奉聞。今日似未必能開行，容再詣謁。敬叩行安。覽。馮片并呈　嵩燾叩呈　十三早

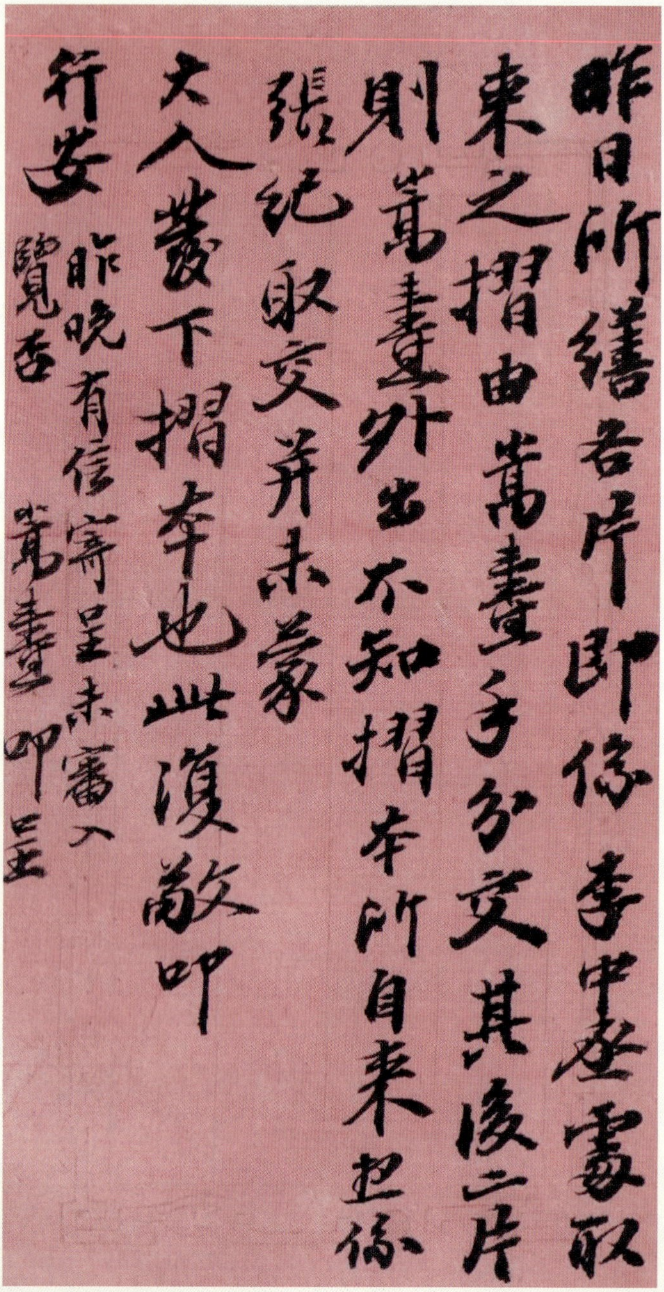

昨日所繕呈片即係李中丞處取
來之摺由嵩燾手分交其後二片
則嵩燾外出不知摺本所自來想係
張紀取交并未蒙
大人發下摺本也此復敬叩
行安
昨晚有信寄呈未審入
覽否
嵩燾叩呈

昨日所繕各片，即係李中丞處取來之摺，由嵩燾手分交。其後二片，則嵩燾外出，不知摺本所自來。想係張紀取交，并未蒙大人發下摺本也。此復，敬叩行安。昨晚有信寄呈，未審入覽否。嵩燾叩呈

蔭渠制府大人閣下：廿二日接奉吳淞口
賜書，敬知一切。
節麾數歷，
朝野瞻依，文武不乏之選，博致旁求，多多益善。至於
中丞所派三將官，已允挑挑勇三百，湘勇在滬者十
餘營，原可以情求之，而該將官等欲陰行勾
結之術，致各營齎聲阻難，既無從挑選，遂（頃復與劉詢知，所募仍係自各營未接者）
啟召募成軍，苟取充數，萬萬不謂然也。頃

蔭渠制府大人閣下：廿二日接奉吳淞口
賜書，敬知一切。
節麾敭歷，
朝野瞻依。文武爪牙之選，博攷旁求，多多益善，至盼，至盼。
中丞所派三將官已允挑勇三百。湘勇在滬者十
餘營，原可以情求之，而該將官等欲陰行勾
結之術，致各營齊聲阻難。既無能挑選，遂
頃諸君至，詢知所募仍係自各營來投者
欲召募成軍，苟取充數。嵩燾不謂然也，頃

為械致函營代之求請輪船亦須另雇大約三月
中旬始可開行洋鎗亦在趕緊購備前為
左季帥購辦千桿其一種稍佳僅七百餘桿另
覓次者二百餘桿已成之價三兩五錢可為廉矣
若急切不能得佳者此種亦尚可用火藥銅帽
則尚易求俟該將官等啓行時當謹附上
中丞亦已允給價銀匹羅運司段道已奉
嚴旨初不意因公糾葛如此之劇且稍其聲名狼藉必

為械致各營，代之求請。輪船亦須另雇，大約三月中旬始可開行。洋鎗亦在趕緊購備。前為左季帥購辦千桿，其一稍佳，僅七百餘桿，另覓次者二百餘桿足成之。價三兩五錢，可為廉矣。若急切不能得佳者，此種亦尚可用。火藥、銅帽，則尚易求。俟該將官等啓行時，當謹坿上。中丞亦已允給價銀也。羅運司、段道已奉嚴旨，初不意同公糾劾如此之劇，且稱其聲名狼藉，必

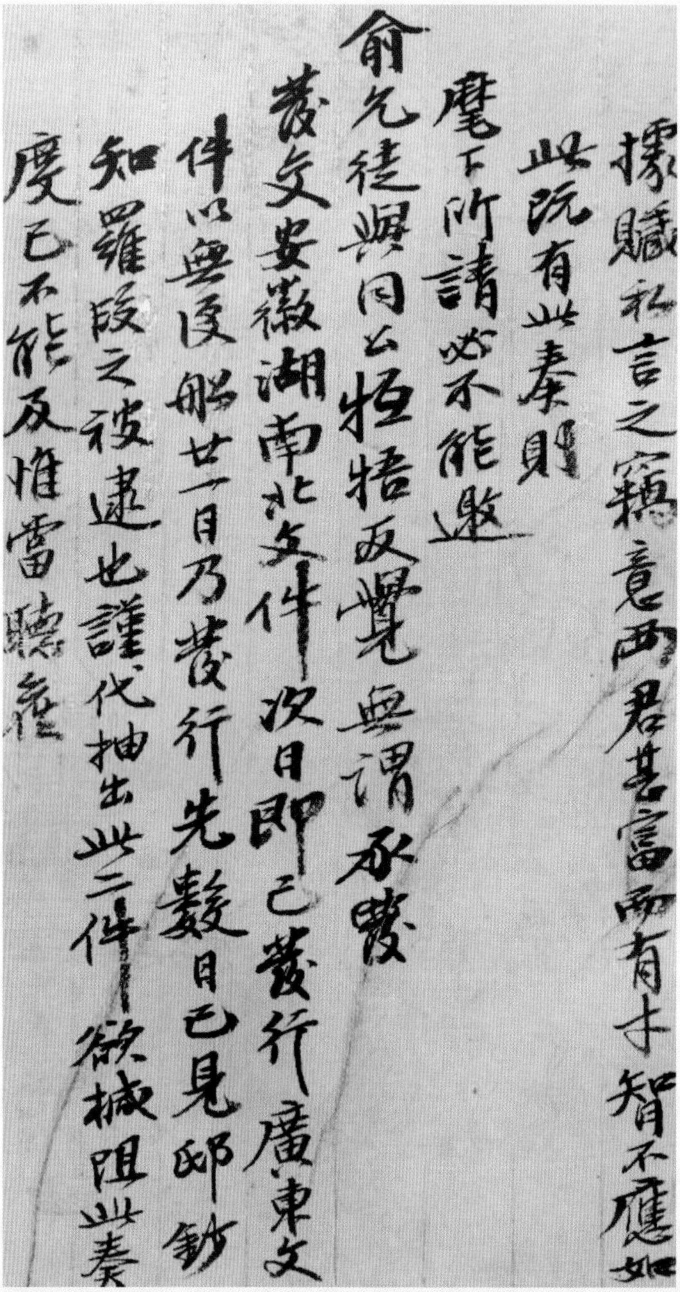

據鄙私言之竊意兩君甚富而有才智不應如此況有此奏則

麾下所請必不能邀

俞允徒與同公抵牾反覺無謂承發

發文安徽湖南北文件次日即已發行廣東文件以無便船廿一日乃發行先數日已見邸鈔知羅段之被逮也謹代抽出此二件欲撤阻此奏

慶已不能及惟當聽候

據臟私言之。竊意兩君甚富而有才智，不應如
此。既有此奏，則
麾下所請，必不能邀
俞允，徒與同公牴牾，反覺無謂。承發
發交安徽、湖南北文件，次日即已發行。廣東文
件以無便船，廿一日乃發行。先數日已見邸鈔，
知羅、段之被逮也，謹代抽出此二件。欲槭阻此奏，
度已不能及，惟當聽候

諭旨文件四通仍謹呈銷所呈鷹諸賢就近撥
取信其辦事謹飭而已頗憶兵部主事楊鼎來奇
才閎明略文武兼資潘季玉數為嵩燾稱其才品罕
有倫比者
具一片奏令隨行必可得其力生平不解藏人善謹并上
閱陳墡之尚未晤談知其湛深經學能文章俟往見
一覘其器識恭附愛好不須以屬吏視之施嵩燾 泉唯鑒敬
勛安 嵩燾謹啓 二月廿三日燈下

諭旨。文件四通，仍謹呈銷。所呈薦諸賢，就近撈

取，信其辦事謹飭而已。頗憶兵部主事楊鼎來，奇

才，閑將略，文武兼資。潘季玉數為嵩燾稱其才品罕

有倫比。幸

具一片，奏令隨行，不必可一得其力。生平不解藏人善，謹并上

聞。陳培之尚未晤談，知其湛深經學，能文章，俟往見，

一覘其器識。忝附夙好，不復以屬吏禮上施。當蒙　原鑒，敬敂

勛安。

嵩燾謹啓　二月廿三日燈下

蔭渠制府大人閣下：前呈一緘，由劉方伯差官赴京之
便遞達
鈞覽。信去數月，以無便船，仍行發還。日聞近畿賊
踪已遠，官軍遇賊即潰，而民團尚多能邀擊者，
以是知歷來營務之廢弛，而
朝廷倚重
范韓威聲，挽回積習，為北門鎖鑰，其求
賢執事而用意為尤勤也。治軍、籌餉、察吏三者並

蔭渠制府大人閣下：　前呈一械，由劉方伯差官赴京之
便，遞達
鈞覽。信去數日，以無便船，仍行發還。日聞近畿賊
蹤已遠，官軍遇賊即潰，而民團尚多能邀擊者，
以是知歷來營務之廢弛。而
朝廷倚重
范韓威聲，挽回積習，為北門鎖鑰，其求
賢摯而用意為尤勤也。治軍、籌餉、察吏，三者兼

營弁驁良亦大難所恃
深略偉識包舉無遺措置故能裕如其要尤
在於廣攬人才聞有兵部主事楊鼎來者精幹
知兵略能一奏調否筱泉親察不棄居粵調之
直隸於吏治餉務裨益必多使當藩維者能著
筱泉是固一良佐也此間隨陳副將北行者頗多
有之陳培之以家累不能遠行景亭中允改舊
員充咨青喬曾隨林少穆幕府雲南辦理

營并鶩，良亦大難，所恃
深略偉識，包舉無遺，措置故能裕如。其要尤
在於廣攬人才。聞有兵部主事楊鼎來者，精幹
知兵略，能一奏調否？筱泉觀察不樂居粵，調之
直隸，於吏治、餉務裨益必多。使當藩維者能若
筱泉，是固一良佐也。此間隨陳副將北行者頗多
有之。陳培之以家累，不能遠行，景亭中允改薦
貝无咎青喬，曾隨林少穆先生幕府，雲南辦理

番匪者也其戈什哈易春生譚元福二人已充哨
官鍾至者凡五人曰羅榮福樸實耐苦熟悉
營務五百人好將官也曰謝炳南以帶勇保舉
縣丞安詳可愛無軍營習氣曰柯鳳翥曰魏
應隆皆湖北人其形狀皆極穩練凡戈什哈中
為湖南北人者悉數解換
麾下曰呂長海便捷有才　中丞亦極稱其膽氣而
多言喜事派充哨官意不願也而固求書以為

番匪者也。其戈什哈易春生、譚元福二人已充哨官。踵至者凡五人。曰羅榮福，樸實耐苦，熟悉營務，五百人好將官也。曰謝炳南，以帶勇保舉縣丞，安詳可愛，無軍營習氣。曰柯鳳翥，曰魏應陞，皆湖北人，其形狀皆極穩練。凡戈什哈中為湖南北人者，悉數解投

麾下。曰吕長海，便捷有才，中丞亦極稱其膽氣，而多言喜事，派充哨官，意不願也，而固求書以為

之先容，幸
陶成而器使之。易春生、譚元福、呂長海，奉
中丞派往，餘皆乞假北行者。滿地皆依
馮異，知
大業巍巍，人衆為之用也。又謝生景南，則奉
諭令隨便船以行者。慶式如明府之金直隸知縣
中丞委辦陸軍糧臺，其意思及時一試其治
政之能，就便赴直隸。其人穩實樸練，極可

之先容，幸
陶成而器使之。易春生、譚元福、吕長海奉
中丞派往，餘皆乞假北行者。滿地皆依
馮異，知
大業巍巍，人樂為之用也。又謝生景南，則奉
諭令隨便船以行者。慶式如明府之金，直隸知縣，
中丞委辦陸軍糧臺，其意思及時一試其從
政之能，就便赴直隸。其人穩實樸練，極可

倚任中丞之望
麾下之善視之爲任楨幹之吏力圖振刷之方
此則私心所禱望
盛德之茂攄者也因陳副將北行之便雜皆
書此另備詳文一通呈達統計萬金尚有
存餘之緣鄙人核實節省故不至有輕費
也敬啟
勛安 嵩燾謹啟 三月初四日燈下

倚任，中丞亦望

麾下之善視之。多任樸幹之吏，力圖振刷之方，

此則私心所禱望，

盛德之發攄者也。因陳副將北行之便，雜沓

書此，另備詳文一通呈達。統計萬金尚有

存餘，亦緣鄙人核實節省，故不至有輕費

也。敬敂

勛安。　嵩燾謹啓　三月初四日燈下

再吳鳳池鎮軍再升永綏廳人驍勇善戰而
能不好利有三廳人之強悍（惟聞其氣質暴戾頗難與共事）而無其嗜利氣習已罣
吏議而奉
特旨赴直隸軍營以江浙諸弁皆能言其戰績故也軍
事似尚可任之洋鎗本購定二百桿以鎮軍索此
為加購一百桿而未敢徑與之俟成軍時由
台端發給百桿為懇再敬
勛安 嵩燾謹再啟

再吳鳳池鎮軍再升，永綏廳人，驍勇善戰而

惟聞其氣質暴戾，頗難與共事。

能不好利，有三廳人之強悍，而無其嗜利氣習。已罣

吏議，而奉

特旨赴直隸軍營，以江浙諸公皆能言其戰績故也。軍

事似尚可任之。洋鎗本購定二百桿，以鎮軍索此，

為加購一百桿，而未敢徑與之，俟成軍時由

台端發給百桿為懇。再敂

勛安。　嵩燾謹再啓

蔭渠制府大人閣下連日料理陳副將北行至初
十日始能上船適奉二月廿四日
賜書敬知
節麾往赴南宮大營戡剿東匪
朝廷眷顧之深畿輔防維之重一身任之瞻企
雲霄馳思曷已陳副將一軍多係各營精華
致諸將交鬨十餘日極費調處萬壽堂為之
點驗凡得四百人照發口糧一月洎細詢之乃

蔭渠制府大人閣下：連日料理陳副將北行，至初
十日始能上船。適奉二月廿四日
賜書，敬知
節麾徑赴南宮大營，截剿東匪。
朝廷眷顧之深，畿輔防維之重，一身任之。瞻企
雲霄，馳思曷已。陳副將一軍，多係各營精華，
致諸將交閲十餘日，極費調處。嵩燾為之
點驗，凡得四百人，照發口糧一月。洎細詢之，乃

知人數已至六百之多得此足備一軍之用其間
久歷戎行精悍善戰者頗多有之竊計陳副
將此行必尚能稍效馳驅之力倚仗
聲威興事之功使
麾下得收指臂之助謹略就所知者開具數
名密陳
鈞鑒也
甄察而酌用之朱海門侍御潮 廉潔正直有名京

知人數已至六百之多，得此足備一軍之用。其間久歷戎行、精悍善戰者，頗多有之。竊計陳副將此行，必尚能稍效馳驅之力，倚仗聲威，與事立功，使麾下得收指臂之助。謹略就所知者，開具數名，密陳鈞鑒，乞甄察而酌用之。朱海門侍御潮，廉潔正直，有名京

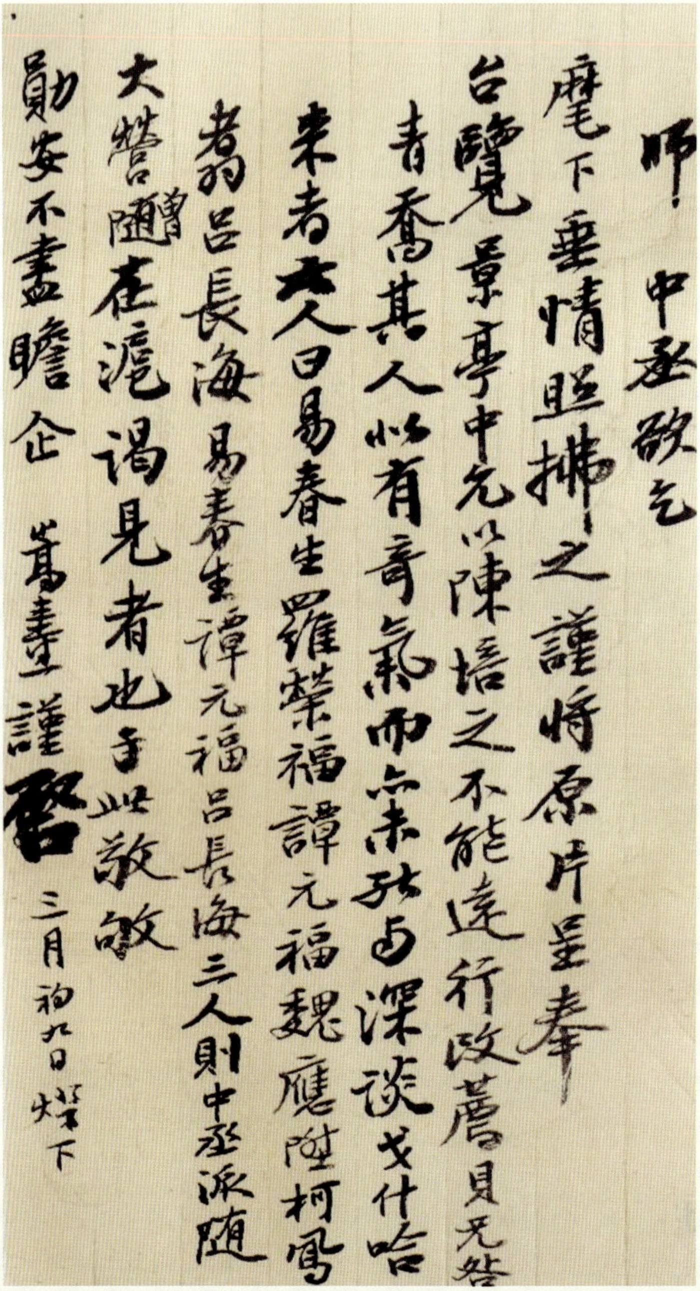
帥中丞敬乞
麾下垂情照拂之謹將原片呈奉
台覽景亭中允以陳請之不能遠行改薦貝兄[illegible]
青喬其人以有奇氣而宗殊由深談戈什哈
來者大人曰易春生羅榮福譚元福魏應陞柯鳳
翁呂長海易春生譚元福呂長海三人則中丞派隨
大營曾隨在滬謁見者也手此敬啟
勛安不盡瞻企　葛壽芝謹啓
三月初九日燈下

師，中丞欲乞
麾下垂情照拂之。謹將原片呈奉
台覽。景亭中允以陳培之不能遠行，改薦貝无咎
青喬，其人似有奇氣，而亦未能與深談。戈什哈
來者六人，曰：易春生、羅榮福、譚元福、魏應陞、柯鳳
翥、呂長海。易春生、譚元福、呂長海三人，則中丞派隨
大營，隨曾在滬謁見者也。手此，敬敂
勛安，不盡瞻企。　嵩燾謹啓　三月初九日燈下

蔭渠制帥大人閣下陳副將由海道帶至一緘計邀
崇鑒初議各營挑選湘勇三百人後與諸將達
言齮齕百端頗費調處核其人數實已
收至六百以外其間江北新勇百餘人在滬屢
滋事端心頗慮之比開舟又聞游勇之私從者
二百餘人陳副將營規亦不甚嚴肅未知抵
津以後約束能如法否湘軍營制必得嚴守滬
上淮勇較多中丞一秉以成規而諸將能守法度

蔭渠制帥大人閣下：陳副將由海道帶呈一椷，計邀

崇鑒。初議各營挑選湘勇三百人，後與諸將違言，齮齕百端，頗費調處。核其人數，實已收至六百以外。其間江北新勇百餘人，在滬屢滋事端，心頗慮之。比開舟，又聞游勇之私從者二百餘人。陳副將營規亦不甚嚴肅，未知抵津以後，約束能如法否？湘軍營制，必得嚴守。滬上淮勇較多，中丞一束以成規。而諸將能守法度

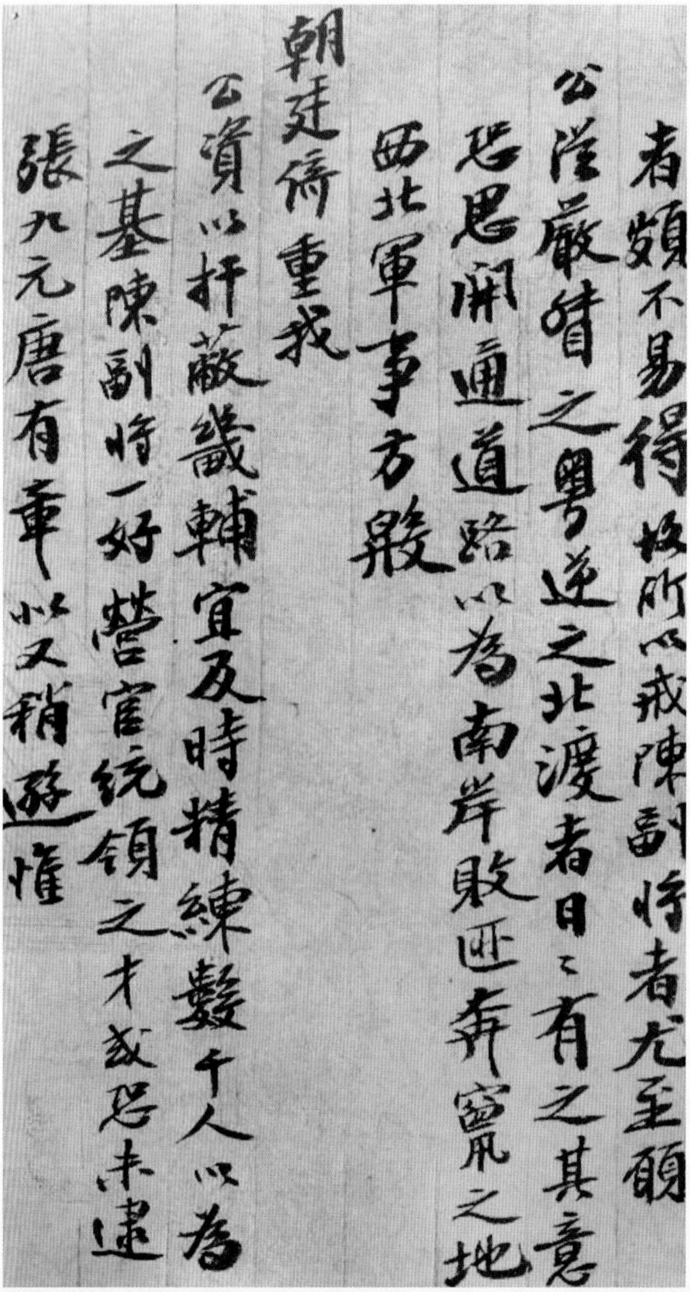

者頗不易得故所以戒陳副將者尤至頗
公深嚴督之粵逆之北渡者日日有之其意
在思開通道路以為南岸敗匪奔竄之地
西北軍事方殷
朝廷倚重我
公資以扞蔽畿輔宜及時精練數千人以為
之基陳副將一好營官統領之才或恐未逮
張九元唐有章似又稍遜惟

者，頗不易得，故所以戒陳副將者尤至，願
公從嚴督之。粵逆之北渡者，日日有之，其意
恐思開通道路，以為南岸敗匪奔竄之地。
西北軍事方殷，
朝廷倚重我
公，資以扞蔽畿輔，宜及時精練數千人以為
之基。陳副將一好營官，統領之才，或恐未逮。
張九元、唐有章似又稍遜，惟

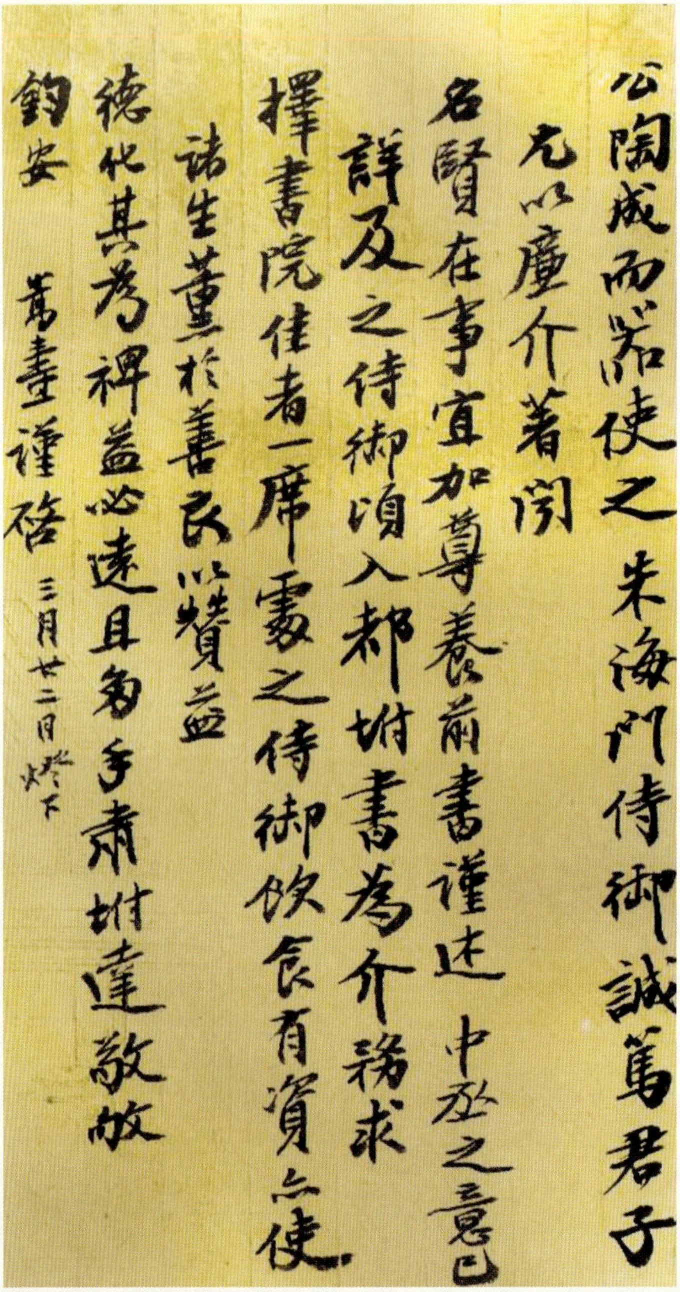
公陶成而器使之朱海門侍御誠篤君子
尤以廉介著聞
名賢在事宜加尊養前書謹述中丞之意已
許及之侍御須入都坿書為介務求
擇書院佳者一席處之侍御飲食有資亦使
諸生薰於善良以贊益
德化其為裨益必遠且多手肅坿達敬敂
鈞安　嵩燾謹啓　三月廿二日燈下

公陶成而器使之。朱海門侍御，誠篤君子，
尤以廉介著聞，
名賢在事，宜加尊養。前書謹述中丞之意，已
詳及之。侍御頃入都，坿書為介，務求
擇書院佳者一席處之。侍御飲食有資，亦使
諸生薰於善良，以贊益
德化，其為裨益必遠且多。手肅坿達，敬敂
鈞安。　嵩燾謹啓　三月廿二日燈下

蔭渠制府大人閣下：奉到天津遞下一緘，仰蒙
垂注勤、
訓辭深厚，伏讀增感。先後奉上二書，計邀
鈞鑒。自
節麾啓行，緣東直軍事一無所聞，所知者曲周之警，奉
詔徑赴大營，知
朝廷方深鎖鑰之寄，隨諗
軍麾所指，疆服解嚴，而戰功之詳則仍未及知也。北望

蔭渠制府大人閣下：奉到天津遞下一椷。仰蒙
垂注勤勤，
訓辭深厚，伏讀增感。先後奉上二書，計邀
鈞鑒。自
節麾啓行後，東直軍事，一無所聞。所知者，曲周之警，奉
詔徑赴大營，知
朝廷方深鎖鑰之寄。隨諗
軍麾所指，疆服觧嚴，而戰功之詳，則仍未及知也。北望

旌旗為增結轄陳副將一軍多久歷戰陣精悍之士惟
將才少耳其軍現駐何處尚能應敵否屬念至
深　奏調諸君至者幾人以芸意欲相從而為達
川方伯所留意緘之必留湖南則慶寄雲中丞當
出於此以中材涉末流之世而有浮岳君子聽焉所以告止
麾下之奏調者蓋此意也周秀才朝祜須由安慶
來滬詢知所保從為以訓導也周君與嵩燾同
邑容貌語言無一足動人者而素知其識實之情

旌旆，為增結轄。陳副將一軍，多久歷戰陣精悍之士，惟將才少耳。其軍現駐何處？尚能應敵否？屬念至深。奏調諸君，至者幾人？小芸意欲相從，而為達川方伯所留。意城之必留湖南，則度寄雲中丞當出於此。以中材涉末流之世，而有浮名，君子恧焉。所以告止

麾下之奏調者，蓋此意也。周秀才朝祜頃由安慶來滬，詢知所保從九，非訓導也。周君與嵩燾同邑，容貌、語言無一足動人者，而素知其誠實，無嗜

欲若任以一官授以一事必能盡其才力之所至以求禆
益而無苟且粉飾謂當以捐釐籌餉一端試之其
有成效當漸使涖仕所謂悃愊無華之吏日計不
足歲計有餘者也而周君自道所志則欲以武
功自效自言得五百人為一軍為諸將效馳驅
艱難險阻所不辭也其平日耐勞而有定守以
亦尚能副其所言者而軍旅大事不敢肊論乞
麾下一徵察之

欲。若任以一官，授以一事，必能盡其才力之所至，以求裨益，而無苟且粉飾。謂當以捐釐籌餉一端試之，其有成效，當漸使涖仕。所謂悃愊無華之吏，日計不足，歲計有餘者也。而周君自道所志，則欲以武功自效，自言得五百人為一軍，為諸將效馳驅，艱難險阻所不辭也。其平日耐勞而有定守，似亦尚能副其所言者。而軍旅大事，不敢肊論，乞麾下一微察之，

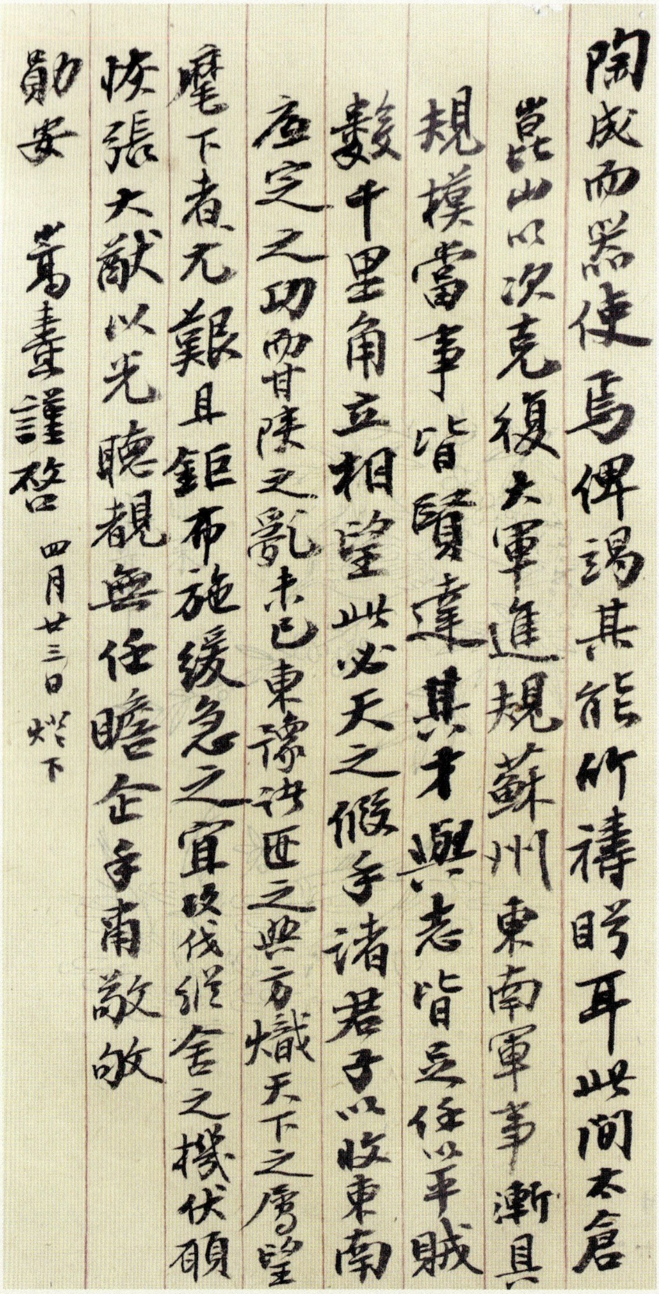
陶成而器使焉，俾竭其能，所禱盼耳。此間太倉
崑山以次克復，大軍進規蘇州，東南軍事漸具
規模，當事皆賢達，其才與志皆足任以平賊。
數千里角立相望，此必天之假手諸君子以收東南
底定之功。而甘陝之亂未已，東豫捻匪之興方熾，天下之屬望
麾下者尤艱且鉅。布施緩急之宜，攻伐縱舍之機，伏願
恢張大猷，以光聽覩。無任瞻企。手肅，敬敂
勛安。嵩燾謹啓　四月廿三日燈下

陶成而器使焉，俾竭其能，所禱盼耳。此間太倉、崑山以次克復，大軍進規蘇州，東南軍事，漸具規模。當事皆賢達，其才與志皆足任以平賊，數千里角立相望，此必天之假手諸君子，以收東南底定之功。而甘陝之亂未已，東豫諸匪之興方熾，天下之屬望麾下者，尤艱且鉅。布施緩急之宜，攻伐縱舍之機，伏願恢張大猷，以光聽覩。無任瞻企，手肅，敬敂勛安。嵩燾謹啓　四月廿三日燈下

蔭渠制府大人閣下五月廿三日領讀
鈞諭敬諗前肅各椷均蒙
賜鑒伏承
威燀旁達
澤沛中權
軍麾所涖滿地歸依喁喁待治
朝廷假其威望重以三有節制之
命使之屏蔽畿輔表裏河山仰見

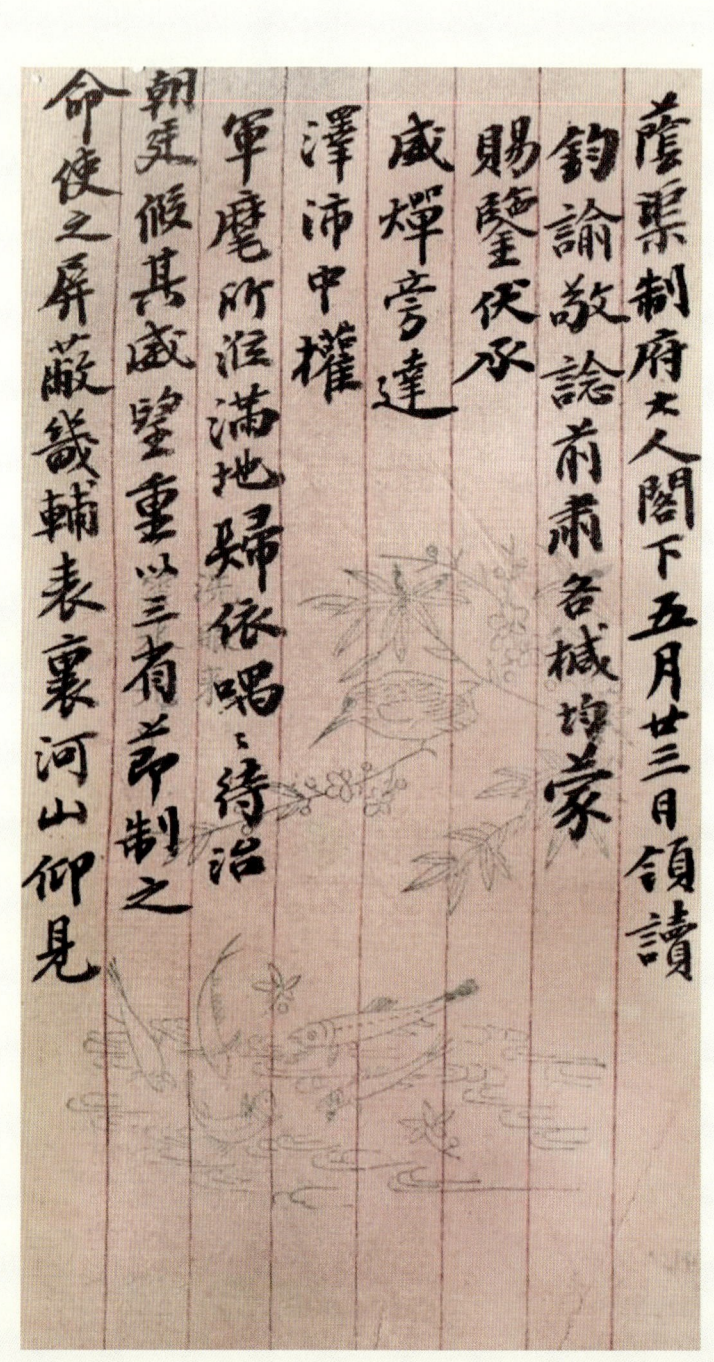

蔭渠制府大人閣下：五月廿三日領讀
鈞諭，敬諗前肅各械，均蒙
賜鑒。伏承
威燀旁達，
澤沛中權，
軍麾所涖，滿地歸依，喁喁待治。
朝廷假其威望，重以三省節制之
命，使之屏蔽畿輔，表裏河山。仰見

德蘊素深自然而懷於人〻以上承
天心之眷屬企瞻
節鉞禱祝增慶承
示部署機宜然現存營勇略加整飭鼓
舞振蓄之一新臨淮之壁壘自古豪傑
偉人轉移天下其機要祗在因勢利導濂溪
善言幾惟知幾者可與於神存乎轉移之
妙而已伏讀

德蘊宏深，自然而愾於人人，以上承
天心之眷屬。企瞻
節鉞，禱祝增虔。承
示部署機宜，就現存營勇，略加整飭，鼓
舞振發之，一新臨淮之壁壘。自古豪傑
偉人轉移天下，其機要祗在因勢利導。濂溪
善言幾，惟知幾者可與於神，存乎轉移之
妙而已。伏讀

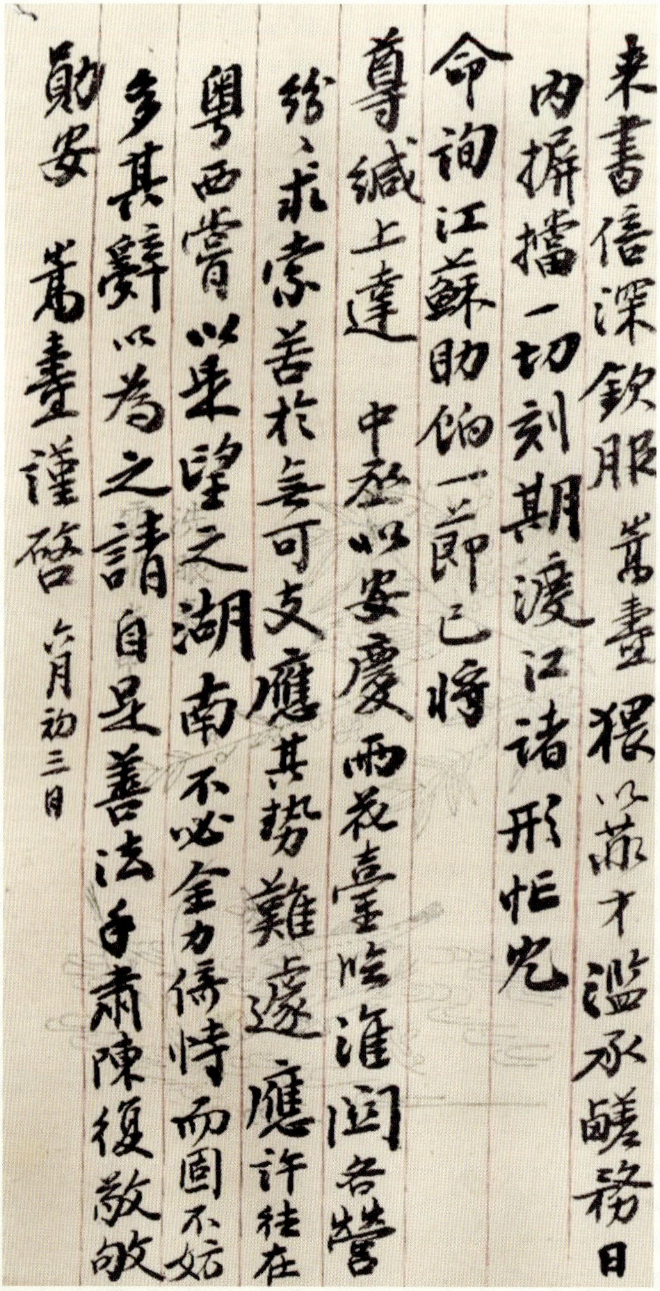
来書信深欽服　嵩燾猥以菲才濫承鹺務日
内摒擋一切刻期渡江諸形忙冗
命詢江蘇助餉一節已將
尊緘上達
中丞以安慶雨花臺臨淮閩各營
紛紛求索苦於無可支應其勢難遽應許往在
粵西嘗以渠望之湖南不必全力倚恃而固不妨
多其辭以為之請自是善法手肅陳復敬
頌安　嵩燾謹啓　六月初三日

來書，倍深欽服。嵩燾猥以菲才，濫承鹺務，日内摒擋一切，刻期渡江，諸形忙冗。
命詢江蘇助餉一節，已將
尊緘上達　中丞，似安慶、雨花臺、臨淮關各營紛紛求索，苦於無可支應，其勢難遽應許。往在粵西，嘗以是望之湖南，不必全力倚恃而固，不妨多其辭以為之請，自是善法。手肅陳復，敬敂
勛安。　嵩燾謹啓　六月初三日

蔭渠大卿仁兄大人閣下：書問數通，藉承
勗福在躬，
大猷幹世，
寄識南之鎮鑰，埽轄境之游氛，
偉業豐功，羣資
蔭護。頃聞苗逆遂已伏辜，江淮去此大懸，
兗豫餘孽可以安坐驅除之，
中興氣象漸然澄清，海內可以預期無間。
高州軍務粗獲蕆事，佐大丙丰郭萬方致
順之時，參綜軍務，皆若有意外之獲，所慮

蔭渠大帥仁兄大人閣下：書問數通，藉承
旉福在躬，
大猷幹世，
寄畿南之鎖鑰，埽轄境之游氛，
偉業豐功，群資
蔭護。頃聞苗逆遂已伏辜，江淮去此大憝，
宄豫餘孽可以安坐騷除之。
中興氣象沛然，澄清海甸，可以預期。此間
高州軍務粗獲蕆事。值大局聿新，萬方效
順之時，各路軍務皆若有意外之獲。所慮

粤中伏莽醞釀日深，無能消弭之恐，就
之萌，尚未知所止極。
台端蒞事逾月，而有
畿輔重寄，溘埃風以上征，使此邦未獲一定其
德化而懾其
威棱，鄙人介介相切躡
大賢者之後塵，時懷恐懸慮，無以自效
以將何以教之？何時
旌節有垣近事，嵩燾善伏增思仰，敬請
勛安

姻愚弟嵩燾頓首

十二月廿四

雲臥閣

粵中伏莽，醖釀日深，無力能消弭之，恐亂兆之萌，尚未知所止極。台端涖事逾月，而有畿輔重寄，溘埃風以上征，使此邦未獲一宏其德化而懾其威稜。鄙人介介，相與躡賢者之後塵，時懷恐愳，慮無以自效，公將何以教之？何時旋節省垣？近事當益嘉善。伏增思仰，敬請勛安。　姻愚弟嵩燾頓首　十二月廿四日

再啓者頃接孫琴泉來信據稱前在天
津道任内一切交代尚未蒙後任結報州縣前
後任相爲持難致積年交代無從清結者
尤爲官場常習府道以上尤覺無謂請
以迅飭李道勒限結報是事之當然者也又定興
典史萬振華因劫案撤任大吏不講求捕盜之方
而專以例文繩捦地方官乃稗政之尤文星岩想終
不謬矣所謂視天夢夢者東直盜案視廣東爲易
整飭而斷不可拘守成例萬振華未飭回任緝盜自效幸
賜俯允此弟尚秀才時及門受業生故所言公事非私也
十二月廿四日弟再啓

九如

雲藍閣

再啓者，頃接孫琴泉來信，據稱前在天津道任内，一切交代尚未蒙後任結報。州縣前後任相為持難，致積年交代無能清結者，允為官場劣習。府道以上，尤覺無謂。請公迅飭李道，勒限結報，公事亦應然也。又定興縣典史葛振峯因刼案撤任。大吏不講求捕盜之方，而專以例文繩検地方官，乃稗政之尤。文星岩始終不誤，真所謂視天夢夢者。東直盜案，視廣東為易整飭，而斷不可拘守成例。葛振峯求飭回任，緝盜自效，幸賜俯允。此弟當秀才時及門受業生，然所言公義，非私也。

十二月廿四日，弟再頓首

蔭渠仁兄親家大人閣下：久不奉書，非敢過事嬾縻，實以終日罷能勞無能求万一之裨以告慰盛懷，遂致疏闊。恭諗大猷丕煥，盛望旁敷，揚旌清徼甸之塵，執法肅百城之氣。天顏入覲

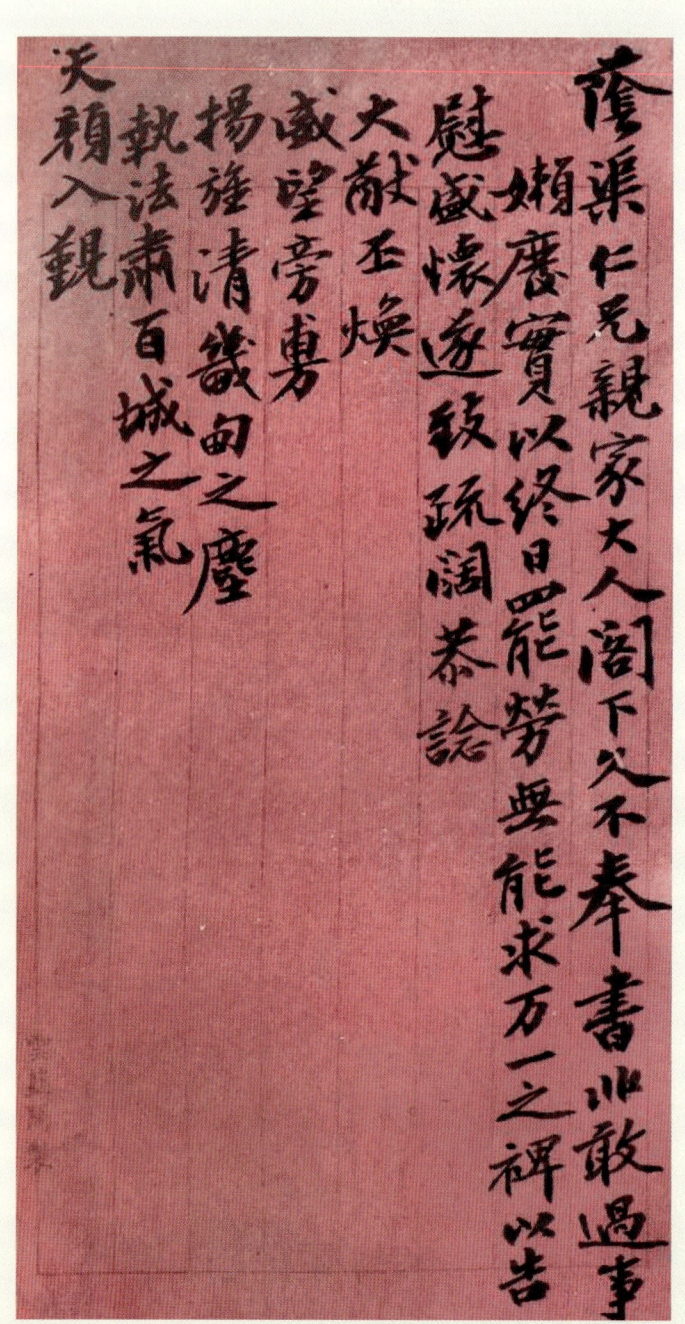

蔭渠仁兄親家大人閣下：久不奉書，非敢過事
嬾廢，實以終日罷勞，無能求萬一之裨，以告
慰盛懷，遂致疏闊。恭諗
大猷丕焕，
威望旁㫊，
揚旌清畿甸之塵，
執法肅百城之氣。
天顔入覲，

朝望適隆瞻企
祥輝惟增祝禱粵東政婾而俗敝外強而中
枵斷無久安之理而其大患尤在負以數百年
之積習浮支浪費視若固然而其民俗強很
嗜利以利驅策之猶可得其力一負則百計俱
廢又近來籌餉之方百出粵皆行之而一切以
利權授人紳民皆據為營私之術在官者又
視以為常無相以者稍與清釐且羣議其

朝望遹隆，瞻企

祥輝，惟增祝禱。粤東政媮而俗敝，外強而中枵，斷無久安之理。而其大患尤在貧，以數百年之積習，浮支浪費，視若固然。而其民俗強很嗜利，以利驅策之，猶可一得其力，一貧則百計俱廢。又近來籌餉之方百出，粤皆行之，而一切以利權授人，紳民皆據為營私之術，在官者又視以為常，無相非者，稍與清釐，且羣議其

多事致其疲廢亦特甚而歷來地丁鹽課關
税僅支本省兵餉今一切提歸部庫又加勇糧
數万之衆均須設法籌措前數年繁盛之
時積欠動數十万環集追逋迄不可終日而
廣西雲南貴州浙江安徽鎮江揚州指撥之款
皆視為外庫之取攜征求無虚日
而涖任未久於此間艱難情形容有未盡詳
以直隸較之此間苦樂相去万万不止天淵之判頼

多事，故其疲廢亦特甚。而歷來地丁、鹽課、關稅，僅支本省兵餉，今一切提歸部庫，又加勇糧數萬之衆，均須設法籌措。前數年繁盛之時，積欠動數十萬，環集追逋，岌岌不可終日。而廣西、雲南、貴州、浙江、安徽、鎮江、揚州指撥之欵，皆視為外庫之取攜，征求無虚日。
公涖任未久，於此間艱難情形，容有未盡詳者。要以直隸較之此間，苦樂相去萬萬，不止天淵之别。賴

歲福鄉清謐宇綏輯人民從容暇豫政事有新
舊之殊而同依
胞與如粵〻伏莽蠕〻兵連十餘縣又日憂外寇之擾
入刮膏舐脂窮竭至骨知必不忍以無間垂盡之
血溉膏腴之壤猶責之以灌輸之勤也在
公當日指目釐捐自具體卹之意嵩燾初在浦
口與沅浦中丞會商原約改釐捐為協餉尚謀
從新整理之比至粵詢知粵中負累頗大多釐捐

公威福，廓清疆宇，綏輯人民，從容暇豫，涖事有新

舊之殊而同依

胞與，如粤之伏莽蠕蠕，兵連十餘縣，又日憂外寇之攔

入，刮膏舐脂，窮竭至骨，知必不忍以此間垂盡之

血，溉膏腴之壤，督責之以灌輸之勤也。在

公當日指目釐捐，自具體邺之意。嵩燾初在浦

口，與沅浦中丞會商，原約改釐捐為協餉，當謀

從新整理之。比至粤，詢知粤中負累煩多，釐捐

一改歸本省必無餘力及皖乃竟不敢置議以敢
有私於湘鄉相國亦念此軍東南大局所繫其
艱之實亦為獨甚也現在每月報解細四万餘金
其實多一万之取携則皖營少一万之挹注以事論之又
亦所不忍褒分者也昇藩見部議駁停直隸釐指
鄂心甚以為疑東南用兵省分皆恃釐金為餉源
西北完善之區一二士大夫護之甚力其立言之得失吾
不能知其意豈曰東南之地盜賊之所歸蹦兵勇之

一改歸本省，必無餘力及皖，乃竟不敢置議。非敢有私於湘鄉相國，亦念此軍東南大局所繫，其艱乏實亦為獨甚也。現在每月報解約四萬餘金，公處多一萬之取攜，則皖營少一萬之浥注。以事論之，又公所不忍裒分者也。曩見部議駁停直隸釐捐，鄙心甚以為疑。東南用兵省分皆恃釐金為餉源，西北完善之區，一二士大夫護之甚力，其立言之得失，吾不能知其意。豈曰東南之地，盜賊之所蹂躪，兵勇之

所狼籍一二凋敝之商賈可以聽其脧削西北之民安
居飽食雖商賈亦必在所優卹乎釐捐者取商
賈百一之利無病於民無損於國自三代盛時商
賈之稅數倍農民後世反無商賈之征者王者
節宣天地之宜以制國用田賦所收歲計有餘
商賈貿遷無常官吏易緣為姦甯蠲其征以
聽民之自便世亂軍興則百稅並舉亦天地自然
之勢也今之釐捐計息而取其贏貨物之貴賤

所狼藉，一二凋敝之商賈，可以聽其朘削，西北之民，安居飽食，雖商賈亦必在所優卹乎？釐捐者，取商賈百一之利，無病於民，無損於國。自三代盛時，商賈之税數倍農民，後世反無商賈之征者。王者節宣天地之宜以制國用，田賦所及入，歲計有餘。商賈貿遷無常，官吏易緣為姦，甯蠲其征以聽民之自便。世亂軍興，則百税并舉，亦天地自然之勢也。今之釐捐，計息而取其贏，貨物之貴賤，

視地所宜而不科以常則稅入之多少視貨所聚而
不定以額征又一任之委員無官吏之侵牟無差役
之苛擾劉晏所謂用人而不用法者庶幾近之
攷自三代至今籌餉之法多端考論得失猶以今
日釐捐為亂世不得已之良法東南各省行之
數年士安於家農安於野商賈亦相與安於市
而一二士大夫哆口張目為商賈爭錙銖之利而不
悟國計盈虛民生利病之果何屬不亦傎乎蒙

視地所宜，而不科以常則，稅入之多少，視貨所聚，而不定以額征。又一任之委員，無官吏之侵牟，無差役之苛擾，劉晏所謂用人而不用法者，庶幾近之。故自三代至今，籌餉之法多端，考論得失，猶以今日釐捐為亂世不得已之良法。東南各省行之數年，士安於家，農安於野，商賈亦相與安於市。而一二士大夫哆口張目，為商賈争錙銖之利，而不悟國計盈虛、民生利病之果何屬，不亦慎乎？蒙

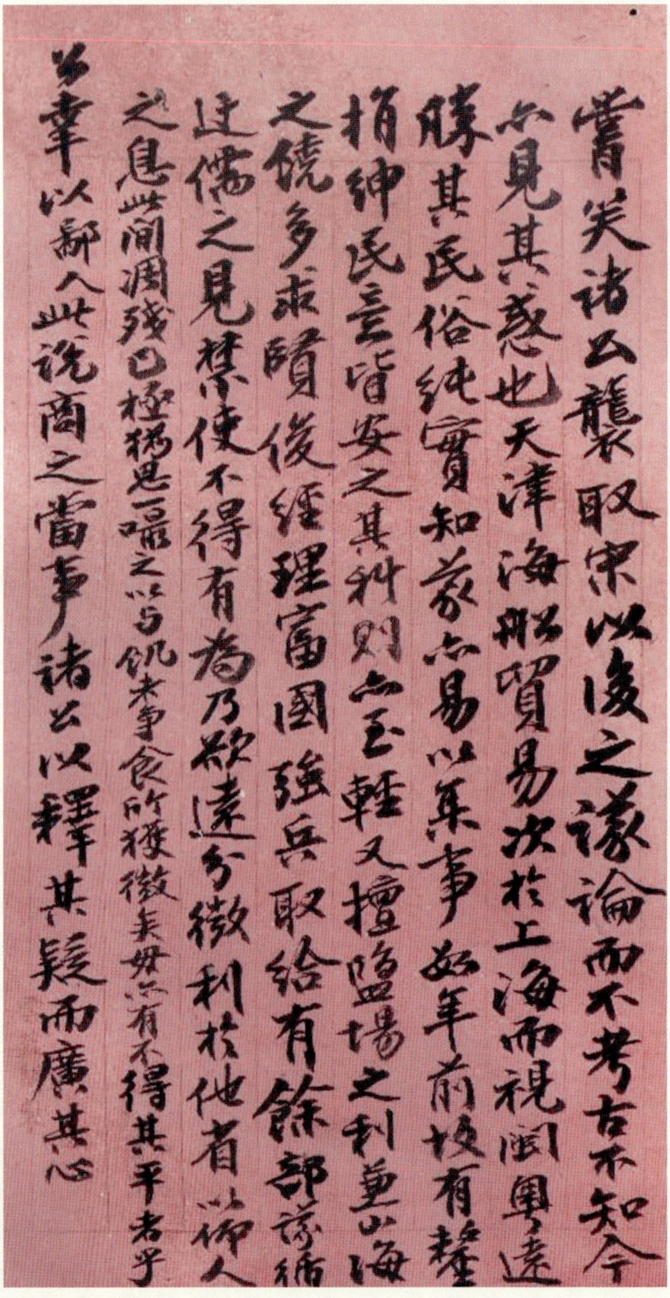
嘗笑諸公襲取宋以後之議論而不考古不知今
亦見其惑也天津海船貿易次於上海而視閩粵遠
勝其民俗純實知義亦易以集事如年前頗有整
捐紳民言皆安之其利則亦至輕又擅鹽場之利兼山海
之饒多求賢俊經理富國強兵取給有餘部議循
迂儒之見禁使不得有為乃欲遠分徵利於他省以餉人
之息世間凋殘已極獨思一嘬之以與飢未事食所獲微矣毋亦有不得其平者乎
第章以鄙人此說商之當事諸公以釋其疑而廣其心

嘗笑諸公襲取宋以後之議論，而不考古，不知今，亦見其惑也。天津海船貿易次於上海，而視閩粤遠勝，其民俗純實知義，亦易以集事，數年前故有釐捐，紳民意皆安之，其科則亦至輕。又擅鹽場之利，兼山海之饒，多求賢俊經理，富國強兵，取給有餘。部議循迂儒之見，禁使不得有為，乃欲遠分微利於他省，以仰人之息。此間凋殘已極，猶思一嘬之，以與飢者争食，所獲微矣，毋亦有不得其平者乎？公幸以鄙人此説，商之當事諸公，以釋其疑而廣其心。

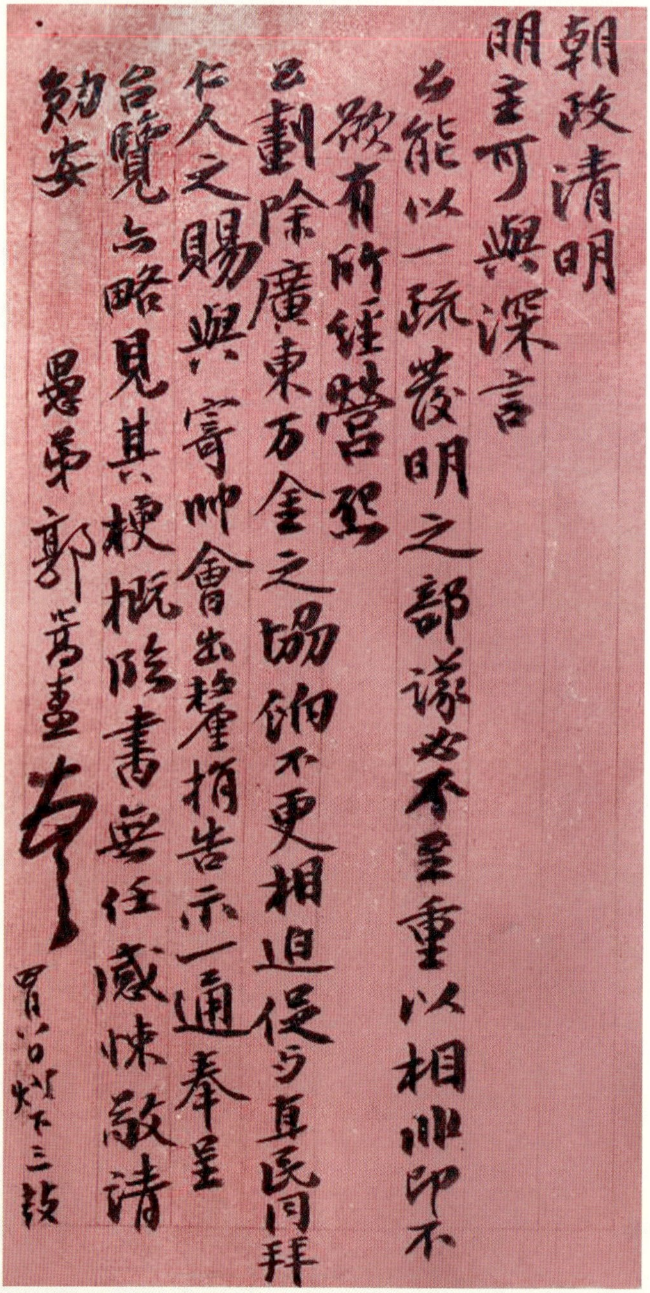

朝政清明
明主可與深言
亦能以一疏發明之部議必不至重以相非即不
欲有所經營恐
已劃除廣東万金之協餉不更相迫促與直隸同拜
仁人之賜與寄帥會出釐捐告示一通奉呈
台覽與略見其梗概臨書無任感悚敬請
鈞安
愚弟郭嵩燾頓首
四月廿日燈下三鼓

朝政清明，
明主可與深言，
公能以一疏發明之，部議必不至重以相非。即不
欲有所經營，懇
公劃除廣東萬金之協餉，不更相迫促，與直民同拜
仁人之賜。與寄帥會出釐捐告示一通，奉呈
台覽，亦略見其梗概。臨書無任感悚，敬請
勛安。　愚弟郭嵩燾頓首　四月八日燈下三鼓

蔭渠仁兄親家大人閣下書函往復多苦無暇一自
竭其志意念
上盛業巍巍
朝廷鑒其忠廑士民服其誠懇庶哉
大臣之德量為天下師仰其於措施之宜整齊嚴
化之用一時其謀意之積使人潛移默化而不自知知
其為澤之長而所施之益遠且大也近以僧邸戰殁
曹州直東一帶捻匪滋熾湘鄉方有山東之行而

蔭渠仁兄親家大人閣下：書函往復，多苦無暇一自
竭其志意。念
公盛業巍巍，
朝廷鑒其忠廑，士民服其誠懇，庶幾
大臣之德量，為天下師仰。其於措施之宜，整齊導
化之用，一皆其誠意之積，使人潛移默化而不自知，知
公為澤之長，而所施之益，遠且大也。近以僧邸戰歿，
曹州、直東一帶，捻匪滋熾，湘鄉方有山東之行。而

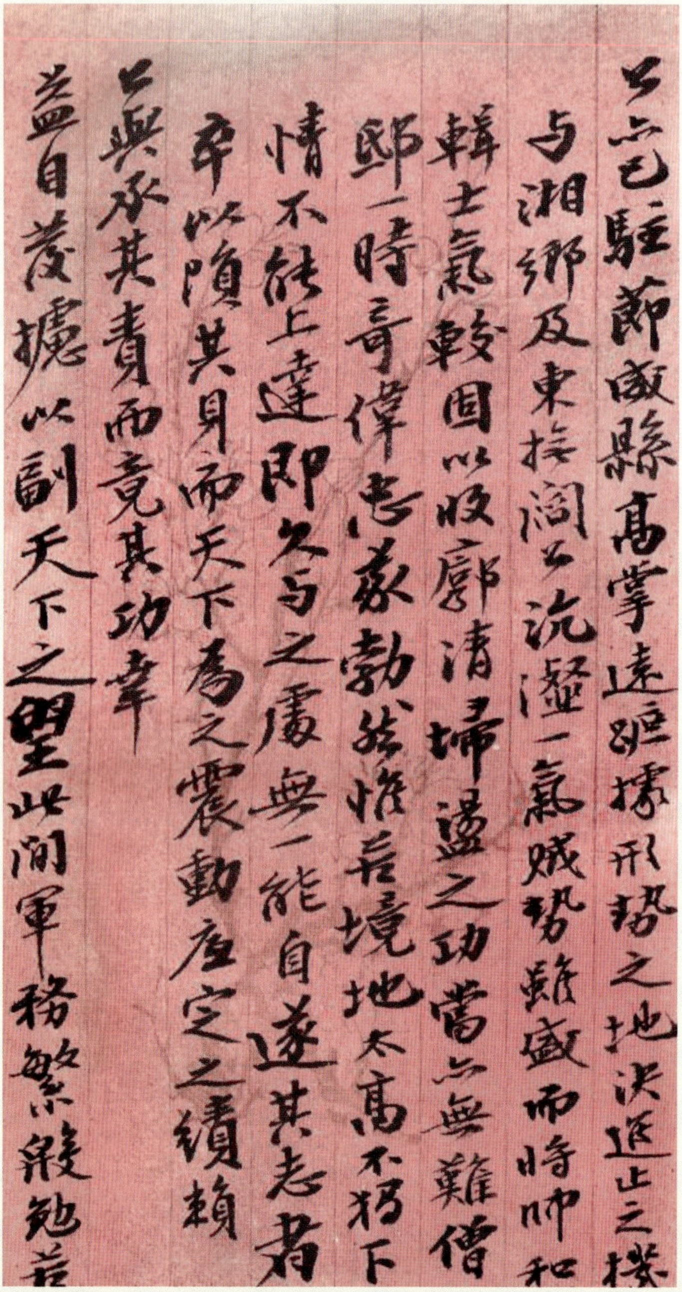
厶厶已駐節咸縣高掌遠蹠據形勢之地決逆止之樓
與湘鄉及東撫閣厶流溢一氣賊勢雖盛而將帥和
輯士氣較固以收廓清掃蕩之功當亦無難傳
聞一時奇偉忠義勳猷將吾境地太高不能下
情不能上達即欠為之處無一能自遂其志者
卒以隕其身而天下為之震動匡定之績賴
厶厶與承其責而竟其功章
益自茂據以副天下之望此間軍務繁縱勉若

公亦已駐節威縣，高掌遠蹠，據形勢之地，決進止之機，與湘鄉及東撫閻公沆瀣一氣。賊勢雖盛，而將帥和輯，士氣較固，以收廓清埽盪之功，當亦無難。僧邸一時奇偉，忠義勃然。惟苦境地太高，不獨下情不能上達，即久與之處，無一能自遂其志者，卒以隕其身，而天下為之震動。底定之績，賴公與承其責而竟其功，幸益自發攄以副天下之望。此間軍務繁殷，勉苦

支持潮嘉兩層防堵經年用兵至四五万人肇慶土
客一案用兵万餘人至今未能安堵廣西岑容賊匪
擾及邊境用兵又數千南雄防堵亦數千往日粵東
全盛之時以養額兵而不乏例無協撥之款今之凋敝數
倍往時而指撥各省協餉重見疊出京餉數十百萬
分竟經加之藩運兩司勢不能不籌解而於其時募勇
防剿至五六万其艱乏之情形亦略可知矣此間公私雖
甚窘匱而擅山海之利有蓄積之饒利源不可謂不

支持，潮嘉兩屬防堵經年，用兵至四五萬人。肇慶土客一案，用兵萬餘人，至今未能安堵。廣西岑容股匪，擾及邊境，用兵又數千。南雄防堵亦數千。往日粵東全盛之時，以養額兵而不足，例無協撥之欵。今之凋敝，數倍往時，而指撥各省協餉重見疊出，京餉數十萬，處分兼徑加之，藩運兩司勢不能不籌解。而於其時募勇防剿至五六萬，其艱乏情形亦略可知矣。此間公私雖甚窮匱而擅山海之利，有蓄積之饒，利源不可謂不

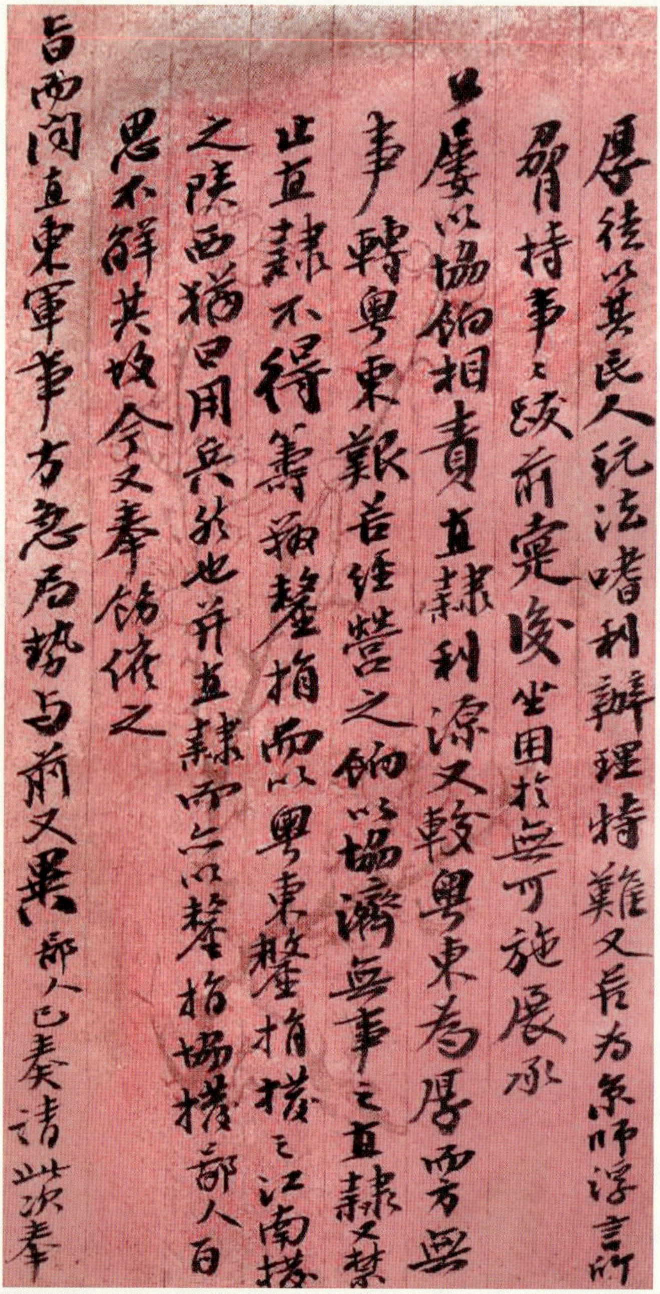

粵往以其民人玩法嗜利，辦理特難，又旨為京師浮言所
覊持，事事跋前疐後，坐困於無可施展。承
旨屢以協餉相責。直隸利源又較粵東為厚，而每無
事，轉粵東艱苦經營之餉，以協濟無事之直隸，又禁
止直隸不得籌捐釐捐，而以粵東釐捐撥江南，撥
之陝西，猶曰用兵故也。並直隸而亦以釐捐協撥，鄙人百
思不解其故。今又奉飭依之
旨，而因直東軍事方急，局勢與前又異，鄙人已奏請此次奉

厚，徒以其民人玩法嗜利，辦理特難，又苦為京師浮言所脅持，事事跋前疐後，坐困於無可施展。承
公屢以協餉相責，直隸利源又較粵東為厚，而方無事轉粵東艱苦經營之餉，以協濟無事之直隸，又禁止直隸不得籌辦釐捐，而以粵東釐捐撥之。江南撥之陜西，猶曰用兵然也。并直隸而亦以釐捐協撥，鄙人百思不解其故。今又奉飭催之
旨，而聞直東軍事方急，局勢與前又異。鄙人已奏請此次奉

旨之日起酌量籌留先措銀二万附海關差便由洋船解
赴天津轉運以期迅速於
國家事局之緩急可我
公之賢勞不敢不一頓念求
公俯鑒此意無再替從為禱程蓉伯者名恭壽軍
機老宿事理之敏暢文筆之通達殆罕其比屬求
公為薦一館未知可令一襄軍事否畀事直若棄可
太深鄙人一意清理其端緒稍稍為節其流於目前

旨之日起，酌量籌解，先措銀二萬，附海關差便，由洋船解赴天津轉運，以期迅速。於

國家事局之緩急，與我

公之賢勞，不敢不一顧念，求

公俯鑒此意，無再督催為禱。程蓉伯者名恭壽，軍機老宿，事理之敏暢，文筆之通達，殆罕其比，屬求

公為薦一館，未知可令一襄軍事否？粵事直苦氣習太深，鄙人一意清理其端緒，稍稍為節其流，求目前

尺寸之效，所任勞怨而不辭，其本原受病處尚若
無從施治，前後於處兩公意見歧左，轉而加甚，如
十年疆吏，於其一身所以為私安之者，因於所
應盡之職無所深求者，屢此久始悟閩粵風氣澈
由督撫同城之故，能援撫督例竟裁撫缺，為裨益一方之
世道人心不少。自知迂直，論急不宜仕宦，行將歸矣。東直軍情，求
並隨時示悉一二，以慰懸系，不勝感禱。手此，敬請
勛安
姻愚弟嵩燾頓首 閏五月初四夜三鼓

尺寸之效，躬任勞怨而不辭。其本原受病處，尚苦無從施治，前後相處兩公，意見歧左，轉而加甚。數十年畺吏，私其一身，而又以公徇人之私，安之若固然，而於所應盡之職，無能深求者。居此久，始悟閩粵風氣之敝，由督撫同城之故。能援甘督例，竟裁撫缺，是亦裨益一方之世道人心不少。自知迂直褊急，不宜仕宦，行將歸矣。東直軍情，求公隨時示悉一二，以慰懸系，不勝感禱。手此，敬請勛安。

姻愚弟嵩燾頓首　閏五月初四夜三鼓

蔭渠仁兄親家大人閣下月前奉到
諭旨以
轄境防堵屏蔽
神京關係較鉅即經會商先籌撥銀二万由輪船運
解以資經費并經用函上達鈞覽
塵系咨奉
賜書縷叙若自以為不盡意謙詞婉摯繁溫〻
君子之風讀之神遠曹州之變賊師重亟輕

蔭渠仁兄親家大人閣下：月前奉到
諭旨，以
轄境防堵，屏蔽
神京，關係較鉅。即經會商，先籌撥銀二萬，由輪船運
解，以資徑捷。并經肅函上達，藉慰
廑系。頃奉
賜書，慊然若自以為不足，意深詞婉，庶幾温温
君子之風，讀之神遠。曹州之警，督師重臣，輕

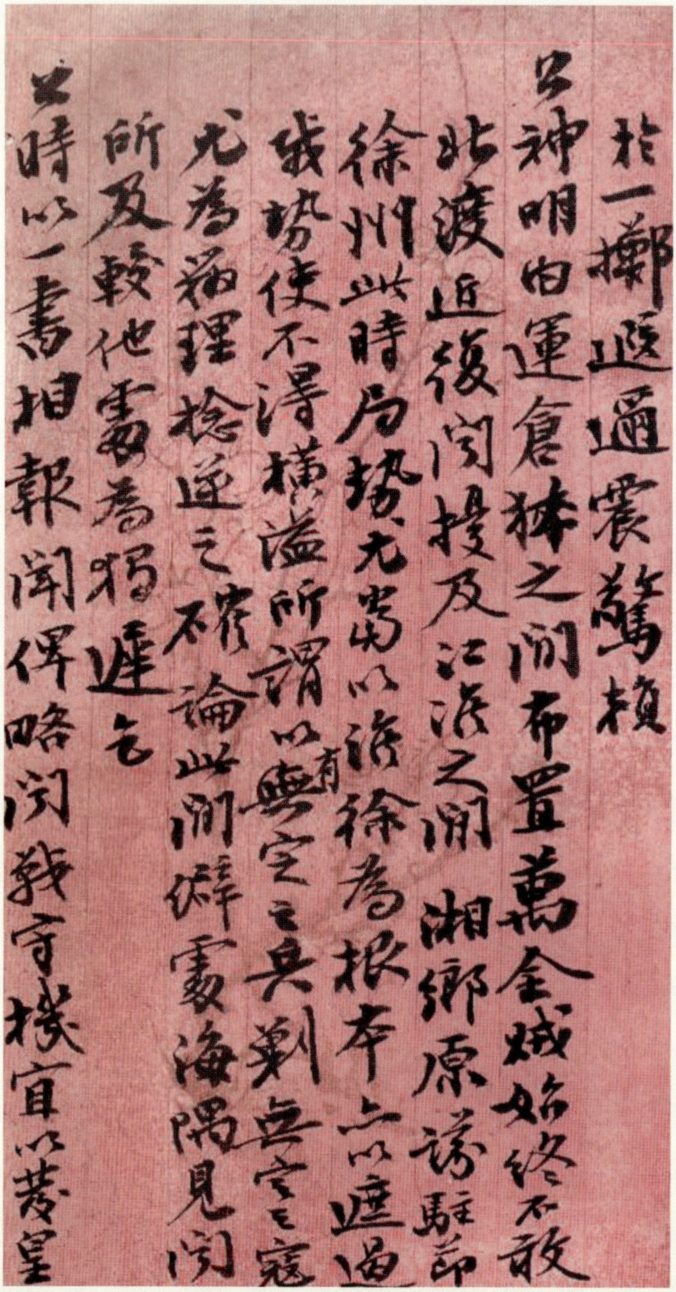
於一擲遂逼震驚楨
以神明曲運倉猝之間布置萬全賊始終不敢
北渡逆復闖擾及江淮之間湘鄉原議駐節
徐州此時局勢尤當以淮徐為根本以遏
賊勢使不得橫溢所謂以有定之兵剿無定之寇
尤為搞理捻逆之策不論此間肆竄海隅見聞
所及較他處為獨遲也
此時以一書相報聞俾略聞戰守機宜以慕皇

於一擲，遐邇震驚。賴

公神明内運，倉猝之間，布置萬全，賊始終不敢北渡，近復聞擾及江淮之間。湘鄉原議駐節徐州，此時局勢，尤當以淮徐為根本，亦以遮遏賊勢，使不得横溢。所謂以無有定之兵，剿無定之寇，尤為辨理捻逆之確論。此間僻處海隅，見聞所及，較他處為獨遲，乞

公時以一書相報聞，俾略聞戰守機宜，以發皇

耳目金陵餘逆聚閩粵之交雖鎮平為老巢
鄙人意謂此寇賊一入江境縱橫四達為患增劇
能於閩粵了之少受蹂躪亦所能思但辭察各
軍情形尚未有能了此者近諮請郭楊兩軍討
入粵助剿敉早了抵其出路乃為得耳東北兩江兵單
日增西江又正深入西境餉源日絀又非所能支矣以委李
牧迴翔協餉之役略奉如行以當面談敬請
勛安不盡馳企　愚弟嵩燾頓首　閏月廿六夜

耳目。金陵餘逆，屯聚閩粵之交，踞鎮平為老巢。鄙人意謂此藘賊一入江境，縱横四逞，為患增劇，能於閩粵了之，少受蹂躪，亦所能忍。但夥察各軍情形，尚未有能了此者。近洛請郭楊兩軍門入粵助剿，能早至，扼其出路，乃為佳耳。東北兩江，兵壘日增，西江又已深入西境，餉源日絀，又非所能支矣。以委李牧匯解協餉之便，略奉數行，以當面談。敬請勛安，不盡馳企。

愚弟嵩燾頓首　閏月廿九夜

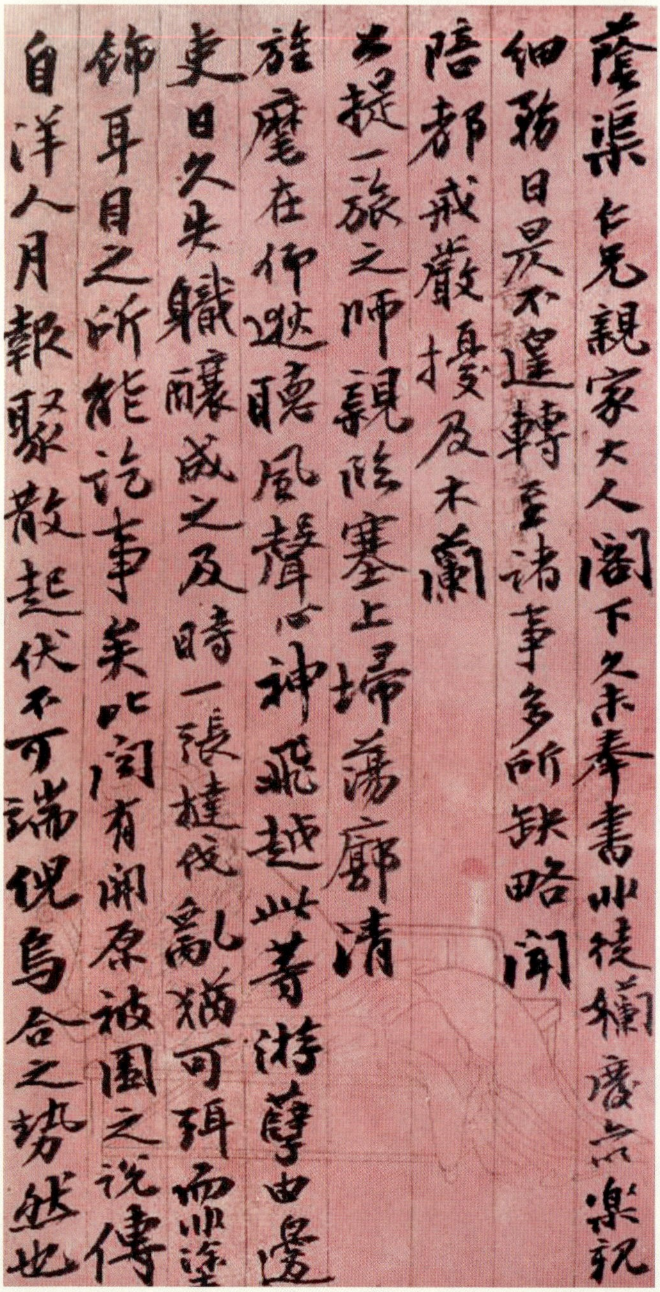

蔭渠仁兄親家大人閣下：久未奉書，比徒襴慶無樂祝。細務日昃，不遑轉至諸事，多所缺略。聞陪都戎嚴，授及木蘭，出提一旅之師，親臨塞上，掃蕩廓清，旌麾在仰，遐聽風聲，心神飛越。此等游孽由邊吏日久失職釀成之，及時一張撻伐，亂猶可弭，而小醜飾耳目之所能說事矣。比聞有關原被圍之說，傳自洋人月報，聚散起伏，不可端倪，烏合之勢然也

蔭渠仁兄親家大人閣下：久未奉書，非徒孄廢，亦以樂親
細務，日昃不遑，轉至諸事多所缺略。聞
陪都戒嚴，擾及木蘭，
公提一旅之師，親臨塞上，埽蕩廓清，
旌麾在仰，遯聽風聲，心神飛越。此等游孽，由邊
吏日久失職釀成之。及時一張撻伐，亂猶可弭，而非塗
飾耳目之所能訖事矣。比聞有開原被圍之説，傳
自洋人月報，聚散起伏，不可端倪，烏合之勢然也。

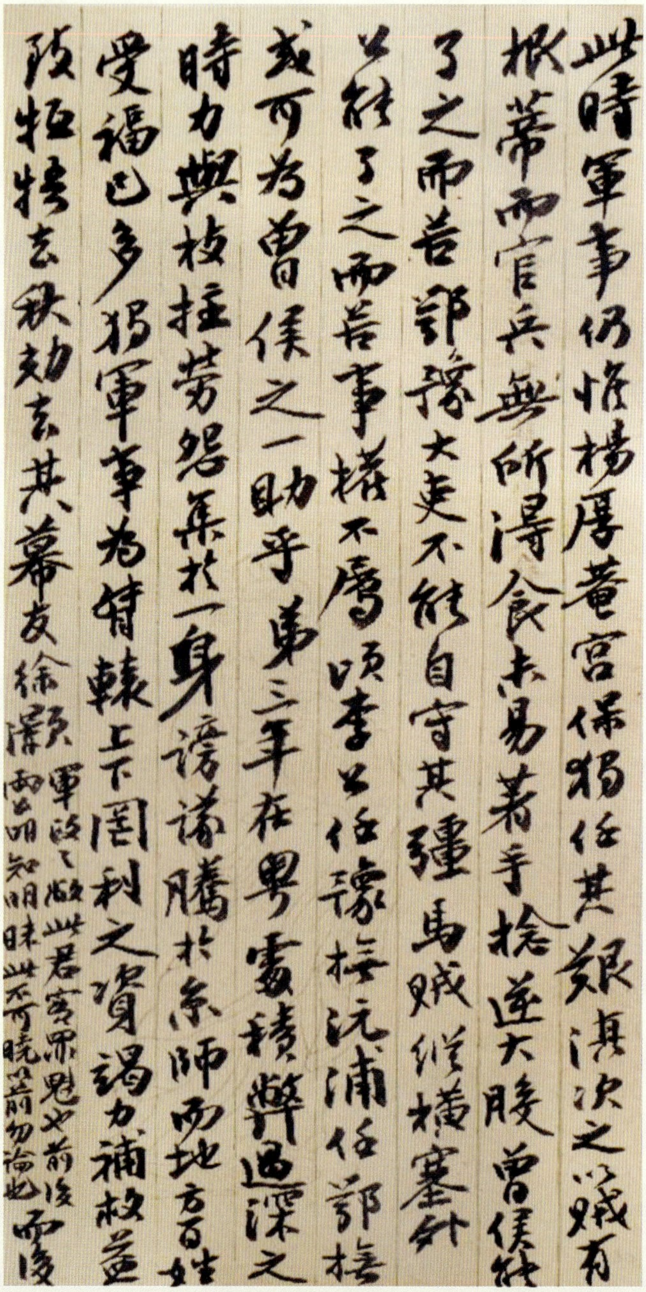
此時軍事仍恃楊厚菴宮保獨任其艱，濱決之，以賊有
根蒂而官兵無所得食，未易著手。捻逆大股，曾侯能
了之，而苦鄂豫大吏不能自守其疆，馬賊縱橫塞外
亦能了之，而苦事權不屬。頃李公以任豫撫，沅浦任鄂撫，
或可為曾侯之一助乎？弟三年在粵，處積弊過深之
時，力與枝梧，勞怨集於一身，謗議騰於京師，而地方百姓
受福已多，獨軍事為掣肘，上下圖利之資，竭力補救，益
敗極矣。去秋劾去其幕友徐灝，軍政之敗，此君實罪魁也，前後兩次明知明昧，此不可曉，以前功論也，而後

此時軍事，仍惟楊厚菴宮保獨任其艱，滇次之以賊有根蒂，而官兵無所得食，未易著手。捻逆大股，曾侯能了之，而苦鄂豫大吏不能自守其疆。馬賊縱橫塞外，公能了之，而苦事權不屬。頃李公任豫撫，沅浦任鄂撫，或可為曾侯之一助乎。弟三年在粵，處積弊過深之時，力與枝拄，勞怨集於一身，謗議騰於京師，而地方百姓受福已多。獨軍事為督轅上下罔利之資，竭力補救，益致牴牾。去秋劾去其幕友徐灝，軍政之敝，此君實罪魁也。前後兩公明知明昧。此不可曉，以前勿論也，而後

軍事如能參与嘉應克復以後所留如營辦理東北西江土匪
由鄙人主之所辦各案皆以亦滿道言其誤為粵東歷來所未有非
不肯整飭者特據以誠為亂也已謝粵吏治人心所以視天下為尤敝
也左季高乃悉舉以蔽罪鄙人極力傾之彼以高才盛氣力能回
惹為心不能容一曾侯於鄙人因有土墩則草木不長水燥則魚鱉不
大左君之道行而肅殺粗厲之音作非天下之福也昨以一書請之錄呈
台覽是夕歸寓得復遂初老乃所甚硜固不足為左君咎也然其敎詩
勛安　姻愚弟嵩燾頓首　三月廿二日

軍事始能參與。嘉應克復以後，酌留數營辦理東北兩江土匪，由鄙人主之。所辦各案，頌聲滿道，言者謂為粵東歷來所未有。非不可整飭者，督撫同城為亂而已。閩粵吏治人心，所以視天下為尤敝也。左季高乃悉舉以蔽罪鄙人，極力傾之。彼以高才盛氣，力傾同志為心，不能容一曾侯，於鄙人曰：有土敝則草木不長，水煩則魚鱉不大。左君之道行，而噍殺粗厲之音作，非天下之福也。略以一書詰之，録呈台覽。旦夕歸家，得遂初志，乃所甚願，固不足為左君咎也。手此，敬請勛安。

姻愚弟嵩燾頓首　三月廿二日

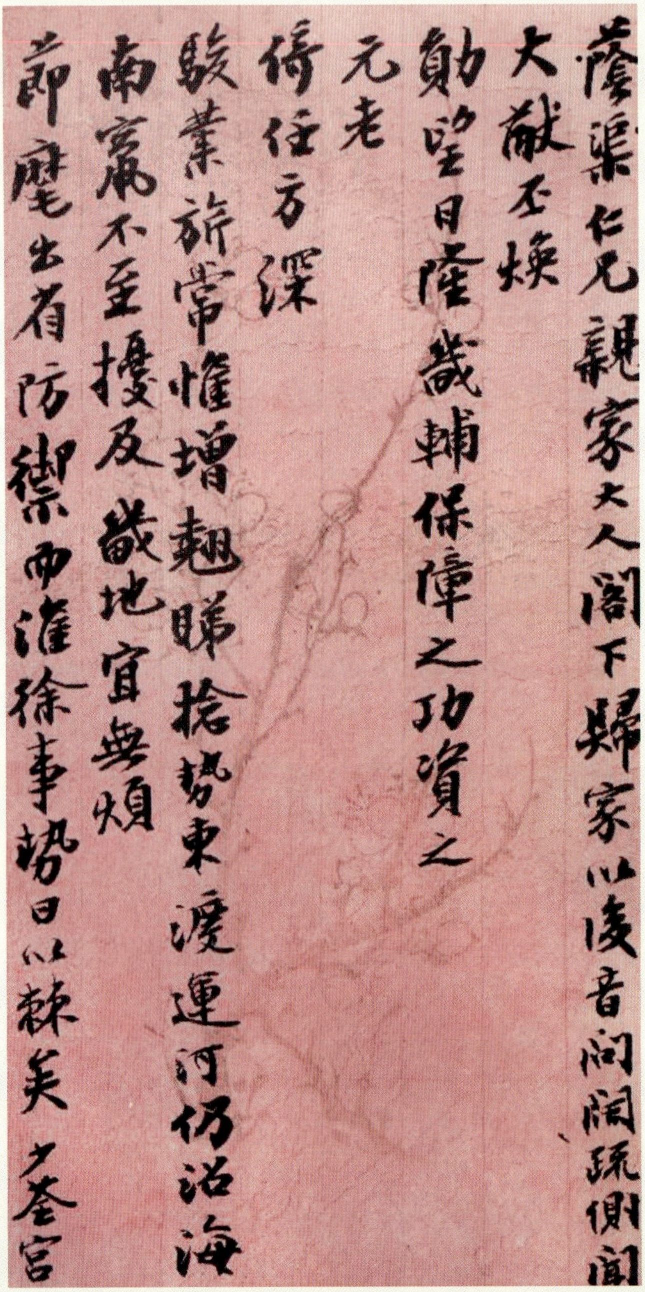
蔭渠仁兄親家大人閣下：歸家以後，音問闊疏。側聞
大猷丕煥，
勳望日隆，戩輔保障之功，資之
元老，
倚任方深，
駿業旂常，懽增翹睎。捻勢東竄，運河仍治海
南竄，不至擾及畿地，宜無煩
節麾出省防禦。而淮徐事勢日以棘矣。少荃宮

蔭渠仁兄親家大人閣下：歸家以後，音問闊疏。側聞

大猷丕焕，

勛望日隆，畿輔保障之功，資之

元老，

倚任方深，

駿業旂常，惟增翹睇。捻勢東渡運河，仍沿海

南竄，不至擾及畿地，宜無煩

節麾出省防禦。而淮徐事勢，日以棘矣。少荃宫

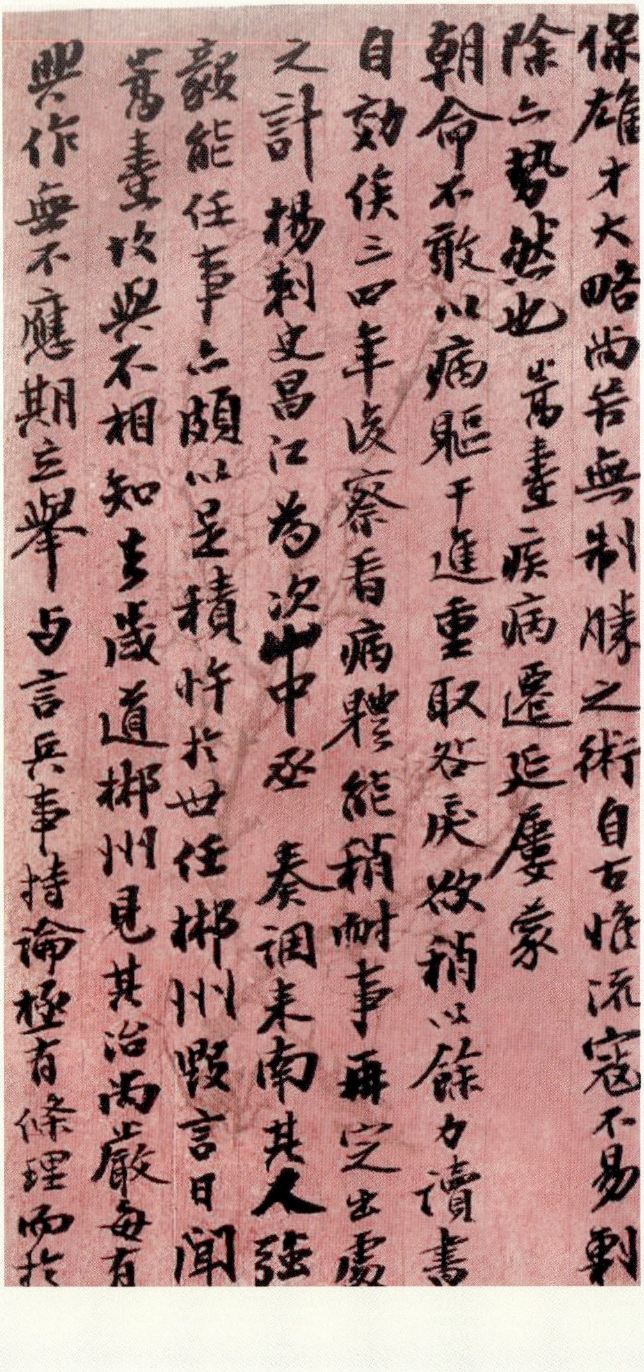

保雄才大略，尚苦無制勝之術，自古惟流寇不易剿除，亦勢然也。嵩燾疾病遷延，屢蒙朝命，不敢以病軀干進，重取咎戾，故稍以餘力讀書自効。俟三四年後察看病體能稍耐事，再定出處之計。楊刺史昌江為沈中丞奏調來南，其人強毅能任事，亦頗以是積忤於世。任郴州，毀言日聞。嵩燾故與不相知，去歲道郴州，見其治尚嚴，每有興作，無不應期立舉。與言兵事，持論極有條理，而於

保雄才大略，尚苦無制勝之術。自古惟流寇不易剿除，亦勢然也。嵩燾疾病遷延，屢蒙

朝命，不敢以病軀干進，重取咎戾。欲稍以餘力，讀書自効，俟三四年後，察看病體，能稍耐事，再定出處之計。楊刺史昌江為次山中丞奏調來南，其人強毅能任事，亦頗以是積忤於世，任郴州，毀言日聞。嵩燾故與不相知，去歲道郴州，見其治尚嚴，每有興作，無不應期立舉。與言兵事，持論極有條理，而於

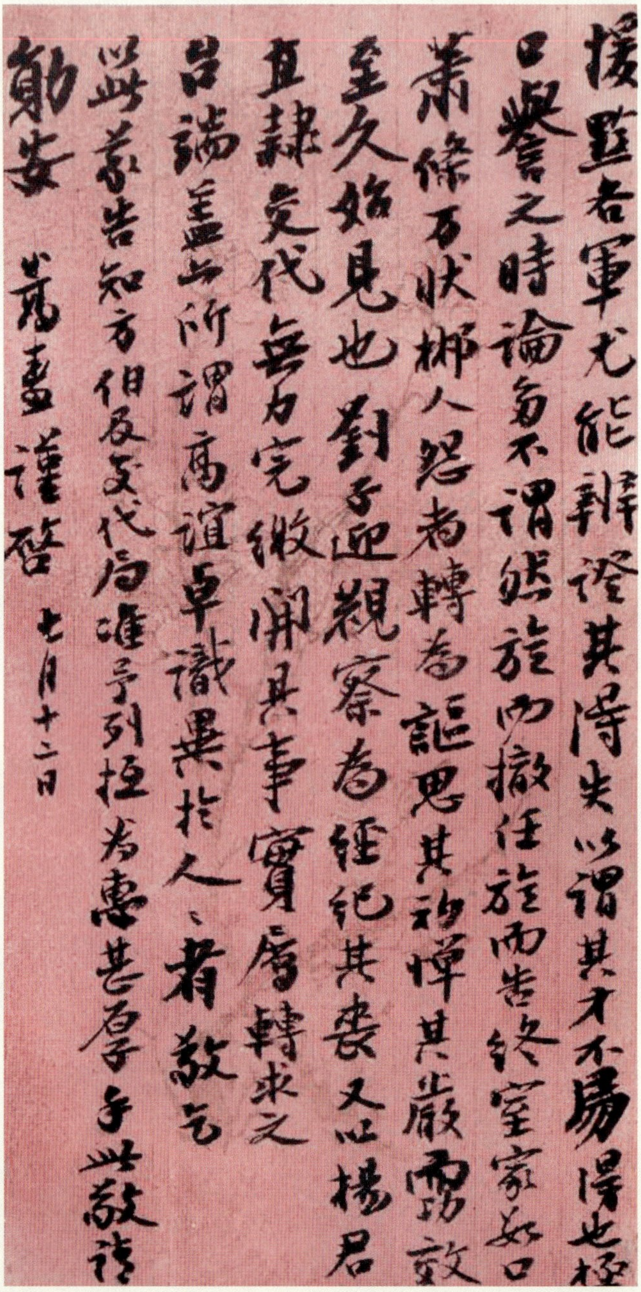
援黔者軍尤能辨從其得失以謂其才不易得也極
口譽之時論多不謂然旋而撤任旋而告終室家如口
蕭條可狀郴人怨者轉為謳思其神悼其嚴而致
至久始見也劉子迎觀察為經紀其喪又以楊君
直隸交代無力完繳關其事實屬轉求之
呂端盖無所謂高誼卓識異於人人者敬乞
以此兼告知方伯及交代局準予列摺為惠甚厚手此敬請
勛安
嵩燾謹啓 七月十二日

援黔各軍，尤能辨證其得失。以謂其才不易得也，極口譽之，時論多不謂然。旋而撤任，旋而告終，室家數口，蕭條萬狀，郴人怨者轉為謳思。其初憚其嚴，而功效至久始見也。劉子迎觀察為經紀其喪，又以楊君直隸交代無力完繳，開具事實，屬轉求之台端。蓋亦所謂高誼卓識，異於人人者。敬乞以此義告知方伯及交代局，准予列抵，為惠甚厚。手此，敬請勛安。

嵩燾謹啓　七月十二日

邗渠仁兄親家大人閣下：聞
兄歸里後，口不及時事，足不出戶庭，而頗好客，
且嗜飲，以醇酒終日與鄉里故人談笑為歡，此
古豪傑偉人，有得於道術之所為。
兄一代偉人，而所深造如是，弟誠莫敢仰企。涉世
三十年，矯隨天下人，老而更無從及此者，其於
鄙心服膺尤甚。頻年無一書奉寄，誠亦知
兄不能周旋，而亦老病侵尋，頹然自放，屢棄

印渠仁兄親家大人閣下：聞

公歸里後，口不及時事，足不出户庭，而頗好客，客

至輒飲以醇酒，終日與鄉里故人談笑為歡，此

古豪傑偉人有得於道術之所為。

公一代偉人，而所深造如是，弟誠弗敢仰企。涉世

三十年，曠覽天下人才，亦更無能及此者，其於

鄙心服膺尤至。數年無一書奉寄，誠亦知

公不樂周旋。弟亦老病侵尋，頹然自放，廢棄

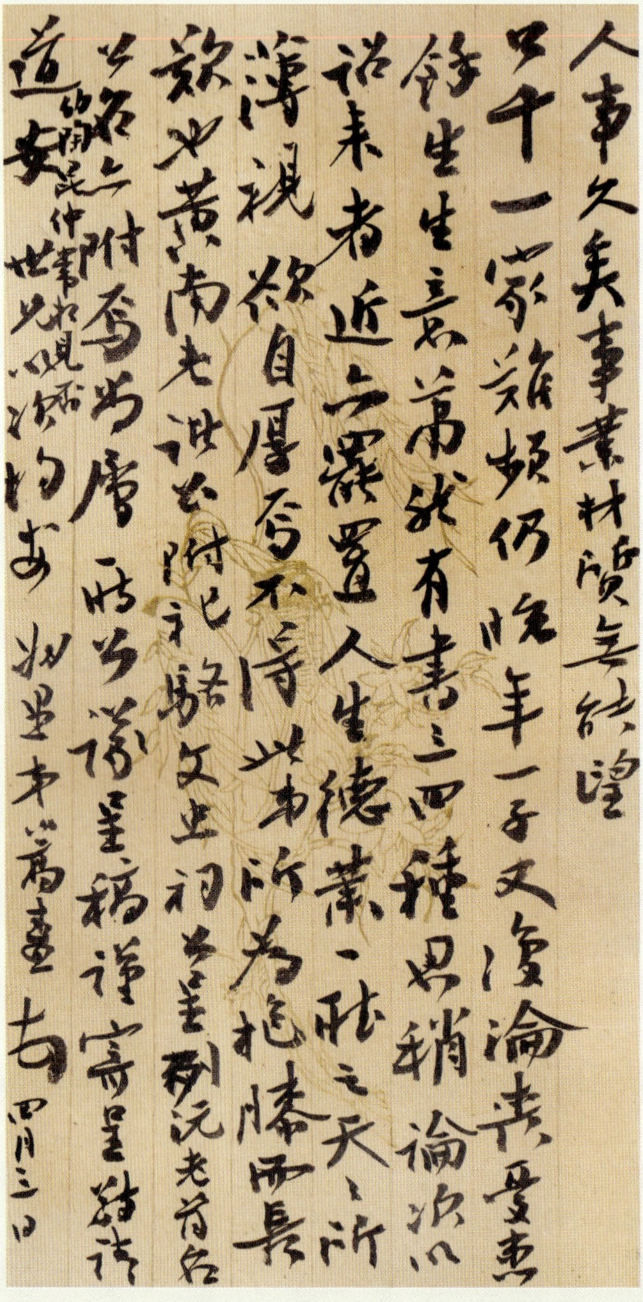
人事久矣，事業材質無能望
以千一。家難頗仍，晚年一子又復淪喪，惠
舒生意萬狀。有書三四種，俱稍論次，以
詒來者，近亦屏置。人生德業，一聽之天，天所
薄視，欲自厚不得。此事所為抱膝而長
歎也。黃子壽老謝世，已附祀文昌祠，並劉況老前名
也。名亦附為此唐。兩時為寄呈，並稿請寄呈[illegible]
道安。世兄以次均安。[illegible]
四月二日

人事久矣，事業、材質無能望公十一。家難頻仍，晚年一子，又復淪喪，憂患餘生，生意蕭然。有書三四種，思稍論次，以詔來者，近亦罷置。人生德業，一聽之天，天所薄視，欲自厚焉不得。此弟所為抱膝而長歎也。黄南老諸公附祀駱文忠祠，公呈列沅老首名，公名亦附焉，尚屬一時公議，呈稿謹寄呈。敬請道安。世兄以次均安。幼陶昆仲常相見否？姻愚弟嵩燾頓首　四月三日

蓉渠親家仁兄大人閣下：吾懷世兄至，奉
賜書，極慰翹仰。比與沅浦宮保遥揣
閣下之心，不樂就官也；而於理於勢，必不可辭。
朝廷長政未易，故覲於
閣下誠無如益，而開絛天下人才進退與道消
長之機，相將同聲，舉手加額，以相慶幸。然
未宜引身避之，以孤天下之望，惟以奉
書而爲之雖懷以喜也。竊按同堪無求治之理，
閣下秉乎中正，以德化人，固爲優美，獨善與各才品以智識
供撰而濟之，以備形，終不可與爲善，惟能本於學而

蔭渠親家仁兄大人閣下：谷懷世兄至，奉
賜書，極慰翹仰。比與沅浦宫保遥揣
閣下之心不樂就官也，而於理於勢必不可辭。
朝廷美政，未易數覯，於
閣下誠無加益，而關係天下人才進退、吾道消
長之機。朝野同聲，舉手加額，以相慶幸。此亦
未宜引身避之，以孤天下之望。是以奉
書而為之距躍以喜也。督撫同城，無求治之理。
閣下和平中正，以德化人，固為優矣，獨苦此公才品、智識
俱猥下，而濟之以偏私，終不可與為善。謹就弟在粤兩

年所精用心者，則其如保尚冀
察者情形甚而轉禍，然否以時循復之，之所不敢計也。
一三江水師（韶州以下曰北江，東來惠州曰東江，西來肇慶曰西江）乃鄙人最用心之作，大小舟
艦皆歸官物（從前皆租之民間船隻）船額增多寡數增之一
皆實，如指揮調度，從心所欲（月言金五萬十金），不獨吾江盜賊為之止息，歲
省經費之且逾倍。人言鄙人添設水師，師有功，江賊果必
則人人之傳為之矣。除去如十年積弊，使兩粵為之一
新，而所費反少。西北兩江文武員弁安於巡聽。東
江盜艇如十萬充水師，且供役且行劫者，無盡敘
其船而輸之官，無異言。鄙人一心貿經以有此區區之效
蔣君日取其船而更調之，而營政日壞，盜風日熾，瑞

年所稍用心者，開具數條。尚冀
察看情形，斟酌轉移，能否以時脩復之，亦所不敢計也。
一、三江水師韶州以下曰北江，東出惠州曰東江，西出肇慶曰西江，乃鄙人最用心之作。大小舟
艦皆歸官物從前皆租之民間，船價月二百金至數十金，船額增多，勇額增少，一
皆實數，指揮調度，從心所欲。不獨各江盜賊為之止息，歲
省經費，亦且逾倍。人言鄙人添設水師，有功江路，果如是，
則亦人人優為之矣。除去數十年積弊，使氣象為之一
新，而所費反少，西北兩江文武員弁晏然退聽。東
江盜艇數十，募充水師，且供役且行劫者，亦盡斂
其船而輸之官，無異言。鄙人一心貫注，以有此區區之效。
蔣君日取其船而更調之，而營政日壞，盜風日熾。瑞

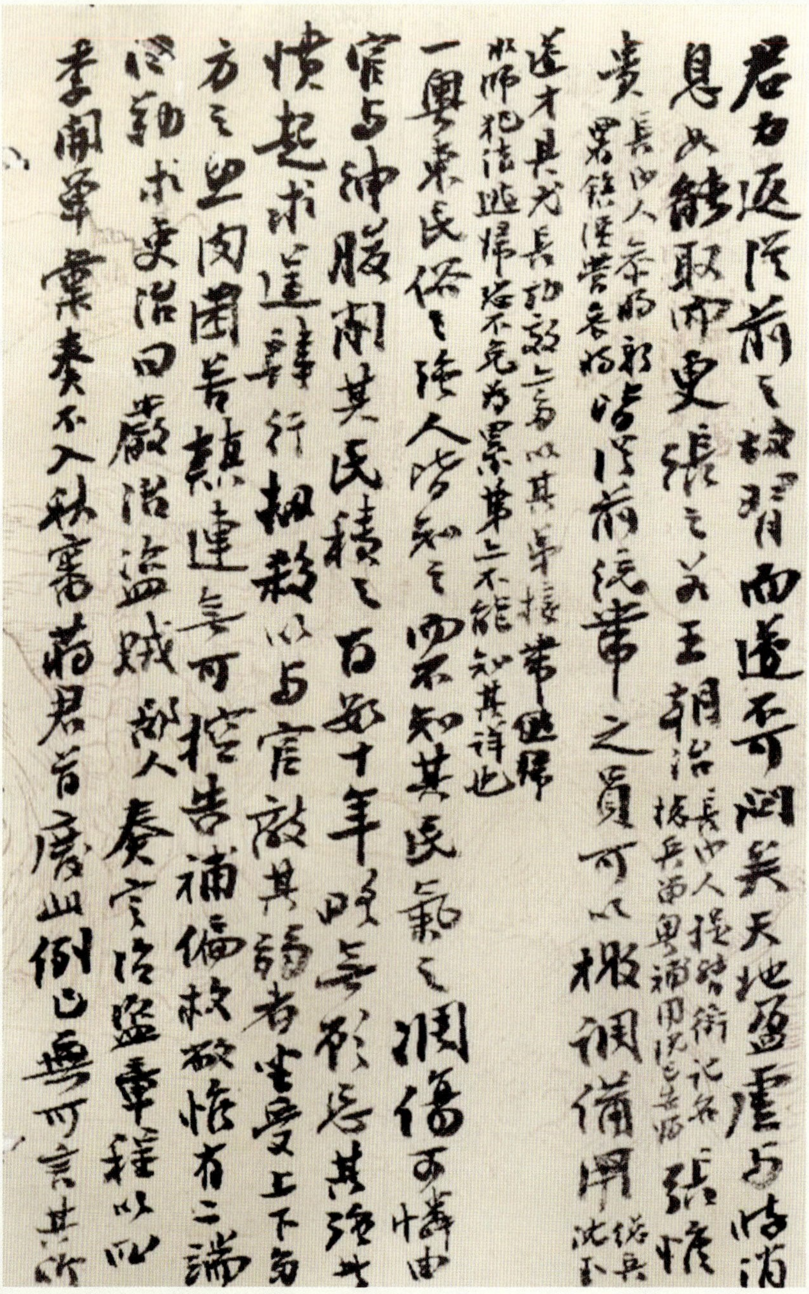
君力返從前之故習而遂奇詭矣天地盈虛與時消
息也能取所更張之若王朝治長沙人提督銜記名總兵遇缺補用現已告病張懷
貴長沙人參將銜署鎮筸營參將彩皆從前練軍之賢可以根綱備用總兵沈玉
遂才具尤長於穀上高以其年接帶鎮筸
水師犯法逃歸終不免為累於事上不能知其詳也
一與兼民俗之陵人而知之而不知其民氣之綱備可轉由
官與紳服閣其民積之百數十年改長形其強也
憤起求逞肆行擄殺以與官敵其鷙者受上下無
方之里內圍者慰遠之可控告補偏救弊惟有二端
保甲求吏治曰嚴治盜賊鄰人奏定治盜章程以此
季開軍業奏不入秋審若君首慶山例已無可言其餘

君力返從前之故習，而遂不可問矣。天地盈虛，與時消息，如能取而更張之，若王朝治長沙人，提督銜，記名揔兵，留粵補用，現已告歸、張惟貴長沙人，參將，新署鎮溪營參將，皆從前統帶之員，可以檄調備用。總兵沈玉遂才具尤長，功效亦多，以其弟接帶~~逃歸~~水師，犯法逃歸，恐不免為累，弟亦不能知其詳也。

一、粵東民俗之強，人皆知之，而不知其民氣之凋傷可憐，由官與紳朘削其民，積之百數十年，略無顧忌。其強者憤起求逞，肆行劫殺，以與官敵。其弱者坐受上下多方之魚肉，困苦顛連，無可控告。補偏救敝，惟有二端，曰勤求吏治，曰嚴治盜賊。鄙人奏定治盜章程，以四季開單彙奏，不入秋審。蔣君首廢此例，已無可言，其所識拔如縣大令，芬苟君廉抑以紀其生，老成如貞士，後再如三華爾康與冰銅諸縉紳，自知未盡，後歸是即爲縣，數年而官係，請求照辦之
余錫亮姜芝，燿李煊、王錫之流，亦未知其近狀。目
如有二者，乞賜加優視之。王錫諸爲少鶴侍郎同僚，有才略，頗諳樸實，操守爲
瑞君相不敢者，又親署潮州運同，屑瑣之員，良吏也
亦鶴瑞君所接，抑亦有以滿拂之
一粵東釐務，鄙人略加清理，增收至六七十萬，謗言徧於
京師，而從無敢毀。商粵東收局，苟君孑即出示減免釐捐
西於石龍陳村三水諸處，稍加變通，兩月之中，次第盡撤
所以於者，鄙人一心運用，熟思審處，苟君實參爲之贊
者，西山其兵威，與其積年之氣，皆怯西之所挽，今幸地方
安靜無事。此等處萬不可輕議翻造，指輸勸派
尤宜永停。外有各設指局，聽其自爲招徠，付之不論

識拔州縣，大率為蔣君屈抑以殞，其生存者，如周士俊、聶亦峯爾康與湘鄉郭結婚，自弟去粵後，聶君即賦閒數年。沅浦宮保屬轉求照拂之。宋錫庚、姜光燿、李煊、王錫誥之流，亦未知其近狀何如。如有一二在者，乞略加優視之。王錫誥為少鶴從弟，倜儻有才略，餘皆樸實拙訥，為瑞君所必不取者。又現署潮州運同冒澄，良吏也，而為瑞君所摧抑，并乞有以湔拂之。

一、粵東釐務，鄙人略加清理，增收至六七十萬，謡言徧於京師，而從無敢毀局者粵東毀局，已成常談。蔣君至，即出示減免釐捐，而於石龍、陳村、三水諸處，稍加變通。兩月之中，次第毀撤。所以然者，鄙人一心運用，熟思審處。蔣君貿焉為之，貿焉而止，其兵威與其積悍之氣皆詘而無所施。今幸地方安靜無事。此等處萬不可輕議刱造，捐輸勒派尤宜永停。外省各設捐局，聽其自為招徠，付之不論

可也

一粵東善後積弊轉爲甚積善餘瀞經部人勍

論馳逐政館粵西求勿避自用行爲其所誤部人舊

屢命者南適有書往求其人安詳謹慎措郭歸

班可以相信凡爲善友用以檢寂例案此校題本

及都銷冊西已大政舉措斷〻心小善友所能與也王

之精通政事教桂林書院歲修無多詳檢詩文尤

善於目疾極不宜弟有意招之來竟爲荐于金陵館

期〻杖爲有祥益而於張公所可資休養以輯師爲其所安必可在先生處也

石山琛〻不與善後〻愛缺避赴粵東必尤所樂就者實於兆雨有祥益也

力避陵〻因之奉復敬賀

鴻禧不盡縷縷企如惠弟嵩燾頓首 廿三

可也。

一、粤東募友積弊，督轅為甚。舊募徐灝，經鄙人劾論驅逐，改館粤西，求勿邀與同行，為其所誤。鄙人舊友俞吉甫適有書枉求，其人安詳謹慎，按部就班，可以相信。凡為募友，用以檢覈例案，比校題本及報銷册而已。大政舉措，内斷之心，非募友所能與也。王少鶴通政掌教桂林書院，歲脩無多，評校詩文，尤苦於目疾，極不宜。弟有意招之來楚，為謀千金之館，期於吾楚為有裨益，而於渠亦略可資休養以韞帥為其至交，必可應允，先須籌措此項經費，乃與議之。能邀赴粤東，必尤所樂就者，實於公私兩有裨益，乞力邀致之。匆匆奉復，敬賀

鴻禧，不盡瞻企。　姻愚弟嵩燾頓首　廿三

寄粵東信二件　其劉世兄銀信一件並交
巡捕荊門安送亦可并屬取一回信
王少翁想通致或赴粵東或來湖南請告
尊處賜一回示
姚頤壽雅充巡捕局達錢充交代局委員兩人並
倜儻姚談小楷善畫局係同鄉並於巡捕為宜
刑席即請官俞吉甫雅幕徐瀬或有推荐
萬不可聽信

寄粵東信二件，其劉世兄銀信一件，并交
李巡捕荊門妥送，亦可并屬取一回信。
王少鶴通政或赴粵東，或來湖南，請告
尊公賜一回示。
姚頤壽舊充巡捕，易達鉞充交代局委員，兩人并
倜儻。姚能小楷，善畫，易係同鄉，并於巡捕為宜。
刑席即請定俞吉甫。舊幕徐灝或有推薦，
萬不可聽信。

蔭渠仁兄親家大人閣下昨聆之兄赴粵又遇
星一件鄭君書之去粵久人事變遷爲奚
閑不足爲慮要也伏諗
台麾新涖吏肅民懽遐邇瞻依如春斯煦
德暉來示欽企何涯粵東洋人放毒井中
正與天津洋案相似大抵皆謠言也愚民
無知相與造成之但令南番二縣出示曉諭
凡是鄉民中毒者先報縣驗明查出根究嚴

蔭渠仁兄親家大人閣下：鄧彌之兄赴粵，又遞呈一件，雜沓書之。去粵久，人事變遷多矣，固不足為典要也。伏諗

台麾新涖，吏肅民懽，遐邇瞻依，如春斯煦，

德暉在仰，欽企何涯。粵東洋人放毒井中，正與天津洋案相似，大抵皆謡言也。愚民無知，相與證成之。但令南番二縣，出示曉諭，凡是鄉民中毒者，先報縣驗明，立與跟究嚴

辦憑空造言者治罪如此則謠言不禁而自息
滿員人一意推尊洋人而其識不足以察事幾
不虞以弭亂徒為保護教堂之計以兵衛之
使百姓為之大譁是資一噱身在粵於黃錫
一辭多費許旋而無能一發其聾聵此中
痛苦惟自知之外人所不能喻也敝閱彼中營
已如此歲謂自李香墨去粵人多取經名圖
領事以圖說遏世道人心論教至此可為浩歎、

辦，憑空造言者治罪，如此則謡言不禁而自息。瑞君一意推尊洋人，而其識不足以察事，其幾不足以弭亂，徒為保護教堂之計，以兵衛之，使百姓為之大譁，足資一噱。弟在粤，於夷務一節，多費斡旋，而無能一發其聾瞶。此中痛苦，惟自知之，外人所不能喻也。頗聞彼中望公如歲，謂自李星衢去粤，人多取徑各國領事，以圖詭遇。世道人心，媮敝至此，可為浩歎。

皆亦實利用此術以自結於華民其感召
者微也吾楚近數年困於援黔之役財殫力窮
官與民兩無聊賴而黔省所自籌畫取之民
間者轉輸相屬於道楚人之於黔亦可謂盡心
焉爾矣頃年粵東重設協黔援黔兩局協
黔者黔人所自為籌畫者也援黔者楚人籌
濟援黔一軍亦所以為黔籌畫者也彼此各
恃智力所及以有所操持而取給錙銖之利其

此公亦實利用此術以自結於恭邸，其感召者微也。吾楚近數年困於援黔之役，財殫力窮，官與民兩無聊賴。而黔省所自籌畫，取之民間者，轉輸相屬於道。楚人之於黔，亦可謂盡心焉爾矣。頃年粵東兼設協黔、援黔兩局。協黔者，黔人所自為籌畫者也。援黔者，楚人籌濟援黔一軍，亦所以為黔籌畫者也。彼此各恃智力所及，口舌所招徠，以取給錙銖之利，其

若正用兩楚人之賞，亦則更無强矣。協黔局委員
不識大體，於此一局深懷嫉忌，任意為讒言以阻
撓之；又頗廣結當事，以牽制之，至無故阻取已
指之款以求協濟。黃小荃太守窮於為計，因請
改派李蘭生司馬以相更替，意欲借重
台端，稍張公道，諭令兩局委員各盡力以
求自效，不得互相排擠。
一言之持，乎可以化兩局之積擾，全此局之於終

苦正同。而楚人之營求，則更無謂矣。協黔局委員不諳大體，於此一局，深懷嫉忌。既造為謡言以阻撓之，又頗廣結當事以牽制之，至無故邀取已捐之欵，以求協濟。黄小荃太守窮於為計，因請改派李蘭生司馬以相更替，意欲借重台端，稍張公道。諭令兩局委員各盡力以求自效，不得互相排擠。庶一言之持平，可以化兩局之猜嫌，全此局之始終，

無任私祝之至耑肅前長籌繕恭錫庚有禍事

三才中善重之前函之加

優視近願詢知其故年以來不免毀行物擾長

實其善景將君文以弟所責識力加挫抑其弟

人滅有之博者我固以布義之所期許人之所以

自立之滅難則俞同南有子曰俞文業以讀稿事

羅子園者子曰羅德輔之謹實治在與文祈答錄之發行

欲之以名懷世之弟之時此遲俟

方好不盡 弥之必 如弟弟篤嵩燾頓首

七月十一日

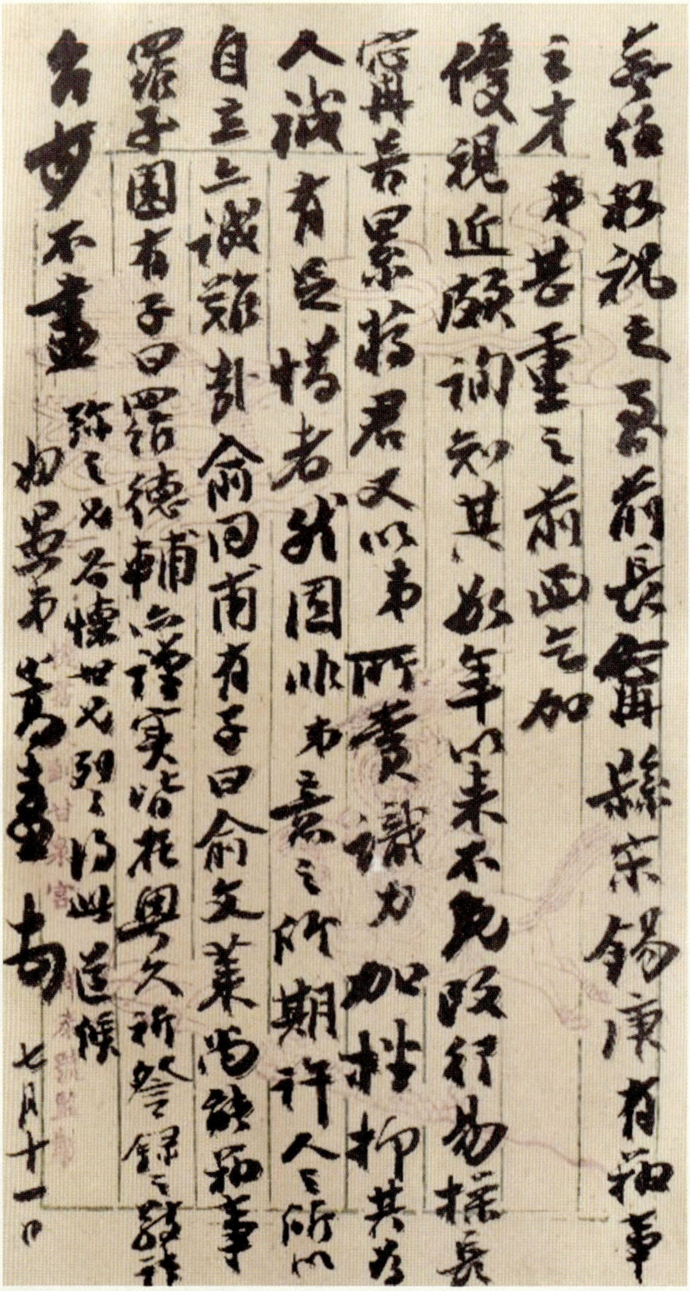

無任私祝之至。前長甯縣宋錫庚有辦事之才，弟甚重之，前函乞加優視，近頗詢知其數年以來，不免改行易操。長甯苦累，蔣君又以弟所賞識，力加挫抑，其為人誠有足惜者，然固非弟意之所期許。人之所以自立，亦誠難哉。俞同甫有子曰俞文萊，尚能辦事，羅子園有子曰羅德輔，亦謹實，皆在粤久，祈詧録之。敬請

台安，不盡。

彌之兄、谷懷世兄，列列均此道候。

姻愚弟嵩燾頓首　七月十一日

蔭渠仁兄親家大人閣下：去冬奉
賜書，委曲周至，足知
賢者之用心經營廣大，而抑出之以敬畏。習粵來
者咸稱
台麾臨蒞，百廢煥然，人心風俗為之一新。斯自
雅量所蓄，至誠感格，自然孚應。思仰之忱，積之益
深，而遲久不一報者，以粵西情形與其人才，皆無一
知，而頗聞之道路，欲
閣下行其舉措之大者，遠端寬大，亦用自疑，是以書
成，待發又復旁皇，終至闕然，以迄今日，大抵積

蔭渠仁兄親家大人閣下：去冬奉
賜書，委曲周至，足知
賢者之用心，經營廣大，而抑出之以敬畏。自粵東來
者，盛稱
台麾臨涖，百度焕然，人心風俗為之一新。斯自
雅量所蓄，至誠感格，自然孚應。思仰之忱，積之益
深，而遲久不一報者，以粵西情形與其人才皆無一
知，而頗聞之道路，欲
閣下行其舉措之大者，造端宏大，亦用自疑。是以書
成將發，又復旁皇，終至闕然，以訖今日。大抵積

陰沈錮蔽矣晦冥以有疾雷迅雨則陽氣無由昭蘇蘇之而綜覈之人人之而精責之蓋不勝其憊也故曰賞一人而天下勸罰一人而天下懲誠得其要而已身生今世

朝廷無特達之知左右無輿援之助其視天下之賢不肖皆若泛然惟所付畀一切以泛然處之以致聲名有餘苟欲除一方之錮疾而興起一時之人心以貽十數年之利則直舉其要者一二事不宜更有顧忌樞府諸公亦自相與視之泛然而吾之志事固可少求一遂矣溫風潤

陰沈錮，常若晦冥，非有疾雷迅雨，則陽氣無由昭蘇。事事而綜覈之，人人而督責之，蓋不勝其憊也。故曰：賞一人而天下勸，罰一人而天下懲。誠得其要而已。身生今世，

朝廷無特達之知，左右無奧援之助，其視天下之賢不肖，皆若泛然。惟所付畀一切，以泛然處之，以致聲名有餘。苟欲除一方之錮疾，而興起一時之人心，以貽十數年之利，則直舉其要者一二事，不宜更有顧忌。樞府諸公，亦自相與視之泛然，而吾之志事，固可少求一遂矣。盜風濁

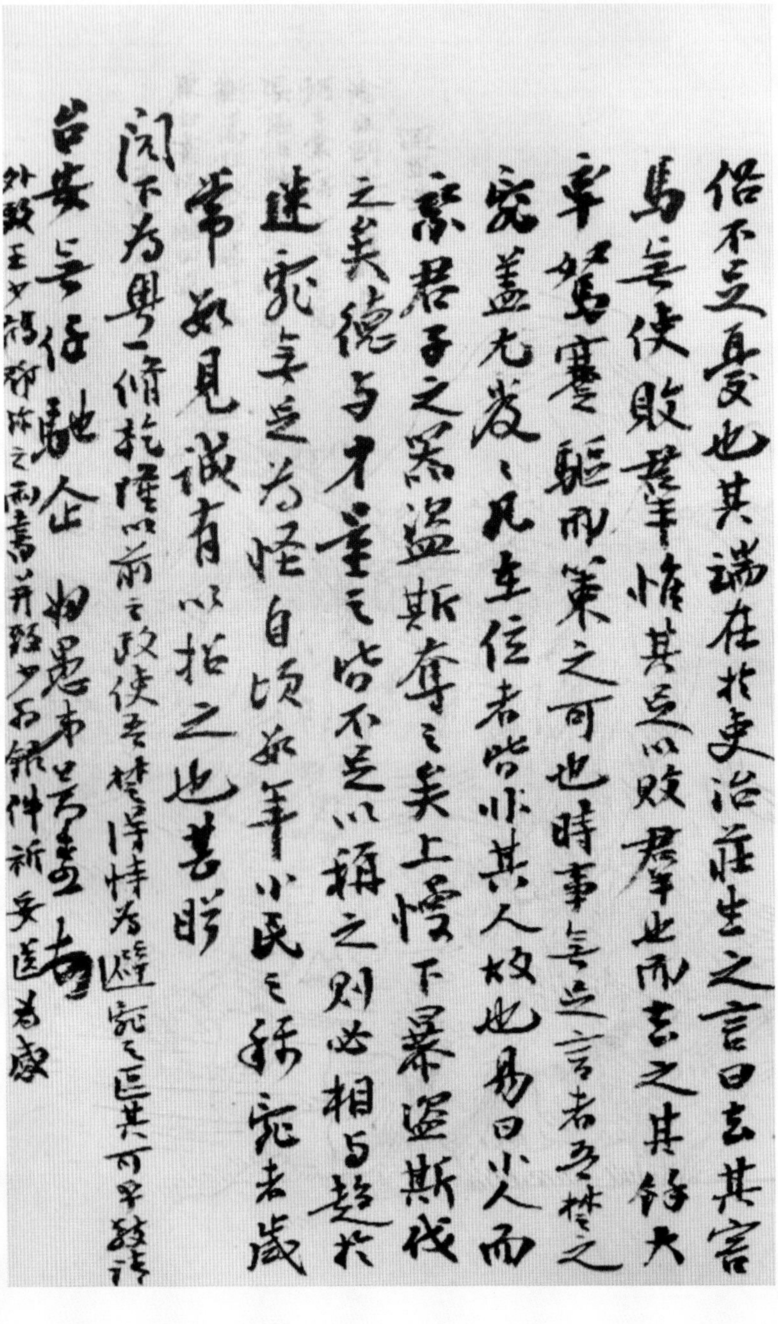
俗不足真憂也其端在於吏治莊生之言曰去其害
馬者使敗羣者惟其足以敗羣也而去之其餘大
率駑蹇驅而策之可也時事無足言者吾楚之
寇蓋尤甚甚凡在位者皆小其人故也易曰小人而
乘君子之器盜斯奪之矣上慢下暴盜斯伐
之矣德與才量之皆不足以彌之則必相與趨於
盜寇無足為怪自頃無年小民之稍饒者歲
常無見識有以拈之也甚盼
閣下為粵之倚於經以前之政使吾楚得恃為避寇之區其可乎敬請
台安無任馳企　姻愚弟丁善慶頓首
外孫王少彭祈於府之兩壽並孫少石錦仲祈安道為感

俗，不足憂也，其端在於吏治。莊生之言曰：去其害馬，無使敗羣。惟其足以敗羣也而去之，其餘大率駑蹇，驅而策之可也。時事無足言者。吾楚之亂，蓋尤岌岌，凡在位者皆非其人故也。易曰：小人而乘君子之器，盜斯奪之矣。上慢下暴，盜斯伐之矣。德與才量之皆不足以稱之，則必相與趨於迷亂，無足為怪。自頃數年，小民之稱亂者，歲常數見，誠有以招之也。甚盼

閣下為粤，一脩乾隆以前之政，使吾楚得恃為避亂之區，其可乎？敬請

台安，無任馳企。　　姻愚弟嵩燾頓首

外致王少鶴、鄧彌之兩書，并致少翁銀件，祈妥送為感。

再啓懷世兄趣到
賜書并拜
餘食之賜
道隆詞遏感悚良并曾文正公之喪聞係天下大
局而於吾輩私誼亦實有不能忘者讀其遺文為之愴悼
委書愧不能勝以吾懷守備殘缺為之
尊撰曾文正挽聯亦道私情曲折深摯允為名作承
屬為濤君說項近年新例所忌與士紳極接及為地
方所指摘者輒得優委一為士紳稍參必據折之
稍參多者據折上愈屬惘然莫知所以報
命因書略一承之城中謝悃不盡 嵩燾再尚
七月十八

再，谷懷世兄遞到
賜書，并拜
珍食之賜，
誼隆詞渥，感悚交并。曾文正公之喪，關係天下大
局，而於吾輩私誼，亦實有不能忘者。覽其遺文，為之愴悼，
委書愧不能勝。以谷懷守催，勉強為之。
尊譔曾文正挽懸，公誼私情，曲折深摯，允為名作。承
屬為潘君説項，近年新例，所至與士紳牴牾及為地
方所指摘者，輒得優委；一為士紳稱譽，必屈折之，稱
譽多者，屈折亦愈厲，惘惘然莫知所以報
命。因書略一及之，坿申謝悃。不盡。　嵩燾再頓首　七月九日

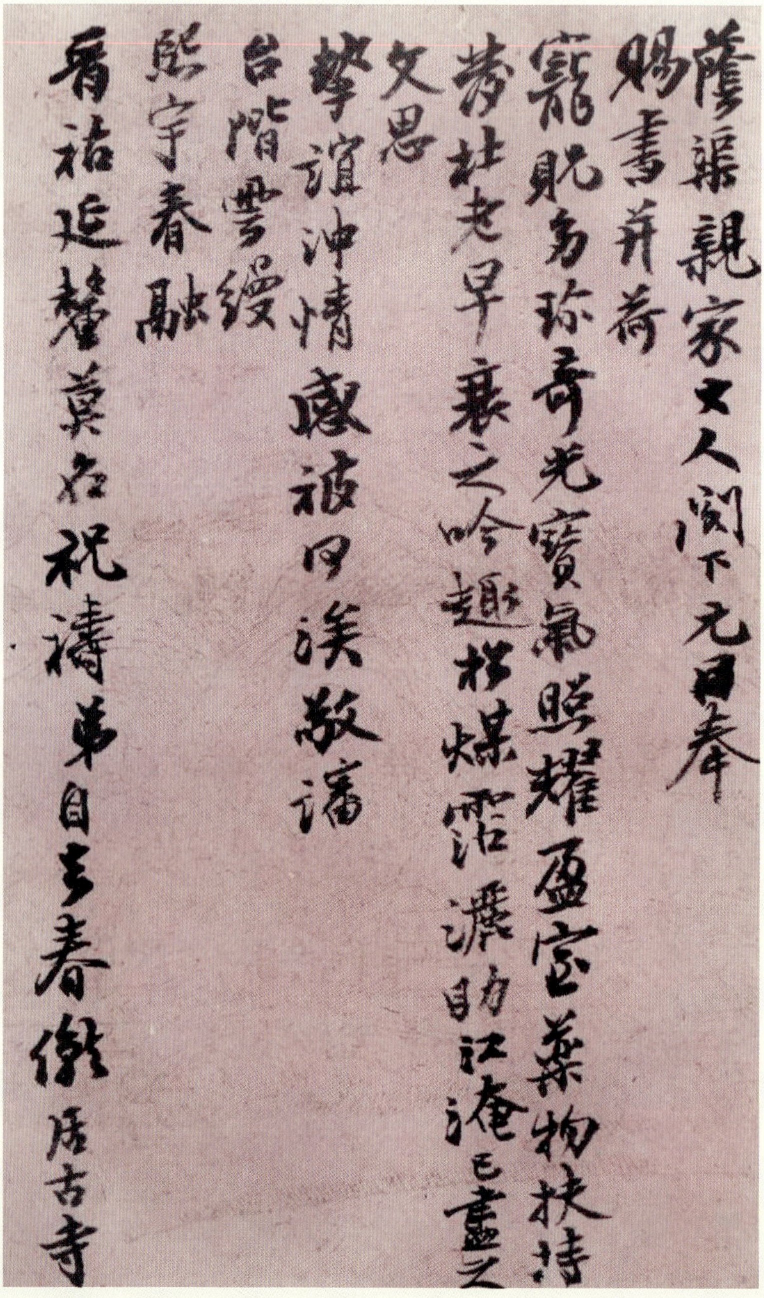

蔭渠親家大人閣下：元日奉
賜書，并荷
寵貺，多珍奇光寶氣，照耀盈室。藥物扶持
壽杜老早衰之吟趣；松煤霑濡，助江淹已盡之
文思。
摯誼沖情，感佩同深，敬讅
台階雲縵，
熙宇春融，
看祜延釐，莫名祝禱。弟自去春，居古寺

蔭渠親家大人閣下：元日奉

賜書，并荷

寵貺多珍，奇光寶氣，照耀盈室。藥物扶持，發杜老早衰之吟趣；松煤霑灑，助江淹已盡之文思。

摯誼沖情，感被河涘。敬譎

台階雲緩，

熙宇春融，

晉祜延釐，莫名祝禱。弟自去春僦居古寺，

距省約百餘里，稍免人世紛囂，臘杪始一回家。生平志業，發於殘朽之年，編次成書，稍資討論，而善精力不給，遂傳所謂老將至而耄及之，念之祗增悚懼耳。承示及遠邀舍弟相助之意，賢者用心始善，意務高招遠攬，遂及葸遯，使鄙心亦為之鼓舞，而頃舍弟書來，自以久居幕府，無涓埃之補，而疚責偏於遠近，亟令稍懷戒心。古端盛德，足以託庇宇下，而瞻望之遙，彈期之過重

距省約百餘里，稍免人世紛囂，臘杪始一回家。生平志業，欲及殘朽之年，編次成書，稍資討論，而苦精力不能逮。傳所謂老將至而耄及之，念之祇增悚愳。承示及遠邀舍弟相助之意，賢者用心好善忘勢，旁招遠攬，遂及荒遐，使鄙心亦為之鼓舞。而頃舍弟書來，自以久居幕府，無涓埃之補，而疚責偏於遠近，至今猶懷戒心。台端盛德，足以託庇宇下，而恐望之過深，期之過重，

徒招疾咎而無裨益弟亦為之惜然無可贊其
行者徒謂故鄉不可久居
崇郊之適詩人有得所之思聽候其來城時再
與議之此若方伯精細周密綜覈名實今時
實罕其比前在廣東備聞其政績憾不與之同時
即在長沙與惲次山中丞先後相望無有能企及者於
今實屬良佐得此於今日良不易既為
朝廷得人之慶尤快
賢者同道相濟庶幾志願有之一據也

徒招疾怨，兩無裨益。弟亦為之茫然，無可贊其行者，徒謂故鄉不可久居。樂郊之適，詩人有得所之思。應竢其來城時，再與議之。式巖方伯，精細周密，綜覈名實，今時實罕其比。弟在廣東循求其政蹟，憾不與之同時。即在吾楚，與惲次山中丞先後相望，無有能企及者，於公實為良佐。得此於今日，良不易。既為朝廷得人之慶，尤快賢者同道相濟，庶幾志願之一攄也。

命書
光德碑論中於楷法尤極鈍拙亦不復措意於此
違四十日勉強爲之惶悚逾歲謂書有
遠責之及乃蒙
闕諭綢繆加之優獎承
命賫呈殊深愧赧坿呈自製箋十匣略
志二十年山居景況祈
賜覽收手此鳴謝敬請
台安 姻愚弟嵩燾頓首
新正四日夜
子懷世兄昆仲均此致意

命書

先德碑銘，弟於楷法尤極鈍拙，亦不復措意於此。

遲回數十日，勉率為之，惶悚逾歲，謂當有

譴責之及。乃蒙

慰諭綢繆，加之優獎。承

命旁皇，彌滋愧赧。坿呈自製信牋十匣，略

志二十年山居景況，祈

賜莞收。手此鳴謝，敬請

台安。　姻愚弟嵩燾頓首　新正四日夜

谷懷世兄昆仲均此致候。

蔭渠仁兄親家大人閣下開春由
尊使遞呈一函想蒙
賜鑒敬諗
福綏多祜
勛績宏昭禱祝無量文武若之精嚴
蔚春之剛斷并一時賢者亦事
左右之資贊襄未審意見何如能取同
道相濟之益否有京師來者盛稱

蔭渠仁兄親家大人閣下：開春由
尊使遞呈一函，想蒙
賜鑒。敬諗
福綏多裕，
勛績宏昭，禱祝無量。文式巖之精覈，嚴
蔚春之剛斷，并一時賢者，承事
左右，足資贊襄，未審意見何如，能取同
道相濟之益否？有京師來者，盛稱

聖德之勤謹屛除嗜好委己於學先學臣
民望治之心而在廷諸公無有能考求人才
通知治理以翊贊
聖化者江督李公丁未同年廬靜士也
朝廷專意援之天下識與不識皆憂其不能
遠近見其處置鹽務一二事顛倒謬戾胥
然並無所知乾隆以前每用一人天下翕
然稱服所以能成盛治也往者總以吾楚

聖德之勤謹，屏除嗜好，委己於學，允孚臣
民望治之心。而在廷諸公，無有能考求人才、
通知治理、以翊贊
聖化者。江督李公，丁未同年，廉靜士也，
朝廷專意授之，天下識與不識，皆憂其不能
逮。近見其處置鹽務一二事，顛倒謬戾，瞢
然若無所知。乾隆以前，每用一人，天下翕
然稱服，所以能成盛治也。往者徒以吾楚

亂機之動為憂默察大局滔滔皆是所望
賢者之有異乎眾也入春久旱近復陰寒江
水大漲而省城附近仍苦雨多致旱潦二
者兼之私心之憂豈有窮期龍都司熾庭
曾從粵東管帶水師兼有才勇而苦晚出本
省無可求効者圖進書以行一紙之用自有餘裕敬乞
量才録收遠道險阻所不辭也手此敬請
台安
姻愚弟嵩燾頓首

亂機之動為憂，默察大局，滔滔皆是。所望賢者之有異乎衆也。入春久旱，近復陰寒，江水大漲，而省城附近仍苦雨少，或恐旱潦二者兼之。私心之憂，豈有窮期。龍都司熾應，曾從粵東管帶水師，兼有才勇，而苦晚出，本省無可求効者，固求一書以行一弁之用，自有餘裕。敬乞量才録收，遠道險阻所不辝也。手此，敬請台安。　姻愚弟嵩燾頓首

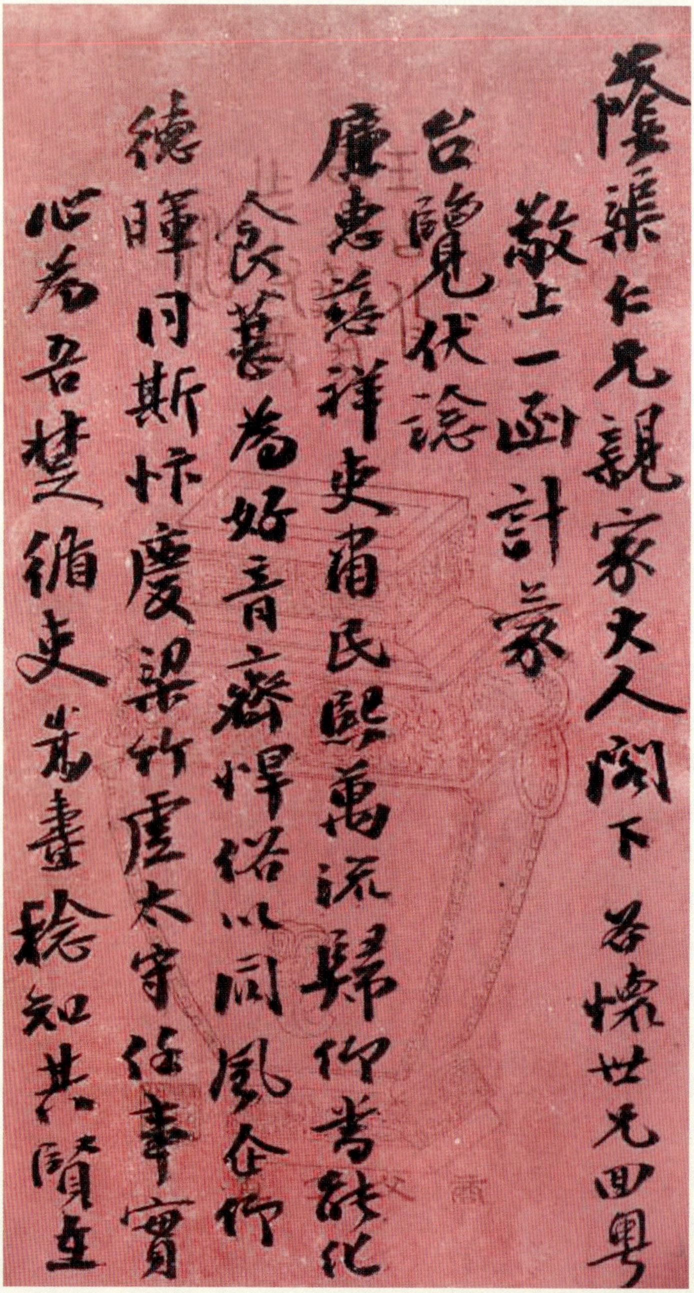

蔭渠仁兄親家大人閣下：苍懷世兄回粵，
敬上一函，計蒙
台覽。伏諗
廉惠慈祥，吏肅民熙，萬流歸仰，著績化
食蕃為好音，齋焊俗以同風，企仰
德暉，同斯忭慶。梁竹虞太守任事實
心，為吾楚循吏，若畫稔知其賢，在

蔭渠仁兄親家大人閣下：谷懷世兄回粵，
敬上一函，計蒙
台覽。伏諗
廉惠慈祥，吏肅民熙，萬流歸仰，當能化
食葚為好音，齊悍俗以同風，企仰
德暉，同斯忭慶。梁竹虛太守任事實
心，為吾楚循吏，嵩燾稔知其賢，在

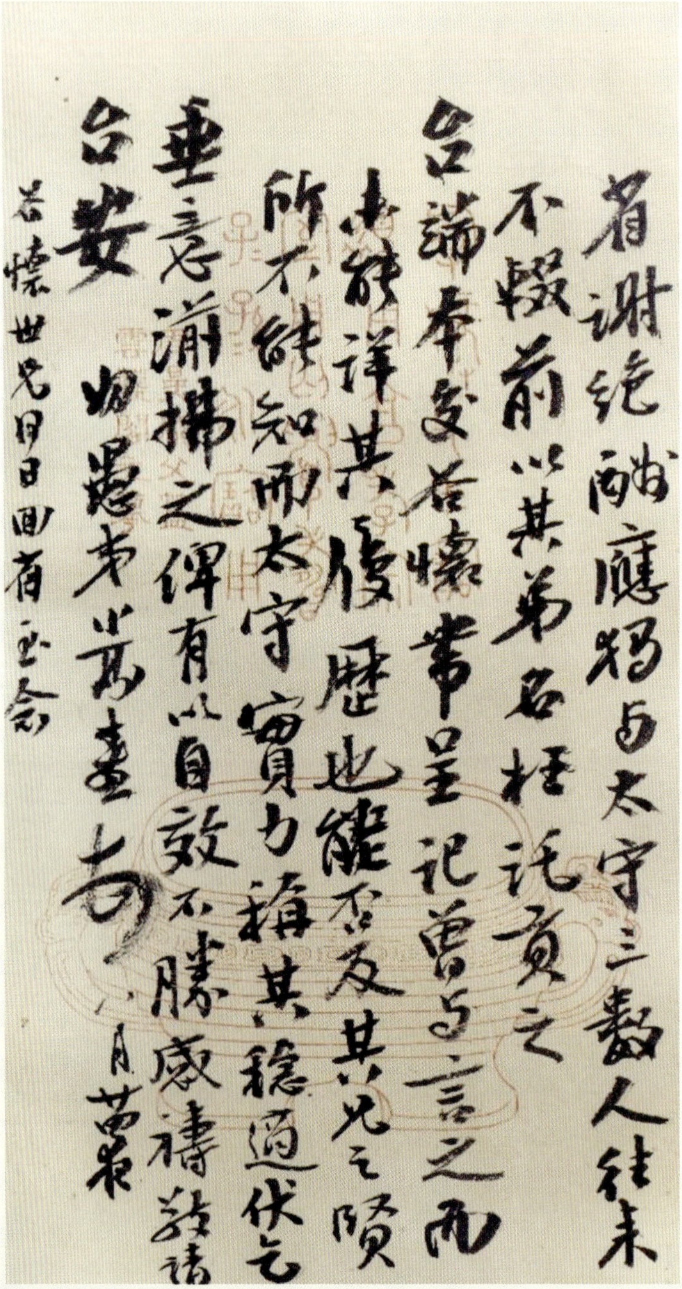

屏謝絕醻應獨與太守三數人往來
不輟前以其弟名桂託貢之
台端奉受若懷常呈記曾與言之而
未能詳其履歷也繼否及其兄之賢
所不能知而太守實力籍其穩適伏乞
垂意獎掖之俾有以自效不勝感禱敬請
台安 姻愚弟小嵩燾頓首 八月廿日
若懷世兄日日回省並念

省謝絕酬應，獨與太守三數人往來不輟。前以其弟名枉託，貢之
台端，本交谷懷帶呈，記曾與言之，而未能詳其履歷也。能否及其兄之賢，所不能知。而太守實力稱其穩適，伏乞
垂意湔拂之，俾有以自效。不勝感禱，敬請
台安。

姻愚弟嵩燾頓首　八月廿四夜

谷懷世兄何日回省，至念。

蔭渠仁兄大人閣下：前由礪吾世兄處遞復一函，計蒙
台覽。八月初礪吾為言
幕府筆墨之勞，均須上煩
盛慮，欲得一能文有識量者，代之宣布教令，經營章
奏，不盡苦心文詞之末，而後可以併心壹力，挈持大綱。
諄屬鄙人代擇一能者。弟謂文章之士不乏，而能任此
實難。如王壬秋、鄧彌之之詩文，固自高於意城，而用
之於牘案，各有所宜，其識見亦無資乎為遠也。先務
通達而已。求之目前，足與意城抗衡者，獨有朱香蓀，
具目力已衰，而聲入心通，洞澈無遺，其文筆又甚通暢。

蔭渠仁兄大人閣下：前由礪吾世兄處遞復一函，計蒙
台覽。八月初，礪吾為言
幕府筆墨之勞，均須上煩
盛慮，欲得一能文有識量者，代之宣布教令，經營章
奏，庶不至分心文詞之末，而後可以併心壹力，挈提大綱。
諄屬鄙人代擇一能者。弟謂文章之士不乏，而能任此
實難。如王壬秋、鄧彌之之詩文，固自高於意城，而用
之公牘，實各有所宜，其識見亦無資乎高遠也，先務
通達而已。求之目前，足與意城抗衡者，獨有朱香蓀。
其目力已廢，而聲入心通，洞澈無遺。其文筆又甚通暢

捷近年省城每有公呈多出其手筆或以駢儷行
之倚馬萬言不窮於用實乃難能可貴者也其以落人
倫淡論古今表裏洞能切理饜心尊酒從容恣意所適
亦足開拓見聞務攄不敢輕結平生良友殆四十年矣又碩岳老先請
示而後之往約昨詢之徹又有不樂者蓋朱君慶瀾眾大吏無
識者從而媒孽之於其一言則大節亦無纖加損息盼
台端一賜俞允善即資之西行楊鹿笙刺史為榮棲學博之世
兄早識之十餘年而其宦北流情詣益有聲在廣東度其籍之求一達之
台端並其剛年已老急圖自效其才其品為可倚任是以此敢請
台安　姻愚弟萬壽頓首
朱君以前齋圖籍舊總一書樹章一覽其開眾大府此其萃矣也

□捷。近年省城每有公呈，多出其手筆，或以駢儷行之，倚馬萬言，不窮於用，實乃難能可貴者也。其品藻人倫，談論今古，表裏洞然，切理饜心。尊酒雍容，恣意所適，亦足開拓見聞，發攄輕結，平生良友殆罕及之。礪吾意先請示而後往約，昨詢之，似又有不樂者。蓋朱君屢開罪大吏，無識者從而媒孽之，於其立身大節，亦無能加損。急盼台端一賜俞允，當即資之西行。楊鹿笙刺史為紫樓學博之世兄，早識之十餘年前。其官北流時治盜有聲，在廣東屢獎藉之，求一達之台端。蓋其親年已老，急圖自效，其才具亦尚可倚任也。手此，敬請台安。

姻愚弟嵩燾頓首

朱君所著潛園雜俎一書，坿呈一覽。其開罪大府，此其藁矢也。

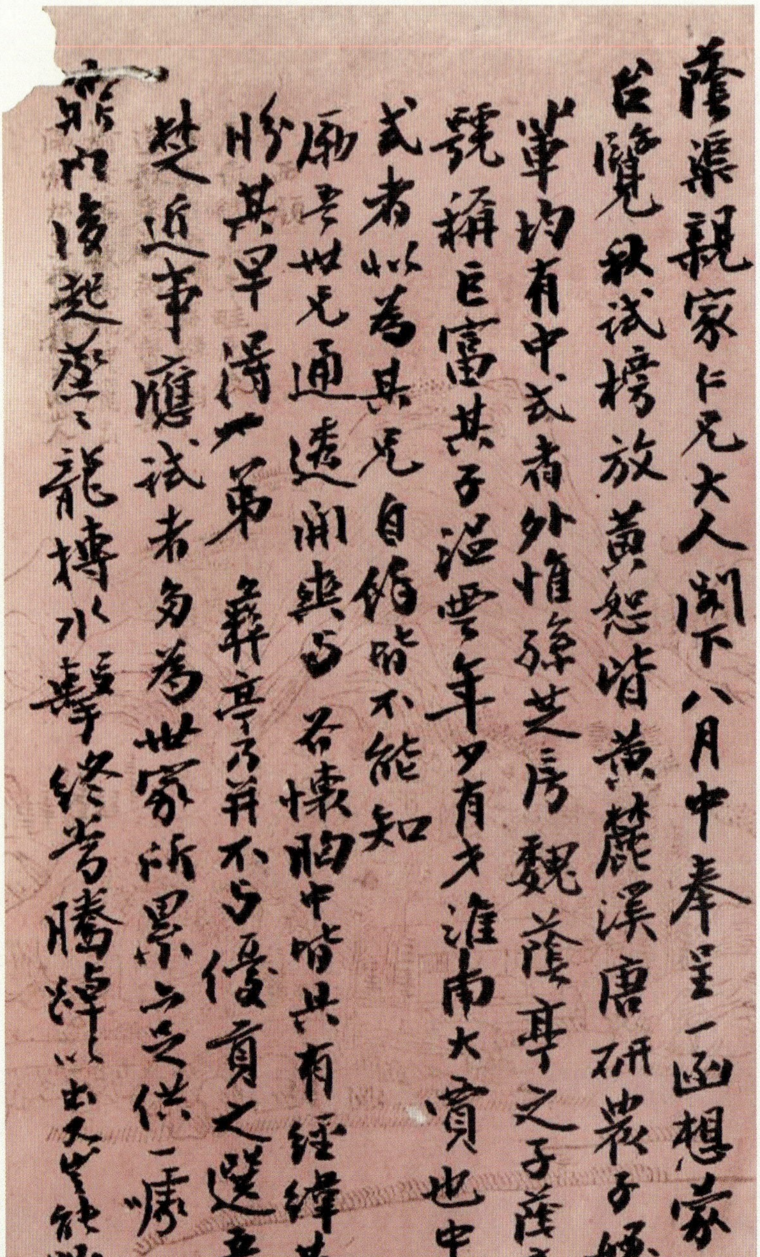

蔭渠親家卡兄大人閣下八月中奉呈一函想家
台覽秋試榜放黃恕皆黃麓溪唐研農子姪
輩均有中式者外惟孫芝房魏蔭亭之子蔭亭
號稱巨富其子溢要年少有才淮南大賓也中
式者以為其兄自韜晦不能知
兩弟世兄通遠淵與石若懷胸中皆具有經緯甚
盼其早得一第彝亭乃并不與優貢之選吾
楚近事應試者多為世家所累亦足供一慨
雛以後起虎虎龍搏水擊終當騰踔以出天下能眼

蔭渠親家仁兄大人閣下：八月中奉呈一函，想蒙台覽。秋試榜放，黄恕皆、黄麓溪、唐研農子姪輩均有中式者，外惟孫芝房、魏蔭亭之子。蔭亭號稱巨富，其子温雲年少有才，淮南大賈也。中式者似為其兄。自餘皆不能知。

礪吾世兄通透開爽，與谷懷胸中皆具有經緯，甚盼其早得一第。彝亭乃并不與優貢之選。吾楚近事應試者，多為世家所累，亦足供一噱。

鼎門後起蒸蒸，龍摶水擊，終當騰踔以出，又豈能限

筆之弟以避囂寄居古寺，藉資靜養。胥小山明府以其弟廷章遊仕廣西同知，求一書以達於台端。胥氏家世循吏，兄弟皆仕廣東，曾積上叨眷遇。其兄哲存能聲宦著，小山明府則避湖南道，為吾邑宰，而其弟遊廣西，曾與一談，靜默端謹，綽有家風，本為台端舊屬，想自能鑒別。及之謹為通其意，以冀記存。朱君瑞麥前函曾詳達，未卜能格外提攜否。肅頌

台安

姻愚弟善慶頓首

九月十九日

量之。弟以避囂，寄居古寺，藉資静養。冒小山明
府以其弟廷章筮仕廣西同知，求一書以達於
台端。冒氏家世循吏，兄弟皆仕廣東，曾獲上叨
眷遇。其兄哲存能聲最著。小山明府回避湖南，遂
為吾邑宰。而其弟回避廣西，曾與一談，静穆端
謹，綽有家風。本為
台端舊屬，想自能鑒别及之，謹為通其意以憑
記存。朱君端委，前函曾詳達，未卜能招致否？敬請
台安。

姻愚弟嵩燾頓首　九月十九日

蔭渠親家仁兄大人閣下：昨奉
賜書，遲承
垂注，并
示悉黄門之戚，帷屏猶墨，哀情善揭，讀之為增於邑。
伏念
台端肩艱鉅之任，值於衆之秋，閨燠與寒，相為枯
惻其哀感，有甚於恒情萬萬者，又奚以
西河之痛增悼
門闌以憂患之中，摧殘
坤儀之內缺，拊思撫肌，倍難為懷。弟閱瀾養

蔭渠親家仁兄大人閣下：　昨奉
賜書，渥承
垂注，并
示悉黄門之戚，帷屏翰墨，哀情若揭，讀之為增於邑。
伏念
台端肩艱鉅之任，值始衰之年，問燠占寒，相為存
恤，其哀感有甚於恒情萬萬者。又兼以
西河之痛，增悼
門闈，以愛子之中摧，致
坤儀之内缺，捫思拊肊，倍難為懷。弟閉門養

府不交人事，致日久睽無聞問。詳奉撫幃一懸舊之
兄。從前稍中平間之蔡江忠烈公遺集，重加校刻，奉
五百部，以一箱盛之，常生世兄之意，欲分致官紳中
與忠烈公及達川方伯相知聞者。又慮
台端政務繁殷，無暇及此。求
酌留數部，餘并交王少鶴通政，爲之分致。前奉
朝命與楊厚菴制府、曾沅浦宮保同以老病氣
竊無補時局，闕月初被議不出，非當肯出而復歸
之云成例，而無援爲待，擇而從之，以潘輔臣太守之使來請
世安，不盡馳企。潘君以尋常政官，其人甚賢，民亦知之，有世交之
一加優視之，相與申以爲重也。大、敬
並候世兄晨仲　嵩燾又奉言

痾，不交人事，致日久略無聞問，謹奉挽幛一懸，薦之
几筵，稍申弔問之義。江忠烈公遺集，重加撡刻，奉
上百部，以一箱盛之。芾生世兄之意，欲分致官紳中
與忠烈公及達川方伯相知聞者。又慮
台端政務繁殷，無暇及此，求
酌留數部，餘并交王少鶴通政為之分致。前奉
朝命，與楊厚菴制府、曾沅浦宫保同召，老病衰
頹，無補時局。闓丹初被　詔不出，彭雪芹出而復歸，
二公成例可援，尚待擇而從之。以潘輔臣太守之便，肅請
台安，不盡馳企。潘君以部曹改官，其人甚賢良，弟亦與有世交，乞
一加優視之　姻愚弟嵩燾頓首　十八夜
谷懷世兄昆仲均此奉唁。

武漢大學圖書館館藏

晚清名臣手札

第五卷

主編　王新才　周榮
副主編　黄鵬　王美英　王三山

WUHAN UNIVERSITY PRESS
武漢大學出版社

第五卷　王拯卷上

目録

王本卷上

蔭渠中丞大公祖大人閣下：敬和名李寺[illegible]書壽

鑒詧粵事，仰荷

仁護。宮口洲島兩勝，頃晚來中外事，不謂猶深，亦且至于此。

據傳筆不備，後路不練，陸軍尤終不能收門，草野于戰兩

申出常擊之命，則尤係于此，據之自撤其防，開門揖盜，敵人

以和誤我，從岸上撥浣，宮戰向告，我軍馬隊僅三千人，處我不比

船炮火器，陸之揺起，而傳實亦不多，又要于此，閫麾下見諒鈔之

蔭渠中丞大公祖大人閣下：秋初曾奉寸牋，想蒙

鑒詧，粤事仰荷

仁威，定日敉安，可勝頂祝。都中時事，不謂禍深變亟至於此極。僧軍不備後路，不練陸軍，尤恨不解紮行營，習於戰而內出牽掣之命，則尤壞於北塘之自撤其防，開門揖盜。敵人以和誤我，登岸屯紮既定，新河等我軍。馬隊僅三千人，屢戰而北。炸炮火箭雖云猛烈，所傷實亦不多。至於一聞礮聲，見敵即走，

雖由天命，實由人事。部中商催柴桂，揚陳已去，添蔡中[illegible]庫中盡
上大星橋一戰勝，係丁少卿，承無傷，是不可解。桂於[illegible]整理議和不成（通州）
而怡邸等乃出而通，並[illegible]雖允之，兒説二百[illegible]入城，要百人而不（[illegible]）
可。允留，事即可停矣。不料敵人兒而而進，其時已無[illegible]，和之心復（[illegible]）
以致逆國書一節為難。怡邸擒捕其黨巴夏里，和[illegible]便[illegible]復
一戰而敗，於是敵乘逆焰，國門（[illegible]）本[illegible]猶幸[illegible]，見為[illegible]
於撃。僧[illegible]已不可復敗，從瑞[illegible]軍而至國門，於是初八日

雖曰天命，豈非人事哉？其間唯樂提督陣亡，大沽營中藥庫自焚。
與八里橋（通州）一戰，勝保一出，即受重傷，是不可解。桂相等赴津議和不成，
至怡邸等再出至通，並所最難允之見銀二百萬、入城五百人，（暎咈每家）而亦
可允宜，事必可紓矣。不料敵人見少而進，其時已無議和之心，復
以親遞國書一節為難，怡等掩捦其酋巴夏里而歸。（實是敵中謀主，非洪大全比也）僧軍又復
一戰而敗，於是敵軍遂過國門通矣。木蘭秋獮，本有成見，為舉
朝攀留。敵索巴人不得，復敗僧瑞等軍而至國門。於是初八日

幫辦蒼黃抄發內廷，僅留叢郎翁撫（張）為五千在圍而不入城，被
猶為家，已無探兵，半月之久，城中皆為京三大臣之人，五百翁團防之人
其城內城外城，無留守者之人，被陷不得守，闕為幸事，請議和而
已。然二日話乃覺蔣中城未被，要以五陸國我無兒即來散，是多殺
五園（?）在大肆焚掠，六年未傷之據，目不忍觀，見此事，怪而仰天
長歎而已。幸郎之留京，非惟文力可護，僅先二刻而逃，不得不雜（守國[illegible]）
用先恐無翁撫之，並信院卿恆（祺）手執白旗，親詣夷營請命

警蹕，蒼黄北發。内廷僅留恭邸辦理撫局，又令在園而不入城。敵猶為索巴酉，按兵半月之久。城中有留京王大臣四人，又有辦團防四人。禁城内城外城各留守者又四人，然皆不以守禦為事，專聽議和而已。廿二日敵乃整隊由城東北繞西，以至淀園。我兵見即奔散。是夕敵至園庭，大肆焚掠。二百年來傷心慘目，不圖親見此事，惟有仰天長號而已。恭邸與留京樞堂文少司農僅先二刻而走，不及於難，守園文豐死之。聞先派出辦撫之武備院卿恒祺君手執白旗，親詣夷營請命。

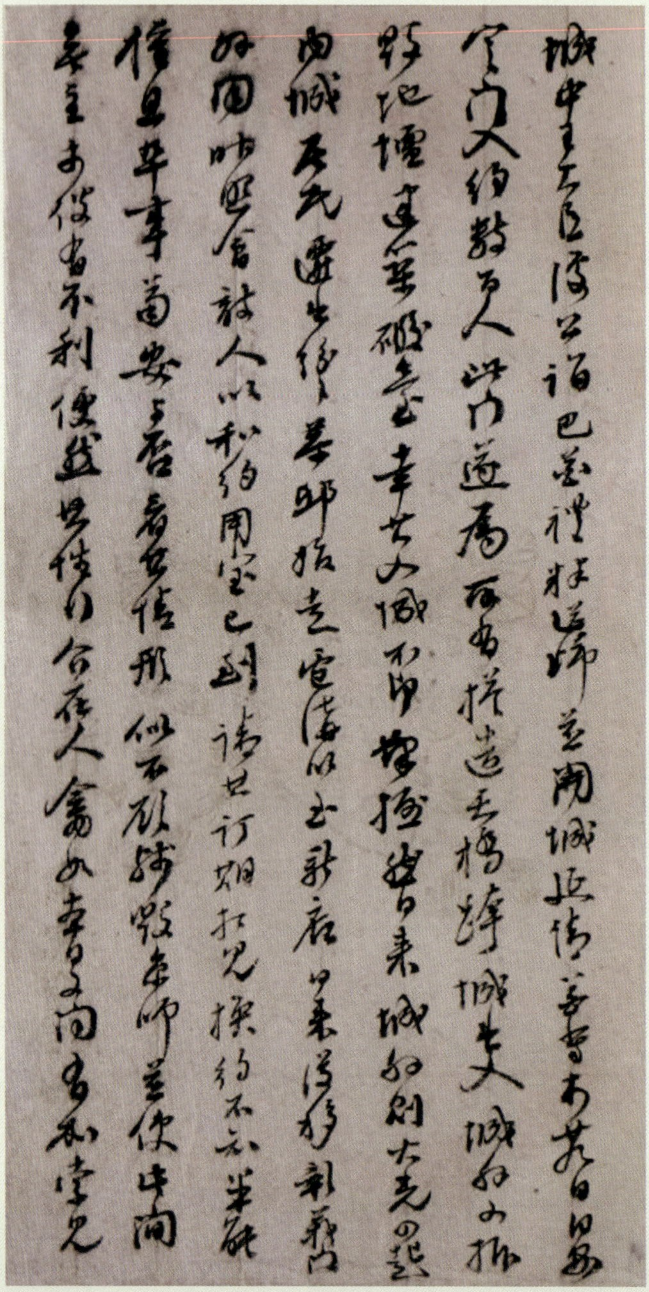

城中王大臣復公詒巴酋，禮釋送歸，並開城延請酋等，於廿九日自安定門入，約數百人，此門遂為所有。搭造天橋，跨城出入城外。又拆毀地壇，建築礮臺。幸其入城不即肆擾，然日來城外則火光四起，內城居民遷出紛紛。恭邸始走盧溝以至新店，日來復移彰義門外。聞昨照會敵人，以和約用寶已到，請其訂期相見換約，不知半能權且卒事苟安與否。看其情形，似不欲殘毀京師，並使此間無主，於彼有不利便。然其性行，介在人禽。如本日又聞，有加索見

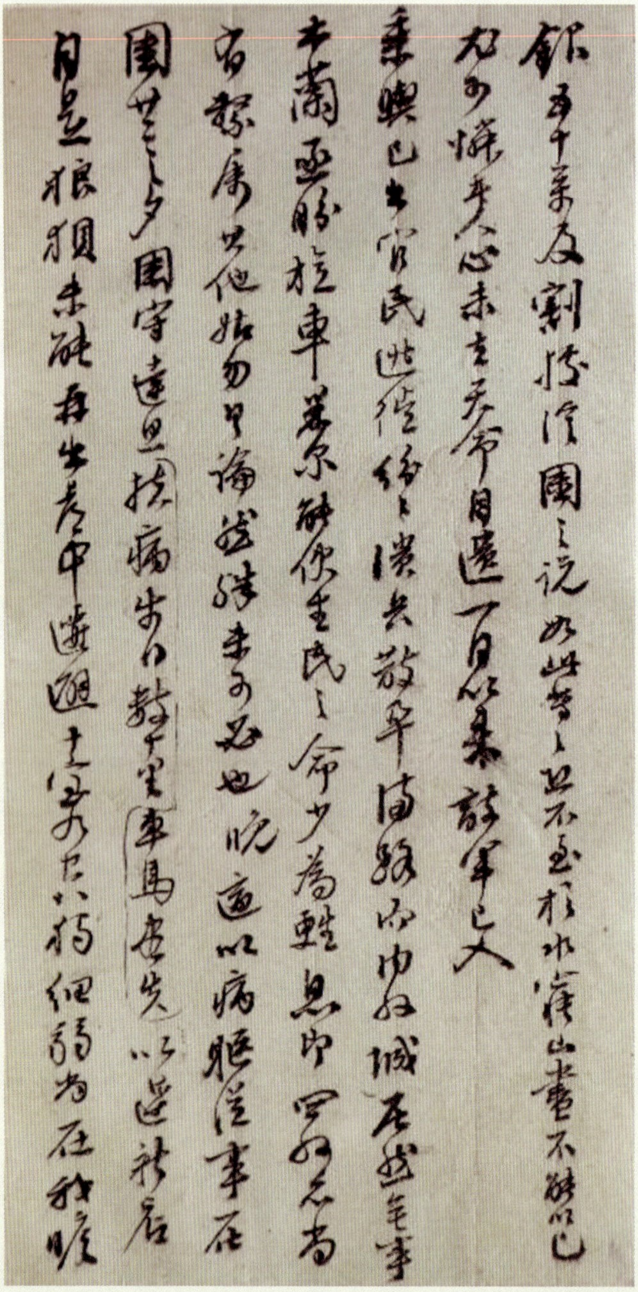

銀五十萬及割據淀園之説。如此等等，恐不至於水窮山盡，不能以已。尤可憐者，人心未去，天命自遺。一日以來，敵軍已入，乘輿已出，官民逃徙紛紛，潰兵散卒滿路，而内外城居然無事。木蘭亟盼旋車，果尔能使生民之命少為甦息，即四外亦尚有繫屬，其他姑勿具論，然殊未可必也。晚適以病軀從事在園，廿二之夕，困守達旦。車馬盡失，扶病步行數十里以達新店。自是狼狽，未能再出。都中遷避，十室九空，獨細弱尚在。我瞻

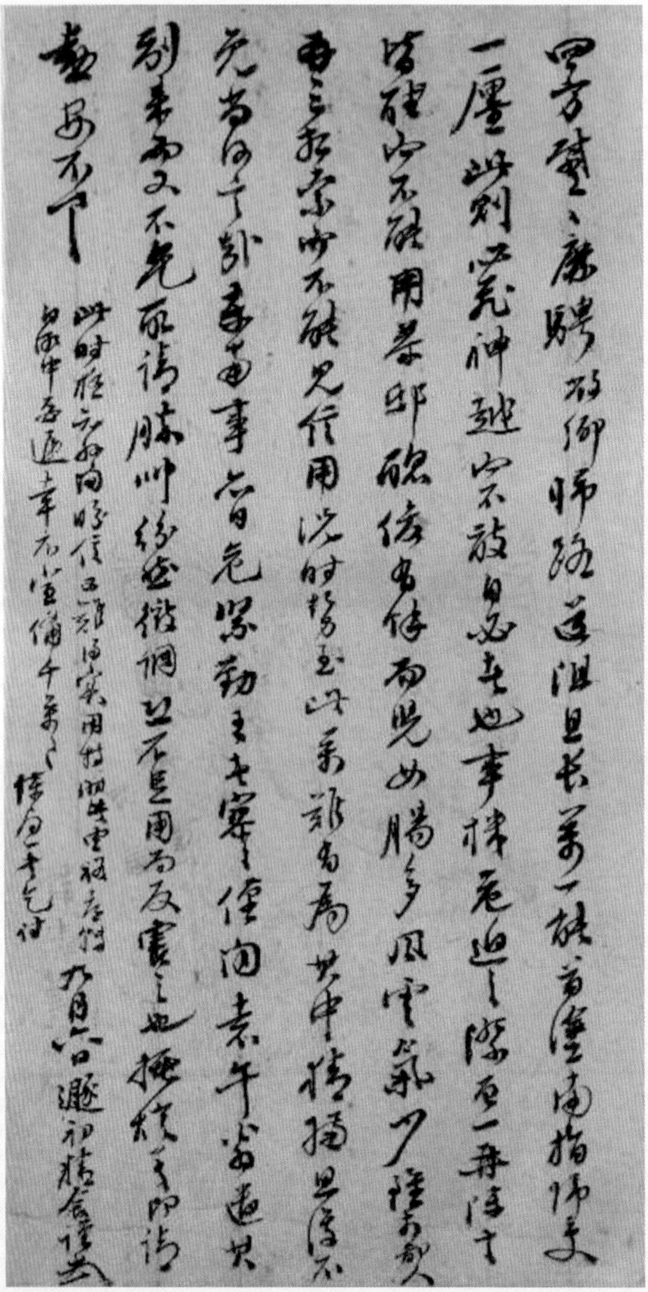

四方，蹙蹙靡騁，敝鄉歸路，道阻且長。萬一能首塗南指，歸受一廛，此則心飛神越而不敢自必者也。事機危迫之際，曾一再陳言，皆聽而不能用。恭邸聰俊有餘，而兒女腸多，風雲氣少，雖於鄙人再三相索，而不能見信用。况時勢至此，萬難有為。其中猜嫌且復不免，尚何言哉。東南事亦日危緊，勤王者寥寥。僅聞袁午翁遣其副來，而又不允所請。勝帥紛然徵調，恐不足用而反害之也。挑燈草草，即請勳安。不具。此時極知外間盼信，又難得實用，特附此，由裕都轉自湘中妥遞，幸不宣備。千萬千萬。練局一書乞付。九月六日遯初精舍謹頓首

王拯卷上

蔭渠中丞老祖年大人麾下前因信奇聖勅敕行乞福厚甥
迺空不清況深掌
教言知兩函辭均已得遠首恭
契注蒙感交深殊穩
節樓德請仁財兩被戢空授歸及例會謝欽鄧信
之致屬在部民尤屬額頌靡涯也在逕大服迺乃大獨於
默境以四窩難免動搖要內中丞前陛而太仲東下從房入
幕之寶此老必佐理得人不則有體無用曾論旨大路極能

蔭渠中丞大公祖年大人麾下：前因湘弁曾泐數行，乞裕都轉遞，定不浮沉。頃奉教言，知兩肅牋均已得達。荷蒙獎注，榮感交深。就稔節樓綏靖，仁威所被，戡定投歸，反側全消，漸覩廓清之效。屬在部民，尤為額頌靡涯也。石逆大股近乃大猖於黔境。恐川蜀難免動揺。雩門中丞前往，而太沖東下，誰為入幕之賓？此老必佐理得人，不則有體無用。嘗論今日大勢，兩湖

寇為全局兩條有可以必為一氣方妙不必拘拘為分布部也
蓋打者患列其候之珍荊棘自以克書邪中子人地不屬蘿蔔以下
武員為眾區歸心列此中或為年卷久矣若干荇土西詳不三半長
驅高向官替起荷俟歡察季赤為材軍聲沒抴為屬郡委亦
師矛揚玉姐史裂發出眾希為痛笑保軍不備情政出戰一
敗塗地所之中律通挂滾不硬隨捶救人七魔圈內不已不省
本蘭秋撝之行此卷先書尺之八里楊一政勝克高志生句又倚把
謹辭杜向夫為倉俾菩邱猶句猶挹半月蔥成故乃至瓜作

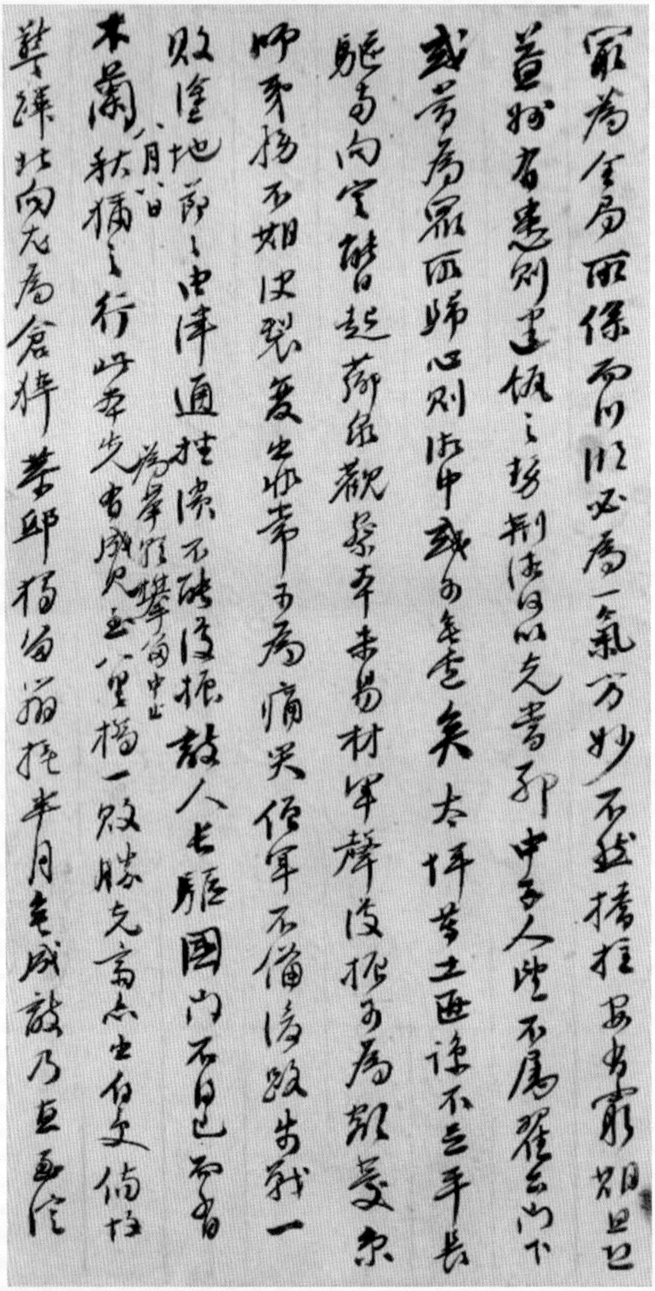

最為全局所係，而川湖必為一氣方妙，不然揞拄安有窮期。且恐益州有患，則建瓴之勢，荆湘何以克當耶？中子人望不屬，翟公門下，或當為衆所歸心，則湘中或可無慮矣。太坪等土匪諒不足平，長驅南向，定能日起。薌泉觀察本未易材，軍聲復振，可為額慶。京師夷務，不期決裂，變出非常，可為痛哭。僧軍不備後路，步戰一敗塗地，節節由津通挫潰，不能復振。敵人長驅國門，不得已而有木蘭秋獮之行（八月八日）。此本先有成見（為舉朝攀留中止），至八里橋一敗，勝克齋亦出自受傷，故警蹕北向，尤為倉猝。恭邸獨留辦撫，半月無成，敵乃直至淀

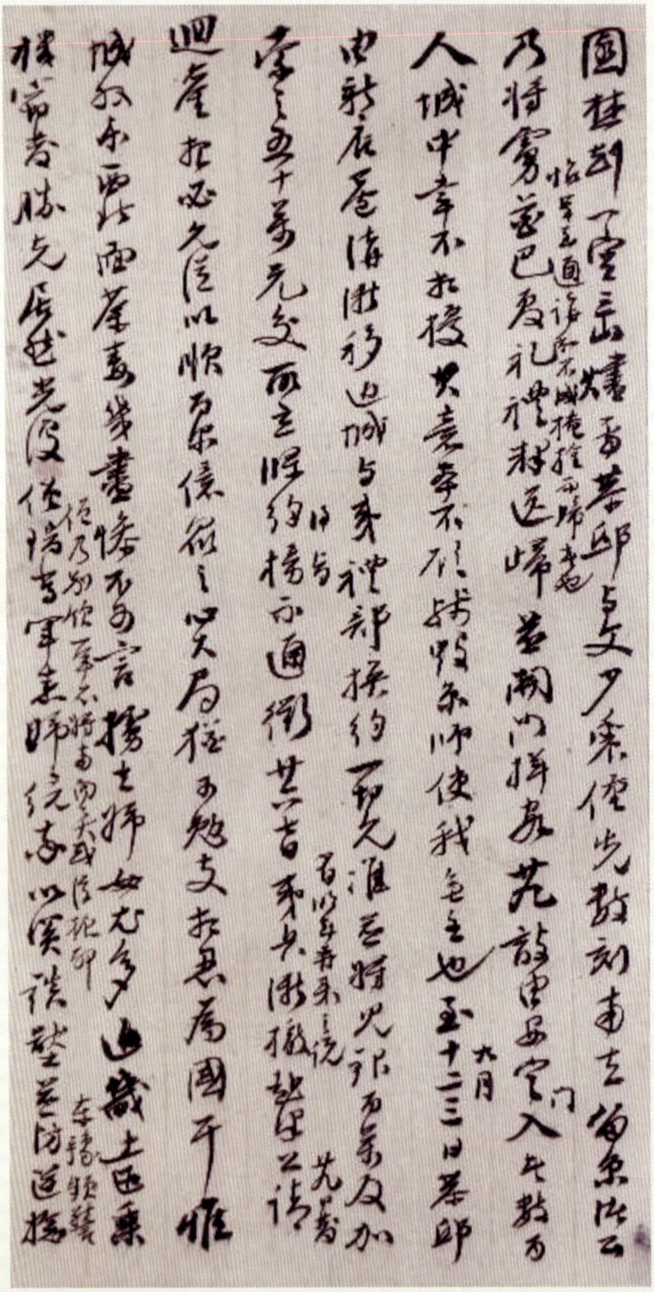

園，焚劫一空，三山燼焉。恭邸與文少農僅先數刻南去，留京諸公乃將虜酋（怡等至通，講和不成，掩捦而歸者也）巴夏禮禮釋送歸，並開門揖客。廿九，敵由安定門入者數百人，城中幸不相擾。其意本不欲殘毀京師使我無主也。至（九月）十二三日，恭邸由新店盧溝漸移近城，與夷禮部換約，一切允准，並將見銀百萬及加索之五十萬元交，所立條約（得旨）榜示通衢。廿六七日夷兵漸撤赴津（有明年再來之說）。公請（廿九日發）迴鑾，想必允從，以順百尔億衆之心。大局猶可勉支，相忍為國耳。惟城外東西北面荼毒幾盡，慘不可言，擄去婦女尤多。近畿土匪乘機竊發，勝克居然光復。（僧乃別領一軍，亦將南向矣，或復振耶？東豫頻警）僧瑞等軍悉歸統率，以資鎮壓，並防逆捻

王拯卷上

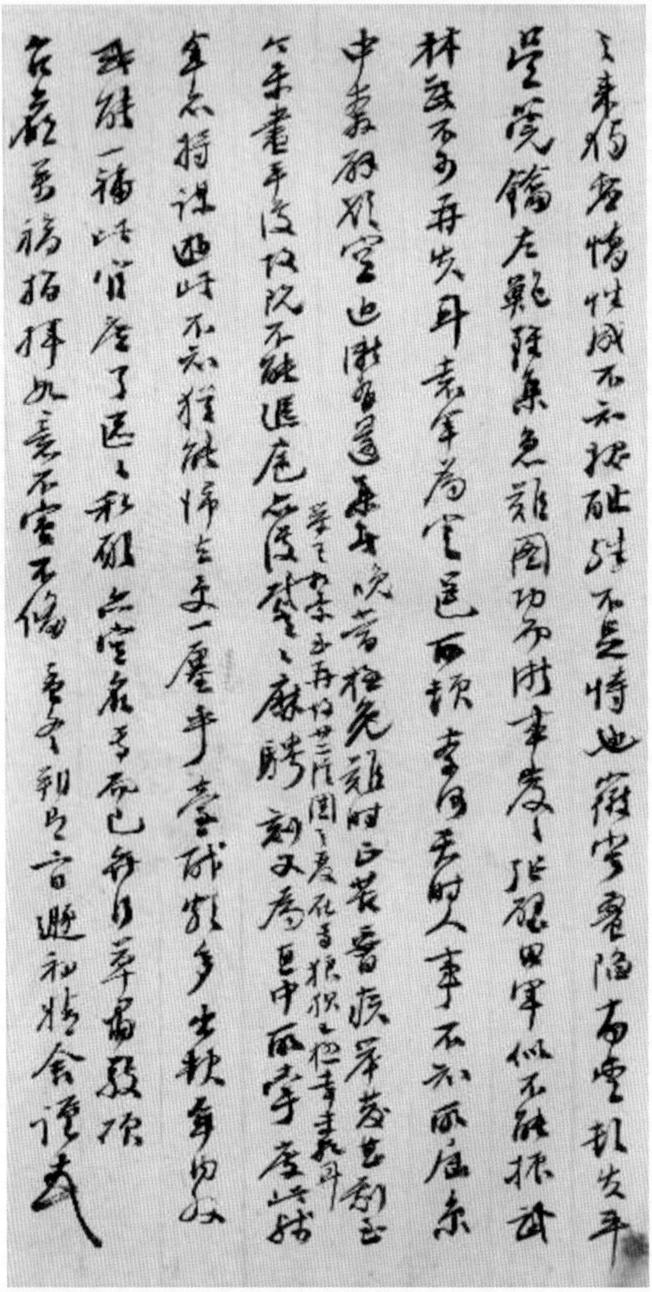

之來，獨虛憍性成，不知媿耻，殊不足恃也。徽甯疊陷，南豐頓失平
吴筦鑰，左鮑雖集，急難圖功，而浙事岌岌。張璧田軍似不能振，武
林斷不可再失耳。袁軍為定邑所頓，奈何？天時人事，不知所居。京
中奔辟欲空，近漸有還集者。晚當極危難時，正苦胥疾舉發甚劇，至
恭王相索至再，故廿二淀園之變，在我狼狽已極，幸未死耳
今未盡平復，故既不能追扈，亦復蹙蹙靡騁，刻又為直中所牽，度此殘
年，亦將謀逝此，不知猶能歸去受一廛乎？臺職頗多出缺，年内外
或能一補此官，庶了區區私願，亦空名焉而已。弁行草肅，敬頌
台候萬福，指揮如意。不宣不備。孟冬朔有二日，遯初精舍僅頓首

薩集中逕呈藹翁大人麾下昨高齋行竟承庇示枝稿並蒙

侍郎眾之盛後坐飯畢必來取彼也敬復

弟鋮經和

蟄心萬春為既憂況蓄新的李玉林為国城中既有捶稱避

一藏翻呈後橫戟裡程霧慧開門延诸入城後事不扑授

城好甚此嗣則不任內去損貝意事不能持政此地並今为主

地操約其吉閒事在朽木敢辭懇切矣為患難之绫不可聞

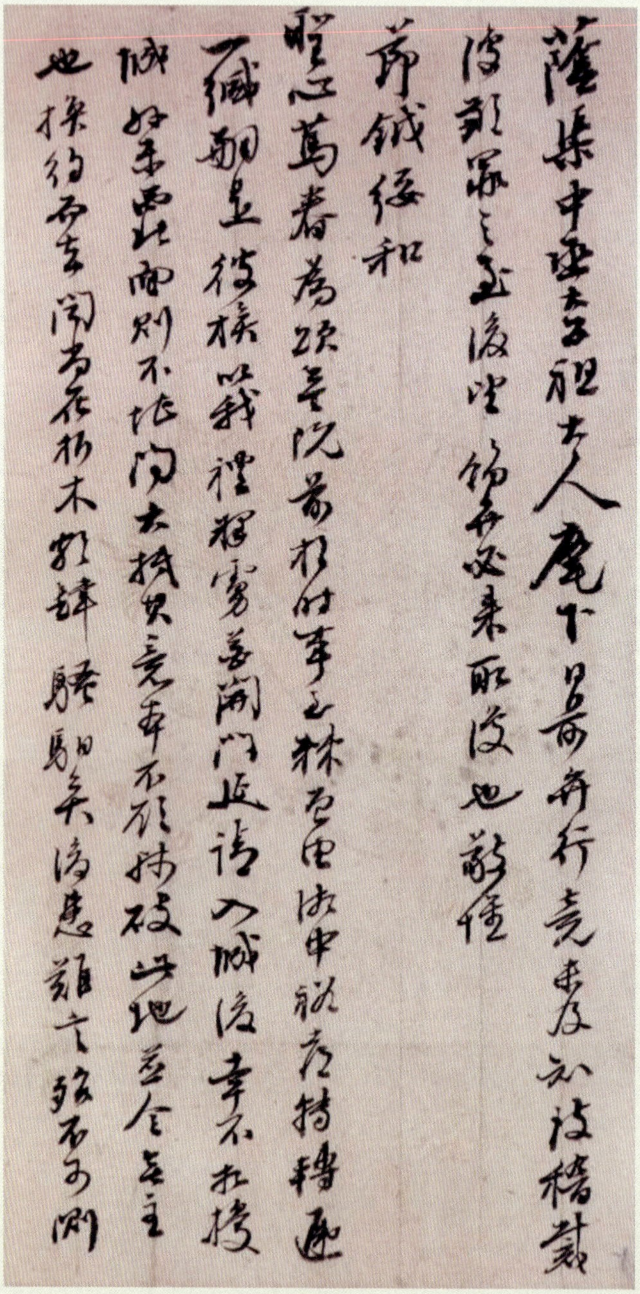

蔭渠中丞大公祖大人麾下：　日前弁行竟未及知，致稽裁復，歉罪之至。後望飭弁必來取復也。敬惟
節鉞綏和，
聖心篤眷，為頌無既。前於時事至棘，曾由湘中裕都轉轉遞一緘。嗣是彼族以我禮釋虜酋，開門延請，入城後幸不相擾。城外東西北面則不堪問。大抵其意本不欲殘破此地並令無主也。換約而去，聞尚在析木，頗肆騷駘矣。後患難言，殆不可測。

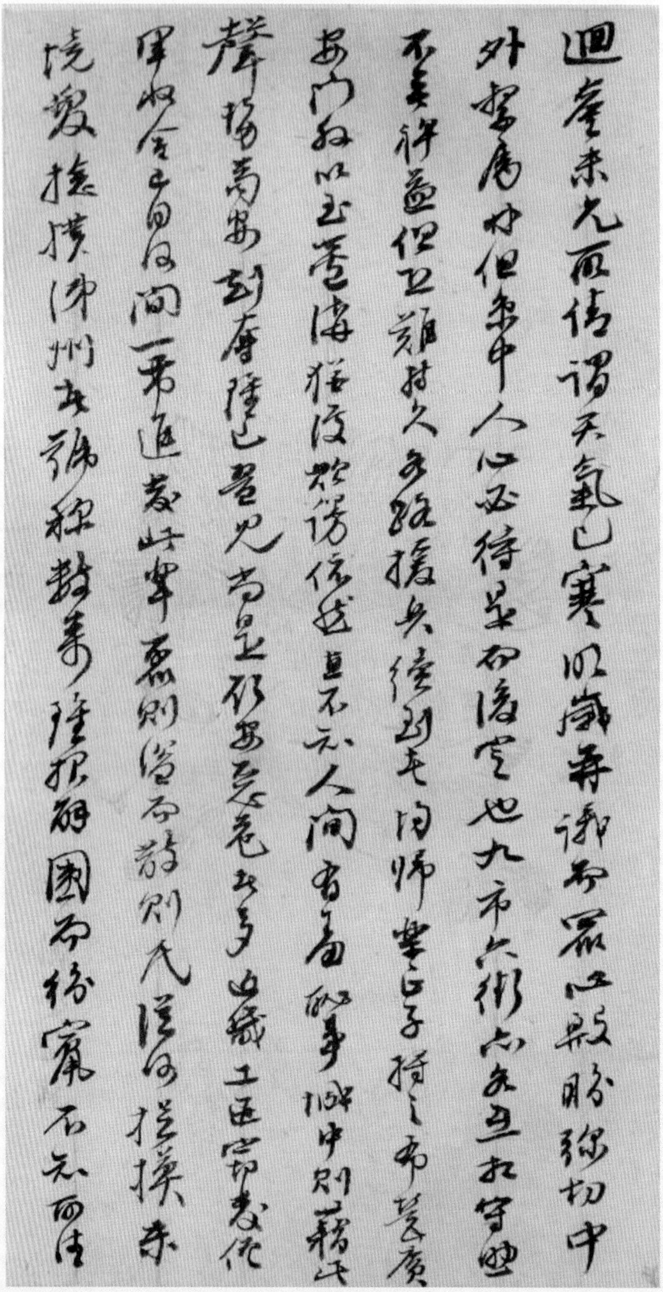

迴鑾未允所請，謂天氣已寒，明歲再議。而衆心殷盼彌切，中外繫屬，非但京中人心必待是而後定也。九市六街亦各互相守助，不無裨益，但恐難持久。各路援兵續到者，均歸樂正子將之。布營廣安門外，以至盧溝，猶復欺謾依然，直不知人間有羞恥事。城中則藉此聲勢苟安。劫奪雖已疊見，尚是欲安惡危者多。近畿土匪竊發，僧軍收合，已自河間一帶進發。此輩聚則盜而散則民，從何捉摸？東境髮捻擈泲州者，號稱數萬。雖報解圍，而紛竄不知所往。

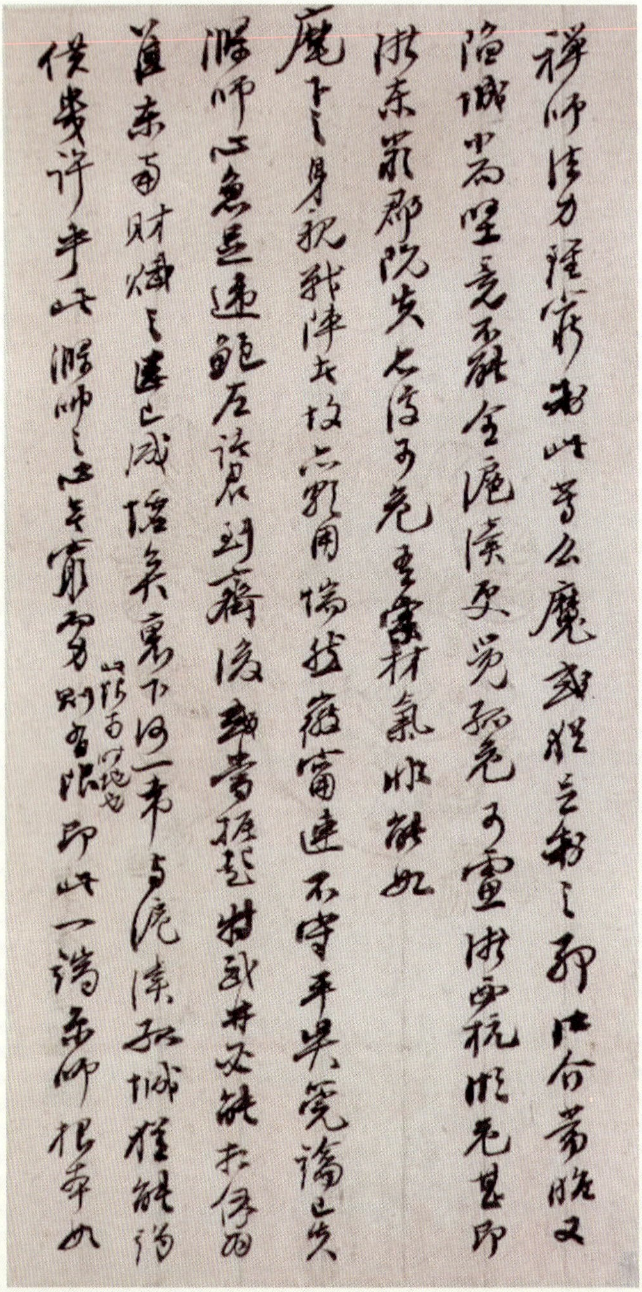

禪師法力雖窮，制此等幺魔，或猶足制之耶？江介常昭又陷，城小而堅，竟不能全。滬瀆更覺孤危可慮。浙西杭湖危甚，即浙東，嚴郡既失，亦復可危。吾宗材氣，非能如麾下之身親戰陣者，故亦頗用惴然。徽甯連不守，平吳箢鑰已失。滌師心急足違，鮑左諸君到齊後，或當振起。特武林必能相保為佳。東南財賦之區已成墟矣。裏下河一帶與滬瀆孤城，猶能竭供幾許乎？此滌帥之心無窮而力則有限，此限於時地也即此一端，京師根本，如

王拯卷上

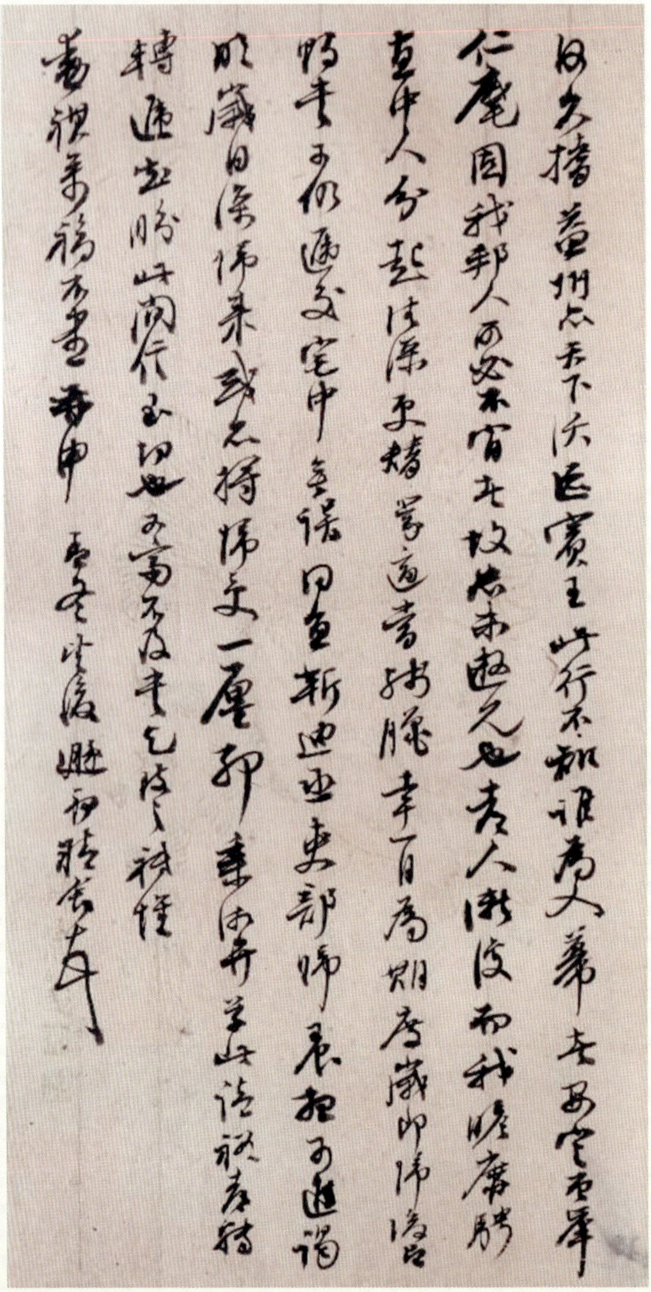

何久搘？益州亦天下沃區。賓王此行，不知誰為入幕者。安定曾舉仁麾，固我邦人所必不肯者，故悉未邀允也。都人漸復，而我瞻靡騁。直中人分起往灤更替篆，適當殘臘，幸一月為期，度歲即歸。後有賜書，可仍遞交宅中無誤。同直靳迪丞吏部歸養，想可進謁。明歲自灤歸來，或亦將歸受一廛耶？乘湘弁草此，請裕都轉轉遞，知盼此間信至切也。又齋不及書，乞致之。祗惟勳祺萬福。不盡，再申。孟冬望後遯初精舍頓首

蓮舫大公祖年大人閣下弟來未晉
賜書未識月前奉展之函何時得達即惟
鈞闈綏猷指揮如意
宸衷篤眷於切郵戍之策陳欽廓清薊冢穀登遐邇
江流清柔瀛之頌重以
仁威指示定廣兩粵者功柳桂從此再清肩聊江路宣實嶠
川閩檣而以捨復舊規即展布乃有所憑依何邕常又多

蔭渠大公祖年大人閣下：弁來未奉
賜書，未識月前奉覆之函何時得達。即惟
鈐閣綏猷，指揮如意，
宸衷篤眷，頌切部民。三筦漸就廓清，蘄泉觀釁進取潯
江，既得東隣之助，重以
仁威指示，定能所向有功。柳梧既得，再清潯郡。江路商賈暢
行，闗榷可以稍復舊規。即展布乃有所憑依。何邕管又多

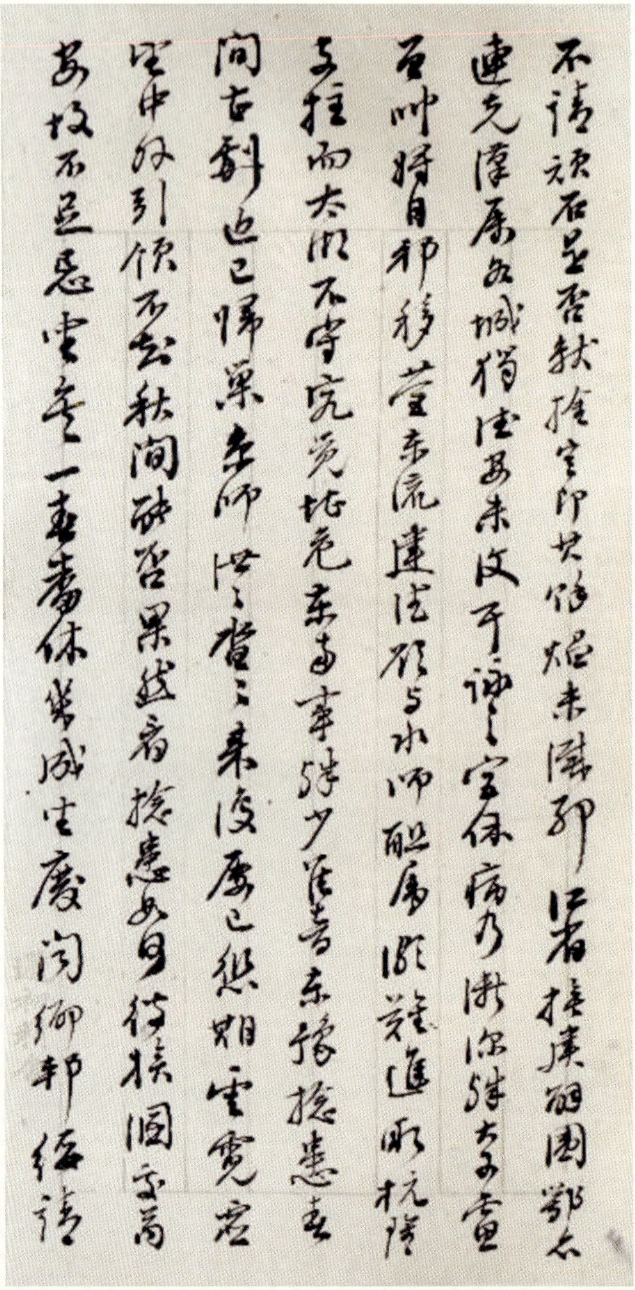

不靖。頑石是否就捦，豈即其餘焰未滅耶？江省撫建解圍，鄂亦連克漢屬各城，獨德安未復耳。詠之宫保病乃漸深，殊大可慮。曾帥將自祁移營東流、建德，欲與水師聯屬，頗難進取。杭雖支拄，而太湖不守，究覺堪危。東南事殊少佳音。東豫捦患，春間甚劇，近已歸巢。京師泄泄沓沓，來復屢已愆期。雲霓虚望，中外引領。不知秋間能否果然，看捦患如何。彼族溷處茍安，故不足忌，審矣。一春番休，幾成坐廢。聞鄉邦綏靖，

甚形歸史一屢拔至未破此蒲仙之高作好尚不使人驚歎

希公在鄂軍聲頗壯之意賊極形強蒲仙出些閒不肯

來也余師未睹之後族祠與姻五年前已歸來相見此問

其詳經由此間閱說是老惑住秋人亦自大不易之

聖聆也已細葉春中傳說均不足徵所應錢無族痛甚是耶敬

鄉秋試相去半日但當未見明文　唐堯心先生重宴鹿鳴

可感事子石弱之之付唐時守方了結不識能幾代淨盡乎

甚欲歸受一廛。拔足未能，如筠仙之高卧故山，得不使人妬羨？希公在鄂，軍聲殊厲，壯志吞賊，極欲強筠仙出助，聞不肯應也。京師來駐之彼族，相處日馴。五羊卻已歸來，想可近得其詳。雖由此間關說，星老盛德服人，亦自大不易易。聖躬近已勿藥，都中傳說，所謂庶幾無疾病者是耶。均不足聽，敝鄉秋試，想可舉行，但尚未見明文。唐堯心先生重宴鹿鳴，一時盛事。子石解元之件，屆時定可了結，不識能洗伐净盡乎？

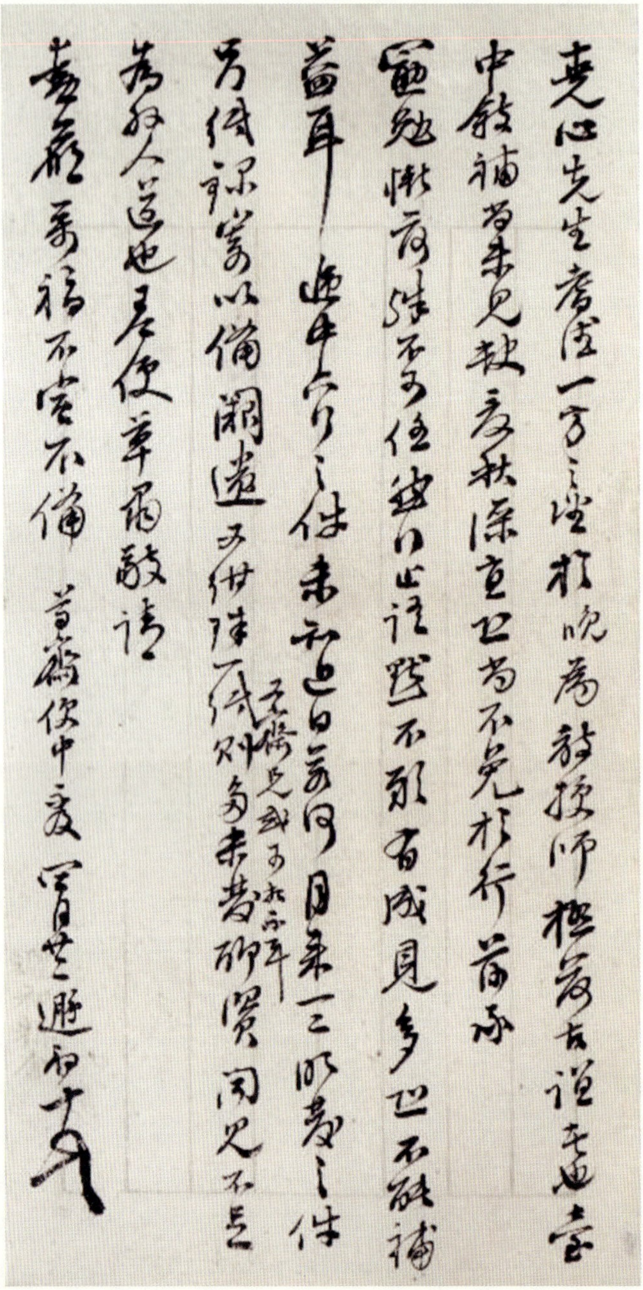
麦心先生座下一方之望於晚為龍拔師樞密吉謂其在此意
中欲補益未見其益秋深宜也尚不免於行箭承
顧勉懶疾殊不及任然以此證路不取有成見多也不能補
益耳近年所之件未知近日為何日來一二部寄之件
乃續課案以備瀏覽又附陳一紙 子偕兄戒子於小年 外為未帶卯貿同史不是
為我人道也專使草肅敬請
台安并福不宣不備 首藏後中發 守甘之避再十之

堯心先生耆德，一方之望，於晚為教授師，極荷古誼者也。臺中敘補，尚未見缺，夏秋灤直，恐尚不免於行。前承勗勉，慚荷殊不可任。然行止語默，不敢有成見，多恐不能補益耳。遞中六行之件，未知近日若何。月來一二明發之件，另紙録寄，以備闕遺。又紺珠一紙則多未發，又齋兄或可相示耳聊資聞見，不足為外人道也。差便，草肅，敬請

勳候萬福。不宣不備。芍齋便中示及。四月廿二遯初頓首

蔭渠中丞老祖年大人麾下大箋得承
教言遙悵
節鉞翔和
侍罷舉肅部民引領頌也河如老師依後如常役
惟祈依吾師函不存日制表爲貴
接去安慶於江鄂等處要聞百城潛通近附
發惶者難以道路有事體耶
聖躬大安時有煩苦失眠氣弱心懸意怪況秋後人
健來後有燈一壁中叙引候泰通軍務蔚帝固

蔭渠中丞大公祖年大人麾下：久未得奉

教言，遥惟

節鉞翔和，

惟銀價奇踴，必不再自剥喪為佳。

倚毘鞏肅，部民引領，頌也何如。京師儼復如常。彼

族相安，而於江鄂等處，時有與賊潛通叵測之

處，惟有弗問，然是何事體耶？

聖躬大安。時有煩熱失眠氣弱心跳之患。惟祝秋涼人

健，來復有期，一慰中外引領。東南軍務，蘇常固

雖進所附為太大，謝危安，斯又交又至奉附，想不遠也。法
御務未流，與烯相倚，晉曉臧述之主物狀，宣乃一特
機。乃補不又至，並實閻矣。嘗陽閩痛臧狀，自為帥先利
黃州東岸，旨有相倚之勢。及到者又當兩目調護之，請不知
病根究竟何如。苗氏而仇之狀，詳圖而使撤退，將不但表
熟圖其後。圖級及何如此，即不失策焉也。專此未印布
禱，肯何赴滿陳，百禱。行所不在，手肅風便，寄居新僑
勳祉，萬禱不宣。邏而議義年
愚弟拯頓首
六月五任聊備閱邊　李恆又及

難進取，浙省亦大瀕危。處州又失，是東浙尤可慮也。湘鄉移東流，與賊相偪，必得皖城速克，走狗就烹，乃一轉機。乃猘子又走集賢關矣。益陽聞病減，親自率師，先剿黄州南岸與省相偪之賊。及到省，又有兩月調理之請，不知病勢究竟何如。苗民所仇已就誅囚，而僅撤逆旗，不但未解壽圍，且復圖潁。反側如此，邵公真萬難也。臺鈌未即序補。出月仍赴灤班，一得補信，即可旋耳。風便草肅，敬惟勳候萬福。不宣。遯初精舍頓首。　六月廿三。

六行各件聊備闕遺查照。　又及。

蔭渠大公祖年大人麾下：月前在溧陽言稟敬行，審知
安撫務附揩轄事，呈論屢得遠維。時以
大事倉猝，外間望信尤爲殷切，攻城里捷，視以慰
慕悰爲之忱，論必得擘也。昨斬劉永捷奏十餘日
多教尉我，耦儀益信榮感。承
示國得及賓將蓮據策畫周密，佩服無量。得州克復，
已見軍報，知石逆殘竄窮蹙，歸其故土，尤必即可戡捷。
鄉爲廟訪，攻得大軍得以移勤，兔屬侍區定，如疾風落

蔭渠大公祖年大人麾下：月前在灤陽，曾肅數行寄京，交塘務附摺弁帶呈，諒應得達。維時以大事倉猝，外間望信，尤為殷切。故略具梗概，以慰藎懷，區區之忱，諒必得察也。昨弁到京，接奉七夕後一日手教，慰我輖饑，益增榮感。承示圖潯及賓州蓮塘，筞畫周至，佩服無量。潯州克復，已見軍報。想石逆殘竄窮蹙，歸其故土，亦必即可就擒。鄰泉廉訪攻潯大軍，得以移剿各屬餘匪，定如疾風落

葉掃蕩可期天心久而厭亂矣粵舉亂之區禍深患極
明公仁威風著夙信大學天生以爲粵人哉亂制治定安
言乎千萬之載憶恐所因遠人異日得以歸受一壓真
餘生所幸出望外者也轉悔之靡然路所因所請倘僅一經
端浙中大僚數易未能吾猶力相顧幸者則事先情殷
舊治且爲轄屬所當籌耳
明公尤有一氣相關者特同僚多不相諒老人筆下甚
閱歷事右數有掣肘之患率事第老辣不改輒爲所

葉，掃蕩可期。天心久而猒亂，吾粵肇亂之區，禍深患極。
明公仁威夙著，恩信大孚，天生以為粵人戡亂制治，豈無
意乎？上天之戴，億兆所同，遠人異日得以歸受一廛，真
餘生所幸出望外者也。轉餫之艱，各路所同。所請飭催，一一照
辦。湘中大僚數易，未知能否竭力相顧。東省則辛老情殷，
舊治且兼轄，為分所當籌，於
明公尤有一氣相關者，特同僚多不相諒，老人峯尤甚。
聞遇事亦頗有掣肘之處。幸辛翁老幹，不致輙為所

掌握情菁雖防為不少矣，年年之歸，或不至尤舍己益
横總關鍵有之事者，此等處似不免於偏見錯謬缺拙取
之以誠感格謀國宜易善其真大華何理于說乎，惟其志在
年利，則事雖屢變而不離其宗，就設從征衛門張等於
覽得意情形略可見耳。元惟同心自為國結甚堅試務
仍略如票擬，萬緒遞鈴章而不先取，旨簡放用名單
糊塗語擊而知聞有往行擬請者，大抵極意示出而究不
欺惡於權勢，此中尤難。誠意雖摯而不學無術，罔非惟

牽，然暗箭難防，為不少矣。五羊之歸，或不至食言。巴酋橫恣，聞殊有之。辛老此等處，似不免於偏見。自謂能控馭之，以誠感格，談何容易。若輩真犬羊，何理可説乎？惟其志在牟利，則事雖屢變，而不離其宗。新設総理衙門，渠等頗覺得意，情形略可見耳。元愷同心，自為固結甚堅。諸務仍略如票擬，第繕遞鈐章而不先取　旨。簡放用名單糊簽請掣，而亦間有徑行擬請者，大抵極意示公，而究不能忘於權勢。此中夾雜，誠意難乎，而又不學無術。四樞惟

有承敕不遑此地要津已為硬入據踞雖有長者猶難持
正而況脂韋成性者哉新進似匪或者肆醜屬合之祥堯
為我設想非至幸皖城克復後以地州借闖金陵勢因被
水逼去我軍乘勢收復如果非徑事機大順惟漸杭安樁
已久而官紳不洽無和衷聲請協猜帥勉勵不知果能為福
與否至宗尚是衆才此為戎林幸而猶存不可謂非其功紹
紳尚為國不足與有為可虞之至鄙事未即行而安寧病
深已久而欲復起為匪以貳師自代不知果能兼規費海

有承教不遑。此地要津，已為硬入横踞，雖有善者，猶難持正，而况脂韋成性者哉。新運似佳，或者珠聯璧合之祥，竟為我設，豈非至幸？皖城克復，繼以池州。傳聞金陵賊因被水遁去，我軍乘勢收復。如果非誣，事機大順。惟浙杭支拄已久，而官紳不洽，互相彈擊，請飭督帥赴浙，不知果能為福與否。吾宗尚是霸才，此番武林幸而猶存，不可謂非其功。紹紳庸劣，固不足與有為，可慮之至。鄂事未即紓，而安定病深已久，必能復起為佳。以貳師自代，不知果能蕭規曹隨？

況此時將帥能以滅賊為治者殊不可多得而嚴峰
不遠怯力如
明公者能有幾人他哉未能悉如所望筠仙竪不深去似同鄂
幕也來亦有正人而不安其居引身遠去之空與病去
不免為人所困矣耶東豫捻患為劇但軍不振而勝軍
尤不足深情莊生意氣甚雄竟陵則李時髦也有傳其急
而先出而軍都則屢城屢勝鄂薪則已奉旨从鄂不從苗民
逆命叢不能再羈縻部下能否尚之為未可知每東南少

況此時勢，尚非能以成規為治者，故尤可憂。延攬多而薦舉不遺餘力，如

明公者，能有幾人？他或未能悉如所望。筠仙堅不復出，似聞鄂幕，近來亦有正人而不安其居引身遠去者，豈其病久，不免為人所溷者耶？東豫捻患尚劇。僧軍不振，而勝軍尤不足深恃，莊生意氣甚雄，竟陵則本時髦，近有傳其急而先出，而軍報則歷城屢勝解嚴，賊已東走，但願不訛。苗民逆命，萬不能再羈縻。邵公能否制之，尚未可知。若東南少

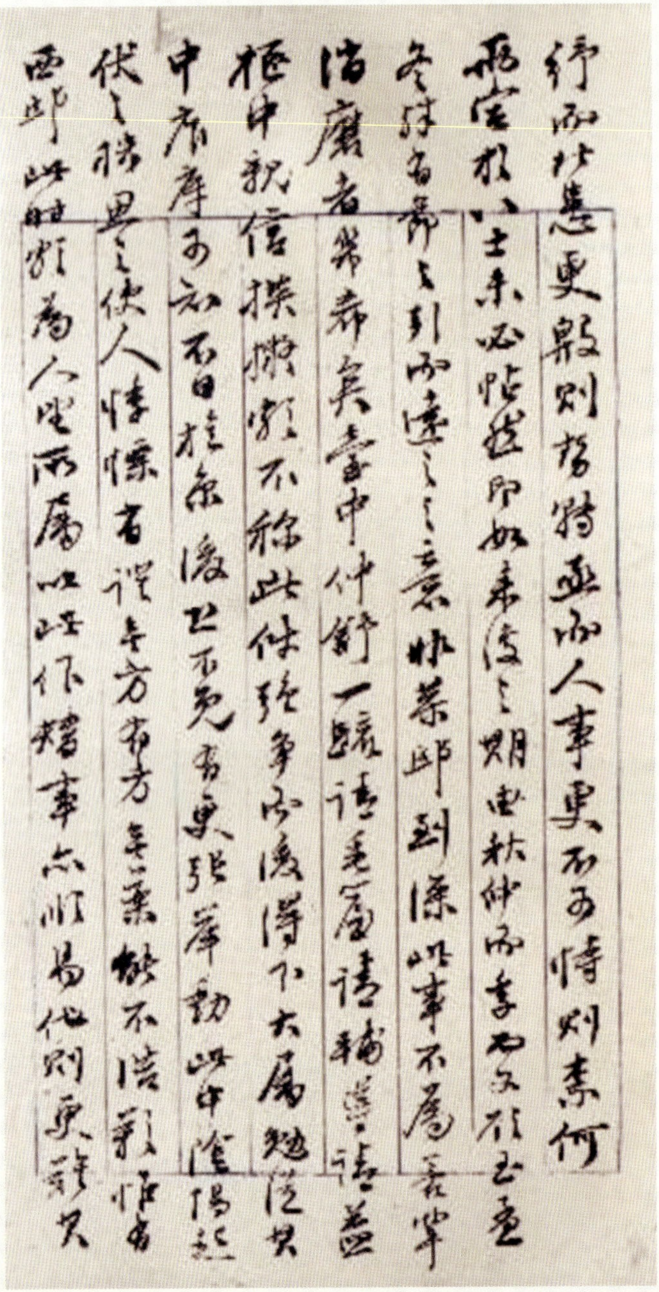

行而妙恙更殷則招精無所人事更不可恃則素何
所實報，士來必帖然，即如本溪之期，由秋仲而李又在五月
冬漸有節之到而遠之之意，昨蔡郎到，條此事不屬吾掌
浩廣者，弟本冀會中仲舒一疏，請毛寓請輔□請益
樞中執信撲撲，然不解此，任終年而後得下大屬，勉從其
中府，本府可知，不留於余，後此不免有東張岸動，此中陰陽，其
伏之擾，畏之使人情，惟有謹其方，本方無棄，然不隱戮，惟有
西郎此時，然為人既而屬以此作，精事亦欣易化，則更難矣

紓，而北患更殷，則勢轉亟，而人事更不可恃，則柰何？兩宫於八士，未必帖然。即如來復之期，由秋仲而季，而又欲至孟冬，殊有節節引而遠之之意。非恭邸到灤，此事不為若輩消磨者，幾希矣。臺中仲舒一疏，請垂簾，請輔導，請益樞中親信，撰擬頗不稱，此件強争而後得下，大屬勉從，其中庢庌可知。不日旋京，後恐不免有更張舉動。此中陰陽起伏之機，思之使人悖慄。有證無方，有方無藥，能不浩歎？惟有西邸，此時頗為人望所屬，以此作替，事亦順易，他則更難。其

人之有臨難蒼卒之務非但以暴易暴不可即精之者少有未
善其舉更不可言於求兼善來之於衙晚在趙月餘如生誠讓
當以舊疾筆發秋前事猶之宜即乞假先回京度不幸到
京即有悼亡之戚風寒應合殃命遂多外歸思愈益深於日
知謹後發無補於事指侯詞以諫殘匠之壽已殘難從來自補
名次在前而未停補庶矣
奏數予知尚進單可以簽擊補其次者歸禁不易拂作數
月遲延不來示缺再否錄一通單簽與臣查前
教言勉以操納所期逾大恍不可言若是充分此一像水座

人亦有驟難著手之勢。非但以暴易暴，不可即替之者，少有未善，其弊更不可言。欲求萬善，未知何術。晚在熱月餘，如坐鍼氈，兼以舊疾舉發，秋節事稍稍定，即乞假先回京寓。不幸到京，即有悼亡之戚。罪戾召殃，命途多舛。歸思愈益浩然。自知短淺，斷無補於涓埃，矧以諫職區區，再四蹉跎，猶未得補，奇數可知。近日進單，名次居首，向來序補居多，又以簽掣補其次者。歸裝不易，擬作數月遷延，亦未知能再有缺，一進單簽與否。疊荷教言，勉以獻納。所期遠大，愧不可言。若竟無分此一條冰，庶

幾須藏塞拙，亦以免於海內知交之所責備焉耳。[illegible]

來示惠教，師鹿亮翁垂與廉鳴，即當如例舉覈于右，事亦即為

結而就題。來摘子貞平南梁文生枝節之言，極為悵念。此事仰

人之善者甚切仰望，或當早自允對，以慰衆情耶。又翁[illegible]晉

（此書成，又翁之覽[illegible]四行已另交寄矣）

吉粵附淺一函，乞

賜遞交[illegible]（速遞）行中附有家言，亦求擲交為禱。厚承

（不勝乞禱[illegible]之悚之）

摯愛親依，辛陳殊錯，不崇敬惟

垂祺。[illegible]禧。泐此，餘不盡。重九日 遜初積谷頓首

幾終藏蹇拙，亦以免於海內知交之所責備焉耳。稔讀
來示，悉敝師唐堯翁重與鹿鳴，即當如例舉辦。子石事，亦即可
結。而龍頭來翰，又有平南案又生枝節之言，極為惦念。此事鄉
人之善者，甚切仰望，或當早與允斷，以慰衆情耶。又翁曾否
去粵，附復一函，乞此書成，又翁之世兄處來索回信，已另交寄矣
賜遞交菲厞迪丞，信中附有家言，亦求擬交為禱。辱承
摯愛，覼縷率陳，殊蹈不恭。不檢，乞賜秘之。悚悚敬惟
勳祺萬福，涵詧不盡。重九日遯初精舍謹頓首

蔭渠中丞表祖年大人麾下：秋間疊布蕪緘，略
陳近事，諒必得達。昨奉來辱承
手示，祗悉中秋差於貴到一函，兼蒙
遠念，厚惠特頒盛貺
八行，惓摯五內，鐫懺狀慈。
鈐轅綏靖，盛德盛事，滇郡大捷，已從邸中得
見其詳。餘瓜敗殘之區，諒不足平。至粵其
二天手石，遂仔燼擾，及理苗稽滇

蔭渠中丞大公祖年大人麾下：秋間疊布蕪槭，略
陳近事，諒必得達。昨弁來，辱承
手示，袛悉中秋差旋，賫到一函，並蒙
遠念，厚惠特頒。感荷
八行愷摯，五内鐫慚。就悉
鈐轅綏靖，威德咸孚。潯郡大捷，已從遞中得
見。其餘鱗爪敗殘之匪，諒不足平。吾粵其
二天乎？石逆餘燼，擾及理苗。稔讀

未示以已然竟乃於惓中委執事勢極為洶湧
或侵越楚疆其餘又熾耶葑泉虞訪先後
後相感年再生聖墨更為生色御試題名已
經得見中多英俊之士耶
德星所照何以得此慧心先生重赴君鳴一時森
盛事不知國朝中能否舉行未見入
告之章子石事亦未聞委結待開龍頭別有
所見其信然耶 阿瞞詩叩謁獨得舍粗底

來示，似已殘竃。乃昨湘中奏報，聲勢極為洶湧，
或侵越楚疆，其燄又熾耶？薌泉廉訪光復
後，想成軍再出壁壘，更為生色。鄉試題名，已
經得見，中多英俊之士，非
德星所照，何以得此？堯心先生重赴鹿鳴，一時士林
盛事，不知國服中能否舉行，未見入
告之章。子石事，亦未聞奏結。傳聞龍頭别有
所見，其信然耶？阿瞞請叩謁，獨得含糊應

許然刻下局變改正來必能如所願故陞到此

當復緣藏耳　晚自秋節後自係偃病而歸雖

亦時局必當更新然亦未知情同報遂之如是之

甚也及天心來復陽長陰消刑典昭彰人心大

快肺腑癥瘕已拔理宜肢體日起委痺西

邸聰明才力大且過人元公位業天成較漢古

人事半功倍　時引進微起為宰時論公所宜在

然智勇深沈如漢韓馬為之輔佐韋　武宣仁

許，然刻下局面又改，恐未必能如所願。故雖到此，尚復隱藏耳。晚自秋節後，自灤假疾而歸。雖知時局必當更動，然亦未知情同叛逆者如是之甚也。及天心來復，陽長陰消，刑典昭彰，人心大快。肺腑癥瘕已拔，理宜肢體日起委痺。西邸聰明，才力大是過人。元公位業天成，較諸古人，事半功倍。一時引進徵起，多孚時論。兩宮居然智勇深沈，如得韓馬為之輔佐，章獻宣仁，

殆不足爲此時新政煥發吾中興氣象曉地
逆克蕲州之捷先後繼至樵舟可豪惟澂事
大林昧自畏庵淒迎中攀閣給與蕭山於
蘇月抄連陷之事而苗民逆命攻破壽州府
復僞言求援郡亟力不能制弟援一旅成算少
爲苟活隱患固不足矣朝廷乃允第於崇正賞
容情恃威誘欺習慣宜收民情直東殺捻繼
横恣甫北西雖敕急借軍務閉振起從此數

殆不足為。此時新政煥然，大有中興氣象。皖池連克，與潯州之捷，先後繼至，機亦可乘，惟浙事大棘。昨自田文滬瀆遞中得聞，紹興蕭山於前月杪連陷之事，而苗民逆命，攻破壽州，尚復偽言求撫。邵公力不能制，剿撫一無成算。少翁苟活隱忍，固不足責。朝廷乃乞策於樂正。其虛憍性成，謾欺習慣，豈復足恃？直東教捻，縱橫大河南北，匪蹤飄忽。僧軍稍聞振起，然北路

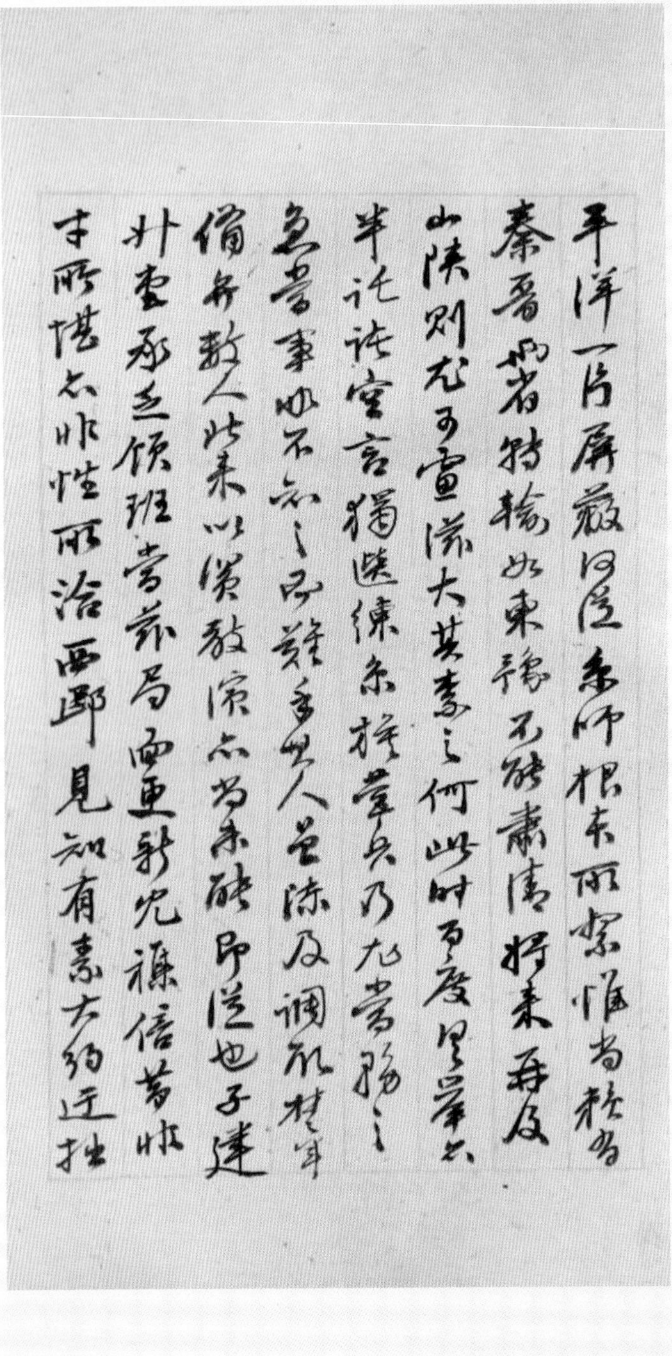

平洋一片屏蔽河隍，承師根本所繫，惟當格苟
秦晉兩省特擒此東豫不能肅清，將來再及
山陝則尤可慮。蒙大其素之何此時可度畢嘗六
半託諸空言。獨賤練系精華兵乃尤當務之
急。當事似不知之，即雖有其人，莫際及調兵楚省
備餘數人，收來以資教練，亦爲未破，即從也子建
壯雲承遠領班考前局西更新究禄信著咻
才所堪亦非性所洽。西鄰見知有素，大約近拙

平洋一片，屏蔽何從？京師根本所繫，惟尚賴有
秦晉兩省轉輸。如東豫不能肅清，將來再及
山陝，則尤可慮滋大，其柰之何？此時百度具舉，亦
半託諸空言。獨選練京旗營兵，乃尤當務之
急。當事非不知之，而難乎其人。曾陳及調取楚軍
備弁數人北來，以資教演，亦尚未能即從也。子建
升堂，承乏領班。當茲局面更新，冗襍倍昔，非
才所堪，亦非性所洽。西邸見知有素，大約迂拙

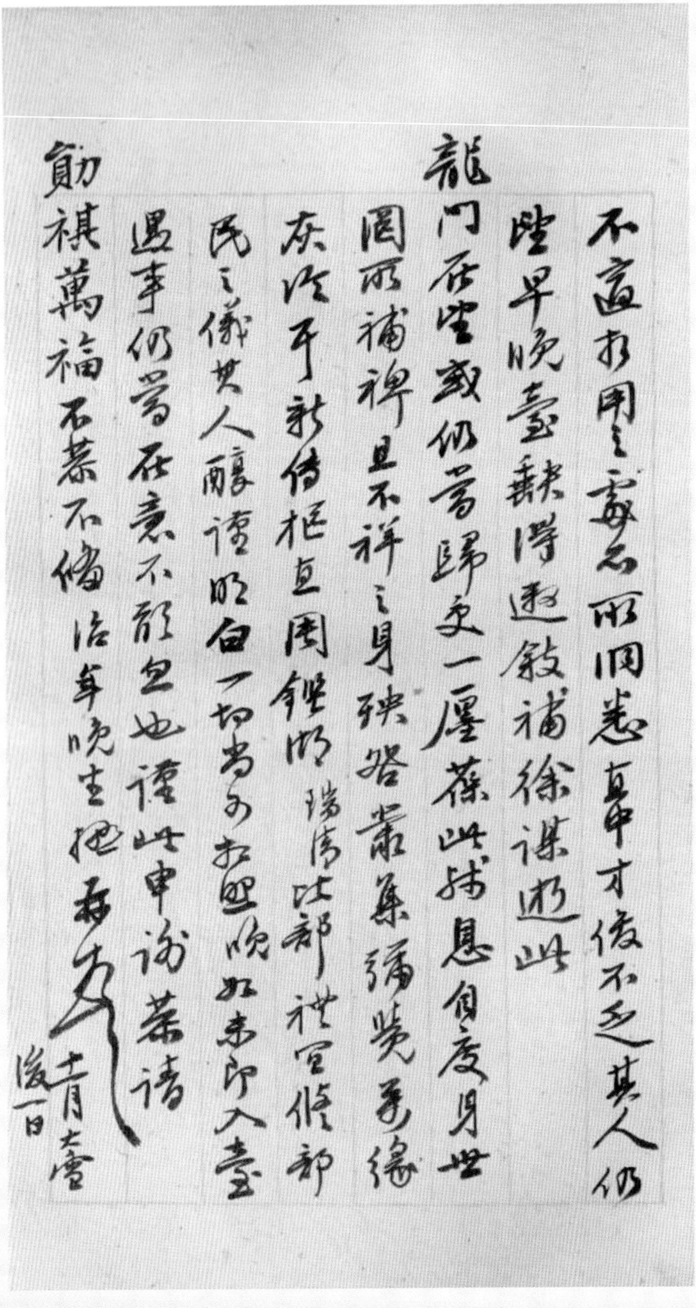
不適於用之處每念所聞悲幕中才俊不乏其人仍
望早晚臺鈞得邀敘補徐謀所以
龍門在望藏仍當歸受一廛蒜此稍息負度身世
周所補禪且不祥之身殊於叢集彌贊萬緣
在將于新傳枉直周鍾此 瑞清吏部 禮宜修部
民之儀其人醇謹明白一切當可托理此如來印入臺
遇事仍當在意不能包也謹此申謝并請
勛祺萬福不恭不備 治年晚生拯頓首 十月廿日 後一日大雪

不適於用之處，亦所洞悉。直中才俊，不乏其人。仍望早晚，臺鈌得邀敘補，徐謀逝此。龍門在望，或仍當歸受一廛，葆此殘息。自度身世罔所補裨，且不祥之身，殃咎叢集，彌覺萬緣灰冷耳。新傳樞直周鑑湖瑞清比部，禮宜修部民之儀。其人醇謹，明白一切，尚可相照。晚如未即入臺，遇事仍當在意，不敢忽也。謹此申謝，恭請勛祺萬福。不恭不備。治年晚生拯再頓首 十一月大雪後一日

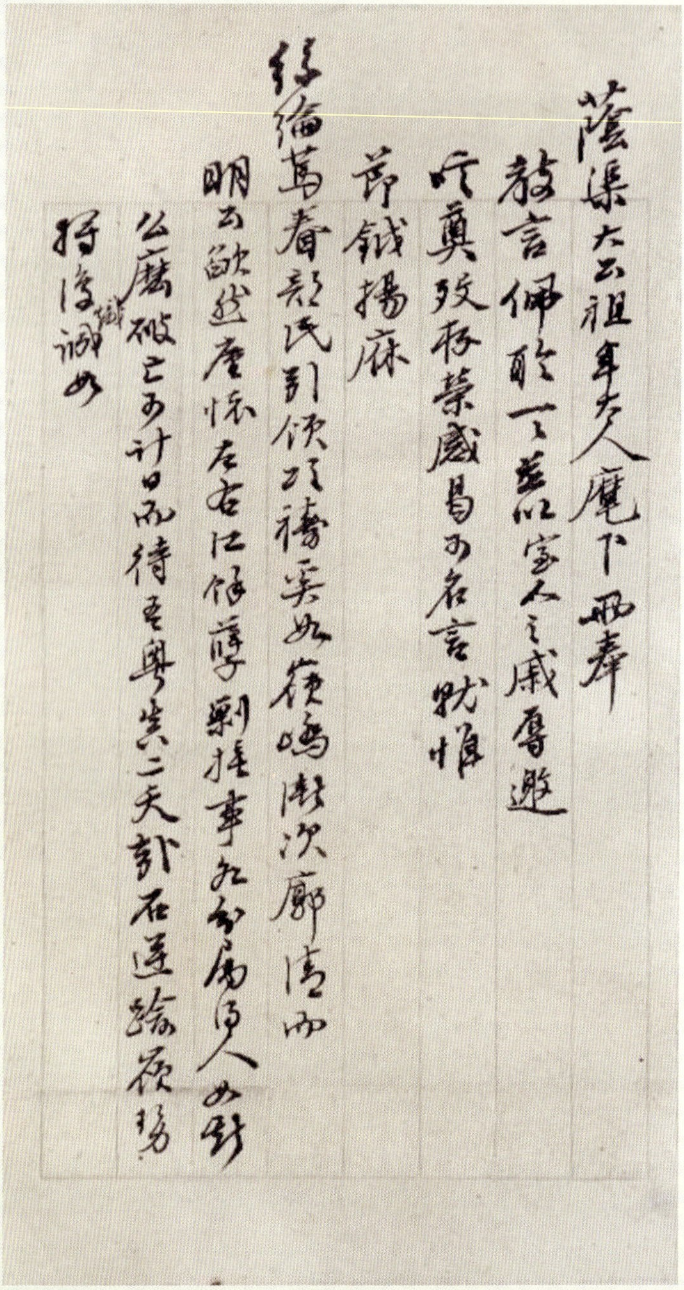

蔭渠大公祖年大人麾下：兩奉
教言，佩聆一一，並以室人之戚，辱邀
唁奠，殁存榮感，曷可名言。就惟
節鉞揚庥，
絲綸篤眷，部民引領，頌禱奚如。嶺嶠漸次廓清，而
明公欽然廑懷，左右江餘孽剿撫事各分屬得人，如斯
幺麽，破亡可計日而待。吾粵真二天哉。石逆踰嶺，勢
將復熾。誠如

昔論鄧之還粵何易猶得頒大詔好之露積之忝
軍務為是論先前在棲粵軍中當韜究初起事
者此胸襟腕力全歐世界何至於是閱人多矣之後
來書不禁翻倒時局更新進退率錯在越中興氣
象亦必況蒸蒸遠大方殊有濟書曰若藥不瞑眩厥
疾弗瘳即如之號大開不但龍鱗屢乞批逆北來者
人即深且遠見今亦少概見故時人有空文多而實濟少
之歎然靈雨秋前不圖寸連日密雲不雨彼農共有

尊論，蹙蹙還粤，自易殲除。顧大哉斯言。竊疑今天下罕能為是論者。前在楚粤軍中，當禍亂初起，當事有此胸襟魄力，金甌世界，何至於是。閲人久矣，三復來書，不禁拜倒。時局更新，進退舉錯，居然中興氣象。顧必沉著遠大，方能有濟。書曰：若藥不瞑眩，厥疾弗瘳。即如言路大開，不但龍鱗虎乙批逆者未有人，即深思遠見者，亦少概見。故時人有空文多而實濟少之歎。冬雪兩次，薄不盈寸。連日密雲不雨。彼蒼其有

袁午橋宫之於兼領宫仁保不足屬元二大任業未成

獨於馬甚人力見一三今力而限書之伍軍辦抵

抄餉薩籍庭手方特重素羣迅多最為而毛津而

竟而偏七吏津寇不可羣於苗民逆氛不肯引鉛而

特似形揆以個毫何郡原如此有形伍軍輪駐毫城走

力剝换方為撫之征往勅拔所此敘專命羣逆方守圍不

為之見形伍軍又西統化身甲羣平素與趙李喀一

素劉苗並壽者隔皖地之兄方以勞不敷度重費

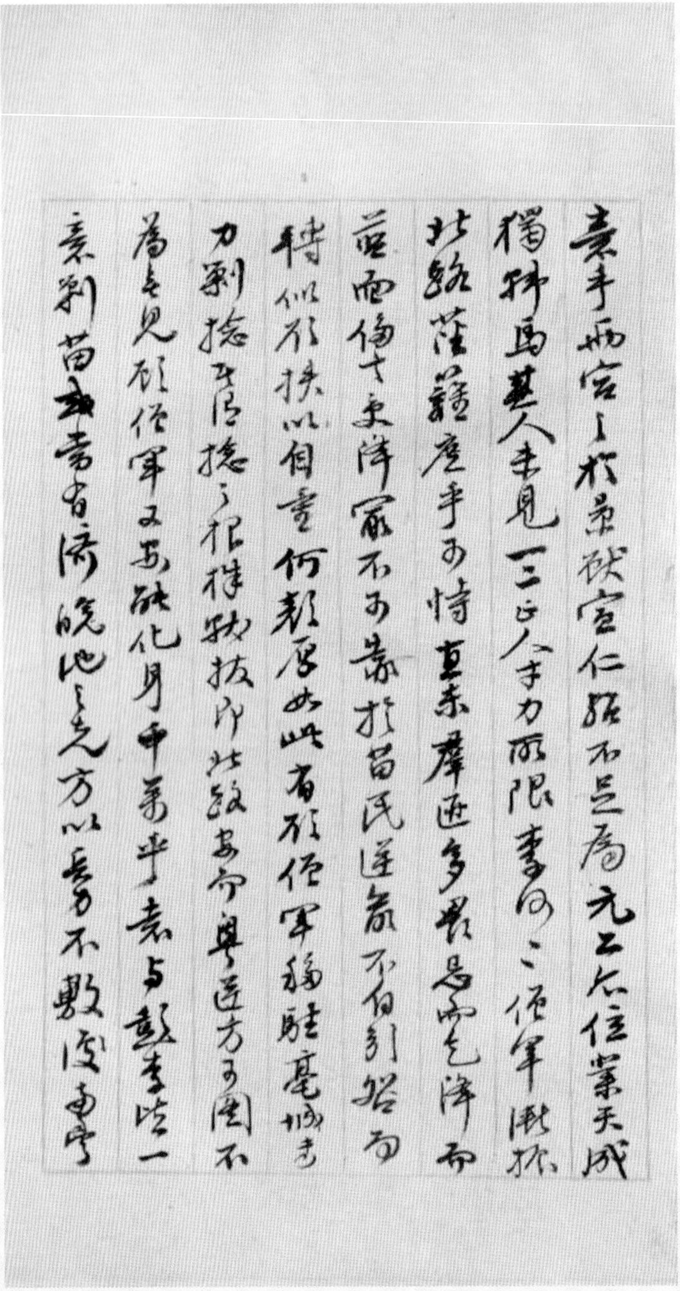

意乎？兩宫之於景獻宣仁，殆不足為。元公亦位業天成，獨韓馬其人未見。一二正人，才力所限，柰何？柰何？僧軍漸振，北路藩籬庶乎可恃。直東羣匪多畏忌而乞降，而藍面侈言受降，最不可靠。於苗民逆命，不自引咎，而轉似欲挾以自重。何顏厚如此。有欲僧軍移駐亳城，專力剿捻者，謂捻之根株就拔，即北路安，而粤逆方可圖，不為無見。顧僧軍又安能化身千萬乎？袁與彭李皆一意剿苗，或當有濟。皖池之克，方以兵力不敷，復南豐

往達合肥四路新募各到來方可進兵此亦乃又須寬

魯陽從來霽玉之業便任留台兩郡未收到林危條狀

分應中狀到本年遠鄉因冰以後爲書乞援城中儆（十月底事）

聚已至三萬餘人牲畜而酬不遑一睢陽耳應中軍需

糧草也至江平如果不能速進壽州肆出精來克拔大

難即金陵攜決捨棄後又多此一方棘手損爾而由賢

者能無奉於之衷而經紳備勞又蒙之魁矣亡室空書

久矣天心未改猶仍必本省軍務大局稍於小洪力亡

復遣介弟回湘新募，必到來，方可進兵浙東。乃又紹甯疊陷。從來霸王之業，僅餘温台兩郡未亡，武林危慘萬分。滬中報到，右軍遣勇泅水，十月尾事以致帛書乞援。城中餓斃已至三萬餘人，極其所能，不過一睢陽耳。滬中運濟糧藥已至江干者，尚不能運進，柰何？殊恐將來克拔大難。即金陵擣穴捡渠後，又多此一方棘手。揆厥所由，賢者能無春秋之責？而紹紳庸劣，又罪之魁矣。三空四盡久矣，天心來復，猶仍必東南軍務大為轉旋。山陝力亦

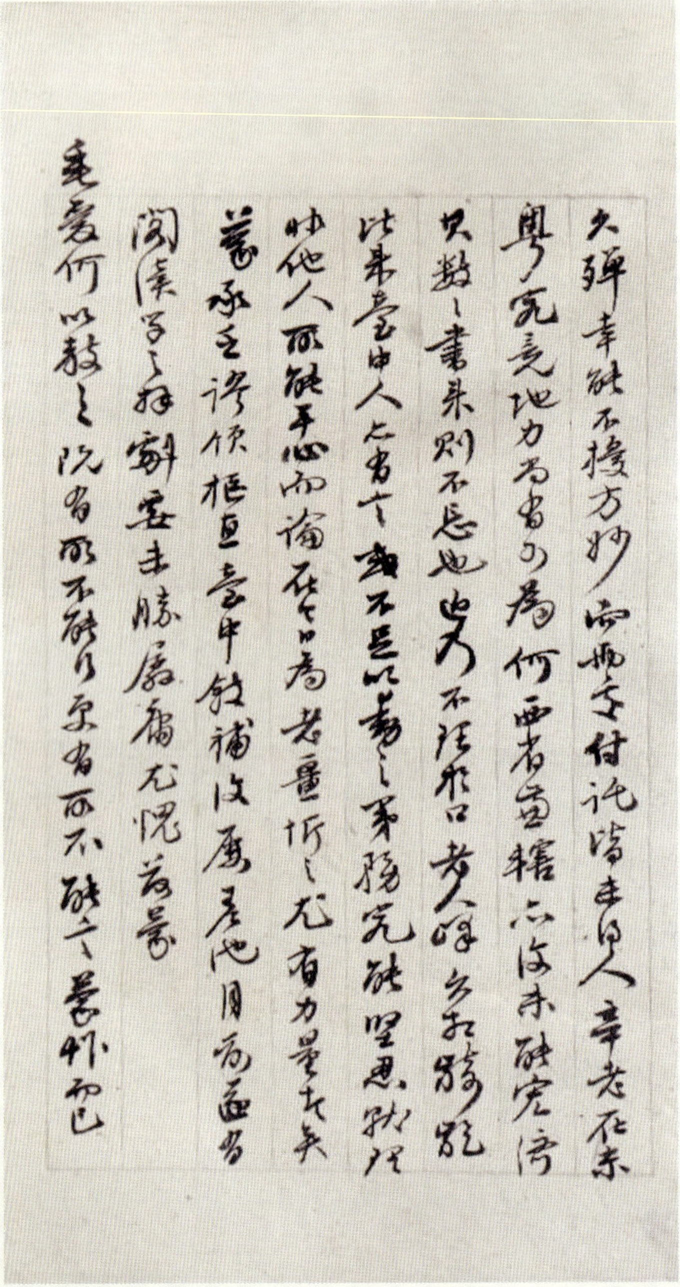

久殫，幸能不擾方妙。而兩處付託，皆未得人。辛老在東粵，究竟地力尚有可為，何西省兼轄，亦復未能宏濟？其數數書來，則不忘也，近乃不理於口。老人峰久相齮齕。比來臺中人亦有言，或不足以動之。夷務究能堅忍就理，非他人所能。平心而論，在今日為老疊圻之尤有力量者矣。蒙承乏謬領樞直，臺中敘補，復屢差池。月前遂有閣讀學之拜，劇要未勝，孱庸尤愧。荷蒙垂愛，何以教之？既有所不能行，更有所不能言。蒙怍而已。

歸來一麾，麾志楚，羨可言而未定，近聞中毛江南立勳，勳江自陸千
伏維廷推高，持平不亂，旗而大長，意治中山，抑使有成
見其蹤績，諸軍情不可延誤，則行向固不自簡，素重
在駐太宰被劾之交，叛將兵全仗寬主持至論州
中原羅累，慨人心，即 奏宗左右議，默太時先到感
在矣，枚談之寺前後議數次
台禧壽禧
新禧順頌不宣不備 遜初將名謹 春年安

歸受一廛之志，蹔莫可言，而未忘也。湘中毛江（江自陳耳）有互劾之件，朝廷極為持平，不知誰何短長。多謂中山於此有成見者。然綏靖軍情，不可延誤，則行間固不得辭責。孟嘗在黔亦有被劾之處，毀譽交至，全仗賓王主持。至論川中所辦，果愜人心，即貴宗左右謨猷，亦殊克副盛名矣。放論及之。專肅復謝。敬頌

台候萬福，

新祺順頌。不宣不備。遯初精舍謹頓首　嘉平廿四

蔭渠中丞大公祖年大人麾下：年前及正兩奉寸函，想
靈登矣。久未接奉
教言，茀於途中呈識
藎猷碩畫，惟有敬欽。時局更新，中興有象，令節自增
仁麾獲鳴，居然重有天日。然亂之地，或者寬拯收拾，亦必從
此始乎。桂柳漸臻綏靖，閱叢言者從業者從桂先後以來
以路已通，言旅酬答輻輳而來。敬鄉一綫生機，惟在於是以
清脉之談，茀欲兩閩渡前十三五六亦甚忽自審，惟是南去
南當未請即桂屬家匯，亦當修葺。薌泉方伯得日重整哉

蔭渠中丞大公祖年大人麾下：年前及正初疊布寸函，想

電詧矣。久未接奉

教言，第於遞中具識

藎猷碩畫，惟有敬歎。時局更新，中興有象。僉謂自得

仁麾，嶺嶠居然重有天日。始亂之地，或者亂極而治，亦必從此始乎？桂柳漸臻綏謐，聞農商有復業者。潯梧克復以來，江路已通，商旅能否輻輳而來，敝鄉一綫生機，惟在於此。以清明之政，第能兩關復前十之五六，亦差可以自籌。惟是南太尚多未靖，即梧屬客匪，亦有餘孽。薌泉方伯何時重整戎

節左帥駐衢浙帥楊家弟雖猶但之學勝而吳江
朝廷體其苦心卿承遣省浙藩之權獨命左帥節調為此多
負而敬卿撫除羣醜被此雖帥一旅若遂為之浙撫巡越
未即浮恢復之力而粵西又省偏隘之憂也
太親老人又母慈仁念粵事首經狀備未了功勤一篑未虧
即且報信卿當久據韶揣必有先奉旨留俟粵事事竟
後再行赴浙則懷之停久而未到諒此疏必已在途郵遞
命允如或不然拯必當為之粵請竭抗疏力求也
仲弟在任諸撲儆然元元佳業奉為天職聰明才力皆自一時

旆？左帥驟膺浙帥，勢處萬難，將伯之呼殷切，是以朝廷體其苦心，薌泉遂有浙藩之擢。獨念左帥所調，尚復多員，而敝鄉掃除羣醜，祇此雄師一旅。若遽遷而之浙，殊恐越未即得恢復之力，而粵中又有淪陷之憂。想大公祖大人父母慈仁，念粵事甫經就緒，未可功虧一簣，盡棄前功。且相倚薌翁，久獲臂指，必有飛章乞留。俟粵軍事完竣，再行赴浙。引領之餘，久而未到。諒此疏必已在途耶？必邀俞允。如或不然，拯必當為吾粵請命，抗疏力求也。沖齡在位，端拱儼然。元公位業，本屬天成。聰明才力，亦自一時

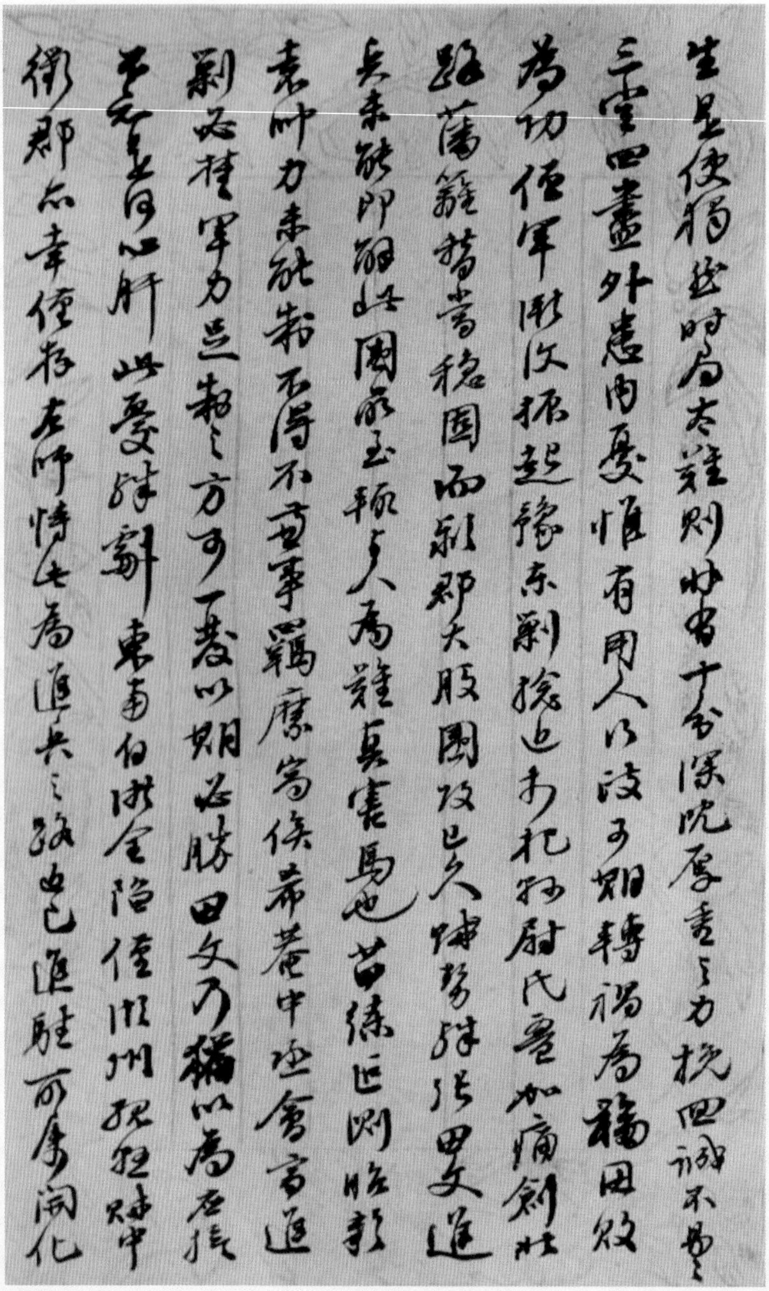
生呈使猶盛時爲尤難則此中十分深沉厚重之力挽回誠不易
三堂四盡外患內憂惟有用人以破予翊轉禍爲福因敘
爲功但軍渺仍振起豫東剿撚近未化於尉氏卷加痛剿壯
路藩籬猶當穩固而剿郵大股圍攻已久陳勢猝張田文進
兵未能即翊姓圍承玉額之人爲難真寒焉也苗練近則臨郡
袁州力未能救不得不出事羈縻高侯希庵中丞會商進
剿必權軍力迄報之方可廑以期必勝田文乃稱以爲應援
兵者自心肝此憂時翁東南自浙全陷使臨州後妹中
衛郎不幸使我老師待七爲進兵之路也已進駐而來閩化

生，是使獨然。時局太難，則非有十分深沈厚重之力，挽回誠不易易。三空四盡，外患内憂。惟有用人行政，可期轉禍為福，因敗為功。僧軍漸復振起，豫東剿捻，近於杞縣尉氏，叠加痛創。北路藩籬，暫當穩固。而潁郡大股圍攻已久，賊勢殊張。田文進兵，未能即解此圍，所至輒與人為難，真害馬也。苗練叵測昭彰，袁帥力未能制，不得不兼事羈縻，嵩侯希菴中丞會商進剿，必楚軍力足制之，方可一發，以期必勝。田文乃猶以為應撫，不知是何心肝。此憂殊劇。東南自浙全陷，僅湖州孤懸賊中，衢郡亦幸僅存。左帥恃此為進兵之路，近已進駐所屬開化

三馬金壇以固蘇常江皖地勢既定後師由此節節進取蘇
省功而驟之及杭省也此其自昆藉常寧紹各屬閩省御者
起克復州邑者此亦民力本據而用地利尤當予援前此團練
大臣一舉最誤而尤誤之誤者則一王履謙也然以團練最早行
團練最堅之安徽世所識此事者寡寡則李身東征之師由
之皖地道爲久規計不能不棄金朝廷爲權其詳不加精意爲行
任轉道深重潞擁所著自有本末不似他人無根者世患違
之江浦天六等各城僅以之兵為捷軍爲隔和含攻刻下堪此軍
進取尤急東西梁山得手上下游水師既屬灼可規取金陵之

之馬金，欲以圖遂安。江皖兩路，既無後顧，由此節節進取，必能有功，而驟言及杭，尚恐非易，何況蕪常甯紹。紹屬聞有鄉兵自起克復州邑者。浙東民力本極可用，地利尤有可據。前此團練大臣一舉最謬，而尤謬之謬者，則一王履謙也。拯言團練最早，信團練最堅，無如舉世能識此二字者寥寥，則柰何？東征之師，自克皖池，遂至久頓，計不能不萬全。朝廷尚能相諒，不加督責，而信任轉益深重。滌相所籌，自有本末，不似他人孟浪。李世忠連克江浦天六等四城。浦口之兵，與楚軍尚隔和含，故刻下望水軍進駛尤急。東西梁山得手，上下游水師聯屬，則可規取金陵。此

妄陳手盡手金局于事時機此時他時刻即用尺寸習書固
禪金局也滬瀆陸偏陽而餉源充裕垂垂庄遞脫賴洋人
以�制保當此在地專民策自甫未治後閩域何從秦鈞相將
為繼橫海上計故津門志籌防益賊計東必即生生可備垂
遠不離不過運千以區已平英年賊帥李力於吾神在遠
乃專利州寇村壘而鄉親地方習吾信匝合而把重英央
川地所必争思尝門以屬被人件詳期通神於遠责盛欧里
奮書玫颂帥自形軍傾動猶三千忠基以起則以托重鄉剧
賊虜已住其證雖壯賊帥昨以入告謀州共誤黔事已同秦

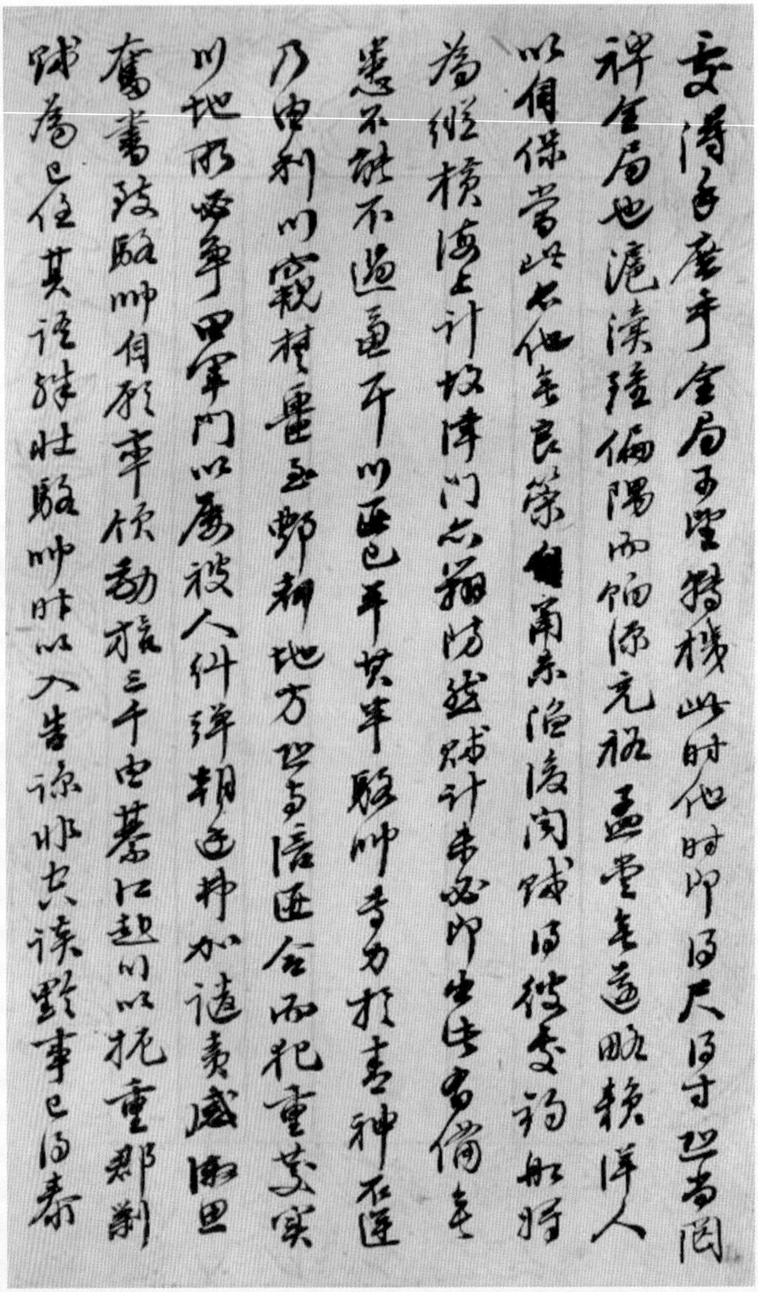

處得手，庶乎全局可望轉機。此時他時，即得尺得寸，恐尚罔裨全局也。滬瀆雖偏隅而餉源充裕。孟嘗無遠略，賴洋人以自保。當此亦他無良策。自甬東陷後，聞賊得彼處釣船，將為縱横海上計，故津門亦辦防。然賊計未必即出此，有備無患，不能不過慮耳。川匪已平其半，駱帥專力於青神。石逆乃由利川窺楚疆，至酆都地方，恐與涪匪合而犯重慶，實川地所必争。田軍門以屢被人糾彈，朝廷弗加譴責，感激思奮，書致駱帥，自願率領勁旅三千，由綦江赴川，以扼重郡，剿賊為已任。其語殊壯。駱帥昨以入告，諒非空談。黔事已得泰

并持南溪壯士驍勇闖者必可自完也來示極用手如沈
幼丹撫江條稿人撫閣請恒令左軍帥必謝更屬當越即當
於彝之稱閣使章老回吾兩不接手掣雖避亦大有益此 撫閣當即當交代矣
鄂撫雖亦人且雖破文盡在左右但雖置喙何敢不盡所言惟
西北靈帥來甚得人因由無才前得地稱堅逕且皆可轉交事之故
麾下仁明智勇而識毅不移屬有論嘅贈與章老諸喬學人
展讀為此郭氏私論當然也子孫事何為乘結月卿方伯實為一家
誠陽遊化之大可惜與蔡湯諸相阮何無同命手系帥訥來供膳省之驕傳 癸亥九九早
壺祺無差不莊不備 昨書惶悚 遜初謹候謹啟 言甘

半。韓南溪壯士，驟膺開府，必可自完。近來破格用才，如沈
幼丹撫江，徐樹人撫閩，皆愜人望。左軍卟帥浙，更屬當然。即耆
九峯之移閩，抵閩當即為慶代矣使辛老得專一面，不致牽掣齟齬，亦大有益。此
邸樞能知人，且能聽言。日在左右，但能置喙，何敢不盡所言。惟
西北畺帥，未甚得人。固由乏才，亦以地稍密邇，且尚可暫無事之故。
麾下仁明智勇而沈毅不矜，屢有論略，獨與辛老皆為粵人
所託命，非部民私論為然也。子石事，何尚未結？月卿方伯定相一氣。
龍頭遂化去，亦可惜，與滎陽稍昵，何至同命乎？京師，冬春尤亢旱銀米俱騰。如何？如何？敬惟
勳祺萬善。不莊不備。臨書惶悚。遯初精舍謹頓首　二月廿七

再承尊指稿繞計甚論也承傳獎各款函冊業兩印
子如定中文武銜不在部文早經言遞代者已請伊自去查為
來示將御史當匿數伏冀
太公祖大人垂照矣請俟秋間子霞峡瞶典閣名盛式合提
示知尊翁閣深學例自集事而使無拒提又來使由前條陳所當
指甩無存以中郎應由本府自行查辦
請查廣西本省指數加廣學額之請已蒙
恩旨交部查覆但由部行令敎後事已不及總求
冰案自行查覆附列於前來在前也禱切不宣又氏

再各省捐輸総計，無論已未，請獎各款至卅萬兩，即可加定中額一名。文武想部文早經知照他省，已請行者甚多，未知敝鄉曾否足數。伏祈

大公祖大人查明奏請，今秋即可霑此曠典，闔省感戴無極。弟自拜閣讀學，例得奏事而領直樞垣，又未便有所條陳。昨有請查廣西各屬捐數加廣學額之請，摺尾並聲明，中額應由本省自行查办已蒙

恩旨，交部查奏，但由部行知較緩，事恐不及，総求

冰案自行查奏，附軍報發來，庶有及也。禱切。不宣。又頓首

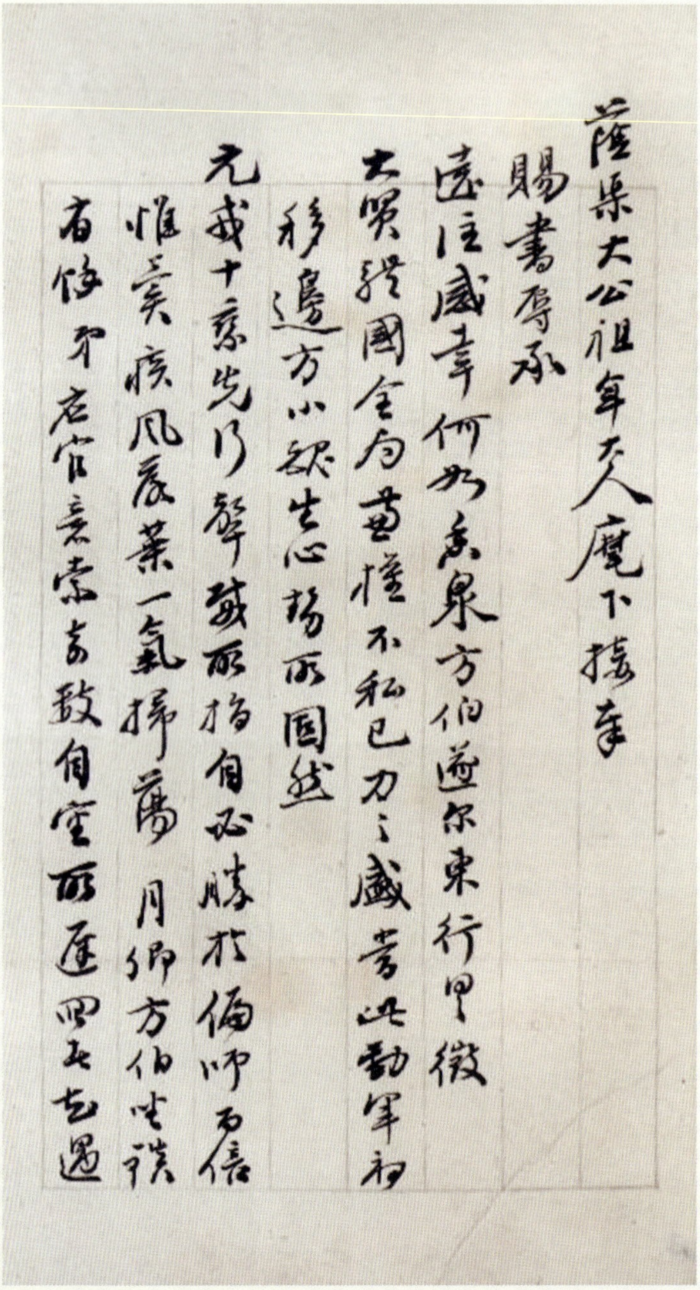

蔭渠大公祖年大人麾下：接奉
賜書，辱承
遠注，感幸何如。象泉方伯遂爾東行，足徵
大賢體國，全局兼權，不私己力，力盛書此勤，軍初
移邊方，小醜生心，揚所固然。
元戎十家先以聲威所指，自必勝於偏師。而信
惟吳楚風疾，萬眾一氣掃蕩。月卿方伯咄誤
省垣不在官意，索方致，自當所匪，罷也遇

蔭渠大公祖年大人麾下：接奉
賜書，辱承
遠注。感幸何如。香泉方伯遂尔東行，具徵
大賢體國，全局兼權，不私己力之盛。當此勁軍初
移，邊方小醜生心，勢所固然。
元戎十乘先行，聲威所指，自必勝於偏師百倍，
惟冀疾風落葉，一氣掃蕩。月卿方伯坐鎮
有餘。弟應官意索，奇數自審。所遲回者，知遇

三段不破起此一圓藥錬成新益仲當歸矢一塵
也近日東征運克庵鄉及草夫儷筆山金狂問招
目去歲犁庵樹未茹損犀玖倍閩陽各甚為佳者
尤妙閩中力為硬文陸已屯閩未士四寅閩陝信
退臣匡孑祖波情以在越者家禮之庭承年矣
欲見卯
大嘉抵須種釈拈必在達馬勝切盼季而敬請
壽為不壽不偹　庇年弟即王拯

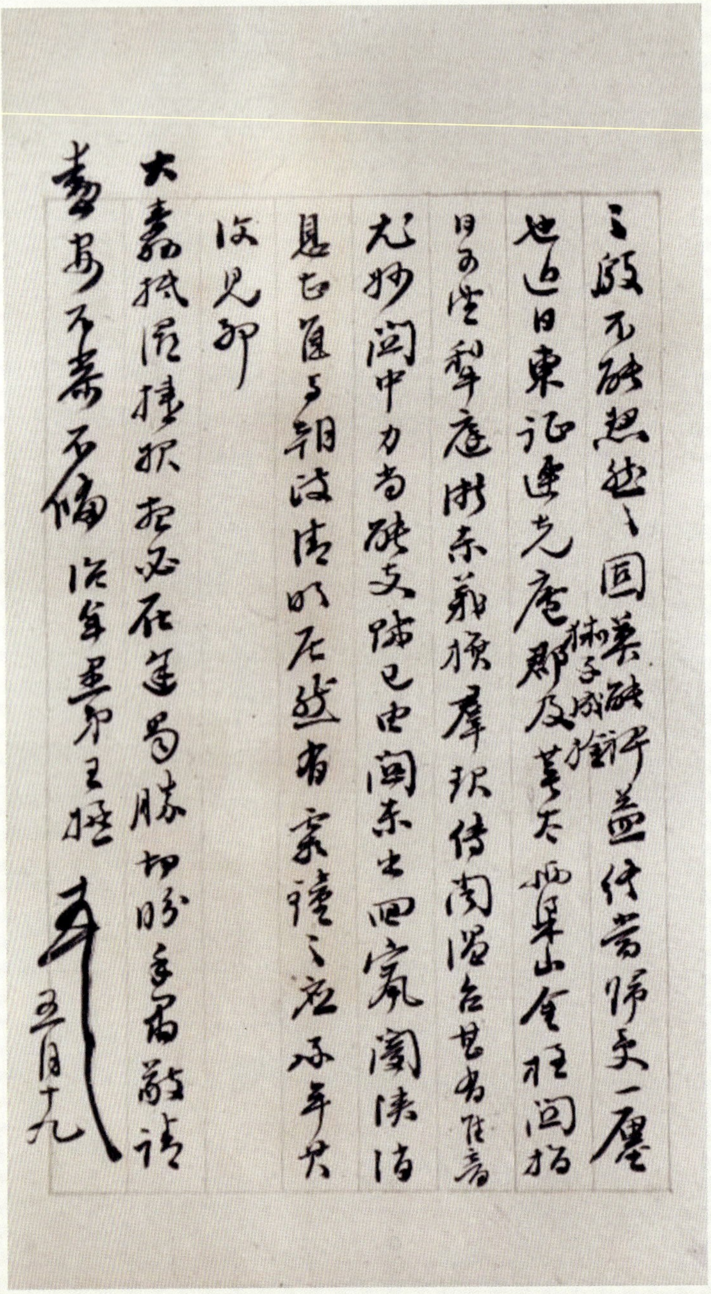

之殷，不能恝然，然固莫能裨益，終當歸受一廛也。近日東征，連克盧郡，猘子成捻及蕪、太、兩梁山、金柱關，指日可望犁庭浙東，義旗羣起。傳聞温台甚有佳音，尤妙。關中力尚能支，賊已由關東出，回竄閿陝，消息甚佳。與朝政清明，居然有霜鐘之應。承平其復見耶？

大纛抵潯，捷報想必在途，曷勝切盼。手肅，敬請

勛安。不恭不備。治年愚弟王拯頓首　五月十九

蔭渠大公祖年大人麾下：月前李到
賜書，為稱倍至，愧感實深。祗惟
勛祉緒隆，
眷恩益渥，仍枉遠尊，與恭荔倍役，重荷
仁麾秋指閩省，叢察定勝，盛戴。然默壤地毗
連，每於軍報中輒及粵事，惟多諱言。
計詳動煩南顧，昨毛中丞亦報蔡境肅清矣。
黄三號蠢情，自以為中軍不敢欺蒞耳。見覲

蔭渠大公祖年大人麾下：月前奉到
賜書，尚稽修復，愧罪實深。祇惟
勛祉彌隆，
眷恩益渥。潯梧遺孽與恭荔餘波，重荷
仁麾親指，闔省蒼黎，豈勝感戴。湘黔壤地毗
連之處，每於軍報中輒及粤事，惟多語焉
弗詳，動煩南顧。昨毛中丞亦報恭境肅清矣。
黄三等蠢蠕，自以為中軍不能親莅耳。見覗

自清谅必遂能为福即希鉴芳尝亦
声威所播烽火自灭所闻贵舰衔尾则又必待俟
照来录诸请已收旦夕可期收朝廷总知矣
粤伯精精斟斟不继难在
明正心知全局不肯剿当请拨以烦
宸衷而亦未尝不瞻怀忧之也及承东北早偏金陵城下
特城大贼众不得不合谋策全中根不能推心
置腹不知猜疑旦夕之敌谢东亦为国维义

曰消，諒必無能為禍。即南邕等當亦

聲威所播，熸火自滅。兩關賈舳銜尾，則又必待滇

黔來路皆靖，恐非旦夕所可期。故朝廷稔知吾

粵餉糈之斷斷不繼，雖在

明公心知全局，不肯頻有請撥，以煩

宸慮，而亦未嘗不睠懷憂之也。曾相東征，早傴金陵城下。

特城大賊衆，不得不老謀萬全。中樞亦能推心

置腹，不相督責旦夕之效。浙東亦各屬團練，義

旗屬起溜受寇，台處克州邑，此將攻湯溪、龍游，
此處自是則與左帥可通聲息。嚴郡事太守圍且定，
城候克則不但嚴郡可圍，進兵即石城亦易下手。
皖營日就廓清，苗氏失其所恃，益不能狡逞。候
軍與李希菴中丞不辭揚和，倚舍捷既破石
進攻當毫者，茱會當根株悉拔。此省履無他
虞，獨閩中所勝最難，逐賊逸為四餘大張，援及
蒲田、壽陽數百里殺戮至數千萬，省城三面被圍

旗羣起。温處甯台，疊克州邑，比將攻湯溪龍游。此處得手，則與左帥可通聲息，浙事亦大可圖。且宣城既克，則不但浙西可圖進兵，即石城亦易下手。皖疆日就廓清。苗民失其所恃，並不敢狡逞。僧軍與李希菴中丞亦聲勢相倚。金樓既破，不日進攻蒙亳老巢，會當根株悉拔。北省庶無他慮，獨關中形勝，最要之區，賊退而回燄大張，擾及蒲同膏腴數百里，殺戮至數十萬，省城三面被圍，

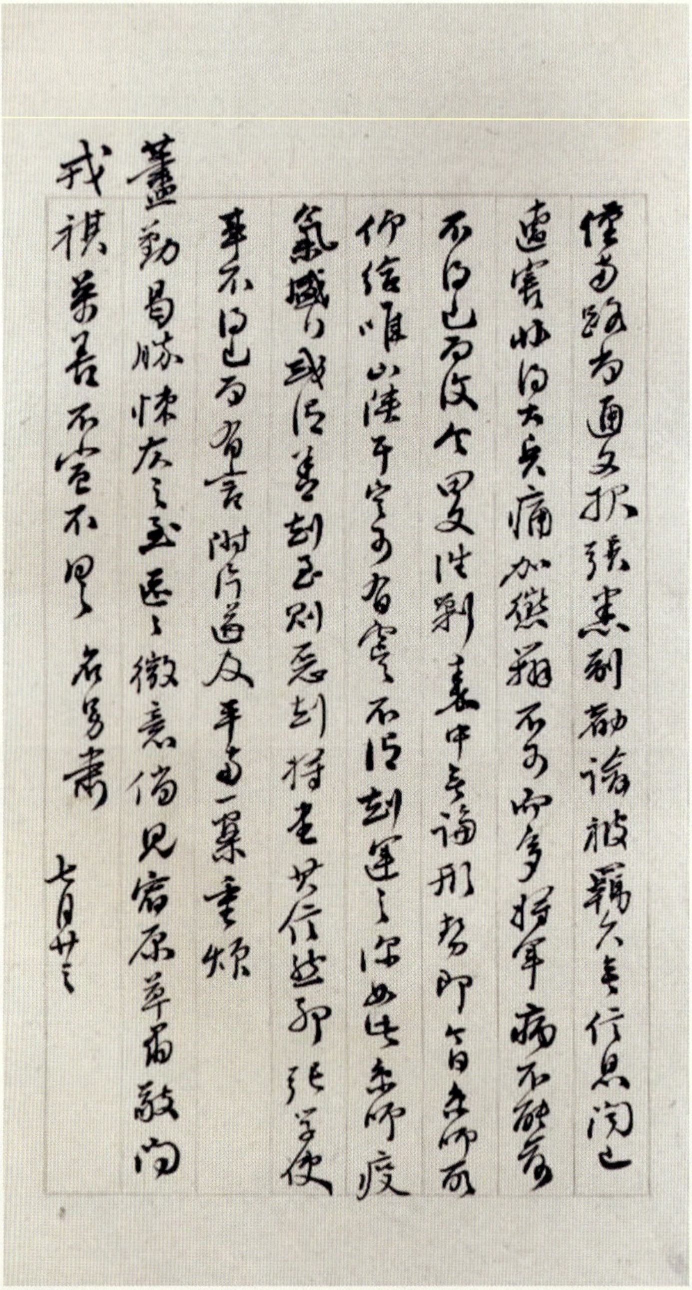

僅南路尚通。又報張憲副勸諭被羈，久無信息，聞已遭害。非得大兵痛加懲辦不可，而多將軍病不能前，不得已而復令田文往剿。秦中無論形勢，即今日京師，所仰給唯山陝耳，豈可有虞？不謂劫運之深如此。京師疫氣盛行，或謂善劫至則惡劫將盡，其信然耶？張學使事不得已而有言，附片遂及平南一案。重煩

藎勤，曷勝悚仄之至。區區微意，倘見宥原。草肅，敬問

戎祺萬善。不宣不具。名另肅。七月廿三

蔭渠大公祖年大人閣下日前在途欣聞
旌從抵津即由董少農函達總理衙門鄧斐援以上聞
即日奉
諭寄少農侍郎即速來京方擬可圖良晤次日黃地山侍郎馳
奏東函陵要問從何處去也周之後從西北家至平
御營平物境蹤跡猶之杖把因從奉
諭寄少農侍郎即出京門徑赴軍營途諒次第奉到矣然之
初赴不過數日降函為南張福陳李諸道都護營乞降

蔭渠大公祖年大人閣下：日前在直，欣聞

旌從抵津，即由董少農函達總理衙門。邸堂據以上聞。

即日奉

諭，寄少農傳知，即速來京，方擬可圖良晤。次日崇地山侍郎馳

奏，東匪復乘間渡河，竄走曲周，之後復西北竄至平

鄉隆平縣境，賊蹤稍稍北犯，因復奉

諭，寄少農傳知，即由津門徑赴軍營。諒皆次第奉到矣。賊之

初起，不過數百降匪，為首張錫珠，本詣遮都護營乞降，

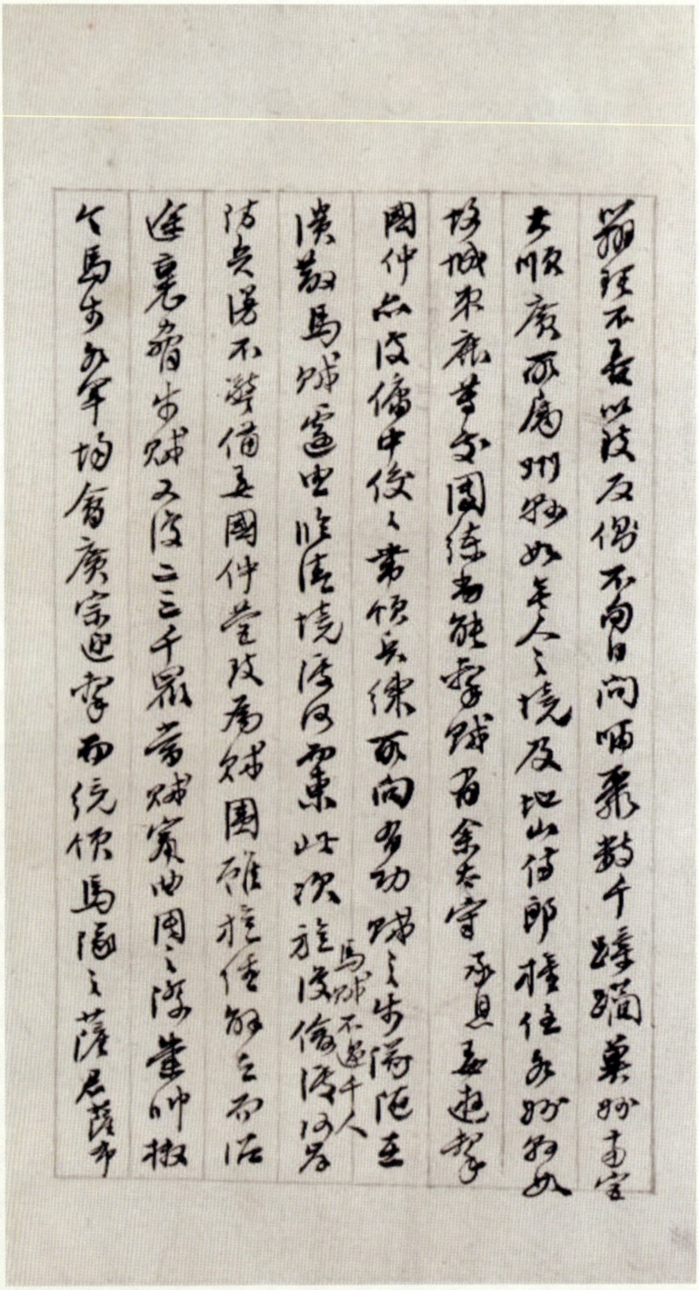

苗疆不甚以復反側，不過日向兩粵黔千嶺猺巢竊害
去歲廣西慶州獨如無人之境，及地山侍郎權任，分路勦辦
此賊東竄，若分團練尚能擊賊，而余太守承恩邀擊
國仲亦設備中俟之，常領兵練，可向多動賊之步，隨陋至
貴敵馬賊竄出，非境後實東，此次旋復備湯以為（馬賊不過千人）
諸兵既不講備，且國仲營設馬賊，團雖旋練，繼之而治
逸竟糾合步賊又復二三千衆，當賊竄由團之防，業仲撤
之馬步各軍均會廣宗迎擊，而統領馬隊之薩君蔭布

辦理不善，以致反側。不旬日間嘯聚數千，蹂躪冀州南宮大順廣所屬州縣，如無人之境。及地山侍郎權任各州縣，如故城東鹿等處團練，尚能擊賊。有余太守丞恩、姜遊擊國仲，亦復傭中佼佼，帶領兵練，所向有功。賊之步隊，隨在潰散。馬賊遽由臨清境渡河而東。此次旋復偷渡河岸馬賊不過千人，防兵漫不警備。姜國仲營致為賊圍。雖旋經解去，而沿途褱脅，步賊又復二三千衆。當賊竄曲周之際，崇帥檄令馬步各軍，均會廣宗迎擊。而統領馬隊之薩君薩布，

皖南屢報成老謨係逼近不進此由兩面夾從北路帶
隔越退則已及歲王廣訪援西統兵軍出隘之後現隨
前往追撲屢要通都會大營等軍趁退隆平向東
進剿賊匪為情賊再北竄於通金陵即裹脅無多
光自以營壘種深湖深情逆賊日前嘗議並將成老謨
皆奉秦矣此賊並非十分驍悍被以遙軍截往防剿年
餘以來陸國兜截為其所竄者甚留兵將皆不能截
兵局勢係特看尚能堅持此心觀望抑為文是悲況

既多孱弱，成都護保遷延不進。地山再四敦促，始能帶隊起追，則已反落王廉訪榕吉所統各軍步隊之後。現雖有徐鎮廷楷及姜遊擊、佘太守等軍赶過隆平，向東追剿，殊難為恃。賊再北趨，相逼愈緊，即裹脅愈多。崇自以資望輕淺，頗深憤懣，故自請嚴議，並將成都護等奏參矣。此賊並非十分驍惡，祇以遮軍辦理防剿年餘以來，諸同兒戲，為其所窺。直省惡習，兵將皆不聽命。各屬勇練，轉有尚能擊賊者，亦觀望弗前，文星老既

已補項業公子念時合沅中樞以威望重地屏藩
輦轂所係至為切要當須屬意
仁應及呈不日已而轉輝粵疆之密以為桂門鎮福快收
第云不可朝野同深引領之望也
光聲威到處一新氣象小醜定亦亡魂喪膽不日蕩平
地方撫揖邊口情形詳布以備一二悉付訶
兄年間劉玉衡司馬來京具悉備詳
尊意一一領悉所囑謹之復即與玉衡晤陳並與兩談

已顢頇，崇公子亦殊召玩。中樞以畿疆重地屏藩，
輦轂所係，至為切要，久經屬意，
仁麾及是不得已而蹔釋粤疆之寄，以為北門鎖鑰，決非
萊公不可。朝野同深引領之望，想
先聲所到，壁壘一新。蠢茲小醜，定必亡魂喪膽，不日蕩平
也。正擬將近日情形詳布，以備芻蕘。並有一二要件録
呈。午間劉玉衡司馬來都相晤，備傳
尊意，一一領悉。所有録呈之件，即交玉衡帶陳，並與面談

棣帆方伯麾下：遞閱來書，甚慰。中帳王處訪，尋自當來從為
首夫將一第最久，熟習情形，人極勇敢，並備即奏。近日岑帥奏
請放上等中請陳方略，務須理遣赴
鄂，並祝軍務。接兄函，並可見所知其人，參謀帷幄。昨衡等紀號
營前左營一指，即陳與前年往內來接，候其不遽向閣兄，如驛遞
不誣。郭玉衡率救風平即行，即已邱空或取而兄分撥咐
特因平日諳熟，此路尚一人略知（仍係由玉衡面述）
時祺，不盡不備。弟拯頓首。仲春望後燈下
再，係軍制實據大吏之可為法昨函，昨論之布馬隊四副，查來之綿夫之又

梗概，可為轉達。聞直省官吏中惟王廉訪，新自晉來。從前官大順一帶最久，熟習情形，人極勇略兼倫。即如近日崇帥奏陳所上禀中，指陳方略，極有理道。想

明公視軍相接見，亦必可一見而知其人，參謀帷幄，折衝尊俎，要當首屈一指。弟雖與有年誼，向未接晤，並不通問。聞見如斯，定不誣耶。玉衡本欲明早即行，弟恐邸堂或欲面見，有所吩咐，特留半日。謹先泐此，略布一一，餘仍由玉衡面達。順頌

鴻祺。不恭不備。弟名正肅　仲春廿三夜燈下

再，僧軍剿亳捻，大致已可肅清。昨亦有　諭，令帶馬隊回剿直東之賊矣。又及。

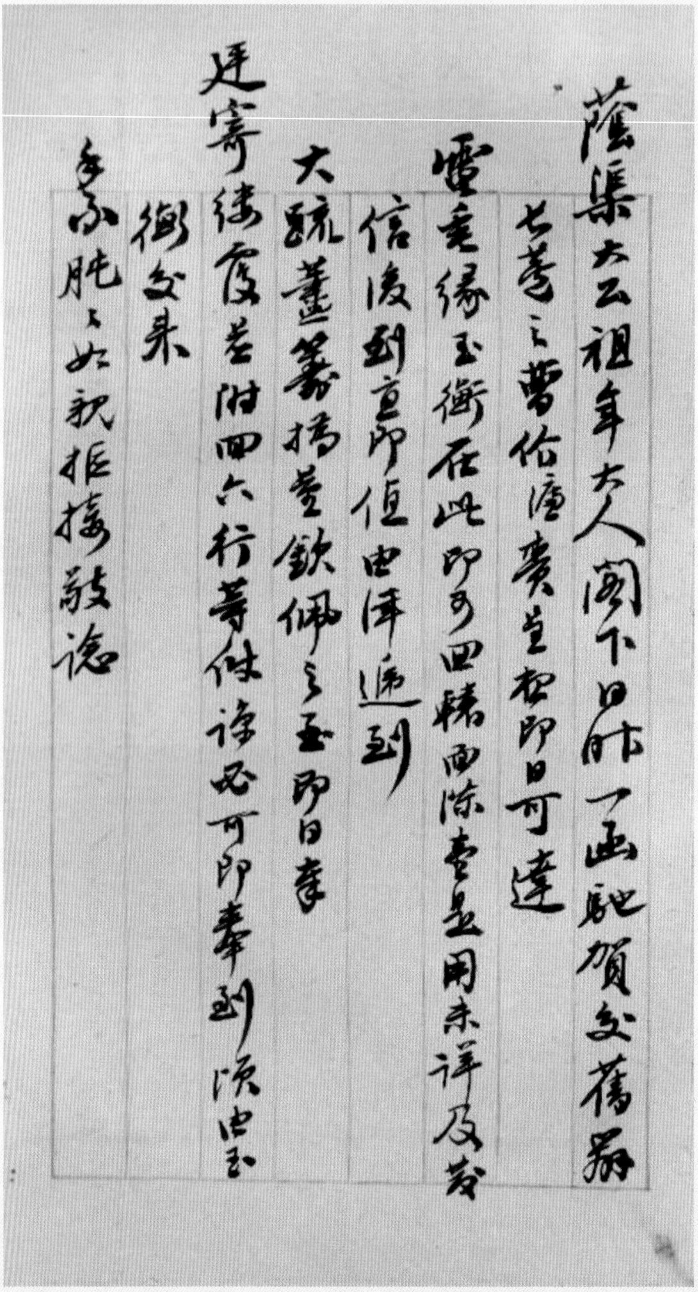
蔭渠大公祖年大人閣下：日昨丁函馳賀，並舊屬
七蓋之曹佑唐賫呈，想即日可達。
電垂緣玉衡在此，即可回轄西陲，[illegible]是用未詳，及茲
信後到，直即值由伻遞到
大疏，[illegible]籌擣並欽佩之至，即日奉
廷寄，續度並附四六行奏件，諒必可即奉到。須由玉
衡交來
手示，肫肫如飫，[illegible]接敬謝

蔭渠大公祖年大人閣下：日昨一函馳賀，交舊辦
長蘆之曹价濂賫呈。想即日可達
電垂。緣玉衡在此，即可回轅面陳壹是，用未詳及。發
信後到直，即值由津遞到
大疏，藎籌撝量，欽佩之至。即日奉
廷寄縷覆，並附回六行等件，諒必可即奉到。頃由玉
衡交來
手示，肫肫如親摳接，敬諗

台旌遄發赴營，幾南小醜本不足平，重以
仁麾威望所至，克捷中外，同深引領，何慰如之。聞
玉衡述及尊營所調親軍，當於旬日內到，定不
誣耶？東西兩甯，粵東南寧意，未知何處兼扼，
旦晚必當續至，此時
旌從自必由肇先至，何間確據，兼營所至，肇慶
文武亦必有迎至者。前函所陳庵訪王石從左營
故統率兼領步隊，僅擬撥其來轅面詢賊情

台旌遄發赴營。畿南小醜本不足平，重以
仁麾威望，所至克捷，中外同深引領，何慶如之。聞
玉衡述及滬營所調親軍，當於旬日可到，定不
誣耶。東匪由甯晉東南竄走，未知何處。崇報
旦晚必當續至。此時
旌從自必由津先至河間，確探崇營所在，軍前
文武亦必有迎至者。前函所陳廉訪王公，現在前
敵，統帶各項步隊，僅能檄其來轅，面詢賊情

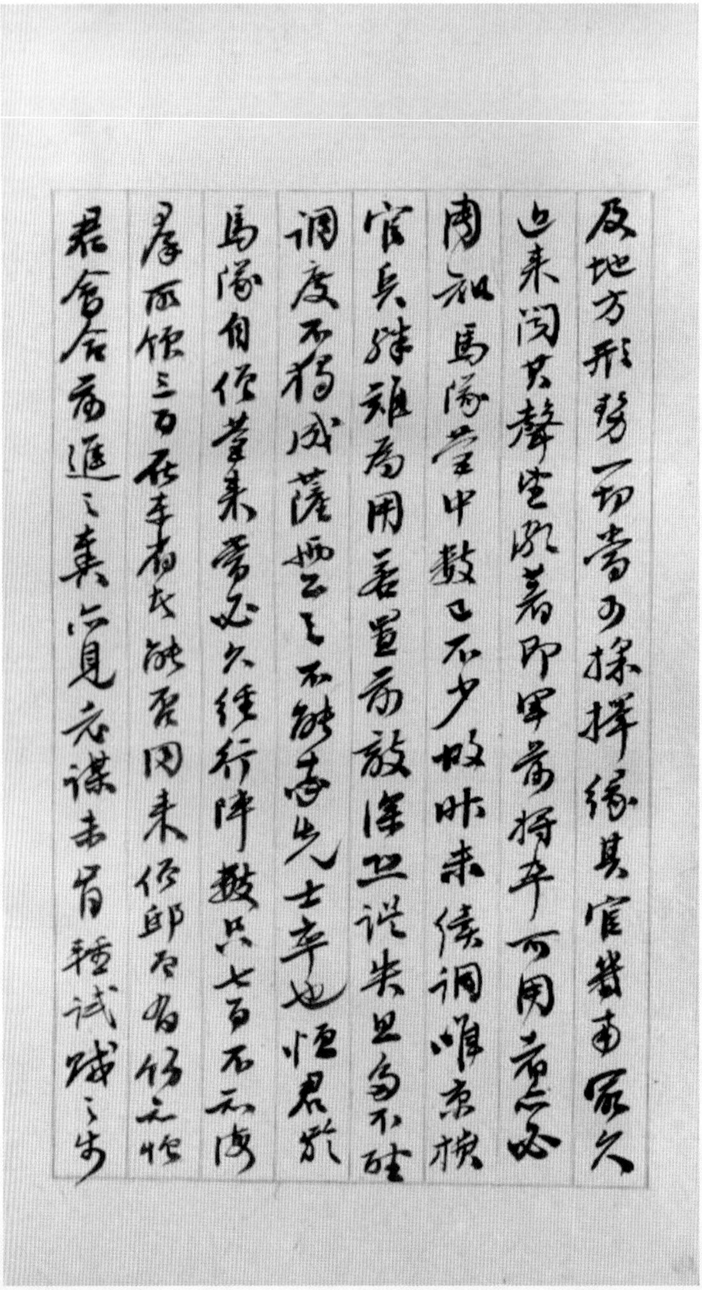

及地方形勢一切當可採擇緣其官費甚家久
亦來閩其聲望甚著即軍前將卒可用者亦必
周知馬陽堂中數亦不少故昨來續調唯袁楨
官兵雖難為用若置前敵深恐誤事且多不諳
調度不獨成藩無之不能處先士卒也惟君於
馬隊自從前來當必久經行陣數只七百不知
尊處餉項三月底本有長餘存因來信聊知爾何之能
君會合商進之襄尚冀見示謀畫種試賦之方

及地方形勢，一切當可採擇，緣其官畿南最久，近來聞其聲望頗著，即軍前將卒可用者，亦必周知。馬隊營中，數已不少，故昨未續調。唯京旗官兵，殊難為用。若置前敵，深恐誤失，且多不聽調度，不獨成薩兩公之不能率先士卒也。恒君齡馬隊自僧營來，當必久經行陣。數只七百，不知海羣所領三百在東省者能否同來。僧邸曾有飭知恒軍會合前進之奏，亦見老謀，未肯輕試。賊之步

隴右逆裹會匪乘易叛，唯馬賊千人必須痛加
剿洗。已自來函經飭劉嶽昭帶得力馬隊進剿，不
能及之。右帥得力步卒，於徒而進，未易殄除。馬賊一
敗，則步賊馬亂。而此次馬賊分股復回，人數較
為甚多，能使馬步精軍合力殄除，使其集解不
得東歸，幾稱厝火安枕，即東西皆覺心開，風而陝
矣。郎官北坡竊達中樞左右，亦深用賞歎。
卿公佛法卓然，當此北門籌論重寄，謀定後動，計

隊沿途裹脅，易聚易散。唯馬賊千人，必須痛加剿洗。恐自來未經懲創者，顧非得力馬隊追剿，不能及之，亦非得力步卒相繼而進，未易殄除。馬賊一敗，則步賊鳥獸散。而此次馬賊分股渡河，人數未為甚多。能使馬步精軍合力殄除，使其隻騎不得東歸，畿輔庶幾安枕。即東匪餘黨，亦聞風而潰矣。邸堂明敏豁達，中樞左右，亦皆同寅協恭。明公偉望卓然，當此北門筦鑰重寄，謀定後動，計

出某金中朝影不至求諸表及以人文動為學李
將息有疲弩已成積錮軍務彌久直是不得相
佛望我昨推魔麦包藉神必為一振猶以瀛寬大主
此時尚狀武襄手寵者軍之日即大係積之局股栗
太息風采拭目俟之閱玉衡言
四公指揮卒以骨先士卒親臨日陣督時未有見諸
帥此役軍別持長法於中軍須設定必有以愷出
之矣仰希

出萬全，中朝斷不至相督責，及以人言動為牽掣。特直省疲弊，已成積錮。軍前號令，直是不行。想偉望新臨，旌麾變色，精神必為一振。猛以濟寬，尤在此時。昔狄武襄平蠻，莅軍之日，即令余靖亦為股栗。大賢風采，拭目俟之。聞玉衡言明公督軍，率以身先士卒，親臨行陣，則時各有宜。督帥非復一軍別將者比。想中軍旗鼓，定必有以慎出之者矣。仰荷

擕仲輒布胷臆庵笙能否速到李譔明年身歷時多
以後函尤爲頌荷承
示幕僚均已就緒玉徽即日赴營弟與同鄉舊好近聞
品詣益純當必不負任使省幕友李蜀人傳綸與
弟有連係爲屬轉也爲在寓臣蓀相集地山交昨
蒙寫書乞爲介紹其人幸屬明吾如蒙
羅致出分隸候之勞無多放心又庶出羽之陳元禄現
隨來營因文字尚未與弟風交知其爲抱奇士

撝沖，輒布胷臆。滬軍能否速到，李鎮明惠等何時可
以繼至，尤為懸切。承
示幕僚，均乏親信。玉衡即日赴營。弟與同鄉舊好，近聞
品詣益純，當必不負任使。有幕友李菊人傳綸，與
弟有連，係屬展轉，近為石襄臣薦於崇地山處。昨
曾寓書，乞為介紹。其人尚屬明妥，如蒙
羅致，足分案牘之勞，亦可放心。又唐山縣令陳元禄，現
隨李道同文，在津當差，與弟夙交。知其為振奇士，

大德下僚，仰見康弟精明幹練，絶異凡俗。並書考
軍記室之任，於崇文、蘇州諸人中書生而有爲有守
者。時之闒茸迴殊矣。弟丁科選拔同年，亦頗深知
倚豪椒調，兼善均可以備留指，不僅詠林宗窠
文遊，故而亦佳妙。如果後有而未及見聞，一一爲覓
兩浙厚承
不棄孤弟書文，至直當以歲仰瑣，或不至遺缺，即荷
緩急亦必如所請。此請旬

久淹下僚，弗克展布，精明幹練，絶異凡庸，足當參軍記室之任。新樂令蘇汝謙，人本書生，而有為有守，與時之闒茸迥殊，與弟丁科選拔同年，亦所深知。倘蒙檄調來營，均可以備臂指。不佞踈拙，素寡交遊，故所知絶少。如其後有所知，及見聞一二，苟有所裨，辱承

不棄，敢弗盡言？至直省近畿餉項，或不至過絀，即有緩急，亦必如所請也，請勿

廑情也。玉衡以期間旬日暫延，須指告無虞，遲因對

先帝遠遠，錄仍係玉衡劭舉，不喬兩逢，余北尹林君

親特，回直當年，為郎，重承識拔，無里程傷。未沒以無

得未前在為一案，方是有為風氣

荆州極深依倚，屬為一言先容，想無不遇識者無投

石祥根珏圖抄柴從也，並因邦延已遷，即由東北對

發特先及此，挽燈草草，敬請

桂安，不莊不備。

治年愚弟王拯頓首　十月廿八

附呈李君名條一紙

廑懷也。玉衡行期，聞尚有數日延，頃持稟函屬遞，用特
先布區區，餘仍俟玉衡赴營，可為面達。京兆尹林君
穎叔同直有年，為邸堂所識拔。亟思整飭求治，以必
印壽圖
得制府相為一氣，方足有為，夙慕
荆州，極深傾倒，屬為一言先容。想兩賢相遇，鍼芥必投。
有裨於公，罔弗樂從也。茲因郵遞恐遲，即由京兆封
發，特先及此。挑燈草草。敬請
捷安。不恭不備。治年愚弟王拯頓首　二月廿六夜分
附呈李君名条一紙

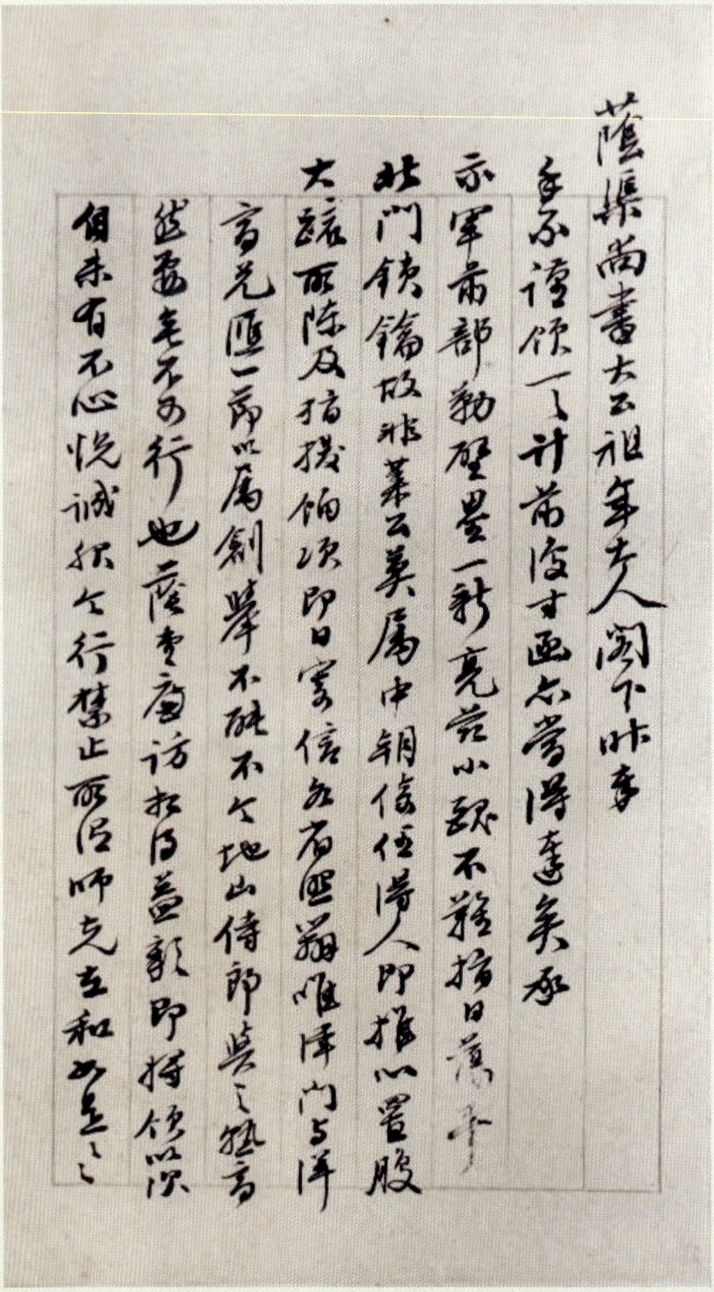

蔭渠尚書太公祖年大人閣下：昨奉
手示，讀悉一一。計前復寸函，亦當得達矣。承
示軍前部勒壁壘一新，亮哉小醜不難指日蕩平。
北門鎖鑰，收非某公莫屬，中朝倚任得人，即推心置腹。
大端所陳及指撥餉項，即日當信無有阻難。惟津門與洋
商先匯一節，以屬劍峰，不能不以地山侍郎與之熟商，
然發電亦不可行也。蔭查屢訪，報日益該，即將領以次
俱未有不心悅誠服，令行禁止，所以師克在和，如是云云

蔭渠尚書大公祖年大人閣下：昨奉
手示，謹領一一。計前復寸函，亦當得達矣。承
示軍前部勒，壁壘一新。亮茲小醜，不難指日蕩平。
北門鎖鑰，故非萊公莫屬。中朝倚任得人，即推心置腹。
大疏所陳及指撥餉項，即日寄信各省照辦。唯津門與洋
商兑匯一節，以屬創舉，不能不令地山侍郎與之熟商，
然要無不可行也。蔭堂廉訪，相得益彰。即將領以次，
自未有不心悦誠服，令行禁止。所謂師克在和，如是，如是。

也人多不識此四字謂以因應合何為且得歟為和嚴
事之所以每不振也滬瀆所調親軍應已多到何地矣
未何人可為用耶
大君子之樞紐在曾易克讓此番所論薦閩陳七元禄
現已通籍其人頗負擔當而能通達時務曾從楊粵
而力從平寇要用力向來陸亦有過合而能發其長
蘇人也謹則是書生沈靜一路頗亮身累現任新桑
故為閩若取調以海疆則馳驅盡之此所長也已

近人多不識此四字，誤以同流合污、苟且將就為和，衆事之所以愈不振也。滬瀆所謂親軍，應已可到。何地無才，何人不可為用，顧非

大君子之樞軸在胷，曷克語此。前所論薦，聞陳令元禄現已隨營。其人頗負振奇，而能通達時務，胷次極高，而力從平實處用力，向來雖亦有遇合，而非能真賞者。蘇令汝謙，則是書生沈静一路，親老身累。現任新樂，頗為困苦。顧調以隨營，則馳驅奔走，既非所長，且恐

用違其才陝來撫調甚易之在
昭西花使之再晉廣藩省奏到苗練叛逆後著請
飭僧軍回軍會剿即以魯東軍務專委僧大帥統
籌濟帥須俟北路肅清然後移軍再行赴皖以免後
顧大局僧軍馳來以抵濟寧初李成任虎及張守義
等捻股將援淄川合併逆黨已捻軍於淄川東北擄擾
捻匪剿餘匪三四千人逼入淄城大帥進駐淄城之北
諸大帥者主事文武提督按圍一面調齊礮位進攻

用違其才。既未檄調，甚善，甚善。在

明公器使之耳。前日唐蔭翁奏到，苗練叛迹復著，請飭僧軍回軍會剿。即以直東軍務正緊，未便使大帥輒為返旆，須俟北路肅清，然後移軍，再行赴皖，以免後顧。今日僧軍馳奏行抵濟甯，知李成餘黨及張守義等捻股將投淄川合併。遂已督軍於淄川東北，將羣捻痛剿。餘匪三四千人遁入縣城。大帥進駐淄城之北，督令東省在事文武掘濠致困，一面調齊礮位進攻。

昨接應處移據宜昌川石城陸小帆呈送練勇劉任懷大綏
已閱糧款又係據臺解千餘加以從軍勇據請書踏白
奏功既將似大薩當自爲籌理並已密行函御僅希庵
中丞赴皖營最詩當風傳從豪均書竊慮彼使以爲後
圖之
尊諭反側之徒適合英雄所見略同惟前泰道岳奎津
之其中實有爲不良之徒勾串賊營以致敗者此中區
究情不可不善爲分晰似在軍中察務擬詳加訪察直

臨機應變，極得機宜。淄川石城，雖小而堅。逆練劉德培久踞，已聞糧缺，又添捻黨數千就食，加以僧軍勁旅，諒當指日奏功。皖北仍令蔭翁自為辦理，並已寄信湘鄉，催希庵中丞赴皖。宋景詩、雷鳳鳴，僧意均當羈縻役使，以為後圖。與

尊論反側之徒適合，英雄所見略同。惟前秦道聚奎陣亡，其中實有為不良之徒勾串賊黨以致敗者。此中屈寃憤，不可不苦為分明，似亦軍中要務，想詳加訪察，直

者不必有饒知其的實之人昨秦世之稿和要求更以寬

弟華辛丑同年實尚未深知也

狀見示並其國里女大司空大空精似引插郵之印則

勸其不必在本控訴以已遊原郵且事傷查必不使其深

後文都軍原奏稍竟不詳且尚失實祠祀題中原居似

爲未及其號對夜伯觀學清同為真人亦痛念也賦分而

北而股分家

蘿

謀學翁五爲同匯本日寄此示信名已叢怖防墙四家

閱易賦多生惟情值到特來函得大加絕劍此時人數

省亦必有能知其的實之人。昨秦世兄（弟本辛丑同年，實向未深交也）福和來京，曾以寃狀見示，並呈其同里文大司空，大空轉以引嫌却之。弟則勸其不必在京控訴，以已邀厚卹，且奉飭查，必不任其湮沒。文制軍原奏，稍覺不詳，且尚失實。祠祀題中應有，似亦未及。其與劉筱伯觀察，皆同為直人所痛念也。賊分南北兩股分竄。

蓋謀擘畫，至為周匝。本日寄山東信，亦已嚴飭防堵回竄。聞馬賊多出臨清館冠，將來必得大加懲創。此時人數

之爲誠由所到易於裹脅民况甚賊而尤苦兵一經賊則
賊不敢擾兵尤莫之誰何論者咸謂清源以節流尤在嚴
明軍律兵不擾民則賊不能脅從而醜類難爲其散者
限制翦日易爲功秦世兄德宦在直有年昨來亦極之
此或不爲無見耶
仁威所播今爾秋毫拔萬不啻此耳　又承
示及直省團練事可用而驕擾尤甚嘗見此風之有自來
淮豐團表甚稱練精免惡習易令從之乃敢用鄉

之多，誠由所到易於裹脅。民既苦賊，而尤苦兵。一從賊，則賊不相擾，兵亦莫之誰何。論者咸謂清源以節流，尤在嚴明軍律。兵不擾亂，則賊不能脅從。而醜類雖多，其數有限，剿辦自易為功。秦世兄隨宦在直有年，昨來亦極言此，或不為無見耶。

仁威所播，令肅秋毫，故當不慮此耳。又承示及直省團練，本可用，而騷擾尤甚。亦可見此風之有自來。清豐團最著稱，能稍免惡習否？易令領之，乃敝同鄉，

向和深知特吳蘇〻均為劉觀察所謝貴尹他所礼
或不避耶林系所昨来談次忽感稱其同御有直者
兩人或指名賜附呈以備藥籠〻儲所不厭其多也
玉衡本早到營蓋老練以容畢故不在驕豪康禾
也有相略當以暮信置〻輪臣〻子頭角嶄〻因於屋
狹隘已甚不能兩住特寓其辰僧於威好劉比部寓中
閑文燮然有章或竟能取捷為故人喜願世長文
集翰臣亦後必大昌陛國然也東林快送尤為

向弗深知。特與蘇令，均為劉觀察所激賞。尹他所取，或不誣耶？林京兆昨來，談次亦曾盛稱其同鄉官直者兩人，茲將名條附呈，以備藥籠之儲，故不厭其多也。玉衡想早到營，愈益老練。以家累故，不欲驟棄廣東近省，想必有以善位置之。翰臣之子，頭角嶷嶷。因敝廬狹隘已甚，不能留住。特囑其居停於戚好劉比部寓中。闈文斐然有章，或竟能聯捷。為故人慶慰，悲喜交集。翰臣厥後必大昌，理固然也。東牀快選，尤為

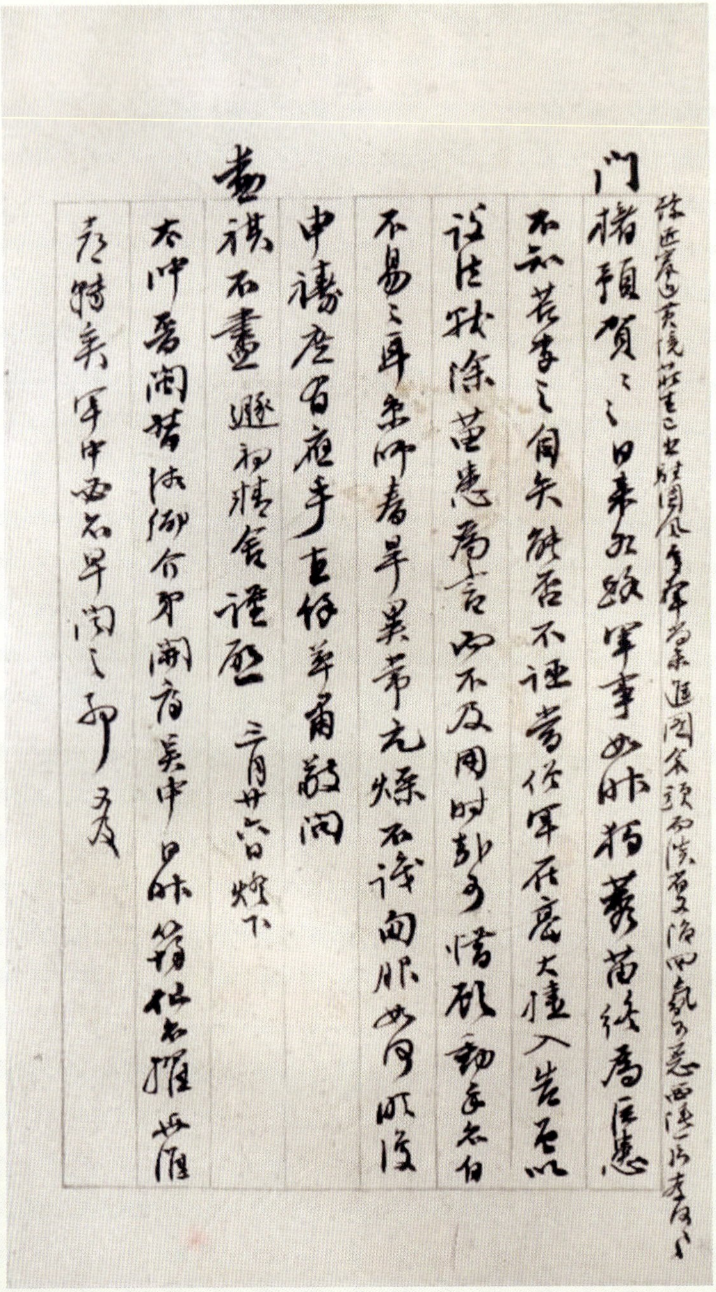

豫匪竄近黄境，莊生已出駐團風。多軍尚未進圖倉頭，而滇省又陷，回氛可惡，西陲一片。奈何？奈何？
門楣，預賀，預賀。日來各路軍事如昨，獨𦰡苗終為巨患。不知苦李之自矢，能否不誣。當僧軍在亳，大捷入告，曾以設法就除苗患為言，而不及用，時哉。可惜。顧動手亦自不易易耳。京師春旱，異常亢燥，不識甸服如何。明復申禱，庶有應乎？直餘草肅，敬問
勳祺。不盡。遯初精舍謹啓　三月廿六日燈下
太沖晉閩督，湘鄉介弟開府吴中，日昨筠仙亦擢兩淮都轉矣。軍中必亦早聞之耶。又及。

蔭渠大公祖年老人閣下：正擬泐函奉布，適接
惠書，以時務注並荷
見懷佳什，
雅意肫摯，不啻讀江上峯青。下忱惟地方軍務正當
新政百度更興之際，殊荷
不遑。嘗懷天末，盛愧久修，歉切不安，如何如何。重承
并示閣函良多。張玉懷集弟均經伏讀，佩
仁威所播，曷允驪嶽，楊州嶺之輓，亦羈勒有所

蔭渠大公祖年大人閣下：正欲泐函奉布，適捧

惠書，以時存注，並荷

見懷。佳什

雅意肫然，不啻讀江上峯青之句。惟地方軍務，正當

新政百度具興之際，猶荷

不遺，寄懷天末，感媿之餘，彌切不安。如何？如何？重承

手示，開益良多。張玉懷、王恩第均經伏法。非

仁威所播，曷克驟辦。楊鵬嶺之塹示羈劫，有所

不稱已者宗常詩首篇情形如見近閱東人傳說
有又覈劉坐華曾和田麥之事此久成巨患至
益難圖佐郎省跂極坐不過法度傑至為不自
揆裨益時乃妄有所陳未知此時能否即為相
見敝知遠西謀議之後動不出時不無泥於所言也義
將中丞權得佐軍還師至為迫切時有能派又須于
經國之言本州縣請已聞至較吉為覺布軍務
惟其揭內所陳病狀誅非托窮不知能調理否

不獲已者。宋景詩首鼠情形如見。近聞東人傳説，有又霸割堂莘等縣田麥之事，恐久成巨患，愈益難圖。僧邸有致樞堂公函，往復深至。竊不自揆短淺，昨乃妄有所陳，未知此時能否即辦。想見微知遠，必能謀定後動。不失時，亦不泥於所言也。義渠中丞欲得僧軍返旆，至為迫切。昨有臨淮又稍可穩固之言。希帥得請已開署缺，專辦皖省軍務。惟其摺内所陳病狀，諒非託辭。不知能調理就可，

以速皖以后江皖鄂之防甚固皖南北逆匪之窺兩省
者一擊便回桐舒一帶搶掇綫逆又暎黃逆勾合陳
逆燐之黨諜者將圍逼安慶之意中權玉班時
忽以此兩除弟寶法卿信宜加慎右師不急亦撓卻
先清皖境的是老謀如雖由寧廣以圖東灑不惟
可與皖城通策且與皖南中丞之軍互以夾攻金陵不
識與時勢有合否長江水師甚盛但九洑洲要地為盾
賊踞逼窩甚李之生不臣不叛之間二浦之治任撼鼓

以速皖行否？江皖鄂之防甚固。皖南北逆匪之窺兩省者，一擊便回。桐舒一帶。捻髮結連，又與苗逆勾合，深虞賊之蓄謀，有將圍逼安慶之意。中權至要，昨亦以此面陳。有寄湘鄉，倍宜加慎。左師不急取杭，而先清皖境，的是老謀。如能由甯廣以圖東壩，不惟可與皖城通氣，且與沅甫中丞之軍可以夾攻金陵。不識與時勢有合否？長江水師甚盛，但九洑洲要地，尚為賊踞。道旁苦李，亦在不臣不叛之間。二浦之陷，任賊數

前從京寄江西自注云何與夷人爭格（長）船之利否
之與歸不知聞也其諸行之此亦意而所貽只義也諸首
陵懷安仁柱杖光景之燭七十老翁尚何所求如此亦大
何所感此非張不佳問英人皆謂實則到黔者有在籍
要也雖然雞鳴狗盜猶當可以此等語之使成美名
而自剝我國家元氣諸英人必有以處此伏叡山情
何所誅及洋夷則惟當循用老成說以係川黔者請
兵偷渡得越右饒姑謀謀其單騎此時但當度外

萬從容渡江，而自往五河與賁里，争塩船卡之利，謂
之與賊不相聞者，其誰信之？此亦藍面所貽毒也。滇事
復壞，安仁枉投兇暴之燼。七十老翁，復何所求？如此亦大
得所，城北殆不堪問。勞人督滇，實則到黔尚有應辦。
孟嘗縱尔雞鳴狗盜，獨豈可以此等誅之，使成美名，
而自剥我國家元氣？諒勞人必有以處此，沈毅非清
河所能及。滇事則惟當循雩老成説，以俟川黔胥靖，
兵餉皆綽然有餘，始能認真舉辦。此時但當度外

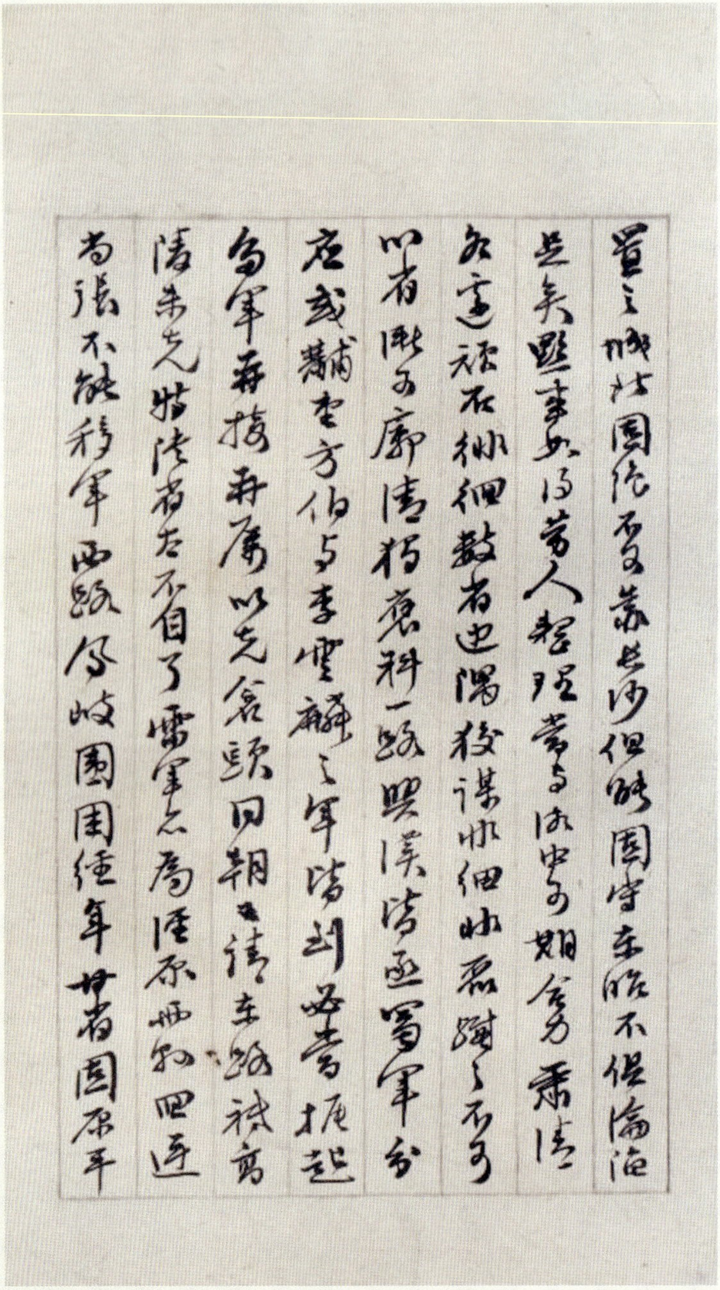
置之城外圍繞要害并沙但能固守未能不保倫治
是矣照事如何著人程理當為此中之姻介肅清
無遺請在於細數者也閣後謀於細水君矯之不可
以有隙之處請將應科一路與漢陽匯聯軍分
屯或請李方伯與季雲麟之軍清剿安常擾起
西軍再接再厲以先奪顛回朝請並路被害
清末先生清有志不自了需軍之為經原西和四近
尚張不能移軍西路以岐國周經年惟有固原平

置之，城北固絶不可靠。長沙但能固守，東昭不俱淪陷，足矣。黔事如得勞人整理，當與湘中可期合力肅清各邊。頑石徘徊數省边隅，狡謀非細，非聚殲之不可。川省漸可廓清。獨褒斜一路，與漢皆亟，蜀軍分應。或黼堂方伯與李雲麟之軍皆到，必當振起。多軍再接再厲，以克倉頭。同朝已靖，東路祇高陵未克。特陝省太不自了。雷軍亦為涇原兩縣回逆尚張，不能移軍西路。鳳岐圍困經年，甘省固原平

除當漢安之匹敵，本賊熒陽定壽，雖舊當僕而調
良軍到齊，方可展佈，將馬軍門法照此為要，若所
微不能為法耳。寄馭節變，換要之局仍不甚特甚也。
將為洪續隨同為遠地而輕重紛紛，昨李粵人方
旌節北行，不勝攀戀，而善如何？元戎出滌勸而未予
即江夏志雖將有此位高屬之賊與廣陵之英民均此
細思柳且整指其頃來有論者不能不曰望於彼地
力人事諸多未盡，昨筠仙書來從粵革家一籌其白

涼皆復岌岌。熙制軍駐慶陽，空拳難奮。當俟所調各軍到齊，方可展布。獨馬軍門德昭恐尚為西安所綴，不能前往耳。甯夏等處，撫回之局，仍不足恃。甘恐將為滇續，雖同為邊地，而輕重攸殊，則奈何？粵人於
旌旆北行，不勝攀戀，而莫如何。元獻真除靳而未予，即江夏亦難獨肩此任。高屬之賊與廣海之客民，均非細患。抑且釐捐等項，東南諸省不能不有望於彼，而地力人事皆多未盡。昨筠仙書來，謂粵事所辦，如得

城中十之六七必不可觀，頗聞粵中士紳有謂非洋人不可
借夷誠使付實得人，未必到十之六七，猶不能及十之三乎
寇寧門趣高，已不無弊，度千萬觀其人總不同自
太獅行將閩撫為制府，以陳未知能自
慈聽以叔印諸否耶，此皆為粵事計，非有所私也
京師春旱至今，屢經虔禱祈雨未應，宮府憂灼，近來始
畿輔地均得兩番雪，此外亢熇如常，前門尤甚
已謂陽非時沛滂沱不可，未復軍中之氣，楚田圓

湘中十之六七，必已可觀。顧粵中士紳，有斷非湘人所可例者。誠使付寄得人，未必到十六七，獨不能及十三四乎？崑軍門赴高，恐亦無濟。唐子蕃觀察，人極可用。自大旆行，復將閑散。擬為剡牘以陳，未知能得鼎言以相印證否耶？此皆為粵事計，非有所私者也。京師春旱，至今屢經虔禱，輒有所應，而霖澍迄未沾。聞輔地均得雨，獨百里内外，亢燥非常，都門尤甚。節已端陽，非即沛滂沱不可。未識軍中何若，農田固

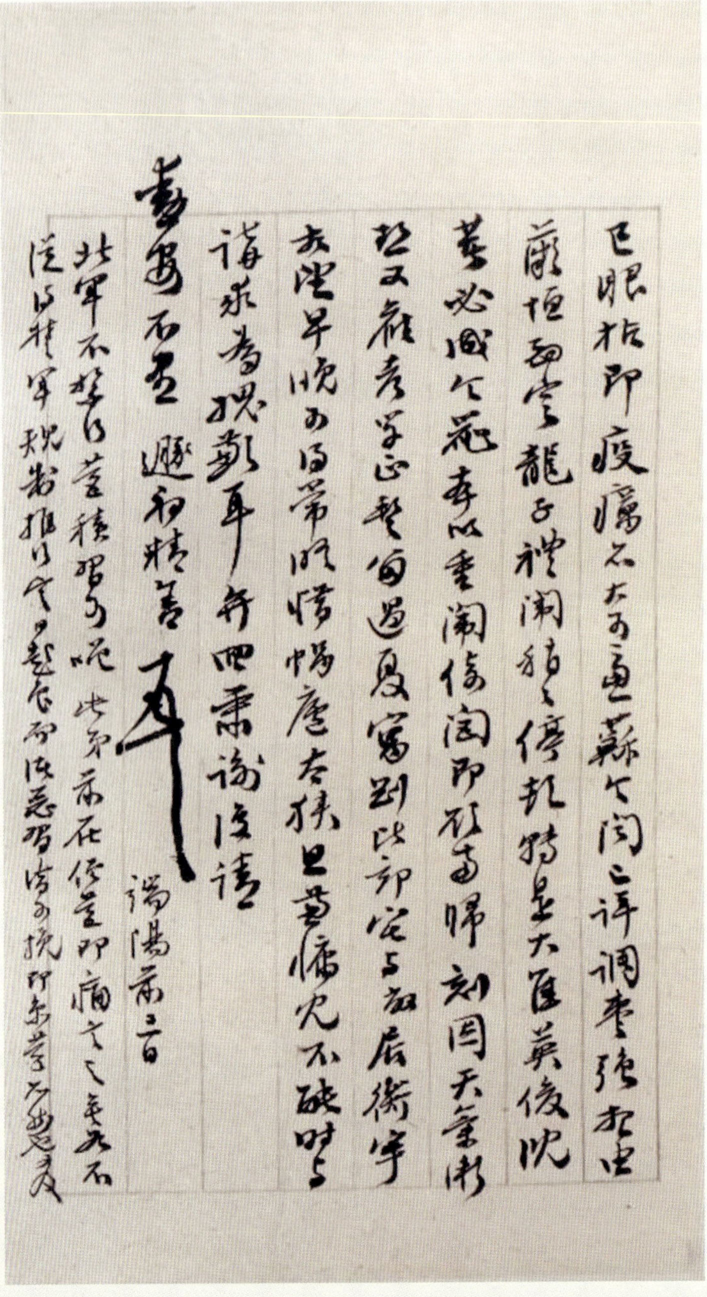

已眼枯，即疫癘亦大可慮。蘇令聞已詳調枣強，想由薇恒酌定。龍子禮闈稍稍停頓，轉是大佳，英俊沈著，必成令器。本以重闈倚閭，即欲南歸，刻因天氣漸熱，又候考學正，暫留過夏，寓劉比部宅。與敝居衡宇相望，早晚可得常晤，惜蝸廬太狹，且兼慵冗，不能時與講求為媿歉耳。弁回肅謝。復請

勳安。不盡。遯初精舍頓首　端陽前三日

北軍不紮行營，積習可憎。此弟前在僧營，即痛言之矣。無如不從。得楚軍規制推行，定日起色，而諸惡習皆可挽。即京營亦然也。又及。

蔭渠太公祖大人麾下：前度一函，亮塵
壁鑒。久未奉書，惟從邸中藉悉
藎勤益懋，屢晉玉階，尚屯起節，甘作伏處方殷
區區之誠，誇以來言時或可為圖否，亦其事甚少量量
惜其自伊歸時，嘗時寄有書及此，反爲其謀德
蔣致益感，大耳聞已達矣。趙滿來，亦言頗介
昨見大師來，似亦已決，計用劉君謀定後動，函書
付出，筆全不知何日方可舉事，大師之將雨田正律

蔭渠大公祖大人麾下：前覆一函，亮登

鑒詧。日久未奉書，惟從遞中藉悉

藎勤益楙，擘畫至周。崗屯想即甘官，伏惠方殷。

區區之誠，謬以乘兹時或可密圖，亦知其事甚非易易。

惜其自陝歸時，當時無有籌及。此反為其請添

募，致益尾大耳。聞已遣員赴淄，未知商略何似。

昨見大師來件，亦已決計用剿。想謀定後動，必當

計出萬全。不知何日方可舉事。大師先將雨田正律，

尚亦藉其鼓舞之意其機正在惟望及時振勤一鼓成
擒空指直粵之章刻下作軍斷不能由吉丹師到湖似
大師未肯即以為所持同舍日久知其度越尋常而念此
殺時大恐也豫有失一條勝局將才要之正一張朗齋未
免左支右絀將來直東合力並舉河北一路動雲衛實
而該省竟若可羨之人王文以南途拔俱行間為子書
中極特責或可以當一面極討吳元炳復書去不深且
大力但本地紳士惟用之豫皖為宜現與張朗齋一處

當亦剪其枝葉之意。其機已兆，惟望及時部剿，一鼓成擒，豈獨直東之幸。刻下僧軍斷不能南去，丹帥到淄，似大師未肯即以為可替。同舍日久，知其度越尋常，而亦非救時大器也。豫省失一余際昌，將才更乏，只一張朗齋，未免左支右詘。將來直東合力並舉，河北一路，動虞衝突，而該省竟莫可靠之人。王文行甫經拔自行間，為子青中丞特賞，或可以當一面。檢討吴元炳雖書生，而深思大力，但本地紳士，惟用之豫境為宜。現與張朗齋一處，

亦何事無練此有如須為用之意聞朗齋先往太湖
跡也因
暇不有之有之責故略及之且聞豫捻近復有西竄意緒
於皖不得進之故巢縣與和含三城連復皖北軍威稍振
雪琴不愧勁兵沫卿來伏湖以壽州危急迅馳救援
後有愧於吳牧之言壽州牧毛尺維業死守待援耳
沫卿已偕鮑軍門忠和合以進攻二浦即乘勝攻九洑洲
並聞其軍進攻已至江浦陸營另股竄天長向揚州去

却自帶兵練，恐有相須為用之意。聞朗齋文理太粗
疎也。因
明公有三省之責，故略及之。且聞豫捻近復有回竄意，緣
於皖不得逞之故。巢縣與和含三城連復，皖北軍威殊振。
霆營不媿勁兵。湘鄉來件頗以壽州危急，恐馳救不及，
致有愧於賢牧之言。蓋州牧毛君維翼死守待援耳。
湘鄉已飭鮑軍門由和含以進攻二浦，即乘勢攻九洑洲，
並聞其軍追賊已至江浦。雖有另股竄天長向揚州者，

大抵饑疫殘賊江北之軍宜亦當之而亦為害於裏下
河後賊復張少荃中丞克崑太業經分道以圖吳閶
沅甫摔軍亦克雨花臺賊壘左帥諒季即克杭而穩紮
穩進則浙處兩軍用意實同中興有継東南半壁
恢復有期此其時矣翁仙推兩淮以昨書來言江北
軍甚不整之言都君李帥將君位沉驕長言不入宿
雅傑士而為之副事權不屬金陵之賊窘蹙既久將來
萑苻所不能盡四肢積潦四出流竄裏下河必受其衝

大抵飢疲殘賊，江北之軍宜足當之，不至為害於裹下河，致賊復張。少荃中丞克崑太，業經分道，以圖吴閭。沅甫撫軍亦克雨花臺賊壘。左師雖未即克杭，而穩紥穩進。則浙滬兩軍用意實同。中興有兆，東南半壁恢復有期，此其时矣。筠仙擢兩淮，日昨書來，有江北軍甚不整之言。都君本宿將，名位既高，善言不入。富雖傑士，而為之副，事權不屬。金陵之賊蘊毒既久，將來薙獮所不能盡，必致横溢，四出流竄，裹下河先受其衝。

延陵起自牧令，間與處不求誅其所部之責，鐵軍越境
以剿亮沂之沛，乃雖自力任郎亦甚誇之，哉以富易處則
徐揚軍峰一將，此不筍仙未中之意，嘗否圖之也。蓋
逆非小患，蘇、集中逐患，遂非將兵率約論理任事之
南河止如歲督城著寫為苗沛所往西清數日乞復極扳
為從馳中樞微示法御苗逆與藝帥之軍策應之，否則
猶不及。幸有苗意先自圖不肯即出，然情緒尤屬太空，
恐日後圖之更難，此又不能不望於東匯之早即肅清也

延陵起自牧令，聞與都不相能。其所部之黄鎮一軍，越境以剿兖沂之賊，乃殊得力。僧邸亦甚誇之。或以富易都，則徐揚軍聲一片。此亦筠仙未申之意，當密圖之也。苗逆非小患，藝渠中丞差足相持，而兵單餉竭，望僧軍之南何止如歲。蒙城萬緊，爲苗頑所欲必得。數日無後報，極爲懸馳。中樞頗欲湘鄉兼顧，與藝帥之軍策應，亦恐周轉不及。幸有苗意先自固，不肯即出。然蟠結太廣太堅，則日後圖之更難。此又不能不望於東匪之早即肅清也。

陝甘只一多軍門殊尚不即為陝省之續而甘肅諸
將能之西征者迄未得人回氛一時此方復起最後也
劉蓉不足恃如非謀者之久而不出竟有不可解者陸回
人事究非天意然有則惟蜀中人則幸有已廓清而
陝南與漢一帶當師尚不能久守經之李輔堂行經
鄂省將惠風萍李雲麟尚未成行又復丁艱請後
事機未明當人張野梅事誰能速了而不能赴陝城
北陸華不足授於此時遽問寫世不能成行而陝事內

陝甘只一多軍，關隴尚不即為滇省之續，而督撫皆齮齕之。西諸侯迄未得人，回氛一片。此方亂起最後，恐劫運亦正殷，如神瑛者之久而不去，竟有不可解者。雖曰人事，豈非天意。邊省則惟蜀得人，則本省已廓清，而陝南興漢一帶，蜀師尚不能全力注之。李輔堂行經鄂省，猝患風痺。李雲麟尚未成行，又復丁艱，皆復事機未順。勞人抵黔，所事諒能速了，而不能赴滇，城北雖萬不足據，顧此時逮問，竊恐不能成行，而滇事乃

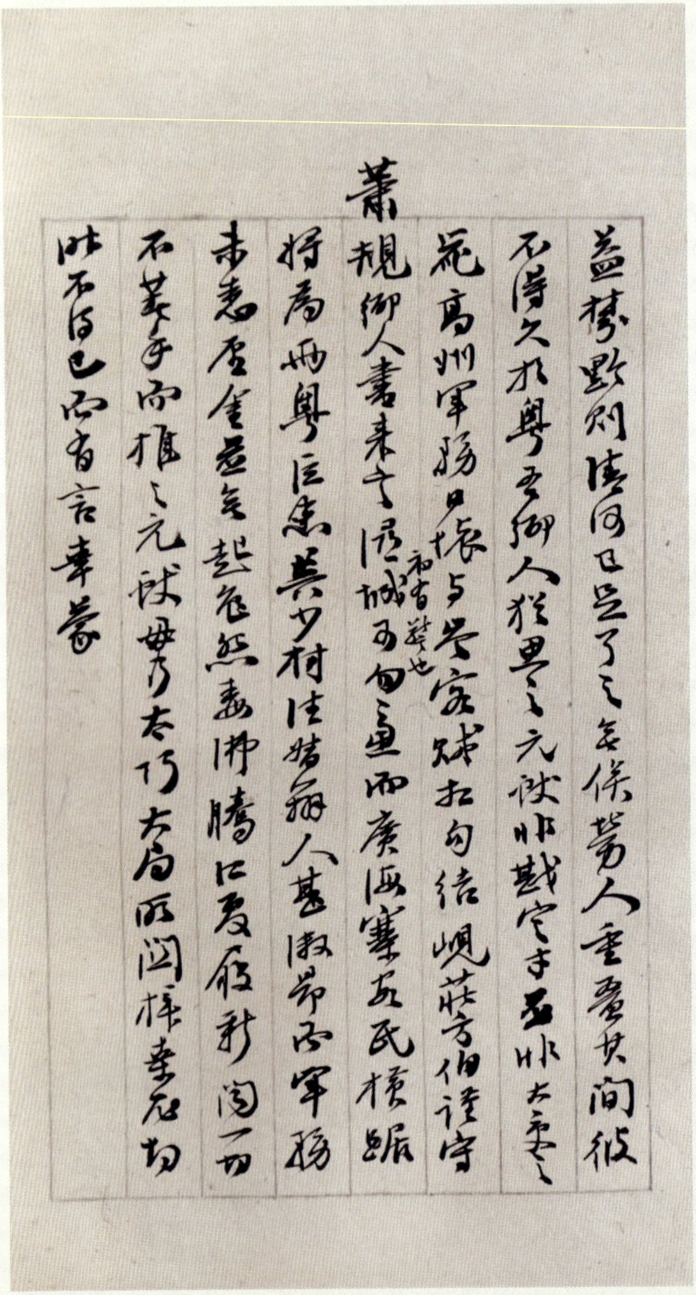

益懃默刻陡阿已足了之矣係萬人重望其間彼
不得久於粵吾鄉人猶思之元戎非戡定手五比太忠之
苑高州軍務日振與吳宮保和衷結納莊方伯誼守（和甫葉也）
蕭
規鄉人書來言潮城可回遠而廣海寨匪氏横蹠
將為兩粵巨患若少村佳者籌人甚徵帶肆軍務
未志屋金益矣起色然轟佛膽仁夏假新聞一切
不甚了可推之元戎母乃太行大局所關祇盼切
此不得已而有言幸察

益棼。黔則清河已足了之，無俟勞人重叠其間。彼不得久於粵。吾鄉人猶思之。元獻非甚定才，並非大受之器。高州軍務日壞，與岑容賊相勾結。峴莊方伯謹守蕭規。鄉人書來言潯城可勿慮。初有警也 而廣海寨客民横踞，將為兩粵巨患。吴少村往督辦，人甚激昂而軍務未悉。厘金並無起色，怨毒沸騰。江夏履新，聞一切不著手而推之元獻，毋乃太巧。大局所關，梓桑尤切，昨不得已而有言，幸蒙

余命兄大人閣下：蕃起書蘇城寓中，陸由下處會蘇寄稿寫

想古稀尚早，而邊一年矣。念念！向稿睡叔個特尚沉混不

知當此軍門大人究竟何如。再者，岸翁仙赴粵，弟屋

窮，弟以為岸不去，作此言者，以廣利深而悵，猶謂乃未

蒙察及，時有家岷度藩之亂，殊不知此中屋弊乃

現成事，而粵中須一切更創，且其難有甚於此中十倍

者。中書君本而裁人，則此後節所論，極好美談。到

粵不異，在此並先覺下，蒙諭不利同手筠，俟有碍

俞命允令子蕃赴高辨賊。寄中雖有與崑會辨字樣，竊恐官秩尚卑，不過一差委之員，而勢嫌相偪，轉有阢陧，不知崑軍門其人究竟何如耳。本舉筠仙赴粤辨厘，竊獨以為真可相信者，足以廣利源而泯禍端，乃未蒙察及，致有賓鴻度嶺之命，殊不知湘中厘稅乃現成事，而粤中須一切更創，且其難有甚於湘中十倍者。中書君本兩截人，到湘後却所辨極好。若能到粤不異在湘，是真吳下蒙，能不刮目乎。筠仙有體

有用之才，乞而不可兩治，時尤甚，時汝御與少荃尚雍

相左，屢得犍請於臧部之奏，已奉

特旨允行，即出簡為仙手筆，數百年來積弊頓廓除，向為

中興匯地如此，筆象挽古軍首，誰首當之不得

來在邦，象仰雲雨，屆禱請，風雨亦極念

軍中暑雨，屢踏超分數，況既壁壘一新，聞之殊爲示

王日來悵兄於茲極忙，草此不盡覼縷，敬請

壽安，不莊不備。遯初精食謹狀 五月廿五夜燈下

有用之才，無所不可，而治賦尤長。昨湘鄉與少荃有蘊
松太屬浮糧請加減額之奏，已奉
特旨允行，即出筠仙手筆。數百年來積弊，一旦廓除，洵為
中興佳兆。如斯氣象，振古罕有。詎有吳會之不歸
來者哉。京師靈雨應禱，清明有加。極念
軍中暑雨，布屋酷熱。分數既明，壁壘一新，聞之輒為神
王。日來慵冗相兼，挑燈草此，不盡覼縷，敬請
勳安，不恭不備。遁初精舍謹狀　五月廿五夜燈下

再乘舍弟赴校堂之便附呈微物四事聊佐善焉
拜嘉伏乞
哂存千里鵝毛當轉為笑耶戴又
台安不極又弄
又蘇之調老鎮人地未甚孰宜邑安靜來也亦不
至友仍祈調護再為安置而蘇之來者亦曾稍投蒙留
福之許不忘也至到感念之

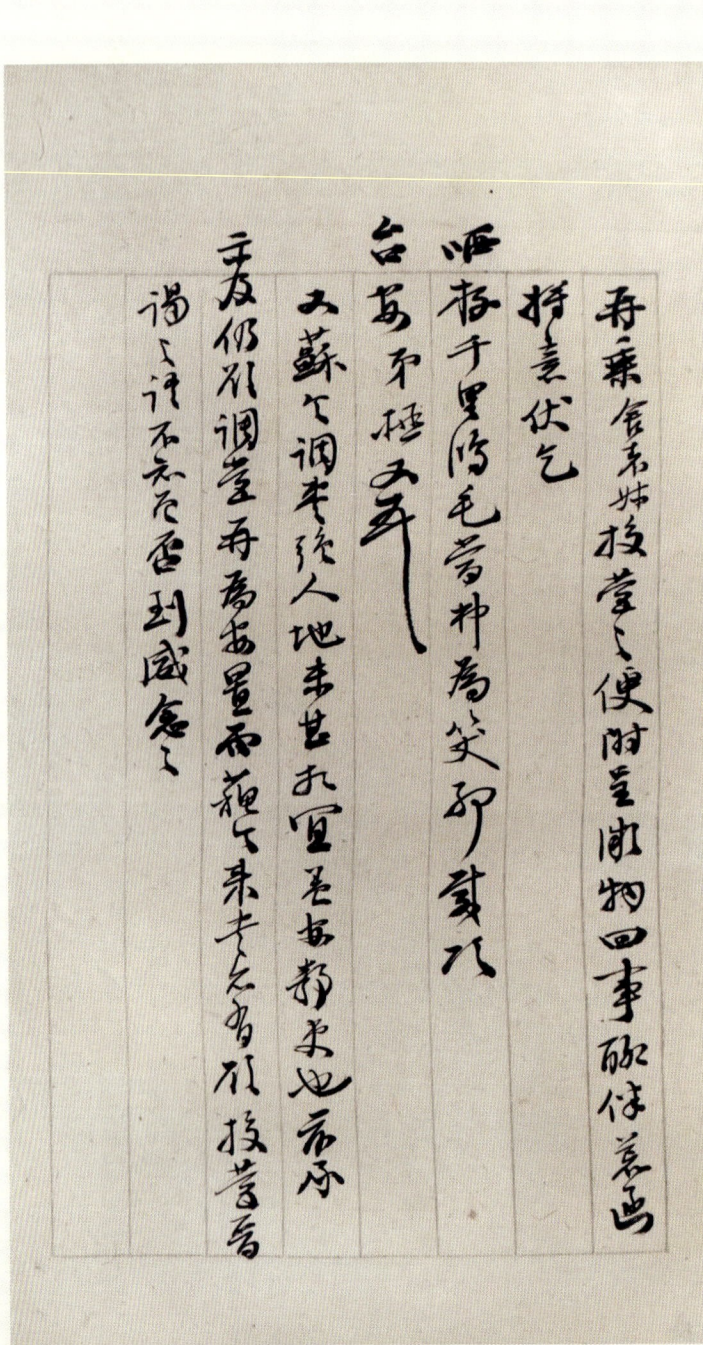

再，乘舍表叔投營之便，附呈微物四事，聊伴荒函

將意，伏乞

哂存，千里鴻毛，當弗為笑耶。感頌

台安。弟拯又頓首

又，蘇令調棗強，人地未甚相宜。蓋安靜吏也。前承

示及，仍欲調營再為安置。而藴令來書，亦有欲投營晉

謁之語。不知曾否到威。念念。

蔭渠尚書大公祖大人麾下：日昨肅泐一函，令舍表姪
投營親賫，連朝霖雨，恐其中途阻滯，到尚需時。
再啟，惟
藎籌宣勤，指揮如意，滌帚之役，何日可成，大筆肆啟。
聆望多路軍務，昨函所具，當理重台，逐到仍有
倉頭打發，大約明日方下，不知距僅數十里間道能通
暢与省城聯合否，當軍能否西路分岐之危，為軍
門赴甘勢不容再緩，恐楚軍在安湯派兵援剿

蔭渠尚書大公祖大人麾下：日昨肅泐一函，令舍表姪
投營親賫，連朝霖雨，恐其中途濘阻，到尚需時
耳。敬惟
蓋箸宣勤，指揮如意。滅宋之役，何日可成大舉，殊殷
盼望。各路軍務，昨函略具。多理堂今日遞到，仍自
倉頭拜發，大約明日方下。不知臨潼數十里間遂能通
暢與省城聯合否，雷軍能否西解鳳岐之厄。馬軍
門赴甘，勢不容再緩。熙督軍在慶陽派兵援剿

郡又遭敗衄延綏兵一到即省此損折但恃可惜士
氣益沮又慶將軍延中據閔河拉長蕃兵未及入
口即爲回匪伏兵所截全軍損失西陲選將匪患爲
軍不逞當能此軍直不可分離揚者爲壯往也當
頃益肆猖結藪巢中亟請奏蒙城被圍危急其
分城中住持吾了撻不知究竟保否昨軍信書中
並與軍士協以豆粥療飢此報到後距今旬日未見後
音極爲馳念傳軍[illegible]之廬哈倫爾兵[illegible]字到蒙

平郡，又遭敗衂。延綏兵一到即有此損折，任將可惜，士氣益沮。又慶將軍遞中探聞阿拉善蒙兵未曾入口，即為回匪伏兵所擊，亦有損失。西陲逆勢正惡，多軍不遑兼顧，此軍愈不可分，聲勢尚為壯往也。苗頑益肆煽結。藪渠中丞前奏蒙城被圍，危緊萬分，城中僅持五日之糧，不知究能保否。臨軍食盡，中丞與軍士均以豆粥療飢。此報到後，距今旬日，未見後音，極為馳念。僧軍派去詹啓倫等兵應可到蒙。

朹吳仲新督帥運至有師巳援軍主宿陵陆行
獲勝善詗隆釋畋不畫門時君来高来陷峰
亡必為徙立且攻未及之壽珝州陆鄉取巳住援之
兩㺃字芝軍已到守為吾雲莫巳五言長李日搨
軍盡州陆鄉取郡打陆後敌曰间逼去二汹居里
九状亊陆揚如㿟风之㨨殘釋守不尚詶亮旦
雷書勤撬〻功竟帰氣〻㝡岂肯忠僑季寧咸
来援被截刿打宝塝根共肩陆未靡州敗退饷

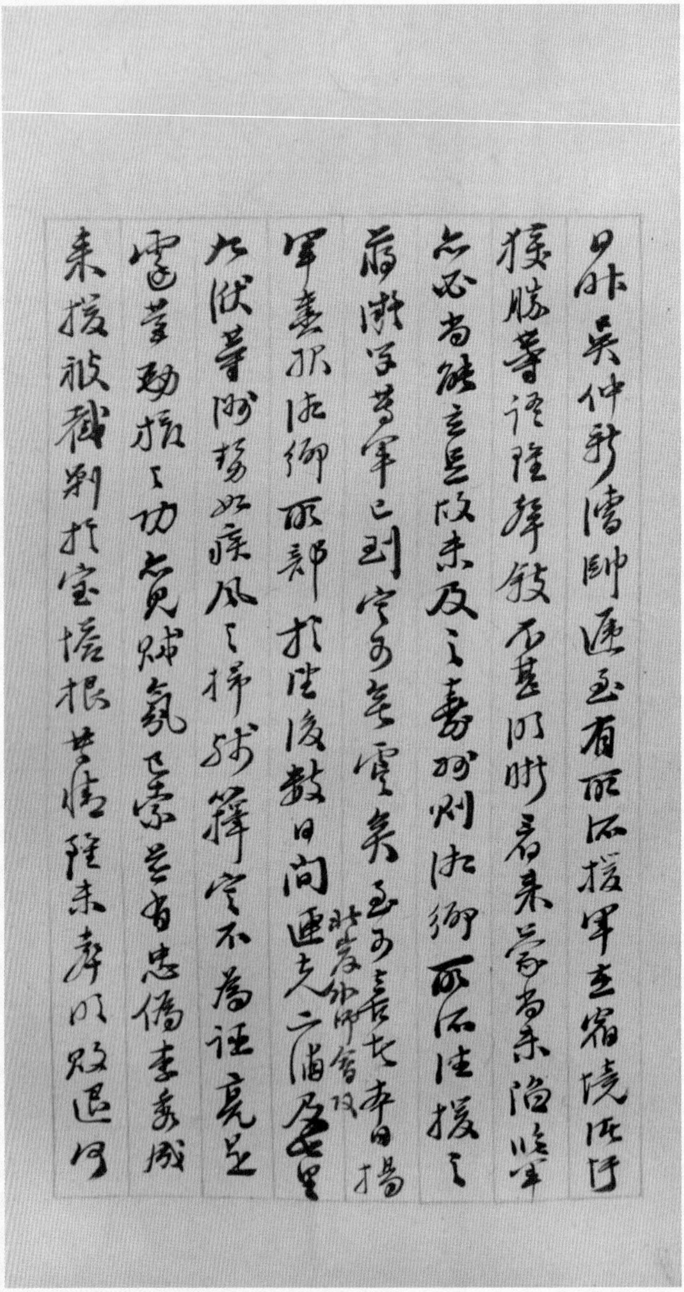

日昨吴仲新漕帥遞至，有所派援軍在宿境諸圩獲勝等語，雖聲敘不甚明晰，看來蒙尚未陷。臨軍亦必尚能立足，故未及之。壽州則湘鄉所派往援之蔣凝學等軍已到，定可無虞矣。至可喜者，本日揚軍奏報，湘鄉所部於望後數日間北岸水師會攻連克二浦及七里九洑等洲，勢如疾風之掃殘籜，定不為誣。亮是霆營勁援之功，亦見賊氛已索。並有忠偽李秀成來援，被截剿於寶塔根等情，雖未聲明敗退何

佳兒務自負能爲此賊不得遁，賊之驍悍蓋天雨
花臺之克復，軍將由寶應道規范郡，左帥亦將新
城之賊擊走，金陵既失雨花，屏蔽又失，九伏咽喉江
路斷絶，糧窘已成，范抗同時並下，東南平蕩，無
可圖，此爲中興奇功第一，何幸如之。昨御奏摺爲已
在途，此番佳勝先除五兩五三一翎，得手未有不成破
册了務祈知悉
董系特以奉問 侯表姪袁樹棻叩首如意

往，其勢自無能為。此賊不得逞則賊之驍悍盡矣。雨花臺已克，滬軍復由崑太進規蘓郡。左師亦將新城之賊擊走。金陵既失雨花屏蔽，又失九洑咽喉，江路斷絕，檻穽已成，蘓杭同時並下，東南半壁遂大可圖。此當中興奇功第一，何幸如之。湘鄉奏報必已在途。此番經歷，危險至再至三，一朝得手，未有不成破竹之勢者。知關

藎系，特以奉闻。舍表姪袁樹菽到營，如蒙

推愛於外收錄是可乞施玉衡某子習積勞奏去也
不亦能供職榮啓下忱藉觀之教想已回華只世兄成
進士後心尚在家心有耽延前見屬為送地而屬忌
及之是廣西軍務因事且屬台可談座師也蘇公
見在桐華閣只調委邑恐當未來或
台端別有安置卻廣西須於保舉同時籌辦如有
克復潯翔一案牽連並及則其中或者子美觀縷
備肯

推愛，格外收録，只可令隨玉衡等學習，稍效奔走，亦不知能供驅策否。丁心齋觀察想已回省，其世兄成進士，故心齋在京小有躭延。前曾屬為道地而屢忘及之，是廣西軍幕同事，且為舍弟誥座師也。蘇令曾否調省。聞其調棗邑，題尚未來，或台端別有安置耶。廣西潯州保舉何時遵辦，如有克復陽朔一案，牽連並及，則其中或有子蕃觀詧。倘荷

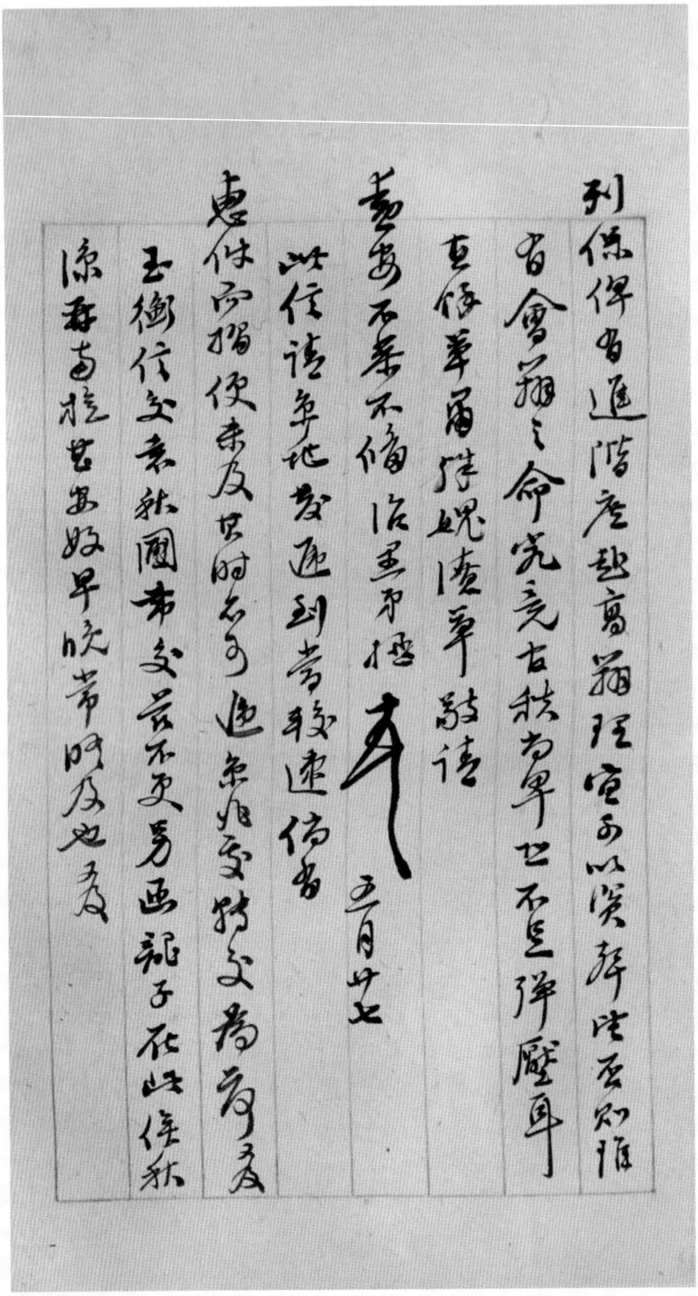

到係得書，進階座起高藩，理官不以淺薄法臣知推
省會藩之命，究竟古秋爲卑也，不足彈壓耳。
直係華國纔娓讀草敬請
尊安，不悉不備。治弟王拯頓
首　五月廿七
此信請弟代發遞到貴縣，較速信者
惠件亦攜使來，及其時當可遞，候寄變特交爲荷。又
玉衡信交袁秋圃帶交，若不交，另函說子在此，候秋
源舜面授，甚安好，早晚常時及也。又

列保，俾有進階，庶赴高辦理，宜可以資聲望，否則雖
有會辦之命，究竟官秩尚卑，恐不足彈壓耳。
直餘草肅，殊媿潦草。敬請
勳安，不恭不備。治愚弟拯頓首　五月廿七
此信請京兆發遞，到當較速。倘有
惠件而摺便未及其時，亦可遞京兆處轉交為荷。又及。
玉衡信交袁秋圃帶交，茲不更另函。龍子在此，俟秋
涼再南旋，甚安好，早晚常晤及也。又及。

彰心尚書主人麾下：日前肅函敬呈數件，兼呈信物，又從

京邸發遞，去後諒必次第得呈

電覽。昨遞中得讀

大疏，暨與玉甫侍郎敬同函，昨承

手教，開悉尤多。計此時正在

旌旆過河之際，惟祝

仁威所播，戰克攻取，定惟近歲大舉，如其不煩矣

力而集者，然戰尤所禱祀以求承

求心齋主人麾下：日前舍表姪赴軍，帶呈信物，又從京兆處遞去一件，諒必次第得登電督。日從遞中得讀大疏，擘畫至周，佩敬何似。昨承手教，開益尤多。計此時正在旌旆過河之際，惟祝仁威所播，戰克攻取。豈惟近畿大幸，如其不煩兵力而渠首就戮，尤所禱祀以求。承

示悉撫營撤若諸省切未撥還大帥不赴東居則
所部馬隊必當惠歸
調度方可指揮如意元公善文字即棄間道之或
蓋先速運行事機至要不在刻急也依鄉嚴
神靈業已由二浦進克七里九洑其州既有二軍
為克雨花臺據金陵場域湘撫派軍分道進
取吳閶已由江浙兩軍當陽下克即可進圖
武林弟事機太順苟人按照爲不難即赴淡

示京旗當撤等，皆有切於機宜。大師不赴東郡，則
所部馬隊必當悉歸
調度，方可指揮如意。元公善受客，即乘間進之，或
蒙允達迅行，事機至要，不敢刻忘也。湘鄉所
部霆營，已由二浦進克七里九洑等洲。沅甫之軍
亦克雨花壘賊。金陵勢成阱檻。滬軍分道進
取吴閶，已逼江陰。浙軍富陽一克，即可進圖
武林。東南事機大順。勞人抵黔，尚不能即赴滇。

王拯卷上

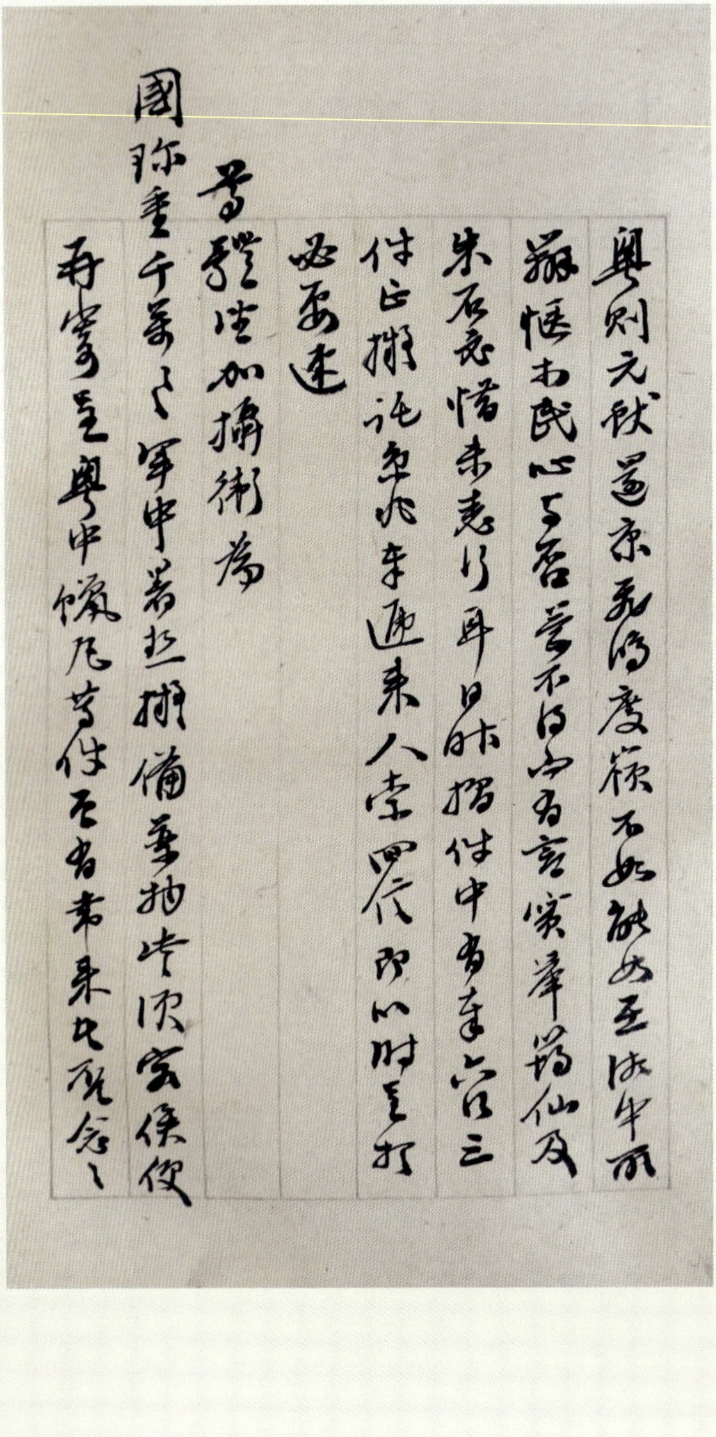

粵則元獻還京，飛鴻度嶺，不如能如在湘中所辨，愜於民心與否？第不得而有言，實舉筠仙及朱石老，惜未悉行耳。日昨摺件中有奉六行三件，正擬託京兆奉遞，來人索回信，即以附呈，想必妥速。

尊體望加攝衛，為

國珍重，千萬，千萬。軍中暑熱，擬備藥物些須，容俟便再寄呈。粵中蠟丸等件曾有帶來者否？念念。

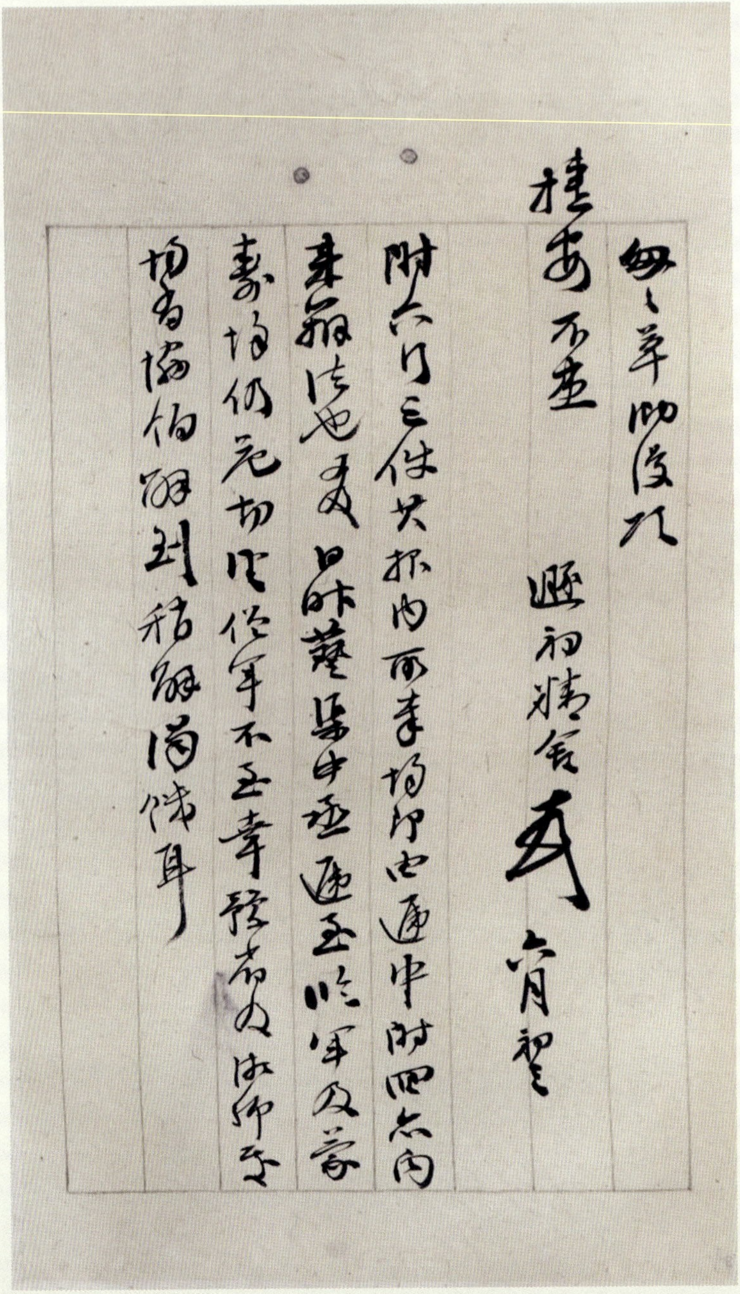

匆匆草泐，復頌
捷安，不盡。遯初精舍頓首　六月初三

附六行三件，其報内所奉，均即由遞中附回，亦向來辦法也。又及。日昨藝渠中丞遞至，臨軍及蒙壽均仍危，切望僧軍不至。幸豫省及湘鄉處均有協餉解到，稍解渴饑耳。

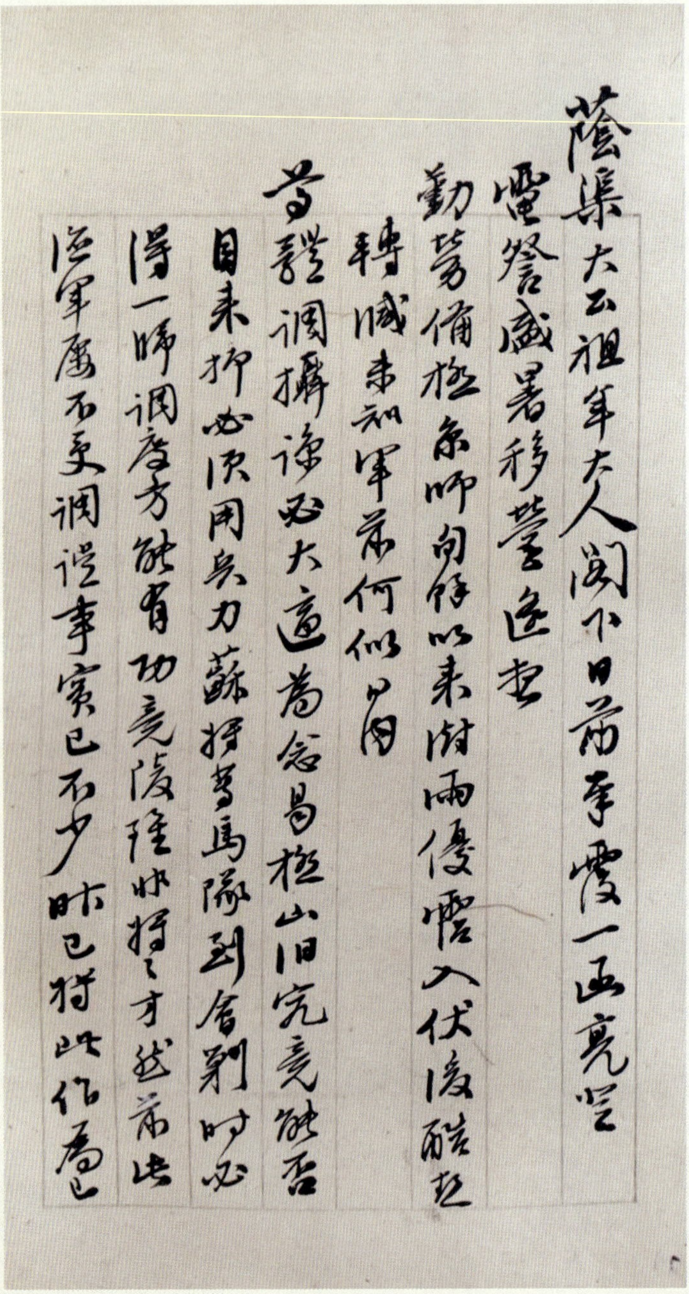

蔭渠大公祖年大人閣下日前奉覆一函亮邀
電察處暑移營遙想
勳勞備極粵師旬餘以來附雨優霑入伏後勝起
轉晴未知軍營何似為念
尊體調攝諒必大適為念昌極山舊究竟能否
目來抑必須用兵力蘇將馬隊到會剿時必
得一勝調度方能有功竟後種此將士才越前此
從軍屢不受調從事實已不少昨已將此信為已

蔭渠大公祖年大人閣下：日前奉覆一函，亮登

電詧。盛暑移營，遥想

勤勞備極。京師旬餘以來澍雨優霑，入伏後酷熱

轉減，未知軍前何似。日内

尊體調攝，諒必大適，為念曷極。山泊究竟能否

自來，抑必須用兵力，蘇將等馬隊到會剿時必

得一歸調度，方能有功。竟陵雖非將之才，然前此

派一軍，屢不受調，誤事實已不少。昨已將此作為已

衷特達元公極以為義並允於擬到甫寫信時照
濂堂甫許益乃替直東來見抵丞此番不直
不知可否者實信也多推可撤一節尤足言之此節
如實中未及即也
前變奏請來電不寫言之順尤及于速均傳于行天
象尤甚移軍越東境楚猜不宜遠離於叙措詞
尤亟有疑懼
麾下裁之此御擬九伏炳之捷報明沅湘中亟須兩花

意轉達元公，極以為然，並允於報到有寄信時照准，當有裨益。乃數日直東未見報至，此兩日不在直，不知曾否有寄信也。京旗可撤一節，亦已言之。此節如寄中未及，即由尊處奏請，未嘗不可。商之珩老及子建，均謂可行。天氣大暑，移軍越東境，禁旅不宜遠勞於外，措詞亦正有體，唯麾下裁之。湘鄉報九洑洲之捷，敘明沅浦中丞得雨花

王拯卷上

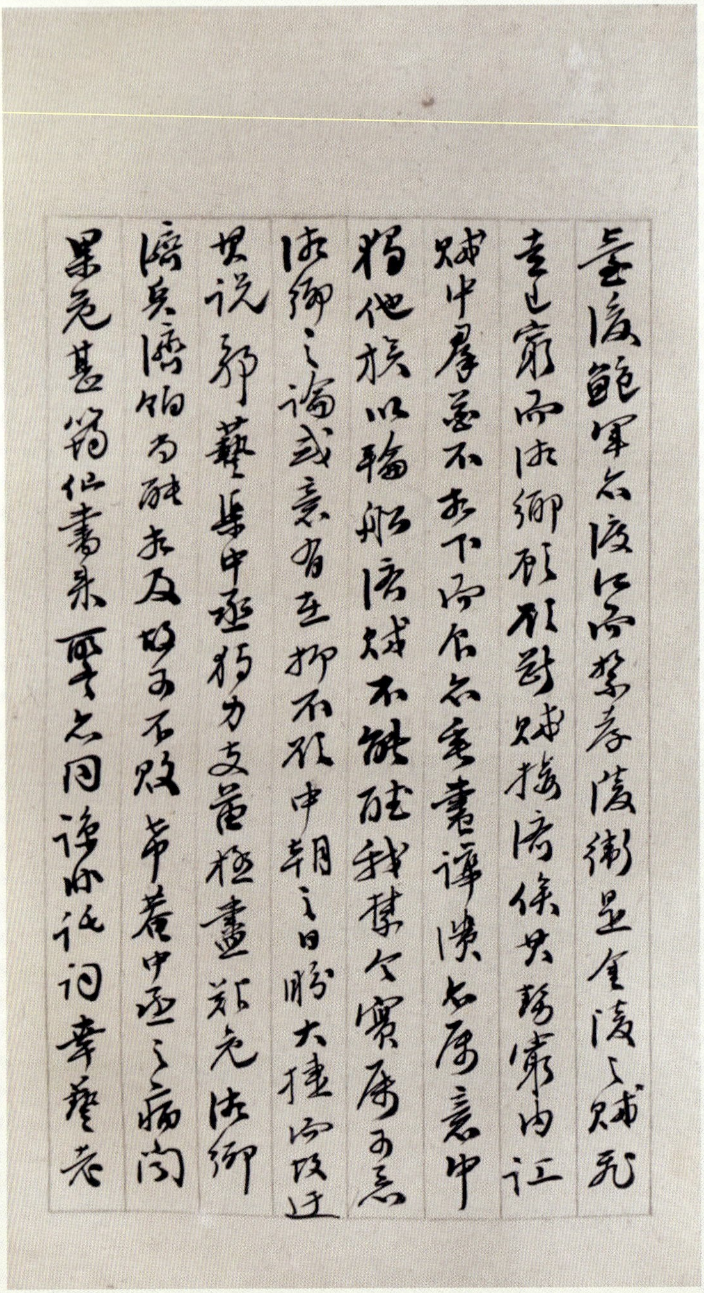
金陵餉軍忽潰江營繼存潰衛是金陵之賊死
者也窮而沐卿既挫對賊援潰係其躬衛內訌
賊中屢屢不利下游告急重書譚漢左廖意中
獨他族以輪船濟賊不能駐我楚今實應可慮
沐卿之論或意有在抑不在中朝之日盼大捷而攻迂
其說鄙藝集中極務力支危極盡然者沐卿
瘠兵濟餉為醜表及始予不敗希菴中丞之病閒
果危甚筠仙書來要之同論所論詞幸鑒恕

臺後，鮑軍亦渡江而紮孝陵衛。是金陵之賊飛走已窮。而湘鄉顧欲斷賊接濟，俟其勢窮内訌。賊中群酋不相下，而食亦垂盡，譁潰亦屬意中。獨他族以輪船濟賊，不能聽我禁令，實屬可惡。湘鄉之論或意有在。抑不欲中朝之日盼大捷而故迂其説耶？藝渠中丞獨力支苗，極盡艱危。湘鄉濟兵濟餉，尚能相及，故可不敗。希菴中丞之病，聞果危甚。筠仙書來，所言亦同。諒非託詞。幸藝老

之誠任仔肩苗頑陰狡而不悔其翁昨晚人之其積
嚴張右軍皆久留自綫尤奉其不肯離巢遠出故
促軍隆遲遲不佳未必即能募延為患再須有
能言人來有賓王撫臺禮召已經狀獲之信果是
又係一大愁蜀力當能青陵由猶李輔堂風痰不
知能否速痊春情需人急切無可付囑李雲麟之
言大而夸亦不免好多積習所動由鄂號召不先回
籍即來東師充其所指見國當此人亦太不學問

之能任仔肩。苗頑陰狡而不恤其衆。昨晤皖人，言其横霸，殆亦罕有，久必自絶。尤幸其不肯離巢遠出。故僧軍雖遲遲不往，未必即能蔓延為患耳。頃有頭直人來，有賓王報至頑石已經就獲之信，果爾，是又除一大憝。蜀力當能專濟。陜南獨李輔堂，風疾不知能否速痊。秦抚需人，急切無可付寄。李雲麟之言大而誇，恐不免如多禮堂所劾。由鄂跣奔，不先回籍而來京師。元公拒不之見，固當此人亦太不學問者矣。舍姪袁秋圃計當到，掌試否？

信暇收錄閱。劉玉御有入秋後來京引　見之意，共每

粵一居為部中所駁，必須再有保舉，為之申請方

能挽回。龍子過處，京居極為謹飭，斷不待玉御來

京，當同歸粵，自是安善矣。草佈芳忱，敬請

捷安，順候　麵談不盡所懷。遯初精舍

六月十二日晡

者矣。舍表姪袁秋圃計當到晉，能否

俯賜收録？聞劉玉衡有入秋後來京引見之意。其留

粵一層為部中斥駁，必得再有保章為之申請，方

能挽回。龍子過夏京居，極為謹飭，頗欲待玉衡來

京商同歸粵，自更妥當矣。直餘草泐，敬請

捷安。臨書翹竢，不盡所懷。遯初精舍頓首　六月十二日晡

王拯卷上

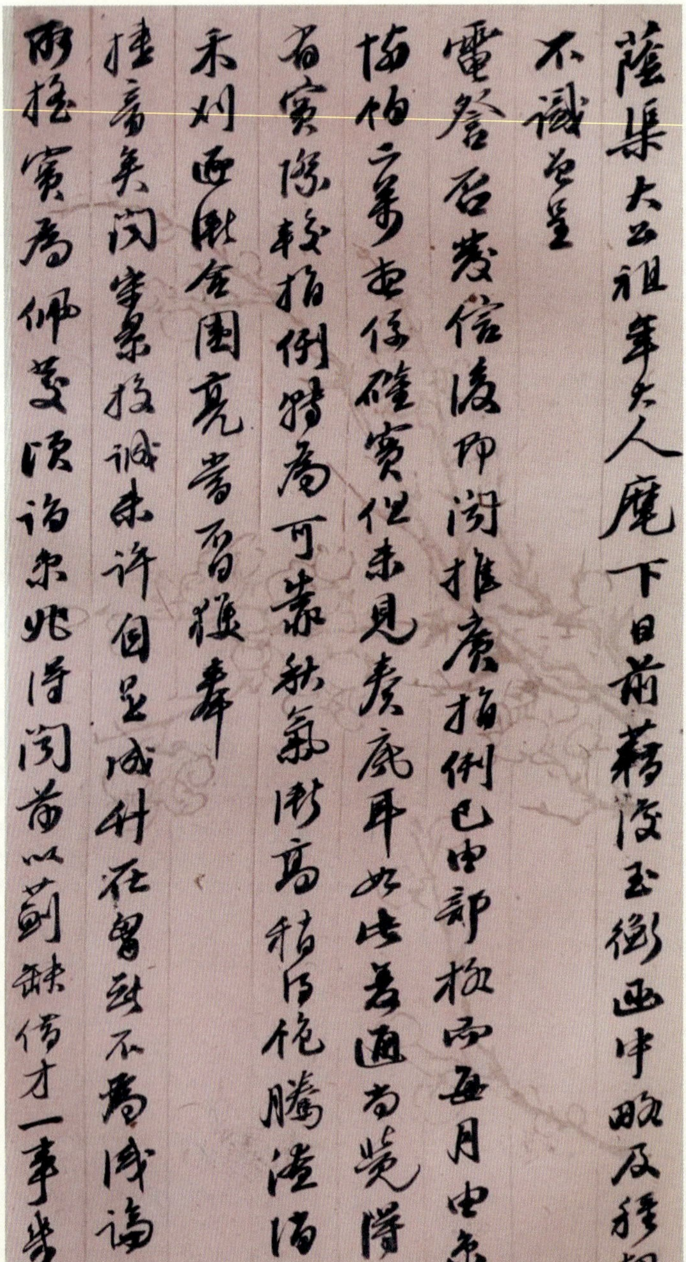

蔭渠大公祖年大人麾下：　日前藉復玉衡函中略及種切，
不識曾呈
電詧否？發信後即聞推廣捐例已由部格而每月由京
協餉二萬，想係確實，但未見奏底耳。如此變通，尚覺得
有實際，較捐例轉為可靠。秋氣漸高，稍得飽騰，潦消
禾刈，逐漸合圍，亮當不日獲奏
捷音矣。聞宋景投誠未許，自是成竹在胷，斷不為淺論
所搖，實為佩慶。頃詣京兆，得聞前以薊缺借才一事。幾

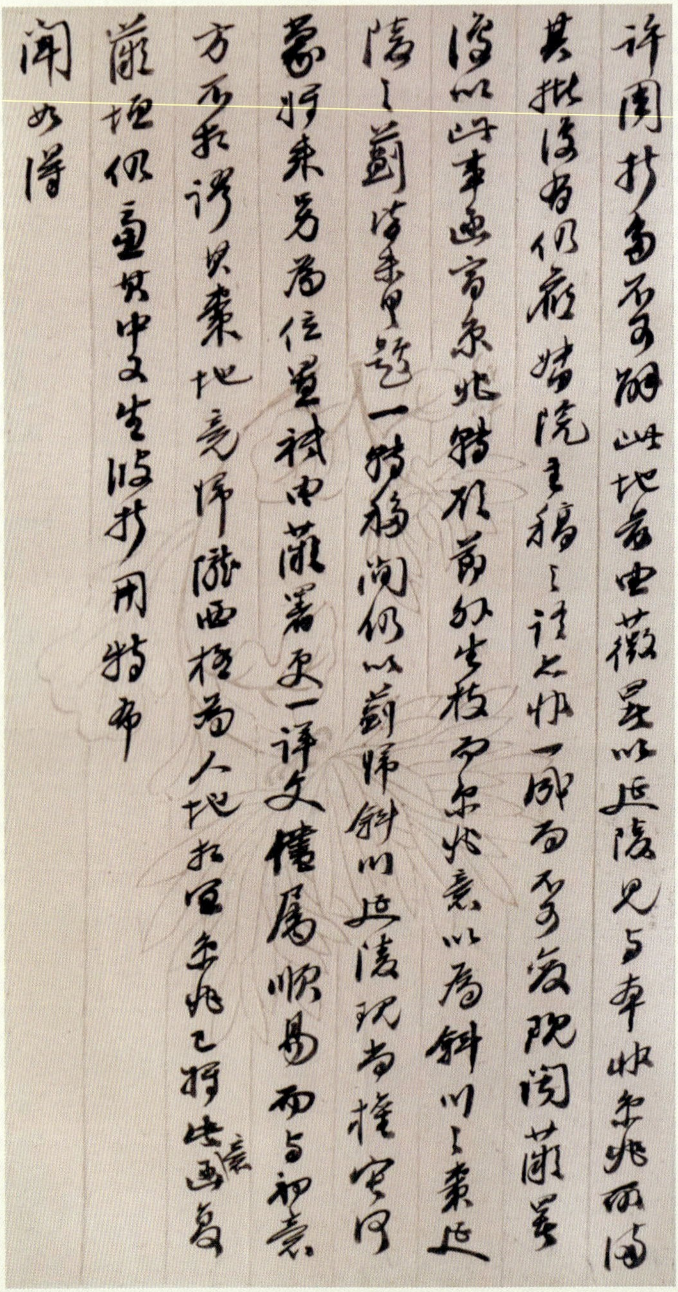

許閱折角所謂此地當由徽縣以延陵見與本收余兆函
其批語有仍稱猪浣主稿之語大抵一成而不可改院閱藏卷
從以此事函商余兆特根前次出接而余兆意以爲斜川之東延
陵之蘭陵集中題一特稿閱仍以蘭歸斜川延陵現當權宜
蘇將來另爲位置試由藏署更一詳文儘屬順易而與初意
方不乖謬與棗地竟歸徽西恰爲人地相宜余兆已將此意函復
藏垣似宜與中丞先將折用特布
聞如得

許周折，多不可解。此地前由薇署以延陵見與，本非京兆所滿。其批復有仍候督院主稿之語，亦非一成而不可變。現聞薇署復以此事函商京兆，轉欲節外生枝。而京兆意以為斜川之棗，延陵之薊，皆未具題，一轉移間仍以薊歸斜川。延陵現尚權甯河篆，將來另為位置。祇由薇署更一詳文，儘屬順易，而與初意方不相謬。其棗地竟歸隴西，極為人地相宜。京兆已將此意函復薇垣，仍慮其中又生波折。用特布聞，如得

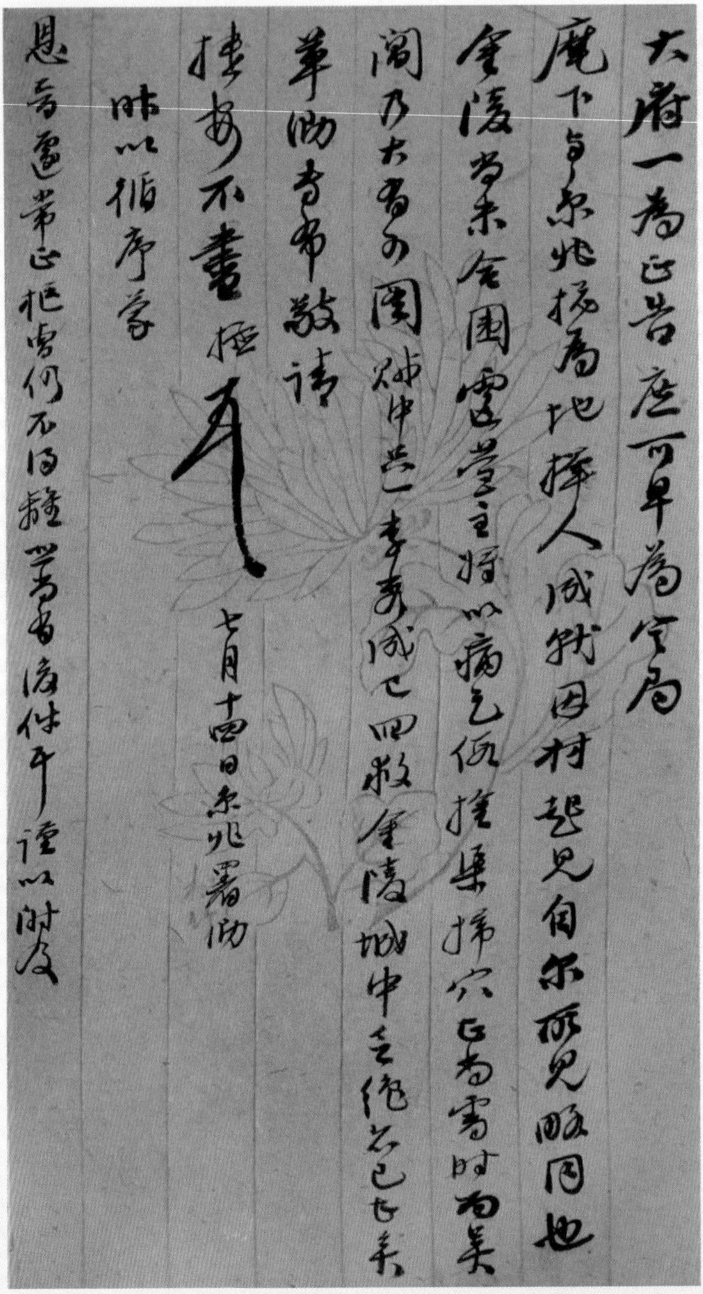
大府一爲已告庶可早爲定局
麾下自京兆擬爲地擇人成就因材起見自爾所見略同也
金陵當未合圍處營主將以攝之俟捷集掃穴正當需時而吳
閩乃大費合圍城中無一生者咸亡四散金陵城中亦絶無已久矣
華勛者希敬請
捷安不盡拯頓首
七月十四日京兆署中
昧以循序篆
恩當道常正把甫何不同疑當時歸伴平謹以附及

大府一為正告，庶可早為定局。
麾下與京兆捴為地擇人成就，因材起見，自爾所見略同也。
金陵尚未合圍。霆營主將以病乞假。捡渠掃穴，甚尚需時。而吳
閶乃大有可圖。賊中只一李秀成，已回救金陵，城中乏絶，亦已甚矣。
草泐專布，敬請
捷安。不盡。拯頓首　七月十四日京兆署泐

昨以循序，蒙
恩晉遷常正，樞曹仍不得離，恐尚有後件耳。謹以附及。

承以富主人麾下日久未奉
手教想深肇仰比維
君衛咸宜指揮如意即素
雲祉以膺
榮貴何如之小歇負嵎當前獅子搏兔全力擊之成功
定可計日而俟惟不知軍前晴雨如何積潦能即
消否高粱盡刈否深望道過合圍種切念
懷中樞相年大營之言執以應類尤殷懸望

求心齋主人麾下：日久未奉

手教，極深攀仰，比維

餐衛咸宜，指揮如意，即奏

膚公，以膺

楙貴，何慶如之。小醜負嵎，當兹獅子搏兔，全力赴之，成功定可計日而竢。惟不知軍前晴雨何如，積潦能即消否？高粱盡刈否？滚營進退谷否？合圍種切系懷，中樞初無督責望之意，祇以苗頑凶狡，蒙圍未

解此時軍心稍治危難翁峰頒對閩總兵郎帥克
大相援皖省此此處之場坡廣東浩帥協與勁旅而昨
通中以紅巢不貴國法不能稽軍蘇怯馬沒清而何
非前事即使華遠必留陳名者不能調四馬軍起日南
下之意因切吃於此消之即克其中不免責陳之言法
帥所新法之難為人同此次等良郎豈有主帥不能遂
決制掛似恨法輪將到不能藏事者詞煩之以推備
我此殿自崖西閩之日者閩令威者代宗遠乞捨之

解，而臨軍亦極阽危，藝翁呼籲頻聞，総欲邸帥剋期援皖，有非此不可之勢，故屢寄法師，飭其酌行。乃昨遞中以紅山未下，黄國瑞不能移軍，蘇恒馬隊皆為河北所掌，即使蓮池肅清，亦有不能調回馬軍剋日南下之意，因切望於山泊之即克。其中不免責望之言。法師所部，往往難為人用。此次稟覆邸營，有主帥不能速決剿撫，仍非法輪轉到不能蒇事等詞。賊之以撫啗我，此路自藍面開之。日前聞令威有代宋逆乞抚之

說亦爲說異乃此次法師口中亦紙書不可解之言此在
武夫俗人固不足怪所異於者是我輩法師亦於
其間而不免乃有此也
老謀成算亮不爲所搖惑而此中畢竟有不能無憾
者待時而動以期一舉獲功擬議不能再之決絕制爲
其號急切圖舉此時成敗利鈍之操諸左右者安
之搖撼未知可否當請其解切戰之間乘勢
之隐裁書一二對印照陳尾畢縱說乃意見夫至其他

說，已為詫異，乃此次法師口中，亦似有不可解之言。此在武夫淺人固不足恠，所異令威尚是我輩，法師老於兵間而亦乃有此也。

老謀成算，亮不為所摇惑。而此中幾要，有不能共曉者。待時而動，以期一鼓就功。撫既不能再三決絶，剿亦未能急切鹵莽。此時成敗利鈍之機，端在於此。妄生揣測，未知曾否有當。惟是軍情切要之間，委曲之隱，或當一一剴切密陳，庶幾齮齕乃無自入。至其他

阮不敢許日忘並謝私喻也日安惟
裁酌之至晉石泉比長再達封寄寄去通仙雅意至感
古極識未知可否
當入彼但條揆亂一轉移以別通之此事答部撥或有
寶齋金陵吳閣臣處得手書未能急即作即紅山之件當可
旦夕發來耳華之如肥似託朱石加封照達達耳所此
接安統希
荃鑒不宣乙 拯初稿舍 頓首
七月廿六日

既不相諒，自亦莫能相喻也。何如？惟

裁酌之。日前在京兆署布達數行，實出逋仙，雅意可云，愛

士極誠，未知曾荷

鑒入彼徂徠猶能一轉移以副逋公之望乎否？部撥或有

實濟。金陵吳閶雖皆得手，而未能急下，即紅山亦何嘗可

旦夕竣事耶。草草布肊，仍託京兆加封，期速達耳。即頌

捷安，統希

荃詧，不宣不宣。遯初精舍頓首　七月廿八日

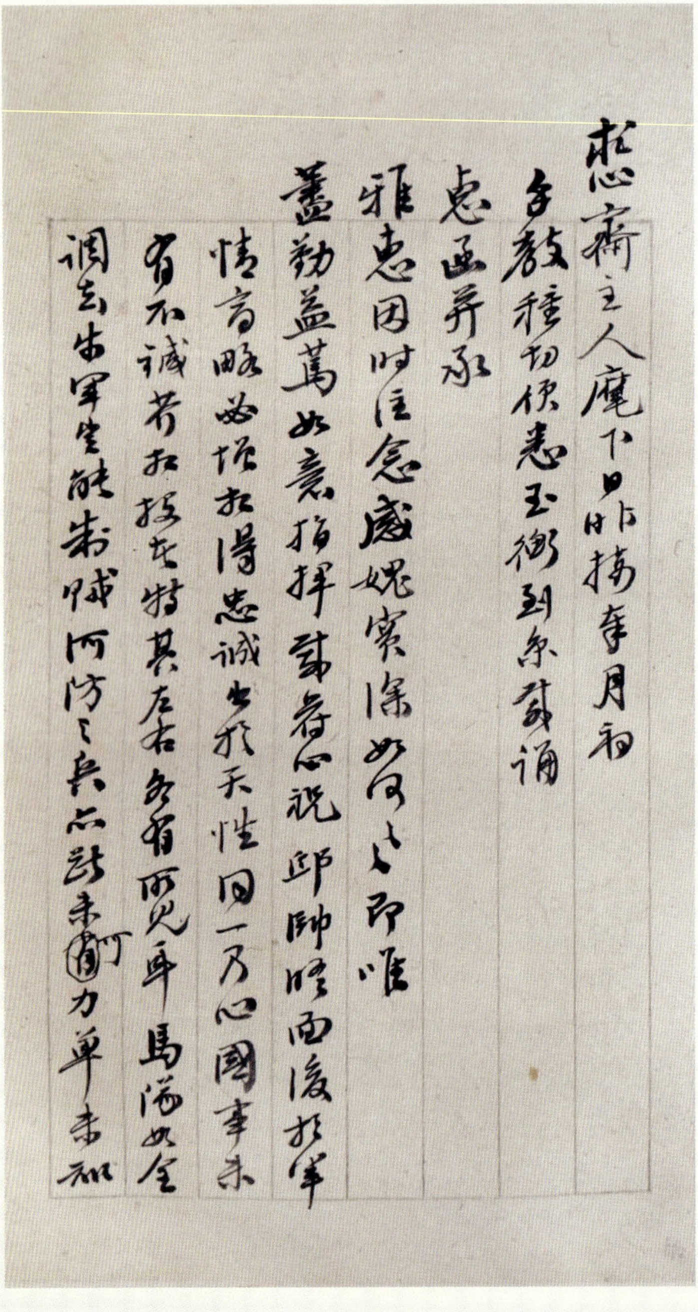

愁齋主人麾下：日昨接奉月初
手教，種切俱悉。玉卿到京，藉誦
惠函，并承
雅惠，因時值急感，姚寮係如何々，即唯
蓋勤益篤，如意指揮，肆舒心說。郎帥晤面後，於軍
情方略必極扣得，忠誠出於天性，同一乃心國事，未
有不識者。私按其特其左右多有所見耳。馬隊如全
調出，出軍皆能制賊，河防之兵亦難來，兵力單甚細

求心齋主人麾下：日昨接奉月初
手教，種切領悉。玉衡到京，載誦
惠函，並承
雅惠，因時注念，感媿實深。如何如何。即唯
藎勤益篤，如意指揮，載荷心祝。邸帥晤面後於軍
情商略必增相得。忠誠出於天性，同一乃心，國事未
有不鍼芥相投者，特其左右各有所見耳。馬隊如全
調去，步軍豈能制賊。河防之兵亦斷未甭可力單。未知

迪日言同都量又復如何魏澤扼在赤境郎軍誠亦
必進探賊務已窮如能同心合力明西而來擊收功
更必迅速而有把握總須事事速了宜必其功高自我
出於大君子之爲心定不謀而合也惟暢情猶未及向
陳陵洛雨其務甚重不知軍前何似高集誠否合行
變劉雅爲極馳全威何竟與武夫粗安同其淺
見甚不可解宗逆之對不可撓郎帥必恂其陰徽悻
蘇隨胸氣定識至性其越此皆未免爲賊所愚

近日商同布置又復如何。魏灣想在東境，邸軍諒亦必進紮。賊勢已窮。如能同心合力，則兩面夾擊，收功更必迅速而有把握。總須事之速了，豈必其功專自我出。想大君子之為心，定不謀而合也。唯暢晴猶未及旬，頃復陰雨，其勢甚重，不知軍前何似，高粱能否全行芟刈，極為懸馳。今威何竟與武夫粗率者同其淺見，甚不可解。宋逆之斷不可撫，邸帥必洞其隱。凝、恒、蘇皆胸無定識，無恠其然。此皆未免為賊所愚。

山寇伎倆无多若使不剿不見身故其境日彼焚掠

台端肺腑私見以收和先之功美何必與之處軍互連美

闇帥扯□陰又先當奚金陵杭州不久便下臨淮情形

殘甚當時保浔陳鎮围逼劲軍赴援派向蒼必

无磁糅軍出渡多變重乃勾揽覚出援以兮軍揚許

州戚延四張軍赴陳毛軍赴家官是围围此陷中郎

若决不負□惜耳多軍有陝接易人力大耳手敕以

入者希宣我守陝事未看赴色並蔵功待不為西

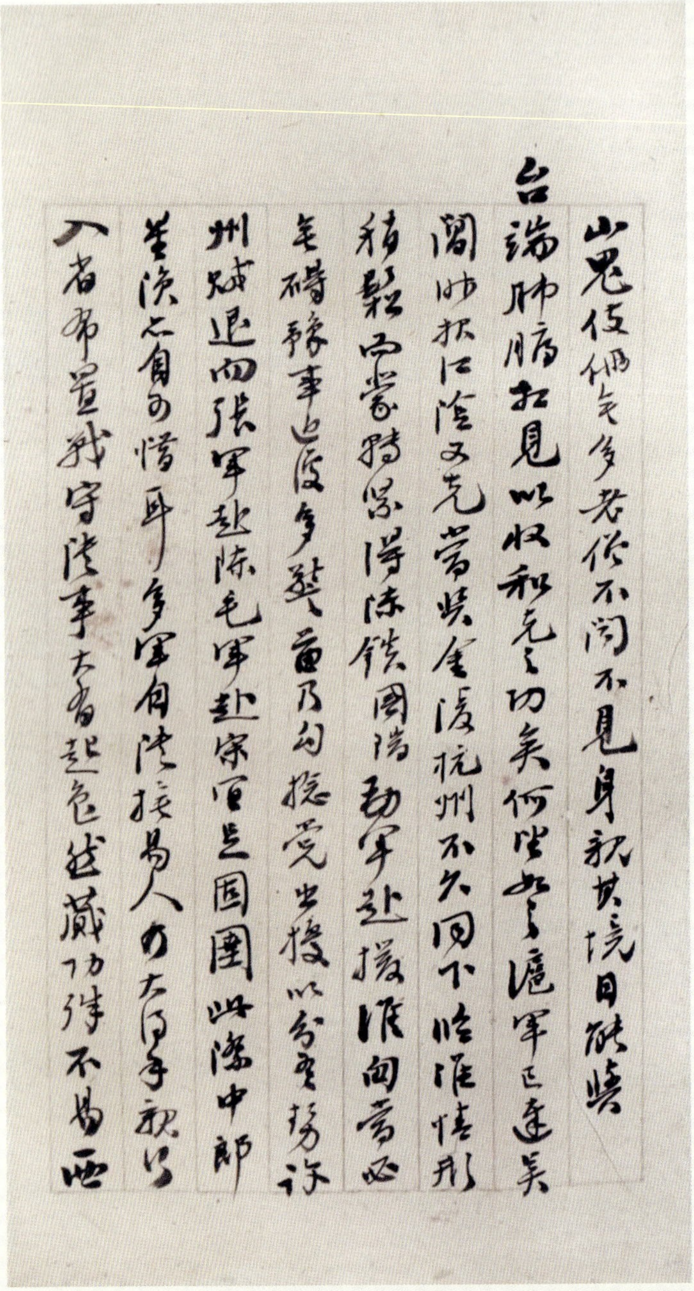

山鬼伎倆無多，老僧不聞不見，身親其境，自能與
台端肺腑相見，以收和克之功矣，何望如之。滬軍已達吳
閶，昨報江陰又克，當與金陵杭州不久同下。臨淮情形
稍鬆，而蒙轉緊，得陳鎮國瑞勁軍赴援，淮甸當必
無礙。豫事近復多警。苗乃勾捻黨出擾，以分吾勢。許
州賊退，而張軍赴陳，毛軍赴宋，宜足固圉。此際中郎
星隕，亦自可惜耳。多軍自陝撫易人乃大得手，親行
入省布置戰守，陝事大有起色，然蕆功殊不易。西

望於各閩郡中撥款為不得已之意多路此患於劉粵
事極不好辦傳聞吳得翁仙已至由海道前往武昌
辦理有方非使我悵悦紙墨雖徒待心計甚多可見有
損高州與廣海寨均不得手子壽由第籌起高不知難
廣帝手得事乃大有起色前途之軍亦進省城
不得重伯達之不徒也草肅布識即頌
捷安統惟
荃照不宣　遯初精舍　拯
中秋後二日雨夕

望增憂。聞部中撥款尚不致子虛。各路此患增劇。粵事極不好辦，傳聞異詞。筠仙已遵由海道前往，或當辦理有方，非使衆情悦服踴躍，徒恃心計，無益而且有損。高州與廣海寨均不得手。子蕃由弟薦赴高，不知能展布乎？潯事乃大有起色。蔣道之軍亦進蕩容城，亦獨虞餉運之不繼也。草肅申謝，即頌

捷安，統唯

荃照。不宣。遯初精舍頓首　中秋後二日雨夕

Special funds for academic writingin hubei province

湖北省学术著作出版专项资金

武漢大學圖書館館藏

晚清名臣手札

第六卷

主編　王新才　周榮
副主編　黄鵬　王美英　王三山

WUHAN UNIVERSITY PRESS
武漢大學出版社

第六卷　王拯卷中

目録

叔枚世兄大人麾下：日前草復數行，是日直中區區
荀遠之伏惜乎急於旦夕之效，復致此賊多所蹂
踐，其中要亦有數存焉。特恐所至伏莽時中
約摇轉不得兼而獨辦，曾日邱林賊已逼關
成子乃為虜得，不加之害，益見此賊之狡。闖陲
直境而諳出豫，量賊之計窮，不免圖與捻匪
之靈竄合，改使如此，從軍可特從軍而南與荆
南乃成一事矣。截豫皖東境，此速遠醜甚

求放心主人麾下：日前草復數行，是日直中已得尊遞之件。惜乎急於旦夕之效，復致此賊多所蹂踐，其中要亦有數存焉。特恐所至伏莽暗中勾接，轉不得聚而殲旃。前日邸報賊已過開，成子乃為虜得，不加之害，益見此賊之狡。開雖直境，而錯出豫壘。賊之計窮，不免圖與捻苗之黨竄合。政使如此，僧軍可督諸軍而南，與剿苗乃成一事矣。畿壘與東境毗連，匿醜甚

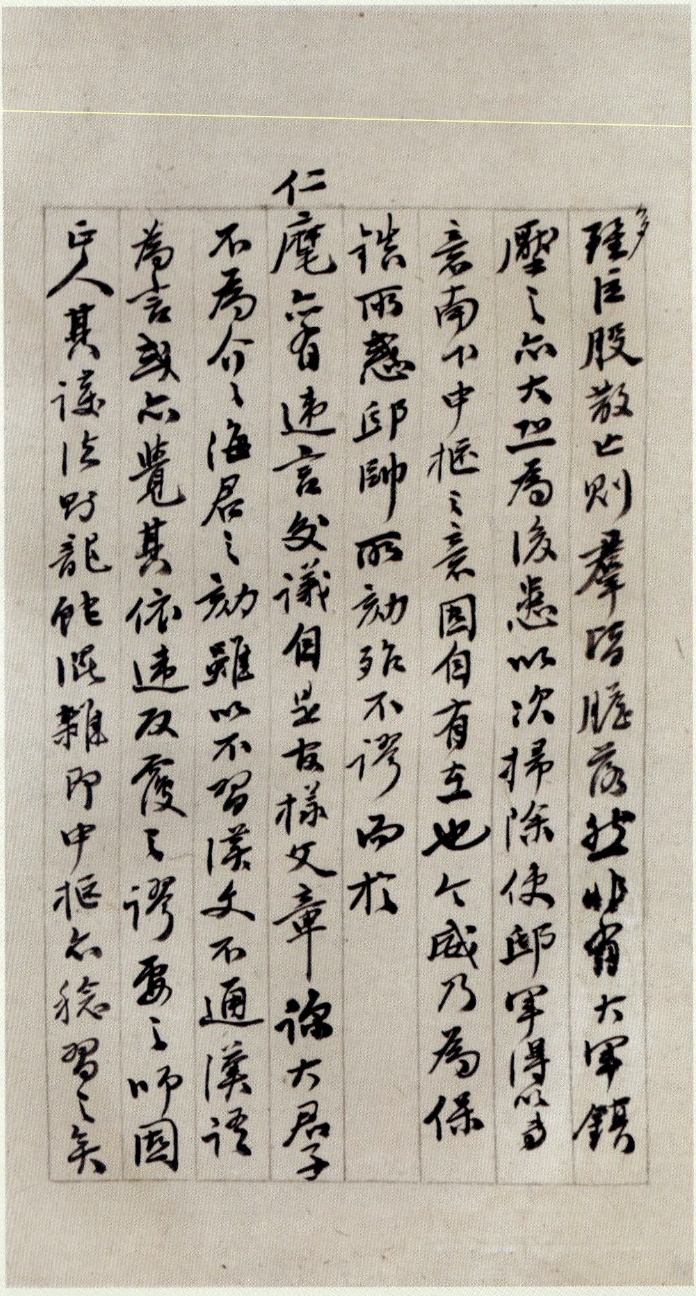
疆臣股散亡則羣情騷然然非有大軍鎮
壓之亦大可為後患以次掃除使郎軍得以為
言南北中樞之言固自有在也今國乃為條
諾而感郎帥所勸殊不謬而於
仁廬嘗述言文議曰足古樣文章諭大學
不為今之海居之勸雖以不習漢文不通漢語
為言或亦覺其依違及屢之謬要之吾國
之人其議洋務能溫雜即中樞亦總習之矣

多，雖巨股散亡則群皆膽落，然非有大軍鎮壓之，亦大恐為後患。以次掃除，使邸軍得以專意南下，中樞之意，固自有在也。令威乃為保鎮所惑，邸帥所劾殆不謬，而於仁麾亦有違言，交議自是官樣文章，諒大君子不為介介。海君之劾，雖以不習漢文不通漢語為言，或亦覺其依違反覆之謬。要之，師固正人，其護法則龍蛇混雜，即中樞亦稔習之矣。

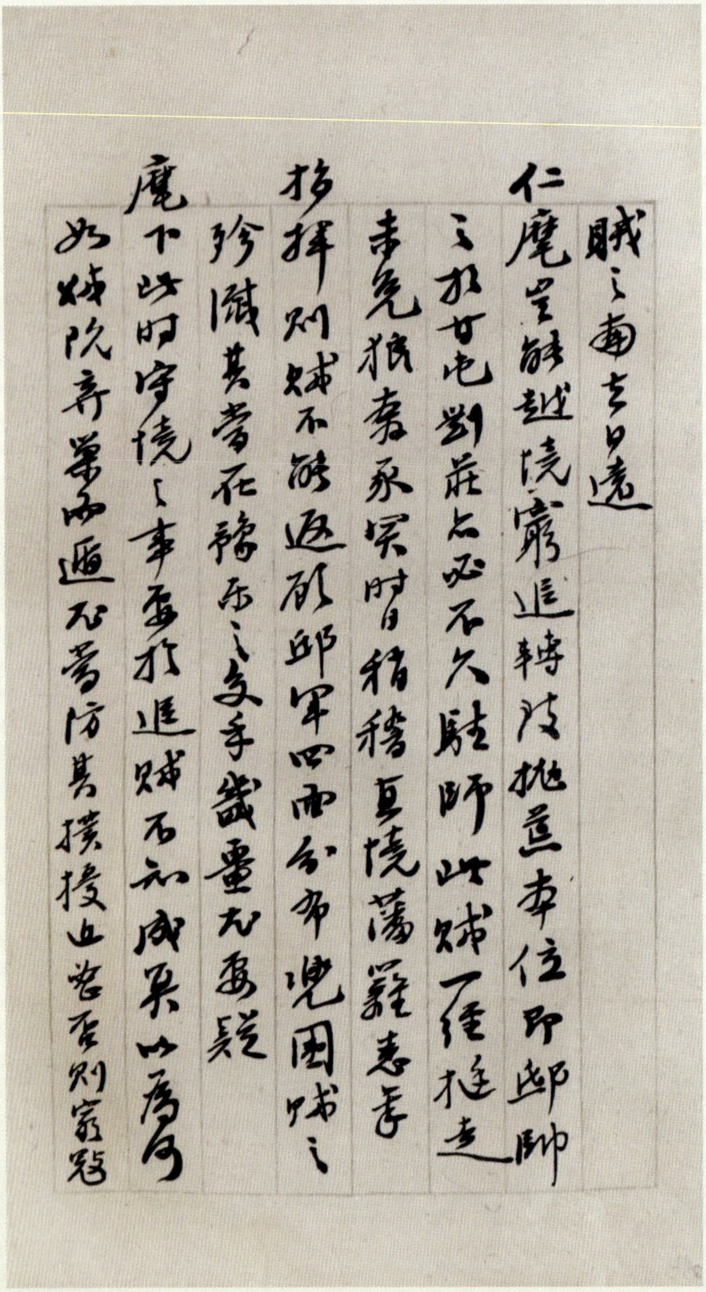

賊之南去日遠
仁麾豈能越境窮追轉戰地道本位即郵師
之數甘屯劉莊亦必不久駐師此賊一經挫去
未免狼奔豕突時有稍稽直境蕩難志等
抄擊則賊不能遠遁郡邸軍四面分布兜圍賊之
珍滅其當在諸承之交手識量尤無疑
麾下此時守境之事要於進賊不知成算以為可
如賊既奔窜而遁不當防其撲援近者則家寇

賊之南去日遠，仁麾豈能越境窮追，轉致拋荒本位。即邸帥之於甘屯劉莊，亦必不久駐師。此賊一經挺走，未免狼奔豕突。時日稍稽，直境藩籬悉稟指揮，則賊不能返顧。邸軍四面分布兜圍，賊之殄滅，其當在豫東之交乎。畿疆尤要，疑麾下此時守境之事要於追賊，不知成算以為何如。賊既棄巢而遁，尤當防其撲擾近密，否則窮寇

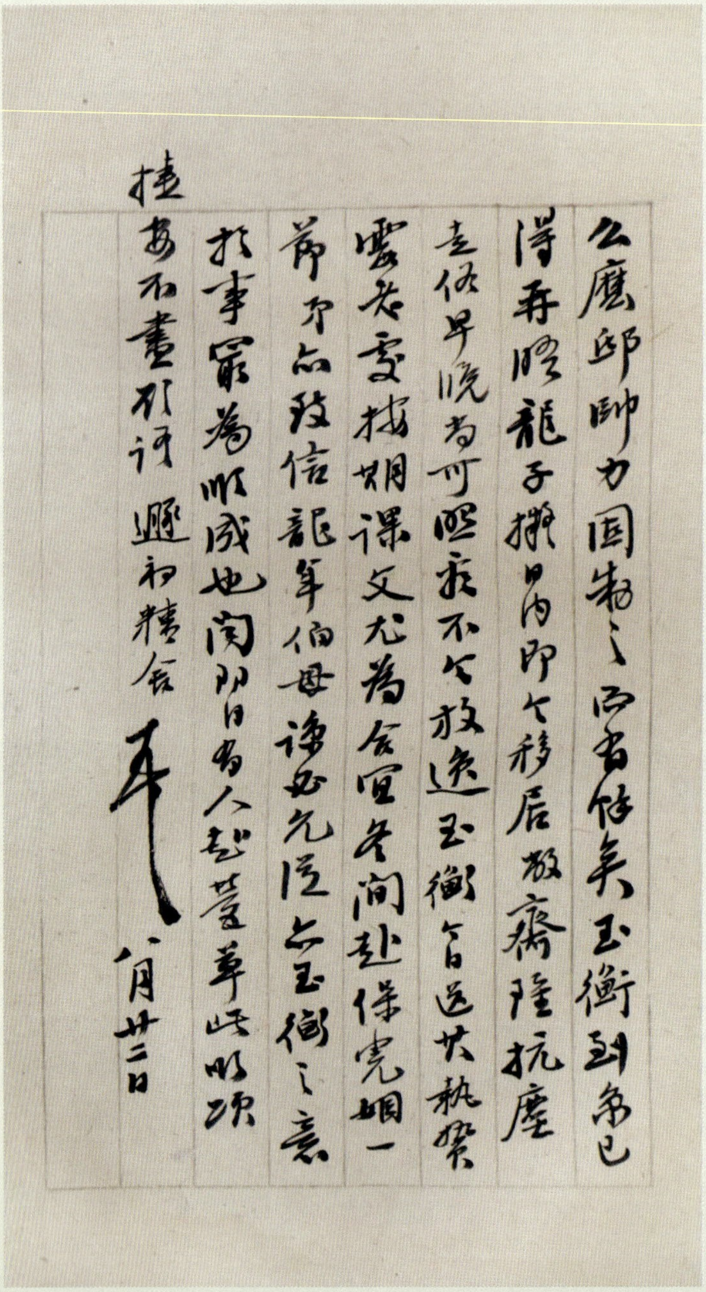

公應邸帥力固辭之，否者任矣。玉衡到京已
得尋晤，龍子擬日內即々移居教齋，陸抗塵
走俗，早晚當可晤，不々敘。送玉衡旨送共執贄
雲老處，接朔課文，尤爲合宜。冬間赴保定，姻一
節，尔亦致信龍弟，伯母諭知。先從與玉衡之意
於事最爲順成也。閱明日當人赴蓮華峰明晚
捷安，不盡，不訂。遲初精舍
拯
八月廿二日

幺麼，邸帥力固制之而有餘矣。玉衡到京已得再晤。龍子擬日内即令移居敝齋，雖抗塵走俗，早晚尚可照看，不令放逸。玉衡今日送其執贄霞老處，按期課文，尤為合宜。冬間赴保完姻一節，弟亦致信龍年伯母，諒必允從，亦玉衡之意，於事最為順成也。聞即日有人赴營，草此順頌捷安，不盡欲語。遜初精舍頓首　八月廿二日

承旅心齋主人麾下：日昨數行，急足後奉述札

墨入耶？日來深

太疏備及賊情，何狼毒殘剽疾乃爾，自是

馬賊為多之故。從西以賊數過多，師船不達，

彰應亦属意中，何有彼性等事，非獨能盡信

手書中語責不肯過求，亦自有斟酌變化之

所慮者入對所陳兩道與來件略合，並有后達

籌辦所見，極力窮追，幸早請暑於營，得免

求放心齋主人麾下：日昨數行交玉衡奉遞，想電入耶。日來讀大疏，備及賊情，何狼奔豕突剽疾乃爾。自是馬賊尚多之故。僧函以賊數復多，歸咎沿途夥應，亦屬意中所有。彼恒等稟報，獨能盡信乎？寄中詰責不肯過嚴，亦自有斟酌處。僧世子旋都入對，所陳一切適與來件脗合，並有沿途為賊所覺，極力窮追，幸單騎晝夜兼程得免。

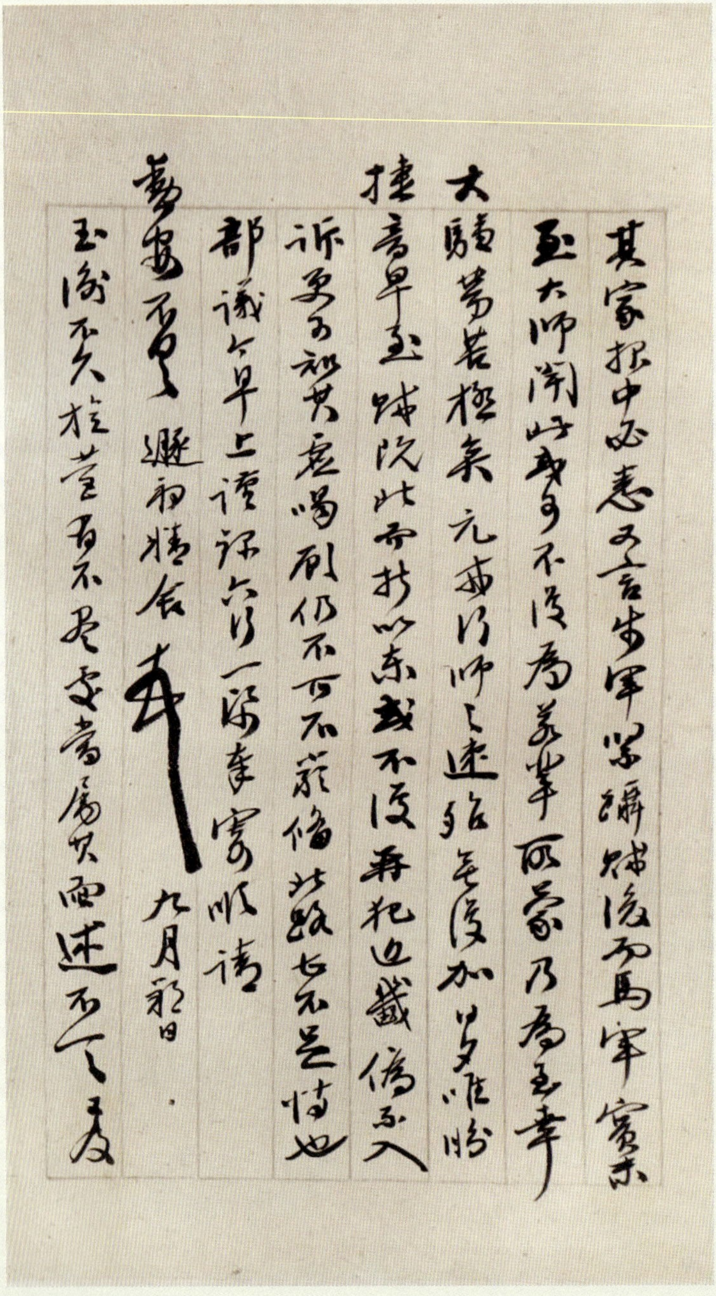

其家報中必悉。又言步軍緊躡賊後，而馬軍實未至，大師聞此，或可不復為若輩所蒙，乃為至幸。大騶勞苦極矣，元戎行師之速殆無復加。日夕唯盼捷音早至。賊既北而折以東，或不復再犯近畿。僞不入訴，更可知其虛喝，顧仍不可不嚴備，北路甚不足恃也。部議今早上，謹録六行一紙奉寄。順請勳安，不具。遯初精舍頓首 九月朔日

玉衡不久旋營，有不盡處，當屬其面述，不一一。又及

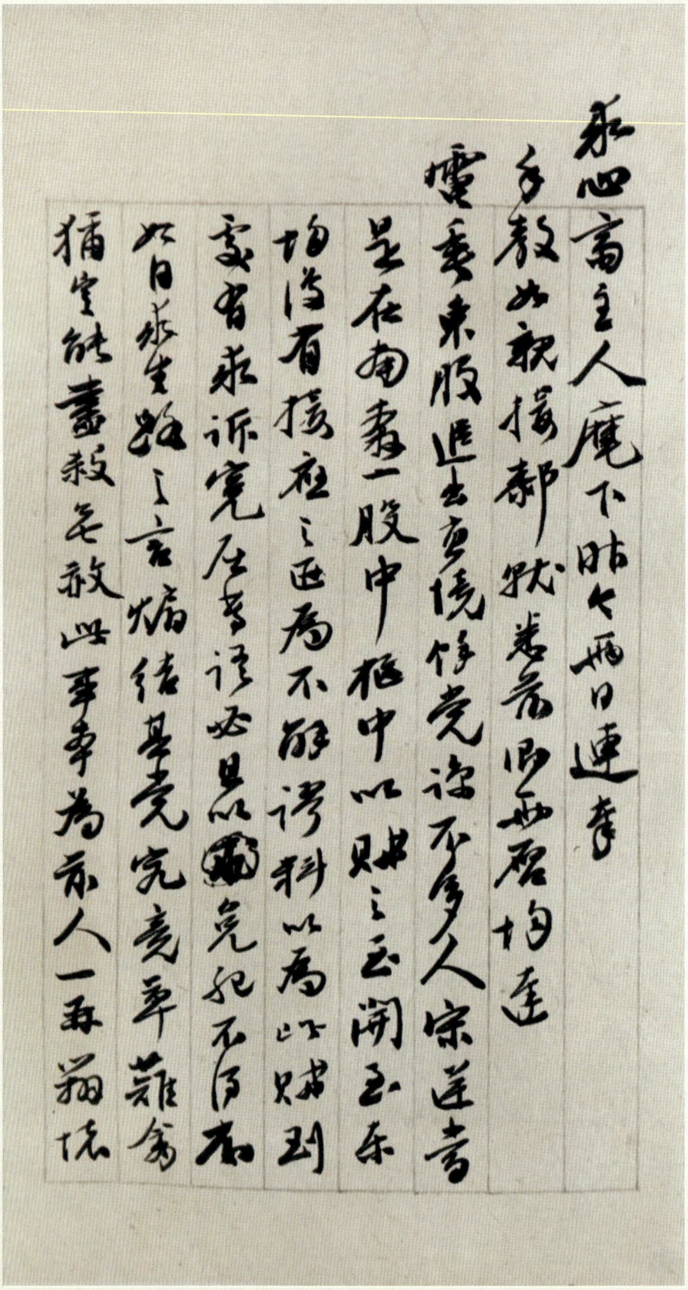

求心齋主人麾下：昨今兩日連奉

手教，如親接郄，就悉前汾兩啓均達

電垂。東股追出直境，餘黨諒不多人。宋逆當是在南奔一股中。樞中以賊之至開至東，均復有接應之匪為不解，謬料以為此賊到處有求訴冤屈等語，必且以求免死不得、不如自求生路之言，煽結其黨，究竟草薙禽獮，豈能盡殺無赦。此事本為前人一再辦壞，

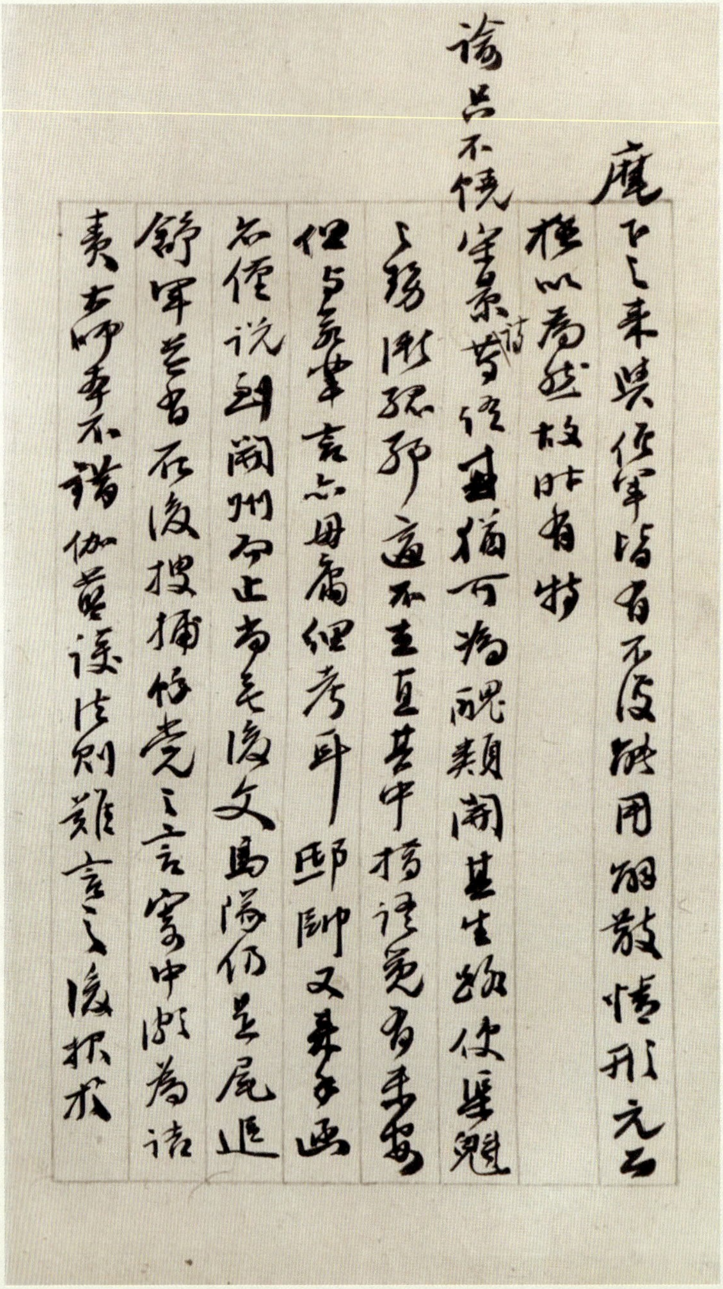
麾下之來吳從軍諸有不復被用翊散情形亢云
惟以為然故昨有特
諭呂不饒宋景詩等從寬猶可為醜類開其生路使畏魁
之黨解散耶適不至直其中指詳覓有事要
但與諸掌言亦毋庸細考耳即卸又兼事西
名便說到闔州部止南北後文島濤仍是屁近
飭軍營各處後搜捕怕竟之言實中激為諸
責太師率不諧似莫謨法則難言之後狀求

麾下之來，與僧軍皆有不復能用，解散情形，元公
極以為然。故昨有特
諭，只不饒宋景詩等語，或猶可為醜類開其生路，使渠魁
之勢漸孤耶。適不在直，其中措語覺有未安，
但與若輩言，亦毋庸細考耳。邸帥又來手函，
亦僅説到開州而止，尚無後文。馬隊仍是尾追，
舒軍並有在後搜捕餘黨之言。寄中頗為詰
責。大師本不錯，伽藍護法則難言之。後報於

元戎以失機爲咎將至來年不必形於該言之矣
故有請修寺挖陷河以保其境條陳至夾擊等
詞第恐馬隊既不敢冒進來深又無以剿動
捻則然且逾黃河則何方不可衛實係迫似宜
先備截也李諮派直軍業從河南營兼通
逢其會何以前後來攻之致尋則堵扼一路緣境
即近皖壘甚嚴兩次不知果否通氣如遇能帥
一發舊業及身寧非此事機之一便也大帥駐

元戎，以步躡馬，賢勞獨至，未嘗不心折於語言之外。故有請飭專扼沿河以保直境，俟賊至夾擊等詞，第恐馬隊既不能緊追，東隣又無協剿勁旅，則賊且避直軍而行，何方不可沖突。豫邊似亦無備。或者李镇明惠一軍業從河朔而來，若適逢其會，可收前後夾攻之效。否則賊將一踰豫境，即近皖壃。其與苗頑不知果否通氣，如遂驅歸一處，蘊崇芟夷，亦未始非事機之一便也。大師駐

東郡硯筆即動意不知悉書何如欲乞之甚急
緣巴蜀人在中總非長策此中殊無用處也本
約龍子來因屬兩劉琛舫昆玉挽留玉兄之意
之以爲自己多不如且已如其事須至明年仍當向
琛舫言明移居致齋爲是謀定則請寶舫兄
閱後最安玉兄本言明日成行比晉不見不知果
否亦只遂若必行不盡之言均請玉兄細談
四叟字面陳耳斜川集六本奉壽翁 恁威

東郡，一似無即動意，不知密晝何如。能令公喜怒，殊恐惑人居中，総非善案。此中外所同憂也。本約龍子來同居，而劉琴舫昆玉挽留。玉兄之意，亦以為日無多，不如且已。如喜事，須至明春，仍當向琴舫商明，移居敝齋為是。課文則請霞舫兄閱改最妥。玉兄本言明日成行，此兩日不見，不知果否。想其望前必行。不盡之言，均與玉兄細談，回營定可面陳耳。斜川集知原本發還，極感

厚植桑地當藉蔭怛來信本必無他處更矣左師
克富陽即圖杭大抵三城并當成約待時並策
今軍又克高陵斷通西路軍務西漢中妥治乃
在川軍抵漢之後定於撓進無統率也西事綜雜
急了隴地尤不可收拾粵事東西俱難須專廣海
寨已克翁道澤去飛遁寧城只將高援大股擊
走硯莊方伯軍聲肆振筱仙到後與子蕃在
右垂此長樓東西合力高居竟手唯蕭清獨

厚植。京兆尚候薇垣來信，想必無他變更矣。左師克富陽，即可圖杭。大抵三城早有成約，待時並舉。多軍又克高陵，漸通西路軍勢。而漢中賊陷，乃在川軍抵漢之後，失於鋭進無統率也。西事総難急了，隴地尤不可收拾。粵事東西俱頗得手，廣海寨已克，蔣道澤春已逼容城，且將高援大股擊走。峴莊方伯軍聲殊振。筠仙到後與子蕃左右乘此善機東西合力，高潯竟可望肅清。獨

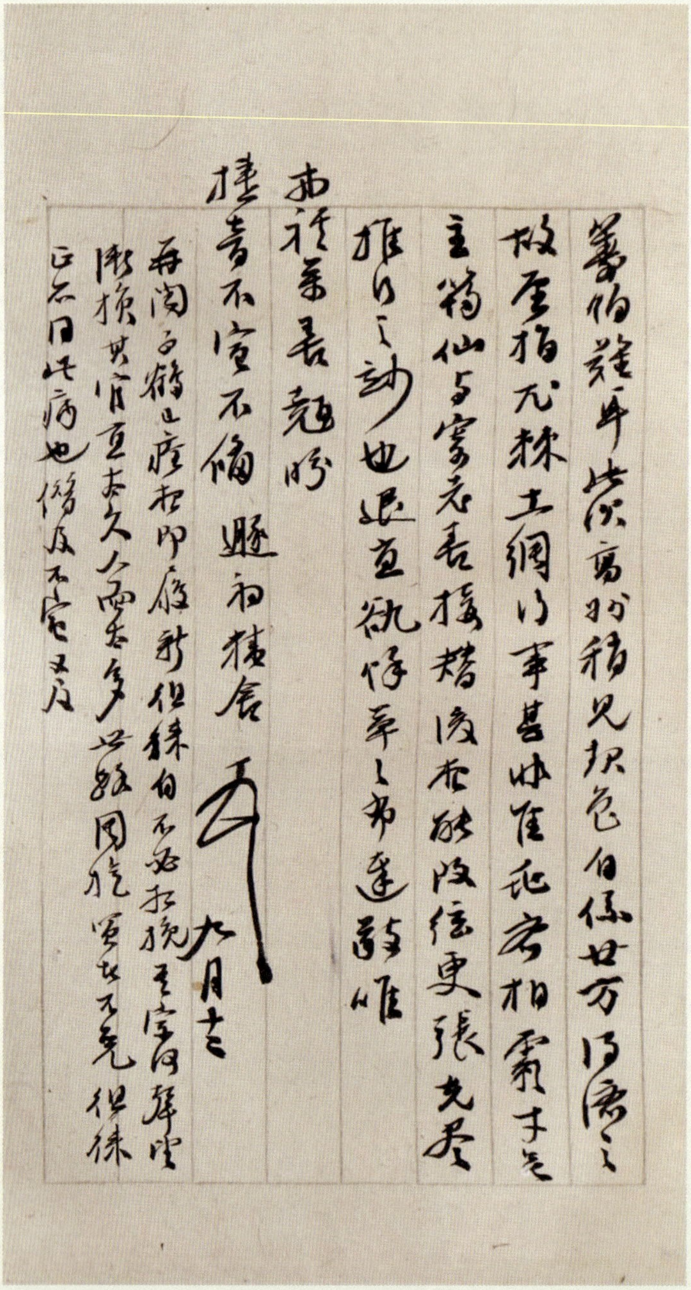

篆伯雖再嘗高將稍見規色自係廿方何慮之
故至指尤棘土綱行事甚難唯恐密相霸手乞
主稿仙乎實志吾接替後在彼改任吏張先君
推行之勤也退查飢俘華之邪達雖唯
兩祈善吾題時
捷書不宣不備　遜和積倉　再
九月十七
再閱子猶已疹在即痊新但徐自不必再換至宜附犀望
撤換其宜直告文人亦要多少錢周旋實甚不免但徐
正不日此病也備及不宣又及

籌餉難耳。此次高州稍見起色，自係廿萬得濟之故。厘捐尤棘，土綢行事，甚非佳兆。齊相霸才無主，筠仙與寄老善接替後，想能改絃更張，克盡推行之妙也。退直欿餘，草之布達，敬唯

戎祺萬善，翹盼

捷音，不宣不備。遯初精舍頓首　九月十二

再，聞子鶴已痊，想即履新。徂徠自不必相挽。吾宗何聲望漸損。其官直太久，人面太多，世路周旋，賢者不免。徂徠正亦同此病也。僭及不宣。又及。

汞心齋主人麾下：月前肅緘，諒蒙詧達。比讀

大疏，具知青海善後、臺邑規模大定。

台驅即日旋轅，從此邊疆平靖。

北門鎖鑰，實唯藎是賴。武風吏治，當必可追求

之。早歲閱世，讀兩晉史，右軍議默，久無私，獨益彰。幸

元之知人，而擢其任，無負思之；口固不足以為毀譽也。

豈閱先後金陵、江都合圍，武林當亦同下，粵事恢

復無幾。其餘苗沴，遇示接首，漢儒掃蕩，指日有

求心齋主人麾下：月前肅緘，諒皆得達。比讀
大疏，具知善後壹是，規模大定。
台駟即日旋轅，從此畿疆平靖，
北門鎖鑰，實唯萊公是賴。民風吏治，有非可遽求
之旦夕間者。隴西賢者左右謨猷，久必相得益彰，幸
元公知人而能善任。世俗悠悠之口，固不足以為毀譽也。
吳閶克復，金陵亦漸合圍，武林當可同下，東南恢
復，氣象甚佳。苗頑遂爾授首，淮壖掃蕩，當有

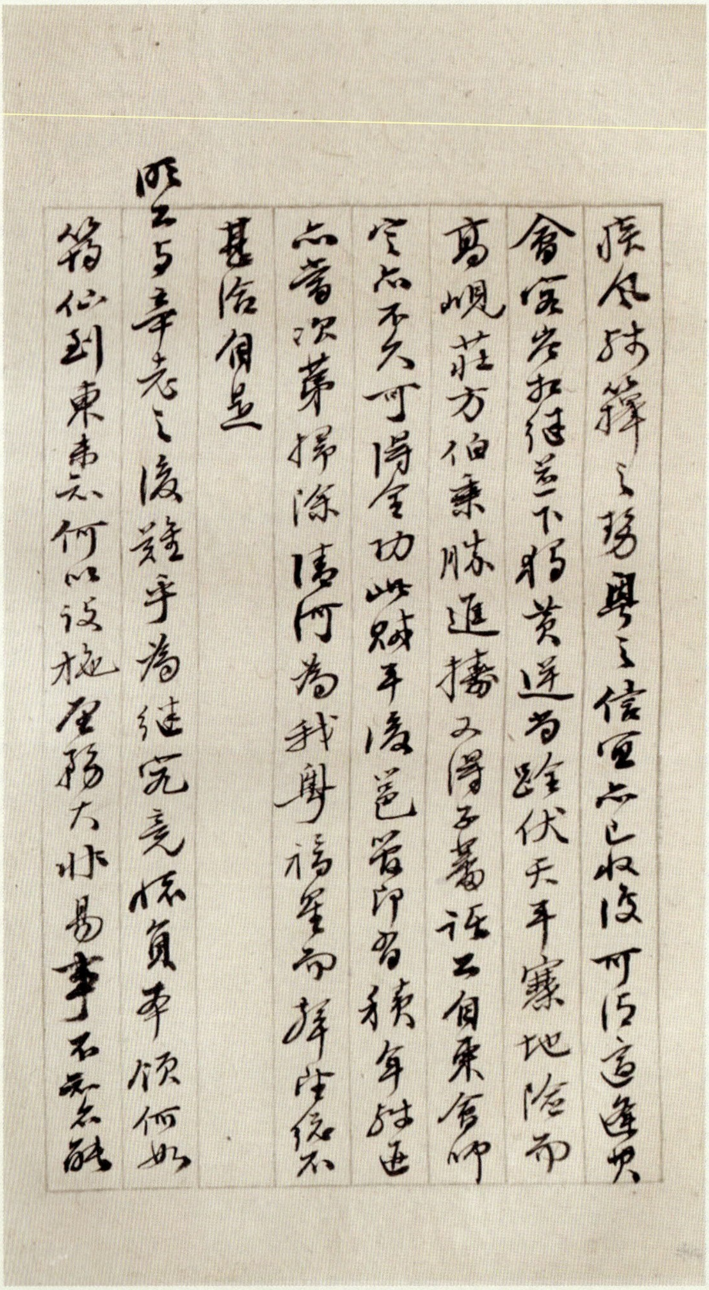

疾風掃籜之勢粵之信宜亦已收復可占逆燼
會匪岑扣往並下將黃逆首雖伏天平寨地險而
高峒莊方伯秉勝進擣又得手蓋謂不日東會師
定亦不久可將全功此賊平後邕管印者積年餘匪
亦當次第掃除德何為我粵福星而拜佩佩不
甚治佩甚
賢乃章志之後難乎為繼究竟作負奉領何如
節似到東來亦何以設施屋務大非易事不亦忍能

疾風殘籜之勢。粵之信宜亦已收復，可謂適逢其會。容岑相繼並下，獨黄逆尚踡伏天平寨，地險而高。峴莊方伯乘勝進擣，又得子蕃諸公自東會師，定亦不久可得全功。此賊平後，邕管即有積年殘匪，亦當次第掃除。清河為我粵福星，而聲望總不甚洽，自是

明公與辛老之後，難乎為繼。究竟懷負本領何如。筠仙到東，未知何以設施。厘務大非易事，不知亦能

此軍事之缺軍餉廣人非不可用柱非信子吏信习难
軍将来李必遇城此歸難徔事裁左为信此費充
秋西鄉而毛鄙適喜以成何害夢喿酤言觀人不
誠焰見其知悟其逺大非細故也祁州牧事一説了
此言為徔到来連来在互非玉衡尪見事乃逺快理时
自寓事断平即覺其不远亞非徔乃与舆祈信邑
収後之後日将怔可見公禄甫为莫绣扲稀素㶼稀

圖不荤拓卢

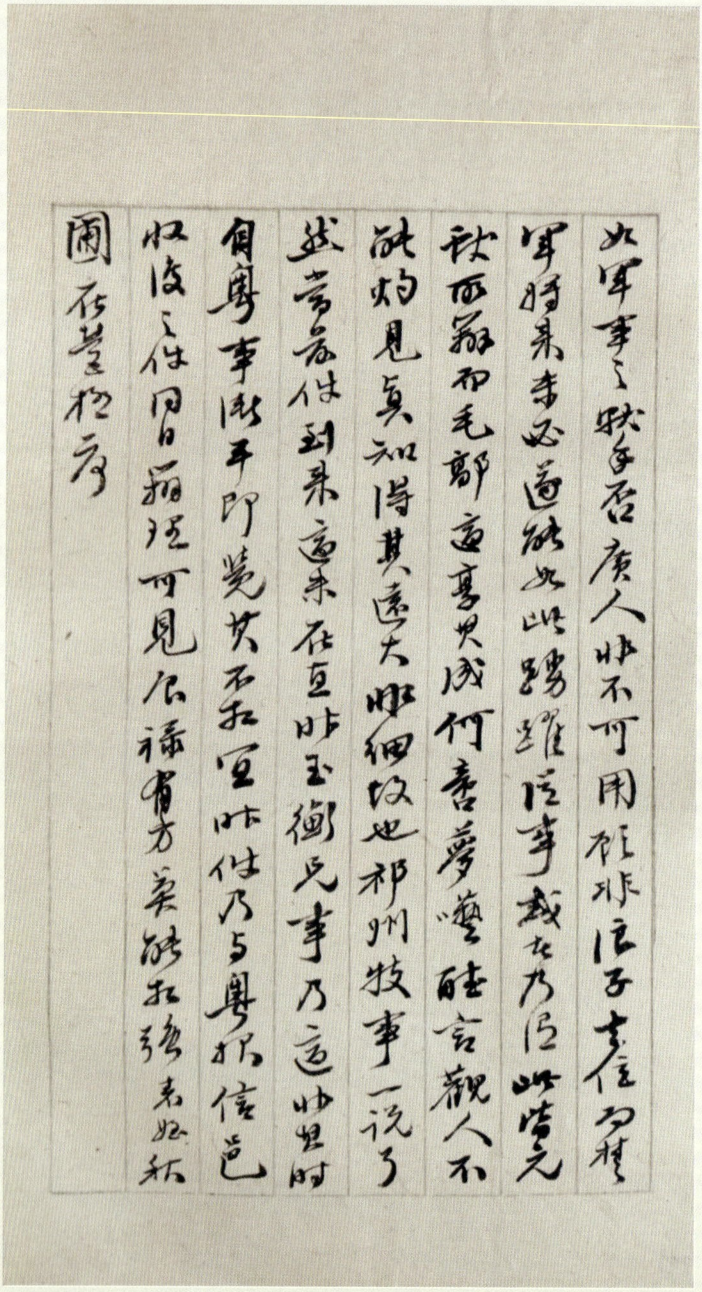

如軍事之就手否。廣人非不可用，顧非浪子去位，而楚軍將來未必遂能如此踴躍從事。或者乃謂此皆元獻所辦，而毛郭適享其成，何啻夢囈。聽言觀人，不能灼見真知，得其遠大，非細故也。祁州牧事一説了然。當前件到來，適未在直。昨玉衡兄事，乃適非其時。自粤事漸平，即覺其不相宜。昨件乃與粤報信邑收復之件同日辦理，可見食禄有方，莫能相強。表姪秋圃在營，極荷

嚴信軍務之事亟宜於示寓閣名爲隱患區别之故甚門
保任昨已函允
魔下佐軍文武權盡辛勞帷籌此未竟責備之諸先
爲一疏請示室必遜允不妨稍事軍隊密室不宜少年
何如得玉御書閣
也惠寓痛之爲居念此疾砂大舉省逼毫舉方酬使
對相也手雨酸問
元松芳福不害不備 中歷初　文□
子月皆

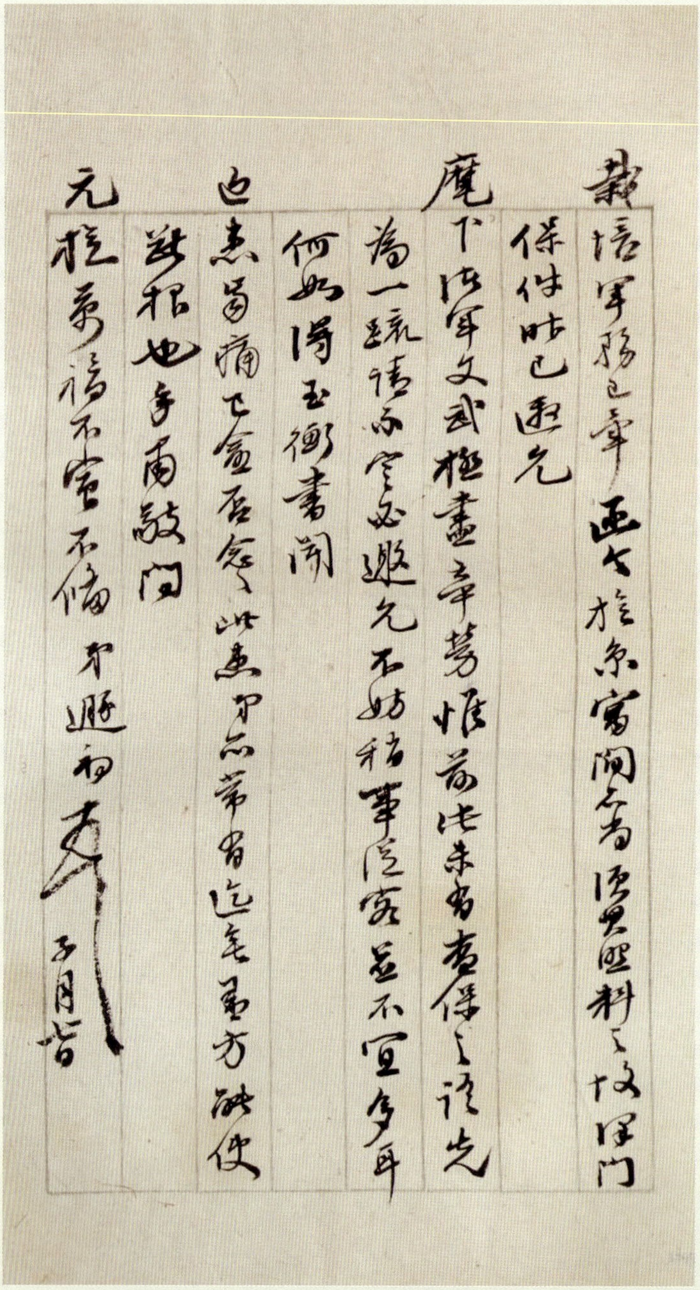

栽培。軍務已畢，函令旋京，寓間亦尚須其照料之故。津門保件，昨已邀允。

麾下諸軍文武極盡辛勞，惟前此未有查保之語，先為一疏請，不定必邀允，不妨稍事從容，並不宜多耳。何如？得玉衡書，聞

近患齒痛，已愈否？念念。此患弟亦常有，迄無善方能使斷根也。手肅。敬問

元旋萬福，不宣不備。弟遯初頓首　子月七日

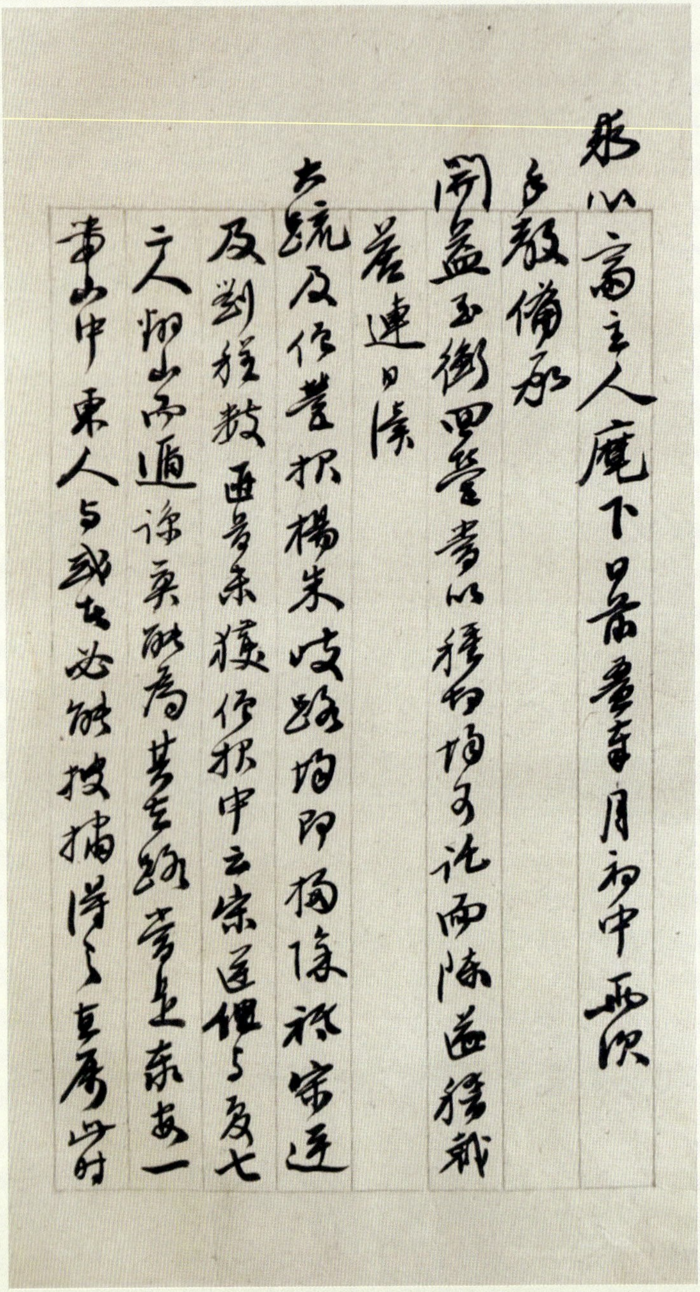
張心齋主人麾下：日昨肅奉月初中函泐
手教，備承
關蓋至衛四疊書以移頃手託而陳盛誼銘戢
莫達日深
大疏及作叢摺稿朱收路均即摘錄寄送
及劉程救匪首余條獲作摺中云宗匪偽與及七
之人擁山而遁，諒稟賊為其黨錄黨是秦安一
帶山中東人與或在必能投捕得之直屬留時

求心齋主人麾下，日前叠奉月初中兩次
手教，備承
開益。玉衡回營，當以種切，均可託面陳，遂稽裁
答。連日讀
大疏及僧營報，楊朱歧路，均即掃除，祇宋逆
及劉程數匪首未獲。僧報中云宋逆但與夏七
二人翻山而遁，諒莫能為。其去路當是泰安一
帶山中。東人與或者必能搜捕得之。直屬此時

已是餘匯形同以養其後起
照云丞成竹在胸大師請以逆產分給滬氏安插及將
同巷無歸就近地方措治均屬極要惟文孫留系
實屬不在地耳地方長吏不足爲私蒙屬難了
通手函請蘇撫募勇一片亦屬不忍護國盛
心此中乃須斟酌盡善方可
大師此時仍駐衢州抑留科差四肯日內定西書
照綜陳此間消論惟丞

已無餘匪，顧何以善其後，想
明公必成竹在胸。大師請以逆産分給流民安插，及將
河套各歸就近地方轄治，均屬極當，惟文孫留東，
實為二君地耳。地方官吏不且有狐裘蒙茸之
慮乎？至請裁撤募勇一片，亦屬公忠體國盛
心，此中乃須斟酌，盡善方可。
大斾此時仍駐衡水，抑即料量回省，日内募定，必有
疏陳。北門鎖鑰，惟在

臣籌拭目觀之此次事平除人多以來至一定伏望
詔旨遴膺伏候爲後患圖之不可不急也並彼亡竟去
膽之餘齎臣書此而渠撫亦早廢於衆命其務既
敢地方伸縮所至隨日而推戮之生從遲補之不遠
餘力然從來所未有大帥維屬有志焉兵無逕華言
其實不能不爲所折屈刑爲治者不能救及而補
首不居其功近日其在手寫中人乃思之多口一再
周星譽 丁壽昌
聞言其執事理情然詞不足較然而風聲長

巨籌，拭目觀之。此次事平，淺人多以未曾一二大仗，恐沿途潛伏，仍為後患，固亦不可不慮，然彼亡竄喪膽之餘，脅從盡逃，而渠魁亦早疲於奔命，其勢既敗，地方紳練所至，皆得而捦戮之，步隊追賊之不遺餘力，殆從來所未有。大師雖屢有徒勞無益等言，其實不能不為心折，否則馬隊尚不能相及，而賊有不蔓延日甚者乎？臺中人乃悠悠多口，一再間言，其於事理懵然，誠不足校，然而漸不可長。

周星譽、丁壽昌

元之賀旦數箋書之而揚禾劉敵軍於鍾玉深
于閩執後還之口此為時局雖見室獨於
麾
下有得私郵隴西到臺自可照趙有但徐俟肯
申去吾宗近甚不理於口隴西舉望日高或可左
右證狀於漢為理金陵杭蘇三城大約可望四附
旨下浙師破富陽湘師通蘇城其福江浦常熟
若戰特皖南完未盡清青陽團練親教尚多
大纛此時材聽實義乃無如其人竊何有當

元公亦且頻感言之，而楊朱剿散，軍報踵至，諒可間執讒慝之口。此為時局起見，豈獨於麾下有阿私耶？隴西到營，自可即日赴省。徂徠便當南去。吾宗近甚不理於口，隴西聲望日高，或可左右謨猷，相資為理。金陵、杭、蘇三城，大約可望同時並下。浙師破富陽，滬師逼蘇城、無錫、江陰，皆各苦戰，特皖南究未肅清，青陽圍解，醜類尚多。大抵此時賊勢實衰，乃無如其人眾何。有苗

乃特除授恭甫于慶陽，當能不負吉帥藉之
以爲日崇之嫌，殊不知負宗子急此，壽當下陳成
儀程卷進，似形中豫而晚，我書先將厚德之附
並爲其瞭使長從事嘉蔭，除去負那要人，方能悔其
十日豫帥來自西，不長伺力，爲將中山之據不通
年早爲貴宜，不容觀將張雁一人，致及此吳生
元炳
將稱易略何能兩之，但到想作年到彼一長康莊
亦即爲難，中原平衍，當故吾使厚德馳騁以

乃特陰狡，最為可憂。湘鄉兼顧不及，大師藐之，以為自守之賊，殊不知其正爾可惡。此番南下，陳明緩程前進，似欲由豫而皖，或當先將羣捻之附苗為其族使者次第翦除，去其羽翼，方能擣其中堅。豫帥本白面，亦無得力兵將，中山之族，不過爾爾，早為貴里所窺。獨張曜一人，與敝及門吴生元炳頗稱勇略，何能面面俱到？恐僧軍到彼，一無策應，亦即為難。中原平衍，苗故專使羣捻馳騁，以

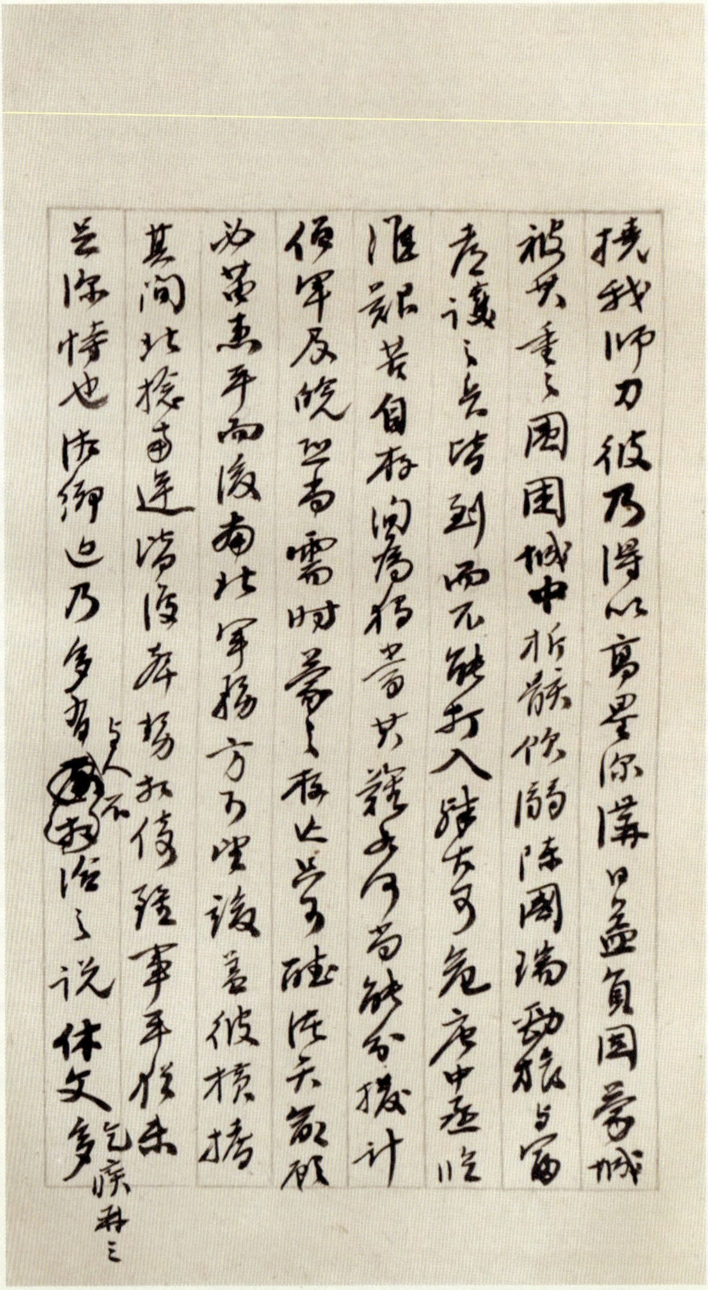

撓我師力，彼乃得以高壘深溝，日益負固。蒙城被其重重圍困，城中析骸飲溺。陳國瑞勁旅與富都護之兵，皆到而不能打入，殊大可危。唐中丞臨淮，艱苦自存，洵為獨當其難，如何尚能分撥？計僧軍及皖，恐尚需時，蒙之存亡，只可聽諸天命。顧必苗患平而後南北軍務方可望竣。蓋彼横撦其間，北捻南逆皆復聲勢相倚。雖事平猶未足深恃也。湘鄉近乃多有不相與人不洽之說。休文多乞疾再三

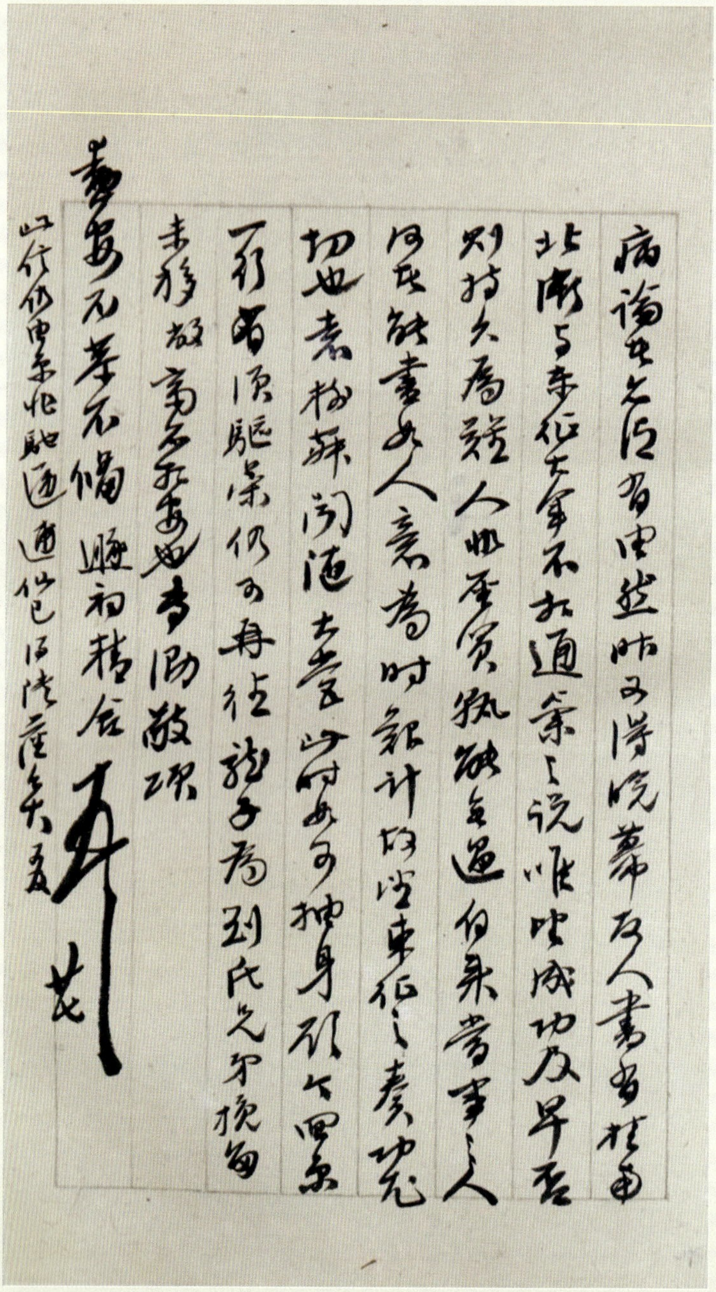

病，論者亦謂有由。然昨又得皖幕友人書，有楚南北漸與東征大軍不相通氣之説。唯望成功及早，否則持久為難。人非聖賢，孰能無過。自來當事之人，何者能盡如人意？為時艱計，故望東征之奏功尤切也。袁樹菽聞隨大營，此時如可抽身，欲令回京一行，有須驅策，仍可再往。龍子為劉氏兄弟挽留，未移敝齋，亦相安也。專泐敬頌

勳安，不恭不備。遜初精舍頓首　　廿七

此信仍由京兆馳遞。逋仙已得陜座矣。又及

蔭渠大公祖大人閣下日前奉布兩函想均
鑒登比維
藎勳日懋善後事宜諸當備緒于和廟坊並推藩
藎地方吏治並資整理
大府信任得人即蔭翁方伯亦得專力前敵搜除石逆
妖氛以歸淨盡矣頃邸報初九日閱海昌辰逆
宮保赴亳以援蒙城（賴捻抵云）近日廣省邊中高州陳金釭
為其黨劉起等所殺該城歸正寄雲知與篇

蔭渠大公祖大人閣下：日前奉布兩函，想均
簽詧。比維
藎勤日楙，善後壹是，皆有倫緒。子和廉訪兼權薇
篆，地方吏治足資整理，
大府倚任得人，即蔭堂方伯亦得專力省外，搜除一切
餘氛以歸净盡矣。僧邸已於初九日自許昌取道
宋陳赴亳以援蒙城豫撫報云。近日廣省遞中高州陳金缸
為其黨劉超等所殺，獻城歸正。寄雲制軍與筠

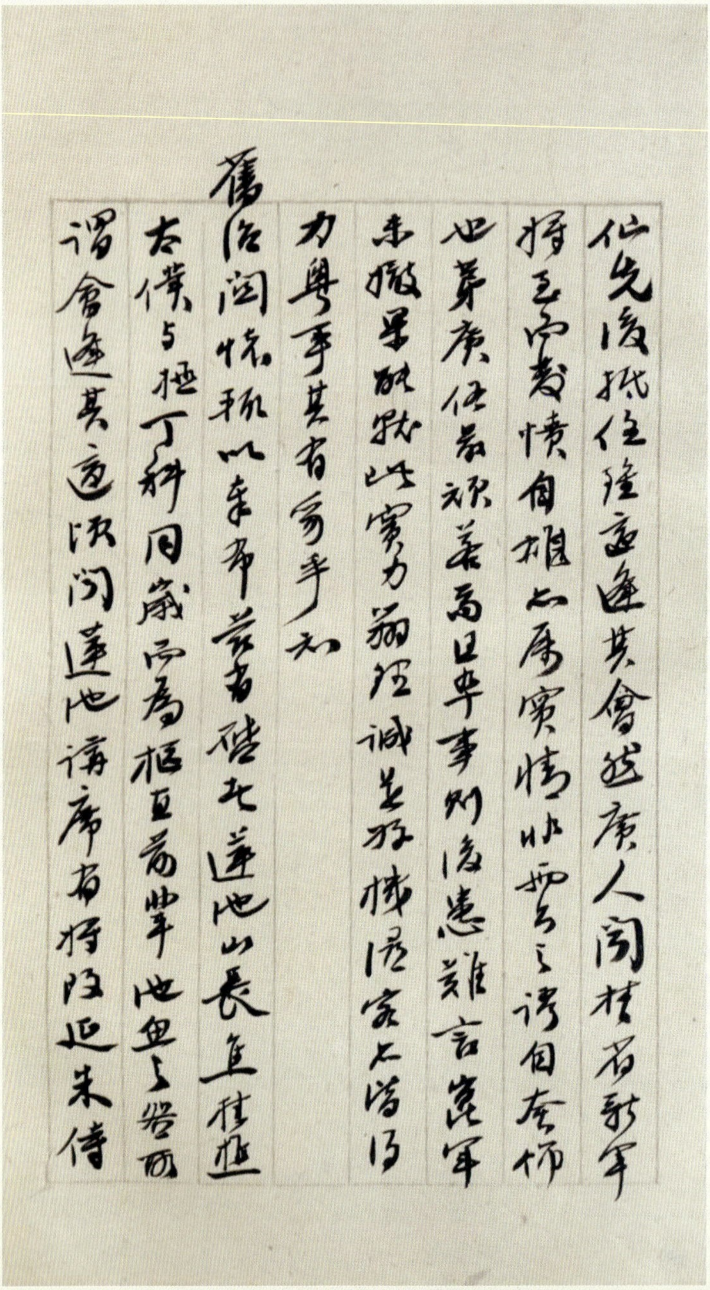

仙先後抵任，雖適逢其會，然廣人聞楚省新軍將至而發憤自雄，亦屬實情，非兩公之謬自誇飾也。第廣俗最頑，若苟且卒事，則後患難言。崑軍未撤，果能就此實力辦理，誠是好機，潯容亦皆得力，粤事其有豸乎。知

舊治關懷，輒以奉布。茲有啓者，蓮池山長焦桂樵太僕與拯丁科同歲，而為樞直前輩。池魚之咎，所謂會逢其適。頃聞蓮池講席有將改延朱侍

陽丶說未知確否桂翁多年抱疴下西神傳風呈
老母高年奉事極謹不能遠離專侍此估為生
計用特專達
台端務望此席俾得歸膝海門侍御寄畀按桂直
前謂席不成者他年可為位置伏惟
長道照人函科前後不稱年詳定必
備如原請則感佳身受感激已也斛閣升蓟省承
示及殊不自信有枝節非所據但係一書謂居請前

御之說，未知確否。桂翁多年樞府而兩袖清風，且老母高年，奉事極謹，不能遠離，專恃此館為生計，用特專達

台端，務望此席俾得蟬聯。海門侍御家累較輕，直省講席亦或有他處可為位置。伏惟

古道照人，酉科前後，亦稱年誼，定必

俯如所請，則匪徒身受感激已也。斜川升薊，前承示及，斷不致有枝節。惟昨接徂徠一書，謂屢請前

王拯卷中

詳示第叁下謀為軍務倥偬未及通仙陰已移往

抑但係此語者不審耶

藩莊子志以前尹所費為不謀子和唐訪向來通閣

不知仍可如前議設詳不操枝節明斜以名侭當先每

於形勢為先宜宣慰鄉下更宜而不負

裁培感意。唐右軍務似不能該王御所任如能達王更

為可說耳。當肅佈請

春安。臨書不勝翹切之至。治年愚弟拯頓首

十八日 [illegible]

詳，未蒙發下，諒抑徂徠此語有不實耶？為軍務倥傯未及。逋仙雖已移陝藩，莊子亦以前尹所賞為不誣，子和廉訪向未通聞，不知仍可如前議改詳不致枝節否？斜川亦以有老母，故於薊為尤宜，而安靜之吏，定可不負

栽培盛意。廣省軍務漸可望竣。玉衡所件如能速至，更為有説耳。耑肅佈請

勳安。臨書不勝翹切之至。治年愚弟拯頓首　小春十八日

蔭渠大公祖年大人閣下前覆一函諒登
台覽矣舍弟姪袁秋甫回京具叙
推愛逾分仰蒙
厚植下忱詠感莫可名宣時惟
鈞閣清綏百度具舉入
覲之行想在開歲計鑾輿初頭即可具摺陛返十餘日
元旌閣纂正合其時柳營速至閣纂後耶
江皖盡經傳手匯入上元其構如此可為天下

蔭渠大公祖年大人閣下，前覆一函，諒登

台電矣。舍表姪袁秋甫回京，具紉

推愛屋烏，仰蒙

厚植，下懷銘感，莫可名宣。就惟

鈐閣清綏，百度具舉。入

覲之行，想在開歲，計年初頭即可具摺，往返十餘日，

元旋開篆，正合其時，抑當遲至開篆後耶？

江皖疊經得手，運入上元，其機如此可為，天下

因慕猶西陲事未大得結而甘回尤悉氣太甚
定爲與雲樹階隴黃將軍所見各異見意而尤自
懷比擇正之窟情為更害事俟觀康相度城否
猶被慈原經將來必有表彰此時合隴並一巨人
當年經綸境所向克捷將力所能支拄延婧心者
未審關大道恩藩直是袁譚蒙使甘為陵績
然地方形勢且與新疆等呈毗連番部迎來襲
躬平地一鼓可定綏遠歸化黃城直達晉邊此

同慶。獨西陲事未大得緒，而甘回尤患氣太甚。甯夏與靈州迭陷，慶將軍所見無異兒童，而尤自愎，比樑公之庸懦為更害事。侯觀察殉夏城而猶被惡名，雖將來必有表彰，此時全隴無一正人。雷軍雖踰境所向克捷，獨力焉能支拄。熙督小有才而未聞大道。恩藩直是荒謬。若使甘為滇續助，地方形勢且與新疆萬里毗連。蒙部近來衰弱，草地一路，可由綏遠歸化等城直達晉疆。西北

地險防備，有宋一代之於西夏，以韓范諸公而迄不能
平。矧非陸海一隅可比，又且回種根株無窮，實有
跡窟，外間付托既未得人，中樞於萬里外之是非
利害所見猶多隔閡，竊恐西陲事後起，因必復乎
而患氣乃較之東南爲尤甚也。李侍之李雲麟之
奏請分營將軍之處慎，如不能當雲季因宜批及前
中丞前所保雲秀之屬，而薦之先又既深，不宜驟加
裁抑，以將爲雲仙中丞之累。蓋二收服爲主言於

均須防備。有宋一代之於西夏，以韓范當之，而迄不能平，斷非滇海一隅可比。又且回種根株所繫，豈可踈虞。外間付託既未得人，中樞於萬里外之是非利害所見獨多隔閡。竊恐西陲事後起固必後平，而患氣乃較之東南為尤甚也。奈何？奈何？李雲麟之誇謬與慶將軍之昏憒，如示諸掌。而李由官相及嚴中丞等所保，雩老亦從而譽之，先入既深，不肯驟加裁抑，恐將為霞仙中丞之累。藍二順股尚在商於，

與伯容兩兩在鄂，以是駸駸不合，僅情勢者張朗齋
軍積積其間，不可謂不盡力。多軍門派蔣凝學
僅二千人，此間仍力促其回鄂，在即咕已矣。派蘇克金
馬赴鄂去，惟此張讀戰力者，越竟依郎鄒自西
行將來，與多軍合力，因清秦隴，庶乎有濟。此又非
可旦夕期之事。聞僕僕自西來，未亟挪移，吾幸擬
為奴指揮者直隸，可以長託
宇下，而所為乏此力量。其謹樸尚可信，而手力太短，然望

與張宗雨之在淅川者駸駸欲合，僅恃豫省張朗齋一軍横擋其間，不可謂不盡力。多軍所派藍斯明之軍僅二千人，如何得力？僧軍回豫在即，昨已奏派蘇克金馬隊赴淅，亦恐非能與張鎮戮力者。或竟僧邸能自西行，將來與多軍合力，同清秦隴，庶乎有濟。此又非可旦夕期之者也。聞保件不日可來，袁丞樹菽前本擬為加捐，指省直隸，可以長託宇下，而一時尚無此力量，其謹樸尚可信，而才力太差，如得在

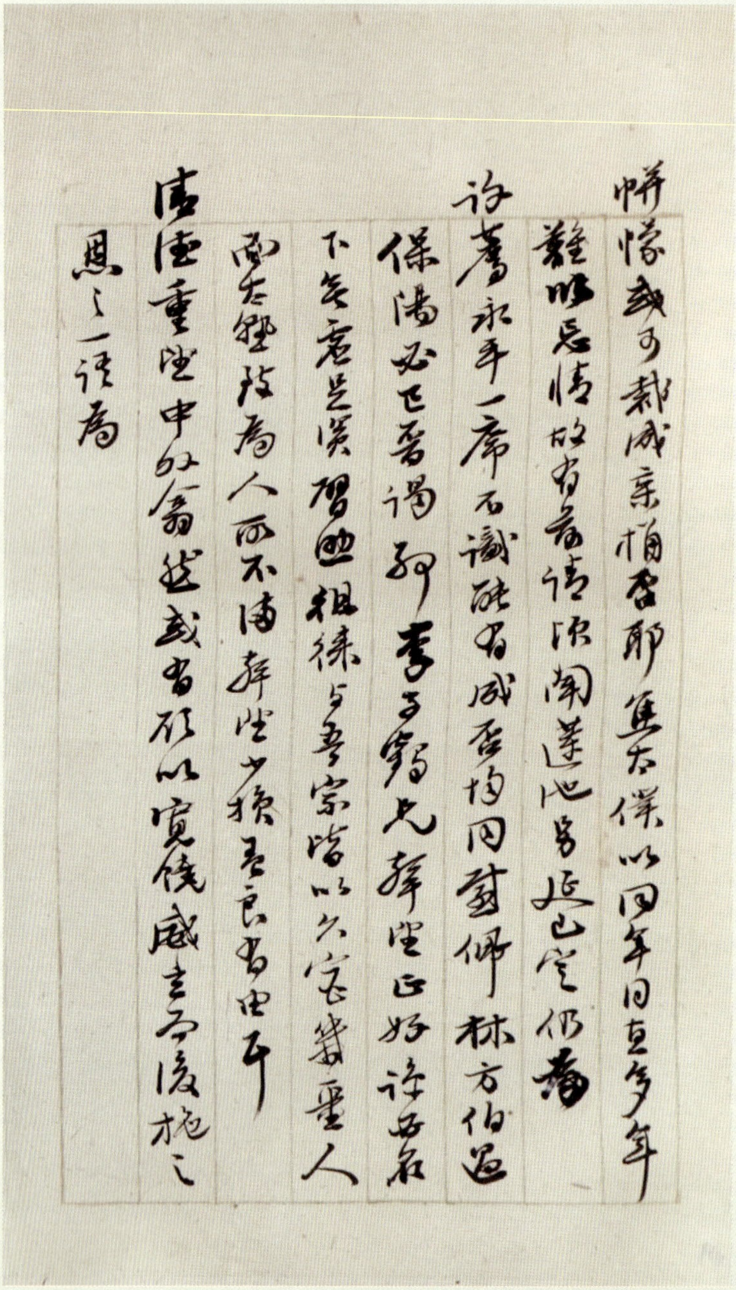

憐憫哉可歎戚亲栢香卿集大傑以同年同直多年
雖昧忌情故有名信深閣蓮池多延也定仍為
訂壽永年一席不識能否成否均同對佛林方伯過
保陽必已晉謁聊李子鎔先舜堂正好許安叔
下塵屈是賢曾幽祖係與吾宗皆以久容對聖人
而大雅故為人所不請舞堂少獲吾良有生耳
憲座垂注中此翁者哉當預以寬饒感主分後施之
恩之一往為

栟幪，或可裁成宋桷否耶。焦太僕以同年同直多年，難以忘情，故有前請。頃聞蓮池另延已定，仍為許薦永平一席，不識能有成否。均同感佩。林方伯過保陽必已晉謁耶。李子鶴兄聲望正好，諒必名下無虛，足資臂助。徂徠與吾宗皆以久宦畿畺，人面太熟，致為人所不滿，聲望少損，蓋良有由耳。清德重望，中外翕然。或有欲以寬饒威立而後施之恩之一語為

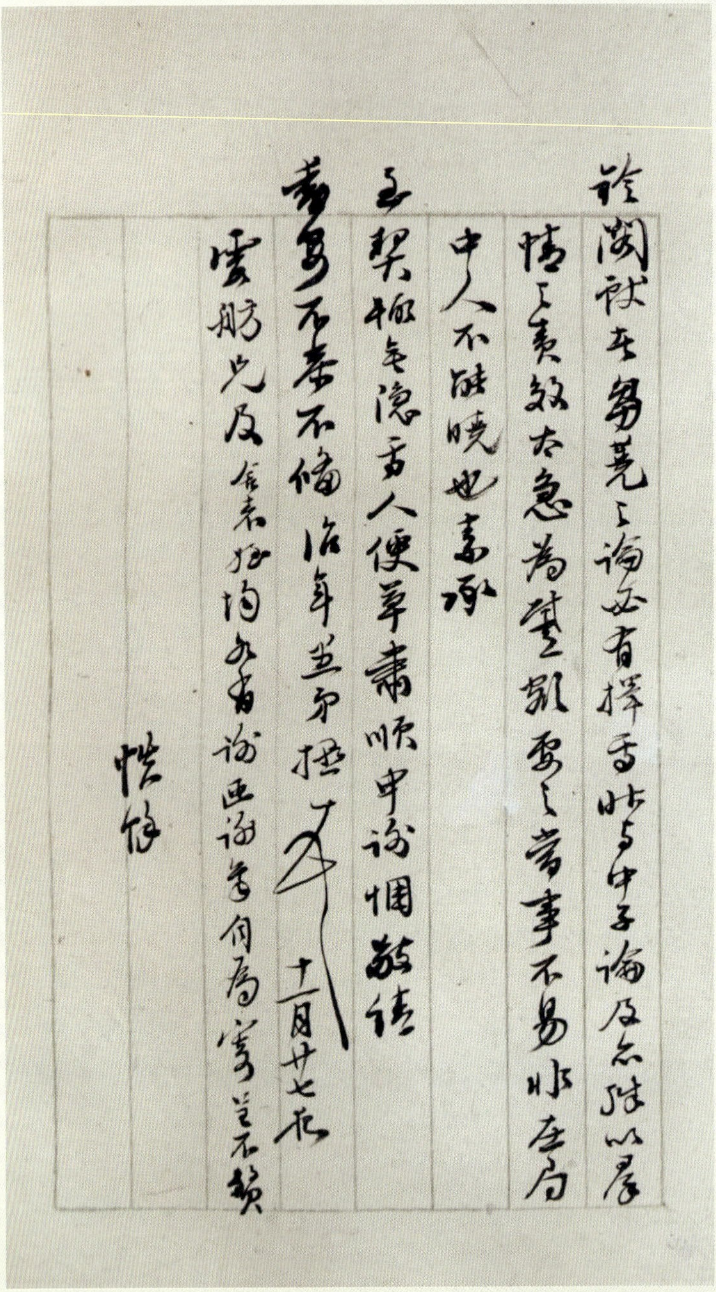

詮閲試卷第二篇之論必有擇焉此與中子論及忠陸以屬
情之責致太急為禁亂變之當事不易非在局
中人不能曉也專承
手契極感隱當人便草肅覆申謝悃敬請
著安不莊不備　治年並弟拯頓首　十月廿七夜
雲舫兄及　令表姪均此有詩西論等何為寄並不贅
惜餘

鈐閣獻者。芻蕘之論，必有擇焉。昨與中子論及，亦殊以羣
情之責效太急為蹙額。要之，當事不易，非在局
中人不能曉也。素承
至契，輒無隱焉。人便草肅，順申謝悃，敬請
勳安，不恭不備。治年愚弟拯頓首。十一月廿七夜
霞舫兄及舍表姪均各有謝函謝稟，自為寄呈，不贅。
慎餘

王拯卷中

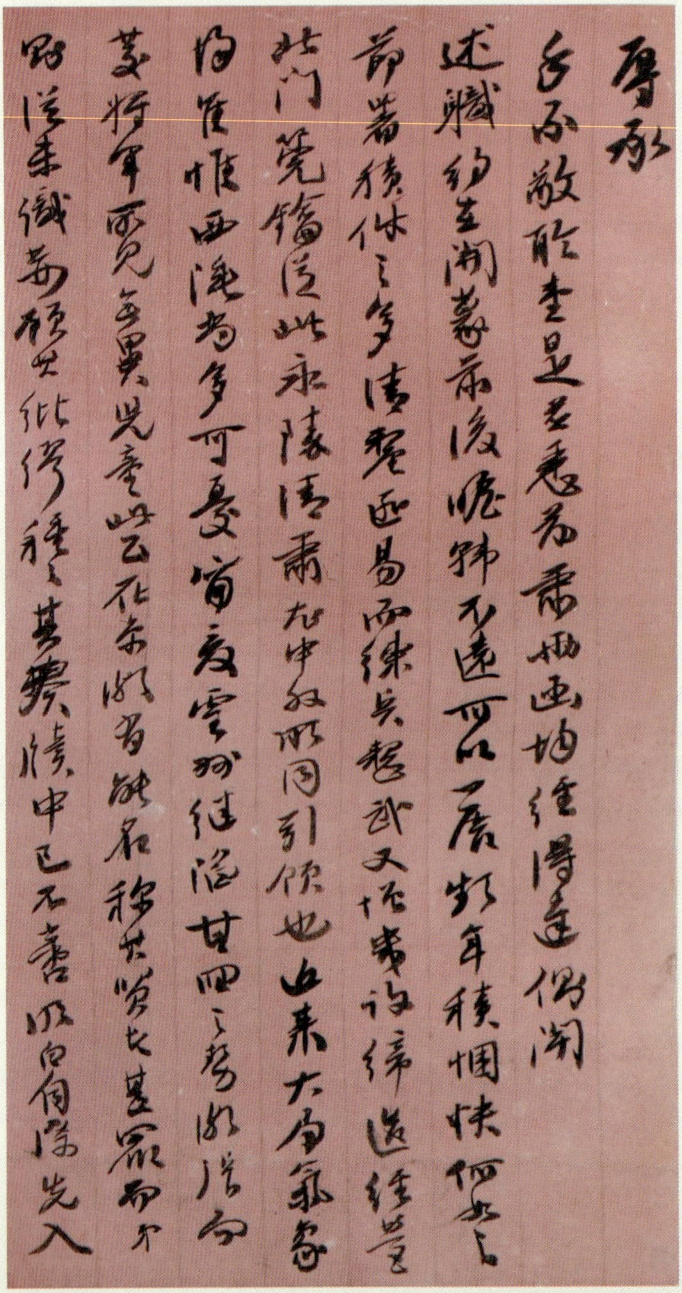

辱承
手示，敬聆壹是，並悉前肅兩函均經得達，側聞
述職約在開篆前後，瞻韓不遠，可以一展頻年積悃，快何如之。
節署積件之多，清釐匪易，而練兵整武，又增幾許締造經營。
北門筦鑰，從此永臻清肅，尤中外所同引領也。近來大局氣象
均佳，惟西陲尚多可憂。甯夏、靈州繼陷，甘回之勢頗張，而
庆將軍所見無異兒童。此公在京頗有能名，稱其賢者甚眾，而弟
則從未識荆。顧其紕謬種種，其奏牘中已不啻明白自陳。先入

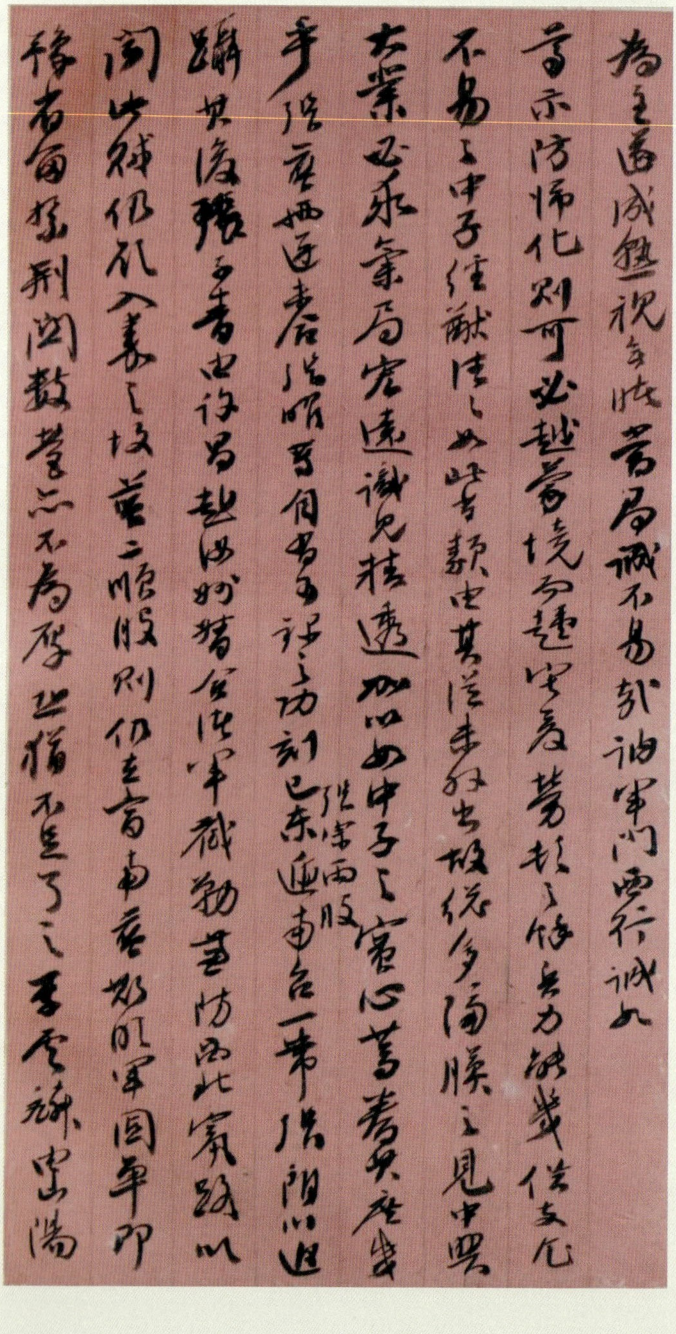

為主，遂成熟視無睹，當局誠不易哉。訥軍門西行，誠如
尊示，防歸化則可，必越蒙境而趨甯夏，勞頓之餘，兵力能幾，供支尤
不易易。中子經猷往往如此等類，由其從未外出，故總多隔膜之見。中興
大業必求氣局宏遠，識見精透，加以如中子之實心篤眷，其庶幾
乎。張藍兩逆未合。張曜等自有可録之功。刻已東遁南召一帶（張宗雨股），張朗川返
躡其後。張子青由許昌赴汝州督合諸軍截勦，兼防西北竄路，以
聞此賊仍欲入秦之故。藍二順股則仍在商南。藍斯明軍固單，即
豫省留紮荆關數營亦不為厚，恐猶不足了之。李雲麟由山陽

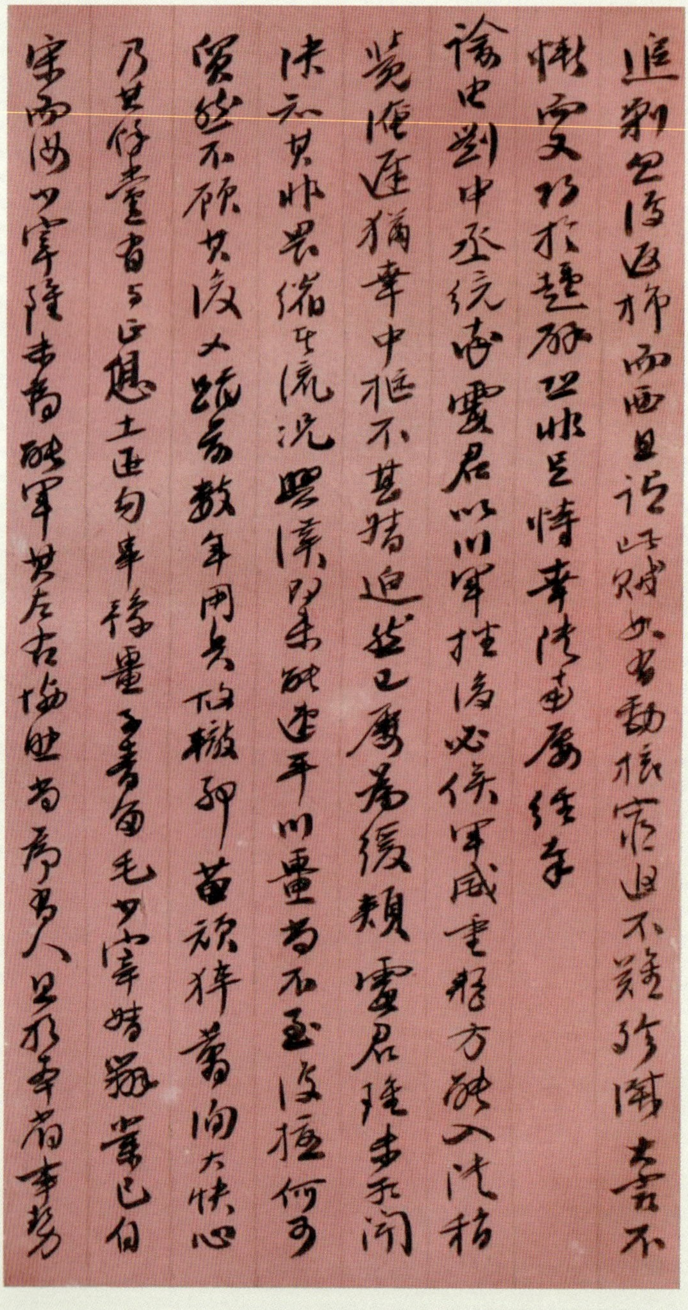

進剿包信返捕而西且謂此賊必當動搖宸但不難殄滅大喜不
悵憂行於楚豫巴北邑情事傳來屢經年
論也劉中丞統帶霆君以川軍扛為必係軍威重耗方破入沉稽
黃梅逆猶幸中樞不甚措迫茲已屢為緩頰霆君強步和閒
洙亦其非患備至流況黑潦以來破逆平川壘為不至復極何等
貿然不顧其後又踞為數年用兵似撤卻苗頹拚薺向大快心
乃其修臺者多正德土匪句卑移壘至毒面毛男寧婧蠲業已自
寒而凶少寧陸步高破軍其左右協助者房男人足形年前事勢

追剿，忽復返斾而西，且謂此賊如有勁旅窮追，不難殄滅。大言不慚而又巧於趨辟，恐非足恃。幸陝南屢經奉諭，由劉中丞統率。霞君以川軍挫後，必俟軍威重整方能入陝，稍覺淹遲，猶幸中樞不甚督迫，然已屢為緩頰。霞君雖未相聞，決知其非畏縮者流。況興漢即未能速平，川疆尚不至復擾。何可貿然不顧其後，又蹈前數年用兵故轍耶。苗頑猝翦，洵大快心。乃其餘黨有與正息土匪勾串豫疆。子青留毛少宰督辦，業已自宋而汝。少宰雖未為能軍，其左右協助尚為有人，且於本省事勢

究屬較悉但使南之使薄學不欠加匀或石可早藏事彷徨兼軍領
亳金屬四積埽為开諜思行正四收旦晚間事竟其修軍就佐併
匀軍自奇力於甘負是眺咸露計共時沈南出或可奏功虔東面
時內曰雖大約華郡之先為應較連於金陵杭州七元別就之不宜
南下失泉帥為書由雲壺中西譜諜里湖尖之任石揩何未為技
闻查抻行迂獨之窃別此噗死妙証路書朴陳先迎又審及備加蘇
廣電不甸溂不岂可慺也舀之欤歲者考伏惟
董祺萬福附呈鹿尾一袋聊佐春盤懃懃之卬諳又
兔弟拯啟

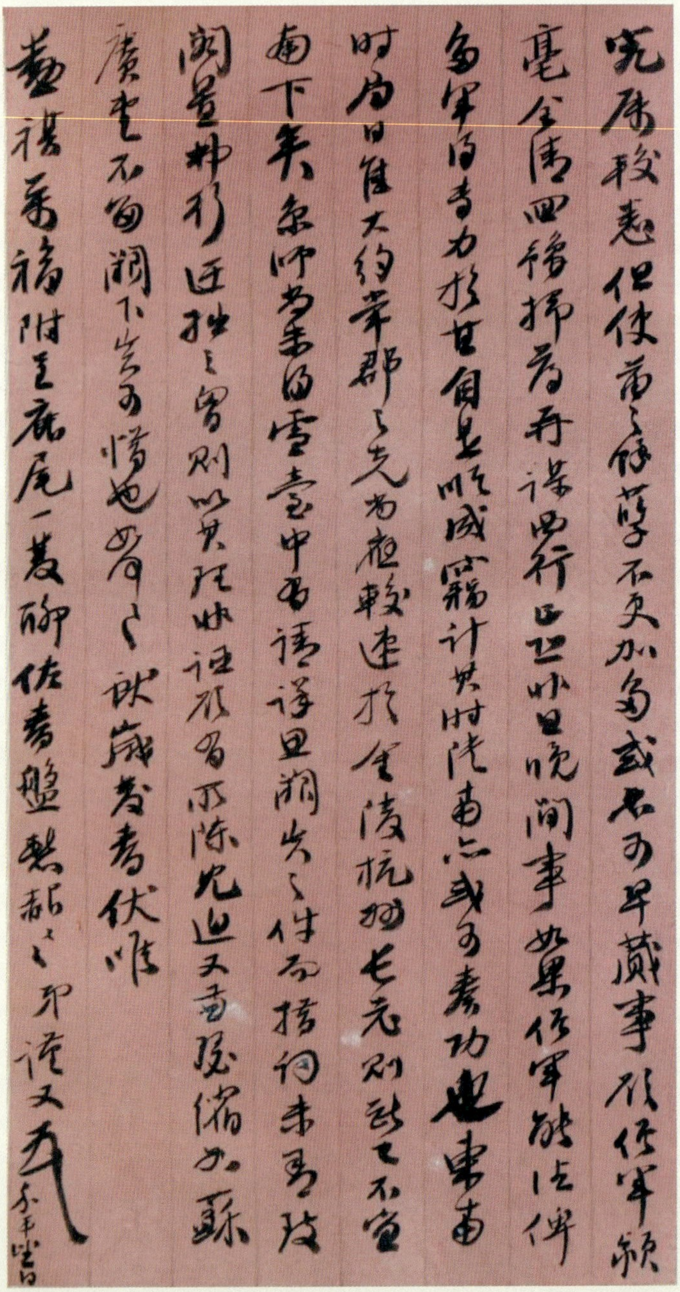

究屬較悉，但使苗之餘孽不更加多，或亦可早蕆事。欲僧軍穎亳全清、回豫掃蕩、再謀西行，正恐非旦晚間事。如果僧軍能往，俾多軍得專力於甘，自是順成。竊計其時陝南亦或可奏功也。東南時局日佳。大約常郡之克，尚應較速於金陵、杭州，長老則斷斷不宜南下矣。京師尚未得雪。臺中有請詳思闕失之件，而措詞未善，致閣置弗行。迂拙之胷，則以其理非誣，欲有所陳，宂迫又兼瑟縮，如蘇賡堂不留闕下，真可惜也。如何？如何？獻歲慶春，伏唯勳祺萬福。附呈鹿尾一雙，聊佐春盤。慙赧慙赧。弟謹又頓首　嘉平望日

蔭渠大公祖年大人閣下：
台旌入
覲，藉慰積年想慕之忱。送別後，誦里
風采，有萬寶之光輝。細求脈庭，自主安閩，鎮定向是中興
人傑。元公治久於其任，必有大過人者，方謂臣暇有諭可為
聖朝得人，並非阿好私言也。比想
元旌叶吉，體履安恬，直魯徽恒至易。蔭雲可以擬統一郡萬
藤自爲處，郡一山先生雖不相習而雅聞其德，慶徽君乃心

蔭渠大公祖年大人閣下：

台旌入

覲，藉慰積年想慕之懷。送别後詠思

風采，有篤實之光輝，物來順應，自在安閒鎮定，洵是中興

人傑。元公謂久於其任必有大過人者，亦可謂巨眼有識，可爲

聖朝得人慶，非阿好私言也。比想

元旋叶吉，騶從安恬。直晉薇垣互易，蔭堂可以擺脱一切葛

藤，自爲展布。小山先生雖不相習，而熟聞其清廉徹骨，乃心

共事未盡之端，必當和衷益彰。漢子雅屢訪左右
大謨當意得人，豈猶有遺議盡也耶。當賊之國家晚以入
汴者，存續須截回，果不得進，則由秋至益隴南，賊之分竄於圍
越鄂豫於何能安西卿督敗，果不得進，則汝者無直劉霞師返
蹋甚急，鄭亦或有防師，豈以兵攻務力稍弱，是南台常賊猶負固
又臣僅作軍返旆以請中州，而謀西劉，納軍門五寨，報至之歸綏
南吳均結地方安撫集，將至榆林，部兵前行，老將率將入居守
老弟起歸綏較為便捷，揮來子任彼方坐鎮，揭防印交錫將

公事，堂廉之際必當相得益彰，與子隺廉訪左右大謨，首善得人，豈獨有造畿疆已耶。江南賊之圖竄皖以入江者，在績溪截回，果不得逞則南服無慮。陝南賊之分竄欲圖越鄂豫者，自鎮安西鄉擊敗，果不得逞則北省無慮。劉霞帥追躡甚急，鄖邊或有防師足以夾攻。豫力稍弱，且南召山中賊猶負固。又已催僧軍返旆，以靖中州而謀西剿。訥軍門五寨報至，言歸綏尚無勾結，地方安堵，渠將至榆林部署前行。都將軍將入都，由都前赴歸綏較為徑捷，將來可任彼方坐鎮。揚防即交富將

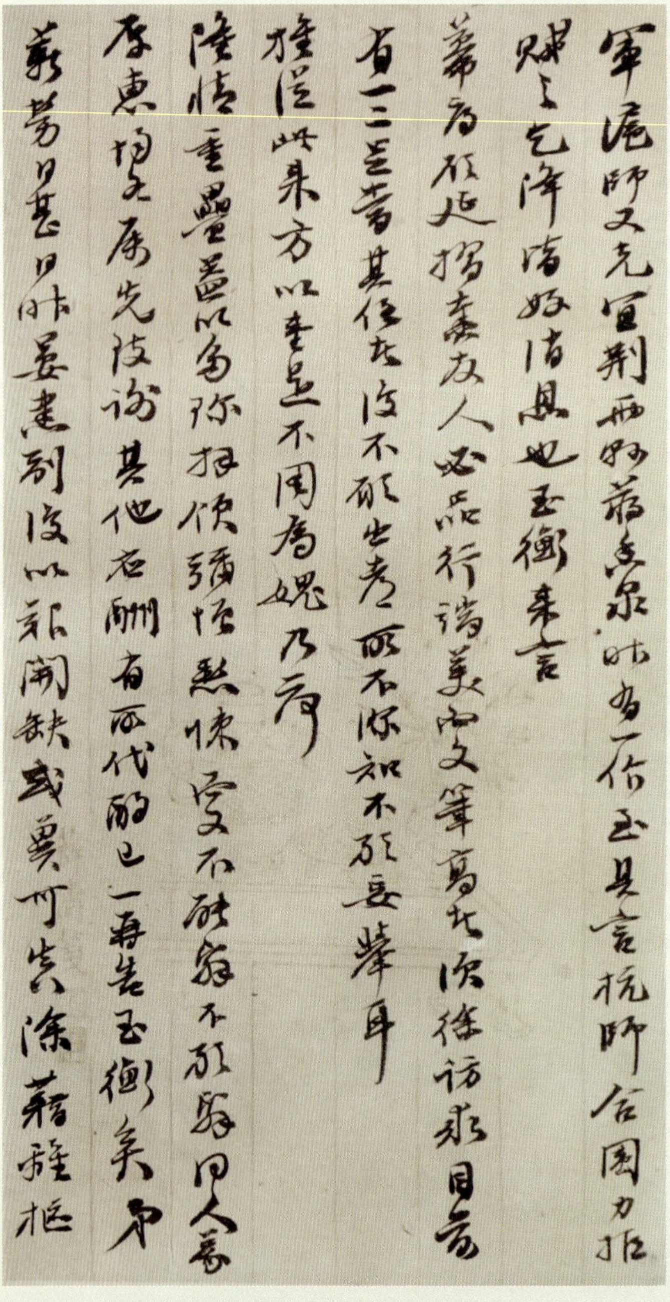

軍。滬師又克宜荊兩縣。蔣香泉昨有一信至，具言杭師合圍，力拒賊之乞降，皆好消息也。玉衡來言幕府欲延摺奏友人必品行端美而文筆高者，須徐訪求，目前有一二足當其任者，復不願出都，所不深知不敢妄舉耳。旌從此來，方以壹是不周為媿，乃荷隆情重疊，益以多珍拜領，彌增慙悚，而又不能辭、不敢辭，同人蒙厚惠均各屬先致謝，其他應酬有所代酌，已一再告玉衡矣。弟薪勞日甚，日昨晏憲副復以艱開缺，或冀可真除，藉離樞

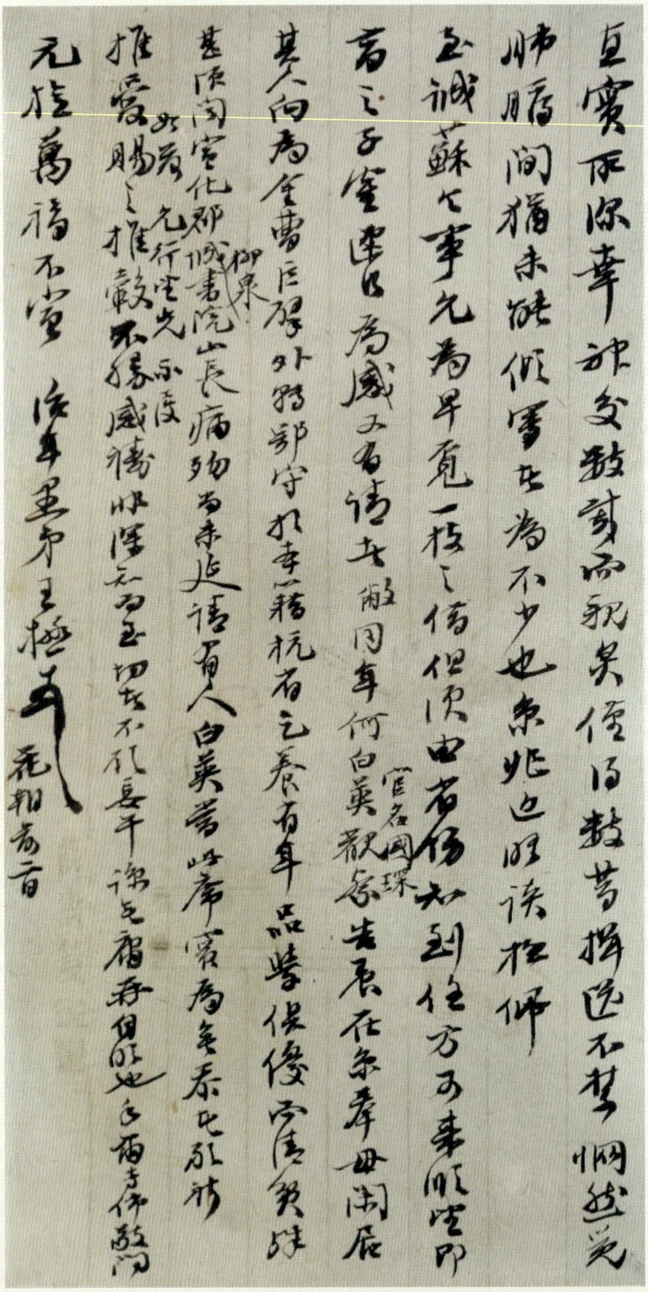
直賓辰保奉詠交數載而歉異值何數昔握晤不禁惘然
肺腑間猶未能似當日為不少也京兆近照談極佩
至誠蘇七事允為卑覓一枝之信但恐由省傷知到任方可奉聞照即
高之子全遂鄙感幾云當請老前輩同年何白英觀察（官名國琛）告辰在京奉母閑居
其人向為全曹臣僚外務部守於奉一籍杭省已養有年品學俱優虔負姓
甚佩閩寶化郡城書院山長病殁當未延請有人白英苦此席實為至恭也祈（柳泉）
推愛賜之推轂不勝感禱（如蒙允行定先示復）此諸兄為言切盼不僅長年諸乞留存但所知也已而寺倚藉觀
元祉萬福不宣　愚弟王拯頓首　花朝前日

直，實所深幸。神交數載，而親炙僅得數等揖送，不禁悵然，覺肺腑間猶未能傾寫者為不少也。京兆近晤談，極佩至誠。蘇令事允為早覓一枝之借，但須由省飭知到任方可來，順望即商之子寉速行為感。又有請者，敝同年何白英觀察（官名國琛）告養在京，奉母閑居。其人向為金曹巨擘，外轉鄂守，於本籍杭省乞養有年，品學俱優而清貧殊甚。頃聞宣化郡城柳泉書院山長病殁，尚未延請有人，白英當此席實為無忝者。敢祈推愛，（如荷允行，望先示覆）賜之推轂，不勝感禱。非深知而至切者不欲妄干，諒無庸再自明也。手肅專佈，敬問元旋萬福。不宣。治年愚弟王拯頓首　花朝前二日

何國琛

字白英浙江海甯人辛丑進士湖北候補
揀發知府加道銜告養後陳明奉 母來京現
寓順治門外大街路西 子銘壽現官戶部郎中並
託名軍機章京係乙卯科舉人

何國琛，字白英，浙江海甯人。辛丑進士，湖北候補揀發知府加道銜。告養後陳明奉母來京。現寓順治門外大街路西。子銘壽，現官户部郎中，並記名軍機章京，係乙卯科舉人。

蔭渠姻世祖年大人閣下奉到

手示敬悉種切並聽

元旌考吉

碩畫日宣子松屢訪無任蔵佩下徐君樾模蜀靖

能大賢捐餉相無以下遜知代攝看面自越嶺

小弟不復有述賤之行程就當不遠此之經在

京在外怕至薛居而歸來觀象蕭在西齋筆

甚稱譽及外住而清介大義視學不取柵欵瓦

蔭渠大公祖年大人閣下：奉到
手示，敬悉種切，並稔
元旋考吉，
碩畫日宣。子和廉訪署理薇垣，徐君權提篆，皆
能大資指臂，柏署以下遞相代攝，局面自然。鄭
小翁不復有述職之行，履新當不遠。此公雖在
京在外均曾蘼苫，而殊未親炙，當在西曹無
甚稱譽，及外任而清名大著，視學不取棚規，尤

薦當時所舉舊年文達自必確有所按又聞均
稽猶其精心留於藩條尤爲當務之急不知用
人之謂何如耳李所遣一軍未聞調陝否得不
知何據似是鄂省所派陝省此軍現在直省軍後自
必撤歸每省均過鄂當再調遣或即於今赴
陝邊後處置而不論以茲未撤歸也抑另已有
調陝之説數日忘未檢查宮報於櫃中細檢之
甘省軍情如故翁理猶未得方伯諭欲一軍

為當時所罕。薦章交達，自必確有所據。又聞勾稽獨具精心，則於藩條尤為當務之急，不知用人藻鑑何如耳。李明惠一軍未聞調陝，官咨不知何據，似是鄂省所陳有此軍，現在直省，軍竣自必撤歸南省，則過鄂當留調遣，或即欲令赴陝邊，復寄置而不論，以並未撤歸也。抑另已有調陝之說，數日忘未檢查，容再於檔中細檢之。甘省軍情如故，辦理殊未得方，自訥欽一軍赴

前往而後不來省他布置者將軍尚未抵彥
將來赴師後或當即以為一面之寄陳君美孫
當軍門所向克捷曾見其陶茂林均能一氣甘者
再得一巨大員前往則當軍可籌劉只或似已足任
目前則思議轉西籍將添迎挹翁撫守要隘
隙中能來何人設且之議慕仍未即撤當及
更無長策及此頭直看設防以來殊即議罷將
來後僕當軍進克堵國撤近處近方當頭依陳

前往，而後亦未有他布置。都將軍尚未抵都，將來赴歸綏，或當即以為一面之寄。陝省奏報，雷軍門所向克捷，曹克忠、陶茂林均能一氣，甘省再得公正大員前往，則雷軍專辦剿賊，似已足任。目前則恩護督所辦殊謬，熙挹翁株守慶陽，隴中殊未得人，故恩之護篆，仍未即撤。甯夏更鞭長莫及，北路直晉設防，恐未能即議罷，將來須俟雷軍進克塩固，漸近夏邊，方有頭緒。陝

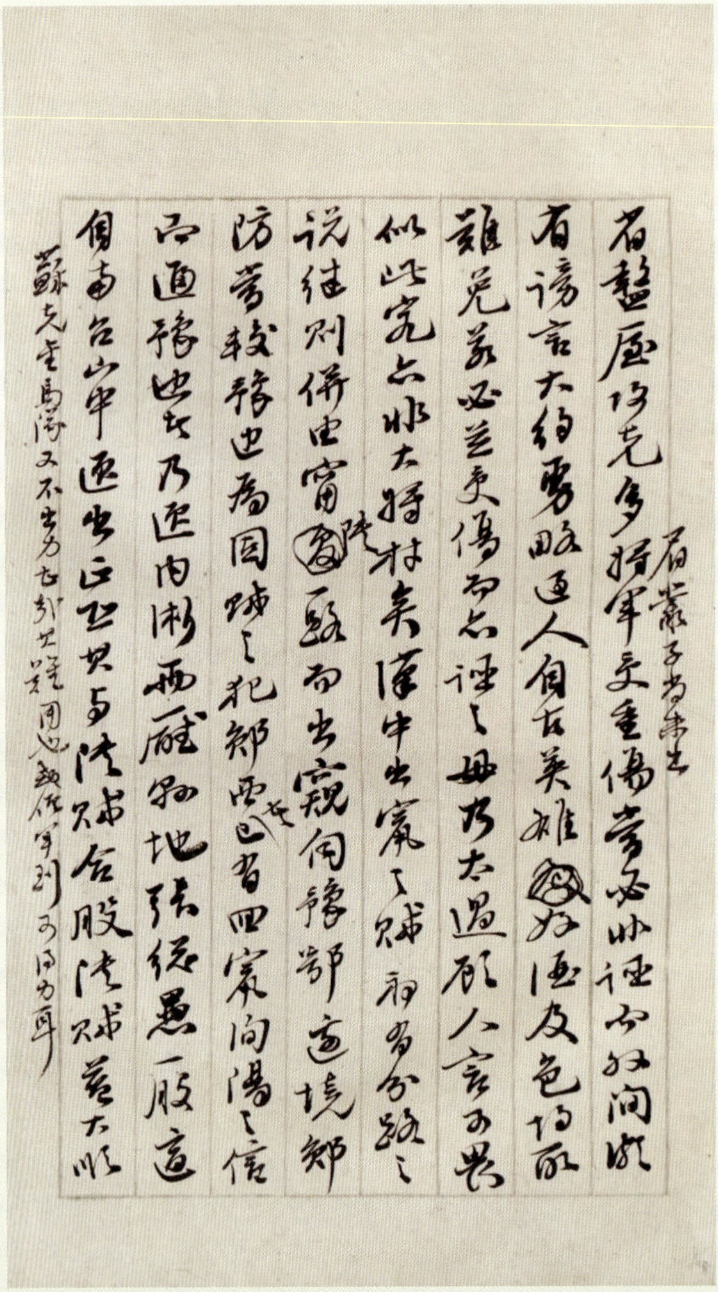

省盦歷次先多將軍交垂僞營必非誣尔好問斷
省叢子尚弟生
省謗言大約勇敢過人自古英雄[illegible]好漁女色阿敢
雖兄策必並交僞而亦誣之毋乃太過耶人言可畏
似此究亦非大將材矣陣中出家之婦和局分殺之
說结則僞由富[illegible]陸蘇而出竊伺豫鄂邊境鄉
防營救援也為因姊之犯鄉西邑長者四家向陽之信
而通援也長乃還內漸西戚物地張總愚一股迺
自南召山中還出正與其與陸帥合股陸帥兼大股
蘇先生為得又不出力也外此足同心致使軍到不同力耳

省盩厔攻克，多將軍受重傷，眉叢子尚未出當必非誣，而外間頗有謗言，大約勇略過人，自古英雄□好酒及色，均所難免，若必並受傷而亦誣之，毋乃太過，顧人言可畏，似此究亦非大將材矣。漢中出竄之賊，初有分路之說，繼則併由甯羌陝一路而出，窺伺豫鄂邊境。鄖防當較豫邊為固，賊之犯鄖西者，已有回竄洵陽之信。而逼豫邊者，乃逸內淅兩廳縣地。張總愚一股，適自南召山中逸出，正恐其与陝賊合股。陝賊藍大順

蘇克金馬隊又不出力，甚哉其難用也。或僧軍到，可得力耳。

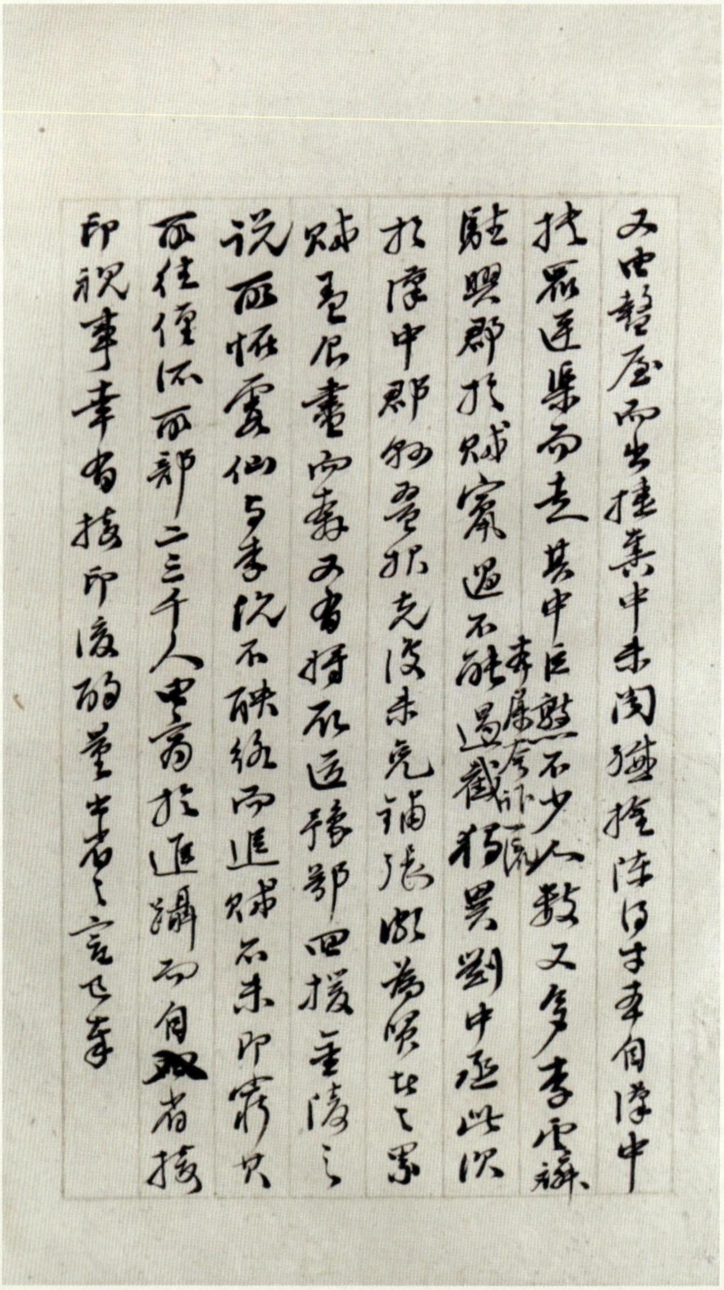

又由盩厔而出。捷奏中未聞殲捡。陳得才本自漢中挾眾逆渠而走，其中巨憝不少，人數又多。李雲麟駐興郡，於賊竄過不能遏截，本屬夸詐一流獨異劉中丞。此次於漢中郡縣疊報克復，未免鋪張，頗為賢者之累。賊蓋食盡而奔，又有將取道豫鄂、回援金陵之説。所恠霞仙與李既不聯絡，而追賊亦未即窮其所往，僅派所部二三千人由商於進躡，而自入省接印視事，幸有接印後酌量出省之言，已奉

諭飭僅仍出鄂師在霞仙或伺省所見未必能生安逸之
心也接奉手書則誠意懇摯力以從事為飛庭旦而忘
逸大難收拾之兩方同日語在閩中之事仍當屬望
此人耳豫省力量較弱此次陸續添練兵勇不能實
防越鄂境自隨處而通襄樊又適與該境大股當
賊於會之場鄂力不能於豫營不致僨事鴟張為
未行旅乃稱樊城匪逆已經一空但軍已自皖北返
挪省到豫先駐南陽起以掃除當唯此軍是賴

諭飭催仍出督師。在霞仙或自有所見，未必輒生安逸之心。近接其手書，則誠意懇摯，力以陝事為己任，且所志遠大，斷非碌碌所可同日語者。關中之事，仍當屬望此人耳。豫省力量較弱，汝南雖漸稱無賊，而賊實皆越鄂境，自隨棗而逼襄樊，又適與陝境大股有駸駸欲合之勢。鄂力素強於豫，當不致任其鴟張。南來行旅乃稱樊城逃避已屬一空，僧軍已自皖北返旆，不日到豫，先駐南陽，宛汝掃除，當唯此軍是賴。

西行竊難難期早夕敝意並料其不可遠涉以直
東豫境防堵鐵輔非曾不足以資鎮壓也仍如西
事陸隸毓霽仙已于履任省門日行事任藩臬者
于叔興則以來者量師弟與劉佐移勢不能再自甘
者三四人前往多雷吉任劉嶽回氣或者不難遽
劉郎秉章東局極非李少荃尤策畢後第湘而西
均當進步李左帥擬先抗條即會撫軍以取覆
奥乎致而待蘇州即可肅清第湘再先丹向了

西行竊難，難期旦夕，鄙意並疑其不可遠涉，以直
東豫境皆切畿輔，非此公不足以資鎮壓也。何如西
事雖棘，然霞仙已可履任，省門日行事件，藩條尚
可相助，則以本省畺帥帶兵剿堵，於勢亦順，再得甘
省一二正人前往，多雷專任剿辦，回氛或尚不難懲
創耶。東南事局極順，李少荃克嘉興後，常湖兩面
均有進步。本日左師報克杭餘，即會蘊軍以取吳
興，可跂而待。蘇浙即可肅清，常州再克，丹句之

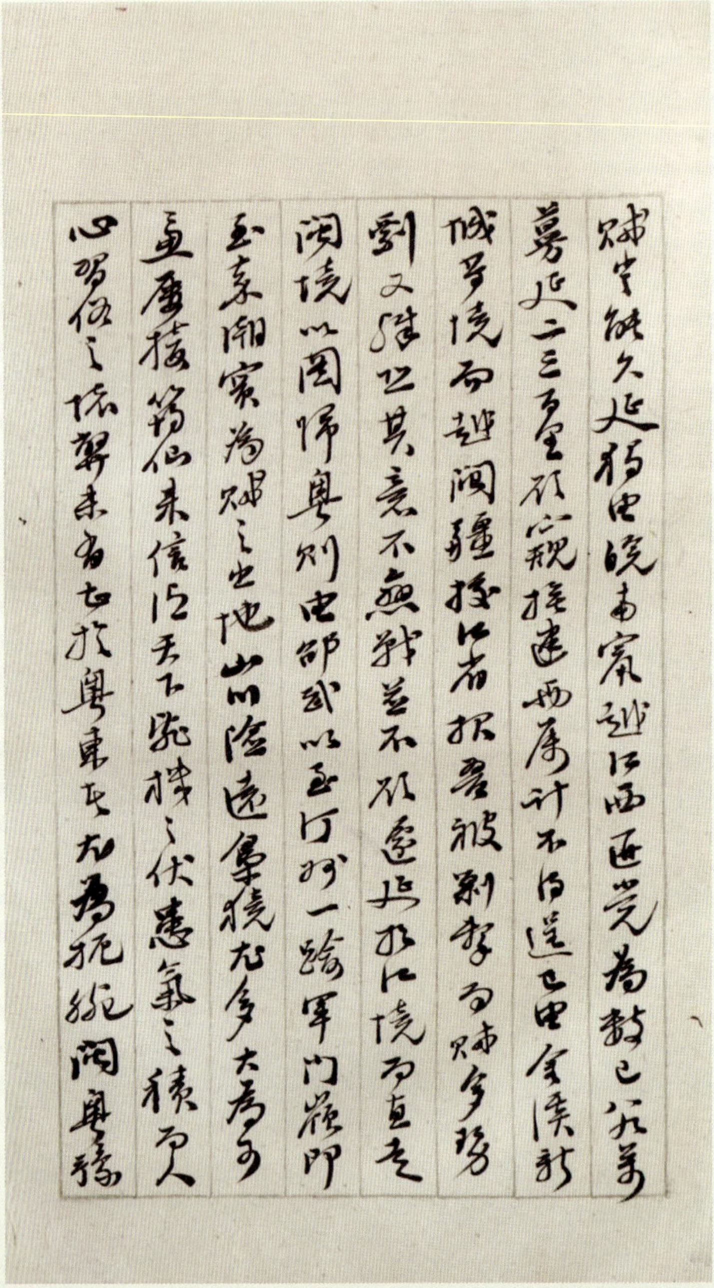

賊豈能久延？獨由皖南竄越江西匪黨，為數已八九萬，蔓延二三百里，欲窺撫建兩屬，計不得逞，已由金溪、新城等境而越閩疆。據江省報，疊被剿擊，而賊多勢劇，又殊恐其意不戀戰，並不欲還延於江境，而直走閩境，以圖歸粵，則由邵武以至汀州，一踰軍門嶺，即至嘉潮，實為賊之出地，山川險遠，梟獍尤多，大為可慮。屢接筠仙來信，謂天下亂機之伏，患氣之積，而人心習俗之壞弊，未有甚於粵東者，尤為扼腕。閩粵豫

防務已奏有寶任協之綱紀無畏防賊人數太多其
勢極剛且江彬不克當有繼至家出之彩江洶沮藏
均已疑以探勞必不任其書宗帥使金陵早見冊句
速唐則大軍分援追捕雖使取玉再三剿李伴其雲
是發躁不㊣後成條任聯即使歸粵境者無能為
或易了手金陵為三个月必見之言亦也確据常敏
此係御旨除並無有所自也云閟
臺注畔以附及　耑指一庸　謝請其人尊承

防雖已疊有寄件，飭令綢繆，然果餘賊人數太多，其勢極劇，且江浙不免尚有繼至竄出之眾。江閩阻截均恐難以操券，必不任其奔突，第使金陵早克，丹句速清，則大軍分投追捕，能使所至再三剿擊，俾其零星散亂，不華復成隊伍，則即使歸粵境，亦無能為，或易了乎？金陵有三四月必克之言，亦由蘊報帶敘，非湘鄉自陳，然必有所自也。知關藎注，略以附及，奏摺一席，頗難其人。辱承

謹悉乙乙，當與玉卿詳談，並將達彭翁，庶通參決，尚閣在
尊意如何，不延即請
示及。代為闊宦人極穩妥，惟急而有歷練，學量亦最
暢達。頒賞首年，奏議多出其手也。仰荷一席說
與吾人，無庸更議。承
詢代保督撫，蘇乙到此，兵北援兒之有奏書，大約仍
不越薊，不必另籌，撥局將不敢迅速，猶竊時有
無久延耳。

諉委，已與玉衡詳談，當可轉達彭芍庭通參。頃尚閑居，
尊意如必相延，即請
示及，代往闞定。人極穩妥慎密而有歷練，筆墨亦最
暢達，版曹有年，奏議多出其手也。仰峯一席，既
已有人，無庸更議。承
語，代深感戢。蘇令到此，京兆接見，亦尚垂青，大約仍
可赴薊，不必另籌權局，特不能迅速，稍羈時日，亦
無久延耳。

推愛殷殷，尤深銘篆。蘭棠方伯何尚未到，陸路傳聞
於途中當不適，諒不日必即可來。承
厚極貴照料，且係年好，雅不啻耳。同鄉同在諸
君均極佩感
盛情，筆已均收謝忱。已函因道前園扯費而定文
為芝岸弟爲結，收屬玉衡於不速，共詳矣。年素於
復順候
春安。不盡所懷。弟拯頓首　三月十二日
玉衡一作求。協文作函，每逢每法不來，慚愧慚愧。

推愛殷殷，尤深銘篆。蔭棠方伯何尚未到？頃始傳聞，

於途小有不適，諒不日即可來。承

屬極當照料，且係年好，恐不周耳。同鄉同憂，諸

君皆極佩感

盛情無已，均囑致謝忱。己酉同誼留團拜費百金，交

夏芝岑手，前經致覆玉衡，想亦達其詳矣。手肅祗

復，順請

勳安，不盡欲語。弟名另具。　　三月十二日

玉衡一件，求　飭交。作函匆遽，每涉不恭，惶愧惶愧。

蔭渠大公祖年大人閣下：日前奉到
手書，併悉前函，寸函併達，狀諗
藎猷敷布，
道履綏和，載符頌悃。子和廉訪為守兼優，向
為當時僅見，謨猷左右，相得益彰，豈惟幾
甸之造福。蔭棠方伯出月日內起自保陽，晉省到
彼後，龍方伯可即履新，清操甚著，乃所稔聞。
前年函以來閩分校一樣衣幅，則所見每殊不

蔭渠大公祖年大人閣下：日前奉到

手書，得悉前泐寸函得達，就諗

藎猷敷布

道履綏和，載符頌悃。子和廉訪為守兼優，洵

為當時僅見，謨猷左右，相得益彰，豈惟畿

甸造福。蔭棠方伯出京，日内想自保陽西發，到

彼後，鄭方伯可即履新，清操甚著，乃所稔聞，

前年曾以春闈分校，一接衣幍，則所見各殊，不

能務同縣馳騁皆往往而返究是敝人不廣不足
為吟長累也所云雲卿之華冬當胃中乃得之
鄉人所言者其一為蕭君藻芳則敝郡人之通產以
相告及薦剡爾時當南桂地知好乃復未通殷勤於
半甚矣論人之難故此區區之誠則甚自信耳
識盡武備之書龍錫之際於陳如何權闔以資歷（宜通籌務起而得班）
迪甫劉切陳請之必可邀允也彭芍庭通參竟
以家務不能來京緣近日甚爲巡中州爲子青中

能強同，駱駝腫背，往往而然，究是鄙人不廣，不足
為賢者累也。笑笑。雲卿之舉，久蓄胸中，乃得之
鄉人所言。又其一為蕭君榮芳，則敝郡人，公函屢以
相告，及薦剡甫登，而桂垣知好乃復來函，毀譽相
半。甚矣論人之難。顧此區區之誠，則差堪自信耳。
宣通轉移想尚順理
畿疆武備正當整飭之際，冷陳如須權闔以資臂
助，當剴切陳請，亦必可邀允也。彭芍庭通參竟
以家務不能出京，緣近日其弟游中州，為子青中

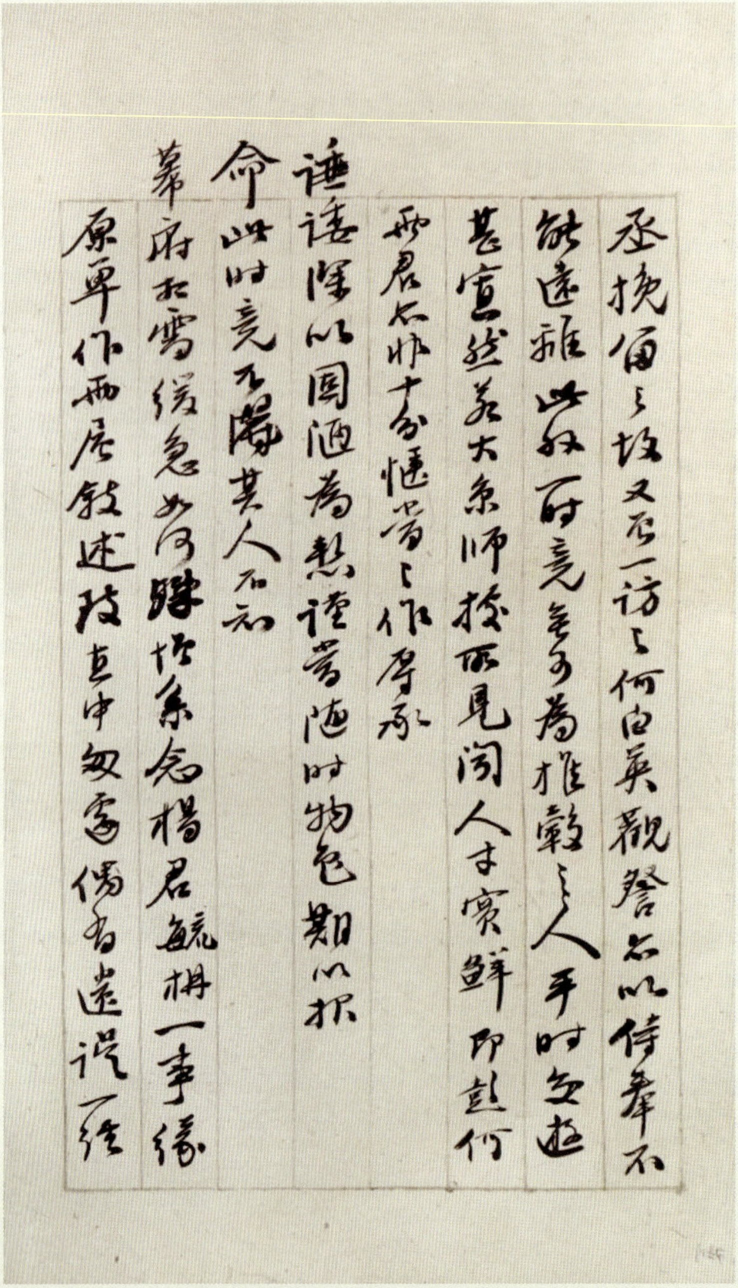
丞挽留之，故又至一访之，何白英观察亦以待车不
能远离，此数日竟无可为推毂之人，平时无游
甚广，然莫大京师，较所见闻人才实鲜，即赵竹
两君亦非十分惬当之作，厚承
谆谆深以开凿酒务为想，谨当随时物色，期以报
命。此时竟不得其人，不知
幕府和洽缓急如何，惟时系念。杨君毓楙一事缘
原单作两层叙述，故直中加写偶有遗误，不错

丞挽留之故。又曾一訪之何白英觀詧，亦以侍奉，不能遠離。此外一時竟無可為推轂之人。平時交遊甚寡，然若大京師，據所見聞，人才實鮮，即彭何兩君，亦非十分愜當之作。辱承誣諉，深以固陋為慙，謹當隨時物色，期以報命。此時竟不得其人，不知幕府相需緩急如何，殊增繫念。楊君毓楫一事，緣原單作兩層敘述，致直中匆遽，偶有遺誤，一經

發覺則徵發必有歸擬請
台諭隨事附陳希請揩詞輕便則內間名可不執共塔
諭擬片應附密仍乞
方稍酌行楚軍調陝與時子毋稍議即多程至頒部 撤遣或不急耶
右已令其分別調撥鄂豫陝省營逆一股由彥戒入山
雲仙派部足敷剿辦惟屋克復茲大股狀阻只亡
順其股則尚微矣言雖之間兩隔也破剿子關不容
內卿果楚豫兩撥此股與張總愚股均已出內郴

發覺，則微咎必有歸。擬請
台端隨事附陳聲請，措詞輕便，則内間亦可不執其咎。
謹擬片底坿寄，仍乞
尊裁酌行。楚軍調陝，撤遣或不急耶此時可毋庸議，即多禮堂所部，
亦已令其分別調撥鄂豫陝省。曹逆一股由孝義入山，
霞仙所部足敷剿辦。盩厔克後，藍大順就殲，其二
順等股則尚游奕商雒之間，前隊已破荆子關而竄
内鄉。日來楚豫所報，此股与張総愚股均已由内淅

南趨並與陳得才陳大喜等捻逆大隊合併由皖境鄂
新一帶合家屯陽秦桓豫三省賊連大軍交譜之
間匪氛一片羅程數十萬男匪數萬眾又為此事弱
一大關鍵臣等會謀繁齊桑梓移援皖軍後路
以援金陵先謀甚苦兼樊城水陸守備尚嚴逆乃取
道棗陽此地與宜鄖之黃麻以犯英霍豫之光固
以犯廬鳳壽蒙與粵逆中匪以先犯漢黃安鄖及
拖江漢西川為賊兹鄂軍後為使而布置之不易周

南趨，並与陳得才、陳大湉等捻逆大隊合併，皆自宛境鄧新一帶合竄棗陽，秦楚豫三省毗連，犬牙交錯之間，逆氛一片，眾称數十萬，蔓延數百里，又為近日軍務一大關鍵。賊之合謀聚齊襄樊，欲擾皖軍後路以援金陵，兇謀甚著。襄樊水陸守備尚嚴，逆乃取道棗隨，此地可由鄂之黄麻以犯英霍，豫之光固以犯廬潁。秀老與渭春中丞以先保漢黄安郡及扼江漢兩川為要著。鄂軍雖尚健而布置已不易周，

湘鄉所治長江下竄可以無虞，而賊之繞出潛竄東
渡為患，彭楊江南水師當能扼截，不使得逞。乃此常
為某即克，烌又大股復竄皖南，以窺江境，人數不下
數萬，徽休祁黟處處堪危。左部虎義訓練有素，營
軍扎在大姑，江省新城，孫克面南，速為賊蹤出窺。
股又已省竄至閩之建甯長汀，該股李世賢係其大隊，
由昌遯而出至居而部之軍分援於邊，竟有抽退
江軍分防剿，而隴窟料江皖或能支，而賊之出閩

湘鄉則謂長江下竄可以無虞，而以賊之繞由潛霍東渡為慮。彭楊江面水師當能扼截，不使得逞。乃湖常尚未即克，賊又大股續竄皖南，以窺江境，人數亦號數萬，徽休祁黟岌岌堪危。曾部唐義訓、毛有銘等軍均曾大挫江省，新城雖克而南豐尚為賊踞，其前股又已有竄至閩之建甯者，後股李世賢仍率大隊由昌遂而出，曾左兩部之軍分投堵遏，竟有弗遑，江軍亦防剿不暇。竊料江皖或猶能支，而賊之由閩

歸粤甚易已不可禁絕第能不亡全省以待如何耳大局
直隸則以粤始亦或以粤終今後楚克猶爲全功計
中頭目李名去守而説起其意見不甚不同鄙境撓
逆合股不得西援或且四散賊勢雖大我兵能支軍不得
併力以圖乘機俟軍已到兩湖再親出者雲仙
此時何名必當出駐德延多病不支恐不復起世事可
雪軍門圖是係之弱何其已首爲大英爲佳爲地方主
持强太急盈雲仙要殺澤中先後中樞微恐其陷於

歸粤，其勢已不可禁絶，第能不令全勢以往，如河水大溜直趨，則以粤始者，或以粤終。金陵將克，猶為全功，賊中頭目本有走守兩説，想其意見亦有不同。鄂境捻逆合股，不得回援，或且四散。賊勢雖大，我各路大軍亦得併力以圖聚殲。僧軍已到南陽，秀相亦親出省，霞仙此時自亦必當出駐陝邊，多病不支，恐亦復起，甘省之事，雷軍門固足任之，再得公正有為大吏前往，為地方主持，殆亦無慮。霞仙叠報漢中克復，中樞頗謂其涉於

王拯卷中

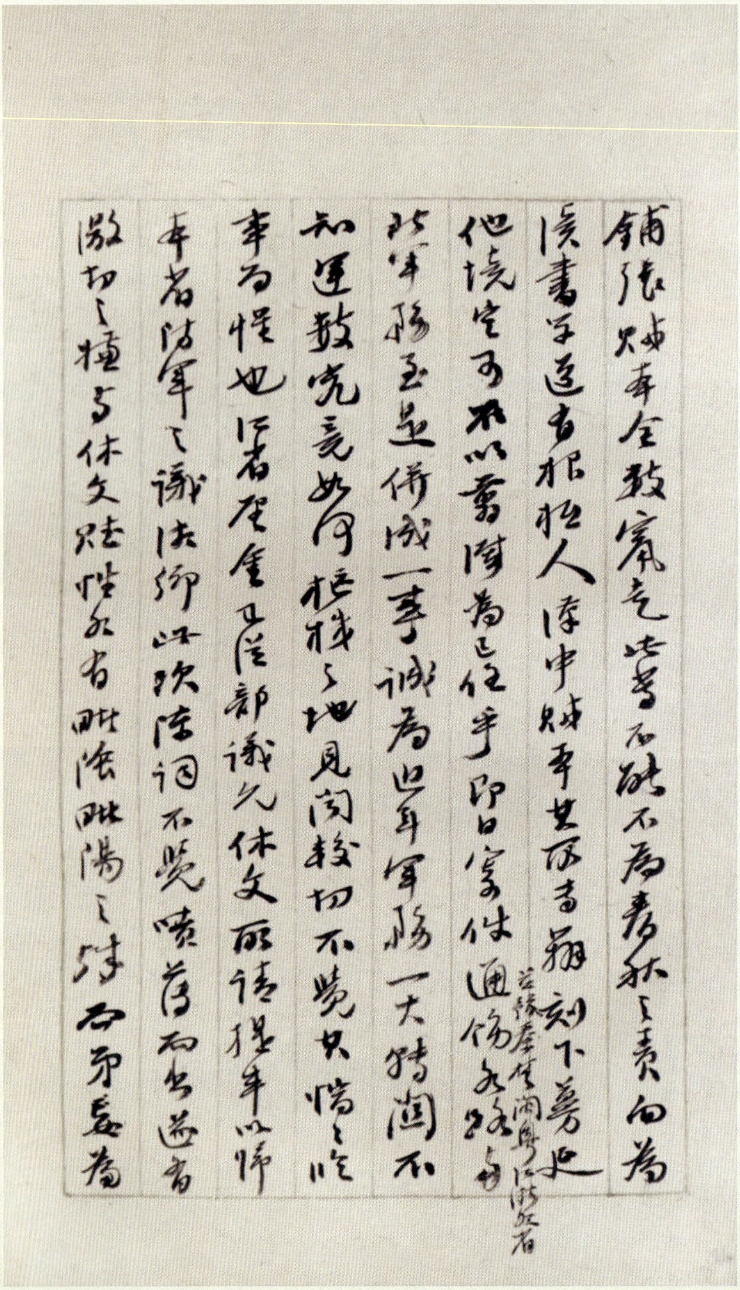
鋪張此事全數寬免嘗不能不為春秋之責備而為
讀書學道者相推許人惟中堂此事其須書籍刻下篤定
他境定可取以為法為之倡導即日宣佈通飭各路為
茲錄奉佳詢與仁浙各省
政事務至繁備成一事識為近年軍務一大轉關不
知道數究竟如何棋樣之地見聞較切不勝其憤之忱
本為惶也仁者度金陵部議允休文所請擬年以歸
本省防軍之議法卿以救陸詞不覺噴薄而出迷者
激切之極与休文陸性所有昕陰昕陽之時而尹岳為

鋪張。賊本全數竄走，此等不能不為春秋之責，向為讀書學道有根柢人，漢中賊本其所專辦，刻下蔓延他境，豈可不以剪滅為己任乎？即日寄件通飭各路南並豫秦楚閩粵江浙皖省北軍務，至是併成一事，誠為近年軍務一大轉關，不知運數究竟如何。樞機之地，見聞較切，不覺其惴惴臨事而懼也。江省厘金已從部議，允休文所請提半以歸本省防軍之議，湘鄉此次陳詞，不覺噴薄而出，遂有激切之嫌，与休文賦性各有毗陰毗陽之殊，而弟妄為

此事陸大則立在雲先後之間要為垂成之功尤當
戮力同心以期有濟人情以為危疑明御史自明臣之之
識天顏天日形之歸於無用但幸江左經收仍得歸於
不得不印陳歸江南自顧此事較當者始禮教乎
此疏後來又及四事並附中朝故為留中之件
敬祈呈閱正
有道也弟極甚仍留而未通兩三日事蘇萬不啻負
愧悚梼抑且倦甚請柳道安

此事陳言，則適在兩公先後之間。要為垂成之功，尤當勠力同心，以期有濟。人將以為左袒湘鄉，而自問區區之誠，可質天日，顧亦歸於無用。所幸江厘經收仍得歸於曾營，不即改歸江省自辦，此中或當有所裨救乎？此疏後半又及西事，兼涉中朝，故尚為留中之件，不能録呈就正

有道也。弟樞直仍留，而都通兩署，日事薪勞，不惟負愧櫟樗，抑且傷嗟蒲柳。過蒙

王拯卷中

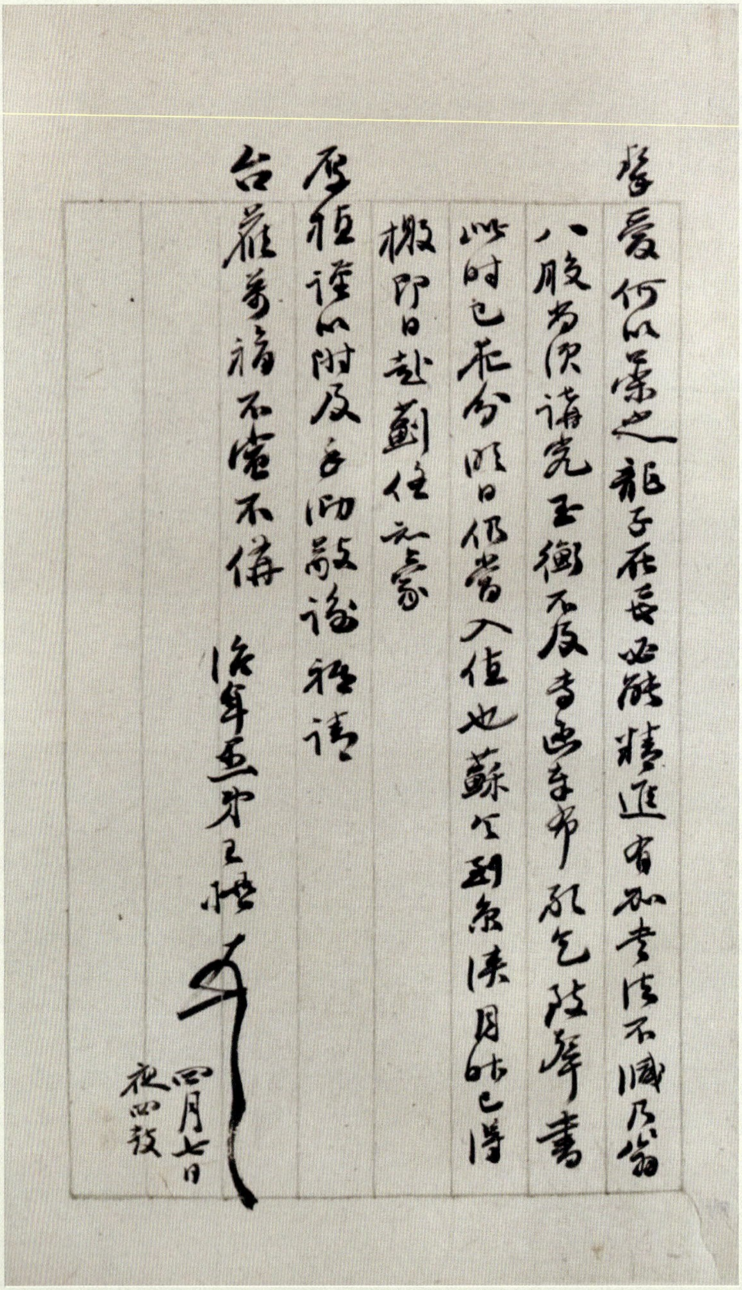

尊處何以處之 龍子在岳必能精進 省如李沆不減乃翁
八股為次請究王御不及李西李都風氣陵犀書
此時已花分明日仍當入值也 蘇公到京後月餘已得
撤即日赴蘭任云云
原函謹以附及 手此敬謝 祇請
台安 萬福不宣不備 作年愚弟王拯頓首
四月七日夜四鼓

摯愛，何以策之。龍子在署，必能精進有加，書法不減乃翁，八股尚須講究。玉衡不及專函奉布，敢乞致聲。書此時已夜分，明日仍當入值也。蘇令到京浹月，昨已得檄，即日赴薊任，知蒙厚植，謹以附及，手泐敬謝。祗請台候萬福，不宣不備。治年愚弟王拯頓首 四月七日夜四鼓

王拯卷中

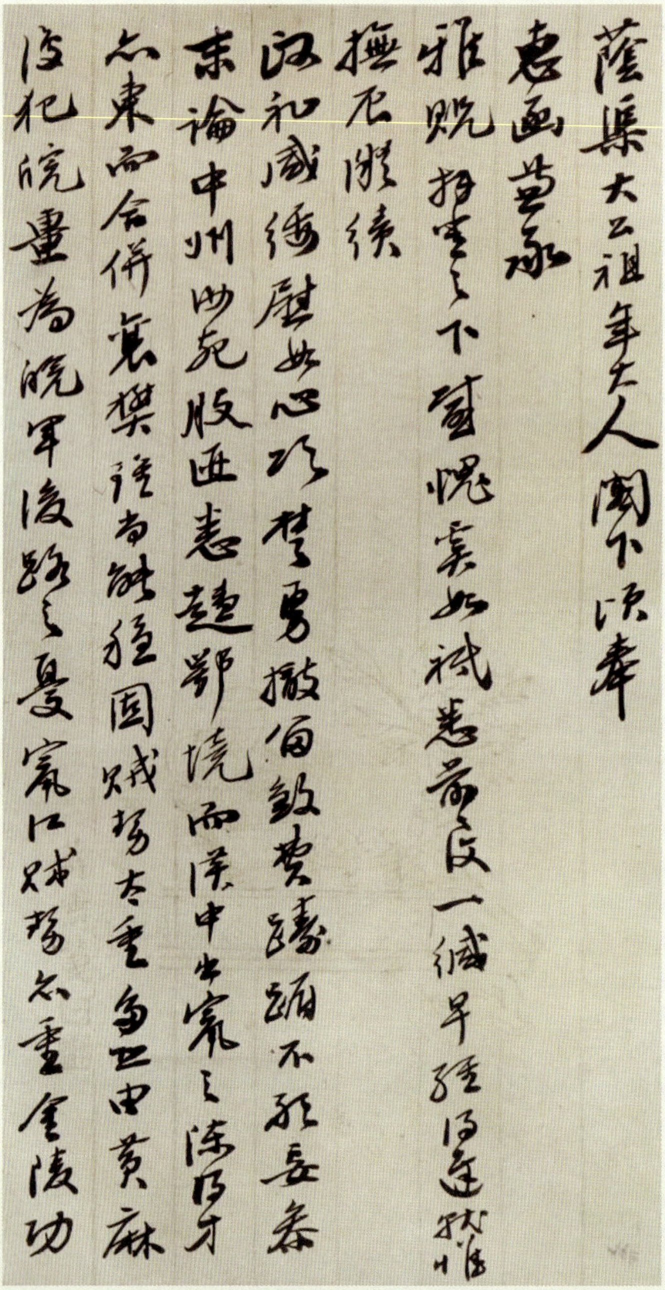

蔭渠大公祖年大人閣下：頃奉
惠函，並承
雅貺，拜嘉之下，感愧奚如。祗悉前段一緘早經得達，就惟
撫辰勝續
漢和盛緒，慰如心頌。楚勇撤回，致費躊躇，不能妥叅
來諭中州剿死股匪，志趨鄂境，而漢中寇氛又深，乃可
忽東而合併窺樊，諸省能猶圖賊，據者重為世中黃麻
復犯皖疆，為皖軍後路之憂。寓江賊蹤忽重，金陵功

蔭渠大公祖年大人閣下：頃奉
惠函，兼承
雅貺，拜悉之下，感愧奚如。祇悉前覆一緘，早經得達，就惟
撫辰凝績，
政祉咸綏，慰如心頌。楚勇撤留，煞費躊躕，不敢妄參
末論。中州汝宛股匪悉趨鄂境，而漢中出竄之陳得才，
亦東而合併，襄樊雖尚能穩固，賊勢太重，多恐由黃麻
復犯皖疆，為皖軍後路之憂。竄江賊勢亦重，金陵功

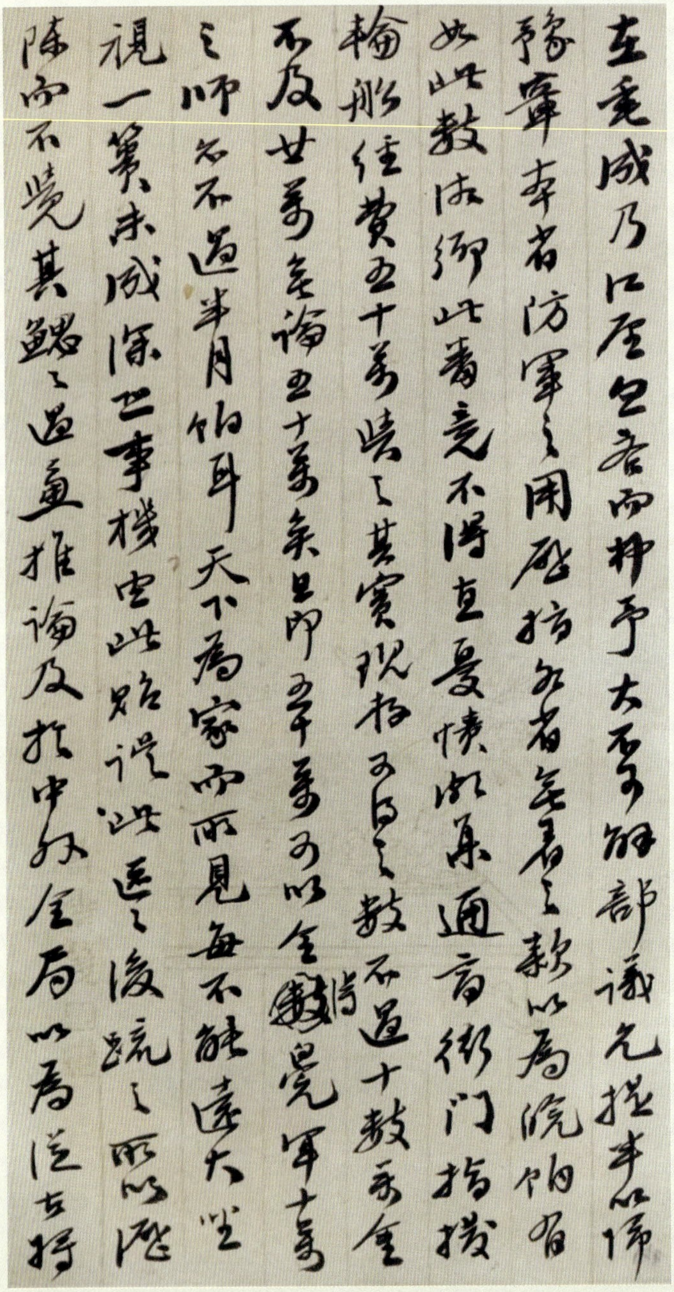
支絀成乃以屋包者而抑予太重，雖部議允撥半以備
豫章本省防軍之用，既指解省餉需之款以爲皖餉者
如此數，依卿此番竟不得直，憂憤欲絕，通商衙門指撥
輪船經費五十萬，臨之其實現指不過之數，不過十數萬金
不及廿萬，並論五十萬，然且即予萬不以全數見罪十萬
之師，尚不過半月餉耳。天下爲家，而所見每不能遠大。坐
視一籌未成，深恐世事機宜，此時殆謂，此後之後，號之所恐
陳而不覺其蹶蹶之過甚，推論及於中外，全局以爲從古拷

在垂成，乃江厘忽吝而弗予，大不可解。部議允提半以歸豫章本省防軍之用，歷指各省無著之款，以為皖餉有如此數。湘鄉此番竟不得直，憂憤頗集。通商衙門指撥輪船經費五十萬與之，其實現存可得之數不過十數萬金，不及廿萬，無論五十萬矣。且即五十萬可以全數得，皖軍十萬之師，亦不過半月餉耳。天下為家，而所見每不能遠大，坐視一簣未成，深恐事機由此貽誤，此區區後疏之所以瀝陳而不覺其緦緦過慮，推論及於中外全局，以為從古將

興之業戚之功未有不失以小心持以輕心而振至於敗者
又況偏私所積無非偏循路人窺多大紀義經所載並而
忠之頃天日即所言之氣甚為微切也而事後來甚有轉機
雲仙深世之識不任以漢中官給疊拆克復未免失於詞
張按人指摘之論而從旁觀歎又大有其人甘寧當軍所向
克捷若巨地方之異負以左右之者其賢鄰其人在揚防
即有任寫聖重要之咸寄入之痛與之痛仙或不其謹要
之義識可憂者已四面翻理事與他受劉贊不同經權

興之業、垂成之功，未有不失以小心而克底于成，掉以輕心而輒至於敗者，又況偏私所積，是非混淆，躁人辭多，大犯羲經所戒，然而此心可質天日，即所言亦未甚為激切不留地步也。西事総未甚有轉機。霞仙深恐久站不住，以漢中洋縣叠報克復，未免失於鋪張，授人指摘之端，而從旁覬覦又大有其人。甘事雷軍所向克捷，苦無地方公正大員以左右之。都君督辦，其人在揚防即有位高望重、正言漸不可入之病，得之筠仙，或不其誣。要之秦隴可憂未已。回匪辦理本与他處剿賊不同，經權

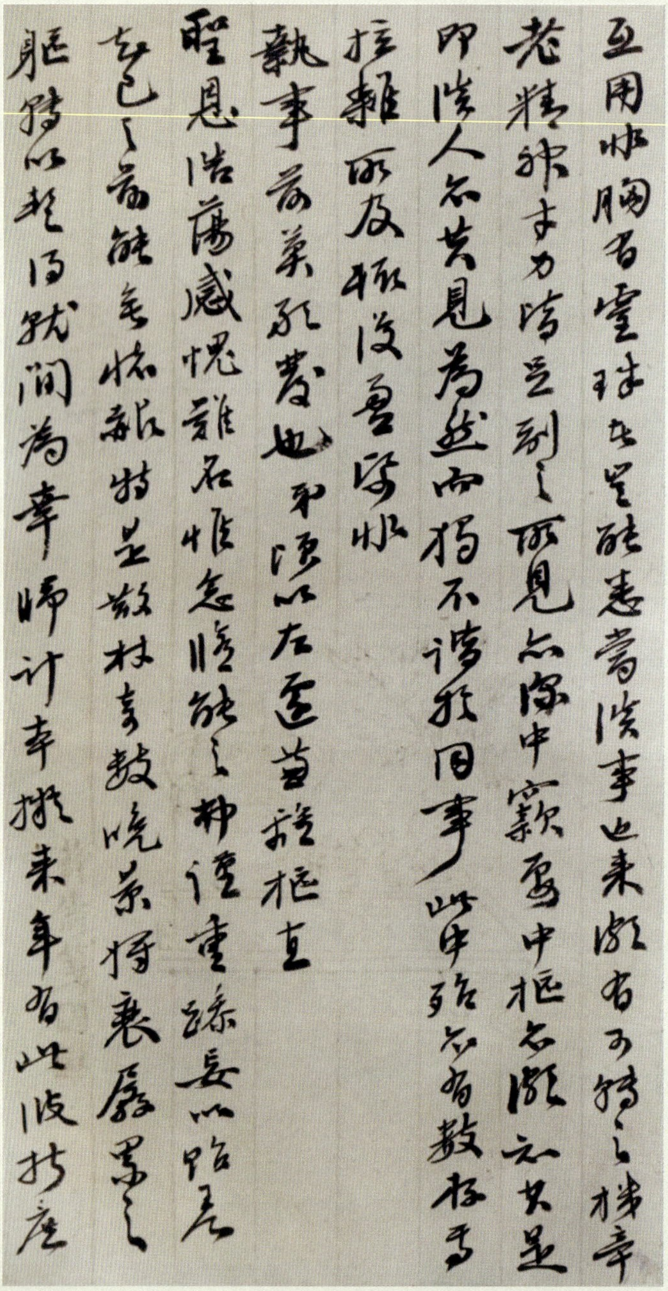
亟用此胸有靈珠在足能悉當讀事也來諭有可轉之機幸
老精非才力諸豈到之所見亦深中竅要中樞亦激亦其足
即諸人亦共見為遠而獨不識我用事此半疏亦有數板焉
推雖所及抵役魯陽此
執事薦美承譽也聞須以左遷菌議樞直
聖恩浩蕩感愧難名惟念臨餞之神謹重錄長以陪辰
韋已之前能無悵觸特是數杖妄數晚來擇衷蔽冥之
躬猶以老母猶閒為幸歸計幸撫來年有此彼于庭

互用，非胸有靈珠者，豈能悉當。滇事近來頗有可轉之機，辛老精神才力皆足副之，所見亦深中窾要，中樞亦頗知其是，即滇人亦共見為然，而獨不諧於同事。此中殆亦有數存焉。拉雜所及，輒復盈紙，非
執事前莫敢發也。弟頃以左遷兼離樞直，
聖恩浩蕩，感愧難名，惟念脩能之弗謹，重躁妄以貽羞，知己之前，能無懷赧。特是散材奇數，晚景將衰，孱累之軀，轉以蹔得就閒為幸。歸計本擬來年，有此波折，庶

弊不技再時由移桂林先附上偶僅乃�半郵收斂
身心以圖晚盂柔橋可挽待為中興盛世事民嘗咻年生
玉章松岑天姿極好尊橋反課送孫衣師
硯屏菁即獨若雲先隨時僅持氣附枝玉衡對乞
昨又庚子壽上枚南祝送飛居悲平乃為甲訪歟几
午祺以詩
壽安石

年愚不三格又
冒花

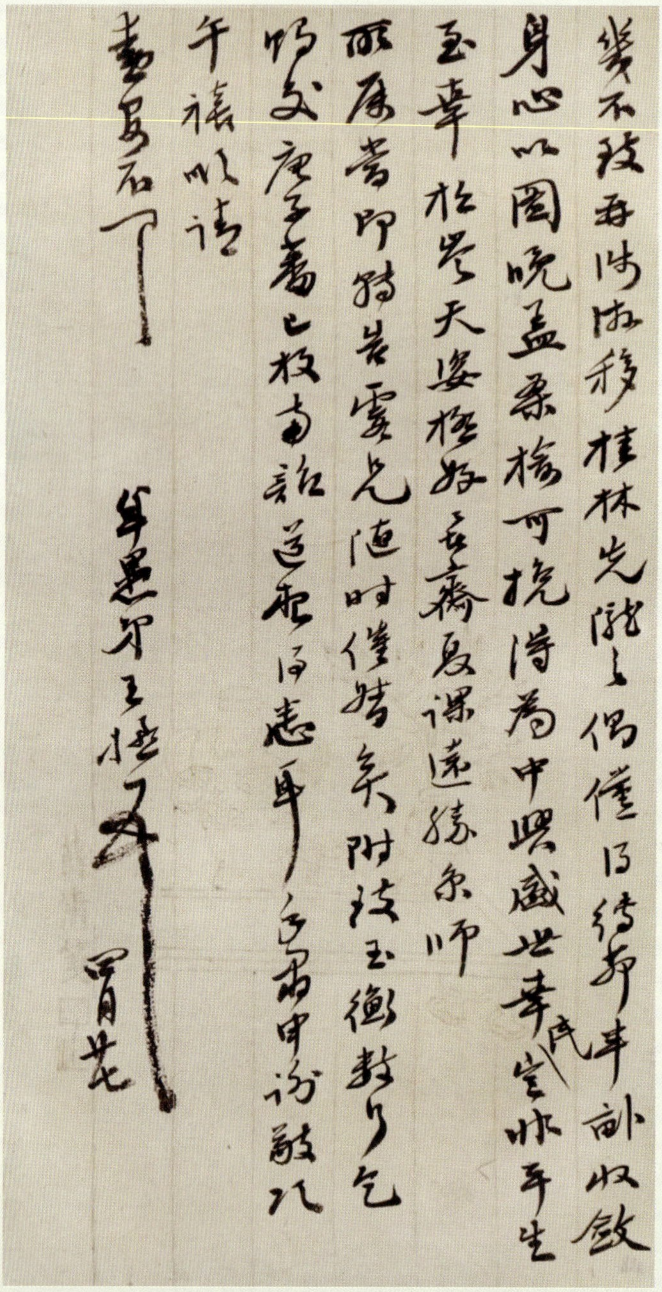

幾不致再涉游移。桂林先隴之側，儻得縛茆半畝，收斂身心，以圖晚蓋，桑榆可挽，得為中興盛世幸民，豈非平生至幸。松岑天姿極好，署齋夏課，遠勝京師所屬，當即轉告霞兄，隨時催督矣。附致玉衡數行，乞賜交。唐子蕃已放南韶道，想得悉耳。手肅申謝，敬頌午禧，順請勳安。不具。年愚弟王拯頓首

四月廿七

頃奉
琅函知前復寸牋得達並荷
因時記注
雅意殷肫雒誦之餘彌增感娓敬維
蔭渠大公祖年大人六轡風清
雙旌氣肅
褰帷布化黃圖悉服於

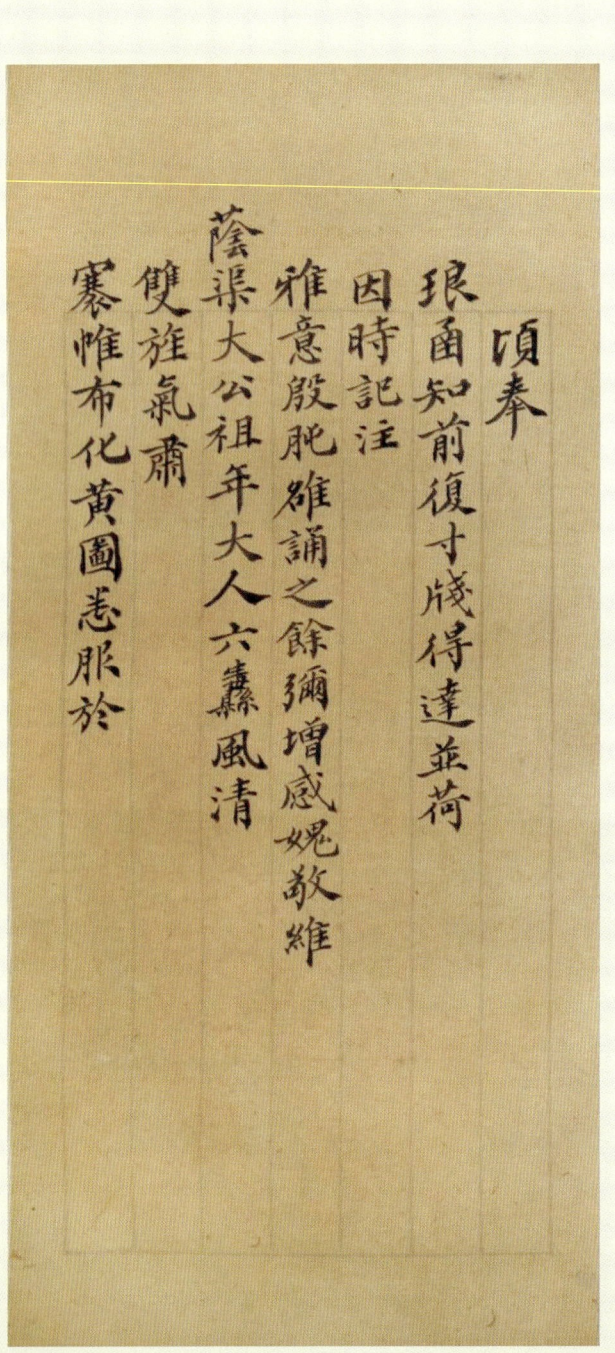

頃奉
琅函，知前復寸牋得達，並荷
因時記注，
雅意殷肫，雒誦之餘，彌增感媿。敬維
蔭渠大公祖年大人六纛風清，
雙旌氣肅。
襃帷布化，黄圖悉服於

仁威偃伯承
恩采甸羣歌夫樂愷臨風仰企曷任頌忱弟被謫閑居稍
藏迂拙湖州之捷比踵金陵而至東南全復餘氛縱
小有竄逸掃除自易誠佳運也專泐申
謝並頌
秋祺統唯
荃詧不備
年愚弟王拯頓首

仁威，偃伯承
恩，采甸羣歌夫樂愷。臨風仰企，曷任頌忱。弟被謫閑居，稍
藏迂拙。湖州之捷，比踵金陵而至，東南全復餘氛，縱
小有竄逸，掃除自易，誠佳運也。專泐申
謝，並頌
秋祺。統唯
荃詧。不備。

年愚弟王拯頓首

辱承
惠簡並閱外道中
見懷雅什，捧誦之餘，彌深感愧。尚在
騶從在途，勤勞簡閱，猶懇懇於天末故人，不忘節物，
深情厚誼，郵之覆覆。豈此衰病，易勝縱游，識輔豈任
承平久間，豈免縱弛，以
德威所在，重加訓閱，諸軍必已風知振奮，猶怕積久狃
習，疲因積挽，回作養，殊不容之歲月，至於方隅塞

辱承
惠簡，並闕外道中
見懷雅什，捧誦之餘，彌深感媿。當茲
騶從在途，勤勞簡閱，猶懃懃於天末故人，不忘節物。
深情厚誼，報乏瓊瑤，此衷曷勝跼蹐耶？畿輔營伍
承平久闇，豈免縱弛？以
公德威所莅，重加訓閱，諸軍必已咸知振奮。獨餉項久缺，
習疲日積，挽回作養，能不需之歲月？至各方阸塞，

形勢微茫竊意係軍之事當務以選鋒擇隊之
義渠朱大與佐領子某某
者為要不甚能手金陵大捷未久而浙郡各克咸功乃
自蘇軍和浙亦不以為捷師氣雖甚迷至廣信無寄其
浙之無能揮旗江右各城屢復賊降日眾即宜觀閱之股
之不得聞何意可得究機其浙且豫鄂賊尤多雜股
數我心後不離散歸為有唯西陲關外多料請對
秦隴所稱得手惟氣不免歸重新疆平回之法當
亦好喜也西域又克法軍以死力得之李軍門書癖

義渠來大資佐理，可慶可慶

形勢儼然，竊嘗謂練軍之事，當寨以選鋒、擇險二者為要，不其然乎？金陵大捷未久，而湖郡亦克，成功乃自蘇軍，想浙亦不以為嫌。餘氛雖有逸至廣德等處者，浙亦必能掃蕩。江省各城叠復，賊降者眾，即窺閩之股，亦不復聞伺走汀漳。亂機其漸息乎？鄂賊尤多雜股，數戰而後，不難散歸烏有。唯西陲關外，日多弗靖，則秦隴所辦得手，餘氛不免歸重新疆。平固亦皆叠有好音也。石城之克，諸軍以死力得之，李軍門盡瘁

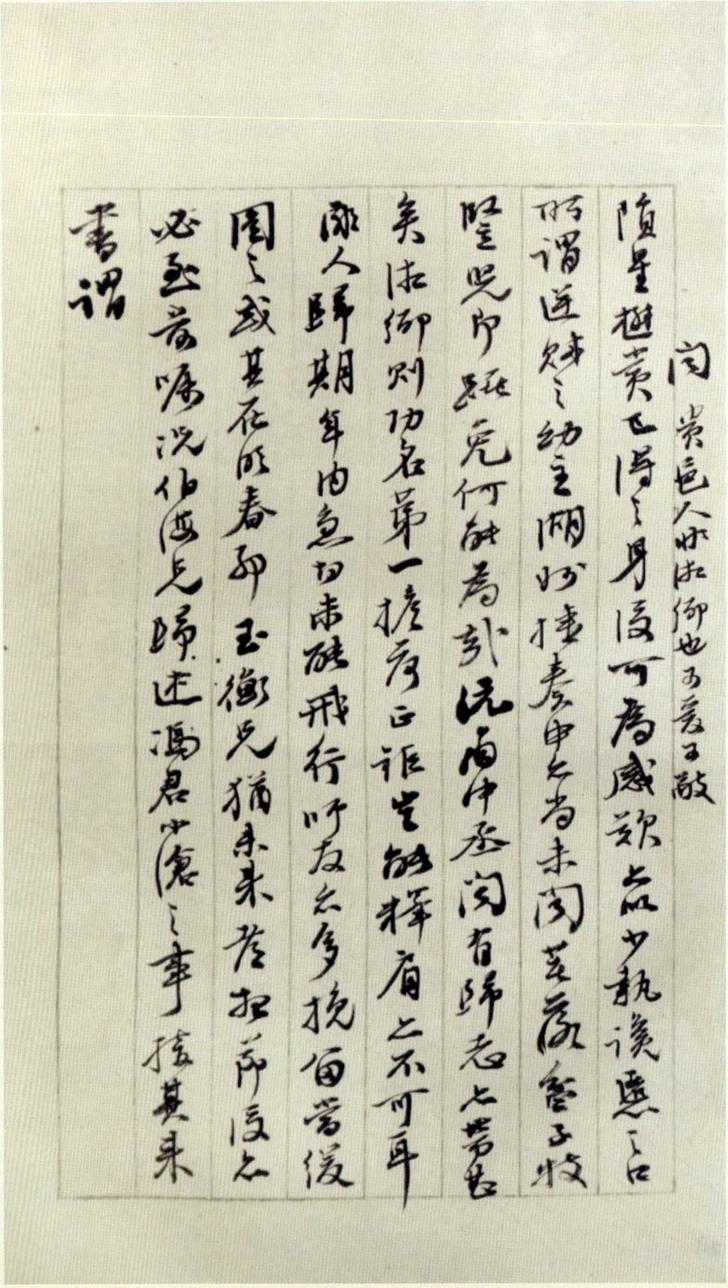

閣 貴邑人咏淞御也弟羨其敬
隨量樾黄飛騰騰身後可為感歎嵩少執護懸懸之日
所謂道愧愧幼童湘帆楼春申之前未聞楚藩督學牧
陛兒印繇究何能為哉沅甫中丞聞有歸志亡當甚
矣咏淞御則功名第一據為正誼當能釋肩之不可耳
家人歸期年内急切未能戒行所友亦多挽留當緩
圖之哉其在成春耶玉卿兄猶未來若柏蘇所度亦
必至蓄喙況作河長歸途遇君少愚之事據其來
書謂

隕星，聞　貴邑人，非湘鄉也，可愛可敬
懋賞已得之身後，可為感歎，亦以少執讒慝之口。
所謂逆賊之幼主，湖州捷奏中亦尚未聞著落，盆子牧
豎兒，即跳免何能為哉。沅甫中丞聞有歸志，亦勞甚
矣。湘鄉則功名第一，擔荷正鉅，豈能釋肩，亦不可耳。
鄙人歸期，年内急切未能戒行，師友亦多挽留，當緩
圖之，或其在明春耶？玉衡兄猶未來都，想節後亦
必至。前囑沉伯海兄歸述馮君小滄之事，接其來
書，謂

芳意即可四字代延並明杜先來云
旌轅行幕亦須需人計日玉衡子至當與商同代為
羅致酒君屬經訪詢南談此席定能相任也杜先
生侍其季中饑不適好爲君攝日昌慶第條
師留藥寂宜謹慎否其先策名可勿藥耳
京兆試踏茶人向來有實如好多閱也識咨杜之
秋暑照收伏唯
騷衛萬福不宣不一
弟拯頓首
中秋前五日

尊意即可由弟代延，並晤松岑，來云
旌轅行幕亦頗需人，計日玉衡可至，當與商同代為
羅致。馮君屢經訪問面談，此席定能勝任也。松岑
寓保安寺中，體小不適，好為晨攝，自易復常，京
師醫藥最宜謹慎，看其光景，亦可勿藥耳。
京兆試踰萬人，向所未有，實為好象，聞近畿皆有秋也。
秋暑漸收，伏唯
騶衛萬善，不宣不具。弟拯頓首　　中秋前五日

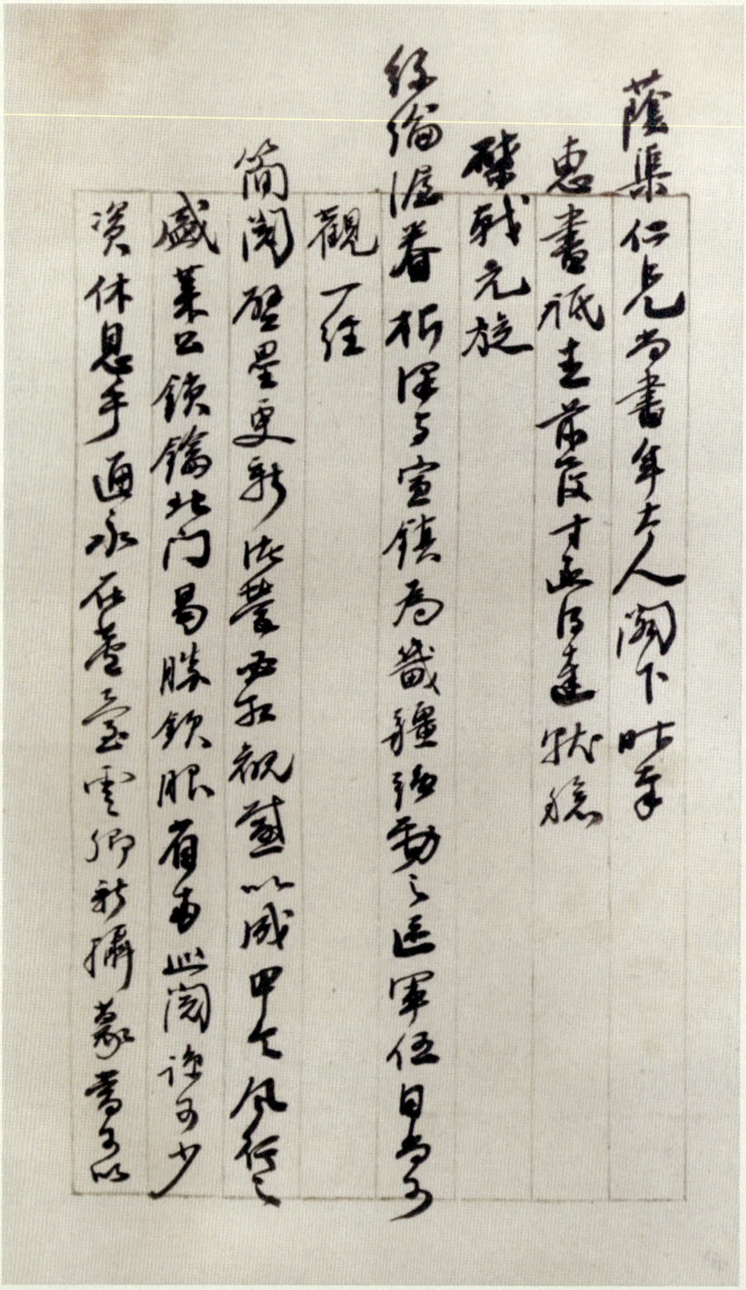

蘆渠仁兄尚書年大人閣下：昨奉
惠書，祗悉去歲寸函已達，就稔
壁戟光旋，
綏備退眷，析理与軍鎮，為纖疆場，勁之運軍任日多
觀存
簡閱壁壘更新，狀貌更加，銳氣以成甲兵風從
盛業已鎮邊北門，曷勝欽服。有事巡閱，該子少
資休息乎。通承在台，為云雲卿新擇蘇壽之以

蔭渠仁兄尚書年大人閣下：昨奉
惠書，祇悉前覆寸函得達，就稔
棨戟元旋，
綵綸渥眷。析津與宣鎮為畿疆強勁之區，軍伍自尚可
觀，一經
簡閱，壁壘更新，諸營必相觀感，以成甲令風行之
盛。萊公鎖鑰北門，曷勝欽服。省南巡閱，諒可少
資休息乎？通永在蘆臺，雲卿新攝篆，當可以

得稚經滬上局寄帖手諭，甫乃得之。吳竹如侍郎及
佳訂之函。種家事不能信出，以鄭氏所葬有許不允
未定。管君若則秋間宗文循來若在閩其嘆昔
未訪之承

尊家書揭問相來必出來也。玉衡於此時聞其事不難
即就續出，應從書閣策，卓甫書見行之，約不知應時
謝濤舊居，玉衡於薊牧，推為閩急，聞兩子和光，其
弟為近地，子未應訪之，以丁耕年，值書連，且知薊牧

得整理。馮小滄本非素識，前乃得之吳竹如侍郎，及往訂之，而稱家事不能復出，以部民居幕府，誠亦不甚相宜，管君棐則秋間宗丈滌樓來都，曾聞其賢，尚未訪之，承

囑容當探問，想未必出京也。玉衡在此時晤，其事不能即就緒，出都恐當開歲，与弟有同行之約，不知屆時能湊泊否？玉衡於薊牧極為關念，聞於子和兄處曾為道地，子禾廉訪亦以丁科年誼有連，且知薊牧。

王拯卷中

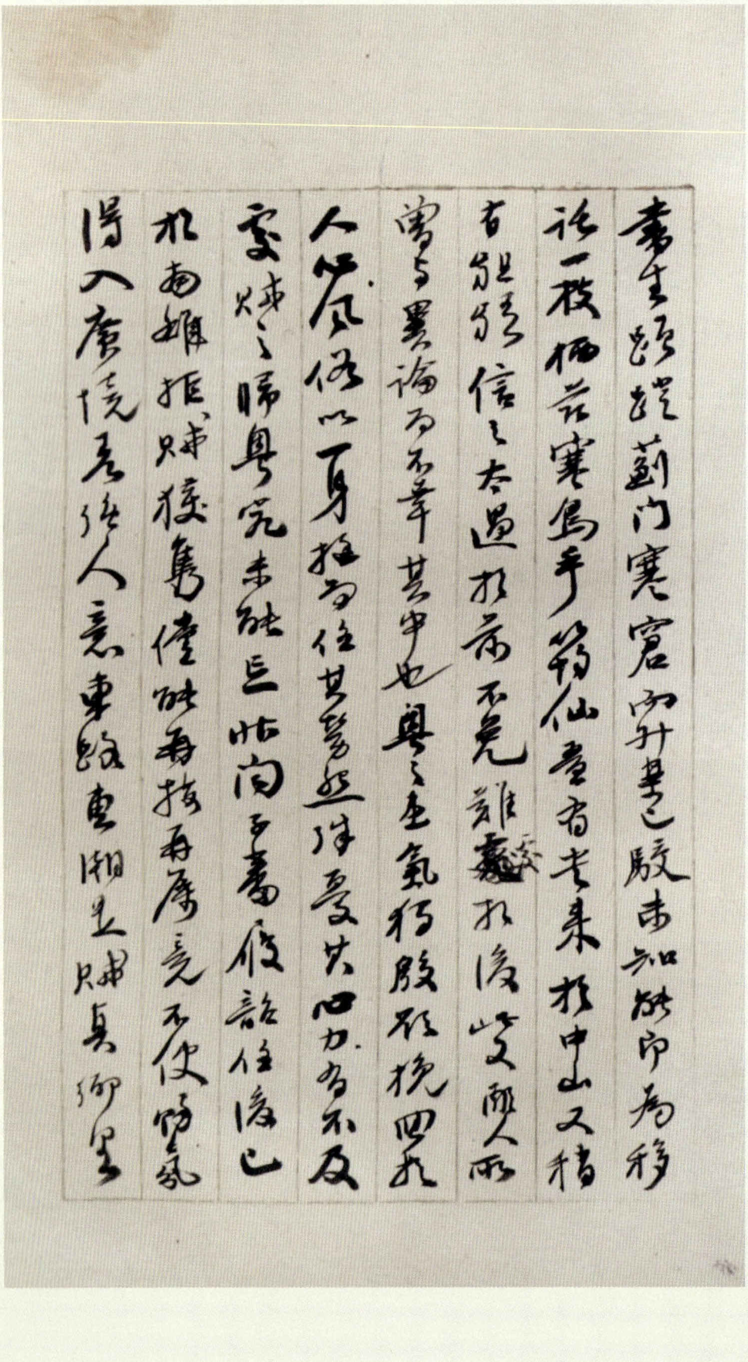
書來敬悉，薊門寒窘，尊恙已發，未知能即為移
就一枝棲，若寒鳥乎？藥仙處有老朱，於中山又精
者，能弭信之，太過於前，不免雜糅於後，此又兩人所
當分別論而不並其中也。粵之生氣行將殆盡，挽回氣
人望，係以一身擔荷，任其艱巨，延陟受失，心力有不及
處，歸粵究未能遽出而為壽，語住後已
於南雄拒賊，獲雋，僅能再接再厲，竟不使賊氣
得入廣境，為後人意。東路連湘，生賊真御守

書生蹭蹬，薊門寒窘，而升案已駁，未知能即為移託一枝，棲茲寒烏乎？筠仙叠有書來，於中山又稍有齟齬，信之太過於前，不免難處於後，此又鄙人所曾與異論而不幸其中也。粵之患氣獨殷，欲挽回於人心風俗，以一身挺而任其勞怨，殊憂其心力有不及處。賊之歸粵，究未能忘。昨聞子蕃履韶任後，已於南雄拒賊獲雋，儻能再接再厲，竟不使餘氛得入廣境，差強人意。東路惠潮是賊真鄉里，

者不皆自殘則此江一路更深重矣秋冬收藏

而病軀不能應時詹納且體殊不適閉户静執

上月餘矣手此奉復敬頌

台祺希祈亮宥不備

治年愚弟拯頓首

雲浮郎

敬候

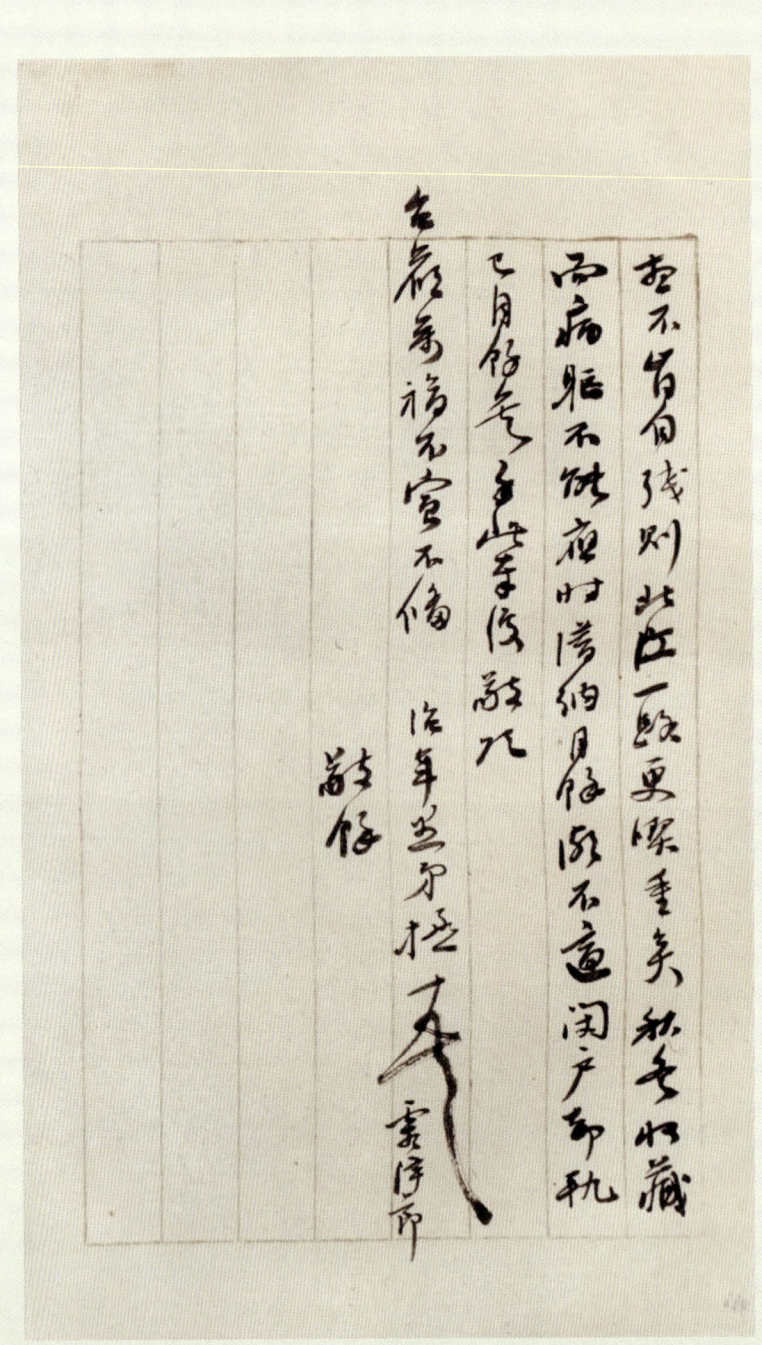

想不肯自殘，則北江一路更喫重矣。秋冬收藏，而病軀不能應時潛納，月餘頗不適，閉户卻軌已月餘矣。手此奉復，敬頌台候萬福，不宣不備。治年愚弟拯頓首　霜降節

敬餘

蔭渠太公祖年大人閣下：日前程光禄赴保，宗弟丁

函，亮必得達，仰邀

鑒詧。比維

節鉞崇勛，

綏緒萬春為頌。廉涯歲序崢嶸，祥霙庭前疊積，有

祗格致，不驚相見。

戟門清肅，識面久先。東南伏莫，國家粤江東北兩

路皆不得還，而迴援閩中，事是寡寇，將來指

蔭渠大公祖年大人閣下：日前程光禄赴保，索布寸函，亮必得達，仰邀
鑒詧。比維
節鉞崇勛，
綵綸篤眷，為頌靡涯。歲序崢嶸，祥霙應節，豐穰有兆，桴鼓不驚。想見
戟門清肅，畿甸風先。東南餘孽，圖竄粵江東北兩路，皆不得逞，而迴擾閩中，當是窮寇弩末，獨

張凱章業死之則甚可惜自是孤掌難鳴收耳
弟謫居無事維接病魔比日以來杜門卻軌幸
寢眠尚復如常而所患為肝氣發腦之證日內漸
見輕減而尚不能出門冀得積年痼疾就此拔
除根株來春料理南歸亦可勝遠適耳伯涵
兄揀發赴秦
幕府更為清寂每深系念玉衡在此清佛松書
聞藏方有行期催叢閱新刻下未知曾否部行

張凱章如果死之，則甚可惜，自是孤掌難鳴故耳。

弟謫居無事，纏繞病魔，比月以來，杜門卻軌，幸餐眠尚復如常，而所患為肝風發腦之證，日內漸見輕減，乃尚不敢出門，冀得積年痼疾，就此斷除根株，來春料理南歸，亦可勝遠道耳。伯海兄揀發赴秦，

幕府更為清寂，每深繫念。玉衡在此濡滯，想當開歲方有行期。保案周折，刻下未知曾否部行。

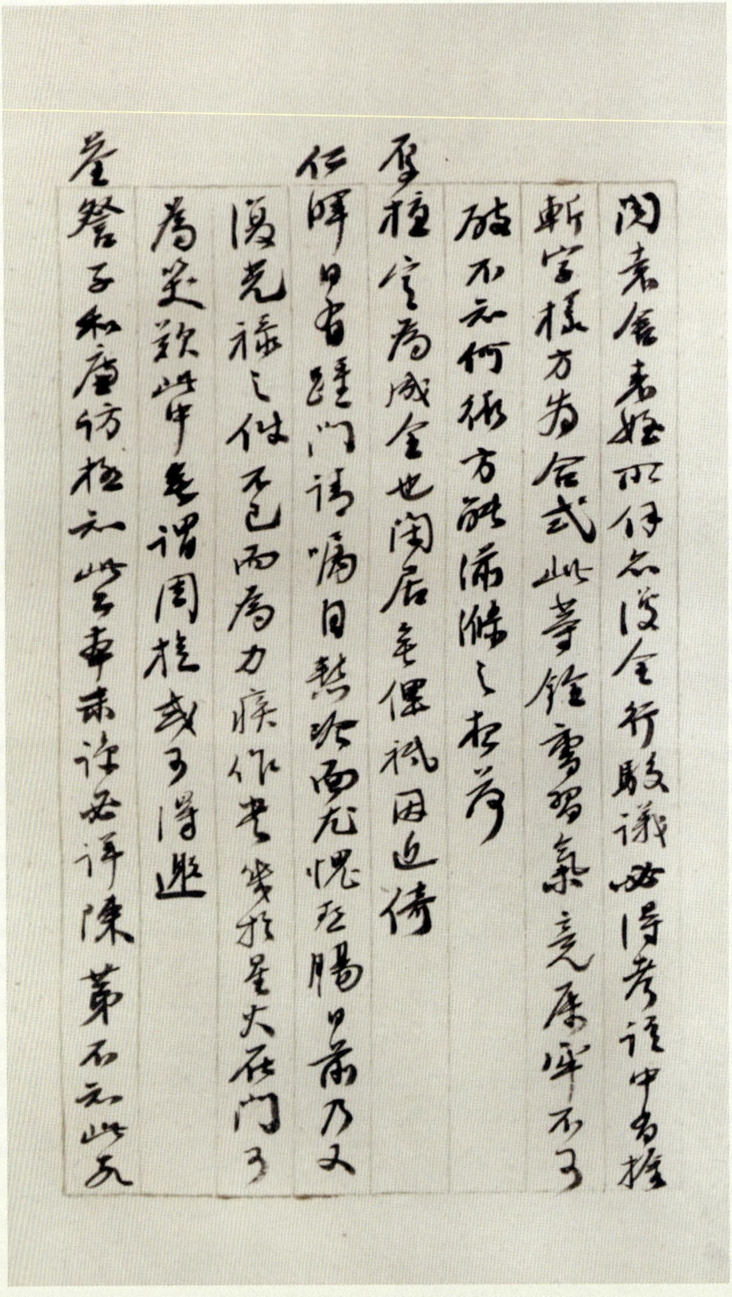

聞袁舍表姪所保亦復全行駁議，必得考語中有捡

斬字樣方為合式。此等銓曹習氣竟屬牢不可

破，不知何術方能湔滌之。想荷

厚植，定為成全也。閑居無俚，祇因近倚

仁暉，日有踵門請囑，自慙冷面，尤愧熱腸。日前乃又

復光禄之件不已，而為力疾作書，幾於星火在門，可

為笑歎。此中無謂周旋，或可得邀

荃督。子和廉訪極知此公本末，諒必詳陳，第不知此前

何以副鄙望也此次張右階者則竟峻拒絕之此人
再四忠告而不聽見於其必有類顯唯倘因邑在柔
者祇此人其事不得詳盡不謨名為可及全手否
當時唯告上得寬大事果可屬寬佞則必有生機
也庶幾蓄虛話輕煩為硬獲勝砷周王圍某兄
子寬翁秦柔度筆為書結任之云卧　病惟馳
忽捉惶率之故向蔚寰
台嚴萬福不宣乎　臨具肅

大臺侍吉斜衛

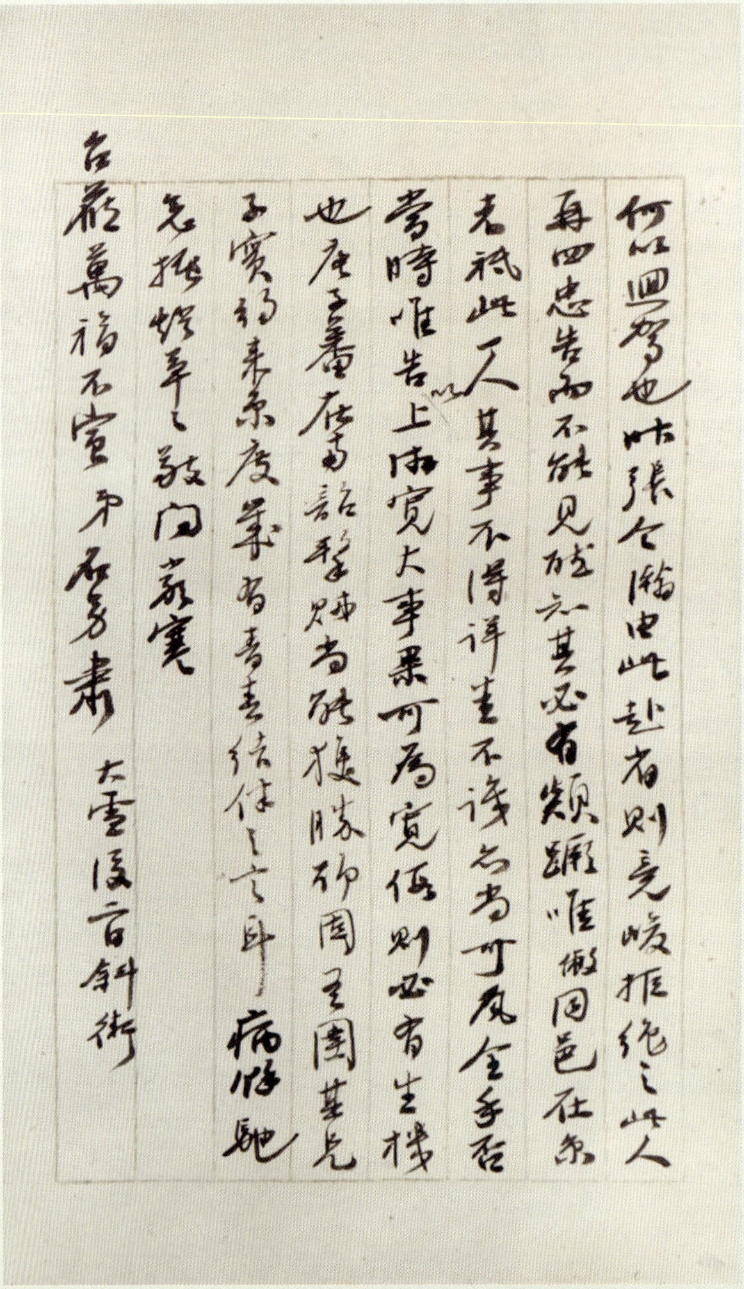

何以迴駕也。昨張令瀚由此赴省，則竟峻拒絶之。此人再四忠告而不能見聽，知其必有顛蹶，唯敝同邑在京者，衹此一人，其事不得詳悉，不識亦尚可瓦全乎否？當時唯告以上游寬大，事果可為寬假，則必有生機也。唐子蕃在南韶擊賊尚能獲勝，聊固吾圉。其兄子實約來京度歲，有青春結伴之言耳。病餘馳念，挑燈草草，敬問嚴寒，台候萬福。不宣。弟名另肅　大雪後二日斜街

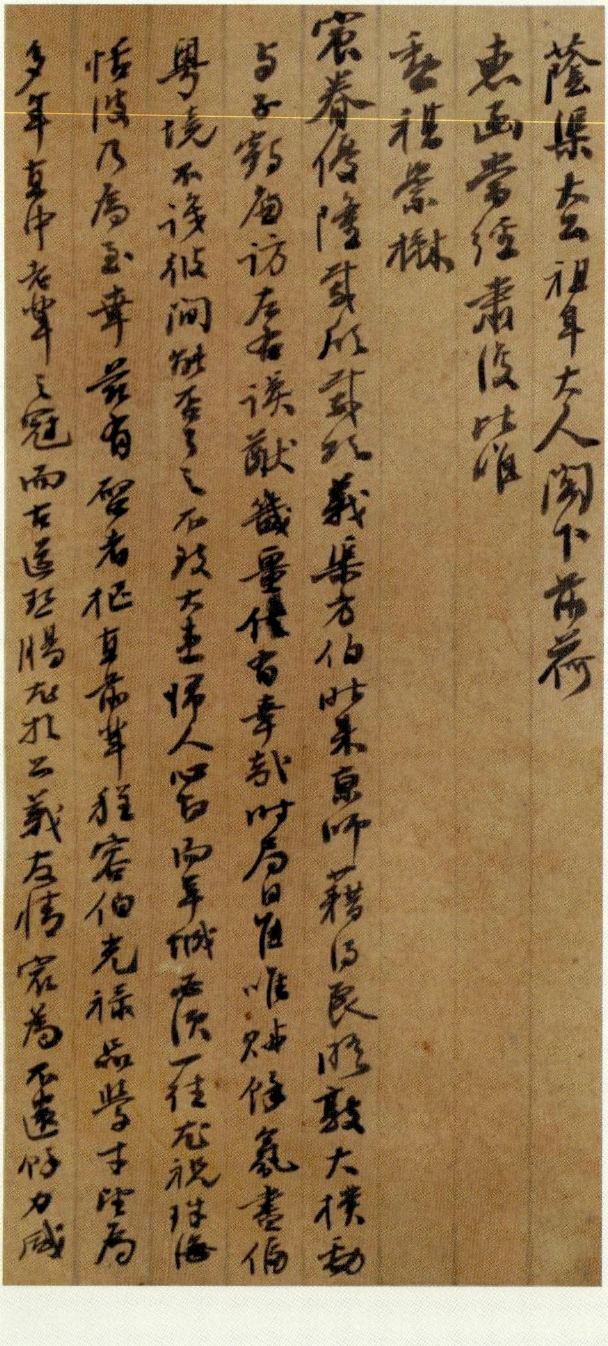

蔭渠大公祖年大人閣下：前荷
惠函，當經肅復，比唯
勳祺崇楙，
宸眷優隆，載欣載頌。義渠方伯昨來京師，藉得良晤，敦大樸勁，與子鶴廉訪左右謨猷，畿疆信有幸哉。時局日佳，唯賊餘氛盡偪粵境，不識彼間能否了之，不致大患。歸人心切，而羊城必須一往，尤祝珠海恬波，乃為至幸。茲有啓者，樞直前輩程容伯光禄，品學才望為多年直中老輩之冠，而古道熱腸，尤於公義友情最為不遺餘力。咸

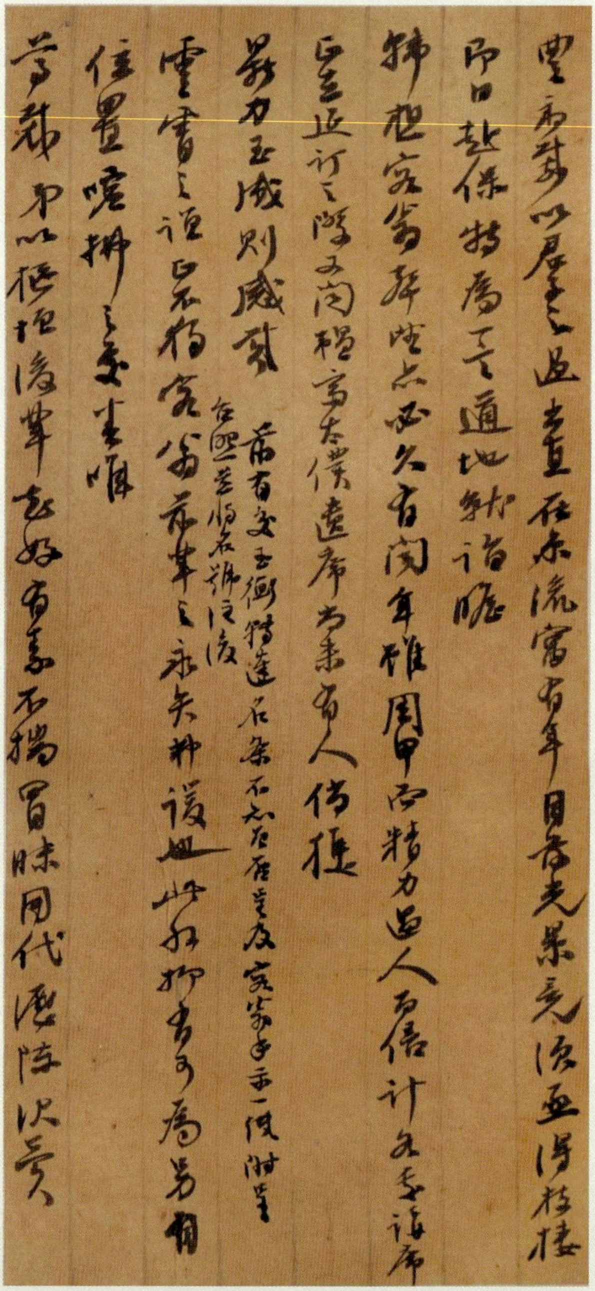

豐初載，以君子之過出直，在京流寓有年，目前光景竟須亟得枝棲，即日赴保，特為一言道地，就詣瞻
韓。想容翁聲望亦必久有聞，年雖周甲而精力過人百倍，計各處講席正在延訂之際，又聞韞齋太僕遺席尚未有人，倘獲
鼎力玉成，則感戴前有交玉衡轉達名条，不知曾否呈及，容翁手示一紙附呈台照，並將名號注後
雲霄之誼，正不獨容翁前輩之永矢弗諼也。此外抑有可為另自
位置噓拂之處，悉唯
尊裁。弟以樞垣後輩知好有素，不揣冒昧，用代瀝陳，伏冀

春翁玉丞

屬訪舊君聞畫亦系兩
訪事後以此事刻去拟心
為殿者玉倒至住於
以討用班師直之已玉
歷免此附及多此
救諸芝溦去色事次此
古兼秀孫不宜

京病為未生内室日移南印告免
而不加之室恍並文沿閣承任柔肉郡中
舞雁小加殿正微美為
韋仰勞
壽師致詩
回下南師後方渧北来起居元尊

佑年五月玉拯再拜

十月昔

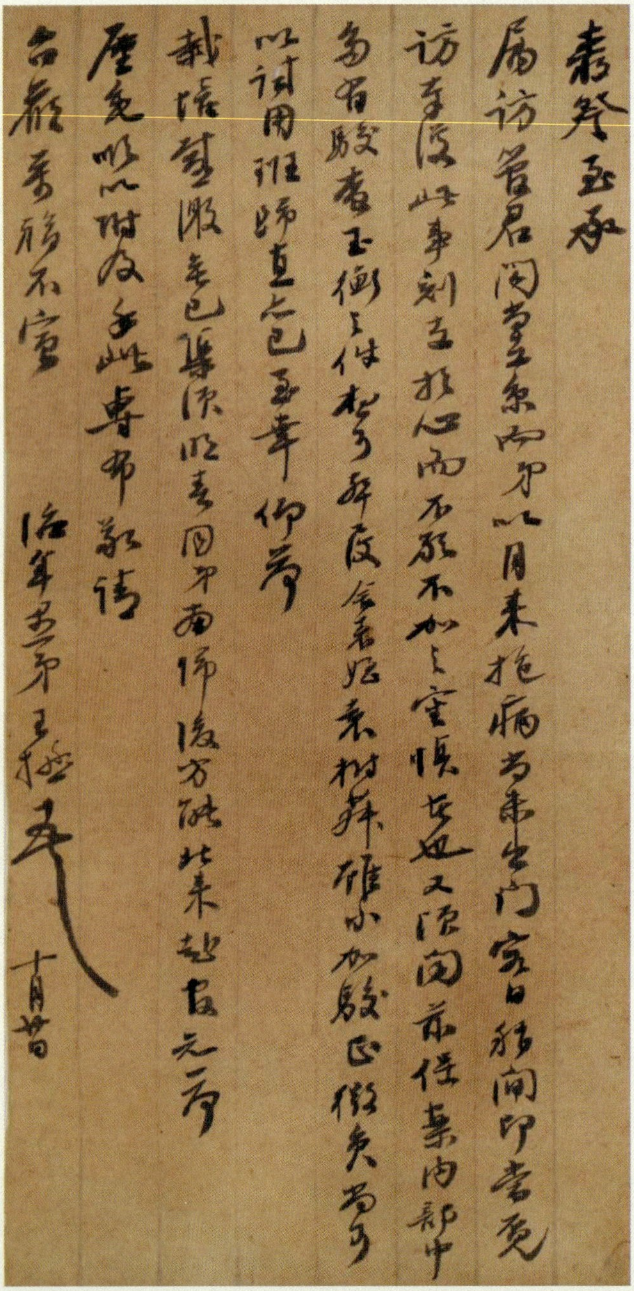

愛詧。至承
屬訪管君，聞尚在京，而弟以月來抱病，尚未出門，容日稍閒即當覓
訪奉復，此事刻在於心，而不敢不加之審慎者也。又頃聞前保案内，部中
多有駮查，玉衡之件，想可聲覆。舍表姪袁樹菽雖小加駮正，微員尚可
以試用班歸直，亦已至幸。仰荷
栽培，感激無已，渠須明春同弟南歸後方能北來赴官，知荷
廑垂，順以附及。手此專布。敬請
台候萬福。不宣。
治年愚弟王拯頓首　十月廿日

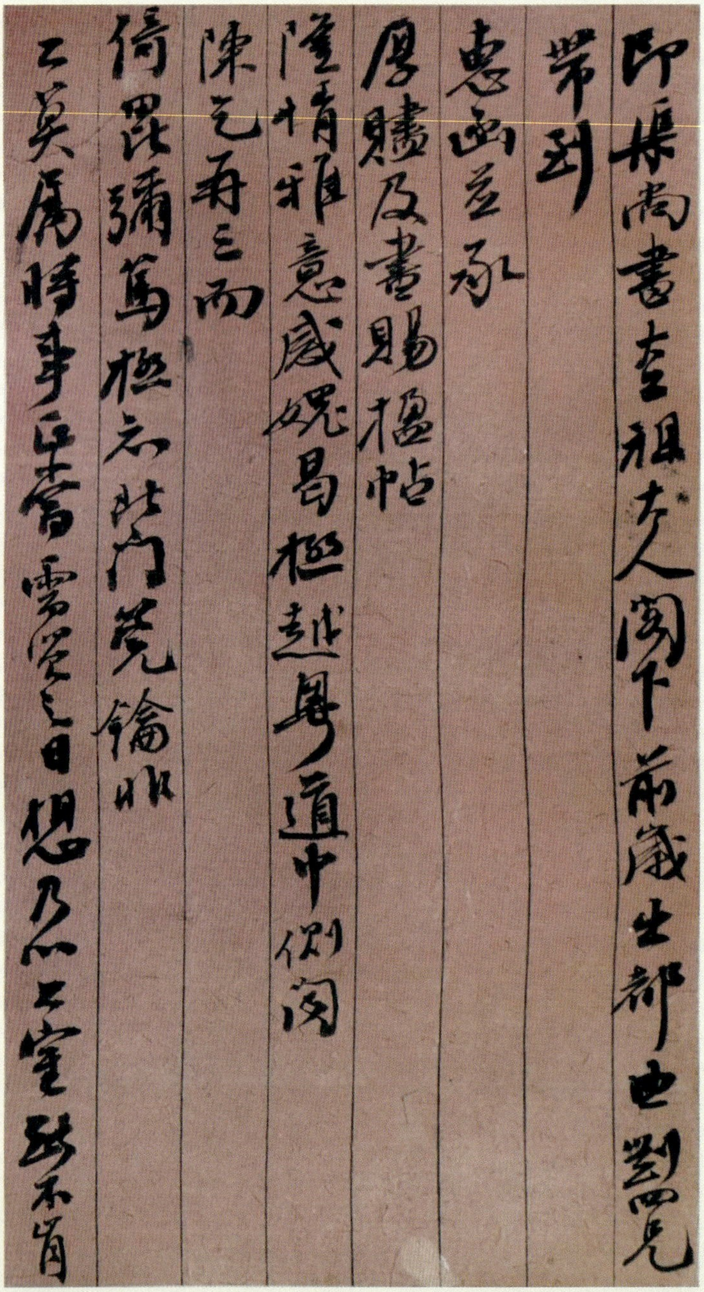
即奉尚書老祖大人閣下前歲出都也劉兄
帶到
惠函並承
厚贐及書賜楹帖
隆情雅意感愧曷極越粵道中側聞
陳乞再三而
倚畀彌篤極知北門筦鑰非
公莫屬時事正當需賢之日想乃公之室 哉不肖

印渠尚書大公祖大人閣下：前歲出都，由劉四兄
帶到
惠函，並承
厚貺及書賜楹帖，
隆情雅意，感媿曷極。越粵道中，側聞
陳乞再三，而
倚毘彌篤，極知北門筦鑰，非
公莫屬，時事正當需賢之日，想乃心公室，斷不肯

芳卿老兄諫

天相吉人，即不有所患，亦必早得復常也。旌風到合

順，禱昌勝。弟歸途濡滯道長，支離結習與廣

均，文作半載稽遲，去年冬月買棹經西行，直到

歲除之日始得卸帆瀟山之滸。所幸先塋無恙，殘賸

亦仍補適友人廬，將所推宅而居，尚是棲息舊日

園所。幸有亟待修治之處，新塋更須即時尋覓，以

三兩年不能安妥。擬湖一席適當之人亦難以補朝

為引去之謀。

天相吉人，即小有所患，亦必早得復常也。臨風引企，頌禱曷勝。弟歸塗濡滯，道長支離，紹興與廣州，均各作半載稽遲，去年冬月買棹珠江西行，直到歲除之日始得卸帆灘山之滸。所幸　先塋無恙，賤軀亦叨𥝩適，友人唐鴻臚推宅而居，尚足棲息。舊日岡阡本有亟待修治之處，新塋更須即時尋覓，非三兩年不能安妥。榕湖一席，適當乏人，亦藉以補朝

朝夕饘粥，有志晚學，以為桑榆之獲，徒聽明日
退，精力鄉衰，揚將枯落，迄無成就
老兄何以教之。蘇窩名士，今年詩後問老兄某翁跋序
拾跋幕中，尊者生乘，同深感謝。鄉之玉桂林，昨今埋
談，其意是去荷
惠書，併對前一函，在長江收舟，已傳于水，今日此
聯，得為達，華光輝，謝
來，更極別來遙已兩更寒暑，寸腸之謝，同人

朝夕餰粥。有志晚學，以為桑榆之獲，然聰明日退，精力漸衰，勢將枯落，迄無成就，老兄何以教之？蘇虛谷大令奉諱後聞光景萬難，承招致幕中，廣有生氣，同深感激之至。桂林晤令坦，談悉一是。並荷

惠書牋對，前一聯在吴江敗舟已傷于水，今得此聯，得為蓬蓽光輝，拜嘉曷極。别來遂已兩更寒暑，寸牋之謝，日久

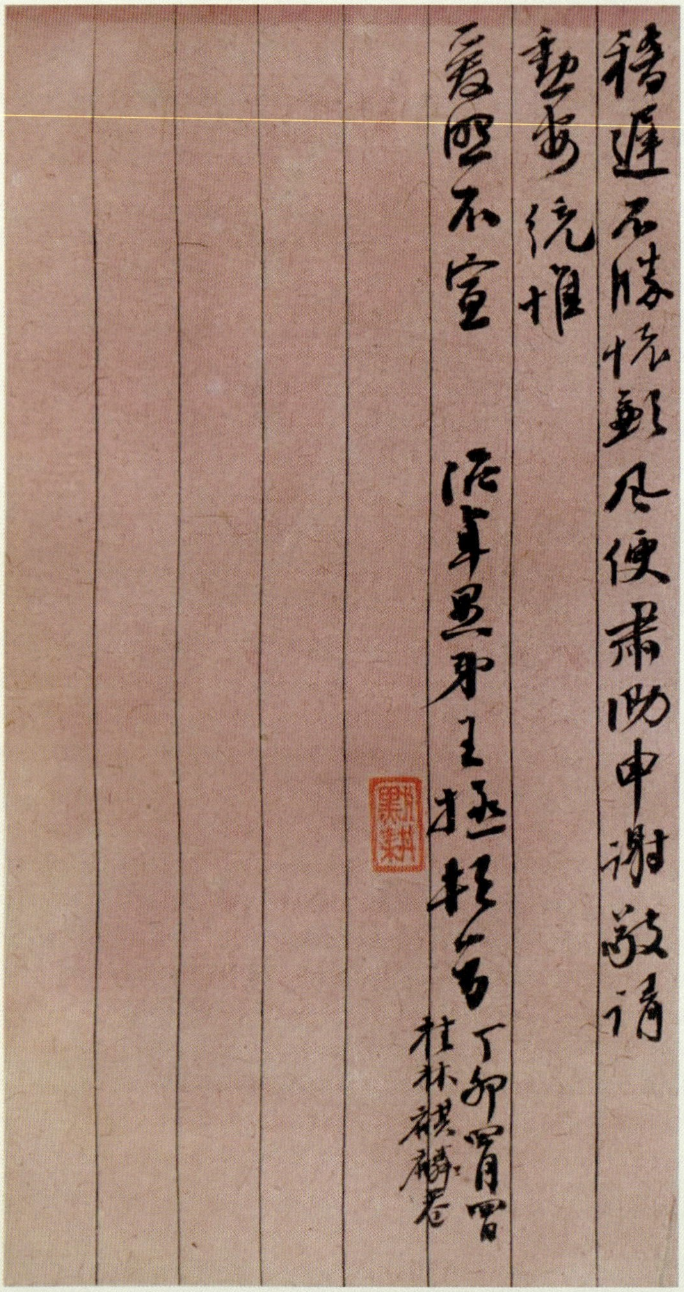
積遲不勝悵悵，匪風便肅此申謝，敬請
勳安，統惟
愛照不宣
治年愚弟王拯頓首
丁卯四月四
桂林麒麟巷

稽遲，不勝懷歉。風便，肅泐申謝，敬請

勳安。統惟

愛照。不宣。

治年愚弟王拯頓首　丁卯四月四日，桂林麒麟巷

（印：默耕）

王拯卷中

蔭渠尊兄大人閣下：聞自
角巾東第，風采彌欽，積年闊悵，相望數百里，而未
由一緘抒渴以解輖飢，豈勝勞結之懷。
惠書枉辱，如接
光儀，諷頌益增馳溯。
東山雅抱，暫適林泉，其所養成，將益高深，曷有既
極。謹與蒼生同其禱向。拯里居隆伏，睽及數年

蔭渠尊兄大人閣下：聞自

角巾東第，風采彌欽，積年闊愫，相望數百里内，未由一親摳謁，以解輖飢，豈勝勞結之懷。

惠書枉辱，如接

光儀，諷頌益增馳溯，

東山雅抱，蹔適林泉，其所養成，增益高深，曷有既極。謹與蒼生同其禱向。拯里居跧伏，瞬及數年，

晚學無功，衰慵秖甚，右目昔及舊疾，近未全可。於敝
可亦微，特讀書求進，所攝生早晚亦殊未能自理。
摯愛何以教之？相告敬述。
雅誼今來書又詳言索居孤陋，至於褰裳以就
有道。瑣屑事摯已屬龍子昆季代達。昔康節謂鄭之相
招未即來，不召或自至。有心偶值之，非敢比也。辛復敬請
道履萬安，不莊。至悚。治年愚弟王拯頓首。閏月盡日。

晚學無功，衰慵祇甚，右目眚及舊疾，迄未全可，朽敝可知。微特讀書求進，即攝生早晚，亦殊未能自理，摯愛何以教之？松岑數述雅誼，今來書又詳言，索居孤陋，至欲褰裳以就有道。瑣屑牽掣，已屬龍子昆季代達。昔康節謂鄭公相招未即來，不召或自至耳，心嚮往之，非敢比也。率復，敬請道履萬安。不莊，至悚。治年愚弟王拯頓首　閏月盡日

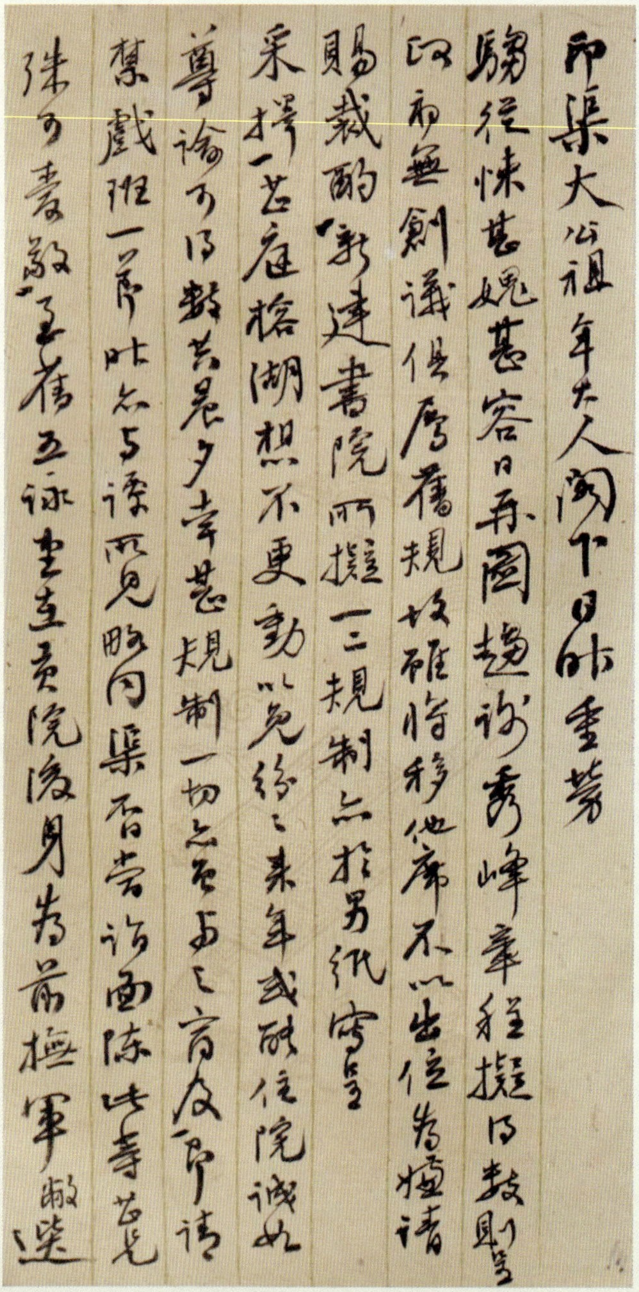

邵渠大公祖年大人閣下：日昨重蒙
騶從，悚甚媿甚。容日再圖趨謁。秀峰章程擬得數則，
以弟無創議，係屬舊規，故雖略移他處，不以出位為嫌，請
賜裁酌。新建書院所擬一二規制，亦祈另紙寫呈
采擇。一並庭槐湖想不更動，以免紛紛。來年或改往院識如
尊論，可得數共是多，幸甚。規制一切亦望與之商定，即請
禁戲班一節，昨亦與談，所見略同。渠當函詢兩陳，此事當已
陳可書，敬□舊五祿書直貢院後身為前撫軍敬選

印渠大公祖年大人閣下： 日昨重勞
騶從，悚甚媿甚，容日再圖趨謝。秀峰章程擬得數則呈
政。初無創議，俱屬舊觀，故雖將移他席，不以出位為嫌，請
賜裁酌。新建書院所擬一二規制，亦於另紙寫呈
採擇。芷庭榕湖想不更動，以免紛紛。來年或能住院，誠如
尊諭，可得數共晨夕，幸甚。規制一切亦曾与之商及，即請
禁戲班一節，昨亦与譚，所見略同，渠不日當詣面陳此等，芷兄
殊可愛敬。至舊五詠堂在貢院後身，為前撫軍、敝選

拔
會考座主畢亞林先生所建自將所藏黃文節書五君
詠鈞摹刻石壁間乃閣也前於桂令趙君卑撫歸私宅
理宜交出（其春屬有自置屋寓行書門 但由方府移付諭交出是矣）移嵌新書院講堂向以
還石物又有銅鼓樓下燒殘舍利函記石於一為親光祿遠續表
彰一則桂林唐碑僅此即所謂雕零亦宜珍惜也其舊五詠堂久
成破屋舊榕湖經舍現復修理似當各自因仍所謂有廢莫興
者興莫廢是已手肅敬請
勛安不盡容再面陳一一
治愚弟王拯頓首

拔會考座主梁芷林先生所建，自將所藏黃文節書五君詠鉤摹刻石壁間。乃聞近為前臨桂令趙君準携歸私宅，理宜交出，其眷屬有自置屋寓行春門，但由首府縣傳諭交出足矣。移嵌新書院講堂壁間，以還公物。又有銅鼓樓下燒殘舍利函記亦然，一為顏光禄遺蹟表彰一則，桂林唐碑僅此，即片羽彫零，亦宜珍惜也。其舊五詠堂久成破退，舊榕湖经舍現復修理，俱當各自因仍，所謂有廢莫興，有興莫廢是已。手肅，敬請

治愚弟王拯　頓首

勳安。不盡，容再面陳一一。

新建書院擬請

題一總名　大書門扁以垂永遠　榕湖經舍舊額仍存務愛此

書院後靠疊綵山山即桂山桂林主山也與秀峰後山相連

東左一院擬請

題杏花春雨軒額為孝廉課執講燕居及考課之所　或杏雨軒亦可

堂中題杏花消息雨聲中橫扁　或於對廳亦可軒本能方伯會試留京

邀請同人會課所立名目次年大魁

西右一院擬請

題傳經精舍額為經古執講燕居及考課之所　東漢陳先生元

蒼桂廣信人即

新建書院擬請

題一総名，大書門扁，以垂永遠。榕湖經舍舊額仍存舊處，此書院後靠叠綵山，山即桂山，桂林主山也，与秀峰後山相連。

東左一院擬請

題杏花春雨軒額，為孝廉課執講、燕居及考課之所。或杏雨軒亦可。

堂中題杏花消息雨聲中横匾。或於對廳亦可。軒本龍方伯會試留京邀請同人會課所立名目，次年大魁。

西右一院擬請

題傳經精舍額，為經古執講、燕居及考課之所。東漢陳先生元，蒼梧廣信人，即

今之蒼梧將為粵人經學開先陳之文欽治春秋左氏傳
之于元時與貢鄭同為學人所宗今梧郡有傳經書院祀陳
氏父子嶺城秀峯書院向來亦祀陳先生元為其父欽至任郡
莽梧經略地前梧軍務亦以山長鄭文小谷所識梧祀士先生變
之治春秋學者惜與陳書俱已不傳于世鄙意為欲梧祀前明周先
者本傳有讀十八卷著錄　四庫讀何律之學者粵人著書在　中秘者止此
生待及我
朝陳文恭公榕門先生另有祀文容後寫呈伏候
尊裁
又趙君樹吉五晨詩不刻收出人亦西世紀友　十一月廿五日
故意文出不必官中故令亦可請　酌

今之蒼梧縣，為粵人經學開先。陳之父欽，治春秋左氏傳，
之于元，時与賈鄭同為學人所宗。今梧郡有傳經書院，祀陳
氏父子，省城秀峯書院向來亦祀陳先生元，為其父欽曾仕新
莽，故從略也。前撫軍勞公以山長鄭文小谷所議，增祀士先生燮，
亦治春秋學者，惜与陳書俱已不傳于世。鄙意尚欲增祀前明周先
有東溪日談十八卷著録　四庫，講河津之學者，粵人著書在　中秘者止此。
生琦及我
朝陳文恭公榕門先生，另有祀文，容後寫呈。伏候
尊裁。又趙君携去五君詠石刻，頃有人言，可由其親友
致意交出，不必官中教令亦可。請　酌。

十一月廿五日

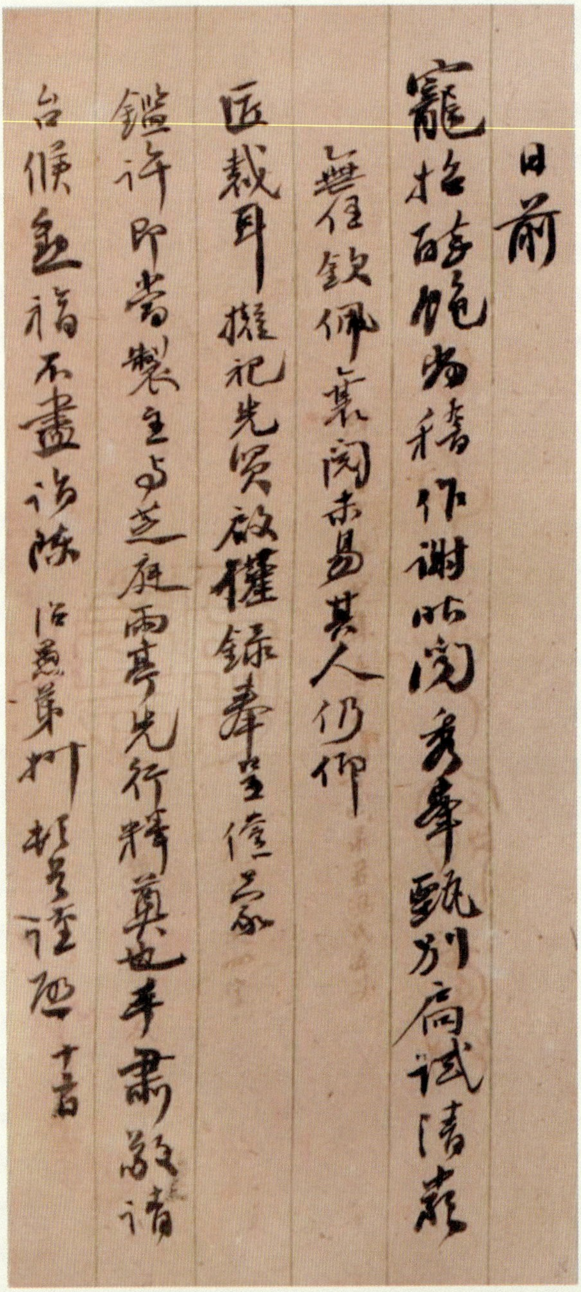
日前
寵招酩飽爲禱作謝昨閱多峯甄別扃試清莊
無任欽佩裏閱未易其人仍仰
匠裁耳擬祀先賢啟謹錄奉呈億家
鑒許即當製呈又芝庭兩尊先行精葬也奉肅敬請
台候迪福不盡欲陳 治愚弟 拯頓首謹啟 十二日

日前

寵招醉飽，尚稽作謝。昨聞秀峯甄别，扃試清嚴，

無任欽佩。襄閱未易其人，仍仰

匠裁耳。擬祀先賢啟僅録奉呈，儻蒙

鑒許，即當製主，与芝庭、雨亭先行釋奠也。手肅，敬請

台候勳福，不盡詣陳。治愚弟拯頓首謹啓　十二日

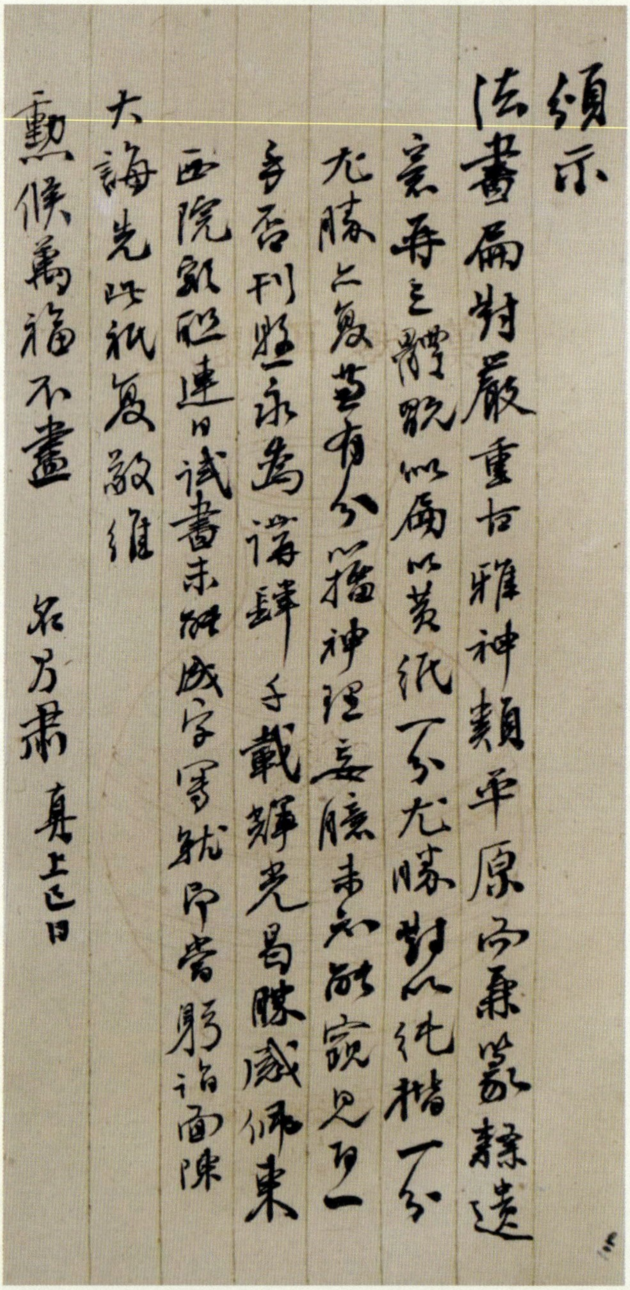
頌示
法書兩對嚴重古雅神類平原而兼篆隸遂
意再三體玩似兩以黃紙不如尤勝對紙純楷不如
尤勝之處其有分以攝神理妄臆未知能窺見萬一
乎否刊難永為譜肆千載輝光曷勝感佩來
西院就聽連日試書未能成字寫就即當趨詣面陳
大誨先此祗復敬維
勳候萬福不盡
名另肅 真上 正日

頒示

法書扁對，嚴重古雅，神類平原，而兼篆隸遺意。再三體翫，似扁以黄紙一分尤勝，對以純楷一分尤勝，亦复兼有分籀神理。妄臆未知能窺見百一乎否？刊懸永為講肆千載輝光，曷勝感佩。東西院額聯，連日試書，未能成字，寫就即當躬詣面陳

大誨。先此祇复，敬維

勳候萬福，不盡。

名另肅　真上巳日

Special funds for academic writingin hubei province
湖北省学术著作出版专项资金

湖北省学术著作出版专项资金
Special funds for academic writing in hubei province

武漢大學圖書館館藏

晚清名臣手札

第七卷

主編　王新才　周榮
副主編　黄鵬　王美英　王三山

WUHAN UNIVERSITY PRESS
武漢大學出版社

第七卷　王拯卷下

目録

王拯卷下

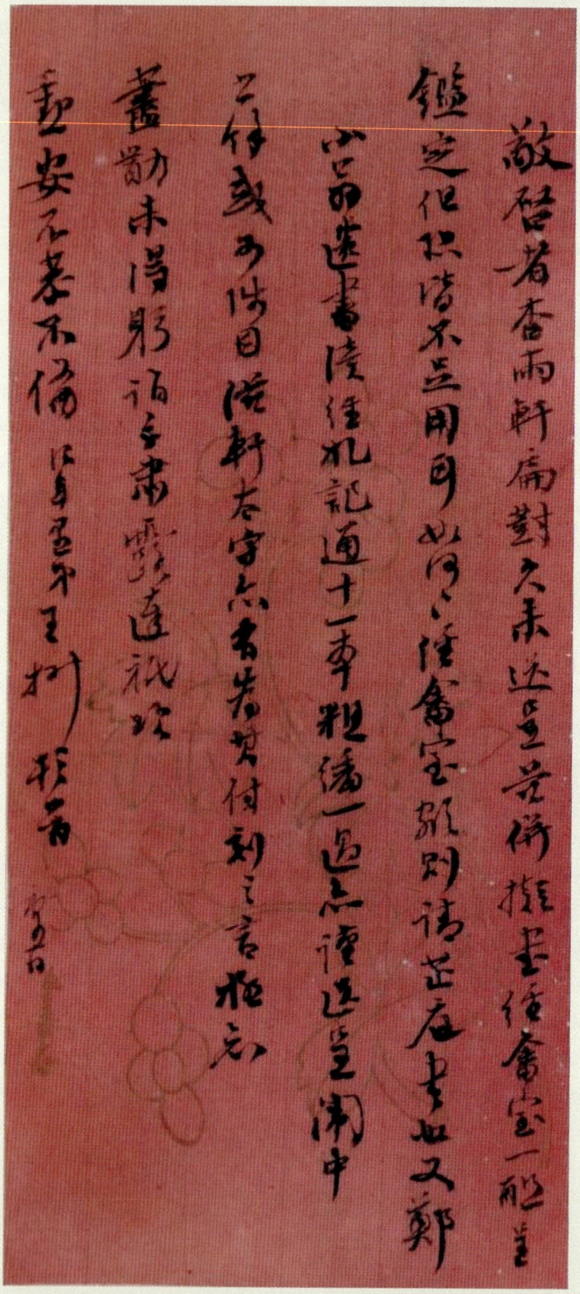
敬啓者杏雨軒扁對久未送呈茲併擬書任齋室一聯呈
鑒定伯模諸不足用可如何任齋室聯對語並存書也又鄭
小山所送書院佳札記通十一本粗讀一過亦便送呈閣中
一件或可俟日後軒太守亦有寄賀付刻之言極知
蓋勸未得影福手肅覆並頌
勛安不恭不備 小弟王拯頓首 初五日

敬啓者，杏雨軒扁對久未送呈，茲併擬書經畬室一聯呈
鑑定，但恐皆不足用耳，如何？如何？經畬室額則請芷庭書也。又，鄭
小翁遺書讀經札記，通十一本，粗繙一過，亦謹送呈閫中，
公餘或可涉目。滋軒太守亦有為其付刻之言，極知
藎勩，未得躬詣，手肅露達，祇頌
勳安，不恭不備。治年愚弟王拯頓首　初五日

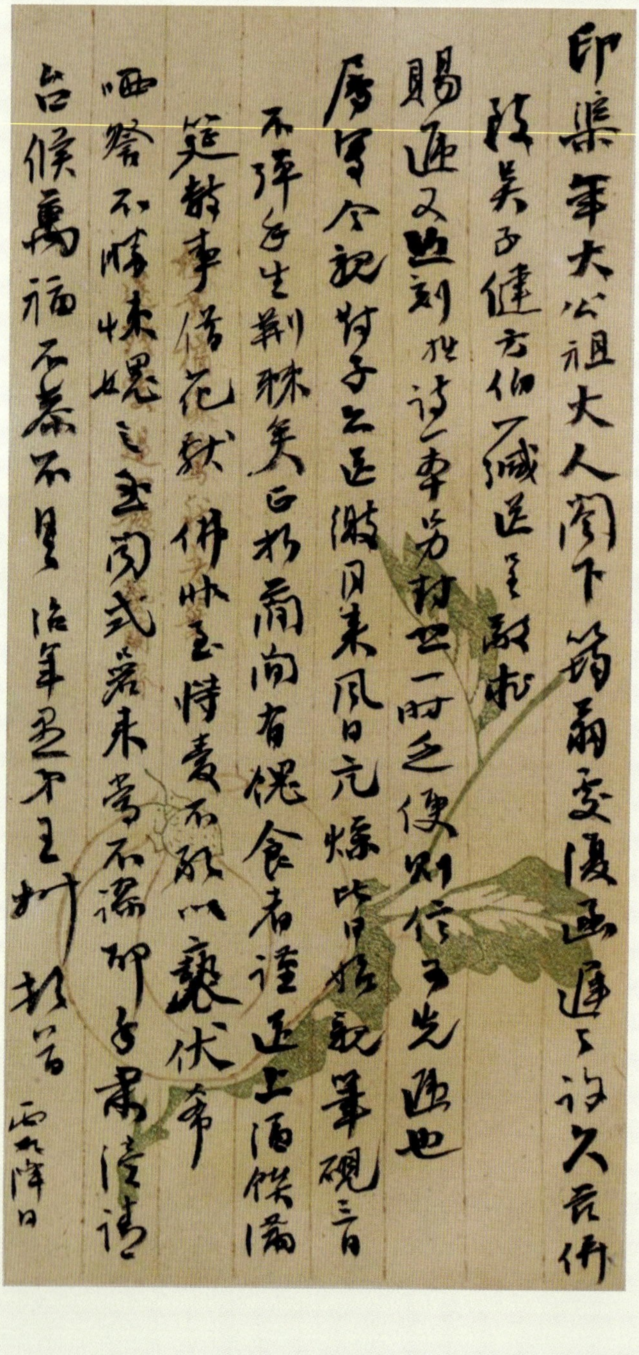

印渠年大公祖大人閣下：節前交復函，遲下許久，並
頒吳子健方伯藏碑至，敬悉。
賜函又幽刻拙詩二本，劣材也，一時己便附信，予先函也。
屑守令記對子之匠，微月來風日亢燥，昨日始就筆硯三日，
不倖手生荊棘矣。日於扇面有傀食者，謹匠上酒饌滿
筵數事，借花獻佛，併此奉贈，時貴不敢以褻伏希
哂答。不情慚媿之至。閣式若未嘗不深抑。手肅，謹請
台候萬福，不恭不具。治年愚弟王拯頓首
西九降日

印渠年大公祖大人閤下：筠翁處復函遲遲許久，兹併致吴子健方伯一緘送呈，敬求賜遞，又近刻拙詩一本另封，恐一時乏便，則信可先遞也。屬寫令親對子亦送繳。月來風日亢燥，比日始親筆硯，三日不彈，手生荆棘矣。正折簡間，有餽食者謹送上酒饌滿筵，數事借花獻佛，非至恃愛不敢以褻。伏希哂簪，不勝悚媿之至。聞式㬈来，當不謬耶？手肅，瀆請台侯萬福，不恭不具。治年愚弟王拯頓首 霜降日

印渠大公祖年大人閣下

前辰趨視未得謁鑾堂函日念未枉顧

起居何如

尊先墓表告成送繳計蒙惜誦鑒察

令侄以塞白處視實不堪用仍祈

酌之或高手另書也其中挖補貼改數處

仍有脫落一二處字不必不可省原稿及

曾倩志諸底稿一併繳呈又祭小蓉文抄稿

印渠大公祖年大人閣下：

崧辰趨祝，未得躋堂，至日亦未摳賀，

歉仄何如。

尊先墓表書成送繳，計共四幅，竭歷萬

分，謹以塞白，覆視實不甚用，仍祈

酌之，或高手另書也。其中挖補貼改數處，

仍有脱落一二虚字，不知亦可省否？原稿及

曾侯志銘底稿，一併繳呈。又，祭小谷文拙稿

亦附呈
謝臣之所懷亦頗藉通
大雅進而誨之承
命來歲將移就講春座課之席乃與秀峰同
一娓料理固不頗有所措況蒙
雅道為病目荷力起見曷可抑挪至秀
峰據湖兩更向來此間以秀峰為重據

亦附呈

教。區區所懷，亦欲藉通

大雅，進而誨之。承

命來歲將移執講孝廉課之席，乃與秀峰同一，媿弗稱耳，固不敢有所擇，況蒙雅誼，為病目省力起見，曷可弗承。至秀峰榕湖兩處，向來此間以秀峰為重。榕

湖添請一人，昔所稱與前府同年之周君
當與兩亭太史名德潤者與論，常屬命於史
他名為有人，則賢太守想亦不肯，但頓年齒而
不一致，請衆論也。屬者所聞，尚於疑似，故無及
之，不足為人道也。士習文風猝壞至極，容易
書請
閣書甚所懷，想承
答各之懷，而里居伏處，出位為嫌，至此等

湖添請一人，日前所稱与首府同年之周君，當是雨亭太史名德潤者，輿論尚屬翕然。其他亦尚有人，則賢太守想必不肯，但顧年齊而不一致諸衆論也。屬有所聞，涉於疑似，故妄及之，不足為人道也。士習文風，弊壞已極，容日仍當請

聞，盡其所懷。極承

若谷之懷，而里居伏處，出位為嫌，若此等

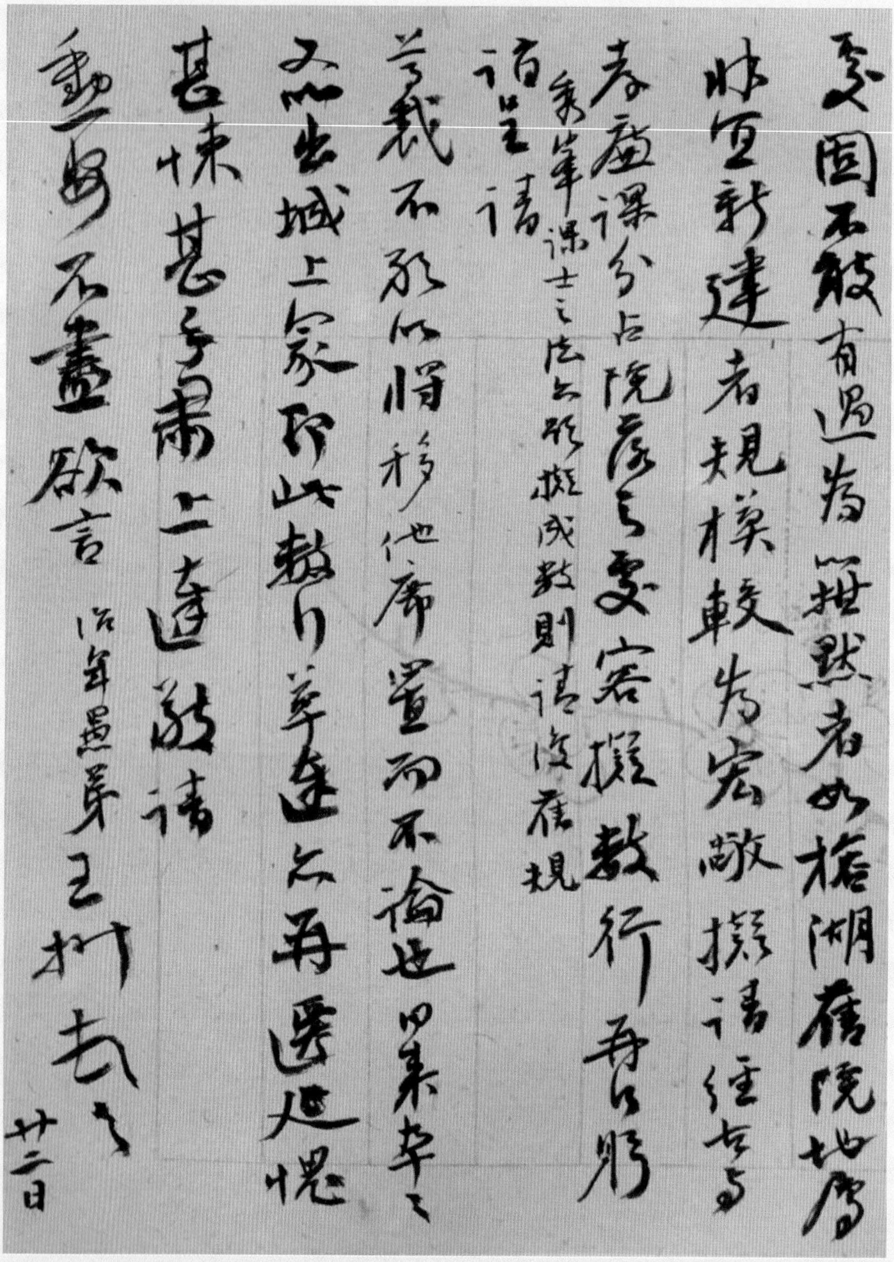

愛園不敢有過為雕飾者，如榕湖舊院地廣
非宜新建者，規模較為宏敞，擬請于經古齋
春庭課分占院房，要容擬數，行再勘
秀峰課士之法，分班擬成數，則請復舊規
謹呈請示
其義不能偶移他處，置而不論也。因集舉之
亦出城上家，即此數行草草之再遲，愧
甚悚甚。手肅上達，敬請
勳安，不盡欲言。治年愚弟王拯頓首
廿二日

處，固不敢有過為箝默者，如榕湖舊院，地屬非宜，新建者規模較為宏敞，擬請經古與孝廉課分占院落之處，容擬數行，再行躬
秀峰課士之法亦欲擬成數則，請復舊規
詣，呈請
尊裁，不敢以將移他席置而不論也。日來卒卒，又以出城上冢，即此數行草達，亦再遷延，愧甚悚甚。手肅上達，敬請
勳安，不盡欲言。治年愚弟王拯頓首　廿二日

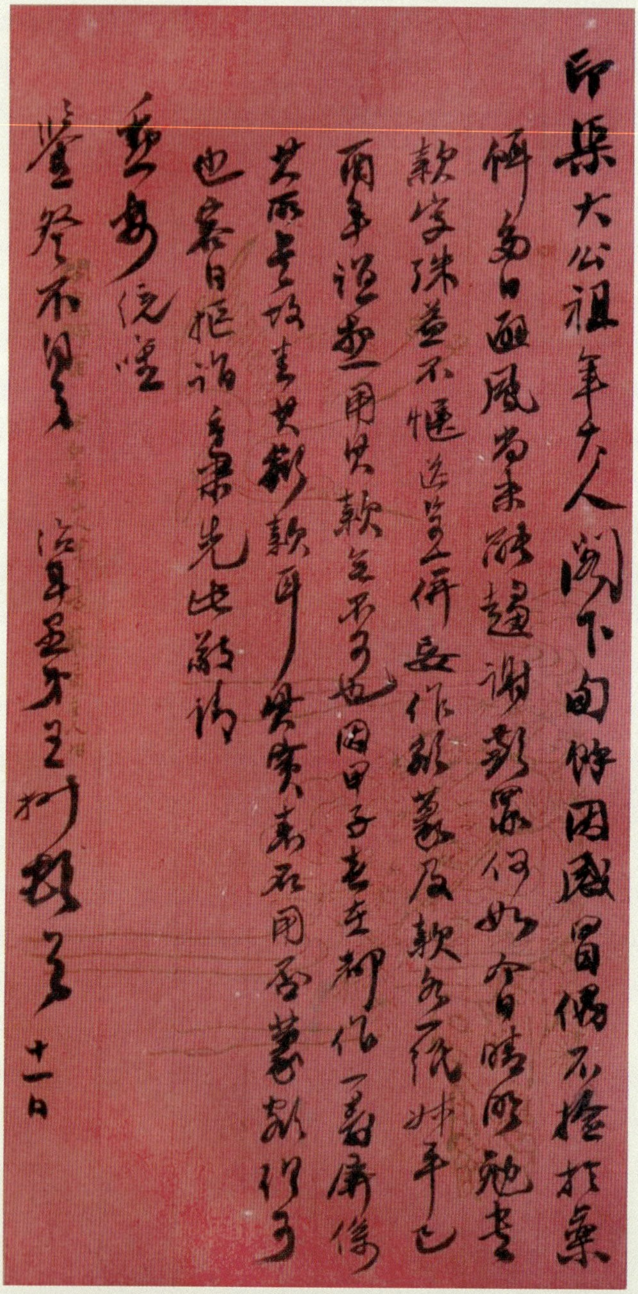

印渠大公祖年大人閣下：旬餘因感冒偶不檢於藥餌，多日避風，尚未能趨謝，歉罪何如。今日晴明，勉書款字，殊益不愜，送呈併妥作額篆及款各一紙。叔平己酉年誼，想用其款無不可也。因甲子春在都作一壽屏，係其所書，故悉其銜款耳。其實表名用否篆額俱可也。容日摳詣，手肅，先此敬請

勳安，統唯

鑒督。不具。

治年愚弟王拯頓首　十一日

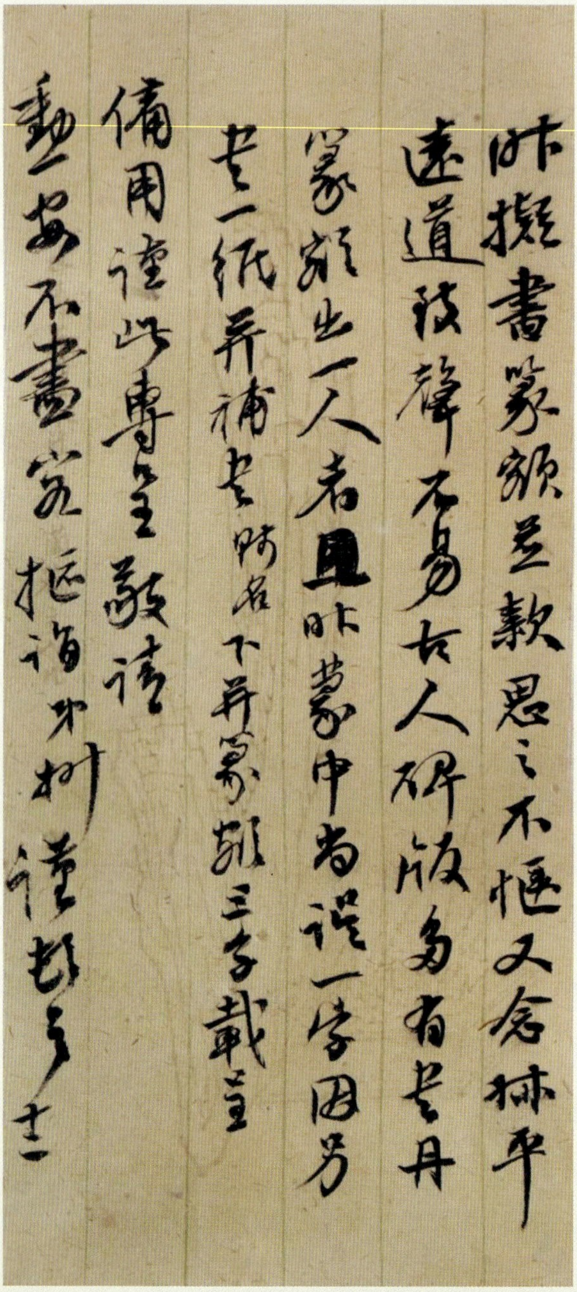

昨擬書篆額並款，思之不愜，又念揀平遠道䟦語不易，古人碑版多有書丹篆額出一人者，且昨篆中尚誤一字，因另書一紙，并補書時名下并篆額三字，載呈備用。請此專呈，敬請勳安，不盡覼縷。拯頓首。小樹仁兄執事。廿二

昨擬書篆額並款，思之不愜，又念叔平遠道致聲不易，古人碑版多有書丹篆額出一人者，且昨篆中尚誤一字，因另書一紙並補書賤名，下并篆額三字，載呈備用，謹此專呈。敬請勳安。不盡。容摳詣。弟拯謹頓首　十二

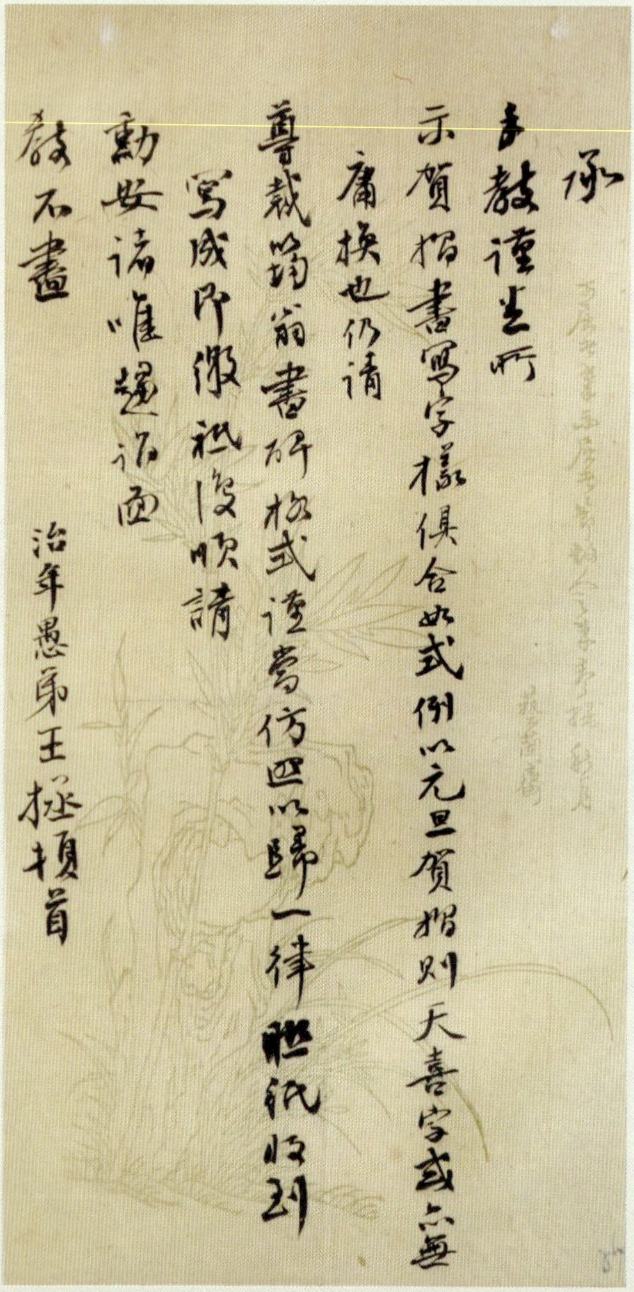

承
委敎謹悉。所
示賀摺書寫字樣俱合如式。例以元旦賀摺則天喜字或亦無
庸换也。仍請
尊裁。將前書所擬式謹當仿照以歸一律。原紙收到，
寫成即繳。祇復，順請
勳安。諸惟鑒祈，匆
發不盡。
治年愚弟王拯頓首

承
手教，謹悉所
示。賀摺書寫字樣俱合如式例，以元旦賀摺，則天喜字或亦無
庸換也。仍請
尊裁。筠翁書碑格式謹當仿照，以歸一律。聯紙收到，
寫成即繳。衹復，順請
勳安，諸唯趨詣面
教。不盡。　　治年愚弟王拯頓首

敬啟者開歲

賜臨商人悵悵殆失祗迎嘗旁誠奉諸又承貽迎見
芳郵佳貺向月餞歲縁未大適宜偃蹇皆不及赴
寵召必應趨赴乃朔日一出遷形又覺不適諸此先微
二事東明日猶不得必趨陪此多肅祇達等諸
台候並頌不戩　　　　　　隆年愚弟王拯拜書罣

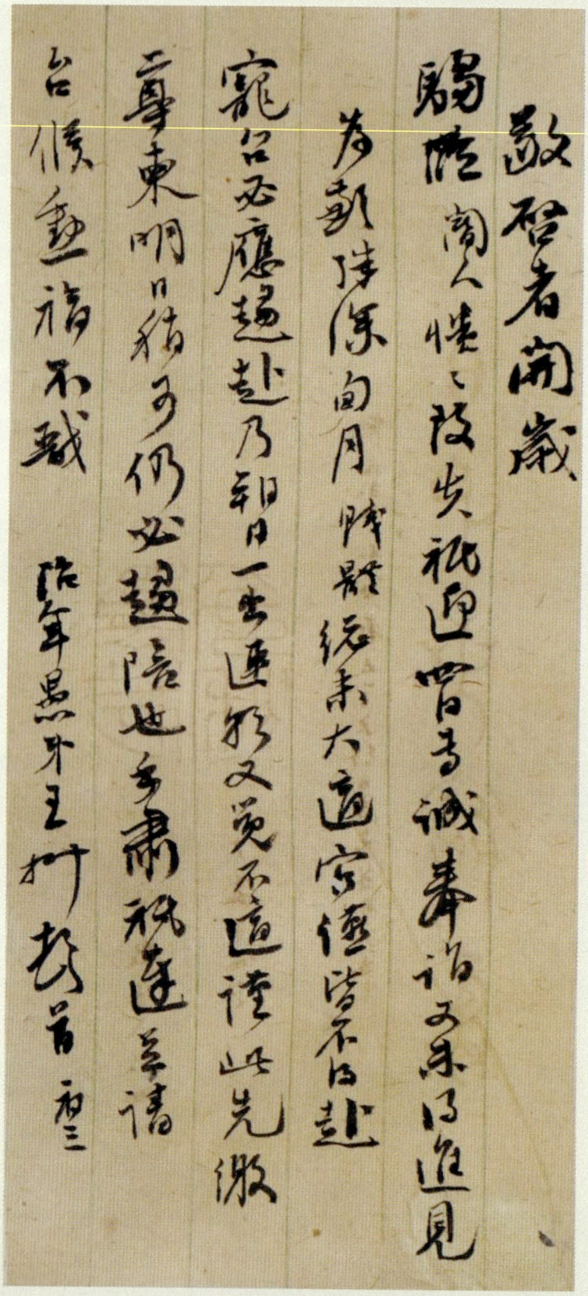

敬啓者：開歲

騶臨，閽人憒憒，致失祇迎。四日專誠奉詣，又未得進見，

為歉殊深。旬月賤體總未大適，官譍皆不得赴。

寵召必應趨赴，乃朔日一出，連朝又覺不適。謹此先繳

尊柬，明日稍可，仍必趨陪也。手肅祇達，並請

台侯勳福。不戩。

治年愚弟王拯頓首　初三

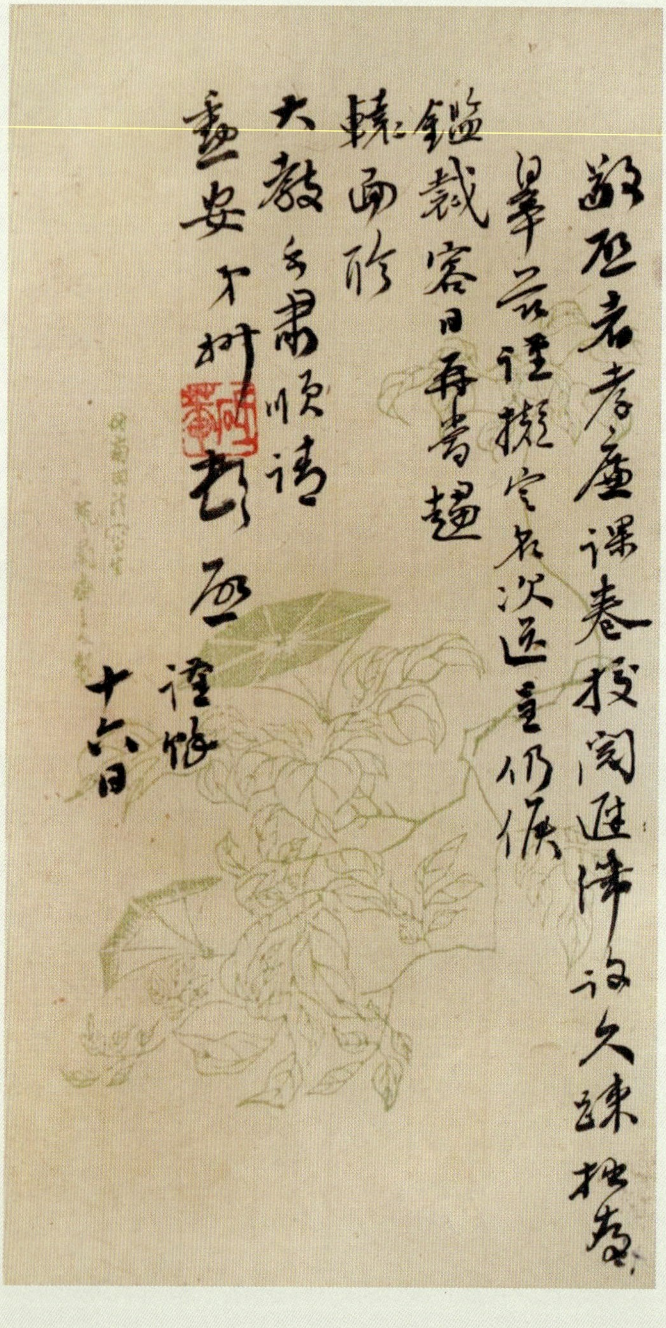
敬啟者，孝廉課卷校閱匯(?)陳(?)，後(?)久疏拙(?)卷
呈覽，謹擬定名次送呈，仍候
鑒裁，容日再當趨
轅面聆
大教。肅此，順請
台(?)安。不樹(?)頓首
謹帖(?)
十六日

敬啓者：孝廉課卷校閱遲滯許久，踈拙為
辠。茲謹擬定名次送呈，仍候
鑑裁。容日再當趨
轅，面聆
大教。手肅，順請
勳安。弟拯頓啓 謹餘
（印：砥菴）十六日

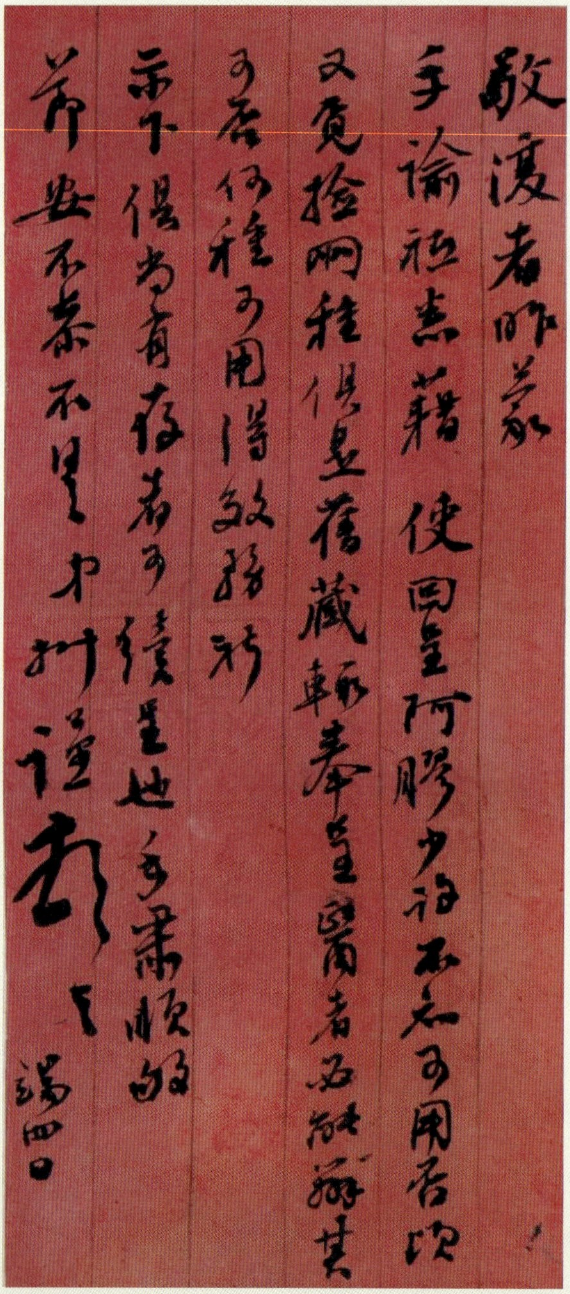

敬復者，昨蒙
手諭祗悉。藉 使回呈阿膠少許，不知可用否？頃
又覓撿兩種，俱是舊藏，輒奉呈。鑒者不知孰勝，其
可否何種可用，備致務祈
示下，俱爲有存，看可續呈也。手肅，順頌
節安，不恭不具。小村謹啟。
端四日

敬復者：昨蒙

手諭，祇悉。藉使回呈阿膠少許，不知可用否？頃

又覓檢兩種，俱是舊藏，輒奉呈。醫者必能辨其

可否，何種可用得效，務祈

示下，俱尚有存者，可續呈也。手肅，順敂

節安。不恭不具。弟拯謹頓首　端四日

敬启者顷间来示绫贺伏维

台候曼福世兄日来调摄之当日见安和

阿脉旧春乃拾翰方达呈此物即每陵丸何点

多用也日内有续々拟顷面陈未知

铨阁清还何时当托请过读承载颂

荩禧厚惠面谢　不具名正肃

瑞六

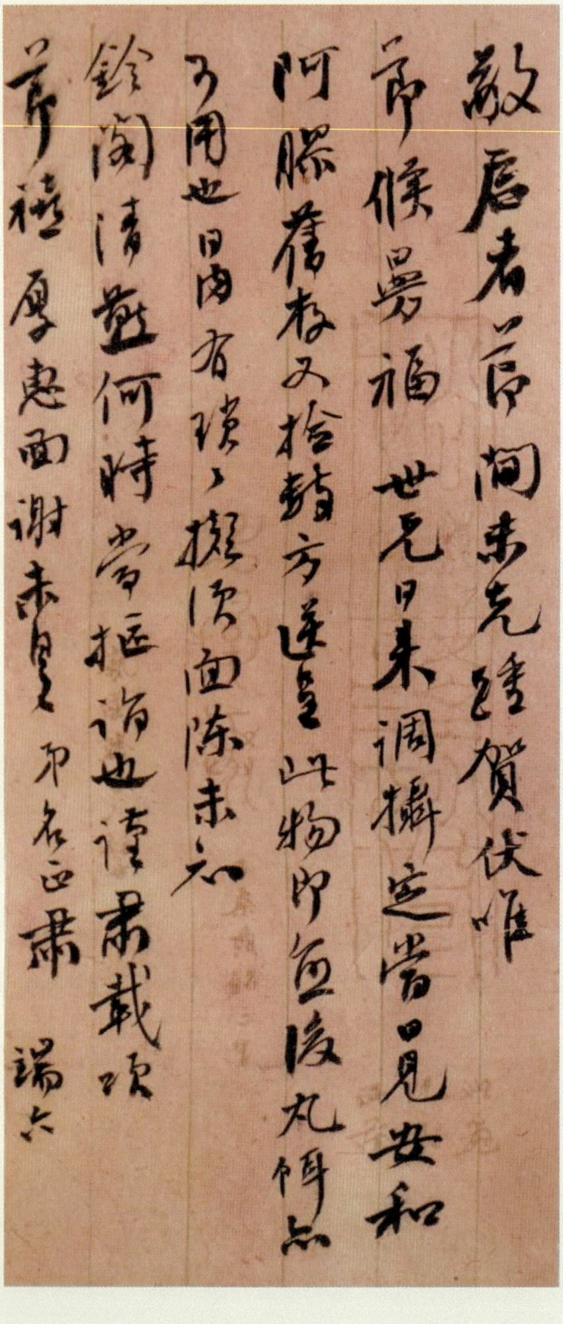

敬启者：節間未克踵賀，伏唯
節侯畀福。世兄日來調攝，定當日見安和。
阿膠舊存，又檢數方送呈，此物即愈後丸餌，亦
可用也。日内有瑣瑣擬須面陳，未知
鈴閣清燕何時，當摳詣也。謹肅，載頌
節禧，厚惠面謝。未具。弟名正肅　端六

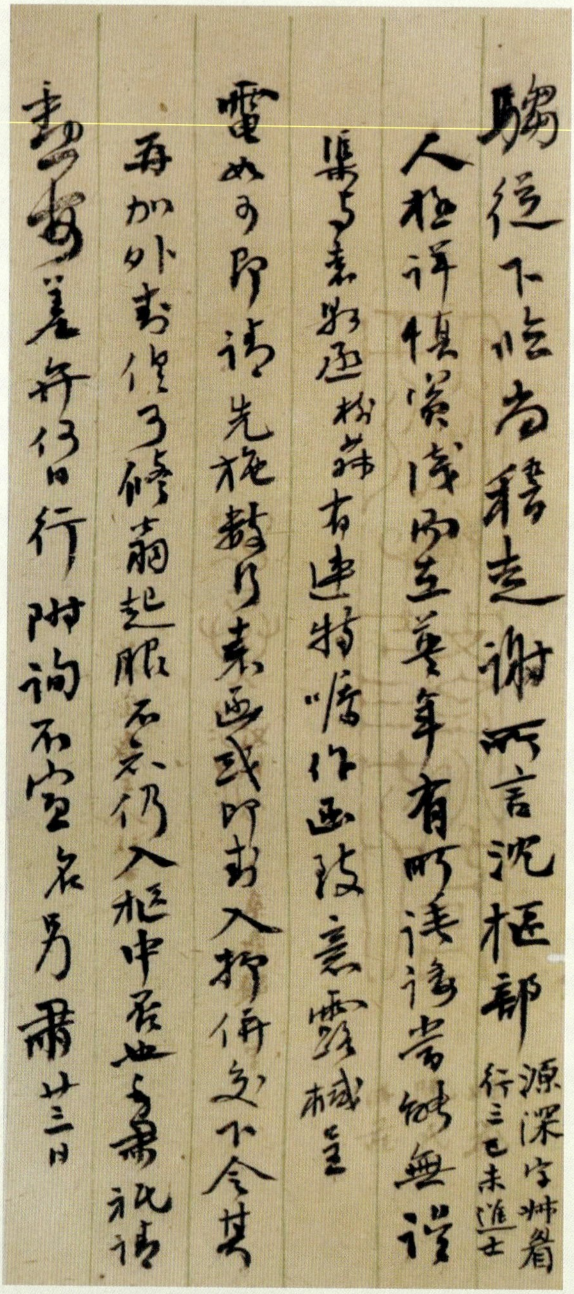

騶從下臨，為積甚謝。所言沈樞部源深，字叔眉，行三，己未進士人極詳慎，賢儕所亞，英年有所請論，當能無誤。集字素幅函封有遲，特囑作函致意，露緘呈

電。如可，即請先施數行素函，或附封入摺，併交下，今其再加外封，俾可隨摺起服，不必仍入摺中為要也。手此肅祝，請

勛安，并候旨行。附詢不宣。名另肅。廿三日

騶從下臨，尚稽走謝。所言沈樞部源深字叔眘，行三，己未進士。人極詳慎，資淺而在英年，有所諉諉，當能無誤。渠与袁縣丞樹菽有連，特囑作函致意，露械呈電，如可，即請先施數行，袁函或即封入，抑併交下，令其再加外封，俱可。修翁起服，不知仍入樞中否也。手肅，祇請勳安。差弁何日行？附詢不宣。名另肅　廿三日

再啟候伯史記評跋一部仍送至帋

附覽望再□衡不之此□君但□弟承當檢

之故雖不必旬侯大駕君弟尚為使達之

固無嫌也再瀆不□又□□

謹啟

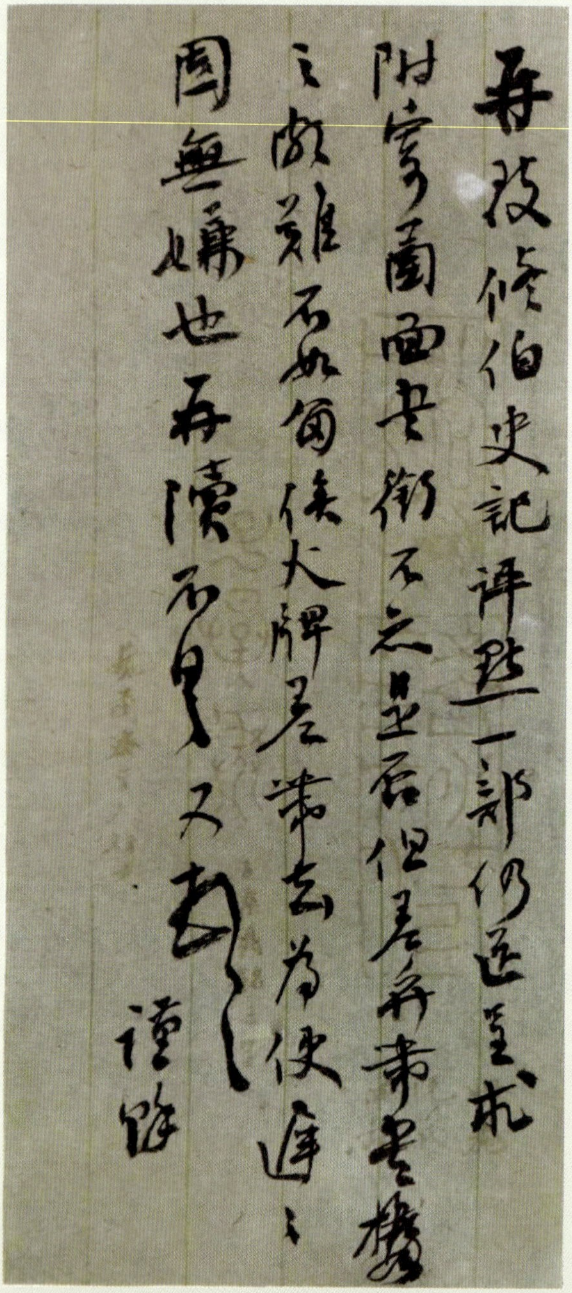

再致修伯史記評點一部，仍送呈，求
附寄，函面書銜不知是否，但差弁帶書携
之頗難，不如留俟火牌差帶去為便，遲遲
固無嫌也。再瀆。不具。又頓首

謹餘

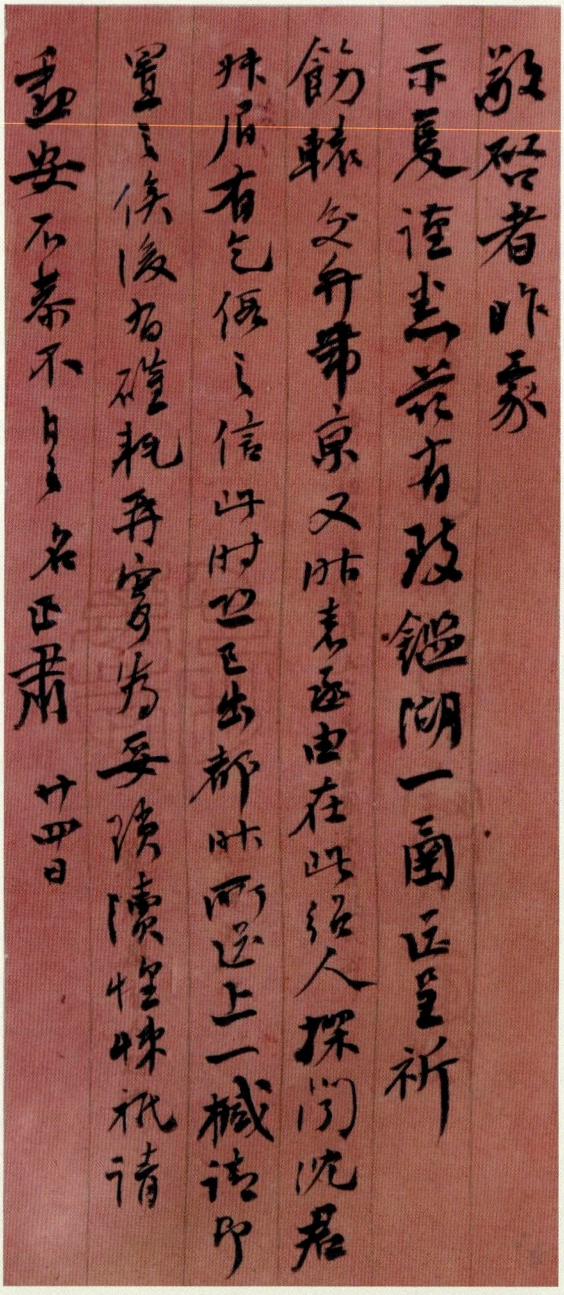

敬啓者昨承
示覆謹悉前有致鑑湖一函正呈祈
飭轅令弁帶京又昨奉函由在此紹人探問沈君
林居有乞假之信此時已出都昨所送上一緘請即
寘之俟後有確耗再寄爲妥瀆惶悚祇請
台安不恭不具　名正肅　廿四日

敬啟者：昨蒙

示复，謹悉。茲有致鑑湖一函送呈，祈

飭轅交弁帶京。又，昨袁丞由在此紹人探聞，沈君

叔眉有乞假之信，此時恐已出都。昨所送上一械，請即

置之，俟後有確耗再寄為妥。瑣瀆惶悚，祇請

勳安，不恭不具。名正肅　廿四日

敬啓者日昨者兩軒課期適以小恙未克前往祗候歉

甚乃蒙

大駕過問惶愧何以為情無以為此所至黃生文卷仍乞

發還以院中人者甚多嘗以眡之又邸抄久未審目擬諸

飭舍史檢付閱歲之今數月者何觀所繳霧村倦隨歲事

可否有餘雨當候晴再行趨謝並修謁此專東敬

請

臺祺正希不盡柯 謹托吳

雨谷

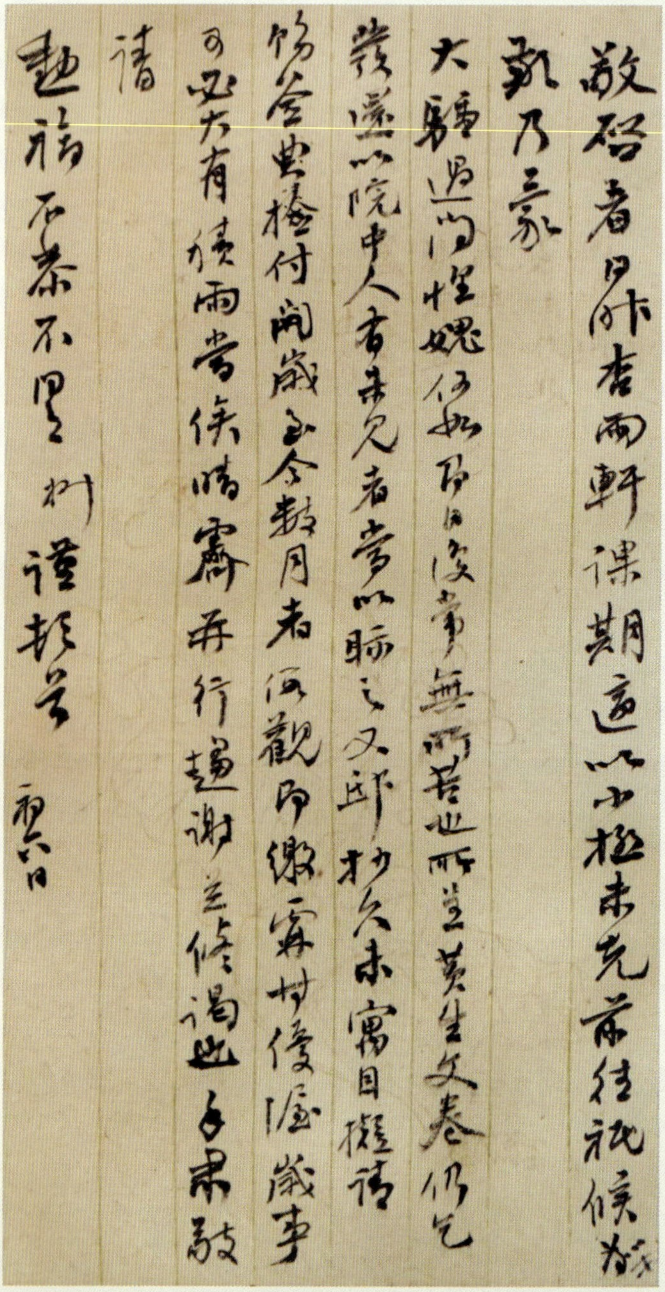

敬啟者：日昨杏雨軒課期，適以小極，未克前往祇候為歉。乃蒙
大駕過問，惶媿何如。即日復常，無所苦也。所呈黄生文卷，仍乞發還，以院中人有未見者，當以眎之。又，邸抄久未寓目，擬請飭籤典檢付開歲至今數月者，假觀即繳。霖甘優渥，歲事可必大有。積雨，當俟晴霽再行趨謝，並修謁也。手肅，敬請
勳福，不恭不具。

拯謹頓首　初六日

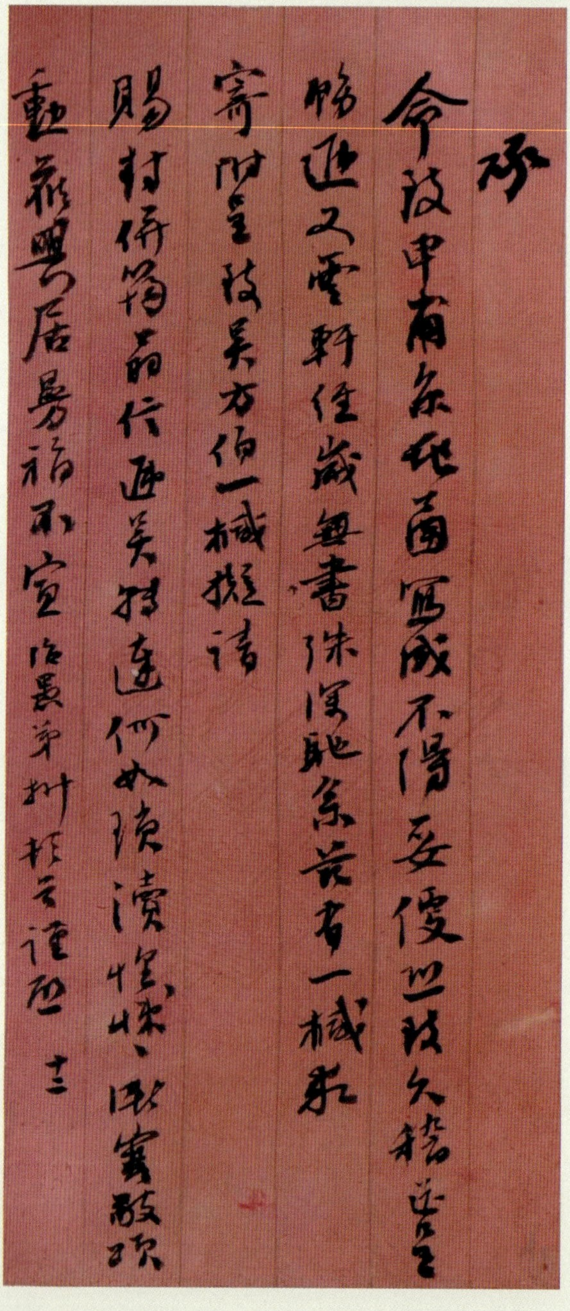

示
命孜甲甫條紙函寫成不得妥便迎孜久稽並呈
暢近又電料往歲無書殊深馳系茲有一緘求
寄閩呈孜吳方伯一緘擬請
賜封僑寓前代遞吳封遞何如頃讀惶悚感實敬頌
勛祺與居曼福不宣 治晚弟拯頓首謹啟 十二

承

命，致申甫京兆函寫成，不得妥便，恐致久稽，送呈

飭遞。又，雲軒經歲無書，殊深馳系，兹有一椷，求

寄附呈。致吴方伯一椷，擬請

賜封，併筠翁信遞吴轉達。何如？瑣瀆，惶悚惶悚。漸寒，敬頌

勳候，輿居曼福，不宣。治愚弟拯頓首謹啓　十二

王拯卷下

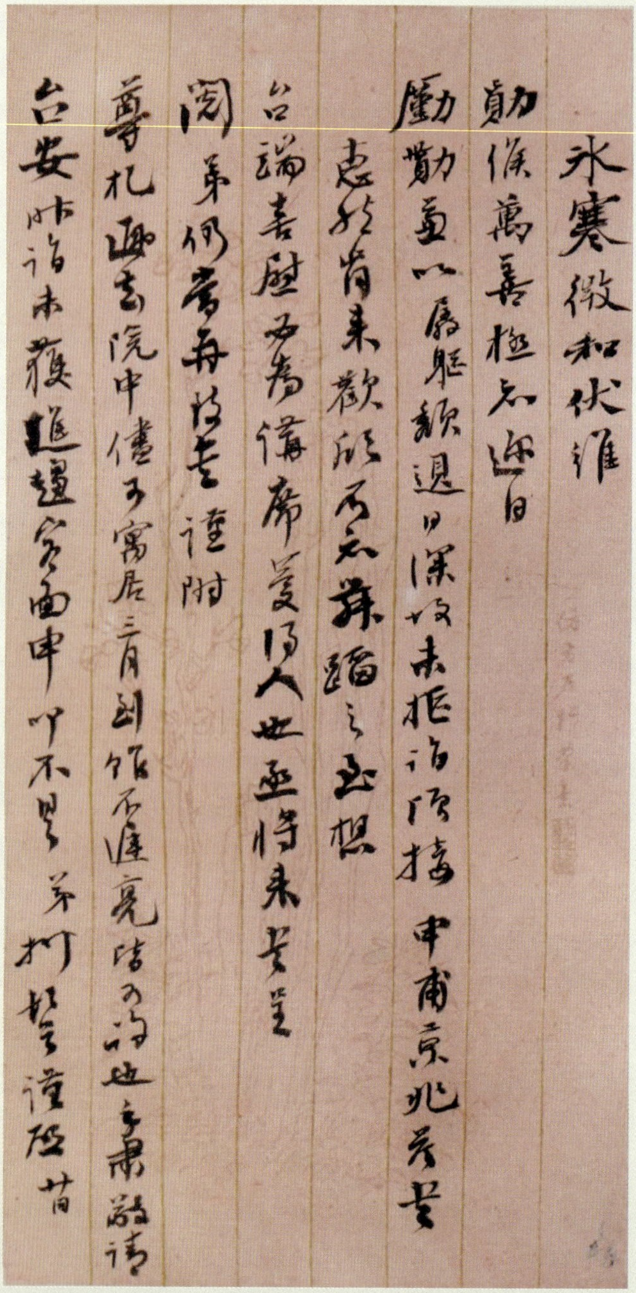

冰寒微和，伏維
勛候萬善，極爲頌白。
勵勤益以。屬疲頹退，日深攻未能，冶須接申甫京兆若兄
惠於前來，款晤不克，殊躇躇。至想
台端善慰，必爲備席，慶得人也。亟得來書，並
閣弟何當再修書謹附
尊札。現書院中僅可寓居三月，到館不遑，竟請可以也。乞東麟請
台安。昨詢未獲進謁，容面申。叩不盡，弟拯頓首謹啟 廿

冰寒微和，伏維
勛候萬善。極知迩日
勵勤，兼以孱軀頹退日深，故未摳詣。頃接申甫京兆答書，
惠然肯來，歡欣不知舞蹈之至。想
台端喜慰，必為講席慶得人也。亟將來書呈
閲，弟仍當再致書，謹附
尊札遞去。院中儘可寓居，三月到館不遲，亮皆可許也。手肅，敬請
台安。昨詣未獲進趨，容面申叩。不具。弟拯頓首謹啓　廿日

薌泉仁弟大人閣下：正擬肅函布臆，昨晚沈大令友紀
綱到京，奉到
惠函並承
蘭譜遠寄，敘以雁行，雖不敢當，而忘不能家，懸感感。
修惟書來，將以訂金石耳。
示及軍務及地方事宜，與左帥奏摺可以互詳，欣望
雪公函奏
異數酬庸，蔚為中興良佐，赤馬雲蕃，詎足盡之耶。積切

薌泉仁弟大人閣下：正擬泐函布臆，日昨沈大令及紀綱到京，奉到惠函，並承蘭譜遠寄，敘以雁行，雖不敢當，而亦不敢辭。慙感之餘，惟當永好以訂金石耳。示及軍務及地方壹是，與左帥奏報可以互詳，所望膚公迅奏，異數酬庸，蔚為中興良佐，戎馬勛勞，詎足盡之耶。禱切

頃切莊因吳和甫少宗伯典學赴浙先此敬以布臆緣
和甫爲先鄉科同歲文字道誼之交学養深醇祓躬儒素
執事同舟相處大可以資漸摩之益而和甫於
公忠勇毅亦家係知一方共事亦必能相資益彰也再有
祥文用特介紹諭狀及系華近事和翁面晤必詳不復覼
縷紀綱旋時再附詳函用抒一切餘肅敬問
捷安惟祈
荃詧不既

愚兄王拯頓首

二月初吉

頌切。茲因吳和甫少宗伯典學赴浙，先泐數行布臆。緣
和甫為兄鄉科同歲，文字道誼之交，學養深醇，被服儒素，
執事同舟相與，大可以得漸摩之助。而和甫於
公忠勇毅亦最深知，一方共事，亦必能相得益彰也。忝荷
神交，用特介紹。鄙狀及京華近事，和翁面晤必詳，不復覼
縷。紀綱旋時再附詳函，用報一切。手肅，敬問
捷安。惟祈
荃詧。不既。

愚兄王拯頓首 二月初吉（印：少寉啓事）

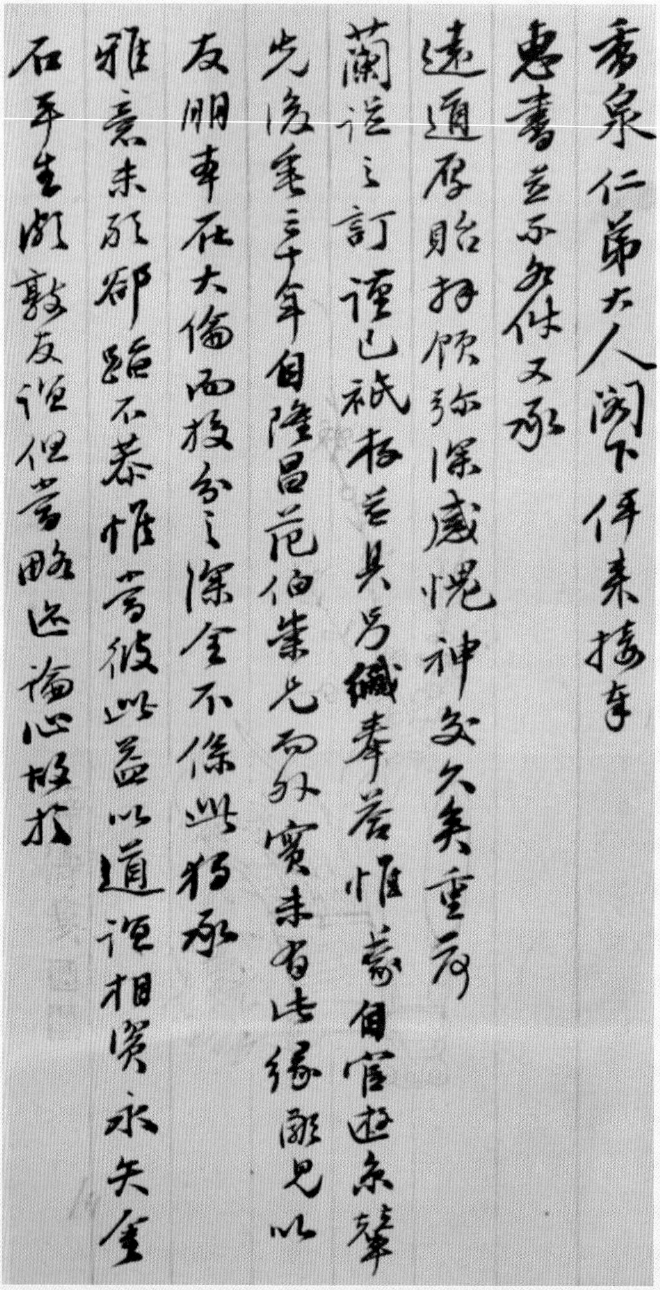

香泉仁弟大人閣下伻來接奉
惠書並示多件又承
遠道厚貽拜領弥深感愧神交久矣重荷
蘭誼之訂謹已祗收並具另緘奉答惟念自宦遊京華
先後垂三十年自隆昌范伯棠先而外實未有結緣鄙見以
友朋本在大倫而投分之深全不係此獨承
雅意未敢鄙貽不恭惟高誼彼此益以道誼相資永矢金
石平生敦友誼但當略迹論心極於

香泉仁弟大人閣下：伻來接奉
惠書並示各件，又承
遠道厚貽，拜領彌深感愧。神交久矣，重荷
蘭誼之訂，謹已祇存，並具另緘奉答。惟蒙自宦遊京輦，
先後垂三十年，自隆昌范伯崇兄而外，實未有此緣。鄙見以
友朋本在大倫，而投分之深，全不係此，獨承
雅意，未敢卻蹈不恭，惟當彼此益以道誼相資，永矢金
石。平生頗敦友誼，但當略迹論心，故於

屬書如仕祿治仍不循從必歸一律也日前如杭城克復
老尊大人功名赫奕中外欣仰况邀
章服之榮重休世延之
賞即見東南全功奏捷更當
異數酬庸吾等之封疊圻之寄拭目俟之况大令來備問
我事之餘時親書史而於史事武庚尤能刻之講求樹
振懷之舉即見一班將來以儒將為名臣中興良佐能當
備指畫發蘇廣翁來不減以折節老帥於淮左帥時之大

屬書各件稱謂，仍不循俗，必歸一律也，何如？杭城克復，
老弟大人功名赫奕，中外欣服，既邀
章服之榮，重沐世延之
賞，即見東南全功奏捷，更當
異數酬庸，五等之封，畺圻之寄，拭目俟之。沈大令來，備聞
戎事之餘，時親書史，而於吏事民瘼，尤能刻刻講求，浙中
振恤之舉，即見一班，將來以儒將為名臣，中興良佐，斷當
僂指。高要蘇賡翁來，亦盛以折節虛懷相許。左帥，時之大

王拯卷下

賢足從皖閩中來，就近在帥側，復何待承手示。兼華知
好整居歲時一通問，已足見多情之至。函但日長不在形迹之
跡察也。此境將收功未復，而成功必在指日。
仁帥便當與滬軍合力助攻金陵。聞彼間為三四月不得之信，
不知確否。據報搗穴殲渠，共感國復，即功不必己出，亦甚能
為之助，而又不居其功，則更進矣。弟年今局，亦見涇清甚後
全在吏治，右帥必有成竹在胸。
足下與為贊指，羅張軍方當此子及一二時。豫章沈中丞乃有

賢，是從學問中來者，能近取師資，復何待外求乎？京華知好數君，歲時一通問，已足見多情之至。道阻且長，不在形迹之踈密也。浙境獨湖州未復，想成功必在指日，仁廱便當與滬軍合力助攻金陵，聞彼間有三四月可得之信，不知確否？搗渠擣穴，能親逢其盛固佳，即功不必己出亦善，能為之助而又不居其功，則更進矣。東南全局立見澄清，善後全在吏治，左帥必有成竹在胷，足下與為臂指，辦理有方，尚望示及一二。昨豫章沈中丞乃有

截留江省厘稅之奏朝議僅准提半以裕之忠既甫家區
者已經南豐且由新城匠澗地來省防軍需怡不切所需者大
功將蕆之際況上此奏但於大局有妨瀆失協恭之誼至節於抗
統事之幸此項陸允江省提半而經收仍歸西臺或不足大軍
前糧慾殘瑣從前仇讓臣職極於此事互一具疏名理而礙
垂成之功益見積虧凡長未及計窮定後或當求
設且頗左帥也比者大致已集精中以沙死傷擒殺清苑以北宗
兩一股已出南台山中察及當海境地但與陝西句結此則渙大

截留江省厘税之奏，朝議僅准提半。以賊之由皖南竄江西者，已踞南豐，且由新城逸閩地，本省防軍需餉亦切，顧當此大功將蕆之際，沈公此奏恐於大局有妨，頗失協恭之誼。曾節相抗疏争之。幸此項雖允江省提半，而經收仍歸曾營，或不致令軍前疑惑，致蹈從前飢潰覆轍。拯於此事曾一具疏，亦恐有礙垂成之功起見，稍覺冗長，未及録寄，容後或當求政且質左帥也。北省大致已佳，獨中州汝宛餘捻未清。宛則張宗雨一股，已出南召山中，竄及嵩洛境地，恐與陝邊勾結。汝則陳大

洁等人散者多，全逼鄂境，由隨棗通襄樊，此與漢中水陸
並下之賊相合，且有由此回援金陵之說。鄂中大營重兵經月無
狀，甚為焦心。侍郎已回豫，先駐許昌，何路緊急，擇要布置。將
來此軍也究不能遠離直東豫三省境地，未必即能西行陝中
漢南。竄賊陳得才等尚在商南一帶，劉霞仙中丞從後尾
追，甚為費力。當賊初擾鄂時，兵力亦尚能與為抵，然聲威之後
益逞，脫網犯亦與陳逆合，此賊不能不專責之霞仙中丞矣，況四
省平地方糜爛尤甚，多將軍傷病殆將不起，其軍亦係分

湹等，人數尚多，全逸鄂境，由隨棗逼襄樊，亦恐與漢中水陸並下之賊相合，且有由此回援金陵之説。鄂軍甚喫重，而經月無報，甚為懸心。僧邸已回豫，先駐許昌，河路緊急，擇要布置，將來此軍恐究不能遠離直東豫三省境地，未必即能西行陝中漢南。竄賊陳得才等，尚在商南一帶，劉霞仙中丞從後尾追，其力當能辦此，豫鄂此時兵力亦尚能與為聯絡。盩厔克後，藍逆脱網，想亦與陳逆合，此賊不能不專責之霞仙中丞矣。陝回悉平，地方糜爛尤甚。多將軍傷病，殆將不起，其軍萬餘，分

撫鄰務及援甘者甘事當軍門是任之存留四五營為畫吏扎
資更不生迷藏事刻下陸地覺雖平關中當反均為賊據而賊皆不
知戰守故當年內得手必速耳回事不盡在戰守故地方大吏
尤為閎要陝中恐尚不彌之機勞制軍老成練達誠當時敵使
見諸施事必能於艱中照省地步
足下當擾歉其成卿見鄉秩屢遷陞由平進擬指猶挽袖
切歎芳才生況雲物絲精力忘衛不支歸里時與不祇自立能
拔足思之身事意與諸宗住以

捬鄂豫及撥甘省。甘事雷軍門足任之，再得公正有為疆吏相資，更可望速蕆事。刻下雖甚覺難，平固等均為賊據，而賊皆不知戰守，故雷軍門得手必速耳。回事不盡在戰守，故地方大吏尤為關要。滇事亦有可辦之機，勞制軍老成練達，誠當時所僅見，滇黔事必倚以辦，中興有兆，與足下當獲覩其成耶。兄卿秩屢遷，雖由平進樞垣，猶挽衹切薪勞。才望既虞弗稱，精力亦漸不支，歸思時興，不知何日方能拔足。悠悠身事，意興殊索。徒以

恩遇未酬即去取來年亦頗料若夜〻撫鄉何時只便作貴三聯途
半天塞何諾亦謝能殊通猶云粵人因勞帥與
仁庵不置勞帥既不可自硤坐謝李大人
閣下〻仍和衷驗撫我粵民此我邦父老子弟〻所言亦求一人私
意也何如筠仙撫廣東不能無左帥則必許〻順頌不悉
況今猶許也此〻下無庸中論辭贊
大喜順請
撫安以上書不盡祈鑒　愚弟王拯頓首
二月廿七

恩遇，未能即去，顧來年亦欲料量及之。敝鄉潯賊僅餘黃三，孤跧平天寨，泗鎮亦漸能踈通。獨吾粵人思勞帥與仁雇不置。勞帥既不可得，所望潮事大定，閣下之仍整鸞驂，撫我粵民，此我邦父老子弟之公言，非予一人私意也，何如？筠仙撫廣，甚不順手，想左帥處必詳知之。餘所不悉，沈令能詳。恕不一一。手此申謝，敬賀大喜，順請捷安。臨書不盡神溯。愚小兄王拯頓首　三月廿三

各友李復之函一二枚此謝以李寄倪老不過湖中承宜之尤
老輩人極厚道尤無此則先後又異也
原書可作統不恨意屬李屏寫四條摺扇一柄為手人
情均帷
笑納扇上一詩未能即書俟頃禱之意函覓良日融寄
此言兄之將早歸宗室先將與竹島兄台同返
節減定不快哉蘇作
專祈不戢拯又及

各友奉復之函一二存此，附以奉寄。倪老不過浙中京官之尤老而人極厚道者。兩函則先後交來也。屬書各件總不愜意，再奉屏字四張，摺扇一握。秀才人情，均唯莞納。扇上一詩，末聯即書中頌禱之意，所冀異日能符此言。兄亦得早歸，築室先隴，與竹馬兒童同迎節鉞，豈不快哉。載頌勳祺。不戩。拯又頓首

薌泉大公祖大人閣下：沈大令往，曾奉一書，後久未通問，
良深思詠。側聞
仁麾勞勣，東南大捷，爵賞疊仍，老人念以
閣下兵間宣大功績，於多路以江皖肅清
楚貴酬庸，蔓延世及，雖至今猶稍有牽掣，少遲行見
擁旄開府，樹立彌宏，聲施彌遠。嗣承通誼，行且欣然以來
照時局正值東南任勞，雖在遠閩粵，未詳能保不至久
延。粵東偏移，宜早唯仰同一敘，至得特函中此奉布，其制軍
兼轄閩，量或以此中情首

薌泉大公祖大人閣下：沈大令旋，泐奉一書後，久未通問，
良深思詠。側聞
仁麾勞勩，夏間東南大捷，爵賞頻仍，都人僉以
閣下兵間最久，功績尤多，比以江皖肅清，
懋賞酬庸，慶延世及，雖五等猶稽，而羣情少慰。行見
擁旄開府，樹立彌宏，聲施彌遠。忝承道誼訂交，能不以相責
望？時局正佳，東南餘燼雖有趨閩粤者，諒殘寇游魂，不足久
延。粤東備豫宜早，唯彼間頗乏將材，閩中此患尤甚，制軍
兼轄閩疆，或以浙中恃有

仁麾即可移師閩浙，卻 拯奉讀閒居，晤盧半載，念歉啟店
之圖報，拯猥以負賠，實貴多慚媿
知己。拯屢膺多病，外邀聿退閒，年來歸志早成，擬於明年即乞
南歸，以償夙願。溯河冰解，如可毋行，或當取道吳越，藉得造詣
戟轅，以圖良晤。生據玉驄，要事未即，略於盍中有人來問，時
通函談，詳及陳退文，以時修問，否念之。拯行看再書上，不盡
承示，便前來敬，敬賀
大喜，並請
勤安，不備。 侍王拯頓首 四月五日

仁麾，即可移師閩海耶。拯奉謫閑居，瞬逾半載，念散庸
之罔效，矧瑕釁以自貽，寬典多慙，尤愧
知己，獨孱軀多病，則頗幸退閑。年來歸志早成，擬於明春即乞
南歸，以償夙願。潞河氷解，如可舟行，或當取道吳越，藉得道謁
戟轅，以圖良晤，豈勝至願。西事未即順手，想直中友人音問時
通，必能詳及。陳思處以時修問否？念念。拯行有日，再書專報，茲
乘羽便，率布數行，敬賀
大喜，並請
勳安。不恭不備。　治愚小兄名另肅　小春五日　（印：少窪啓事）

薌泉仁棣世祖大人閣下：大服旋旋，適奉
惠函，並寄來委信件，當即一一分送矣。伏想
臺勛日懋，
宸眷彌隆，武林善後一切要籌，收武林府後得
賢大吏經營久遠，豈唯此方之福。長興孝豐疊奏捷
音，想協攻之師戮力，所至湖郡孤城，殘寇悍賊屬
集其中，克復亦當不遠矣。金陵大功克蕆，使其
中偽城未破，捷音亦必日內可至，東南恢復業就中興

薌泉仁棣公祖大人閣下：久欲修候，適奉
惠函並寄各處信件，當即一一分送矣。就稔
勳勤日楙，
宸眷彌崇。武林善後一切要籌，浙民衽席獲登，得
賢大吏經營久遠，豈唯此方之福。長興、孝豐叠奏捷音，想協攻之師戮力所至。湖郡孤城，雖羣悍賊麕集其中，克復亦當不遠矣。金陵大功克蕆，僅餘其中偽城未破，捷音亦必日內可至。東南恢復，業就中興，

異數酬庸爲勝於蔓晚由閩尔得手江西寓遷与湖
北援又數陸路花疋一破自此亡魂喪膽危難以次掃除
猶盼江間嘉帥之股肱將疾趋帥粵粵東亟氣徼除
莫仙才望高寓帥一力一心綢繆未雨計當有以待之時
清然時之際必不能爲東也拯以巻遑無雖極且急
循爲之緬懷香殘是以殷望實典偉遂益據爲概爲帳
直已尤爲愧對獨愧贍數契趣支撥以得聞爲幸曾
以來稍資擁展或及未衰竊冀得以歸拾先郎幸

異數酬庸，曷勝抃慶。皖南聞亦得手，江西竄匪與湖北援人數雖衆，老巢一破，自已亡魂喪膽，無難以次掃除。獨由江閩竄歸之股，恐將疾趨歸粤，粤東患氣頗深，筠仙中丞與寄帥一力一心，綢繆未雨，計當有以待之。賊皆殘敗之餘，必亦不能為患也。拯以左遷兼離樞直，念脩為之弗謹，重躁妄以啟羞，寬典倖邀，感慚曷極，每懷知己，尤為媿對。獨孱軀數載勉支，頗以得閒為幸。兩月以來，稍資攝養，或及未衰餘景，得以歸治先邱。本

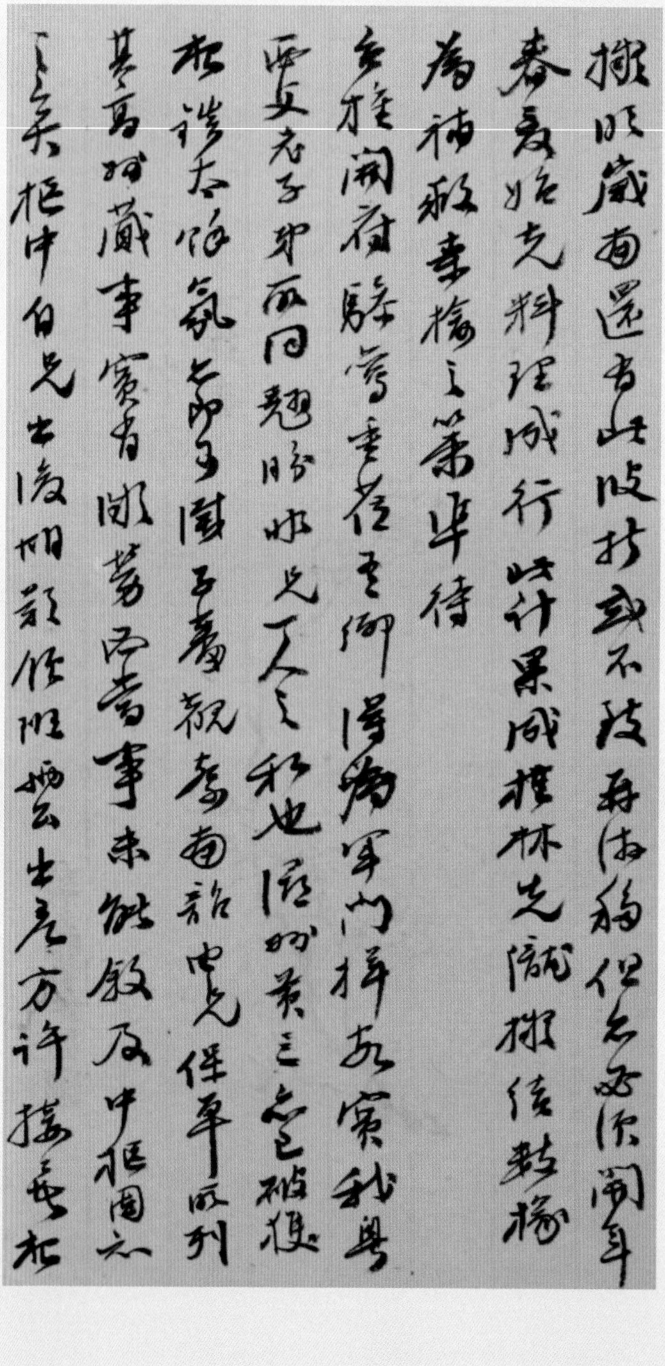

擬明歲南還，有此波折，或不致再游移，但亦必須開年春夏始克料理成行。此計果成，桂林先隴擬結數椽，為補救桒榆之策，準待台旌開府，驂鸞重莅吾鄉，得為軍門揖客，實我粤西父老子弟所同翹盼，非兄一人之私也。潯州黄三亦已破獲，想鎮太餘氛亦即可滅。子蕃觀察南韶，由兄保單所列，其高州蕆事，實有微勞，而當事未能敘及，中樞固知之矣。樞中自兄出後，胡鄭領班，兩公出差，方許接署。想

是使必能許弟一切之不受譏嗤及之附事積習已久
又當大亂之後左帥不正廣所與
閣下謀猷一氣必能各爲大毅之者籍後城僅得粵後三
年間能推擇賢明一掃於樹之書知哉
台旌即建節吳山亦未越人所謂說也既大人歸故弟
信西意已得達能起無七當能紹因唯
裁左指之手此奉復即頌
捷安不盡覼之情 愚兄王拯
育芝

差便必能詳布一切，兄亦嘗諄囑及之。浙事積習已久，
又當大亂之後，左帥公正廉明，與
閣下謨猷一氣，必能久而大效。兄老籍紹城，儻歸粤後一二
年間能旋棹鑑湖，一掃松楸，亦未可知。或
台旌即建節吴山，亦吾越人所禱祝也。沈大令歸，所帶
信函知已得達。熊唐兩令尚能效用，唯
栽者培之。手此奉復。即賀
捷安。不盡百一之懷。愚兄王拯頓首　六月廿七

蘅泉大公祖仁弟大人閣下：久不奉書，陟維
起居順捷，
恩眷優崇，東南大功告成，聲實炬著，彦人多以
英麾出績宏多，應以原樣不及至手，而累叔未及為歉。
端揆日仁，皖全局肅清，極知
酬庸西更有進耳。昨閱皖境已肅清，制軍素以權划為慮，
朕心正賴
仁麾及時蕭除丰蘖，又出忠城忠謀碩畫，固不以赫耀

薌泉大公祖仁弟大人閣下：久不奉書，比維

戎祺順捷，

恩眷優崇。東南大功告成，爵賞烜赫，都人多以

英麾勳績最多，徒以石城不及在事，而異數未及為歉

端。指日江皖全域肅清，極知

酬庸必更有進耳。昨聞皖境已清，得制軍書，以槍划為疾，

腹心正賴

仁麾，及時剪除牙蘖，又知老成，忠謀碩畫，固不以赫燿

蔭功澍人，甚二天乎。兄奉諭閩居，暌經數月，春間曾
有陳之張，不自飛而孫[?]盟自貽，甚為愧對。耦廬痛之身
則以得時暫息為幸，且歸心早嘗，豈擬來春料理
南如由水程，取道吳越，藉得拜瞻
軍門一申拜懷，曷勝孟[?]瞻。江氣閩下，寇迫粵邊，彼閩不
攻大非為幸，鄂事未平，而後寧再挂，或不難於掃除。特西
陲尚更甚耳。近事觀之，你[?]應必詳。敬候子姪都勝欽[?]
箸祺，不宣不備。名另肅。[illegible][illegible]十日

為功，浙人其二天乎。兄奉謫閑居，瞬經數月，春間叠有陳言，殊不自已，而瑕璺自貽，甚為愧對。獨孱病之身則以得時暫息為幸，且歸心早蓄，兹擬來春料理南如，由水程取道吴越，藉得揖就軍門，一申捧晤，豈勝至願。江氛聞已竄近粤邊，彼間不致大棘為幸。鄂事未平，而僧軍再挫，或不難於掃除，特西陲可慮甚耳。近事穎兄諸君必詳。風便，手此布臆。敬唯勳候萬善。不宣不備。名另肅

孟冬十日

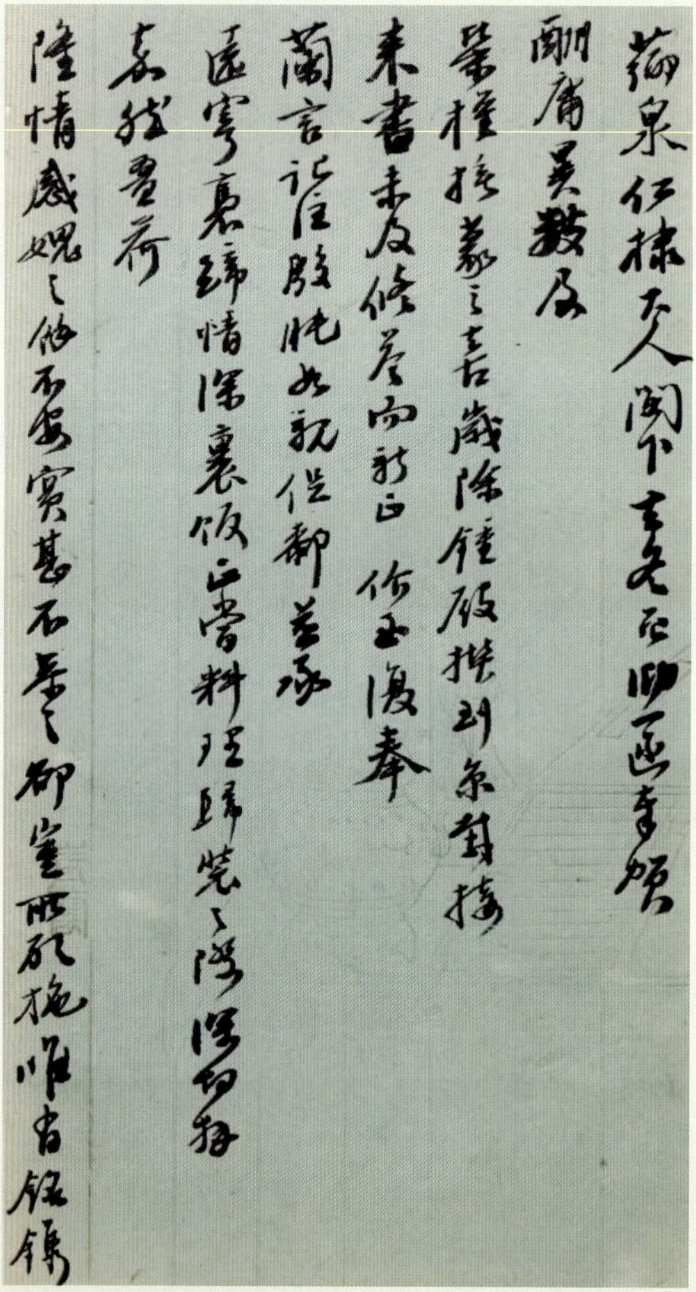

菊泉仁棣大人閣下：去冬正即兩函奉頌
酬庸異數，及
榮權撫篆之喜，歲除鍾候，捧到兩封，接
來書未及修答，而新正偕至，復奉
蘭言，誼殷肫如，執從御並承
遠寄嘉儀，歸情深摯，又復正當料理歸裝之際，深切銘
感戢曷極
隆情，感愧之餘，不安實甚。不肯之卯室所承施，惟當銘鏤

薌泉仁棣大人閣下：去冬曾泐一函，奉賀
酬庸異數及
榮權撫篆之喜。歲除鍾殿撰到京，載接
來書，未及修答，而新正　价至，復奉
蘭言，記注殷肫，如親促膝，並承
遠寄褭蹄，情深裹飯，正當料理歸裝之際，深切拜
嘉，然疊荷
隆情，感媿之餘，不安實甚，不恭之卻，豈所敢施，唯有銘鐫

盛意兩已承
示種切悉為詳報承藏古桂後青黃物仍為中無凡
任屢蒙垂教輕為籌安事理適能在
賢者不自由便方將文　入冬以來唯聞頃年之在人口一年遠論之
寵矣驚感激益奮特不過在人名位者數含尔之理也湖州
擘劃事務掃除乖絕後患此等功孔關人甚大此之進剿防範
尤為要著前接　來函書及之讀
手示籌匡言足如捏然其魁解當從編之此畢華行保甲偏

盛意而已。承
示種切，極為詳懇。石城大捷後，爵賞頻仍，都中每以
仁麾勞重敘輕為論要，事理適然，在
賢者不自滿假，方將受
入浙以來唯聞頌聲之在人口，一無遺論也。
寵若驚，感激益奮，特公道在人，名位有數，亦古今至理也。湖州
槍划，乘勢掃除，永絕後患，此為功于浙人甚大，比之追剿殘寇，
尤為要著。前接　左帥書，及之讀
手示，辦理壹是，如捻渠魁，解協從，編立水埠，舉行保甲，倡

指揮卿律先流傳俱極周愜古纖流亡微波而作陰嶠
岸之方論求實力此真向官職業之尤大者　左師移瀾得
仁麾以委其後此中德意高皇天所以為懷人亦即所為
閣下何者汗馬勳名飛騰今古者只看事業允在撫綏束治
於民心而千秋萬祀猶有存者而感應之間亦無不爽此時種之
無深將來其報之無遠矣
國家得人之效尤在於此則一身之名壽與一時之勳績又其小者
高明聞之其亦以為諒乎桐雲奉調赴閩帷幕間亦不乏

捐振卹，俾免流殍，俱極周愜。省城流亡漸復，一切修濬興舉之方，講求實力，此真旬宣職業之尤大者。左師移閩，得仁麾以善其後，此中德意旁皇，天所以為浙人亦即所以為閣下，何者？汗馬勳名，已所素有，賢者事業，允在撫綏勞來，洽於民心，即千秋萬祀猶有存者，而感應之間，亦必不爽。此時種之愈深，將來發之愈遠且大。國家得人之效，尤在於此，則一身之名爵，與一時之勳績，又其小焉。高明聞之，其不以為謬乎？桐雲奉調赴閩，帷幕間想不乏

人叢

山中極微著隕，譬諸叢臺試漢獻，存若要當和得益

乾閒之相，寓於爲和，發于下氣，未辭庭之雅，相尋昨者書來

深自斂抑，一洗昔年客驕急根，自見之習，則所造當不可量矣

拯間居者，過聽及新，離群以來，於國事之身心，處疾之軀

體精加攝治，甚娓感激，深有教中者門師友及汲引之名，請

爲我維繫之意，猶欲身來歸心，早當允可，乘此閒暇一返鄉閭，孔

先塋修葺均有切須料理之事，身爲本衰或七數年後，屆息

允治，如當進益，再當出爲自效，以圖酬報，樹建退出，家山移首

人。穀山中丞頗著賢聲，諸艱嘗試，謨猷左右，必當相得益彰，聞與桐雲極為相契，可卜氣求聲應之雅。桐雲昨有書來，深自斂抑，一洗比年牢騷、急於自見之習，則所造當不可量矣。拯閒居省過，瞬及新韶，半載以來，於鹵莽之身心、孱疾之軀體，稍加攝治，慙媿感激，深切於中。都門師友及諸鉅公，亦皆有相維縶之意。獨數年來歸心早蓄，允宜乘此閒暇，一返鄉閭，於先塋故里，均有切須料理要事。年力未衰，或者數年後養息克治，少有進益，再當出而自效，以圖酬報，於進退出處亦較有

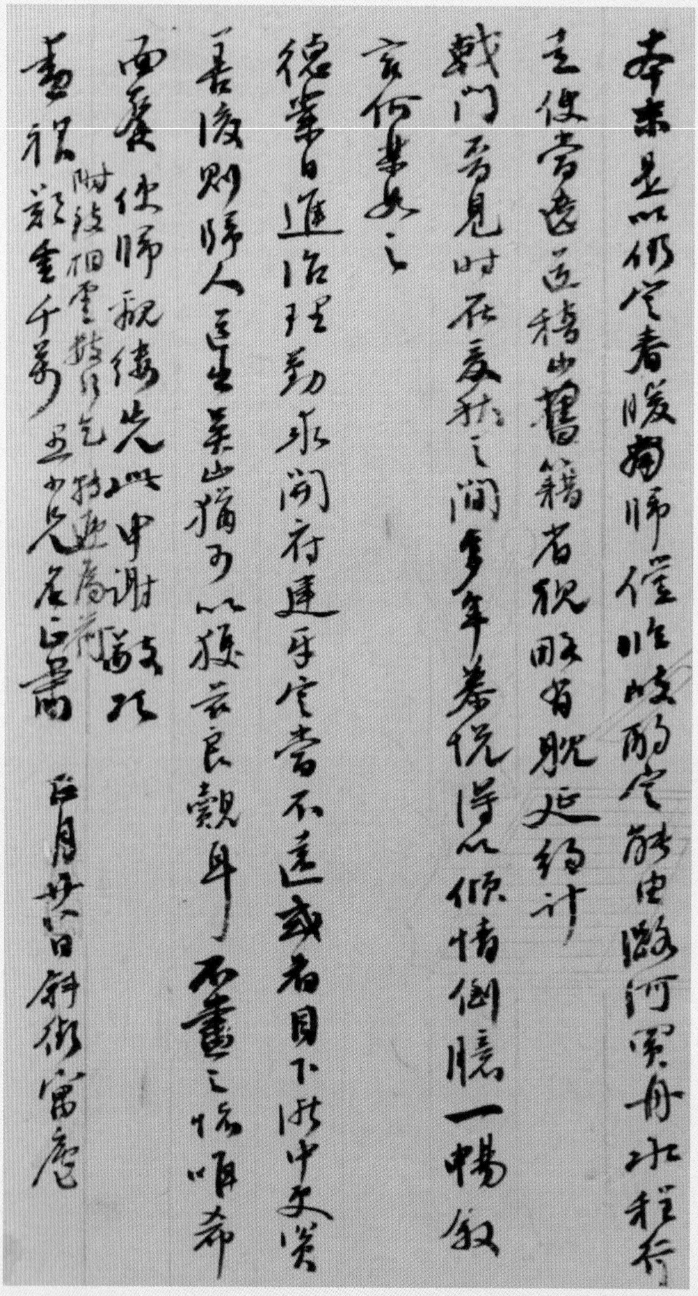

本末。是以仍定春暖南歸。儻臨岐酌定，能由潞河買舟，水程行走，便當遶道稽山舊籍省視，略有躭延，約計戟門晉見，時在夏秋之間。多年慕悦，得以傾情倒臆，一暢叙言，何樂如之。

德業日進，治理勤求，開府建牙，定當不遠。或者目下浙中更資善後，則歸人道出吳山，猶可以獲兹良覿耳。不盡之懷，唯希面罄，使歸覼縷。先此申謝，敬頌

勳祺。鄭重千萬。愚小兄名正肅 正月廿八日斜街寓廬

附致桐雲數行，乞轉遞為荷

伻來承
手書極為珍感 相雲信件收到 此間傳聞
憲駕將臨 一時兩縣昨迎至界頭 後歸詢來差亦
不得確實 行旌或中止耶 承
示相念甚已圖梅大放 想湖亭亦省臨香消影
其間夢觀頻勞 駛乃先隴 多年有失修治且有
鄉愚一二無知輩動輒有妨礙 茲不能即趨拜云
山陰張太令仰體
惠懷至相關切 翔卓亦甚佩白了書 順頌
居禧 唐壹足

伻來，承
手書，極為珍感。桐雲信件收到。此間傳聞
憲駕將臨，一府兩縣昨迎至界外，徒歸詢來差，亦
不得確定行期，或中止耶？承
示，相念無已。園梅大放，想湖亭亦有暗香疏影
其間。夢轂頻馳，乃先隴多年有失修治，且有
鄉愚一二，無知舉動，頗有妨礙，萬不能即恝然忍去。
山陰張大令仰體
宪懷，至相關切，辦事亦甚明白了當。顧瑣屑壹是，

努力須有旬日耽延，月半過江，不能再遲。務石(?)何已（日內尚當入詞申理，弟小甚(?)林(?)詩(?)，勿置念）。或者尚須三五日展期，年內必擬由杭而滬，惟稍從急。是邊粵中老帥，望眼將穿耳(?)。老棣大人處亦極宜早日旋杭，多爲數番(?)蕭墻(?)之談也。中丞代奏請款之章，內附撥費，則年內必搏(?)計兄(?)。到杭必有佳音。來差言庶數時並(?)勸(?)華之慎(?)川(?)次。台祺萬福不盡。雅談奉得，遣人至杭取物，亦不(?)來矣。弟聞霞桐雲已遠去可(?)爲(?)。

鄰泉仁棣大公祖大人閣下　愚如兄拯頓首　十一月(?)三日(?)江橋

日内尚當入詞申理，事非甚棘，請勿置念。
勢必須有旬日躭延，月半過江，不欲再遲，萬不得已，
或者尚須三五日展期，年内必擬由杭而滬。非獨心急
足達，粤中老姊望眼將穿，即
老棣大人處，亦極思早日旋杭，多為數昔翦燭之談也。
中丞代奏請　覲之章，聞附報發，則年内必轉，計兄
到杭必有佳音。來差立候數時，手泐草草，順頌
台候萬福。不盡欲語。本將遣人至杭取物，今不來
矣，並　聞。覆桐雲函，乞　遞去為荷。
薌泉仁棣大公祖大人閣下。愚小兄拯頓首嘉平三日，江橋

薌泉仁棣大公祖大人閣下至誼如胞寒暄那及前令劉
紀過江詢及從者曾云
動定並未請假深以為慰今年沈弁又至極承
眷念並問
大帥起莫真月底可抵不知彼導弁否如此情形此間何可百表
君氏問卷況徵款祇欲早歸吳山頂上此人甚屬省實不知中
樞氣魚何如也樞日來上寫甫畢如山情形亂後不一幸先告信
善慈而壞高聲地或臨砍搭棒等事所不免於其一二尤為可

薌泉仁棣大公祖大人閣下：至誼如胞，寒暄弗及。前令劉紀過江問訊，及後兩日知動定，並未請假，深以為慰。今早沈弁又至，極承拳念。並聞大旆赴吳興，月底可旋，不知能準乎否。如此情形，此間何可一日無君。民間巷祝衢歌，祇欲早到吳山頂上，浙人其庶有豸。不知中樞裏畫何如也。拯日來上冢甫畢，各山情形亂後不一，幸先塋俱無恙，而墳前塋地或盜砍樹株等事，在所不免，於其一二尤為可

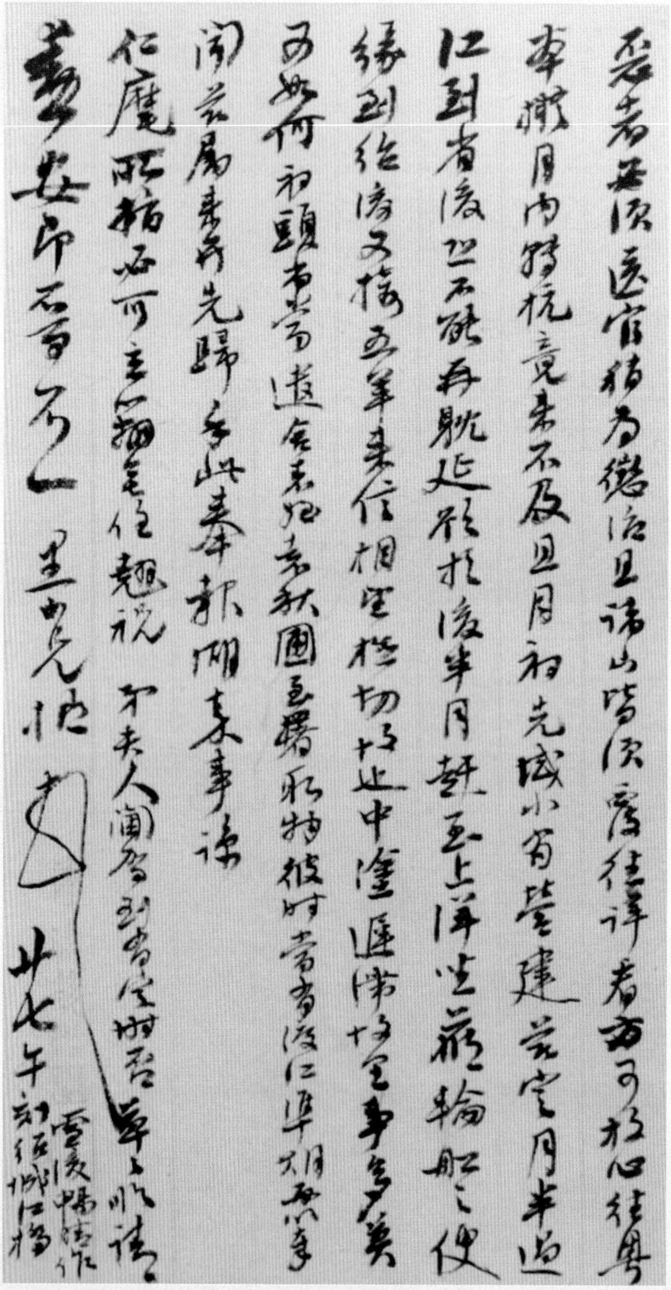

惡者，必須送官，稍為懲治。且諸山皆須覆往詳看，方可放心往粵。
本擬月内轉杭，竟來不及，且月初先域小有營建，兹定月半過
江，到省後恐不能再躭延，欲於後半月趕至上洋，坐俟輪船之便，
緣到紹後又接五羊來信，相望極切故也。中塗遲滯，故里事多，莫
可如何。初頭尚當遣舍表侄袁秋圃至署取物，彼時當有渡江準期，再以奉
聞。兹屬來弁先歸，手此奉報，湖嘉事諒
仁廑所指，必可立辦，無任翹祝。弟夫人閫駕到有定時否？草草，順請
勳安即晉。不一。愚小兄拯頓首廿七午刻紹城江橋雪後暢晴作

薌泉仁棣大公祖大人閣下：專弁到來，奉去日
手書並錄示左函，爲揭下讀悉矣。
雅抱深情，如相從鄙，其山迴合，能不依依，而伺吾弁知
尊體大安，於以遣日，出門酬應，源源不絕，道於前書，謂勞
多為擁叢，教日調理，盡善也，謝謝氏問。
大節悱惻，形如嬰兒失母，至誠懇惻，羈旅之人聞之思淚，
斯民三代以此見為民父母者之所負於民何限，而
閣下之得此於民，向無一毫捏作，所謂誠能動物，四今之
天下有以錐人豈無極頌流傳一二，而能有此者蓋鮮

薌泉仁棣大公祖大人閣下：專弁到來，奉上巳日
手書，並録示左函馬摺，一一讀悉矣。
雅抱深情，如相促𨚗，吳山迴首，能不依依？面詢來弁，知
尊體大安，旋以連日出門酬應，復小不適，故前書謂必須
多為攝養數日，調理盡善也。浙民聞
大節將移，如嬰兒失母，至誠懇惻，羈旅之人聞之思涕，
斯民三代，以此見為民父母者之所負於民何限，而
閣下之得此於民，洵無一毫愧怍。所謂誠能動物，恐今之
天下名公钜人，豈無謳頌流傳一二，而能有此者蓋鮮，

此輩已於古人猶不多得者中亟劉內所陳可謂盡忠知明
此中措辭頗拯之
季公來函其中累歎於此乃見古之賢豪自處不易猶
聖朝清明素軸賢哲天下大勢所有賴於諸君子者正未
有量又讀季公書有捉彼中治亂存亡之故未嘗相及之說則
是虞中當事果非有意更動然竊揣之恐亦有因
放相而波及之謗竊意與先日某某好激能知其任行任事之
勇銳愛民之迫切已過同輩萬萬而猶不及也
據其多有人焉從而掣其肘竊意之所能堪實者
其當此自陳情形可悉
已有所不甘竊意之所不能變則豈非我輩人者之所能

此中措辭難極，難極。
此求之於古人猶不可多得者。中丞劄内所陳，可謂苦心分明。
季公來函，其中纍欷，於此乃見古之賢勞自處不易。然
聖朝清明，秉軸賢哲，天下大勢所有賴於諸君子者，正未
有量。又讀季公書，有於彼中治亂存亡之故未嘗相及之語，則
是粤中當事果非有意更動，恐筠老之勉留，亦有因
故相而波及之勢。筠老與兄同年至好，頗能知其性行，任事之
勇鋭，愛民之迫切，已過尋常萬萬，而猶不及吾
棣甚多，有人焉從而掣其肘，筠老之所能處，恐賢者
其前此自陳，情形可想
已有所不甘，筠老之所不能處，則斷非如我兩人者之所能

雯坡十兄在武林椷以
台旌不即離閩即使閩事孔棘當軸能使事事往任其難
而閩撫就一能坐還之局為得此實為國為民壽款不寄
至吾莫易事事之難已於閩咄咄未奉仍請留粵之
閩又有事則甚粵行乃兄吾矣
命後即不復往粵而粵之軍務大既已定澂之摯更又已
入告至
棣大人能以此得兄於粵行且不自度竊為慶幸
毅當中丞之是非僅數面向未通問款其為人胸中
涇渭分明而動止有度能容物而不觸於物兄私心

受。故兄在武林，摠以
台旌不即離浰。即使粤事孔棘，當軸能使季公往任其難，
而閩浙能一路坐遷之局為得，此實為國為民，旁觀所籌，
至善莫易。季公雖已旋閩，恐尚未奉仍暫留粤之
命，然即不復往粤，閩又有事，則其粤行可免必矣而粤之軍務大段已定，浙之攀留又已
入告，吾
棣大人能以此得免於粤行，兄不自度，竊為慶幸。
縠山中丞與兄雖僅數面，向未通問，觀其為人，胸中
涇渭分明，而動止有度，能容物而不觸於物。兄私心

竊有所答而自問愚不能及其與所謂粵中故相相提並論
則明昧判然殊天壤且與
執事非不一氣特同舟無濟必能和而不同方可供交久敬
且可消除多少外人之非意相干此非先之過言也
棣閱歷亦不少矣彼魏武子孫固不足以邀論矣謂深沈
不聞則如伯道者亦豈敦篤所能兼一種之君子人也
棣大人且亦諄諄見之諄諄以有他也唯說惟中尚獨奉到
俞旨則粵撫中已還其故步矣
棣必當平心靜氣與敦篤者虛衷核分相得益彰耳

竊有取焉，而自問萬不能及。其與所謂粵中故相相提並論，則明昧判然，懸殊天壤，且與執事非不一氣，特同舟共濟，必能和而不同，方可淡交久敬，且可消除多少外人之非意相干，此非兄之過言。吾棣閱歷亦不少矣，彼魏武子孫固不足以齒論，若謂深沈不測，則如伯趙者，又豈穀翁所能萬一，然亦君子人也。吾棣大人且亦諒之。兄之喋喋，非有他也，唯祝浙中留摺奉到俞旨，則粵行中已還吾故步。吾棣必當平心静氣，與穀翁堂廉投分，相得益彰。浙

中大亂甫平餘前得三五年生息休養振興復原之
六七上之為
國下之為民前有千古後有萬年彼當世之在位高下
固不足言即一時之意氣短長又何足道胸中有此一段
道理自能隨分自盡所得實多此中至樂莫可名狀至
頃如脆故中所自勉者輒筆以為
賢者進無於舟中覓事閒想　旌麾離此攀轅卧轍不
知何以為情又想
成命收回偕冕得遂其為歡呼踴躍又不知如何欣幸
閣下其可想見於不為斯民衆衆之家隱思自廣以慰之

中大亂甫平，能再得三五年生息休養，揔可復原十之六七。上之為國，下之為民，前有千古，後有萬年。彼當世之名位高下，固不足言，即一時之意氣短長，又何足道。胸中有此一段道理，自然隨分自盡，所得實多，此中至樂，莫可名狀。至誼如胞，故中所自勉者，輒舉以為賢者進。每於舟中無事，閒想　旌麾離浙，攀轅卧轍，不知何以為情。又想成命收回，借寇得遂，其為歡呼踴躍，又不知如何欣幸。閣下其可恝然，不為斯民蚩蚩之衆，隱忍自屈以慰之

季緣仁兄
來書有如來去良時不能答，則自當另作良圖等語，鄙人
不勝過慮，拾不覺其言之長而意之切也。季公謀國之誠
相為之忠，有加無已，猶以鄙人視之，事有當其未可言，係
候其自為轉移，不宜再出漬敷，已念甚是，益此平生所言
世有用之人無不借其保全扶持於此，尤甚，粵事又已違
平功名最盛一時，無每拾不覺之為慮。示我為其能李又閣
閩中有事，滿城罕安，物情洶洶，則猶師與
狂魔尤甚，不易之局，更無候推求矣。代擬摺稿太守
而不論亦來不須此也。兄到申城，定正南日教齋以行而應

平？緣讀
來書有如東去良晤不遠、否則自當另作良圖等語，鄙懷
不勝過慮，故不覺其言之長而意之切也。季公謀國之誠，
相為之忠，有加無已。獨以鄙人觀之，事有當其未可，當徐
俟其自為轉旋，不宜再四瀆數，恐愈甚無益也。平生於當
世有用之人，無不極意保全扶持，於此老尤甚。粵事又已速
平，功名鼎盛，一時無兩，故不覺過為慮。知我者其然乎？又聞
閩中有事，浦城崇安均復岌岌，則督帥與
旌麾尤成不易之局，更無俟推求矣。代擬摺稿，大可存
而不論，看來不須此也。兄到申城，忽已旬日。轂齋已行，而應

叔齋欲踐未歸王蔣彝已一再晤談行棧中有一二友人為
叔齋與伯平兄相託調理因友及友甚屬殷勤其中
斷難自適泉俸館房屋寬闊非深為此間少有即多住
數日亦無所苦為獨謝擱因時均觸栟彝兄得信即以來同
海舟附搭為來說妥有一船向內河行適眉生在此留其
相關晚人往議定甚妥當眉生昨已去此此處仍須託之
行棧中人詢為有妝續至多離數日亦無如何大約登舟
搭至望舟辰期至
祗謝獨為獨請即奉回得一定為準信應叔奉之安已
回署行李先從西直託其由水道安
從容就道值此春氣融和向來服色

敏齋觀詧未歸，王叔彝已一再晤談，行棧中有一二友人為
縠齋與伯平兄相託關照，因友及友，甚屬殷勤，客中
頗能自適。泉漳館房屋寬閑雅潔，為此間少有，即多住
數日，亦無所苦。留摺謝摺，回時均囑叔彝兄，得信即以相聞。
海舟附搭尚未説妥，有一船旬内開行，適眉生在此，承其
相關，浼人往議，而不甚妥當。眉生昨已去此。此事仍須託之
行棧中人。聞尚有船續至，多候數日，亦莫如何。大約望前
摠可登舟，屆期吾
棣謝摺留摺皆可奉回，得一定局準信。應觀察亦必已
回署，行李免單，必須托其出具方妥從容就道。值此春氣融和，向來風色

嚴手廢雖在舟或亦不致大爲困頓頃謝以來雅再接
粵信而搖桀得兎姊一書比來竟夢爲之顛倒抵粵
不過半載勾留仍擬奉兎姊西旋桂林緣也廣人俗智
大亂以事局之再四激移卜之也須亂後方能戢定此中有
天數非人所及也總惟舊里此去黔陝桂林還定之五年
後實能再搖之一子姪輩歸而者視彼時至
椽大人闈府吳山非藏此守之必能爲我擇一席地安之
某處何總一者勝舊省之意更足至粵西人所爲須丁祝但未足以
無得寄亦不贈粵則將來所屬之
執事亦在數年後矣緬懷之意之曷盡一觴生恙若

最平，孱軀在舟，或亦不致大為困頓。到浙以來，雖再接粵信，而揔未得老姊一書，比來寃夢為之顛倒。抵五羊不過半載勾留，仍擬奉老姊西旋桂林。緣恐廣人將有大亂，以事局之再四游移卜之，恐須亂後方能戡定。此中有天數，非人所及也。紹興舊里，此去黯然。桂林還定，三五年後，實欲再携一子姪輩歸而省視，彼時吾棣大人開府吴山，於蕺山等處，必能為我擇一席地處之，其樂何極。若驂鸞有意，更是吾粵西人所為頂祝，但未可以必得。季公不督粵，則將來即屬之執事，亦在數年後矣。紙短意長，言之曷盡。蘭生惠書

誦生極深感念。日内定大好，否不及專覆。乞為致意伯年
處請行之。錫臣處交他處一二謝函書，再託姊韓款梁弟
交此時不必也。集款王樹禮懷字及閣藏十年拓本
示，殷感切切。但淚甚殊不安，此間能入書院，山長硤訪，侯先
生廣卷因伯年介紹，得相晤談，著書守道，為刻下大寫
幸使見不可少之人，於中需次者可擬數以解苦窮，尚生互
此亦有求會，非杜臣所願。此亦絕痛之，不能鞭辟著己者
西巖行樣友人來，約之可同行者未必也
來再行，省限程旅窗，私緣事復敦請
大安。伯仍聞黃再部不宣。愚弟兄拯頓首
一注雜之文，不足追人和翁等，使何者季匠或可生，款以當時法耳。又及
三月初五日

誦悉，極深感念，日内亦大好否？不及另覆，乞為致聲。伯平處數行，乞　飭送交。他處一二謝函，當再託叔彝觀察帶交，此時不承一一也。舍親王楙施愔宗及闕茂才事，均承示慰，感切感切。但瑣甚，殊不安。此間龍門書院山長顧訪溪先生廣譽，因伯平介紹得相晤談。著書守道，為刻下大江南北僅見不可少之人，旅中需次，尚可親教以解岑寂。眉生在此亦有聚會，非拙迂所願。此公終病在不能鞭辟著己，如何？

適候行棧友人來約看船，尚未至也。

來弁行有限程，旅窗覶縷奉復，敬請

大安。餘仍瀕發再報。不宣。愚小兄拯頓首　三月初五日

上海泉漳會館書

拉雜之言，不足道人。和翁學使回省不遠，或可出觀以當晤談耳。又及。

將書繳閱，惜叔度人來，須明早乘船，一切均未定。
識向蔭即可閱行，約計留摺回信，此三數日內無可
閱知之矣。又及

將封緘間，惇裕友人來約明早看船，一切均有定議，旬内即可開行，約計留摺回信，此三數日内，必可聞知矣。又及。

蘅泉中丞仁棣大人大喜旅窗枯坐忽奉
來函喜閱
恩命榮膺
開府東粵距躍三百為
朝廷任用得人慶粵之福豈徒粵之福吾
棣人臣極地之業則固意中語亦足見當時明
昨一二人私幸也兄到滬已將兩日書一封因挋兩內

薌泉中丞仁棣大人大喜：旅窗枯坐，忽奉
來函，喜聞
恩命，榮膺
開府東粤，距踊三百，為
朝廷任用得人，慶粤之福，豈徒粤之福，吾
棣人臣極地之榮，則固意中，然亦足見當時清明，
非一二人私幸也。兄到滬已將旬日，有一公司船旬内

召開此已回慶寔見在此旅至月半方行已得
此章信函市品男人来庵不久商至於否抽身
想七二日必了到此形應面言之任一晤之定則
足所惟之恰月半前後開行所可貢駑蕪驅事
局无臣相湊泊　左官係已還閩　想
新中尚自是徒得三年梢即奥好續書每此先移馳陔
喜安　陳重千萬人人思中児極妥

三月初陳惟刻虎
惟慍中

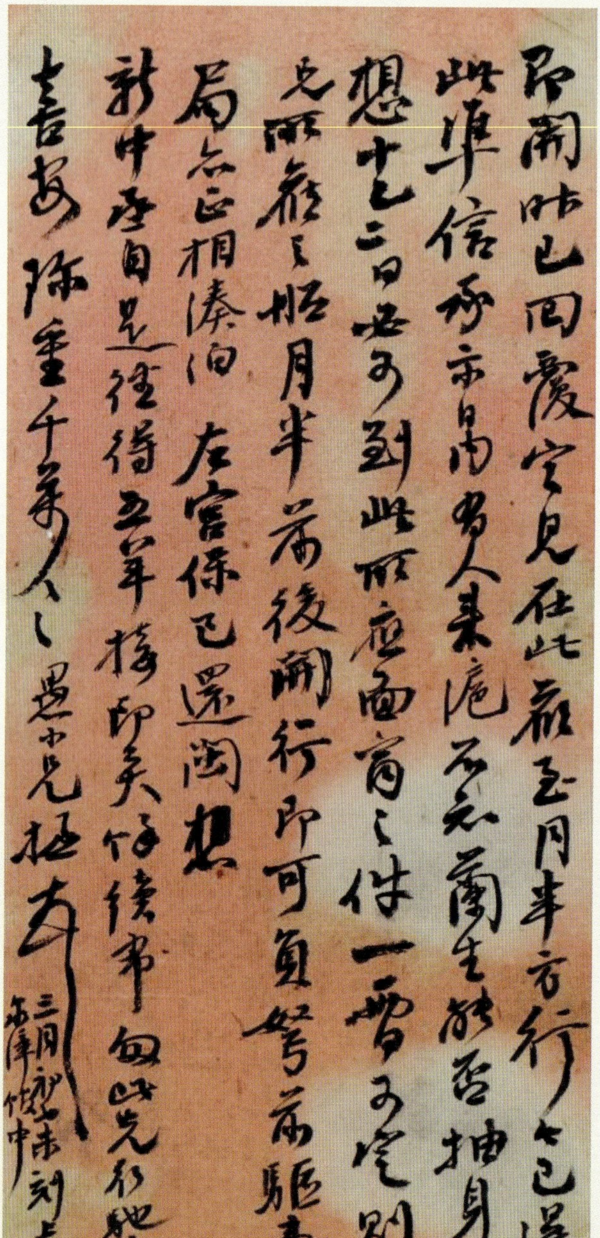

即開，昨已回覆定見，在此候至月半方行，今已得此準信。承示日内有人來滬，不知蘭生能否抽身，想十一二日必可到此，所應面商之件，一兩日可定，則兄所候之船，月半前後開行即可。負弩前驅，事局亦正相凑泊。左宫保已還閩，想新中丞自是徑得五羊接印矣。餘續布，匆此先行馳復，喜安珍重，千萬千萬。愚小兄拯頓首 三月初七未刻上海泉漳館中

蘅泉中丞仁棣大人閣下：初七來函責回一械，想此時可達。昨晚本函又奉
惠書，並錄寄件，並將謝摺擬稿及附片兩件
命代擬定。臣摺摺辭不知當否，隨帶款單如蒙及（恐不可少，萬不須此，應即刪去，隨帶各款似不需，另款單想更須帶往，似可刪之）
隨往，兄意以爲必如此，此稿理應臣摺中合併成來方妥
潤色，兄意似應請 旨為是。籌備糧餉一事，極爲好看，
想戒豎麾，仍用來片請 旨，所代籌擬如此是否，乞
棣詳細裁酌，其中字句或加增刪改易，和商留供如
同者，亦可斟酌。 毅翁中丞予姪斟酌，亦請 酌之，見示

薌泉中丞仁棣大人閣下： 初七來弁賫回一緘，想此時可達。昨沈弁至，又奉惠書，並録寄件，玆將謝摺擬稿，及附片兩件，亦代擬定。正摺措辭不知當否？隨帶親軍各營，及恐不可多。若不須此層，即可删去。隨帶各營亦似不必多。親軍想必須帶往。仍酌之。隨往各員，諒必如此辦理，原在正摺中，今改成夾片。添調各員，似應請 旨為是。籌備餉銀一事，極為好著，想仍照辦，仍用夾片請 旨，所代籌擬如此。是否？吾棣詳細裁酌。其中字句略加增删改易，和甫學使如回省，大可就正，穀翁中丞可否就商，亦請酌之。兄前

闻福建浦城業安胥來，今速接
來函，未及一字，想係訛傳不確，則
大屏舊邱，群盜馳熱射任，不宜遲延，中途直行走一層，
想亦不改矣。此摺仍應重祈堯賁，不必另設郵遞，祈亦
去信遞。前時亦不能遲延，第約月半前發，回來當亦
須四月初旬前後矣。
棣華發，當是清和月望，當可得在杭或滬寄到
撫回，前次所發謝摺，日內亦必可回。約計五報，前中途
留摺，實是前後數日遞寄，此當遲在留摺前一無遲

聞福建浦城崇安有事，今連接
來函，未及一字，想係訛傳不確，則
大節遵即趕緊馳赴新任，不宜遲延。由海道行走一層，
想亦不改矣。此摺仍應專弁飛賚，不必發報。此弁亦
走海道，為時亦不致遲延。第約月半前拜發，回來當亦
須四月初十前後。吾
棣榮發，當是清和月望，尚可得在杭或滬奉到
批回。前次拜發謝摺，日内亦必可回，約計與穀翁中丞
留摺，定是前後數日遞呈，恐尚遞在留摺前一兩日也。

兄到滬忽已旬餘，英公司船今日已開行，携友人所寫書稿
之孫氏輪舟刻尚未到，看來此番即能到，開行總須月
半以後廿日以前，時當春和，南風未作，海道正宜平穩
尚覺湊巧，但不敢再遲矣。 蘭生相信如右，客年世未必
能攜室前來，接府所擬辦理之處，如無更改亦可不必另
為函商，大致如此，其餘不一一事陳，至
椽大人自有權衡，無俟備籌，總以平靜安適辦理為得
動止所著，久寓中外，相府聞將，無事張皇，且亦不必過
為歉心作意，筆墨偶一爲之，兄看似極好，辦法至

兄到滬忽已旬余，英公司船今日已開，行棧友人所囑專候之琼記輪舟，刻尚未到，看來此兩日即能到，開行揔須月半以後，廿日以前，時當春和，南風未作，海道正宜平穩，尚覺湊巧，但不敢再遲矣。蘭生相倚如左右手，恐未必能抽空前來。摺片所擬辦理之處，如無更改，亦可不必另為面商，大致如此。其餘一切事理，吾棣大人自有權衡，無俟借籌，揔以平静妥適辦理為得。勳望所著，久孚中外，初膺開府，無事張皇，且亦不必過為矜心作意。籌餉一片，兄看似極好辦法，吾

樣再細酌之或另一亿省讓君再商字句間已再三斟酌
藩庫實存一節仍以不說為是似屬為尼見妙此時無可用
之此以為何如
大哥在尊當西在瑞帥前見到平城奉旋撫捱唯石
不過局間同事先候保記船到堂母開行書日必再作數行
託王柿并謀局中奉寄庶致高祝寧日悶弓歸盂有一諸一
面沈舅甚法停一日七招片提雷印令畫回石床方伯游時
祈君通賀家再承疑蘭生子以不来甚悉諸名妙之希
没痊良唔不遠　兄此融後對此
大喜士安石書肵怖愚弟克王拯頓首
　青雯日

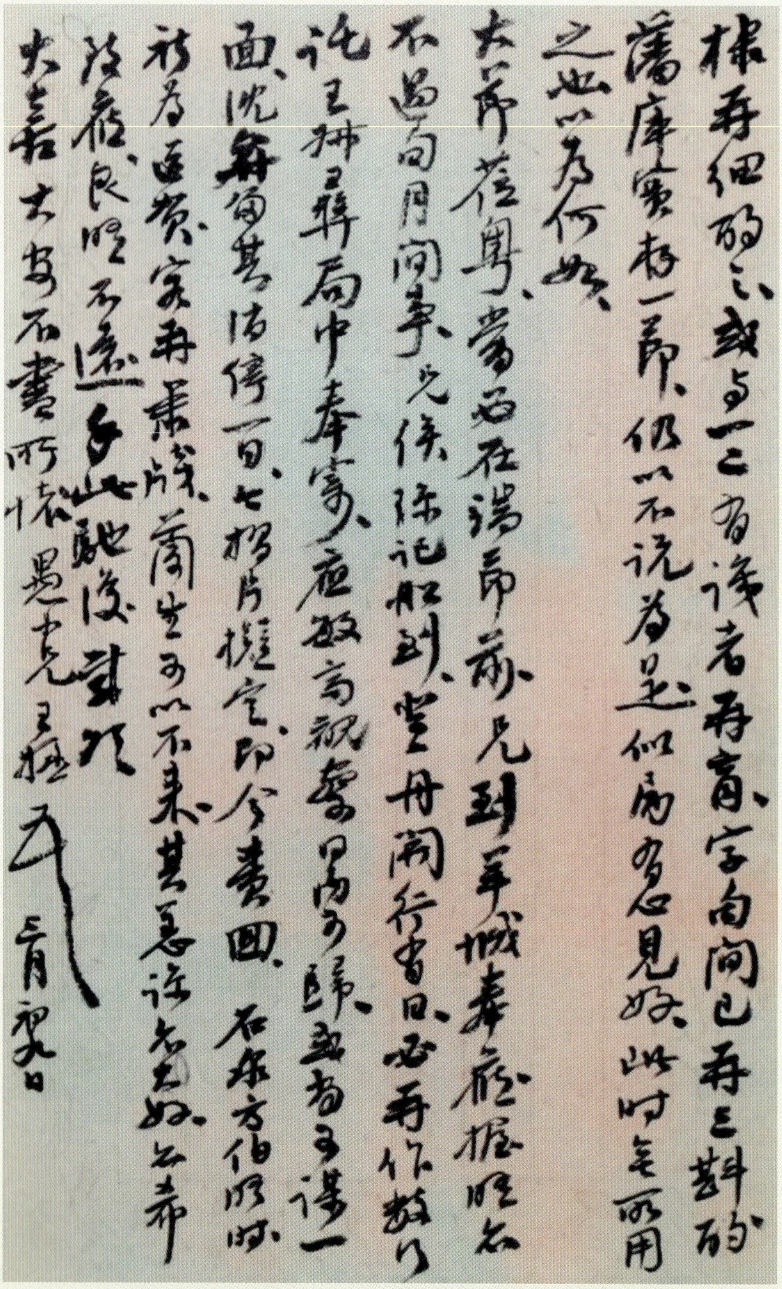

棣再細酌之，或與一二有識者再商，字句間已再三斟酌，藩庫實存一節，仍以不説為是，似屬有心見好，此時無所用之也，以為何如？

大節莅粤，當必在端節前，兄到羊城奉候，握晤亦不過旬月間事。兄俟琼記船到，登舟開行有日，必再作數行，託王叔彝局中奉寄。應敏齋觀察日内可歸，或尚可謀一面。沈弁留其消停一日，今摺片擬定，即令賫回。石泉方伯晤時，祈為道賀，容再肅牋。蘭生可以不來，其恙諒亦大好，亦希致候。良晤不遠，手此馳復。載頌

大喜大安，不盡所懷。愚小兄王拯頓首　三月初九日

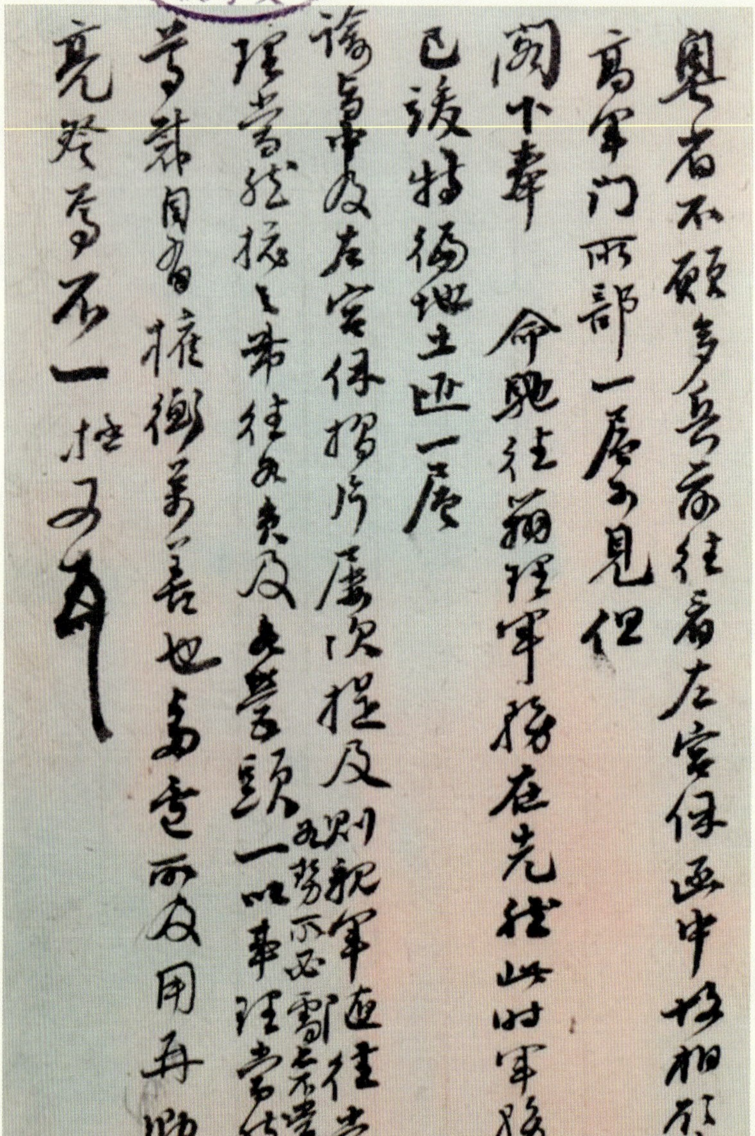
恩者不顧多兵前往俾左宗棠匯中接相於盡撤
高軍門兩部一層可見但
閣下奉命馳往籌理軍務在先往此時軍務大局
已讓特偏地土匪一層
諭旨中及左宗棠摺內屢次提及則親軍直往當局事
此勢不必
郵去不遠
祇電耳
理當援之師往來及未學頭一切事理當務為主
若弟自當擁衛兼之者也高意而及用再勵此惟
亮詧為不一
小拯頓首

粤省不願多兵前往，看左宫保函中故相欲盡撤
高軍門所部一層可見，但
閣下奉　命馳往辦理軍務在先，然此時軍務大局
已竣，特偏地土匪一層，
諭旨中及左宫保摺片屢次提及，則親軍隨往，當屬事
理當然。揔之，帶往各員及各營頭，一以事理當然為主。如勢所必需，亦不當顧慮耳。
尊裁自有權衡萬善也。多慮所及，用再泐此，唯
亮詧焉。不一。拯又頓首

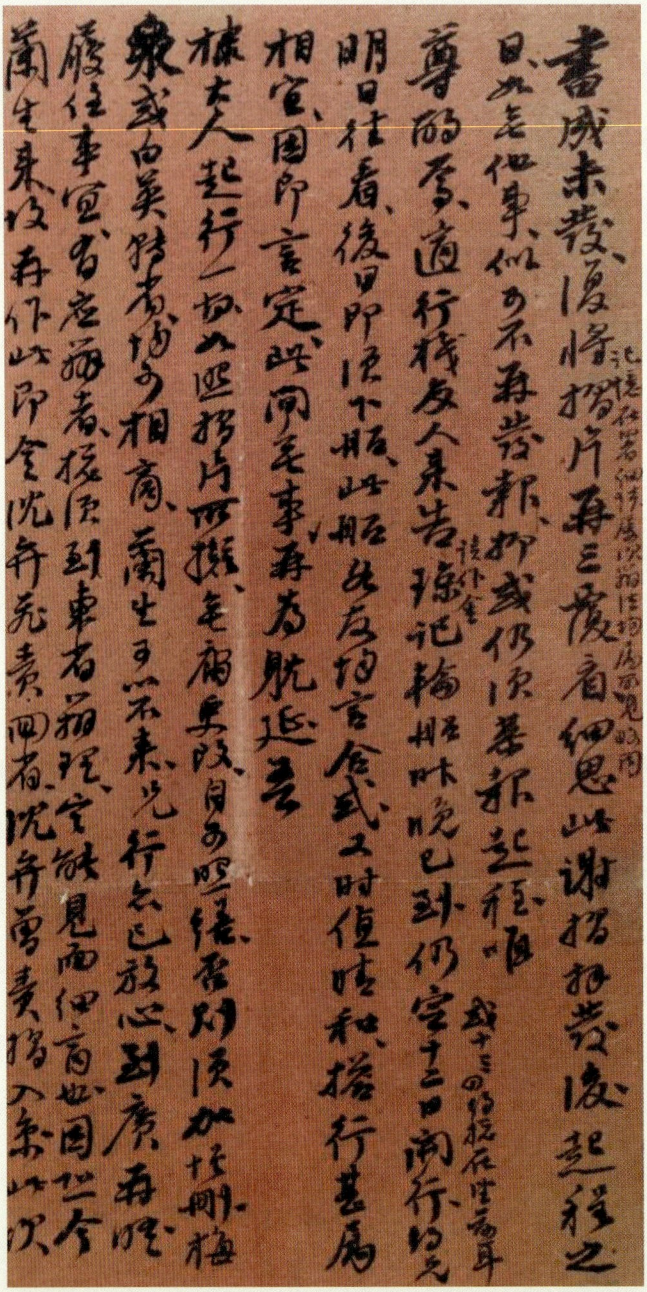

書成未發，記憶在署細談，屢次辦法，均屬所見略同。復將摺片再三覆看，細思此謝摺拜發後，起程之日，如無他事，似可不再發報，抑或仍須恭報起程，唯尊酌焉。適行棧友人來告，琼讀作金記輪船昨晚已到，仍定十二日開行，或十三四，約揔在望前耳。約兄明日往看，後日即須下船。此船各友均言合式，又時值晴和，搭行甚屬相宜，因即言定，此間無事再為躭延。吾棣大人起行一切，如照摺片所擬，無庸更改，自可照繕，否則須加增删。梅泉或白英轉省，均可相商。蘭生可以不來，兄行亦已放心，到廣再晤。履任事宜，有應辦者，揔須到東省辦理，定能見面細商也。因恐今蘭生來，故再作此，即令沈弁飛賚回省。沈弁曾賚摺入京，此次

謝摺、敬告奮勇賫遞呈
委員李光到滬，航延已十餘日，未得
喜信、大局已定，各事更為需待、而海船無便，不能躭遲，因思
大節到滬啟行，總須出月望間為後，先後不致太誤，且同行
有川來便到廣，即可相晤，亦未須此間再敍，趁此再請
台安，不盡。兄拯手
祝百刻

謝摺，願告奮勇賚遞，望

垂意焉。兄到滬躭延已十餘日，幸得

喜信，大局已定，無事更為需待，而海船妥便，不敢蹉跎，因思

大節到滬啓行，總須出月望間前後。兄既不能久候，且同行

有所未便，到廣即可相晤，亦無須此間再候也。手此，再請

台安。不盡。兄拯頓首　初九酉刻

香泉仁弟中丞大人閣下：前肅一函，交蕉秋園

表馳奉，想邀詧接

手書，得坐

旌節蒞杭，並審道閩一路

香老，益為周至，具見

忠衷誠意，諸得所指南。區計

履新當在端節前後，時值清和，海洋恬謐，

粵人引領，來蘇之謳，已盈耳矣。

來書所稅面李方伯，甚合時宜，當即將代

香泉仁弟中丞大人閣下：前泐一函，交袁秋圃

賫馳香港候迎。嗣接

手書，得悉

旌旆發杭，並須過閩一詣季老，極為周至，且見

虛衷誠意，諸亦得所指南，屈計

履新當在端節前後。時值清和，海洋恬謐，

粵人引領，來眷之謳，蓋已盈耳矣。

來書欲挽留李方伯，甚合機宜，當即將信

送誠求中丞一閱，已極佩
尊意，並無我，且能知人。尉下李已赴湘州，誠老
丞為信臣，即此一端，已見兩院一氣和諧，竊
為稱羨。筱仙極賢
台節速臨，其意皆能究於軍驍猂率去
撫大人為來受禁，究非好人，且為甚素所佩服之
非宦官，此公在廣將及三年，未嘗不苦心為民
為國，而抑不得人心，此實犯忌之一大端，諒當

弟婿筱仙頗能有見，誠老之時叔言甚推筱仙，向不甚合，今張卿湘事之惟此公可振，今始為難也

送誠泉中堂一閱，亦極佩夷務筠仙頗能有見，誠老亦時相商榷，轉是內間不甚有主張耳。潮事亦非此公所長，人地尚熟耳。

尊意至公無我，且能知人。刻下李公已赴潮州，誠老至為倚重，即此一端，已見兩院一氣相得，竊為稱慶。筠仙極盼

台節速臨，其意豈能免于牢騷。猶幸吾

棣大人前來受替，究非外人，且為其素所佩服，亦非虛言。此公在廣將及三年，未嘗不苦心為民為國，而捴不得人心，此最犯忌之一大端，訪查

軍務吏治，亦嘗有所稽核，此間皆據同城而來
每因督撫一切作主，只須他來，則皆當如此，但有
事多決於督撫之變，其中情形，頗非家易乃
其實不任者，則用一官一律，信任精過乎其人
偏為衆論所不容，即此細衆訪者，居劉張小
有未，就不足言國士之目，有一二人而犯衆忌，此
則自信太過，氣質之偏，竟不能為諱之諱也
未家來了，為粵家寄件，並山某捷，都猶之來

軍務吏治，亦皆有所整頓。此間督撫同城，向來
多由督院一切作主，自筠仙來，則皆商辦，且有
謗怨或亦有由此至者，乃人情也。
事多决于撫院之處，其中轉移，頗非容易，乃
其最不值者，則用一官一紳，信任稍過，而其人
偏為衆論所不容。弟到此細加訪查，屠劉雖小
有才，斷不足當國士之目。為一二人而犯衆惡，此
則自信太過，氣質之偏弊，竟不能為筠公諱也。
土客未了，為粵最要件，藍山安插，都轉之策，

日送中牧爲當知其他諸事要之作
公事可以屬非，得其地仍封禁，乃書九華在此所辦
非向來封禁之意，又其地窮蕪，幸當移民居之，則
安民有所歸，撫有其宜，誠所謂人安可不後患
況其家頭緒雖散遠，故也。錯國頭緒，未能十分妥帖
方年之年然當可用，千萬書州振降之郭信忠必足
去粵軍之實須力求，必當可供，雖使千萬足到此
大節之來，更當能致用也。秋圖任意，於此再奉高雲鶴代
長安不盡，至餘家面述，至切企禱 拜 四月廿一日夜 柳
府衙
再啟者，前已諸爲之
弟處信件多，至今幸勿爲外人道也，亦囑之

司道中較為有才，其他皆平妥之作。
亦未可以厚非。緣其地雖封禁，乃耆九峰在此所辦，非向來封禁之處。又其地藪奸，本當移民居之，則客民衆無所歸，措置得宜，誠在得人，亦可不至後患，況其衆頗難散遣，故也，鐵岡雖了，未能十分妥帖。方卓之軍，似尚可用，子蕃高州招降之鄭紹忠，為近來粵軍之最得力者，必尚可供驅使。子蕃已到此，大節之來，更當能效用也。秋圃在港。手此再寄面呈。載頌
喜安，不盡百一，統容面述。愚小兄拯頓首　四月廿一日夜都府街
再，此與前書皆為吾
弟愛信，故多妄言，幸勿為外人道也。至囑至囑。

薌泉仁棣中丞大公祖大人閣下：兄在上洋奉覆
一函後，即日坐輪船回行，諒以
手書一再挽留而竟未踐，在此奉報
台旆同行及蘭生之來此，心緒當不抱歉抱愧甚
今耿耿也。總緣歸心甚急，魂夢顛倒，輪船說定
不及細計耳。言
棣大人開府粵東，局面大定，閩省區區小醜蕞不
足慮，其寧復我師及丞到東，果閣學安已

薌泉仁棣中丞大公祖大人閣下：兄在上洋奉覆
一函後，即日登輪船開行，然以
手書一再挽留，而竟未能在滬奉候
台旆同行及蘭生之來，此心未嘗不抱歉抱愧，至
今耿耿也。總緣歸心甚急，魂夢顛倒，輪船說定
不及改計。且吾
棣大人開府來東，局面大定，閩省區區小醜，萬不
足慮其掌綴我師，及至到東，果聞崇安已

復醒類撲滿甚以為虛靡次謝稿所奉
批迴當必平安其後謝廣撥稿不知能否合式其
中如兵餉數目定須改換字句所有行稿量與
夫樸詞意之向不空者須變易者白筴梅泉
諒能體 弟來餉項足第一好者想必無改至所弟說罪存 若不事實定從好則九單少弟為並不知如何辦理耳
尊意若之閒和甫夕寧有三月回者之信果爾則可
以就商兄更可放心少遲吾數矣念切念切為之
信界方隆此時謝稿兵須平安不比前次則似有關係也

復，醜類撲滅，甚以為慰。前次謝摺所奉
批迴，當必平安。其後謝廣撫摺稿不知能否合式，其
中如兵餉數目，定須改换字句，即臨行布置，與
夫播詞意之間，亦恐有須變易者。白英、梅泉
諒能體帶來餉項是第一好著，想必無改，至所帶親軍千餘名，亦事理宜然，此外則各軍少帶為是，不知如何辦理耳。
尊意為之。聞和甫少宰有三月回省之信，果爾，則可
以就商，兄更可放心，少逭吾歉矣，念切念切。要之，
倚畀方隆，此時謝摺只須平妥，不比前次，則似有關係也。

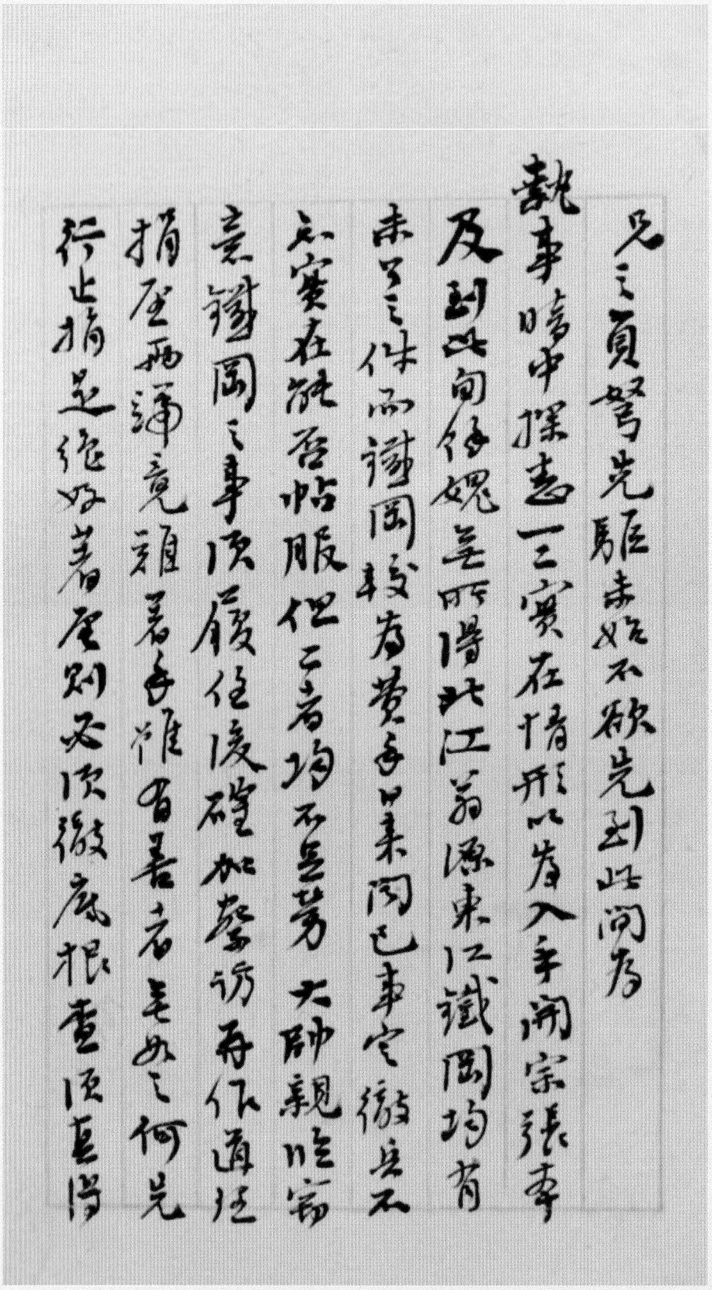
兄之負弩先驅未始不欲先到此間爲
執事暗中探志一一實在情形以爲入手開宗張本
及到此向係娓娓無所得於江翁源來江識圖均有
未可之件而識圖較爲費手日來問已事定微兵不
亦實在難啓帖服但二者均不無勞 大帥親臨審
度鐵圖之事須嚴飭後確加察訪再作道理
撫屋兩譯竟粗妥與難省著各是如之何兄
行止猶是總好著屋則必須徹底根查須真得

兄之負弩先驅，未始不欲先到此間，為
執事暗中探悉一二實在情形，以為入手開宗張本，及到此旬餘，媿無所得。北江翁源、東江鐵岡均有未了之件，而鐵岡較為費手，日來聞已事定撤兵，不知實在能否帖服，但二者均不足勞
大帥親臨。竊意鐵岡之事，須履任後確加察訪，再作道理。
捐厘兩端竟難著手，雖有善者，無如之何，先行止捐是絶好著。厘則必須徹底根查，須真得

其發縱方可想法西江土寇熾時並無大不去而
近年長沙桂陽春舊處尚多收撫壽事尚在
眉南山地方以資安插之計聞係老錫條陳此地本
係封禁山場如何可使不逞之徒衆聚於此明知以招
後患而故縮之而且用兩無屬非計細思安插豈
一定之策而使之聚不如使之散免民所有退開而局
產地皆況給與價值而蕩之以官爲振恤及今其
四散以謀生路於此非得所其體用之宜及仰不破

其要領，方可想法。西江土客蹔時並無大下不去，而迄無善法辦理。陽春等處尚多梗滯，當事有查看南山地方以為安插之計，聞係都轉條陳。此地本係封禁山場，如何可使不逞之徒衆聚于此，明知以貽後患而故蹈之？苟且目前，恐屬非計。細思安插是一定之策，而使之聚不如使之散。客民所有恩開兩屬產地，定須給與價值而益之，以官為振助，乃可令其四散以謀生路，然此非得略具體用之官與紳，不能

承事刻下則此一事與屋楯二君請不可以入手驗
蕭孟點不能當經討好多所損而來發陛坎也鄙見
如彰至
棣細閱之夷務制府專設某關湘帥又每不經制節
前往丁君未至李君先去句當某未及辦了之又問
夷情與湘帥詢之甚不去之意殊起訴不為節
為所直其說甚不免枝論事固難如論人之何究
易乎鄙意在此苦心所論於吏治民風確有所稽

成事。刻下則此一事與厘捐二者皆不可以入手驟
辦，蓋斷不能遽然討好得手，恐損初來聲望故也。鄙見
如斯，吾
棣細酌之。夷務制府專政。日來聞潮州又可不須制節
前往。丁君未至，李君先去勾當，恐未必能了之。又聞
夷情與潮民均無甚下不去之意。叔起頗不為筠
翁所直，其説甚非無故。論事固難，即論人亦何容
易乎？筠老在此苦心孤詣，於吏治民風確有所整

頃交其晚輩才臣不在既幼丹諸人之後此子是
棣所見略同也矣
下車伊始必當盡得舊令尹之政在節者不必能盡
以相告也來書畫每一新到率友前人所為而不
論其事之是否人之邪正最為惡套此誠自己當戒不
足而又不自見之故政府不能獻於明見故願望
棣之來於節者當下氣平心盡擇其善而從之此中
事事功信有益於國有益於民以審之也計先到

頓處，其政事才斷不在沈幼丹諸人之後，此與吾
棣所見略同。兄意
下車伊始，必當盡得舊令尹之政，在筠老亦必能盡
以相告。近來封疆每一新到，率大反前人所為，而不
論其事之是否、人之邪正，最為惡套。此皆自己有所不
足而又欲自見之故，政府亦頗猒於習見。故願吾
棣之來，於筠老當下氣平心，盡擇其善而從之，此中
事半功倍，有益於國，有益於民，非虛言也。計兄到

此將及一月老姊衰病相見悲喜不忍即離看來
此間雖甚不願久住不得不過此夏秋兩季兄之嗣子
七齡現隨舍弟錫諾茂名署任前赴高州兄本
當即赴高據之來者此尋旌至
棣大人節鉞遠臨（必須遠避）雖為緩行日期當往高駐名數
遠又多阻隔往來定須一兩月間始也閒
大節有月初自城啟行之信特遣來晤素樹（秋圃）蘇去
香港代船迓旌乃有請者秋圃頗留

此將及一月，老姊衰病，相見悲喜，不忍即離。看來此間雖甚不願久住，亦須過此夏秋兩季。兄之嗣子七齡，現隨舍弟錫誥茂名署任，前赴高州。兄本當即赴高，携之來省，以專候吾
棣大人節鉞遄臨，蹔為緩行，且自省往高，路亦頗遠，又多阻隔，必須遶道往來，定須一兩月間故也。聞
大節有月初自浙啓行之信，特遣表侄袁樹蓺秋圃至香港代船迎候。乃有請者，秋圃願留

麾下嘗差兄袁懇於之
撫大人即加收錄並以隨轅巡捕差使作為自備隨帶
來粵之員查訪從前新寧招來潮省此等人員以
此差使於國人極誠實勤謹隨兄許久一切需之雖
以驗難差缺求得此差即於兄處亦可得其照
應將來即可改隨分發粵省以圖長久之計不至廢
推情俯允啓兄自到此間鄉親故舊多紛至沓來
諸多求囑託之事兄概行拒絕日來甚至詳

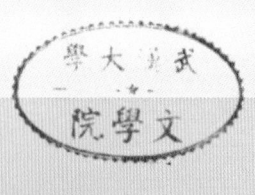

麾下當差。兄意懇祈吾
棣大人即加收録，並派隨轅巡捕差使，作為自浙隨帶
來粤之員。查訪從前新督撫來，皆有此等人員派
此差使。秋闈人極誠實勤謹，隨兄許久，一切需之，難
以驟離，若能求得此差，即於兄老姊處亦可得其照
應，將來即可改捐分發粤省，以圖長久之計，不知能
推情俯允否？兄自到此，同鄉親故甚多，紛至沓來，
皆有欲求囑託之事，兄概行拒絕，日來甚至謝

病至亦不覺矣，此足下素來性行乃至
棣所深知，獨於秋圃之為求，此君乃是生死切己之朋，
不得不切實奉瀆，如蒙
見允，感逾身受。此外尚有一弟一甥，將來亦須求為
栽植。兩邑相隔遥遠，千萬之言，統俟面述。瑣緒
帋此切要數紙由秋圃帶上面呈，即請
台從萬安，翹望
吉祥，不勝引領。愚小兄拯頓首
八月初六夜在廣省
省府衙寓中

病不出，亦不見客，此兄素來性行，乃吾
棣所深知。獨秋圃之為求此差，乃是生員切己之務，
不得不切實奉瀆，如蒙
見允，感逾身受。此外尚有一弟一甥，將來亦須求為
栽植而已。相晤匪遥，千萬之言，統俟面述。覼縷
布此切要數紙，由秋圃帶上面呈。即請
台從萬安，翹望
吉暉，不勝引領。愚小兄拯頓首　四月初八夜，廣省都府街寓中

香泉仁棣中丞大公祖大人閣下：岸帝後壹椷，想
鑒入矣。比維
節鉞遄臨，
緣綸遥被，滇人攀轅之情，與粵人來思之慕，交集一向。
兄則兩省所與，弟就此冒前論，切望
幨帷之蒞，又不啻領武林父老卧轍扳轅，為何如情景也。
弟夫人安駕聞已自仁和來，想必自滬同行蒞粵。兄自滬
畢每三日而至香港，風浪平息，至為妥適想。
吉人天相，旌旆所指，海靜天澄，恬波順利，更必如說粵

香泉仁棣中丞大公祖大人閣下：上洋布復疊緘，想
鑒入矣。比維
節鉞遥臨，
絲綸渥被，浙人攀戀之情與粵人來思之慕，交集一時，
兄則兩有所與，第就此目前論，切望
幨帷之莅，又不暇顧武林父老卧轍扳轅為何如情景也。
弟夫人安艫聞已自江路來，想必自滬同行莅粵。兄自滬
登舟，三日而至香港，風浪平息，至為安適。想
吉行天相，旌旆所指，海静天澄，恬波順利，更必如祝。粵

中自春徂暑，請合境之廟皆安謐
於麾所在，悉賴名籌，海宇之福，中外咸欽，足副此稱向荷
猶適無恙，奉藉芸閑
大節將去，特遣追來，如來好丞扮辦體同，附者同鄉，許自馬（延轂）去
遑蒞近不盡之言，竊來秋國面陳，許君（奉邑間近）足亦極受好均於
排貴加之優渥，然所不及，易勝禱向，又着食祝竊守受向用
長隨之人，附上衣衾，如有須添用，本地人也加收錄，當辦自
幼耳，把此衣仰，不盡所懷，統容面述，謹先叩此恥賀
大吉，藹祺不宣。治愚小兄王拯拜
四月初九夕燈旅次

中自嘉應肅清，合境亦漸皆安謐。

仁麾所莅，風聲丕樹，海宇之福，中外咸欽。兄到此兩旬，一切

犄適，專心奉候。茲聞

大節將至，特遣表侄袁縣丞樹菽隨同浙省同鄉許司馬延穀至

港候迎，不盡之言，囑袁秋圃面陳。許君奉委伺迎與兄亦極交好，均祈

推愛，加之温煦，恕所不及，曷勝禱向。又有舍親甯守處向用

長隨二人，附上名條，如尚須添用本地人，乞加收録，當能自

効耳。把晤在即，不盡所懷，統容面述，謹先泐此，馳賀

大喜萬福。不宣。治愚小兄王拯頓首　四月初九羊城旅次

昨出四冊數葉甚甚稱應募時已聽抱之
黃兄故未幸退世有叔同鄉龍世兄紹儀雲臚賜中壽
閣下拔救伏求推解感切不忘今已入學甚為英俊
由其外舅幕中歸應科試以
大人將晤在此不敢於一進叩　台階以申感激之忱望
賜見叙其為幸此者求千求教不辭為之亮察也以內
仍當奉還者一二奉育師睹之言特此遍伏乞卯
可謂耐自安慎矣專此布達即者
書安不盡名另具　初八

昨出回拜數客，甚苦酬應，為時已晚，極知
公冗，故未奉過也。有敝同鄉龍世兄紹儀曾陷賊中，蒙
閣下拔救，飲食推解，感切不忘，今已入學，尚為英俊，
由其外舅署中歸應科試，以
大節將臨，在此久候，欲一進叩 台階，以申感激之忱，望
賜見顏色為幸。此非有所干求，故不辭為之先容也。日內
亦非干求之件
仍當奉過，有一二奉商肺腑之言。叔起遂領首郡，
可謂能得要領矣。專此布達，即請
勳安。不盡。名另具初八

屬問筠仙之言，想白英
歸署已達到矣。又及

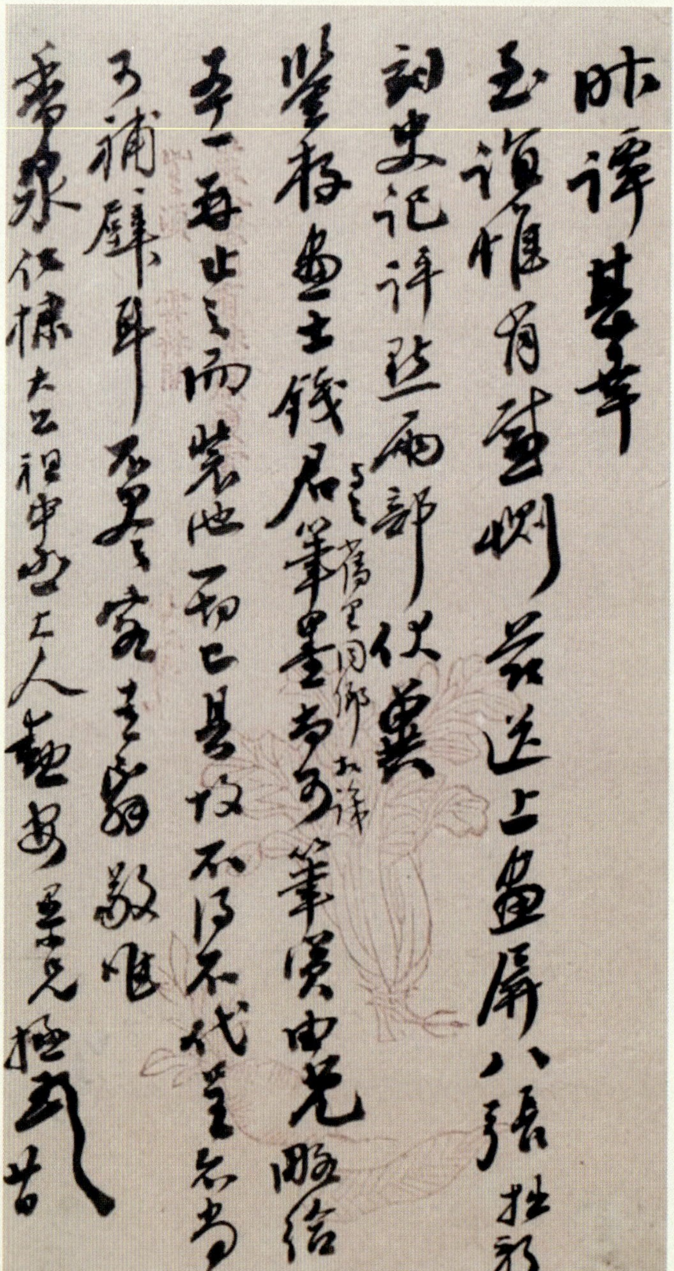
昨譚甚幸
承諭惟有警惕茲送上畫屏八張擬邀
詢史記譚茲兩部伏冀
鑒存畫士錢君之之舊里同鄉亦譚筆墨亦可筆資由先略給
前一每止之而堅也而已甚妝不得不代呈名另
乃補肄耳不盡其覽書翁歎慎
香泉仁棣大公祖中丞大人勛安愚兄拯頓首

昨譚甚幸，
至誼惟有感惻。兹送上畫屏八張，拙新
刻史記評點兩部，伏冀
鑒存。畫士錢君與之舊里同鄉相識筆墨尚可，筆資由兄略給，
本一再止之，而裝池一切已具，故不得不代呈，亦尚
可補壁耳。不盡，容告一辭。敬唯
香泉仁棣大公祖中丞大人勳安。愚小兄拯頓首　廿日

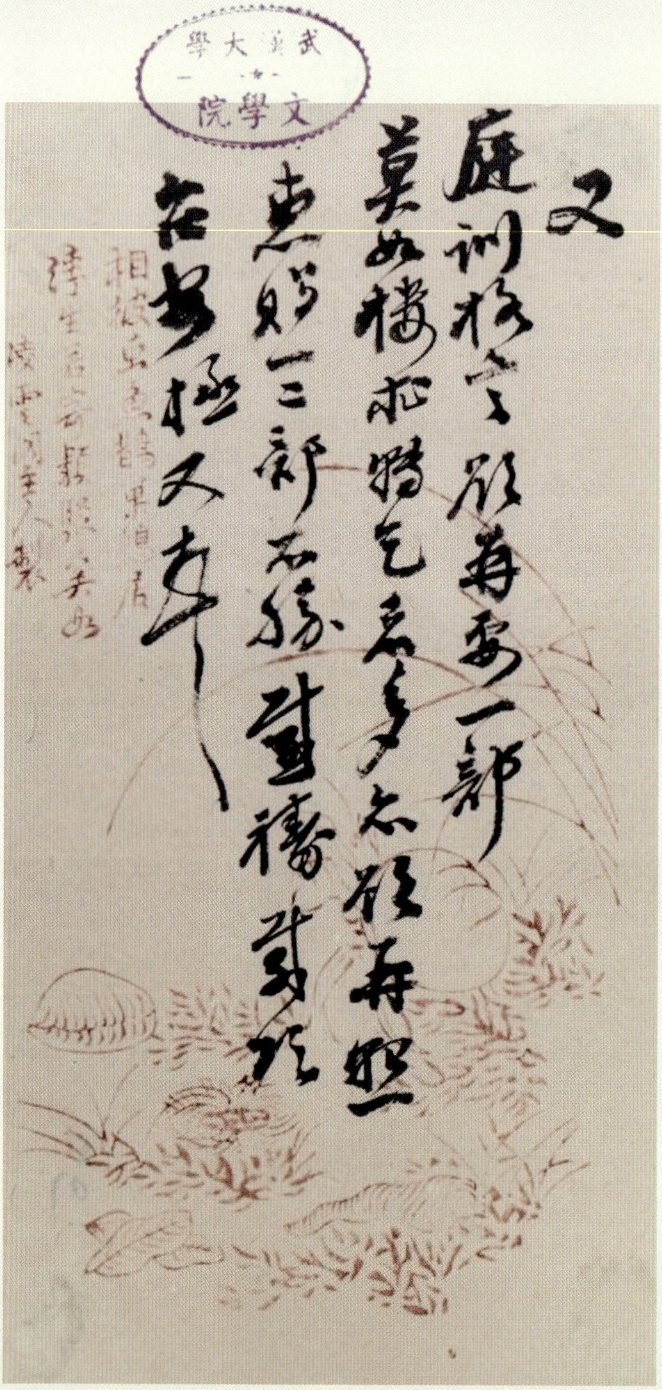
武漢大學
文學院

又，

庭訓格言欲再要一部，莫如樓求轉乞者多，亦欲再懇惠贈一二部，不勝感禱。載頌台安。拯又頓首

琳西蘭生足下：

尊恙漸見平復，想今日更好矣，念念。所作[illegible]冊成

草底多未妥善，[illegible]因須改，究甚多，即文字須改削

者亦不少。今日再將兩稿覆閱，實是一粗具規模，但

主意至善，對文氣亦自[illegible]暢，惟其手體太重，十分好對

月尤須一一回年詳細考求參酌，即如中有民欠因稅款而須重加訪詢

者，亦此間情形大殊。查當[illegible]易誤，此等其中之故者之，至閱[illegible]

文字已是一節，而[illegible]則不尚，當一二須酌耳。與蘭生日前所談

想已轉陳，只恙見好，更[illegible]二三日後可出門，即當話談。手此，祗問

大安。[illegible]之餘，聊此代函，不一一。名心叩。初[illegible]日燈下

昨聞蘭生言，
尊恙漸見平復，想今日更好矣，念頌念頌。所件雖刱成
草底，多未妥善，事理固須攷究甚多，即文字須酌改
者亦正不少，今日再將初稾覆閱，實是粗具規模，但
主意至善，則文氣亦自能旺暢。惟其事體大，是十分好題
目，尤須一切詳細考求參酌，即如中有民欠及税款兩項，重加訪問，
方知此間情形大殊，直當删易，諒此等其中亦尚有之，至關件辦法一定，
文字已足，第兩件並上，則亦尚有一二語須酌耳。與蘭生、白翁所談，
想已轉陳。賤恙見好，更思攝養，二三日便可出門，即當詣談。手此，祇問
大安。翹切之餘，酌此代面。不具。名心頓首 初十日上燈

武林始晤，至今計逾一載，越粤遥遥數千
里，雖云人事，亦實天緣。在京師曾蒙助力，感既
尊之朋友情以人倫而言，兩人幾乎天倫之誼，亦同
年京師，蒼茫展轉不離，性情行誼無不同，否不
意今於吾
棣大人又有幾於天倫者，平生與世落落，獨在有志
矣。一官微薄不足爲意，而拓落歸來，所

武林始見，迄今計逾一載，越粤追逐數千里，雖云人事，亦實天緣。在京師日，與霞舫少京兆嘗言，朋友皆以人合，而吾兩人幾乎天合，蓋三次同年，京師廿餘載，輾轉不離，性情行誼亦無不同也，不意今於吾

棣大人又有幾於天合者，平生與世落落，荏苒老矣，一官敝屣，不足為意，而拓落歸來，所以

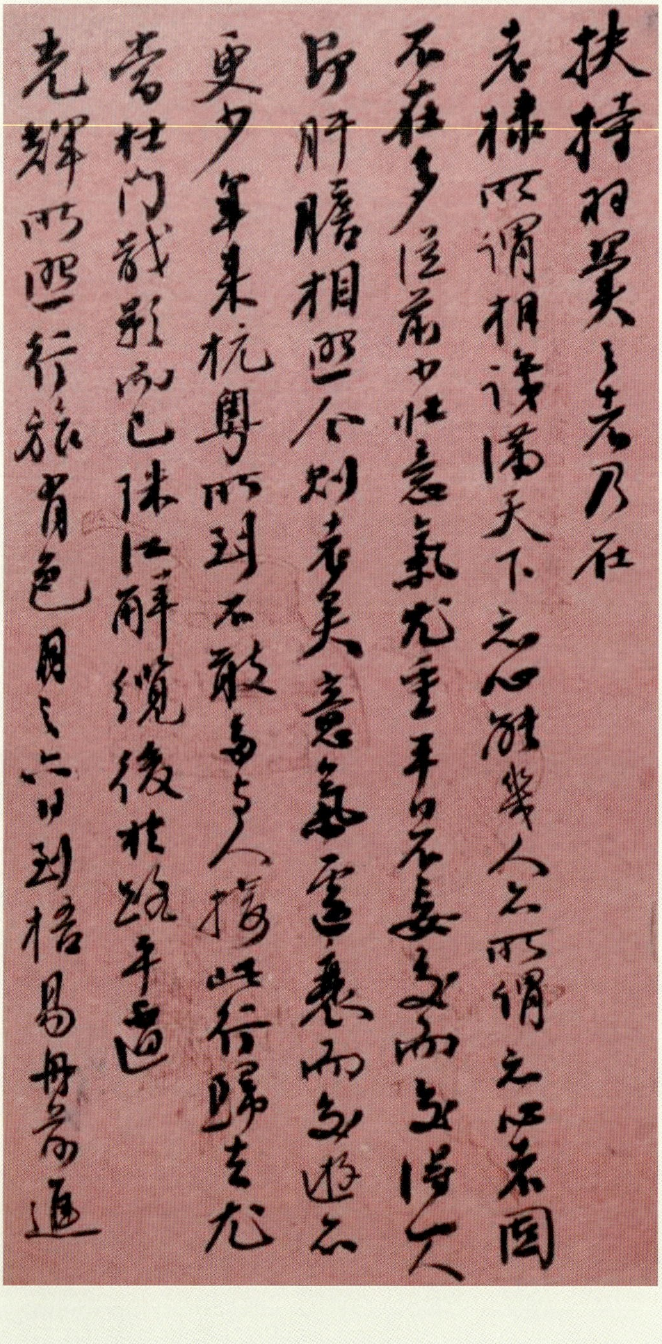
扶持羽翼之意乃在
老祿所謂相諒滿天下之心雖幾人之所謂之心者固
不在多人從前少壯意氣尤重平日不妄交而與人
即肝膽相照今則老矣意氣蕭衰而交遊亦
更少年來杭粵所到不敢多與人接此行歸去尤
當杜門戢影而已張江解纜後北路平適
先輝所照行旅胥受囑之六日到棓昌舟前遇

扶持羽翼之者，乃在

老棣。所謂相識滿天下，知心能幾人，亦所謂知心者固不在多。從前少壯，意氣尤重，平日不妄交，而交得一人，即肝膽相照，今則老矣，意氣遽衰，而交遊亦更少。年來杭粤所到，不敢多與人接，此行歸去，尤當杜門戢影而已。珠江解纜後，於路平適，光輝所照，行旅有色，月之六日到梧，易舟前進，

明後日可開行，雖高水淺，而天氣異常溫燠
在西省地方尤為罕見。我曹自南回兩月，雖何易臨行者
便便我等內仍可到桂林度歲也。舍弟諸年力尚健
惟願足下俾得及時自效也，當努力以從
驅策在舟相送之
麾下之旗畫人力為財所累，見此意當不同於從之吹揚
竊稍喜其所見深微我者

明後日可以開行，灘高水淺，而天氣異常温燠，
在西省地方尤為罕見，或日内得雨，則灘河易漲，行者
便之，或年内仍可到桂林度歲也。舍弟諳年力尚優，
恲幪之下，俾得及時自效，必當努力以供
驅策，在舟相送，言
麾下之能盡人力，為時所未見，此言尚不同于泛泛頌揚，
竊獨喜其所見深微，或者

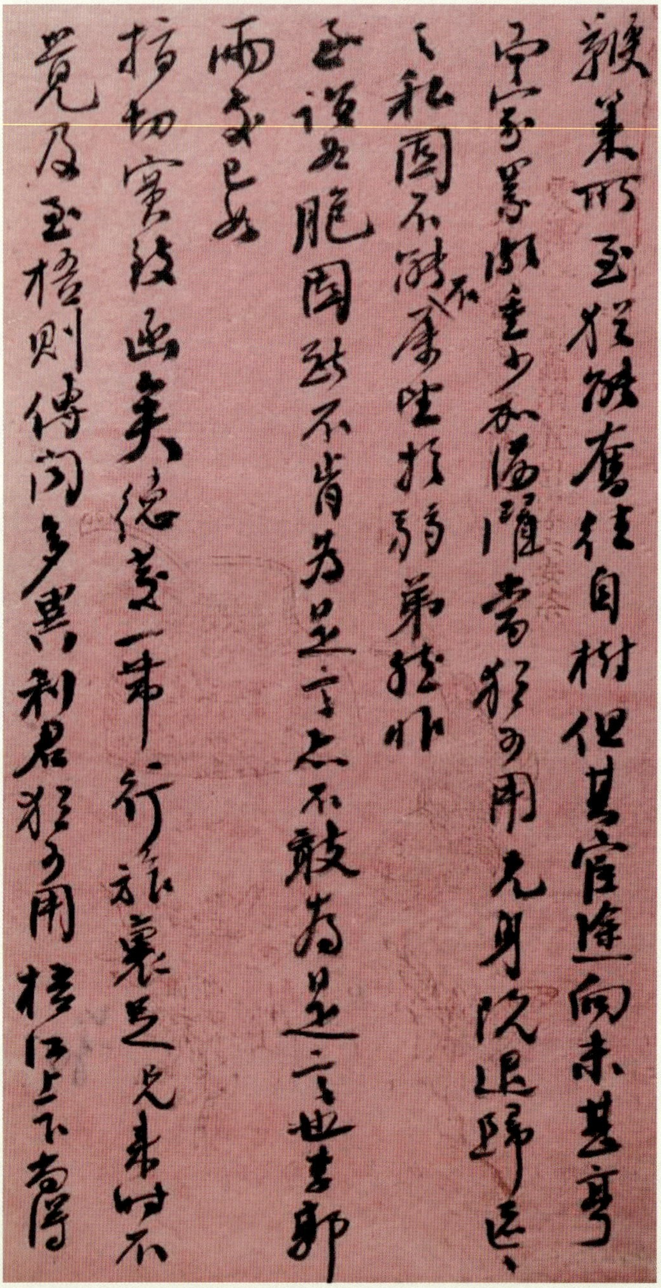

鞭策所至，尤能奮往自樹，但其宦途向未甚亨，而家累頗重，少加湔濯，當猶可用。兄身既退歸，區區之私，固不能不屬望于弱弟，然非至誼如胞，固斷不肯為是言，亦不敢為是言也。李郭兩處已如指切實致函矣。德慶一帶行旅裹足，兄來時不覺，及至梧，則傳聞多異。利君猶可用，梧江上下尚得

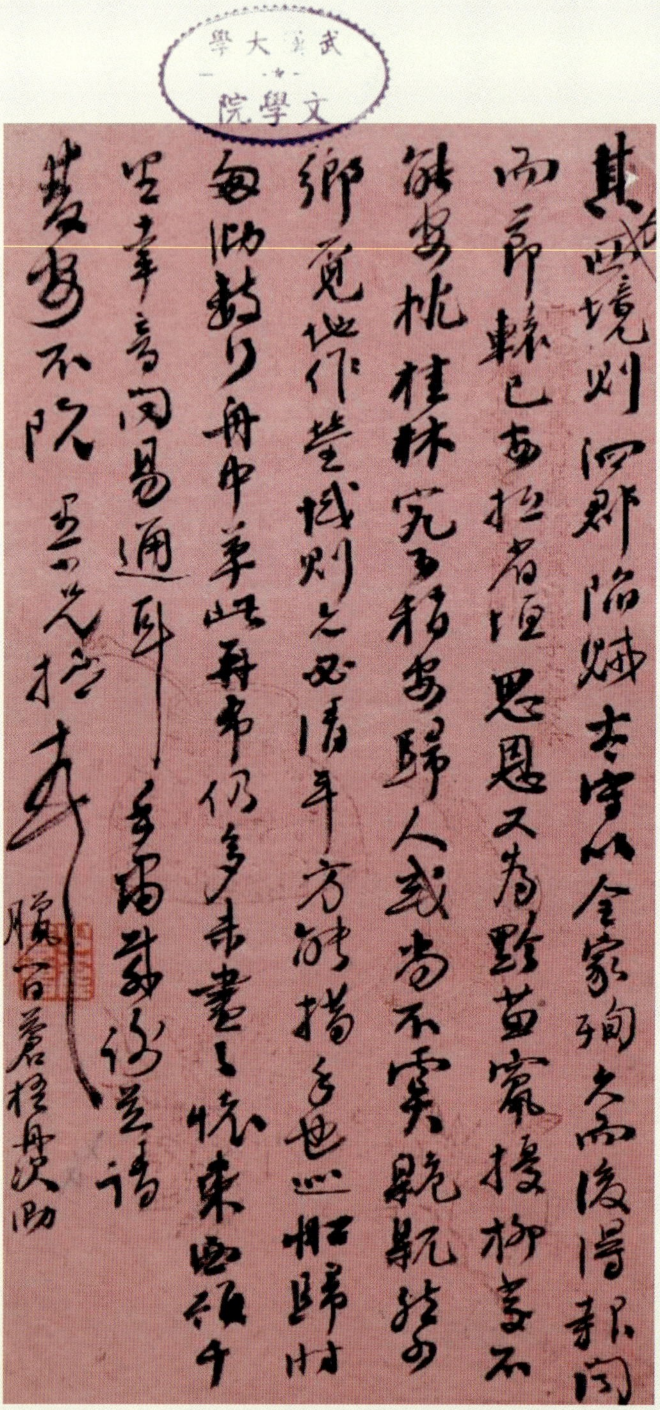

其西境則河郡臨城太守以全家殉之而後得報聞
而節轅已由桂省經 思恩又爲野苗竄擾柳慶不
能安枕桂林究易稍安歸人或尚不寒耽耽務
鄉覓地作避城則之必須年方能措手也此時歸時
每擬移舟中華此再商仍多未盡之懷來西頌千
望垂示以開通耶 手肅敬復並請
勛安不既 吾兄先拯
臘月蒼梧舟次泐

其力。西境則泗郡陷賊，太守以全家殉，久而後得報聞，而節轅已安抵省垣，思恩又為黔苗竄擾，柳慶不能安枕，桂林究可稍安。歸人或尚不虞鯢鼿，然四鄉覓地作塋域，則亦必清平方能措手也。巡船歸時，匆泐數行，舟中草此再布，仍多未盡之懷，東西雖千里，幸音問易通耳。手肅載謝，並請雙安。不既。愚小兄拯頓首　臘一日蒼梧舟次泐（印：少寉啓事）

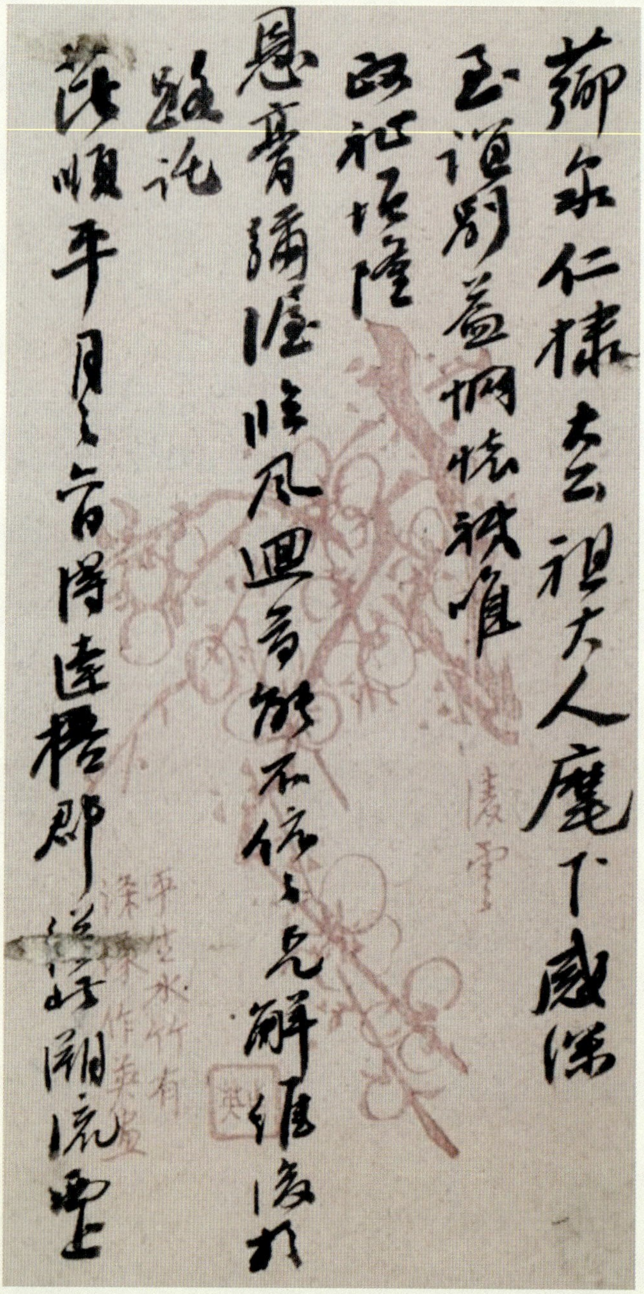

[illegible]仁棣[illegible]祖大人麾下：感深
[illegible]別[illegible]
政祉[illegible]隆
恩[illegible]昨風迴音[illegible]不[illegible]解維後[illegible]
[illegible]
[illegible]年月日[illegible]得達[illegible]郡[illegible]

薌泉仁棣大公祖大人麾下：感深

至誼，別益惘懷，祗唯

政祉增隆，

恩膏彌渥，臨風迴首，能不依依。兄解維後，於

路託

芘順平，月之六日得達梧郡，從此溯流西上，

王拯卷下

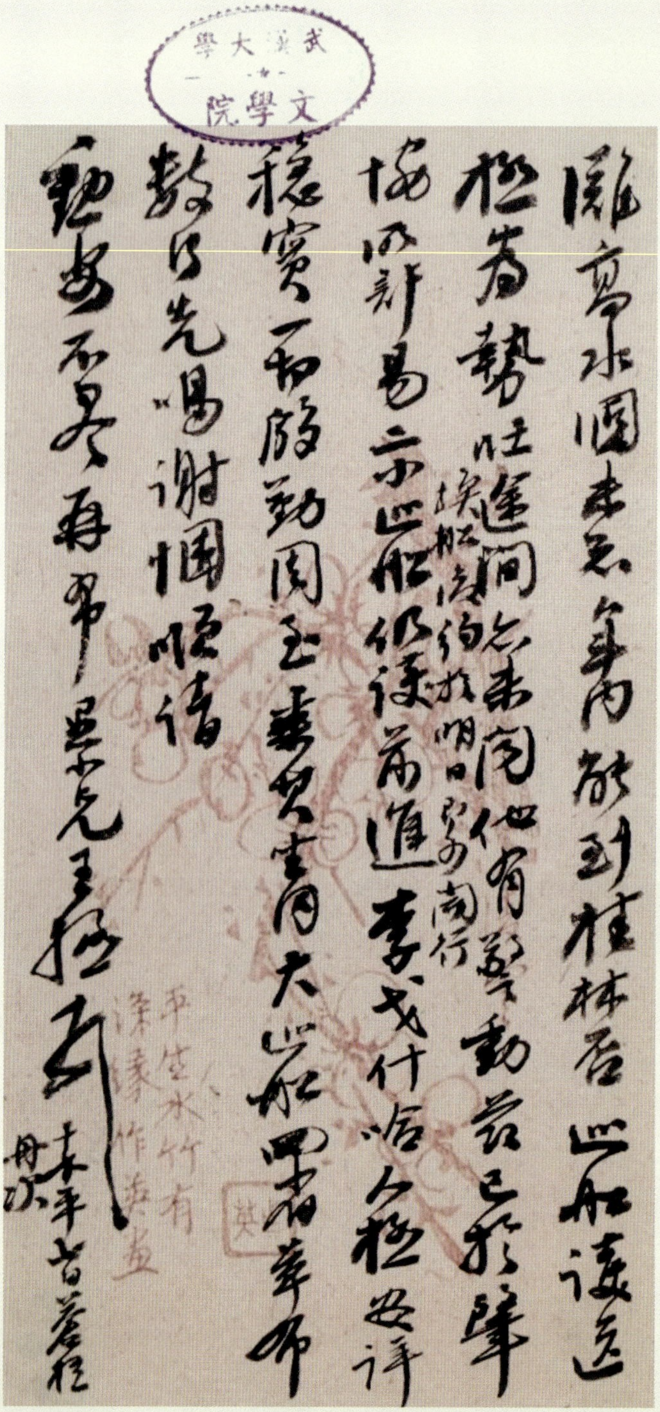

灘高水涸，未知年内能到桂林否。巡船護送，極為勢壯，途間亦未聞他有警動。兹已於肇協所部易二小巡船，換船後約於明日即可開行。仍護前進。李戈什哈人極安詳穩實，一切殷勤周至，乘其坐同大巡船回省，草布數行，先鳴謝悃，順請勳安。不盡，再布。愚小兄王拯頓首　嘉平七日蒼梧舟次

蔚泉仁兄大人閣下……

……

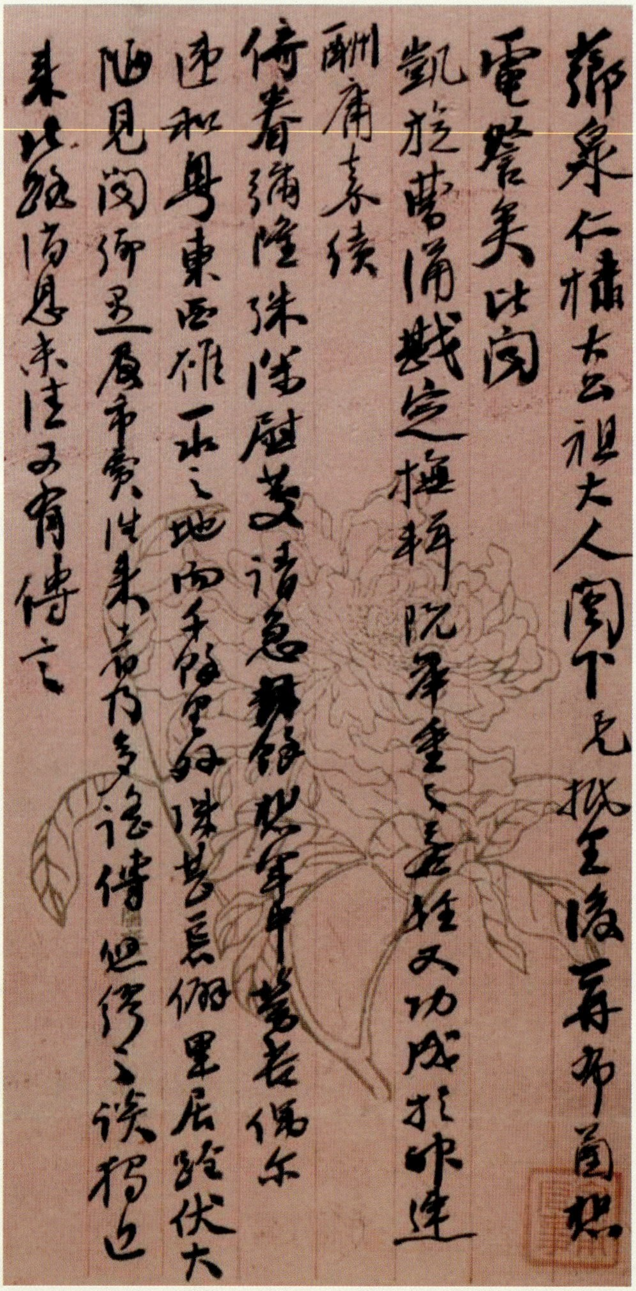

薌泉仁棣大公祖大人閣下：兄抵里後，一再布函，想（印：定甫启事）

電詧矣。比聞

凱旋曹涌，戡定撫輯，既舉重之若輕，又功成於神速，

酬庸嘉績，

倚眷彌隆，殊深慰慶。請急月餘，想軍中勞苦，偶爾

違和。粵東西雖一水之地，而千餘里外，殊甚荒僻。里居跧伏，大

陋見聞，鄉愚及市賈往來者，乃多謠傳悠謬之談。獨近

來北路消息未佳。又有傳言

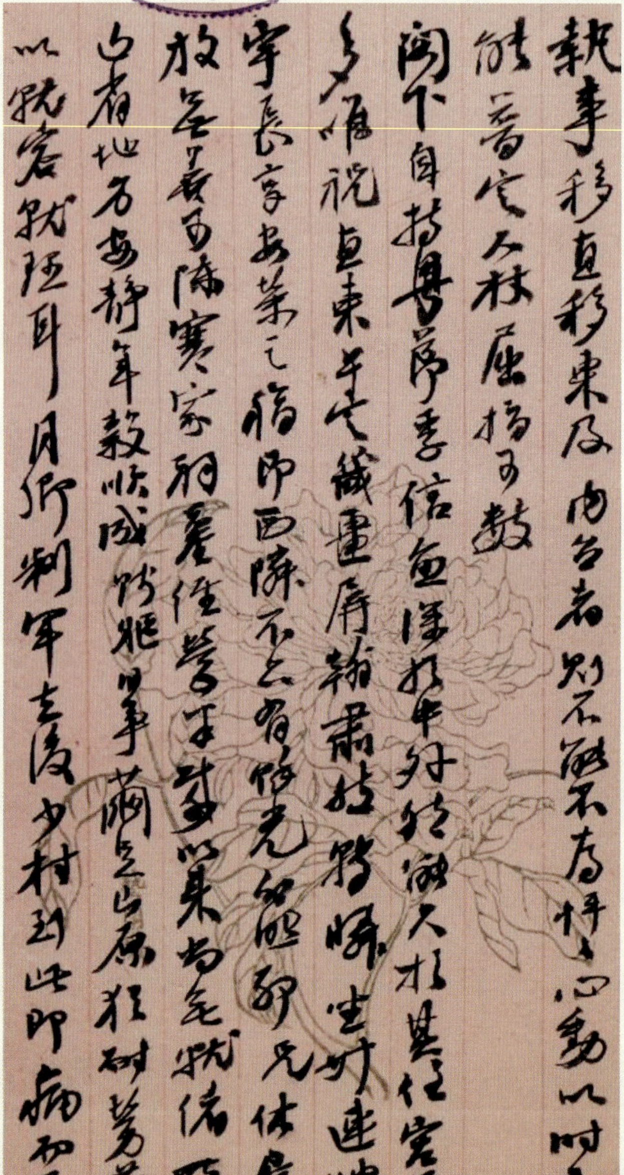

執事移直移東及 内召者則不能不為擇心動以時事來
能奮定大材屬指可數
閣下自指再節季信息深於中外於獄大於其位宦營別
多難視直東半壁鐵連屏翰肅於鴨綠坐對連帥海
宇長享安業之福即西陲不云有情光紀鄉元休居然
放念長息陲寒家羽巻住營半載以果尚無就緒此年
山有地方安靜年穀順成鴨綠以事滿及山原狂樹葛茂可
以就虛讀理耳 月行制年去後少村到此即病而不起

執事移直、移東及内台者，則不能不為怦怦心動，以時事未能普定，人材屈指可數，閣下自持粤節，孚信愈深於中外，然能久於其任，宏益斯多，唯祝直東早定，畿疆屏翰肅然，轉瞬坐升連帥，海宇長享安榮之福，即西隣不亦有餘光分照耶。兄休居頹放，無善可陳，寒家祠墓經營半載以來，尚無就緒。所幸近省，地方安静，年穀順成，賤軀日事，繭足山原，猶耐勞苦，可以就客就理耳。月卿制軍去後，少村到此即病而不起。

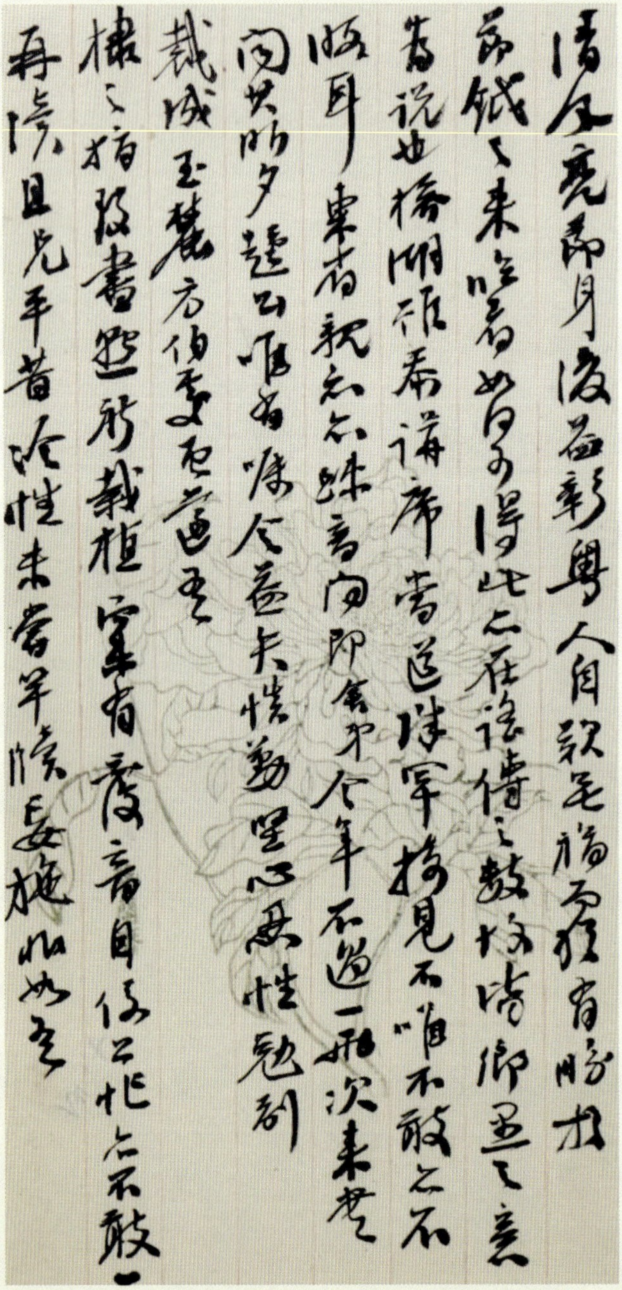
清卿尊兄節下後蒞彰粵人自款至福不獲有所求
節鉞之來唯省如何得此在後傳之數於詩御盈之矣
嘗說世橋湘派希講席嘗道律罕樣見不唯不敢亦不
順耳東南秋冬殊言向即食今年不過一兩次來耄
聞者所多題此唯有憐今益夫情勞望心愚性勉副
裁成至麓方伯季子屯營西垂
懷之猶恐書匪所載植寧有覆音自傷忙亦不敢一
再續且先年昔於性來當年候安擬繼如之

清風亮節，身後益彰，粵人自歎無福，而猶有盼於節鉞之來臨，看如何可得，此亦在謡傳之數，故皆鄉愚之意爲説也。榕湖雖忝講席，當道殊罕接見，不唯不敢，亦不暇耳。東省親知亦踈音問，即舍弟今年不過一兩次來書，聞其昕夕趨公，唯有囑令益矢慎勤，堅心忍性，勉副裁成。玉麓方伯處，曾遵吾棣之指致書，懇祈栽植，而未有覆音，自係公忙，亦不敢一再瀆。且兄平昔冷性，未嘗竿牘妄施，非如吾

梅大人閣下　違久益深肝肝相向之至　形此如此蕃生也美
自杭而越濡滯周柂　自老已乘　伴集升階　其筆墨甚
勤　拊我尤厚　行之未來　莫字棣棠芬幃拳　絕少瓯时
附致敬以敬承
賜文風俗羊牙而肌咗待
萬安唯希
書照不盡所愧　信里寬王拜

十月上辭桂林旅
㮾巷通臣第書

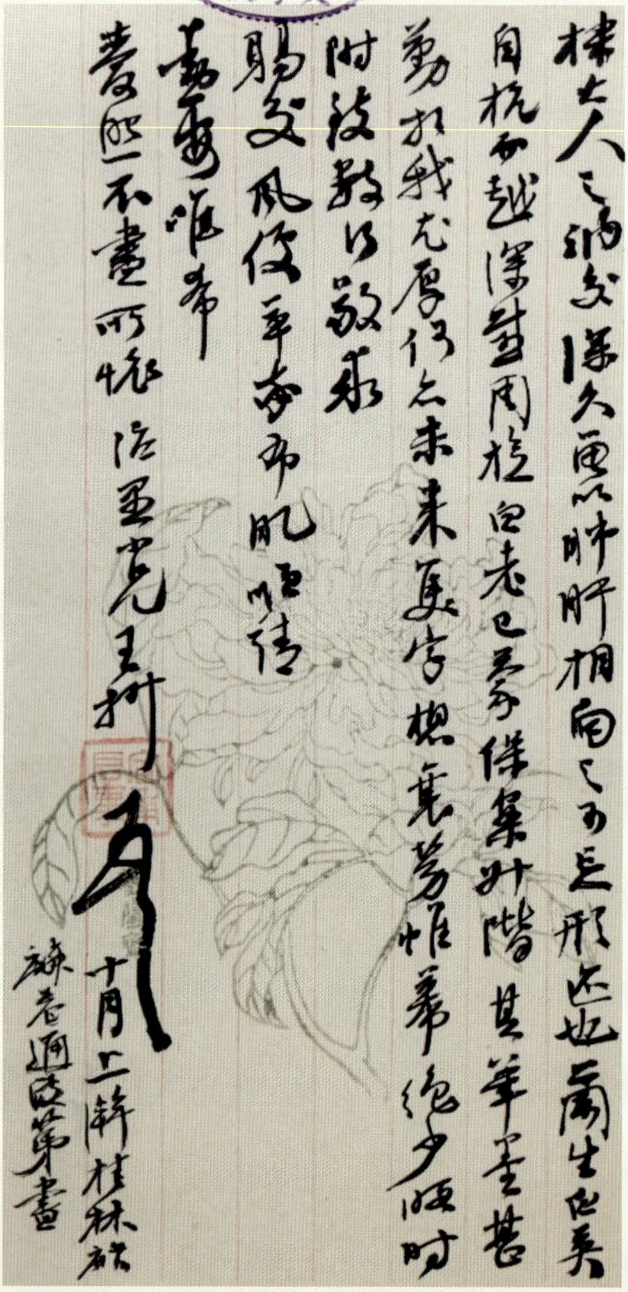

棣大人之納交深久、曾以肺肝相向之可忘形跡也。蘭生白英
自杭而越，深感周旋。白老已蒙保案升階，其筆墨甚
勤，於我尤厚，何亦未來隻字？想襄勞帷幕，絶少暇時，
附致數行，敬求
賜交。風便，草率布肊，順請
勳安。唯希
愛照，不盡所懷。治愚小兄王拯頓首（印：定甫启事）
十月上澣桂林麒
麟巷通政第書

薌泉方伯吾兄大人閣下：鍾雨琴啟撰四來奉到
手書，備承
遠注，殊深
榮權撫篆，
楙著宣勞，即荷
眞除，易勝愉頌。湘中兩清以後，調停情形子和必知，乃
賢者推循，信君凡在部民，同深感戴。拯奉諱間

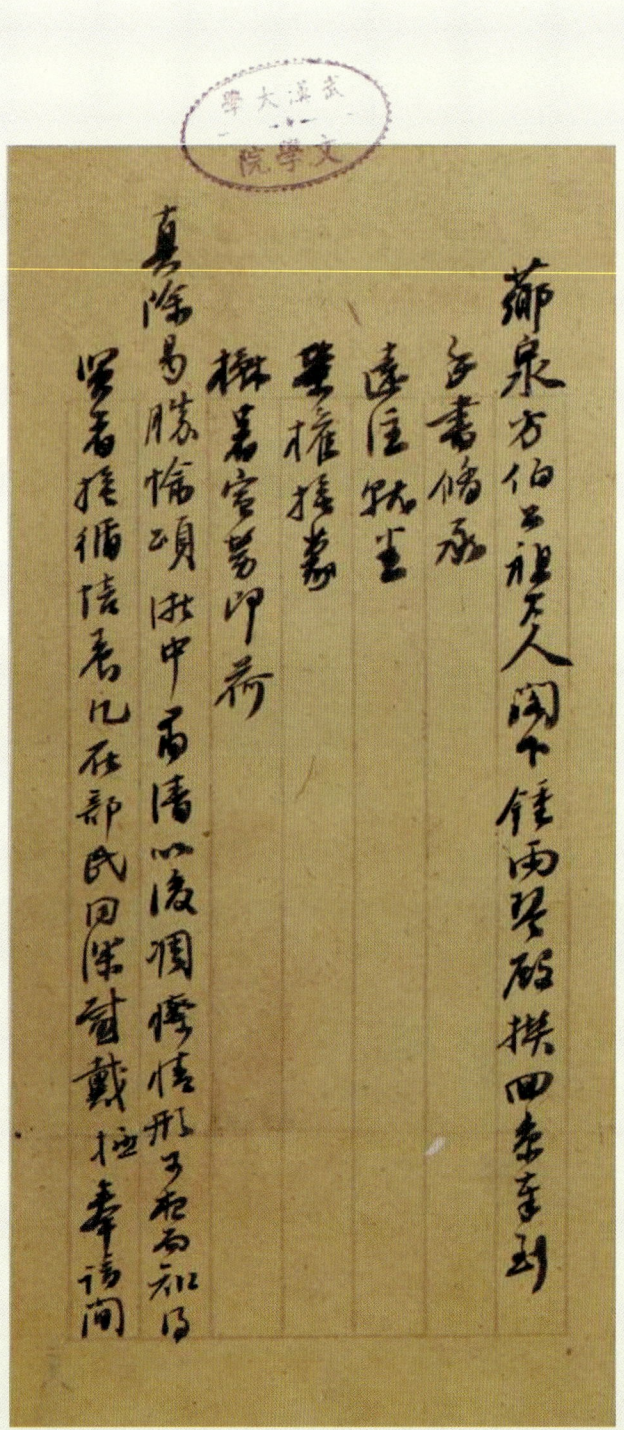

薌泉方伯公祖大人閣下：鍾雨琴殿撰回京，奉到
手書，備承
遠注，就悉
榮權撫篆，
楙著宣勞，即荷
真除，曷勝愉頌。浙中肅清以後，凋瘵情形，可想而知，得
賢者撫循培養，凡在部民，同深感戴。拯奉謫閒

屆日內作歲　叔兄抱病數月　昨始稍痊　云擬開
歲即當乞假南歸　如由水程　中間當取一歸程
故里　中秋前當屆時當詣
戟門　一罄闊悰　先塍玉硯　相要同展在華中好在
同蓋　顧矣　手此奉復　順頌
執袂　並請
勛安不盡不備　名另肅　嘉平廿二日
附謝叔及門謝粟甫民部寶錡一函乞為遞交並望存

居，忽將改歲，秋冬抱病數月，比始獲痊。兹擬開
歲即當乞假南歸，如由水程，中間尚欲一歸稽
山故里，小有勾留，屆時晉謁
戟門，一罄闊悰，豈勝至願。桐雲聞在幕中，必相
得益彰矣。手此奉復，順頌
新祺，並請
勳安。不恭不備。名另肅　嘉平廿二日
附致敝及門謝栗甫民部寶鏐一函，乞爲遞交是感。又及。

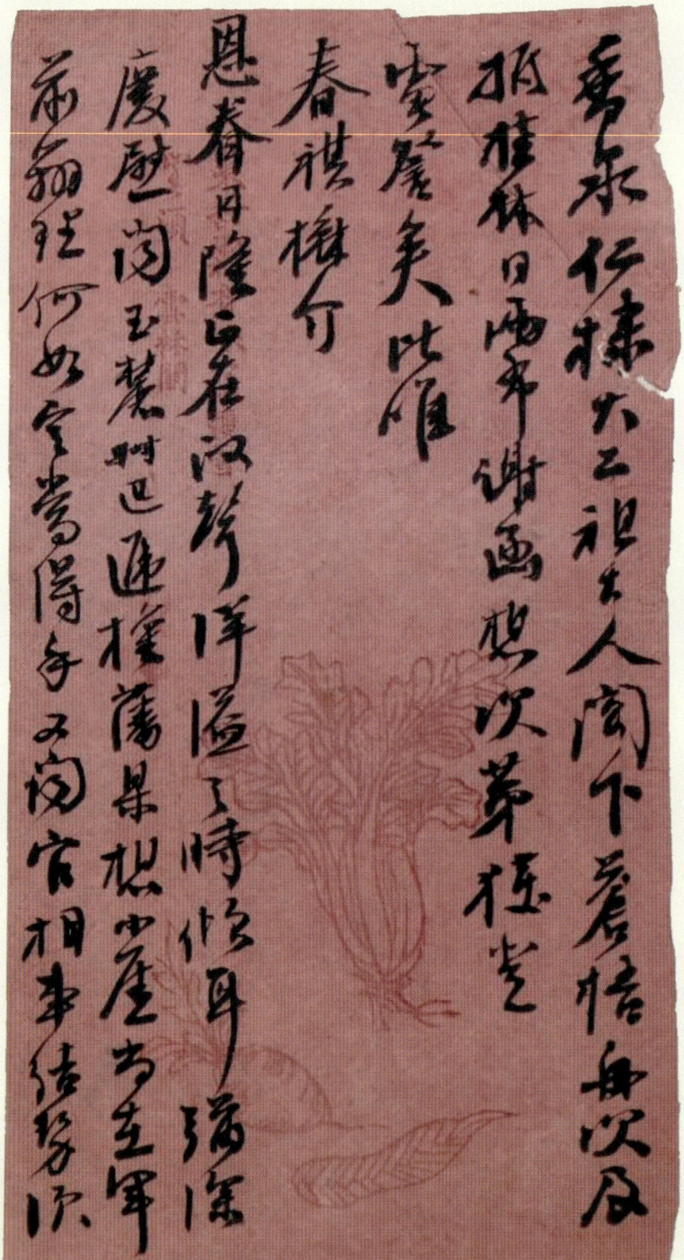

香泉仁棣大二兄大人閣下：疊接兩次啟
[illegible]，[illegible]日兩奉謝函，想次第接[illegible]
[illegible]鑒矣。比維
春祺[illegible]介
恩眷日隆，[illegible]在[illegible]時[illegible]
慶慰。閣[illegible]
[illegible]何如？[illegible]得[illegible]相[illegible]

香泉仁棣大公祖大人閣下：蒼梧舟次，及抵桂林日，兩布謝函，想次第獲登電詧矣。比唯春祺楙介，恩眷日隆，正在政聲洋溢之時，傾耳彌深慶慰。聞玉麓叔氾遞權藩臬，想小厓尚在軍前，辦理何如？定當得手。又聞官相事結，勢須

雨叔仁閣 識承先後舊物並兩函在即
連圻又嘗指頒閣事有謂見常在武林奉賢
羅山精英一文為人所不悅者此函
存騎函閣出以相示於私心獨往之所在竊相證且
堂偶書
椽動名日上而能兼之曾左要當進躋羅山
志事自謂不易之論又何嫌以人之為重輕耶

兩缺俱開。　誠老光復舊物，萬一内召在即，
連圻又當指顧間事。有謂兄前在武林奉贈
羅山精舍一文為人所不悦者。此必
台騶至閩，出以相示。然私心嚮往之所在，豈能相強。且
嘗謂吾
棣勳名日上，必欲鼎立曾左，要當追躡羅山
志事，自謂不易之論。又何能以人言為重輕耶？

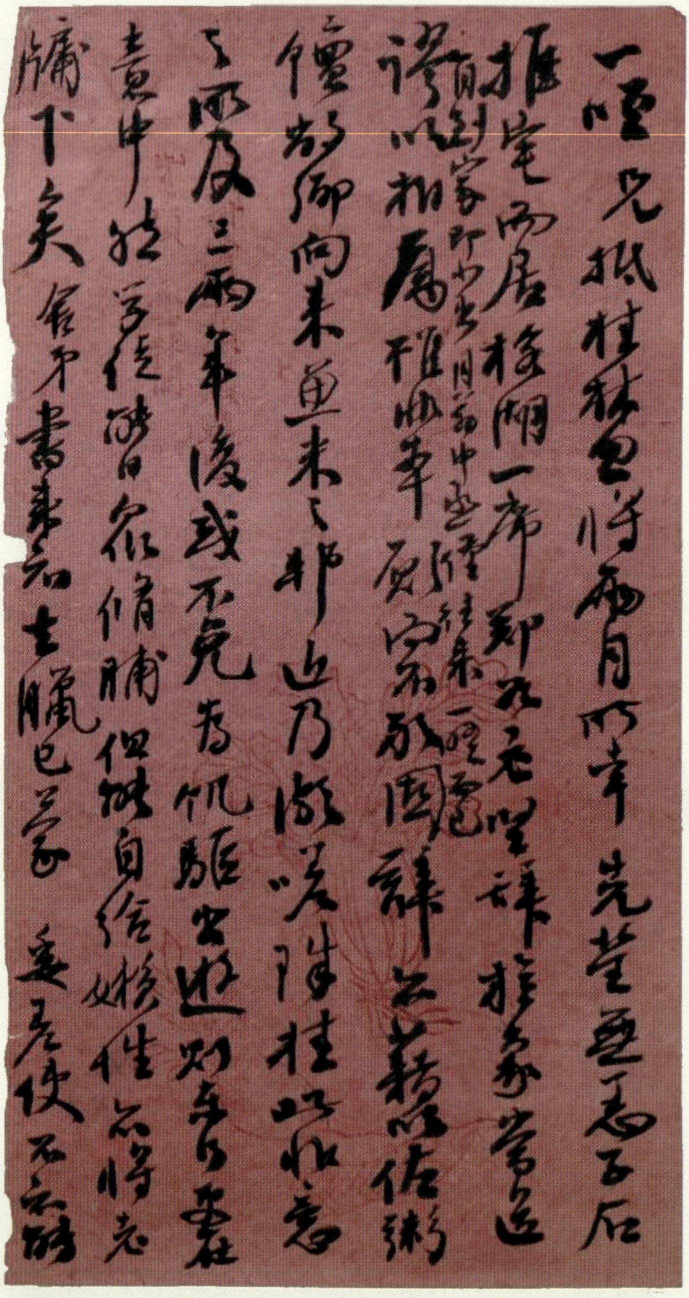

一笑。兄抵桂林，忽將兩月。所幸先塋無恙。子石推宅而居。榕湖一席，鄭谷老堅辭於象，當道
自到家即少出，月翁中丞僅往來一晤而已。
謬以相屬，雖非本願，而不敢固辭，亦藉以佐粥饘。敝鄉向來魚米之邦，近乃頗嗟珠桂。此非意之所及，三兩年後或不免為饑驅出遊，則東行更在意中。然學徒能日衆，脩脯但能自給嬾性，亦將老牖下矣。舍弟書來，知去臘已蒙　委差使，不知能

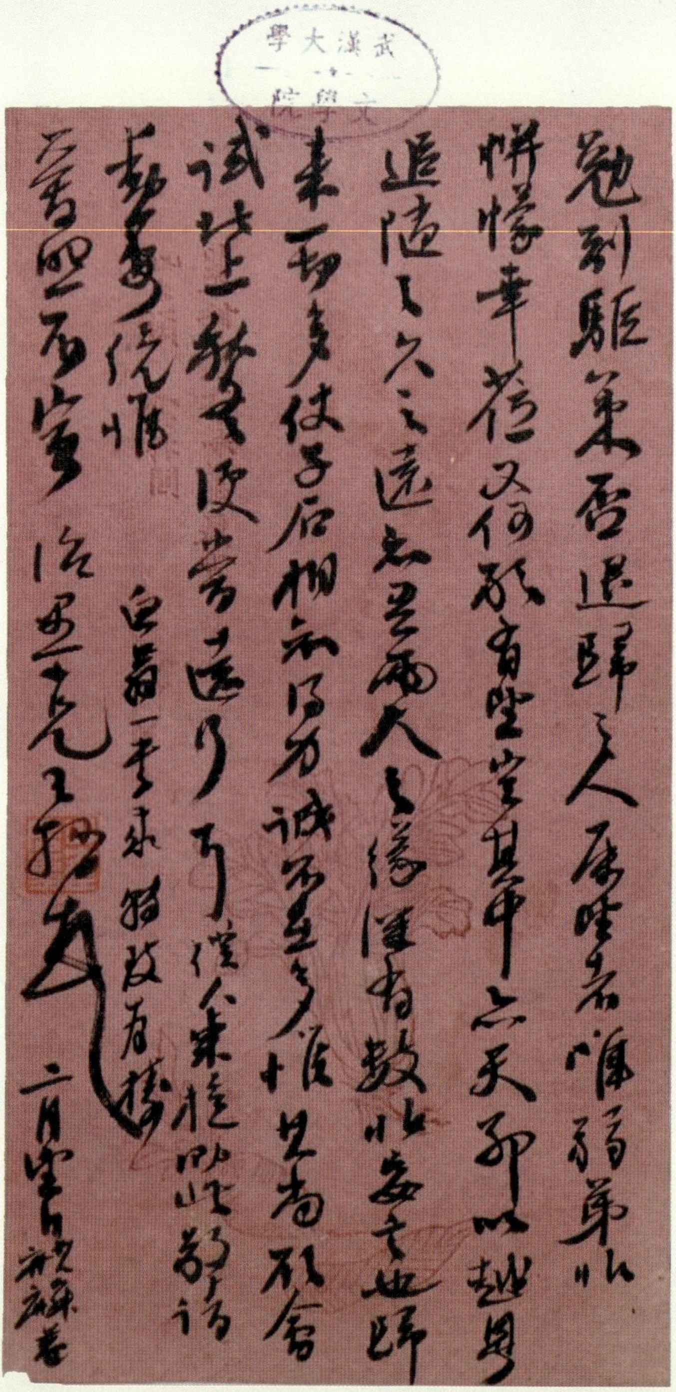
武漢大學
文學院

勉副驅策否？退歸之人，屬望者唯弱弟，非
帡幪幸蒞，又何敢有望，豈其中亦天耶。以越粵
追隨之久之遠，知吾兩人之緣深有數，非妄言也。歸
來一切多仗子石相知，得力誠不在多，惟其尚欲會
試北上，秋冬便當遠行耳。僕人東旋泐此，敬請
勳安。統惟　白翁一書，求轉致為禱。
愛照。不宣。治愚小兄王拯頓首　二月望日麒麟巷

和甫仁兄大人同年閣下 正深懷想，適奉

手牋，展誦如親。德範 即維

軺車莅止，即接甬東吾紹，不知旆有試事，玉讀泰鑒

彩雲積閣下久仗

春風化雨所至涵濡，此間所藏山之後輩出以爲世用，曷

勝禱。昨行李于途安甚慰。因情形忽有

新收賢論，即 弟以左遷爲難，抵直時踰一月，滿部必早傳

閣憲俯爲之轉詳，雲臻長江，厄難寬典，傳遐貸鄉曷勝

和甫仁兄大人同年閣下：正深懷想，適奉
手箋，展誦如親促厀。即稔
軺車蒞止，即按甬東。吾紹不知能有試事，玉鏡秦鬟，
秀靈稍閟已久，仗
春風化雨，所至涵濡，使陽明蕺山之徒輩出，以為世用，曷
勝禱頌。行李於途安善，蒿目情形，亦有
新吟幾許耶。弟以左遷，兼離樞直，時踰一月，澥中必早傳
聞。急修為之弗謹，重躁妄以啓羞。寬典倖邀，感慚曷極。

叔臺尚縟，後叢藁權患，劑一月而疏二上，事雖竟行，而寅亮
中宸，後疏陳軍務大局，而歸結於朝廷天下根本，盛道議爲請
降旨申黜，其謀乎屬聽從以自裁，然閒爲章歸計，本期來歲
爲此伎倆，於當不能移。讀書生子，兩年來臣僅遵歸廬，先擬補
輯案稿，定勝原章。江鄂近氣騷辭，時務至此，不融不勝。石
埭大捷之早至，吳興安長樂迷走，行恐一策之功，尤恐人生
眼穿也。猶左帥與鄉家相詳，不敢多屬，悵悵。
並候
孫侍萬千

年愚弟王拯頓首
五月廿

銀臺甫躡後塵，兼權宪副，一月而疏三上，事雖意外而實意中。最後疏陳軍務大局，而歸結以朝廷天下根本，或遂議為謫降所由，豈其然乎。孱軀殊以得蹔就閒為幸。歸計本期來歲，有此波折，當不游移。讀書生子，兩事未忘。僅遂歸廬先壟，補救桑榆，豈勝厚幸。江鄂逆氛皆劇，時勢至此，不能不盼石城大捷之早至。吳興安長想可速克。所謂一簣之功，尤使人望眼穿也。致左帥與薌泉稍詳，不贅。手肅。復頌道履，珍重萬千。

年愚弟王拯頓首　五月廿四

湖北省学术著作出版专项资金
Special funds for academic writing in hubei province

武漢大學圖書館館藏

晚清名臣手札

第八卷

主編　王新才　周榮
副主編　黄鵬　王美英　王三山

WUHAN UNIVERSITY PRESS
武漢大學出版社

第八卷　雜卷

目録

蒋益澧收件

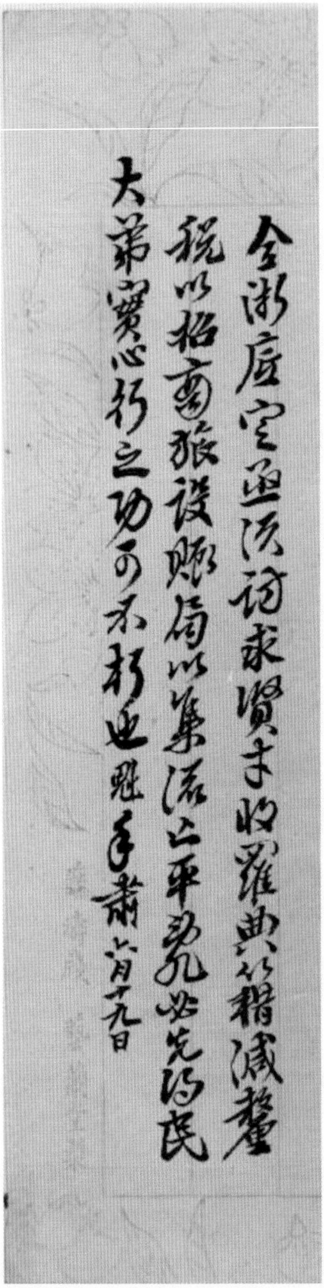

今浙省宜亟須訪求賢才收羅典以稽減釐
稅以招商旅設賑局以集流亡平冤訟必先得民
大弟實心行之功可不朽也熙手肅 六月十九日

全浙底定，亟須訪求賢才，收羅典籍，減釐稅以招商旅，設賑局以集流亡。平亂必先得民。大弟實心行之，功可不朽也。魁手肅　六月十九日

再者霞舫太史清操直節中外所欽初元牽
復方以大用相期客冬竟以痼疾旅卒京師
煢嫠遺孤飦粥不給賢者弗遇言之曷任愴
懷知關
廑念并以附
聞統祈
垂詧
寯藻再肅

再者霞舫太史，清操直節，中外所欽，初元牽復，方以大用相期，客冬竟以痼疾旅卒京師。煢嫠遺孤，飦粥不給，賢者弗遇，言之曷任愴懷。知關

廑念，並以附

聞。統祈

垂詧。 寯藻再肅

甲伍頁寯藻

蓮泉仁弟大人閣下：頃展
東函，備悉
政務勤勞，
勳祺懋集，至以為慰。自晉
弟開藩兩浙以來，未及一修箋候，懶漫之習，蓋仍舊所共
知諒為不怪。浙中殘破之餘，得
諸君子竭力經理，撫輯遺黎，而噢咻之計，亦漸有蘇息

薌泉仁弟大人閣下：頃展
惠函，備悉
政務勤勞，
勛祺懋集，至以為慰。自吾
弟開藩兩浙以來，未及一修箋候，嬾漫之習，蓋朋舊所共
知，諒為不怪。浙中殘破之餘，得
諸君子竭力整頓，撫輯遺黎，而噢咻之計，亦漸有蘇息

之望矣。比補

來翰，於一切善後事宜籌畫備至，良用慶慰。彼中文

物就華甲於天下，而流俗亦有過事浮靡之處，所冀

賢者躬率僚屬，去奢從儉，崇實黜華，庶舊俗遂以

丕變，巨禍可期永弭。知吾

弟與石泉、慶庵議，必有拔本塞源之規，可以

垂統於數十年之後，不僅爲補苴一時之圖也。叢杭

之望矣。比誦
來翰，於一切善後事宜，籌畫備至，良用慶慰。彼中文
物聲華甲於天下，而流俗亦有過事浮靡之處，所冀
賢者躬率僚屬，去奢從儉，崇實黜華，庶舊俗浸以
丕變，巨禍可期永弭。知吾
弟與石泉廉訪必有拔本塞源之規，可以
垂范於數十百年之後，不僅為補苴一時之圖也。蓉於

八月間奉鴻緘閣撫之
命，因即具摺陳謝，并乞假回籍修墓之請，蒙
俞旨賞假四個月，旋有交俟防務稍鬆再行回籍之
旨。比因積年勞瘁，實難支持，復上疏縷陳病狀，請準前
旨回籍就醫，昨奉
批迴，未邀允准，現值替人已抵秦中，復縷陳病證，請
暫留一月，俟將布置調發事宜詳籌告之新任計

八月間奉鐫級開缺之
命，因即具摺陳謝，為乞假回籍修墓之請，既奉
俞音，賞假四個月，旋有應俟防務稍鬆再行回籍之
旨，比因積年勞瘁，實難支持，復上疏縷陳病狀，請遵前
旨，回籍就醫，昨奉
批迴，未邀允准，現值替人已抵秦中，復縷疏瀝陳病體，請
暫留一月，俟將布置調度事宜詳悉告之新任，計

一月之假，諸事尚已請委，即可釋此重負，藉資調治
聖恩高厚，尚能俯鑒下情，予以休息，如蒙
俞允，計先月即可起程，職衣即回籍矣。數年遊宦，不知所
謂居官之樂，若無極而積累彈驚，鬚髮蒼白，旅見
老境侵尋，必還得解組，歸田讀書，養氣翱翔物外
亦足以樂而忘其老矣
來書亦有請假之語，不審所謂年甫逾壯正

一月之後，諸事當已諳悉，即可釋此重負，藉資調治。

聖恩高厚，當能俯鑒下情，予以休息。如蒙

俞允，計冬月即可起程，臘底即到籍矣。數年遊宦，不知所謂居官之樂者安在，而積憂殫勞，髮鬚蒼白，祇見老態浸尋，如遂得解組歸田，讀書養氣，翱翔物外，亦足以樂而忘其老矣。

來書亦有請假之語，不審所謂。年甫逾壯，正

努力馳驅勤勞
王事之秋非以鄙人之已近遲暮者比也石泉性情篤厚識
見深遠遇事當有持守不至爲親佐所移
閣下與寄寅僚計積逋尚不少矣明日即當卸篆諸
事整兄手艸數行以達區區即問
勤安諸惟
心照不宣
愚兄劉蓉頓首
十月十七日

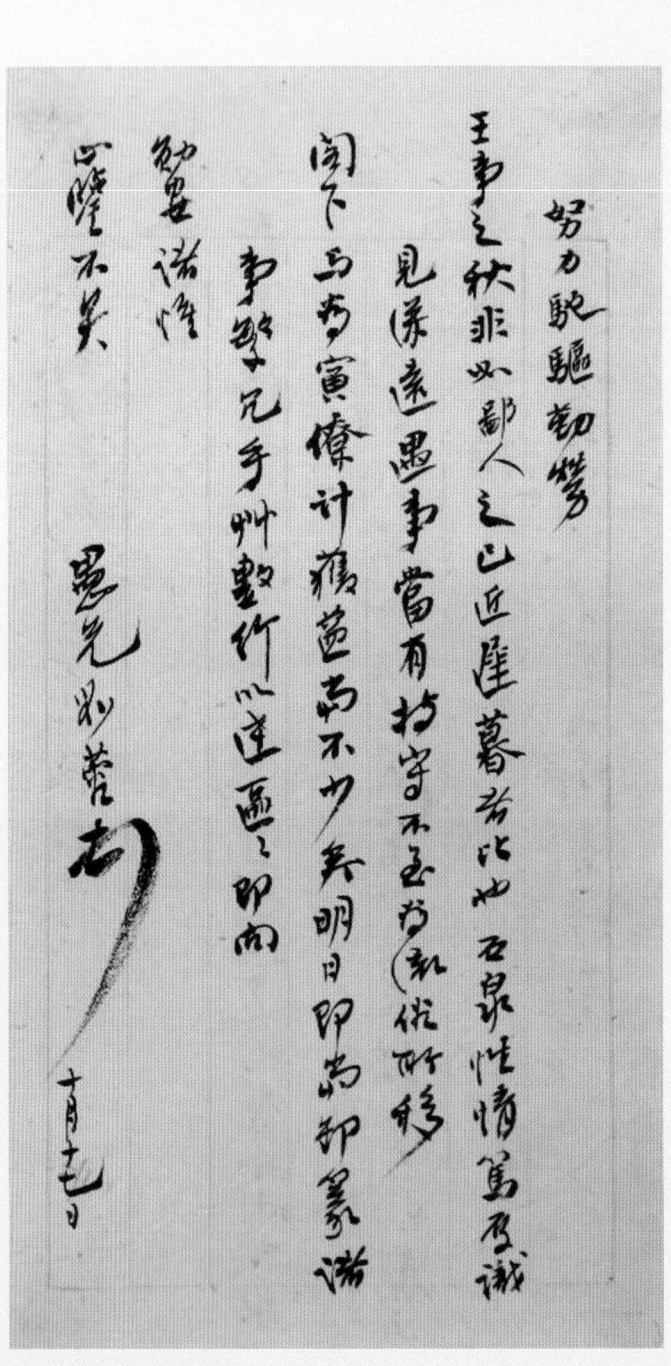

努力馳驅，勤勞
王事之秋，非必鄙人之已近遲暮者比也。石泉性情篤厚，識
見深遠，遇事當有持守，不至為流俗所移。
閣下與為寅僚計，獲益當不少矣。明日即當卸篆。諸
事繁冗，手草數行以達區區，即問
勛安，諸惟
心鑒。不具。　　愚兄劉蓉頓首　十月十七日

薌泉仁棣大人閣下：前布一函，諒蒙
鑒入。邇維
動靜萬福，為頌。茲上賀摺一函、咨文一道、摺費廿兩，敬求
飭交差弁附遞，是感。存義月内再旋省，諸容晤罄。肅
此布臆，即請
勛安。不莊。閏月初八日存義頓首謹啓

薌泉仁棣大人閣下：前布一函，諒蒙

鑒入，邇維

動静，萬福為頌。奉上賀摺一匣，賂文一道，摺費廿兩，敬求

飭交差弁附遞是感。存義月内可以旋省，諸客晤罄。肅

此布啓，即請

勳安。不莊。閏月初八日，存義頓首謹啓

存義頓首

鄭香仁棣大人閣下：別來匝旬，伏計

起居萬福。茲聞嘉興考試業已蕆事，定於廿有六日

遄往湖州。存義前以肝氣時動，致減眠食，近來已能

復原，不就醫，不服藥，時於讀書之間自家養氣。因思

老子之言曰：知其白，守其黑；知其雄，守其雌。又曰：知其

存義頓首。

薌香仁棣大人閣下：別來兼旬，伏計起居萬福，甚慰甚慰。嘉興考試業已蕆事，定於廿有六日遄往湖州。存義前以肝氣時動，致减眠食，邇來已能復原，不就醫，不服藥，時於讀書之間自寓養氣。因思老子之言曰，知其白守其黑，知其雄守其雌，又曰，和其

光同其塵夫老子聖人也厥體以柔制剛其用遂可以治
大國烹小鮮故曹相國以黃老之術佐漢而文安天下
諸葛武侯凝靜以致遠澹泊以明志用能集思廣益以
定蜀漢至今民謳思之執柔守靜之功效如此區區養
生云乎哉竊以之養生覺從前臨事接物稍不如意
則肝氣鬱勃於事無益而眠食交損矣頃過不好

光同其塵。夫老子，聖人也。其體以柔制剛，其用遂可以治大國若烹小鮮。故曹相國以黄老之術佐漢而乂安天下，諸葛武侯凝静以致遠，澹泊以明志，用能集思廣益，以定蜀滇，至今民謳思之。執柔守静之功效如此。區區養生云乎哉。竊以之養生，覺從前臨事接物，稍不如意則肝氣鬱勃，於事無益，而眠食先損矣。頃遇不如

意處平心靜氣坦然俟之於事無損而眠食有益
矣存義年逾六十閱歷險阻精氣非復壯時似宜退
然思執柔守靜之道覺有餘味也猥承
知愛謹以私心所得貢諸
閣下亦行
塵懷並頌

意處，平心静氣，坦然俟之，於事無損，而眠食有益矣。存義年逾六十，閲歷險阻，精氣非復壯時，似涉退茶。然思執柔守静之道，覺有餘味也。猥承知愛，謹以私心所得，貢諸閤下，以紓廑懷，兼頌

勳安伏維
亮察不宣弟義再頓首
書來紅裹拜領訖謝謝
五月廿二日

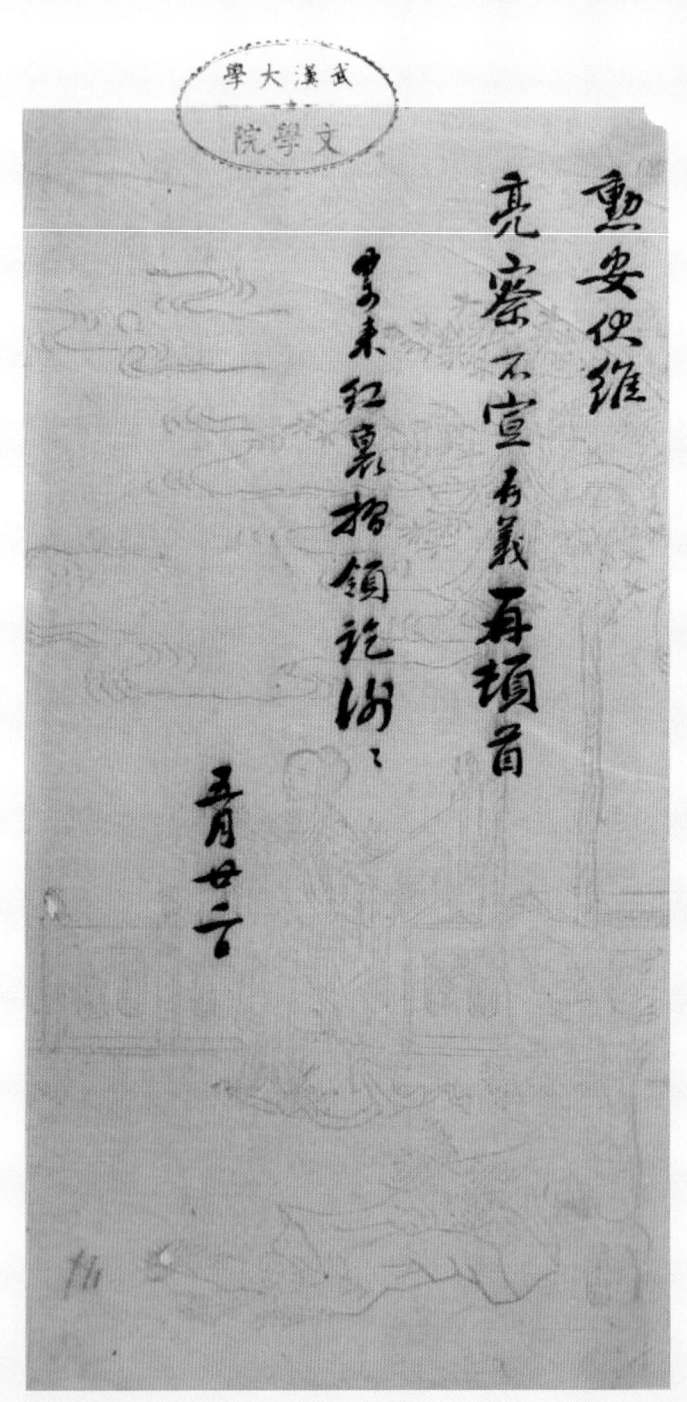

勳安，伏維
亮察。不宣。存義再頓首。
寄來紅裏摺領訖。謝謝。
五月廿二日

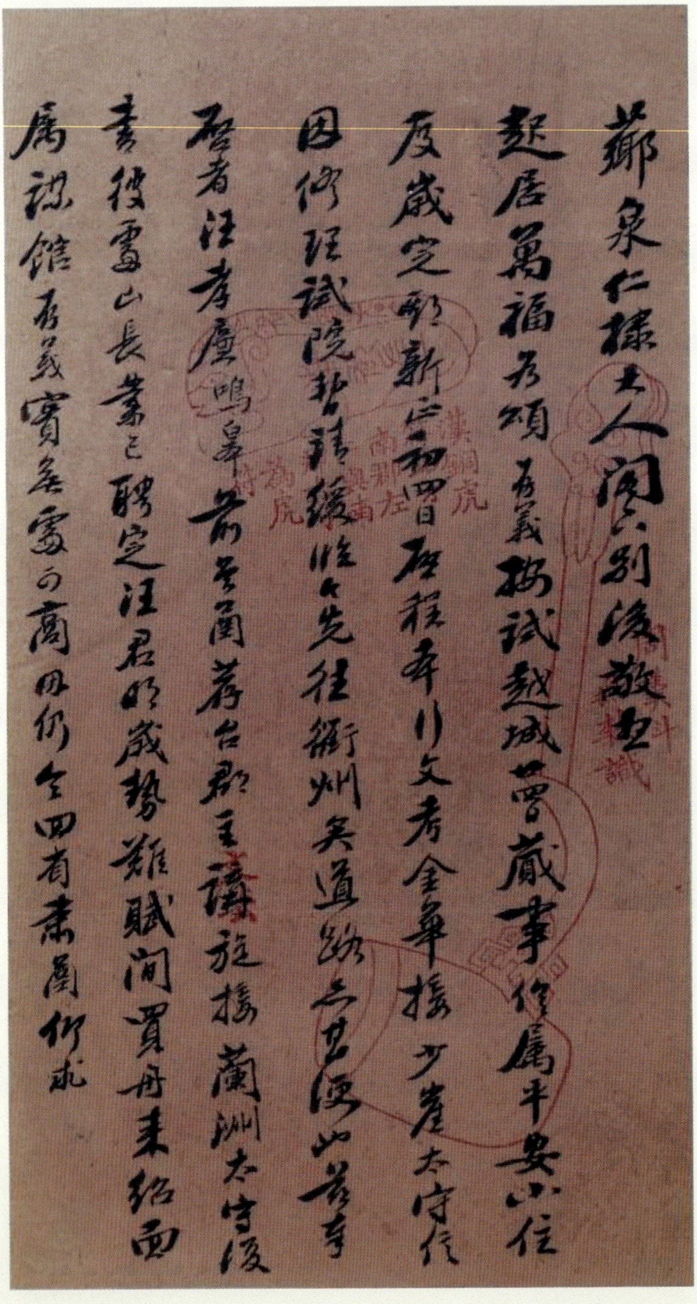

鄰泉仁棣大人閣下：別後敬想
起居萬福，爲頌。吾義按試越城，曾蒇事，偕屬平安，小住
度歲，定於新正初四日啓程，本月文孝全舉振少崖太守往
因衢理試院，暫請緩，唯先往衢州矣。道路尚甚便也，尊存
啓者，汪孝廉鳴皋前蒙閣薦台郡主講，旋據蘭洲太守復
書，彼處山長業已聘定汪君，明歲勢難賦閒。買舟來紹面
屬課館，吾義實無處可商，因何令田有素屬何就

薌泉仁棣大人閣下：別後敬想

起居，萬福為頌。存義按試越城，廿四日蕆事，俱屬平安，小住

度歲，定期新正初四日啓程，本行文考金華，接少崖太守信，

因修理試院，暫請緩臨。今先往衢州矣。道路亦甚便也。兹奉

啓者，汪孝廉鳴皋，前曾函薦台郡主講，旋接蘭洲太守復

書，彼處山長業已聘定，汪君明歲勢難賦閒，買舟來紹，面

屬謀館。存義實無處可商，因仍令回省，肅函仰求

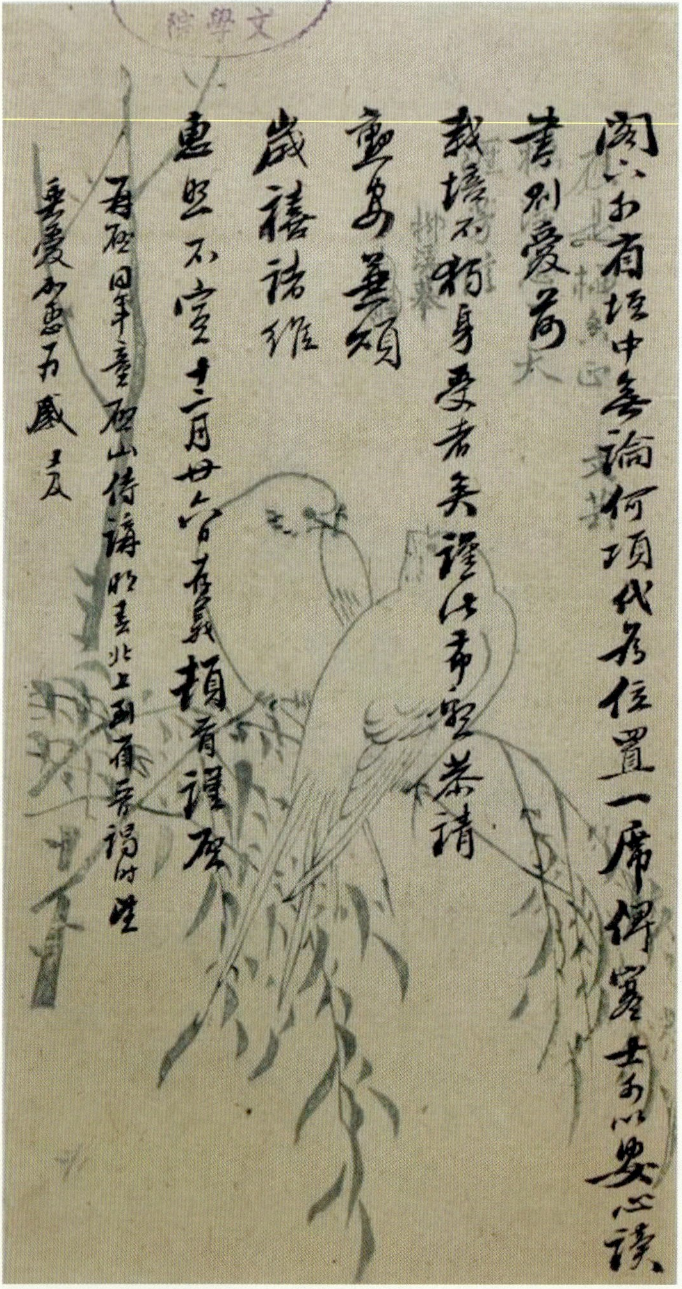

閣下前有垣中無論何項代為位置一席俾寒士可以安心讀
書則感荷
栽培不特身受者矣謹此布懇恭請
鈞安並頌
歲禧諸維
惠照不宣 十二月廿八日 存義頓首謹啟
再啟 日本晝硯山侍講昨去北上兩有晉福附此
垂愛如悉乃感 又及

閣下，於省垣中無論何項，代為位置一席，俾寒士可以安心讀
書，則愛荷
栽培，不獨身受者矣。謹以布懇，恭請
勳安，兼頌
歲禧，諸維
惠照。不宣。十二月廿六日存義頓首謹啓。
再啓，同年童啓山侍講明春北上，到省晉謁，时望
垂愛加惠為感。又及。

春間沈司馬差旋曾泐數行敬頌謝私並賀
大捷諒邀
霽鑒茲屆陽居大夏節慶中天敬惟
薌泉大公祖宗大人化洽虞風
令嚴趙日
震雷霆之迅烈
播草木之威名遂令
蘭芬昌勝奏向此間諸事猶是泄泄沓沓和戎一

春間沈司馬差旋曾泐數行，敬致謝私，並賀

大捷，諒邀

霽鑒。茲届陽居大夏，節慶中天，敬惟

薌泉大公祖宗大人化洽虞風，

令嚴趙日，

震雷霆之迅烈，

播草木之威名，遥企

蘭芬，曷勝葵向。此間諸事，猶是泄泄沓沓，和戎一

御形不可問昨敝同鄉王宮甫痛切言之竟以獲
咎在眾丁人之謗矣有何足惜特恐此路一塞將來
更無復有言者矣奉何之敢因通家張邦建比部
其人忠信孝友出於性成不但留心營務之暇武備
亦甚講求雖能上馬殺賊下馬草露布雖是其
餘極能耐苦耐勞生平志願大有乘風破浪之
意今以宮甫之薦奉
命特遣來浙與吾

節，尤不可問。昨敝同鄉王定甫痛切言之，竟以獲
咎。在渠一人之得失，有何足惜，特恐此路一塞，將來
更無復有言者矣。奈何？奈何？敝通家張叔建比部，
其人忠信孝友，出於性成，又極留心當世之務，武備
亦甚講求，頗能上馬殺賊，下馬草露布，雖是貴
介，極能耐苦耐勞，生平志願，大有乘風破浪之
意。今以定甫之薦，奉
命特遣來浙，與吾

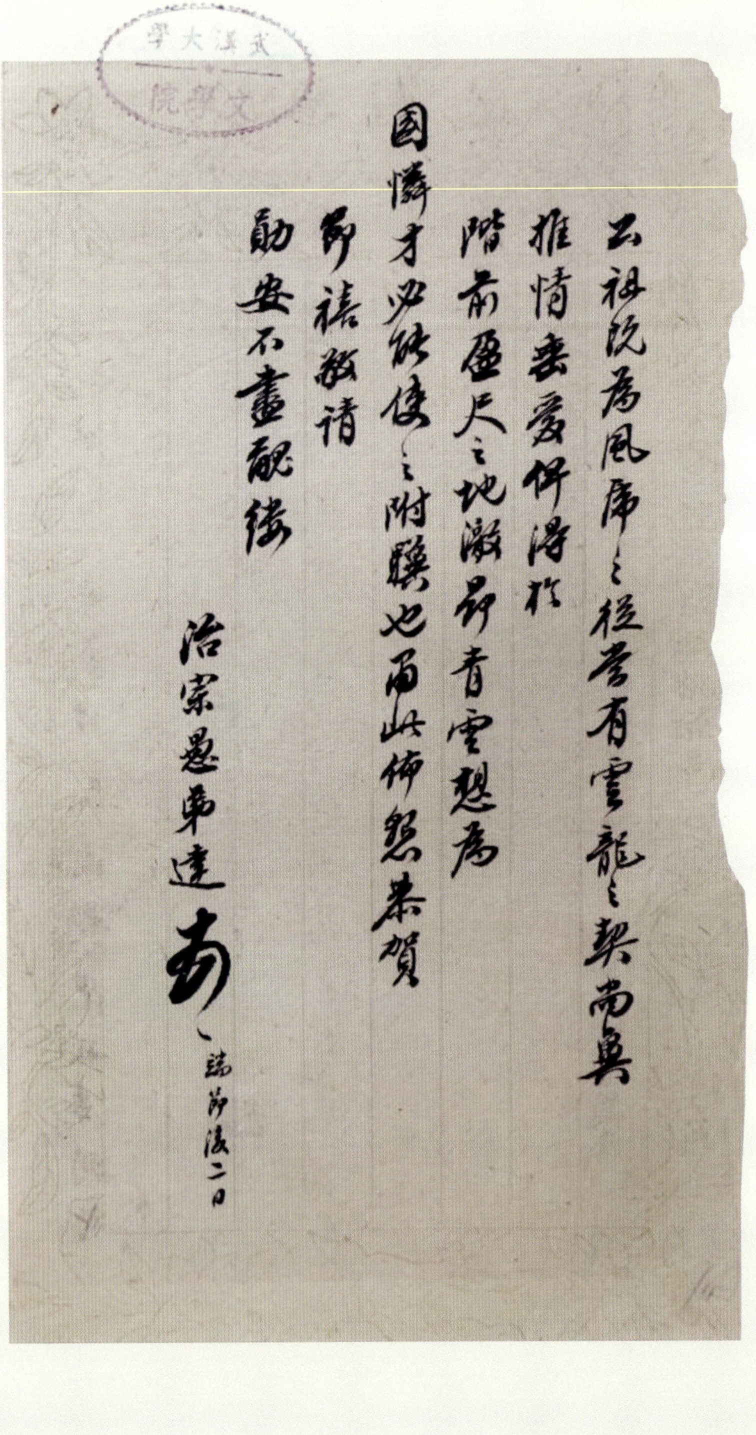

公祖既為風虎之從，嘗有雲龍之契，尚冀
推情垂愛，俾得於
階前盈尺之地，激昂青雲，想為
國憐才，必能使之附驥也。爾此佈懇，恭賀
節禧，敬請
勛安，不盡覼縷。

治宗愚弟達壽
端節後二日

公祖，既為風虎之從，當有雲龍之契。尚冀
推情垂愛，俾得於
階前盈尺之地，激昂青雲。想為
國憐才，必能使之附驥也。肅此佈懇，恭賀
節禧，敬請
勛安，不盡覼縷。

治宗愚弟達頓首　端節後二日

蔀泉大公祖大人左右：前日和甫學使所談冊頁一事，頃已覓得鐫碑人，並將畫冊發下一觀爲荷。又月前撤局請領墊項，未知已蒙飭庫否？初三卯能否發給？緣需用甚迫，不得已瀆請也。酷暑不敢輕造，率此布肊，恭請台安。

治里末沈祖懋頓首上　初二日

湘管　雲藍閣製

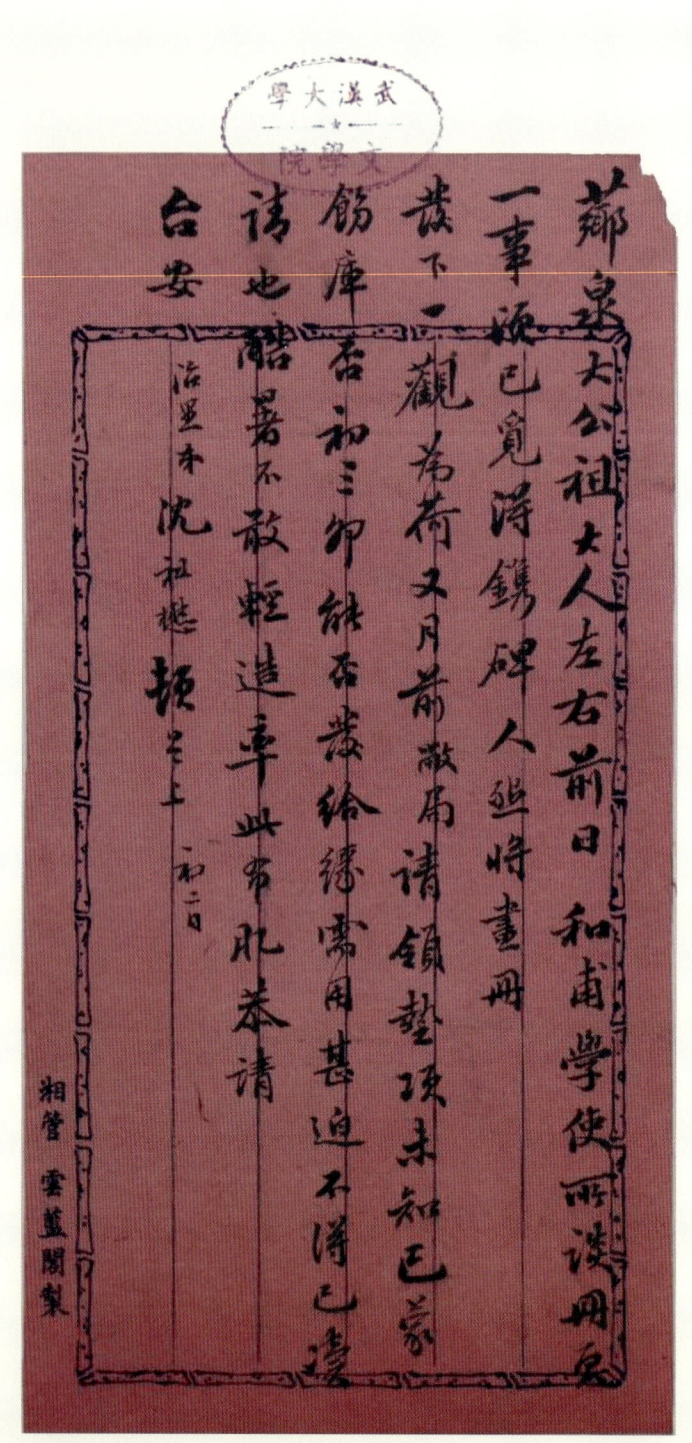

薌泉大公祖大人左右：　前日　和甫學使所談冊頁一事，頃已覓得鐫碑人。懇將畫冊發下一觀為荷。又月前敝局請領墊項，未知已蒙飭庫否？初三卯能否發給？緣需用甚迫，不得已瀆請也。酷暑不敢輕造，率此布肊，恭請台安。

治愚弟沈祖懋頓首上　初二日

再仁和方勉甫恭釗在沈文忠寓館席多
年南齋同直諸君亦多以筆墨相屬亦
等東與世好互交而尤重其才品惟屢次
北闈僅擬謄錄議敘鹽場令侄赴試南歸
特與言爲介晉謁
崇墀其爲人曾官侍御旋亦現任農曹雖
兩世甲科而家境極善且自翳雅雖鄉兵

再，仁和方勉甫恭釗在　沈文忠處館席多
年，南齋同直諸君，亦多以筆墨相屬，弟
等本與世好至交，而尤重其才品。惟屢次
北闈，僅挑謄録，議敘鹽場。今值赴試南歸，
特與言為介，晉謁
崇墀。其　尊人曾官侍御，胞弟現任農曹，雖
兩世甲科，而家境極苦，且自髫稚離鄉，兵

發後更難呼將伯並一秋闈失利思爲集腋
之圖
閣下大衆廣廈說士爲心敢祈
逾格推情倘能不吝所顧此獨身受者戴
德五中亦等心感
雲施於靡既矣
棠初兄
壽謹再啓

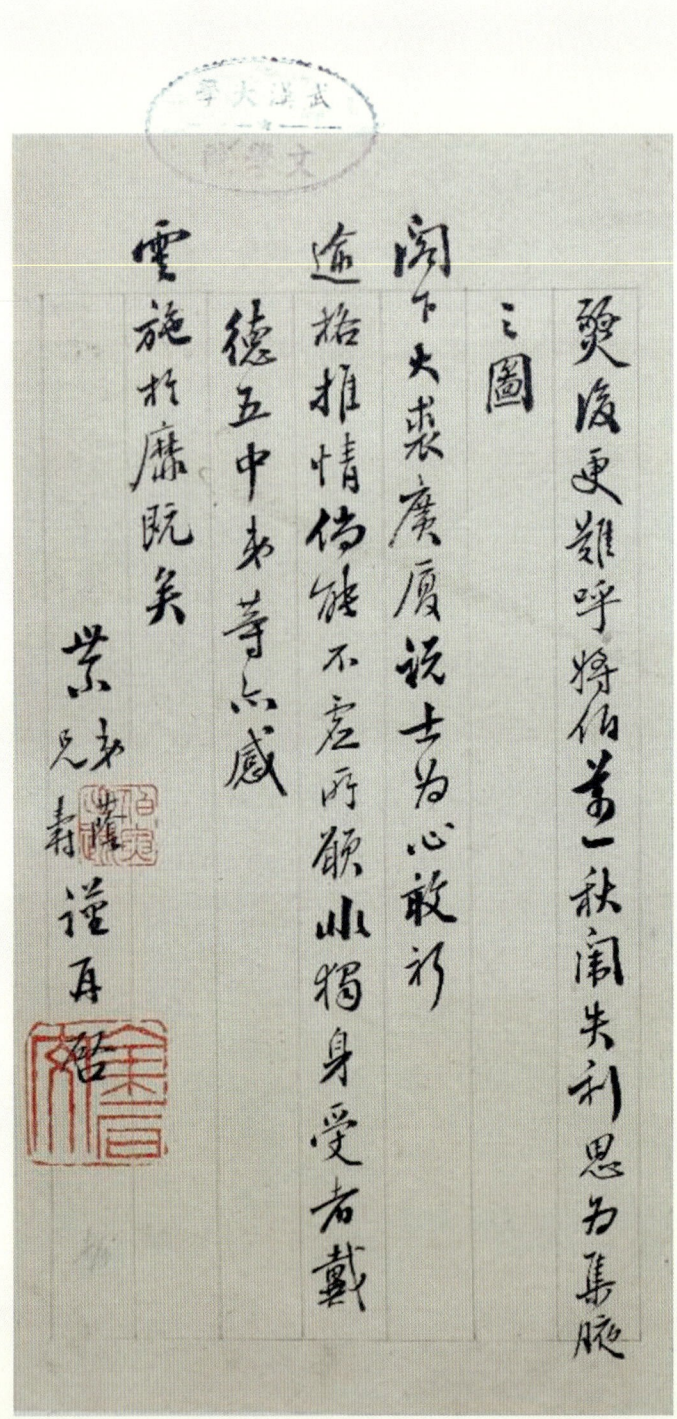

燹後更難呼將伯，萬一秋闈失利，思為集腋
之圖。
閣下大裘廣廈，説士為心。敢祈
逾格推情。倘能不虛所願，非獨身受者戴
德五中，弟等亦感
雲施於靡既矣。
世小弟蔭兄壽（印：伯寅手疏）謹再啓（印：金石交）

再啟者趙撝叔同年之謙天才卓犖学問文章一時無兩餘事作篆隸圖繪真百餘年來所未有也兹在閩浙軍營亦知我事經世之学夙昔究心推爲高敱奇不自已欲捐一小官以贍餬口

明公廣夏萬間愛才若渴尚祈

再啓者，趙撝叔同年之謙，天才卓犖，學問文章，一時無兩，餘事作篆隸圖繪，真百餘年來所未有也。曾在閩浙軍營，亦知戎事，經世之學，夙昔究心。惟才高數奇，不得已欲捐一小官以資餬口。明公廣夏萬間，愛才若渴，尚祈

（騎縫印：金石交）

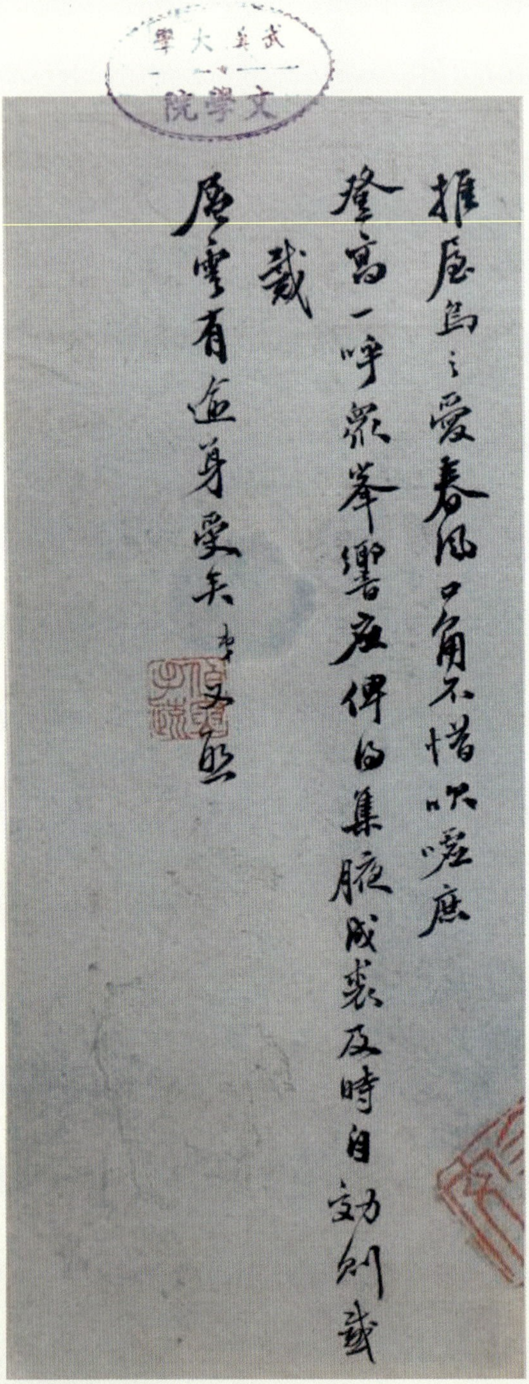

推愛烏之愛，春風口角，不惜吹噓，庶
登高一呼，衆峰響應，俾得集腋成裘，及時自効，則感
戴
展雲有道尊愛矣。弟文熙

推屋烏之愛，春風口角，不惜吹嘘，庶

登高一呼，衆峯響應，俾得集腋成裘，及時自効，則感

戴

層雲，有逾身受矣。弟又啓。（印：伯寅手疏）

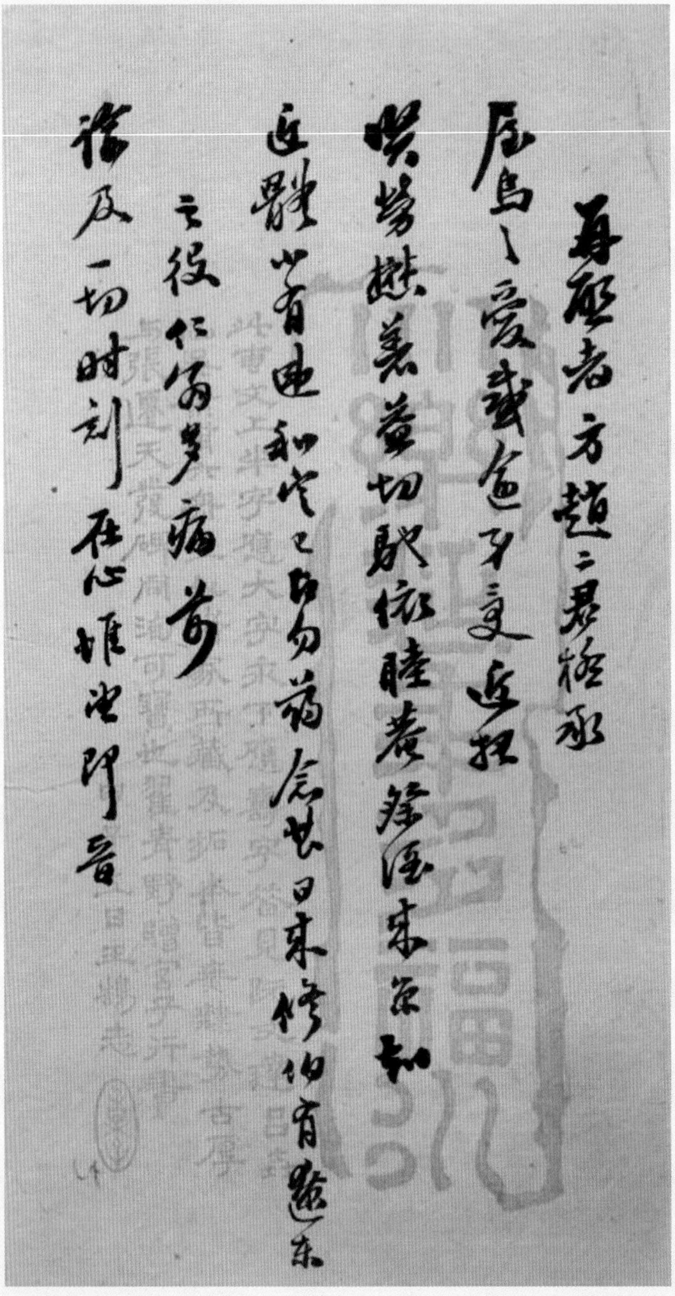

尊處吾方趙二君經承
展局之處載為予更正擬
貴坊樹美華切耿依睦叢鋒逕來余知
近體如有通和定之貼勿藥念甚日來修伯有發遞來
之役仁兄尚多痛苦
諸及一切時刻在心惟望即音

再啓者，方趙二君，極承
屋烏之愛，感逾身受。近想
賢勞懋著，益切馳依。睦菴祭酒來京，知
近體小有違和，定已占勿藥，念甚。日來修伯有遼東
之役，仁翁多病，前
諭及一切，時刻在心，惟望即晉

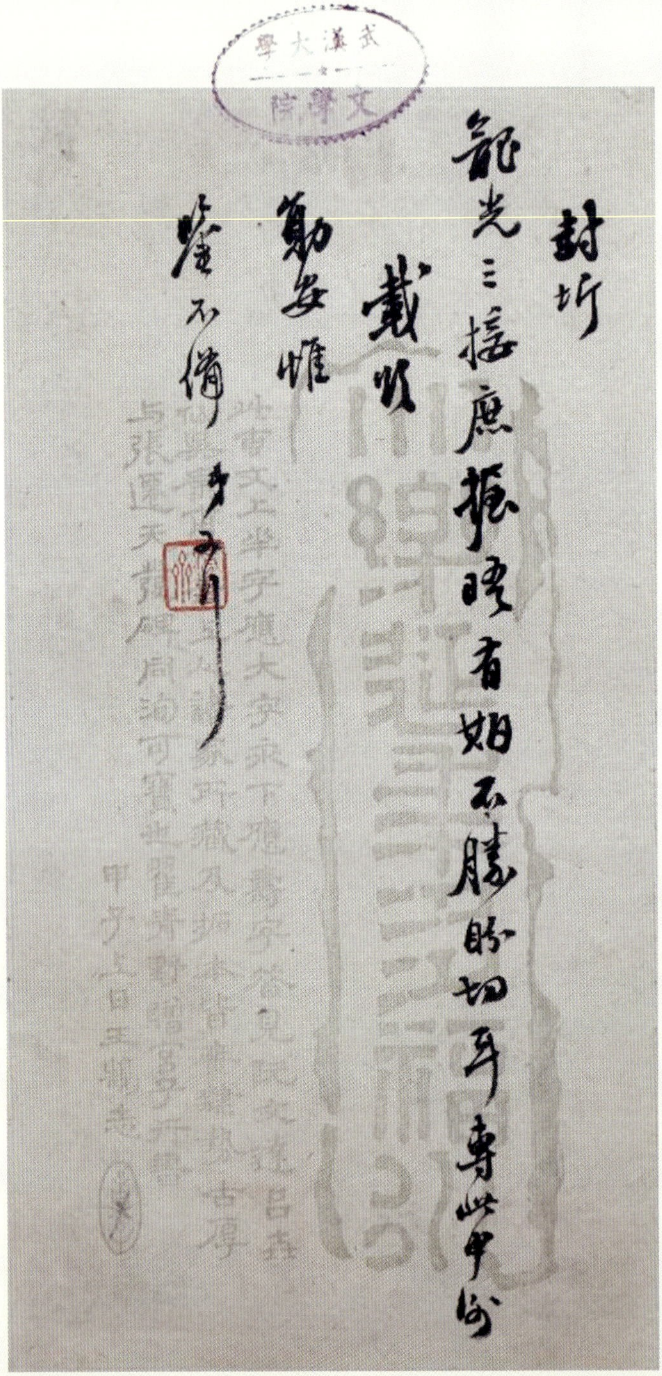

封圻

龍光三接庶振曉有姻不勝盼切耳專此申賀

載頌

勛安惟

鑒不備 [illegible]

封圻，
龍光三接，庶握晤有期，不勝盼切耳。專此申謝，
載頌
勛安。惟
鑒不備。弟又拜（印：滂喜齋）

薌泉大公祖大人閣下二月七日曾肅一函
未知已達
典籤否嗣聞浙中父老有攀轅之請私冀
行旌或可少留乃昨者得家鄉來信知
朝廷念嶺表初平倚
大賢爲重須
九天之節鉞

薌泉大公祖大人閣下：二月七日曾肅一函，

未知已達

典籤否？嗣聞浙中父老有攀轅之請，私冀

行旌或可少留。乃昨者得家鄉來信，知

朝廷念嶺表初平，倚

大賢爲重，頒

九天之節鉞，

鎮百粵之山川昔周室中興而疆理南海
之功非召穆公不可詩人歌詠流播篇
章以今方古
閣下即其人矣惟是六橋花柳久在
春風披拂之中一旦
玉節金符翩然就道想
賢者多情亦必有羊叔子峴首流連之意

鎮百粵之山川。昔周室中興，而疆理南海之功，非召穆公不可，詩人歌詠，流播篇章。以今方古，閣下即其人矣。惟是六橋花柳，久在春風披拂之中，一旦玉節金符翩然就道，想賢者多情，亦必有羊叔子峴山流連之意，

不獨浙人之戀戀於
清塵也 樾因嫁女事即在此月中不及趨送
良用悵然 拙刻未識交何人經理區區
誇癡之意頗急于觀成不知可分半于
吳中槧刻否甬東有無回信倘
行前再致一書則臨別贈言受不止重
于九鼎矣手此敬賀

不獨浙人之戀戀於

清塵也。棫因嫁女事即在此月中，不及趨送，

良用悵然。拙刻未識交何人經理，區區

詅癡之意，頗急於觀成，不知可分半于

吴中棐刻否？甬東有無回信？倘

行前再致一書，則臨别贈言叜不止重

于九鼎矣。手此，敬賀

大喜順請
台安臨紙無任神馳統祈
鑒照餘詳前書不盡萬一
治愚小弟俞樾頓首

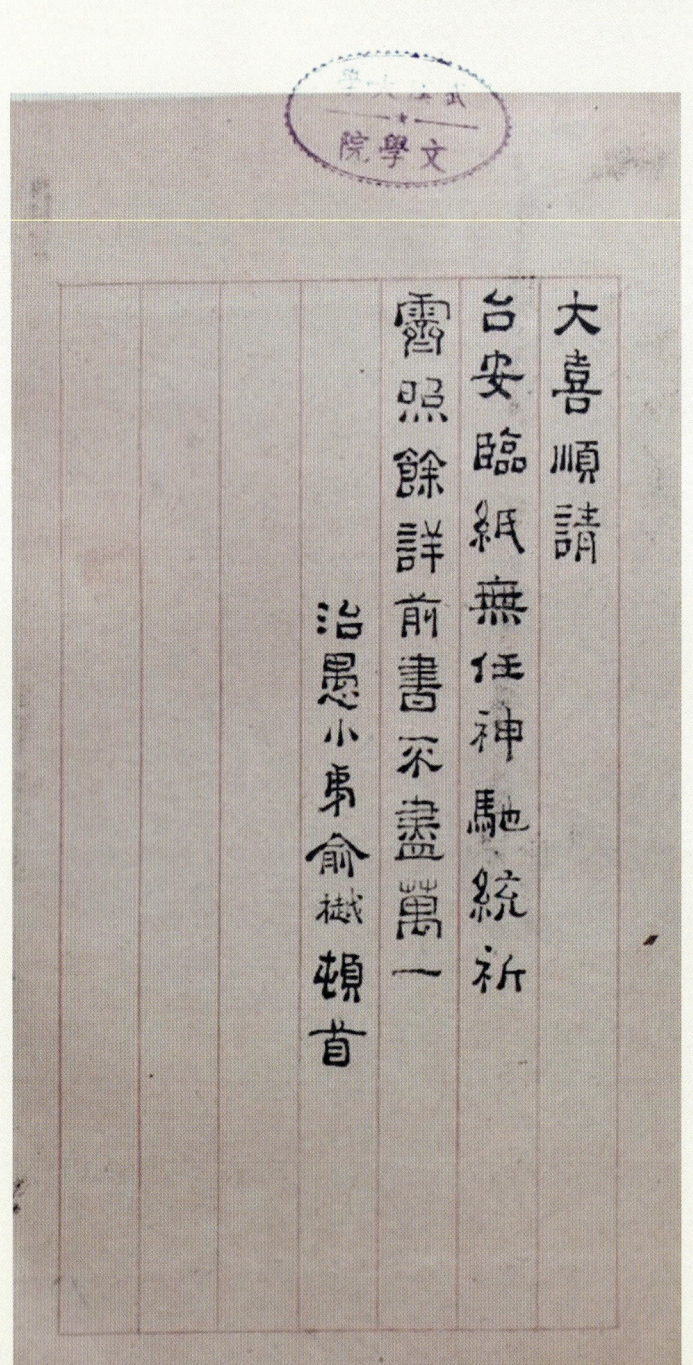

大喜，順請

台安。臨紙無任神馳，統祈

霽照。餘詳前書，不盡萬一。

治愚小弟俞樾頓首

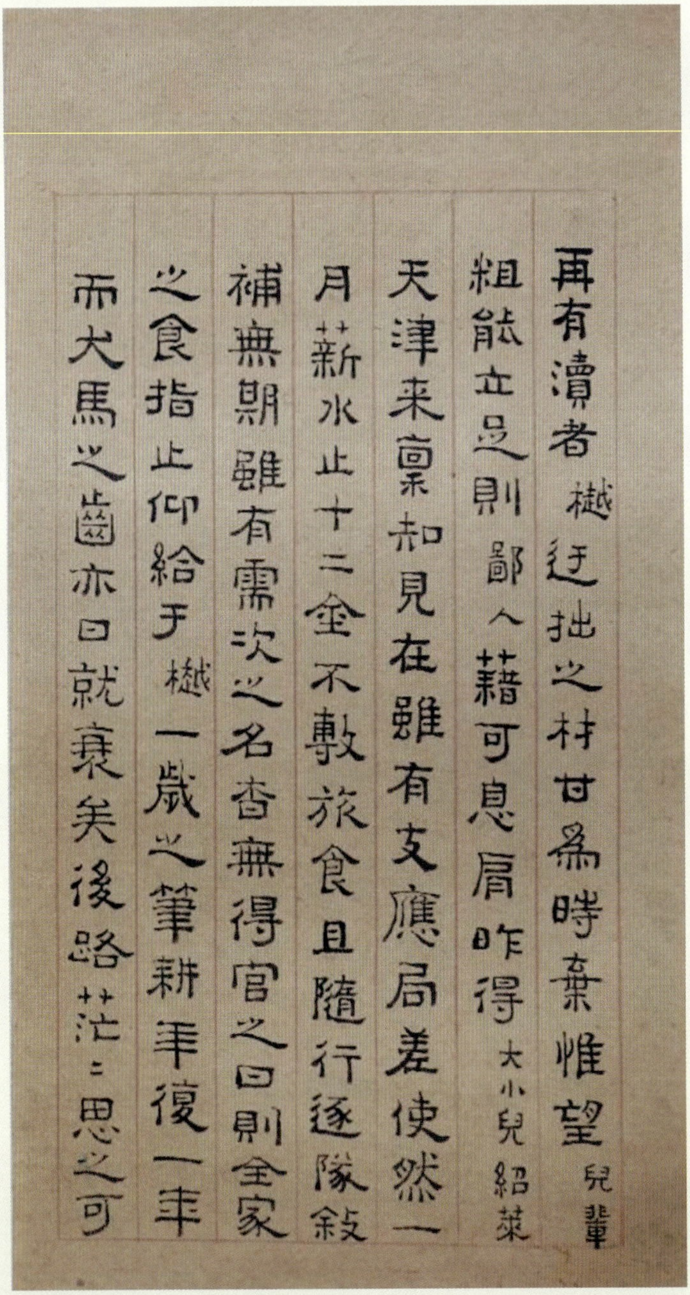
再有瀆者 樾廷拙之材甘爲時棄惟望 兒輩
粗能立足則鄙人藉可息肩昨得大小兒紹棻
天津来禀知見在雖有支應局差使然一
月薪水止十二金不敷旅食且隨行逐隊敍
補無期雖有需次之名杳無得官之日則全家
之食指止仰給于 樾 一歲之筆耕年復一年
而犬馬之齒亦日就衰矣後路茫茫思之可

再有瀆者：樾迂拙之材，甘爲時棄，惟望兒輩粗能立足，則鄙人藉可息肩。昨得大小兒紹萊天津來稟，知見在雖有支應局差使，然一月薪水止十二金，不敷旅食，且隨行逐隊，敘補無期，雖有需次之名，杳無得官之日，則全家之食指，止仰給於樾一歲之筆耕，年復一年，而犬馬之齒亦日就衰矣，後路茫茫，思之可

處素承
閣下闡發拳拳不揣冒昧竊有所請　大小兒紹莱
幼年亦嘗誦習詩書涉獵詞翰小楷尚
屬勻整公牘文字亦粗能敷衍成篇
閣下開府粵中想隨侍
旌麾者英才濟濟萬無需此韈線微長然或
者推

慮。素承
閣下關愛拳拳，不揣冒昧，竊有所請。大小兒紹萊
幼年亦嘗誦習詩書，涉獵詞翰，小楷尚
屬匀整，公牘文字亦粗能敷衍成篇。
閣下開府粵中，想隨侍
旌麾者，英才濟濟，萬無需此韈線微長，然或
者推

見愛之盛情而曲垂
孫陽一顧之恩下逮景升豚犬于封章入
告時附片陳明俾小兒得赴
贛差委即以同知留粵補用庶叨附尾之
榮得有出頭之望則舉家感戴
仁慈而樾不致為衣食所累潛心學術
學求經義或所得視今有進亦皆出

見愛之盛情，而曲垂
孫陽一顧之恩，下逮景升豚犬，于封章入
告時附片陳明，俾小兒得赴
轅差委，即以同知留粵補用，庶叨附尾之
榮，得有出頭之望，則舉家感戴
仁慈，而檝不致爲衣食所累，潛心學術，
孶求經義，或所得視今有進，亦皆出

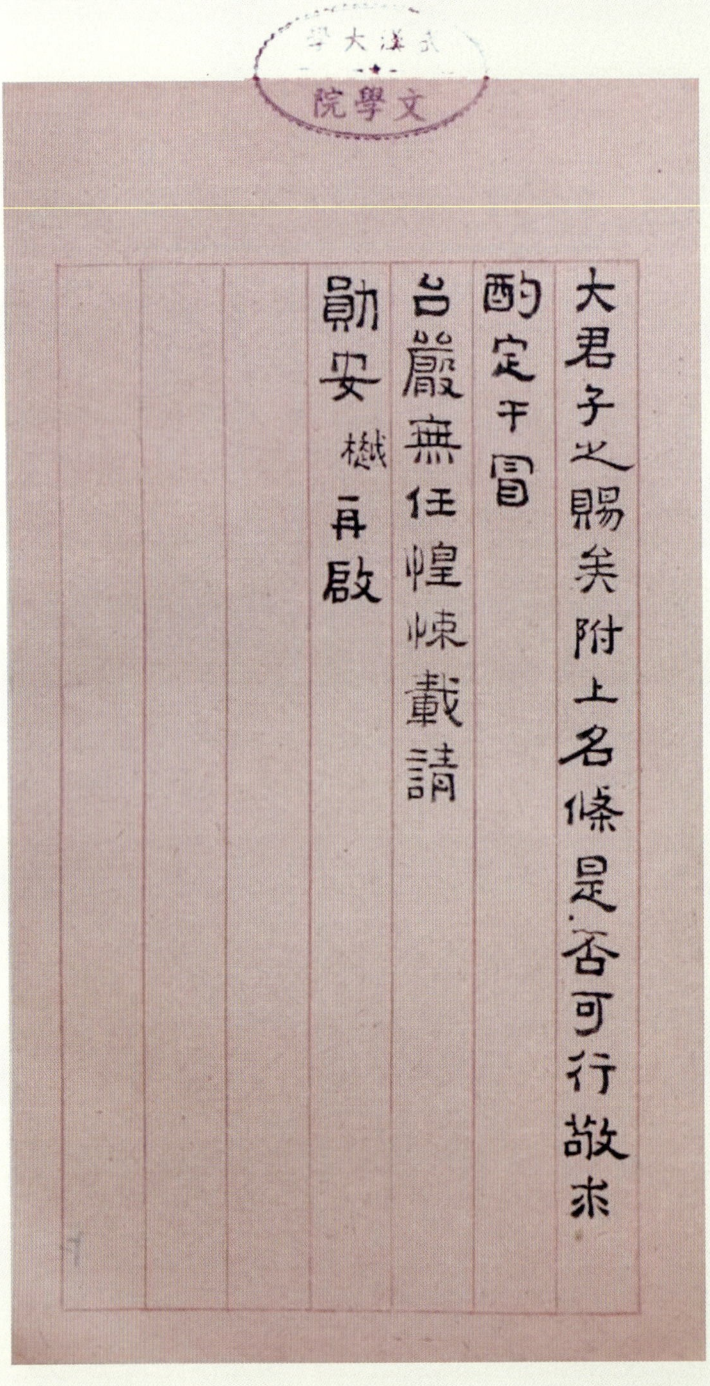

大君子之賜矣附上名條是否可行敬求
酌定干冒
台嚴無任惶悚載請
勛安 樾 再啟

大君子之賜矣。附上名條。是否可行，敬求
酌定。干冒
台嚴，無任惶悚。載請
勛安。樾再啟

薌翁大公祖大人閣下吳門別後曾肅寸
箋託應敏齋觀察轉呈諒登
記室茲當橘綠橙黃之候正是
裘輕帶緩之時為
朝廷紓南顧憂
雄鎮雩王臺畔
為名流作東道主

薌翁大公祖大人閣下：吳門别後，曾肅寸
箋，托應敏齋觀察轉呈，諒登
記室。兹當橘緑橙黄之候，正是
裘輕帶緩之時，爲
朝廷紓南顧憂，
雄鎮粤王臺畔，
爲名流作東道主，

清游雲母溪邊，愈令吴下阿蒙望
旌麾而引睇矣。拙著羣經平議承爲付梓
已刻成二十餘卷，計年内必可畢功，感戴
盛情非可言諭。但恐詅癡符不足流傳，有
負棃刻之
雅意耳。大小兒紹棻需次津門，出頭無日，春間
縷陳

清游雲母溪邊，愈令吴下阿蒙望
旌麾而引睇矣。拙著羣經平議承爲付梓，
已刻成二十餘卷，計年内必可畢功，感戴
盛情，非可言諭，但恐詅癡符不足流傳，有
負棐刻之
雅意耳。大小兒紹萊需次津門，出頭無日，春間
縷陳

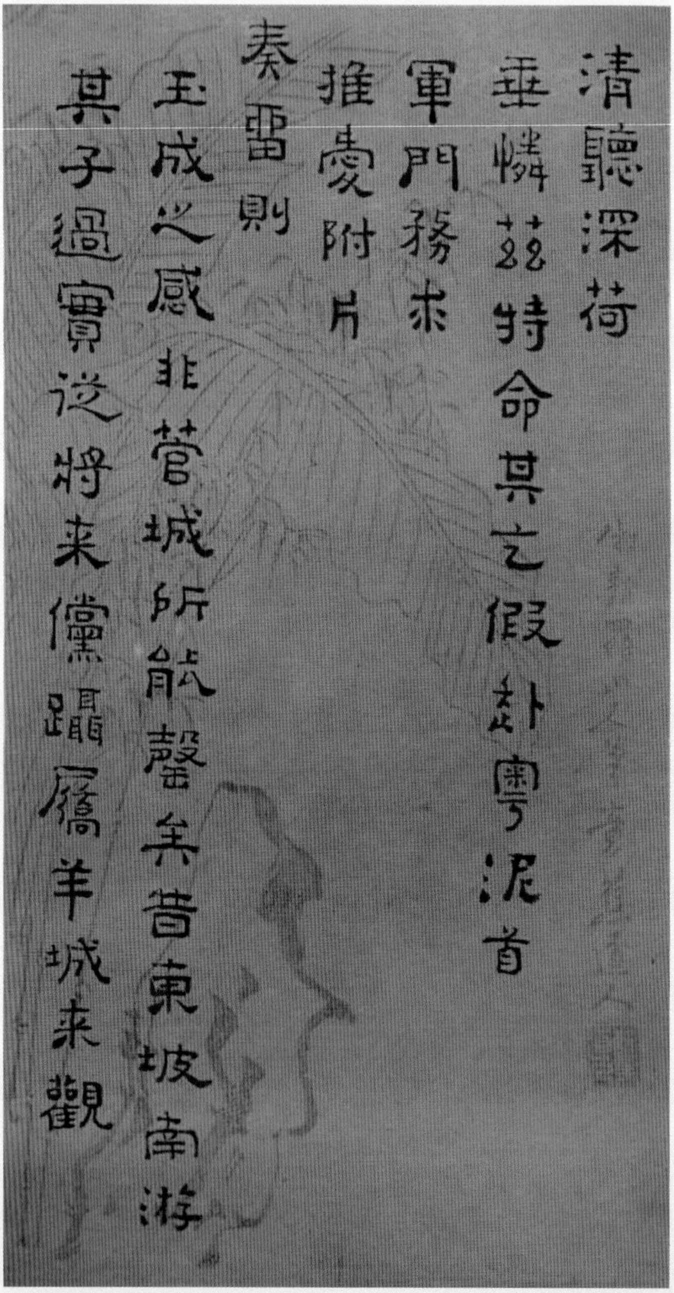

清聽深荷
垂憐茲特命其乞假赴粵泥首
軍門務求
推愛附片
奏留則
玉成之感非筆墨所能罄矣昔東坡南游
其子過實從將來儻躡屩羊城來觀

清聽，深荷
垂憐，茲特命其乞假赴粵，泥首
軍門，務求
推愛，附片
奏留，則
玉成之感，非管城所能罄矣。昔東坡南游，
其子過實從，將來儻躡屩羊城，來觀

德政而桄榔菴底先有候門之孺子不較老坡
更勝乎時
愛讀陳諒蒙
鑒納手此敬請
勛安伏惟
爲時自重不盡萬一
治愚小弟俞樾頓首

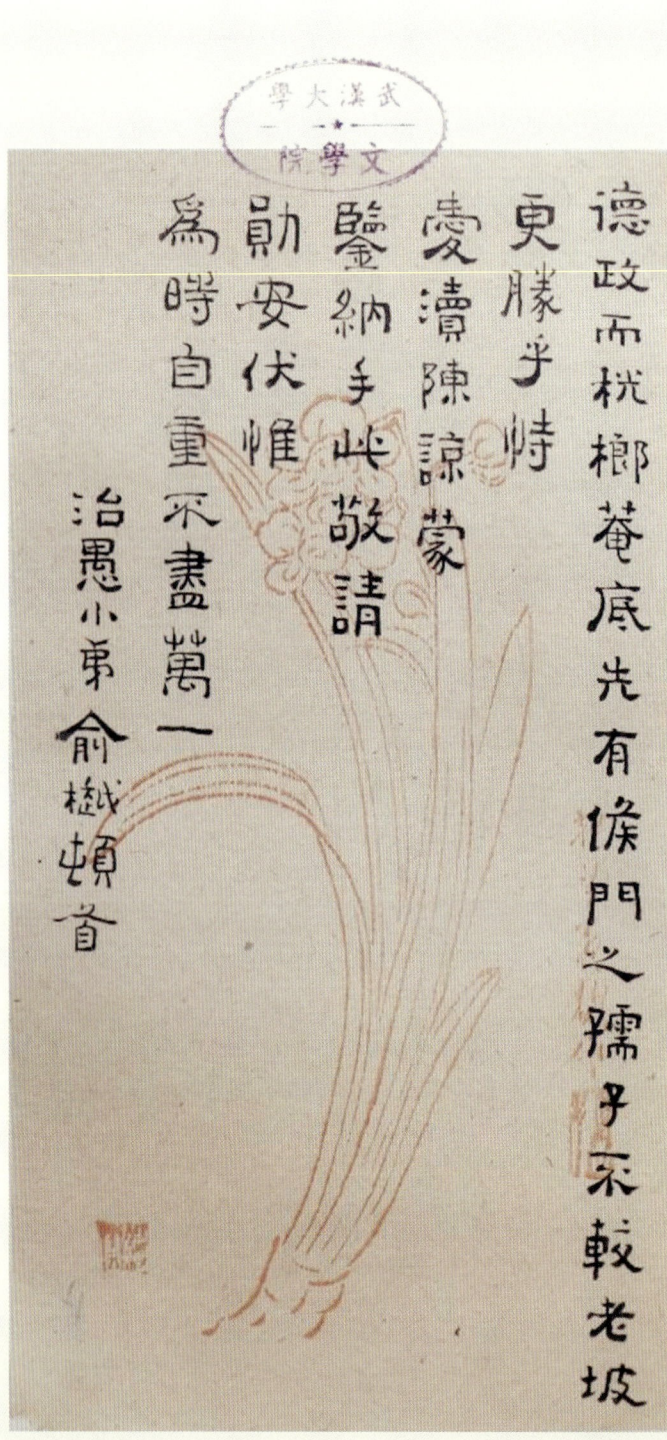

德政，而桄榔菴底，先有侯門之孺子，不較老坡
更勝乎？恃
愛瀆陳，諒蒙
鑒納。手此，敬請
勛安。伏惟
爲時自重，不盡萬一。
治愚小弟俞樾頓首

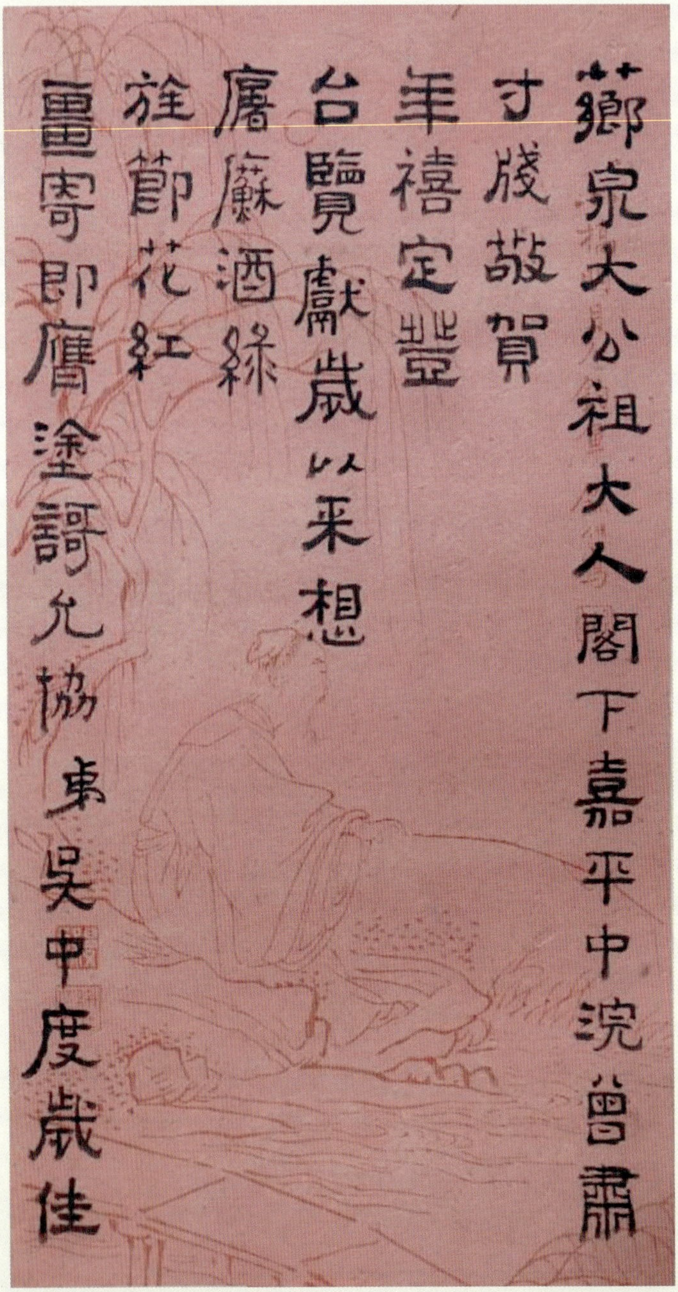
薌泉大公祖大人閣下嘉平中浣曾肅
寸牋敬賀
年禧定蒙
台覽獻歲以來想
屠蘇酒綠
旌節花紅
重寄即膺塗謌允協東吳中度歲佳

薌泉大公祖大人閣下：嘉平中浣，曾肅寸牋，敬賀年禧，定登台覽。獻歲以來，想旌節花紅，
屠蘇酒緑，
疊寄即膺，塗謌允協。弟吳中度歲，佳

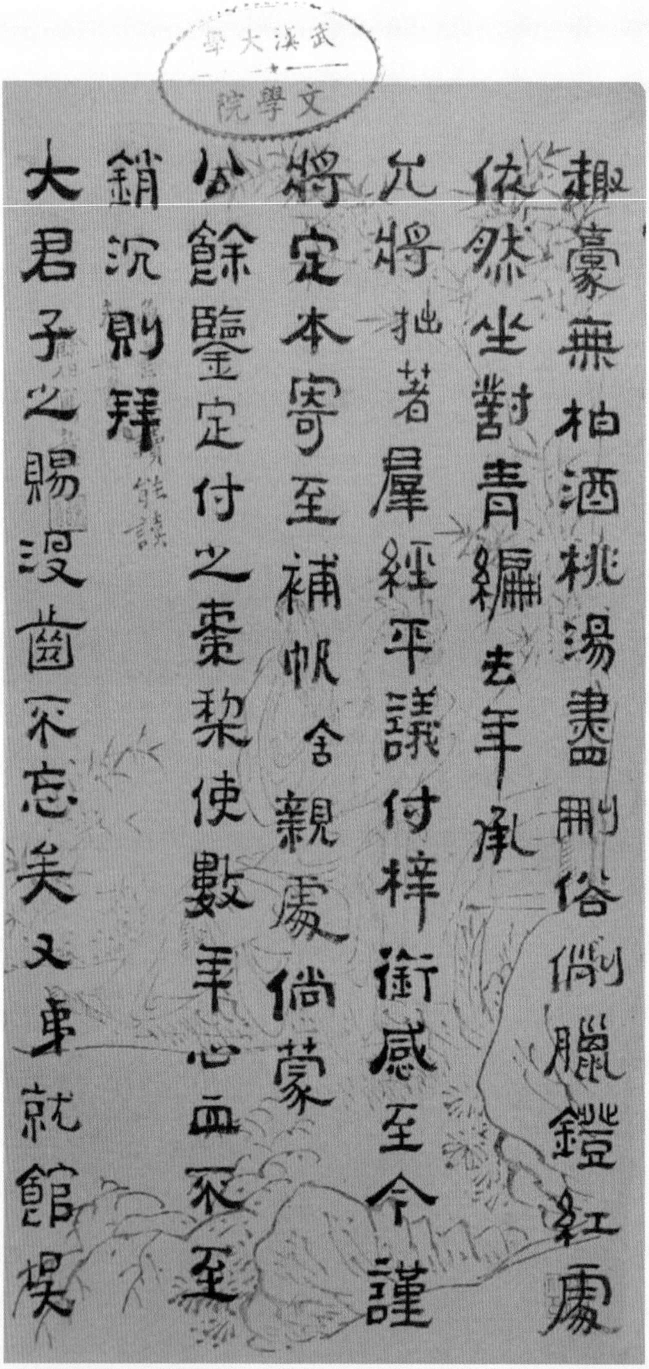

趣豪無柏酒桃湯盡刪俗例臘鐙紅處依然坐對青編去年承允將拙著羣經平議付梓銜感至今謹將定本寄至補帙令親處尚蒙公餘鑒定付之棗梨使數年心血不至銷沉則拜大君子之賜沒齒不忘矣又弟就館堠

趣豪無，柏酒桃湯，盡刪俗例，臘鐙紅處，
依然坐對青編。去年承
允將拙著羣經平議付梓，銜感至今，謹
將定本寄至補帆舍親處，倘蒙
公餘鑒定，付之棗梨，使數年心血不至
銷沉，則拜
大君子之賜，没齒不忘矣。又，弟就館吴

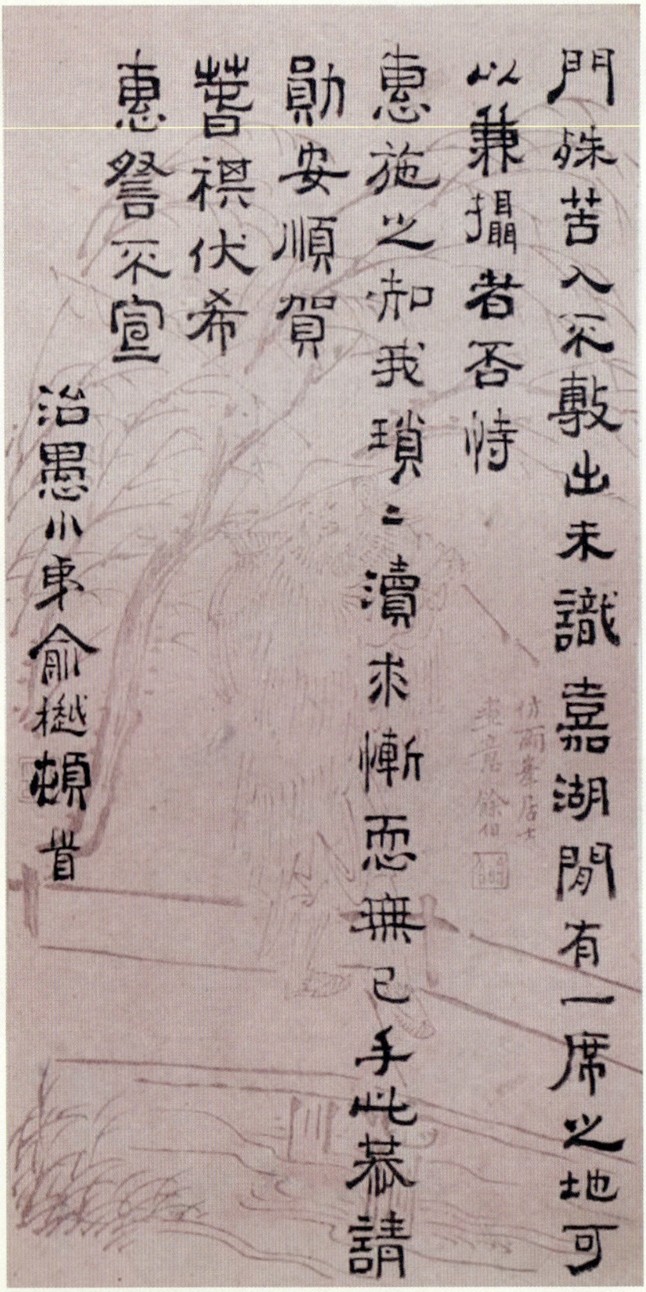

門殊苦入冬敷出未識嘉湖間有一席之地可
以兼攝者否恃
惠施之卹我瑣瑣瀆求慚恧無已手此恭請
勛安順賀
春禧伏希
惠詧不宣
治愚小弟俞樾頓首

仿兩峯居士

門，殊苦入不敷出，未識嘉湖間有一席之地可以兼攝者否？恃

惠施之，知我瑣瑣瀆求，慚恧無已。手此，恭請

勛安。順賀

春祺。伏希

惠詧。不宣。

治愚小弟俞樾頓首

薌宗大公祖大人閣下去歲兩肅寸箋均
由補帆轉交定塵
台覽入新歲來想
績茂登壇
集成開府隃詹
棨戟忭頌交殷　樾僑寓吳中如恒平順
所著羣經平議已寫副本寄託便人

薌泉大公祖大人閣下：去歲兩肅寸箋，均
由 補帆轉交，定塵
台覽。入新歲來，想
績茂登壇，
集成開府，隃詹
棨戟，忭頌交殷。樾僑寓吴中，如恒平順，
所箸羣經平議已寫副本，寄託便人

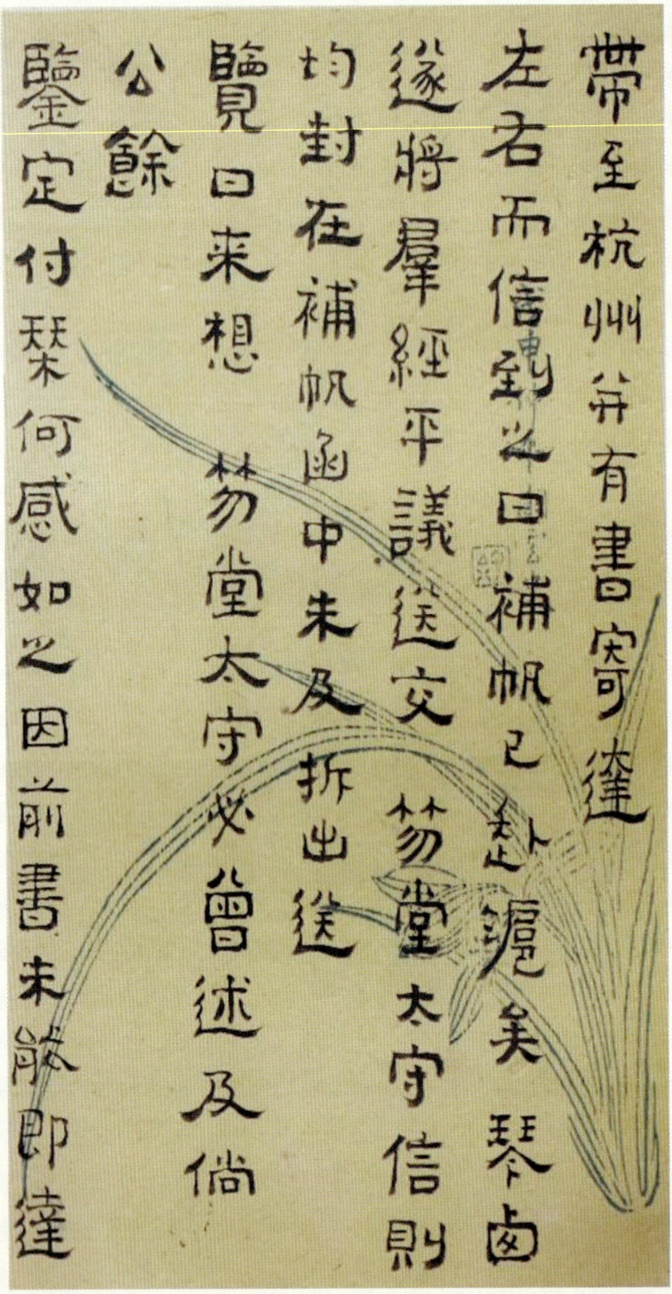

帶至杭州并有書寄逢
左右而信到之曰補帆已赴滬矣 琴卤
遂將羣經平議送交 芴堂太守信則
均封在補帆函中未及拆出送
覽曰来想 芴堂太守必曾述及倘
公餘
鑒定付棐何感如之因前書未發即達

帶至杭州，並有書寄達
左右，而信到之日，補帆已赴滬矣。琴卤
遂將羣經平議送交　箬堂太守，信則
均封在補帆函中，未及拆出送
覽，日來想　箬堂太守必曾述及，倘
公餘
鑒定付槧，何感如之。因前書未能即達，

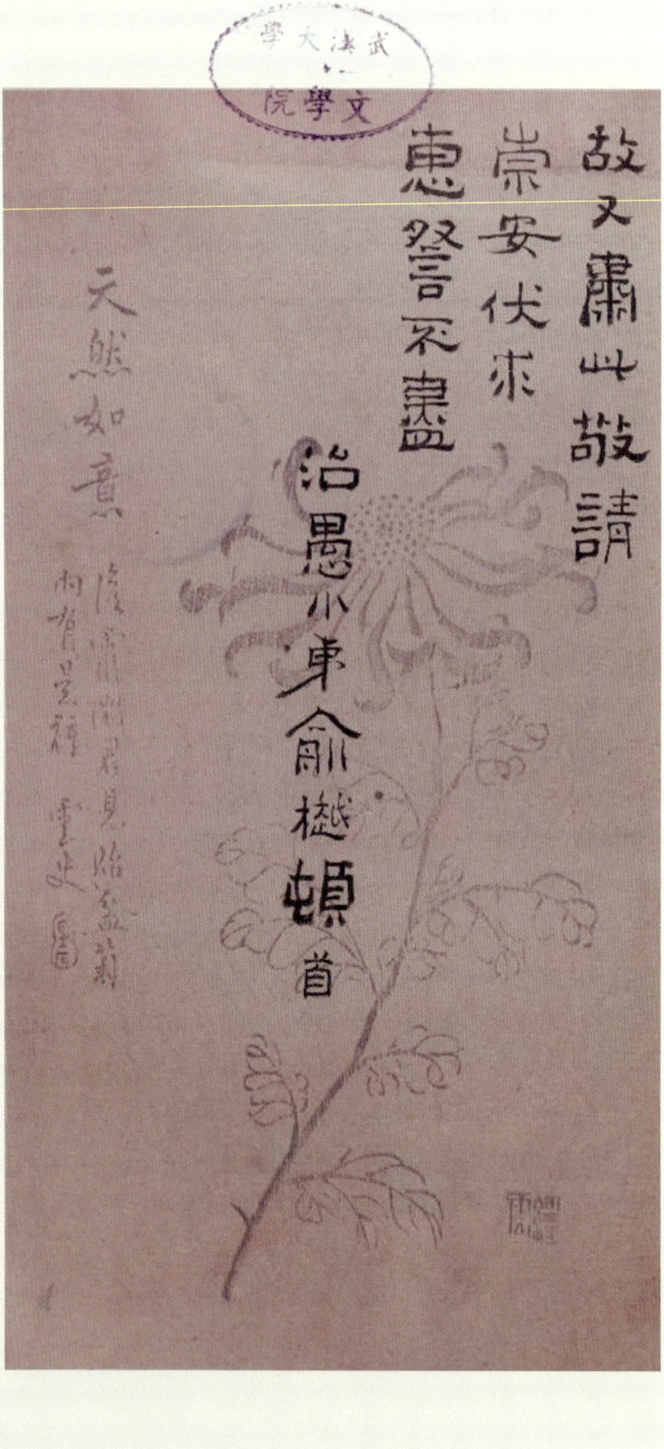
武漢大學文學院
故文肅此敬請
崇安伏求
惠詧不盡
天然如意
治愚小弟俞樾頓首

故又肅此，敬請

崇安。伏求

惠詧。不盡。

治愚小弟俞樾頓首

再啟者　弟紫陽一席入不敷出久在
照中承
允爲覓一小講席可以兼領者未知有否
茲聞甯波有修志之舉未得秉筆之人
倘蒙
閣下言之于彼處當事者借重
鼎言即以樾濫膺此任則亦無庸另謀

再啟者：弟紫陽一席，入不敷出，久在

照中，承

允爲覓一小講席可以兼領者，未知有否？

茲聞甯波有修志之舉，未得秉筆之人，

倘蒙

閣下言之于彼處當事者，借重

鼎言，即以樾濫膺此任，則亦無庸另謀

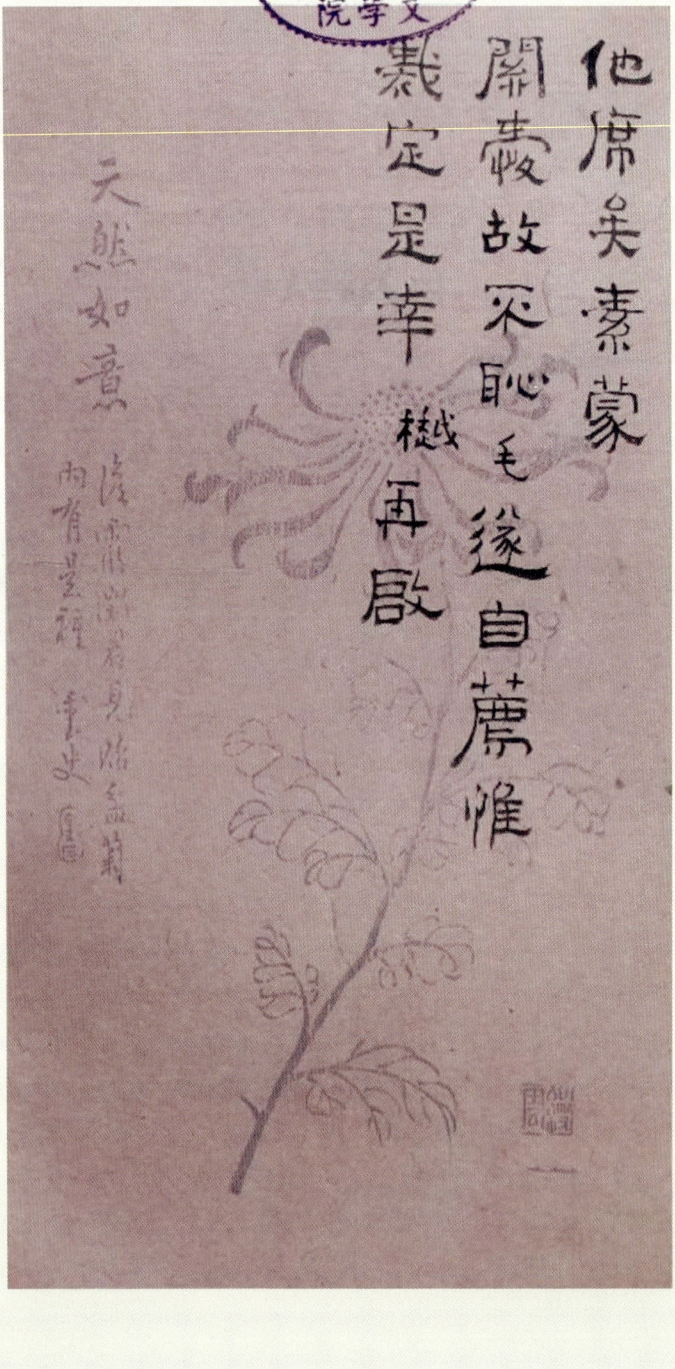

他席吳素蒙
閣[illegible]故不恥毛遂自薦惟
裁定是幸 樾再啟

他席矣。素蒙
關愛，故不恥毛遂自薦，惟
裁定是幸。樾再啟

鄉泉大公祖大人閣下武林小住幸識
荊州既叨
樽酒之餘歡又辱
兼金之厚貺歸舟循省感媿交縈伏念
閣下以文經武緯之才運海立雲垂之氣
豐功駿業固已焜耀
中興而又置驛通賓築宮禮士一時物望爭附
龍門樾乃以部下書生去作吳門市卒豈

薌泉大公祖大人閣下：武林小住，幸識

荊州，既叨

樽酒之餘歡，又辱

兼金之厚貴，歸舟循省，感媿交縈。伏念

閣下以文經武緯之才，運海立雲垂之氣，

豐功駿業，固已焜耀

中興，而又置驛通賓，築宮禮士，一時物望，爭附

龍門。樾乃以部下書生，去作吳門市卒，登

蘇臺而南望所依〻不釋者不獨湖山之
勝矣惟願
坐天之雲隆〻日上
大開廣廈以庇寒儒 繼得于西湖山水窟中
受一廛而為民與故鄉父老進中和樂職
之篇以詠謌
盛德想
閣下此時必當為蓋公而築堂因穆生而設

蘇臺而南望，所依依不釋者，不獨湖山之
勝矣。惟願
垂天之雲，隆隆日上，
大開廣廈，以庇寒儒，樾得于鹵湖山水窟中
受一廛而爲民，與故鄉父老進中和樂職
之篇，以詠謌
盛德，想
閣下此時必當爲蓋公而築堂，因穆生而設

醴矣企予之私師布
一笑肅謝即請
崇安伏希
愛照不宣
治愚弟俞樾頓首
前託戴子高舍親館事伏求
留意其人現應談仲修處幷以奉
聞又及

醴矣。企予之私，聊布

一笑。肅謝，即請

崇安。伏希

愛照。不宣。

治愚弟俞樾頓首

前託戴子高舍親館事，伏求

畱意，其人現寓　談仲修處，並以奉

聞。又及。

前日趙仲遠閱
尊體違和惟為 國珍重為禱 順問
前從段遠規刊本照來法墨書也鈞覽
由此抄都為葉又陳文恭手札兩印本否
篋中據書太少如有佳本當假勿吝
治下為此印以
鄰翁大公祖仁兄大人
勛安 治弟制袁文模頓首
十五日

前日趨叩，適聞
尊體違和，惟爲　國珍重爲禱。頃聞
有從政遺規刊本，此吏治要書也，能見
惠四五部爲幸。又，陳文恭手札有印本否？
客中携書太少，如有佳本，尚以勿吝
沾丐爲望。即頌
薌泉大公祖仁兄大人勳安。治弟制衣言頓啓
十五日

衣言謹上

少司馬中丞鈞座半載相依備蒙

垂愛日前擬挽舉旌仰送馬前而無仰

清光可得仰領衣言一人所以則浙東西百萬生靈

之感之更當何如也聞已於端陽前一日

視事華城新猷卓举綜切振馳集柔撫力之

挽民氣之極本朝倚任擇外無以此地爲根柢

衣言謹上

少司馬中丞鈞座：半載相依，備蒙
至愛。日前抵杭，幸獲叩送馬前，而每仰
清光，即深引領。衣言一人如此，則浙東西百萬生靈
之戀戀，更當何如？比聞已于端陽前一日
視事羊城，新猷卓犖，弥切瞻馳。粤東物力之
饒，民氣之強，本朝脩内攘外，必以此地爲根。然

二百年來上有封疆之憂下多擁遏之虞而財
而武費於無用之地曲民而無裨於無用之機甚之蹈
也夜之省猶林時為倚
宣宗皇帝實錄竊見令尊穆公書稿欽
先朝英名乃出之慈心與粵民同仇敵愾而嘗付大臣當為
外弟辭讓為境蓋至今日而清廉潤柳者亦不可問矣
其年休養於氣天演國社使在上者奉之求悵乎

二百年來，上有封靡之患，下多壅過之虞，有財
而或費於無用之地，有民而每挫其可用之機，甚可惜
也。衣言官翰林時，與脩
宣宗皇帝實録，實分夷務全書，極知
先朝萬不得已之苦心，與粤民同仇敵愾之大概。而當時大臣，耑爲
外夷彈壓百姓，蓋至今日而消磨閼抑者，亦不可問矣。
然其仗義好氣，天資固然，使在上者事事求愜乎

丞則兵民淑表之至旦夕期之會爲　朝廷得所
百姓之人多在州縣而州縣必清廉百姓之事多在
求利是非在上者清心寡欲而後以清廉倡
上登明選公則貪以挽千之流此之者固
撫事所信爲也最足地大物博民間之蓄積之豐富
之委輸國用於天下我欽之以自援而當之
以當節則五年之儲而及十年矣現在本人

民心，則天良激發，亦可旦夕期之。今日爲朝廷得罪百姓之人，多在州縣，而州縣得罪百姓之事，多在求利，是非在上者清心寡慾，則無以清其源，非在上者登明選公，則無以挽其流。此二者固執事所優爲也。若其地大物博，民間之蓄積與商賈之委輸，固甲於天下，我能徠之以勿擾，而蓄之以有節，則五年之儲而可以支十年矣。現在夷人

現在京師 天子則千ゝ事未可輕動往安民
難財以為吾待何國不可不早計也目今制御夷
狄無有制之之法中國無有所長英夷無有所能
此惟粵人知之最詳聞粵人以便之亦最易迫
日論制夷者多文論船大礮則是引敵人之長
技以攻人長論敵之無不能精習船礮要取英
夷勝負尚在兩可況英夷用心險及張家灣之

既在京師挾　天子，則其事未可輕動，然安民豐財，以爲有待，則固不可不早計也。自古制御夷狄，必有制之之法，中國必有所長，英夷必有所短，此惟粤人知之最詳，用粤人以偵之亦最易。近日論制夷者多言輪船大礮，則是欲效人之長技以破人，無論效之必不能精，即船礮盡如英夷，勝負尚在兩可，況英夷用心堅忍，恐我學之

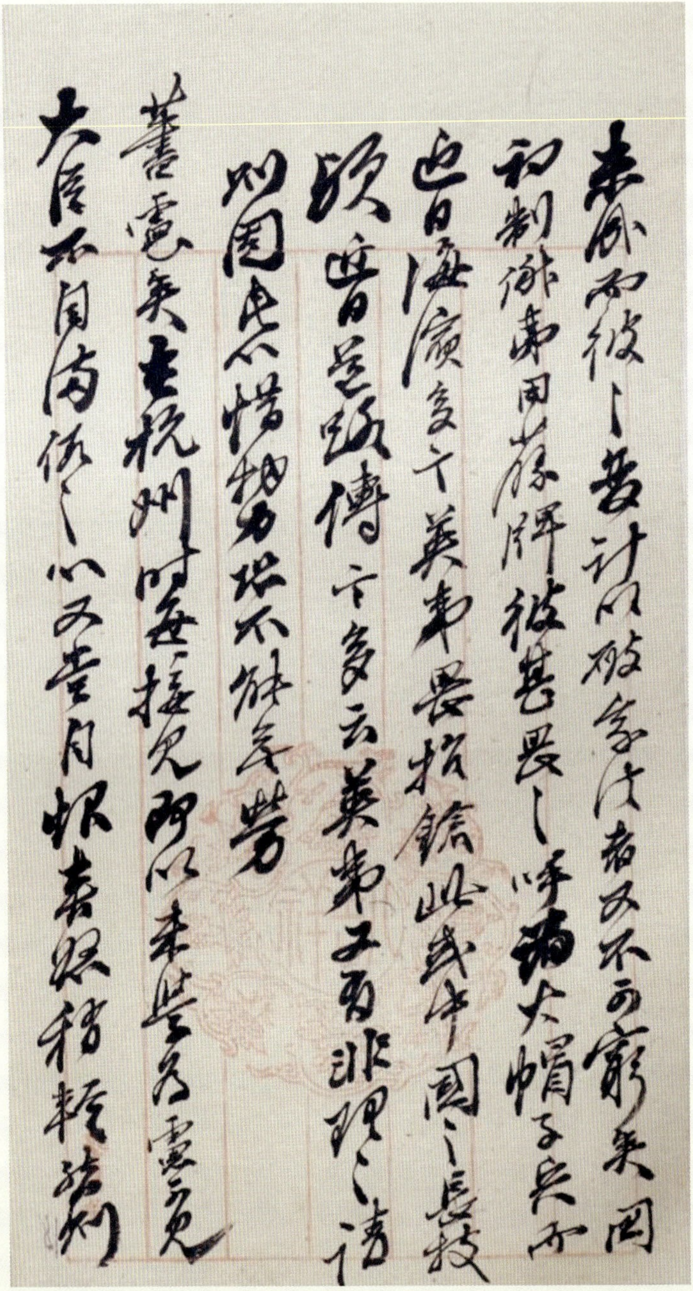

未成，而彼之變計以破我法者，又不可窮矣。國初制俄夷用藤牌，彼甚畏之，呼爲大帽子兵，而近日海濱多言英夷畏抬鎗，此或中國之長技歟？近日道路傳言，多云英夷又有非理之請，則固民心惜物力，恐不能無勞蓋慮矣。在杭州時，每接見即以未學爲慮，可見大臣不自滿假之心，又嘗自恨喜怒稍輕，然則

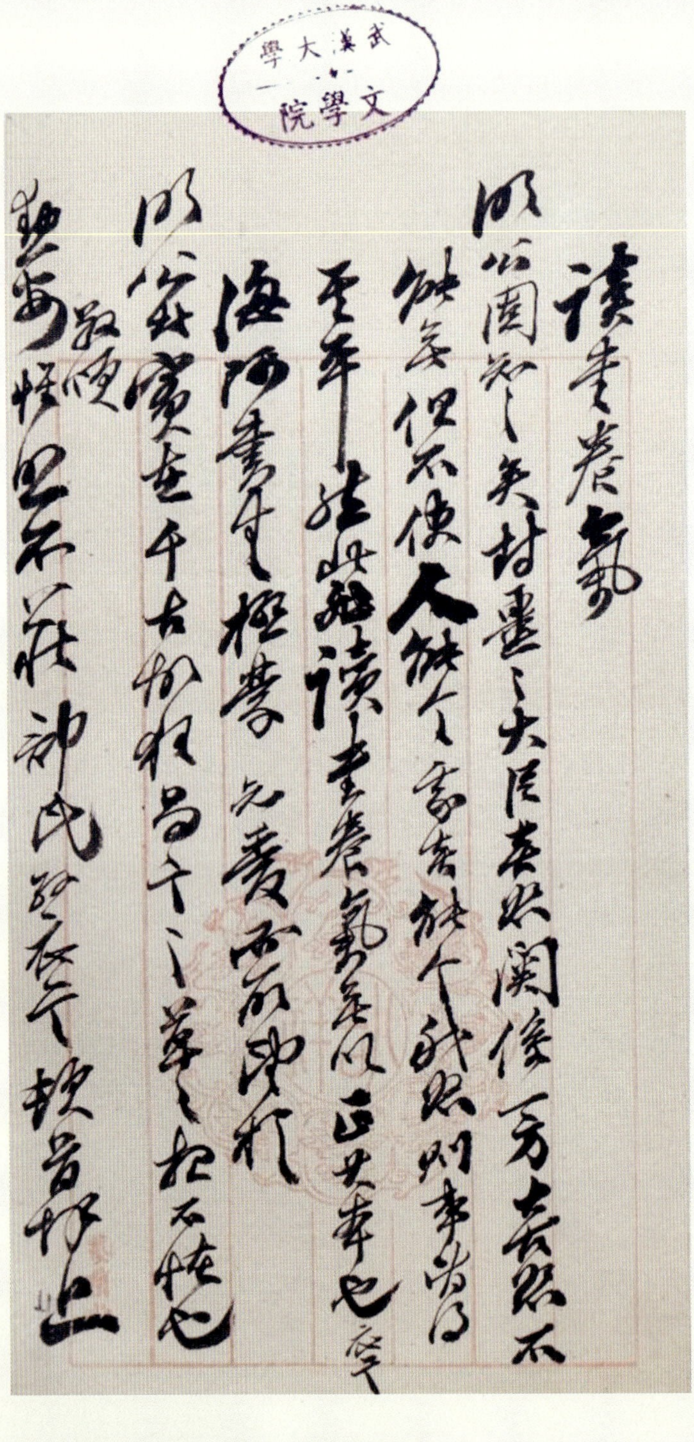

讀書養氣，

明公固知之矣。封疆之大臣，喜怒關係一方。喜怒不能無，但不使人能令我喜、能令我怒，則事皆得其平，然此非讀書養氣無以正其本也。衣言

海隅書生，極蒙知愛，而所望於

明公者，實在千古，故狂昌言之，草草，想不恠也。

敬頌

勳安。惟照不莊。部民孫衣言頓首拜上

夏初叩送
霓旌闔省士民同切去思之感况荷
垂青逾格
摯誼殷拳未遂攀留曷勝依戀前月接
奉
琅函猥以菲筵祖餞辱蒙
齒及慚汗弥深藉知

夏初叩送
霓旌，闔省士民同切去思之感，况荷
垂青逾格，
執誼殷拳，未遂攀留，曷勝依戀。前月接
奉
琅函，猥以菲筵祖餞，辱蒙
齒及，慙汗弥深。藉知

福星一路計端午前早已
安抵羊城
榮陞吉任辰下敬維
薌泉中丞大公祖大人勛祺晉泰
崇祉恒升
敷闓澤於南滇
仁施百粵迓

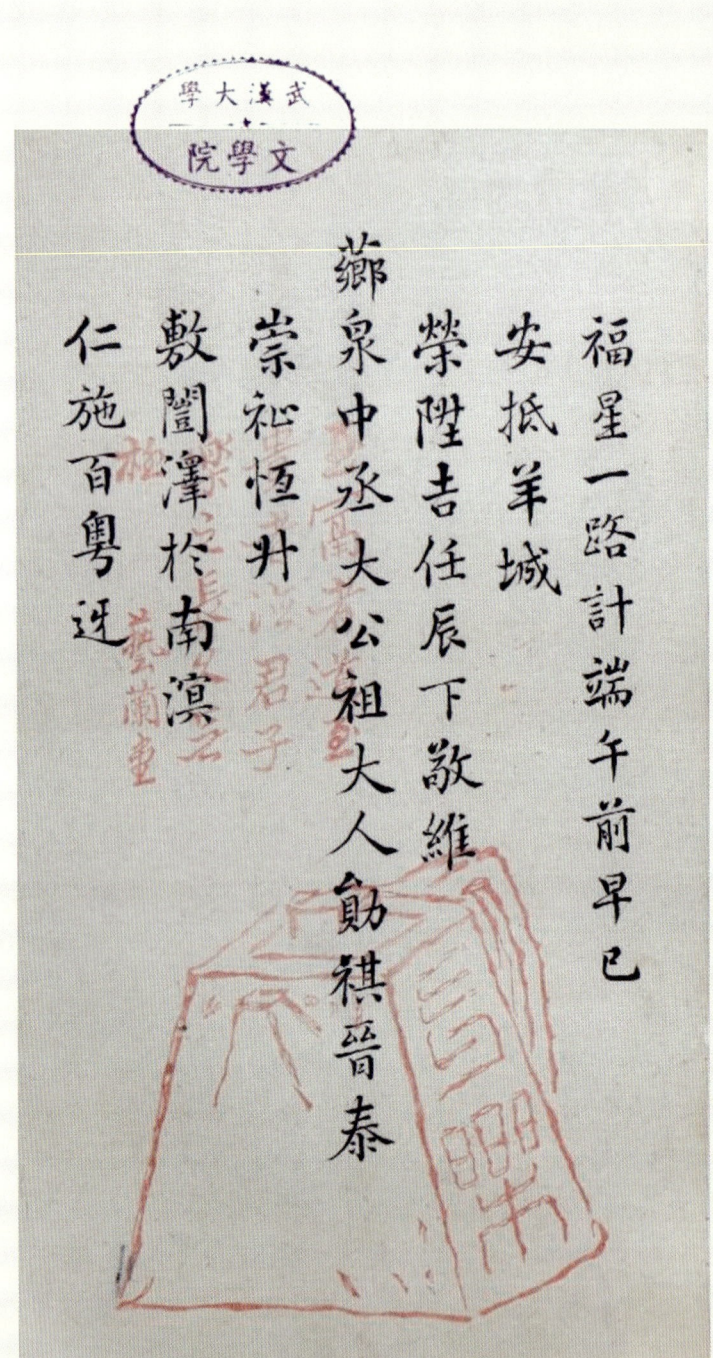

福星一路，計端午前早已
安抵羊城，
榮陞吉任。辰下敬維
薌泉中丞大公祖大人勛祺晉泰，
崇祉恒升。
敷闓澤於南溟，
仁施百粵，迓

醲恩於
北闕
眷渥
九天即
總師干弥殷豫頌弟於五月中旬回里書
院課卷仍按月包封寄閱冬初服闋
再晉省垣擬冬仲由省赴京供職先期

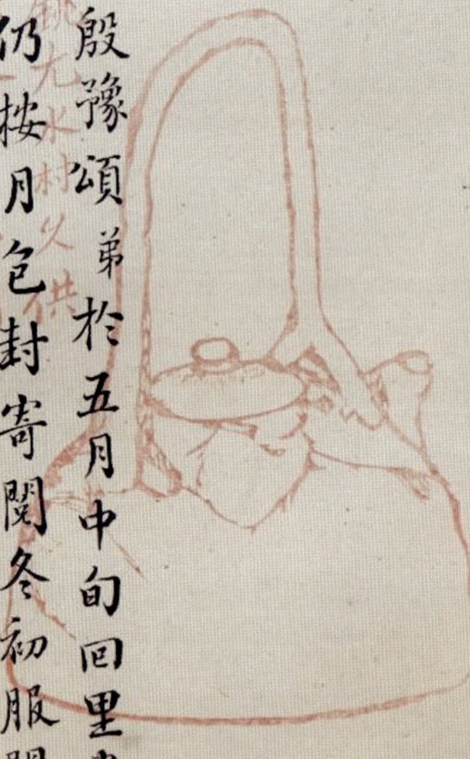

醲恩於
北闕，
眷渥
九天。即
總師干，弥殷豫頌。弟於五月中旬回里，書
院課卷仍按月包封寄閱，冬初服闋，
再晉省垣，擬冬仲由省赴京供職，先期

賜贐叨分潤於
廉泉積日傾忱銘勿諼於心版專肅布復
並鳴謝悃敬請
勛安諸惟
愛鑒不備

治愚弟制章鋆頓首

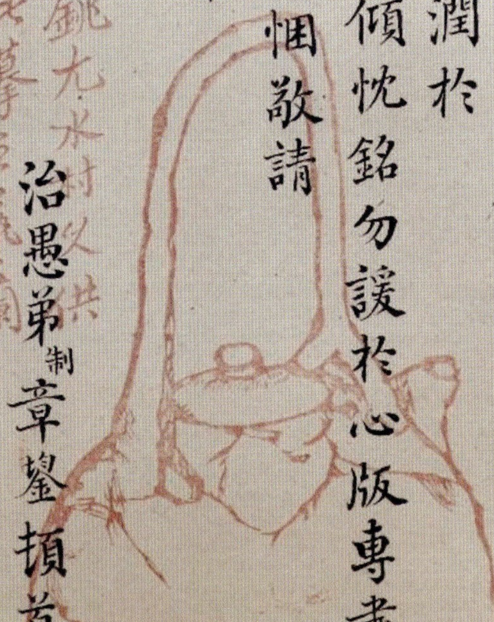

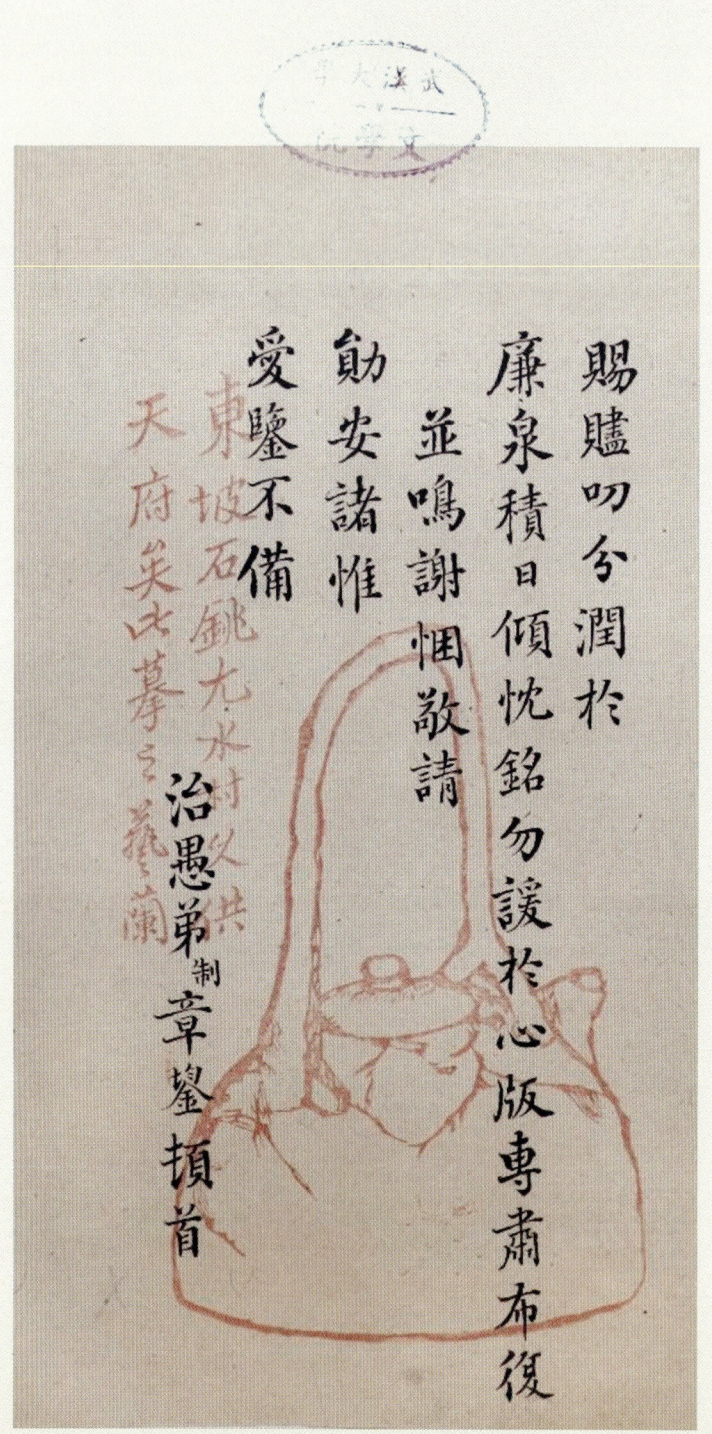

賜黷，叨分潤於
廉泉，積日傾忱，銘勿諼於心版。專肅布復，
並鳴謝悃。敬請
勛安。諸惟
愛鑒。不備。

治愚弟制章鋆頓首

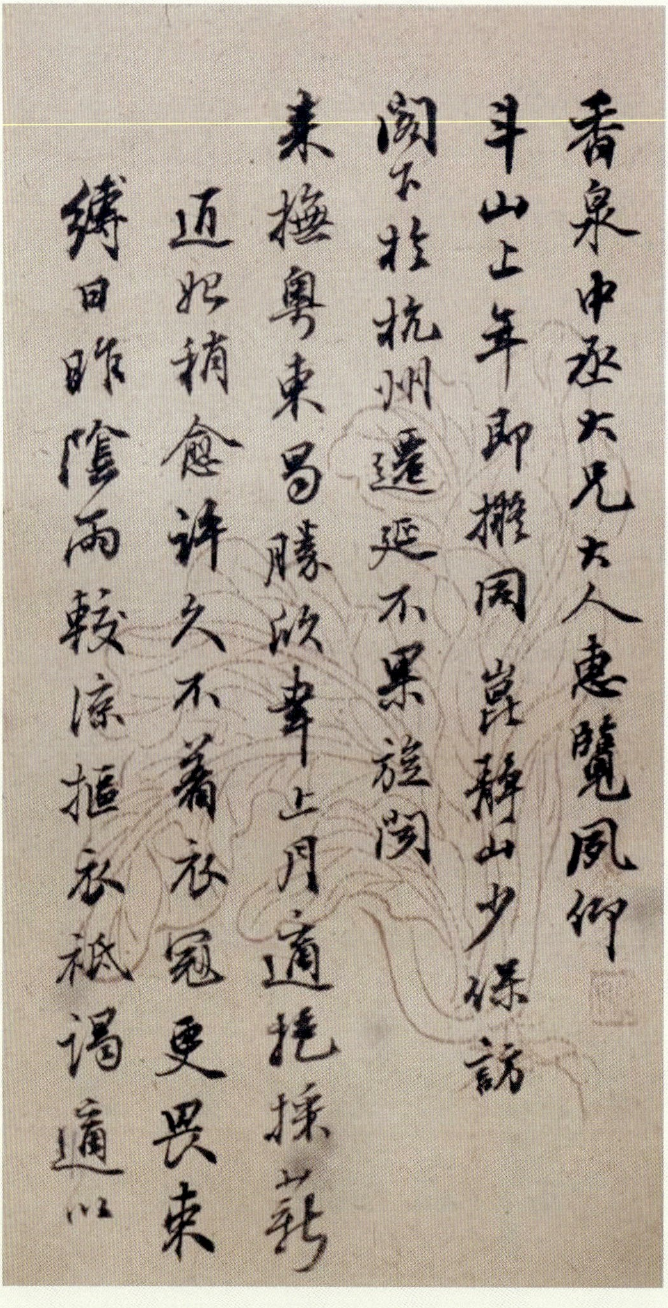

香泉中丞大兄大人惠覽夙仰
斗山上年即擬因崑靜山少保訪
閣下於杭州遷延不果旋聞
來撫粵東曷勝欣幸上月適抵揆山藉
近狀稍愈許久不著衣冠更畏束
縛日昨陰雨較涼摳衣祗謁適以

香泉中丞大兄大人惠覽：夙仰
斗山，上年即擬同　崑静山少保訪
閣下於杭州，遷延不果，旋聞
來撫粤東，曷勝欣幸。上月適抱採薪，
近始稍愈，許久不著衣冠，更畏束
縛，日昨陰雨較涼，摳衣祗謁，適以

公忙未獲一聆
緒論悵惘久之頃承
寵召何敢過辭惟日來必須檢點行篋
且病後不敢饕餮
盛意只好心領
大旆蒞粵歌頌載塗倍深欽仰邇一二

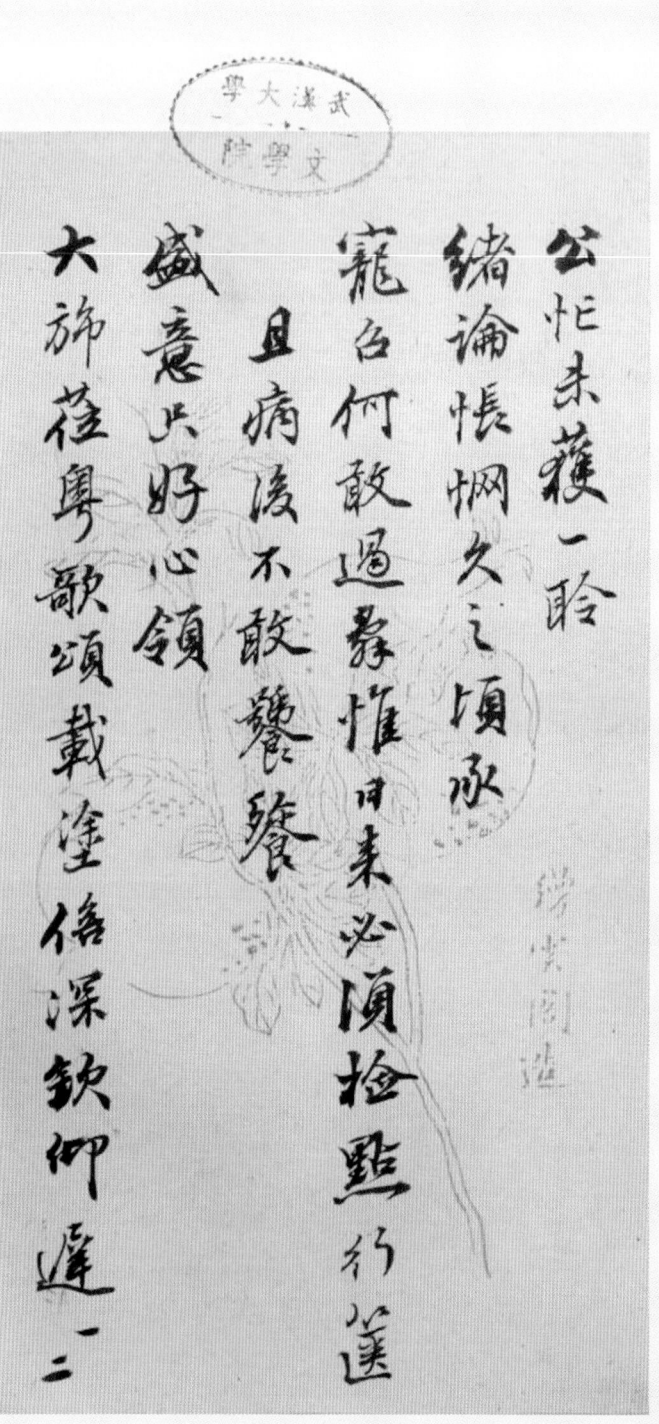

公忙，未獲一聆
緒論，悵惘久之。頃承
寵召，何敢過辭，惟日來必須檢點行篋，
　且病後不敢饕餮，
盛意只好心領。
大旆蒞粵，歌頌載塗，倍深欽仰，遲一二

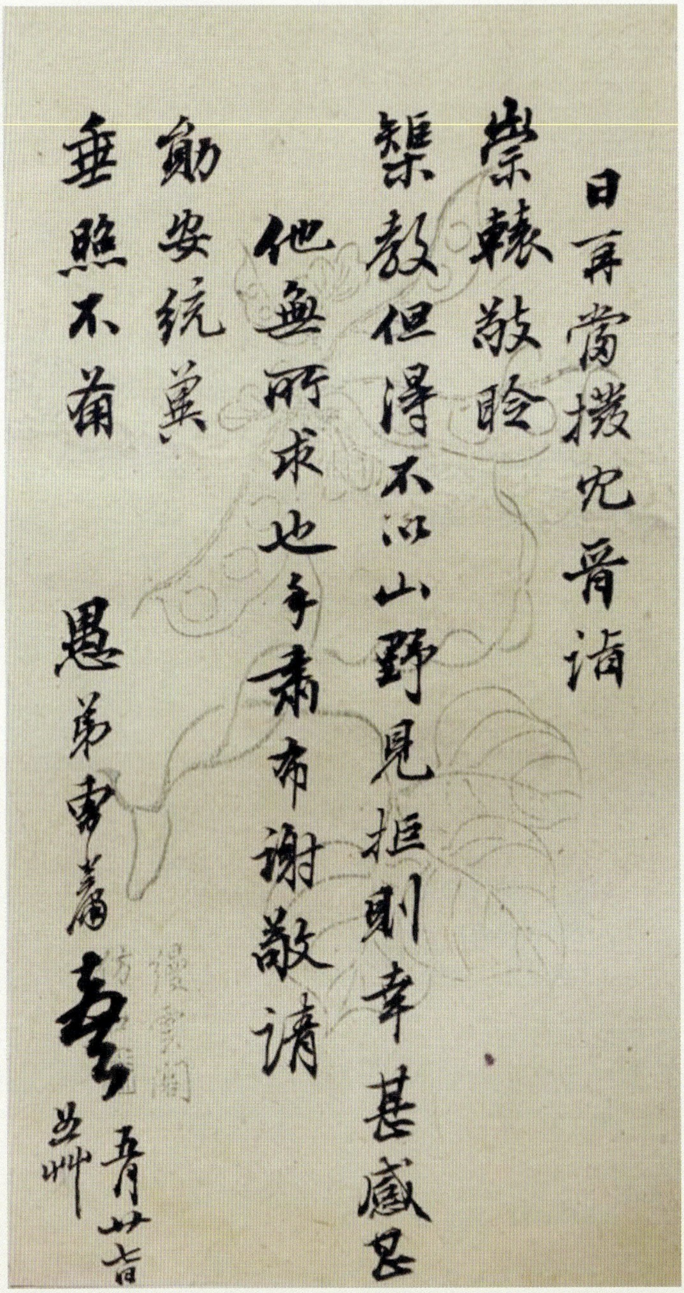

日再當攙究晉謁
崇轅敬聆
緊教但得不汲山野見拒則幸甚感甚
他無所求也手肅布謝敬請
勛安統冀
垂照不莊
愚弟東藩頓首
五月廿七日
又艸

日再當撥冗晉詣

崇轅，敬聆

櫫教，但得不以山野見拒，則幸甚，感甚，

他無所求也。手肅布謝，敬請

勛安。統冀

垂照。不莆。愚弟曹登庸頓首 五月廿七日

恕草

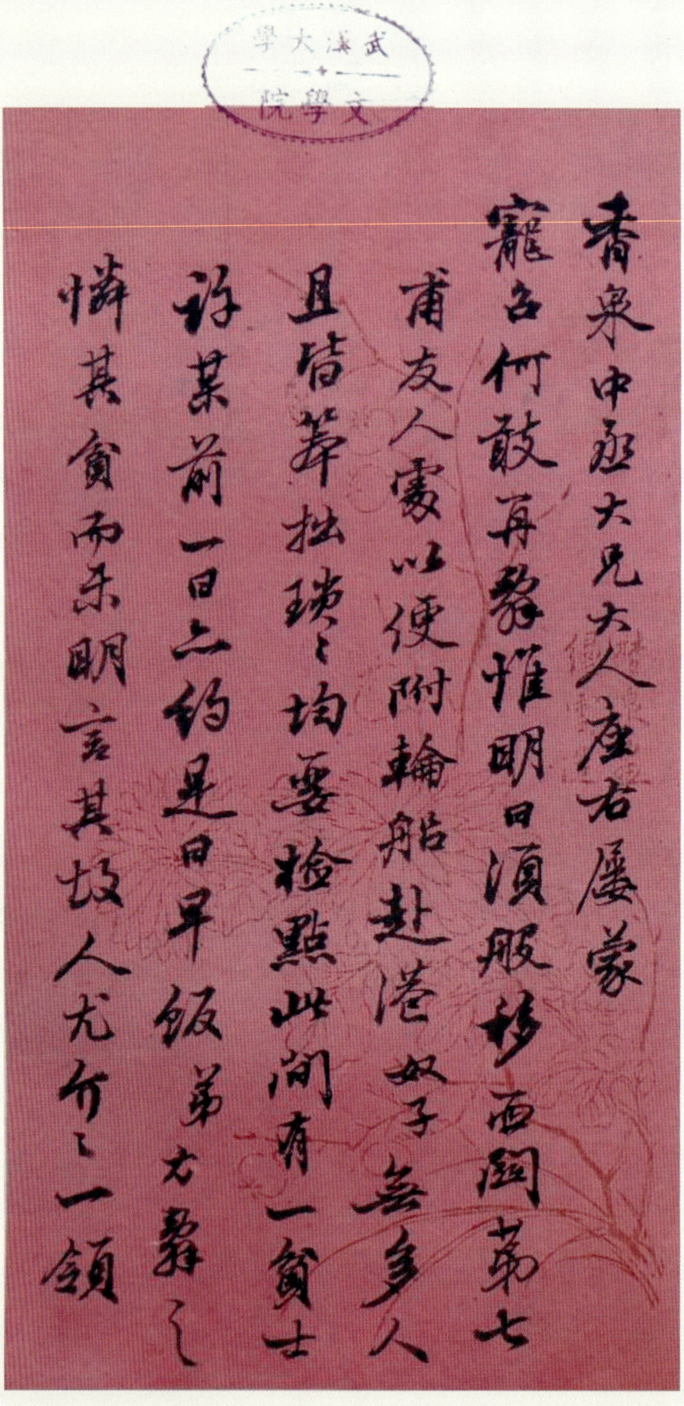

香泉中丞大兄大人座右屡蒙
寵召何敢再饕惟明日須暇移西園第七
甫友人處以便附輪船赴港奴子無多人
且皆笨拙瑣瑣均要檢點此間有一貧士
許某前一日之約是日早飯弟尤歉歉
憐其貧而不明言其故人尤介介一領

香泉中丞大兄大人座右：屢蒙
寵召，何敢再辭，惟明日須般移西關第七
甫友人處，以便附輪船赴港。奴子無多人，
且皆笨拙，瑣瑣均要檢點。此間有一貧士
許某，前一日亦約是日早飯，弟力辭之，
憐其貧而未明言其故，人尤介介。一領

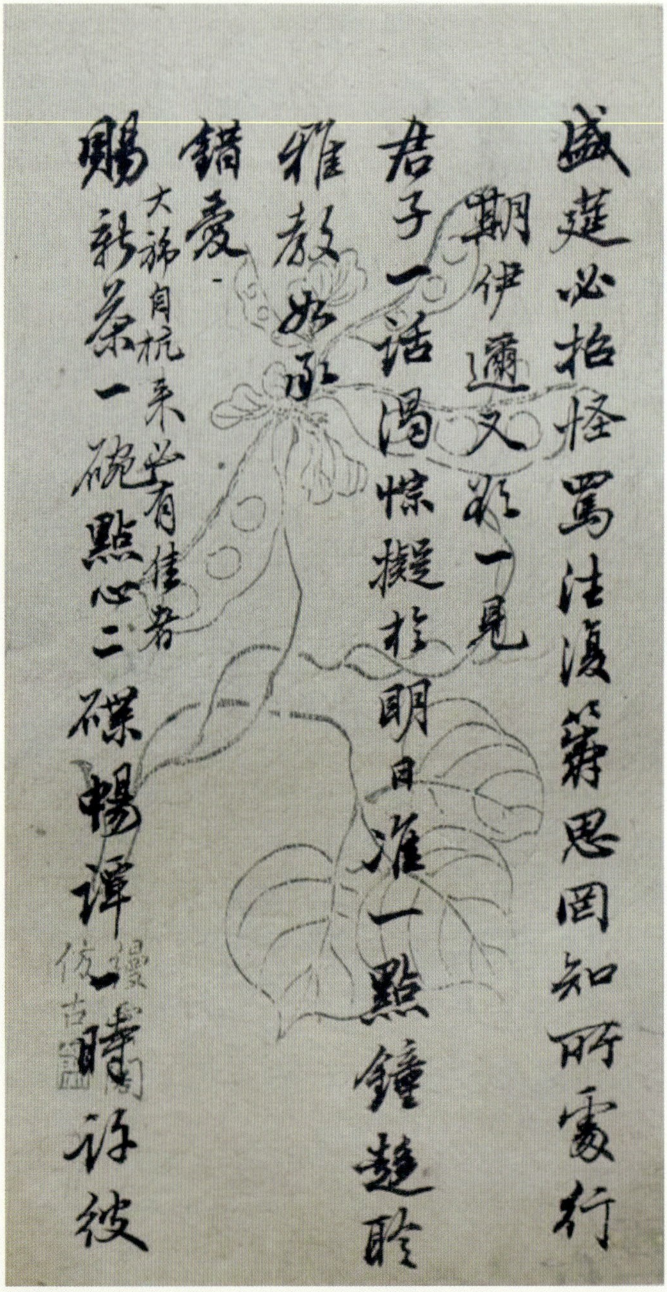

盛筵必招怪罵法復辭思罔知所處行
期伊邇文於一見
君子一話渴悰擬於明日准一點鐘趨聆
雅教如承
錯愛
賜新茶一碗點心二碟暢譚一時許彼
大禘自杭來必有佳者

盛筵，必招怪罵。往復籌思，罔知所處，行
期伊邇，又欲一見
君子，一話渴悰，擬於明日准一點鐘趍聆
雅教，如承
錯愛，
大斾自杭來，必有佳者
賜新茶一碗，點心二碟，暢譚一時，許彼

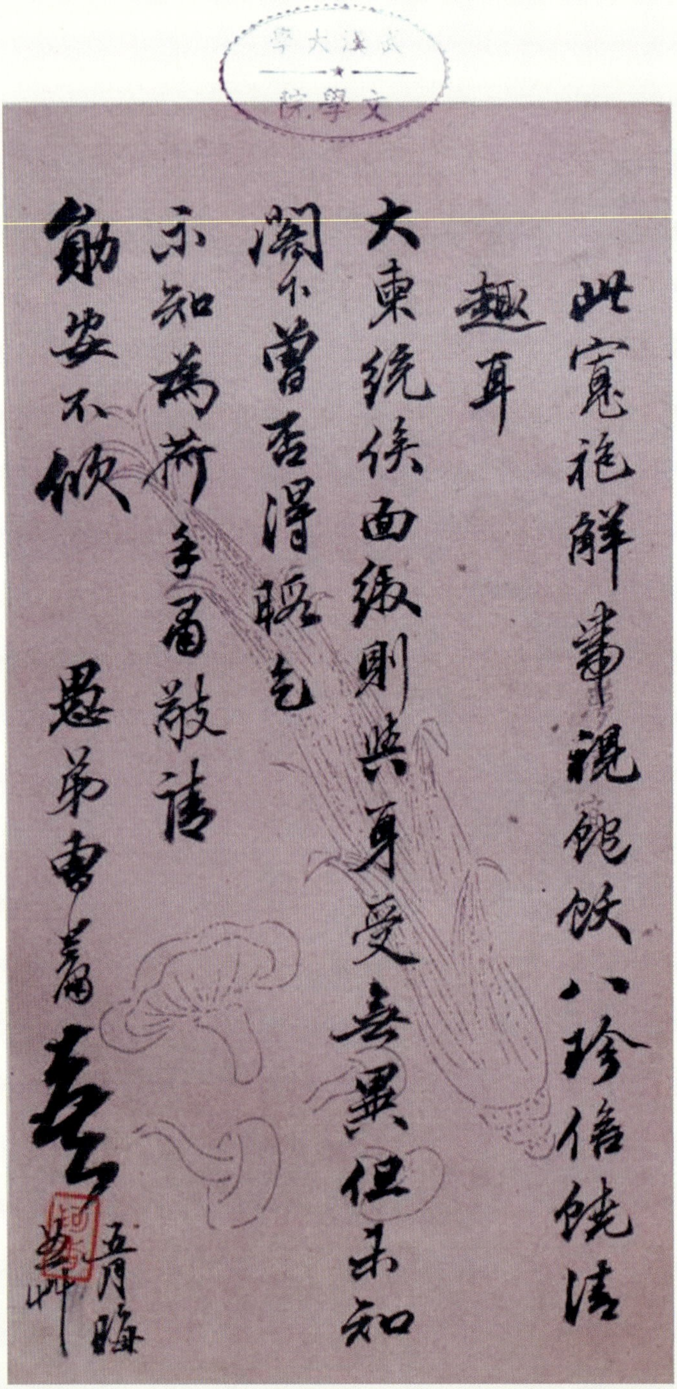
此寔花鮮葷餛飩飫八珍倍饒清趣耳
大東统侯面緣則與尊受妾異但未知
閣下曾否得聽也
示知為荷手肅敬請
勛安不備 愚弟曹慕堂 五月晦

此寬袍解帶，視飽飫八珍，倍饒清趣耳。

大柬統俟面繳，則與身受無異，但未知閣下曾否得暇，乞示知爲荷。手肅，敬請勛安。不佽。愚弟曹登庸頓首 五月晦 恕艸

（印：阿香）

誠汎濫橫溢，其為農田之害不可勝言。

都亦方伯德澤之來，多澍者甚大，今既

得興此盛舉，亦豈淺鮮。

弟寓書楚城，早稱丁年生民，早受丁年之

致汎濫横溢，其爲農田之害，不可勝言。
薌泉方伯德澤之在吾浙者甚大，今既
欲與此盛舉，還望吾
弟寓書贊成，早辦一年，生民早受一年之

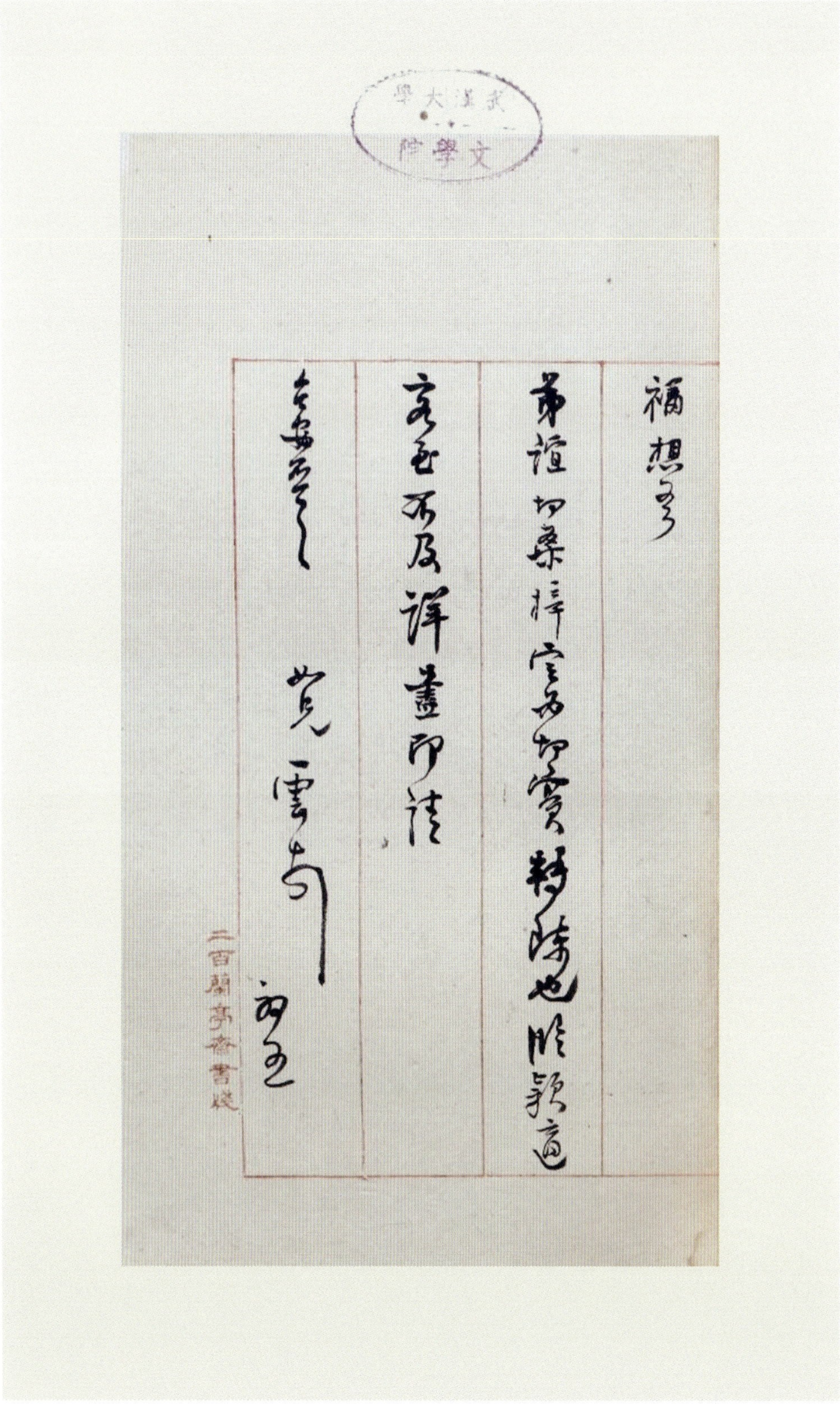

福想多多
弟誼切桑梓，官爲切實，特請也能親適
宣也，不及詳盡，即請
台安不一
如兄 雲甫 頓首

二百蘭亭齋書箋

福。想吾
弟誼切桑梓，定爲切實轉陳也。臨潁適
客至，不及詳盡。即請
台安。不一一。如兄雲頓首　初五

再去年霖雨稍多，農田已被災不少，而受冬
令水勢未涸，而刻下順河圩岸水不没者僅天
許，甚則尚有淹在水中者，底水之大如此，設遇
勤辰為虐，不但收成失望，亦恐室家田廬

再，去年霖雨稍多，農田已被災不少，向交冬令，水勢必涸，而刻下瀕河圩岸水不没者僅尺許，甚則尚有淹在水中者，底水之大如此，設遇勃戾爲虐，不但收成失望，必至家室田廬

盡成澤國，此水利之所以必講求亟亟也。查
湖郡諸水，固以太湖為瀦蓄，而太湖之水則
以海為尾閭。吳淞、婁河、白茆三支為入海要
區。吳淞江現尚寬廣，白茆兩岸為民間廬

二百蘭亭齋書牋

盡成澤國，此水利之不可不講，至亟亟也。查
湖郡諸水，固以太湖爲豬蓄，而太湖之水則
以海爲尾閭，吴淞、婁河、白茆三處爲入海要
區，吴淞口現尚寬廣，白茆兩岸爲民間廬

基所占河身多已淤塞閘濬甚難甚何難
日形淤淺故道尚存往歲嘗道撥閘濬而
未暇詳覆頃蘇松太道應敏齋來滬與之細談
彼亦講求經濟留心民瘼者慨然任之

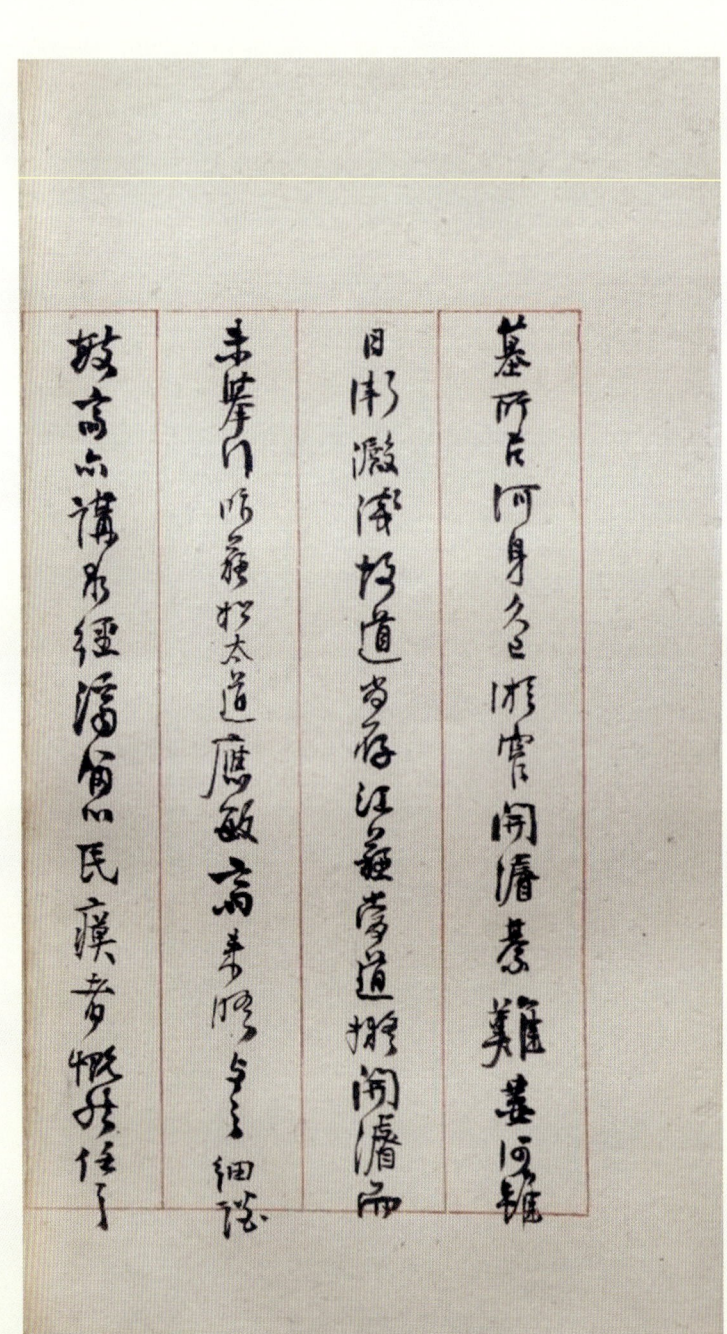

墓所占，河身久已淤窄，開濬綦難。婁河雖日漸淤淺，故道尚存，江藴當道擬開濬而未舉行。昨藴松太道應敏齋來晤，與之細談，敏齋亦講求經濟，留心民瘼者，慨然任之，

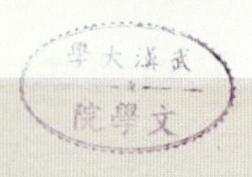

歸所詳稱此西岸一帶上游傍下游入海之道路

以通暢則兩省水患無殺，此固交相為功而

大有裨於農田水利者也，並望酌之

東采擇而特告之 兄如何

同日鍾下帖

二百蘭亭齋書牋

歸即詳辦。浙西居三吴上流，倘下流入海之道得以通暢，則兩省水患必殺。此固交相爲功，而大有裨於農田水利者也，並望吾弟采擇而轉告之。兄又拜

同日鐙下艸

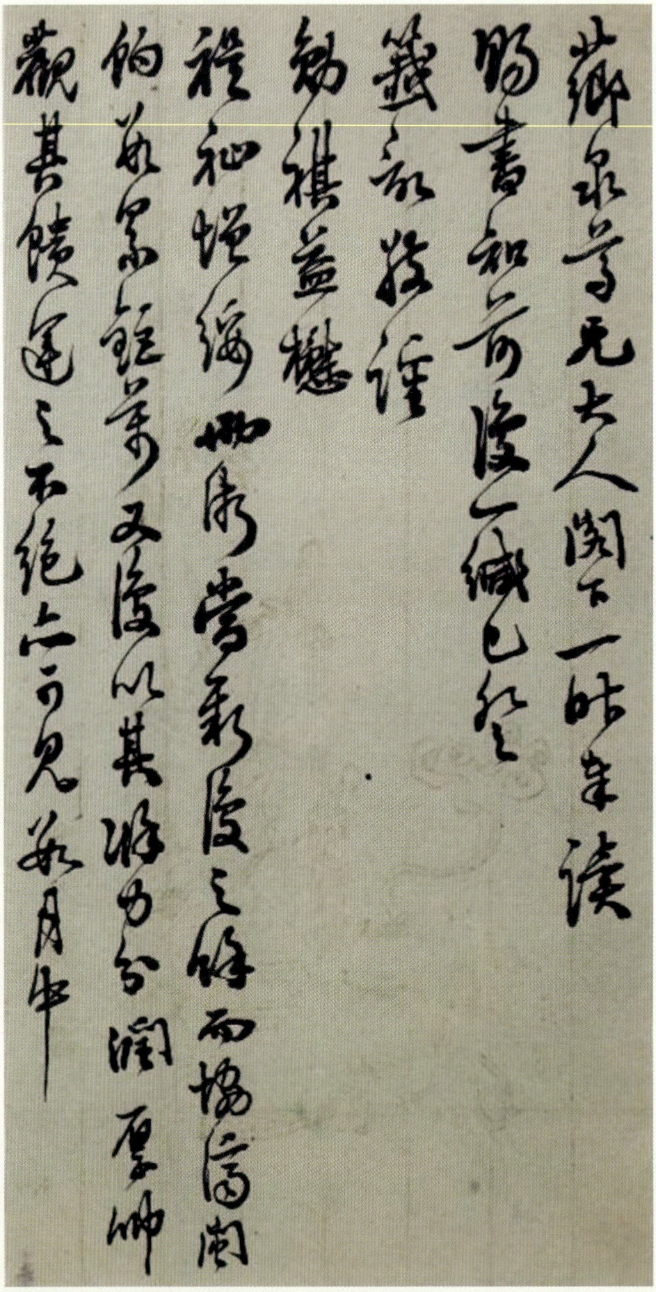
蘅泉尊兄大人閣下：一昨奉讀
賜書，知前後二緘已登
籤記，拜悉
勛祺益懋。
禮和煙綫一事，常彩後之條而協商閣
約數家能等，又後以其將力分潤厚餉
觀其續逢之不絕，亦可見數月中

薌泉尊兄大人閣下：一昨奉讀
賜書，知前復一緘，已登
籤記，敬譾
勛祺益懋，
禔祉增綏。兩浙當新復之餘，而協濟閩
餉，數累鉅萬，又復以其餘力分潤厚帥，
觀其饋運之不絕，亦可見數月中

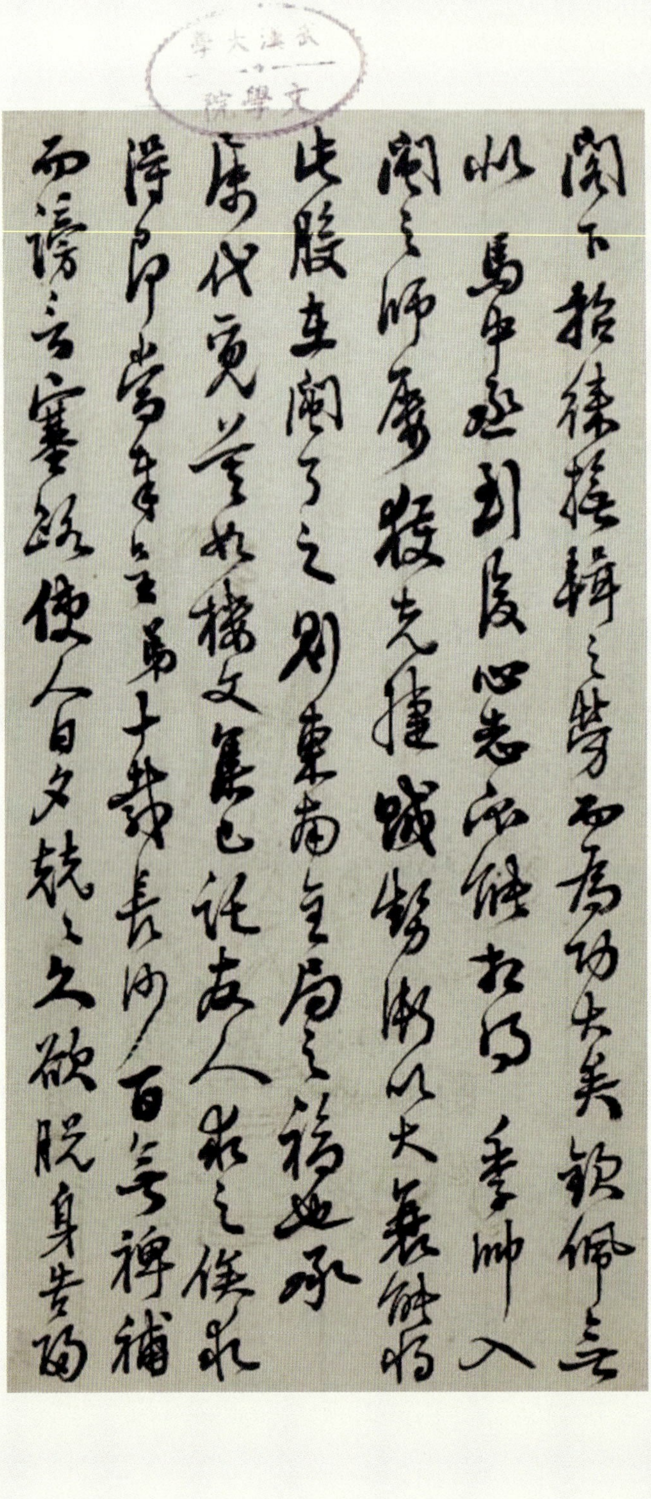

閣下招徠撫輯之勞，而爲功大矣，欽佩無似。馬中丞到後，心志必能相得。季帥入閩之師，屢獲克捷，賊勢漸以大衰，能將此股在閩了之，則東南全局之福也。承屬代覓莫如樓文集，已託友人求之，俟求得即當奉呈。弟十載長沙，百無裨補，而謗言塞路，使人日夕兢兢，久欲脱身告歸，

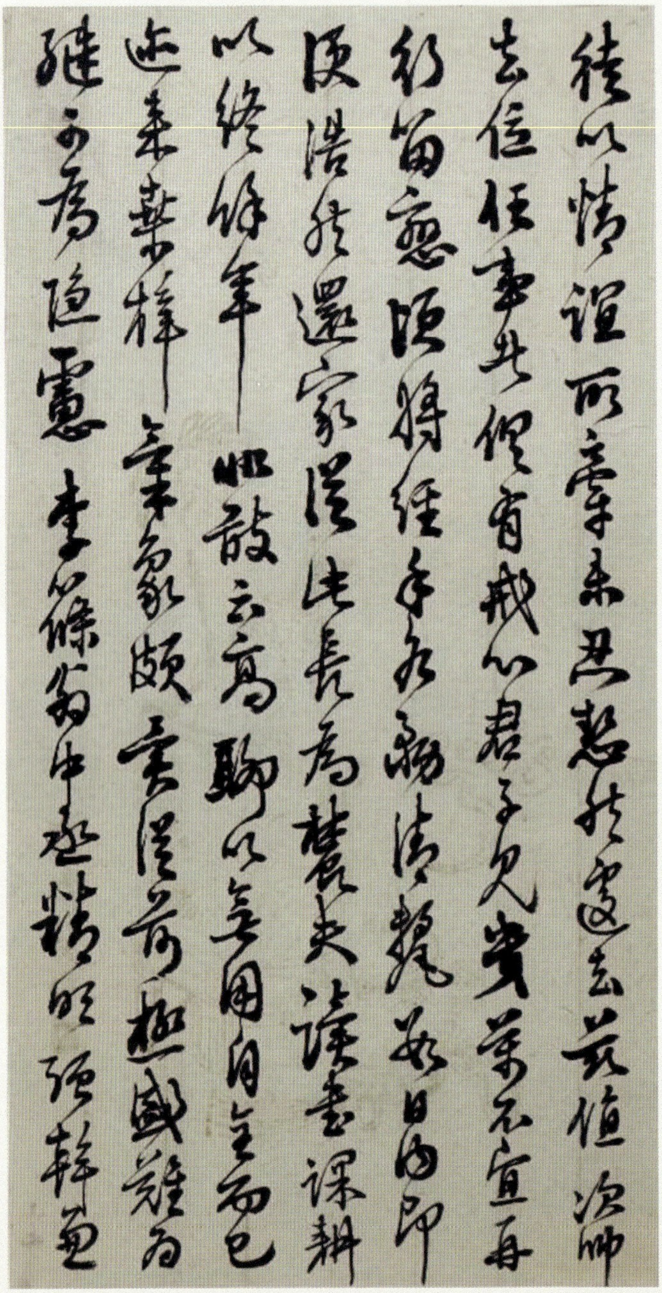

徒以情誼所牽未忍恝然遽去茲值沅帥
去位任事無人便有戒心君子見幾不宜再
行留戀頃將經手各務清釐數日內即
須浩然還家從此長為農夫讀書課耕
以終餘年 非敢云高聊以無罪自全而已
近來蔡少彝年來氣頗衰還前極盛雖為
難可為隱憂 李篠翁中丞精明強幹

徒以情誼所牽，未忍恝然遽去。茲值次帥去位，任事者俱有戒心，君子見幾，萬不宜再行留戀，頃將經手各務清釐，數日内即便浩然還家，從此長爲蓑夫，讀書課耕，以終餘年。非敢云高，聊以無用自全而已。迩來桒梓氣象頗異從前，極盛難爲繼，可爲隱慮。李篠翁中丞精明強幹，兼

愛生民依情形盛飭整舞人心以母擇揀
風耳　請將戈飭嘆通守事安由教諭遣
温將府傳　上年　經　沅帥　委面陳事部
淮營及都引
見赴任苾生長河西深明洋情甚人明白曉
暢事機宜友先生高足專軍勞年久於兵
事亦極熟請練之謂擇材之佳者一官一邑殆

熟悉吾湘情形，或能鼓舞人心，以再振楚風耳。靖州戈篠坪通守聿安，由教諭選温州府倅，上年經次帥奏留，未奉部准，兹入都引見赴任，道出長沙，數得晤談。其人明白曉暢，本儲石友先生高足，在軍營年久，於兵事亦極諳練，可謂楚材之雋，一官一邑，殆

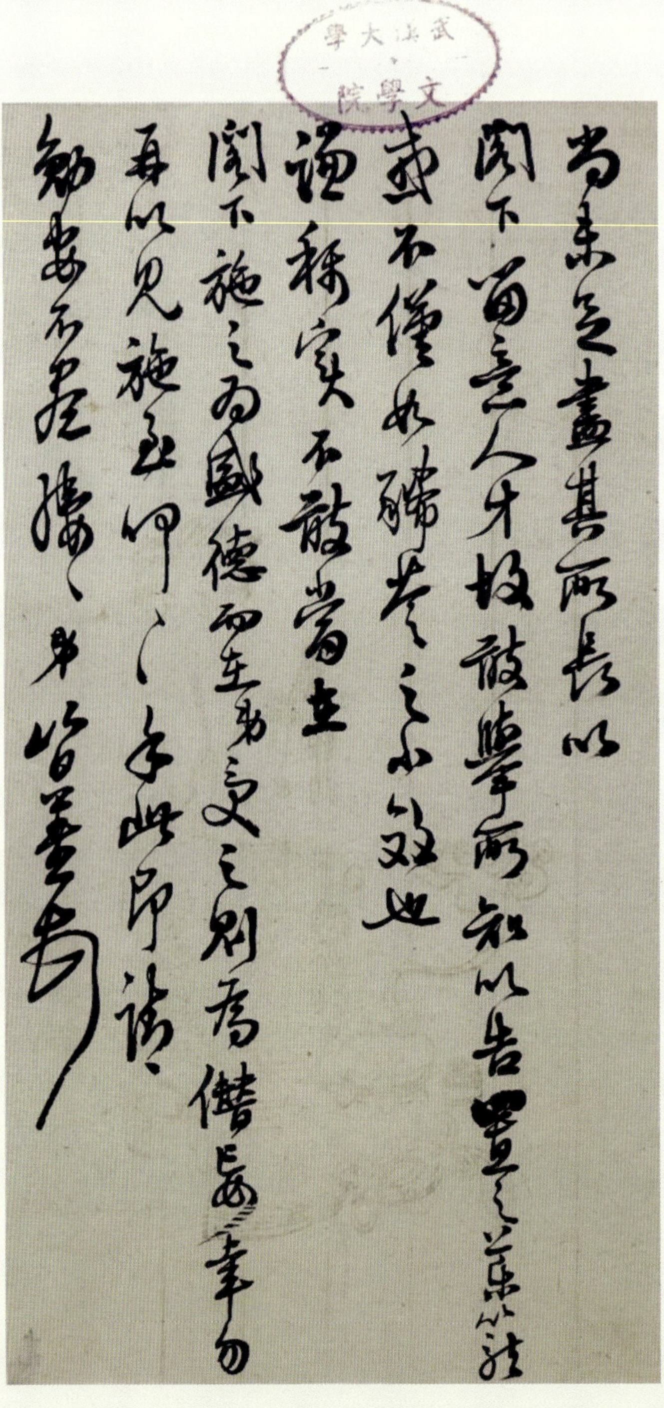
尚未克盡其所長以
閣下留意人才故敢舉所知以告置之幕以試
或不僅如[illegible]者之不能效也
謬稱實不敢當並
閣下施之為國德而生弟之交之別為借長篇之幸句
再以見施並仰之手此即請
勛安不盡縷縷　弟[illegible]頓首

尚未足盡其所長。以
閣下留意人才，故敢舉所知以告，置之藥籠，或不僅如豨苓之小效也。
謙稱實不敢當，在
閣下施之爲盛德，而在弟受之則爲僭妄，幸勿再以見施，至叩，至叩。手此，即請
勛安。不盡縷縷。弟崑燾頓首

喜亭世兄大人閣下：回湘後奉報一書，當入
電覽。晚感冒家眷同步不審
閣下接眷之說已定，計當同船
尊府一切平安，崇陽湘署作爲盼
耳。秉川眺回來事，耕晏
鈞乘西步氣無一處之與賞契
此想湘中石廣是聲造絲無涯

薌泉世兄大人閣下：回湘後奉報一書，當入
電覽。盛泉不見客，亦不回步，不審
閣下接眷之説已定計否？問知
尊府一切平安，止不得浙署一信爲盼
耳。季帥昨日來書，於吾
薌泉有才氣無雙之譽，賞契
非虛。浙中百廢具舉，造福無涯。

余舍親蔡初波姪以例吳子儁已
往閩粵浙閩，八月收票不及趕須
強九月始開，得信不逮，而竟前來，茶
及者，便出處錯，遂而亦因陸輪
船，亦彌不爲要也，冷淡精食經費
鄙深習撫年方得累年相亦
不遂矣

余舍親蓉初近狀何似？吳子儁已往閩否？浙闈八月如來不及，恐須改九月，此間得信不遲，而竟有來不及者，由出奏稍遲，而主司坐輪船亦殊不爲妥也。泠泉精舍須俟薌泉晉撫軍方得果耳，想亦不遠矣。

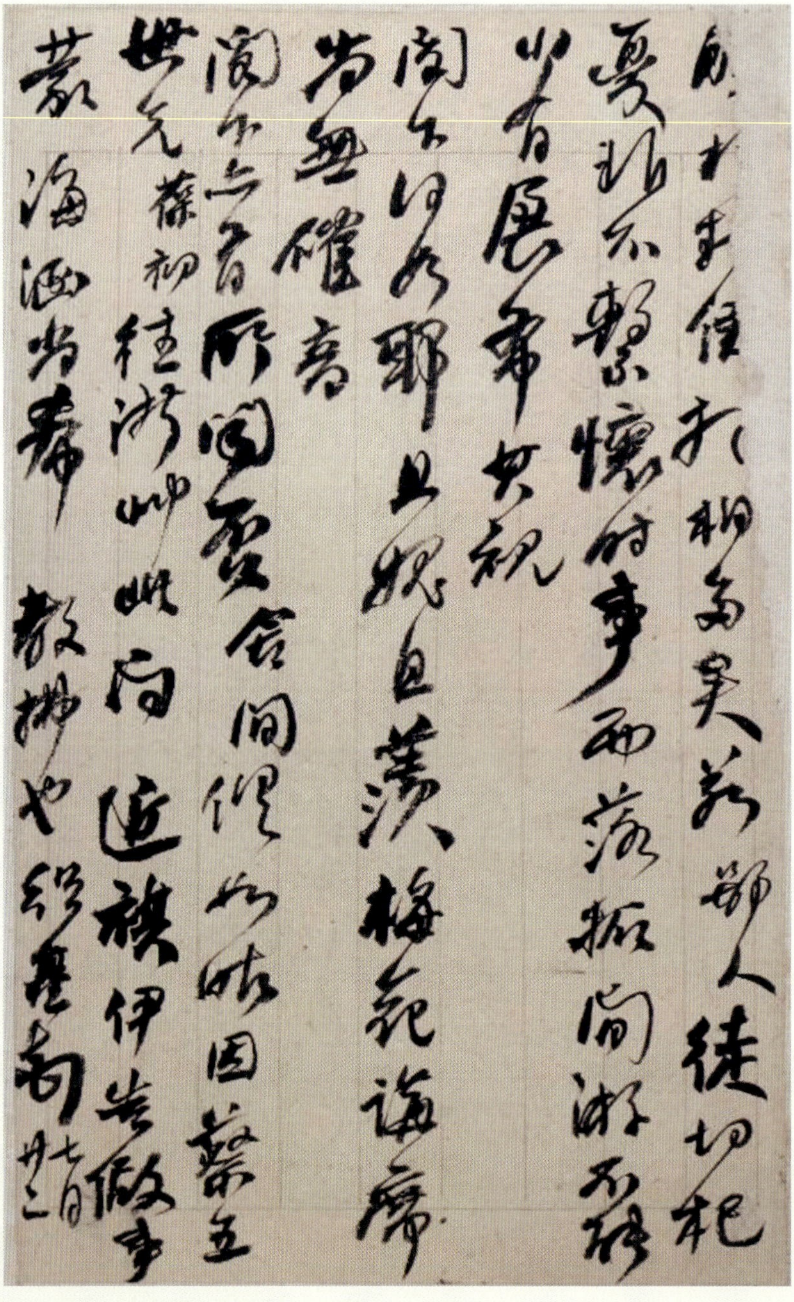

□□封侯拜相多矣，若鄙人徒切杞憂，非不繫懷時事，而落拓閒遊，不能小有展布，其視閣下何如耶？且媿且羡。梅苑講席，尚無確音，閣下亦有所聞否？舍間俱如昨，因蔡五世兄葆初往浙，草此問近祺，伊告假事蒙海涵，尚希教拂也。紹基頓首七月廿二

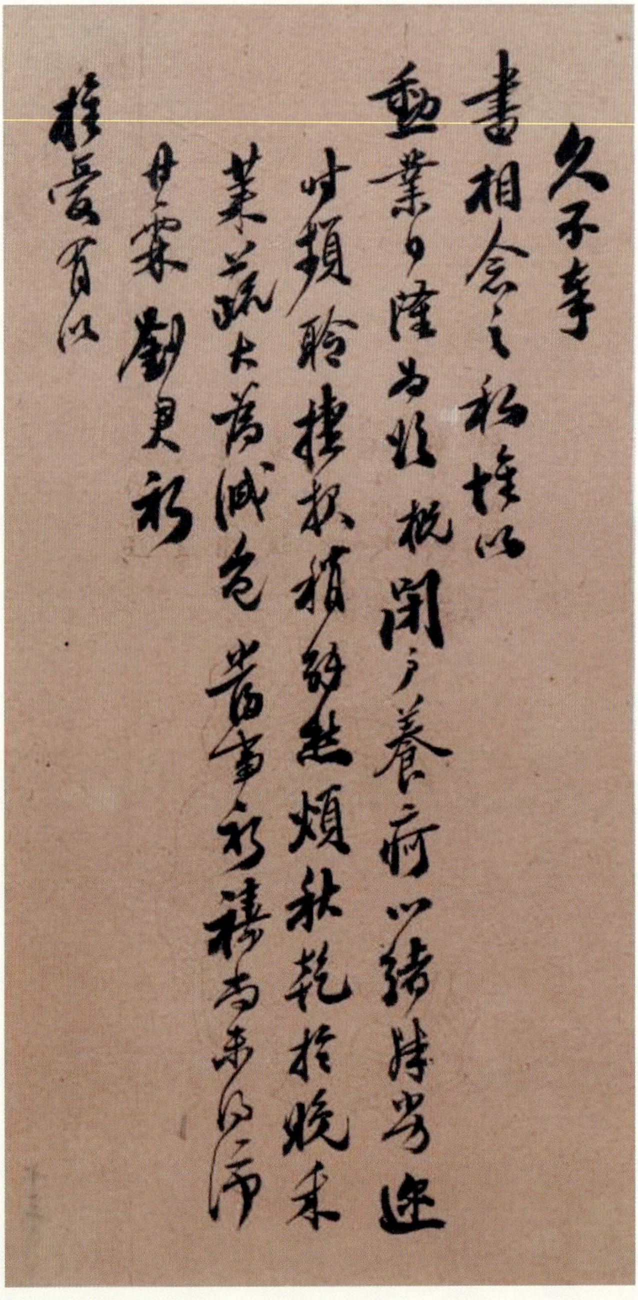

久不奉
書相念之私惟以
勳業日隆為頌 闔戶養痾以謝時事 迷
此頗聆捷報積鉅甚頌 秋熟於晚禾
菜蔬大為減色 省事務稀尚未及之[illegible]
甘霖 劉見頌
棣蓀賢仁

久不奉

書，相念之私，惟以

勳業日隆爲頌。概閉户養疴，心緒殊劣，迩

時頻聆捷報，稍解愁煩。秋乾於晚禾

菜蔬大爲減色，當事祈禱，尚未得沛

甘霖。劉君祈

推愛，有以

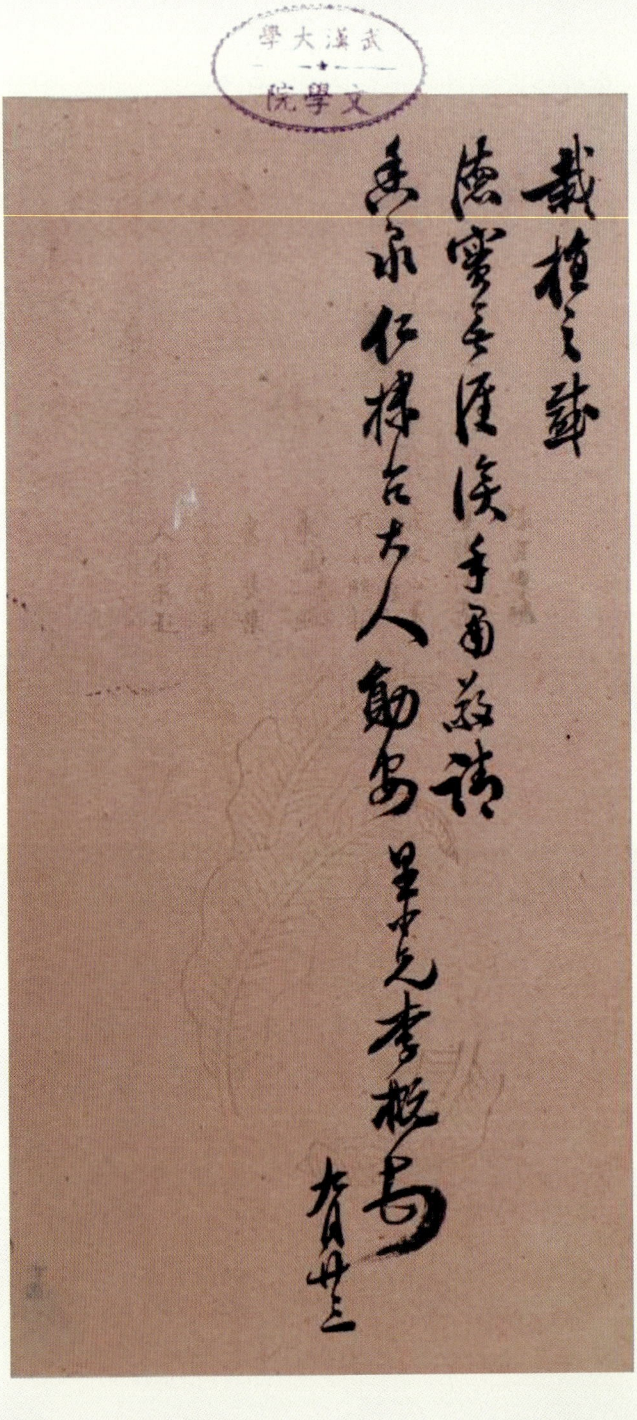
武漢大學
文學院

栽植之感

德，實無涯涘。手肅，敬請

香泉仁棣台大人勛安。愚小兄李概頓首　九月廿三

薌泉仁兄大人閣下林暨孫欽登及戴附祔
到兩奉
賜函辱荷
眷眷垂注褒蒙
寵華下賁謹即薦諸靈筵存殁均光
哀感交集恭惟
起居安善凡百馨宜臻禎忠孝兩彰進

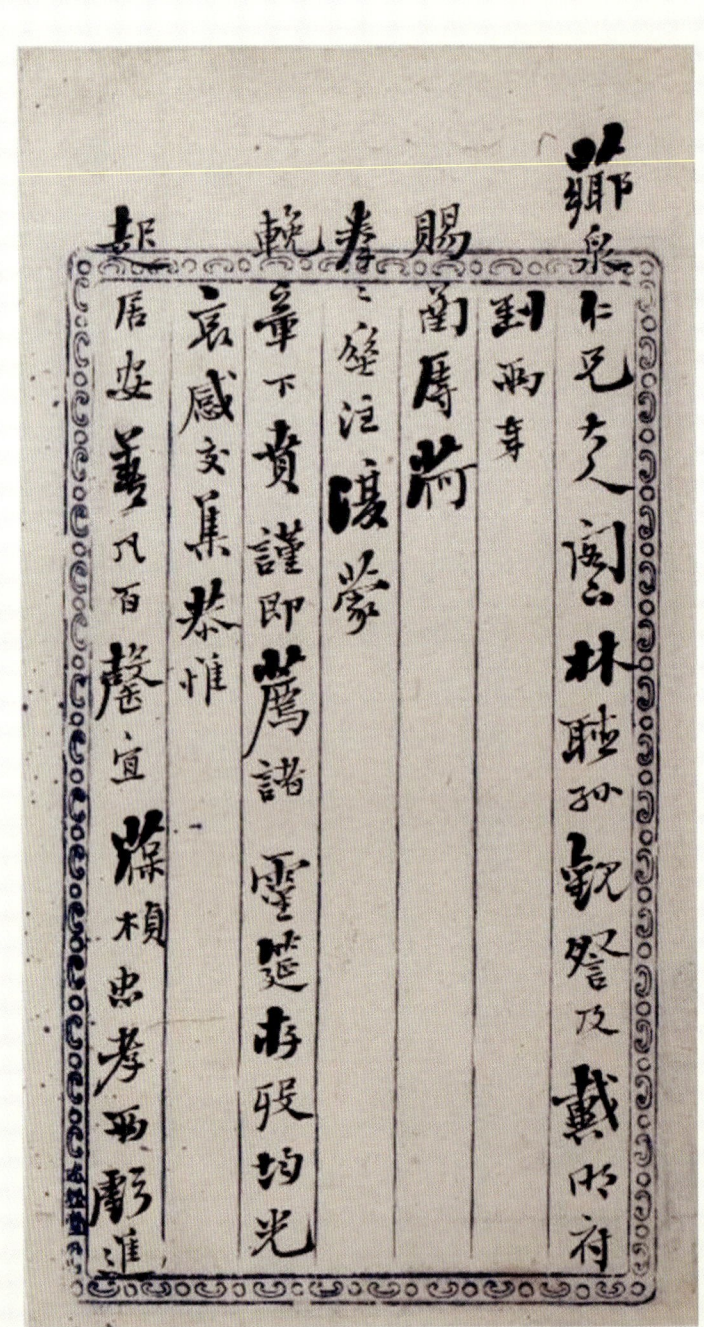

薌泉仁兄大人閣下： 林聽孫觀詧及戴明府
到，兩奉
賜函，辱荷
拳拳垂注，復蒙
挽章下賁，謹即薦諸靈筵，存歿均光，
哀感交集。恭惟
起居安善，凡百罄宜。葆楨忠孝兩虧，進

遐無援覗茲人面覆載難、容從此息
影蓮廬不敢復問天下事矣肅此恭請
勛安虔達謝忱祇繳
謹柬伏惟
矜鑒不備
棘人沈葆楨稽顙
上漱老師　何子貞先生一函伏乞
飭遞爲禱

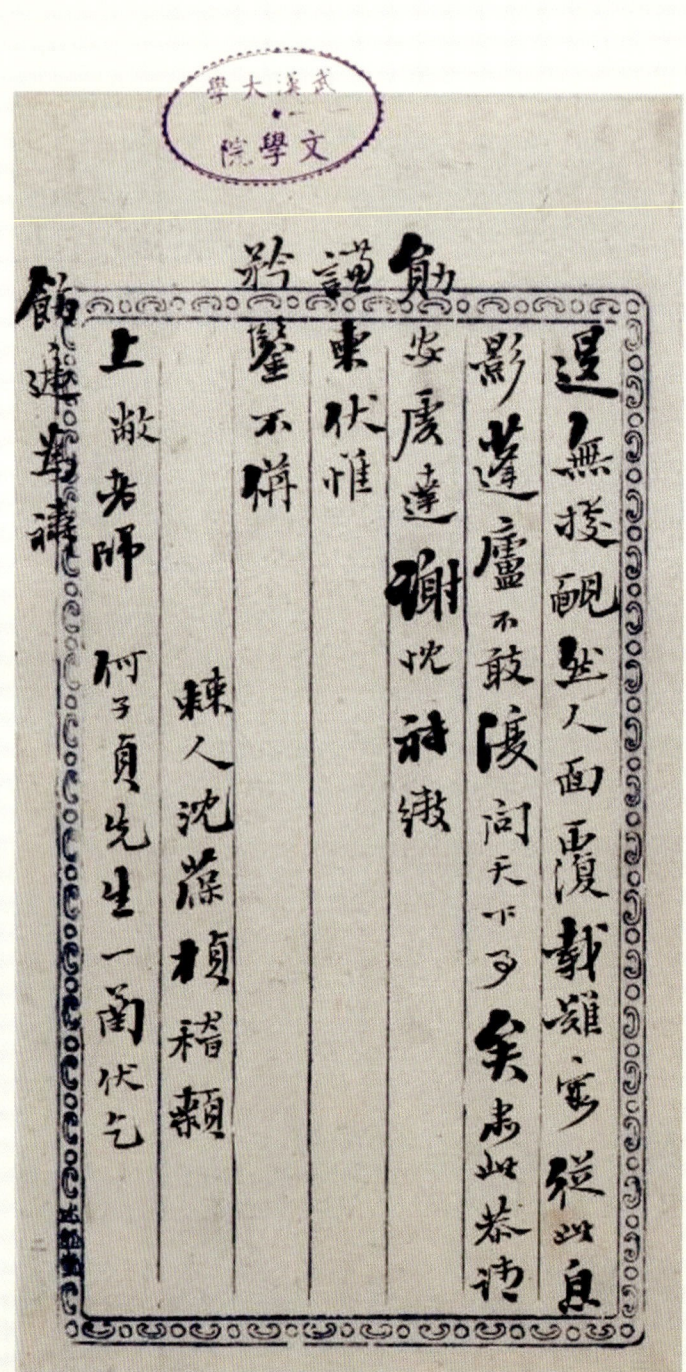

退無據，靦然人面，覆載難容。從此息
影蓬廬，不敢復問天下事矣。肅此，恭請
勛安，虔達謝忱，衹繳
謙柬，伏惟
矜鑒。不備。
棘人沈葆楨稽顙
上敝老師　何子貞先生一函，伏乞
飭遞爲禱。

雜件

所說皆大歡喜

無竟居士仿製

蒓農仁兄同年大人左右憶自衡陽得
良晤後旋具復近狀適我
兄作楚北游嗣以日語軍書塵事坌集未
通音敬計闊十年無所知
大考獲雋以

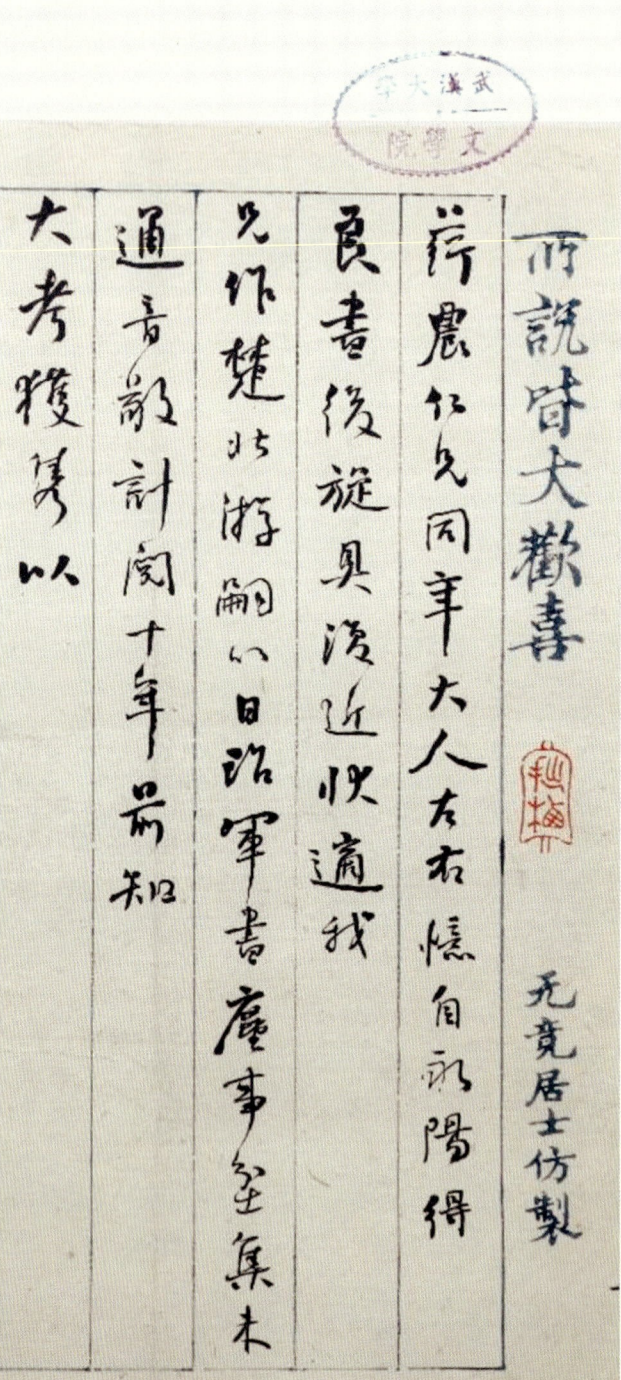

荇農仁兄同年大人左右：憶自永陽得
良書後，旋具復近狀，適我
兄作楚北游，嗣以日治軍書，塵事坌集，未
通音敬，計閱十年。前知
大考獲雋，以

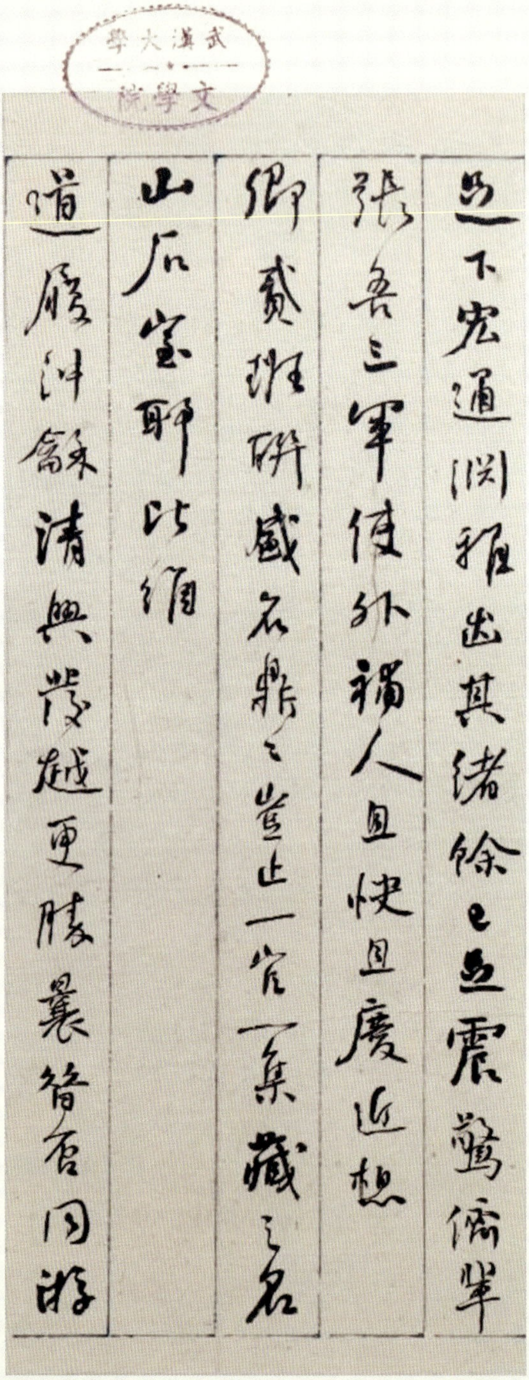

迺下宏通淵雅出其緒餘已足震驚俗輩
張魯三軍使外補人且快且慶近想
卿貳班聯盛名鼎鼎豈止一官一集藏之名
山石室聊以消
遣履汴餘清與叢越更勝囊篋同游

足下宏通淵雅，出其緒餘，已足震驚儕輩，張吾三軍，使外補人且快且慶。近想卿貳班聯，盛名鼎鼎，豈止一官一集，藏之名山石室耶。比維道履沖龢，清興發越，更勝曩昝否？同游

傳侶當不啻并否回首東華依依昨夢
未嘗一日去懷也自甲子秋來算僅包
四年循變苗匪寇盜充斥歲苦用兵道
力支拄東事權不屬虜氛遍地兩腥地
瀕於危者屢矣身心勞瘁昨上書乞引

海鹽金粟山廣惠禪院大藏經 一十三紙

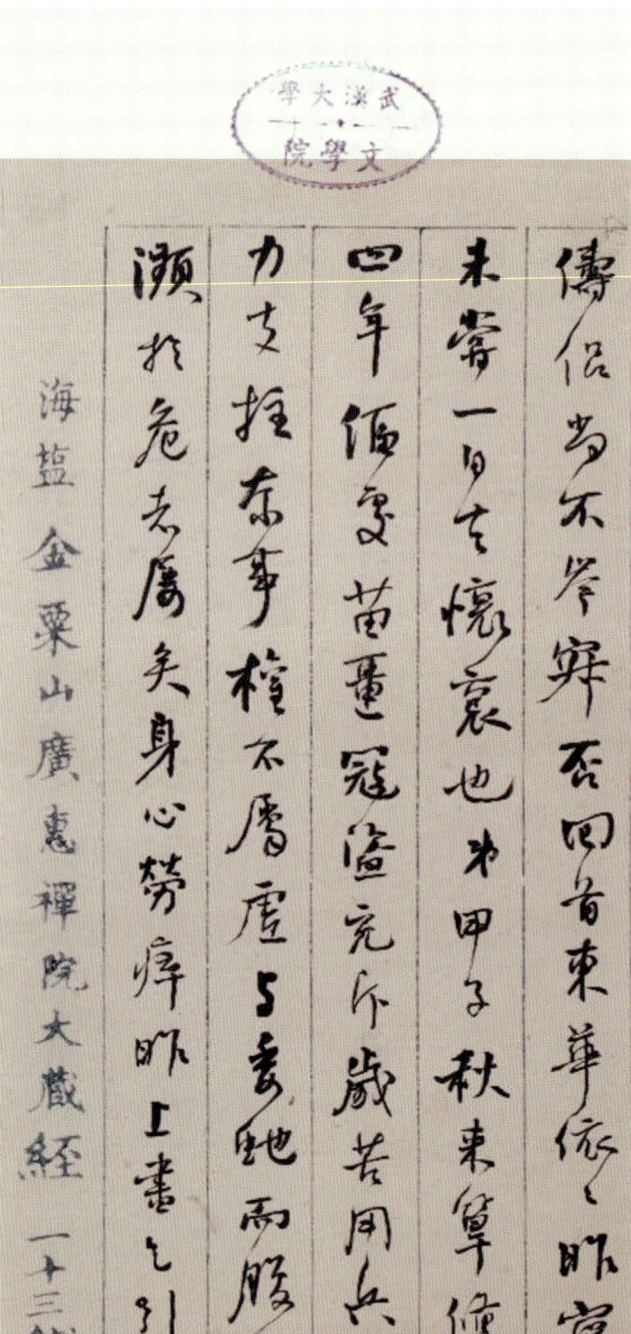

儔侶尚不岑寂否？回首東華，依依昨寢，未嘗一日去懷袌也。弟甲子秋來箄，倏已四年，偪處苗疆，寇盜充斥，歲苦用兵，迸力支柱，奈事權不屬，虛與委蛇，而腹地瀕於危者屢矣。身心勞瘁，昨上書乞引

所説皆大歡喜

无竟居士仿製

對又不果行至初旬來京託致歉忱想同

省察開歲首仍鬱鬱居此宦計乞沐

老同年能為我一定行此否都下師友近已

寥落滇師歸道山仁山先生令人腹痛

西州馬鞭已乙　芸邊二師杖履莫似同譜

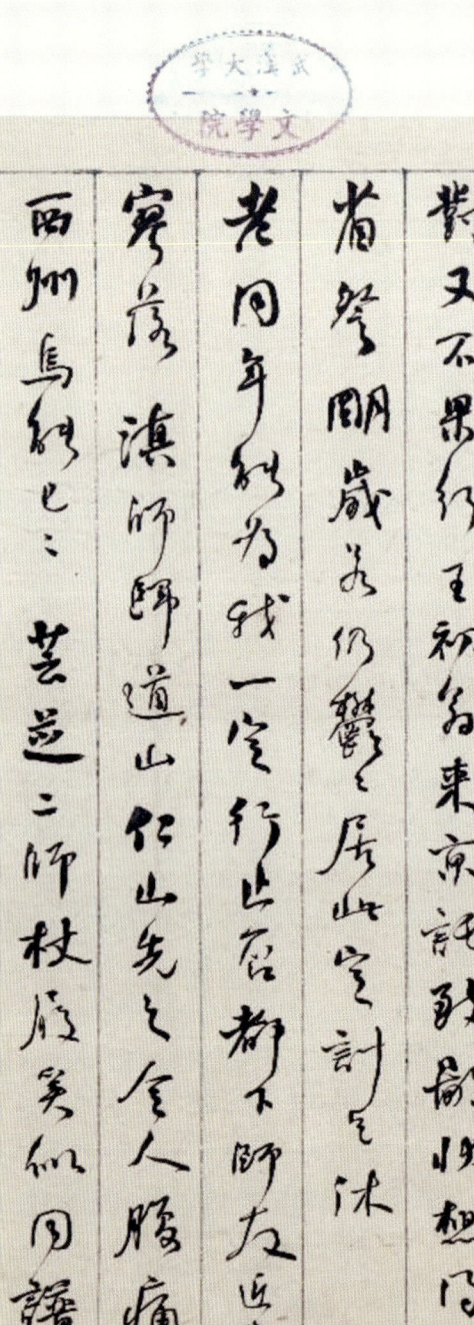

對，又不果行。王初翁來京，託致鄙狀，想得省答，明歲若仍鬱鬱居此，定計乞休。老同年能爲我一定行止否？都下師友近已寥落，滇師歸道山，仁山先亡，令人腹痛西州，烏能已已？芸芝二師杖履奚似？同譜

數晨夕者何人之爲示既來杜楚十有二年
涉大獄捍危城遭大故艱飲冰蘖無爲
表兩忠忠志此引先生之志甚堅也箸杜永州
修復元柳山何靡崖紀事多有刻字乾
州鄧忠武公解京僑摺書尚寄一拓以供

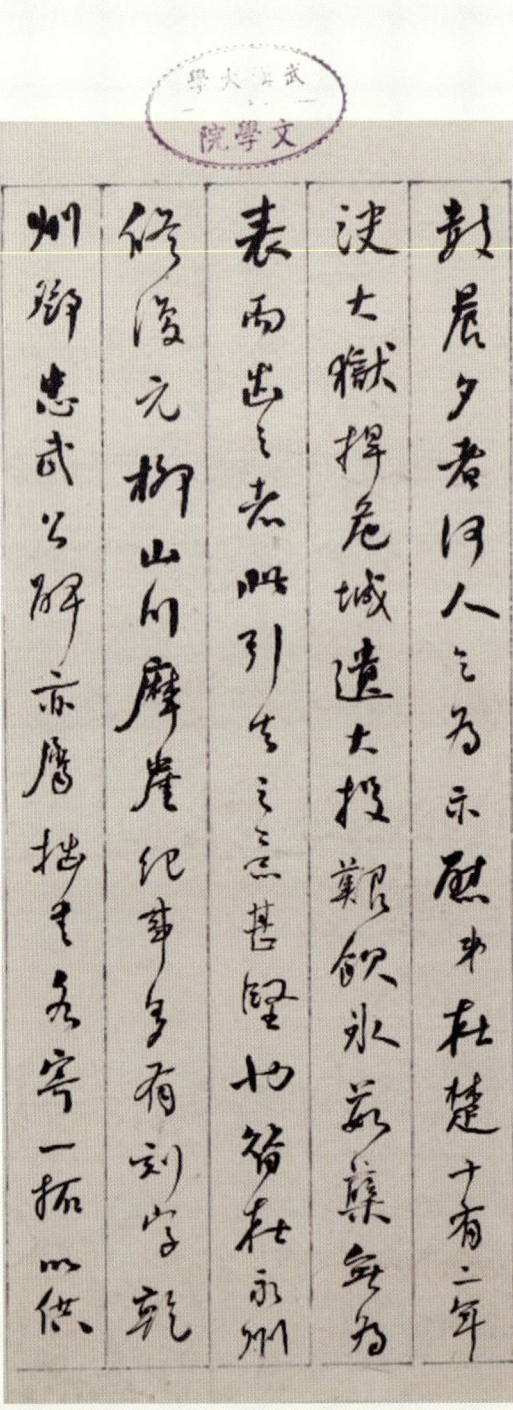

數晨夕者，何人乞爲示慰？弟在楚十有二年，決大獄，捍危城，遺大投艱，飲冰茹蘗，無爲表而出之者，此引去之意甚堅也。昝在永州修復元柳山川摩崖紀事，多有刻字，乾州鄧忠武公碑亦屬拙書，各寄一拓，以供

望擇所刻書來一二，擬寄
老兄，郵我書於彼，而郵於此耳。日下竊好同
閱西清風味已去，惟我兩人垂垂老矣，何時把
袂，能不黯然魂銷耶。手此上頌
箸安，不盡千万。年小弟[illegible]
五月十八日

海鹽金粟山廣惠禪院大藏經 一十三紙

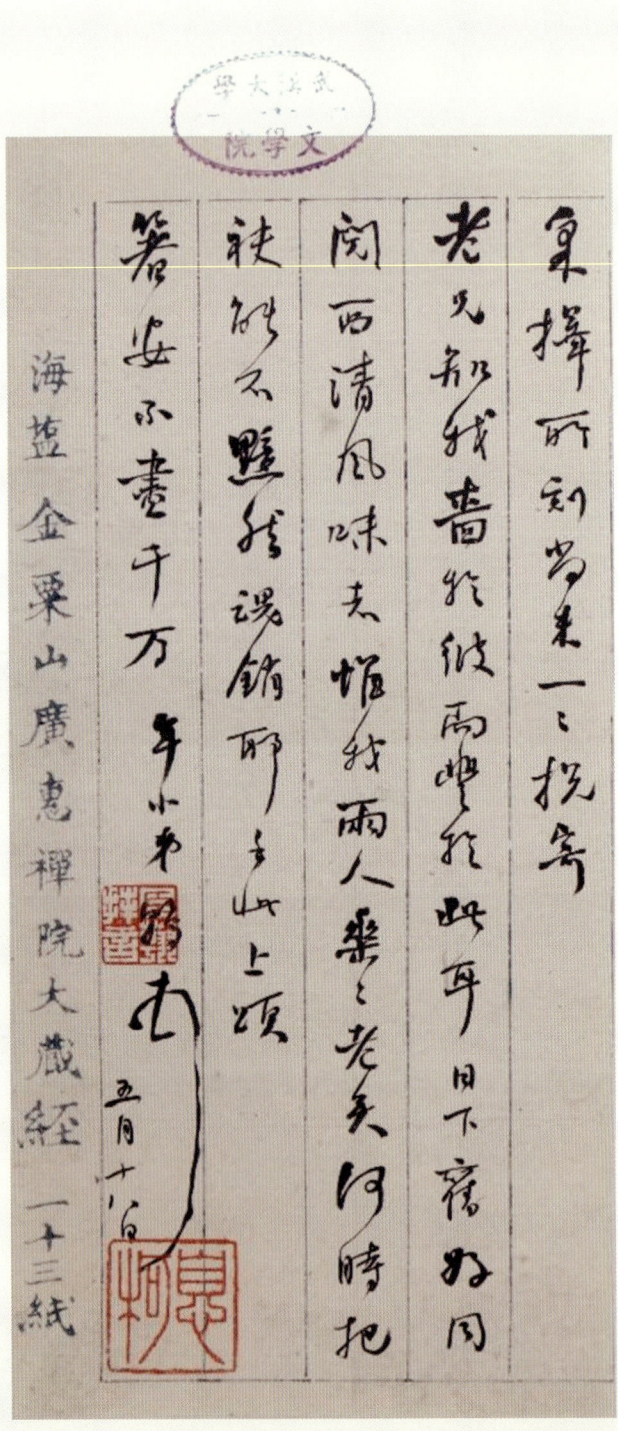

采擇，所刻尚未一一挩寄。

老兄知我嗇於彼而豐於此耳。日下舊好同

閱西清風味者，惟我兩人，垂垂老矣，何時把

袂，能不黯然魂銷耶？手此，上頌

箸安，不盡千萬。年小弟鶾頓首 五月十八日

（印：臣翰拜言、息柯）

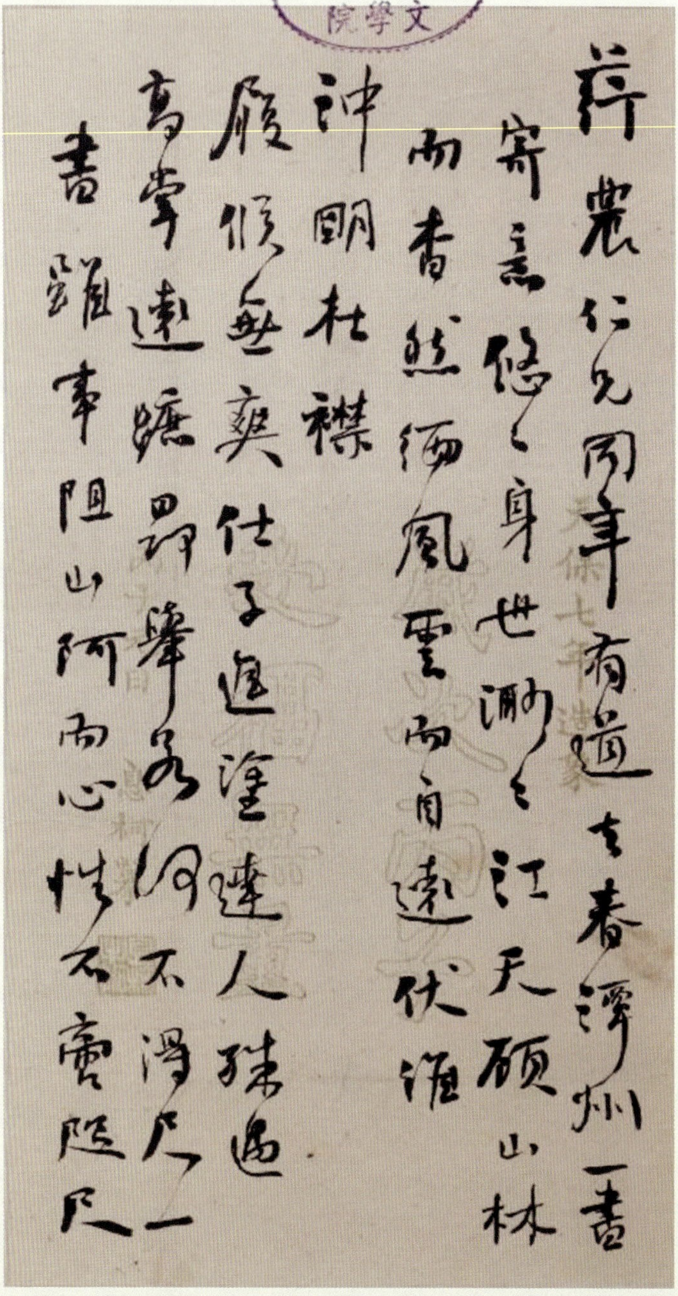

蔣

農仁兄同年有道：去春澤州一書

寄言，憶之身世，渺渺江天，碩山林

而香然，獨風雲而自遠。伏維

沖明杜襟

嚴候無爽，仕子追逢達人，殊過

高望遠瞻，罔畢多何，不得尺一

書，蹤事阻山阿，而心情不賓顧尺

荇農仁兄同年有道：去春潭州一書寄意，悠悠身世，渺渺江天，顧山林而杳然，緬風雲而自遠。伏維沖明在襟，履候無爽，仕子進塗，達人殊遇，高掌遠蹠，昂舉若何。不得尺一書，雖事阻山阿，而心性不啻咫尺

也弟自志稟告成後即行言歸
語廬友人多以碑版文字相屬
筆墨糾纏自秋徂冬殆日於棹
臘日返還帥宅慈侍康娛琴書
無恙日於泉石間撫松菊之猶存
依薜蘿而終老懷欽廬來良可
自娛惟躬耕不足供甘旨之需仍望

也。弟自志橥告成後，即欲言歸

浯廬，友人多以碑版文字相屬，

筆墨糾纏，自秋徂冬，始得放棹。

臘日返漫郎宅，　慈侍康娱，琴書

無恙，日在泉石間，撫松菊之猶存，

依薜蘿而終老，懷鉛齎素，良可

自娱。惟躬畊不足甘旨之需，仍當

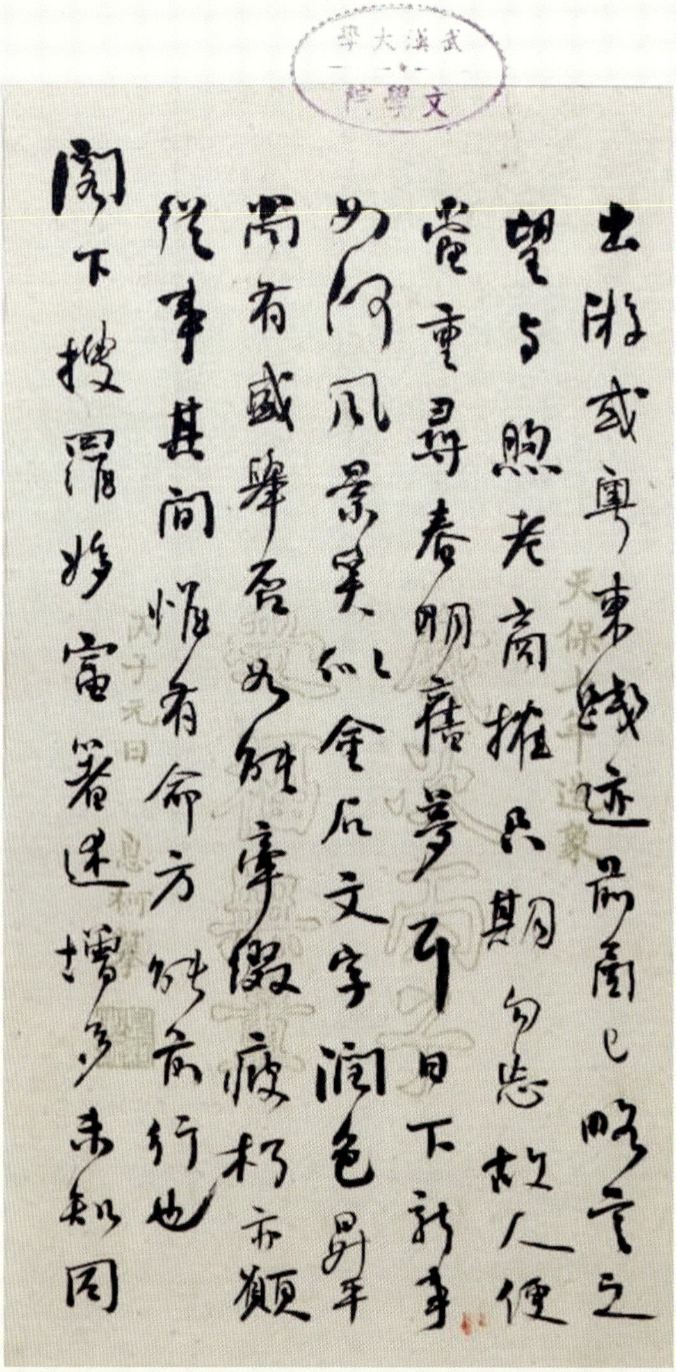

出將武粵東踐迹所臨已略言之
望與煦老商推只期勿忘故人便
覺重尋春明舊夢可日下新事
如何風景美々金石文字潤色昇平
尚有盛舉否如維摩[illegible]綴[illegible]杉亦頗
從事其間惟有命方能行也
閣下搜羅妙富著述增多未知同

出游，或粤東踐跡，前函已略言之，望与煦老商榷，只期勿忘故人，便當重尋春明舊夢耳。日下新事如何？風景奚似？金石文字潤色昇平，尚有盛舉否？如能牽綴疲朽，亦願從事其間，惟有命方能前行也。閣下搜羅夥富，箸述增多，未知同

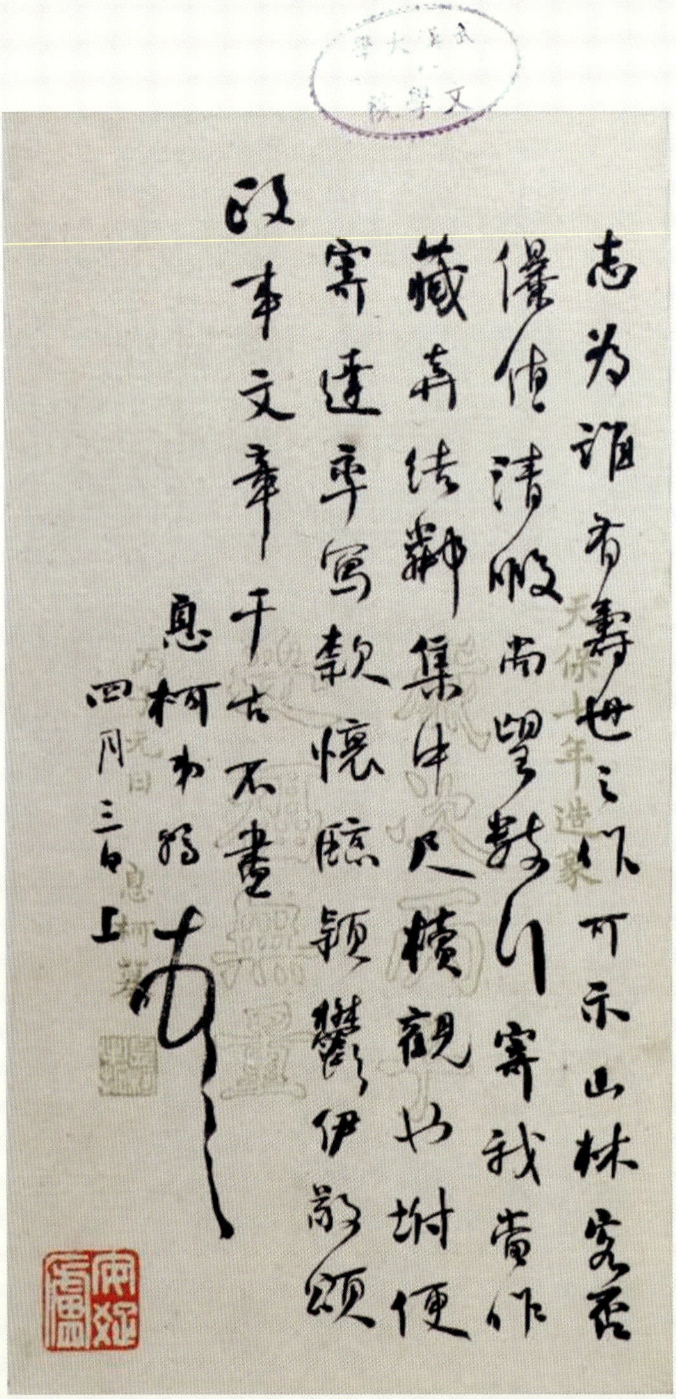

志為誰壽世之作，可示山林窮居
僅值清暇，尚望斟酌寄我，當作
藏弆，待斟集中尺牘觀也。謝便
寄遠乎？寫款懷臨頓鬱伊，祇頌
政本文章千古不盡
息柯如弟
四月三日上

志爲誰，有壽世之作可示山林客否？
㬥值清暇，尚望數行寄我，當作
藏弆、結鄰集中尺櫝觀也。坿便
寄達，率寫款懷，臨穎鬱伊。敬頌
政事文章千古。不盡。
息柯弟鶼頓首
四月三日上
（印：安疏盧）

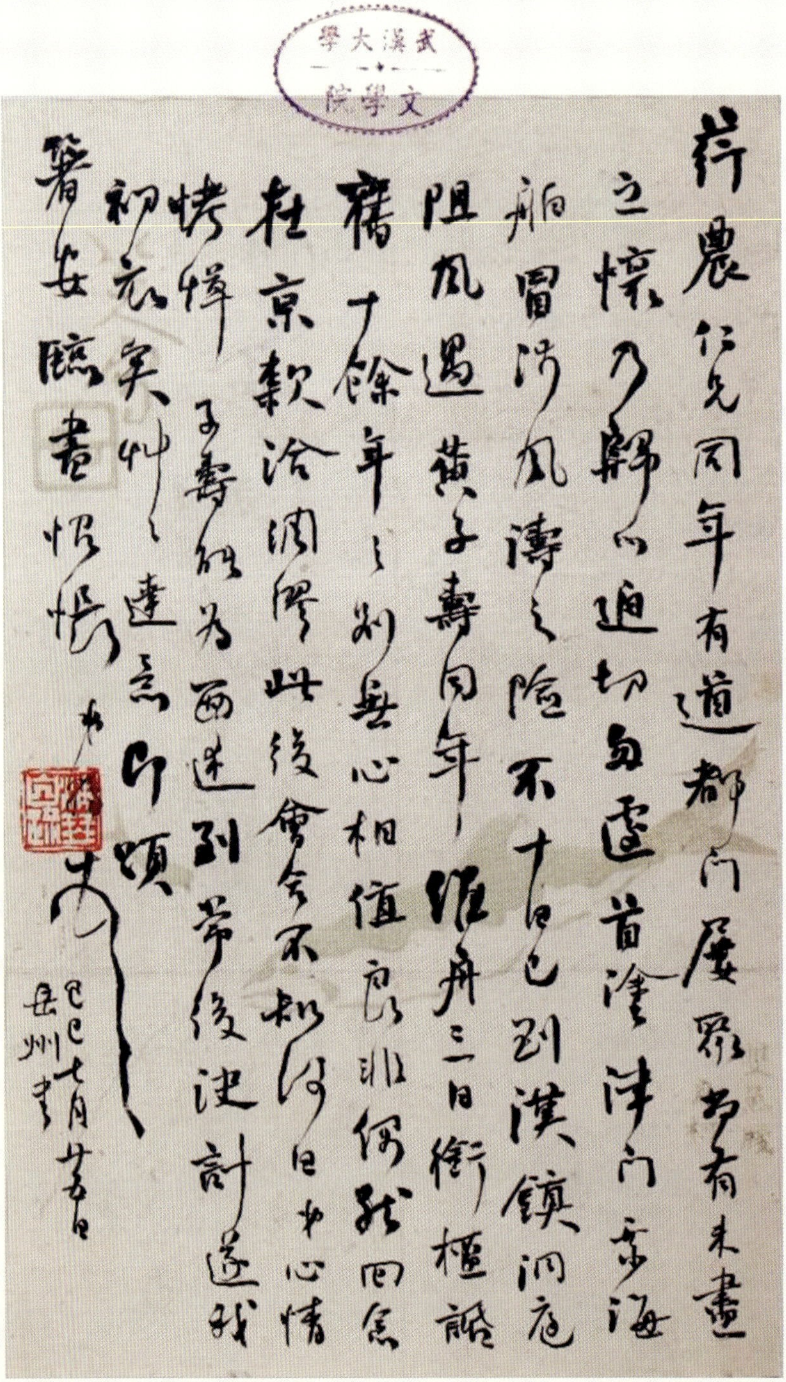

荇農仁兄同年有道：都門屢叙，猶有未盡之懷。乃歸心迫切，自滬首塗，津門乘海船，冒涉風濤之險，不十日已到漢鎮，洞庭阻風，遇黃子壽同年，維舟三日，銜極談讌。十餘年之別，無心相值，良非偶然，回念在京款洽，洞徹此後，會合不知何日，中心情悵悵。子壽經為西迷，到常後決計遂我初衣，實仲達志。此頌著安。臨書悵悵。弟[illegible]

乙巳七月廿五日岳州書

荇農仁兄同年有道：都門屢聚，尚有未盡之懷，乃歸心迫切，匆遽首塗，津門乘海舶，冒涉風濤之險，不十日已到漢鎮，洞庭阻風，遇黃子壽同年，維舟三日，銜榼語舊，十餘年之别，無心相值，良非偶然。回念在京款洽綢繆，此後會合不知何日，弟心情恾慞，子壽能爲面述。到常後決計遂我初衣矣。艸艸達意，即頌

箸安。臨書怊悵。弟鶴頓首　己巳七月廿五日岳州書

（印：海琴白疏）

炎暑如蒸屢役過眼為倚兒率
繼索月前兄霞為怪其穿去宣
昂連其道云已送珠同為書亟匪久
向不同出考接多雞也豈以子札冠之
蘭為州未乃見其色拾好寒之帖不敬
平於永病是駕上年兄題楮以此
川期歸往年以此諸久兮此上
荷老同年有道

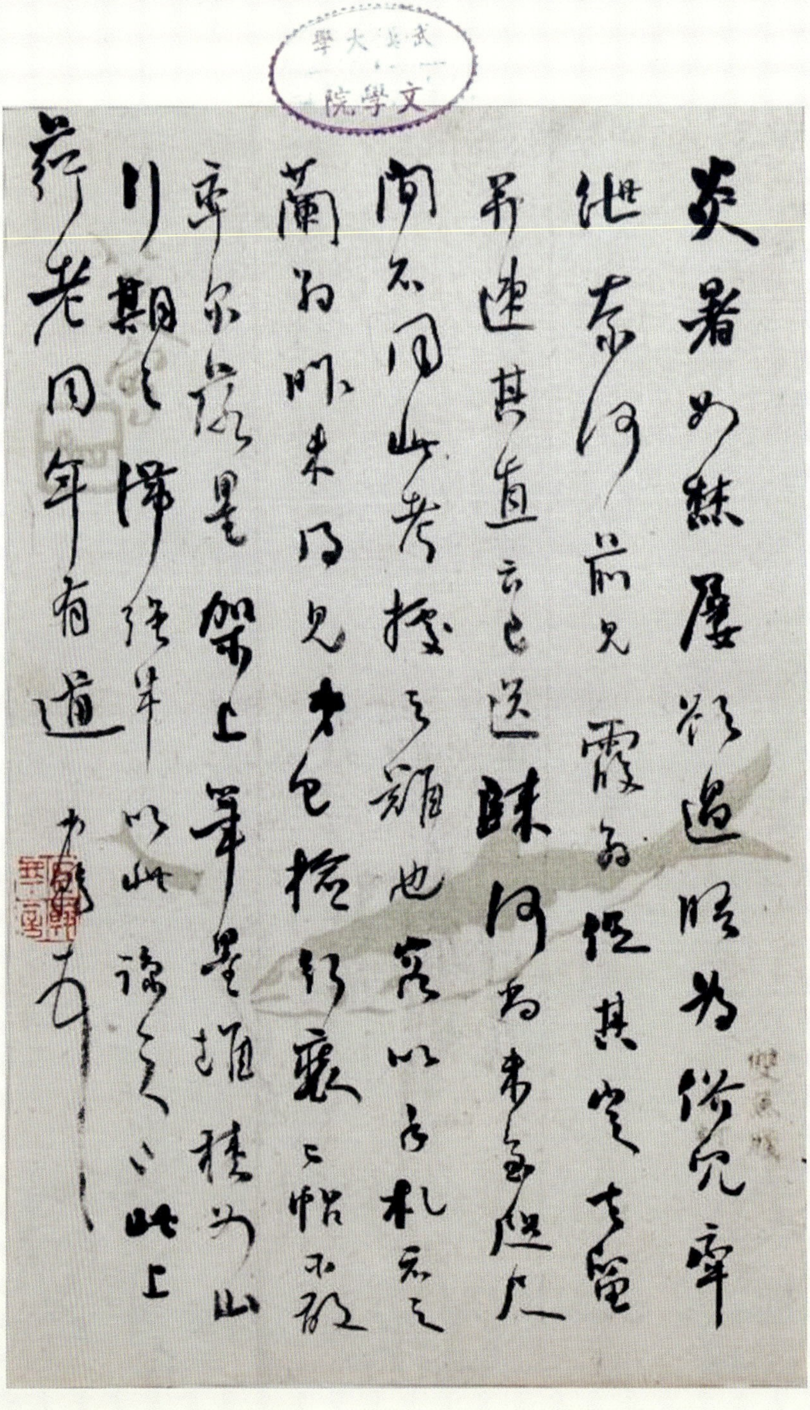

炎暑如焚，屢欲過晤，爲俗冗牽
紲，奈何？前見霞翁，促其定去留，
并速其直，云已送疏，何尚未至？咫尺
間不同，此考據之難也，容以手札示之。
蘭翁昨未得見，弟已檢行裝，二帖不敢
率尔落墨，架上筆墨堆積如山，
行期之滯強半以此，諒之諒之。此上
荇老同年有道。弟鶾頓首
（印：臣翰琴言）

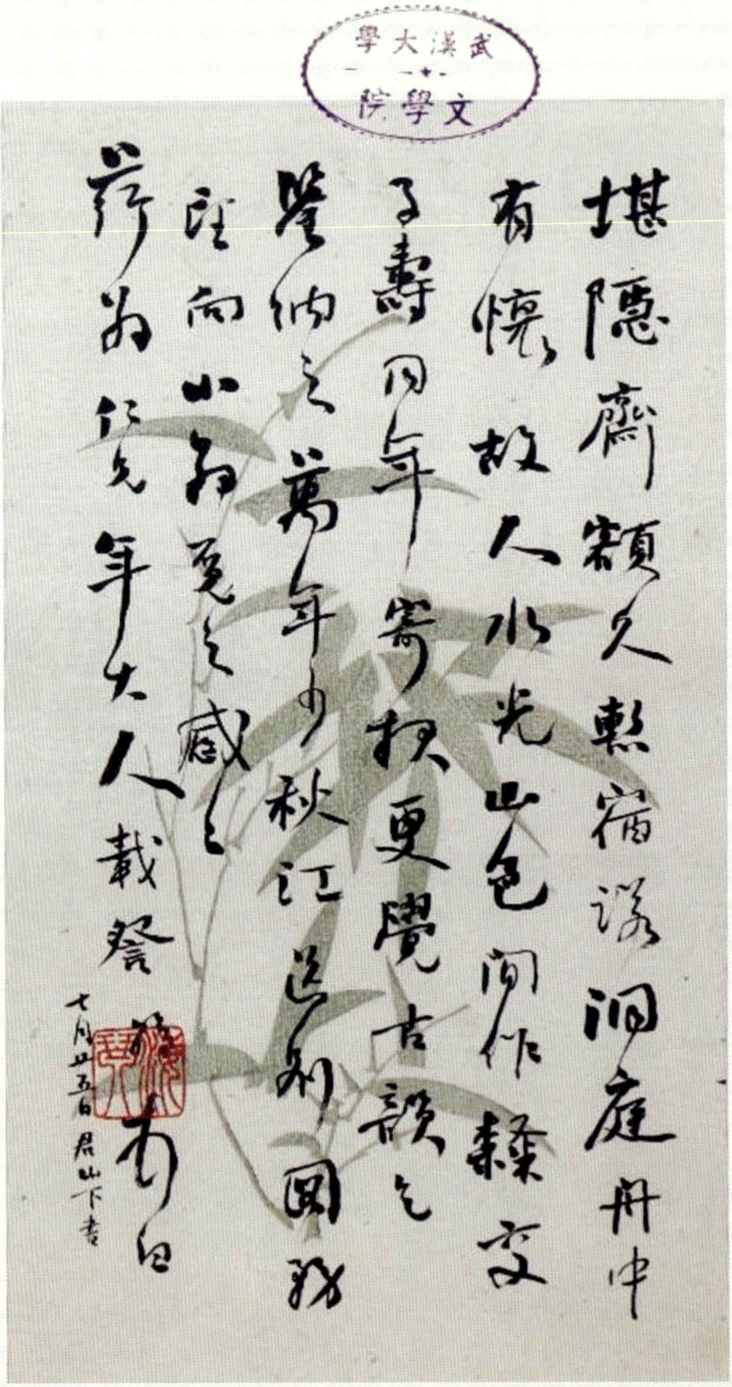

堪隱齋頗久，輒留諸洞庭舟中
有懷故人，水光山色間作桑文
子壽同年寄扱，更覺古韻々
望納之。萬年少秋江送別圖彌
注向小翁覓之，藏之
辭為
伯兌年大人
載登
南白
七月廿五日 君山下書

堪隱齋額，久慙宿諾，洞庭舟中，有懷故人，水光山色間作隸，交子壽同年寄報，更覺古韻，乞鑒納之。萬年少秋江送別圖，務望向小翁覓之，感感。荇翁仁兄年大人載詧。鶾頓首白

七月廿五日君山下書

（印：海琴）

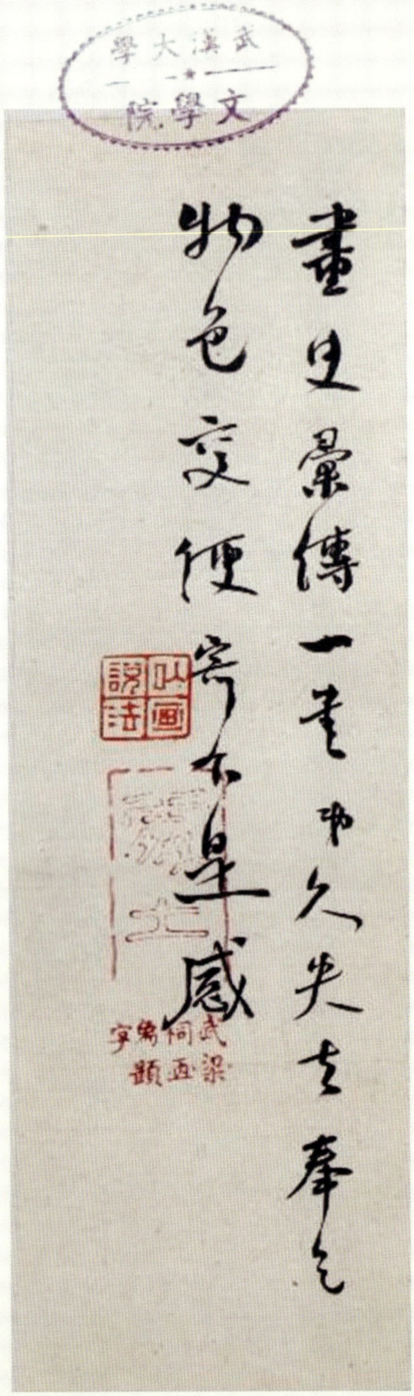
武漢大學
文學院
畫史彙傳一卷中久失去奉乞
物色交便寄

畫史彙傳一書，弟久失去，奉乞
物色，交便寄下是感。（印：以畫説法）

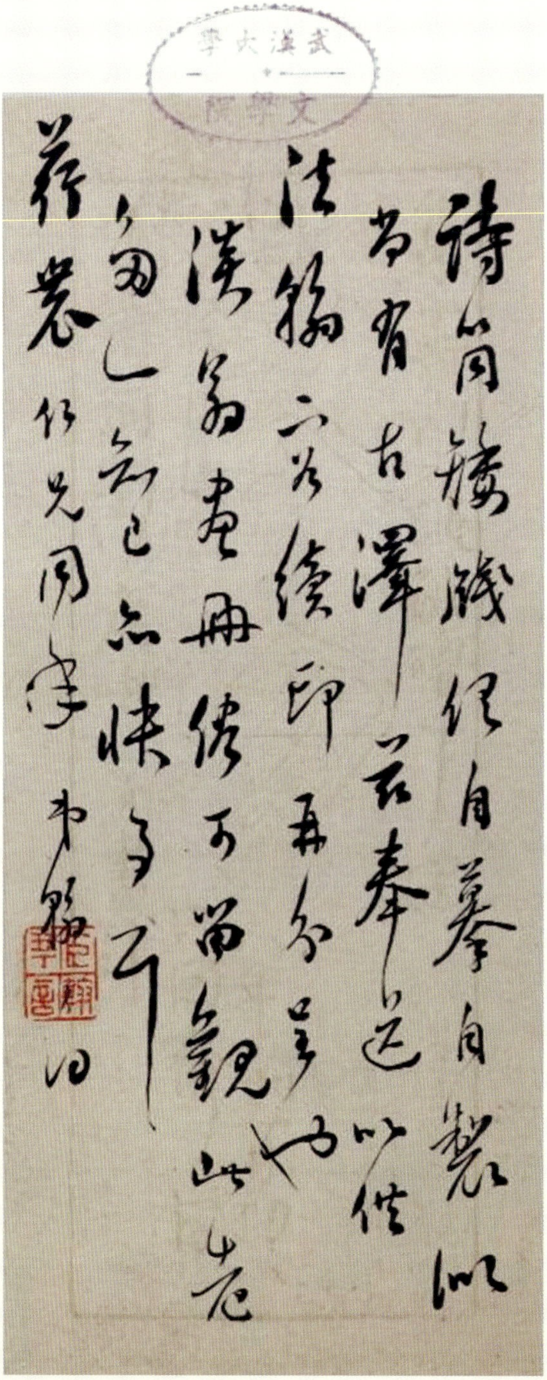
武漢大學 文學院
詩筒接讀，俯自慕自慚似
為晉古澤。茲奉還以備
法鑒。六號繪印再分呈，均
法鑒。畫冊借可留觀，此花
卉切已久，念念候手示
茀卿仁兄同年　弟翰頓首

詩筒矮牋俱自摹自製，似
尚有古澤，兹奉送以供
法翰。容續印再分呈也。
淡翁畫冊儘可留觀，此老
多一知己，亦快事耳。
荇農仁兄同年。弟翰白（印：臣翰琴言）

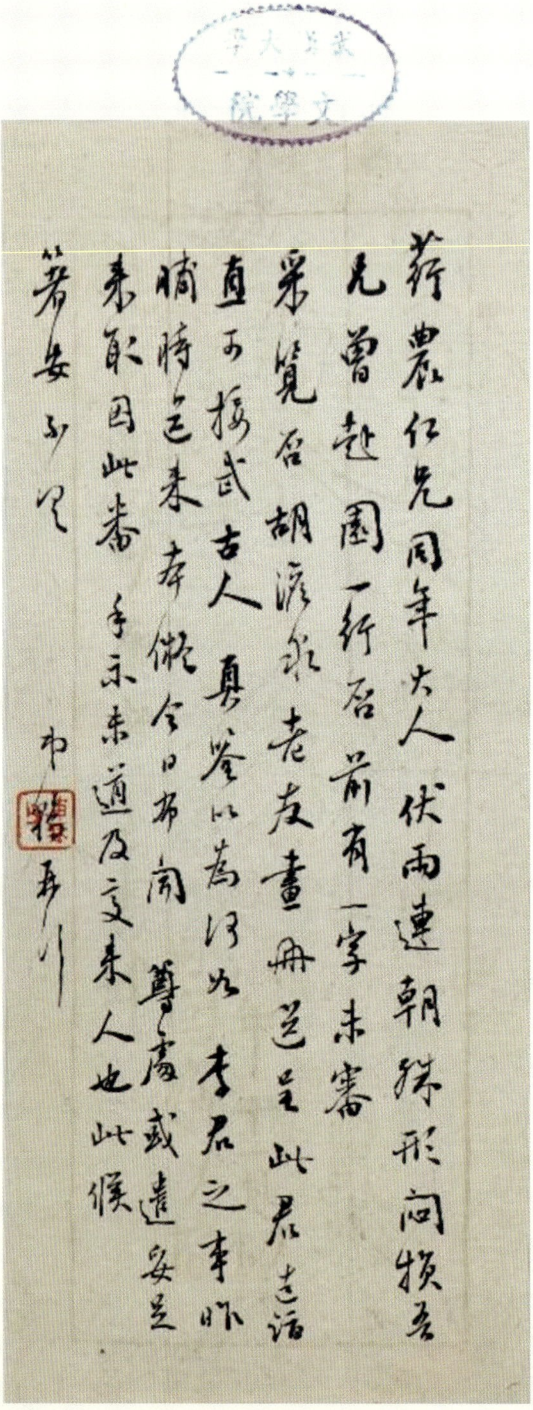
蒓農仁兄同年大人 伏雨連朝殊形悶損吾
兄曾赴園一行否 前有一字未審
采覽否 胡滌泉老友畫册送呈此君逢語
直可接武古人 真鑒以為何如 李君之事昨
晴時已來奉候 今日布聞 尊處或遣妥足
來取因此番 手示未道及之文來人也此候
箸安不具 弟 再拜

荇農仁兄同年大人：伏雨連朝，殊形悶損。吾兄曾赴園一行否？前有一字，未審采覽否？胡澹泉老友畫冊送呈，此君造詣直可接武古人。真鑒以爲何如？李君之事昨晡時送來，本擬今日布聞　尊處，或遣妥足來取，因此番　手示未道及交來人也。此候箸安。不具。

弟鶴再拜　（印：海琴父）

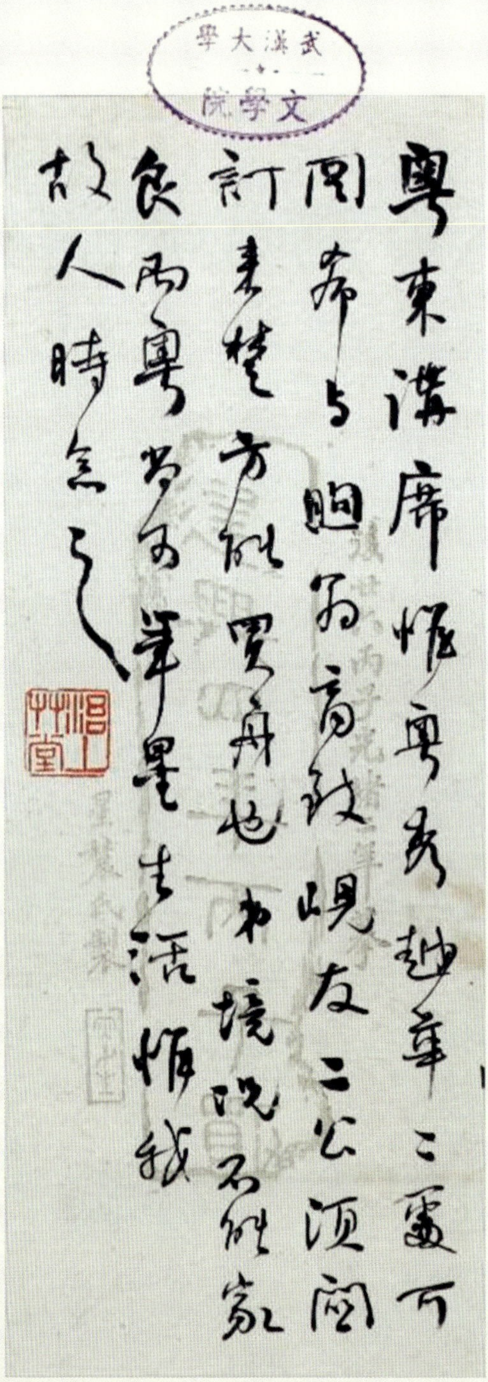

粵東講席惟粵秀越華二處可
問希與賜函商段峴友二公須閱
訂來樓方能留舟也此境況不能家
食而粵中筆墨生活惟我
故人時念之

粤東講席惟粤秀、越華二處可圖，希與煦翁商致。峴友二公須闗訂來楚，方能買舟也。弟境况不能家食，而粤尚可筆墨生活，惟我故人時念之。（印：浯上草堂）

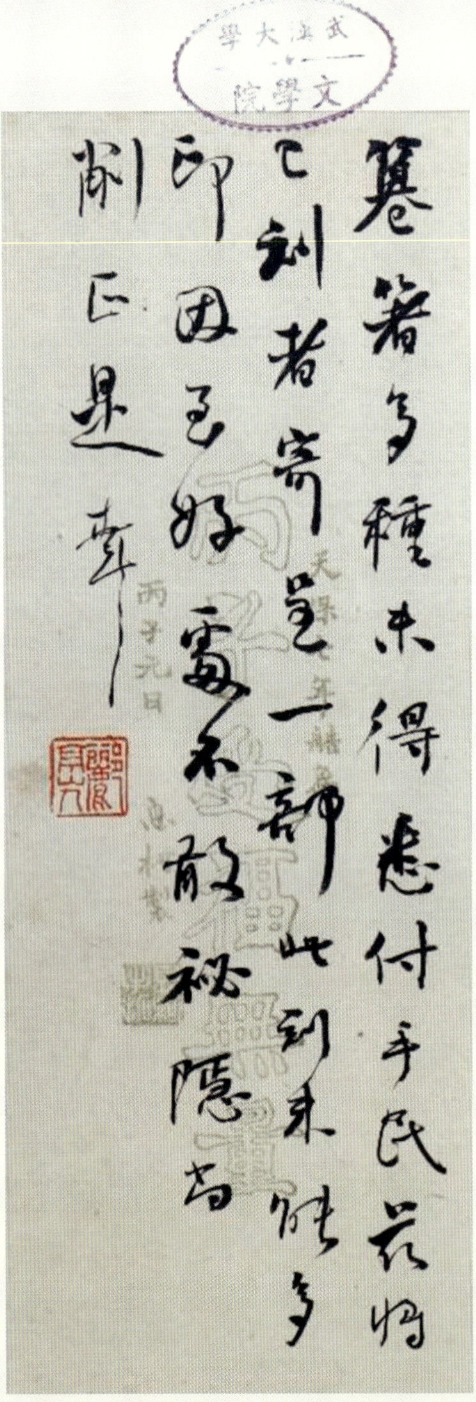

卷箸多種未得悉付手民，茲將已刻者寄呈一部，此刻未能多印，因至好處不敢祕隱者。

削正是幸

簒箸多種，未得悉付手民，兹將已刻者寄呈一部，此刻未能多印，因至好處不敢祕隱，尚削正是幸。（印：酈亭山人）

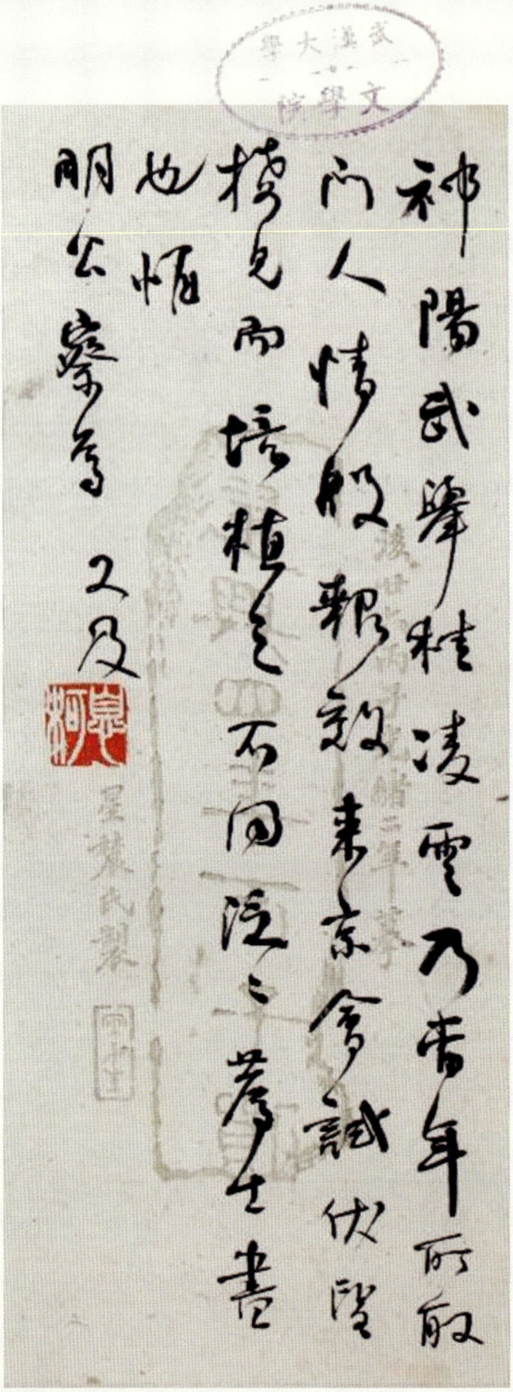

神陽武舉桂凌雲乃昔年所啟
門人情殷報效來京會試伏望
接見而培植之不同泛泛之寒士者
也恆
明公察之　又及

祁陽武舉桂淩雲，乃當年所取門人，情殷報效，來京會試，伏望接見而培植之，不同泛泛薦士書也，惟明公察焉。又及。（印：息柯）

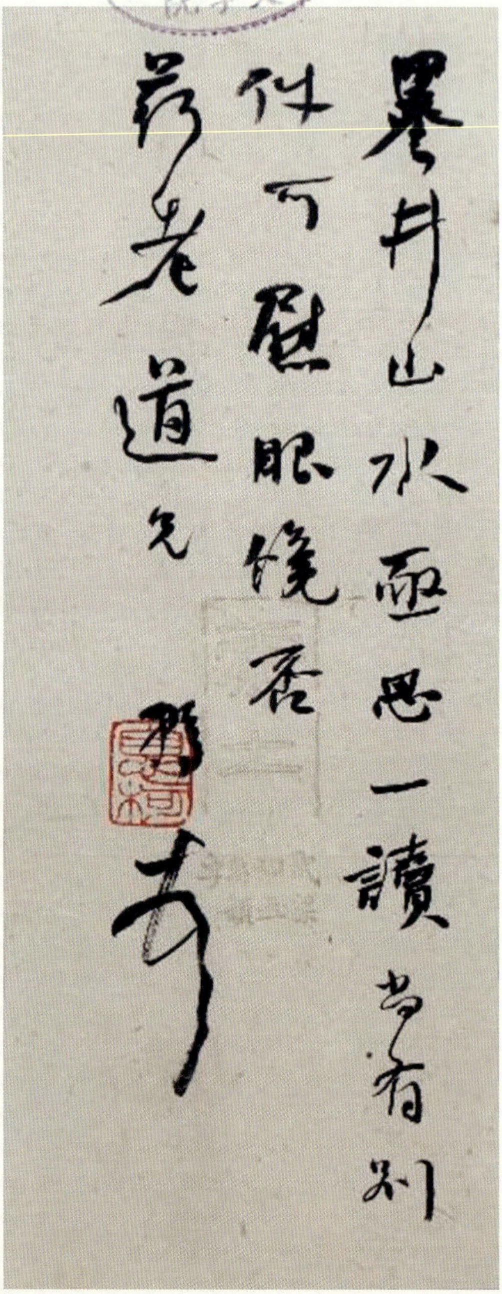
墨井山水亟思一讀，尚有刻似可慰眼饞否？
荔老道兄

墨井山水亟思一讀，尚有別
件可慰眼饞否？
荇老道兄。　鶾頓首　（印：息柯）

蓮白：劉談清看名迹回，使無謝。吏事
尚無寃數，今日到部，中暇當走詣窺
仰霞陂清閣也。昨煙奉上，承
惠茶，如天點蒼山色，擲餘洗書，不忘
君德高誼。正
蓉老同年有道足下
弟鶴頓首

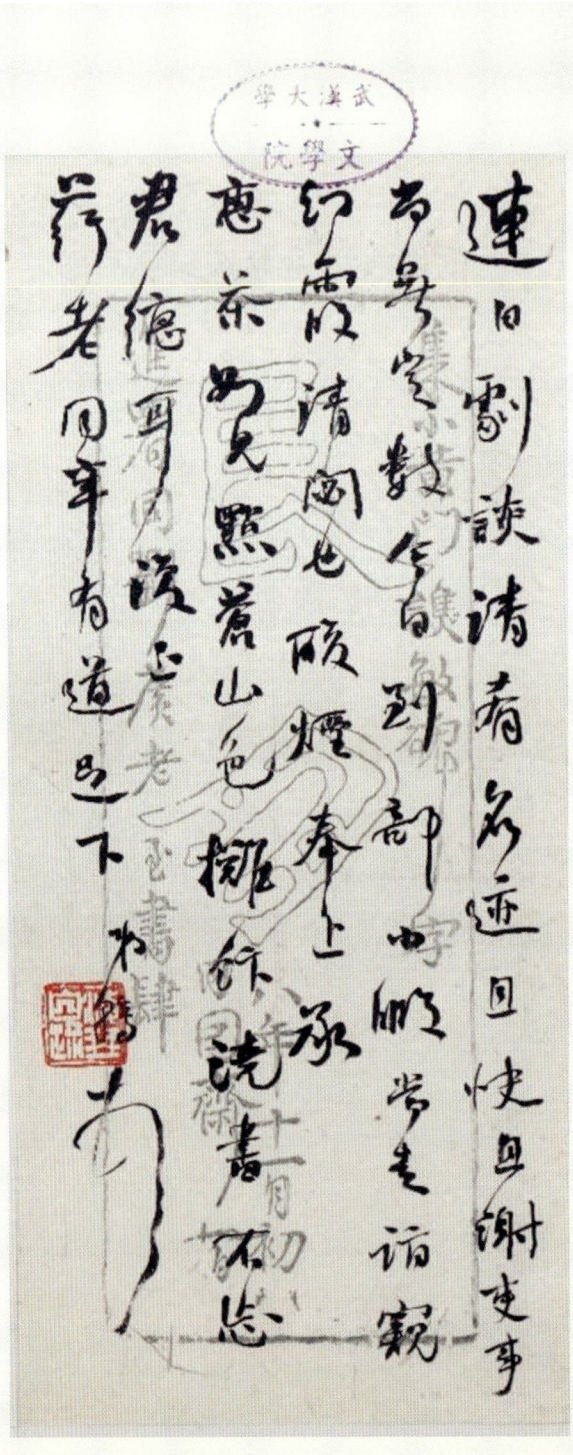

連日劇談，清肴名跡，且快且謝。吏事尚無定數，今日到部小暇，當走詣窺幻霞清閟也。酸煙奉上，承惠茶，如見點蒼山色，攤飥澆書，不忘君德耳。復上

荇老同年有道足下。弟鶴頓首　（印：海琴白疏）

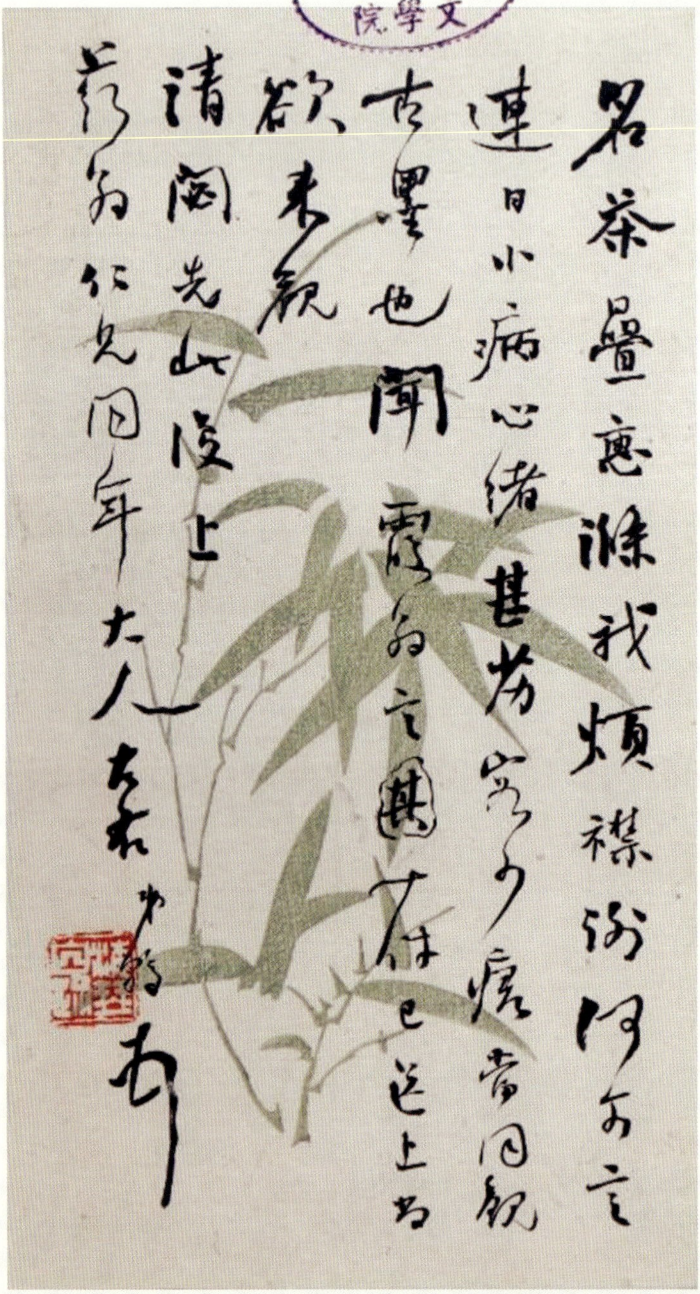

茗茶疊惠，滌我煩襟，謝何可言。
連日小病，心緒甚劣，容少瘥當同觀
古墨也。聞霞翁之圖，存已送上，均
欽來觀。
清閣先生此復，上
蘇翁外兄同年大人左右　中翰甫

名茶疊惠，滌我煩襟，謝何可言。
連日小病，心緒甚劣，容少瘥當同觀
古墨也。聞霞翁言，棊十件已送上，尚
欲來觀
清閟。先此，復上
荇翁仁兄同年大人左右。弟鶾頓首
（印：海琴白疏）

吾師相春日祠事當時曾与友人
李雅泉估之稚泉現在說局亦
大為催辦後文藝滿為多方
稚泉仍至存中書役好書動言已躬
童卿為吳諸賢外信海名件之餃文
清心且戚其事也

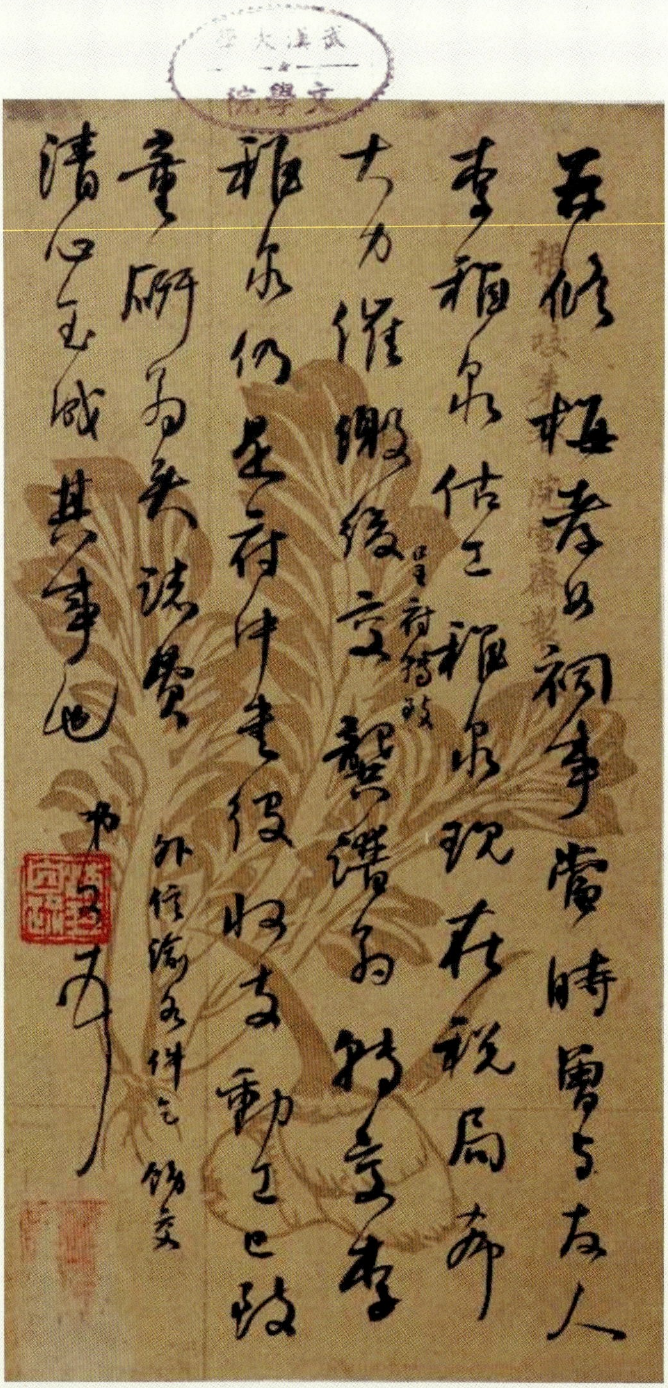

再，修　梅孝女祠事，當時曾與友人
李稚泉估工，稚泉現在税局，希
呈府轉致
大力催繳後，交龔譜翁轉交，李
稚泉仍是府中書役，收支動工，已致
童研翁矣。諸費　外信諭各件乞飭交
清心，玉成其事也。弟又頓首　（印：海琴白疏）

二雲

賢兄道下　此間小有勾留　約出月初方

能首塗　日來住法心亭無垢禪院　為

有球蜀黄葉滿山　略無從執　惟為

居士來同事禪悅耳　須一幅　作五尊

山水圖并原畫一軸　到日淡墨色為須

請爲後多留題跋　處處也此頌

時安　弟

息柯　頓首

十月廿九日

二雲仁兄足下：此間小有勾留，約出月初方能首塗。日來住洗心亭無垢禪院，尚有殘菊，黄葉滿山，略無俗軌，惜不得居士來同事禪悦耳。絹一幅，乞作五箄山水圖，並原畫一軸，可用淡箸色，尚須踈落，多留題跋處也。此頌吟安。不具。息柯鶼頓首（印：酈亭山人　督亢）

十月十九日

詩境亭矩幅糊，倘素畫山水花卉皆不宜，擬摹漢武梁祠畫像，置四壁以觀，孫氏祠古刹皆選其精，則照序鈎出拓墨。

曾子　閔子　老萊子

專諸　荊軻　豫讓

魯秋胡　齊將軍

伯榆　范且

楚眠
貞妥

外二直幅擬摹漢瓦，選出再送。

詩境亭短楄，糊絹素，畫山水花卉皆不宜，擬摹漢武梁祠畫僞置四壁，如觀武氏祠古刻然。選出數則，照序鉤出拓墨：

曾子　閔子　老萊子

專諸　荊軻　豫讓

魯秋胡　齊將軍　楚昭　貞姜

伯榆　范且

外二直幅擬摹漢瓦，選出再送。（印：金石癖）

蔣農仁兄大人閣下久未話談渴思甚

切未識近日作何消遣想

清興定多佳勝也前錄之項前讀

手示知尚未全數送呈未知日來已送到否

尚祈　示知為荷此請

閣安

年愚弟頓首　廿八日

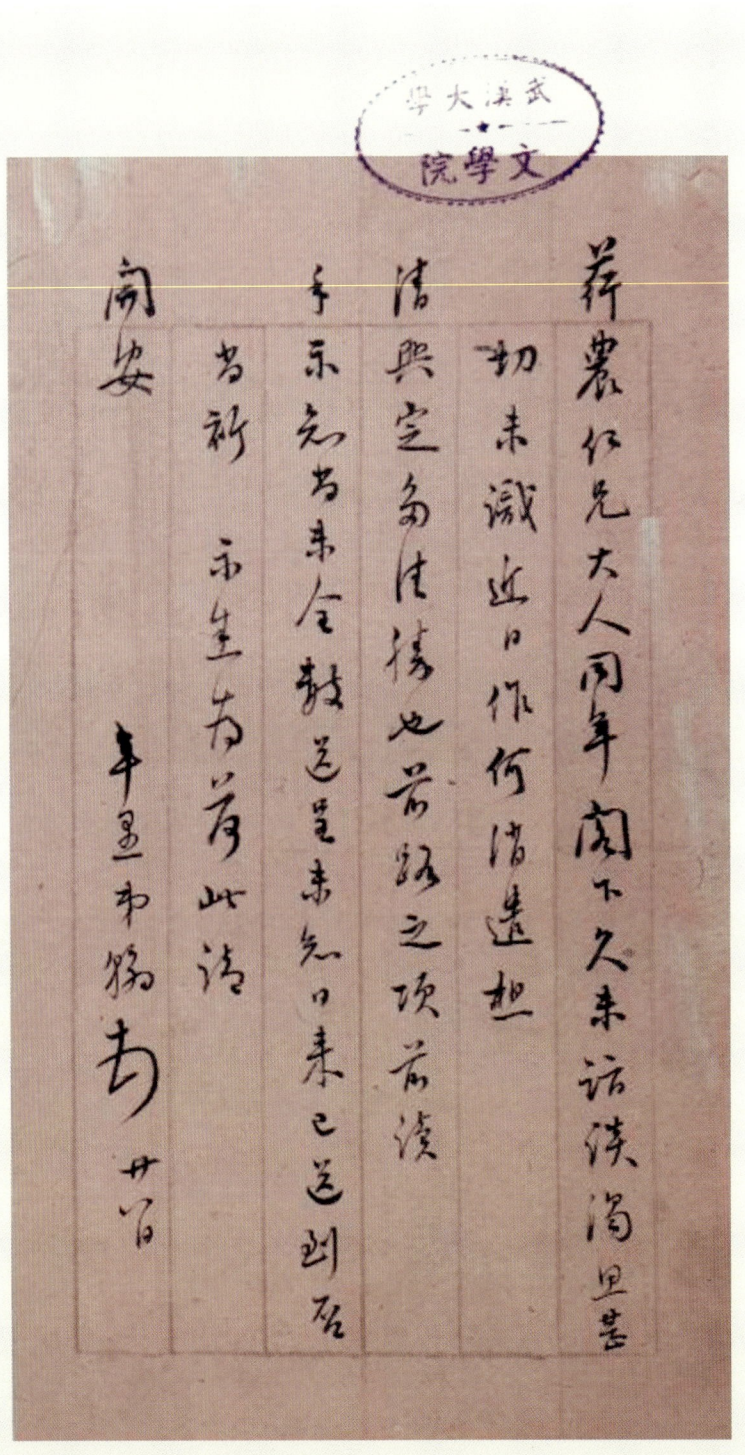

荇農仁兄大人同年閣下：久未詣談，渴思甚切，未識近日作何消遣，想清興定多佳勝也。前路之項，前讀手示，知尚未全數送呈，未知日來已送到否？尚祈示悉爲荷。此請開安。

年愚弟翰頓首　廿八日

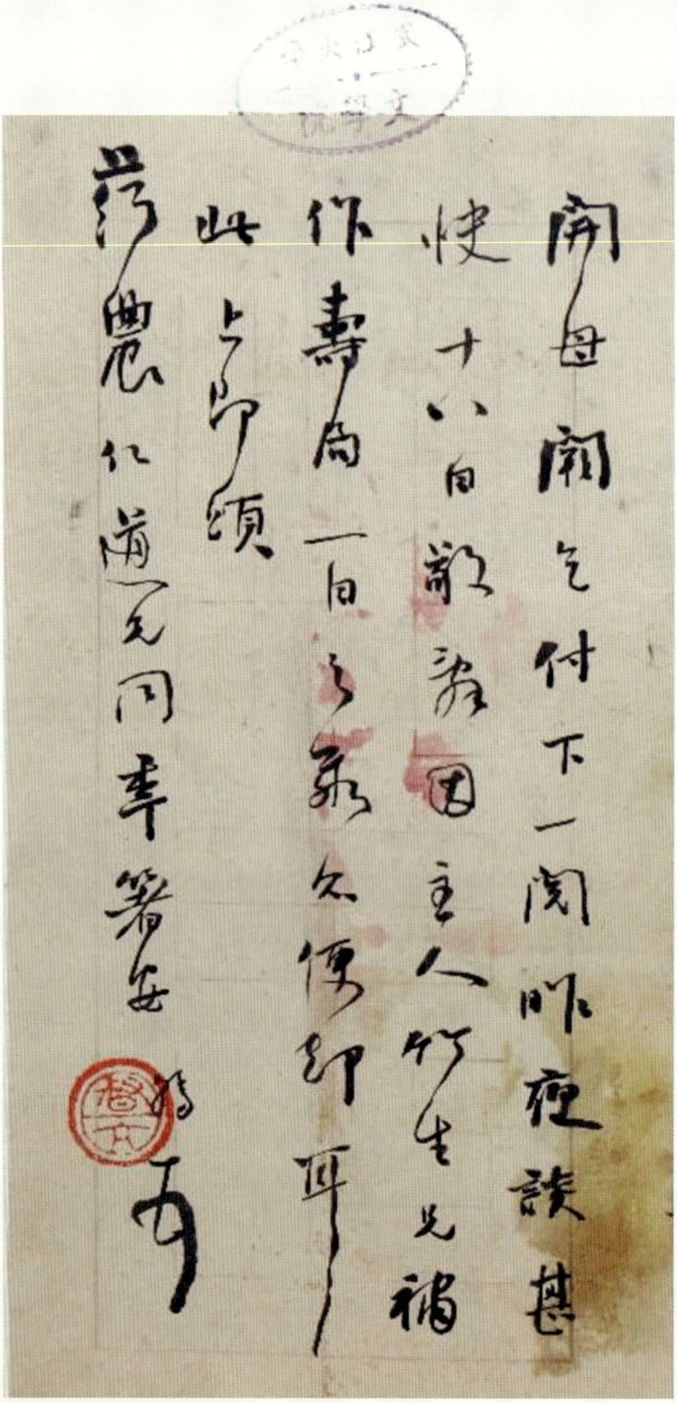

開母闕乞付下一閱，昨夜讀甚
快。十八日歡讌，因主人竹生兄福
作壽局一日之叙，久候即耳。
此上即頌
荇農仁兄同年箸安
弟

開母闕乞付下一閱。昨夜談甚
快，十八日敬辭，因主人竹生兄補
作壽局，一日之聚，亦便卻耳。
此上，即頌
荇農仁道兄同季箸安。　鶾頓首　（印：督亢）

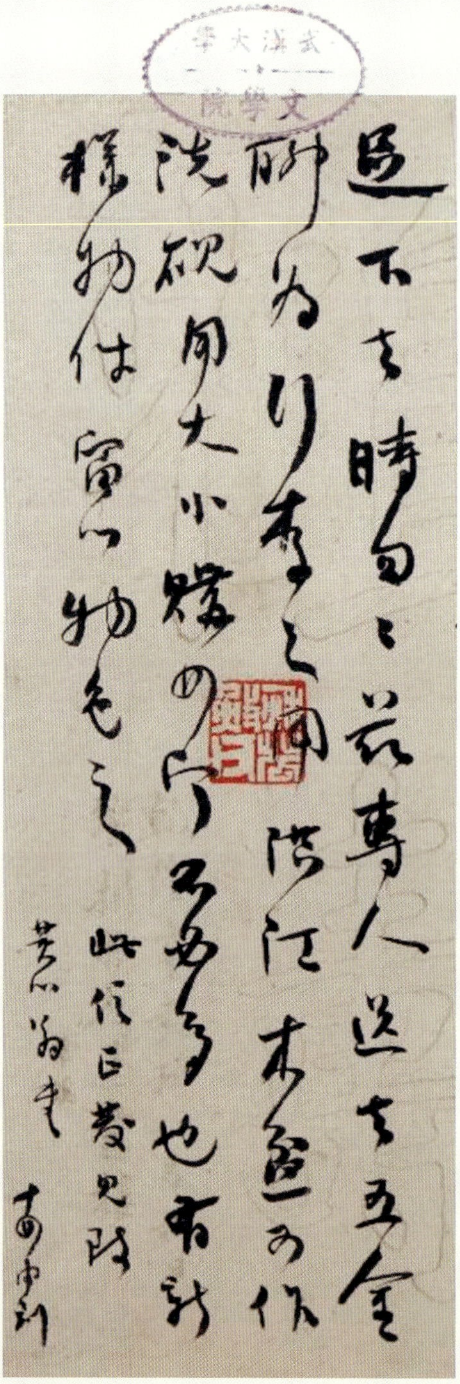

足下去時匆匆，兹專人送去五金，聊爲行李之用。洪江木盆可作洗硯用，大小購四个，不必多也。有新樣物件，留心物色之。此信正發，見致黄心翁書。

十四申刻

（印：秋苽漁父）

來函敬悉承
惠唐志三種收到謝謝代議忠
義堂帖鈎價并寬湘鄉石材
請費
清神感泐之至賀耦耕書蓮
鐫已送去蘇將筠清館金石目

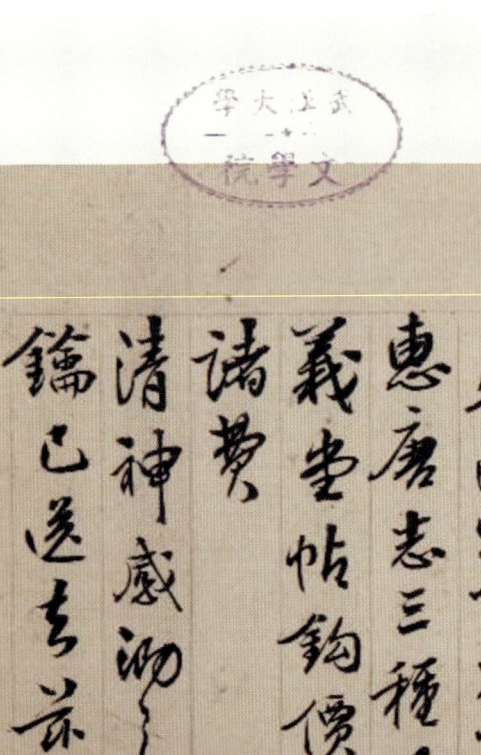

來函敬悉，承
惠唐志三種，收到，謝謝。代議忠
義堂帖鈎價並覓湘鄉石材，
諸費
清神，感汾之至。賀耦耕書篋
鑰已送去，玆將筠清館金石目

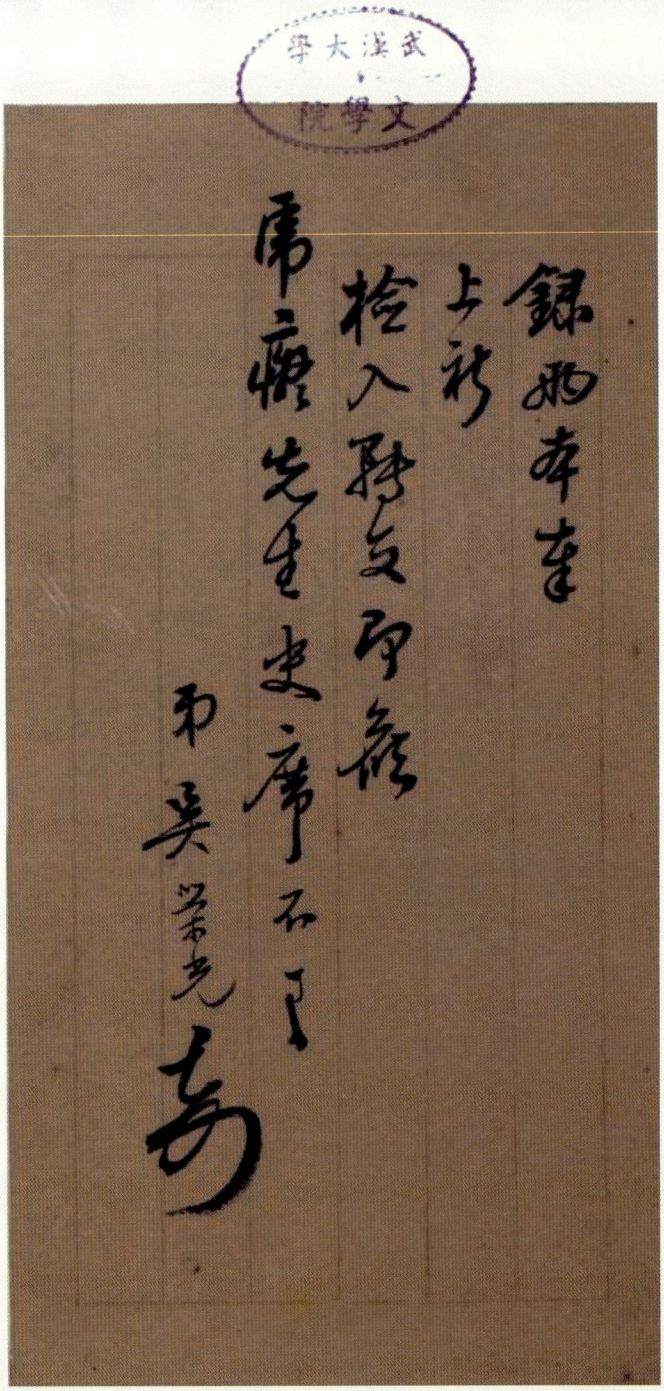
武漢大學
文學院

録兩本奉
上，祈
檢入轉交。即候
霈凝先生史席。不具。
弟吴榮光頓首

足荅三兄大人閣下自後越

去歲雲一通尺素由後面莊

且遠音候致羈旅帳頃

閣卧偏鄉里

五雲一朵天邊飛過敬卷

有子郷城前出衡郡分庭趨領

名盍寳以舊意失血萬書劉

蒙明月晤嘗動更芳氣逗東省

足嗷傷蒙損痛痒舉步艱

羅來鉄入城安孚候

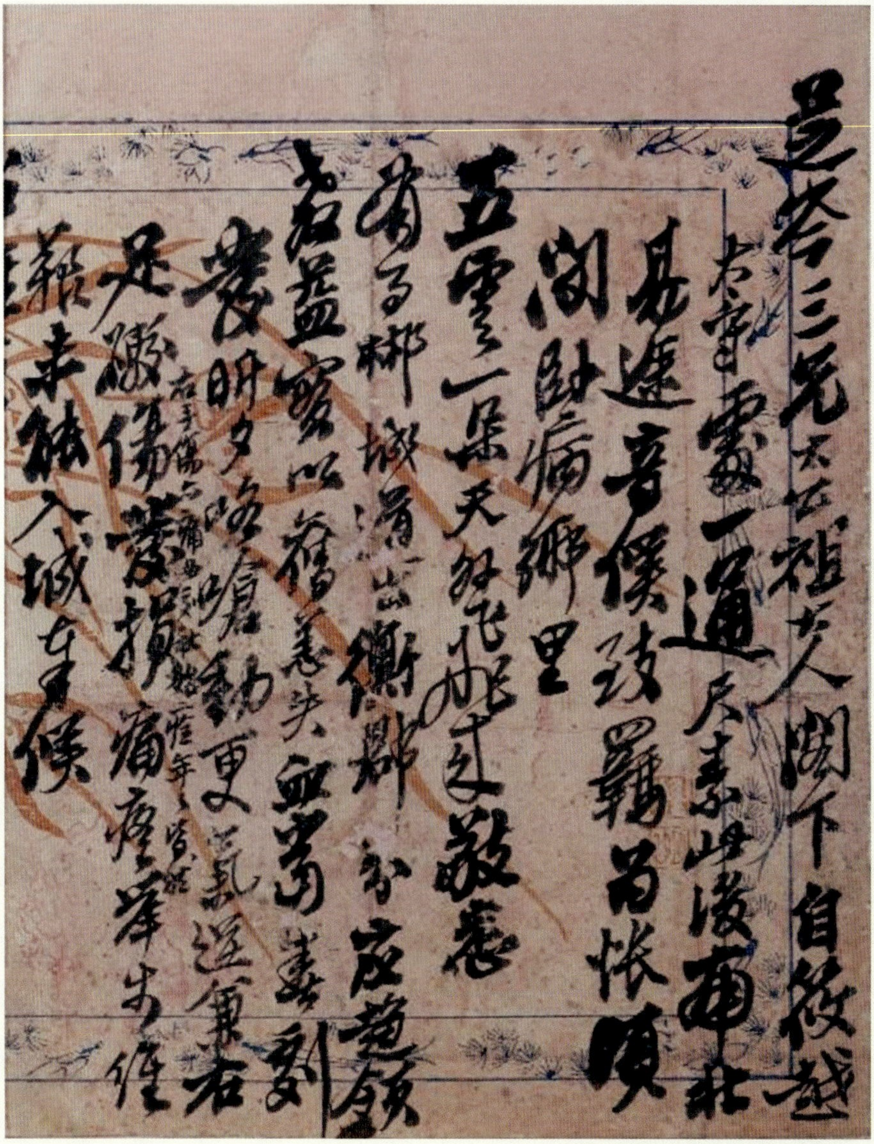

芝岑三兄大公祖大人閣下：自筱越
太守處一通尺素，此後南北
易途，音候致羈爲悵。頃
聞臥病鄉里，
五雲一朵，天外飛來，敬悉
有事郴城，道出衡郡，分應趨領
教益，實以舊恙失血，當春劇
發，昕夕咯嗆，動更氣逆，兼右
右手傷亦痛，必交秋始痊，年年皆然。
足礙傷發損痛疼，舉步維
艱，未能入城奉候

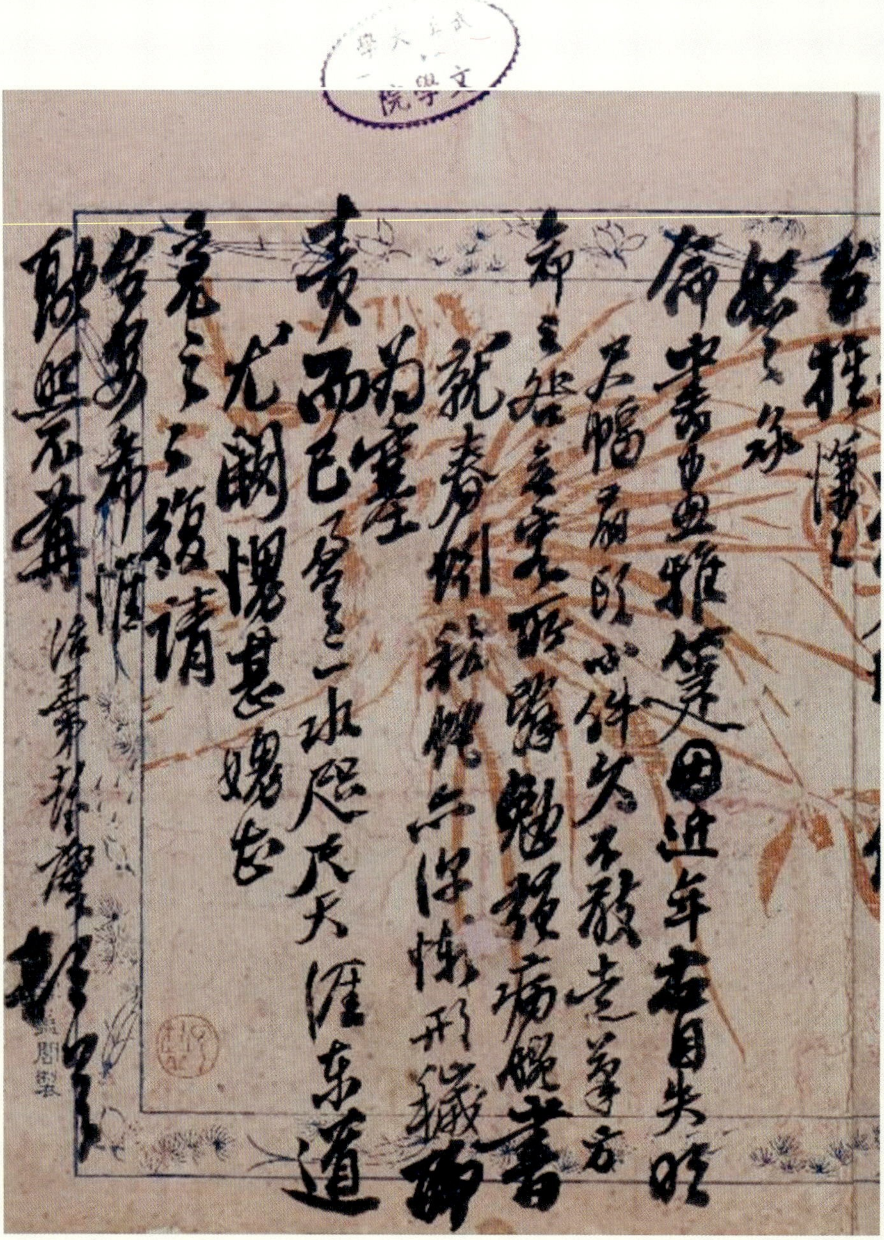

台旌，慊之
恕之。承
命書畫雅箑，因近年右目失明，
尺幅扇頭小件，久不敢走筆。方
命之咎，無容所辭，勉強病腕書
就，春蚓秋蛇，亦深慚形穢，聊
爲塞
責而已。盈盈一水，咫尺天涯，東道
尤闕，愧甚媿甚，
亮之亮之。復請
台安。希惟
融照不莆。治愚弟彭玉麐頓首

虎癡先生侍右　敬再夜一更耗遇芳
子扎當即於燈下擇抒詳作一扎并王黝松
朗府美小兄奉臨封存　早晤大吏携去昼
陪日前住帝傳過乞曹小郵也客者再寫
是劉樸备雨迥道　詢代出青帳千文謝帖
芳帛暈上乞
鉴入堂前二趁書侔已從羞范轉發美
雪之江宣可傳諸日內當熟顧稿呈中候互功勘勞
　　　　　　　　　　　　春明

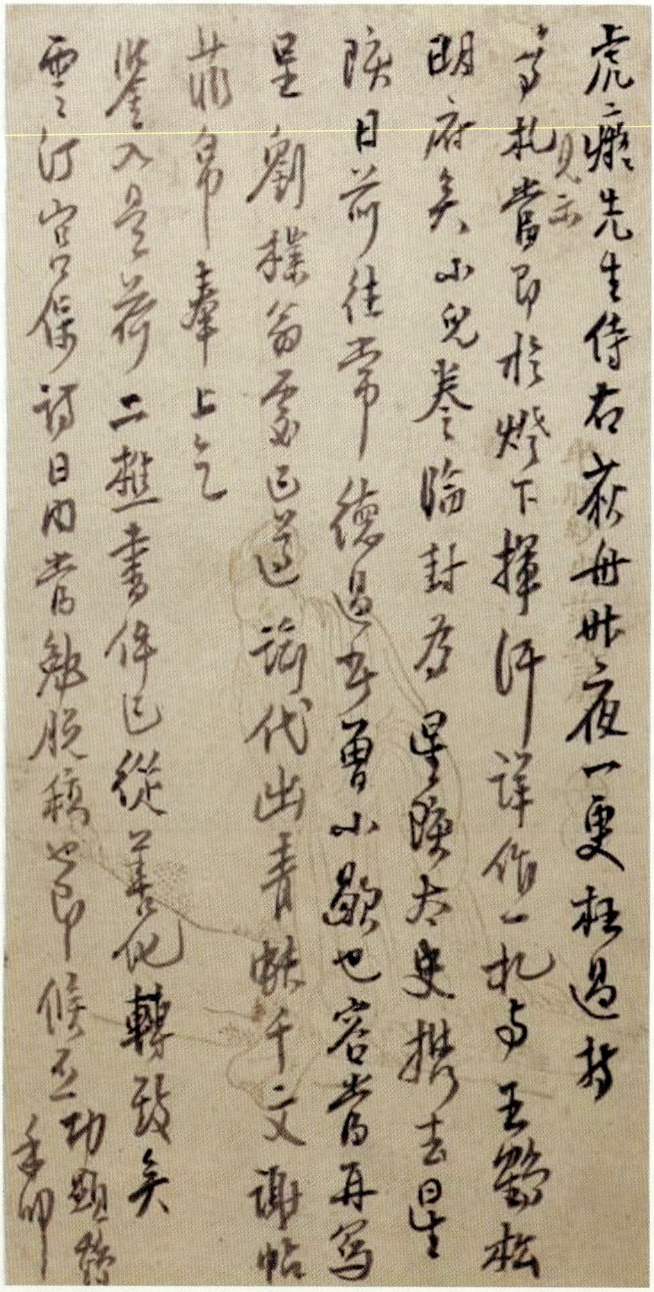

虎癡先生侍右：荻舟昨夜一更枉過，持
尊札見示，當即於燈下揮汗，詳作一札與王鶴松
明府矣。小兒誊臨封爲星陔太史携去，星
陔日前往常德過者，曾小歇也。容當再寫
呈。劉樸翁處，已遵諭代出青蚨千文，謝帖
菲帛奉上，乞
鑒入是荷。二樵書件已從善化轉致矣。
雲汀宫保詩日内當勉脱稿也，即候丕功。顯鶴手叩

閬鶴先生三兄足下揖沙數日復悵分攜幾許心情都付曉風殘月拜啓
彩輪感荷其極伏審
視履安和無任慰悦舍弟鄉闈福澤承
足下愛蒔弟輩招邀備至藉伸負米復荷
分金纍指高風非
足下誰復臻此
足下不以其樵鄙見弃尚希指授申拂無取緘秘倘得脱穎而出則
拂拭於此時者既至而成就於異日者尤深也惟邇舍弟奉
教大方分復作遷抛之想則受益多矣邑之感篆曾何足云金商泰爽
佳日頻多而弟日鼎酢塵壒中未能外形骸保方寸偕累積深坐負
清景此閑居作賦無安仁之優游而有其拙陋者也
足下多情無亦為我惜耶片牋具答敬候
文祺統希
亮詧不備愚弟管湯濩頓首七月廿日
斑管二枝因以條風附歸舊填小詞一闋並祈檢收

問鷗先生三兄足下：搏沙數日，復悵分携，幾許心情，都付曉風殘月。拜辱
彩翰，感荷先施。伏審
視履安和，無任慰悅。舍弟鄉闗留滯，承
足下愛等弟晜，招邀偕去，藉伸負米，復荷
分金。曩哲高風，非
足下誰復臻此。
足下不以其樵鄙見弃，尚希指授申韓，無取緘秘，倘得脱穎而出，則
拂拭於此時者既至，而成就於異日者尤深也。惟囑舍弟奉
教大方，勿復作遷地之想，則受益多矣。區區感篆，曾何足云。金商奏爽，
佳日頗多，而弟日酬酢塵壒中，未能外形骸，保方寸，俗累積深，坐負
清景。此閑居作賦，無安仁之優游，而有其拙陋者也。
足下多情，無亦爲我惜耶？片牋具答，敬候
文祺，統希
亮詧不備。愚弟箬湯濩頓首七月廿日

斑管二枝用以伴函。附録舊填小詞一闋，並祈検收。

中丞大公祖大人閣下敬甫頓首言奉到
尊函并閱約指讀驚與感交至辭受存字善
思半晌不禁淑切歎之矣也伏思
偉人舉事影不同俗更徇名乃於祿變祿士之餘
遠念鯀生俾先鄭像又素善識半面之緣較韓昌
黎於潮州趙德王介甫於慈谿杜醇更為
超出矣敬甫前在東與勞文毅公談近世事曰

中丞大公祖大人閣下：獻甫頓首言，奉到
尊函並闕約，拜讀驚與感交，至辭受兩字，籌
思半晌，不禁激切欲言也。伏思
偉人舉事，斷不同俗吏徇名，乃於課吏課士之餘，
遠念鯫生，俾先鯽隊，又素無識半面之緣，較韓昌
黎於潮州起趙德、王介甫於慈谿起杜醕，更為
超出矣。獻甫前在東與勞文毅公談近世事，曰：

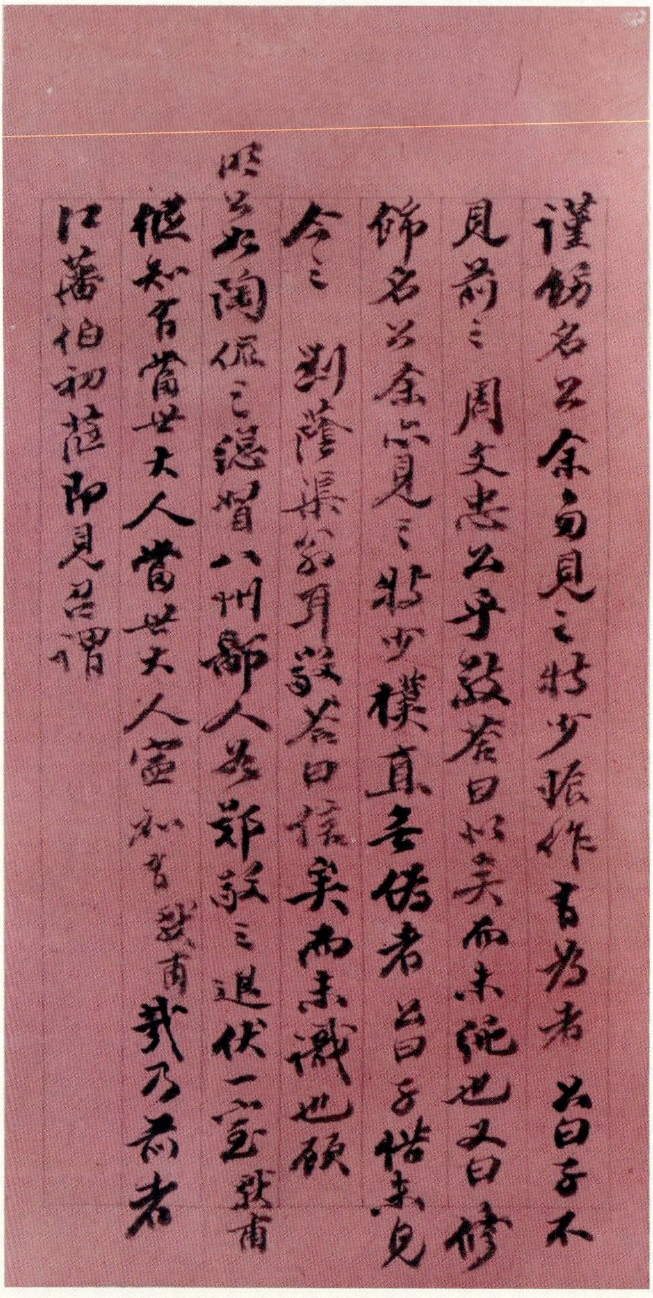

謹飭名公余向見之於少珍作吉爲者 公曰子不
見前之周文忠公手跡否曰於矣而未純也又曰修
飭名公余亦見之於少樸直舍佐者 公曰子皆未見
今之 劉蔭渠公手跡否曰信矣而未識也頤
於公者陶儀之總督八州郡人為鄭敬之退伏一室哉甫
能知有當世大人當世大人實知有哉甫 武乃爲者
江藩伯初蒞即見君謂

謹飭名公，余多見之，特少振作有為者。公曰：子不
見前之　周文忠公乎？敬答曰：似矣，而未繩也。又曰：修
飾名公，余亦見之，特少樸直無偽者。公曰：子惜未見
今之　劉蔭渠翁耳。敬答曰：信矣，而未識也。顧
明公如陶侃之總督八州，鄙人如鄭敬之退伏一室。獻甫
縱知有當世大人，當世大人盍知有獻甫哉。乃前者
江藩伯初蒞即見召，謂

略呂柟之爲海内讀書人而手蹟罕傳書述　令婿諱
明多於碑之法修古知志於雒藩草雲果懷泥乎
爲感激者此也夫陳蕃下交士楊侯山林今出詩賁
殘而易論也君當使老者奮項囊令兒童矜者
幼而易拘也然甫今年七十有二歲矣林下偷閑里中
藏拙業已廢棄久之重以山長頭銜作英雄末
路自問於而發人且耄矣諸子皆料名中人與鄙生

明公稱之為海内讀書人，而王芷庭傳書，述　令壻語，明公欲聘之往修本縣志。松雖蔭草，雲果憶泥，可為感激者此也。夫陳蕃下處士榻，香山和令公詩，貴賤可勿論也；吕尚使老者奮，項槖令兒童矜，耆幼可勿拘也。獻甫今年七十有二歲矣，林下偷閑，里中藏拙，業已廢棄久之，重以山長頭銜，作英雄末路，自問似可笑人，且孝廉諸子皆科名中人，與鄙生

泛涉經義疏要學詩古文頗覺不相洽現在之書
院有三五講何必更索林下人法界其間乎所為篤
疑者此也既而思之語錄之目不過應名法事之肅
吏無實績權以鄙人一二之長應
昭出千里之根蒂仰瞻
大賢時聆
高論忘處古人精竭游學之至幸 務於請能荷後

泛涉注義疏、妄學詩古文，頗覺不相洽，現在三書院有三主講，何必更索林下人往虱其間乎？所必驚疑者此也。既而思之，詁經之目，不過虛名，治事之齋，更無實蹟，權以鄙人一日之長，應

明公千里之報，藉此仰瞻

大賢，時聆

高論，亦屬古人炳燭游學之至幸。擬於清明節後

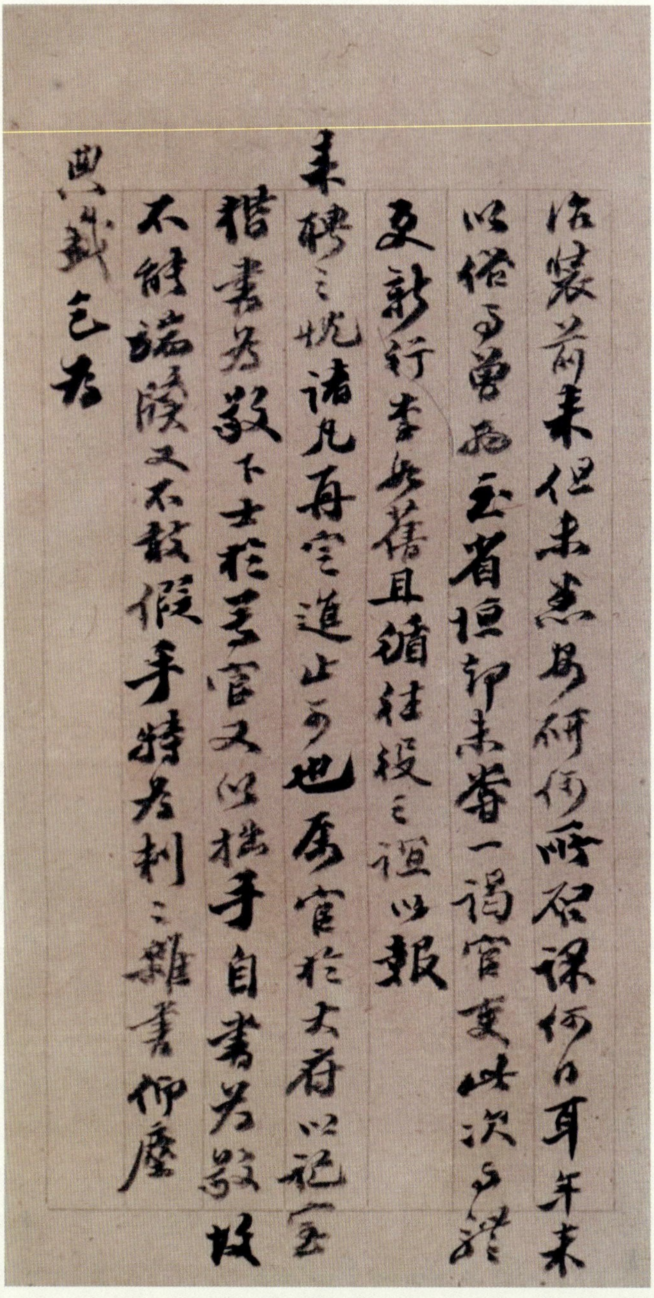

治裝前來但未悉如何所啓課何日耳年來
以俗務曾爲至省垣卻未嘗一謁官吏此次出遊
更新行李無舊且猶往復之謂以報
來聘之忱諸凡尚望進止可也承寄官於大府以託一函
措書爲數下士於言官又以拙手自書爲數故
不能端楷又不敢假手特爲剌剌雜書仰塵
典識包存

治裝前來，但未悉安研何所，啓課何日耳。年來以俗事曾兩至省垣，卻未嘗一謁官吏，此次事體更新，行李如舊，且循往役之誼，以報來聘之忱，諸凡再定進止可也。屬官於大府以記室楷書為敬，下士於尊官又以拙手自書為敬，故不能端牘，又不敢假手，特為刺刺雜書，仰塵典籤，乞為

諟鑒，恭請
鈞安，并謝
盛意，伏乞
垂鑒。治晚生鄭獻甫謹狀 二月十四日申

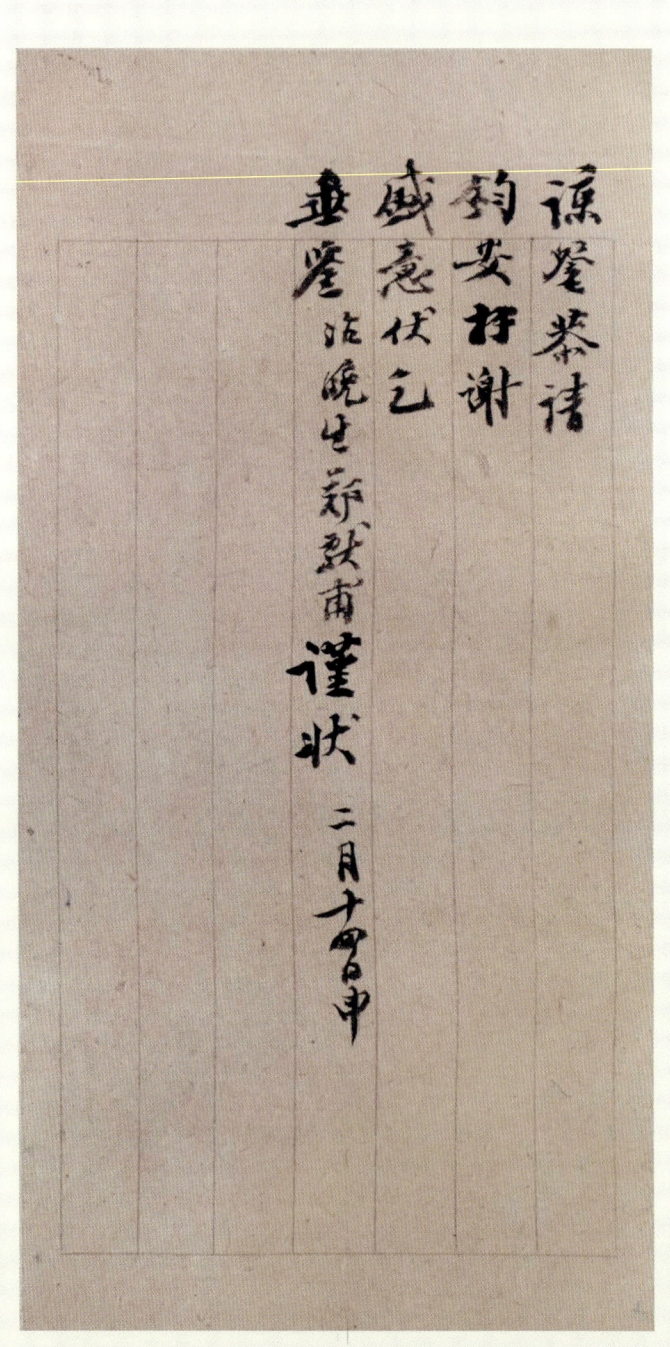

諒鑒，恭請
鈞安，拜謝
盛意，伏乞
垂鑒。治晚生鄭獻甫謹狀　二月十四日申

日前承
枉顧，欵奉
教益，幸甚。腳氣驟發，未克報謁，悚歉殊深。承
命擬摺稿，癃瘁之餘，思慮枯涸，竊以茲事不
言則已，言則必期於周悉愷切，庶以回
天聽。思之屢日，粗具匡畧，又以為不宜太遲，遲則難挽。
敬將初稿即呈
台覽，不及詳審斟酌，仍俟

日前承

枉顧，款奉

教益，幸甚。脚氣驟發，未克報謁，悚歉殊深。承

命擬摺稿，癯瘁之餘，思慮枯涸。竊以兹事不

言則已，言則必期於周悉愷切，庶以回

天聽。思之屢累日，粗具厓畧，又以為不宜太遲，遲則難挽。

敬將初稿即呈

台覽，不及詳審斟酌，仍俟

高明痛加删改惟茲事關係甚大物論亦已沸
騰而言者寥寥正東坡所云風采消委之餘雖
豪傑不能振起可勝慨然惟
公不勝悻悻之概欲爲伏蒲牽裾之請不以職分內
外爲嫌所謂乃身在外乃心罔不在王室蓋
忠義激於性生矣
固因其休戚卓乎古大臣風烈下悰欽佩無似自
名惟自慙筆墨荒劣不足以曲傳

高明痛加刪改。惟茲事關係甚大，物論亦已沸騰，而言者寥寥，正東坡所云：風采消委之餘，雖豪傑不能振起。可勝慨然。唯
公不勝惓惓之忱，欲為伏蒲曳裾之請，不以職分內外為嫌，所謂乃身在外，乃心罔不在王室。蓋忠義激於性，生與
國同其休戚，卓乎古大臣風烈。下懷欽佩，無以自名。唯自慙筆墨荒劣，不足以曲傳

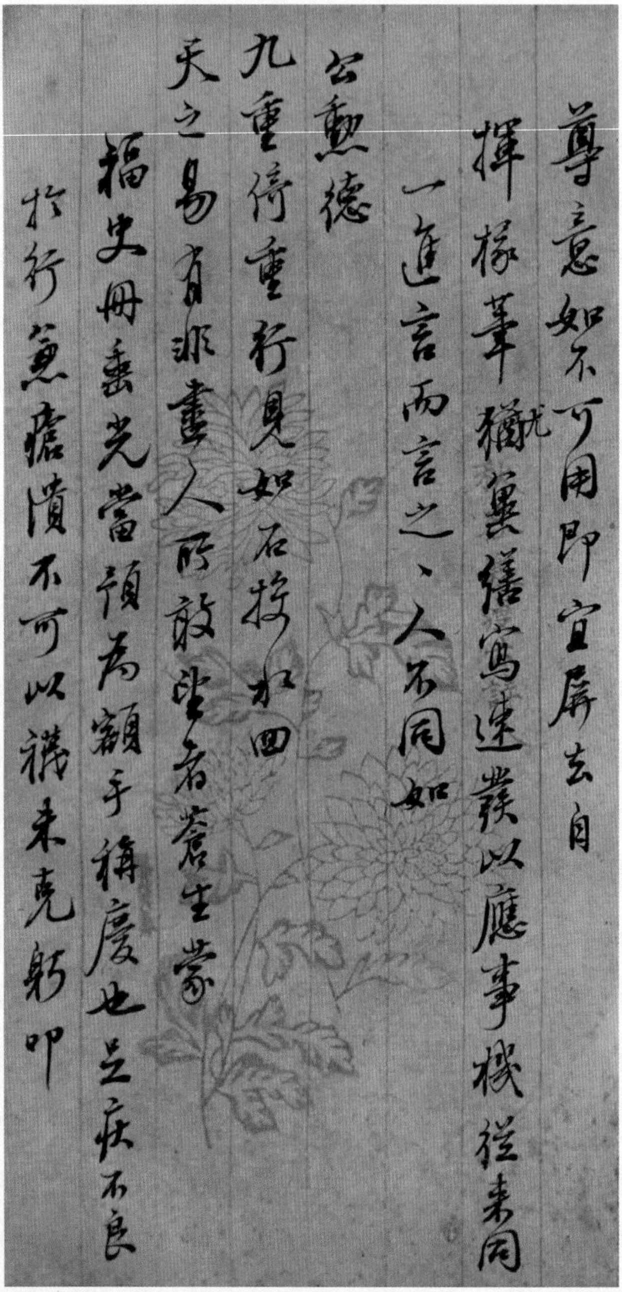

尊意如不可用即宜屏去自
揮樣筆猶異繕寫速撰以應事機從來同
一進言而言之、人不同如
公勳德
九重倚重行見如石投水回
天之易有非盡人所敢望者蒼生蒙
福史冊垂光當預為額手稱慶也足疾不良
於行蒐瘡潰不可以襪未克躬叩

尊意。如不可用，即宜屏去，自
揮椽筆，猶尤冀繕寫速發，以應事機。從來同
　一進言，而言之之人不同，如
公勳德，
九重倚重，行見如石投水，回
天之易，有非盡人所敢望者。蒼生蒙
福，史冊垂光，當預為額手稱慶也。足疢不良
　於行，兼瘡潰不可以襪，未克躬叩

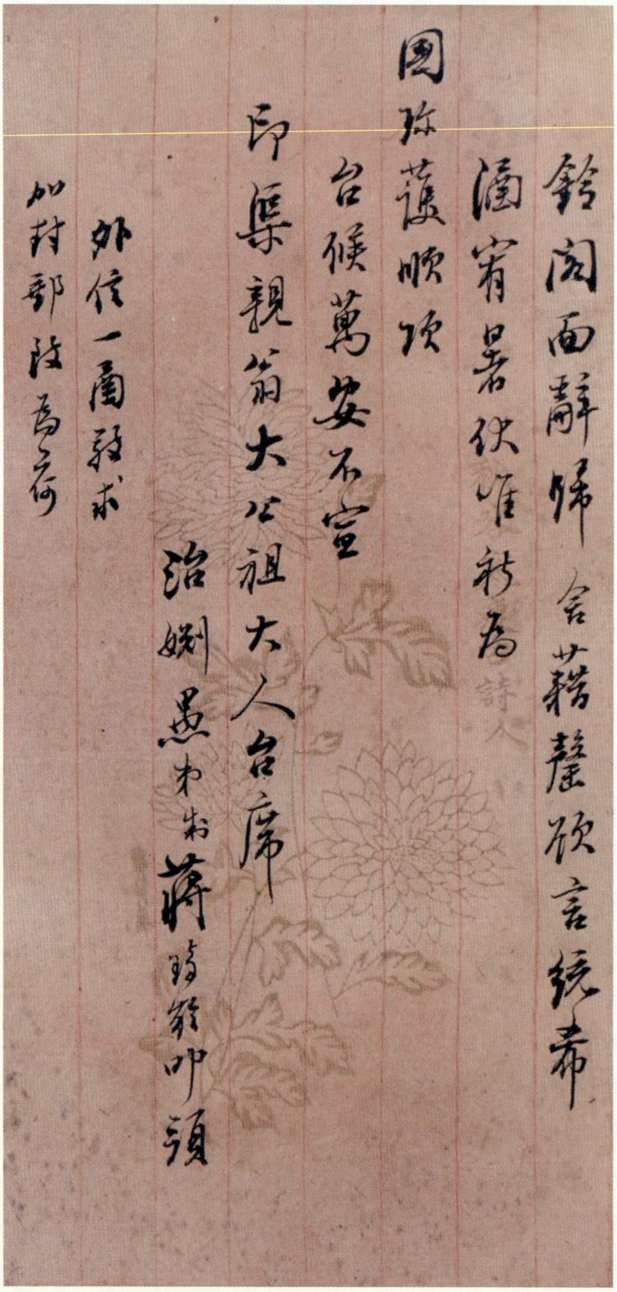

鈐閣面辭歸舍藉罄欣言續希
涵宥暑伏惟祈為
圖珍護順頌
台祺萬安不宣
印渠親翁大公祖大人台席
治姻愚弟蔣琦齡叩頭
外信一函務求
加封郵遞為荷

鈴閣，面辭歸舍，藉罄欲言，統希
涵宥。暑伏唯祈為
國珍護，順頌
台候萬安。不宣。
印渠親翁大公祖大人台席
治姻愚弟制蔣琦齡叩頭
外信一函，敬求
加封郵致為荷。

手誨聆悉承
獎借媿汗摺弁將回自宜詢悉近狀再裁如有變
易則措詞未合處尚須酌改也　慈明善緣亦荷
仁者吹噓多感此事頗著異跡將來毋忘亦以點贊
治化於徽閩中弟腳氣不但不能行並不能襪故不克詣
鈞轅叩辭如更
寵臨祗增惶悚懇辭千萬敬請
印渠親翁大公祖大人崇安　治年愚弟蔣益澧叩頭上

手誨聆悉，承
獎借媿汗。摺弁將回，自宜詢悉近狀再發，如有變
易，則措詞未合處，尚須酌改也。慈明善緣，亦荷
仁者吹噓多感，此事頗著異，將此來定足以默贊
治化於微闇中。弟腳氣不但不能行，並不能襪，故不克詣
鈴轅叩辭，如更
寵臨，弥增惶悚，懇辞，千万千万。敬請
印渠親翁大公祖大人崇安。治弟制蔣琦齡叩頭上

印翁尊兄大公祖親家大人執事：送别忽逾兩
月，馳仰曷勝。遥維
征馭宣勞，風霜備歷，途次聞偶違和，
乎格天相，即慶康復。此行不但巡數軍實，
民困藉以益蘇，邊防因而彌固，嶺右食
再造之福，蔭素託
芘當深，尤為厚幸。聞
節華於此月初駐柳，計月半可以

印翁尊兄大公祖親家大人執事：送别忽逾兩月，馳仰曷勝。遥惟征馭宣勞，風霜躡歷，途次聞偶違和，平格天相，即慶康復。此行不但巡數軍，實民困藉以益蘇，邊防因而弥固，嶺右食再造之福，葭末託芘棠陰，尤為厚幸。聞節華於此月初駐柳，計月半可以

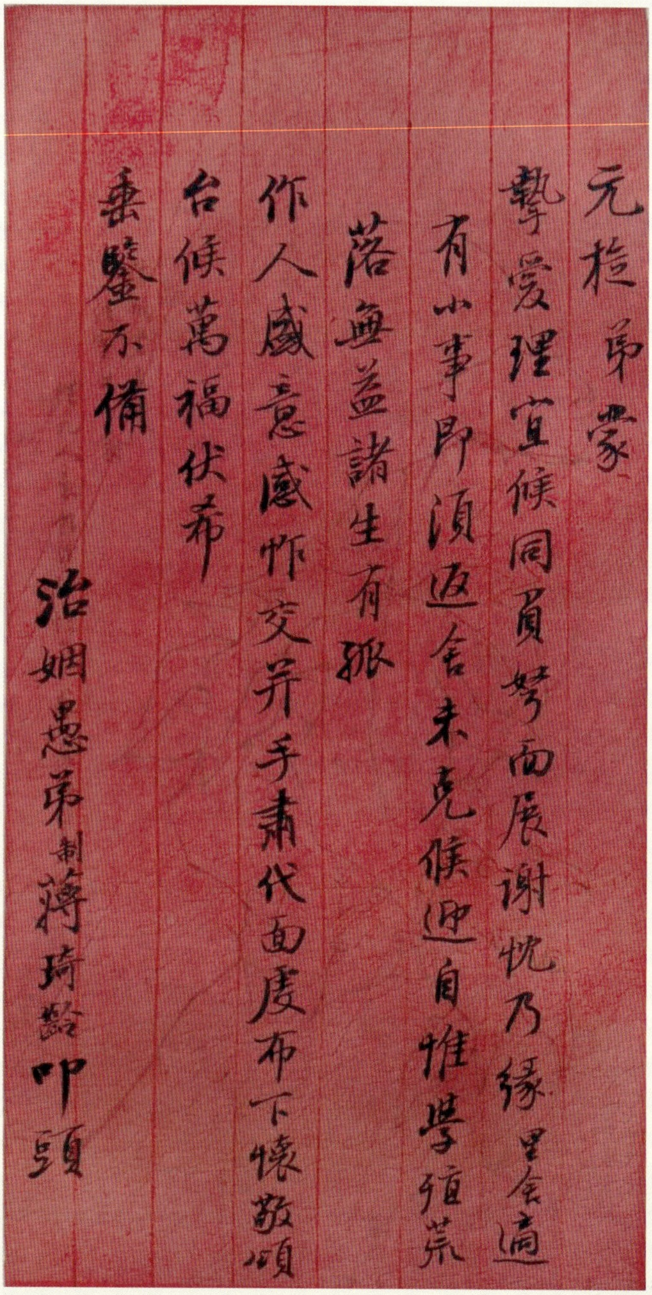

元植弟蒙
摯愛理宜候同頁聲面展謝忱乃緣星余適
有小事即須返舍未克候迎自惟學殖荒
落無益諸生有孤
作人盛意感怍交并手肅代面虔布下懷敬頌
台候萬福伏希
垂鑒不備
治姻愚弟制蔣琦齡叩頭

元旋。弟蒙

摯愛，理宜候同負弩，面展謝忱，乃緣里舍適

有小事，即須返舍，未克候迎。自惟學殖荒

落，無益諸生，有孤

作人盛意，感怍交并。手肅代面，虔布下懷。敬頌

台候萬福，伏希

垂鑒。不備。

治姻愚弟制蔣琦齡叩頭

詔書惶悚謹者謹呼籲以聖任知孫憶松

忠彦善悟如董修山海一節尤與

商擬信銘之文惶念辜任

聖明如字前代所謂曳謀樵為負事

來百餘因美用涼類及朱新壬巳

圜工邃停

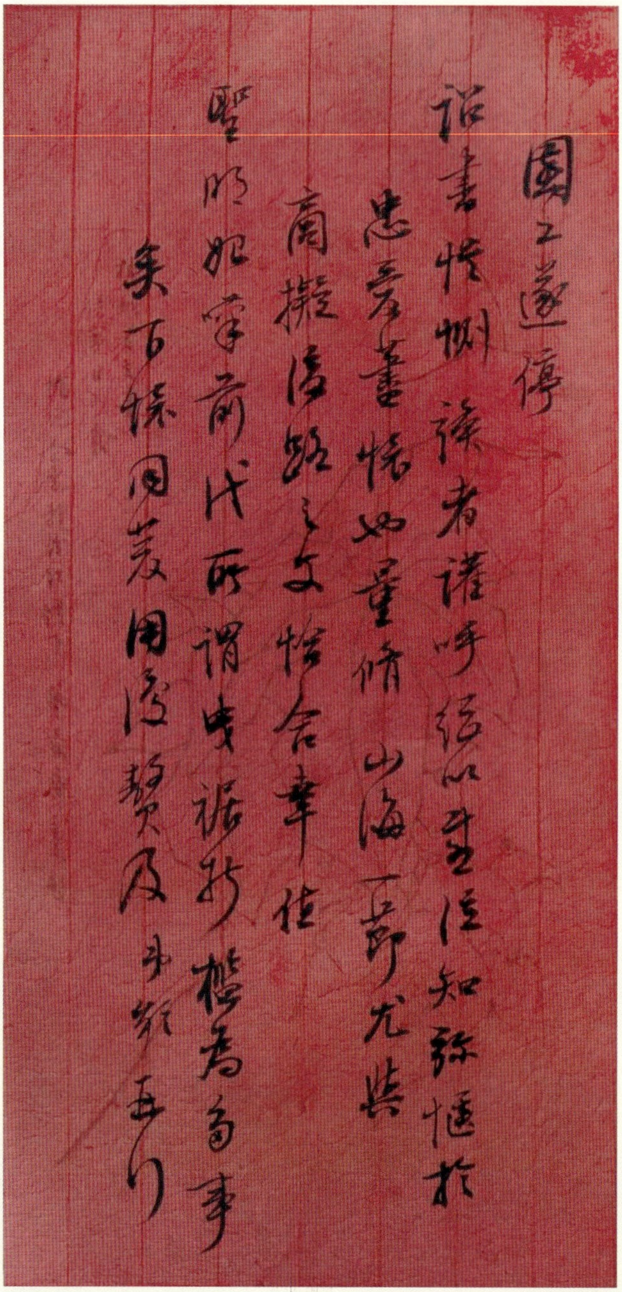

園工遂停，

詔書愷惻，竢者讙呼，繼以感泣，知弥慽於

忠愛蓋懷也。量脩　山海一節，尤與

商擬後路之文恰合，幸值

聖明，始嘆前代所謂曳裾折檻為多事

矣。百懷同慶，用復贅及。弟齡再拜

印渠大公祖尊兄親翁大人鈞席昨慶遠
董太守至全奉到
答教累幅
慰拊周至並
惠寄螃蟹山茶醃脯草蔬及書院關聘路
費渥叨
大庇之仁備荷
不遺之愛珍感懷戢無以自喻伏承

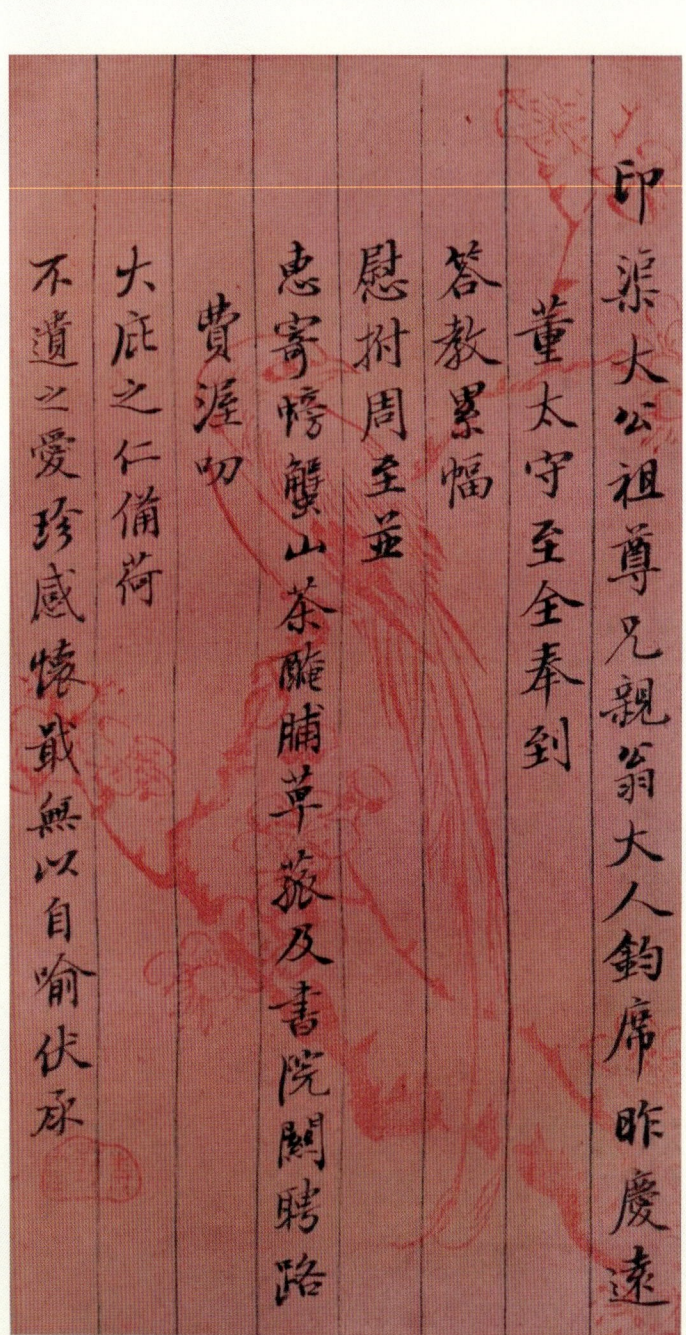

印渠大公祖尊兄親翁大人鈞席： 昨慶遠
董太守至全，奉到
答教累幅，
慰拊周至，並
惠寄螃蟹、山茶、醃脯、草菰及書院關聘、路
費，渥叨
大庇之仁，備荷
不遺之愛，珍感懷戢，無以自喻。伏承

節華已返會垣當擬吉之考祥值新陽之
納慶敬惟
布德行惠
益譽增榮
樽俎折衝爲百福所會萃東夏安燕見萬彙
之昭蘇行看
大賢匠鈞柄以福寰區何幸退夫偕含靈共陶
甄化其爲欣頌未易罄陳承

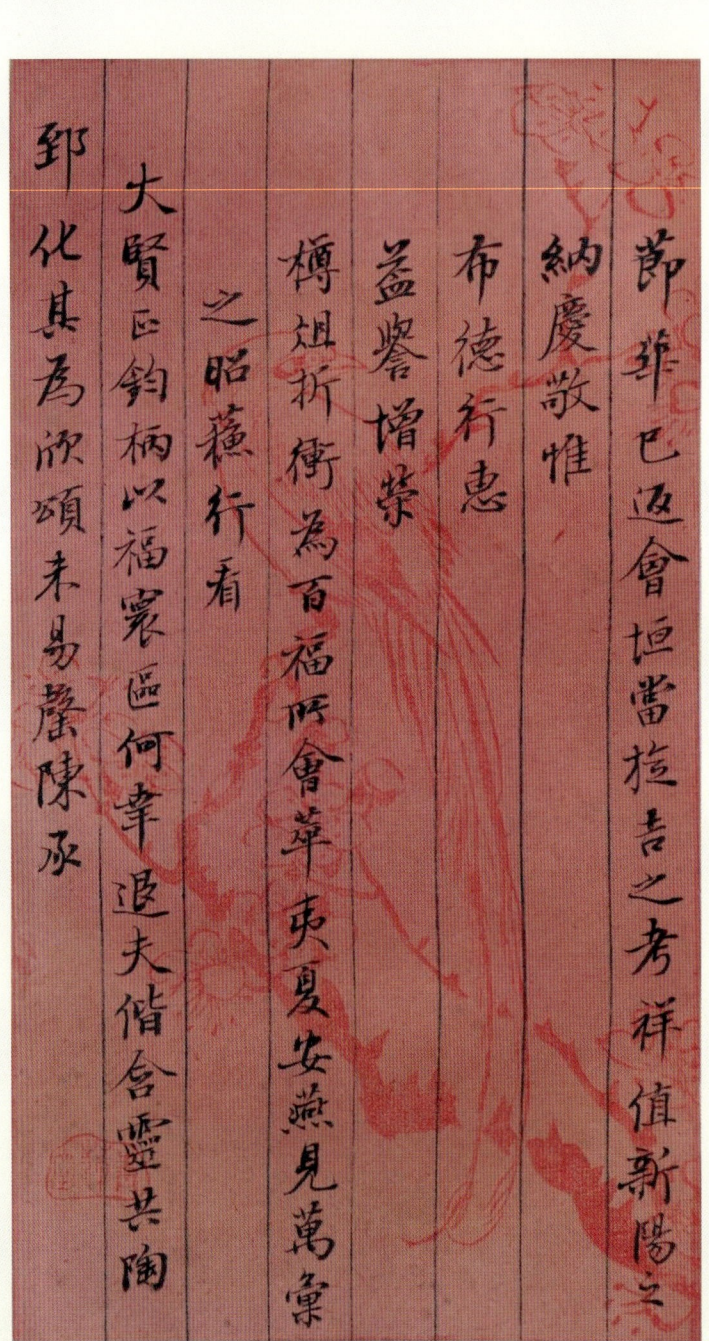

節華已返會垣，當旋吉之考祥，值新陽之
納慶。敬惟
布德行惠，
益譽增榮。
樽俎折衝，為百福所薈萃，夷夏安燕，見萬彙
之昭蘇。行看
大賢，正鈞柄以福寰區，何幸退夫，偕含靈共陶
郅化。其為欣頌，未易罄陳。承

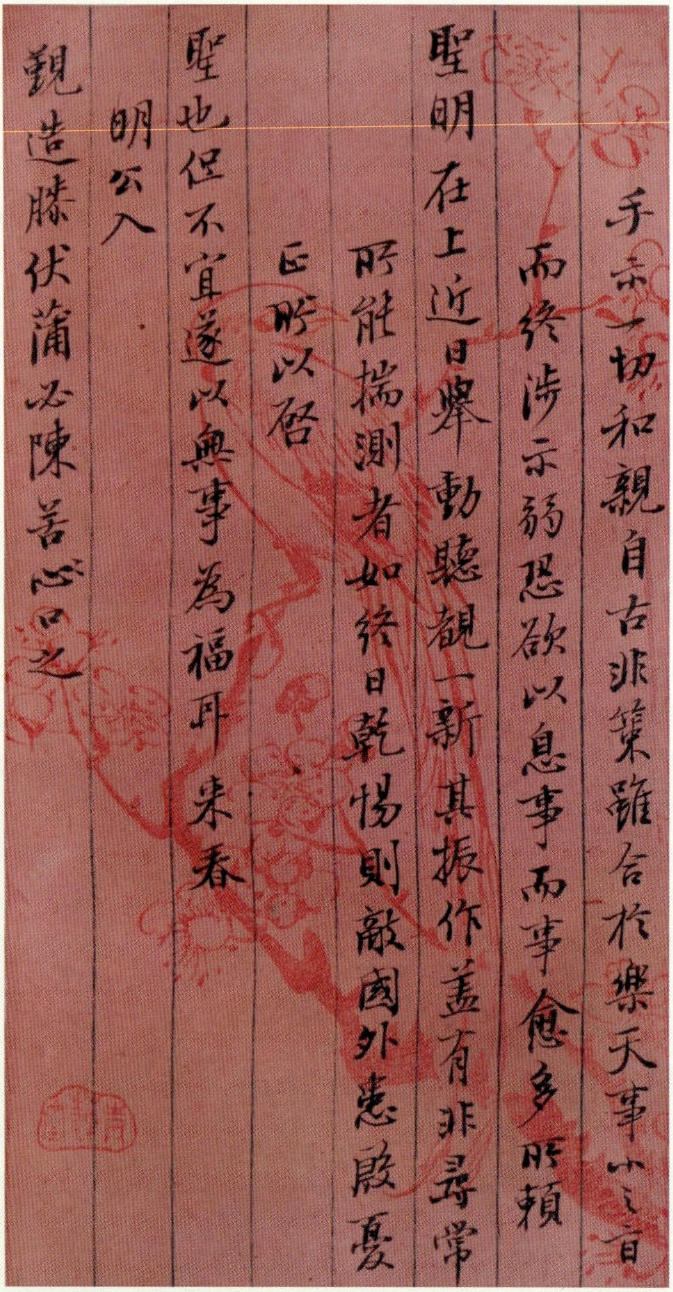

手示一切和親自古非策雖合於樂天事小之旨
而終涉示弱恐欲以息事而事愈多所賴
聖明在上近日舉動聽覩一新其振作蓋有非尋常
所能揣測者如終日乾惕則敵國外患殷憂
臣所以啓
聖也但不宜遂以無事為福耳來春
明公入
覲造膝伏蒲必陳苦心白之

手示一切。和親自古非策，雖合於樂天事小之旨，
而終涉示弱，恐欲以息事而事愈多。所賴
聖明在上，近日舉動，聽覩一新，其振作蓋有非尋常
所能揣測者，如終日乾惕，則敵國外患殷憂，
正所以啓
聖也，但不宜遂以無事為福耳。來春
明公入
覲，造膝伏蒲，必陳苦心口之

謨共仰投石之契因之
贊襄密勿蒼生蒙福徼特嶺海受
賜而已無限欽遲第自返敝廬即挈幼累
以小女子于歸事稍爲摒擋感寒疾蒲柳
之姿早衰先落良可嗤哂至學問素無根
殖益以老荒秀峯經年方媿無功效以副
作育盛意過荷
厚愛俾仍舊館豈敢有所擇於其間更蒙

謨，共仰投石之契，因之
贊襄密勿，蒼生蒙福，微特嶺海受
賜而已，無限欽遲。弟自返敝廬，即牽幼累，
以小女子於歸事稍為摒擋，旋感寒疾，蒲柳
之姿，早衰先落，良可嗤哂。至學問素無根
殖，益以老荒秀峰經年，方媿無功效以副
作育盛意，迺荷
厚愛，俾仍舊館，豈敢有所擇於其間。更蒙

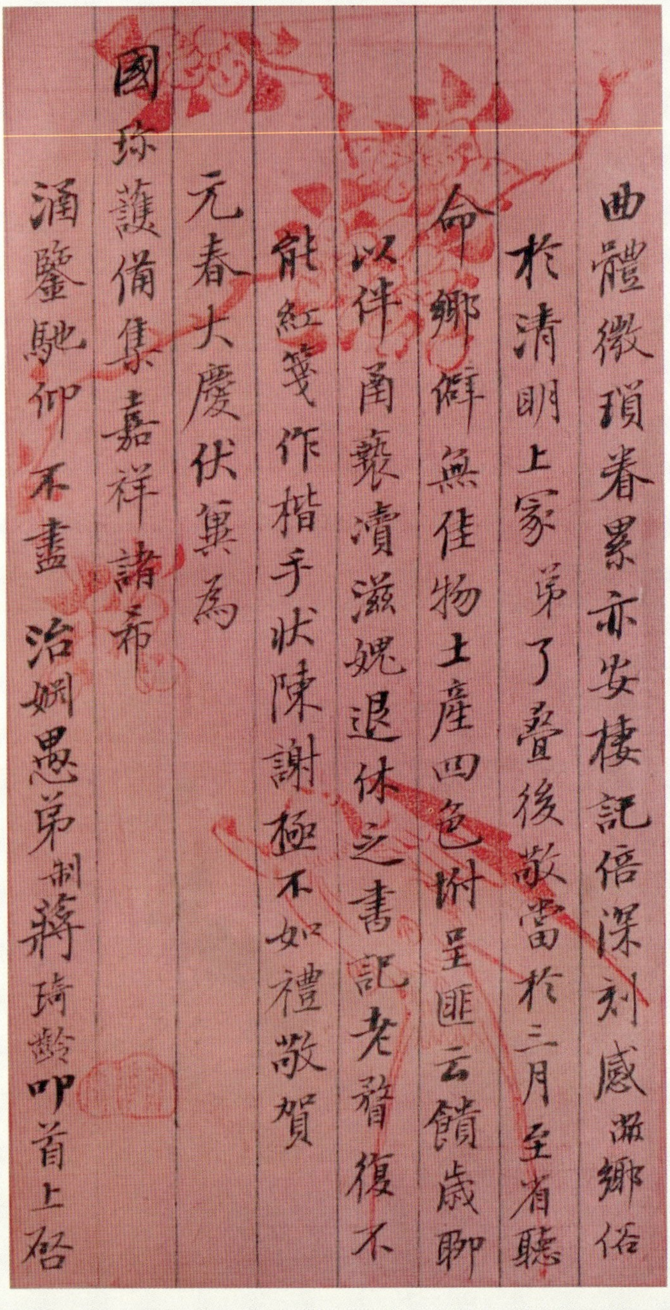

曲體微瑣，眷累亦安棲，記倍深刻感。澂鄉俗
於清明上冢，弟了疊後，敬當於三月至省聽
命。鄉鮮無佳物，土產四色附呈，匪云饋歲，聊
以伴函蘘，漬滋媿。退休之書記老猶復不
能紅箋作楷，手狀陳謝，極不如禮。敬賀
元春大慶，伏冀為
國珍護，備集嘉祥。諸希
涵鑒。馳仰不盡。治姻愚弟制蔣琦齡叩首上啓

曲體微瑣，眷累亦安棲託，倍深刻感。敝鄉俗
於清明上冢，弟了疊後敬當於三月至省聽
命。鄉僻無佳物，土產四色坿呈，匪云饋歲，聊
以伴函，褻瀆滋媿。退休乏書記，老瞀復不
能紅箋作楷，手狀陳謝，極不如禮。敬賀
元春大慶，伏冀為
國珍護，備集嘉祥，諸希
涵鑒，馳仰不盡。治姻愚弟制蔣琦齡叩首上啓

印翁尊兄大公祖親家大人閣下歲除人還辱
答教累幅
拊諭周至感慰不可言伏承
新陽納慶
文經武緯燕及夷夏
百福會萃萬象昭蘇
盛德大業與時偕新瞻仰但增欽渴田州

麗華堂撫古瓦當文

印翁尊兄大公祖親家大人閣下：歲除人還，辱
答教累幅，
拊諭周至，感慰不可言。伏承
新陽納慶，
文經武緯，燕及夷夏，
百福會萃，萬象昭蘇，
盛德大業，與時偕新，瞻仰但增欽渴。田州

等屬土匪計已掃除獻歲以來聞富川茶
城一帶亦有伏莽瘡痏小疾立即搜捕固
屬不難特恐藏匃太速根株未盡時復潛
滋當茲
風政修明百僚競惕奉職自無憲此耳天崩地
陷蒼生無福何意
先帝升遐寰區靈森皆極哀慕況

麗華作箋

等處土匪計已埽除，獻歲以來，聞富川、恭城一帶亦有伏莽。瘡痏小疾，立即搜捕，固屬不難，特恐蕆功太速，根株未盡，時復潛滋。當茲

風政修明，百僚兢惕奉職，自無慮此耳。天崩地陷，蒼生無福，何意

先帝升遐，寰區靈蠢，皆極哀慕，況

公與不肖之受
恩尤深者耶東坡有云而今而後誰復出我於溝壑
者歸畊沒齒而已矣尤若為不肖言之也聞諸
道路再有
垂簾之舉桂垣當有確信耶際此巖疆尤重鎮撫
公入覲之請當未邀
俞允矣亦足慰邦人鴻飛之詠也零陵荒歉棘矣邸

公與不肖之受
恩尤渥者耶？東坡有云：而今而後，誰復出我於溝壑者，歸畊沒齒而已矣。尤若為不肖言之也。聞諸道路，再有
垂簾之舉，桂垣當有確信耶？際此巖疆，尤重鎮撫，
公入覲之請，當未邀
俞允矣，亦足慰邦人鴻飛之詠也。零陵荒歉，捄災卹

鄰義所應爾省
書增媿特此閒糶之爲紳衿及稍知自愛者並
無一人在事皆著名凶棍斂錢設局因以爲利
造作食爲民天先事預防之說搖惑官民自
去夏禁遏雖新穀登場未嘗弛禁無論他月
出城門數步即遭截搶無論楚境民生不能
有食無用敝邑瘠土所產唯穀絕販終歲閉關

鄰，義所應尔。省

書增媿。特此閉糴之為紳衿及稍知自愛者，並無一人。在事皆著名凶棍，斂錢設局，因以為利，造作食為民天，先事預防之説，摇惑官民。自去夏禁遏，雖新穀登場，未嘗弛禁，無論他月。出城門數步，即遭截掠，無論楚境。民生不能，有食無用，敝邑瘠土，所産唯穀，似此終歲閉闗，

竟不通切易事閭閻之窮困可知豈果穀不勝
食哉蓋從來未有之奇旣也第争論再三幾
於脣舌焦敝奈人輕言徽楚啉莫敵然鼠輩
雖横頗畏官法奉
諭後計無所出仍商之邑侯云即諭若輩漸暫弛
陸運之禁今已匝月頗覺稍鬆而閩零陵情
形則目前雖得穀已嫌其遲蓋變産已盡並

慶華作箋

竟不通功易事，閭閻之窮困可知，豈果穀不勝
食哉。蓋從來未有之奇慨也。弟争論再三，幾
於唇舌焦敝，奈人輕言微，楚咻莫敵。然鼠輩
雖横，頗畏官法，奉
諭後計無所出，仍商之　邑侯，云，即諭若輩漸暫弛
陸運之禁，今已匝月，頗覺稍鬆，而聞零陵情
形，則目前雖得穀，已嫌其遲，蓋變産已盡，並

無買穀之錢流亡既多兼少食穀之人然後歎
古人之贊慮即振不及上請者蓋迫於情勢之
不容緩及時為患講荒政者所宜留意矣至
宵小借儲蓄為名易於煽衆利之所在衆又
樂趨假使聚久人多因緣為奸則其害又有
不止於遏穀者尤有望於
大賢之造福豫有以拯黎之擬下月初束裝赴

無買穀之錢。流亡既多，兼少食穀之人，然後歎古人之發廩即振不及上請者，蓋迫於情勢之不容緩，及時為惠，講荒政者所宜留意矣。至宵小借儲蓄為名，易於煽衆，利之所在，衆又樂趨，假使聚久人多，因緣為奸，則其害又有不止於遏穀者。尤有望於

大賢之造福，豫有以拯者之。擬下月初束裝赴

召侍
生面饕非筆墨所能備陳也鄉曲之書記手狀草
草極不恭伏希
照察春寒唯冀為
國愛護藉慰傾仰即請
台安不宣
治姻愚弟制蔣琦齡叩頭上啓

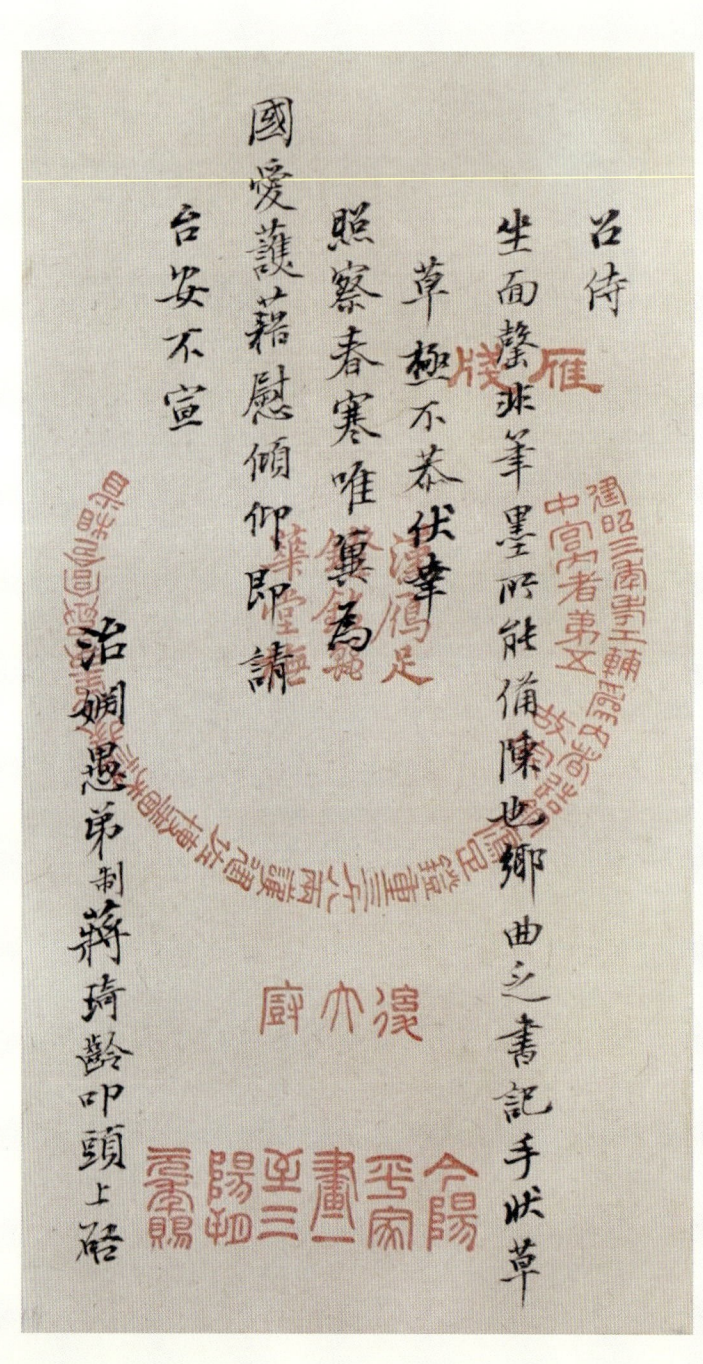

召，侍
坐而罄，非筆墨所能備陳也。鄉曲乏書記，手狀草
草，極不恭，伏幸
照察。春寒，唯冀為
國愛護，藉慰傾仰，即請
台安。不宣。
治姻愚弟制蔣琦齡叩頭上啓

印翁太公祖親家大人閣下昨甫馳書奉賀適
使蔣貴繼至捧讀
手誨兼
惠多珍並以兒子授室渥荷
吉詞褒飾
殊貺駢蕃望
雲拜嘉感刻無似敬諗
勛德弥隆

印翁大公祖親家大人閣下：昨甫馳書奉賀，適
使蔣貴繼至，捧讀
手誨，兼
惠多珍，並以兒子授室，渥荷
吉詞褒飾，
珍貺駢蕃，望
雲拜嘉，感刻無似。敬諗
勛德弥隆，

嘉祥備致而
撝懷謙抑盛不自知迺欲於
覲之
光之時參釋肩之請豈知
帝倚如城氏望若歲所謂持以安歸造物不舍者也
見在滇事所難在竊伺一層剛柔輕重之施
臨機審宜決裂固不能巽順則容大度必有
以攻其心而讋其氣者非

嘉祥備致，而
撝懷謙抑，盛不自知，迺欲於
覲~~光~~
光之時，參釋肩之請。豈知
帝倚如城，民望若歲，所謂持此安歸，造物不舍者也。
見在滇事所難，在窺伺一層，剄剛柔輕重之施，
臨機審宜，決裂固不能，巽順則害大度，必有
以攻其心而讋其氣者。非

公之至誠偉略，何能善其調停消息之用，比司馬
之遺人戒邊，同郡令之單騎見虜所伏，平日
威信自能不戰屈人，知古今人未嘗不相及，當與
四海含靈蒙
福祐慶耳。何時
啓節道出敝邑，當以負弩拜塵為快。弟隱約田
里，頹墮自甘，歐公所云碩然學不益進，道不益加，
而年齒益長，氣血益衰，碌碌一世而無稱者，誠

公之至誠偉畧，何能善其調停消息之用，比司馬
之遒人戒邊，同郭令之單騎見虜，所仗平日
威信，自能不戰屈人，知古今人未嘗不相及，當與
四海含靈蒙
福稱慶耳。何時
啓節，道出敝邑，當以負弩拜塵為快。弟隱約田
里，頹廢自甘，歐公所云頑然學不益進，道不益加，
而年齒益長，氣血益衰，碌碌一世而無稱者，誠

弟之謂也有子失學義方缺訓雖輕子平〻累
益愧泉明之責兩年
厚愛俾塵講席深以老病荒疏爲愧故明歲求
改竄招乃
雅命諄〻不允所辭固執重蹈不恭只得靦顔遵
召唯明歲 先塋頗有要工仍須三月初旬後方能
至省求於 渭翁大公祖前先爲
代達區〻爲幸鄉僻愧乏好物特意土産六色聊

弟之謂也。有子失學，義方缺訓，雖輕子平之累，
益媿泉明之責。兩年
厚愛，俾塵講席，湥以老病荒疏為愧，故明歲求
改寵招，乃
雅命諄諄，不允所辭，固執重蹈不恭，只得覥顏遵
召。唯明歲　先塋頗有要工，仍須三月初旬後方能
至省，求於　渭翁大公祖前先為
代達區區為幸。鄉僻媿乏好物將意，土産六色，聊

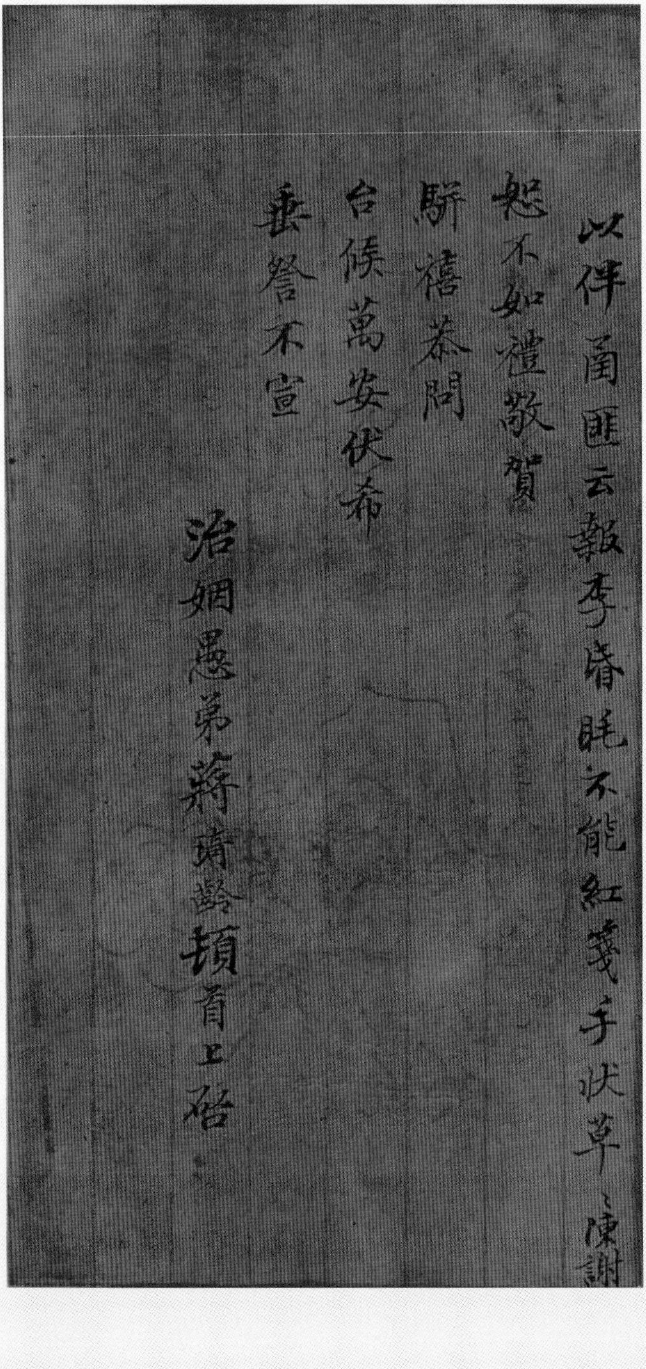
以伴函匯云敘李脩眊不能紅箋手狀草草陳謝
恕不如禮敬賀
騎禧恭問
台候萬安伏希
垂詧不宣
治姻愚弟蔣琦齡頓首上啓

以伴函，匪云報李。昏眊不能紅箋，手狀草草陳謝，
恕不如禮。敬賀
駢禧，恭問
台候萬安，伏希
垂詧。不宣
治姻愚弟蔣琦齡頓首上啓

再蔣貴另傳

寵意猥欲舍弟光之弱息奉箕帚於

高門渥承

謙懷厚愛不勝悚惶自惟姪息幼稚未嫻訓誡兼慚非

偶恐未足以儷

公孫然亦未敢遂違

盛意果蒙不棄其詳仍囑蔣貴代陳惟希

愛照　琦齡　載啓

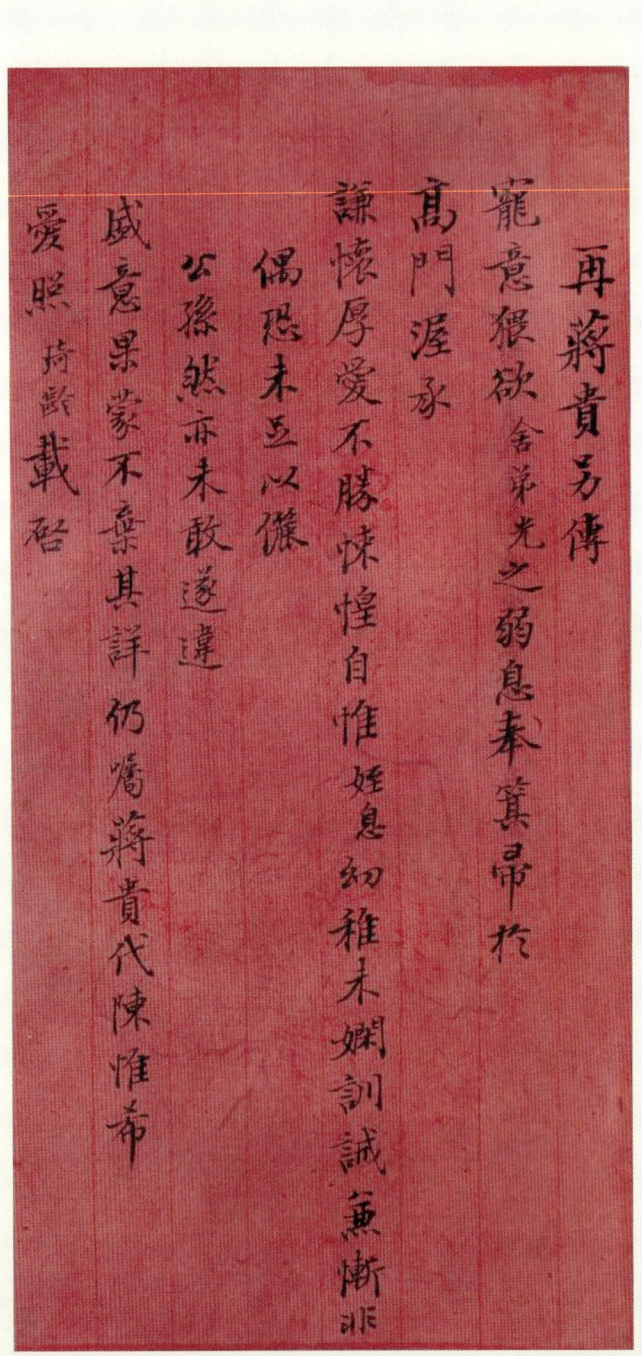

再，蔣貴另傳

寵意，猥欲舍弟光之弱息，奉箕帚於

高門，渥承

謙懷厚愛，不勝悚惶。自惟姪息幼稚，未嫻訓誡，兼慚非

偶，恐未足以儷

公孫，然亦未敢遂違

盛意，果蒙不棄，其詳仍囑蔣貴代陳，惟希

愛照。琦齡載啓

海內英俊屈指能有幾人如
閣下與季高筠仙滌笙次青諸君皆一時瑜亮
而智深勇沉戰無不克
閣下又居首選矣欽佩之忱匪朝伊夕憶癸丑歲
閣下榮以莊孫章終日危坐蠡幕中致日必大醉
不出壘而帳外風雲變化全歸
掌握調度之中梓里蒙

海內英俊屈指能有幾人，如

閣下與克齋、筠仙、滌笙、次青諸君，皆一時瑜亮，

而智深勇沉，戰無不克，

閣下又居首選矣。欽佩之忱，匪朝伊夕。憶癸丑歲

閣下榮涖豫章，終日危坐毳幕中，烈日如火，足

不出壘，而帳外風雲變化，全歸

掌握調度之中。梓里蒙

麻丞今嘖々人口頃奉
手示深荷
注存仰蒙
眷念衰庸逾恒
獎飾愧感曷已比維
蔭渠仁兄大人名勒燕然
功高麟閣

二

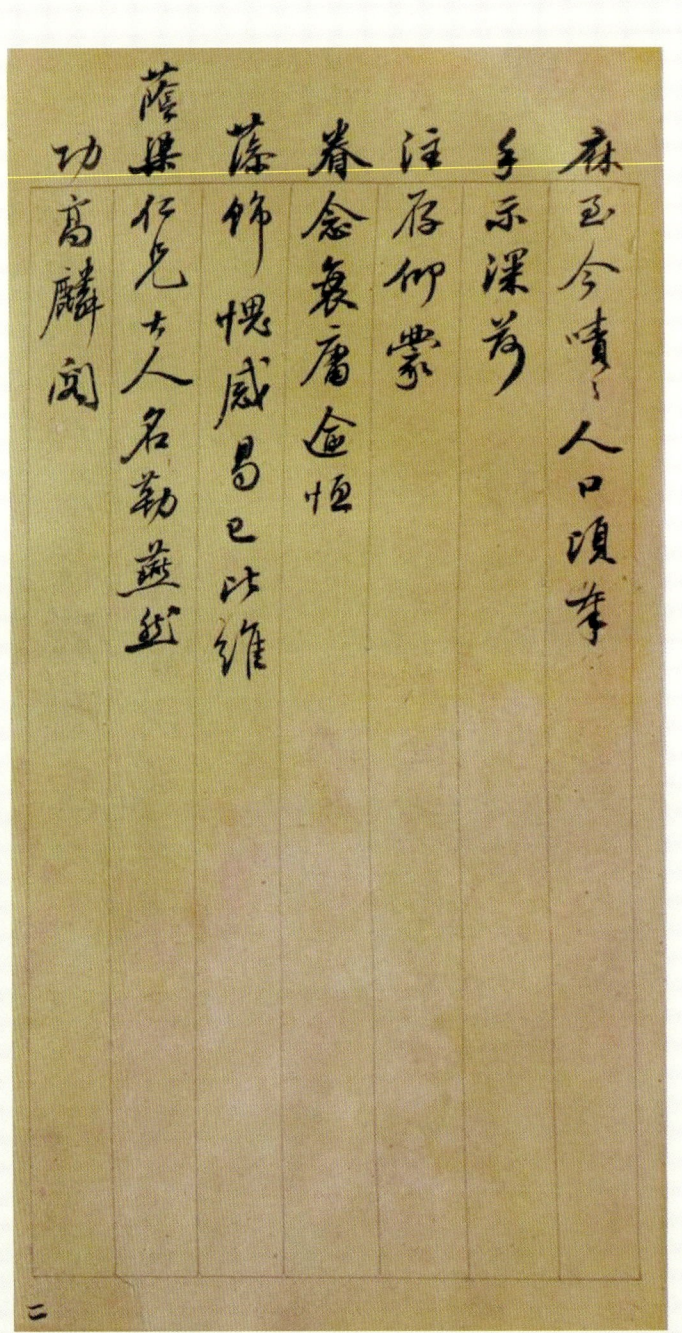

麻，至今嘖嘖人口。頃奉
手示，深荷
注存。仰蒙
眷念衰庸，逾恒
藻飾，愧感曷已。比維
蔭渠仁兄大人名勒燕然，
功高麟閣，

指揮所及邊徼回專所示軍務瞭如指掌從
此妖孽遠遁淨掃邊氛汾陽伏波之盛功
再見今日此遠人所傾倒而頌祝者也昨者
天子舉秋獮盛典留　恭邸辦理夷務刻下接函已
成共換和約嘆咭兩國夷兵准於九月底全行
退至天津業奉
上諭共息干戈永敦和好早晚迎

三

指揮所及，邊徼回春，所示軍務，瞭如指掌，從

此妖𦢊遠遁，净掃邊氛，汾陽伏波之豐功，

再見今日，此遠人所傾倒而頌祝者也。昨者

天子舉秋獮盛典，留　恭邸辦理夷務，刻下撫局已

成，共換和約，暎呿兩國夷兵准於九月底全行

退至天津。業奉

上諭，共息干戈，永敦和好，早晚迎

鑾四郡辦理善後事宜
閱之定增欣慰惟兩月以來弟謀悉圖防贊襄
留守心力交瘁寢饋難安幸地方一律靜
謐屬軀耐勞堪紓
綺注專此布復敬頌
勛安希鑒
晚謹稱後勿復爾風便尚祈

四

鑾回都，辦理善後事宜，

聞之定增欣慰。惟兩月以來，弟謬忝團防，贊襄

留守，心力交瘁，寢饋難安，幸地方一律静

謐，孱軀耐勞，堪紓

綺注。專此布復，敬頌

勛安，摹璧

晚謙稱，後勿復尔，風便尚祈